한국의 장기통계 Ⅱ

김낙년 · 박기주 · 박이택 · 차명수 편

Historical Statistics of Korea

도서출판
해남

한국의 장기통계 II

초판1쇄 인쇄 2018년 1월 11일
초판1쇄 발행 2018년 1월 18일

편저자 김낙년 · 박기주 · 박이택 · 차명수
발행인 노현철
발행처 도서출판 해남

출판등록 1995. 5. 10 제 1-1885호
주　소 서울특별시 서대문구 충정로 38-12(충정로 3가) 우리타워 6F
전　화 739-4822 **팩스** 720-4823
이 메 일 haenamin30@naver.com
홈페이지 www.hpub.co.kr

ISBN 978-89-6238-115-3 93320
978-89-6238-113-9(세트)

머리말

본서는 20세기 초부터 현재에 이르는 우리나라의 장기 통계를 제시하고 해설한 것이다. 자료가 정비된 경우에는 개항기나 조선후기의 통계까지 포함하고 있다. 다루고 있는 주제가 자연환경과 인구에서부터 노동력과 임금, 각종 산업과 무역, 재정과 금융, 국민소득과 물가는 물론 교육, 건강, 기업조직, 과학기술, 사법에 이르는 22개 분야에 걸쳐 있어 근대 이후 경제 사회의 변화를 두루 살펴볼 수 있도록 구성되어 있다. 이를 통해 우리나라 역사의 수량적 지표를 제공할 것을 지향하고 있다.

장기통계를 정비하려는 노력은 주요 선진국을 중심으로 이루어져 왔다. 예컨대 영국의 경우, Mitchell B. R., *British Historical Statistics* (Cambridge University Press, 1988), 일본은 大川一司・篠原三代平・梅村又次編, 『長期經濟統計』(전 14권, 東洋經濟新報社, 1965-88), 미국은 Susan Carter, et al. eds., *Historical Statistics of the United States, Earliest Time to the Present: Millennial Editions* (5 Vols., Cambridge University Press, 2006)을 대표적인 성과로 들 수 있다. 특히 미국의 성과는 식민기지로부터 현재에 걸쳐 39개의 광범한 주제에 대해서 37,000개가 넘는 통계 계열을 제시하고 있으며, 역사 통계 정비의 한 본보기라 할 수 있다. 본서를 편집하는 과정에서 이들 선행 연구로부터 많은 시사를 받았다.

본서는 낙성대경제연구소가 추진해 온 우리나라 장기통계를 정비하려는 노력의 일환으로 발간된 것이다. 먼저 근대적 통계조사가 이루어지지 않은 조선후기에 대해서는 산재되어 있는 미시 자료를 수집・정리하는 작업이 이루어졌으며, 그로부터 인구, 농업 생산이나 지대량, 임금이나 물가 등의 장기 추이를 추계한 성과가 『맛질의 농민들』(일조각, 2001)과 『수량경제사로 다시 본 조선후기』(서울대출판부, 2004)로 발간되었다. 식민지기에 들어와 근대적 통계조사가 시작되고 통계 정보가 비약적으로 늘어났다. 이를 이용하여 국민계정 통계를 추계한 성과는 『한국의 경제성장 1910-1945』(서울대출판부, 2006)로 발행되었고, 일본어로도 번역 출판되었다(『植民地期朝鮮の國民經濟計算 1910-1945』, 東京大學出版會, 2008). 이것과 해방 후를 연결하여 지난 100년간의 국민계정 통계를 정비한 성과는 『한국의 장기통계: 국민계정 1911-2010』(서울대출판문화원, 2012)으로 출간되었다. 그 후에도 해방 전과 후의 통계를 가능한 한 일관되게 연결하려는 노력이 국민계정 이외의 다른 경제 및 사회의 각 분야로 확장되어 왔는데, 본서는 그 성과를 통계집으로 묶어 해설한 것이라고 할 수 있다.

본서가 나오기까지 나름의 연구 축적이 이루어졌지만 난관이 많았다. 한국은 근대 이후 수차례 체제 전환을 경험했는데, 시기별로 자료 상황이나 통계 작성의 기준이 달라진 경우가 많았기 때문이다. 본서에서는 이를 가능하면 일관된 계열로 만들어 제시하고자 하였지만, 단절이 남아 있는 경우 각주나 해설에서 이를 언급하였다. 조선후기로 가면 자료상의 제약이 더욱 커져 미시 자료의 발굴과 정비가 이루어진 일부 분야의 통계를 제시하는 데 그치지 않을 수 없었다. 남북 분단으로 인해 해방 전과 후의 통계 커버리지의 차이(남북한과 남한)가 생긴 것도 어려움을 가중시켰다. GDP와 인구와 같이 해방 전 통계를 남북으로 분할하여 이러한 차이를 조정한 경우도 있지만, 그렇지 못한 대부분의 경우 통계의 커버리지가 다르다는 점을 밝히는 데 그쳤다.

본서는 22개 장으로 나누어져 있으며, 제I권(A~K장)과 제II권(L~V장)으로 발간되었다. 장별로 통계표를 제시하고, 그에 대한 해설을 실었다. 해설에서는 해당 분야의 통계 자료의 상황을 개관하고 이 분야의 역사 통계를 이용하려는 연구자들에게 가이드 역할을 하도록 하였다. 나아가 중요하다고 생각되는 장기 추이 그래프를 예시하여 해당 분야에서 어떤 변화가 일어났는지를 보이고자 하였다. 통계표에는 범례에서 언급했듯이 각 항목의 시계열 통계를 직접 인용할 수 있도록 고유번호가 부여되어 있는데, 각 장별로 205~952개, 도합 약 1만 개의 시계열 통계가 제공되고 있다.

마지막으로 본서가 시도한 장기통계의 정비가 어떤 의의를 갖는지 간단히 부연해 두기로 한다. 일반인은 물론이지만, 연구자들도 자신의 전공을 넘어 익숙하지 않은 분야에서 원하는 통계를 찾아 적절히 이용하기는 쉽지 않다. 과거로 거슬러 올라가 통계를 이용하고자 할 때에도 유사한 문제에 부딪친다. 예컨대 경제학자들이 현대 경제를 연구할 때 고도성장기나 해방 전까지 포함한 장기적 시각에서 접근하는 경우는 드물다. 경제사 연구자들도 자신이 전공한 시기를 좀처럼 벗어나려 하지 않는다. 우리나라는 특히 시기별로 자료 상황의 차이가 큰데, 그것이 진입장벽으로 작용하기 때문이다. 그러다 보니 경제학과 경제사 연구가 거의 교류 없이 따로따로 이루어지고 있는 실정이다. 다른 학문 분야의 사정도 크게 다르지 않다.

본서가 지향하고자 하는 것은 이러한 장벽을 낮추어 누구나 손쉽게 이용할 수 있는 장기통계 인프라를 제공하는 것이다. 본서의 이용자들은 경제 사회의 각 분야에서 자신이 관심을 갖는 지표들이 해방 전과 후에 걸쳐 어떠한 추이를 밟아 왔는지를 찾을 수 있을 것이다. 그리고 한 분야에서 나타난 변화가 다른 분야의 변화에도 영향을 주거나 받았을 터인데, 본서가 제공하는 수량 정보는 그들 간에 어떤 관련이 있는지를 구명하는 연구를 촉발할 수 있다. 나아가 장기통계의 정비는 각국의 발전 경로 전체를 비교할 수 있게 함으로써 국제비교의 지평이 그만큼 넓어진다. 이를 통해 한국사나 사회과학의 각 분야에서 한국 사회가 지난 1세기에 걸쳐 어떻게 변해 왔고, 외국과는 어떻게 다르며, 그러한 요인이 무엇인지에 관한 수량적 연구가 촉진될 것으로 기대하고 있다. 이러한 연구가 축적되고 분야 간 교류가 확대되는 데 본서가 다소라도 기여할 수 있다면 저자들에게는 더할 나위 없는 큰 기쁨이라고 생각한다.

본서로 결실을 맺은 공동 연구는 2014년 대한민국 교육부와 한국학중앙연구원(한국학진흥사업단)의 한국학 분야 토대연구지원사업(연구과제명: '한국의 장기 역사통계: 데이터베이스의 구축과 통계서 발간', 과제번호: AKS-2014-KFR-123001, 연구책임자: 김낙년 동국대 교수)의 지원을 받아 수행되었다. 본서가 해외의 한국학 연구에도 널리 이용될 수 있도록 영문판(*Historical Statistics of Korea*)도 곧이어 발간할 계획으로 있다. 이 연구과제를 수행하는 데에는 각 장의 저자로 참가한 공동연구원 이외에도 김양태 전임연구원, 당시 대학원생으로서 공동연구에 참여한 김성남, 황준석 군의 도움을 받았다. 그리고 본서의 출판에는 노현철 사장님을 비롯하여 도서출판 해남의 김태임 실장, 권필주 팀장께 많은 도움을 받았다. 여느 책과는 달리 본서는 특히 크고 복잡한 통계표들이 많아 조판이 쉽지 않았을 터인데, 이를 깔끔하게 정리해 주었다. 이 자리를 빌어 모두에게 감사의 말씀을 드린다.

김낙년
박기주
박이택
차명수

범례

1. 조선왕조와, 일본 제국주의의 지배를 받던 시기의 한반도를 본서에서는 모두 '조선'으로 표기한다. 해방 후 대한민국은 물론이고, 해방 전과 해방 후를 묶어 통칭할 때에는 '한국'으로 표기하기로 한다. 다만 해방 전 통계의 커버리지를 나타낼 때에는 해방 후의 '남한'과 대비하여 '남북한'으로 표기한다.
2. 해방 전 금액의 단위는 '圓', 해방 후는 '원'으로 각각 표기한다. 1953년과 1962년에 두 차례 리디노미네이션(redenomination)이 시행되어 화폐 호칭이 圓→환, 환→원으로 바뀌고, 화폐단위도 각각 1/100과 1/10로 줄었다. 여기서는 해방 후 1953년까지의 圓과 1953-1962년까지의 환으로 표시된 금액은 각각 1/100과 1/10을 곱해 현재의 '원'으로 환산하여 제시한다. 해방 전의 '圓'으로 표시된 금액을 해방 후의 '원'으로 환산할 때에는 1/1000을 곱해 주면 된다.
3. 통계표의 각 시계열에는 해당 장의 알파벳(A~V)과 시계열의 순번으로 이루어진 고유번호를 부여한다. 예컨대 A378은 A장의 378번째 시계열을 가리킨다. 그리고 A378에서 A391까지로 이루어진 통계표는 '표 A378-391'로 표기한다. 또는 여러 개의 시계열이나 표를 묶어서 예컨대 'N169-210'과 같이 표기할 수 있다. 본서에서 통계표를 인용할 때에는 이 고유번호를 이용한다.
4. 통계표에서 '-'은 해당하는 통계 수치가 0임을 나타낸다. '0'은 그 수치가 표시된 단위의 1/2에 미치지 못해 반올림한 결과 0이 되었음을 의미한다. 그 외에 해당 사항이 없거나 자료가 없어 수치를 제공하지 못한 경우에는 공란으로 비워 두었다.
5. 통계표에 실린 수치는 지면의 제약을 고려하여 표시 단위를 높여 자릿수를 제한하였다. 보다 엄밀한 통계표의 수치와 지면의 제약으로 본서에 싣지 못한 부표는 낙성대경제연구소의 홈페이지(http://www.naksung.re.kr)에서 엑셀 파일로 열람하거나 다운로드 받을 수 있다.
6. 통계 작성 기관에서 다운로드 받아 본서에 수록한 통계의 경우에는 이후 업데이트가 이루어지면 수치가 변경될 수 있다. 그리고 본서와 같은 방대한 작업에는 착오로 인한 오류가 포함될 가능성을 배제하기 어렵다. 오류가 발견된 경우 편집자에게 연락을 주기 바란다.

차례

[제 II 권]

[제 I 권]

L. 교통과 통신

임채성

본고는 교통통신 인프라스트럭처를 중심으로 장기 통계를 구축하여 근대 시스템의 도입과 발전이 갖고 있는 의미를 검토하고자 한다. 철도와 기선 그리고 통신은 문명의 이기라고 회자되면서도 동시에 제국주의의 앞잡이 혹은 식민지화의 물질적 기반이라고 지적되어 왔다(Headrick 1988). 식민지기 한국에 근대경제 시스템이 도입되었다는 점은 명백하지만, 그 자체가 한국인을 위해서였다고 단정할 수 없는 것도 사실이다. 즉, 주지하는 바와 같이 한국의 경우 일본제국의 식민지화 과정과 근대화 과정이 오버랩 되어 있다.

그럼에도 불구하고 이들 인프라스트럭처야말로 식민지의 문필가를 비롯해 많은 식민지민에 있어 근대화를 상징하는 것이었다는 점은 부인할 수 없다. 교통 및 통신시설은 식민지 공업화와 전후 한국의 고도성장이 실현되는 기반이 되었던 것이다. 이에 본고는 인프라스트럭처 시스템의 형성과 운영을 검토하고 맨파워의 측면에서 식민지 한국인이 어떠한 역할을 수행하였는가를 확인해 보고자 한다. 물론, 숙련의 형성 및 축적을 어떻게 측정할 수 있는가가 문제라고 생각하지만, 장기 채용 되면 자연히 많은 것을 몸에 익히고, 나아가 승진의 기회도 주어지므로, 전후사적 관점에서 보면 해방시점에서 한국인이 조직 내에서 어떠한 역할을 수행하였는가라는 것은 중요한 검토과제이다.

이에 본고는 다음과 같이 구성하였다. 장기 통계 구축에 있어서 사용된 각종 자료를 해방 전후의 교통업(제1절)과 통신업(제2절)으로 나누어 소개한다. 각각의 절에서는 인프라스트럭처의 형성과 전개, 그리고 그 운영 실태를 고찰한 이후 맨파워의 형성과 해방 후 재편에 관해 검토함으로써, 한 세기에 걸친 인프라스트럭처의 경제사를 조감한다.

1. 교통업

1) 교통 인프라스트럭처의 형성과 전개

근대교통은 기계동력에 의한 수송의 대량화 · 신속화를 실현, 국지적 경제 활동을 전국으로 경우에 따라서는 국경을 넘어 해외로 확대시키는 기반이 된다. 개인에 있어서도 교통 네트워크에 따라 생활이 넓어짐은 물론, 교통기관의 운행에 의해 개인의 행동과 사고도 영향을 받게 된다. 이것은 식민지민의 생활 방식에도 투영되어, 민족별로 지리적 접근성을 차별하는 철도는 한국인과 유리된 존재로서 파악되는 요인이 되었다(정재정 2000).

식민지기에는 철도가 자동차에 비해 압도적인 육운 수단이었기 때문에 우선 전자를 중심으로 고찰하고자 한다. 철도의 효시는 1899년 9월에 경인철도합자회사가 인천 · 노량진 간의 약 33km를 운행한 것이었다. 미국인 모스가 부설권을 갖기는 했지만, 자금력 부족과 일본 측의 공작에 의해 일본 측에 의해 결국 준공되었다. 이후 경인철도는 1901년 8월부터 경부선의 부설에 착수한 경부철도주식회사에 의해 1903년 매수되었다. 러일전쟁의 발발을 계기로 경부철도의 속성 건설이 행해지고, 경의철도가 임시군용철도감부에 의해 개통되어 한반도 종관철도가 완성되었다.

이와 같이 철도 건설은 러일전쟁과 더불어, 일본제국의 팽창을 촉진하는 주요 수단이었다. 요컨대, 한국에서는 교통기관이 식민지화의 레버리지였다. 1914년에 경원선과 호남선이 개통되고, 원산을 기점으로 하는 함경선의 부설공사가 실시되자, 서울을 중심으로 하는 한반도의 X자 철도망이 그 형태를 갖추게 되었다. 이후 철도는 대중국 정책의 일환으로 1917년 만철에 위탁됨으로써 총독부 철도국 직영이 끝나고 만철에 의한 위탁경영이 개시되었다. 그러나 영업

그림 L-a 한국 교통기관별 운송 수단(대, 척)

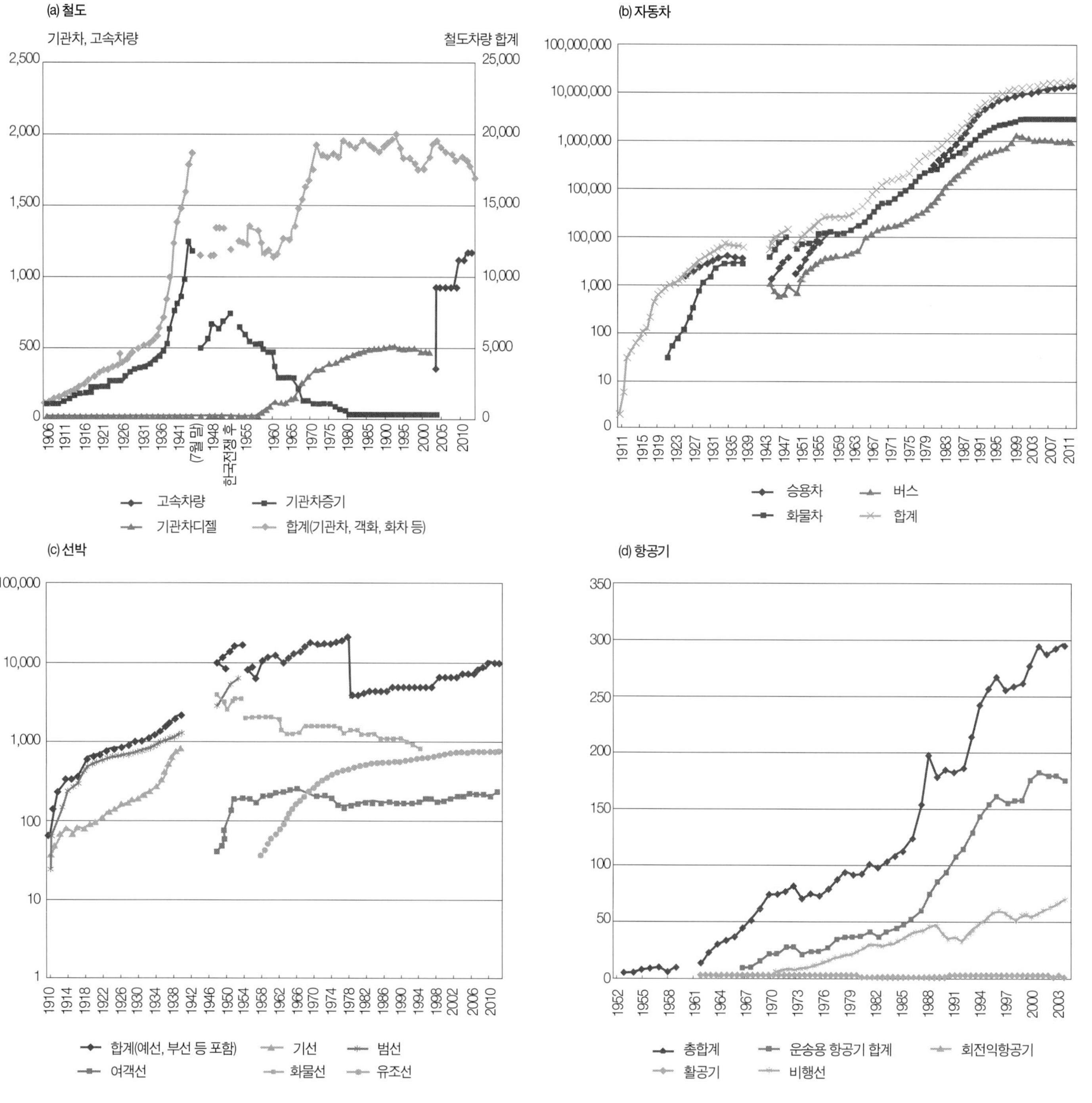

자료: L1-5, L10, L11-12, L16, L20, L25, L27, L29, L31, L33, L35, L49-50, L81-82.
주: 1) 자동차와 선박은 식민지기 대수가 적기 때문에 이들 변화를 파악하기 위해 로그눈금으로 표시함.
2) 선박은 1979년부터 기타 선에서 어선이 제외됨에 따라 합계 척수 통계가 급감한 것으로 나타남.

km 동향에서 알 수 있듯이 1910년대 전반까지는 활발한 철도투자가 행해졌지만, 1910년대 후반부터는 그 증가율이 저하되어 활발한 철도투자가 이루어졌다고 말할 수 없다.

만철의 위탁경영에 대한 조선 측의 반발은 컸고, 1920년대에 들어 식민지 개발을 위한 대대적인 철도투자 계획이 조선산업조사위원회 등에서 검토되어, 만철의 위탁경영은 1925년에 해제되었음은 물론, 새로운 노선 건설 및 사철 매수를 내용으로 하는 조선철도12년계획이 실시되었다. 이로 인해 국철, 사철 모두 급격한 증가세를 보였다. 또한 만주사변, 중일전쟁, 태평양전쟁의 발발은 조선국철의 중요

그림 L-b 한국 철도 영업노선과 도로연장(km)

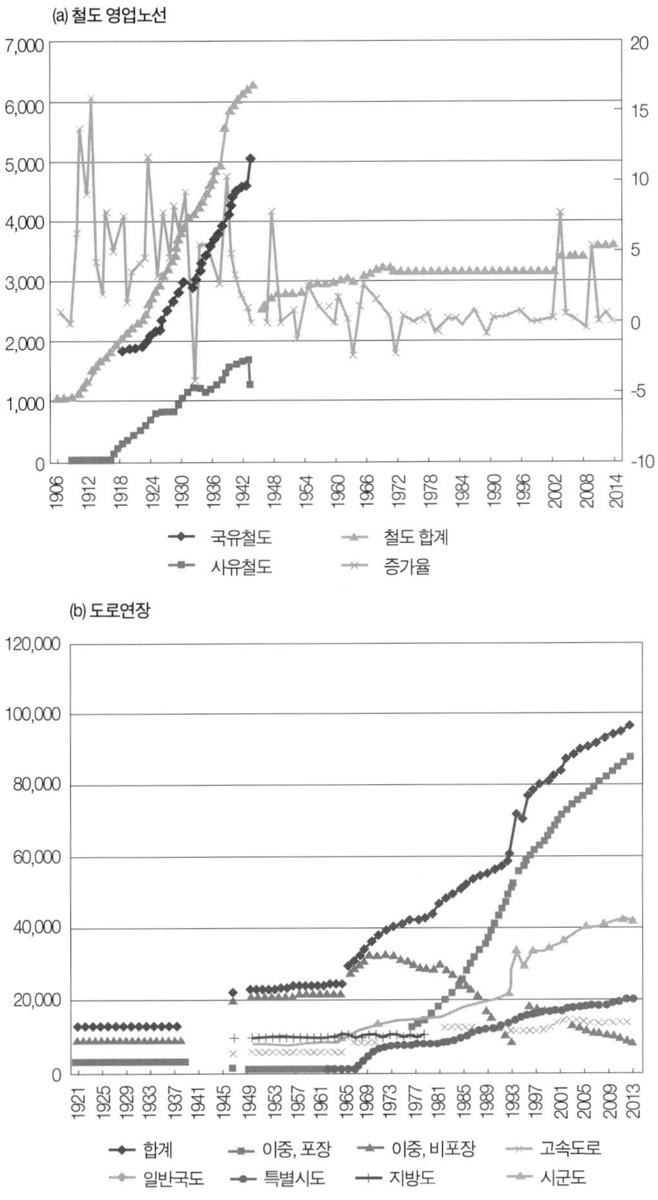

자료: L84-86, L88, L89, L93, L97, L101, L238, L261.
주: 1) 해방 이후 사설철도는 국유화됨.
2) 도로연장은 미개통 도로 제외.

성을 전면적으로 드러내는 계기가 되었고, 새로운 노선 건설이 이어져, 1930년대에 접어들어 활발한 철도투자가 실시된 셈이다. 다만 1933년에 영업 km가 약간 감소하였는데, 이는 만주에서 청진, 성진, 나진의 3항구를 통해서 일본에 이르는 '북선루트'가 개발되어, 북선철도(北鮮鐵道)가 만철에 위탁되었기 때문이다. 서울, 부산, 평양 등 도심 지역에는 노면궤도가 설치되어 영업노선이 1943년에 90km에 달하였다.

그러나 해방 이후 남북 분단으로 철도망은 축소되었고, 미군정하에서는 철도재편을 통해 사철의 국유화도 이루어져 교통부(이후 철도청)로 경영재편이 이루어졌다. 노선 건설에서는 강원도 석탄개발을 위한 산업철도의 건설이 있기는 했으나 전체 노선에서 보면 그 규모는 그다지 크다고 볼 수 없다. 다만 철도차량에서 증기기관차에서 디젤기관차로 바뀌게 되었고 이후에는 전동차, 전기기관차의 등장으로 동력의 근대화가 달성되어 철도기술 진보를 시현하였다. 2004년에는 최고시속 350km에 달하는 고속철도 KTX가 운행되기에 이르렀다.[1] 그러나 전체적으로 볼 때 육운업의 주력은 전 세계적 추세에 맞게 철도에서 자동차로 넘어가지 않을 수 없었다.

식민지기에는 자동차의 운행이 이루어지는 도로망 정비는 자료상 확인되는 1920-1930년대에 정체되었음을 알 수 있다. 포장도로 또한 전체 도로의 4분의 1에 불과하였으며, 자동차 대수 또한 6,000-7,000대에 지나지 않았다. 그러나 전후 모터리제이션의 전개는 이를 크게 웃도는 급속한 것으로서 자동차의 보급과 함께 자동차 도로의 정비는 대단히 빠른 속도로 이루어졌다. 1968년 경인고속도로를 필두로 고속도로가 전국적으로 부설되기 시작하였고 국도, 시도, 지방도의 포장공사도 진전되어 1985년에는 포장도로가 비포장도로를 웃돌게 되었다. 1960년대 이후의 고도성장으로 인해 일인당 국민소득이 증가하면서 대중소비사회가 도래하였고, 1989년에 처음으로 자가용 승용차가 100만 대를 넘어선 이후, 2014년 전체 자동차 대수 1,940만 대 중 자가용 승용차의 점유율은 75%를 점하기에 이르렀다. 이러한 상황은 항공업에서 보다 극적으로 나타났으며 소득 증가에 따른 국내외 여객 수요의 급증으로 1980년대 말부터 항공기 대수가 급증하였다.

한편, 해운업을 보면, 식민지기 중 선박의 구분은 기선과 범선으로 이루어졌고 이 중 상당 부분이 어선이어서 해방 후와의 직접적인 비교는 어렵다. 그러나 해방 후의 선박 보유는 식민지기(1940년 2,001척, 16만 6,340톤)를 크게 웃도는 것으로, 여객선에 비해 화물선의 척수가 압도적으로 많았고 1958년에는 58척의 유조선이 있었음을 통계적으로 확인

1 KTX의 부설, 기존 노선의 복선화에 따른 철도투자는 궤도연장으로 나타나지만 영업노선으로 표시되지 않는다는 점에 주의할 필요가 있다.

할 수 있다. 유조선은 1958년 이전 통계에서는 화물선으로 분류되었겠지만, 이후 늘어 2000년대에 들어서는 화물선과 거의 비등한 척수를 보이고 있다. 이러한 변화는 총톤수를 기준으로 보면 보다 명확하며, 당연히 이는 선박 1척당 규모가 크게 증가하였기 때문이다. 한 가지 유의할 점은 1979년 이후 어선이 선박 통계에서 제외됨에 따라 척수는 1978년 2만 963척에서 1979년 3,709척으로 급감하였지만, 톤수를 기준으로는 동기간 400만 톤에서 393만 톤으로 약간 감소하는 정도에 불과하였다. 따라서 대부분의 어선이 소규모 선박이었음을 알 수 있다.

2) 교통 인프라스트럭처의 운영

교통 인프라스트럭처의 확충과 더불어 국내외 교통량도 급격히 증가했음은 물론이다. 식민지기에는 철도, 궤도, 항공 등 극히 일부에 국한되어 통계를 파악할 수 있지만, 육운의 주력이 철도였다는 점에서 완전하지는 않지만 장기적 추이를 고찰하는데 큰 무리는 없다고 판단된다. 우선 여객을 보면 1930년대에 급속한 증가세를 보이다가 해방과 더불어 수송량이 급감하고 이후 한국전쟁을 거치면서 정체되었으나 경제부흥 그리고 이에 이은 고도성장으로 급속히 증가하게 되었다. 여객수를 기준으로 식민지기에 궤도가 철도보다 많은 수의 여객을 수송한 것은 도시부의 단거리 이동 여객을 대상으로 하였기 때문이다. 해방 후에는 이를 자동차가 대신하였고 지하철이 1974년에 개통한 이후에는 급격히 여객수송을 늘려 철도를 웃돌게 되었다. 물론 수송거리를 고려한 인 킬로미터(passenger-km)를 기준으로 할 때에는 철도가 해방 직후까지 압도적이었고 1960년대에 자동차 및 도로의 보급이 본격화하면서 철도를 웃돌게 되었다. 또한 국제항공의 경우 여객수에서는 두각을 나타내지 못하였으나, 인 킬로미터에서는 1989년부터 철도보다 교통량이 많아졌고 2000년대에 접어들어서는 자동차를 상회하였다.

다음으로 화물수송에서는 식민지기 궤도수송은 극히 제한적이었고 철도가 지배적인 교통수단이었다. 해방과 한국전쟁을 거치면서 철도수송은 감소가 불가피하였으나 이후 회복되어 갔다. 그러나 국내 수송에서 공로, 즉 자동차 수송이 철도를 앞지르고 다음에는 해운이 이를 이어갔다. 반면, 철도수송은 1990년대 이후 정체되어 수송량이 오히려

그림 L-c 교통수단별 교통량 추이(천 명, 천 톤)

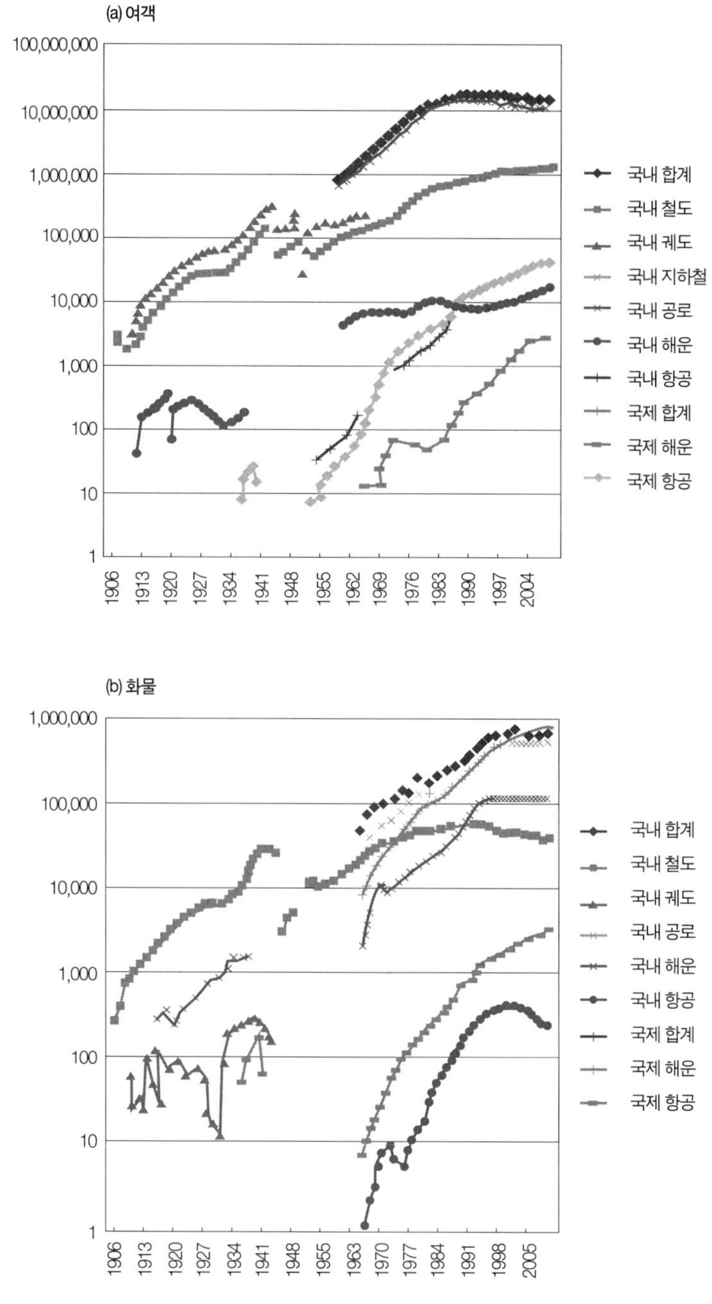

자료: L204-213, L223-231.
주: 1) 식민지기 추이를 나타내기 위해 로그눈금으로 표시함.
2) 식민지기 국내 해운은 조선총독부 명령항로 성적에 의함.

감소되어 화물수송시장에서 경쟁력을 상실하고 있음을 보여 주고 있다. 그러나 이들 교통기관의 국내 수송량을 국제 해운이 크게 웃돌게 되는데 이는 수출진흥에 따른 당연한 결과이다. 이상의 화물수송을 톤 킬로미터(ton-km)를 기준으로 재고하면, 국내 수송에서는 철도가 1970년대까지는 주력이었으나 1980년대에 접어들어 해운업에 자리를 내주었고 공로와는 비등한 수준이 되었다. 그러나 국제 수송을 고려

하면 압도적으로 국제 해운 자체가 국내 수송 전체의 수십 배에 달하였다. 국내외 수송을 비교하면, 국제 수송량의 경우 기울기가 국내 수송량에 비해 클 뿐만 아니라 그 증가율이 경제성장률보다 크다. 이러한 추세는 출입국과 수출입에 관련된 객화수송량이 늘었다는 것을 나타낸다. 이러한 점에서도 개방경제를 지향해 온 한국 경제의 특징을 엿볼 수 있다.

3) 맨파워의 형성과 해방 후 재편

교통 인프라스트럭처에 관한 검토에서 빼놓을 수 없는 것이 맨파워이다. 국유철도 종사자, 해기사면허자, 운전면허소지자에 대한 장기적 추세를 파악할 수는 있지만, 식민지기부터 그 세부적 실태를 파악할 수 있는 것은 국유철도 종사자에 국한된다. 이러한 관계로 국유철도를 중심으로 논의를 전개하면서 다른 교통기관에 관해서도 논하고자 한다. 철도는 광범위한 지역에 걸쳐 점과 선의 교통망을 확립하여 시간적 규칙성을 가지면서 여객과 화물을 수송한다. 이 때문에 대규모 자본투자와 함께 많은 수의 종사자가 채용되었다. 그림 L-d를 보면, 1907년 6,933명이었던 직원수는 만철위탁경영이 시작되는 1917년에 약 9,592명이 되었고, 이것이 해제될 무렵에는 약 13,000명 규모로 증가하여 그 후 계속 늘어났다. 세계대공황의 직후에는 다소 그 속도가 둔화되었지만, 경기회복과 더불어 증가하기 시작하여 전시기인 1938년에는 약 3만 명으로 늘었고, 해방 직전에는 10만 명을 넘는 규모에 이르렀다. 해방 후 남북 분단으로 철도 규모가 반감하면서 이후 맨파워 규모는 2-3만 명으로 축소되었다.

이들 철도종사자를 가지고 철도관리를 유지하기 위해서는 그 내부에 계층형 조직(hierarchy)이 성립될 수밖에 없었다(Chandler 1977 제2부). 식민지기에는 일본의 관리조직 체제 하에서 칙임관(勅任官)과 주임관(奏任官)으로 이루어진 고등관을 상위 관리층으로 하여, 그 예하에 중간 관리층인 판임관(判任官)이 있었고, 그 밑에 현장노동자의 상층과 하층에 해당하는 고원과 용인이 현업원(現業員)으로 배치되었다. 해방 후에도 국유철도로서 교통부, 철도청에 의해 운영되었기 때문에 2004년 공기업제도가 시작되기 전까지 공무원제도에 의해 운영되었음은 물론이다.

그림 L-d 교통기관별 맨파워

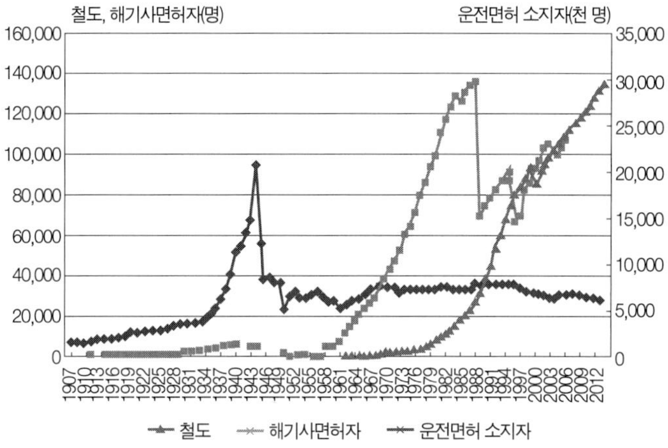

자료: L126, L145, L175, L186.

주: 1) 철도에서 식민지기는 국철 직원만임.

2) 해기사면허자에서 1989년부터 소형선박조정사가 소형선박항해사로 바뀌면서 집계기준이 변화함. 또한 1996년부터는 도선사가 총합계에서 제외됨.

3) 자동차 운전면허소지자의 경우 2000년 기준 변화로 인해 일시적으로 감소함.

식민지기 맨파워 구성은 용인의 비율이 저하하는 경향을 띠고 있었지만, 60-70%로 일관되게 가장 높은 수준을 유지하고 있었고, 고원의 경우 상승 경향을 보였지만, 대체로 20%로 양자 간에는 커다란 비율의 차이가 있었다. 또 중간 관리층에 상응하는 판임관(서기, 기수)은 제1차 총독부직영기에서 만철위탁경영기, 제2차 직영기에 걸쳐 3-4%로 높아졌지만, 1920년대 말부터 전시기까지는 증가하였다고 보기 어렵다. 또한 현장에서 다년간의 경험을 갖고, 현장 장악력이 뛰어난 숙련노동자에게 주어진 판임관 대우 신분이었던 철도수(鐵道手)의 경우도 1%대로 장기적 증가 경향이 확인되지 않는다.

한국인의 경우, 용인층에 약간의 감소가 있지만, 가장 많은 사람들이 집중되어 있어 전쟁말기에도 70%를 넘고 있다. 그 반면 고원층은 증가하기는 했지만, 전쟁말기에 20%를 넘는 수준에 불과하였다. 당연히 판임관의 비율은 가장 높았던 1945년 3월에도 3.3%로, 고등관과 철도수를 합쳐도 그 비율은 3.5%에 지나지 않았다. 이와 같이 주요 현장 노동력으로 부상한 것이 한국인으로, 일부는 신분상승의 기회가 주어졌지만, 이는 일본 국내의 국철과 조선국철의 일본인 직원에 비해서는 극히 미미한 수준이었다. 이러한 실태는 해방과 더불어 철도운영상의 위기를 일으킬 수밖에 없었

그림 L-e 국철직원의 민족별 신분구성(%)

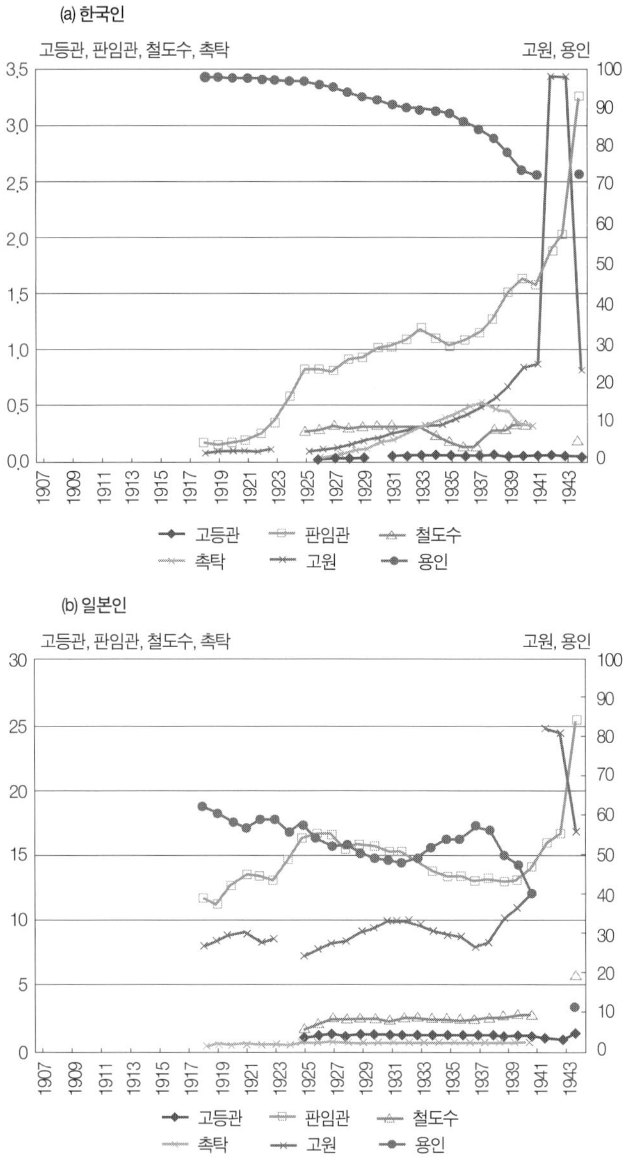

자료: L126-144.

주: 1) 민족별 신분구성은 1918년부터 파악 가능함.

2) 만철위탁경영기의 1924년에는 직원(→판임관)에는 종래의 고원층도 포함되어, 외견상 판임관이 급증한 것으로 보여, 이를 각각의 전후연도를 가지고 보간 추계함.

3) 1942-1943년의 고원은 자료상 용인을 포함함.

그림 L-f 한국 철도 노동 생산성

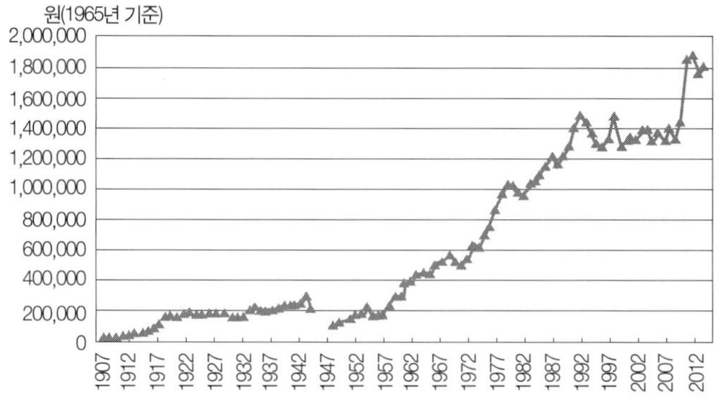

자료: L126, L146, L257, L260.

주: 1) 식민지기는 국철만임.

2) 1960년 기준 철도운임지수로 명목수입액을 실질수입액으로 변환한 후 이를 철도요원수로 나눔.

다. 즉, 일본인이 배제되자 관리 및 기술 부문에서 커다란 공백이 발생하였다. 일본인이 고위의 관리직뿐만 아니라 현장의 기술직을 담당하고 있었고, 판임관 이상의 한국인은 3%대에 불과했던 만큼, 철도운영은 정상적으로 이루어지지 못하고 결국 모든 열차운행이 중단되게 되었다.

노동 생산성의 관점에서 보면, 식민지기 중 향상된 노동 생산성은 해방 후 급락하였고, 다시 식민지기의 최고 수준을 회복하는 것은 1950년대 말이 되어서였다. 이 때문에 일본 점령에 추가되었어야 할 2개의 미군철도운용대대가 조선에 추가 배치되었고, 미군 점령하에서 한국인 경영진은 운영관리 능력과 고도기술을 습득해야만 하였다(林采成 2005: 第4章). 이러한 해방 후의 상황은 제2차 세계대전 중 일본 측 상선이 미군의 주공격 대상이 되었다는 점에서 선박 운영에서도 심각하게 나타났으며, 상대적으로 부족해진 일본인 선원을 보충하기 위해 한국인 선원의 채용이 증가하였지만, 한국인의 기술 수준은 제한된 것이었다. 이러한 기술적 공백을 극복하기 위해 교육제도의 확충과 더불어 미국 등의 기술원조가 필요하였다.

2. 통신업

1) 통신 인프라스트럭처의 형성과 전개

우편, 전신, 전화와 같은 근대 통신의 등장은 지금까지 인편, 역마, 봉화 등에 의존해야만 했던 정보 전달의 비용과 시간을 전국적인 우체국 조직과 전기통신기술을 통해 효율적으로 줄일 수 있었다. 이를 통해 각지의 거래 활성화를 가져와 상공업의 발달에 기여하였으며 동시에 행정 기능의 원활한 수행을 가져왔다. 특히, 전신 · 전화와 같은 전기통신은 리얼타임으로 공간적 격리를 극복하여 정보를 전달함으로써 철도, 기선과 더불어 제국의 세계 지배를 가능하게

그림 L-g 한국의 통신기관 및 시설

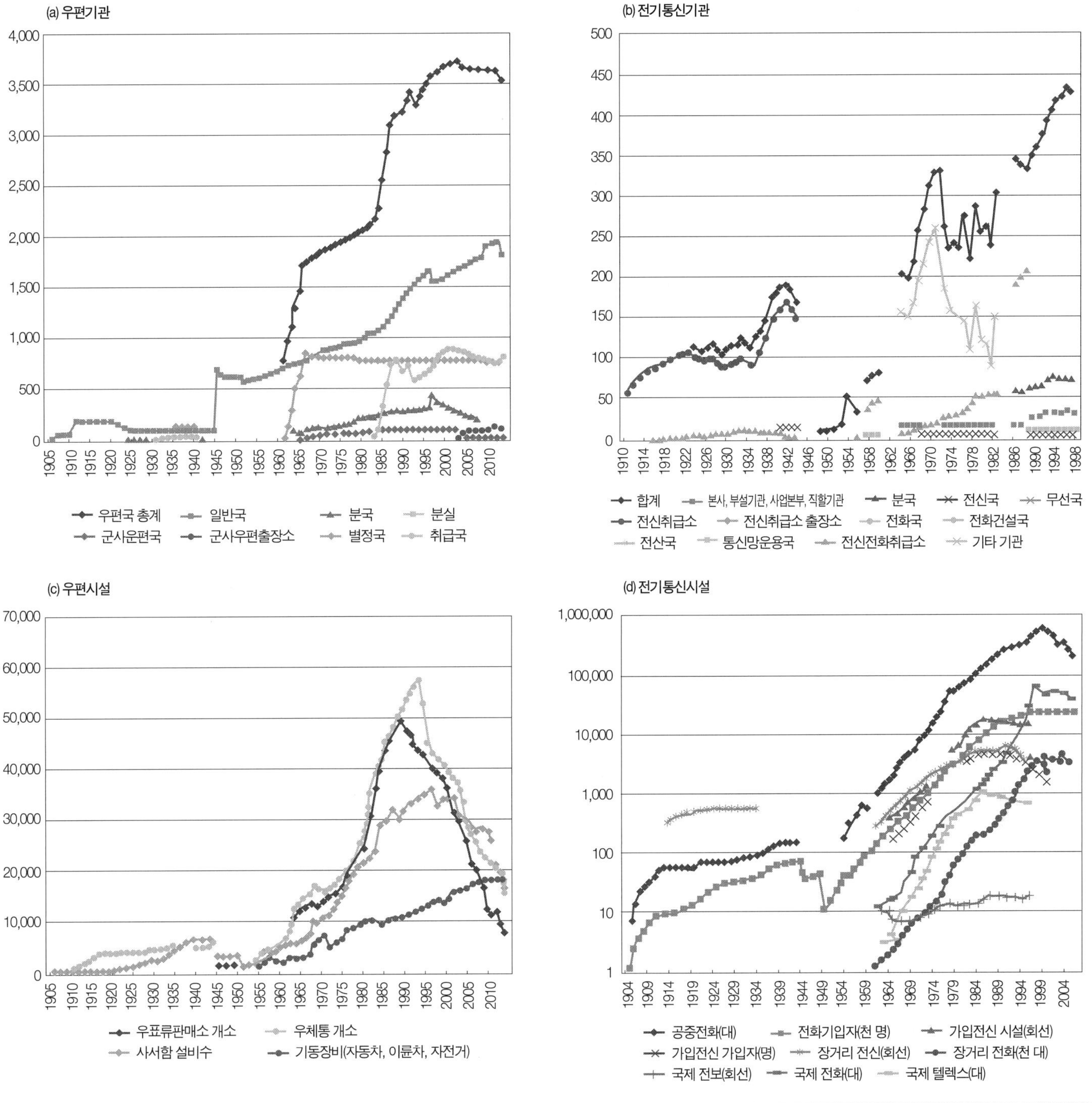

자료: L355-356, L367, L372-377, L378-384, L510-525, L526-534, L557.
주: 1) 전기통신시설의 경우 정수 눈금으로는 식민지기 변화를 알 수 없는 관계로 이를 로그눈금으로 표시함.
2) 식민지 장거리 전신은 자료상 단거리를 포함한 전신회선임.

하였다. 한국의 경우에도 통신 인프라스트럭처의 구축을 위한 움직임은 19세기 말부터 시작되었지만, 본격적인 전국적 통신망의 구축은 조선의 식민지화와 무관할 수 없다.

1904년 일본 정부와 한국 정부 간에는 한일협정서가 교환되어 우선 한국통신기관의 전부를 일본 관리로 하고 그 협약안을 내세워 '한국통신기관의 위탁에 관한 결정서'가 1905년 강제조인 되기에 이르렀으며, 그 이듬해인 1906년에는 통감부통신관서관제가 공포되었다. 이후 조선의 식민지화와 더불어 조선통감부 통신관리국은 조선총독부 통신국이 되었음은 물론이고, 통신 업무뿐만 아니라 항로표식과 기상관측, 그리고 전기사업 감독에 이르는 다양한 업무를 관할하게 되었고 서울, 부산, 원산, 평양의 각국은 관리사무분장우편국에서 조선총독부 체신분장국으로 개칭되었다. 이러한 과정에서 한국의 통신제도는 일본과 동일한 제도로 바뀌게 되었다. 그 외에도 우편환저금관리사무와 해사행정(항로, 선박, 선원)을 담당하여 통신국은 체신국(1912)으로 개칭되어 그 명칭이 해방 후 체신부로 이어졌음은 물론이다. 1913년에는 전신국과 전화국의 설치를 보게 되고, 1927년에는 항공 업무를 체신국의 소관으로 삼았으며 나아가 1929년에는 조선간이생명보험 업무도 담당하였다. 하지만 직원의 배치로부터 판단하건대, 체신국은 국유철도 운영을 담당했던 철도국처럼 어디까지나 우편, 전신, 전화라는 통신 업무를 중심으로 한 현업기관이었고, 이에 더하여 우편저금, 간이생명보험 등 금융 업무를 담당하였다.

통신 인프라의 구축이 적극적으로 이루어지게 되었다. 우체국이 정비되고 우표류판매소, 우체통, 사서함이 증설되고 우편선로가 철도, 명령항로의 정비와 더불어 연장되었다. 또한 전기통신의 경우에도 전신국, 전화국은 물론, 전신취급소 혹은 전신전화취급소가 증설되고 전신망의 확대와 전화기 보급이 이루어졌다.

전신에서는 주요 지역 간을 연락하는 전신회선을 신설하는 것뿐만 아니라 직통회선을 늘림으로써 통신연락의 민활한 소통을 기하였다. 직통회선은 1906년 36회선에 불과하였으나 1908년 52회선, 1910년 111회선, 1912년 132회선, 1913년에는 265회선에 이르렀다. 전신기계에서도 현자기(現字機), 음향기의 증설은 물론 인자기, 반송식 전신장치, 자동중계반, 다중전신장치, 무선송신기 및 수신기 등이 도입되었다. 전선은 직접적인 음성을 전달하는 전화와는 달리 모르스 기호를 이용하기 때문에 식민지기 전보는 일문 전보와 한글 전보로 구분되었다.

한일, 한중 간에도 해저케이블 등을 통해 19세기 말부터 국제적 전신망이 이미 구축되었지만, 식민지화 이후 일본과 조선의 전신회선이 강화되었다. 예를 들어, 1910년에는 전보요금을 대폭 인하하는 동시에 전신회선을 변경하였다. 서울 · 부산 간, 부산 · 시모노세키 간의 양 회선을 접속하여 서울 · 시모노세키 간의 직통전신회선을 구성함으로써 부산에서의 중계를 생략하였고 나아가 음향이중 전신기를 장치하여 다수 전보의 전달을 가능하게 하였다. 이후 한일 양 지역 간 전보가 급증하였기 때문에 다음 해에는 통신 방식을 자동기 장치로 개량하고 나중에는 해저케이블을 증설하여 통신 속도를 높이게 되었다. 통신 인프라 확충이 다른 지역 간에도 전개되었음은 물론이다. 또한 조선의 통신망을 통하여 일본과 다른 지역 간 통신을 중계하기도 하였다. 1914년 일본과 러시아 간에 러일 양국 간 직통전신통신에 관한 협정에 의거하여 조선 북부 두만강 연안을 경유하여 양국 간의 통신이 증가하게 이르러 통상무역 발전에 기여하였다. 후에는 청진과 블라디보스톡 간에 직통회선이 설치되자, 종래 수개소의 중계를 요하여 5시간 18분이 걸렸던 서울 · 블라디보스톡 간의 전신이 48분으로 단축될 수 있었다.

전화통신 또한 급속히 진전되는 양상을 보이고 있다. 전화선로가 확장되어 전화교환개설지가 전국적으로 확대되면서 각 지역에 전화 보급이 늘고 전화 가입자가 증가하게 되었다. 가입자의 회선 방식은 통화량 증가와 더불어 단선식에서 복선식으로 바뀌고 교환기도 공전식 교환기가 교환 방식 또한 자동식이 되었다. 조선 내 구간뿐만 아니라 일본, 중국과의 장거리 전화통화도 연락전화선이 부설되어 가능하게 되었다.

1930년대 후반 이후 전시기에 통신의 중요성이 더욱 부각되면서 통신시설이 증가하였지만, 해방과 함께 남북이 분단되자 통신시설은 양분되었으며 이에 이은 한국전쟁의 발발은 많은 통신시설의 파괴를 가져왔다. 이로 인해 통신

그림 L-h ISDN, 전용회선, 초고속 인터넷 통신망

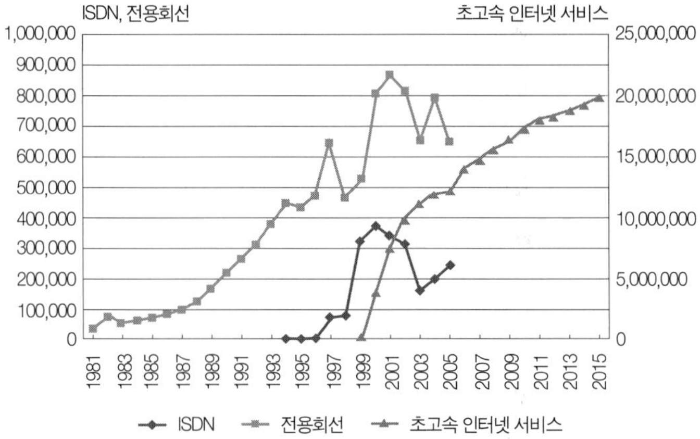

자료: L535-537.

그림 L-i 통신수단별 통신량 추이(통, 천 통, 도수)

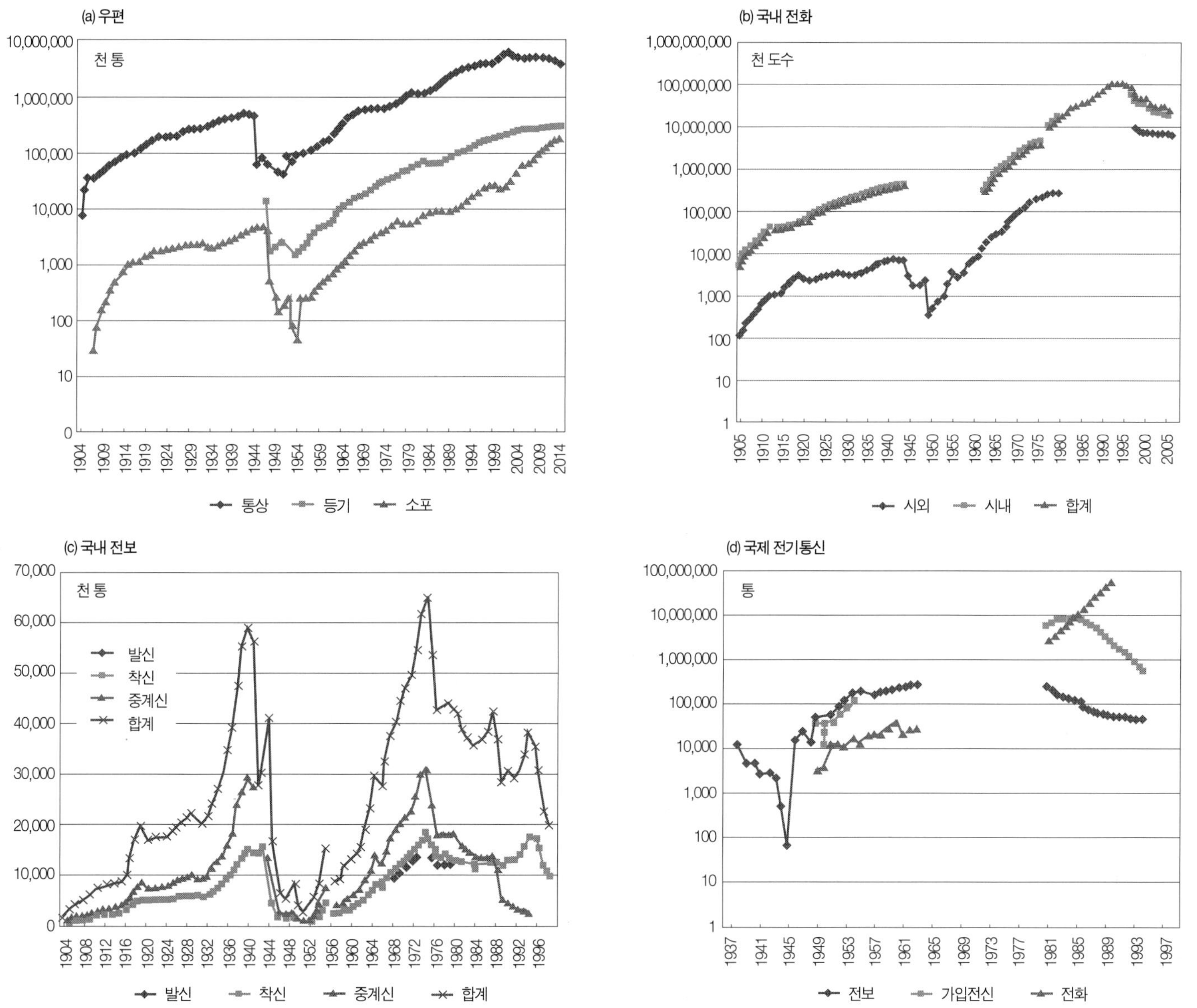

자료: L498, L502, L506, L581-582, L586, L602-603, L606-607, L609-610.
주: 우편, 국내 전화, 국제 전기통신은 식민지기 변화를 알 수 있도록 로그눈금으로 표시함.

능력이 급감될 수밖에 없었지만, 전후 부흥과 고도 경제성장으로 1960년대에는 식민지기 인프라 수준을 넘어서게 되었다. 전국적으로 우체국이 늘고 우표판매소, 사서함수, 우체통 등이 늘어 전국적으로 촘촘한 우편망을 구축하였으며 우편물 집배를 위한 자전거, 이륜차, 자동차 등 기동장비가 증비되었다. 또한 전기통신 부문에서도 통신사업5개년계획의 추진으로 전화기의 보급, 전신회선, 전화선로의 증설이 이어지고 전보, 전화, 텔렉스의 국제 통신시설도 크게 확충되었다. 그러나 이러한 움직임 가운데 유의하지 않으면 안 되는 것은 반도체산업의 발전을 기반으로 퍼스널 컴퓨터가 보급되면서 인터넷이 일반생활에 도입되고 개인용 이동전화가 널리 이용됨에 따라, 전신의 역할이 급속히 약화되었고, 공중전화와 일반전화 가입자 또한 2000년대를 경유하면서 대폭적으로 줄어들고 있는 것을 알 수 있다. 이는 새로운 정보기술 혁명(information technology revolution)의 영향에 다름 아니다.

1980년대에 접어들면서 디지털 통신망이 강화되었다. 전용회선(Leased Line)은 두 지점 간을 고정적으로 연결함으로써 빠른 전송률을 보장할 수 있다. 이를 위한 인프라 구축과 유지 · 보수에는 많은 비용이 소요된다. 이러한 점에서 많은 경우 전기통신업자로부터 임대를 하고 있다. 또한 1994년 이후 등장하는 종합정보통신망(Integrated Service Digital Network: ISDN)은 문자, 그림, 음성, 동영상 등 모든 정보를 디지털 신호로 전환하여 하나의 네트워크를 통해 전송하는 통신망으로 1990년대까지 증가하였다. 그러나 이러한 움직임에 대해 새로운 변화요인으로 등장한 것이 초고속 인터넷이다. 국내에서 인터넷 접속 서비스는 1993년에 개시되어 1990년대 말부터 개인용 컴퓨터의 보급과 함께 초고속 인터넷 서비스가 시작되면서 관련된 투자가 급속하게 이루어졌다. 초고속 인터넷망은 전 국민을 커버하는 수준에 이르러 이제는 기존의 전신 · 전화는 물론, 다른 디지털 통신망을 대체해 나가고 있다. 인터넷 이용은 스마폰과 결합되면서 IT 혁명은 새로운 단계에 접어들었다.

2) 통신 인프라스트럭처의 운영

인프라의 확충에 따라 통신 이용이 급속히 늘었음은 물론이다. 1905년 7월 일본 측이 조선의 통신사업을 전부 관리하게 되고 시설정비를 도모하면서, 재조선 일본인의 증가와 한국인의 통신요금 부담력이 커져 우편, 전신, 전화의 시설 이용이 증가하였다.

우선, 우편의 경우 경기 변동 등의 영향을 받으면서도 국내 우편은 비교적 일관되게 증가한 것에 대하여 국제 우편은 1920년대 정체를 경험하게 되고 세계대공황으로부터의 경제회복과 더불어 급격히 증가하는 경향을 보인다. 이로 인해 우편물 접수는 1943년 4억 4,976만 통에 달하게 되었다. 다음으로, 전화의 경우는 시외전화의 요금이 높았기 때문에 그 대부분이 시내전화인데, 우편과는 달리 1910년대까지는 그 증가세가 완만하였지만, 1920년대에 접어들어 급격히 증가하여 1944년에는 4억 351만 도수(度數)를 기록하였다. 이에 비해 경기 변동의 영향을 강하게 받은 것이 주로 무역과 금융 그리고 도매거래에 활용되고 있던 전신이었다. 제1차 세계대전 중의 호황과 공황으로부터의 회복기에는 급격히 늘어나 1940년에 5,903만 통의 피크를 기록하였다. 우편과 전화는 전시기에 접어들어 사용이 제한되어 정체 경향을 보였지만, 전신의 경우는 통제경제의 진전에 따라 개별 경제 주체 간의 통신연락이 적어지게 되어 전신 통신량이 급감하였다.

그림 L-j 유무선전화 가입자와 인터넷 이용자(천 개, 천 명)

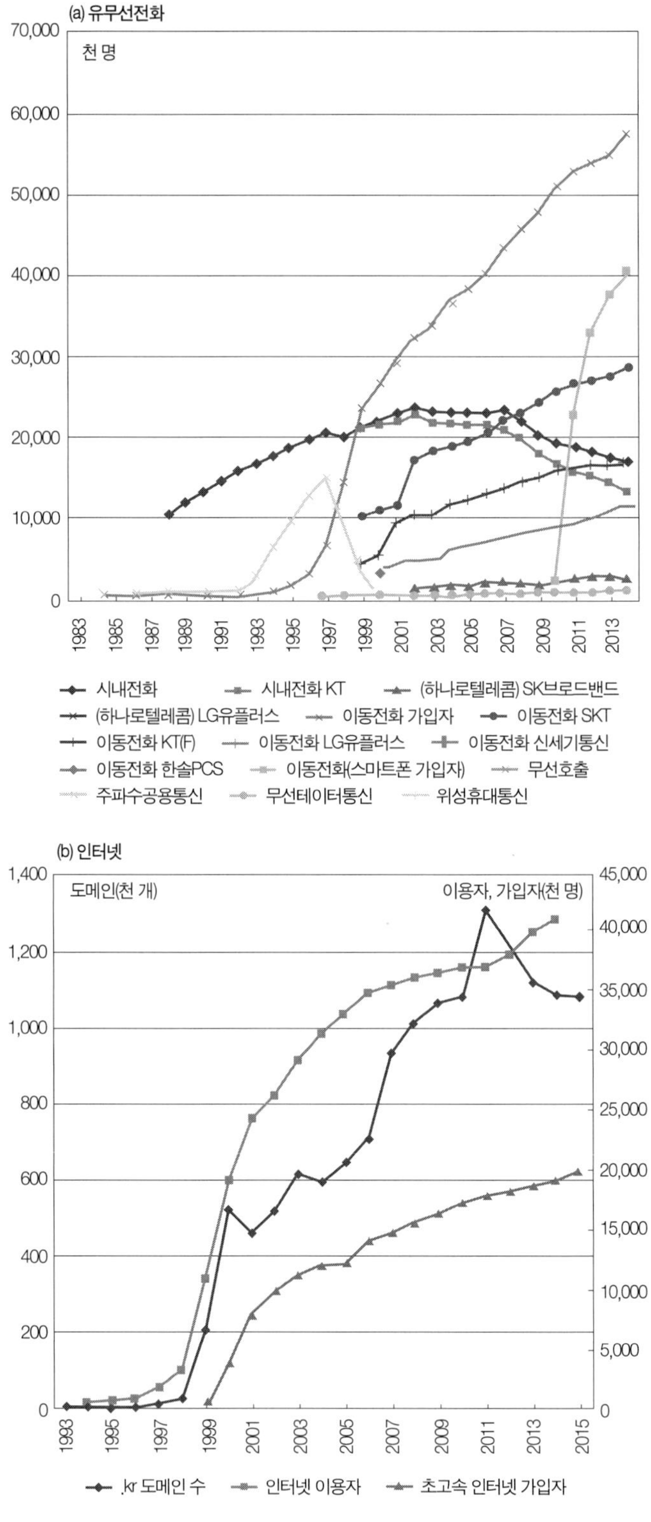

자료: L611-625, L626-627, L632.

제2차 세계대전의 결과 한국은 식민지 지배를 벗어났지만, 남북 분단과 이에 이은 한국전쟁으로 인해 통신시설이 반감하고 잔존 시설이 상당 부분 파괴되어 통신량 또한 급격히 줄어들 수밖에 없었다. 이러한 가운데 미 원조 등을 재원으로 시설복구가 이루어지고 1960년대 이후 고성장 궤도로 한국 경제가 진입하자 우편, 전화 등 통신량이 폭발적으로 늘어나 이제 식민지기의 수백 배에 달하는 규모가 되었다. 다만, 전신의 경우 1970년대 중반에 식민지기 최고 발신량을 넘어선 이후 급격하게 감소하는 양상을 보이고 있다. 이는 전화보급이 급격히 증가하는 가운데 상대적으로 불편한 전신의 사용은 급격히 줄어들게 됨을 의미한다. 우편의 경우에도 2000년대부터 이러한 현상이 발생하나 국제우편의 경우에는 1990년대에 이미 감소 추세로 접어들었다. 유선전화의 경우에도 국내 통화량은 1990년대에 들어서 급격히 감소하고 있다. 이러한 변화가 기술적 요인과 밀접한 연관성을 갖고 있다는 것은 이미 지적한 바이다.

이동전화 가입자가 1990년대 중반 이후 가히 폭발적으로 늘어 총인구를 웃도는 수준에 달하여 이동전화 2대를 이용하는 경우는 상당히 많은 것으로 판명된다. 이동전화에서도 인터넷 이용이 편리한 스마트폰 이용자도 2000년대 말부터 급격히 늘어나고 있어 그 수가 2014년 4,000만 명을 넘어서고 있다. 회사별로는 SKT가 가장 많으며 그 다음이 KT, LG의 순이었다. 한때 급격한 증가세를 보여 1997년 1,500만 명을 넘어섰던 무선호출의 이용자수는 이동전화의 보급과 더불어 급감하였다. 반면 일반전화인 시내전화 가입자는 2000년대에 들어서 줄어들고 있다. 한편, 인터넷의 이용자도 동시기에 급격한 증가세를 보이고 있어 인터넷 이용인구 비율이 2014년 83.6%에 달하였다. 그 중에서도 초고속 인터넷 가입자가 급격히 늘고 있음은 이미 지적한 바와 같다. 새로운 기술도입으로 인해 통신은 국내외 구분이 모호해지고 있고 국제통신요금도 급격히 하락해 왔다. 이것이 세계화(Globalization)의 기술기반이 되고 있음은 물론이다.

인터넷의 등장으로 우편과 전신의 필요성이 적어지고 있는데 이의 부정적 효과가 전신과 국제 우편에서 상대적으로 컸다고 볼 수 있겠다. 이를 통해서도 세계화, 디지털 경제의 기반이 되고 있는 기술 정보 혁명이 기존 통신시장에 큰 변화를 가져오고 있음을 엿볼 수 있다.

3) 맨파워의 형성과 해방 후 재편

다음으로 통신 인프라의 운영을 담당한 맨파워를 고찰

그림 L-k 통신업 맨파워(명)

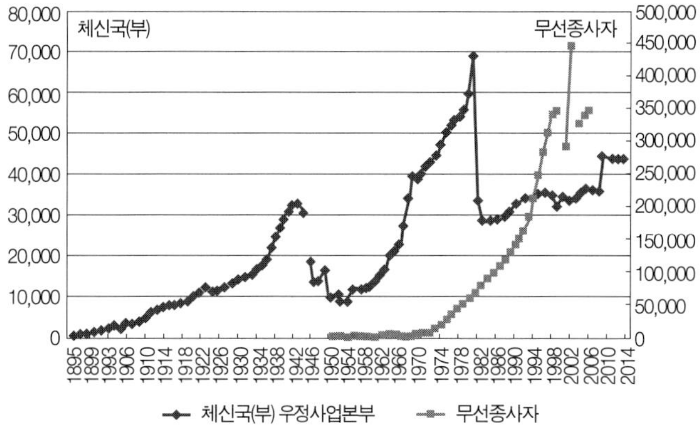

자료: L402, L415, L436, L456, L566.

하여 보자. 통신업 직원에 관한 장기 통계는 대한제국 경영기부터 파악 가능하다. 1895년 주임 4명, 판임 30명, 고인(雇人) 200명, 계 234명이었지만, 일본 측에 의해 통신시설이 통합되는 1905년에는 칙임 2명, 주임 36명, 판임 223명, 고인 1,057명, 임시우체사 주사 335명, 동 고인 670명, 계 2,323명에 달하게 되었다. 통신업의 식민지화 이후 한국인이 구축되고 일본인을 중심으로 하는 식민지적 고용 구조가 정착하게 되었다. 우편국 1개소 배치요원수를 보면 1924년 54명(우편국 102개소)에서 1930년 65명(102개소)으로 증가하고 1931년 조직개편으로 73명(87개소)으로 되었으나 1941년에는 123명(91개소)으로 늘었다. 통신업에서 노동집약적 운영 방식이 전시기에 걸쳐 실현된 것이다. 이를 위해서는 대량의 노동력이 필요하게 되었음은 재론의 여지가 없다.

맨파워는 총독부가 설치된 1910년 5,022명이었지만, 그 후 통신업의 발전에 따라 증가하여 1920년 9,642명, 1930년 1만 3,952명, 1940년 2만 6,777명으로 되고 1943년에는 3만 2,835명으로 정점에 달하였다. 다만, 전시하 심각한 노동력 부족으로 인해 1944년 3만 514명으로 감소하였다. 이와 같이 1930년대에 접어들어 이직률이 상승하는 가운데서도 채용률이 이를 상회하여 전체적인 종업수가 증가했음을 나타낸다. 특히, 전시하 업무가 증가하고 일본인의 이직률이 높아지면서 노동력의 유동화가 발생한 가운데 한국인의 대량 채용이 이루어지게 되었다. 한국인의 비율은 1910년 31%, 즉 1,569명에서 1944년 80%, 2만 4,495명으로 급격히 높아졌다.

그림 L-1 체신직원의 민족별 신분구성(%)

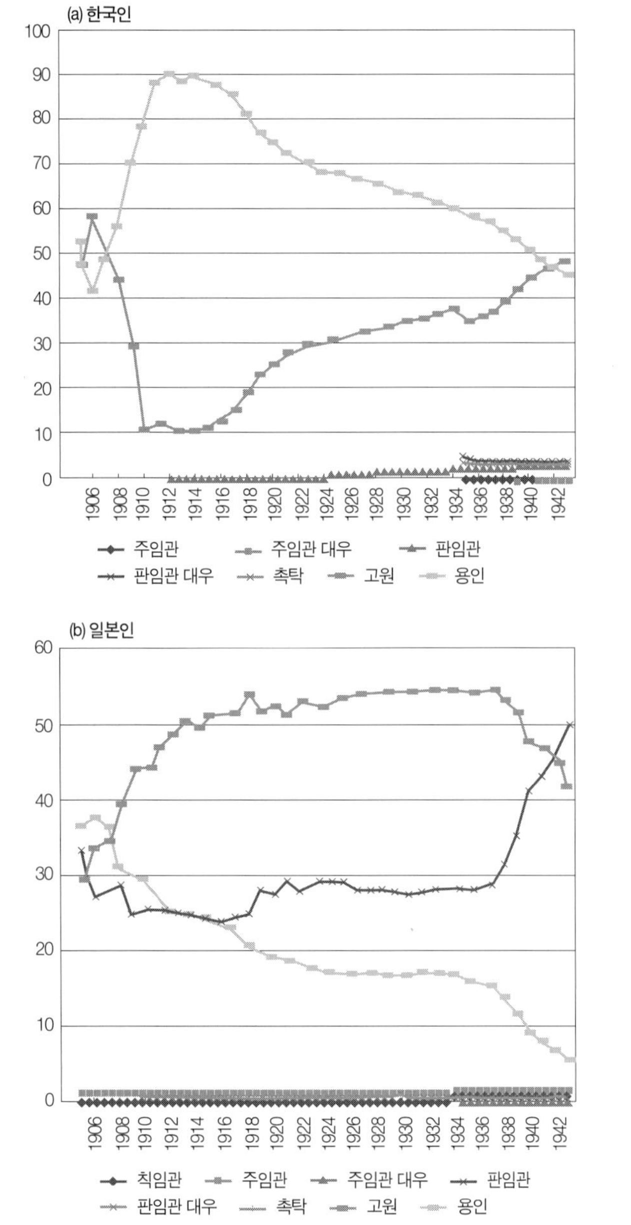

자료: L415-434.

노동력 유동화는 노동 구성에도 영향을 미치지 않을 수 없었다. 전시하에서 연령과 근속연수의 저하를 가져와 노동력의 희석화(the dilution of labor)라는 문제가 부각되었다. 이러한 가운데 한국인의 대량 채용이 단행되었기 때문에 평균 근속연수는 1941년에 일본인 남자 8년 6개월, 여자 3년 5개월, 한국인 남자 2년 11개월, 여자 1년 9개월로 짧아졌다.[2] 이에 대해서 통신 당국이 내부 교육을 강화했음은 물론이다.

노동 구성의 변화에 따라 총독부 체신국 내에서의 인적 운영도 바뀌지 않을 수 없었다. 민족별 신분 구성을 보면, 국유철도에서와 같이 일본인은 주로 상층부, 한국인은 하층부에 배치되어 있었는데, 한국인의 경우 1920년대부터 1930년대에 걸쳐 용인의 저하와 고원(雇員)의 상승이라는 신분상승이 일어나고 전시기에는 그 현상이 가속화되어, 판임관과 체신수(遞信手: 철도수와 같이 장기 근무 현업원을 대우하기 위해 신설된 판임관 대우 신분)의 비율 또한 1943년에 각각 4%, 2%에 이르렀다. 때문에 한국인이 고원과 체신수에서도 압도적인 비율을 점하게 되었다. 그 반면 일본인은 전시기에 이르기 전에 큰 변화를 보이지 않았지만, 전시하에서는 그 절반이 판임관이 되는 등 급격한 신분상승이 이루어졌다. 즉, 일본인의 확보가 어렵게 됨에 따라 높은 신분층에 집중적으로 배치된 것이다.

이는 해방 후의 일본인이 귀환했을 때 통신 인프라의 운영에 여러 가지 문제가 발생하지 않을 수 없었다는 것을 의미한다. 전시하 통신 인프라의 유지 · 보수가 제대로 이루어지지 못해 시설 노후화에 더하여, 통신기술자가 부족해서 무선방송, 전화, 전신 등 해당 부문의 업무 수행에 차질이 발생하지 않을 수 없었다. 이에 대해서는 미군정하 경제원조뿐만 아니라 현장교육과 더불어 내부 양성이 추진되었다. 그럼에도 불구하고 한국전쟁이 발발하자 맨파워의 유실이 불가피해져 직원수는 8,000명대 수준으로 떨어졌다.

이후 전후 부흥과 한국 경제의 고성장에 맞추어 시설을 복구하고 직원수를 확대해 나가, 1981년 체신부 직원은 6만 8,767명에 달하였다. 맨파워의 강화는 철도업을 웃도는 것으로, 해방 후 철도가 자동차라는 경쟁 교통수단에 직면한 것에 비해 이때까지 통신업 전체에 관한 체신부 독점 체제가 유지되었기 때문이다. 다만, 1982년 한국전기통신공사가 설립되어 체신부의 전기통신 업무를 인수하면서 체신부 통계상 맨파워는 3만 명대 수준으로 감소되었다. 즉, 1982년 이후의 통계는 전신, 전화 업무 직원을 포함하지 않고 있다. 또한 통신 인프라와 관련된 맨파워로서는 무선종사자가 1950년 초 100명에도 달하지 못하다가 그 후 급격히 늘어나서 30-40만 명 수준으로 되었다.

2 Lim(2016); 朝鮮總督府遞信局(1941), 『朝鮮總督府遞信統計要覽』, 1941年度版.

참고문헌

건설교통부, 『건설교통통계연보』, 각년도판.

교통부(1949), 『교통오십년약사』.

______(1958), 『한국교통육십년사』, 교통교양조성회.

______(1960), 『한국교통연감』.

______, 『교통연보』, 각년도판.

______, 『교통통계연보』, 각년도판.

국토교통부, 『국토교통통계연보』, 각년도판.

______, 『도로현황조서』, 각년도판.

김낙년 편(2005), 『한국의 경제성장 1919-1945』, 서울대학교출판부.

미래창조과학부 및 한국인터넷진흥원, 인터넷통계정보검색시스템.

______, 『인터넷중독 실태조사』, 각년도판.

박이택(2008), 『한국통신산업에 있어서의 지배구조와 고용구조 1876-1945』, 한국학술정보.

방송위원회, 『방송산업실태조사보고서』, 각년도판.

오두환(1991), 『한국근대화폐사』, 한국연구원.

우정사업본부, 『우정사업본부 연차보고서』, 각년도판.

임채성(2010), 「근대철도 인프라스트럭처의 운영과 특징」, 『경영사학』 제25권 제1호, 49-74.

전기통신공사, 『연차보고서』, 각년도판.

______(1985), 『한국전기통신100년사』, 체신부.

정부통신부(2001), 『한국정보통신20세기사』.

정재정(2000), 「20세기 초 한국문학인의 철도인식과 근대문명의 수용태도: 최남선 · 이광수 · 염상섭 · 이기영」, 『인문과학』 제7호, 서울시립대 인문과학연구소, 163-204.

철도청(1999), 『한국철도100년사』.

______, 『철도통계연보』, 각년도판.

체신부(1965), 『체신기구연혁사』.

______(1965), 『한국전기통신80년사』.

______(1984), 『한국우정100년사』.

______(1985), 『한국우정사』.

______, 『체신통계연보』, 각년도판.

통계청, KOSIS.

통신사업사편찬위원회(1957), 『체신사업연혁사』.

한국공항공사, 『항공통계』, 각년도판.

한국산업은행조사부(1955), 『한국산업경제십년사』.

한국우정100년사 편찬위원회(1984), 『한국우정100년사』, 체신부.

한국인터넷진흥원, 『한국인터넷통계집』, 각년도판.

______, 『인터넷이용실태조사』, 각년도판.

한국전파진흥협회, 『전파방송산업통계연보』, 각년도판.

한국철도공사, 『철도통계연보』, 각년도판.

한국해양수산개발원, 『해운통계요람』, 각년도판.

해양수산부, 『해운수산통계연보』, 각년도판.

林采成(2005), 『戰時經濟と鐵道運營: '植民地' 朝鮮から '分斷' 韓國への歷史的經路を探る』, 東京大學出版會.

山本熈(1948), 『日本鐵道連絡船史』, 交通協力會.

鮮交會編(1986), 『朝鮮交通史』.

______(1986), 『朝鮮交通史資料編』.

朝鮮總督府, 『朝鮮總督府統計年報』, 各年度版.

朝鮮總督府交通局(1944), 『朝鮮交通狀況』.

朝鮮總督府鐵道局(1914), 『朝鮮鐵道驛勢一般 上』.

______(1915), 『朝鮮鐵道史』.

______(1923), 『朝鮮鐵道史 創始時代』.

______(1928), 『朝鮮總督府鐵道局現業共濟組合概況』.

______(1940), 『朝鮮鐵道四十年略史』.

______, 『年報』, 各年度版a.

______, 『朝鮮鐵道狀況』, 各年度版b.

______, 『鐵道要覽』, 各年度版c.

朝鮮總督府遞信局(1938), 『朝鮮遞信事業沿革史』.

______, 『朝鮮總督府遞信年報』, 各年度版a.

______, 『朝鮮總督府遞信統計要覽』, 各年度版b.

______, 『通信事業概況』, 各年度版c.

鐵道省, 『鐵道統計』, 各年度版.

Chandler, Alfred Dupont著, 鳥羽欽一郎 · 小林袈裟治譯(1979), 「經營者の時代: アメリカ産業における近代企業の成立」, 東洋經濟新報社.

GHQ, SCAP, monthly, *Summation of Non-Military Activities in Japan and Korea*.

Headrick, Daniel R.(1998), *The Tentacles of Progress: Technology Transfer in the Age of Imperialism 1850-1940*, Oxford University Press.

Lim, Chaisung(2016), "Health and Diseases of Laborers in Colonial Korea: Focusing on the Cases of the Bureau of Posts and Telecommunications, the Japanese Government General of Korea," *The Review of Korean Studies*, Vol. 19, No.1, 75-110.

U.S. Army Forces in Korea, monthly, *South Korea Interim Government Activities*.

L. 교통과 통신

임채성

1. 교통수단·설비 및 관련 종사자
   - 표 L1-10 국철차량 보유현황, 1906-2014
   - 표 L11-24 자동차 보유현황, 1911-1939, 1945-1949, 1951-1960, 1962-2013
   - 표 L25-48 선박 보유현황, 1910-1940, 1948-1953, 1955-2013
   - 표 L49-82 항공기 보유현황, 1953-1959, 1962-2005
   - 표 L83-103 도로 현황, 1921-1943, 1947, 1950-2013
   - 표 L104-125 항로표지, 1910-1940, 1960-2013
   - 표 L126-174 국철종사자 현황, 1907-1945, 1945-2013
   - 표 L175-185 자동차운전면허자, 1962-2014
   - 표 L186-203 해기사 면허자, 1911-1940, 1943-1944, 1950-1963, 1958-2013
2. 교통 수송량
   - 표 L204-222 교통기관별 여객수송량, 1906-2011
   - 표 L223-239 교통기관별 화물수송량, 1906-1944, 1946-2011
   - 표 L240-272 철도 영업노선, 역수, 수송, 수입, 운임, 1906-2014
   - 표 L273-279 조선총독부명령항로 성적, 1911-1940
   - 표 L280-294 부관연락선 수송, 1910-1942
   - 표 L295-307 해상 수송, 1958-2013
   - 표 L308-321 지하철 수송인원, 수입, 1974-2005
   - 표 L322-329 자동차 여객수송, 1951-1959, 1962-2004
   - 표 L330-354 항공 수송, 1957-2014
3. 우편기관·설비 및 관련 종사자
   - 표 L355-377 우편기관, 1905-2014
   - 표 L378-389 우편시설, 1905-2014
   - 표 L390-401 우편운송선로, 1906-1999
   - 표 L402-469 체신종사자 현황, 1895-1944, 1946-2014
4. 우편 통신량
   - 표 L470-479 우표발행, 1946-2014
   - 표 L480-495 해방 전 우편물수, 1904-1944
   - 표 L496-509 우편물 접수 현황, 1904-2014
5. 전기통신 시설·기관 및 방송국 현황
   - 표 L510-525 전기통신기관, 1910-1943, 1947-1959, 1963-1982, 1986-1997
   - 표 L526-537 전기통신시설, 1905-1943, 1954-1955, 1961-2006
   - 표 L538-544 방송국 현황, 1960-2014
6. 전기통신량 및 인터넷 보급
   - 표 L545-549 해방 전 전화가입자수, 1904-1944
   - 표 L550-560 전화기 및 가입자수, 1905-2014
   - 표 L561-565 식민지기 라디오 청취자수, 1926-1942
   - 표 L566-580 무선종사자 면허, 1951-1999
   - 표 L581-586 전화이용, 1905-2006
   - 표 L587-601 해방 전 전보통수, 1904-1944
   - 표 L602-610 전보 이용, 1904-1999
   - 표 L611-625 유무선통신서비스 가입자, 1984-2014
   - 표 L626-632 인터넷 보급, 1993-2015

1. 교통수단 · 설비 및 관련 종사자

표 L1-10 국철차량 보유현황, 1906-2014

	합계	고속차량	기관차		기관차 (1983년 이후)	동차	난방차	전동차 (1983년 이후)	객차	화차
			증기	디젤						
	L1	L2	L3	L4	L5	L6	L7	L8	L9	L10
	남북한, 대									
1906	884		93						155	636
1907	1,217		104						158	955
1908	1,302		109						159	1,034
1909	1,304		109						159	1,036
1910	1,460		115						159	1,186
1911	1,659		133						191	1,335
1912	1,792		138						209	1,445
1913	1,960		154						268	1,538
1914	2,102		165						335	1,602
1915	2,110		169						337	1,604
1916	2,309		175						360	1,774
1917	2,456		175						407	1,874
1918	2,658		191						420	2,047
1919	2,905		220						433	2,252
1920	3,122		220						430	2,472
1921	3,317		232						471	2,614
1922	3,322		233						493	2,596
1923	3,439		243						540	2,656
1924	3,565		247						564	2,754
1925	3,608		247						595	2,766
1926	4,474		247						621	3,606
1927	3,860		278						671	2,911
1928	4,189		307						749	3,133
1929	4,670		331						817	3,522
1930	4,774		334						808	3,632
1931	4,939		347						829	3,763
1932	5,094		352						845	3,897
1933	5,201		354						850	3,997
1934	5,237		368						855	4,014
1935	5,716		393						897	4,426
1936	6,215		414						969	4,832
1937	7,015		478						1,038	5,499
1938	8,264		518						1,112	6,634
1939	9,926		619						1,277	8,030
1940	12,342		740						1,534	10,068
1941	13,792		802						1,746	11,244
1942	14,722		840						1,852	12,030
1943	15,914		970						1,887	13,057
1944	17,839		1,236						1,447	15,156
1945	18,546		1,167						2,027	15,352
	남한, 대									
1945	11,395		488						1,352	9,555
1946	11,327		548						1,390	9,389
1947	11,295		656						1,321	9,318
1948	13,306		631						1,338	11,337
1949	13,311		621						1,291	11,399
1950(한국전쟁 전)	13,282		674						1,183	11,425
1950(한국전쟁 후)	11,842		728						725	10,389
1951	12,419		626				2		674	11,117
1952	12,425		629				5		674	11,117
1953	12,134		578			8	5		766	10,777
1954	13,482		527			8	5		975	11,967
1955	13,207		522	4		10	5		1,144	11,522
1956	13,222		523	4		12	5		1,158	11,520
1957	12,321		511	34		14	11		1,158	10,593
1958	11,626		479	49		14	16		1,155	9,913

표 L1-10 계속

	합계	고속차량	기관차		기관차 (1983년 이후)	동차	난방차	전동차 (1983년 이후)	객차	화차
			증기	디젤						
	L1	L2	L3	L4	L5	L6	L7	L8	L9	L10
	남한, 대									
1959	11,645		465	69		14	44		1,260	9,793
1960	11,369		457	95		14	44		1,308	9,451
1961	11,485		350	95		18	44		1,308	9,670
1962	11,555		280	95		31	44		1,446	9,659
1963	12,589		280	95		81	44		1,610	10,479
1964	12,543		272	125		80	42		1,260	10,764
1965	12,509		272	125		83	52		1,390	10,587
1966	13,488		261	141		163	51		1,418	11,454
1967	14,694		203	252		163	96		1,363	12,617
1968	15,391		115	252		159	95		1,531	13,239
1969	16,322		115	282		161	108		1,662	13,994
1970	16,758		109	277		158	126		1,681	14,407
1971	17,535		95	337		157	136		1,621	15,189
1972	19,134		95	336		157	141		1,597	16,808
1973	18,549		93	336		133	141		1,577	16,269
1974	18,467		88	336		126	140		1,660	16,117
1975	18,344		87	386		128	140		1,717	15,886
1976	18,578		68	386		123	140		1,806	16,055
1977	18,538		68	384		121	165		1,779	16,021
1978	18,433		50	404		120	164		1,758	15,937
1979	19,558		40	406		120	163		1,815	17,014
1980	19,351		30	425		130	163		1,901	16,702
1981	19,438		20	431		126	145		2,151	16,565
1982	19,104		8	440		126	142		2,152	16,236
1983	19,314			449	539	123	142	340	2,132	16,038
1984	19,549			459	549	133	135	370	2,114	16,248
1985	19,449			471	561	138	121	408	2,088	16,133
1986	19,263			480	571	138	120	453	2,123	15,858
1987	19,049			483	575	130	118	490	2,089	15,647
1988	18,764			483	576	181	118	520	2,058	15,311
1989	18,768			486	579	194	103	560	2,025	15,307
1990	19,052			491	585	200	88	560	2,018	15,601
1991	19,255			501	595	197	87	626	2,009	15,741
1992	19,714			504	598	339	85	668	1,908	16,116
1993	19,953			495	589	477	75	785	1,789	16,238
1994	18,992		1	487	582	503	65	915	1,736	15,191
1995	18,289		1	485	580	495	50	1,120	1,714	14,330
1996	18,181		1	488	583	511	45	1,268	1,726	14,048
1997	18,286		1	491	586	595	27	1,408	1,718	13,952
1998	17,935		1	491	586	603		1,707	1,644	13,395
1999	17,513		1	487	582	616		1,717	1,476	13,122
2000	17,541		1	467	563	615		1,684	1,455	13,224
2001	17,684		1	467	563	615		1,672	1,421	13,413
2002	18,418		1	482	579	610		1,662	1,454	14,113
2003	19,324	340	1	468	575	606		1,858	1,495	14,450
2004	19,513	920			587	602		1,824	1,294	14,286
2005	19,038	920			587	592		1,850	1,272	13,817
2006	18,601	920			590	576		2,086	1,251	13,178
2007	18,555	920			574	566		2,086	1,226	13,183
2008	18,411	920			567	524		2,088	1,207	13,105
2009	18,128	920			514	500		2,184	1,167	12,843
2010	18,259	1,110			509	471		2,287	1,127	12,755
2011	18,181	1,110			498	444		2,344	1,080	12,705
2012	18,058	1,160			522	405		2,381	1,020	12,570
2013	17,818	1,160			589	405		2,449	1,023	12,192
2014	16,869	1,160			509	204		2,458	1,125	11,413

자료: 朝鮮総督府鉄道局, 『年報』, 各年度版; 同, 『朝鮮鉄道状況』, 各年度版; 同, 『鉄道要覧』, 各年度版; 朝鮮総督府交通局, 『朝鮮交通状況』(1944); 朝鮮総督府編, 『統計年報』, 各年度版; 鮮交会編, 『朝鮮交通史資料編』(1986); U.S. Army Forces in Korea, *South Korea Interim Government Activities*; 교통부, 『교통연보』, 각년도판; 동, 『교통통계연보』, 각년도판; 동, 『한국교통연감』(1960); 철도청, 『철도통계연보』, 각년도판; 한국철도공사, 『철도통계연보』, 각년도판; 건설교통부, 『건설교통통계연보』, 각년도판; 국토교통부, 『국토교통통계연보』, 각년도판.

표 L11-24 자동차 보유현황, 1911-1939, 1945-1949, 1951-1960, 1962-2013

	합계	승용차				화물차				버스				특수차
		소계	관용	자가용	영업용	소계	관용	자가용	영업용	소계	관용	자가용	영업용	
	L11	L12	L13	L14	L15	L16	L17	L18	L19	L20	L21	L22	L23	L24
	남북한, 대													
1911	2	2		2	0									
1912	6	6		6	0									
1913	31	31		9	22									
1914	43	43		12	31									
1915	70	70		19	51									
1916	89	89		25	64									
1917	114	114		35	79									
1918	212	212		39	173									
1919	416	416		51	365									
1920	679	679		65	614									
1921	774	774		96	678									
1922	935	904		110	794	31			31					
1923	1,088	1,038		149	889	50			50					
1924	1,205	1,137		184	954	68			68					
1925	1,341	1,253		249	1004	88			88					
1926	1,587	1,466		325	1140	121			121					
1927	2,005	1,794		424	1371	211			211					
1928	2,544	2,208		566	1641	336			336					
1929	3,426	2,663		508	2155	763			763					
1930	3,873	2,723		557	2166	1,150			1150					
1931	4,331	3,045		622	2423	1,286			1286					
1932	4,702	3,052		624	2428	1,650			1650					
1933	5,865	3,458		707	2751	2,407			2407					
1934	5,897	3,449		705	2744	2,448			2448					
1935	7,130	4,160		850	3310	2,970			2970					
1936	6,868	3,982		814	3168	2,886			2886					
1937	6,605	3,804		778	3026	2,801			2801					
1938	6,451	3,705		757	2948	2,745			2745					
1939	6,296	3,607		737	2869	2,689			2689					
	남한, 천 대													
1945	7.33	1.31	0.50	0.4	0.4	3.6	0.5	1.5	1.7	1.2			1.156	1.220
1946	9.11	1.43	0.42	0.7	0.3	5.7	0.8	3.2	1.8	0.8			0.766	1.169
1947	12.97	2.32	0.82	0.6	0.9	8.3	2.2	4.0	2.2	0.7			0.654	1.709
1948	14.71	3.01	1.02	0.8	1.2	9.2	3.0	4.1	2.2	0.7			0.723	1.737
1949	16.41	3.88	1.15	1.4	1.3	9.7	2.9	4.1	2.7	1.0			0.998	1.854
1951	8.66	1.75	0.63	0.8	0.3	5.7	1.5	3.3	0.9	0.7			0.736	0.490
1952	11.54	2.45	0.75	1.0	0.7	6.8	1.8	3.6	1.5	1.5		0.007	1.461	0.780
1953	13.51	3.66	1.03	1.6	1.0	6.8	1.8	3.0	2.0	2.2		0.011	2.158	0.846
1954	15.95	5.02	1.21	1.8	2.0	7.5	2.1	2.4	3.0	2.5	0.008	0.013	2.521	0.925
1955	18.36	6.56	1.51	2.7	2.4	8.1	2.2	1.8	4.0	3.0	0.010	0.018	2.925	0.744
1956	25.31	8.43	1.42	4.0	3.0	12.7	2.4	1.8	8.6	3.3	0.023	0.029	3.260	0.848
1957	28.09	9.74	1.50	4.3	3.9	13.7	2.3	1.5	9.9	3.8	0.024	0.040	3.783	0.817
1958	28.93	10.77	1.69	4.4	4.7	13.4	2.2	1.5	9.7	4.0	0.025	0.047	3.882	0.847
1959	28.30	12.13	2.13	3.9	6.1	11.1	2.1	1.4	9.7	4.1	0.032	0.044	4.064	0.923
1960	29.44	12.78	1.95	4.2	6.6	11.5	1.9	1.6	9.9	4.2	0.041	0.044	4.110	0.942
1962	30.81	11.07	1.37	2.6	7.1	13.1	1.3	2.0	9.8	4.4	0.1	0.1	4.3	2.2
1963	34.23	12.68	1.49	3.3	7.9	13.9	1.5	2.5	10.0	5.0	0.1	0.1	4.8	2.6
1964	37.82	14.59	1.53	4.5	8.6	15.0	1.6	3.1	10.3	5.4	0.1	0.1	5.2	2.8
1965	41.24	16.01	1.65	5.6	8.8	16.0	1.7	3.9	10.5	6.0	0.1	0.2	5.7	3.2
1966	50.16	17.50	1.85	7.5	8.2	19.4	2.0	4.8	12.6	10.9	0.1	0.4	10.4	2.3
1967	61	23	2	9.9	11.1	23.0	2.2	5.6	15.1	11.5	0.2	0.5	10.8	3.0
1968	83	35	3	14.4	18.2	31.6	2.7	7.6	21.3	12.8	0.2	0.8	11.8	3.5
1969	111	52	3	23.7	25.3	40.1	2.8	11.0	26.3	14.2	0.2	1.0	13.0	4.0
1970	127	61	4	29	28	49	3	15	31	16	0.2	1	14	1
1971	140	68	4	34	30	53	3	19	32	17	0.3	1	16	2
1972	146	70	5	36	29	55	4	22	30	18	0.4	2	16	3
1973	165	78	5	43	30	65	5	27	33	19	0.4	2	16	4
1974	188	76	5	45	27	87	5	45	37	20	0.4	2	17	4

표 L11-24 계속

	합계	승용차				화물차				버스				특수차
		소계	관용	자가용	영업용	소계	관용	자가용	영업용	소계	관용	자가용	영업용	
	L11	L12	L13	L14	L15	L16	L17	L18	L19	L20	L21	L22	L23	L24
	남한, 천 대													
1975	194	84	5	50	29	83	5	40	38	22	0.5	3	18	5
1976	219	96	5	62	29	94	6	49	39	24	1	4	19	5
1977	275	126	6	85	35	118	7	69	41	27	1	5	21	5
1978	385	185	6	129	50	162	8	105	49	31	1	7	22	7
1979	494	241	7	173	62	207	8	146	52	38	1	10	27	8
1980	528	249	8	179	63	227	9	165	53	42	1	13	28	9
1981	572	268	8	194	66	244	9	181	54	51	2	18	31	10
1982	647	306	8	226	72	264	9	199	56	66	2	32	32	11
1983	785	381	8	293	80	304	9	236	59	87	2	51	34	13
1984	948	465	8	365	92	360	10	288	63	108	2	70	36	15
1985	1,113	557	8	449	99	413	10	339	64	128	3	89	37	16
1986	1,309	664	9	545	110	473	11	391	71	155	3	113	39	18
1987	1,611	844	9	718	118	546	12	459	76	200	4	157	40	20
1988	2,035	1,118	11	975	132	635	12	543	80	260	4	214	42	22
1989	2,660	1,559	12	1,405	141	769	13	655	101	323	6	274	44	9
1990	3,395	2,075	14	1,902	159	925	14	801	110	384	6	332	45	11
1991	4,248	2,728	14	2,539	175	1,077	16	943	118	428	7	373	48	15
1992	5,231	3,461	16	3,257	189	1,262	17	1,123	122	484	8	425	51	25
1993	6,274	4,271	15	4,061	195	1,449	18	1,303	128	528	8	467	53	26
1994	7,404	5,149	14	4,930	205	1,645	19	1,490	136	582	8	518	56	29
1995	8,469	6,006	14	5,778	215	1,817	20	1,647	149	613	9	544	59	33
1996	9,553	6,894	14	6,653	226	1,963	21	1,776	165	663	10	590	63	34
1997	10,413	7,586	15	7,335	236	2,072	22	1,874	176	719	10	644	65	36
1998	10,470	7,581	15	7,324	242	2,105	22	1,906	177	749	10	673	66	35
1999	11,164	7,837	15	7,567	255	2,298	22	2,067	210	993	11	911	72	35
2000	12,059	8,084	15	7,798	270	2,511	22	2,246	244	1,427	11	1,338	78	37
2001	12,914	8,889	16	8,588	286	2,728	23	2,434	272	1,257	11	1,165	80	39
2002	13,949	9,737	17	9,414	306	2,894	23	2,569	302	1,275	11	1,181	83	42
2003	14,587	10,279	17	9,942	320	3,016	24	2,677	315	1,247	11	1,154	82	45
2004	14,934	10,621	18	10,274	329	3,062	25	2,717	321	1,204	12	1,112	81	47
2005	15,397	11,122	19	10,759	344	3,102	24	2,756	322	1,125	12	1,031	82	48
2006	15,895	11,607	20	11,219	368	3,133	25	2,782	327	1,106	12	1,008	86	49
2007	16,428	12,100	21	11,674	405	3,171	25	2,812	335	1,105	13	1,000	92	52
2008	16,794	12,484	21	12,026	437	3,160	26	2,796	339	1,097	13	987	96	53
2009	17,325	13,024	22	12,552	450	3,167	26	2,799	342	1,081	14	968	99	54
2010	17,941	13,632	23	13,125	484	3,204	26	2,832	346	1,050	15	932	103	56
2011	18,437	14,136	24	13,602	510	3,226	27	2,849	351	1,015	16	894	106	59
2012	18,871	14,577	25	14,011	541	3,244	27	2,863	354	987	16	860	110	63
2013	19,401	15,078	25	14,460	593	3,286	28	2,890	368	971	17	837	116	66

자료: 朝鮮総督府鉄道局, 『年報』, 各年度版; 同, 『朝鮮鉄道状況』, 各年度版; 同, 『鉄道要覧』, 各年度版; 朝鮮総督府交通局, 『朝鮮交通状況』(1944); 朝鮮総督府編, 『統計年報』, 各年度版; 鮮交会編, 『朝鮮交通史資料編』(1986); U.S. Army Forces in Korea, *South Korea Interim Government Activities*. 교통부, 『교통연보』, 각년도판; 동, 『교통통계연보』, 각년도판; 동, 『한국교통연감』(1960); 철도청, 『철도통계연보』, 각년도판; 건설교통부, 『건설교통통계연보』, 각년도판; 국토교통부, 『국토교통통계연보』, 각년도판.

표 L25-48 선박 보유현황, 1910-1940, 1948-1953, 1955-2013

	종류별																		형태별					
	합계		기선		범선		여객선		화물선		유조선		예선		부선		기타선		강선		목선		기타 선	
	척수	톤수	척수	톤수	척수	톤수	척수	톤수	척수	톤수	척수	톤수	척수	톤수	척수	톤수	척수	톤수	척수	톤수	척수	톤수	척수	톤수
	L25	L26	L27	L28	L29	L30	L31	L32	L33	L34	L35	L36	L37	L38	L39	L40	L41	L42	L43	L44	L45	L46	L47	L48
	남북한																							
	척	천톤	척	천톤	척	천톤	척	천톤	척	천톤	척	천톤	척	천톤	척	천톤	척	천톤	척	천톤	척	천톤	척	천톤
1910	60	8	36	7	24	1																		
1911	130	12	48	9	82	3																		
1912	216	19	67	14	149	4																		
1913	234	19	73	14	161	5																		
1914	317	23	79	16	238	7																		
1915	320	23	69	15	251	7																		
1916	333	47	78	40	255	7																		
1917	354	44	81	36	273	8																		
1918	420	47	79	35	341	12																		
1919	570	52	87	36	483	16																		
1920	618	61	95	43	523	18																		
1921	622	53	98	36	524	17																		
1922	640	54	105	36	535	18																		
1923	706	56	123	37	583	19																		
1924	730	63	133	44	597	20																		
1925	758	62	136	41	622	21																		
1926	805	67	160	45	645	22																		
1927	805	66	160	45	645	22																		
1928	827	71	179	50	648	22																		
1929	870	70	186	47	684	23																		
1930	889	78	197	55	692	23																		
1931	953	77	203	52	750	25																		
1932	986	83	226	58	760	25																		
1933	1,031	84	235	58	796	27																		
1934	1,135	85	271	56	864	29																		
1935	1,267	91	320	59	947	33																		
1936	1,420	99	425	63	995	36																		
1937	1,633	132	568	91	1,065	40																		
1938	1,777	143	681	100	1,096	43																		
1939	1,863	152	738	107	1,125	45																		
1940	2,001	166	807	115	1,194	52																		
	남한																							
1948	9,526	249			2,926	40	40	2	3,275	135					359	33	2,926	40						
1949	10,548	218			3,175	43	72	3	3,767	97					359	33	3,175	43						
1950	8,199	153			2,700	30	46	3	2,458	62					295	28	2,700	30						
1951	13,639	237			5,051	53	133	9	3,156	102					248	19	5,051	53						
1952	15,580	336			5,843	74	175	51	3,368	111					351	26	5,843	74						
1953	15,908	308			5,992	76	188	10	3,334	116					402	30	5,992	76						
1955	8,096	266					184	10	1,920	143					437	32	5,555	80						
1956	8,664	311					192	14	1,977	172					476	36	6,019	89						
1957	6,244	304					156	10	1,962	153					547	50	3,579	92						
1958	10,051	338					188	10	2,028	153	34	11	91	2	573	53	7,137	109						
1959	10,589	332					199	12	1,997	152	41	11	92	2	570	50	7,690	106						
1960	11,318	357					207	12	1,987	156	50	12	93	2	575	50	8,406	125						
1961	11,509	297					215	12	2,002	153	58	12	97	2			9,137	117						
1962	11,958	297					210	13	1,781	150	67	11	99	2			9,801	121						
1963	9,728	284					220	15	1,240	143	80	11	87	2			8,101	113						
1964	10,693	317					225	15	1,174	156	105	12	105	2			9,084	132	298	152	10,395	165		
1965	11,826	370					238	16	1,224	184	132	14	117	3			10,115	154	430	194	11,396	177		
1966	12,562	440					234	17	1,232	225	145	19	118	3			10,833	177	584	257	11,978	183		
1967	13,475	695					221	16	1,200	313	180	156	152	3			11,722	206	844	518	12,631	190		
1968	15,753	909					229	18	1,390	409	209	231	172	4			13,753	247	1,078	714	14,675	205		
1969	16,898	1,122					231	18	1,549	502	229	312	203	4			14,686	286	1,297	907	15,601	215		
1970	16,775	1,206					239	19	1,533	554	246	323	240	6			14,517	305	1,511	1,000	15,264	207		
1971	17,236	1,294					211	18	1,570	582	278	347	252	6			14,925	340	1,476	1,087	15,472	207		
1972	16,796	1,464					196	18	1,526	628	314	429	259	7			14,501	383	2,053	1,264	14,743	200		

표 L25-48 계속

	종류별																		형태별					
	합계		기선		범선		여객선		화물선		유조선		예선		부선		기타 선		강선		목선		기타 선	
	척수	톤수	척수	톤수	척수	톤수	척수	톤수	척수	톤수	척수	톤수	척수	톤수	척수	톤수	척수	톤수	척수	톤수	척수	톤수	척수	톤수
	L25	L26	L27	L28	L29	L30	L31	L32	L33	L34	L35	L36	L37	L38	L39	L40	L41	L42	L43	L44	L45	L46	L47	L48
	남한																							
	척	천 톤	척	천 톤	척	천 톤	척	천 톤	척	천 톤	척	천 톤	척	천 톤	척	천 톤	척	천 톤	척	천 톤	척	천 톤	척	천 톤
1973	16,890	1,455					199	20	1,503	643	337	374	259	7			14,592	412	2,255	1,259	14,635	196		
1974	17,104	1,897					188	19	1,483	707	351	675	298	8			14,784	488	2,565	1,704	14,539	193		
1975	17,211	2,077					176	18	1,466	821	383	686	326	10			14,860	543	2,879	1,888	14,332	189		
1976	18,140	2,678					155	17	1,384	962	403	1,099	356	12			15,842	588	3,232	2,475	14,908	193		
1977	19,210	2,962					141	20	1,220	1,190	424	1,115	456	20			16,969	617	3,667	2,764	15,543	199		
1978	20,963	4,001					155	24	1,383	2,087	436	1,176	502	22			18,487	692	4,387	3,793	16,576	208		
1979	3,709	3,931					143	25	1,367	2,451	426	1,394	576	29			1,197	31	1,880	3,899	1,829	31		
1980	3,897	4,174					148	27	1,338	2,650	440	1,422	620	34			1,351	42	2,084	4,145	1,813	30		
1981	3,915	4,959					163	29	1,256	3,477	491	1,379	640	36			1,365	38	2,265	4,934	1,650	25		
1982	4,000	5,650					156	33	1,211	4,388	491	1,143	653	38			1,489	47	2,301	5,625	1,588	23	111	2
1983	4,155	6,139					162	45	1,236	4,922	508	1,072	684	42			1,565	58	2,424	6,114	1,607	23	124	2
1984	4,254	6,501					160	45	1,248	5,174	522	1,146	677	44			1,647	93	2,520	6,477	1,593	22	141	2
1985	4,174	6,662					156	45	1,163	5,414	517	1,065	682	39			1,656	100	2,495	6,638	1,485	21	194	3
1986	4,236	6,655					156	55	1,075	5,312	521	1,144	699	41			1,785	104	2,563	6,632	1,437	19	236	4
1987	4,336	6,514					166	55	1,039	5,281	518	1,031	745	44			1,868	104	2,630	6,476	1,414	41	292	6
1988	4,549	7,239					160	54	1,045	5,850	527	1,189	795	49			2,022	98	2,745	7,192	1,471	41	333	6
1989	4,610	7,306					151	56	1,049	6,369	529	733	805	50			2,076	99	2,817	7,282	1,426	18	367	7
1990	4,711	7,115					152	57	1,049	6,308	532	596	838	53			2,140	101	2,898	7,090	1,387	17	426	8
1991	4,796	7,274					155	67	1,002	6,355	540	692	885	57			2,214	103	3,014	7,249	1,288	16	494	8
1992	4,950	6,911					169	71	945	5,880	567	790	945	61			2,324	109	3,155	6,884	1,233	16	562	11
1993	4,991	6,379					160	56	851	5,441	578	699	958	59			2,444	124	3,216	6,353	1,154	14	621	12
1994	4,965	6,497					167	62	809	5,509	602	733	970	62			2,417	132	3,312	6,445	1,004	38	649	15
1995	4,968	6,332					177	78	767	5,466	607	582	1,000	65			2,417	141	3,396	6,278	893	36	679	18
1996	5,110	6,993					184	80	783	6,051	625	628	1,057	73			2,461	160	3,555	6,938	836	36	719	19
1997	5,134	6,756					187	79	766	5,831	637	615	1,092	78			2,452	154	3,661	6,727	742	9	731	20
1998	4,906	5,243					175	65	702	4,417	628	545	1,073	79			2,328	136	3,568	5,214	610	8	728	21
1999	6,455	6,076					171	86	696	4,240	647	825	1,071	80	1,600	707	2,270	138	5,183	6,048			129	4
2000	6,494	6,153					168	83	711	4,278	674	840	1,091	83	1,589	729	2,261	140	5,264	6,125	491	6	739	21
2001	6,586	6,593					175	95	706	4,384	697	1,098	1,111	85	1,633	781	2,264	149	5,373	6,565	439	6	774	22
2002	6,792	7,638					190	125	725	5,215	729	1,138	1,146	88	1,731	904	2,271	169	5,585	7,580	397	30	810	28
2003	6,881	7,448					188	129	724	4,935	711	1,089	1,178	96	1,824	1,021	2,256	177	5,710	7,390	352	30	819	28
2004	6,998	8,513					200	133	758	6,101	680	863	1,211	103	1,887	1,124	2,262	190	5,837	8,455	315	29	846	29
2005	7,119	10,068					205	144	797	7,298	678	967	1,214	105	1,917	1,353	2,308	201	5,919	10,009	304	29	896	31
2006	7,292	11,128					209	149	805	7,909	704	1,261	1,236	111	1,993	1,511	2,345	187	6,073	11,093	274	4	945	31
2007	7,487	13,926					213	153	846	9,427	747	2,301	1,266	116	2,062	1,761	2,353	168	6,223	13,887			1,264	39
2008	8,088	15,455					207	164	855	10,344	747	2,780	1,259	117	2,032	1,876	2,988	174	6,201	15,415			1,887	40
2009	8,374	13,915					200	163	820	9,249	721	2,270	1,245	117	1,990	1,931	3,398	185	6,131	13,874			2,243	41
2010	9,041	14,266					203	154	819	9,535	737	2,250	1,246	121	2,011	2,012	4,025	194	6,220	14,218			2,821	48
2011	9,396	13,671					212	168	810	9,301	729	1,784	1,271	127	1,996	2,094	4,378	197	6,226	13,614			3,170	57
2012	9,435	13,060					221	179	798	8,760	721	1,613	1,283	131	1,993	2,185	4,419	192	6,251	12,984			3,184	76
2013	9,360	13,585					224	179	793	9,181	734	1,602	1,290	138	2,024	2,300	4,295	185	6,325	13,514			3,035	71

자료: 朝鮮総督府逓信局, 『朝鮮総督府逓信年報』, 各年度版; 同, 『朝鮮総督府逓信統計要覽』, 各年度版; 朝鮮総督府交通局, 『朝鮮交通状況』(1944); 朝鮮総督府編, 『統計年報』, 各年度版; 鮮交会編, 『朝鮮交通史資料編』(1986); U.S. Army Forces in Korea, *South Korea Interim Government Activities*; 교통부, 『교통연보』, 각년도판; 동, 『교통통계연보』, 각년도판; 동, 『한국교통연감』(1960); 건설교통부, 『건설교통통계연보』, 각년도판; 국토교통부, 『국토교통통계연보』, 각년도판; 한국해양수산개발원, 『해운통계요람』, 각년도판.

주: 1) 1978년까지는 기타 선에 어선이 포함되었으나, 1979년부터 어선이 제외되었다.
2) 목선은 2007년부터 자료상 미상으로 기타 선에 포함된다.

표 L49-82 항공기 보유현황, 1953-1959, 1962-2005

	합계	운송용 항공기																
		소계	B-747	B-777	B-767	B-737	B-727	B-720	B-707	MD-11	DC-3	DC-4	DC-8	DC-9	DC-10	MD-82	L-1649	C-212
	L49	L50	L51	L52	L53	L54	L55	L56	L57	L58	L59	L60	L61	L62	L63	L64	L65	L66
	남한, 대																	
1953	5																	
1954	5																	
1955	8																	
1956	9																	
1957	10																	
1958	6																	
1959	10																	
1962	14	3									2	1						
1963	24	5									2	1						
1964	31	5									2	1						
1965	34	5									2	1						
1966	37	6									2	1					1	
1967	46	10									3	1		1			1	
1968	8,235	8,192									3	1		8,183			1	
1969	63	16						1			3	1		1			1	
1970	75	22						2			3	1		2			1	
1971	76	23						2	1		3	1		2			1	
1972	78	29					3	2	4		3	1	1	1			1	
1973	82	29	2				3	2	4		1		4				1	
1974	72	22	3				3	2	4				4					
1975	75	25	3				3	2	4				1		3			
1976	74	25	3				3	2	4				1		3			
1977	79	27	3				3		6						4			
1978	89	35	5				5		8						5			
1979	95	38	8				5		7						5			
1980	92	38	10				6		7						5			1
1981	93	39	12				6		7						5			
1982	102	41	14				5		7						5			
1983	99	39	13				5		6						5			
1984	104	42	14				7		6						4			
1985	109	46	16				6		6						4	2		
1986	113	49	17				6		5						4	4		
1987	125	53	17				6		3						4	6		
1988	154	61	20			2	6		2						5	6		
1989	198	75	23			9	9		2						3	8		
1990	179	86	25		2	12	12								3	8		
1991	185	94	28		3	12	11			2					3	8		
1992	184	108	31		5	15	10			5					3	8		
1993	188	116	36		7	15	5			5					3	9		
1994	215	130	42		8	18	3			5					3	9		
1995	243	144	47		11	20	3			5					3	11		
1996	257	155	54		13	22				5						14		
1997	268	162	56	2	16	23				5						14		
1998	257	156	54	3	10	21				5						14		
1999	259	157	54	6	12	22				4						11		
2000	262	158	52	9	12	25				4						8		
2001	278	177	55	12	14	40				4						4		
2002	295	183	55	16	13	46				4								
2003	289	181	56	17	12	48				4								
2004	293	180	56	18	11	45				3								
2005	296	177	56	21	9	42				0								

자료: 교통부, 『교통연보』, 각년도판; 동, 『교통통계연보』, 각년도판; 동, 『한국교통연감』(1960); 건설교통부, 『건설교통통계연보』, 각년도판; 국토교통부, 『국토교통통계연보』, 각년도판.

표 L49-82 계속

	운송용 항공기								기타					회전익 항공기	활공기	비행선
	YS-11	A-300B	A-321	A-330	F-100	A-320	F-28	F-27	대형기	소형기	경비행기	훈련기	점검기			
	L67	L68	L69	L70	L71	L72	L73	L74	L75	L76	L77	L78	L79	L80	L81	L82
	남한, 대															
1962											7				4	
1963								2			13				6	
1964								2			14	6	1		5	
1965								2			16	6	1	1	5	
1966								2			18	6	1	1	5	
1967								4			20	7	2	2	5	
1968								4			23	8	4	3	5	
1969	3							6			26	9	4	3	5	
1970	7							6			27	11	4	6	5	
1971	8							5			28	11	4	5	5	
1972	8							5			26	6	2	10	5	
1973	7							5			26	10	2	10	5	
1974	1							5			24	10	1	10	5	
1975	1	3						5			22	11	1	11	5	
1976	1	3						5			20	7		17	5	
1977		6						5			21	7	1	18	5	
1978		7						5			21	7	1	20	5	
1979		8						5			19	9	1	23	5	
1980		8						1			17	8	1	23	5	
1981		8						1			18	8	1	26	1	
1982		8						2			18	9	1	32	1	
1983		8						2			18	9	1	31	1	
1984		8					1	2			19	9	1	32	1	
1985		8					2	2			17	9	1	35	1	
1986		10					2	1			16	9	1	37	1	
1987		12					4	1			19	9	1	42	1	
1988		15					4	1	3	15	18	10	1	43	1	2
1989		17					3	1	3	28	31	10	1	47	1	2
1990		20					3	1	4	27		10	1	47	2	2
1991		24					3		5	28		15	1	36	4	2
1992		26			3		2		4	22		8	1	36	4	1
1993		29			7				4	24		8	1	33	1	1
1994		31			11				7	25		8	1	42	1	1
1995		32			12				14	24		8	1	49	2	1
1996		35			12				12	16		13	2	56	2	1
1997		32		2	12				11	20		9	2	61	2	1
1998		28	2	7	12				11	18		9	1	59	2	1
1999		25	3	10	10				10	24		12	1	52	2	1
2000		19	5	14	10				8	23		12	1	56	3	1
2001		16	6	16	10				3	19		18	1	56	3	1
2002		12	9	18	10				3	25		18	1	60	4	1
2003		10	11	19	4				3	19		17	1	64	3	1
2004		10	15	20	2				3	23		15	1	68	3	
2005		10	15	22		2			4	19		21	1	71	3	

표 L83-103 도로 현황, 1921-1943, 1947, 1950-2013

	전국					일반국도				특별시도			
	소계	포장 (1등도로)	미포장 (2등도로)	미개통 (3등도로)	고속도로	소계	포장	미포장	미개통	소계	포장	미포장	미개통
	L83	L84	L85	L86	L87	L88	L89	L90	L91	L92	L93	L94	L95
	남북한, km												
1921	23,642	3,114	9,400	11,127									
1922	23,678	3,120	9,401	11,157									
1923	23,792	3,195	9,409	11,188									
1924	23,912	3,210	9,456	11,246									
1925	23,984	3,211	9,414	11,359									
1926	23,630	3,218	9,426	10,985									
1927	24,025	3,218	9,486	11,321									
1928	24,206	3,220	9,494	11,492									
1929	24,519	3,221	9,506	11,792									
1930	24,538	3,222	9,502	11,814									
1931	24,840	3,222	9,475	12,143									
1932	25,843	3,222	9,653	12,968									
1933	26,357	3,223	9,779	13,355									
1934	26,702	3,222	9,769	13,711									
1935	27,457	3,218	9,899	14,340									
1936	27,771	3,224	9,897	14,650									
1937	27,732	3,242	9,966	14,524									
1938	27,887	3,236	9,976	14,675									
1939	30,850					12,474							
1940	31,141					12,569							
1941	31,373					12,601							
1942	31,447					12,633							
1943	31,450					12,618							
	남한, km												
1947	24,433	1,061	20,732	2,640		5,213	737	4,380	96				
1950	25,683	649	21,962	3,073		5,213	364	4,753	96				
1951	25,327	580	21,580	3,167		5,225	293	4,837	96				
1952	25,984	594	22,191	3,198		5,525	288	5,142	95				
1953	26,128	611	22,208	3,310		5,706	294	5,318	94				
1954	26,577	619	22,287	3,671		5,706	294	5,319	93				
1955	26,507	643	22,317	3,547		5,705	300	5,313	92				
1956	26,755	685	22,509	3,561		5,705	332	5,286	87				
1957	27,169	741	22,945	3,483		5,705	368	5,251	86				
1958	27,169	812	22,902	3,455		5,706	440	5,183	83				
1959	27,149	926	22,783	3,440		5,706	554	5,070	82				
1960	27,169	1,005	22,728	3,436		5,706	612	5,013	82				
1961	27,169	1,122	22,650	3,397		5,706	721	4,915	70				
1962	27,169	1,275	22,510	3,383		5,743	857	4,819	66				
1963	28,056	1,443	23,133	3,480		5,810	865	4,914	31	63	8	56	
1964	28,145	1,559	23,124	3,462		5,899	963	4,924	13	63	27	36	
1965	28,144	1,627	22,723	3,794		5,899	1,042	4,849	8	63	27	36	
1966	33,476	1,934	28,247	3,295		8,187	1,350	6,743	94	1,862	345	1,147	370
1967	33,809	2,092	28,520	3,197		8,186	1,442	6,651	93	1,816	353	1,108	355
1968	35,025	2,272	29,962	2,791	87	8,093	1,468	6,545	80	1,650	303	1,277	71
1969	37,168	3,122	30,362	3,684	472	8,114	1,652	6,408	54	2,745	452	1,853	440
1970	40,244	3,864	32,960	3,420	551	8,122	1,924	6,158	40	5,476	724	4,475	276
1971	40,635	5,789	31,681	3,165	655	8,146	2,302	5,818	26	5,662	1,934	3,669	59
1972	42,868	6,769	32,696	3,403	655	8,288	2,678	5,585	25	6,487	2,464	3,973	50
1973	43,581	7,820	32,247	3,514	1,013	8,288	2,869	5,400	19	6,537	2,633	3,870	33
1974	44,178	8,640	32,131	3,407	1,013	8,288	3,071	5,206	12	6,609	2,912	3,666	31
1975	44,885	10,000	31,295	3,590	1,142	8,232	3,620	4,601	12	6,767	3,377	3,358	31
1976	45,514	10,912	31,031	3,570	1,142	8,232	3,746	4,474	12	7,291	3,880	3,379	31
1977	45,984	12,107	30,426	3,142	1,225	8,232	4,224	3,997	12	7,456	4,051	3,374	331
1978	45,955	13,544	29,009	3,402	1,225	8,232	4,975	3,246	12	7,657	4,437	2,848	372
1979	46,333	14,278	29,145	2,911	1,225	8,232	5,000	3,221	12	7,865	4,823	3,042	
1980	46,951	15,599	28,338	3,014	1,225	8,232	5,547	2,674	12	7,939	5,036	2,903	
1981	50,336	17,179	29,840	3,318	1,245	12,247	6,774	5,402	71	9,403	5,854	3,550	

표 L83-103 계속

	전국					일반국도				특별시도			
	소계	포장 (1등도로)	미포장 (2등도로)	미개통 (3등도로)	고속도로	소계	포장	미포장	미개통	소계	포장	미포장	미개통
	L83	L84	L85	L86	L87	L88	L89	L90	L91	L92	L93	L94	L95
	남한, km												
1982	53,936	19,283	29,085	5,568	1,245	12,231	7,398	4,755	79	9,482	6,186	3,295	
1983	54,600	21,279	27,937	5,384	1,245	12,229	8,192	3,962	75	9,592	6,337	3,255	
1984	51,004	23,664	26,404	936	1,421	12,244	8,427	3,740	77	9,759	6,844	2,915	
1985	52,264	26,072	25,296	896	1,415	12,241	9,018	3,146	77	10,018	7,133	2,885	
1986	53,654	29,071	23,770	813	1,415	12,259	9,450	2,759	50	10,724	7,759	2,965	
1987	54,689	31,283	22,615	791	1,539	12,253	9,736	2,477	39	11,078	8,427	2,651	
1988	55,778	34,234	20,709	835	1,550	12,255	10,102	2,119	35	11,180	8,708	2,472	
1989	56,481	37,492	18,217	771	1,551	12,190	10,524	1,639	28	12,386	9,895	2,491	
1990	56,715	40,545	15,477	693	1,551	12,161	10,838	1,297	26	12,298	10,205	2,094	
1991	58,088	44,378	13,044	666	1,597	12,114	11,141	949	25	12,717	10,717	2,001	
1992	58,847	47,573	10,804	470	1,600	12,079	11,554	511	13	13,082	11,107	1,975	
1993	61,296	51,889	8,936	472	1,602	12,057	11,800	245	12	13,336	11,444	1,892	
1994	73,833	57,421	14,479	1,933	1,650	12,046	11,977	59	10	13,701	12,243	1,458	
1995	74,237	56,387	13,926	3,925	1,825	12,053	11,993	50	10	14,082	12,759	1,323	
1996	82,342	59,840	17,852	4,651	1,886	12,464	12,185	62	217	14,857	13,251	1,606	
1997	84,968	62,868	17,119	4,981	1,889	12,459	12,202	46	211	17,243	15,673	1,071	500
1998	86,990	64,781	16,237	5,972	1,996	12,447	12,202	32	213	17,670	15,870	1,078	722
1999	87,534	65,356	15,706	6,472	2,041	12,418	12,188	23	207	17,892	15,454	1,056	1,382
2000	88,775	67,266	15,175	6,335	2,131	12,414	12,185	22	207	17,839	15,822	943	1,074
2001	91,396	70,146	13,505	7,745	2,637	14,254	13,759	85	410	17,810	16,663	88	1,059
2002	96,037	73,656	13,958	8,423	2,778	14,232	13,788	82	362	18,224	17,079	85	1,060
2003	97,253	74,641	13,180	9,432	2,778	14,235	13,794	82	358	17,130	17,078	52	
2004	100,278	76,347	13,278	10,653	2,923	14,246	13,869	66	310	17,371	17,231	140	
2005	102,293	78,587	12,229	11,477	2,968	14,224	13,846	66	312	17,506	17,407	99	
2006	102,061	79,191	11,641	11,229	3,103	14,280	13,853	97	330	17,738	17,644	94	
2007	103,019	80,642	11,109	11,268	3,368	13,870	13,467	98	306	18,109	17,999	110	
2008	104,236	81,829	10,914	11,492	3,447	13,942	13,550	97	295	18,517	18,404	96	17
2009	104,983	83,196	10,630	11,157	3,776	13,861	13,464	97	299	18,749	18,635	98	17
2010	105,565	84,196	10,034	11,335	3,859	13,853	13,474	98	281	18,878	18,764	98	17
2011	105,931	85,120	9,536	11,275	3,913	13,838	13,460	98	281	19,073	18,960	96	17
2012	105,703	88,183	8,765	8,755	4,044	13,806	13,432	98	277	19,464	19,298	117	49
2013	106,414	87,798	8,620	9,995	4,111	13,883	13,527	98	259	19,955	19,825	93	38

	지방도				시군도			
	소계	포장	미포장	미개통	소계	포장	미포장	미개통
	L96	L97	L98	L99	L100	L101	L102	L103
	남북한, km							
1939	18,376							
1940	18,572							
1941	18,772							
	남한, km							
1942	18,814							
1943	18,832							
1947		72	9,368	685	9,096	252	6,985	1,859
1950		39	9,408	685	10,339	246	7,801	2,292
1951		39	9,425	685	9,953	249	7,318	2,386
1952		35	9,580	730	10,114	271	7,470	2,373
1953		35	9,417	747	10,223	282	7,472	2,469
1954		35	9,478	808	10,550	290	7,491	2,770
1955	10,339	37	9,497	806	10,463	306	7,508	2,648
1956	10,390	37	9,528	825	10,659	316	7,696	2,647
1957	10,579	37	9,793	749	10,884	336	7,901	2,647
1958	10,579	37	9,818	724	10,884	336	7,901	2,647
1959	10,579	37	9,811	711	10,884	336	7,901	2,647
1960	10,579	58	9,815	707	10,884	336	7,901	2,647
1961	10,579	58	9,842	679	10,885	344	7,893	2,647
1962	10,962	73	9,800	669	10,884	345	7,892	2,647

표 L83-103 계속

	지방도				시군도			
	소계	포장	미포장	미개통	소계	포장	미포장	미개통
	L96	L97	L98	L99	L100	L101	L102	L103
	남한, km							
1963	11,298	54	10,442	802	10,884	515	7,722	2,647
1964	11,397	54	10,541	802	10,785	515	7,623	2,647
1965	12,338	71	11,265	1,002	9,844	487	6,573	2,785
1966	10,395	31	9,658	706	13,033	208	10,700	2,125
1967	10,661	52	9,911	698	13,144	244	10,850	2,050
1968	10,657	60	9,969	627	14,535	354	12,168	2,013
1969	10,822	120	10,181	521	15,016	427	11,920	2,669
1970	10,880	188	10,193	499	15,216	477	12,134	2,605
1971	10,760	240	10,064	456	15,413	658	12,131	2,624
1972	10,786	269	10,065	452	16,652	703	13,073	2,877
1973	10,878	489	9,934	455	16,865	816	13,043	3,007
1974	10,875	625	9,906	345	17,392	1,019	13,353	3,019
1975	10,777	705	9,769	303	17,967	1,155	13,568	3,244
1976	10,854	797	9,768	289	17,995	1,347	13,410	3,239
1977	10,841	908	9,691	242	17,930	1,700	13,363	2,867
1978	10,819	998	9,597	224	18,022	1,910	13,318	2,795
1979	10,988	1,169	9,586	232	18,024	2,062	13,296	2,667
1980	11,021	1,385	9,403	233	18,535	2,407	13,358	2,770
1981	10,013	1,103	8,529	381	17,428	2,203	12,359	2,865
1982	10,005	1,286	8,415	305	20,972	3,168	12,620	5,184
1983	10,041	1,827	7,960	254	21,492	3,678	12,760	5,054
1984	10,079	2,404	7,402	273	17,501	4,568	12,348	586
1985	10,167	2,967	6,942	258	18,423	5,540	12,323	561
1986	10,313	3,833	6,273	208	18,942	6,615	11,772	556
1987	10,328	4,274	5,852	202	19,491	7,307	11,634	550
1988	10,577	5,309	5,085	183	20,216	8,565	11,034	617
1989	10,558	5,995	4,393	170	19,796	9,528	9,695	573
1990	10,672	6,790	3,723	160	20,034	11,162	8,364	507
1991	10,643	7,725	2,793	125	21,016	13,198	7,302	517
1992	10,689	8,467	2,099	123	21,398	14,845	6,219	334
1993	10,656	9,120	1,427	109	23,644	17,922	5,371	351
1994	10,655	9,561	992	103	35,781	21,989	11,971	1,821
1995	13,854	9,853	3,072	930	32,424	19,958	9,481	2,986
1996	17,147	12,528	3,302	1,318	35,989	19,990	12,882	3,116
1997	17,089	12,726	3,047	1,316	36,288	20,378	12,955	2,955
1998	17,155	12,988	2,856	1,311	37,721	21,724	12,271	3,726
1999	17,145	13,215	2,658	1,272	38,039	22,459	11,969	3,611
2000	17,151	13,425	2,469	1,258	39,241	23,703	11,742	3,796
2001	15,704	12,320	2,246	1,139	40,992	24,768	11,087	5,137
2002	17,084	13,330	2,442	1,312	43,719	26,681	11,349	5,689
2003	17,485	13,605	2,450	1,430	45,625	27,385	10,596	7,644
2004	17,476	13,698	2,367	1,411	48,263	28,626	10,706	8,931
2005	17,710	13,989	2,236	1,485	49,885	30,376	9,829	9,680
2006	17,677	14,069	2,201	1,407	49,319	30,522	9,304	9,492
2007	18,175	14,652	2,138	1,384	49,536	31,156	8,802	9,577
2008	18,193	14,754	2,072	1,367	50,175	31,675	8,686	9,813
2009	18,138	14,852	1,967	1,320	50,501	32,470	8,509	9,522
2010	18,180	14,978	1,805	1,397	50,835	33,121	8,074	9,641
2011	18,196	15,081	1,709	1,406	50,952	33,707	7,673	9,571
2012	18,162	15,230	1,591	1,341	50,267	36,180	7,000	7,087
2013	18,082	15,243	1,529	1,311	50,422	35,093	6,941	8,388

자료: 朝鮮総督府交通局, 『朝鮮交通状況』(1944); 朝鮮総督府編, 『統計年報』, 各年度版; 鮮交会編, 『朝鮮交通史資料編』(1986); U.S. Army Forces in Korea, *South Korea Interim Government Activities*. 교통부, 『교통연보』, 각년도판; 동, 『교통통계연보』, 각년도판; 동, 『한국교통연감』(1960); 건설교통부, 『건설교통통계연보』, 각년도판; 국토교통부, 『국토교통통계연보』, 각년도판; 국토교통부, 『도로현황조서』, 각년도판.

표 L104-125 항로표지, 1910-1940, 1960-2013

	합계	燈標					晝標				霧警號	
		燈臺	燈竿	導燈	挂立燈標	挂浮燈標	立標	導標	浮標	陸標	霧笛	霧砲
	L104	L105	L106	L107	L108	L109	L110	L111	L112	L113	L114	L115
	남북한											
	개	기	개								대	
1910	171	40	2	1	8	6	11	20	54	13	14	2
1911	198	45	2	1	13	8	12	34	66		15	2
1912	207	47	1	1	13	11	13	38	66		15	2
1913	213	50	1	1	14	12	11	39	68		15	2
1914	215	52	1	1	14	13	20	30	67		15	2
1915	221	53	1	1	15	15	21	30	68		15	2
1916	226	56	1	1	16	15	21	30	68		15	3
1917	224	58	1	1	16	14	18	27	70		15	4
1918	220	59		1	17	16	18	27	63		15	4
1919	217	60			18	17	19	23	61		15	4
1920	217	60			18	18	20	22	60		15	4
1921	224	61			18	18	26	21	60		16	4
1922	225	62			18	18	25	21	61		16	4
1923	222	63			18	18	19	22	61		17	4
1924	233	64		1	20	22	16	23	66		17	4
1925	233	65		1	20	22	18	22	64		17	4
1926	238	65		1	21	22	18	23	67		17	4
1927	244	65	5	1	24	23	18	22	65		17	4
1928	249	66	5	3	24	23	18	11	68	10	17	4
1929	255	67	5	3	27	25	17	12	67	10	18	4
1930	263	68	6	1	30	26	18	11	74	7	18	4
1931	269	69	6	1	32	26	20	12	73	7	20	3
1932	310	69	16	1	37	26	48	12	72	6	22	1
1933	317	69	19	1	39	27	49	12	71	6	23	1
1934	328	99	20	1	16	28	52	12	70	6	24	
1935	360	112	23	1	17	29	54	13	71	6	25	
1936	368	117	24	1	17	29	54	12	71	6	25	
1937	392	120	25	1	17	29	52	12	75	6	26	2
1938	397	123				72				146	29	
1939	405	129				77				143	29	
1940	372					206				141		
	남한											
1960	254		12	7		18	22	5	14		28	
1961	261		11	9		19	22	3	17		28	
1962	276		11	9		19	22	3	16		34	
1963	290		8	9		25	20	3	16		38	
1964	300		7	9		26	19	3	16		39	
1965	310		7	9		27	19	3	16		43	
1966	339		7	8		30	21	3	15		44	
1967	359		6	6		30	21	5	27		45	
1968	369		6	6		31	21	5	29		45	
1969	418		6	6		31	21	5	29		57	
1970	423		6	6		31	21	4	29		48	
1971	436		6	6		33	21	4	29		51	
1972	434		6	4		36	21	4	26		51	
1973	455		6	4		38	20	4	27		50	
1974	467		6	4		38	20	4	27		54	
1975	477		8	5		35	22	4	28		54	
1976	474		8	3		35	14	4	29		47	
1977	497		8	3		35	14	4	39		48	
1978	501		7	3		36	14	4	45		48	
1979	560		9	3		36	14	4	64		50	
1980	583		1	3		37	16	6	54		53	
1981	653		9	2		44	17	4	76		54	
1982	689		9	4		47	15	4	78		56	
1983	737		10	6		51	15	4	80		58	
1984	775		9	8		51	20	4	76		58	

표 L104-125 계속

	합계	燈標					晝標				霧警號	
		燈臺	燈竿	導燈	挂立燈標	挂浮燈標	立標	導標	浮標	陸標	霧笛	霧砲
	L104	L105	L106	L107	L108	L109	L110	L111	L112	L113	L114	L115
	남한											
	개	기	개								대	
1985	807			8		52	20	4	77			
1986	882			14		58	22	4	58			
1987	931			12		61	26	4	58			
1988	970			12		65	31	4	59			
1989	1,022			12		76	34	2	50			
1990	1,070			12		82	34	2	48			
1991	1,121			7		90	32		48			
1992	1,217			7		94	30		41			
1993	1,284			7		97	29		44			
1994	1,373			7		104	27		67			
1995	1,470			7		109	25		80			
1996	1,009			2		114	24		35			
1997	1,047			3		119	28		39			
1998	1,124			3		131	29		44			
1999	1,194			3		143	26		43			
2000	1,252			3		152	28		40			
2001	1,298			3		167	28		38			
2002	1,365			3		178	27		41			
2003	1,439			3		196	29		42			
2004	1,514			3		212	29		43			
2005	1,711			3		230	33		44			
2006	2,060			4		257	31		43			
2007	2,188			5		280	35		44			
2008	2,353			5		290	33		46			
2009	2,518			5		307	31		48			
2010	2,574			5		318	33		47			
2011	2,631			6		330	33		46			
2012	2,941			7		342	33		54			
2013	2,790			8		364	34		59			

	등주	유인등대	무인등대	등부표	무신호	전파표지	음파표지	조사등	지향등	교량표지
	L116	L117	L118	L119	L120	L121	L122	L123	L124	L125
	남북한									
	기			개						
1935					9					
1936					12					
1937					27					
1938					27					
1939					27					
1940					25					
	남한									
1960		39	71	38						
1961		39	75	38						
1962		39	83	40						
1963		40	92	39						
1964		41	100	40						
1965		43	100	43						
1966		43	111	57						
1967		43	121	55						
1968		44	127	55						
1969		44	141	78						
1970		44	148	86						
1971		44	151	90						1
1972		44	151	90						1
1973		44	155	106						1
1974		44	160	109						1
1975		44	163	113						1
1976		44	163	119		7				1
1977		44	170	124		7				1

표 L104-125 계속

	등주	유인등대	무인등대	등부표	무신호	전파표지	음파표지	조사등	지향등	교량표지
	L116	L117	L118	L119	L120	L121	L122	L123	L124	L125
	남한									
	기			개						
1978		44	168	124		7				1
1979		45	172	155		7				1
1980		46	195	162		7				3
1981		46	224	168		7				2
1982		46	237	184		7				2
1983		47	250	206		7	1			2
1984		48	265	219		7	8			2
1985	6	48	289	232		7	60		1	3
1986	6	49	304	280		7	62		1	17
1987	8	49	326	296		11	60		2	18
1988	8	48	340	303		14	63	3	2	18
1989	10	48	364	322		19	61	3	2	19
1990	12	48	381	338		22	67	2	2	20
1991	12	48	416	350		23	70	3	2	20
1992	11	48	454	409		25	72	3	3	20
1993	11	48	476	445		25	72	4	3	23
1994	10	47	496	477		30	75	4	3	26
1995	11	46	511	532		35	80	4	3	27
1996	3	48	423	265		40	50	4	1	
1997	3	48	428	276		46	49	4	3	1
1998	5	48	462	296		51	47	4	3	1
1999	4	49	503	312		58	46	4	3	
2000	4	49	535	318		70	46	4	3	
2001	4	49	554	324		78	45	5	3	
2002	5	49	585	340		83	45	6	3	
2003	8	49	608	359		90	45	7	3	
2004	30	49	634	361		97	45	8	3	
2005	113	43	693	399		95	46	9	3	
2006	359	41	752	412		100	47	11	3	
2007	373	41	794	450			151	13	1	1
2008	418	41	830	523			151	14	1	1
2009	464	39	868	545			181	12	1	17
2010	466	39	890	562			180	12	1	21
2011	472	39	907	579			184	12	1	22
2012	470	37	935	608			416	13	1	25
2013	473	37	964	612			197	14	1	27

자료: 朝鮮総督府逓信局, 『朝鮮総督府逓信年報』, 各年度版; 同, 『朝鮮総督府逓信統計要覧』, 各年度版; 同, 『朝鮮の逓信事業』, 各年度版; 朝鮮総督府交通局, 『朝鮮交通状況』(1944); 朝鮮総督府編, 『統計年報』, 各年度版; 교통부, 『교통연보』, 각년도판; 동, 『교통통계연보』, 각년도판; 동, 『한국교통연감』(1960); 해양수산부, 『해운수산통계연보』, 각년도판; 한국해양수산개발원, 『해운통계요람』, 각년도판.

표 L126-174 국철종사자 현황, 1907-1945, 1945-2013

	전 종사원										이중, 조선인								
	합계	칙임관	주임관	판임관	철도수	촉탁	고원	용인	시용	합계 (시용포함)	합계	주임관	판임관	철도수	촉탁	고원	용인·시용	시용	합계 (시용포함)
	L126	L127	L128	L129	L130	L131	L132	L133	L134	L135	L136	L137	L138	L139	L140	L141	L142	L143	L144
	남북한, 명																		
1907	6,933	3	65	432			1,552	4,881		6,933									
1908	7,145	3	68	462			1,527	5,085		7,145									
1909	6,583	4	50	360			1,290	4,879		6,583									
1910	6,908	3	47	381		4	1,342	5,131		6,908	2,433								
1911	7,631	2	56	406		2	1,427	5,738		7,631	2,767								
1912	8,320	3	56	426		7	1,559	6,269		8,320	3,116								
1913	9,251	3	62	452		5	1,673	7,056		9,251	3,462								
1914	8,962	3	56	469		4	1,679	6,751		8,962	3,386								
1915	9,234	3	54	474		4	1,796	6,903		9,234	3,316								
1916	9,303	4	52	494		4	1,812	6,937		9,303								153	153
1917	9,592					4	1,812	7,266		9,592								184	184
1918	10,323					9	1,863	7,656	863	11,186	4,414		7			85	4,322	118	7,103
1919	12,097					12	2,184	9,073	804	12,901	5,542		7			120	5,415	86	7,138
1920	12,148					10	2,144	9,105	428	12,576	5,579		9			121	5,449	37	6,986
1921	11,927					7	2,214	8,744	485	12,412	5,353		9			124	5,220	69	7,210
1922	12,651					11	2,210	9,406	553	13,204	5,637		14			123	5,500	75	7,019
1923	13,111					9	2,342	9,728	365	13,476	5,622		19			139	5,464	153	7,896
1924	13,165					7		9,584	171	13,336	5,615		178				5,437	118	8,684
1925	12,950	5	74	1,419	126	11	1,943	9,372	348	13,298	5,517		45	15		124	5,333	178	9,728
1926	13,705	5	85	1,563	169	56	2,250	9,577	292	13,997	5,691	1	46	16		161	5,467	331	11,684
1927	14,700	4	92	1,684	217	55	2,587	10,061	375	15,075	6,204	1	50	20	4	219	5,910	477	13,860
1928	15,868	5	93	1,721	224	66	2,899	10,860	423	16,291	6,816	1	61	20	9	318	6,407		
1929	16,616	3	88	1,805	239	66	3,319	11,096	242	16,858	7,103	1	65	22	9	421	6,585		
1930	16,679	5	93	1,804	243	67	3,439	11,028	212	16,891	7,136	-	72	23	12	458	6,571		
1931	16,277	5	79	1,686	216	78	3,532	10,681	117	16,394	6,986	2	71	21	15	524	6,353		
1932	16,794	5	89	1,775	237	84	3,749	10,855	199	16,993	7,210	2	78	21	21	599	6,489		
1933	16,487	4	92	1,740	245	78	3,667	10,661	199	16,686	7,019	2	83	21	19	624	6,270		
1934	18,502	4	94	1,816	250	86	3,970	12,282	367	18,869	7,896	2	86	18	25	714	7,051		
1935	20,888	5	97	2,000	294	100	4,437	13,955	305	21,193	8,684	3	89	15	32	858	7,687		
1936	24,169	4	105	2,400	339	160	5,375	15,786	476	24,645	9,728	3	105	12	39	1,150	8,419		
1937	28,787	4	146	2,803	397	198	6,189	19,050	847	29,634	11,687	4	134	19	59	1,589	9,882		
1938	33,520	6	160	3,347	520	202	7,581	21,704	929	34,449	13,860	5	176	42	63	2,197	11,377		
1939	40,676			4,040		215	11,602	24,627			17,845	4	268	50	77	3,403	14,043		
1940	50,928			4,772		227	15,863	29,860			25,009	4	408	80	79	5,966	18,472		
1941	54,148			4,827		259	18,057	30,798			30,211	3	476	93	91	7,503	22,045		
1942	60,973			5,522		263	20,722	34,238			29,792	3	570			29,219			
1943	66,546			5,947		280	23,091	36,995			34,866	7	700			34,159			
1944	94,224			10,025		328	29,326	54,232			75,081	6	2,441	149		17,407	55,078		
1945	109,527																		

	공무원(현재원)															
				일반직												
	합계	정무직	별정직	소계	1급	2급	3급	4급	5급	6급	7급	8급	9급	계약직	연구관	연구사
	L145	L146	L147	L148	L149	L150	L151	L152	L153	L154	L155	L156	L157	L158	L159	L160
	남한, 명															
1945	55,960															
1946	38,675															
1947	39,150															
1948	36,584															
1949	35,952															
1950	23,149															
1951	29,210		8,046	21,164		25	435	4,311	16,393							
1952	31,957		7,254	24,703		27	526	5,053	19,097							
1953	29,304		6,066	23,238		29	540	5,000	17,669							
1954	28,807		6,022	22,785		25	488	5,022	17,250							
1955	30,113		6,364	23,749		24	492	5,006	18,227							
1956	31,165															

표 L126-174 계속

	공무원(현재원)															
	합계	정무직	별정직	일반직												
				소계	1급	2급	3급	4급	5급	6급	7급	8급	9급	계약직	연구관	연구사
	L145	L146	L147	L148	L149	L150	L151	L152	L153	L154	L155	L156	L157	L158	L159	L160
	남한, 명															
1957	31,015															
1958	29,297															
1959	26,845		4,915	21,930		28	562	5,371	15,969							
1960	27,450															
1961	23,866															
1962	24,797															
1963	26,208		1	12,519	1	26	698	4,567	7,227							
1964	27,639															
1965	28,928															
1966	30,078		6	10,388	1	28	665	4,742	4,952							
1967	31,908															
1968	34,491															
1969	34,684		5	11,834		28	702	6,261	4,843							
1970	34,787		6	11,849		25	669	6,352	4,803							
1971	34,161		6	3,825		26	695	2,426	678							
1972	34,048		7	3,769		25	662	2,429	653							
1973	31,338		6	3,473		25	666	2,234	548							
1974	33,451		8	3,460		25	698	2,242	495							
1975	33,761		9	3,614		27	686	2,347	554							
1976	33,481															
1977	33,211															
1978	33,685		12	4,365		27	681	2,760	897							
1979	33,492		11	5,032		28	694	3,413	897							
1980	33,477		31	5,264		24	703	3,507	1,030							
1981	34,526	1	29	5,519		10	14	193	513	2,752	811	658	568			
1982	34,379	1	28	6,223		8	16	190	503	2,746	833	853	1,054		9	11
1983	33,586	1	29	6,481		10	12	185	507	2,735	859	908	1,245		10	10
1984	33,151	1	29	6,450		8	15	188	504	2,660	839	965	1,251		9	11
1985	33,063	1	32	6,536		11	13	188	500	2,614	825	1,029	1,335		10	11
1986	32,922	1	31	6,625		11	13	188	502	2,575	844	1,169	1,302		10	11
1987	32,719	1	31	6,567		12	12	190	495	2,534	875	1,216	1,211		10	12
1988	35,835	1	30	6,846		10	13	190	493	2,670	881	1,399	1,168		10	12
1989	35,880	1	19	7,006		11	12	187	489	2,806	1,175	1,293	1,015		7	11
1990	36,093	1	19	6,813		9	15	188	494	2,839	1,177	1,267	804		9	11
1991	36,285	1	19	6,764		7	14	188	487	2,915	1,125	1,325	684		9	10
1992	35,358	1	19	6,313		7	18	191	479	2,840	1,045	1,225	489		9	10
1993	36,110	1	21	6,634		7	16	191	490	2,883	1,036	1,417	575		9	10
1994	35,973	1	23	6,385		5	19	195	474	2,784	1,176	1,317	415			
1995	35,745	1	23	6,506		5	23	211	461	2,890	1,233	1,268	415			
1996	35,365	1	21	7,349		2	31	219	411	3,007	1,452	1,343	884			
1997	34,222	1	19	7,375		4	34	220	431	2,902	1,528	1,371	885			
1998	31,608	1	20	6,959		6	26	209	389	2,750	1,486	1,819	274			
1999	31,954	1	20	6,837		5	25	211	379	2,966	1,377	1,792	82			
2000	31,705	1	17	7,198		1	34	204	375	3,036	1,499	1,729	313	7		
2001	30,720	1	14	7,009		2	35	196	393	3,043	1,762	1,282	288	8		
2002	30,250	1	13	6,980		7	27	193	400	3,150	1,790	1,145	260	8		
2003	29,030	1	12	6,537		7	23	191	402	3,043	1,631	1,113	119	8		
2004	28,723	8	12	28,703	209	419	8,231	7,592	7,727	4,525						
2005	30,982	6	14	30,962	193	445	8,792	8,658	8,281	4,593						
2006	30,499	8	14	30,477	195	424	8,411	9,443	7,490	4,514						
2007	31,678	7	149	31,521	209	416	8,112	9,646	7,857	4,218	1,063					
2008	30,910	7	149	30,754	173	444	8,169	10,084	7,156	3,671	1,057					
2009	30,586	7	182	30,397	144	415	8,033	10,430	6,417	3,611	1,347					
2010	29,958	7	225	29,726	148	444	7,821	10,379	8,177	1,459	1,298					
2011	29,479	6	223	29,250	208	406	8,102	10,993	7,076	1,182	1,283					
2012	28,967	5	182	28,780	235	426	7,801	12,745	4,778	1,785	1,010					
2013	27,930	6	90	27,834	206	410	7,784	12,221	4,923	1,586	705					

표 L126-174 계속

	공무원(현재원)													기타 (청원경찰)
	기능직												고용직 및 특정직	
	소계	1등급	2등급	3등급	4등급	5등급	6등급	7등급	8등급	9등급	10등급	11-15등급		
	L161	L162	L163	L164	L165	L166	L167	L168	L169	L170	L171	L172	L173	L174
	남한, 명													
1963	11,637	9	1,110	3,084	4,797	2,609	28						2,051	
1966	15,391	232	1,579	4,169	6,474	2,169	768						4,293	
1969	16,678	250	893	4,377	6,099	3,761	1,298						6,167	
1970	16,697	303	933	4,517	6,499	3,470	975						6,235	
1971	29,898	10	48	149	169	559	2,033	2,474	7,358	8,256	4,090	4,752	432	
1972	29,863	11	54	132	156	987	2,053	2,633	7,535	8,617	3,737	3,948	409	
1973	27,443	10	52	100	139	918	2,043	2,566	7,242	7,516	2,803	4,054	416	
1974	29,520	9	49	102	918	2,341	2,922	7,318	7,859	2,010	1,092	4,900	463	
1975	29,583	8	55	115	205	1,172	2,304	2,892	7,347	7,502	1,957	6,026	555	
1978	28,488	1,687					1,923	2,533	7,387	7,664	7,294		820	
1979	27,600	1,641					1,705	2,503	7,452	7,587	6,712		849	6,692
1980	27,317	1,587					1,707	2,327	7,323	8,893	5,480		865	6,694
1981	27,066	9	40	112	168	1,044	1,674	2,291	7,421	8,733	5,574		1,911	6,556
1982	26,211	9	38	104	153	981	1,647	2,187	7,245	8,453	5,394		1,916	6,007
1983	25,302	6	31	90	164	1,185	1,662	2,202	7,338	8,053	4,571		1,773	6,052
1984	25,039	4	25	72	147	1,175	1,611	2,483	7,097	8,111	4,314		1,632	5,771
1985	24,832	3	16	54	149	1,112	1,725	2,458	7,137	8,034	4,144		1,662	5,405
1986	24,574		10	39	144	1,074	1,765	2,413	7,167	7,900	4,062		1,691	4,433
1987	24,462		4	22	155	1,078	1,783	2,396	7,224	8,811	2,989		1,658	4,707
1988	28,206		2	16	172	1,230	2,320	2,974	7,411	9,252	4,829		752	4,441
1989	28,699		6	27	189	1,263	2,472	4,371	7,255	8,387	4,729		155	1,600
1990	29,202		5	27	190	1,311	2,530	4,388	7,214	8,760	4,777		58	1,523
1991	29,491		6	31	196	1,484	2,727	4,545	7,521	8,233	4,748		10	1,493
1992	29,025		6	27	186	1,557	2,651	4,812	7,649	7,603	4,534			1,517
1993	29,454		13	28	190	1,587	2,706	4,920	7,725	7,503	4,782			795
1994	29,564		9	28	179	1,557	2,962	5,137	8,063	7,209	4,420			783
1995	29,215	1	7	29	182	1,528	2,789	5,129	8,480	7,448	3,622			773
1996	27,994		5	26	173	1,492	2,820	5,227	8,590	7,068	2,593			758
1997	26,827		2	35	178	1,602	2,939	5,434	7,844	7,179	1,614			738
1998	24,628			19	151	1,181	2,663	4,946	6,946	6,378	2,344			726
1999	25,096		1	23	181	1,210	3,135	5,625	6,845	5,024	3,052			670
2000	24,489		1	21	189	1,351	3,164	5,518	6,705	5,849	1,691			650
2001	23,696			27	185	1,549	3,074	5,485	6,891	5,516	969			514
2002	23,256		4	32	193	1,665	3,124	5,814	6,939	5,075	410			445
2003	22,480		2	34	184	1,647	3,071	5,793	6,878	4,338	533			323

자료: 朝鮮総督府鉄道局, 『年報』, 各年度版; 同, 『朝鮮鉄道状況』, 各年度版; 朝鮮総督府交通局, 『朝鮮交通状況』(1944); 鮮交会編, 『朝鮮交通史』(1986); 교통부, 『교통연보』, 각년도판; 동, 『교통통계연보』, 각년도판; 철도청, 『철도통계연보』, 각년도판; 한국철도공사, 『철도통계연보』, 각년도판.

주: 1) 식민지기 통계의 회색부분은 자료상 불명. 따라서 칙임관에서 용인까지의 합은 합계와 불일치한다.

2) 1978년도 이후의 철도통계연보 자료에서는 공무원이 아닌 기타 직원으로 인한 총합계의 수치(공무원+비공무원)이며 이전 자료에서는 공무원급 직원의 통계자료만 제시되어 있다.

3) 2004년부터 정무직의 명칭이 임원으로, 기능직이 일반직으로 통폐합되었다.

표 L175-185 자동차운전면허자, 1962-2014

	합계	제1종					제2종				
		소계	대형	보통	소형	특수	소계	보통	소형	특수	원동기
	L175	L176	L177	L178	L179	L180	L181	L182	L183	L184	L185
	남한, 명										
1962	89	11		8	1.45	2.2	77	77			0.2
1963	98	17		10	3.76	2.4	82	81			0.7
1964	110	21		13	4.79	3.1	90	89			0.9
1965	129	27		17	6.10	3.8	102	101			1.6
1966	139	30		19	6.03	5.4	109	106			2.7
1967	155	31		21	6.69	3.0	124	119			4.4
1968	212	39		27	9.08	3.6	173	148			24.5
1969	324	49		32	12.28	4.9	275	255			19.8
1970	403	54		37	12.75	3.9	349	319			30.5
1971	519	454	47	397	6.11	3.3	65	15	7.5	0.30	42.6
1972	605	515	57	448	5.57	3.6	91	32	7.6	0.29	51.5
1973	686	556	65	482	4.56	4.3	130	47	8.2	0.22	75.0
1974	711	565	77	479	4.19	5.3	146	57	8.5	0.19	80.6
1975	737	576	86	474	4.05	11.4	161	63	9.4	0.22	88.2
1976	797	603	96	487	4.01	15.4	195	74	10.0	0.22	110.7
1977	876	641	105	510	3.98	21.6	235	86	10.5	0.23	138.2
1978	1,144	806	121	647	3.96	34.2	339	131	11.5	0.20	195.4
1979	1,509	1,058	148	863	3.61	43.6	451	185	12.5	0.16	253.6
1980	1,861	1,303	195	1,051	2.93	54.2	557	226	14.1	0.10	316.7
1981	2,203	1,533	234	1,228	2.92	68.0	670	259	15.2	0.10	395.5
1982	2,581	1,795	272	1,437	2.92	82.7	787	308	16.5	0.10	462.1
1983	2,989	2,062	300	1,667	2.91	92.7	927	390	17.8		519.0
1984	3,487	2,412	351	1,966	3.13	91.5	1,075	495	20.1		560.3
1985	4,089	2,764	392	2,306	1.08	65.6	1,324	655	22.1		647.1
1986	4,652	3,105	427	2,605	1.06	71.2	1,547	806	24.4		716.6
1987	5,269	3,503	461	2,961	1.02	80.3	1,767	995	25.6		746.2
1988	6,192	4,094	498	3,509	1.01	85.9	2,097	1,283	27.8		786.6
1989	7,190	4,671	535	4,044	0.99	91.7	2,519	1,662	30.7		826.1
1990	8,544	5,183	577	4,506	0.98	99.2	3,361	2,105	35.4		1,220.8
1991	9,844	5,790	630	5,047	0.94	111.8	4,055	2,716	41.4		1,297.4
1992	11,613	6,446	686	5,630	0.94	128.9	5,168	3,582	49.5		1,536.1
1993	13,302	7,051	746	6,157	0.92	146.8	6,251	4,489	58.0		1,703.6
1994	14,890	7,605	811	6,630	0.91	164.0	7,285	5,467	68.3		1,749.3
1995	16,404	8,098	867	7,053	0.91	177.2	8,306	6,465	76.9		1,764.1
1996	17,721	8,493	907	7,404	1.02	182.0	9,227	7,350	83.0		1,794.4
1997	18,532	8,776	933	7,661	0.93	180.5	9,757	7,839	93.1		1,824.5
1998	19,549	9,349	1,003	8,156	0.86	189.0	10,200	8,260	111.6		1,829.3
1999	20,728	10,073	1,070	8,788	0.80	214.5	10,655	8,696	127.3		1,831.8
2000	18,697	9,822	1,141	8,678	0.05	3.0	8,876	8,286	7.6		582.0
2001	19,884	10,683	1,203	9,477	0.04	3.1	9,201	8,634	7.9		559.1
2002	21,223	11,674	1,271	10,400	0.04	3.4	9,549	9,002	8.1		538.8
2003	22,062	12,432	1,326	11,103	0.04	3.3	9,631	9,110	7.8		513.0
2004	22,735	13,124	1,405	11,716	0.04	3.3	9,611	9,108	8.1		495.1
2005	23,498	13,976	1,498	12,475	0.03	3.5	9,522	9,030	8.6		482.6
2006	24,088	14,863	1,570	13,290	0.03	3.3	9,225	8,752	8.9		464.5
2007	24,681	15,598	1,643	13,951	0.02	3.3	9,084	8,620	9.4		454.2
2008	25,268	16,245	1,723	14,518	0.02	3.5	9,024	8,562	10.2		452.0
2009	25,822	16,884	1,803	15,077	0.02	3.5	8,939	8,486	10.3		442.6
2010	26,402	17,391	1,866	15,521	0.02	3.3	9,011	8,572	10.3		429.3
2011	27,251	17,900	1,923	15,974	0.02	3.3	9,351	8,928	9.7		413.4
2012	28,263	18,395	1,972	16,419	0.02	3.3	9,869	9,453	9.2		406.6
2013	28,848	18,715	2,024	16,688	0.02	3.3	10,133	9,731	9.2		392.7
2014	29,544	19,107	2,082	17,022	0.02	3.2	10,437	10,051	9.3		376.9

자료: 교통부, 『교통연보』, 각년도판; 동, 『교통통계연보』, 각년도판; 동, 『한국교통연감』(1960); 건설교통부, 『건설교통통계연보』, 각년도판; 국토교통부, 『국토교통통계연보』, 각년도판.

표 L186-203 해기사 면허자, 1911-1940, 1943-1944, 1950-1963, 1958-2013

	합계(해기면장)			조선선박직원령 해기면장		일본해기면장		항해사	어선	기관사	운항사 (내연)	통신사	소형선박 조정사 (항해사)	도선사	선원			
	소계	일본인	조선인	일본인	조선인	일본인	조선인								소계	일본인	조선인	외국인
	L186	L187	L188	L189	L190	L191	L192	L193	L194	L195	L196	L197	L198	L199	L200	L201	L202	L203
	남북한, 명																	
1911	274														1,200			
1912															1,456	995	457	4
1913															1,713	1,182	518	13
1914	455	434	21	235	17	199	4								1,530	956	566	8
1915	610	580	30	287	26	293	4								2,053	1,297	748	8
1916	710	674	36	343	32	331	4								2,802	1,867	905	30
1917	883	846	37	471	33	375	4								3,422	2,259	1,132	31
1918	908	781	127	572	123	209	4								3,466	1,681	1,653	132
1919	978	833	145	618	140	215	5								3,781	1,671	2,009	101
1920	1,034	857	177	687	176	170	1								3,982	1,618	2,255	109
1921	1,128	932	196	721	192	211	4								4,595	1,924	2,552	119
1922	1,215	986	229	763	228	223	1								5,228	2,070	3,037	121
1923	1,278	1,013	265	789	264	224	1								5,434	1,878	3,423	133
1924	1,463	1,176	287	920	285	256	2								6,229	2,199	3,854	176
1925	1,361	1,258	332	962	329	296	3	414		474	473				6,601	2,100	4,323	178
1926	1,460	1,346	410	1,049	402	297	8	461		526	473				7,264	2,261	4,813	190
1927	1,567	1,236	418	948	413	288	5	506		571	490				5,051	1,851	3,096	104
1928	1,713	1,298	453	1,010	450	288	3	555		643	515				5,173	1,850	3,219	104
1929	2,145	1,352	529	1,049	518	303	11	637		858	650				5,033	1,792	3,138	103
1930	2,221	1,358	621	1,097	616	261	5	685		934	602				5,157	1,816	3,250	91
1931	2,436	1,546	889	1,264	881	282	8	724		1,054	658				6,019	2,209	3,701	109
1932	2,653	1,646	907	1,320	901	326	6	806		1,148	699				6,400	2,497	3,806	97
1933	2,919	1,756	1,042	1,401	1,035	355	7	1,019		1,275	625				6,644	2,612	3,955	77
1934	3,179	1,833	1,156	1,502	1,151	331	5	1,142		1,407	630				7,239	2,797	4,377	65
1935	3,368	2,040	1,328	1,604	1,315	436	13								8,325	3,218	5,053	54
1936	3,738	2,252	1,486	1,704	1,475	548	11								9,407	3,529	5,820	58
1937	4,171	2,447	1,724	1,762	1,697	685	27								11,135	4,414	6,656	65
1938	4,715	2,678	2,037	1,862	1,989	816	48								12,533	4,876	7,570	87
1939	5,191	2,840	2,351												15,724	5,662	9,940	122
1940	5,635	3,005	2,630												19,922	6,566	13,230	126
1943.8.31	5,099	3,767	3,706	2,079	3,020	1,688	686											
1944.8.31	5,167	2,124	3,149	2,078	3,089	46	60											
	남한, 명																	
1950	1,664							771	2	885				6				
1951	441							207	14	220								
1952	619							213	164	234	7	1						
1953	475							137	134	159	37	7		1				
1954	729							206	100	220	21	182						
1955	641							199	130	262	50							
1956	389							145	54	138	41	10		1				
1957	369							147	62	120	32	8						
1958	325							165	48	70	32	10						
1959	199							85	18	66	24	4		2				
1960	361							124	112	56	66	3						
1961	1,029							193	174	111	173	4	369	5				
1962	4,711							205	280	97	553	12	3563	1				
1963	14,546							3,059	933	2,615	1,701	323	5899	16				
1958	5,132							2,079	338	2,280	216	211		8				
1959	5,312							2,162	347	2,344	240	209		10				
1960	5,624							2,294	403	2,399	306	212		10				
1961	6,541							2,474	490	2,500	479	214	369	15				
1962	11,184							2,671	770	2,539	1,032	226	3,932	14				
1963	14,552							3,060	933	2,615	1,710	322	5,896	16				
1964	17,609							3,500	1,098	2,811	2,142	552	7,487	19				
1965	20,858							3,851	1,468	2,951	2,711	686	9,172	19				
1966	23,684							4,937	1,814	3,347	3,328	807	9,431	20				
1967	26,494							5,577	2,221	3,652	4,082	894	10,041	27				

표 L186-203 계속

	합계(해기면장)			조선선박직원령 해기면장		일본해기면장		항해사	어선	기관사	운항사 (내연)	통신사	소형선박 조정사 (항해사)	도선사	선원			
	소계	일본인	조선인	일본인	조선인	일본인	조선인								소계	일본인	조선인	외국인
	L186	L187	L188	L189	L190	L191	L192	L193	L194	L195	L196	L197	L198	L199	L200	L201	L202	L203
	남한, 명																	
1968	29,102							5,938	2,636	3,747	4,804	970	10,980	27				
1969	34,640							6,738	3,174	4,367	5,653	1,099	13,579	30				
1970	38,504							7,321	3,848	4,700	6,520	1,222	14,863	30				
1971	43,654							8,218	4,818	5,352	7,637	1,441	16,155	33				
1972	47,567							9,073	5,527	6,031	8,572	1,727	16,604	33				
1973	52,888							10,251	6,492	7,306	9,316	2,280	17,210	33				
1974	59,587							11,906	7,615	9,820	9,124	3,200	17,889	33				
1975	64,591							13,239	8,354	12,182	8,799	3,893	18,091	33				
1976	71,163							15,483	9,138	15,138	8,610	4,305	18,448	41				
1977	79,652							18,238	10,209	18,793	8,523	4,902	18,946	41				
1978	86,040							30,184	5,274	26,062	0	5,168	19,308	44				
1979	93,455							33,454	6,077	28,607	0	5,528	19,737	52				
1980	98,936							35,882	6,714	30,501	0	5,822	19,962	55				
1981	110,787							42,786	7,247	34,034	0	6,219	20,442	59				
1982	117,023							45,356	7,663	36,580	0	6,511	20,854	59				
1983	123,377							47,943	8,011	39,137	0	6,912	21,315	59				
1984	128,476							50,083	8,260	41,135	0	7,232	21,709	57				
1985	126,242							43,438	8,155	44,568	0	7,631	22,396	54				
1986	130,676							45,625	8,209	45,863	0	7,977	22,940	62				
1987	134,454							47,273	8,316	46,919	0	8,319	23,565	62				
1988	136,075							47,863	8,423	47,212	0	8,593	23,916	68				
1989	69,373							26,037	5,229	27,050	0	5,174	5,810	73				
1990	74,678							27,883	5,558	29,307	0	5,323	6,528	79			202,353	
1991	78,416							29,265	5,831	30,314	0	5,448	7,474	84			201,755	58
1992	82,624							30,792	6,028	31,355	0	5,537	8,822	90			188,445	194
1993	86,676							32,209	6,247	32,273	0	5,611	10,245	91			175,996	1,250
1994	86,863							32,348	6,153	31,702	0	5,172	11,391	97			160,302	4,424
1995	91,012							33,435	6,331	32,362	1	5,514	13,262	107			150,538	
1996	66,522							24,138	4,386	22,368	74	3,562	11,877	117				
1997	68,755							24,577	4,335	22,640	163	3,722	13,318				121,031	4,424
1998	75,712							25,436	4,302	23,138	201	6,656	15,979				120,100	5,713
1999	77,268							23,881	3,810	21,156	205	9,500	18,716				127,041	
2000	82,226							24,123	4,083	21,596	207	10,489	21,728				121,031	7,639
2001	85,528							24,288	4,329	21,932	154	11,646	23,179				114,660	6,980
2002	89,349							24,484	4,475	22,116	83	13,904	24,287				107,380	6,970
2003	90,044							24,810	4,577	22,190	59	14,156	24,252				99,850	7,313
2004	86,226							23,832	4,496	20,490	65	13,865	23,478				94,254	7,390
2005	88,459							24,882	4,478	21,104	69	14,348	23,578				88,524	7,960
2006	92,642							26,713	4,433	21,872	58	14,628	24,938				86,090	8,889
2007								27,960	4,399	22,473	41	14,607	30,400				83,791	9,916
2008								28,463	4,223	22,493	36	14,795	36,033				83,670	12,777
2009								29,890	3,998	23,307	35	16,251	42,690				84,407	13,789
2010								30,231	3,965	23,539	31	17,002	45,283				85,013	17,558
2011								30,439	3,960	24,068	29	17,520	49,054				87,577	19,550
2012								30,903	4,029	24,583	26	17,813	49,624				89,114	21,327
2013								30,382	3,910	24,039	26	17,638	48,682				90,342	41,578

자료: 朝鮮総督府逓信局, 『朝鮮総督府逓信年報』, 各年度版; 同, 『朝鮮総督府逓信統計要覧』, 各年度版; 同, 『朝鮮の逓信事業』, 各年度版; 朝鮮総督府交通局, 『朝鮮交通状況』(1944); 朝鮮総督府編, 『統計年報』, 各年度版; 교통부, 『교통연보』, 각년도판; 동, 『교통통계연보』, 각년도판; 동, 『한국교통연감』(1960); 해양수산부, 『해운수산통계연보』, 각년도판; 한국해양수산개발원, 『해운통계요람』, 각년도판.

주: 1) 1996년 이후부터는 도선사가 총합계에서 제외된다.
2) 1989년부터 소형선박조정사는 소형선박항해사로 바뀐다.
3) 1958-1963년에는 두 가지 통계가 존재하여 이를 중복 게재한다.

2. 교통 수송량

표 L204-222 교통기관별 여객수송량, 1906-2011

	국내수송							국제수송		
	합계	철도	궤도	지하철	공로	해운	항공	합계	해운	항공
	L204	L205	L206	L207	L208	L209	L210	L211	L212	L213
	남북한, 천 명									
1906		2,149								
1907		2,656								
1908		2,173								
1909		1,930								
1910		2,048	3,227							
1911		2,533	6,489			39				
1912		4,555	10,068			144				
1913		5,195	11,535			146				
1914		4,799	11,452			178				
1915		5,169	12,104			173				
1916		5,443	15,151			220				
1917		7,376	19,001			276				
1918		10,020	23,241			337				
1919		12,895	27,793			66				
1920		13,644	25,464			188				
1921		15,117	30,680			179				
1922		16,951	35,098			242				
1923		18,756	39,925			242				
1924		20,195	40,632			255				
1925		21,679	43,926			203				
1926		22,486	43,960			213				
1927		24,122	48,692			227				
1928		25,401	50,731			182				
1929		26,014	55,992			161				
1930		23,657	52,113			131				
1931		22,572	49,407			168				
1932		23,692	48,917			100				
1933		25,993	59,014			100				
1934		30,827	71,408			131				
1935		36,066	84,782			130				
1936		41,743	97,053			158				8
1937		45,372	106,787			138				15
1938		56,472	128,218			157				20
1939		76,886	164,774							25
1940		105,608	181,919							16
1941		113,108	209,287							14
1942		132,762	270,116							
1943		159,562	266,128							
1944		106,373								
	남한, 천 명									
1945			137,912							
1946		50,375	122,927							
1947		54,641	124,097							
1948		61,128	154,610							
1949		77,422	220,987							
1950			123,833							
1951		24,071	22,917							
1952		44,503	62,130							
1953		46,097	121,140				34			7
1954		58,174	142,780				40			28
1955		57,278	141,532				30			7
1956		66,293	160,249				39			16
1957		53,429	166,402				56			22
1958		70,101	137,322				12			57
1959		71,524	146,414				68			25
1960	775,970	75,684	158,142		158,142	4,046	71	28		28

표 L204-222 계속

	국내수송							국제수송		
	합계	철도	궤도	지하철	공로	해운	항공	합계	해운	항공
	L204	L205	L206	L207	L208	L209	L210	L211	L212	L213
	남한, 천 명									
1961	875,325	88,291	196,364		586,864	3,743	61	31		31
1962	991,494	100,555	219,453		667,075	4,363	48	37		37
1963	1,072,012	109,348	214,741		743,325	4,504	94	49		49
1964	1,270,441	118,535	210,430		935,436	5,865	175	61		61
1965	1,523,718	107,177	215,358		1,195,471	5,504	208	77		77
1966	1,655,958	138,299	231,707		1,511,558	5,909	192	143	12	131
1967	1,833,672	151,972	211,844		1,674,785	6,700	215	189	13	176
1968	2,176,710	150,969			2,018,880	6,549	312	237	12	225
1969	2,580,003	154,696			2,418,612	6,076	619	280	13	267
1970	2,881,806	131,251			2,743,769	5,869	917	422	24	398
1971	3,159,864	128,759			3,024,229	6,371	1,105	553	38	515
1972	3,452,994	137,139			3,308,473	6,261	1,121	833	48	785
1973	4,007,307	143,009			3,855,794	7,235	1,269	1,504	71	1,433
1974	4,348,089	168,469		16,082	4,155,929	6,618	991	1,295	51	1,244
1975	4,804,793	220,952		34,288	4,542,739	5,908	906	1,614	48	1,566
1976	5,340,384	248,699		33,913	5,050,983	5,994	795	2,077	63	2,014
1977	6,287,452	301,592		46,574	5,931,452	6,737	1,097	2,370	54	2,316
1978	7,246,439	371,022		58,238	6,807,990	7,728	1,461	2,771	63	2,708
1979	8,109,529	423,657		66,454	7,609,677	7,929	1,812	3,032	43	2,989
1980	8,544,916	430,773		65,076	8,039,006	8,580	1,481	2,962	41	2,922
1981	9,223,370	441,129		88,326	8,683,130	9,230	1,555	3,280	51	3,229
1982	9,803,567	443,570		89,298	9,259,252	9,602	1,844	3,557	56	3,501
1983	10,497,712	469,423		115,623	9,901,324	8,979	2,363	3,758	55	3,703
1984	10,914,557	489,061		212,637	10,200,619	9,371	2,869	4,008	67	3,942
1985	11,441,409	503,122		325,238	10,601,047	8,534	3,467	4,447	65	4,382
1986	12,044,875	518,956		580,492	10,932,607	8,727	4,092	5,013	73	4,939
1987	12,643,816	525,056		649,847	11,455,784	8,028	5,101	5,559	101	5,459
1988	13,284,665	564,240		799,949	11,905,341	8,838	6,297	6,489	136	6,353
1989	13,438,299	584,659		886,008	11,949,830	8,850	8,952	8,478	195	8,283
1990	14,487,692	644,814		1,101,677	12,721,877	8,260	11,064	9,862	236	9,626
1991	14,976,846	679,281		1,422,615	12,854,212	8,485	12,253	10,605	335	10,271
1992	15,134,681	716,364		1,546,279	12,848,750	8,733	14,555	11,595	338	11,257
1993	14,440,077	723,057		1,576,040	12,117,439	7,990	15,550	11,947	296	11,651
1994	13,962,799	729,003		1,603,945	11,603,575	7,869	18,406	13,487	411	13,076
1995	13,802,601	790,381		1,693,003	11,289,507	8,702	21,009	14,998	395	14,603
1996	14,061,115	819,542		1,728,171	11,480,422	9,413	23,567	16,515	523	15,992
1997	13,611,159	832,999		1,855,166	10,887,456	9,899	25,639	17,162	564	16,598
1998	13,479,624	829,050		1,838,870	10,783,922	8,277	19,504	14,642	538	14,104
1999	13,325,620	823,563		2,015,999	10,455,862	9,052	21,145	17,555	805	16,750
2000	13,492,487	837,268		2,235,221	10,410,577	9,702	22,514	20,451	999	19,452
2001	13,327,802	850,971		2,527,099	9,857,403	9,340	21,811	21,425	1,075	20,351
2002	12,809,955	851,716		2,012,386	9,783,595	9,460	21,248	23,970	1,253	22,717
2003	12,439,693	894,621		1,982,192	9,404,764	10,336	21,380	22,839	1,380	21,459
2004	12,153,735	921,223		2,033,411	9,169,560	10,648	18,893	28,753	1,822	26,931
2005	11,801,453	950,995		2,020,360	8,801,840	11,100	17,158	31,789	2,105	29,684
2006	12,186,509	969,145		2,079,961	9,108,648	11,574	17,181	35,092	2,385	32,707
2007	12,410,876	989,294		2,090,290	9,301,810	12,634	16,848	39,417	2,550	36,867
2008	12,990,411	1,018,977		2,141,872	9,798,410	14,162	16,990	37,875	2,534	35,341
2009	12,958,910	1,020,319		2,181,346	9,724,316	14,868	18,061	35,703	2,089	33,614
2010	12,867,138	1,060,941		2,273,087	9,498,586	14,308	20,216	42,822	2,761	40,061
2011	29,455,706	1,118,622		2,358,758	25,943,079	14,266	20,981	45,309	2,660	42,649

자료: 朝鮮総督府鉄道局, 『年報』, 各年度版; 同, 『朝鮮鉄道状況』, 各年度版; 同, 『鉄道要覧』, 各年度版; 朝鮮総督府逓信局, 『朝鮮総督府逓信年報』, 各年度版; 同, 『朝鮮総督府逓信統計要覧』, 各年度版; 朝鮮総督府交通局, 『朝鮮交通状況』(1944); 朝鮮総督府編, 『統計年報』, 各年度版; 鮮交会編, 『朝鮮交通史資料編』(1986); U.S. Army Forces in Korea, *South Korea Interim Government Activities*; 교통부, 『교통연보』, 각년도판; 동, 『교통통계연보』, 각년도판; 동, 『한국교통연감』(1960); 철도청, 『철도통계연보』, 각년도판; 건설교통부, 『건설교통통계연보』, 각년도판; 국토교통부, 『국토교통통계연보』, 각년도판; 林采成, 『戦時経済と鉄道運営: 「植民地」朝鮮から「分断」韓国への歴史的経路を探る』(東京大学出版会, 2005).

주: 1) 철도는 1910-1942년 사설철도분 포함한다.
2) 공로의 경우 2011년 통계기준 변화로 교통량이 급증한다.

표 L204-222 계속

	국내수송						국제수송		
	합계	철도	지하철	공로	해운	항공	합계	해운	항공
	L214	L215	L216	L217	L218	L219	L220	L221	L222
	남북한, 백만인 km								
1906									
1907		159							
1908		143							
1909		131							
1910		148							
1911		169							
1912		266							
1913		280							
1914		268							
1915		301							
1916		314							
1917		435							
1918		660							
1919		743							
1920		717							
1921		771							
1922		838							
1923		913							
1924		914							
1925		955							
1926		1,015							
1927		1,073							
1928		1,199							
1929		1,354							
1930		1,114							
1931		1,065							
1932		1,180							
1933		1,329							
1934		1,569							
1935		1,763							
1936		2,024							
1937		2,469							
1938		3,047							
1939		4,275							
1940		5,441							
1941		6,134							
1942		7,494							
1943		8,885							
1944		8,752							
	남한, 백만인 km								
1945									
1946		3,011							
1947		2,806							
1948		2,829							
1949		3,107							
1950									
1951		1,498							
1952		2,629							
1953		3,146							
1954		4,929							
1955		3,712							
1956		4,049							
1957		3,435							
1958		4,172							
1959		4,540							
1960		4,952							
1961		5,372							
1962		5,869							

표 L204-222 계속

	국내수송						국제수송		
	합계	철도	지하철	공로	해운	항공	합계	해운	항공
	L214	L215	L216	L217	L218	L219	L220	L221	L222
	남한, 백만인 km								
1963		6,676							
1964		7,353							
1965		6,917							
1966	20,380	8,665		11,464	196	55	158	6	152
1967	21,561	9,577		11,699	223	62	232	6	226
1968	24,830	10,590		13,930	218	92	279	6	273
1969	28,201	11,077		16,688	257	179	323	7	316
1970	30,362	9,819		20,045	241	257	470	12	458
1971	32,237	8,750		22,917	256	314	581	9	572
1972	36,944	10,062		26,258	301	323	1,024	11	1,013
1973	43,206	10,270		32,126	425	385	2,057	16	2,041
1974	47,233	11,147	136	35,385	249	316	2,115	12	2,103
1975	52,686	12,926	343	38,865	252	300	3,231	11	3,220
1976	58,617	14,305	388	43,399	249	276	4,387	14	4,373
1977	69,021	17,099	552	50,708	277	385	5,347	12	5,335
1978	78,642	20,055	782	56,996	310	499	6,627	14	6,613
1979	85,391	21,386	904	62,079	386	636	8,627	10	8,617
1980	87,626	21,640	926	64,131	401	528	10,520	9	10,511
1981	91,138	21,528	1,258	67,315	480	557	11,290	12	11,279
1982	95,717	21,034	1,309	72,110	610	654	12,568	13	12,556
1983	99,458	21,688	1,556	74,817	557	840	13,225	13	13,212
1984	102,185	21,884	2,310	76,398	582	1,012	16,334	15	16,319
1985	106,849	22,595	4,477	78,025	570	1,182	17,944	15	17,930
1986	112,505	23,563	7,228	79,732	551	1,431	20,407	20	20,386
1987	115,946	24,457	7,965	81,265	489	1,770	22,050	31	22,019
1988	122,590	25,978	8,557	85,325	539	2,191	23,064	44	23,020
1989	126,075	27,390	9,352	85,608	546	3,179	29,866	70	29,795
1990	135,335	29,864	11,229	89,712	520	4,011	36,490	84	36,405
1991	138,029	33,470	11,891	87,697	524	4,447	38,634	113	38,521
1992	136,666	34,787	12,970	83,152	525	5,233	45,350	130	45,219
1993	130,839	33,693	13,168	77,998	468	5,511	47,739	112	47,627
1994	126,339	31,912	13,343	74,167	436	6,481	54,318	163	54,155
1995	123,573	29,292	14,048	72,324	502	7,406	61,749	136	61,613
1996	124,145	29,580	12,859	72,871	547	8,288	70,688	198	70,490
1997	120,124	30,073	11,691	68,737	571	9,052	74,588	214	74,375
1998	118,285	32,976	11,144	66,853	434	6,877	55,935	200	55,736
1999	131,131	28,606	18,204	76,193	543	7,505	65,233	299	64,934
2000	132,959	27,787	20,268	74,572	672	8,039	76,313	397	75,916
2001	152,126	29,172	30,269	84,256	555	7,873	77,072	401	76,671
2002	139,282	28,743	24,240	77,925	565	7,809	84,810	444	84,366
2003	130,972	28,379	16,686	77,349	620	7,938	74,829	535	74,293
2004	136,112	28,459	16,629	83,217	657	7,151	90,146	714	89,432
2005	153,568	31,004	23,637	91,665	668	6,594	95,927	857	95,071
2006	160,740	31,416	24,110	97,854	709	6,651	105,132	992	104,140
2007	182,590	31,596	24,134	119,569	765	6,526	115,801	1,019	114,782
2008	168,425	32,027	24,740	104,142	873	6,643	115,950	1,030	114,920
2009	164,575	31,299	24,190	101,114	867	7,105	110,048	845	109,203
2010	171,946	33,012	25,369	104,671	883	8,011	128,864	1,104	127,760
2011	416,348	36,784	26,260	343,928	981	8,395	141,187	1,188	139,999

표 L223-239 교통기관별 화물수송량, 1906-1944, 1946-2011

	국내수송						국제수송			국내수송					국제수송		
	합계	철도	궤도	공로	해운	항공	합계	해운	항공	합계	철도	공로	해운	항공	합계	해운	항공
	L223	L224	L225	L226	L227	L228	L229	L230	L231	L232	L233	L234	L235	L236	L237	L238	L239
	남북한, 천 톤									남북한, 백만톤 km							
1906		279															
1907		397									41						
1908		750									87						
1909		724									94						
1910		903	60								132						
1911		1,081	30								148						
1912		1,127	35								164						
1913		1,413	25								202						
1914		1,498	104								229						
1915		1,711	48								294						
1916		1,968	115		287						462						
1917		2,621	30		291						651						
1918		2,789	78		359						754						
1919		4,019	73		347						927						
1920		3,553	93		240						692						
1921		3,683	80		295						719						
1922		4,284	61		380						844						
1923		4,841	69		421						975						
1924		4,404	66		414						897						
1925		5,087	72		550						956						
1926		6,048	58		627						1,116						
1927		6,785	56		736						1,178						
1928		7,046	23		844						1,254						
1929		7,168	17		847						1,296						
1930		6,900	17		725						1,208						
1931		6,950	13		874						1,297						
1932		7,220	89		1,050						1,349						
1933		8,366	214		1,136						1,485						
1934		9,142	218		1,295						1,643						
1935		10,696	236		1,339						1,789						
1936		12,045	270		1,580				50		2,045						
1937		14,029	275		1,683				100		2,668						
1938		16,844	297		1,617				93		3,058						
1939		20,187	278						115		3,770						
1940		25,565	273						194		4,121						
1941		29,113	243						68		4,962						
1942		31,821	184								6,300						
1943		31,665	162								8,372						
1944		27,626									9,933						
	남한, 천 톤									남한, 백만톤 km							
1946		3,045									631						
1947		4,838									996						
1948		5,118									1,041						
1949		6,421									1,275						
1951		13,023									2,750						
1952		13,452									3,073						
1953		12,238				0.1			0.1		2,743						
1954		9,269				0.2			0.1		2,427						
1955		10,368				0.1			0.2		3,334						
1956		11,045				0.1			0.8		2,033						
1957		12,007				0.1			0.8		2,570						
1958		12,094				0.3			0.8		2,658						
1959		13,773				0.4			1.1		3,071						
1960		14,423				0.3			1.2		3,283						
1961		15,373									3,486						
1962		17,914									3,977						
1963		19,774									4,358						
1964		20,311									4,522						

표 L223-239 계속

	국내수송						국제수송			국내수송					국제수송		
	합계	철도	궤도	공로	해운	항공	합계	해운	항공	합계	철도	공로	해운	항공	합계	해운	항공
	L223	L224	L225	L226	L227	L228	L229	L230	L231	L232	L233	L234	L235	L236	L237	L238	L239
	남한, 천 톤									남한, 백만톤 km							
1965		22,377									5,044						
1966	50,888	24,064		24,528	2,295	1	8,442	8,435	7	6,680	5,450	558	672		54,069	54,056	13
1967	60,230	27,440		28,616	4,173	1	11,533	11,523	10	7,881	6,178	660	1,043		78,573	78,562	11
1968	80,554	28,857		46,093	5,602	2	15,809	15,795	14	9,332	6,865	1,065	1,401	1	120,932	120,913	19
1969	95,335	30,643		56,575	8,114	3	20,019	20,000	19	10,743	7,328	1,307	2,107	1	154,240	154,211	29
1970	104,219	31,551		61,775	10,888	5	22,310	22,284	26	13,383	7,709	1,441	4,232	1	164,544	164,509	35
1971	117,483	31,955		73,934	11,587	7	28,478	28,449	29	15,798	7,841	3,302	4,653	2	203,081	203,047	34
1972	99,514	31,547		58,673	9,286	8	30,747	30,709	38	13,642	7,241	2,494	3,905	2	232,741	232,659	82
1973	119,900	37,762		71,977	10,152	9	39,820	39,762	58	15,943	8,591	3,149	4,200	3	291,399	291,253	146
1974	132,577	39,708		81,697	11,166	6	42,158	42,088	70	17,018	9,005	3,585	4,426	2	301,244	301,034	210
1975	139,103	42,758		84,527	11,812	6	45,226	45,128	98	17,872	9,293	3,845	4,732	2	333,549	333,155	394
1976	151,214	43,630		93,751	13,828	5	55,862	55,757	105	19,637	9,728	4,374	5,533	2	376,451	375,997	454
1977	170,547	47,631		106,792	16,116	8	68,436	68,312	124	21,854	10,509	5,061	6,281	3	458,762	458,187	575
1978	211,439	49,654		144,599	17,175	11	78,024	77,882	142	24,525	10,926	6,814	6,781	4	519,509	518,826	683
1979	211,628	50,879		141,513	19,222	14	90,987	90,820	167	25,292	11,081	6,687	7,519	5	625,621	624,772	849
1980	172,777	49,008		104,526	19,230	13	94,226	94,035	191	23,185	10,798	4,920	7,463	5	626,620	625,588	1,033
1981	175,240	48,761		104,256	22,206	18	105,530	105,321	209	23,616	10,815	4,868	7,927	6	719,845	718,669	1,176
1982	182,497	47,437		108,576	26,454	30	108,741	108,507	235	23,881	10,892	5,097	7,881	11	922,816	921,366	1,450
1983	206,010	50,478		126,403	29,087	43	118,451	118,185	266	27,687	11,629	5,943	10,099	16	1,001,197	999,526	1,671
1984	229,079	53,661		143,629	31,731	58	126,038	125,736	302	29,958	12,033	6,762	11,140	22	1,095,007	1,092,816	2,191
1985	238,292	55,346		148,700	34,179	67	133,344	133,010	333	31,029	12,296	7,068	11,640	26	1,152,129	1,149,809	2,319
1986	264,720	58,238		168,779	37,626	78	154,215	153,823	391	33,910	12,813	8,034	13,034	29	1,291,597	1,288,788	2,809
1987	275,403	59,281		175,283	40,747	93	178,480	178,008	472	34,975	13,061	8,376	13,503	36	1,454,506	1,451,378	3,128
1988	293,448	60,737		184,558	48,041	111	198,997	198,489	508	39,089	13,784	8,645	16,617	43	1,638,824	1,635,367	3,458
1989	313,644	58,670		199,945	54,874	154	204,611	203,900	711	40,478	13,605	8,959	17,852	63	1,669,388	1,665,119	4,268
1990	337,145	57,922		215,125	63,915	183	220,558	219,781	777	44,187	13,663	9,325	21,127	72	1,838,205	1,833,650	4,555
1991	382,664	61,215		245,126	76,124	200	263,760	262,972	787	49,840	14,494	10,530	24,737	79	2,173,052	2,168,582	4,470
1992	410,888	58,768		266,009	85,869	242	286,411	285,573	837	61,722	14,256	11,364	36,008	94	2,462,113	2,457,145	4,968
1993	446,087	60,167		289,450	96,196	273	317,823	316,872	951	66,194	14,658	12,666	38,765	105	2,774,579	2,768,396	6,183
1994	521,696	57,866		345,831	116,313	306	354,541	353,428	1,112	64,567	14,070	15,446	34,935	116	2,888,688	2,881,696	6,992
1995	595,272	57,469		408,368	127,558	323	405,714	404,424	1,291	76,110	13,838	18,213	43,936	123	3,271,813	3,263,717	8,096
1996	621,243	53,527		426,414	138,807	351	442,551	441,120	1,431	78,647	12,947	19,114	46,452	134	3,584,789	3,575,745	9,043
1997	697,872	53,828		499,083	144,574	387	486,661	485,030	1,631	80,377	12,710	22,219	45,299	149	4,180,755	4,170,203	10,552
1998	567,023	43,345		408,136	113,129	364	476,223	474,752	1,471	53,361	10,372	9,387	33,462	140	4,224,639	4,215,379	9,260
1999	567,344	42,081		401,177	121,424	393	533,903	532,183	1,719	53,149	10,072	9,227	33,699	151	4,681,053	4,670,305	10,747
2000	673,838	45,240		496,174	131,990	434	571,549	569,599	1,949	60,680	10,803	11,412	38,298	167	4,375,042	4,362,779	12,263
2001	721,823	45,122		535,725	140,544	431	612,774	610,910	1,864	59,424	10,492	12,322	36,443	168			
2002	769,216	45,733		584,573	138,478	433	660,387	658,310	2,077	62,400	10,784	13,275	38,171	170			
2003	758,316	47,110		565,456	145,327	423	675,537	667,608	2,209	58,113	11,057	13,005	33,884	166			
2004	679,413	44,512		518,856	115,636	409	735,946	733,377	2,569	50,190	10,641	12,545	26,840	164			
2005	687,451	41,669		526,000	119,410	372	757,553	754,936	2,617		10,108		26,590	151			
2006	690,779	43,341		529,278	117,805	355	812,683	809,830	2,854		10,554		26,476	145			
2007	715,190	44,531		550,264	120,079	316	865,662	862,523	3,138		10,927		27,998	129			
2008	729,825	46,806		555,801	126,964	254	897,691	894,693	2,997		11,566		29,590	103			
2009	766,679	38,898		607,480	120,032	269	851,171	848,299	2,872		9,273		25,249	111			
2010	783,234	39,217		619,530	124,225	262	969,520	966,193	3,327		9,452		23,281	107			
2011	1,605,506	40,012		1,439,625	125,588	281	1,072,804	1,069,566	3,238	141,808	9,997	104,476	27,220	115			

자료: 朝鮮総督府鉄道局, 『年報』, 各年度版; 同, 『朝鮮鉄道状況』, 各年度版; 同, 『鉄道要覧』, 各年度版; 朝鮮総督府逓信局, 『朝鮮総督府逓信年報』, 各年度版; 同, 『朝鮮総督府逓信統計要覧』, 各年度版; 朝鮮総督府交通局, 『朝鮮交通状況』(1944); 朝鮮総督府編, 『統計年報』, 各年度版; 鮮交会編, 『朝鮮交通史 資料編』(1986); U.S. Army Forces in Korea, *South Korea Interim Government Activities*; 교통부, 『교통연보』, 각년도판; 동, 『교통통계연보』, 각년도판; 동, 『한국교통연감』(1960); 철도청, 『철도통계연보』, 각년도판; 건설교통부, 『건설교통통계연보』, 각년도판; 국토교통부, 『국토교통통계연보』, 각년도판; 林采成, 『戦時経済と鉄道運営: 「植民地」朝鮮から「分断」韓国への歴史的経路を探る』(東京大学出版会, 2005).

주: 1) 철도는 1911-1942년 사설철도분 포함한다.
2) 공로의 경우 2011년 통계기준 변화로 교통량이 급증한다.
3) 철도는 1911-1942년 사설철도분 포함한다.
4) 전전 항공 통계는 조선교통상황, 교통백서. 자료상 국제수송에는 국내 통계를 포함한다.

표 L240-272 철도 영업노선, 역수, 수송, 수입, 운임, 1906-2014

	국유철도										
	영업키로	역수	열차 주행키로					환산 차량키로			기관차 주행키로
			소계	여객	화물	혼합	동차(공사)	소계	객차키로	화차키로	
	L240	L241	L242	L243	L244	L245	L246	L247	L248	L249	L250
	남북한										
	km	역수	천 km								
1906	1,027	98	2,374	438	412	1,523		12,766	6,649	6,117	3,317
1907	1,032	101	2,777	797	304	1,676		17,274	8,159	9,115	4,189
1908	1,032	101	3,569	1,222	362	1,985		23,590	10,099	13,491	4,426
1909	1,031	100	3,092	1,052	196	1,843		22,887	8,710	14,176	3,808
1910	1,086	105	3,383	1,056	452	1,875		28,309	9,066	19,243	4,203
1911	1,235	121	3,714	1,169	342	2,203		32,139	10,743	21,397	4,536
1912	1,347	131	4,854	1,462	473	2,920		39,845	15,208	24,637	5,612
1913	1,561	153	5,746	2,133	866	2,746		48,546	18,077	30,469	6,695
1914	1,600	157	5,571	2,054	844	2,674		46,239	17,996	28,243	7,037
1915	1,620	161	5,704	2,040	937	2,727		50,883	18,840	32,043	7,125
1916	1,716	171	6,380	2,014	1,455	2,912		61,075	18,630	42,445	7,884
1917	1,757	176	7,077	1,989	2,036	3,052		74,552	20,082	54,470	9,313
1918	1,774	179	7,730	1,750	3,343	2,637		83,811	22,834	60,977	9,770
1919	1,856	186	8,602	2,223	3,926	2,453		97,239	26,350	70,889	9,934
1920	1,863	188	7,306	2,354	2,420	2,532		82,599	26,846	55,753	8,438
1921	1,874	190	7,459	2,320	2,540	2,599		88,241	28,840	59,401	8,676
1922	1,895	193	8,337	2,707	3,132	2,498		99,921	31,608	68,313	9,707
1923	1,914	205	9,337	3,351	3,496	2,490		114,595	36,959	77,636	10,660
1924	2,093	227	8,896	3,349	2,952	2,595		104,315	36,514	67,800	10,101
1925	2,107	237	9,131	3,401	3,036	2,694		108,310	36,594	71,716	10,540
1926	2,159	251	9,886	3,630	3,391	2,865		122,496	39,503	82,993	11,333
1927	2,345	287	10,753	3,948	3,526	3,279		131,967	43,972	87,995	12,237
1928	2,552	326	12,436	4,584	3,769	4,083		148,175	52,716	95,459	13,589
1929	2,752	366	13,900	4,954	4,425	4,521		161,268	60,052	101,216	14,832
1930	2,793	376	14,199	5,013	4,402	4,784		155,194	58,466	96,728	15,243
1931	3,009	419	15,798	6,568	4,242	4,987		158,408	56,909	101,499	15,601
1932	3,143	440	16,981	7,356	4,388	5,237		165,444	58,808	106,636	16,304
1933	2,935	413	17,958	7,595	8,807	1,556		179,962	62,689	117,274	17,371
1934	3,077	439	15,243	9,097	4,405	1,741		197,092	67,535	129,557	19,194
1935	3,390	493	21,203	10,639	8,233	2,331		219,056	76,613	142,443	21,591
1936	3,576	519	24,127	12,151	9,884	2,092		245,980	84,704	161,277	25,194
1937	3,737	442	25,805	12,757	10,427	2,621		281,270	91,067	190,203	28,368
1938	3,831	588	27,761	13,719	13,252	790		306,494	103,290	203,204	32,546
1939	4,090	501	31,870	15,002	15,590	1,278		358,955	119,268	239,687	37,922
1940	4,293	629	38,404	18,480	18,492	1,432		404,951	147,221	257,730	46,260
1941	4,463	654	38,481	16,589	18,555	3,337		445,087	148,896	296,191	49,181
1942	4,537	665	42,051	17,653	22,056	2,342		519,515	167,844	351,671	56,308
1943	4,568	676	41,592	13,660	25,563	2,369		562,334	159,667	402,667	61,034
1944	5,013	762	39,506	8,953	27,200	3,353		611,732	134,576	477,155	60,352
	남한										
	km	역	천 km								
1946	2,558	387	7,356	2,937	3,807	582	30	74,611	33,653	40,958	11,374
1947	2,558	387	9,773	3,098	5,951	657	68	106,507	41,363	65,144	13,891
1948	2,753	388	9,245	2,460	6,220	523	42	100,008	33,183	66,825	13,816
1949	2,776	397	11,869	4,172	6,968	729		101,834	39,494	62,340	15,936
1950	2,775	404									
1951	2,780	397	9,631	1,599	7,406	561	66	174,436	12,694	161,742	18,517
1952	2,805	407	11,671	2,942	8,152	502	75	190,498	33,410	157,088	24,384
1953	2,768	412	12,557	3,850	7,857	795	54	197,778	47,554	150,223	24,895
1954	2,780	422	13,335	5,260	6,882	1,142	50	178,723	62,611	116,112	24,923
1955	2,846	435	13,861	4,449	6,517	2,845	50	185,047	69,280	115,768	23,232
1956	2,910	435	14,694	4,285	7,036	3,310	63	191,035	73,714	117,321	22,353
1957	2,938	461	15,525	4,709	7,714	3,038	64	196,400	64,661	131,739	23,448
1958	2,949	466	15,032	4,928	7,085	2,927	92	213,101	73,309	139,792	22,699
1959	2,978	479	16,438	5,509	7,589	3,268	73	241,884	79,010	162,874	23,841
1960	2,977	486	18,614	6,451	8,509	3,534	120	262,595	85,324	177,271	25,249

표 L240-272 계속

	국유철도										
	영업키로	역수	열차 주행키로					환산 차량키로			기관차 주행키로
			소계	여객	화물	혼합	동차(공사)	소계	객차키로	화차키로	
	L240	L241	L242	L243	L244	L245	L246	L247	L248	L249	L250
	남한										
	km	역	천 km								
1961	3,022	492	19,852	6,492	9,541	3,703	116	275,952	89,443	186,509	26,677
1962	3,032	499	21,712	7,626	10,659	3,271	157	302,821	92,918	209,903	29,474
1963	3,038	498	24,638	9,931	11,895	2,600	211	335,526	105,981	229,545	34,176
1964	2,956	501	27,061	12,901	11,460	2,538	162	361,739	123,701	238,038	38,460
1965	2,980	518	29,179	13,987	12,537	2,531	125	386,063	126,946	259,117	40,576
1966	3,063	546	31,360	15,230	13,550	2,464	116	406,924	137,715	269,209	44,534
1967	3,105	669	34,423	18,158	14,375	1,786	103	450,014	149,460	300,554	54,472
1968	3,161	573	36,837	20,520	14,936	1,231	150	474,188	154,085	320,103	55,654
1969	3,192	584	38,700	21,500	15,935	1,117	147	493,252	164,930	328,322	57,209
1970	3,193	585	39,356	22,164	16,607	464	121	449,058	123,182	325,876	56,262
1971	3,199	589	41,152	23,931	16,827	274	121	502,002	177,983	324,019	59,925
1972	3,121	573	43,642	26,766	16,136	173	567	527,139	204,214	322,925	61,690
1973	3,133	573	44,367	26,757	17,348	168	94	580,032	207,718	372,314	61,685
1974	3,143	565	46,005	27,049	17,922	929	105	587,062	226,143	398,181	66,947
1975	3,144	566	50,440	30,629	18,628	1,045	138	613,594	257,639	413,721	86,624
1976	3,144	566	54,613					715,433	281,005	434,427	93,759
1977	3,142	571	57,666					721,302	294,341	465,967	98,818
1978	3,153	580	61,376					804,099	320,641	483,458	110,567
1979	3,158	583	64,103					839,277	347,271	492,006	118,770
1980	3,135	585	65,319					843,617	362,794	480,823	121,895
1981	3,121	586	67,245					882,645	404,876	477,769	135,819
1982	3,121	588	69,193					904,264	427,119	477,145	140,187
1983	3,121	587	72,148					958,192	447,747	510,445	143,969
1984	3,116	588	75,373					998,538	461,360	537,178	150,012
1985	3,121	594	78,534					1,025,380	474,874	550,507	161,912
1986	3,113	597	82,597					1,067,294	490,372	576,922	171,263
1987	3,130	601	85,335					1,101,557	511,124	590,433	177,612
1988	3,149	607	87,087					1,135,538	520,213	615,324	184,896
1989	3,120	601	88,182					1,144,433	545,151	599,281	203,742
1990	3,091	598	90,219					1,170,756	566,875	603,882	216,275
1991	3,091	598	91,756					1,214,430	580,807	633,623	223,853
1992	3,092	596	92,278					1,211,305	598,420	612,885	231,694
1993	3,098	599	94,246					1,252,310	630,679	621,631	282,362
1994	3,101	610	95,108					1,254,518	654,780	598,738	313,830
1995	3,101	611	97,254					1,281,236	694,273	586,963	338,503
1996	3,120	624	99,599					1,260,406	724,377	536,029	366,284
1997	3,118	626	101,603					1,312,805	779,306	533,499	389,672
1998	3,124	630	101,189					1,256,975	821,314	435,661	401,432
1999	3,119	632	105,666					1,283,062	849,279	433,783	433,166
2000	3,123	638	108,550					1,330,811	851,609	479,202	439,321
2001	3,125	631	108,180					1,298,190	834,983	463,207	433,543
2002	3,129	631	107,292					1,301,695	829,286	472,409	433,006
2003	3,140	636	108,300					1,322,563	845,130	477,433	446,390
2004	3,374	638	113,780					1,462,538	996,178	466,361	693,202
2005	3,392	649	116,400					1,579,096	1,131,449	447,646	827,621
2006	3,392	643	116,190					1,593,305	1,132,918	460,387	838,164
2007	3,399	640	117,864					1,610,097	1,134,546	475,552	861,589
2008	3,391	639	120,728					1,660,167	1,155,132	505,035	876,871
2009	3,378	639	119,242					1,605,338	1,182,173	423,166	885,084
2010	3,557	652	122,447					1,631,733	1,202,648	429,085	902,666
2011	3,559	652	128,599					1,711,301	1,270,914	440,387	968,684
2012	3,572	662	131,088					1,751,266	1,289,292	461,974	984,874
2013	3,590	666	133,131					1,751,266	1,323,536	452,816	994,602
2014	3,590	669	129,753					1,728,138	1,316,082	412,056	1,000,434

표 L240-272 계속

	국유철도											
	여객			화물			철도수입			철도운임(백인톤 km당 원)		
	수송인원	연인키로	1일평균수송인원	화물톤수	연톤키로	1일평균화물톤수	소계	여객	화물	계	여객	화물
	L251	L252	L253	L254	L255	L256	L257	L258	L259	L260	L261	L262
	남북한											
	천 명	천인 km	천 명	천 톤	천 톤 km	천 톤	천 圓			원		
1906	2,149		5.9	279		0.8	2,758	1,927	831			
1907	2,656	159,051	7.3	397	40,516	1.1	3,153	2,120	1,095	0.00183	0.00133	0.00270
1908	2,173	143,431	6.0	750	86,992	2.1	4,112	2,337	1,572	0.00162	0.00163	0.00181
1909	1,930	130,552	5.3	724	93,920	2.0	3,762	2,103	1,630	0.00165	0.00161	0.00174
1910	2,024	148,453	5.5	903	131,661	2.5	4,341	2,351	2,073	0.00161	0.00158	0.00157
1911	2,430	168,970	6.7	1,080	147,868	3.0	4,961	2,718	2,300	0.00160	0.00161	0.00156
1912	4,399	265,590	12.1	1,123	163,982	3.1	6,008	3,545	2,282	0.00132	0.00133	0.00139
1913	4,995	279,605	13.7	1,411	201,828	3.9	6,533	3,816	2,534	0.00128	0.00136	0.00126
1914	4,768	268,418	13.1	1,409	228,597	3.9	6,641	3,661	2,757	0.00125	0.00136	0.00121
1915	5,040	300,937	13.8	1,683	294,246	4.6	7,612	3,962	3,353	0.00119	0.00132	0.00114
1916	5,289	314,265	14.5	1,927	462,414	5.3	9,055	4,326	4,355	0.00111	0.00138	0.00094
1917	7,065	434,924	19.4	2,514	651,432	6.9	13,169	6,138	6,132	0.00110	0.00141	0.00094
1918	9,367	659,898	25.7	2,650	754,287	7.3	17,977	8,859	7,472	0.00107	0.00134	0.00099
1919	12,184	742,543	33.4	3,701	926,671	10.1	23,966	11,518	10,130	0.00121	0.00155	0.00109
1920	12,421	717,224	34.0	3,237	692,129	8.9	27,173	12,668	11,149	0.00148	0.00177	0.00161
1921	13,821	770,836	37.9	3,385	719,231	9.3	28,110	13,362	11,454	0.00147	0.00173	0.00159
1922	15,252	837,727	41.8	3,852	844,037	10.6	30,686	14,219	12,733	0.00141	0.00170	0.00151
1923	16,760	912,988	45.9	4,305	974,864	11.8	33,076	15,156	14,488	0.00141	0.00166	0.00149
1924	17,488	914,213	47.9	3,855	897,014	10.6	31,435	14,936	14,092	0.00148	0.00163	0.00157
1925	18,241	954,801	50.0	4,366	956,121	12.0	32,298	15,369	15,720	0.00157	0.00161	0.00164
1926	18,457	1,015,278	50.6	5,108	1,116,317	14.0	35,910	16,529	17,951	0.00155	0.00163	0.00161
1927	20,058	1,072,557	55.0	5,659	1,178,183	15.5	38,546	17,488	19,463	0.00157	0.00163	0.00165
1928	22,285	1,199,431	61.1	5,981	1,254,160	16.4	41,390	19,388	20,216	0.00154	0.00162	0.00161
1929	23,226	1,353,635	63.6	6,160	1,296,130	16.9	43,693	21,146	20,731	0.00151	0.00156	0.00160
1930	20,947	1,114,301	57.4	5,936	1,208,214	16.3	38,966	17,711	19,551	0.00153	0.00159	0.00162
1931	19,638	1,065,197	53.8	6,055	1,296,878	16.6	38,819	16,703	20,566	0.00151	0.00157	0.00159
1932	20,592	1,180,271	56.4	6,249	1,349,146	17.1	39,479	18,128	20,291	0.00148	0.00154	0.00150
1933	22,238	1,328,947	60.9	7,255	1,484,731	19.9	44,210	20,455	21,916	0.00144	0.00154	0.00148
1934	25,965	1,568,882	71.1	7,682	1,643,305	21.0	54,216	24,779	25,836	0.00147	0.00158	0.00157
1935	29,344	1,763,136	80.4	8,668	1,788,692	23.7	60,231	27,795	28,958	0.00151	0.00158	0.00162
1936	33,708	2,024,344	92.4	9,980	2,045,462	27.3	68,557	31,917	33,492	0.00153	0.00158	0.00164
1937	35,906	2,469,142	98.4	11,369	2,667,541	31.1	82,297	37,510	40,987	0.00146	0.00152	0.00154
1938	45,054	3,046,552	123.4	13,924	3,058,305	38.1	99,628	48,166	45,923	0.00146	0.00158	0.00150
1939	59,691	4,274,974	163.5	15,852	3,770,326	43.4	127,594	67,723	54,372	0.00146	0.00158	0.00144
1940	82,089	5,440,530	224.9	18,345	4,121,065	50.3	168,299	94,815	64,247	0.00158	0.00174	0.00156
1941	89,973	6,134,422	246.5	20,777	4,961,951	56.9	179,751	100,465	69,487	0.00146	0.00164	0.00140
1942	108,477	7,494,256	297.2	23,147	6,300,246	63.4	251,797	153,779	86,946	0.00173	0.00205	0.00138
1943	128,469	8,885,309	352.0	23,949	8,372,339	65.6	303,303	172,060	116,920	0.00164	0.00194	0.00140
1944	106,373	8,752,177	291.4	27,626	9,932,662	75.7	382,361	219,897	144,897	0.00200	0.00251	0.00146
	남한											
	천 명	백만인 km	천 명	천 톤	백만톤 km	천 톤	백만 원			원		
1946	50,375		138	3,045		8	1.25	1.11	0.15			
1947	54,641		150	4,838		13	3.51	3.05	0.46			
1948	61,128	2,829	167	5,118	1,041	14	5.76	4.26	1.50	0.149	0.151	0.144
1949	77,422	3,107	212	6,421	1,275	18	12.75	9.77	2.98	0.295	0.314	0.234
1951	24,071	1,498	66	13,023	2,750	36	91.94	30.47	61.47	2	2.034	2.235
1952	44,503	2,629	122	13,452	3,073	37	148.06	76.92	71.14	3	2.926	2.315
1953	46,097	3,146	126	12,238	2,743	34	274.02	200.80	73.22	5	6.384	2.669
1954	58,174	4,929	159	9,269	2,427	25	787	673	114	12	13.650	4.712
1955	57,278	3,712	157	10,368	3,334	28	2,181	1,857	324	44	50.022	9.706
1956	66,293	4,049	182	11,045	2,033	30	1,462	1,248	214	28	30.821	10.545
1957	53,429	3,435	146	12,007	2,570	33	2,604	1,942	662	49	56.540	25.759
1958	70,101	4,172	192	12,094	2,658	33	3,565	2,310	1,255	52	55.365	47.190
1959	71,524	4,540	196	13,773	3,071	38	3,999	2,576	1,422	53	56.748	46.321
1960	75,684	4,952	207	14,423	3,283	40	4,258	2,770	1,488	52	55.926	45.329
1961	88,291	5,372	242	15,373	3,486	42	5,604	3,191	2,412	64	59.414	69.212

표 L240-272 계속

	국유철도											
	여객			화물			철도수입			철도운임(백인톤km당 원)		
	수송인원	연인키로	1일평균수송인원	화물톤수	연톤키로	1일평균화물톤수	소계	여객	화물	계	여객	화물
	L251	L252	L253	L254	L255	L256	L257	L258	L259	L260	L261	L262
	남한											
	천 명	백만인 km	천 명	천 톤	백만톤 km	천 톤	백만 원			원		
1962	100,555	5,869	275	17,914	3,977	49	6,876	3,777	3,099	70	64.346	77.927
1963	109,348	6,676	300	19,774	4,358	54	7,896	4,243	3,652	73	63.564	83.796
1964	118,535	7,353	325	20,311	4,522	56	9,877	5,477	4,400	85	74.480	97.295
1965	107,177	6,917	294	22,377	5,044	61	12,856	7,190	5,666	108	103.951	112.345
1966	138,299	8,665	379	24,064	5,450	66	15,380	9,201	6,178	109	106.188	113.365
1967	151,972	9,577	416	27,440	6,178	75	19,418	11,802	7,615	123	123.237	123.262
1968	150,969	10,590	414	28,857	6,865	79	27,214	17,093	10,121	156	161.408	147.425
1969	154,696	11,077	424	30,643	7,328	84	31,365	19,794	11,571	171	178.699	157.895
1970	131,251	9,819	360	31,551	7,709	86	32,859	21,775	11,084	195	221.767	143.776
1971	128,759	8,750	353	31,955	7,841	88	31,129	19,019	12,110	193	217.357	154.449
1972	137,139	10,062	376	31,547	7,241	86	36,364	22,571	13,792	211	224.324	190.475
1973	143,009	10,270	392	37,762	8,591	103	42,192	25,467	16,725	227	247.977	194.678
1974	168,469	11,147	462	39,708	9,005	109	53,726	32,959	20,767	271	295.673	230.616
1975	220,952	12,926	605	42,758	9,293	117	76,401	45,428	30,973	344	351.446	333.289
1976	248,699	14,305	681	43,630	9,728	120	97,830	52,819	45,011	412	369.236	462.698
1977	301,592	17,099	826	47,631	10,509	130	127,098	67,537	59,561	475	394.977	566.763
1978	371,022	20,055	1,016	49,654	10,926	136	154,006	87,602	66,405	511	436.808	607.766
1979	423,657	21,386	1,161	50,879	11,081	139	197,684	119,493	78,191	617	558.742	705.635
1980	430,773	21,640	1,180	49,009	10,798	134	266,810	165,141	101,669	831	763.128	941.556
1981	441,129	21,528	1,209	48,761	10,815	134	338,170	204,252	133,919	1,063	948.772	1,238.268
1982	443,570	21,034	1,215	47,347	10,892	130	392,331	226,812	165,519	1,265	1,078.310	1,519.640
1983	469,423	21,688	1,286	50,478	11,629	138	446,642	254,846	191,796	1,379	1,175.055	1,649.292
1984	489,061	21,884	1,340	53,661	12,033	147	489,960	272,151	217,810	1,495	1,243.605	1,810.102
1985	503,122	22,595	1,378	55,346	12,296	152	526,287	295,474	230,813	1,557	1,307.698	1,877.140
1986	518,956	23,563	1,422	58,238	12,813	160	566,059	321,167	244,892	1,600	1,363.015	1,911.274
1987	525,056	24,457	1,439	59,281	13,061	162	599,419	349,706	249,713	1,631	1,429.882	1,911.894
1988	564,240	25,978	1,546	60,737	13,784	166	643,343	380,897	262,445	1,645	1,466.230	1,903.986
1989	584,659	27,390	1,602	58,670	13,605	161	681,641	424,872	256,770	1,678	1,551.192	1,887.318
1990	644,814	29,864	1,767	57,922	13,663	159	736,032	478,277	257,755	1,701	1,601.525	1,886.515
1991	679,281	33,470	1,861	61,215	14,494	168	893,898	582,974	310,923	1,882	1,741.798	2,145.187
1992	716,364	34,787	1,963	58,768	14,256	161	948,786	637,948	310,838	1,947	1,833.889	2,180.401
1993	723,057	33,693	1,981	60,167	14,658	165	1,073,636	721,525	352,111	2,227	2,141.457	2,402.176
1994	729,003	31,912	1,997	57,866	14,070	159	1,169,962	791,191	378,771	2,548	2,479.315	2,692.050
1995	790,381	29,292	2,165	57,469	13,838	157	1,256,311	864,919	391,392	2,914	2,952.742	2,828.384
1996	819,542	29,580	2,245	53,527	12,947	147	1,337,477	963,496	373,982	3,154	3,257.292	2,888.560
1997	832,999	30,073	2,282	53,828	12,710	147	1,400,997	1,036,432	364,564	3,296	3,446.416	2,868.326
1998	829,050	32,976	2,271	43,345	10,372	119	1,317,018	1,027,344	289,674	3,044	3,115.386	2,792.844
1999	823,563	28,606	2,256	42,081	10,072	115	1,357,365	1,087,787	269,578	3,579	3,802.663	2,676.513
2000	837,268	28,528	2,231	45,240	10,803	124	1,418,203	1,124,187	294,015	3,688	3,940.712	2,721.602
2001	850,971	28,882	2,499	45,122	10,492	124	1,487,057	1,190,756	296,301	3,864	4,122.823	2,824.074
2002	851,716	27,492	2,694	45,733	10,784	125	1,496,187	1,179,946	316,241	4,005	4,291.902	2,932.544
2003	894,621	27,228	2,797	47,110	11,057	129	1,517,383	1,189,252	328,132	4,065	4,367.807	2,967.642
2004	921,223	28,459	2,524	44,512	10,641	122	1,878,513	1,559,845	318,668	5,059	5,481.105	2,994.742
2005	950,995	31,004	2,605	41,669	10,108	114	2,080,129	1,821,608	258,520	5,463	5,875.358	2,557.509
2006	969,145	31,416	2,655	43,341	10,554	119	2,133,090	1,857,583	275,507	5,486	5,912.864	2,610.533
2007	989,294	31,596	2,710	44,531	10,927	122	2,314,304	2,019,630	294,673	5,922	6,392.047	2,696.731
2008	1,018,977	32,027	2,792	46,806	11,566	128	2,445,249	2,123,510	321,739	6,124	6,630.473	2,781.854
2009	1,020,319	31,299	2,795	38,898	9,273	107	2,293,070	2,020,479	272,592	6,037	6,455.388	2,939.585
2010	1,060,941	33,012	2,907	39,217	9,452	107	2,481,150	2,168,846	312,304	6,159	6,569.775	3,303.975
2011	1,118,622	41,909	3,065	40,012	9,997	110	3,099,591	2,693,476	406,115	6,117	6,426.921	4,062.475
2012	1,151,523	42,493	3,155	40,309	10,271	110	2,997,082	2,663,912	333,170	5,933	6,269.125	3,243.719
2013	1,224,820	38,531	3,356	39,822	10,459	109	3,147,678	2,815,844	331,834	6,872	7,307.901	3,172.750
2014	1,263,472	39,500	3,462	37,379	9,564	102	3,289,170	2,950,090	339,080	7,064	7,468.652	3,545.524

표 L240-272 계속

	사설철도									
	영업키로	여객인원	연인 km	화물톤수	연톤 km	총수입	여객수입			화물수입
							소계	여객수입	수하물수입	
	L263	L264	L265	L266	L267	L268	L269	L270	L271	L272
	남북한									
	km	천 명	천인 km	천 톤	천 톤 km	천 圓				
1910	9.3	24.0				2.4		2.4		
1911	9.3	103.1	810.9	0.4		10.3	9.6	9.6	0.0	0.7
1912	9.3	156.1		4.2		17.9	15.9	15.8	0.1	2.0
1913	9.3	199.8	1,360.5	1.3		22.4	20.4	20.4	0.1	2.0
1914	34.2	30.3		88.9		14.3	10.0	9.8	0.3	4.3
1915	48.4	129.0		27.7		61.2	41.7	40.7	1.0	19.5
1916	79.9	154.0	2,325.3	40.3	610.9	75.3	44.6	43.6	1.0	30.7
1917	128.0	310.9		107.5		165.8	95.2	92.8	2.4	70.6
1918	221.2	653		139		332	221	216	5	111
1919	285.6	711		318		768	448	437	11	320
1920	308.3	1,223		316		1,643	601	585	16	1,041
1921	374.6	1,296		299		1,350	692	672	20	658
1922	445.1	1,699	33,318	432	13,138	1,831	976	945	31	854
1923	536.1	1,995	39,979	535	16,523	2,193	1,121	1,088	33	1,072
1924	640.8	2,708	51,487	549	17,319	2,441	1,349	1,307	42	1,092
1925	747.2	3,438	64,562	721	24,203	3,062	1,609	1,556	53	1,453
1926	783.8	4,029	76,461	940	32,977	3,826	1,812	1,742	70	2,014
1927	826.5	4,064	80,109	1,125	41,982	4,356	1,904	1,829	75	2,453
1928	753.2	3,116	66,362	1,065	43,849	4,074	1,664	1,599	65	2,410
1929	820.9	2,788	62,119	1,008	38,750	3,443	1,480	1,420	61	1,963
1930	1,012.7	2,711	59,090	964	38,096	3,163	1,322	1,262	60	1,842
1931	1,142.2	2,935	72,930	895	42,686	3,584	1,717	1,652	65	1,867
1932	1,139.1	3,100	77,145	971	45,271	3,476	1,536	1,465	71	1,940
1933	1,172.7	3,754	92,825	1,111	56,091	4,233	1,889	1,807	82	2,343
1934	1,249.3	4,863	111,961	1,461	71,678	5,284	2,343	2,237	106	2,941
1935	1,091.9	6,722	129,288	2,028	86,262	5,967	2,362	2,237	125	3,606
1936	1,134.4	8,035	132,145	2,065	80,489	6,588	2,849	2,733	116	3,739
1937	1,211.8	9,466	149,766	2,660	105,015	7,586	3,192	3,067	125	4,394
1938	1,252.4	11,418	182,593	2,920	132,572	9,321	3,922	3,775	146	5,400
1939	1,510.2	17,195		4,334		14,337	6,301	6,102	199	8,036
1940	1,565.9	23,519	372,784	7,220	258,266	19,352	8,664	8,439	225	10,688
1941	1,596.9	23,135	382,716	8,335	313,663	22,319	9,496	9,257	239	12,823
1942	1,631.9	24,285	412,618	8,674	331,259	27,835	12,886	12,574	312	14,949
1943	1,666.3	31,093	546,940	7,717	303,683	31,848	17,670	17,670		14,178
1944	1,226.5									

자료: 朝鮮総督府鉄道局, 『年報』, 各年度版; 同, 『朝鮮鉄道状況』, 各年度版; 朝鮮総督府交通局, 『朝鮮交通状況』(1944); 鮮交会編, 『朝鮮交通史資料編』(1986); 교통부, 『교통연보』, 각년도판; 동, 『교통통계연보』, 각년도판; 철도청, 『철도통계연보』, 각년도판; 한국철도공사, 『철도통계연보』, 각년도판; 林采成, 『戦時経済と鉄道運営: 「植民地」朝鮮から「分断」韓国への歴史的経路を探る』(東京大学出版会, 2005).

주: 1) 통화개혁 1953년 100:1, 1962년 10:1.
2) 1961년 이전의 철도운임은 1962년 이후 원으로 환산.

표 L273-279 조선총독부명령항로 성적, 1911-1940

	항로수	선박		항해도수	항해연해리수	탑재화물톤수	승객인원
		사용선수	총톤수				
	L273	L274	L2735	L276	L277	L278	L279
				남북한			
	항로	척	톤	도	해리	톤	명
1911		21	4,080	559	171,461	337,551	39,045
1912	12	38	7,813	1,920	450,944	1,016,211	143,591
1913	13	40	9,386	2,154	494,304	1,189,268	146,017
1914	14	182	11,079	2,407	546,218	1,926,468	178,246
1915	14	158	10,138	2,094	665,978	2,364,786	172,758
1916	14	157	9,144	2,166	691,520	286,859	220,098
1917	14	157	10,312	2,130	662,507	291,451	275,829
1918	15	166	12,068	2,085	699,253	359,418	336,742
1919	15	174	14,203	2,052	696,295	347,045	65,520
1920	14	179	13,506	1,265	633,204	240,142	187,775
1921	14	162	14,693	1,321	660,764	295,312	178,565
1922	18	122	19,231	1,504	786,860	379,796	241,885
1923	19	110	21,333	1,500	757,167	421,269	242,411
1924	20	111	21,054	1,588	828,224	413,834	255,289
1925	21	119	51,047	1,405	869,941	550,306	202,826
1926	21	135	29,748	1,409	907,262	627,326	213,346
1927	21	134	36,932	1,478	994,321	736,031	226,614
1928	21	135	40,062	1,400	1,017,857	843,677	181,956
1929	21	133	35,593	1,308	974,557	847,379	160,667
1930	19	68	37,058	967	917,046	724,939	131,084
1931	17	78	44,880	1,277	1,046,876	874,437	167,850
1932	17	74	47,040	1,245	1,056,555	1,050,238	99,770
1933	17	75	48,499	1,287	1,090,433	1,136,269	99,641
1934	17	78	51,416	1,465	1,165,210	1,295,096	131,384
1935	17	80	56,467	1,362	1,141,698	1,338,589	130,174
1936	17	87	57,988	1,521	1,258,484	1,580,089	158,361
1937	20	89	66,176	1,359	1,201,176	1,682,864	137,794
1938	23	88	74,651	1,361	1,228,279	1,616,612	157,177
1939	21	94	120,206				
1940	20	69	220,457				

자료: 朝鮮総督府逓信局, 『朝鮮総督府逓信年報』, 各年度版; 同, 『朝鮮総督府逓信統計要覧』, 各年度版; 同, 『朝鮮の逓信事業』, 各年度版; 朝鮮総督府交通局, 『朝鮮交通状況』(1944); 朝鮮総督府編, 『統計年報』, 各年度版.

주: 1911-1915년의 탑재화물톤수는 개수이다.

표 L280-294 부관연락선 수송, 1910-1942

	항해도수			여객									화물		
					조선행				일본행						
	합계	조선행	일본행	합계	소계	1등	2등	3등	소계	1등	2등	3등	합계	조선행	일본행
	L280	L281	L282	L283	L284	L285	L286	L287	L288	L289	L290	L291	L292	L293	L294
	남북한														
	도			명									톤		
1910	1,084	542	542	137,496	73,855	2,090	9,711	62,054	63,641	2,020	9,216	52,405	78,935	45,775	33,160
1911	1,137	569	568	170,680	92,062	2,380	11,922	77,760	78,618	2,271	10,680	65,667	83,159	57,859	25,300
1912	1,472	736	736	197,088	103,649	3,155	14,021	86,473	93,439	3,119	13,047	77,273	93,577	65,863	27,714
1913	1,482	741	741	197,527	102,357	3,240	13,520	85,597	95,170	3,511	13,153	78,506	128,415	84,822	43,593
1914	1,482	741	741	195,943	100,767	2,808	13,758	84,201	95,176	3,125	13,454	78,597	156,523	88,327	68,196
1915	1,462	731	731	194,765	101,123	2,923	13,977	84,223	93,642	3,026	13,790	76,826	205,662	100,768	104,894
1916	1,477	739	738	204,209	102,049	3,457	14,843	83,749	102,160	3,436	14,960	83,764	323,476	121,280	202,196
1917	1,652	826	826	270,764	127,598	4,131	22,205	101,262	143,166	4,986	22,600	115,580	430,097	145,887	284,210
1918	1,632	816	816	340,143	163,818	5,285	26,993	131,540	176,325	5,564	28,332	142,429	383,830	138,003	245,827
1919	1,579	790	789	410,013	206,278	7,333	38,238	160,707	203,735	8,448	38,746	156,541	437,371	166,002	271,369
1920	1,446	723	723	456,189	228,412	9,193	43,978	175,241	227,777	10,038	45,773	171,966	255,102	99,838	155,264
1921	1,424	712	712	450,319	223,159	7,735	41,669	173,755	227,160	8,096	42,551	176,513	215,174	104,221	110,953
1922	1,471	736	735	528,940	250,514	7,517	46,526	196,471	278,426	7,933	49,596	220,897	210,699	86,248	124,451
1923	1,856	928	928	604,672	294,179	6,648	41,013	246,518	310,493	7,418	44,476	258,599	211,075	78,355	132,720
1924	2,037	1,018	1,019	584,987	266,924	6,056	35,953	224,915	318,063	6,607	39,912	271,544	210,039	74,857	135,182
1925	2,044	1,022	1,022	618,803	300,952	5,661	37,487	257,804	317,851	5,885	39,173	272,793	224,702	91,485	133,217
1926	2,048	1,024	1,024	581,743	287,650	5,453	38,637	243,560	294,093	5,395	39,353	249,345	237,468	96,098	141,370
1927	2,079	1,040	1,039	640,186	304,176	5,737	41,159	257,280	336,010	5,971	43,117	286,922	271,095	101,284	169,811
1928	2,130	1,065	1,065	722,628	342,486	6,164	47,225	289,097	380,142	6,443	49,330	324,369	250,705	110,984	139,721
1929	2,110	1,055	1,055	742,064	349,944	7,185	52,536	290,223	392,120	6,354	54,856	330,910	223,477	98,596	124,881
1930	2,066	1,033	1,033	649,952	338,209	5,702	48,159	284,348	311,743	5,524	48,123	258,096	180,866	87,209	93,657
1931	2,113	1,057	1,056	583,703	290,236	4,879	44,112	241,245	293,467	4,766	45,645	243,056	140,017	81,328	58,689
1932	2,075	1,037	1,038	618,314	309,107	4,800	47,523	256,784	309,207	4,622	47,537	257,048	131,191	85,910	45,281
1933	2,126	1,063	1,063	719,409	355,464	5,784	59,762	289,918	363,945	5,491	58,738	299,716	172,597	125,615	46,982
1934	2,164	1,083	1,081	768,974	361,249	7,172	62,983	291,094	407,725	6,657	74,930	326,138	208,182	158,083	50,099
1935	2,172	1,085	1,087	796,362	388,669	9,720	70,514	308,435	407,693	9,094	89,989	308,610	245,265	193,125	52,140
1936	2,278	1,139	1,139	875,648	412,659	11,383	76,586	324,690	462,989	11,409	107,013	344,567	269,690	206,525	63,165
1937	1,918			1,029,201									370,684		
1938	2,134			1,053,993									516,559		
1939	2,626			1,790,069									496,684		
1940	2,991			2,198,118									465,020		
1941	2,738			2,200,845									538,474		
1942	2,719			3,057,092									577,999		

자료: 朝鮮総督府逓信局, 『朝鮮総督府逓信年報』, 各年度版; 同, 『朝鮮総督府逓信統計要覧』, 各年度版; 同, 『朝鮮の逓信事業』, 各年度版; 朝鮮総督府交通局, 『朝鮮交通状況』(1944); 朝鮮総督府編, 『統計年報』, 各年度版; 山本熙, 『日本鉄道連絡船史』(交通協力会, 1948).

표 L295-307 해상 수송, 1958-2013

	여객수송						화물수송						
	인원				인km		톤					톤km	
	국내	국제			국내	국제	국내연안화물		국제외항화물			국내	국제
		소계	입항	출항			교통통계연보	교통백서	소계	입항	출항		
	L295	L296	L297	L298	L299	L300	L301	L302	L303	L304	L305	L306	L307
	남한												
	천 명				백만인 km		천 톤					백만톤 km	
1958	3,579							1,214	3,801	3,473	328		
1959	3,549							1,214	2,387	2,022	365		
1960	4,047							1,181	3,033	2,451	581		
1961	3,743							1,442	3,413	2,450	964		
1962	4,363				154		1,541	1,999	4,503	3,700	803	196	24,717
1963	4,504				172		1,611	1,980	5,257	4,396	861	194	29,666
1964	5,865	9			194	4	1,755	2,170	5,224	4,163	1,061	213	35,395
1965	5,504	8			182	4	2,276	2,676	6,751	5,174	1,577	263	45,721
1966	5,909	12			196	6	2,295	2,686	8,435	6,772	1,663	672	54,056
1967	6,700	13			223	6	4,173	4,173	11,523	9,737	1,786	1,043	78,562
1968	6,549	12			218	6	5,602	5,602	15,795	13,542	2,254	1,401	120,913
1969	6,076	13			257	7	8,114	8,114	20,000	17,109	2,891	2,107	154,211
1970	5,869	24			241	12	10,510	10,510	22,284	18,695	3,589	4,232	164,509
1971	6,371	38			256	9	11,263	11,263	28,449	24,257	4,192	4,653	203,047
1972	6,261	48			301	11	8,786		30,709			3,905	232,695
1973	7,235	71			425	16	9,747		39,762			4,200	291,253
1974	6,618	51			249	12	11,166		42,088			4,426	301,034
1975	5,908	48			252	11	11,812		45,128			4,732	333,155
1976	5,994	63			249	14	13,829		55,757			5,533	375,997
1977	6,737	54			277	12	16,116		68,312			6,281	458,187
1978	7,728	63			310	14	17,175		77,882			6,781	518,826
1979	7,929	43			386	10	19,222		89,830	71,992	17,838	7,519	624,772
1980	8,580	41		41	401	9	19,230		94,008	71,353	22,655	7,463	625,588
1981	9,230	51		51	480	12	22,206		105,321	79,024	26,297	7,927	718,669
1982	9,602	56		56	610	13	26,454		108,507	80,938	27,569	7,881	921,366
1983	8,974	55	22	33	557	13	29,087		118,185	88,905	29,279	10,099	999,526
1984	9,371	67	30	36	582	15	31,731		125,736	95,119	30,617	11,140	1,092,816
1985	8,534	65	28	37	570	15	34,179		133,010	101,112	31,899	11,640	1,149,809
1986	8,727	73	38	36	551	20	37,626		153,823	112,058	41,766	13,004	1,288,788
1987	8,028	101	56	45	489	31	40,747		178,008	126,781	51,226	13,503	1,451,378
1988	8,838	136	77	59	539	44	48,041		198,489	144,189	54,300	16,617	1,635,367
1989	8,850	195	98	97	546	70	54,874		203,900	152,985	50,915	17,852	1,665,119
1990	8,260	236	106	130	520	84	63,915		219,781	172,277	47,505	21,127	1,833,650
1991	8,485	335	85	250	524	113	76,124		262,972	210,546	52,426	24,737	2,168,582
1992	8,733	338	67	271	525	130	85,869		285,573	222,721	62,852	36,008	2,457,145
1993	7,990	296	42	254	469	112	96,196		316,872	245,627	71,245	38,756	2,768,396
1994	7,869	411	108	303	436	163	117,694		353,428	277,334	76,094	34,935	2,881,696
1995	8,702	395	82	313	502	136	129,112		404,424	316,010	88,413	43,936	3,263,717
1996	9,413	523	142	381	547	198	140,951		441,120	342,227	98,893	46,452	3,575,745
1997	9,899	564	150	414	571	214	147,046		485,030	370,196	114,834	45,299	4,170,203
1998	8,277	538	175	363	434	200	115,179		474,752	333,432	141,320	33,461	4,215,379
1999	9,052	805	264	541	543	299	123,693		532,183	384,879	147,304		
2000	9,702	999	391	609	672	398	134,467		569,599	418,821	150,778		
2001	9,340	1,075	374	700	555	401	140,544		610,910	433,345	177,565		
2002	9,460	1,253	633	620	565	459	141,706		635,545	459,747	175,799	38,171	
2003	10,336	1,380	672	707	620	535	145,327		667,608	472,983	194,626	33,884	
2004	10,648	1,822	690	1,132	657	714	115,636		733,377	501,706	231,671	25,840	
2005	11,100	2,105	731	1,374	668	857	119,410		754,936	512,445	242,491	26,590	
2006	11,574	2,385	1,193	1,192	709	992	117,805		809,830	545,927	263,902	26,478	
2007	12,634	2,550	1,262	1,288	765	1,019	120,079		862,523	576,501	286,022	27,998	
2008	14,162	2,534	1,261	1,275	873	1,030	126,964		892,936	601,617	293,077	29,590	
2009	14,868	2,089	1,046	1,043	867	845	120,032		848,299	566,082	282,217	25,249	
2010	14,308	2,761	1,379	1,390	883	1,104	124,225		966,193	647,040	319,153	23,281	
2011	14,266	2,660	1,348	1,355	981	1,188	125,588		1,065,093	703,753	365,812	27,220	
2012	14,538	2,881	1,433	1,448	922	1,163	119,057		1,108,538	724,397	384,142		
2013	16,063	2,737	1,369	1,369	1,012		123,147		1,123,205	735,854	387,351		

자료: 교통부, 『교통연보』, 각년도판; 동, 『교통통계연보』, 각년도판; 동, 『한국교통연감』(1960); 해양수산부, 『해운수산통계연보』, 각년도판; 한국해양수산개발원, 『해운통계요람』, 각년도판.

표 L308-321 지하철 수송인원, 수입, 1974-2005

	수송인원								지하철수입					
	합계	서울지하철공사	서울도시철도공사	인천지하철	부산교통공단	대구지하철공사	광주도시철도공사	인km	합계	서울	부산	대구	인천	광주
	L308	L309	L310	L311	L312	L313	L314	L315	L316	L317	L318	L319	L320	L321
	남한													
	백만 명							백만인 km	백만 원					
1974	24.4	24.4						135.9	761	761				
1975	56.8	56.8						342.7	2,103	2,103				
1976	61.2	61.2						387.9	2,637	2,637				
1977	82.9	82.9						551.5	3,709	3,709				
1978	107.0	107.0						701.6	5,371	5,371				
1979	124.8	124.8						904.4	8,285	8,285				
1980	123.0	123.0						926.0	12,081	12,081				
1981	151.1	151.1						1,257.1	17,846	17,846				
1982	154.8	154.8						1,309.3	21,065	21,065				
1983	186.3	186.3						1,555.5	25,315	25,315				
1984	292.3	292.3						2,309.7	42,959	42,959				
1985	420.2	403.8			16.4			4,476.8	69,617	67,101	2,516			
1986	685.1	656.1			29.0			7,228.3	111,497	106,798	4,699			
1987	754.8	691.7			63.1			7,964.8	141,105	130,351	10,754			
1988	917.0	800.9			116.0			8,556.6	169,778	150,072	19,706			
1989	1,007.1	861.3			145.8			9,352.3	192,357	167,857	24,501			
1990	1,186.6	1,010.6			176.0			11,229.0	224,522	194,886	29,637			
1991	1,422.6	1,241.2			181.5			11,891.3	291,048	252,598	38,450			
1992	1,546.3	1,354.2			192.1			14,240.4	317,919	276,484	41,435			
1993	1,576.0	1,388.0			188.0			14,532.5	373,437	326,439	46,998			
1994	1,603.9	1,404.2			199.7			14,823.7	444,879	379,862	65,017			
1995	1,693.0	1,479.2			213.8			15,709.1	475,555	403,406	72,150			
1996	1,725.2	1,506.8			218.3			14,620.6	561,326	480,215	81,110			
1997	1,855.2	1,636.9			218.3			13,737.5	628,154	541,223	85,605	1,325		
1998	1,838.9	1,591.3			203.4	44.2		13,442.5	662,621	563,728	80,713	18,180		
1999	2,016.0	1,728.6		11.7	224.3	51.4		18,244.8	734,575	618,258	87,919	22,963	5,436	
2000	2,238.2	1,891.4		56.4	240.9	49.5		21,030.0	859,453	702,067	106,569	24,199	26,618	
2001	2,527.2	2,157.8		68.9	250.2	50.3		30,269.0	1,044,324	860,154	124,963	25,475	33,732	
2002	2,012.4	1,069.8	561.0	55.7	272.8	53.1		24,436.4	1,075,660	878,223	136,428	26,398	34,611	
2003	1,981.2	1,055.3	581.6	54.5	263.6	26.2		23,755.3	1,176,649	982,508	145,752	11,804	36,584	
2004	2,033.4	1,072.7	598.7	52.1	251.5	50.9	7.6	23,690.6	1,267,961	1,053,127	143,626	28,949	38,446	3,812
2005	2,020.4	1,064.0	592.6	50.8	241.6	60.2	11.3	23,633.7	1,363,027	1,128,516	164,863	23,543	40,449	5,657

자료: 교통부, 『교통통계연보』, 각년도판; 건설교통부, 『건설교통통계연보』, 각년도판; 국토교통부, 『국토교통통계연보』, 각년도판.

주: 2001년 이전 양식은 수송인원이 이중으로 집계될 소지가 있다는 통계청 지적에 따라 2002년부터 통계양식을 변경 사용한다.

표 L322-329 자동차 여객수송, 1951-1959, 1962-2004

	여객수송인원							여객수송인km
	합계	버스					택시	
		소계	고속	시내	시외	전세		
	L322	L323	L324	L325	L326	L327	L328	L329
	남한							
	백만 명							백만인 km
1951		12.9					2.4	
1952		48.6					6.2	
1953		98.1					5.3	
1954		102.3					7.4	
1955		223.7					22.9	
1956		240.0					34.6	
1957		321.1					44.6	
1958		335.5					55.2	
1959		421.0		338.5	82.5		105.6	
1962		500.7					76.9	
1963		516.8					97.8	
1964	776.6	658.7		501.4	153.8	3.6	117.8	
1965	996.3	857.4		665.3	187.0	5.0	138.9	
1966	1,511.6	1,337.8		1,060.7	272.3	4.8	173.7	11,464.0
1967	1,674.8	1,408.6		1,102.1	300.5	6.0	266.2	11,699.0
1968	2,018.9	1,591.5		1,307.6	271.8	12.1	427.3	13,930.0
1969	2,418.6	1,794.1		1,517.2	270.9	6.0	624.5	16,688.0
1970	2,743.8	2,051.3		1,735.1	310.4	5.8	692.5	20,045.0
1971	3,021.2	2,266.6		1,926.8	333.0	6.9	754.6	22,917.0
1972	3,308.5	2,605.1		2,211.1	384.2	9.8	703.3	26,258.0
1973	3,855.8	2,925.7		2,428.6	483.8	13.3	930.1	32,126.0
1974	4,155.9	3,383.3	40.2	2,848.1	480.3	14.7	772.6	35,385.0
1975	4,542.7	3,734.3	45.1	3,151.3	521.6	16.3	808.4	38,865.0
1976	5,051.0	4,152.5	50.5	3,500.9	586.4	14.7	898.4	43,399.0
1977	5,931.5	4,733.9	50.9	3,930.9	729.0	23.0	1,197.6	50,708.0
1978	6,808.0	5,350.0	55.3	4,485.7	780.9	28.2	1,458.0	56,996.0
1979	7,609.7	5,728.5	55.9	4,817.5	821.1	34.1	1,881.2	62,079.0
1980	8,039.1	6,130.1	55.6	5,239.9	794.5	40.1	1,908.9	64,131.0
1981	8,683.1	6,462.3	57.8	5,551.7	815.1	37.7	2,220.8	67,315.0
1982	9,259.3	6,952.8	61.4	5,974.4	875.1	41.9	2,306.4	72,110.0
1983	9,901.3	7,263.8	63.9	6,294.6	857.6	47.8	2,637.5	74,817.0
1984	10,200.6	7,437.3	68.2	6,490.1	823.9	55.2	2,763.3	76,398.0
1985	10,601.0	7,580.9	70.5	6,632.0	820.4	58.1	3,020.1	78,025.0
1986	10,932.6	7,578.8	72.9	6,633.5	814.0	58.3	3,353.8	79,732.0
1987	11,455.8	7,918.2	74.7	6,988.6	793.5	61.5	3,537.6	81,265.0
1988	11,905.3	7,957.0	78.5	6,999.3	811.3	67.8	3,948.3	85,325.0
1989	11,949.8	7,902.1	79.2	6,922.0	823.4	77.6	4,047.7	85,608.0
1990	12,721.9	8,218.6	76.5	7,187.8	880.3	74.0	4,503.3	89,711.6
1991	12,854.2	7,716.1	66.4	6,805.9	765.3	78.5	5,138.1	87,697.4
1992	12,848.8	7,384.6	58.8	6,518.2	723.9	83.8	5,464.2	83,151.8
1993	12,117.4	7,145.0	57.8	6,336.2	668.0	83.1	4,972.5	77,998.0
1994	11,603.6	6,751.1	53.5	5,996.3	621.4	79.9	4,852.5	74,167.3
1995	11,289.5	6,369.1	53.5	5,688.3	532.6	94.7	4,920.4	72,324.4
1996	11,480.4	6,510.8	51.6	5,866.3	497.0	96.0	4,969.7	72,871.2
1997	10,887.5	6,056.7	49.1	5,426.0	481.3	100.3	4,830.8	68,737.1
1998	10,783.9	5,994.8	42.9	5,440.6	418.8	92.5	4,789.1	66,853.3
1999	10,428.9	5,573.1	16.2	5,064.6	389.6	102.7	4,855.7	76,193.4
2000	10,410.6	5,371.8	43.1	4,823.9	373.9	130.9	5,038.8	74,572.2
2001	9,857.4	5,087.0	42.2	4,562.2	352.7	129.9	4,770.5	84,255.9
2002	9,783.6	5,069.4	42.1	4,523.0	329.2	175.0	4,714.2	77,925.5
2003	9,404.8	4,871.4	40.1	4,408.6	282.8	139.9	4,533.3	77,348.9
2004	9,169.6	4,905.1	38.9	4,451.8	262.1	152.3	4,264.5	83,216.7

자료: 교통부,『교통연보』, 각년도판; 동,『교통통계연보』, 각년도판; 동,『한국교통연감』(1960); 건설교통부,『건설교통통계연보』, 각년도판; 국토교통부,『국토교통통계연보』, 각년도판.
注: 1959년까지는 택시에 일반택시, 합승택시, 전세버스, 관광버스를 포함한다.

표 L330-354 항공 수송, 1957-2014

	운항회수		운항킬로		비행시간		좌석이용률		중량이용률	
	국제선	국내선	국제선	국내선	국제선	국내선	국제선	국내선	국제선	국내선
	L330	L331	L332	L333	L334	L335	L336	L337	L338	L339
	남한									
	회		천 km		시간		%			
1957	808	2,269	1,212	685	3,096	3,391	46.2	80.4	49.0	64.0
1958	832	1,977	1,265	588	3,232	2,759	48.6	62.7	51.4	50.4
1959	902	2,454	1,281	702	3,274	3,308	46.2	79.8	49.5	65.7
1960	926	2,530	1,259	1,167	3,217	5,422	49.1	74.3	54.1	40.5
1961	1,020	3,823	1,480	826	3,994	3,290	39.8	62.6	44.9	46.6
1962	921	3,240	1,231	849	3,146	2,391	54.3	60.1	44.3	51.3
1963	912	5,275	1,215	969	2,786	4,404	59.6	58.9	41.6	51.6
1964	1,448	9,508	1,777	2,111	3,214	9,318	49.4	60.4	32.4	44.7
1965	1,881	10,491	2,197	2,396	4,164	10,569	48.4	63.5	34.5	46.3
1966	2,327	9,566	2,599	2,183	5,263	9,293	66.2	58.2	50.1	43.4
1967	3,753	10,045	4,062	2,797	8,237	11,648	54.5	58.5	45.6	42.6
1968	5,846	14,074	6,263	3,593	11,563	14,017	60.0	60.0	50.0	20.0
1969	7,208	20,858	8,286	5,387	15,294	22,425	45.0	65.9	36.2	40.5
1970	9,947	30,199	11,086	8,514	22,762	26,504	41.2	66.1	29.1	19.9
1971	11,916	39,271	12,843	9,784	23,157	32,667	43.3	60.0	28.8	16.4
1972	14,586	34,829	20,412	9,274	33,051	29,657	53.8	64.0	32.4	19.5
1973	17,848	29,996	27,971	8,819	43,171	27,081	50.6	75.6	34.2	21.7
1974	14,000	25,838	29,329	8,179	54,235	24,203	41.9	60.2	30.8	20.8
1975	14,411	18,883	37,900	5,947	55,169	16,990	50.0	70.0	36.0	26.6
1976	15,430	15,409	44,731	5,169	63,150	14,154	46.6	70.6	37.5	24.4
1977	16,935	17,302	52,732	5,958	72,277	16,370	44.1	68.1	39.3	26.2
1978	18,357	18,992	59,353	6,619	80,528	19,458	47.2	77.0	40.5	26.0
1979	21,323	22,539	72,272	7,852	99,009	19,458	42.7	73.7	38.4	33.9
1980	27,649	14,850	78,962	5,223	107,007	12,885	50.2	64.0	40.2	38.9
1981	27,631	14,315	77,641	4,977	107,609	12,315	53.4	68.6	38.4	44.3
1982	22,458	18,060	90,060	6,089	122,429	15,304	50.0	65.8	31.8	37.0
1983	23,608	20,749	99,283	6,970	131,160	17,867	54.9	75.2	64.1	75.3
1984	25,275	26,015	118,115	8,822	160,113	22,681	53.6	70.5	63.5	70.5
1985	26,863	32,783	126,738	11,237	170,017	28,567	56.1	65.0	62.1	60.5
1986	30,971	34,514	145,356	11,694	209,260	30,596	53.6	74.1	63.6	68.6
1987	32,864	40,073	155,751	13,442	201,992	35,370	55.0	77.6	64.9	71.8
1988	36,378	49,838	194,046	16,664	256,848	41,712	41.7	76.1	53.8	72.2
1989	42,664	76,567	209,059	26,970	275,099	64,294	55.7	66.9	46.9	61.5
1990	51,014	84,140	244,280	30,128	324,163	69,713	56.1	74.3	48.4	63.1
1991	56,716	87,737	259,442	31,570	347,492	72,800	55.9	74.2	48.5	57.1
1992	62,306	107,530	295,520	38,563	396,089	89,849	55.8	67.0	48.8	53.6
1993	61,953	127,793	300,969	45,128	403,536	106,661	55.8	59.9	54.1	47.8
1994	68,813	131,863	338,683	45,915	462,527	109,708	55.7	68.7	54.4	53.0
1995	82,362	138,893	393,971	48,246	539,385	115,746	57.2	75.0	54.4	57.3
1996	92,390	150,645	449,819	52,007	609,684	124,719	57.9	79.0	52.2	62.1
1997	98,020	168,412	506,992	58,433	681,803	141,108	54.7	75.6	49.3	57.0
1998	84,055	154,211	414,440	53,092	556,825	128,386	55.5	65.5	48.6	50.3
1999	88,182	148,385	424,557	51,560	570,951	123,511	65.4	73.2	53.4	53.8
2000	103,052	163,309	488,082	57,180	661,216	136,001	64.5	71.9	57.6	48.5
2001	114,815	160,360	490,941	56,967	618,408	134,691	65.0	71.0	53.6	52.1
2002	132,877	158,713	553,568	57,542	680,651	134,234	66.7	69.0	49.5	56.1
2003	144,508	165,704	554,646	60,439	654,658	140,054	64.2	67.9	44.6	56.1
2004	170,340	148,491	635,895	52,873	753,078	122,087	67.9	68.2	51.4	60.0
2005	186,367	127,771	649,891	47,790	769,682	109,729	69.7	69.6	52.3	61.9
2006	213,594	127,046	717,747	47,583	854,047	109,419	70.1	74.2	52.2	64.9
2007	252,895	133,288	809,401	50,963	962,281	115,786	70.1	75.2	52.4	66.5
2008	248,646	139,772	812,817	54,182	964,683	122,550	71.0	71.4	57.9	62.3
2009	232,093	147,383	759,968	57,120	903,269	129,161	68.4	70.3	53.9	59.8
2010	256,688	146,608	837,836	57,160	1,000,783	128,757	76.4	76.4	57.7	60.0
2011	280,568	151,512	924,897	59,819	1,116,332	133,960	72.7	75.0	53.5	58.8
2012	313,726	155,609	994,114	61,719	1,200,776	138,003	74.0	77.9	53.5	60.7
2013	338,988	161,750	1,052,112	64,559	1,262,378	143,977	74	79	53	62

표 L330-354 계속

	여객수송									화물수송					
	여객수송인원			인키로			수입(천 원)			톤수			톤km		
	소계	국제선	국내선	소계	국제선	국내선	소계	국제선	국내선	소계	국제선	국내선	소계	국제선	국내선
	L340	L341	L342	L343	L344	L345	L346	L347	L348	L349	L350	L351	L352	L353	L354
	남한														
	천 명			천인 km			백만 원			천 톤			백만톤 km		
1957	78	22	56	51	34	17									
1958	69	24	45	50	37	13									
1959	88	25	63	57	36	21									
1960	99	28	71	59	37	21									
1961	92	31	61	60	42	18									
1962	85	37	48	63	48	14	17		17	2.8	2.6	0.2	3.7	3.6	0.1
1963	143	49	94	90	62	28	101		101	2.9	2.4	0.5	3.0	2.9	0.2
1964	236	61	175	128	75	54	269		269	4.1	3.3	0.9	4.2	3.9	0.3
1965	285	77	208	156	93	63	506		506	5.9	5.0	0.8	6.2	5.9	0.3
1966	323	131	192	207	152	55	664	286	379	8.4	7.4	1.0	14	13.5	0.3
1967	391	176	215	289	226	62	827	324	503	11	10	1.4	11	11	0.5
1968	537	225	312	365	273	92	1,575	616	958	16	14	1.7	20	19	0.6
1969	887	267	619	496	316	179	2,888	1,153	1,735	22	19	2.8	29	29	0.9
1970	1,302	393	909	715	458	257	6,463	3,964	2,499	30	26	4.7	36	35	1.5
1971	1,614	508	1,105	887	572	314	9,136	6,120	3,016	36	29	7.3	36	34	2.3
1972	1,893	772	1,121	1,336	1,013	323	17,080	13,875	3,204	46	38	7.8	84	82	2.4
1973	2,638	1,369	1,269	2,426	2,041	385	35,914	32,026	3,888	67	58	8.8	149	146	2.8
1974	2,235	1,244	991	2,419	2,103	316	43,869	39,653	4,216	76	70	5.9	212	210	2.1
1975	2,472	1,566	906	3,520	3,220	300	71,037	66,610	4,427	103	98	5.6	396	394	2.5
1976	2,809	2,014	795	4,649	4,373	276	89,482	84,156	5,325	111	105	5.4	456	454	2.0
1977	3,413	2,316	1,097	5,720	5,335	385	121,444	113,997	7,447	131	124	7.6	577	575	2.7
1978	4,169	2,708	1,461	7,112	6,613	499	175,591	163,801	11,789	153	142	11	687	683	4.0
1979	4,801	2,989	1,812	9,253	8,617	636	234,695	216,842	17,853	181	167	14	854	849	5.0
1980	4,402	2,922	1,481	11,039	10,511	528	373,150	350,702	22,449	204	191	13	1,038	1,033	5.1
1981	4,784	3,229	1,555	11,836	11,279	557	460,322	430,253	30,069	226	209	18	1,182	1,176	6.5
1982	5,345	3,501	1,844	13,210	12,556	654	556,651	517,437	39,215	264	235	30	1,461	1,450	11
1983	6,065	3,703	2,363	14,052	13,212	840	582,275	530,266	52,009	309	266	43	1,687	1,671	16
1984	6,811	3,942	2,869	17,331	16,319	1,012	589,365	527,082	62,283	359	302	58	2,213	2,191	22
1985	7,849	4,382	3,467	19,111	17,930	1,182	656,205	579,133	77,072	401	333	67	2,345	2,319	26
1986	9,032	4,939	4,092	21,817	20,386	1,431	759,379	670,209	89,171	469	391	78	2,839	2,809	29
1987	10,559	5,459	5,101	23,790	22,019	1,770	774,816	665,126	109,690	565	472	93	3,164	3,128	36
1988	12,650	6,353	6,297	25,211	23,020	2,191	804,423	667,939	136,483	619	508	111	3,501	3,458	43
1989	17,235	8,283	8,952	32,974	29,795	3,179	954,366	763,303	191,063	866	711	154	4,331	4,268	63
1990	20,690	9,626	11,064	40,416	36,405	4,011	1,083,204	854,291	228,913	960	777	183	4,626	4,555	72
1991	22,524	10,271	12,253	42,968	38,521	4,447	1,338,440	1,024,897	313,543	987	787	200	4,549	4,470	79
1992	25,812	11,257	14,555	50,452	45,219	5,233	1,627,152	1,228,800	398,352	1,079	837	242	5,062	4,968	94
1993	27,201	11,651	15,550	53,138	47,627	5,511	1,990,322	1,540,054	450,268	1,224	951	273	6,288	6,183	105
1994	31,482	13,076	18,406	60,637	54,155	6,481	2,372,147	1,850,139	522,008	1,419	1,112	306	7,108	6,992	116
1995	35,611	14,603	21,009	69,019	61,613	7,406	2,798,610	2,200,170	598,440	1,613	1,291	323	8,218	8,096	123
1996	39,559	15,992	23,567	78,778	70,490	8,288	3,068,606	2,415,441	653,164	1,782	1,431	351	9,177	9,043	134
1997	42,237	16,598	25,639	83,427	74,375	9,052	3,488,012	2,743,427	744,585	2,018	1,631	387	10,701	10,552	149
1998	33,609	14,104	19,504	62,613	55,736	6,877	3,464,047	2,766,715	697,331	1,834	1,471	364	9,400	9,260	140
1999	37,895	16,750	21,145	72,439	64,934	7,505				2,113	1,719	393	10,898	10,747	151
2000	41,967	19,452	22,515	83,956	75,916	8,039				2,384	1,949	434	12,430	12,263	167
2001	42,162	20,351	21,811	84,544	76,671	7,873				2,295	1,864	431	11,327	11,159	168
2002	43,965	22,717	21,248	92,175	84,366	7,809				2,510	2,077	433	12,606	12,436	170
2003	42,839	21,459	21,380	82,231	74,293	7,938				2,631	2,209	423	11,696	11,529	166
2004	45,824	26,931	18,893	96,583	89,432	7,151				2,978	2,569	409	13,810	13,646	164
2005	46,841	29,684	17,158	101,664	95,071	6,594				2,989	2,617	372	13,598	13,447	151
2006	49,889	32,707	17,181	110,791	104,140	6,651				3,209	2,854	355	14,730	14,585	145
2007	53,715	36,867	16,848	121,308	114,782	6,526				3,454	3,138	316	15,880	15,751	129
2008	52,332	35,341	16,990	121,563	114,920	6,643				3,252	2,997	254	14,949	14,846	103
2009	51,575	33,514	18,061	116,308	109,203	7,105				3,141	2,872	269	14,085	13,974	111
2010	60,277	40,061	20,216	135,771	127,760	8,011				3,589	3,327	262	16,376	16,269	107
2011	63,629	42,649	20,981	148,394	139,999	8,395				3,519	3,238	281	16,021	15,906	115
2012	69,304	47,703	21,602	162,735	154,025	8,710				3,474	3,209	265	15,679	15,570	109
2013	73,340	50,987	22,353	172,963	163,870	9,093				3,499	3,246	253	15,657	15,553	104
2014	81,426	56,779	24,648	183,113	173,643	9,470				3,694	3,411	283	16,473	16,362	111

자료: 교통부, 『교통연보』, 각년도판; 동, 『교통통계연보』, 각년도판; 동, 『한국교통연감』(1960); 건설교통부, 『건설교통통계연보』, 각년도판; 국토교통부, 『국토교통통계연보』, 각년도판; 한국공항공사, 『항공통계』, 각년도판.

주: 정기운항, 다만, 2003년부터는 부정기운항 포함한다.

3. 우편기관 · 설비 및 관련 종사자

표 L355-377 우편기관, 1905-2014

	합계	우편국	우편출장소	우편전신취급소	우편취급소	우편소	우편전신수취소	우편수취소	임시우체소	우편수도소	우편계립소	우편교환소
	L355	L356	L357	L358	L359	L360	L361	L362	L363	L364	L365	L366
	남북한, 개소											
1905. 7	435	12	41				1	46	335			
1905	495	16	60				3	44	338	7	12	15
1906	486	50		17	126		17	54	204	3	4	11
1907	436	51		27	114	66			168	3	1	6
1908	426	52		32	107	81			152	2		
1909	437	52		103	36	99			145	2		
1910	443	191				141			109	2		
1911	462	189				272				1		
1912	481	179				302						
1913	496	179				317						
1914	511	180				331						
1915	512	179				333						
1916	522	180				342						
1917	522	180				342						
1918	538	179				359						
1919	559	180				379						
1920	573	164				409						
1921	597	151				446						
1922	614	126				488						
1923	621	126				495						
1924	648	100				548						
1925	657	100				557						
1926	666	100				566						
1927	680	100				580						
1928	700	100				600						
1929	721	100				621						
1930	741	100				641						
1931	769	92				677						
1932	781	93				688						
1933	803	98				705						
1934	828	98				730						
1935	855	104				751						
1936	904	104				800						
1937	972	106				866						
1938	1,014	110				904						
1939	1,012	88				924						
1940	1,043	89				954						
1941	1,074	89				985						
1942	1,076	90				986						

자료: 朝鮮統監府通信管理局, 『統監府通信事業報告』, 各年度版; 朝鮮総督府逓信局, 『朝鮮総督府逓信年報』, 各年度版; 同, 『朝鮮総督府逓信統計要覧』, 各年度版; 同, 『通信事業概況』, 各年度版; 朝鮮総督府逓信部, 『朝鮮総督府逓信統計要覧』(1943, 1944); 朝鮮総督府編, 『統計年報』, 各年度版; U.S. Army Forces in Korea, *South Korea Interim Government Activities*; 체신부, 『체신통계연보』, 각년도판; 동, 『체신기구연혁사』(1965); 한국우정100년사편찬위원회 편, 『한국우정100년사』(체신부, 1984); 우정사업본부, 『우정사업본부연차보고서』, 각년도판; 박이택, 『한국통신산업에 있어서 지배구조와 고용구조 1876-1945』(한국학술정보, 2008).

표 L355-377 계속

	일반국					분국	분실	군사우편국		별정국	취급국
	소계	지방우정청	4급국(서기관국)	5급국(사무관국)	6급국(주사국)	7급국(분국)		군우국	출장소		
	L367	L368	L369	L370	L371	L372	L373	L374	L375	L376	L377
	남한, 개소										
1945	692										
1946	646										
1947	625										
1948	625										
1949	627										
1950	627										
1951	595										
1952	587										
1953	592										
1954	608										
1955	622										
1956	630										
1957	639										
1958	648										
1959	666										
1960	691										
1961	726					26	11			8	
1962	731					91	11			138	
1963	737					73	9			302	
1964	740					36	9			507	
1965	749					52	8	26		640	
1966	759					92	8	26		843	
1967	774					99	10	47		839	
1968	803					111	10	53		826	
1969	814					123	10	55		820	
1970	868					89	9	55		821	
1971	881					104	9	55		819	
1972	888					114	6	58		818	
1973	900					119	4	60		818	
1974	904					137	3	60		817	
1975	919					144	3	63		816	
1976	930					151	3	65		815	
1977	937					162	3	70		812	
1978	945					178	3	74		806	
1979	961					205	3	76		801	
1980	1,000					213	3	77		792	
1981	1,035					208	4	78		790	
1982	1,045					213	4	78		790	
1983	1,058					219	3	78		788	38
1984	1,082					232	3	78		786	101
1985	1,107					252	3	78		786	330
1986	1,159					266	5	78		785	537
1987	1,216					270	5	80		784	740
1988	1,263					284	7	84		781	780
1989	1,328					276	10	87		781	734
1990	1,398					275	11	87		781	694
1991	1,455					284	12	89		780	724
1992	1,513					283	12	91		779	744
1993	1,552					286	13	92		779	588
1994	1,591					302		92		779	625
1995	1,625					308		91		779	647
1996	1,660					308		91		778	685
1997	1,556					441		91		777	731
1998	1,569					364		91		775	811
1999	1,589					346		91		774	862
2000	1,621					338		91		774	872
2001	1,627					313		91		773	891
2002	1,656					310		91		773	887

표 L355-377 계속

	일반국					분국	분실	군사우편국		별정국	취급국
	소계	지방우정청	4급국(서기관국)	5급국(사무관국)	6급국(주사국)	7급국(분국)		군우국	출장소		
	L367	L368	L369	L370	L371	L372	L373	L374	L375	L376	L377
	남한, 개소										
2003	1,697					278		91		771	831
2004	1,692					268		91		771	878
2005	1,728					227		25		770	854
2006	1,716					233		25		768	849
2000	1,621	8	103	133	1,377	338		91		774	872
2001	1,627	8	103	134	1,382	313		91		773	891
2002	1,657	8	109	131	1,409	310		91		773	887
2003	1,697	8	110	131	1,448	278		91	14	771	881
2004	1,691	8	110	131	1,442	260		91	15	771	869
2005	1,728	8	112	131	1,477	227		25	80	770	854
2006	1,717	8	113	131	1,465	232		25	81	768	849
2007	1,767	8	118	129	1,512	194		25	85	766	840
2008	1,779	8	118	129	1,524	183		25	88	766	825
2009	1,789	8	118	129	1,534	173		25	89	765	818
2010	1,911	8	118	130	1,655	59		25	91	762	810
2011	1,927	9	118	130	1,670	48		25	103	760	787
2012	1,936	9	121	133	1,673	50		21	112	757	774
2013	1,943	9	121	135	1,678	47		21	112	755	762
2014	1,834	9	120	138	1,567	28		21	104	754	810

표 L378-389 우편시설, 1905-2014

	우표류판매소		우체통		사서함		기동장비(자동차, 이륜차, 자전거)	우편집배구수				
	개소	만 명당 보급	개	만 명당 보급	설비수	대여수		합계	유치교부지	시내구	시외구	청부구
	L378	L379	L380	L381	L382	L383	L384	L385	L386	L387	L388	L389
	남북한											
	개소		개				대	구				
1905					264	130			15			
1906	248		500		279	123			11			
1907	376		661		335	109			6			
1908	483		765		362	118						
1909	545		799		366	121						
1910	855		855		401	137						
1911	1,370		1,370		461	153						
1912	1,782		1,782		483	157						
1913	2,238		2,238		495	141						
1914	2,528		2,528		493	133						
1915	3,141		3,141		522	149						
1916	3,580		3,580		518	191						
1917	3,689		3,689		610	313						
1918	3,865		3,865		647	397						
1919	3,961		3,961		687	427						
1920	3,916		3,916		751	499						
1921	3,994		3,994		863	550						
1922	4,003		4,003		960	648						
1923	4,110		4,110		1,113	765						
1924	4,170		4,170		1,284	909						
1925	4,262		4,262		1,473	1,008						
1926	4,380		4,380		1,729	1,133						
1927	4,426		4,426		1,932	1,287						
1928	4,478		4,478		2,255	1,397						
1929	4,470		4,470		2,397	1,545						
1930	4,631		4,631		2,459	1,547						
1931	4,750		4,750		2,659	1,771						
1932	4,907		4,907		2,929	2,059						
1933	4,974		4,974		3,465	2,442						
1934	4,999		4,999		4,119	3,001						
1935	5,179		5,179		4,725	3,488						
1936	5,344		5,344		5,127	3,653						
1937	5,352		5,352		5,606	4,064						
1938	5,475		5,475		5,943	4,473						
1939	5,580		5,580		6,114	4,673						
1940	5,277		5,277		6,249	4,909						
1941	4,992		4,992		6,311	4,979						
1942	4,913		4,913		6,170	4,919						
1943	4,696		6,495		7,034	5,383						
1944	5,112		6,410									
	남한											
1945	1,423		2,515		3,319	2,605		5,120		1,707	3,413	
1946	1,423		2,515		3,319	2,065						
1947	1,423		2,515		3,205	2,001						
1948	1,423		2,515		3,200	1,711						
1949	1,709		3,214		3,116							
1950	1,801		3,324		3,200			4,009		1,205	2,804	
1951	916		1,139		1,434			3,964		1,158	2,806	
1952	1,208		1,639		1,650			3,938		1,047	2,891	
1953	1,489		2,285		1,954			3,971		1,078	2,893	
1954	1,636		2,666		2,028		1,048	4,039		1,145	2,894	
1955	1,709		3,519		2,148	723	1,075	4,392		1,245	3,147	
1956	3,505		3,519		4,231	1,321	1,987	4,411		1,251	3,160	
1957	3,857		3,741		4,333		2,445	4,362		1,273	3,089	
1958	4,006		4,130		4,446		2,874	4,412		1,311	3,101	
1959	4,553		4,173		4,706		2,281	4,435		1,333	3,102	
1960	4,779		5,064		4,902		1,976	4,500		1,356	3,144	

표 L378-389 계속

	우표류판매소		우체통		사서함		기동장비(자동차, 이륜차, 자전거)	우편집배구수				
	개소	만 명당 보급	개	만 명당 보급	설비수	대여수		합계	유치교부지	시내구	시외구	청부구
	L378	L379	L380	L381	L382	L383	L384	L385	L386	L387	L388	L389
	남한											
	개소		개				대	구				
1961	5,446	2.1	6,952	2.7	5,632		2,519	5,226		1,757	3,469	
1962	6,495	2.5	8,242	3.1	5,932		2,873	6,282	388	2,043	3,609	242
1963	11,002	4.0	12,527	4.6	5,793		2,925	6,701	393	2,258	3,790	260
1964	11,635	4.2	13,437	4.8	5,816		2,929	7,024	375	2,499	3,899	251
1965	12,330	4.3	14,771	5.1	6,449		2,955	7,280	360	2,657	4,003	260
1966	12,985	4.5	14,978	5.1	7,259		3,376	7,860	347	3,091	4,155	267
1967	13,361	4.5	15,574	5.3	7,830		3,582	8,175	243	3,282	4,384	266
1968	13,597	4.5	17,176	5.7	9,949		5,536	8,247	232	3,330	4,397	288
1969	13,173	4.2	16,351	5.2	9,533		6,114	8,074	263	3,016	4,451	344
1970	13,950	4.4	15,948	5.1	10,648		7,206	8,188	278	3,079	4,459	372
1971	14,408	4.4	16,274	4.9	10,800		5,856	8,625	549	3,235	4,433	408
1972	15,023	4.5	16,838	5.0	12,039		4,978	8,763	571	3,303	4,462	427
1973	14,915	4.4	17,609	5.2	13,420		5,672	9,287	574	3,634	4,645	434
1974	15,979	4.6	18,396	5.3	14,373		6,160	9,401	554	3,708	4,678	461
1975	16,880	4.9	19,880	5.7	15,744		6,419	9,520	554	3,810	4,680	476
1976	18,243	5.1	20,225	5.6	17,129		8,368	9,740	618	3,844	4,783	495
1977	20,293	5.6	22,133	6.1	19,365		8,947	10,198	799	4,066	4,810	523
1978	20,419	5.5	22,401	6.1	20,333		9,050	10,407	936	4,045	4,889	537
1979	22,625	6.0	25,388	6.8	21,093		9,484	10,922	961	4,428	5,036	497
1980	24,612	6.6	27,717	7.4	21,371		10,033	11,232	1,196	4,335	5,216	485
1981	30,058	7.8	32,348	8.4	21,767		10,101	11,373	1,201	4,324	5,384	464
1982	31,240	8.2	35,348	9.0	23,265		10,094	11,286	1,200	4,327	5,312	447
1983	36,137	9.0	40,348	10.1	24,343		10,159	11,236	1,208	4,342	5,248	438
1984	39,474	9.7	41,661	10.3	28,849		9,857	11,385	1,278	4,497	5,191	419
1985	43,618	10.8	45,566	11.3	29,755		10,032	11,555	1,295	4,682	5,184	394
1986	46,010	11.2	46,736	11.4	29,870		10,281	11,597	1,239	4,779	5,191	388
1987	47,676	11.3	48,580	11.6	32,121		10,468	11,431	848	4,964	5,229	390
1988	48,756	11.6	50,448	12.0	29,881		10,596	11,542	811	5,103	5,239	389
1989	49,334	11.6	52,042	12.0	31,136		10,781	11,627	697	5,251	5,290	389
1990	47,335	11.1	53,927	12.6	31,585		11,318	12,520	671	5,984	5,476	389
1991	46,702	10.8	55,274	12.8	33,038		11,513	12,537	622	6,090	5,436	389
1992	44,760	10.3	56,545	13.0	33,492		11,866	12,939	606	6,454	5,490	389
1993	43,548	9.9	57,599	13.1	34,199		12,183	13,059	601	6,598	5,471	389
1994	42,873		53,139		34,459		12,511	13,228	598	6,901	5,729	
1995	42,887		45,165		35,219		13,059	13,319	568	7,094	5,657	
1996	40,361		13,549		35,734		13,228	13,446	568	7,317	5,561	
1997	40,456	8.6	42,785	9.1	35,690		13,718	13,847	568	7,737	5,542	
1998	39,044	8.3	41,769	8.9	32,859		14,064	13,872	568	7,936	5,368	
1999	38,371	8.1	40,895	8.6	34,051		13,955	13,723	568	7,932	5,223	
2000	35,955	7.5	39,462	8.3	34,205		14,373	13,968	560	8,153	5,255	
2001	34,478	7.2	38,662	8.1	33,943		14,765	14,195	420	8,533	5,242	
2002	31,059	6.4	37,868	7.8	34,208		16,087	15,311	315	9,728	5,268	
2003	29,538	6.1	36,012	7.4	30,600		16,004	15,102	236	9,617	5,249	
2004	31,415	6.4	33,544	6.8	30,004		16,189	15,080	131	9,686	5,263	
2005	25,681	5.2	30,001	6.1	29,301		16,621	15,063	240	9,716	5,107	
2006	21,537	4.4	27,317	5.6	28,662		16,967	15,320	242	9,977	5,101	
2007	20,259	4.1	25,547	5.2	27,968		17,280					
2008	17,495	3.5	23,761	4.8	27,657		17,653					
2009	16,597	3.3	22,997	4.6	28,228		17,834					
2010	12,532	2.5	22,051	4.4	27,803		17,921					
2011	11,493	2.3	21,083	4.2	25,684		18,002					
2012	12,158	2.4	19,428	3.8	20,969		18,075					
2013	9,435	1.8	18,060	3.5	19,828		18,108					
2014	7,901	1.5	15,681	3.1	16,981		18,455					

자료: 朝鮮統監府通信管理局, 『統監府通信事業報告』, 各年度版; 朝鮮総督府逓信局, 『朝鮮総督府逓信年報』, 各年度版; 同, 『朝鮮総督府逓信統計要覧』, 各年度版; 同, 『通信事業概況』, 各年度版; 朝鮮総督府逓信部, 『朝鮮逓信統計要覧』(1943, 1944); 朝鮮総督府編, 『統計年報』, 各年度版; U.S. Army Forces in Korea, *South Korea Interim Government Activities*; 체신부, 『체신통계연보』, 각년도판; 동, 『체신기구연혁사』(1965); 한국우정100년사편찬위원회편, 『한국우정100년사』(체신부, 1984); 우정사업본부, 『우정사업본부연차보고서』, 각년도판; 박이택, 『한국통신산업에 있어서 지배구조와 고용구조 1876-1945』(한국학술정보, 2008).

주: 기동장비에서는 자료적 연계성을 위해 자동차, 자동이륜차만을 게재함. 즉, 우편운반차, 상자운반차는 제외한다.

표 L390-401 우편운송선로, 1906-1999

	구간						거리					
	철도편	육로편	수로편	인부편	항공편	컨테이너	철도편	육로편	수로편	인부편	항공편	컨테이너
	L390	L391	L392	L393	L394	L395	L396	L397	L398	L399	L400	L401
	남북한											
	구간						km					
1906							1,043	10,499	15,655			
1907							1,043	9,795	15,101			
1908							1,041	9,381	19,546			
1909							1,039	9,514	23,683			
1910							1,096	10,558	23,217			
1911							1,255	9,849	22,237			
1912							1,366	9,779	19,831			
1913							1,583	9,970	20,128			
1914							1,648	10,860	20,066			
1915							1,683	11,218	18,164			
1916							1,810	11,307	16,012			
1917							1,876	11,503	16,281			
1918							1,969	12,093	17,459			
1919							2,105	11,811	16,831			
1920							2,134	12,473	17,642			
1921							2,225	12,468	18,946			
1922							2,315	12,841	19,716			
1923							2,449	12,759	19,902			
1924							2,734	11,824	20,102			
1925							2,841	11,946	23,419			
1926							2,924	12,048	24,735			
1927							3,168	11,989	28,093			
1928							3,344	11,620	28,686			
1929							3,559	11,172	26,072		910	
1930							3,835	11,286	25,880		910	
1931							4,170	11,498	24,454		940	
1932							4,273	11,897	41,707		940	
1933							4,429	12,454	52,015		670	
1934							4,540	12,404	52,015		670	
1935							4,918	13,351	51,389		1,680	
1936							5,283	13,656	53,048		1,860	
1937							5,362	14,437	53,748		3,530	
1938							5,488	14,580	53,273		4,249	
1939							5,705	13,895	48,037		4,970	
1940							5,952	13,019	32,554		5,380	
1941							6,167	12,854	30,937		5,825	
1942							6,309	13,002	28,323		5,825	
1943							6,273	12,442	9,099		5,825	
1944							6,273	11,111	4,913		5,825	
	남한											
1946							2,618	6,790	1,892			
1947							2,666	6,835	2,111			
1948							3,160	6,773	1,239			
1949												
1950							3,034	6,043	1,170			
1951							4,380	6,773	1,342			
1952							4,228	8,245	1,574		486	
1953							3,696	9,158	1,638		486	
1954							4,734	12,935	2,131	2,002	778	
1955							9,468	10,932	2,130	2,002	778	
1956							11,366	17,728	2,368	1,684	1,440	
1957							11,422	17,162	2,309	1,651	1,030	
1958							11,422	17,461	2,979	1,261	1,392	
1959							11,489	19,474	2,302	1,067	2,122	
1960							11,490	21,150	2,918	730	2,659	
1961							11,863	22,895	2,993	726	3,181	
1962							13,924	22,048	3,393	1,276	3,203	

표 L390-401 계속

	구간						거리					
	철도편	육로편	수로편	인부편	항공편	컨테이너	철도편	육로편	수로편	인부편	항공편	컨테이너
	L390	L391	L392	L393	L394	L395	L396	L397	L398	L399	L400	L401
	남한											
1963							16,496	27,747	3,521	1,505	3,901	
1964							16,502	30,515	3,981	1,794	3,976	
1965							17,963	16,306	1,990	1,036	3,622	
1966							17,098	17,373	2,011	1,691	3,927	
1967							18,928	17,946	2,076	1,485	3,971	
1968							18,550	17,521	2,099	1,342	3,971	
1969							17,194	17,843	1,972	1,264	2,911	
1970							13,517	18,627	2,198	815	1,819	
1971							14,367	20,197	2,001	1,118	3,124	
1972							14,771	44,734	3,912	2,495	9,299	
1973							13,972	47,151	4,000	2,241	6,837	
1974	20	714	48	124	8		13,587	49,307	4,733	2,158	6,348	
1975	20	732	48	114	5		12,260	51,370	4,708	2,156	4,874	
1976	20	765	50	106	4	1	12,218	53,612	4,041	1,854	6,689	910
1977	19	796	46	89	4	1	12,172	54,962	3,606	1,479	9,279	911
1978	20	818	45	79	4	1	12,192	57,277	3,881	1,335	4,337	910
1979	20	837	46	78	4	1	12,172	63,494	3,989	1,339	4,337	910
1980	17	809	46	40	4	1	11,810	76,780	3,780	884	4,337	910
1981	12	865	51	56	4	1	11,364	61,403	4,163	923	4,237	455
1982	12	746	50	31	4	1	5,199	18,090	1,962	241	2,169	455
1983	12	948	54	30	4	1	5,199	35,235	2,304	227	2,169	455
1984	11	951	55	27	4	1	4,851	36,685	2,742	206	2,169	455
1985	11	999	56	21	5	1	4,850	43,108	2,769	154	2,543	455
1986	11	1,037	57	18	5	1	4,850	43,787	2,855	131	2,543	455
1987	12	1,071	55	13	4	1	5,820	46,108	2,832	99	3,208	455
1988	9	1,084	59	12	4	1	4,907	48,861	2,910	83	3,208	455
1989	9	1,097	58	13	4	1	4,907	51,679	3,011	111	3,208	455
1990	9	1,323	61	10	4	1	4,907	54,742	3,031	76	3,208	455
1991	9	1,295	59	9	4	1	4,907	60,791	2,971	70	3,208	455
1992	9	1,301	52	9	4		4,907	60,014	2,432	67	3,208	
1993	11	1,296	53	10	4		5,712	68,240	2,578	73	3,208	
1994	10	1,216	48	6	13		5,120	74,656	1,998	62	6,533	
1995	9	1,297	50	6	13		3,906	77,358	1,463	47	7,002	
1996	9	1,385	48	3	13		3,778	79,812	1,612	23	7,002	
1997	9	1,368	47	3	13		3,778	84,104	1,488	23	7,002	
1998	9	1,408	47	1	13		2,419	87,861	1,549	17	7,943	
1999	8	1,398	47	1	13		1,974	84,104	1,618	17	7,943	

자료: 朝鮮統監府通信管理局, 『統監府通信事業報告』, 各年度版; 朝鮮総督府逓信局, 『朝鮮総督府逓信年報』, 各年度版; 同, 『朝鮮総督府逓信統計要覧』, 各年度版; 同, 『通信事業概況』, 各年度版; 朝鮮総督府逓信部, 『朝鮮逓信統計要覧』(1943, 1944); 朝鮮総督府編, 『統計年報』, 各年度版; 체신부, 『체신통계연보』, 각년도판; 동, 『체신기구연혁사』(1965); 한국우정100년사 편찬위원회편, 『한국우정100년사』(체신부, 1984); 우정사업본부, 『우정사업본부연차보고서』, 각년도판; 박이택, 『한국통신산업에 있어서 지배구조와 고용구조 1876-1945』(한국학술정보, 2008).

주: 1981-1982년에 한국전기통신공사의 설립과 더불어 운송선로 통계기준이 변화한다.

표 L402-469 체신종사자 현황, 1895-1944, 1946-2014

1. 대한제국 경영기 통신기관 종사자

	임시우체사 제외 합계	통신원				우체사			전보사			임시우체사	
		칙임	주임	판임	고인	주임	판임	고인	주임	판임	고인	주사	고인
	L402	L403	L404	L405	L406	L407	L408	L409	L410	L411	L412	L413	L414
	남북한, 명												
1895	234		1			3	30	200					
1886	468		1			10	60	358	1	11	27		
1897	675		1			13	76	456	5	35	89		
1898	1,083		1			13	80	476	8	45	118	342	
1899	1,259		1			16	92	553	13	67	175	342	
1990	1,368	2	6	9	70	16	89	534	15	80	205	342	
1991	1,487	2	6	10	94	16	98	584	16	88	231	342	
1992	1,656	2	8	16	118	16	114	666	16	100	257	343	
1993	1,820	2	8	16	142	16	121	706	18	124	324	343	
1904	2,596	2	8	16	166	18	128	747	19	130	333	343	686
1905	2,323	2	8	16	107	13	98	681	15	109	269	335	670

2. 조선통감부 · 조선총독부 체신국 종사자

	전 종사원											이중, 조선인									
	취급소장 제외 합계	판임관 이상						촉탁	고원	용인	取扱所掌	취급소장 제외 합계	판임관 이상					촉탁	고원	용인	取扱所掌
		소계	칙임관	주임관	주임관 대우	판임관	판임관 대우						소계	주임관	주임관 대우	판임관	판임관 대우				
	L415	L416	L417	L418	L419	L420	L421	L422	L423	L424	L425	L426	L427	L428	L429	L430	L431	L432	L433	L434	L435
	남북한, 명																				
1905.7	2,044	253		2		251			668	1,123		1,306							505	801	
1905	2,373	469	1	18		450			872	1,032		1,019							479	540	
1906	3,231	647	1	28		618			1,334	1,250		959							562	397	
1907	3,429	720	1	28		691			1,336	1,373		952							487	465	
1908	3,665	777	1	28		748			1,497	1,391		1,031							454	577	
1909	3,999	714	1	28		685			1,586	1,699		1,241							372	869	
1910	5,022	908	1	34		873		169	1,701	2,244		1,569						168	174	1,227	
1911	6,105	1,069	2	41		1,026		9	2,107	2,920		2,123						1	249	1,873	
1912	6,639	1,128	2	47		1,079		7	2,342	3,162		2,310	2			2		1	244	2,063	
1913	7,182	1,168	2	47		1,119		1	2,576	3,437		2,619	2			2		1	290	2,326	
1914	7,621	1,191	2	44		1,145		2	2,599	3,829		3,009	2			2		1	321	2,685	
1915	8,016	1,209	2	45		1,162		2	2,841	3,964		3,152	3			3		1	362	2,786	
1916	8,279	1,230	2	43		1,185		2	2,978	4,069		3,306	6			6		1	416	2,883	
1917	8,266	1,247	2	45		1,200		2	3,007	4,010		3,386	5			5		1	494	2,886	
1918	8,765	1,295	2	43		1,250		3	3,434	4,033		3,713	5			5		1	707	3,000	
1919	8,794	1,331	2	46		1,283		4	3,343	4,116		4,202	8			8		1	969	3,224	
1920	9,642	1,439	2	47		1,390		6	3,763	4,434		4,652	14			14		1	1,159	3,478	
1921	10,351	1,623	1	50		1,572		11	4,123	4,594		4,986	16			16		1	1,371	3,598	
1922	11,341	1,762	2	48		1,712		19	4,742	4,818		5,313	19			19		4	1,544	3,746	
1923	11,915	1,912	2	52		1,858		18	5,008	4,977		5,524	25			25		6	1,636	3,857	
1924	11,298	1,890	2	45		1,843		20	4,823	4,565		5,133	40			40		4	1,582	3,507	
1925	11,429	1,891	2	45		1,844		21	4,921	4,596		5,225	60			60		4	1,614	3,547	
1926	11,702	1,871	2	42		1,827		28	5,129	4,674		5,400	62			62		5	1,718	3,615	
1927	12,157	1,924	2	47		1,875		30	5,363	4,840		5,660	64			64		5	1,850	3,741	
1928	12,496	1,962	2	46		1,914		29	5,556	4,949	9	5,857	72			72		5	1,931	3,849	
1929	13,310	2,129	2	47		2,080		39	5,948	5,194	9	6,197	82			82		8	2,089	4,018	
1930	13,957	2,200	2	50		2,148		99	6,312	5,346	15	6,487	101			101		7	2,264	4,115	
1931	14,085	2,205	2	49		2,154		32	6,405	5,443	23	6,687	108			108		3	2,375	4,201	5
1932	14,880	2,330	2	55		2,273		18	6,784	5,748	25	7,100	122			122		4	2,543	4,431	5
1933	15,701	2,481	2	58		2,421		22	7,255	5,943	29	7,482	141			141		3	2,757	4,581	9
1934	16,655	2,684	2	59		2,623		27	7,739	6,205	31	7,935	169			169		3	3,001	4,762	12
1935	17,529	3,230	2	58	4	2,736	430	29	7,821	6,449	38	8,560	550	1		194	355	3	2,965	5,042	18
1936	19,294	3,458	2	66	7	2,957	426	49	8,667	7,120	42	9,713	602	1		243	358	5	3,459	5,647	26
1937	21,979	3,825	2	76	6	3,321	420	56	9,958	8,140	38	11,393	662	2		300	360	5	4,177	6,549	29
1938	24,481	4,295	2	83	8	3,808	394	63	11,110	9,013		13,597	735	3		390	342	13	5,319	7,530	
1939	26,777	4,674	2	90	13	4,158	411	78	12,199	9,826		16,314	860	3	1	491	365	20	6,798	8,636	
1940	28,810	5,175	2	95	18	4,655	405	90	13,040	10,505		19,100	1,010	3		651	356	21	8,427	9,642	

표 L402-469 계속

	전 종사원											이중, 조선인									
	취급소 장 제외 합계	판임관 이상						촉탁	고원	용인	取扱所掌	취급소 장 제외 합계	판임관 이상					촉탁	고원	용인	取扱所掌
		소계	칙임관	주임관	주임관 대우	판임관	판임관 대우						소계	주임관	주임관 대우	판임관	판임관 대우				
	L415	L416	L417	L418	L419	L420	L421	L422	L423	L424	L425	L426	L427	L428	L429	L430	L431	L432	L433	L434	L435
	남북한, 명																				
1941	30,758	5,361	2	80	17	4,697	565	95	14,183	11,119		21,471	1,227	2	1	703	521	16	9,828	10,400	
1942	32,264	5,657	2	93	35	4,887	640	65	15,038	11,504		23,238	1,370	2	5	798	565	11	10,961	10,896	
1943	32,835	5,568	2	69	34	4,766	697	66	15,312	11,889		25,091	1,543	3	3	911	626	17	12,081	11,450	
1944	30,514											24,495									

3. 미군정 · 대한민국 체신부 종사원

	정원	현원	현원내역																	
			정무직	별정직	일반직										연구관	연구사	기능직	고용직	계약직	별정국직원
					소계	1급	2급	3급	4급	5급	6급	7급	8급	9급						
	L436	L437	L438	L439	L440	L441	L442	L443	L444	L445	L446	L447	L448	L449	L450	L451	L452	L453	L454	L455
	남한, 명																			
1946	18,300																			
1947	13,674																			
1948	14,000																			
1949	16,540			2	11,751		19	481	2,627	8,624								4,787		
1950	9,860			29	7,104		14	427	1,636	5,027								2,727		
1951	9,718			22	7,068		14	403	1,716	4,935								2,631		
1952	10,101			23	7,433		14	471	2,109	4,839								2,654		
1953	8,503			23	5,577		14	429	1,579	3,555								2,781		
1954	8,746			33	6,344		13	439	1,675	4,217								3,126		
1955	11,570	11,205		33	6,500		12	441	1,728	4,319								4,672		
1956	11,783	11,580		33	6,684		13	442	1,748	4,481								4,863		
1957	11,645	9,833		33	6,500		12	450	1,776	4,262								3,300		
1958	12,326	12,261		33	7,112		12	444	1,727	4,929								5,116		
1959	12,404	12,399		33	7,196		12	445	1,733	5,006								5,170		
1960	13,980	13,930		33	8,473		12	457	2,070	5,934								5,424		
1961	15,151	15,151		4	7,670	1	13	486	2,033	5,137								7,477		
1962	16,882	17,589		3	8,794	1	12	479	2,148	6,154								8,792		
1963	19,856	19,187		4	9,698	1	14	462	2,769	6,452							8,894	591		
1964	21,012	20,083		10	9,968	1	15	531	3,023	6,398							9,711	394		
1965	22,605	21,221		7	10,219	1	15	529	3,109	6,565							10,055	940		
1966	27,314	25,389		7	11,880	1	17	622	3,532	7,708							9,660	3,842		
1967	33,982	31,286		8	14,297	1	17	751	4,073	9,455							9,214	7,767		
1968	39,103	36,070		8	15,537	1	22	759	4,273	10,482							8,823	11,702		
1969	39,103	38,253		9	16,036	2	21	802	4,532	10,679							9,032	13,176		
1970	40,421	38,669		6	15,670	2	20	837	4,625	10,186							8,181	14,812		
1971	42,070	40,555		8	16,701	2	23	933	4,782	10,961							22,899	947		
1972	43,395	42,539		6	17,077	2	24	958	4,988	11,105							23,977	1,479		
1973	44,670	41,923		6	16,664	2	25	970	5,118	10,549							23,344	1,909		
1974	47,139	45,927		9	17,554	2	19	7	233	761	2,630	2,773	5,488	5,641			25,754	2,610		
1975	49,528	47,603		13	17,566	2	20	7	241	835	2,731	2,875	5,609	5,246			27,052	2,972		
1976	51,280	49,895		14	19,729	2	20	7	260	861	2,884	3,041	5,735	6,919			27,016	3,136		
1977	53,312	50,675		13	20,003	2	22	7	277	877	3,133	3,156	6,322	6,207			27,490	3,169		
1978	54,271	52,710		13	21,254	2	22	8	283	972	3,196	3,312	6,352	7,107			28,132	3,311		
1979	55,718	54,745		13	22,449	2	19	12	281	1,009	3,380	3,473	6,689	7,584			28,888	3,395		
1980	59,751	58,695		22	23,668	2	15	16	281	1,042	3,550	3,669	7,088	8,005			31,375	3,630		
1981	68,767	66,670		34	24,109	1	11	18	268	1,071	3,675	3,717	7,529	7,819			36,919	5,608		
1982	33,542	32,861	2	26	8,827	1	8	10	104	416	1,891	1,885	2,846	1,666			20,909	3,097		
1983	28,820	28,688	2	25	8,415	1	10	8	103	415	1,900	1,751	2,611	1,616			17,218	3,028		
1984	28,773	28,314	2	23	8,326	1	11	8	111	411	1,926	1,774	2,517	1,567			16,981	2,982		
1985	28,773	27,904	2	24	8,412	1	11	8	108	414	1,932	1,795	2,591	1,552			16,559	2,907		
1986	28,643	27,630	2	26	8,668	1	11	8	117	410	2,022	1,838	2,584	1,677			15,971	2,963		
1987	29,023	27,703	2	26	8,954	1	11	8	117	422	2,105	1,922	2,639	1,729			15,758	2,963		
1988	29,691	28,675	2	25	9,276	1	10	9	124	460	2,173	1,941	2,730	1,828			17,899	1,473		
1989	30,556	29,354	2	24	9,544	1	11	9	126	465	2,219	1,990	2,843	1,880			19,162	622		

표 L402-469 계속

	정원	현원	현원내역																
			정무직	별정직	일반직										연구관	연구사	기능직	고용직	계약직	별정국직원
					소계	1급	2급	2급	4급	5급	6급	7급	8급	9급						
	L436	L437	L438	L439	L440	L441	L442	L443	L444	L445	L446	L447	L448	L449	L450	L451	L452	L453	L454	L455
	남한, 명																			
1990	32,554	31,223	2	24	9,872	-	9	11	128	478	2,301	2,035	2,871	2,039			21,093	242		
1991	32,556	32,197	2	25	10,273	2	13	9	138	496	2,435	2,121	2,870	2,189	1	4	21,818	74		
1992	34,120	32,865	2	29	10,432	2	13	9	146	501	2,465	2,145	3,006	2,145	1	4	22,397			
1993	34,110	33,689	2	22	10,628	2	11	11	142	506	2,575	2,182	3,147	2,052	2	6	23,029			
1994	34,291	33,863	2	24	10,601	2	11	10	154	510	2,503	2,180	3,143	2,088	2	5	23,229			
1995	34,720	34,500	2	25	10,821	2	11	14	163	505	2,669	2,200	3,212	2,045	2	13	23,637			
1996	35,594	35,224	2	24	11,136	2	10	22	201	534	2,707	2,367	3,225	2,068	5	12	24,045			
1997	35,509	35,464	2	25	11,376	3	13	26	223	557	2,823	2,486	3,286	1,959	4	23	24,034			
1998	34,804	32,662	2	23	10,891	2	13	20	206	520	2,696	2,514	3,209	1,711	8	22	21,716			
1999	32,370	31,223	2	29	10,898	3	14	20	200	522	2,870	2,493	3,238	1,538	7	22	20,265			
2000	34,363			14	10,743												18,581		9	5,016
2001	33,339			14	10,660												17,768		1	4,896
2002	33,857			14	10,376												18,490		1	4,976
2003	33,901			14	10,388												18,490		44	4,965
2004	35,576			13	10,503												20,216		4	4,840
2005	36,295			13	10,498												21,069		4	4,711
2006	36,093			13	10,496												21,069		1	4,514

4. 우정사업본부(정원기준)

	합계	국가공무원						비공무원						
		소계	계약직	일반직	기능직	별정직	기타	소계	별정국직원	전문계약직	청원경찰	보조인력		
												소계	무기계약	기간제
	L456	L457	L458	L459	L460	L461	L462	L463	L464	L465	L466	L467	L468	L469
	남한, 명													
2000	42,954	29,339	1	10,743	18,581	14		13,615	5,016		41	8,558		
2001	42,752	28,390	1	10,096	18,279	14		14,362	4,978		41	9,343		
2002	43,617	28,881	1	10,376	18,490	14		14,736	4,976		41	9,719		
2003	43,926	28,928	1	10,423	18,490	14		14,998	4,965		41	9,992		
2004	42,538	30,674	1	10,443	20,216	14		11,864	4,677		41	7,146		
2005	43,151	31,581	1	10,498	21,069	13		11,570	4,671		41	6,858		
2006	43,514	31,579	1	10,496	21,069	13		11,935	4,514		41	7,380		
2007	44,129	31,653	1	10,571	21,068	13		12,476	4,384		41	8,051		
2008	44,190	31,375	1	10,299	21,062	13		12,815	4,373		41	8,401		
2009	44,283	31,375	1	10,299	21,062	13		12,908	4,253	3	41	8,611	2,977	5,634
2010	44,322	31,291	1	10,273	21,004	13		13,031	4,168		41	8,822		
2011	44,484	31,291	1	10,273	21,004	13		13,193	4,063		41	9,089	3,394	5,195
2012	43,910	31,300	1	10,282	21,004	13		12,610	3,991		41	8,578	4,356	4,222
2013	43,963	31,240	1	10,218	21,004		17	12,723	3,908		41	8,774	5,956	2,818
2014	43,769	31,404	1	10,239	21,164			12,365	3,889		41	8,435	6,652	1,783

자료: 朝鮮統監府通信管理局, 『統監府通信事業報告』, 各年度版; 朝鮮総督府逓信局, 『朝鮮総督府逓信年報』, 各年度版; 체신부, 『체신통계연보』, 각년도판; 동, 『체신기구연혁사』(1965); 한국우정100년사 편찬위원회 편, 『한국우정100년사』(체신부, 1984); 우정사업본부, 『우정사업본부 연차보고서』, 각년도판; 박이택, 『한국 통신산업에 있어서 지배구조와 고용구조 1876-1945』(한국학술정보, 2008), p. 306.

주: 1) 2000년 이후로 별정국직원과 계약직이 추가된다.

2) 2012년 계약직은 임기직으로, 일반직은 행정・기술직으로, 기능직은 우정직으로 개편된다.

4. 우편 통신량

표 L470-479 우표발행, 1946-2014

	발행건수	발행종수								
		소계	보통우표	기념우표	특별우표	시리즈	연하우표	저금우표	첨가우표	항공우표
	L470	L471	L472	L473	L474	L475	L476	L477	L478	L479
	남한									
	건	종								
1946			11	9						
1947	3	4	2	1						1
1948	8	17	4	13						
1949	11	21	13	6						2
1950	5	9		9						
1951	7	59	16	42						1
1952	5	10	4	3						3
1953	4	11	5	1					2	3
1954	6	18	8	5						5
1955	9	21	10	11						
1956	7	22	11	8						3
1957	13	40	27	6			3		1	3
1958	7	13	6	3	1		3			
1959	11	15	3	8	1		3			
1960	16	20		14	1		3	2		
1961	14	19	3	12						4
1962	19	28	10	14	2			1		1
1963	21	43	12	14	2	10		1	1	3
1964	22	43	15	18	2	10		2		7
1965	32	43	4	20	3	12	2		2	
1966	31	52	12	19	6	12	2		1	
1967	22	38	3	18	2	12	2		1	
1968	25	41	3	30	4		2		2	
1969	27	49	9	23	5	8	2		2	
1970	32	55	4	22	6	21	2			
1971	28	72		20	27	23	2			
1972	27	38		21	8	6	2		1	
1973	32	47	3	13	3	20	2		2	4
1974	29	48	4	15	6	20	2		1	
1975	38	68	4	33	9	20	2			
1976	27	48		17	9	20	2			
1977	30	42	7	18	4	10	2		1	
1978	28	34	3	16	3	10	2			
1979	26	38	4	12	12	8	2			
1980	27	45	3	12	13	15	2			
1981	25	44	2	29	1	10	2			
1982	27	38	3	22	3	8	2			
1983	19	48	9	19	2	16	2			
1984	27	40		29	5	4	2			
1985	65	36		13	1	12	1		8	1
1986	26	67	10	22	1	17	1		16	
1987	23	48	5	17	1	16	1		8	
1988	17	31		14	4	8	1		4	
1989	21	33	2	12	1	16	2			
1990	25	38	6	13	1	16	2			
1991	22	46	12	12	2	18	2			
1992	19	36	4	15	1	14	2			
1993	23	43	12	14	1	14	2			
1994	11	51	23	3	12	2				
1995	12	46	13	3	16	2				
1996	4	42	16	4	16	2				
1997	13	48	12	5	16	2				
1998	2	42	12	11	16	1				
1999	2	56	11	8	34	1				
2000	33	83	4	11	9	57	2			

표 L470-479 계속

	발행건수	발행종수								
		소계	보통우표	기념우표	특별우표	시리즈	연하우표	저금우표	첨가우표	항공우표
	L470	L471	L472	L473	L474	L475	L476	L477	L478	L479
	남한									
	건	종								
2001	23	70	16	11	7	35	1			
2002	26	110	14	37	35	23	1			
2003	27	57	10	9	19	18	1			
2004	24	67	14	9	5	38	1			
2005	23	48	2	12	7	26	1			
2006	25	62	6	10	27	18	1			
2007	25	62	4	19	16	22	1			
2008	28	61	5	19	20	16	1			
2009	24	59	2	19	21	16	1			
2010	20	54		27	10	16	1			
2011	21	57	3	17	14	22	1			
2012	17	56		19	13	22	2			
2013	22	66	15	19	18	12	2			
2014	21	67	6	35	9	13	4			

자료: 朝鮮統監府通信管理局, 『統監府通信事業報告』, 各年度版; 朝鮮総督府逓信局, 『朝鮮総督府逓信年報』, 各年度版; 同, 『朝鮮総督府逓信統計要覧』, 各年度版; 同, 『通信事業概況』, 各年度版; 朝鮮総督府逓信部, 『朝鮮逓信統計要覧』(1943, 1944); 체신부, 『체신통계연보』, 각년도판; 동, 『체신기구연혁사』(1965); 한국우정100년사편찬위원회편, 『한국우정100년사』(체신부, 1984); 우정사업본부, 『우정사업본부연차보고서』, 각년도판.

표 L480-495 해방 전 우편물수, 1904-1944

	통상우편								소포우편							
	소계		조선인		일본인		조선과 일본 내지 기타간 통상우편물		소계		조선인		일본인		조선과 일본 내지 기타간 통상우편물	
	인수	배달	인수	배달	인수	배달	인수	배달	인수	배달	인수	배달	인수	배달	인수	배달
	L480	L481	L482	L483	L484	L485	L486	L487	L488	L489	L490	L491	L492	L493	L494	L495
	남북한, 천 통															
1904	7,053	7,139	1,034	809					30	101						
1905	20,455	22,448	2,512	2,444	17,943	20,004			77	209	3	5	46	126		
1906	31,174	32,452	3,828	3,533	27,346	28,918			157	355	6	9	53	240		
1907	31,565	32,967	4,097	4,348	27,468	28,619	15,592	17,303	228	439	25	25	61	264		
1908	35,564	37,535	6,546	5,596	29,019	31,939	16,394	18,487	363	602	50	81	74	308		
1909	40,581	43,059	7,602	7,563	32,979	35,497	14,725	17,820	489	751	105	106	80	334		
1910	47,084	53,181	7,625	10,377	39,458	42,805	15,545	20,433	662	928	152	173	87	357		
1911	54,209	63,422	8,947	12,787	45,262	50,634	17,582	23,458	787	1,116	214	252	101	418		
1912	61,725	71,740	12,337	17,599	49,388	54,141	20,931	27,650	983	1,352	312	365	113	439		
1913	72,074	81,340	15,236	19,087	56,838	62,253	20,376	28,205	1,099	1,387	355	367	122	422		
1914	77,420	85,923	17,709	22,236	59,711	63,687	21,721	29,926	1,099	1,375	346	386	117	387		
1915	84,885	92,931	18,563	24,750	66,323	68,180	24,357	31,730	1,204	1,474	387	419	119	390		
1916	89,773	97,374	19,136	24,868	70,637	72,506	24,846	31,592	1,317	1,595	491	523	134	414		
1917	96,075	104,146	21,166	27,725	74,908	76,421	25,807	32,922	1,434	1,775	594	635	163	468		
1918	110,588	117,874	25,673	33,255	84,916	84,619	29,599	36,358	1,778	2,179	800	841	195	581		
1919	129,973	137,663	32,974	40,857	96,999	96,805	36,570	42,180	1,872	2,359	876	928	196	674		
1920	134,879	145,115	37,074	44,710	97,805	100,405	36,854	46,699	1,655	2,231	690	811	213	771		
1921	154,522	162,806	45,666	55,702	108,855	107,104	40,320	46,949	1,827	2,549	819	928	261	884		
1922	169,971	177,808	55,024	65,655	114,947	112,153	40,954	48,875	1,887	2,679	827	991	300	959		
1923	164,362	174,127	55,554	69,534	108,808	104,593	38,201	44,496	1,989	2,671	856	1,000	345	925		
1924	174,022	189,077	61,450	74,617	112,572	114,460	35,438	43,899	1,958	2,625	822	997	364	945		
1925	186,877	199,116	67,416	83,411	119,461	115,705	36,948	46,099	2,050	2,800	864	1,090	354	1,021		
1926	180,267	197,932	70,177	89,856	110,089	108,076	37,981	50,489	2,135	2,985	891	1,165	377	1,125		
1927	201,391	222,388	75,732	97,070	125,660	125,318	39,390	53,240	2,192	3,183	917	1,271	397	1,263		
1928	222,726	246,180	81,292	106,820	141,434	139,360	44,957	62,513	2,293	3,322	990	1,359	452	1,423		
1929	240,533	261,948	89,749	112,383	150,784	149,566	49,716	67,152	2,288	3,344	972	1,382	466	2,008		
1930	238,076	254,837	85,759	108,649	152,317	146,188	47,027	64,760	2,174	3,215	862	1,265	475	1,585		
1931	238,412	255,359	85,419	110,711	152,993	144,648	45,335	63,169	2,006	3,021	801	1,196	466	1,439		
1932	251,764	270,709	86,149	112,730	165,615	157,978	49,658	65,791	2,081	3,058	835	1,207	473	1,394	26	11
1933	269,171	293,564	91,656	123,489	177,515	170,075	55,748	75,000	2,294	3,279	934	1,367	525	1,470	47	11
1934	294,221	321,881	102,138	139,595	192,084	182,286	60,245	85,470	2,415	3,578	1,018	1,534	510	1,644	53	13
1935	327,589	358,872	116,194	155,931	211,395	202,941	64,859	92,017	2,506	3,729	1,033	1,595	528	1,714	52	15
1936	344,474	382,265	118,705	164,525	225,768	217,740	63,773	95,846	2,593	3,923	1,082	1,686	547	1,738	54	17
1937	341,144	358,973	121,601	166,236	219,543	192,737	77,830	97,259	2,879	4,298	1,306	1,830	584	1,964	74	24
1938	350,451	385,336	133,646	187,109	216,805	198,227	80,207	100,272	3,259	4,632	1,378	2,032	639	2,004	145	41
1939	373,034	408,169					79,782	101,496	3,803	5,017			817	2,284	211	50
1940	368,869	441,341					95,894	115,631	3,883	5,070			1,082	1,847	215	60
1941	442,902	477,193					108,296	129,841	4,273	5,798			1,407	2,553	138	83
1942	431,604	467,952							4,488	5,469						
1943	445,124	477,976							4,643	5,195						
1944	425,769	470,696							4,306	4,448						

자료: 朝鮮統監府通信管理局, 『統監府通信事業報告』, 各年度版; 朝鮮総督府逓信局, 『朝鮮総督府逓信年報』, 各年度版; 同, 『朝鮮総督府逓信統計要覧』, 各年度版; 同, 『通信事業概況』, 各年度版; 朝鮮総督府逓信部, 『朝鮮逓信統計要覧』(1943, 1944); 朝鮮総督府編, 『統計年報』, 各年度版; 한국우정100년사편찬위원회편, 『한국우정100년사』(체신부, 1984); 박이택, 『한국 통신산업에 있어서 지배구조와 고용구조 1876-1945』(한국학술정보, 2008).

주: 1) 1909년까지는 일청소포우편물수이다.
2) 1931년까지는 일본내지에 일본내지, 대만, 화태, 남양군도 및 만주를 포함한다.
3) 1932년부터는 만주가 외국에 들어가 있다.

표 L496-509 우편물 접수 현황, 1904-2014

	인구 1인당 접수수	합계	통상				등기				소포			
			소계	유료	무료	요금	소계	유료	무료	요금	소계	유료	무료	요금
	L496	L497	L498	L499	L500	L501	L502	L503	L504	L505	L506	L507	L508	L509
	남북한													
	통	천 통				백만 원	천 통			백만 원	천 통			백만 원
1904		7,083	7,053								30			
1905		20,532	20,455								77			
1906		31,331	31,174								157			
1907		31,793	31,565								228			
1908		35,927	35,564								363			
1909		41,070	40,581								489			
1910		47,745	47,084								662			
1911		54,997	54,209								787			
1912		62,708	61,725								983			
1913		73,173	72,074								1,099			
1914		78,519	77,420								1,099			
1915		86,090	84,885								1,204			
1916		91,090	89,773								1,317			
1917		97,508	96,075								1,434			
1918		112,367	110,588								1,778			
1919		131,845	129,973								1,872			
1920		136,534	134,879								1,655			
1921		156,349	154,522								1,827			
1922		171,858	169,971								1,887			
1923		166,350	164,362								1,989			
1924		175,980	174,022								1,958			
1925		188,927	186,877								2,050			
1926		182,402	180,267								2,135			
1927		203,583	201,391								2,192			
1928		225,019	222,726								2,293			
1929		242,822	240,533								2,288			
1930		240,251	238,076								2,174			
1931		240,418	238,412								2,006			
1932		253,845	251,764								2,081			
1933		271,466	269,171								2,294			
1934		296,637	294,221								2,415			
1935		330,095	327,589								2,506			
1936		347,067	344,474								2,593			
1937		344,023	341,144								2,879			
1938		353,709	350,451								3,259			
1939		376,837	373,034								3,803			
1940		372,752	368,869								3,883			
1941		447,174	442,902								4,273			
1942		436,092	431,604								4,488			
1943		449,767	445,124								4,643			
1944		430,075	425,769								4,306			
	남한													
1945	3.2	56,422	55,905	53,122	2,783		1,523	1,228	295		517			
1946	4.8	76,573	76,300	68,687	7,613		1,985	1,430	555		273			
1947	3.0	57,537	57,391	53,561	3,830		2,084	1,509	575		145			
1948		54,548	54,375	54,375			2,322	1,811	511		173			
1949											241			
1950	2.1	40,888	40,809	33,685	7,124		1,361	989	372		79			
1951	2.1	41,663	41,618	36,374	5,245		1,243	842	402		45			
1952	4.0	79,488	79,229	53,554	25,675		1,799	1,299	500		259			
1953	3.1	62,329	62,026	35,313	26,713		1,887	1,350	536		303			
1954	1.0	93,011	89,775	51,640	38,134	46	2,976	2,386	590	82	261	196	65	2
1955	4.0	87,476	84,035	49,808	34,226	97	3,114	2,476	638	16	328	246	82	5
1956	4.7	100,754	96,039	59,620	36,419	114	4,273	3,522	751	21	442	342	100	7
1957	4.8	102,696	98,127	68,258	29,869	236	4,073	3,234	838	40	496	383	113	14
1958	5.1	111,495	105,980	76,352	29,628	252	4,912	3,939	973	46	603	506	97	17
1959	5.9	134,558	128,696	99,338	29,358	334	5,172	4,998	174	61	691	601	90	21

표 L496-509 계속

	인구 1인당 접수수	합계	통상				등기				소포			
			소계	유료	무료	요금	소계	유료	무료		소계	유료	무료	요금
	L496	L497	L498	L499	L500	L501	L502	L503	L504	L505	L506	L507	L508	L509
	남한													
	통	천 통				백만 원	천 통			백만 원	천 통			백만 원
1960	6.7	167,124	156,881	118,116	38,765	404	9,416	5,556	3,860	69	828	738	90	26
1961	6.3	157,044	147,094	116,111	30,983	416	8,966	7,372	1,594	91	985	896	89	37
1962	7.2	185,108	174,337	150,862	23,474	539	9,443	7,980	1,463	109	1,328	1,217	111	53
1963	8.4	225,304	211,906	186,308	25,597	677	11,784	9,773	2,011	133	1,614	1,485	129	66
1964	10.3	291,315	276,080	249,242	26,838	899	13,403	11,402	2,001	167	1,831	1,718	113	90
1965	13.5	385,462	367,622	337,621	30,001	1,206	15,382	13,034	2,348	220	2,458	2,237	221	146
1966	14.2	414,052	396,953	355,641	41,312	2,090	14,783	11,572	3,211	353	2,316	2,151	165	222
1967	15.8	460,705	440,438	376,438	64,000	2,096	17,586	13,197	4,389	425	2,681	2,548	133	254
1968	17.3	505,077	480,741	470,390	10,351	2,505	21,467	17,034	4,433	559	2,869	2,734	135	396
1969	18.9	552,830	522,381	506,237	16,144	2,748	27,268	22,062	5,206	690	3,181	3,064	117	443
1970	18.1	570,059	540,269	529,081	11,188	4,109	26,021	21,335	4,686	928	3,769	3,646	123	536
1971	18.5	583,473	551,576	530,498	21,078	4,273	27,879	22,423	5,456	1,014	4,018	3,907	111	645
1972	19.0	598,909	564,286	542,758	21,528	4,861	30,106	23,766	6,340	1,211	4,517	4,396	121	960
1973	19.3	605,831	567,912	556,187	11,725	5,284	33,051	27,371	5,680	1,503	4,868	4,741	127	1,214
1974	20.3	640,347	599,003	586,114	12,889	5,867	35,815	30,582	5,233	1,950	5,529	5,411	118	1,530
1975	20.4	709,076	658,443	641,066	17,377	9,567	44,955	38,474	6,481	2,876	5,678	5,577	101	2,315
1976	19.9	692,972	644,649	631,939	12,710	12,370	43,218	37,153	6,065	4,736	5,105	4,990	115	3,213
1977	20.8	752,398	701,164	682,992	18,172	13,550	45,819	40,806	5,013	5,385	5,415	5,341	74	3,766
1978	24.1	881,147	820,628	795,833	24,795	15,724	54,439	48,006	6,433	6,417	6,080	6,005	75	401
1979	27.3	1,019,495	953,537	930,872	22,665	18,667	59,247	53,810	5,437	4,607	6,711	6,639	72	4,209
1980	28.7	1,074,829	1,003,847	972,748	31,099	27,341	63,983	57,257	6,726	10,461	6,999	6,914	85	5,991
1981	29.2	1,093,886	1,016,842	972,692	44,150	35,895	69,524	60,988	8,536	14,488	7,520	7,448	72	8,630
1982	28.1	1,053,818	981,442	963,681	17,761	52,383	64,674	59,177	5,497	25,011	7,702	7,632	70	12,061
1983	28.9	1,130,225	1,058,885	1,046,378	12,507	63,194	63,411	56,962	6,449	31,289	7,929	7,834	95	14,622
1984	29.6	1,199,488	1,126,265	1,114,930	11,335	68,173	65,050	56,024	9,026	35,808	8,173	8,121	52	17,217
1985	32.0	1,295,923	1,217,382	1,201,549	15,833	73,669	69,954	58,409	11,545	73,669	8,587	8,532	55	19,487
1986	33.6	1,381,107	1,300,508	1,289,653	10,855	90,402	72,009	59,805	12,204	90,402	8,590	8,537	53	25,485
1987	38.4	1,614,458	1,525,741	1,509,928	15,813	114,604	79,590	63,105	16,485	114,604	9,127	9,075	52	28,963
1988	44.3	1,859,272	1,762,153	1,746,732	15,421	137,487	86,964	69,942	17,022	137,487	10,155	10,097	58	30,122
1989	50.1	2,123,583	2,014,710	2,001,136	13,574	155,573	97,471	79,438	18,033	155,573	11,402	11,276	126	30,972
1990	55.1	2,358,290	2,234,558	2,221,145	13,413	197,326	109,961	90,732	19,229	197,326	13,771	13,685	86	35,737
1991	60.4	2,613,505	2,477,453	2,446,895	30,558	237,415	120,880	100,013	20,867	237,415	15,172	15,123	49	39,272
1992	65.1	2,841,821	2,690,686	2,673,971	16,715	274,838	132,999	113,447	19,552	274,838	18,136	18,082	54	44,449
1993	67.8	2,988,619	2,822,912	2,808,262	14,650	294,190	144,698	124,565	20,133	294,190	21,009	20,968	41	51,857
1994	69.4	3,157,437	2,979,980	2,965,758	14,222	365,106	154,916	135,488	19,428	365,106	22,541	22,480	61	62,372
1995	75.1	3,455,518	3,266,728	3,252,722	14,006	474,499	165,597	147,181	18,416		23,193	23,117	76	74,998
1996	81.9	3,804,456	3,600,385	3,589,247	11,138	588,157	179,413	162,734	16,679		24,658	24,603	55	86,780
1997	84.5	3,942,170	3,729,719	3,716,165	13,554	646,547	186,232	170,262	15,970	230,138	26,219	26,164	55	66,521
1998	76.5	3,609,073	3,410,105	3,397,235	12,870	625,248	177,581	162,690	14,891	236,791	21,387	21,323	64	56,724
1999	80.5	3,820,667	3,607,426	3,603,278	4,148	662,182	188,909	181,759	7,150	273,471	24,332	24,258	74	64,064
2000	90.6	4,517,101	4,274,746			760,237	211,340			379,422	31,015			114,508
2001	106.8	5,056,397	4,772,980			834,740	238,652			425,303	44,765			157,108
2002	116.2	5,536,778	5,234,046			1,025,905	247,681			486,160	55,051			196,085
2003	107.7	5,256,097	4,948,854			948,047	249,294			556,656	57,949			210,731
2004	101.4	4,975,490	4,659,828			924,184	250,140			572,331	65,522			237,672
2005	97.9	4,777,421	4,450,846			993,672	250,580			618,985	75,995			271,306
2006	98.8	4,841,856	4,484,957			1,063,908	261,626			662,706	95,273			317,112
2007	100.3	4,942,350	4,556,140			1,151,646	274,732			707,897	111,478			356,399
2008	98.6	4,883,588	4,458,195			1,129,809	295,408			771,324	129,985			404,615
2009	97.1	4,831,552	4,376,722			1,095,347	310,643			840,796	144,187			445,251
2010	96.4	4,869,555	4,410,105			1,130,246	303,722			852,599	155,728			479,418
2011	94.9	4,816,335	4,345,394			1,111,450	301,057			876,634	169,884			522,918
2012	91.3	4,650,987	4,181,393			1,165,513	300,033			930,463	169,561			540,735
2013	86.6	4,428,656	3,930,201			1,126,572	294,604			969,649	203,851			632,985
2014	83.1	4,284,346	3,790,762			1,173,820	294,702			1,047,207	198,882			626,396

자료: 朝鮮統監府通信管理局, 『統監府通信事業報告』, 各年度版; 朝鮮総督府逓信局, 『朝鮮総督府逓信年報』, 各年度版; 同, 『朝鮮総督府逓信統計要覧』, 各年度版; 同, 『通信事業概況』, 各年度版; 朝鮮総督府逓信部, 『朝鮮逓信統計要覧』(1943, 1944); 朝鮮総督府編, 『統計年報』, 各年度版; U.S. Army Forces in Korea, *South Korea Interim Government Activities*; 체신부, 『체신통계연보』, 각년도판; 동, 『체신기구연혁사』(1965); 한국우정100년사편찬위원회편, 『한국우정100년사』(체신부, 1984); 우정사업본부, 『우정사업본부연차보고서』, 각년도판; 박이택, 『한국통신산업에 있어서 지배구조와 고용구조 1876-1945』(한국학술정보, 2008).

주: 1944년 이전과 2000년 이후에는 합계통계밖에 없다.

5. 전기통신 시설 · 기관 및 방송국 현황

표 L510-525 전기통신기관, 1910-1943, 1947-1959, 1963-1982, 1986-1997

	합계	본사	부설기관	사업본부	직할기관	분국	전신국	무선국	전신 취급소	전신출장소	전화국	전화 건설국	전산국	통신망 운용국	전신전화 취급소	기타기관
	L510	L511	L512	L513	L514	L515	L516	L517	L518	L519	L520	L521	L522	L523	L524	L525
	남북한, 개소															
1910	59								59							
1911	67								67							
1912	74								74							
1913	83								83							
1914	84								84							
1915	87								86						1	
1916	92								91						1	
1917	94								93						1	
1918	98								97						1	
1919	103								100						3	
1920	105								102						3	
1921	110								106						4	
1922	109								105						4	
1923	112						1		103		3				5	
1924	108						1		98		3				6	
1925	110						3		97	1	3				6	
1926	113						3		99	1	3				7	
1927	115						5		98	1	3				8	
1928	109						5		91	1	3				9	
1929	109						6		90	1	3				9	
1930	114						7		94	1	3				9	
1931	114						7		92	1	3				11	
1932	122						7		98	1	3				13	
1933	119						7		95	1	3				13	
1934	114						7		93	1	3				10	
1935	127						8		103	1	3				12	
1936	132						8		106	4	3				11	
1937	147						9		124	3	3				8	
1938	176						11		147	3	3				12	
1939	181						14		152		3				12	
1940	188						14		161		3				10	
1941	190						14		168		4				4	
1942	184						15		162		4				3	
1943	170						13		150		4				3	
	남한, 개소															
1948	10						1	6			2					1
1949	10						1	6			2					1
1950	10						1	6			2					1
1951	14						1	6			2					5
1952	20						1	6			2					11
1953	52						1	6			2					43
1954	24						1	6			2					15
1955	34						1	6			2				2	23
1957	73						1	6			2				39	25
1958	78						1	5			1				47	24
1959	82						1	5			1				51	24
1964	201		4		11		6				5	11			9	155
1965	197		4		11		6				5	11			9	151
1966	219		5		11		6				6	11			14	166
1967	258		5		12		6				9	12			16	198
1968	283		5		14		6				9	12			19	218
1969	311		5		14		6				10	12			20	244
1970	330		5		14		6				10	12			22	261
1971	331		5		15		6				10	12			28	255
1972	263		5		16		6				11	12			30	183
1973	237		5		17		6				12	13			30	154

표 L510-525 계속

	합계	본사	부설기관	사업본부	직할기관	분국	전신국	무선국	전신 취급소	전신출장소	전화국	전화 건설국	전산국	통신망 운용국	전신전화 취급소	기타기관
	L510	L511	L512	L513	L514	L515	L516	L517	L518	L519	L520	L521	L522	L523	L524	L525
	남한, 개소															
1974	242		5		18		6				12	13			32	156
1975	237		5		19		6				14	13			35	145
1976	274		9		19	24	7				17	13			41	144
1977	224	1			17	23	7				16				49	111
1978	287	1			17	29	6				14				55	165
1979	257	1			18	46	5				14				52	121
1980	260	1			17	48	5				14				56	119
1981	239	1			17	53	5				14				56	93
1982	303	1			4	58	5				14	12			57	152
1986	345	1			12	59	6				5	12			193	57
1987	339	1	1		10	53	5				5	12			202	50
1988	334	1	1		9	58	5				5	12			209	34
1989	351	1	2	14	6	63	6				220	12	4	13		10
1990	360	1	2	14	6	64	6				223	12	7	14		11
1991	376	1	4	15	6	68	6				233	12	7	14		10
1992	394	1	6	15	6	74	6				239	12	8	14		13
1993	406	1	6	15	6	76	6				245	12	8	14		17
1994	418	1	4	10	12	78	6				254	12	8	13		20
1995	422	1	4	10	10	73	5				262	13	8	13		23
1996	432	1	10	10	12	73	1	2			262	13	8	13		27
1997	427	1	9	10	12	73	1	2			262	13	8	13		23

자료: 朝鮮統監府通信管理局, 『統監府通信事業報告』, 各年度版; 朝鮮総督府逓信局, 『鮮総督府逓信年報』, 各年度版; 同, 『朝鮮総督府逓信統計要覧』, 各年度版; 同, 『通信事業概況』, 各年度版; 朝鮮総督府逓信部, 『朝鮮逓信統計要覧』(1943, 1944); 朝鮮総督府編, 『統計年報』, 各年度版; U.S. Army Forces in Korea, *South Korea Interim Government Activities*; 체신부, 『체신통계연보』, 각년도판; 동, 『체신기구연혁사』(1965); 전기통신공사 편, 『한국전기통신100년사』(체신부, 1985); 전기통신공사, 『연차보고서』, 각년도판; 박이택, 『한국통신산업에 있어서 지배구조와 고용구조 1876-1945』(한국학술정보, 2008); 통계청 KOSIS.

표 L526-537 전기통신시설, 1905-1943, 1954-1955, 1961-2006

	공중전화		가입전신		장거리통신시설		국제통신시설			통합디지털 서비스네트워크(ISDN)	전용회선	초고속망
	설치대수	1,000인당 보급	시설	가입자	전신	전화	전보	전화	텔렉스			
	L526	L527	L528	L529	L530	L531	L532	L533	L534	L535	L536	L537
	남북한											
	대		회선	명	대		회선	대		회선		명
1905	7											
1906	13											
1907	21											
1908	27											
1909	30											
1910	35											
1911	47											
1912	54											
1913	54											
1914	54											
1915	54											
1916	54											
1917	54											
1918	54											
1919	54											
1920	56											
1921	65											
1922	65											
1923	65											
1924	65											
1925	65											
1926	65											
1927	65											
1928	65											
1929	75											
1930	75											
1931	80											
1932	80											
1933	80											
1934	82											
1935	95											
1936	109											
1937	113											
1938	124											
1939	134											
1940	134											
1941	139											
1942	141											
1943	141											
	남한											
1954	168											
1955	300											
1957	415											
1958	589											
1959	575											
1961					265	1,177	10	12				
1962	1,035	0.04			290	1,315	10	13				
1963	1,313	0.04			384	1,636	10	13	3			
1964	1,605	0.06			416	1,895	11	14	3			
1965	1,848	0.07	400	166	527	2,068	6	16	4			
1966	2,577	0.09	400	200	635	2,522	7	19	3			
1967	3,445	0.11	400	220	658	3,729	7	20	10			
1968	4,251	0.14	800	244	822	5,019	7	36	10			
1969	4,537	0.14	800	350	1,050	5,244	7	44	17			
1970	5,410	0.17	800	427	1,059	6,223	7	81	18			
1971	7,802	0.24	800	519	1,324	7,926	7	90	24			

표 L526-537 계속

	공중전화		가입전신		장거리통신시설		국제통신시설			통합디지털 서비스네트워크(ISDN)	전용회선	초고속망
	설치대수	1,000인당 보급	시설	가입자	전신	전화	전보	전화	텔렉스			
	L526	L527	L528	L529	L530	L531	L532	L533	L534	L535	L536	L537
	남한											
	대		회선	명	대		회선	대		회선		명
1972	9,451	0.28	1,200	716	1,475	9,054	8	112	34			
1973	10,680	0.31	1,200	882	1,710	9,759	8	169	46			
1974	14,452	0.38	1,600	1,126	2,042	12,296	9	192	80			
1975	18,769	0.48	2,000	1,481	2,235	14,376	9	232	117			
1976	23,104	0.59	2,000	1,947	2,317	18,337	11	274	146			
1977	34,113	0.87	2,400	2,321	2,553	30,399	13	366	195			
1978	49,665	1.03	2,900	2,770	2,627	39,648	13	443	265			
1979	48,394	1.30	5,900	3,685	2,891	58,703	12	523	378			
1980	58,017	1.51	5,900	4,318	3,232	76,749	12	533	439			
1981	61,807	1.66	5,900	5,201	3,464	88,571	12	671	489		40,577	
1982	70,864	1.80	11,155	6,231	5,112	123,540	14	750	512		75,286	
1983	80,227	2.20	13,355	7,539	5,145	153,063	13	948	529		56,701	
1984	101,478	2.50	13,355	8,210	5,150	178,680	13	1,091	719		65,722	
1985	117,761	2.90	16,532	8,938	5,098	187,544	13	1,294	773		75,286	
1986	138,491	3.30	16,532	98,852	5,099	196,116	15	1,551	901		87,893	
1987	160,165	3.80	16,532	10,304	5,149	217,032	18	1,863	1,003		102,773	
1988	180,165	4.30	16,532	10,042	5,088	260,544	18	2,402	923		126,266	
1989	212,165	5.00	16,532	9,454	5,064	351,456	17	2,811	838		169,359	
1990	237,074	5.50	16,532	8,638	5,229	435,108	17	3,277	851		222,313	
1991	259,074	6.00	16,532	7,715	5,627	532,824	17	4,872	845		265,975	
1992	271,927	6.20	16,532	7,624	5,796	742,564	16	7,719	737		315,448	
1993	285,133	6.47	13,500	5,348	5,669	993,966	17	8,845	744		381,000	
1994	305,272	6.80	13,500	4,393	5,404	1,381,308	16	9,920	691	1,908	446,000	
1995	327,837	7.20	13,500	3,519	3,800	1,610,772	15	20,380	691	4,309	436,000	
1996	339,240	7.50	16,300	2,819	2,783	2,315,778	17	28,870	651	8,405	475,000	
1997	423,502	9.20	3,800	2,240		2,999,568		59,975		72,098	641,549	
1998	504,771	10.90	3,868	1,888		3,019,398		60,937		79,300	469,389	
1999	564,906	12.17	3,868	1,735		3,961,470		46,772		320,241	528,154	212,978
2000	539,983		3,868	1,522		2,252,288		44,699		372,199	807,954	3,931,774
2001	515,659		3,868			3,141,128		49,432		338,312	870,238	7,583,163
2002	442,392		3,868			3,488,552		51,330		314,478	815,416	9,887,950
2003	305,507		3,868			3,229,674		46,793		163,688	651,687	9,729,267
2004	345,453		3,868			4,447,761		48,163		197,845	793,368	12,289,565
2005	267,896		3,868			3,068,934		37,816		244,536	650,217	13,461,100
2006	198,367		3,868			3,094,730		35,284				

자료: 朝鮮統監府通信管理局, 『統監府通信事業報告』, 各年度版; 朝鮮総督府逓信局, 『朝鮮総督府逓信年報』, 各年度版; 同, 『朝鮮総督府逓信統計要覧』, 各年度版; 同, 『通信事業概況』, 各年度版; 朝鮮総督府逓信部, 『朝鮮逓信統計要覧』(1943, 1944); 朝鮮総督府編, 『統計年報』, 各年度版; U.S. Army Forces in Korea, *South Korea Interim Government Activities*; 체신부, 『체신통계연보』, 각년도판; 동, 『체신기구연혁사』(1965); 전기통신공사 편, 『한국전기통신100년사』(체신부, 1985); 전기통신공사, 『연차보고서』, 각년도판; 박이택, 『한국 통신산업에 있어서 지배구조와 고용구조 1876-1945』(한국학술정보, 2008); 통계청 KOSIS.

注: 1999년도까지는 장거리통신(시외전화)의 기준이 전신(반송, 실선)과 전화(마이크로웨이브, 반송, 실선, PCM, UHF, 광통신)를 기준으로 삼았지만, 그 이후 자료에서는 시외전화회선으로만 기재되어 수치의 변화를 보인다.

표 L538-544 방송국 현황, 1960-2014

	합계	표준방송	단파방송	FM방송	TV방송	디지털방송	위성방송
	L538	L539	L540	L541	L542	L543	L544
				남한, 국			
1960	26						
1961	30						
1962	34						
1963	39						
1964	45						
1965	54						
1966	59						
1967	65						
1968	76						
1969	80						
1970	93						
1971	102						
1972	104						
1973	118						
1974	126						
1975	170						
1976	176						
1977	182						
1978	186						
1979	293						
1980	300	104	3	26	167		
1981	397	105	3	48	241		
1982	435	106	2	48	279		
1983	543	106	2	68	367		
1984	655	106	2	77	470		
1985	834	106	2	111	615		
1986	924	106	2	129	687		
1987	1,004	106	2	133	763		
1988	1,110	106	2	141	861		
1989	1,174	106	2	143	923		
1990	1,172	106	2	142	922		
1991	1,194	105	2	142	945		
1992	1,203	105	2	143	953		
1993	1,612	106	2	149	1,355		
1994	1,694	106	2	150	1,436		
1995	1,758	107	2	157	1,492		
1996	1,826	107	2	181	1,536		
1997	1,450	107	2	171	1,170		
1998	1,453	107	2	181	1,163		
1999	1,496	107	2	200	1,187		
2000	1,546	107	2	241	1,196		
2001	1,568	107	2	257	1,202	5	10
2002	1,581	107	2	265	1,207	49	10
2003	1,572	107	2	258	1,205	5	12
2004				258	1,205	5	
2005				255	1,205	5	
2006				205	1,205	5	
2007				203	1,199	180	
2008					1,189	272	
2009				155	63	63	
2010				155	63	63	
2011				165	64	64	
2012				164	63	63	
2013				163		64	
2014				171		64	

자료: 방송위원회, 『방송산업실태조사보고서』, 각년도판; 통계청 KOSIS.

주: 1) TV방송 중 2008년에서 2009년에 걸쳐 급감한 것은 한국방송공사 방송국수가 동기간 중 915국에서 31국으로 급감하였기 때문이다.

2) 2001년도부터 티지털TV방송과 위성방송(스카이라이프) 추가한다.

6. 전기통신량 및 인터넷 보급

L545-549 해방 전 전화가입자수, 1904-1944

	가입자				전화신청자
	소계	일본인	조선인	외국인	
	L545	L546	L547	L548	L549
	남북한, 명				
1904			65		
1905	1,065		19		
1906	2,362	2,229	101	32	899
1907	3,296	3,066	189	41	1,037
1908	4,031	3,690	298	43	1,179
1909	5,506	4,943	508	55	395
1910	6,448	6,114	254	80	307
1911	8,024	7,516	418	90	77
1912	8,961	8,353	483	125	161
1913	9,469	8,746	592	131	48
1914	9,503	8,783	585	135	20
1915	9,659	8,918	594	147	15
1916	10,023	9,190	677	156	68
1917	10,545	9,576	795	174	435
1918	11,188	9,960	1,048	180	1,597
1919	11,788	10,242	1,369	177	5,552
1920	13,142	11,545	1,414	183	6,506
1921	14,993	13,196	1,593	204	8,897
1922	17,647	15,349	2,045	253	9,647
1923	21,776	18,586	2,815	375	8,848
1924	24,483	20,651	3,374	458	8,032
1925	26,264	21,796	3,890	578	8,056
1926	27,586	22,717	4,294	575	7,693
1927	29,042	23,623	4,838	581	7,605
1928	30,274	24,357	5,316	601	7,585
1929	31,488	25,211	5,660	617	7,821
1930	32,664	26,138	5,860	666	7,661
1931	33,900	27,248	6,089	563	7,170
1932	34,869	27,898	6,438	533	6,785
1933	36,229	28,320	7,353	556	6,361
1934	37,694	29,097	8,026	571	6,352
1935	39,763	30,431	8,746	586	6,121
1936	42,605	32,139	9,832	634	5,889
1937	48,972	35,865	12,668	439	5,707
1938	53,306	37,972	14,844	490	5,623
1939	55,540	39,351	15,655	534	5,588
1940	59,496	41,848	17,087	561	5,610
1941	61,682	43,502	17,620	560	6,457
1942	65,096				
1943	66,510				
1944	69,166				

자료: 朝鮮統監府通信管理局,『統監府通信事業報告』, 各年度版; 朝鮮総督府逓信局,『朝鮮総督府逓信年報』, 各年度版; 同,『朝鮮総督府逓信統計要覧』, 各年度版; 同,『通信事業概況』, 各年度版; 朝鮮総督府逓信部,『朝鮮逓信統計要覧』(1943, 1944); 朝鮮総督府編,『統計年報』, 各年度版; 전기통신공사 편,『한국전기통신100년사』(체신부, 1985).

표 L550-560 전화기 및 가입자수, 1905-2014

	시설(전화기수)							가입자			
	합계	자동식	공전식	자석식	전자	기계	수동	합계	전자	기계	수동
	L550	L551	L552	L553	L554	L555	L556	L557	L558	L559	L560
	남북한										
	천 대							천 명			
1905								1.1			
1906								2.4			
1907								3.3			
1908								4.0			
1909								5.5			
1910								6.4			
1911								8.0			
1912								9.0			
1913								9.5			
1914								9.5			
1915								9.7			
1916								10.0			
1917								10.5			
1918								11.2			
1919								11.8			
1920								13.1			
1921								15.0			
1922								17.6			
1923								21.8			
1924								24.5			
1925								26.3			
1926								27.6			
1927								29.0			
1928								30.3			
1929								31.5			
1930								32.7			
1931								33.9			
1932								34.9			
1933								36.2			
1934								37.7			
1935								39.8			
1936								42.6			
1937								49.0			
1938								53.3			
1939								55.5			
1940								59.5			
1941								61.7			
1942								65.1			
1943								66.5			
1944								69.2			
	남한										
1945								45			
1946								36			
1947								37			
1948								38			
1949	52	18	6	27				41			
1950	9	4		5				11			
1951	9	4		5				11			
1952	18	5		13				17			
1953	26	9		18				23			
1954	29	10		19				29			
1955	42	16	4	23				39			
1956	42	16	4	23				39			
1957	52	22	8	22				49			
1958	68							60			
1959	82							73			
1960	95							87			

표 L550-560 계속

	시설(전화기수)							가입자			
	합계	자동식	공전식	자석식	전자	기계	수동	합계	전자	기계	수동
	L550	L551	L552	L553	L554	L555	L556	L557	L558	L559	L560
	남한										
	천 대							천 명			
1961	123					55	68	97		51	46
1962	169					85	84	128		75	53
1963	191					100	91	157		91	66
1964	221					126	95	193		120	73
1965	247					151	97	221		145	75
1966	313					203	110	278		193	85
1967	388					270	118	339		247	93
1968	452					328	124	385		289	95
1969	512					379	133	442		339	103
1970	552					399	154	481		364	118
1971	624					446	178	553		415	139
1972	720					518	201	645		488	157
1973	846					592	255	763		567	197
1974	959					691	268	877		662	215
1975	1,171					873	298	1,058		822	236
1976	1,389					1,079	310	1,271		1,027	244
1977	1,666					1,347	319	1,537		1,282	255
1978	1,997					1,653	344	1,879		1,596	283
1979	2,426				20	2,014	392	2,293	7	1,957	329
1980	2,835				20	2,376	439	3,205	19	2,814	371
1981	3,491				282	2,757	452	3,263	203	2,674	387
1982	4,493				1,048	2,981	464	4,080	820	2,855	404
1983	5,337				1,838	3,087	412	4,810	1,510	2,935	365
1984	6,290				2,796	3,095	399	5,595	2,335	2,905	355
1985	7,539				4,199	3,086	253	6,517	3,465	2,825	228
1986	8,905				5,783	3,005	118	7,521	4,728	2,686	107
1987	10,222				7,361	2,861		8,625	6,116	2,510	
1988	11,239				8,663	2,577		10,306	7,910	2,396	
1989	13,354				10,898	2,456		11,792	9,550	2,242	
1990	15,293				13,404	1,889		13,276	11,649	1,627	
1991	17,511				16,088	1,423		14,573	13,469	1,103	
1992	19,021				18,088	933		15,593	14,970	623	
1993	20,141				19,774	367		16,633	16,427	206	
1994	20,783				20,783			17,647	17,647		
1995	21,684				21,684			18,600	18,600		
1996	22,927				22,927			19,601	19,601		
1997	23,795				23,795			20,422	20,422		
1998	24,455				24,455			20,089	20,089		
1999	24,464				24,464			21,250	21,250		
2000	24,952				24,952			21,932	21,932		
2001	24,938				24,938			22,725	22,725		
2002	24,978				24,978			23,490	23,490		
2003	24,658				24,658			22,877	22,877		
2004	23,023				23,023			22,871	22,871		
2005	26,393				26,393			22,920	22,920		
2006	30,958				30,958			23,119	23,119		
2007								23,130	23,130		
2008								22,132	22,132		
2009								20,090	20,090		
2010								19,274	19,274		
2011								18,633	18,633		
2012								18,261	18,261		
2013								17,620	17,620		
2014								16,940	16,940		

자료: 朝鮮統監府通信管理局, 『統監府通信事業報告』, 各年度版; 朝鮮総督府逓信局, 『朝鮮総督府逓信年報』, 各年度版; 同, 『朝鮮総督府逓信統計要覧』, 各年度版; 同, 『通信事業概況』, 各年度版; 朝鮮総督府逓信部, 『朝鮮逓信統計要覧』(1943, 1944); 朝鮮総督府編, 『統計年報』, 各年度版; U.S. Army Forces in Korea, *South Korea Interim Government Activities*; 체신부, 『체신통계연보』, 각년도판; 동, 『체신기구연혁사』(1965); 전기통신공사 편, 『한국전기통신100년사』(체신부, 1985); 전기통신공사, 『연차보고서』, 각년도판; 박이택, 『한국 통신산업에 있어서 지배구조와 고용구조 1876-1945』(한국학술정보, 2008); 통계청 KOSIS.

표 L561-565 식민지기 라디오 청취자수, 1926-1942

	방송국수	라디오 청취자수			
		합계	일본인	조선인	외국인
	L561	L562	L563	L564	L565
	남북한, 국	남북한, 명			
1926		1,829	1,481	336	12
1927		5,122	4,161	949	12
1928		8,469	7,102	1,353	14
1929		10,153	8,558	1,573	22
1930		10,881	9,410	1,448	23
1931		14,309	12,493	1,754	62
1932		20,479	17,641	2,738	100
1933	1	32,014	25,444	6,401	169
1934	1	40,493	30,660	9,584	249
1935	2	52,853	37,958	14,537	358
1936	3	72,682	49,349	22,777	556
1937	4	111,838	71,168	40,107	563
1938	6	128,073	78,433	48,966	674
1939	6	167,049	90,425	75,909	715
1940	6	227,573	109,694	116,935	944
1941	8	271,994	125,882	144,912	1,200
1942	11	277,281	126,047	149,653	1,581

자료: 朝鮮総督府逓信局, 『朝鮮総督府逓信年報』, 各年度版; 同, 『朝鮮総督府逓信統計要覧』, 各年度版; 同, 『通信事業概況』, 各年度版; 朝鮮総督府逓信部, 『朝鮮逓信統計要覧』(1943, 1944); 朝鮮総督府編, 『統計年報』, 各年度版.

표 L566-580 무선종사자 면허, 1951-1999

	합계	제1급 무선통신사	제2급 무선통신사	제3급 무선통신사	청취원급 무선통신사	전파 통신기사	전파전자 기사	특수급 무선통신사	제1급 무선기술사	제2급 무선기술사	제3급 무선기술사	무선설비 기사	무선설비 기능사1급	아마추어 무선기사	특수무선 기사
	L566	L567	L568	L569	L570	L571	L572	L573	L574	L575	L576	L577	L578	L579	L580
	남한, 명														
1951	141	31	41	69											
1952	87	12	10	65											
1953	98	18	28	51										1	
1954	62	3	23	34										2	
1955	51	3	21	19	6									2	
1956	29	3	10	8	4									4	
1957	85	10	36	30	9										
1958	149	41	57	49	1									1	
1959	139	15	73	40										11	
1960	294	19	201	59										15	
1961	374	58	113	175										28	
1962	822	45	103	488					43	41	87			12	3
1963	3,494	187	577	1,760				1	252	206	404			95	12
1964	4,097	202	581	1,960				1	297	258	663			117	18
1965	4,658	219	562	1,980				1	319	419	1,015			125	18
1966	4,984	223	591	2,055					327	464	1,147			153	24
1967	5,149	232	637	2,079					337	486	1,174			175	29
1968	4,880	250	683	1,905					313	465	1,081			158	25
1969	5,232	261	729	2,060				47	234	490	1,219			141	51
1970	5,889	279	774	2,266				75	340	541	1,295			173	146
1971	6,714	292	851	2,500				236	347	581	1,434			184	289
1972	7,894	315	935	2,841				586	358	593	1,667			199	400
1973	12,148	325	1,047	4,046				2,248	366	650	2,664			237	565
1974	19,017	337	1,148	5,665				4,270	376	705	4,430			335	1,751
1975	21,866	351	1,077	5,992				5,284	332	599	4,800			403	3,028
1976	29,914	372	1,448	8,144				7,298	586	1,827	6,639			540	3,060
1977	41,050	394	1,549	10,905				9,728	689	2,140	11,573			707	3,365
1978	47,262	424	1,762	12,066				10,741	784	3,073	13,287			1,311	3,814
1979	54,447	446	1,937	13,088				11,652	925	4,088	16,773			1,724	3,814
1980	59,014	459	2,111	13,261				12,328	1,058	4,616	19,020			2,347	3,814
1981	64,585	495	2,238	13,411				14,012	1,240	5,057	20,683			3,630	3,819
1982	72,384	532	2,341	13,994				15,801	1,540	5,233	22,488			5,326	5,129
1983	82,977	640	2,693	14,647				18,870	1,824	5,661	24,715			7,219	6,708
1984	89,744	784	3,057	15,074				20,764	1,843	5,749	26,839			8,896	6,738
1985	97,308	893	3,506	15,441				22,507	1,880	5,846	29,185			11,407	6,643
1986	105,073	1,008	3,766	15,878				24,058	1,950	5,909	31,914			14,017	6,573
1987	112,008	1,066	4,057	16,062				25,894	2,009	5,978	34,183			16,213	6,546
1988	120,533	1,108	4,216	16,322				28,006	2,031	5,991	36,817			19,476	6,566
1989	129,298	1,150	4,348	16,755				30,574	2,098	6,107	39,200			22,489	6,577
1990	140,978	1,175	4,441	17,046				33,480	2,188	6,155	42,747			27,058	6,688
1991	152,774	1,192	4,443	17,281				36,293	2,297	6,204	45,854			32,535	6,675
1992	164,633	1,202	4,494	17,575				38,945	2,388	6,259	49,081			37,745	6,944
1993	184,541	1,206	4,522	17,788				50,278	2,397	6,357	49,491			45,506	6,996
1994	212,777	1,218	4,542	17,904				56,326	2,891	7,623	58,429			56,744	7,100
1995	248,810	1,224	4,907	18,770				63,549	3,013	8,828	62,401			78,326	7,792
1996	281,991	1,227	4,908	18,802				69,233	3,996	11,216	67,251		22	97,333	8,003
1997	311,002	1,234	4,908	18,823				74,657	4,650	12,287	70,088		93	115,937	8,325
1998	343,389	1,236	4,909	18,824				79,650	8,279	15,236	76,089		199	130,546	8,421
1999	345,911					24,969	2,522	79,650				99,803		130,546	8,421

자료: 체신부, 『체신통계연보』, 각년도판; 동, 『체신기구연혁사』(1965); 전기통신공사 편, 『한국전기통신100년사』(체신부, 1985); 전기통신공사, 『연차보고서』, 각년도판; 통계청 KOSIS.

표 L581-586 전화 이용, 1905-2006

	시외통화도수	시내전화				국제통화도수
		시내자동전화도수	당월승낙	설치장소변경	명의변경건수	
	L581	L582	L583	L584	L585	L586
	남북한, 천 도수					
1905	95	4,653				
1906	141	8,358				
1907	238	11,170				
1908	310	12,253				
1909	455	16,326				
1910	574	20,687				
1911	807	28,340				
1912	988	35,430				
1913	1,091	37,561				
1914	1,126	37,396				
1915	1,208	38,137				
1916	1,638	37,927				
1917	2,133	41,805				
1918	2,512	48,067				
1919	2,902	55,789				
1920	2,513	57,461				
1921	2,620	58,029				
1922	2,248	70,080				
1923	2,527	82,744				
1924	2,821	98,378				
1925	3,019	114,592				
1926	3,324	133,011				
1927	3,465	146,604				
1928	3,649	158,141				
1929	3,777	171,837				
1930	3,194	173,261				
1931	2,898	186,511				
1932	3,128	206,529				
1933	3,445	227,864				
1934	3,892	239,171				
1935	4,294	266,096				
1936	4,809	288,697				
1937	5,323	274,859				
1938	5,869	303,451				
1939	6,926	343,521				
1940	6,978	350,167				
1941	7,210	373,032				
1942	7,087	397,886				
1943	7,428	403,422				
1944	7,459	403,514				
1945	3,009					
	남한, 천 도수					
1946	1,830					
1947	1,859					
1948	1,858					
1949	2,283					4
1950	373					4
1951	547					13
1952	726					14
1953	1,000					13
1954	1,898					17
1955	3,693		5	4	2	14
1956	2,926		6	5	3	18
1957	2,908		7	5	3	21
1958	3,846		11	7	5	21
1959	6,009		13	10	7	28
1960	7,247					36
1961	8,896					22

표 L581-586 계속

	시외통화도수	시내전화				국제통화도수
		시내자동전화도수	당월승낙	설치장소변경	명의변경건수	
	L581	L582	L583	L584	L585	L586
	남한, 천 도수					
1962	12,393		31	23	16	27
1963	18,255	326,019	33	27	18	28
1964	23,700	487,971	34	35	31	
1965	29,736	638,055	37	42	44	
1966	30,059	854,454	58	36	56	
1967	36,927	1,081,142	56	49	43	
1968	55,846	1,322,568	47	67	55	
1969	75,282	1,563,800	59	84	72	
1970	88,086	1,872,619	36	105	102	
1971	97,697	2,229,856	68	113	102	
1972	135,092	2,656,023	91	132	104	
1973	163,183	3,159,923	120	146	104	
1974	187,909	4,121,680	119	144	109	
1975	209,568	3,203,463	187	251	118	
1976	230,571	3,690,429	209	218	128	
1977	259,062	4,303,283	285	306	83	
1978	295,381	11,567,204	337	413	91	
1979	281,021	15,121,509	447	375	95	
1980	292,498	18,623,957	433	423	84	
1981		21,657,410	812	455	111	3,039
1982		24,052,466	741	462	83	3,591
1983		27,570,132	845	984	84	4,403
1984		35,239,816	959	1,073	73	6,687
1985		42,206,840	1,239	1,136	61	9,891
1986		40,302,098	1,357	1,274	59	15,454
1987		47,571,822	1,531	1,470	65	23,074
1988		56,996,413	2,158	1,769	99	33,164
1989		65,272,859	2,078	2,231	140	47,312
1990		82,756,578	2,165	2,501	122	59,075
1991		98,798,572	2,131	3,129	249	
1992		112,116,498	2,057	3,460	173	
1993		122,335,423	2,185	3,545	280	
1994		106,889,833	2,229	4,305	225	
1995		108,705,815	2,257	3,688	284	
1996		105,050,022	2,371	3,743	344	
1997		93,990,112	2,299	3,682	610	
1998	9,516,561	24,052,466				
1999	8,659,371	27,570,132				
2000	7,895,256	35,239,816				
2001	7,641,834	42,206,840				
2002	8,043,713	40,302,098				
2003	7,428,398	47,571,822				
2004	8,166,370	56,996,413				
2005	7,408,566	65,272,859				
2006	6,771,768	82,756,578				

자료: 朝鮮統監府通信管理局, 『統監府通信事業報告』, 各年度版; 朝鮮總督府遞信局, 『朝鮮總督府遞信年報』, 各年度版; 同, 『朝鮮總督府遞信統計要覧』, 各年度版; 同, 『通信事業概況』, 各年度版; 朝鮮總督府遞信部, 『朝鮮遞信統計要覧』(1943, 1944); 朝鮮總督府編, 『統計年報』, 各年度版; U.S. Army Forces in Korea, *South Korea Interim Government Activities*; 체신부, 『체신통계연보』, 각년도판; 동, 『체신기구연혁사』(1965); 전기통신공사 편, 『한국전기통신100년사』(체신부, 1985); 전기통신공사, 『연차보고서』, 각년도판; 박이택, 『한국 통신산업에 있어서 지배구조와 고용구조 1876-1945』(한국학술정보, 2008); 통계청 KOSIS.

주: 1946-1956년, 1981-1997년은 시외통화도수, 시내자동전화도수 합계이다.

표 L587-601 해방 전 전보통수, 1904-1944

	유선전보									무선전보					
	발신				착신				중계신	소계		내국무선전보		외국무선전보	
	소계	조선인	언문통수	조선인 이외	소계	조선인	언문통수	조선인 이외		발신	착신	발신	착신	발신	착신
	L587	L588	L589	L590	L591	L592	L593	L594	L595	L596	L597	L598	L599	L600	L601
	남북한, 천 통														
1904	369	72		297	335	71		264	577						
1905	805	88	59	717	765	89	59	677	1,387						
1906	1,040	114	75	927	995	115	77	880	1,917						
1907	1,191	121	80	1,070	1,149	121	80	1,028	1,922						
1908	1,362	158	105	1,204	1,329	159	104	1,170	2,189						
1909	1,626	205	123	1,421	1,588	205	123	1,383	2,505						
1910	2,060	231	175	1,828	2,009	231	175	1,778	3,059						
1911	2,201	227	205	1,974	2,133	227	205	1,906	3,101	0.011	0.046	0.009	0.046	0.002	
1912	2,315	271	247	2,044	2,247	271	247	1,976	3,303	0.013	0.030	0.012	0.028	0.001	0.002
1913	2,251	270	240	1,981	2,202	269	239	1,933	3,407	0.016	0.028				
1914	2,258	265	224	1,993	2,223	256	224	1,966	3,621	0.015	0.047	0.011	0.045	0.004	0.002
1915	2,373	291	246	2,081	2,319	293	246	2,026	3,885	0.048	0.373	0.046	0.373	0.002	
1916	2,744	427	327	2,316	2,698	426	327	2,272	4,430	0.153	0.874	0.128	0.844	0.025	0.030
1917	3,599	645	519	2,954	3,586	618	518	2,968	5,942	0.205	1.372	0.168	1.350	0.037	0.022
1918	4,491	882	752	3,609	4,476	830	751	3,646	7,454	0.114	1.598	0.114	1.598		
1919	5,474	1,119	981	4,355	5,538	1,080	978	4,457	8,415	0.186	2.184	0.114	2.184	0.072	
1920	4,705	991	677	3,714	4,753	968	677	3,784	7,148	0.162	2.046	0.114	2.016	0.048	0.030
1921	4,813	874	610	3,940	4,789	817	612	3,972	7,386	0.288	2.364	0.168	2.184	0.120	0.180
1922	4,916	893	595	4,023	4,934	794	594	4,141	7,491	0.402	2.688	0.210	2.316	0.192	0.372
1923	5,079	898	587	4,181	5,064	849	587	4,215	7,481						
1924	4,820	1,004	564	3,817	4,797	844	564	3,953	7,347	1.36	4.65	0.85	4.31	0.51	0.34
1925	5,113	1,025	566	4,088	5,078	944	565	4,134	8,217	2.32	4.09	2.08	3.94	0.24	0.15
1926	5,380	1,135	575	4,245	5,355	1,030	575	4,325	8,637	6.86	9.51	6.37	9.10	0.49	0.41
1927	5,525	1,148	557	4,378	5,471	1,058	560	4,413	9,099	7.99	13.49	7.93	13.39	0.06	0.11
1928	5,770	1,205	570	4,564	5,716	1,156	571	4,560	9,513	10.24	15.53	10.10	15.53	0.13	
1929	6,058	1,402	592	4,656	5,992	1,296	594	4,696	9,988	13.47	22.32	13.23	22.32	0.24	
1930	5,698	1,073	432	4,625	5,634	986	434	4,648	9,350	31.62	35.62	31.56	35.52	0.06	0.10
1931	5,596	1,007	370	4,589	5,599	1,010	366	4,588	9,115	40.33	39.83	40.31	39.70	0.02	0.13
1932	5,755	1,184	378	4,571	5,761	1,184	376	4,577	9,694	49.70	39.46	49.68	39.35	0.02	0.11
1933	6,430	1,348	446	5,082	6,351	1,341	443	5,009	11,086	54.30	51.22	54.23	51.04	0.07	0.18
1934	7,148	1,828	537	5,321	7,079	1,837	534	5,242	12,694	27.85	54.30	27.78	54.16	0.07	0.14
1935	7,992	2,219	647	5,773	7,921	2,224	660	5,697	13,962	31.68	25.06	31.57	24.68	0.11	0.37
1936	8,982	2,514	720	6,468	8,911	2,512	717	6,399	16,117	93.13	64.51	92.72	64.24	0.41	0.28
1937	10,286	2,855	778	7,431	10,284	2,890	765	7,395	18,399	46.88	31.07	46.54	30.43	0.35	0.64
1938	11,711	3,401	896	8,310	11,487	3,445	874	8,042	23,905	46.07	31.91				
1939	14,029	4,312	1,091	9,717	13,714	4,443	1,086	9,271	26,860	46.60	32.09				
1940	14,862				14,715		4		29,456	93.19	48.33				
1941	14,303				14,178		18		27,671	36.50	41.83				
1942	13,960				13,701										
1943	15,525				15,202										
1944	13,986				13,402				13,641						

자료: 朝鮮統監府通信管理局, 『統監府通信事業報告』, 各年度版;朝鮮総督府逓信局, 『朝鮮総督府逓信年報』, 各年度版; 同, 『朝鮮総督府逓信統計要覧』, 各年度版; 同, 『通信事業概況』, 各年度版; 朝鮮総督府逓信部, 『朝鮮逓信統計要覧』(1943, 1944); 朝鮮総督府編, 『統計年報』, 各年度版; 전기통신공사 편, 『한국전기통신100년사』(체신부, 1985); 박이택, 『한국통신산업에 있어서 지배구조와 고용구조 1876-1945』(한국학술정보, 2008).

주: 1) 1904년 조선인 전보통수는 구한국정부경영의 전보통수이다.

2) 1904년 전보통수는 구한국정부경영의 전보통수와 제국정부전보통수의 합계이다.

표 L602-610 전보 이용, 1904-1999

	국내전보							국제전보	
	합계	발신			착신	중계신	요금	전보	가입전신
		소계	유료	무료					
	L602	L603	L604	L605	L606	L607	L608	L609	L610
	남북한								
	천 통						백만 원	천 통	회선
1904	1,280	369			335	577			
1905	2,957	805			765	1,387			
1906	3,952	1,040			995	1,917			
1907	4,263	1,191			1,149	1,922			
1908	4,880	1,362			1,329	2,189			
1909	5,720	1,626			1,588	2,505			
1910	7,127	2,060			2,009	3,059			
1911	7,435	2,201			2,133	3,101			
1912	7,865	2,315			2,247	3,303			
1913	7,860	2,251			2,202	3,407			
1914	8,102	2,258			2,223	3,621			
1915	8,577	2,373			2,319	3,885			
1916	9,871	2,744			2,698	4,430			
1917	13,127	3,599			3,586	5,942			
1918	16,421	4,491			4,476	7,454			
1919	19,427	5,474			5,538	8,415			
1920	16,606	4,705			4,753	7,148			
1921	16,988	4,813			4,789	7,386			
1922	17,341	4,916			4,934	7,491			
1923	17,624	5,079			5,064	7,481			
1924	16,964	4,820			4,797	7,347			
1925	18,408	5,113			5,078	8,217			
1926	19,372	5,380			5,355	8,637			
1927	20,096	5,525			5,471	9,099			
1928	20,998	5,770			5,716	9,513			
1929	22,038	6,058			5,992	9,988			
1930	20,682	5,698			5,634	9,350			
1931	20,309	5,596			5,599	9,115			
1932	21,210	5,755			5,761	9,694			
1933	23,866	6,430			6,351	11,086			
1934	26,922	7,148			7,079	12,694			
1935	29,875	7,992			7,921	13,962			
1936	34,010	8,982			8,911	16,117			
1937	38,969	10,286			10,284	18,399			
1938	47,103	11,711	9,501	2,210	11,487	23,905		12	
1939	54,603	14,029	11,239	2,790	13,714	26,860		5	
1940	59,033	14,862	11,707	3,156	14,715	29,456		5	
1941	56,152	14,303	11,065	3,238	14,178	27,671		3	
1942	27,661	13,960	10,827	3,134	13,701			3	
1943	30,727	15,525	12,074	3,451	15,202			2	
1944	41,029	13,986	10,699	3,287	13,402	13,641		1	
	남한								
1945	16,039	4,588	3,473	1,115	4,479	6,972	0	0	
1946	6,349	1,914	1,311	603	1,933	2,501	0	15	
1947	5,600	1,686	1,074	612	1,623	2,291	1	24	
1948	5,525	1,838	1,138	700	1,608	2,079	2	15	
1949	7,798	2,404	1,644	760	2,280	3,114	4	49	36
1950	2,791	864	562	302	838	1,088	0	18	14
1951	2,343	706	520	186	638	1,000	12	53	41
1952	3,694	1,105	782	324	1,024	1,565	32	85	68
1953	5,363	1,452	1,175	277	1,536	2,375	115	116	79
1954	7,876	2,145	1,743	402	2,080	3,652	312	163	115
1955	15,110	3,921	3,114	807	3,742	7,447		198	
1957	8,700	2,295	1,849	447	2,343	4,062		162	
1958	9,139	2,531	2,058	473	2,585	4,022		176	
1959	11,480	3,171	2,565	606	3,335	4,974		194	

표 L602-610 계속

	국내전보							국제전보	
	합계	발신			착신	중계신	요금	전보	가입전신
		소계	유료	무료					
	L602	L603	L604	L605	L606	L607	L608	L609	L610
	남한								
	천 통						백만 원	천 통	회선
1960	12,957	3,398	2,800	598	3,689	5,870		224	
1961	13,829	3,535	2,829	706	3,812	6,482	99	223	
1962	15,181	3,738	3,027	710	4,192	7,252	96	272	
1963	18,578	4,444	3,580	863	5,199	8,936	109	252	
1964	22,880	5,537	4,453	1,084	6,301	11,042	135		
1965	29,209	7,408	6,018	1,390	8,131	13,671	234		
1966	27,598	7,347	5,843	1,504	7,616	12,635	399		
1967	32,283	8,269	6,261	2,007	9,200	14,814	454		
1968	37,505	9,422	6,877	2,545	10,643	17,440	523		
1969	40,375	10,102	7,788	2,314	11,310	18,962	726		
1970	44,314	11,364	8,719	2,645	12,676	20,274	838		
1971	46,827	12,138	9,321	2,817	13,311	21,379	935		
1972	49,629	13,004	10,026	2,979	13,934	22,690	1,074		
1973	54,383	13,877	10,602	3,275	14,593	25,913	860		
1974	61,608	15,537	11,458	4,079	16,099	29,972	963		
1975	64,631	15,655	10,873	4,782	18,187	30,788	1,477		
1976	52,880	13,368	9,740	3,628	15,575	23,937	1,911		
1977	42,485	11,574	8,321	3,253	12,900	18,011	3,258		
1978	43,241	11,756	8,091	3,665	13,447	18,038	3,106		
1979	44,047	12,290	8,176	4,114	13,917	17,840	3,636		
1980	42,702	12,273	8,072	4,201	12,602	17,827	4,154		
1981	41,571	12,009	7,904	4,105	12,174	17,388	4,938	240	5,763
1982	38,807	10,639	10,160	479	12,683	15,485	7,515	179	6,331
1983	36,934	10,718	10,288	430	10,810	15,406	7,578	153	7,895
1984	35,589	10,671	10,261	410	10,793	14,125	7,428	128	7,866
1985	35,450	11,085	10,759	326	11,167	13,198	7,544	109	8,296
1986	36,602	11,571	11,252	319	11,781	13,250	7,760	98	8,229
1987	38,103	12,347	11,980	367	12,353	13,403	8,522	78	7,032
1988	41,881	13,655	13,293	362	13,934	14,292	9,364	63	5,091
1989	36,082	12,370	11,999	371	12,448	11,264	8,921	58	3,524
1990	28,134	11,386	10,974	412	11,427	5,321	8,774	53	2,678
1991	30,560	13,031	12,648	383	13,124	4,405	9,785	52	2,177
1992	29,283	12,861	12,454	407	13,096	3,326	10,691	46	1,497
1993	30,290	13,714	13,412	302	13,567	3,009	13,233	45	978
1994	33,474	15,674	15,632	42	15,306	2,494	16,384	44	658
1995	37,659	17,769	17,753	16	17,478	2,412	19,999		
1996	35,149	17,592	17,587	5	17,557		23,691		
1997	30,260	15,085	15,081	4	15,175		30,372		
1998	22,213	11,087	11,085	2	11,126		23,196		
1999	19,739	9,859	9,855	4	9,880		23,542		

자료: 朝鮮統監府通信管理局, 『統監府通信事業報告』, 各年度版; 朝鮮總督府遞信局, 『朝鮮總督府遞信年報』, 各年度版; 同, 『朝鮮總督府遞信統計要覽』, 各年度版; 同, 『通信事業概況』, 各年度版; 朝鮮總督府遞信部, 『朝鮮遞信統計要覽』(1943, 1944); 朝鮮總督府編, 『統計年報』, 各年度版; U.S. Army Forces in Korea, *South Korea Interim Government Activities*; 체신부, 『체신통계연보』, 각년도판; 동, 『체신기구연혁사』, 1965년; 전기통신공사 편, 『한국전기통신100년사』(체신부, 1985); 전기통신공사, 『연차보고서』, 각년도판; 박이택, 『한국 통신산업에 있어서 지배구조와 고용구조 1876-1945』(한국학술정보, 2008); 통계청 KOSIS.

주: 1956년은 원자료상 회계연도가 없다.

표 L611-625 유무선통신서비스 가입자, 1984-2014

	시내전화				이동전화										
	소계	KT	SK 브로드밴드	LG 유플러스	소계	SKT	KT(F)	LG 유플러스	신세기 통신	한솔 PCS	(이중, 스마트폰 가입자)	무선호출	주파수 공용통신	무선데이터통신	위성휴대통신
	L611	L612	L613	L614	L615	L616	L617	L618	L619	L620	L621	L622	L623	L624	L625
	남한, 천 명														
1984					2.7							16			
1985					4.7							19			
1986					7.1							38			
1987					10							60			
1988	10,306				20							100			
1989	11,792				40							198			
1990	13,276				80							418			
1991	14,573				166							851			
1992	15,593				272							1,452			
1993	16,633				472							2,649			
1994	17,647				961							6,363			
1995	18,600				1,641							9,629	2		
1996	19,601				3,131							12,694	26		
1997	20,422				6,910							15,175	28	2	
1998	20,089				13,982							9,182	70	14	
1999	21,250	21,116	134		23,443	10,110	4,267	3,086	3,238	2,741		3,033	93	57	
2000	21,933	21,559	373		26,816	10,935	5,285	3,948	3,518	3,131		452	113	74	
2001	22,725	22,021	703		29,046	11,867	9,591	4,276	3,312			236	183	80	
2002	23,490	22,550	940		32,342	17,220	10,333	4,790				140	211	80	2
2003	22,877	21,876	1,001		33,592	18,313	10,442	4,837				73	280	105	3
2004	22,871	21,457	1,413		36,586	18,783	11,729	6,074				46	311	111	4
2005	22,920	21,399	1,521	46	38,342	19,530	12,302	6,510				42	323	111	4
2006	23,119	21,374	1,745	85	40,197	20,271	12,914	7,012				43	321	97	5
2007	23,130	21,099	2,031	181	43,498	21,968	13,721	7,809				39	333	100	4
2008	22,132	20,196	1,935	330	45,607	23,032	14,365	8,210				41	353	91	4
2009	20,090	18,400	1,690	348	47,944	24,270	15,016	8,658			800	21	352	62	4
2010	19,274	16,635	2,255	383	50,767	25,705	16,041	9,022			2,470	19	378	62	5
2011	18,633	15,700	2,479	454	52,507	26,553	16,563	9,391			22,578	18	382	56	15
2012	18,261	15,121	2,650	491	53,624	26,961	16,502	10,162			32,727	18	384	52	19
2013	17,620	14,355	2,749	516	54,681	27,352	16,454	10,874			37,517	29	368	51	23
2014	16,939	13,713	2,732	495	57,208	28,613	17,328	11,267			40,560	32	332	50	22

자료: 정부통신부, 『한국정보통신20세기사』(2001); 한국전파진흥협회, 『전파방송산업통계연보』, 각년도판; 통계청 KOSIS.

표 L626-632 인터넷 보급, 1993-2015

	.kr도메인수	인터넷이용자	인터넷 이용률	가구 컴퓨터 보유율	가구 인터넷 접속률	가구 인터넷 보급률	초고속인터넷가입자수
	L626	L627	L628	L629	L630	L631	L632
	남한						
	개	천 명	%				천 명
1993	61						
1994	192	138					
1995	436	366					
1996	2,664	731					
1997	8,045	1,634					
1998	26,166	3,103					
1999	206,973	10,860	22.4				339
2000	517,354	19,040	44.7	71.0	70.0		3,927
2001	457,450	24,380	56.6	76.9	63.2		7,811
2002	515,200	26,270	59.4	78.6	70.2		9,881
2003	611,548	29,220	65.5	77.9	68.8	58.8	11,178
2004	590,800	31,580	70.2	77.8	86.0	72.2	11,921
2005	642,770	33,010	72.8	78.9	92.7	74.6	12,191
2006	705,775	34,910	74.1	79.6	94.0	78.4	14,043
2007	930,485	35,590	75.5	80.4	94.1	79.8	14,710
2008	1,001,206	36,190	76.5	80.9	94.3	80.4	15,475
2009	1,064,179	36,580	77.2	81.4	95.9	80.6	16,349
2010	1,076,899	37,010	77.8	81.8	96.8	80.9	17,224
2011	1,299,089	37,180	78.0	81.9	97.2	81.8	17,860
2012	1,186,139	38,120	78.0	82.3	97.4	82.1	18,253
2013	1,109,908	40,080	78.0	80.6	98.1	78.8	18,738
2014	1,080,022	41,118	83.6	78.2	98.5	81.6	19,199
2015	1,072,963						19,889

자료: 미래창조과학부, KISA인터넷통계정보검색시스템; 한국인터넷진흥원, 『인터넷이용실태조사』, 각년도판; 정부통신부, 『한국정보통신20세기사』(2001), p. 484; 미래창조과학부 및 한국정보화진흥원, 『인터넷중독 실태조사』, 각년도판.

M. 서비스업 및 공익사업

이상철

1. 서비스업

체너리(H. Chenery)가 제시한 거시적 산업분류 방식에 따르면, 클라크(C. Clark)의 제3차 산업은 공익사업과 서비스업(Services)으로 나누어진다. 시장에서 거래되는 무형의 제품인 서비스는 그 외에도 동시성(생산과 소비가 동시에 이루어짐)·변동성(동일한 서비스라도 소비자와 공급자에 따라 다르게 느껴지고 제공되는 내용에 차이가 나타날 수 있음)·소멸성(보관 및 저장이 불가능함)이라는 특징을 (일부 서비스의 경우에는 부분적으로) 갖는다는 점에서 여타 제품과 구분된다(변형윤·김기원 2015).

거시적 산업분류 방식을 통해서 알 수 있는 바와 같이, 서비스업은 농·림·수산업으로 구성된 제1차 산업 그리고 광업 및 제조업으로 이루어진 제2차 산업에 비한다면, 잔여적 범주라는 특성을 갖는다. '제3차'라는 명칭 역시 이러한 특성을 반영하고 있다(Weiss and Carter 2006). 또 서비스업의 구체적 내용을 살펴보면 역사적 연원과 특성에서 차이가 나는 상이한 업종들로 구성되어 있음을 알 수 있다. 실제로 서비스업 중에는 도·소매, 음식·숙박업 등과 같은 전통적 업종 외에도, 당초에는 제조업체 내에서 이루어지던 각종 기능이 분화되어 독립된 업종으로 전문화한 회계·법률·경영 컨설팅 및 각종 기술 지원 서비스 등의 업종이 있다. 뿐만 아니라 최근 들어 그 중요성이 점증하고 있는 사회보장, 복지 및 보건 관련 업종과 더불어 소득수준의 향상에 따라 그 수요가 늘고 있는 예술, 스포츠, 그리고 각종 여가 관련 업종도 있다.

서비스업의 주요 업종들은 본서의 여러 장에서 다루고 있으므로[1] 그곳을 참조하기 바란다. 이하에서는 통계청의 서비스업의 조사에 관해 간단히 언급하고, 서비스업의 전반적 변화 추이를 살펴본다. 여가 관련 업종에 관해서는 좀 더 부연하기로 한다.

1) 서비스업의 조사

우리나라의 표준산업분류가 처음 제정되었던 1964년 서비스업의 대분류 업종은 '상업' '운수보관 및 통신업' 그리고 '서비스업'의 세 가지 뿐이었고, 중분류 업종의 개수도 13개에 불과하였다. 이후 9차에 걸쳐 표준산업분류가 개정되는 과정에서 대분류 업종은 14개로 증가하였고, 중분류 업종 개수도 38개로 늘어났다. 서비스업의 규모가 커지고 다기화하면서 이를 포착하기 위한 분류 체계도 세분화되어 왔음을 알 수 있다.

서비스업 관련 통계는 해방 전에는『조선총독부통계연보』, 해방 후에는『대한민국통계연감』등에 상업, 금융, 전기가스, 철도, 수운, 위생, 교육 등의 다양한 항목으로 실려 있다. 이들은 행정기관에 의해 조사 보고된 자료에 의거해서 작성된 것이다.

통계청이 서비스업에 실태를 조사하기 위해 본격적인 조사를 시행한 것은 1968년부터이다. 다만 처음에는 도소매업에 한정해서 출발하였고, 점차 조사범위를 넓혀 갔다. 표 M-a는 통계청이 행한 서비스업 조사의 변천을 요약하였다. '상업센서스'라는 명칭으로 최초로 전국 도·소매 부문과 개인서비스업 경영 실태를 조사하였다. 이후 1971년, 1976년 1979년, 그리고 1982년 각각 '도·소매업센서스'라는 명칭으로 전국의 도·소매업 부문 및 음식·숙박업 부문 사업체 경영 실태를 조사하였다. 따라서 1968년은 서비스업 전체가 아니라 도·소매업만, 그리고 1982년까지도 도·소

1 E. 교육, F. 건강, K. 유통, S. 정부재정과 고용의 각 장에서 다룬다.

표 M-a 통계청 서비스업 조사의 변천

연도	조사 명칭	조사 대상	비고	한국표준산업분류 적용
1968	상업센서스	도 · 소매업	도 · 소매업 통계 수록	1차 개정 적용
1971	도 · 소매업센서스	도 · 소매업과 음식숙박업	〃	3차 개정 적용
1976	도 · 소매업센서스	〃	〃	4차 개정 적용
1979	도 · 소매업센서스	〃	〃	〃
1982	도 · 소매업센서스	〃	도 · 소매업과 음식숙박업	〃
1986	도 · 소매업 및 서비스업총조사	도 · 소매업, 음식숙박업, 사업서비스업, 위생 및 유사서비스업, 사회서비스업, 오락 및 문화예술서비스업, 개인 및 가사서비스업	기존 도소매업센서스에 신규 서비스업 사업체 추가	5차 개정 적용
1991	총사업체통계조사	〃		〃
1996	도 · 소매업 및 서비스업총조사	G. 도 · 소매업 및 소비자용품수리업, H. 숙박 및 음식점업, K. 부동산임대 및 사업서비스업, M. 교육서비스업, N. 보건 및 사회복지사업, O. 기타 공공 사회 및 개인서비스업		6차 개정 적용
2001	도 · 소매업 및 서비스업총조사	G. 도매 및 소매업, H. 숙박 및 음식점업, J. 통신업, K. 금융 및 보험업, L. 부동산 및 임대업, M. 사업서비스업, O. 교육서비스업, P. 보건 및 사회복지사업, Q. 오락 문화 및 운동관련서비스업, R. 기타 공공 수리 및 개인서비스업		8차 개정 적용
2005	서비스업총조사	〃		〃
2010	경제총조사	KSIC 21개 대분류 중 T. 자가소비생산활동 및 U. 국제 및 외국기관을 제외한 모든 사업체		9차 개정 적용
2015	경제총조사		2016년 실시 잠정 결과 발표	

매업과 음식 · 숙박업의 통계만 이용할 수 있다. 1986년부터는 모든 서비스업 사업체를 대상으로 하여 이들 업체의 지역별 · 산업별 분포 및 고용 상태 등을 조사하기 시작하였으므로 이때부터 비로소 서비스업 전체의 통계를 이용할 수 있게 되었다. 또 1988년 이후 센서스를 실시하지 않은 해에도 기존의 센서스 결과를 모집단으로 이용하여 표본조사를 실시하였으므로[2] 1986년 이전과 달리 매년의 시계열을 이용할 수 있다.

이들 조사에 의거한 도 · 소매 및 음식 · 숙박업의 사업체수와 종사자수는 M18-39에, 서비스업의 업종별 사업체수 및 종사자수는 M40-129에 실려 있다. 서비스업의 경우 1981-1991년, 1993-2005년, 2006-2015년으로 나누어 실려 있는데, 서비스업의 분류가 변경되었기 때문이다. 서비스업 사업체수와 종사자수를 다시 사업체의 조직형태별, 규모별로 또는 종사자의 종사상의 지위별로 나눈 통계도 제시하였다 (M74-108).

2 표본의 크기는 2006년은 7만 1,000개 사업체, 2013년은 10만 2,102개 사업체였음.

2) 서비스업의 변화 추이

먼저 그림 M-b에서 보는 바와 같이 서비스업의 부가가치 생산액이 국민경제에서 차지하는 비중을 보면, 1911년 25.4%를 시작으로 지속적으로 상승하여 1931년 38.7%에 달하였다. 이후 그 비중은 지속적으로 하락하였고, 1940년에는 31.7%에 불과하게 된다. 1931년 이후 서비스업의 상대적인 비중 감소는 식민지 공업화에 따른 제조업 비중의 상대적 증가에서 기인한다.

해방 이후 남한의 경우, 한국전쟁 직후인 1953년 서비스업의 비중은 40.3%였다. 이후 다소 변동은 있었지만 점증하여 1962년이 되면 42%에 달하였다. 1963-1965년 사이의 서비스업의 비중이 축소되었다. 이는 농림어업 부문의 생산증가에서도 일부 기인하지만, 주로 제조업의 급속한 비중 증대에서 기인한 것이었다. 1960년대 후반 이후부터 서비스업이 차지하는 비중은 지속적으로 증가하여, 2008년이 되면 61.2%에 달하였다. 현재는 60% 수준을 유지하고 있다.

그림 M-c에서 해방 이전과 해방 이후 서비스업 구성의 추이를 살펴보자. 해방 이전에는 전통적 업종으로 부를 수 있는 도소매 및 음식숙박업이 전체 서비스업의 40% 가량을 점하고 있었지만, 해방 이후에는 그 비중이 지속적으로 하

그림 M-b 총부가가치 중 서비스업의 비중(%)

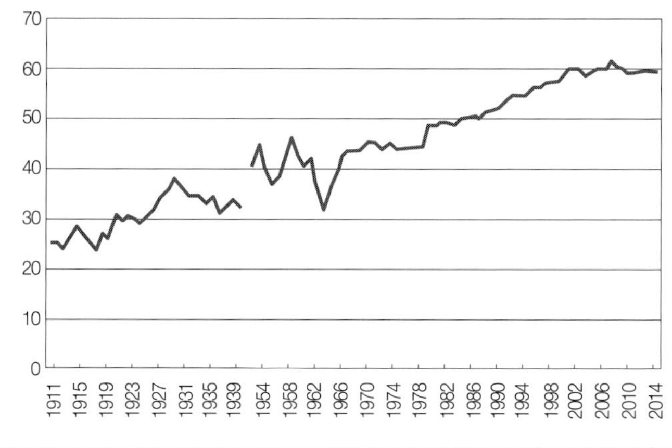

자료: N176-183.

그림 M-c 서비스업 부문별 구성 추이(%)

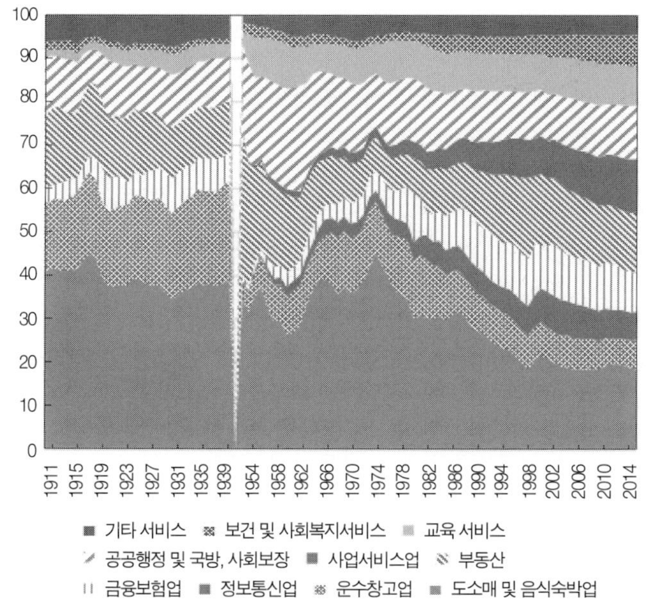

자료: N176-183, M1-17.
주: 1) 1911-1940년에는 운수창고업에 통신업이, 부동산업에 사업서비스업이 포함되어 있다.
2) 그래프에서 업종의 순서는 범례의 순서와 맞추었다.

락하였다. 1920년대 이후에는 운수창고통신업 및 금융보험업과 교육서비스업의 비중이 지속적으로 증가하고 있었다.

해방 이후 남한 지역 서비스업 구성 변화 추이는 해방 전과 상당한 차이를 보인다. 운수보관업과 정보통신업 그리고 부동산임대업과 사업서비스업을 구분하여 살펴보면, 생산 활동과 보다 밀접한 금융 및 보험업, 사업서비스업, 그리고 정보통신업의 비중이 계속 증가하였음을 확인할 수

그림 M-d 산업별 부가가치와 취업자의 비중(%)

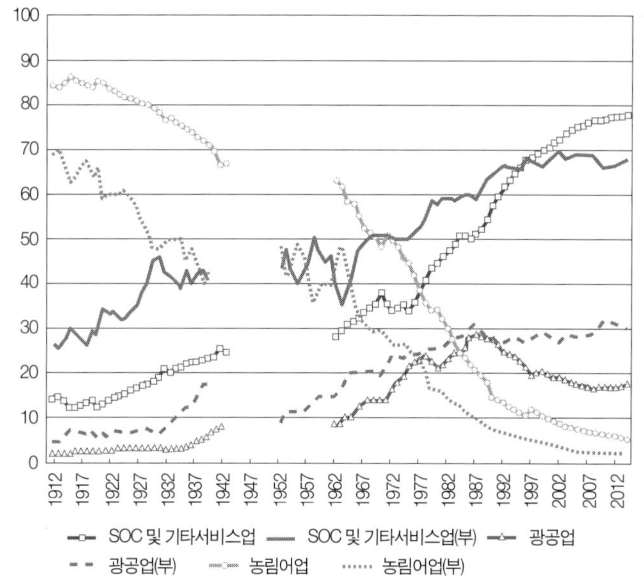

자료: C434-443, C494, C498, C501, N169-184.
주: 1) (부)가 붙은 것은 부가가치 생산액의 산업별 비중을, 그 외에는 취업자의 산업별 비중을 뜻한다.
2) 1963년 이후의 취업자는 경제활동인구조사에 의거한 것이지만, 해방 전은 가구주를 대상으로 하는 유업자 조사이며, 두 시기에는 통계상의 단절이 있다.

있다. 제조업을 비롯한 여타 업종 내부에서 행해지던 각종 기능들이 분화되어 독립된 업종으로 전문화되는 과정에서 이러한 금융업 및 각종 사업지원 서비스업 등의 분화 과정이 나타나고 있기 때문인 것으로 보인다.

또 1990년대 이후 보건 및 사회복지사업의 지속적인 비중 증대도 나타나고 있으며, 문화 및 기타서비스업도 1980년대 이후 지속적으로 증가하고 있다. 2015년 현재 금융 및 보험업, 부동산 및 임대업, 사업서비스업, 그리고 문화 및 기타서비스업 각각의 비중은 9.2%, 13.6%, 12.5%, 그리고 4.4%이다.

그런데 이와 같이 서비스업의 비중이 장기적으로 늘어나는 것을 어떻게 이해할 수 있을까? 이를 좀 더 들여다보기 위해 그림 M-d는 서비스업[3]의 비중을 부가가치와 취업자의 두 가지 기준으로 제시하였다. 그리고 농림어업과 광공업의 수치도 비교할 수 있도록 함께 제시하였다. 어느 기준을

3 그림 M-b와 달리 여기서의 서비스업은 전기가스 수도업이나 건설업 등 사회간접자본(SOC)을 포함해서 제시하였다. 취업자 통계의 산업별 분류에 맞추기 위한 것이다.

보더라도 서비스업의 비중은 지난 100년간에 걸쳐 지속적으로 상승해 왔음을 알 수 있다. 이와 대조적으로 농림어업의 비중은 급격히 줄어들었다. 농림어업의 경우 취업자 비중이 부가가치 비중보다 상당히 큰 반면 광공업과 서비스업은 그 반대로 나타났다. 이것은 농림어업의 일인당 부가가치가 상대적으로 낮은 반면, 다른 두 산업의 일인당 부가가치는 그만큼 높았음을 보여 준다.

그런데 서비스업의 경우 부가가치와 취업자 비중의 격차가 점차 줄어들어 1990년대 이후에는 역전되었음이 주목된다. 그에 대해 광공업의 부가가치는 정체되었지만, 취업자의 비중이 급격히 감소하여 동 격차가 더 벌어졌다. 고도성장기(1960-1980년대)에는 노동집약적 제조업이 수출과 성장을 견인하였고 그로 인해 광공업의 취업자 비중은 빠르게 높아졌다. 그렇지만 1990년대 이후 중국을 비롯한 구사회주의 체제의 저임금 국가들이 세계시장에 진입함에 따라 한국의 노동집약적 제조업은 쇠퇴하고 자본 또는 기술 집약적인 산업으로의 재편이 가속화되었다. 그 결과 종래 고용증가를 주도하던 제조업에서는 오히려 고용이 감소하고, 늘어나는 경제활동인구는 서비스업에서 흡수되고 있다.

따라서 서비스업 비중의 증가에는 두 가지 측면이 있다고 생각된다. 먼저 일인당 소득의 증가와 함께 서비스 수요가 늘어나는 일반적 경향(Weiss and Carter 2006)을 반영하고 있다. 그와 함께 근래에 한국에서는 광공업과는 반대로 서비스업의 일인당 부가가치가 상대적으로 급격히 떨어지고 있는 데에서 나타나듯이 노동집약적 제조업의 쇠퇴라는 고용충격을 완충(buffer)하는 역할을 하고 있는 것으로 생각된다.

그러면 서비스업은 어떤 사업체로 이루어져 있을까? 그림 M-e는 전술한 서비스업 사업체조사가 이루어진 시기에 대해 몇 가지 지표를 제시하였다. 그에 따르면 서비스업은 90% 전후가 개인사업체로 이루어져 있고, 종사자가 1-4인에 불과한 영세한 규모임을 알 수 있다. 이들 비율이 1980년대 이후 감소하고 있어 일부 사업체의 대형화 추세도 나타난 것도 사실이지만, 영세 사업체의 압도적인 비중은 크게 변하지 않았다. 또한 서비스업 종사자 중에는 자영업주나 무급가족 종사자의 비중이 여전히 높다. 서비스업 중에서도 업종별로 차이가 커서 금융보험이나 사업서비스의 경우 그 비율이 10%에 불과하였다. 그에 비해 도소매 및 음식숙박업

그림 M-e 서비스업에서의 자영업주 또는 개인사업체의 비중(%)

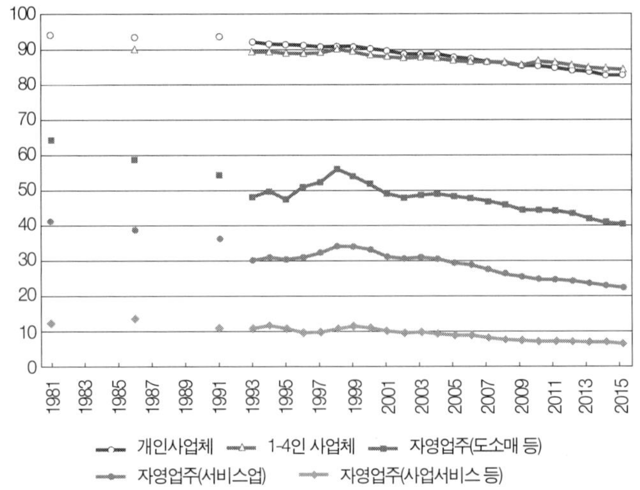

자료: M130-164.

주: 1) 개인사업체란 조직 형태(법인, 단체, 개인사업체) 중에서 개인사업체의 비중을 말한다.
2) 1-4인 사업체란 종사자 규모가 1-4인인 사업체의 비중을 말한다.
3) 자영업주란 전체 종사자 중에서 자영업주나 무급가족 종사자의 비중을 말한다. 그 중 (도소매 등)은 도소매업과 음식숙박업, (사업서비스 등)은 금융보험 부동산 및 사업서비스를 말한다.

의 경우는 1980년대 초에는 60%를 넘었고, 현재에도 40%를 유지하고 있어 가족노동에 크게 의존하고 있음을 알 수 있다.

3) 여가

여가(Leisure)는 표준산업분류상으로는 예술 스포츠 및 여가 관련 서비스업을 말하며, 중분류상으로는 창작 예술 및 여가 관련 서비스업(90) 및 스포츠 및 오락 관련 서비스업(91)에 해당한다. 여가 부문이 국민경제 전체 부가가치 중에서 차지하는 비중을 산출하기는 용이하지 않다. 한국은행의 국민계정 분류상 여가는 문화 및 기타 서비스업에 해당되지만, 기타 서비스업이 포함되어 있어 여가 부문만을 따로 분리하여 살펴볼 수 없기 때문이다. 국민경제 전체 부가가치 중에서 기타 서비스업이 포함된 이 부문이 차지하는 비중은 1953년 0.76%에 불과하였지만, 2015년 2.63%에 달하고 있다.

아래에서는 여가 중에서 몇 가지 사례를 들어 그들의 장기 추이를 살펴보고자 한다. 먼저 극영화인데, 우리나라에서 1906년 한미전기회사가 전차 승객을 유치하기 위해 동대문에 활동사진관람소를 만들어 초기의 미국 영화를 상영

그림 M-f 일인당 영화관람건수와 TV수상기 보급대수

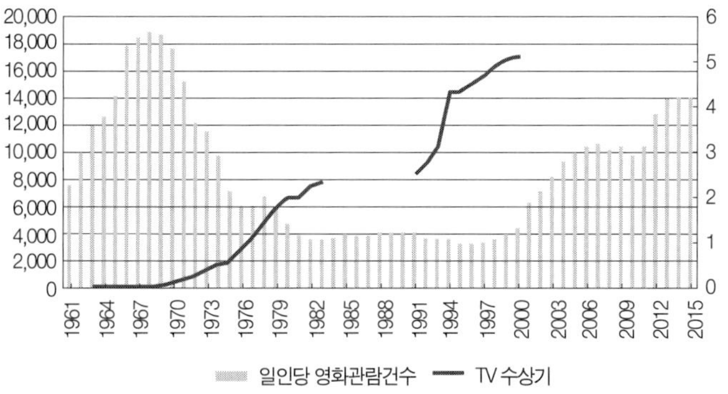

주: 일인당 영화관람건수는 우축 눈금, TV수상기 보급대수(단위: 천 대)는 좌축 눈금.
자료: M169, M170.

한 것이 영화관의 시작이라고 한다. 그 후 광무대, 장안사, 단성사, 연흥사 등이 상설 영화관으로 등장하였다. 또 한국 극영화의 효시로 평가받는 윤백남의 〈월하의 맹서〉가 1923년에 제작되었다. 한국전쟁 이후에는 영화제작사가 급증하였고 이에 따라 영화제작편수도 늘어나서 1959년 한 해 동안에만 100편이 넘는 영화가 제작되었다. 그렇지만 1960년 이전의 영화제작 및 관람객 현황 등을 살펴볼 수 있는 통계 자료는 없다.

1961년 9월 군사정부는 기존에 65개에 달하던 영화사를 15개사로 정리한 다음 1962년 영화법을 제정하여 일정 수준 이상의 시설과 인력을 갖춘 영화업자만 등록하도록 하고 연간 일정 편수 이상의 극영화를 제작하지 못할 경우 등록을 취소할 수 있도록 하였다. 또 우수 제작사에게만 외화수입쿼터를 배정함으로써 대규모 제작사의 경쟁력을 강화하도록 하였다. 이에 더하여 영화 상영 전에 완성된 필름으로 허가를 받도록 함으로써 극영화에 대한 검열을 강화하였다. 또 극장에서 상영해야 할 국산영화의 편수 및 상영일수의 하한을 지정하는 스크린쿼터제를 1966년부터 실시하게 된다(조희문 2006). 또 극장의 설치 허가에 필요한 시설기준을 엄격히 함으로써 극장 신설을 규제하였다. 정부의 통제와 규제 아래에서도 영화관람객은 폭발적으로 증가하였다. 1961년 연 5,800여만 명이었던 관객수는 1968년이 되면 1억 7,000만 명을 초과하게 된다. 그림 M-f에서와 같이, 인구 일인당 영화관람건수가 2.27건에서 5.68건으로 늘어났다. 이 시기 영화는 산업화와 도시화의 진전에 따라 도시에 모여든 사람들이 누릴 수 있는 유일한 대중문화로 기능하였던 것이다.

1970년대가 되면 대중소설이 등장하고 독서인구가 증가함에 따라 문학예술의 대중화가 진전되고 연극에서 대중적 상업극단이 등장하는 등 대중문화의 소비가 다양화하기 시작하였다(강현두 1987). 이러한 대중문화의 다양화는 영화관객을 감소시킨 요인이었다. 또 고속도로의 개통과 관광지의 개발 등으로 인해 제한적이지만 레저 수요가 점증하기도 하였다. 그렇지만 영화관객 감소에 있어서 결정적인 요인은 TV의 보급에 따른 TV드라마 시청 확대였다. 그림 M-f에서와 같이, 인구 일인당 영화관람건수는 1968년 5.8건으로 정점에 도달한 이후 지속적으로 하락하여 1996년이 되면 0.9건에 불과하게 된다. 반면 TV수상기 보급은 1970년대에 엄청나게 증가하였다. 1963년에 3만 4,000여 대에 불과하였던 TV수상기 보급대수는 1973년이 되면 128만 대를 넘어서게 되었고, 1978년에는 513만 대를 초과하였다. 이에 따라 1970년대에는 극장수가 감소하였다. 1971년 717개에 달하였던 극장수는 이후 지속적으로 감소하여 1982년이 되면 404개로 줄어들게 되었다(M165).

1980년대 중반 이후 영화산업의 틀은 변화되기 시작하였다. 1985년 영화법 개정으로 인해 영화제작업과 영화수입업이 분리됨으로써 소수 기업에 의한 영화수입 독점구조가 깨어졌다. 또 영화시장의 개방으로 인해 1988년부터 미국 직배사의 영화가 개봉되었으며, 1992년부터는 대기업의 영화산업 진출도 본격화되었다(이충직 외 2001). 1990년대 후반에는 본격적 토착 메이저 배급사가 등장하였고, 1998년에는 멀티플렉스 영화관이 개장하게 되었다. 1990년대 말 이후 스크린수의 급증은 멀티플렉스 영화관의 성장을 반영하고 있다(M166). 1990년대 말 이후 영화관객수 급증은 이러한 영화산업의 새로운 구조 변화 속에서 나타난 현상이다.

다음으로 프로스포츠인데 이는 스포츠를 상품으로 소비자에게 제공하고, 그에 대한 대가로 선수, 스포츠팀, 구단주, 주최자 등이 경제적 이득을 취하는 경제 활동을 말한다. 또 프로스포츠는 보수의 원천에 따라 관객의 입장료에 의해 보수를 얻는 프로스포츠,[4] 관객의 투기에 의해 보수를 얻

4 프로야구, 프로축구 등이 그 사례이다. 물론 방송중계권료나 상품화권 등이 추가적 수입이 되기도 한다.

그림 M-g 프로야구 및 프로축구 관중수 추이(천 명)

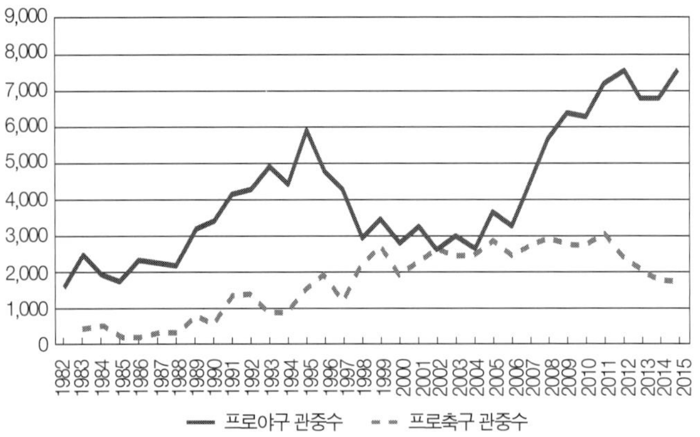

자료: M179, M182.

그림 M-h 해외관광객수(천 명)

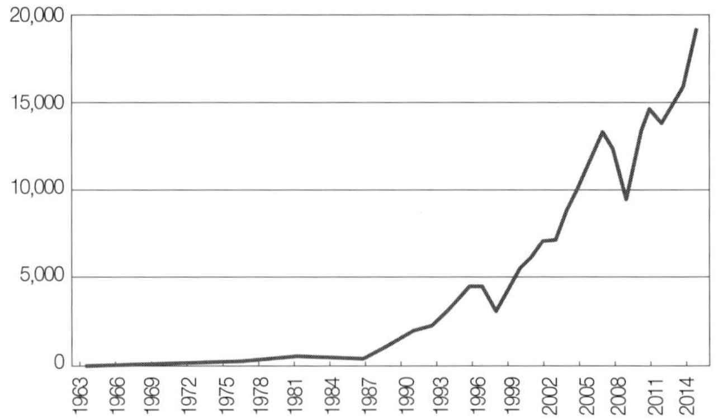

자료: M196.

는 프로스포츠(경마, 경륜 등), 그리고 스폰서의 상금에 의해 보수를 얻는 프로스포츠(프로골프, 프로볼링, 프로테니스 등)로 구분된다(박주한 · 추연숙 2005). 아래에서는 관객의 입장료에 주로 의존하는 관람스포츠에 국한하여 살펴본다.

우리나라 근대 프로스포츠는 1913년 전조선자전차경기대회에서 일미상회 종업원이었던 엄복동이 우승을 차지하면서 시작되었다고 한다. 이후 자전거경기대회는 관객들이 몰려드는 스포츠 행사가 되었다. 엄복동은 1920년에 개최된 시민대운동회 자전거경주대회에 참가하면서 일미상회로부터 영국제 자전거를 스폰서 받았다고 한다.

해방 이후에는 프로복싱과 프로레슬링으로 그 영역이 확장되었지만, 산업으로서의 프로스포츠가 아직 확립되지는 않았으므로, 레슬링과 권투는 하나의 직업으로 인식될 뿐이었고, 프로스포츠 경기 자체 역시 지속적이지 않은 이벤트의 성격이 강하였다.

우리나라의 프로스포츠는 1982년 6개 팀으로 구성된 프로야구가 출범하면서, 새로운 변화를 맞게 된다.[5] 이후 1983년에는 프로축구, 1997년에는 프로농구, 그리고 2005년에는 프로배구가 출범하였다. 2014년 현재 이들 프로스포츠 총관중수는 1,056만 명에 달하고 있지만, 관중수 면에서 프로야구와 프로축구가 대표적이다.[6] 그림 M-g에서 보듯이 프로축구는 출범 이후 2000년대 초반까지 지속적으로 관중수가 증가하였다가, 이후 관중수는 정체 상태에 있다. 프로야구 관중수는 출범 이후 등락을 거듭하였지만, 1988년을 기점으로 하여 1990년대 말까지 급속히 늘어났다. 그렇지만 그 이후 10여 년의 침체기를 겪었고, 2007년 이후 관중수의 급속한 증가를 경험하고 있다.

마지막으로 해외여행이다. 외화낭비를 막는다는 구실 아래 해외여행을 제한하던 기존의 각종 규제가 완화되었는데, 특히 1981년에는 해외여행 추천제가 폐지되었고, 1989년에는 해외여행의 전면적 자유화가 시행되었다. 그림 M-h에서와 같이 해외관광객수는 1980년대 후반 이후 급증하였다. 1998년의 외환위기를 겪으면서 일시 감소하였지만 1999년 이후부터 다시 가파르게 증가해 오고 있다. 이에 따라 해외관광 지출액도 1990년대 이후 지속적으로 증가하고 있다.

2. 공익사업

유틸리티즈(utilities)라는 명칭은 그것이 제공하는 서비스가 유용하다는 것에서 유래하였다. 주로 공중의 일상생활에 필수적인 전기 · 가스 · 수도 등의 서비스를 제공하는 사업을 의미한다. 오늘날 영미권 국가들에서는 유틸리티즈를 공익사업(public utilities)과 거의 동의어로 사용하고 있다. 그 이유는 대개 이들 사업들이 정부나 공공기관에 의해 운영되거나, 민간에 의해 운영될 경우에도 대개는 정부의 규제하에 있기 때문이다. 또 이들 사업은 설비투자에 소요되는

5 1980년대 초 당시의 정치적 상황과 프로스포츠의 태동이 밀접한 관련이 있다는 김명권(2012)의 지적도 있다.
6 일관된 시계열 역시 프로야구 및 프로축구 2대 프로스포츠만 입수 가능하다.

그림 M-i 총부가가치 중 공익사업의 비중(%)

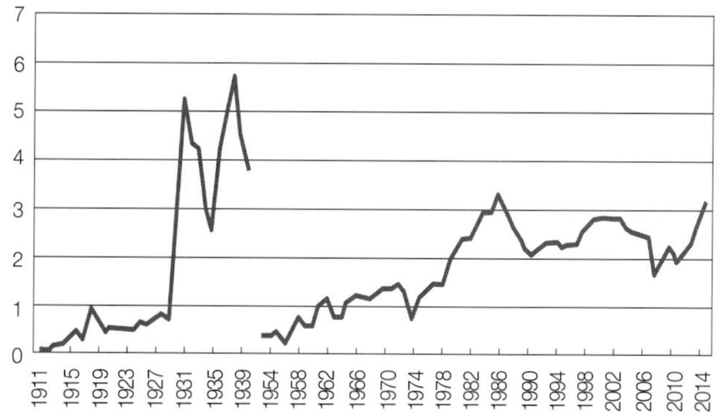

자료: N174.

자금의 규모가 클 뿐만 아니라 대부분의 경우 서비스의 배분 과정에서 광범위한 파이프 및 전선 등의 네트워크를 사용함으로써, '자연독점'의 특성을 갖게 된다. 이러한 특성 때문에 정부 규제가 이루어지기도 한다(Weiss and Carter 2006).

그림 M-i에서 보이듯이 총부가가치에서 공익사업이 차지하는 비중은 1911년 0.1%에 불과하였지만, 1930년부터 급증하여 1938년에는 5.8%에 달하게 된다. 후술하는 바와 같이 이 시기 북한 지역을 중심으로 이루어진 대규모 전력개발에 기인한 것이었다. 해방 이후 공익사업이 총부가가치에서 차지하는 비중은 매우 낮아, 1953년 0.37%에 불과하였다. 이후 그 비중은 계속 증가하여, 1965년 1.05%에 달하였고, 1980년 2.17%로 2%를 넘어섰다. 2015년 현재 국민경제에서 약 3.2%를 차지하고 있다. 또 1970년에는 공익사업의 92%가 전기업이었지만, 1980년대 이후 가스 및 수도 등의 업종이 차지하는 비중이 계속 증가하였다. 2015년 현재 전기 · 가스 · 수도 각각의 비중은 63%, 12%, 25%이다.

1) 전기

1887년 3월 6일 경복궁 내 건청궁에서 우리나라 최초의 전기점등이 이루어졌다. 에디슨이 백열전구를 발명한 지 7년 5개월 만의 일로 일본 궁성보다 약 2년 앞선 것이었다. 1883년 9월 미국을 방문한 민영익, 홍영식, 서광범, 유길준 등 보빙사 일행은 전등을 처음 보았고, 당시 중국에서 무역업을 하고 있던 프레이자(Everett Frazar)가 보빙사 일행에게 전등 설치를 권유함에 따라 국내 전등 가설이 추진되었던 것이다. 7년 뒤에는 창덕궁에 2번째 발전소가 설치되는 등 우리나라 초기의 전기시설은 궁내에서 시작되었다. 이어 1898년 1월에는 최초의 전기회사인 한성전기회사가 황실기업으로 설립되어 5월부터 전차사업을 실시하였고, 1901년부터는 영업용 전등사업도 시작되었다. 한성전기회사는 1904년 한미합작의 한미전기회사로 개편되었다가 1909년 일한와사(日韓瓦斯)(주)에 의해 인수되었다. 초기의 전기사업은 서울, 인천, 부산과 같은 대도시와 개항장을 중심으로 점증하는 전등 수요에 대응하여 이루어졌다. 그리고 전기사업은 주로 일본인의 주도 아래 이루어졌다(에너지경제신문사 2007).

이후 전기사업은 지방의 중소 도시까지 확대되었고, 전기사업자는 1931년 89개에 달하게 되었다. 이들 전기사업자 대부분은 소규모 내연기관 발전설비를 설치하여 전력을 생산하고 관할 지역에 전기를 공급하고 있었으므로, '발전-송전-배전'은 통합되어 있었다. 그렇지만 이와 같은 전기사업의 기본 틀은 1930년대 이후 근본적으로 변화되었다. 조선총독부에 의해 실시된 2차례의 수력조사를 통해 풍부한 수력자원의 활용 가능성이 확인되었고, 이미 1920년대부터 대규모 수력발전 시설과 장거리 송전설비가 구축되기 시작하였기 때문이다. 총독부의 통제 아래 전원개발은 일본 대기업에 의해 주도되었고, 기존의 영세 전기회사는 통합되어 배전회사로 전환되었다. 이 과정에서 발전설비는 급속히 확충되었고, 수력이 전체 발전용량의 94%에 달하게 되었다.

해방 당시 발전설비용량은 약 172만 kW였고 그 중에서

그림 M-j 발전량 추이(천 MWh)

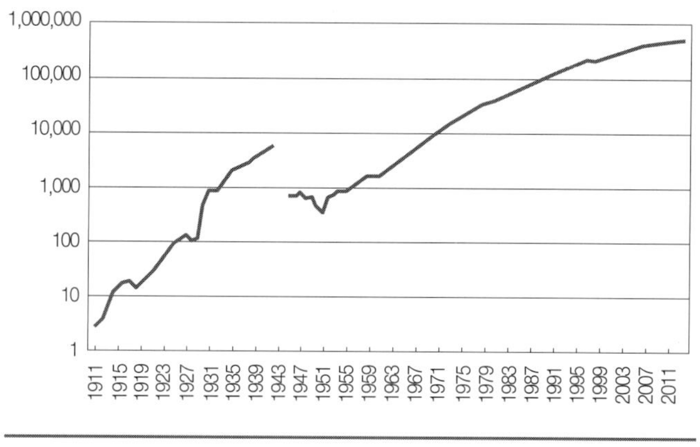

자료: M212.

주: 1945년 이전은 남북한, 1945년 이후는 남한이다. 세로축은 로그눈금으로 표시하였다.

88.5%가 북한 지역에 소재해 있었다. 당시의 남한의 전기사업자는 발전을 담당하였던 조선전기(주)와 배전을 담당하였던 경선전기(주) 및 남선전기(주) 3사가 있었다. 전력 수요에 비해 발전설비용량이 현저히 부족했던 남한은 전력 수요의 70-80%를 이북수전에 의존하고 있었다(M211 참조). 1948년 북한의 5.14단전으로 전력 부족 사태는 심각해졌고, 발전선 등의 긴급한 배치를 통해 일시적으로 위기는 모면하였지만, 한국전쟁으로 인해 전력시설의 80%가 파괴되는 등 많은 어려움을 겪게 된다.

1960년대 들어 전력업에서 중요한 전기가 마련되었다. 1961년 기존의 전력 3사가 통합되어 한국전력주식회사로 출발하였고, 제1차 전원개발 5개년계획(1962-1966)이 수립되어, 전력설비 확충이 시작되었고, 그림 M-j에서 보는 바와 같이 발전량이 급증하였다. 1970년대의 석유위기는 1967년부터 이미 기획되었던 원자력발전소 건설을 보다 확대하게끔 하는 계기가 되었다(김정관 1995). 1977년 최초의 원자력발전소인 고리원전 1호기가 가동되었고, 1980년 이후 원자력을 주로 하고 석탄을 종속으로 삼는 '원주종탄' 정책이 본격화되었다. 이에 따라 1987년이 되면 전체 발전량에서 원자력이 차지하는 비중이 53%에 달하기도 하였다(M208-212 참조).

1990년대 이후 전력업의 새로운 변화가 이루어지고 있다. 전력사업의 효율성을 도모한다는 목표 아래 전력산업 구조개편이 시도되어 6개 발전회사로의 분할과 전력거래소 설립이 이루어졌다. 신 · 재생에너지가 새로운 에너지원으로 각광받고 있으며, 안전 등의 우려로 인해 원전의 일방적 확충에 대한 국민적 반감도 점증하고 있다. 2014년 현재 원자력 발전이 차지하는 비중은 30% 미만으로 하락하였고, 그 절대적 비중은 미미하지만 대체에너지의 비중도 점차 증가하고 있다.

2) 가스

우리나라에서 최초의 도시가스 공급은 용산에 공장을 건설하였던 일한와사(日韓瓦斯)(주)가 1909년 11월에 서울의 진고개 일원의 상가에 점등용 석탄가스를 공급함으로써 이루어졌다. 이후 도시가스는 업소와 공장에서 취사 및 가열용으로 주로 사용되었다. 1930년대에는 유연탄을 원료로 가스를 제조하는 설비 및 이를 공급하기 위한 고압관 시설이 확충되었다. 해방 이후에는 원료 확보의 어려움과 시설 망실 등으로 조업에 어려움을 겪었고, 한국전쟁을 거치면서 대부분 파손되었다.

한국전쟁 이후 가스의 사용은 용기에 주입된 LPG를 통해 이루어졌다. 1950년대에는 미군부대에서 유출된 LPG가 일부 사용되었고, 1960년대에는 일본 수입품에 주로 의존하였다. 그렇지만 국내에는 생산설비가 없었기 때문에 다 쓴 용기를 다시 일본으로 반출하여 가스를 주입해서 다시 수입하는 방식을 택할 수밖에 없었다. 따라서 일부 부유층의 수입품 가스난로 연료로 제한적으로 사용되는 것에 불과하였다(에너지경제신문사 2007).

도시가스의 공급이 다시금 본격화된 것은 국내에서 정유공장의 시설능력이 확충되면서부터였다. LPG는 정유공장에서 원유를 처리할 때 나오는 부산물이므로, 원유처리 능력이 확충됨에 따라 가스의 생산은 증가하였다. 초기의 LPG는 차량용으로 공급되거나 용기에 주입되어 취사용으로 공급되었다. 1969년 호남정유 여수공장이 가동됨에 따라 비로소 가스의 대량 보급이 가능하게 되었다. 1970년 10월 1일 서울도시가스사업소가 설립되어 용산구 이촌동 소재 약 3,000가구를 대상으로 도시가스가 공급되기 시작했다. 또 1972년 11월 염창동 시영도시가스공장이 준공되어 영등포 등지의 6,000여 가구에 취사용 가스를 공급하였다. 이후 1982년 부산도시가스가 설립되는 등 주요 도시에 도시가스 회사가 설립되어 도시가스의 공급을 확대하여, M220-222에서와 같이 도시가스의 소비는 1987년 이후 급증하였다.

한편, 두 차례의 석유파동으로 인해 새로운 에너지원을 안정적으로 확보하고 석유 의존도를 낮출 수 있도록 에너지 수급 구조를 개편할 필요가 대두하였다. 1981년 정부는 'LNG사업 기본계획'을 수립하여 해외에서 LNG 도입을 확대해 나가기로 결정하였고, 1983년 한국가스공사를 발족시켰다. 1986년에는 인도네시아로부터 국내에 LNG가 최초로 도입되었고, 1987년 2월부터 수도권에 천연가스 공급이 시작되었다. 이후 해외에서 도입된 LNG는 도시가스의 급속한 확대 보급을 뒷받침하였다.

3) 수도

콜브란(C. Collbran)과 보스트윅(H. Bostwick)이 1903년 고종

그림 M-k 상수도보급률(%)

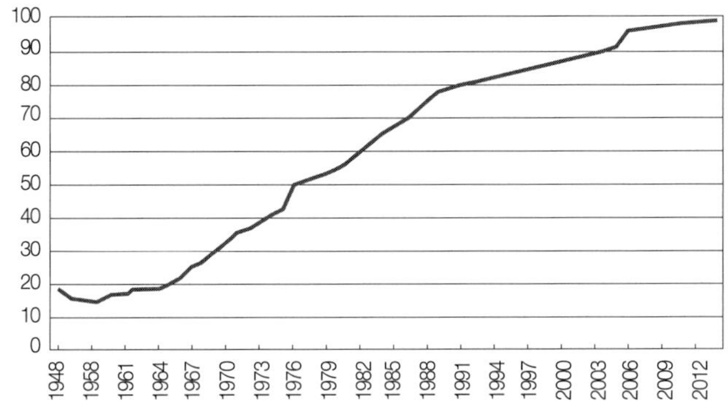

자료: M228.

으로부터 받은 상수도부설 경영에 관한 특허권을 1905년 대한수도회사가 양도받아 1908년 뚝섬에 정수장을 건설하여 급수를 시작한 것이 우리나라 근대 상수도의 시작이다.[7] 1911년 1월 운영권이 일본인에게 넘어갔고, 3월에는 조선총독부가 운영권을 매수하였다. 상수도사업은 관업경영으로 전환되어 해방까지 경성부 관리하에 있었다. 이후 급수능력은 지속적으로 확충되었고, 1942년 급수호수는 34만 6,000여 가구였다. 그렇지만 전체 인구 중에서 상수도를 사용하는 비중은 여전히 낮은 수준이었다. 해방 당시 인구 대비 급수인구 비율(보급률)은 18.4%에 불과하였다. 저조한 상수도 보급률은 1960년대 초까지 개선되지 않고 있었다. 산업화와 도시화의 진전에 따라 수돗물에 대한 수요는 급증하고 있었지만 이와 관련된 시설투자는 지체되고 있었기 때문이었다(서울특별시상수도사업본부 2008).

1961년 「수도법」이 제정되었고, 제1차 경제개발계획에서는 급수보급률을 계획 기간 중에 22%로 확대하겠다는 목표치가 제시되었다(임혜연 · 최막중 2015). 1966년에는 장기수자원계획인 '수자원종합개발10개년계획'(1970-1980)이 수립되었고, 1967년에는 한국수자원개발공사(현 한국수자원공사)가 설립되었다. 특히, 수자원공사가 전담하는 광역상수도 제도가 1979년부터 본격화되었는데, 이는 둘 이상의 지자체에 원수나 정수를 공급하는 광역상수도에서의 통합 관로 및 정수장 관리를 통하여 수돗물 공급이 원활하게 이루어지도록 하는 것이었다. 이러한 정책적 노력에 따라 그림 M-k에서와 같이, 상수도 보급률은 1976년 50%에 달하였고 1991년 81%, 그리고 2014년 98.7%에 이르게 되었다.

7 한편, 1903년 일본의 모리타와 사카모토는 일본 영사관으로부터 일본인 거류민들에게 제공하기 위한 사설수도부설허가를 얻어 남산에서 수원을 끌어와 수돗물을 공급하기 시작하였다. 이에 콜브란 등은 특허권 침해에 대해 항의하였고, 일본으로서도 급수 수요 확대에 직면하여 1907년 대한수도회사에 급수계약을 체결하였다.

참고문헌

강현두 편(1987), 『한국의 대중문화』, 나남.

김명권(2012), 「한국프로야구의 창립배경과 성립과정」, 『스포츠인류학연구』 7(2).

김정관(1995), 「해방이후 에너지정책 50년사」, 『석유협회보』 (9).

박주한 · 추연숙(2005), 「한국의 프로스포츠 현황과 과제」, 『한국체육정책학회지』 3(2).

변형윤 · 김기원(2015), 『한국경제의 이해』, 한국방송통신대학교출판문화원.

서울특별시상수도사업본부(2008), 『서울상수도백년사: 1908-2008』.

에너지경제신문사(2007), 『에너지정책&에너지산업 60년사』.

이충직 · 김동호 · 박지연(2001), 『한국 영화 상영관의 변천과 발전방안』, 문화관공부.

임혜연 · 최막중(2015), 「한국은 어떻게 상수도 공급문제를 해결했는가?」, 『국토계획』 50(4), 대한국토 · 도시계획학회.

조희문(2006), 「한국의 영화정책과 스크린 쿼터제의 변천에 관한 연구」, 『한국산학기술학회논문지』 7(5).

Weiss, Thomas and Susan B. Carter ed.(2006), "CHAPTER Dh Services and Utilities," in Susan B. Carter et al.(eds.), *Historical Statistics of the United States: Earliest Times to the Present MILLENNIAL EDITION Volume Four Part D Economic Sectors*, Cambridge University Press.

M. 서비스업 및 공익사업

이상철

1. 서비스

표 M1-17 서비스업 부문별 국내총생산, 1953-2015

	서비스업	도소매 및 음식숙박업			운수 및 보관업	금융 및 보험업	부동산 및 임대업	정보통신업		
		소계	도매 및 소매업	음식점 및 숙박업				소계	통신업	출판, 방송, 영화, 정보서비스
	M1	M2	M3	M4	M5	M6	M7	M8	M9	M10
	남한, 십억 원									
1953	18.6	6.5			0.7	0.3	6.0	0.1		
1954	28.2	8.9			1.3	0.3	7.9	0.2		
1955	43.1	15.2			2.5	0.6	9.2	0.3		
1956	53.9	20.2			3.5	0.7	10.9	0.4		
1957	72.3	23.5			5.9	1.5	13.2	1.0		
1958	80.0	23.6			6.6	2.2	15.2	1.2		
1959	95.0	28.1			7.9	2.5	16.5	1.7		
1960	99.0	26.1			8.8	3.3	17.7	2.3		
1961	114.8	31.0			11.2	3.6	18.4	2.5		
1962	142.5	40.2			13.6	4.6	20.7	3.5		
1963	175.0	57.1			15.6	6.1	24.4	4.6		
1964	224.1	81.7			18.4	8.2	29.5	6.4		
1965	284.8	111.7			25.1	9.6	34.0	8.4		
1966	389.8	152.6			40.1	12.6	41.6	13.9		
1967	520.7	200.3			59.6	17.1	58.3	17.9		
1968	671.8	241.1			85.8	27.4	70.3	24.7		
1969	878.9	327.7			114.1	37.3	83.2	30.4		
1970	1,128	405	348	57	145	54	103	36	21	15
1971	1,427	526	452	75	177	70	127	44	25	19
1972	1,779	689	594	95	219	81	151	54	31	23
1973	2,250	946	826	120	296	101	178	67	39	28
1974	3,250	1,468	1,307	161	382	152	257	88	52	37
1975	4,200	1,782	1,562	220	480	207	307	145	94	51
1976	5,709	2,252	1,970	282	643	326	412	214	141	74
1977	7,367	2,703	2,385	318	918	449	589	295	195	100
1978	9,882	3,551	3,155	396	1,275	738	775	383	249	135
1979	12,769	4,379	3,899	481	1,774	1,065	954	493	309	184
1980	17,071	5,150	4,570	580	2,263	1,942	1,367	732	486	246
1981	21,399	6,577	5,840	737	3,003	1,848	1,820	953	634	319
1982	24,990	7,596	6,674	922	3,376	1,373	2,419	1,354	950	404
1983	29,304	8,772	7,655	1,117	3,618	1,870	2,992	1,653	1,146	507
1984	33,810	10,359	9,086	1,274	3,933	2,281	3,449	1,957	1,379	578
1985	38,911	11,625	10,143	1,482	4,020	3,074	4,058	2,232	1,523	709
1986	45,991	14,187	12,177	2,010	4,715	3,702	4,905	2,542	1,740	803
1987	54,577	17,249	14,905	2,344	5,267	4,672	5,733	3,119	2,149	969
1988	65,004	19,829	16,960	2,869	5,968	6,518	6,892	3,695	2,519	1,177
1989	76,287	21,712	18,065	3,647	7,067	8,163	8,194	4,309	2,786	1,522
1990	92,646	25,374	20,767	4,607	8,171	9,185	11,339	5,344	3,321	2,023
1991	113,353	29,892	23,782	6,110	9,837	11,397	14,834	6,512	3,956	2,556
1992	133,449	33,412	26,202	7,210	11,333	14,265	18,060	7,472	4,368	3,104
1993	153,174	36,953	28,905	8,047	12,855	15,802	22,656	8,592	4,919	3,673
1994	180,904	42,231	32,750	9,481	14,766	18,436	28,499	10,599	5,764	4,835
1995	212,268	48,652	37,572	11,079	16,939	23,081	32,567	12,989	6,929	6,060
1996	242,739	52,143	39,426	12,717	18,549	27,175	38,575	16,037	8,318	7,719
1997	269,315	53,820	40,121	13,699	20,226	29,772	46,911	17,862	9,118	8,744
1998	274,093	50,546	38,124	12,422	21,548	30,204	50,637	18,520	9,794	8,727
1999	298,389	61,171	45,739	15,432	23,080	35,198	46,447	21,912	11,094	10,818
2000	327,961	71,849	54,755	17,094	24,727	32,320	53,541	25,483	12,363	13,121
2001	363,468	76,213	57,614	18,599	26,014	38,189	56,250	30,077	16,121	13,956
2002	406,564	81,720	60,992	20,728	28,374	48,996	60,880	34,467	17,828	16,639
2003	434,374	83,630	62,479	21,151	31,080	50,091	65,247	35,685	18,547	17,139
2004	462,359	87,399	66,114	21,285	34,718	49,992	68,858	36,479	18,149	18,330
2005	492,673	91,170	69,286	21,884	35,449	53,820	72,385	39,429	19,128	20,302
2006	524,011	97,228	73,674	23,554	36,516	55,741	75,499	40,806	18,352	22,455
2007	567,767	104,481	79,041	25,441	40,359	61,891	80,210	41,961	17,760	24,201

	서비스업	도소매 및 음식숙박업			운수 및 보관업	금융 및 보험업	부동산 및 임대업	정보통신업		
		소계	도매 및 소매업	음식점 및 숙박업				소계	통신업	출판, 방송, 영화, 정보서비스
	M1	M2	M3	M4	M5	M6	M7	M8	M9	M10
	남한, 십억 원									
2008	609,858	113,314	85,828	27,486	42,139	64,928	84,580	42,364	17,049	25,315
2009	634,402	118,141	89,456	28,685	40,520	65,352	88,208	43,989	16,674	27,314
2010	678,591	130,351	100,489	29,862	44,539	71,670	91,042	45,364	16,388	28,977
2011	715,113	140,705	109,635	31,071	42,459	77,873	94,716	46,827	15,697	31,130
2012	744,254	146,808	114,384	32,424	43,571	75,809	98,924	48,774	15,906	32,868
2013	772,184	150,252	116,480	33,772	46,772	72,478	103,527	50,589	16,394	34,195
2014	807,624	152,205	116,500	35,706	50,307	75,860	109,549	52,511	16,922	35,589
2015	846,410	156,097	118,144	37,953	57,372	77,991	115,170	54,126	16,902	37,224

	사업서비스업			공공행정 및 국방	교육서비스업	보건 및 사회복지서비스업	문화 및 기타서비스업
	소계	전문, 과학 및 기술서비스업	사업지원 서비스업				
	M11	M12	M13	M14	M15	M16	M17
	남한, 십억 원						
1953	0.1			3.7	0.5	0.4	0.4
1954	0.2			6.3	2.0	0.7	0.6
1955	0.3			8.7	4.1	1.2	1.0
1956	0.4			10.3	4.7	1.4	1.5
1957	0.6			16.0	6.9	1.6	2.2
1958	0.8			18.0	7.8	1.7	2.9
1959	1.1			21.7	9.7	2.2	3.6
1960	1.2			22.9	10.0	2.4	4.5
1961	1.7			27.2	10.6	2.8	5.8
1962	2.0			34.9	13.0	3.2	6.9
1963	2.5			37.4	14.4	4.3	8.6
1964	3.4			46.1	16.0	4.9	9.6
1965	4.8			54.5	17.3	6.5	13.0
1966	6.8			71.1	26.1	8.2	16.9
1967	9.8			87.6	35.2	9.8	25.1
1968	14.3			111.3	50.3	11.9	34.7
1969	19.7			140.2	64.8	14.7	46.8
1970	28	21	7	181	93	17	66
1971	36	26	10	218	119	23	88
1972	44	31	13	265	147	29	100
1973	55	39	16	290	170	35	114
1974	73	51	22	395	228	54	153
1975	97	66	31	559	349	75	200
1976	145	96	49	821	560	92	245
1977	214	148	66	1,077	708	116	299
1978	316	213	103	1,386	877	184	397
1979	463	295	168	1,809	1,099	236	496
1980	645	410	236	2,468	1,475	322	708
1981	836	533	304	3,081	1,918	476	887
1982	1,027	701	326	3,656	2,417	689	1,084
1983	1,276	913	362	4,048	2,824	942	1,310
1984	1,509	1,111	398	4,392	3,134	1,226	1,569
1985	1,922	1,486	436	4,903	3,620	1,609	1,848
1986	2,378	1,822	557	5,427	4,151	1,846	2,136
1987	3,024	2,287	737	6,211	4,766	2,070	2,468
1988	3,896	2,939	957	7,282	5,488	2,506	2,930
1989	4,730	3,580	1,150	8,847	6,709	2,931	3,627
1990	6,169	4,635	1,534	10,938	8,015	3,559	4,553
1991	8,041	5,975	2,066	13,390	9,558	4,333	5,558
1992	9,955	7,371	2,584	15,842	11,410	5,161	6,539
1993	11,866	8,646	3,220	17,824	13,107	6,002	7,520
1994	14,666	10,765	3,901	20,258	15,428	6,973	9,048
1995	17,936	13,193	4,743	23,185	18,114	8,229	10,577
1996	21,471	15,502	5,969	26,163	21,051	9,638	11,938

표 M1-17 계속

	사업서비스업			공공행정 및 국방	교육서비스업	보건 및 사회복지서비스업	문화 및 기타서비스업
	소계	전문, 과학 및 기술서비스업	사업지원 서비스업				
	M11	M12	M13	M14	M15	M16	M17
	남한, 십억 원						
1997	24,433	17,410	7,022	28,799	23,246	11,025	13,222
1998	23,876	16,339	7,537	30,597	23,662	11,906	12,597
1999	26,190	16,777	9,413	32,607	25,019	13,122	13,641
2000	29,037	18,383	10,654	35,062	27,071	14,159	14,714
2001	31,689	20,894	10,795	38,686	30,768	18,917	16,666
2002	36,087	24,063	12,024	42,863	34,409	19,836	18,933
2003	41,071	27,117	13,954	47,191	38,574	21,854	19,953
2004	45,726	30,531	15,195	51,894	42,608	24,027	20,659
2005	49,407	33,031	16,376	56,719	45,768	26,731	21,797
2006	54,583	37,220	17,363	60,466	50,064	29,614	23,493
2007	60,773	41,572	19,201	64,730	54,303	33,298	25,760
2008	67,758	46,818	20,940	71,209	59,746	35,947	27,874
2009	70,188	49,620	20,568	76,178	61,915	40,626	29,286
2010	77,950	54,169	23,781	78,886	63,749	43,925	31,115
2011	83,277	58,350	24,927	83,291	66,560	46,656	32,749
2012	88,828	62,527	26,301	88,655	68,546	50,031	34,309
2013	94,758	66,988	27,771	93,776	71,599	52,852	35,580
2014	100,937	71,384	29,553	98,334	74,008	57,130	36,785
2015	105,893	74,965	30,929	104,678	76,583	61,151	37,350

자료: 한국은행, 「경제활동별 GDP 및 GNI」(http://ecos.bok.or.kr).

표 M18-39 도소매 및 음식 숙박업 사업체수 및 종사자수, 1968-1986

	합계	도매업				소매업			음식 및 숙박업		
		소계	일반도매업	중개업	무역업	소계	일반소매업	종합소매업	소계	음식점업	숙박업
	사업체수										
	M18	M19	M20	M21	M22	M23	M24	M25	M26	M27	M28
	남한, 개										
1968	278,039	13,939	13,193	464	282	264,100					
1971	337,942	17,471	16,429	1,042		320,471					
1976	413,911	20,260				393,651	392,997	654			
1979	445,847	23,835				422,012	421,257	755			
1982	821,860	45,568				542,458	539,470	2,988	233,834	207,080	26,754
1986	995,355	68,760				637,762	630,413	7,349	288,833	259,451	29,382
	종사자수										
	M29	M30	M31	M32	M33	M34	M35	M36	M37	M38	M39
	남한, 명										
1968	523,332	66,470	54,798	2,590	9,082	456,862					
1971	646,386	65,212	61,349	3,863		581,174					
1976	787,138	93,679				693,459	685,375	8,084			
1979	881,789	116,609				765,180	759,804	5,376			
1982	1,719,345	173,156				945,778	920,916	24,862	600,411	521,508	78,903
1986	2,373,795	342,522				1,221,289	1,170,259	51,030	809,984	708,905	101,079

자료: 통계청, 『상업센서스』(1968); 통계청, 『도소매업센서스』(1971, 1976, 1979, 1982); 통계청, 『도소매업 및 서비스업총조사』(1986).

표 M40-75 서비스업 업종별 사업체수 및 종사자수, 1981-1991

	전 산업	도·소매 음식숙박업				운수 창고, 통신업		
		소계	도매업	소매업	음식 및 숙박업	소계	운수 창고업	통신업
	사업체수							
	M40	M41	M42	M43	M44	M45	M46	M47
	남한, 개							
1981	1,263,976	800,122	53,367	524,667	222,088	12,604	12,584	20
1986	1,676,609	1,005,331	78,736	637,762	288,833	22,401	21,022	1,379
1991	2,118,247	1,210,114	125,852	716,790	367,472	24,850	23,166	1,684
	종사자수							
	M48	M49	M50	M51	M52	M53	M54	M55
	남한, 천 명							
1981	6,603.3	1,761.0	262.1	907.1	591.7	316.6	315.9	0.8
1986	8,856.6	2,452.8	421.5	1,221.3	810.0	456.3	410.1	46.2
1991	11,356.1	3,074.9	629.8	1,424.4	1,020.7	548.6	480.0	68.6

	금융, 보험, 부동산 사업서비스					사회 및 개인서비스업				
	소계	금융업	보험업	부동산업	사업서비스업	소계	위생 유사서비스업	사회서비스업	오락 문화 예술서비스업	개인 및 가사서비스업
	사업체수									
	M56	M57	M58	M59	M60	M61	M62	M63	M64	M65
	남한, 개									
1981	49,559	8,125	2,328	26,026	13,080	198,991	399	58,042	22,324	118,226
1986	80,670	11,262	6,325	45,909	17,174	321,543	1,030	110,838	49,191	160,484
1991	102,920	14,201	10,355	52,644	25,720	427,351	1,272	157,496	84,897	183,686
	종사자수									
	M66	M67	M68	M69	M70	M71	M72	M73	M74	M75
	남한, 천 명									
1981	402.0	143.6	84.6	73.1	100.8	871.6	10.1	575.2	56.1	230.2
1986	614.9	218.1	149.2	120.8	126.8	1,294.9	25.4	822.7	120.5	326.3
1991	918.6	306.3	226.1	154.0	232.1	1,672.6	32.4	1,072.1	193.9	374.2

자료: 통계청, 「전국사업체조사」, 각년도.

표 M76-101 서비스업 업종별 사업체수 및 종사자수, 1993-2005

	전 산업	도매 및 소매업	숙박 및 음식점업	운수업	통신업	금융 및 보험업	부동산 및 임대업	사업 서비스업	공공행정, 국방 및 사회보장 행정	교육 서비스업	보건 및 사회복지사업	오락, 문화 및 운동관련 서비스업	기타 공공, 수리 및 개인 서비스업
	사업체수												
	M76	M77	M78	M79	M80	M81	M82	M83	M84	M85	M86	M87	M88
	남한, 개												
1993	2,304,250	837,929	410,193	129,800	3,572	28,589	75,400	42,220	12,795	82,315	36,432	69,295	237,146
1994	2,518,454	893,319	460,642	149,829	4,120	31,499	86,989	46,389	13,478	91,462	40,661	78,467	258,179
1995	2,771,068	944,131	522,323	207,049	4,326	35,169	92,213	51,657	13,760	99,273	45,905	86,991	282,096
1996	2,807,802	928,333	555,351	207,176	4,774	37,534	91,234	52,893	14,010	99,351	49,924	89,982	288,404
1997	2,853,673	924,738	585,409	210,554	5,089	38,785	92,270	56,008	13,785	98,766	54,649	95,720	298,182
1998	2,785,659	886,499	578,281	211,868	5,992	35,968	91,807	57,041	12,913	94,698	57,208	98,977	305,264
1999	2,927,330	909,205	601,117	238,963	6,687	35,888	97,206	61,657	12,290	102,333	59,144	115,374	318,737
2000	3,013,417	916,685	607,718	265,598	7,685	35,222	95,225	69,741	12,378	102,802	65,944	120,517	327,488
2001	3,046,554	892,430	616,711	288,107	7,851	36,165	94,911	71,754	12,091	106,039	62,738	116,753	331,125
2002	3,131,963	898,874	635,497	308,353	8,106	36,197	102,303	79,641	12,024	113,009	66,053	117,511	336,137
2003	3,187,916	894,410	648,038	325,915	8,844	34,610	111,152	84,275	12,220	119,103	69,425	122,168	342,215
2004	3,189,890	878,294	643,773	331,458	8,913	33,913	113,155	85,262	12,319	120,837	72,935	126,157	344,974
2005	3,204,809	864,687	621,279	338,642	9,371	34,690	116,190	87,671	12,570	127,284	76,074	128,637	352,317
	종사자수												
	M89	M90	M91	M92	M93	M94	M95	M96	M97	M98	M99	M100	M101
	남한, 천 명												
1993	12,245.1	2,275.7	1,099.1	572.7	75.3	691.9	210.1	354.9	507.0	649.2	283.4	191.5	678.5
1994	12,583.6	2,252.7	1,153.0	626.3	85.8	632.6	254.7	394.5	531.6	707.4	323.1	212.8	713.9
1995	13,634.3	2,538.9	1,289.3	724.1	85.6	710.5	302.5	475.4	564.2	777.2	353.6	237.7	747.1
1996	14,006.8	2,451.7	1,380.8	755.6	92.0	785.3	298.9	541.4	585.0	805.9	385.8	247.6	734.4
1997	13,470.3	2,455.1	1,406.8	715.3	90.0	741.5	324.0	562.0	587.1	797.9	405.6	253.9	710.8
1998	12,416.6	2,260.0	1,336.0	694.8	114.4	662.5	308.0	514.3	585.6	779.6	417.1	249.6	658.3
1999	12,920.3	2,345.7	1,453.2	737.5	125.9	618.4	315.2	537.3	553.3	865.5	431.4	284.6	689.9
2000	13,604.3	2,493.2	1,556.0	765.3	130.8	613.6	329.9	619.0	520.9	921.2	487.9	318.4	740.2
2001	14,109.6	2,479.3	1,657.3	838.9	147.8	631.6	344.3	736.9	529.4	1,005.8	495.0	326.1	753.5
2002	14,608.3	2,615.7	1,730.3	864.3	150.8	632.6	364.5	857.2	501.6	1,049.9	528.6	332.3	773.0
2003	14,729.2	2,539.2	1,738.7	858.0	139.3	600.2	395.9	926.2	508.0	1,079.4	559.3	355.0	787.2
2004	14,818.8	2,481.2	1,700.6	858.8	131.6	582.8	411.5	988.4	522.8	1,117.7	598.5	372.1	790.3
2005	15,147.5	2,440.7	1,696.1	881.1	138.6	592.0	404.3	1,066.1	539.1	1,193.4	647.7	396.3	803.3

자료: 통계청, 「전국사업체조사」, 각년도.

표 M102-129 서비스업 업종별 사업체수 및 종사자수, 2006-2015

	전 산업	도매 및 소매업	운수업	숙박 및 음식점업	출판, 영상, 방송통신 및 정보서비스업	금융 및 보험업	부동산업 및 임대업	전문, 과학 및 기술 서비스업	사업시설관리 및 사업지원 서비스업	공공행정, 국방 및 사회보장 행정	교육 서비스업	보건업 및 사회복지 서비스업	예술, 스포츠 및 여가관련 서비스업	협회 및 단체, 수리 및 기타 개인 서비스업
	사업체수													
	M102	M103	M104	M105	M106	M107	M108	M109	M110	M111	M112	M113	M114	M115
	남한, 개													
2006	3,226,569	865,045	339,945	621,703	24,435	35,647	120,435	60,527	28,903	12,454	149,066	83,083	98,786	354,279
2007	3,262,925	867,784	338,812	623,064	24,425	37,011	124,299	63,808	30,146	12,287	155,498	88,174	100,952	359,633
2008	3,264,782	859,794	340,522	623,915	23,706	37,493	125,078	66,500	31,287	12,033	159,940	94,027	100,900	364,683
2009	3,293,558	861,736	344,071	628,078	24,178	38,341	125,804	67,558	32,812	11,768	162,454	98,976	102,697	369,341
2010	3,355,470	876,654	347,179	634,500	26,375	39,353	126,081	70,601	35,910	11,929	165,964	107,012	102,948	376,293
2011	3,470,034	903,797	353,982	655,348	30,028	40,681	129,431	76,462	40,569	11,942	170,047	113,270	103,539	384,337
2012	3,602,476	941,895	364,209	673,767	33,964	41,627	131,505	83,489	44,379	12,007	172,095	120,928	104,439	396,153
2013	3,676,876	960,388	371,639	686,225	35,541	41,508	132,630	87,722	46,447	12,069	173,485	125,703	103,973	398,553
2014	3,812,820	997,120	378,884	703,364	40,664	41,909	141,186	96,376	50,785	12,096	175,389	131,505	103,635	399,723
2015	3,874,167	1,015,074	379,431	710,699	42,425	42,131	146,432	102,702	51,574	12,364	175,349	132,553	101,063	399,542
	종사자수													
	M116	M117	M118	M119	M120	M121	M122	M123	M124	M125	M126	M127	M128	M129
	남한, 천 명													
2006	15,435.8	2,482.4	863.0	1,672.3	411.1	620.2	419.2	469.3	554.1	542.2	1,241.3	736.3	290.2	773.8
2007	15,943.7	2,515.6	882.5	1,716.6	415.1	638.5	427.0	596.8	627.0	560.3	1,292.7	806.7	304.4	789.2
2008	16,288.3	2,544.8	927.0	1,727.9	420.1	666.5	434.6	689.7	661.7	575.1	1,311.9	890.0	314.4	795.8
2009	16,818.0	2,626.3	972.8	1,757.7	429.1	682.4	444.2	728.4	694.4	659.3	1,358.3	972.2	323.4	825.8
2010	17,647.0	2,617.9	992.5	1,766.3	468.6	706.9	440.6	750.4	788.7	663.7	1,420.9	1,084.8	322.9	842.5
2011	18,093.2	2,680.3	995.2	1,840.0	480.4	718.5	450.7	810.7	810.3	637.2	1,432.0	1,135.5	334.6	878.6
2012	18,569.4	2,774.0	1,009.7	1,914.9	494.9	715.7	453.2	797.7	864.6	638.9	1,471.3	1,229.3	345.8	909.8
2013	19,173.5	2,880.0	1,014.0	1,991.5	516.2	700.4	466.7	861.7	943.3	645.0	1,492.4	1,325.8	360.6	936.8
2014	19,899.8	2,998.9	1,047.8	2,071.6	533.3	698.5	494.8	929.7	976.8	648.6	1,509.0	1,413.4	366.0	949.9
2015	20,889.3	3,129.3	1,096.4	2,118.4	562.9	743.0	526.9	996.4	1,069.2	688.0	1,559.8	1,503.4	366.8	954.2

자료: 통계청, 「전국사업체조사」, 각년도.

표 M130-139 서비스업의 조직형태별 사업체수 및 종사자수, 1981-2015

	사업체수					종사자수				
	합계	개인사업체	회사법인	회사이외법인	비법인단체	합계	개인사업체	회사법인	회사이외법인	비법인단체
	M130	M131	M132	M133	M134	M135	M136	M137	M138	M139
	남한, 개					남한, 천 명				
1981	1,061,276	995,734	17,452	28,345	19,745					
1986	1,429,945	1,332,233	30,121	28,235	39,356					
1991	1,765,235	1,648,592	48,452	55,561	12,630					
1993	1,965,686	1,806,722	59,132	69,509	30,323	7,589	4,261	1,738	1,358	233
1994	2,155,034	1,964,052	74,932	88,909	27,141	7,888	4,216	1,798	1,637	238
1995	2,384,893	2,169,629	90,133	82,868	42,263	8,806	4,685	2,162	1,724	234
1996	2,418,966	2,192,205	92,258	76,242	58,261	9,064	4,730	2,225	1,837	272
1997	2,473,955	2,235,909	101,214	83,399	53,433	9,050	4,766	2,236	1,822	226
1998	2,436,516	2,201,902	93,997	78,214	62,403	8,580	4,569	2,016	1,748	247
1999	2,558,601	2,308,428	104,675	76,174	69,324	8,958	4,923	2,095	1,671	269
2000	2,627,003	2,360,017	114,649	76,534	75,803	9,496	5,252	2,229	1,735	280
2001	2,636,675	2,354,418	128,796	80,639	72,822	9,946	5,240	2,563	1,871	273
2002	2,713,705	2,396,673	158,341	87,070	71,621	10,401	5,372	2,877	1,898	254
2003	2,772,375	2,445,733	162,469	91,389	72,784	10,486	5,422	2,838	1,973	254
2004	2,771,990	2,440,969	164,198	91,957	74,866	10,556	5,349	2,882	2,053	272
2005	2,769,412	2,422,405	168,532	94,327	84,148	10,799	5,374	2,964	2,169	292
2006	2,794,308	2,428,006	182,837	96,083	87,382	11,076	5,364	3,198	2,210	304
2007	2,825,893	2,440,096	194,089	97,712	93,996	11,572	5,487	3,445	2,285	356
2008	2,839,878	2,441,742	203,138	89,878	105,120	11,960	5,515	3,724	2,320	400
2009	2,867,814	2,451,563	216,282	89,961	110,008	12,474	5,626	3,940	2,497	412
2010	2,920,799	2,483,966	231,768	89,632	115,433	12,866	5,689	4,180	2,577	421
2011	3,013,433	2,549,622	253,673	90,554	119,584	13,204	5,899	4,270	2,587	448
2012	3,120,457	2,617,107	283,045	94,984	125,321	13,620	6,074	4,422	2,653	471
2013	3,175,883	2,646,684	299,333	100,569	129,297	14,134	6,178	4,669	2,769	518
2014	3,272,636	2,697,019	337,276	108,298	130,043	14,638	6,326	4,915	2,854	543
2015	3,311,339	2,727,932	346,001	111,229	126,177	15,315	6,493	5,301	2,982	539

자료: 통계청, 「총사업체통계조사」, 「전국사업체조사」(http://kosis.kr/index/index.jsp).

표 M140-144 서비스업의 종사상 지위별 종사자수, 1981-2015

	합계	자영업주, 무급가족	상용종사자	임시 및 일용근로자	기타종사자
	M140	M141	M142	M143	M144
	남한, 천 명				
1981	3,351	1,375	1,747	86	143
1986	4,819	1,864	2,594	145	216
1991	6,215	2,236	3,613	209	156
1993	7,589	2,285	4,707	369	228
1994	7,888	2,408	4,876	405	199
1995	8,806	2,648	5,511	454	192
1996	9,064	2,786	5,423	487	369
1997	9,050	2,893	5,430	405	322
1998	8,580	2,906	4,931	458	286
1999	8,958	3,016	5,159	508	274
2000	9,496	3,110	5,326	676	383
2001	9,946	3,061	5,456	870	559
2002	10,401	3,143	5,654	912	693
2003	10,486	3,192	5,666	987	642
2004	10,556	3,180	5,740	1,026	611
2005	10,799	3,146	5,833	1,174	646
2006	11,076	3,140	6,083	1,178	674
2007	11,572	3,155	6,448	1,275	694
2008	11,960	3,128	6,642	1,445	746
2009	12,474	3,130	6,934	1,612	798
2010	12,866	3,152	7,210	1,674	831
2011	13,204	3,215	7,623	1,578	788
2012	13,620	3,281	7,792	1,720	827
2013	14,134	3,304	8,282	1,732	816
2014	14,638	3,348	8,698	1,755	837
2015	15,315	3,397	9,226	1,796	896

자료: 통계청, 「총사업체통계조사」, 「전국사업체조사」(http://kosis.kr/index/index.jsp).

표 M145-164 서비스업의 규모별 사업체수 및 종사자수, 1986-2015

	사업체수									
	계	1-4명	5-9명	10-19명	20-49명	50-99명	100-299명	300-499명	500-999명	1,000명 이상
	M145	M146	M147	M148	M149	M150	M151	M152	M153	M154
	남한, 개									
1986	1,429,945	1,287,307	86,457	30,489	18,004	5,117	1,999	572		
1993	1,965,686	1,755,370	123,284	44,874	29,017	7,862	3,926	682	405	266
1994	2,155,034	1,924,186	133,338	50,057	32,542	9,306	4,264	723	438	180
1995	2,384,893	2,123,224	150,103	58,537	36,601	10,248	4,671	780	504	225
1996	2,418,966	2,145,358	160,776	60,758	36,032	10,065	4,500	722	518	237
1997	2,473,955	2,207,714	155,313	59,549	35,414	9,925	4,592	736	470	242
1998	2,436,516	2,197,425	137,377	54,264	32,399	9,348	4,356	669	465	213
1999	2,558,601	2,291,618	159,012	58,986	33,671	9,732	4,272	659	482	169
2000	2,627,003	2,322,185	182,030	69,324	36,319	11,239	4,664	698	415	129
2001	2,636,675	2,313,785	194,590	71,923	38,153	11,613	5,098	829	492	192
2002	2,713,705	2,369,975	207,719	76,974	40,257	12,053	5,178	866	465	218
2003	2,772,375	2,432,305	205,147	75,344	40,398	12,452	5,159	852	503	215
2004	2,771,990	2,437,901	199,221	74,223	40,331	13,277	5,403	862	553	219
2005	2,769,412	2,407,520	217,671	80,439	42,194	14,261	5,770	834	514	209
2006	2,794,308	2,431,844	214,247	82,190	43,583	14,720	6,074	836	577	237
2007	2,825,893	2,446,325	224,947	85,868	44,739	15,676	6,438	998	631	271
2008	2,839,878	2,451,570	229,202	87,133	45,937	16,952	6,947	1,184	652	301
2009	2,867,814	2,462,242	236,997	91,970	48,726	17,904	7,714	1,210	721	330
2010	2,920,799	2,532,084	211,390	96,653	51,612	18,618	8,136	1,168	745	393
2011	3,013,433	2,595,774	233,033	102,738	53,328	18,079	8,168	1,169	786	358
2012	3,120,457	2,661,818	273,600	101,743	53,445	18,990	8,504	1,195	791	371
2013	3,175,883	2,693,110	285,991	108,674	57,021	19,749	8,869	1,276	803	390
2014	3,272,636	2,764,137	304,898	112,706	59,154	20,180	9,068	1,247	848	398
2015	3,311,339	2,774,704	320,879	117,854	63,531	21,880	9,768	1,383	889	451

	종사자수									
	계	1-4명	5-9명	10-19명	20-49명	50-99명	100-299명	300-499명	500-999명	1,000명 이상
	M155	M156	M157	M158	M159	M160	M161	M162	M163	M164
	남한, 천 명									
1986										
1993	7,589	3,057	855	615	864	529	612	242	261	554
1994	7,888	3,285	825	666	949	627	686	272	297	282
1995	8,806	3,600	930	778	1,062	687	752	296	339	362
1996	9,064	3,695	997	813	1,053	678	725	276	353	475
1997	9,050	3,832	963	796	1,039	668	744	279	319	410
1998	8,580	3,761	852	729	959	628	711	255	314	370
1999	8,958	3,985	986	789	1,001	652	696	251	325	273
2000	9,496	4,108	1,133	920	1,080	753	758	266	285	194
2001	9,946	4,078	1,210	955	1,139	787	826	312	337	302
2002	10,401	4,233	1,294	1,019	1,194	818	838	327	315	363
2003	10,486	4,328	1,278	995	1,206	843	820	320	338	358
2004	10,556	4,321	1,243	981	1,202	898	862	323	375	352
2005	10,799	4,215	1,361	1,061	1,258	970	922	315	356	342
2006	11,076	4,259	1,342	1,081	1,302	1,000	963	315	401	412
2007	11,572	4,329	1,410	1,131	1,342	1,064	1,018	378	436	465
2008	11,960	4,324	1,438	1,149	1,378	1,154	1,102	449	448	518
2009	12,474	4,341	1,489	1,211	1,460	1,221	1,212	462	498	581
2010	12,866	4,499	1,357	1,274	1,546	1,278	1,264	446	504	698
2011	13,204	4,618	1,507	1,349	1,597	1,244	1,265	443	531	649
2012	13,620	4,683	1,724	1,341	1,605	1,310	1,309	452	536	659
2013	14,134	4,735	1,797	1,428	1,702	1,361	1,370	488	548	705
2014	14,638	4,884	1,919	1,485	1,767	1,386	1,406	475	579	739
2015	15,315	4,864	2,022	1,551	1,895	1,500	1,517	526	605	835

자료: 통계청, 「총사업체통계조사」, 「전국사업체조사」(http://kosis.kr/index/index.jsp).

표 M165-169 극장수 및 관객수 추이, 1961-2015

	극장수	스크린수	좌석수	관객수	1인당 영화관람건수
	M165	M166	M167	M168	M169
	남한, 개			남한, 천 명	남한, 회
1961	302	302		58,608	2.3
1962	344	344		79,046	3.0
1963	386	386		96,060	3.6
1964	477	477		104,579	3.8
1965	829	829		121,698	4.3
1966	534	534		156,336	5.4
1967	569	569		164,077	5.6
1968	578	578		171,341	5.7
1969	659	659		173,043	5.6
1970	690	690		166,350	5.3
1971	717	717		146,303	4.6
1972	694	694		118,724	3.7
1973	662	662		114,625	3.5
1974	626	626		97,376	2.9
1975	597	597		75,598	2.2
1976	580	580		65,701	1.8
1977	558	558		64,929	1.8
1978	488	488		73,988	2.0
1979	472	472		65,519	1.7
1980	447	447		53,770	1.4
1981	423	423		44,443	1.2
1982	404	404		42,737	1.1
1983	450	450		44,036	1.1
1984	534	534		43,917	1.1
1985	561	561		48,098	1.2
1986	640	640		47,279	1.1
1987	673	673		48,593	1.2
1988	696	696		52,231	1.2
1989	772	772		55,306	1.3
1990	789	789		53,459	1.2
1991	762	762		52,197	1.2
1992	712	712		47,110	1.1
1993	699	699		48,231	1.1
1994	629	629		48,353	1.1
1995	577	577		45,130	1.0
1996	511	511		42,268	0.9
1997	497	497		47,524	1.0
1998	507	507	181,512	50,171	1.1
1999	373	588	194,677	54,720	1.2
2000	373	720	196,928	61,690	1.3
2001	344	818	239,068	89,360	1.9
2002	309	977	240,652	105,130	2.2
2003	280	1,132	256,983	119,480	2.5
2004	302	1,451	297,584	135,170	2.8
2005	301	1,648	322,110	145,520	3.0
2006	321	1,880	354,691	153,410	3.1
2007	314	1,975	365,034	158,770	3.2
2008	309	2,004	362,657	150,830	3.0
2009	305	2,055	360,796	156,960	3.2
2010	300	2,003	349,640	149,180	3.0
2012	292	1,947	341,905	159,720	3.1
2012	314	2,081	358,659	194,890	3.8
2013	333	2,184	349,669	213,350	4.2
2014	356	2,281	372,361	215,070	4.2
2015	388	2,424	398,702	217,300	4.2

자료: 영화진흥공사, 『한국영화연감』, 각년도.

표 M170 전국 TV 보급대수, 1963-2000

	TV수상기
	M170
	남한, 천 대
1963	35
1964	32
1965	32
1966	44
1967	73
1968	118
1969	224
1970	380
1971	616
1972	905
1973	1,282
1974	1,649
1975	2,015
1976	2,809
1977	3,805
1978	5,135
1979	5,968
1980	6,627
1981	6,939
1982	7,530
1983	7,784
1991	8,344
1992	9,181
1993	10,430
1994	14,408
1995	14,517
1996	15,258
1997	15,746
1998	16,421
1999	16,896
2000	17,174

자료: 영화진흥공사, 『한국영화연감』, 각년도; 한국언론재단, 『한국신문방송연감 2001-2002』(2001).

주: 1984-1990년 및 2001년 이후는 데이터가 없다.

표 M171-176 도서관 및 이용자, 1979-2015

	도서관수	열람석수	장서수	연간이용자수	연간이용책수	운영인력수
	M171	M172	M173	M174	M175	M176
	남한, 개	남한, 천 개	남한, 천 권	남한, 천 명	남한, 천 권	남한, 명
1979	4,818	421	27,144	34,452	59,770	7,670
1981	3,719	455	28,567	63,314	n.a.	5,930
1982	4,787	488	32,443	80,961	39,360	6,139
1983	5,260	551	36,774	96,533	43,413	6,764
1984	6,024	659	42,716	94,100	50,313	7,183
1985	6,297	802	46,663	104,032	52,081	7,665
1986	6,228	781	48,860	117,953	51,993	7,594
1987	6,273	778	52,188	126,388	54,780	7,819
1988	6,756	838	56,929	62,619	157,708	13,995
1989	6,887	881	59,907	64,434	170,950	14,993
1990	7,364	924	68,917	68,606	156,387	16,285
1991	7,672	943	65,084	62,446	147,562	16,492
1992	10,106	937	78,566	121,508	84,162	13,313
1993	10,145	898	84,700	115,149	91,519	13,983
1994	7,694	881	76,387	148,278	84,709	10,688
1995	7,758	913	81,909	151,325	94,253	11,104
1996	8,785	972	95,839	145,328	99,325	11,701
1997	9,291	1,038	99,011	128,735	144,541	11,273
1998	9,361	1,019	107,524	144,548	160,671	11,720
1999	10,037	1,224	130,444	168,789	216,969	12,073
2000	9,438	1,241	139,344	167,100	261,708	12,516
2001	9,337	1,267	154,169	196,598	260,224	12,964
2002	9,872	1,220	165,964	184,727	262,643	13,562
2003	10,543	1,225	181,362	205,005	246,220	14,265
2004	11,104	1,238	195,949	235,098	288,775	15,144
2005	11,793	1,242	215,190	262,581	298,718	15,711
2006	11,891	1,272	235,040	301,347	347,087	16,414
2007	11,754	1,271	260,405	367,103	442,392	15,576
2008	11,865	1,309	257,476	307,612	431,428	14,031
2009	12,136	1,395	294,324	337,654	464,725	14,555
2010	12,653	1,370	319,884	371,743	551,155	15,226
2011	13,246	1,398	341,380	358,377	535,686	15,599
2012	13,320	1,386	359,103	432,793	274,665	15,603
2013	13,248	1,382	373,359	428,860	278,398	15,791
2014	12,731	1,384	374,470	440,519	280,369	16,598
2015	12,885	1,406	410,801	435,892	299,568	15,755

자료: 국립중앙도서관, 『한국도서관통계』(1974-1975); 한국도서관협회, 『한국도서관통계』(2000); 한국도서관협회, 『한국도서관연감』(2007); 문화체육관광부·한국도서관협회, 『한국도서관연감』(2012, 2015).

표 M177-182 프로야구 및 프로축구 팀, 경기 및 관중, 1982-2015

	프로야구			프로축구		
	팀수	경기수	관중수	팀수	경기수	관중수
	M177	M178	M179	M180	M181	M182
	남한, 개		남한, 천 명	남한, 개		남한, 천 명
1982	6	249	1,580			
1983	6	320	2,505	5	40	419
1984	6	325	1,942	8	84	537
1985	6	345	1,737	8	102	226
1986	7	404	2,328	6	78	180
1987	7	407	2,229	5	60	341
1988	7	408	2,128	5	120	361
1989	7	453	3,147	6	90	778
1990	7	445	3,410	6	121	528
1991	8	542	4,075	6	123	1,480
1992	8	553	4,323	6	105	1,354
1993	8	548	4,871	6	126	851
1994	8	540	4,382	7	144	893
1995	8	543	5,875	8	182	1,517
1996	8	543	4,775	9	180	1,911
1997	8	556	4,235	10	185	1,219
1998	8	550	2,930	10	195	2,179
1999	8	566	3,478	10	194	2,753
2000	8	554	2,777	10	181	1,910
2001	8	545	3,259	10	181	2,307
2002	8	548	2,635	10	265	2,652
2003	8	545	2,960	12	40	2,449
2004	8	548	2,638	13	240	2,429
2005	8	517	3,641	13	240	2,873
2006	8	518	3,241	14	279	2,455
2007	8	517	4,410	14	254	2,747
2008	8	519	5,636	14	253	2,945
2009	8	549	6,348	15	256	2,812
2010	8	547	6,237	15	254	2,736
2011	8	547	7,154	16	283	3,031
2012	8	548	7,533	16	352	2,419
2013	9	593	6,744	14	266	2,036
2014	9	591	6,755	12	228	1,808
2015	10	736	7,623	12	228	1,760

자료: KBO, 『한국프로야구연감』, 각년도; (사)한국프로축구연맹, 『K리그연감』, 각년도; (사)한국프로축구연맹, 『한국프로축구30년』(2013. 7).

표 M183-188 여행수단별 이용자수, 1960-2013

	공로	지하철	철도	해운	항공	계
	M183	M184	M185	M186	M187	M188
	남한, 천 명					
1960	538,025		75,684	4,046	71	617,826
1961	586,864		88,291	3,743	62	678,960
1962	667,075		100,555	4,363	47	772,040
1963	742,325		109,348	4,504	94	856,271
1964	735,436		118,535	5,865	175	860,011
1965	1,195,471		107,177	5,504	208	1,308,360
1966	1,511,558		138,299	5,909	192	1,655,958
1967	1,974,785		151,972	6,700	215	2,133,672
1968	2,018,880		150,969	6,549	312	2,176,710
1969	2,418,612		154,696	6,076	619	2,580,003
1970	2,743,769		131,251	5,869	909	2,881,798
1971	3,024,229		128,159	6,371	1,105	3,159,864
1972	3,308,473		137,139	6,261	1,121	3,452,994
1973	3,855,794		143,009	7,235	1,269	4,007,307
1974	4,155,929	16,082	168,469	6,618	991	4,348,089
1975	4,542,739	34,288	220,952	5,908	906	4,804,793
1976	5,050,983	33,914	248,699	5,994	795	5,340,385
1977	5,931,452	46,574	301,592	6,737	1,097	6,287,452
1978	6,807,990	58,238	371,022	7,728	1,461	7,246,439
1979	7,609,677	66,454	423,657	7,929	1,812	8,109,529
1980	8,039,006	65,076	430,773	8,580	1,481	8,544,916
1981	8,683,130	88,326	441,129	9,230	1,555	9,223,370
1982	9,259,252	89,298	443,570	9,602	1,844	9,803,566
1983	9,901,324	115,623	469,423	8,979	2,363	10,497,712
1984	10,200,619	212,637	489,061	9,371	2,869	10,914,557
1985	10,601,047	325,238	503,123	8,534	3,467	11,441,409
1986	10,932,607	580,492	518,956	8,727	4,093	12,044,875
1987	11,455,784	649,847	525,056	8,028	5,101	12,643,816
1988	11,905,341	799,949	564,240	8,838	6,297	13,284,665
1989	11,949,831	886,008	584,659	8,850	8,952	13,438,300
1990	12,721,877	1,101,677	644,814	8,260	11,064	14,487,692
1991	12,854,212	1,422,615	679,281	8,485	12,253	14,976,846
1992	12,848,750	1,546,279	716,364	8,733	14,555	15,134,681
1993	12,117,439	1,576,040	723,057	7,991	15,550	14,440,077
1994	11,603,575	1,603,946	729,003	7,869	18,406	13,962,799
1995	11,289,507	1,693,003	790,381	8,702	21,009	13,802,602
1996	11,480,422	1,728,171	819,542	9,413	23,567	14,061,115
1997	10,887,456	1,855,166	832,999	9,899	25,639	13,611,159
1998	10,783,922	1,838,871	829,050	8,277	19,504	13,479,624
1999	10,455,862	2,015,999	823,563	9,052	21,145	13,325,621
2000	10,410,578	2,235,221	814,472	9,702	22,515	13,492,488
2001	9,857,403	2,527,099	912,149	9,340	21,811	13,327,802
2002	9,783,595	2,012,386	851,716	9,460	21,248	12,678,405
2003	9,404,764	1,982,192	894,621	10,336	21,380	12,313,293
2004	9,169,560	2,033,411	921,223	10,648	18,893	12,153,735
2005	8,801,840	2,020,360	950,995	11,100	17,158	11,801,453
2006	9,108,648	2,079,961	969,145	11,574	17,181	12,186,509
2007	9,301,810	2,090,290	989,294	12,634	16,848	12,410,876
2008	9,798,410	2,141,872	1,018,977	14,163	16,990	12,990,412
2009	9,724,316	5,181,346	1,020,319	14,868	18,061	15,958,910
2010	9,498,586	2,273,087	1,060,941	14,308	20,216	12,867,138
2011	25,943,079	2,358,758	1,118,621	14,266	20,981	29,455,705
2012	25,982,998	2,410,931	1,151,523	14,538	21,602	29,581,592
2013	26,342,612	2,476,394	1,224,820	16,063	22,353	30,082,242

자료: 교통부, 『교통통계연보』(1967-1994); 건설교통부, 『건설교통통계연보: 교통부문』(1995-1999); 건설교통부, 『건설교통통계연보』(2000-2007); 국토해양부, 『국토해양통계연보』(2008-2010); 국토교통부, 『국토교통통계연보』(2013-2015).

주: 2011년부터 공로에 승용차 통계를 포함하여 작성하였다.

표 M189-195 공원 및 탐방객, 1981-2015

	공원수			국립공원탐방객수	공원면적		
	국립공원	도립공원	군립공원		국립공원	도립공원	군립공원
	M189	M190	M191	M192	M193	M194	M195
	남한, 개			남한, 천 명	남한, km^2		
1981	14	18	2		5,033	712	22
1982	14	20	2		5,033	721	22
1983	15	21	19		5,111	799	205
1984	17	21	19		5,578	799	205
1985	17	21	20		5,578	799	206
1986	17	21	22		5,578	799	216
1987	18	19	24		5,898	715	230
1988	19	19	24		5,998	715	230
1990	14	20	26	39,147	6,473	732	236
1991	14	20	27	33,976	6,473	732	249
1992	20	20	26	33,681	6,473	732	237
1993	20	20	27	32,403	6,473	732	239
1994	20	20	27	36,398	6,473	732	239
1995	20	20	27	38,230	6,473	730	239
1996	20	20	27	37,013	6,473	730	239
1997	20	20	27	36,452	6,473	730	239
1998	20	22	29	32,734	6,473	748	308
1999	20	22	29	32,381	6,473	748	308
2000	20	22	31	33,918	6,473	748	429
2001	20	22	31	23,919	6,448	748	429
2002	20	22	31	23,042	6,448	748	429
2003	20	22	31	25,000	6,580	748	429
2004	20	22	33	25,841	6,580	751	441
2005	20	23	33	26,878	6,580	784	441
2006	20	23	33	24,948	6,580	784	441
2007	20	23	33	37,975	6,580	784	441
2008	20	23	33	37,702	6,580	784	441
2009	20	23	33	38,219	6,580	784	441
2010	20	23	33	42,658	6,578	784	441
2011	20	31	27	40,803	6,581	1,050	239
2012	21	29	28	40,958	6,656	1,005	240
2013	21	30	27	46,931	6,656	1,007	238
2014	21	30	27	46,406	6,656	1,138	238
2015	21	30	27	45,332	6,656	1,138	238

자료: 건설부, 『건설통계편람』(1982-1988); 관광산업연구원, 『한국관광연감』(1982-1989); 1990년 이후는 통계청, 「국립공원기본통계」(http://kosis.kr/).

표 M196-197 해외 관광객 및 지출, 1963-2015

	국민해외관광객수	관광지출
	M196	M197
	남한, 천 명	남한, 백만 달러
1963	12	2
1964	2	2
1965	20	2
1966	35	3
1967	40	8
1968	67	10
1969	72	11
1970	74	12
1971	77	15
1972	84	13
1973	101	17
1974	122	28
1975	129	31
1976	165	46
1977	210	103
1978	260	208
1979	296	405
1980	339	350
1981	436	439
1982	500	632
1983	493	555
1984	493	576
1985	484	606
1986	455	613
1987	511	618
1988	725	1,205
1989	1,213	2,356
1990	1,561	2,768
1991	1,856	3,214
1992	2,043	3,213
1993	2,420	3,236
1994	3,154	3,568
1995	3,819	5,343
1996	4,649	6,354
1997	4,542	5,830
1998	3,067	2,640
1999	4,342	3,975
2000	5,508	6,174
2001	6,084	6,547
2002	7,123	9,038
2003	7,086	8,248
2004	8,826	9,856
2005	10,080	12,025
2006	11,610	14,295
2007	13,325	16,932
2008	11,996	14,572
2009	9,494	11,036
2010	12,488	14,278
2011	14,694	15,531
2012	13,737	16,495
2013	14,846	17,341
2014	16,081	19,470
2015	19,310	21,272

자료: 한국관광공사문화체육관광부편, 『한국관광통계』(2016).

2. 공익사업

표 M198-201 전기 가스 및 수도업의 국내총생산, 1911-1940, 1953-2015

	합계	전기업	가스, 증기 및 온수업	수도, 폐기물 및 재활용서비스업
	M198	M199	M200	M201
	남북한, 백만 圓			
1911	0.43			
1912	0.53			
1913	1.10			
1914	1.28			
1915	1.54			
1916	3.09			
1917	2.74			
1918	12.77			
1919	11.72			
1920	8.98			
1921	8.57			
1922	8.85			
1923	8.86			
1924	8.55			
1925	11.94			
1926	11.17			
1927	13.39			
1928	14.40			
1929	11.84			
1930	44.19			
1931	69.99			
1932	64.42			
1933	68.28			
1934	55.34			
1935	55.93			
1936	98.37			
1937	148.55			
1938	183.93			
1939	161.87			
1940	170.40			
	남한, 십억 원			
1953	0.17			
1954	0.24			
1955	0.48			
1956	0.30			
1957	0.95			
1958	1.54			
1959	1.22			
1960	1.43			
1961	2.73			
1962	3.77			
1963	3.90			
1964	5.27			
1965	8.24			
1966	11.86			
1967	14.33			
1968	18.04			

	합계	전기업	가스, 증기 및 온수업	수도, 폐기물 및 재활용서비스업
	M198	M199	M200	M201
	남한, 십억 원			
1969	25.36			
1970	34.8	32.0	0.0	2.8
1971	42.3	38.6	0.0	3.7
1972	56.8	49.1	0.1	7.6
1973	64.4	55.9	0.1	8.4
1974	54.4	43.7	0.7	10.1
1975	110.9	97.6	1.2	12.1
1976	166.0	144.5	1.5	20.0
1977	245.0	220.5	1.8	22.8
1978	318.2	286.8	2.5	29.0
1979	526.4	484.4	3.8	38.2
1980	762.3	677.8	9.2	75.3
1981	1,044.0	921.1	9.7	113.2
1982	1,243.4	1,068.7	10.9	163.7
1983	1,618.7	1,413.0	13.0	192.8
1984	2,052.0	1,800.8	16.1	235.0
1985	2,329.2	2,085.0	25.3	218.9
1986	3,006.5	2,658.3	43.2	305.0
1987	3,298.4	2,876.6	74.3	347.5
1988	3,494.8	2,935.9	161.0	397.9
1989	3,689.2	2,984.9	176.0	528.3
1990	3,844.3	3,060.2	172.5	611.6
1991	4,492.4	3,477.2	217.3	797.9
1992	5,581.0	4,082.3	342.1	1,156.6
1993	6,590.9	4,613.7	496.8	1,480.3
1994	7,746.1	5,284.2	631.4	1,830.6
1995	8,789.5	5,754.2	790.1	2,245.2
1996	9,881.3	6,231.2	935.8	2,714.3
1997	11,034.6	6,998.1	968.5	3,068.0
1998	12,352.1	7,731.0	1,342.2	3,279.0
1999	14,537.1	9,170.0	1,591.1	3,775.9
2000	16,069.2	10,206.5	1,705.0	4,157.6
2001	17,573.8	10,726.5	2,397.8	4,449.4
2002	19,234.0	12,089.0	2,349.8	4,795.2
2003	20,654.1	12,888.4	2,459.5	5,306.3
2004	20,769.8	12,332.1	2,564.7	5,873.0
2005	21,305.3	12,646.1	2,441.9	6,217.2
2006	22,012.4	12,822.2	2,834.0	6,356.1
2007	22,932.0	13,055.2	3,036.9	6,839.9
2008	16,619.0	8,052.3	1,158.4	7,408.2
2009	21,245.6	11,001.4	2,568.6	7,675.6
2010	25,632.3	12,354.1	4,417.9	8,860.2
2011	23,994.1	9,929.5	4,832.9	9,231.7
2012	26,178.2	10,379.2	5,952.3	9,846.7
2013	30,238.7	13,862.1	6,382.1	9,994.5
2014	37,373.8	20,622.3	6,304.4	10,447.1
2015	45,120.7	28,516.8	5,333.7	11,270.2

자료: 1911-1940년은 김낙년 편, 『한국의 장기통계: 국민계정 1911-2010』(서울대출판문화원, 2012), p. 442; 1953-2015년은 한국은행, 「경제활동별 GDP 및 GNI」(http://ecos.bok.or.kr).

표 M202-207 전기 가스 및 수도업의 산출 및 부가가치, 당해년 가격, 1911-1940

	산출			부가가치		
	전기	가스	수도	전기	가스	수도
	M202	M203	M204	M205	M206	M207
	남북한, 천 圓					
1911	343	92	226	243	56	131
1912	350	157	321	248	96	185
1913	989	241	437	701	147	253
1914	1,235	245	445	876	149	257
1915	1,587	233	483	1,125	142	279
1916	3,695	284	530	2,620	173	307
1917	3,110	337	584	2,205	205	338
1918	17,241	337	628	12,224	205	363
1919	15,592	408	776	11,055	248	448
1920	11,170	559	1,340	7,920	340	774
1921	10,375	576	1,626	7,356	351	940
1922	10,642	592	1,788	7,545	361	1,033
1923	10,862	605	1,522	7,701	368	880
1924	10,522	637	1,375	7,460	388	795
1925	15,072	663	1,655	10,686	404	956
1926	13,755	696	1,844	9,752	424	1,066
1927	16,754	728	2,000	11,878	443	1,156
1928	18,049	792	2,086	12,797	482	1,206
1929	14,228	888	2,259	10,088	541	1,305
1930	51,295	858	2,134	42,836	522	1,234
1931	80,596	810	2,407	68,731	493	1,391
1932	74,617	744	2,470	63,120	453	1,428
1933	79,024	699	2,591	67,045	426	1,498
1934	63,367	756	2,823	53,730	461	1,632
1935	63,546	773	3,172	54,136	471	1,834
1936	111,155	3,157	3,497	95,457	1,923	2,021
1937	169,226	3,674	4,029	145,546	2,238	2,329
1938	209,638	5,988	4,531	181,144	3,647	2,619
1939	182,460	7,370	4,870	156,983	4,488	2,815
1940	192,457	6,902	5,736	166,148	4,203	3,316

자료: 김낙년 편, 『한국의 장기통계: 국민계정 1911-2010』(서울대출판문화원, 2012), p. 547.

표 M208-212 발전유형별 발전량, 1911-2014

	수력	화력	원자력	이북수전·발전선·집단&대체	총계
	M208	M209	M210	M211	M212
	남북한, 천 MWh				
1911		2.70			2.70
1912		3.52			3.52
1913		6.23			6.23
1914		11.26			11.26
1915		14.66			14.66
1916		17.72			17.72
1917		18.91			18.91
1918		13.37			13.37
1919		17.47			17.47
1920		21.34			21.34
1921		27.33			27.33
1922		37.92			37.92
1923		55.02			55.02
1924		75.18			75.18
1925		95.07			95.07
1926		105.64			105.64
1927		131.54			131.54
1928		104.53			104.53
1929		113.41			113.41
1930	414.74	112.44			527.18
1931	795.38	125.14			920.52
1932	749.89	140.86			890.75
1933	841.11	153.78			994.89
1934	1,237.00	207.05			1,444.06
1935	1,813.49	269.02			2,082.51
1936	2,086.65	252.79			2,339.44
1937	2,438.25	259.50			2,697.75
1938	2,739.31	220.50			2,959.81
1939	3,530.14	315.72			3,845.86
1940	3,939.08	327.81			4,266.89
1941	4,464.88	395.29			4,860.16
1942	5,335.96	355.80			5,691.76
	남한, 천 MWh				
1945	225.57	53.81		431.95	711.33
1946	216.96	8.07		451.10	676.12
1947	208.48	68.46		551.82	828.76
1948	242.12	164.50		287.38	694.00
1949	202.25	320.11		132.61	654.97
1950	97.03	259.34		64.29	420.65
1951	58.69	87.91		190.03	336.63
1952	233.74	174.42		231.52	639.68
1953	394.54	129.80		211.73	736.07
1954	513.24	120.35		265.50	899.10
1955	478.06	186.77		214.44	879.27
1956	517	601			1,118
1957	419	904			1,323
1958	614	897			1,512
1959	779	907			1,686
1960	580	1,117			1,697
1961	653	1,120			1,773
1962	702	1,276			1,979
1963	728	1,509			2,236
	남한, 천 MWh				
1964	750	1,950			2,700
1965	710	2,540			3,250
1966	985	2,900			3,886
1967	953	3,960			4,913
1968	929	5,096			6,026
1969	1,429	6,271			7,700
1970	1,221	7,947			9,167
1971	1,320	9,220			10,540
1972	1,368	10,471			11,839
1973	1,284	13,541			14,826
1974	1,906	14,929			16,835
1975	1,683	18,154			19,837
1976	1,789	21,328			23,117
1977	1,393	25,123	71		26,587
1978	1,808	27,378	2,324		31,510
1979	2,329	30,120	3,152		35,600
1980	1,984	31,777	3,477		37,239
1981	2,709	34,601	2,897		40,207
1982	2,005	37,340	3,777		43,122
1983	2,723	37,163	8,965		48,850
1984	2,399	39,617	11,792		53,808
1985	3,659	37,603	16,745		58,007
1986	4,019	32,364	28,311		64,695
1987	5,344	29,333	39,314		73,992
1988	3,566	41,795	40,101		85,462
1989	4,558	42,228	47,365		94,151
1990	6,361	48,145	52,887		107,393
1991	5,051	56,645	56,311		118,007
1992	4,863	68,153	56,530		129,546
1993	6,006	78,744	58,138		142,888
1994	4,098	100,642	58,651		163,391
1995	5,478	110,599	67,029		183,106
1996	5,201	124,661	73,924		203,786
1997	5,404	139,890	77,086		222,379
1998	6,099	116,122	89,689		211,910
1999	6,066	125,529	103,064		234,659
2000	5,610	147,105	108,964		261,678
2001	4,151	164,795	112,133		281,078
2002	5,311	177,619	119,103		302,033
2003	6,887	181,014	129,672		317,573
2004	5,861	201,224	130,715	3,903	341,703
2005	5,189	209,239	146,779	3,163	364,370
2006	5,219	223,727	148,749	3,108	380,802
2007	5,042	250,399	142,937	3,916	402,294
2008	5,563	258,677	150,958	6,428	421,626
2009	5,641	271,718	147,771	7,618	432,748
2010	6,472	306,192	148,596	12,558	473,818
2011	7,831	313,505	154,723	20,021	496,080
2012	7,695	327,970	150,327	21,531	507,523
2013	8,394	343,726	138,784	24,413	515,317
2014	7,820	323,539	156,407	33,644	521,409

자료: 조선은행조사부, 『경제연감』(1949); 한국전력, 『한국전력통계월보』(23호, 1961); 한국전력공사, 『한국전력통계』(1983-2015).

표 M213-217 발전사별 발전량, 1945-2014

	발전사별			상용자가	
	한전·자회사	타사	총계	한전구입	자가소비용발전량
	M213	M214	M215	M216	M217
	남한, 천 MWh				
1945	630		630		
1946	576		576		
1947	768		768		
1948	488		488		
1949	568		568		
1950	418		418		
1951	315		315		
1952	634		634		
1953	736		736		
1954	899		899		
1955	879		879		0.62
1956	1,118		1,118		1.18
1957	1,323		1,323		1.86
1958	1,512		1,512		2.03
1959	1,686		1,686		2.20
1960	1,697		1,697		2.49
1961	1,773		1,773		163
1962	1,978	0.46	1,979		186
1963	2,209	27.71	2,236		239
1964	2,700	0.22	2,700		285
1965	3,250		3,250		317
1966	3,886	0.01	3,886		349
1967	4,911	2.26	4,913		383
1968	6,000	25.82	6,026		510
1969	7,700		7,700		501
1970	9,127	40.82	9,167		599
1971	9,055	1,485	10,540		602
1972	9,886	1,953	11,839		612
1973	12,376	2,450	14,826		938
1974	14,428	2,406	16,835		1,019
1975	17,307	2,530	19,837		1,017
1976	20,607	2,510	23,117		1,301
1977	23,851	2,736	26,587		1,434
1978	28,978	2,532	31,510		1,902
1979	32,874	2,726	35,600		2,670
1980	35,120	2,119	37,239		2,839
1981	37,428	2,779	40,207		3,882
1982	40,579	2,543	43,122		4,044
1983	46,530	2,320	48,850		4,197
1984	52,696	1,111	53,808		4,560
1985	56,180	1,827	58,007		4,733
1986	62,973	1,722	64,695		5,068
1987	71,157	2,834	73,992		6,428
1988	82,862	2,600	85,462		
1989	91,156	2,995	94,151	321	9,152
1990	103,187	4,206	107,393	276	10,791
1991	114,469	3,538	118,007	612	12,998
1992	126,021	3,525	129,546	1,416	15,477
1993	138,950	3,939	142,888	1,548	17,464
1994	160,134	3,257	163,391	1,601	18,373
1995	179,073	4,033	183,106	1,555	18,886
1996	198,893	4,893	203,786	1,707	20,352
1997	214,945	7,434	222,379	2,065	22,143
1998	206,811	5,099	211,910	3,390	20,897
1999	230,187	4,473	234,659	4,665	22,827
2000	256,842	4,837	261,678	4,721	24,043
2001	274,398	6,680	281,078	4,145	24,662
2002	292,183	9,851	302,033	4,441	25,547
2003	306,866	10,707	317,573	4,879	25,305
2004	327,191	14,511	341,703	445	25,886
2005	349,758	14,612	364,370	269	24,840
2006	362,447	18,355	380,802	379	21,808
2007	380,201	22,093	402,294	830	22,283
2008	394,930	26,696	421,626	729	20,256
2009	406,780	25,968	432,748	856	18,844
2010	435,384	38,434	473,818	842	20,368
2011	443,409	52,671	496,080	813	21,274
2012	448,516	58,964	507,480	2,094	21,628
2013	448,757	66,710	515,467	1,681	20,021
2014	442,914	78,495	521,409	562	20,174

자료: 한국전력공사, 『한국전력통계』, 각년도.

표 M218-219 가스 발생용량 및 산출량, 1911-1940

	발생용량	산출량
	M218	M219
	남북한, 100m^3	
1911		8,523
1912		17,017
1913		26,378
1914		28,977
1915		29,983
1916		36,494
1917		39,830
1918		38,858
1919	40,124	42,902
1920	39,556	44,779
1921	43,871	41,110
1922	44,160	43,902
1923	47,678	46,681
1924	50,926	49,182
1925	52,792	51,175
1926	54,423	53,767
1927	56,695	56,187
1928	63,728	62,583
1929	66,664	70,992
1930	68,686	66,679
1931	63,703	63,350
1932	58,505	58,572
1933	62,885	62,884
1934	72,215	70,701
1935	83,434	81,198
1936	100,552	226,717
1937	114,731	250,842
1938	133,979	
1939		414,334
1940		405,400

자료: 김낙년 편, 『한국의 장기통계: 국민계정 1911-2010』(서울대출판문화원, 2012), p. 552.

표 M220-222 도시가스 공급 및 소비, 1972-2014

	공급량	가정용 소비량	수요가수
	M220	M221	M222
	남한, 천 m^3		남한, 천 호
1972	1,539		
1973	1,803		7.7
1974	2,973		16.6
1975	6,021		26.0
1976	8,283		30.2
1977	9,353		34.8
1978	10,391		40.0
1979	11,555		43.0
1980	21,443		99.8
1981	21,036		126.4
1982	24,845		164.4
1983	28,742		226.4
1984	48,202		303.2
1985	79,692		380.1
1986	126,000		466.2
1987	189,732		575.5
1988	322,945		730.2
1989	589,479		944.9
1990	963,105	432,501	1,220.0
1991	1,466,874	770,570	1,579.4
1992	2,113,121	770,570	2,152.1
1993	2,951,158	1,250,101	2,839.6
1994	3,941,663	1,828,161	3,621.8
1995	5,327,487	2,531,868	4,345.0
1996	6,780,018	3,480,681	4,903.4
1997	7,893,419	4,390,270	5,631.5
1998	8,193,908	5,044,961	6,350.1
1999	10,205,272	5,076,400	7,054.6
2000	12,180,448	6,094,202	7,733.6
2001	12,867,085	7,168,126	8,455.6
2002	14,090,741	7,722,968	9,202.3
2003	14,971,677		9,840.5
2004	15,671,349		10,408.3
2005	17,294,696		10,966.5
2006	17,614,948		11,511.5
2007	18,190,408		12,037.7
2008	19,237,924		12,635.2
2009	19,405,838		13,145.6
2010	21,953,776		13,885.3
2011	22,950,663		14,486.9
2012	24,605,396		15,054.3
2013	24,942,245		15,627.6
2014	23,026,898		16,129.9

자료: 에너지경제연구원, 『에너지통계연보』, 각년도.

표 M223-225 상수도 급수 및 보급, 1911-1940

	급수량(배수량)	수관연장	급수호수
	M223	M224	M225
	남북한, $100m^3$	남북한, km	남북한, 호
1911	38,186		25,007
1912	54,122	246,396	30,497
1913	56,904	246,349	31,745
1914	62,878	251,038	32,668
1915	73,468	345,490	36,725
1916	80,605	357,261	40,603
1917	95,066	413,165	42,827
1918	104,780	410,232	46,377
1919	129,329	407,216	50,440
1920	131,233	418,540	52,818
1921	147,104	448,294	62,266
1922	155,025	530,470	68,656
1923	165,029	549,330	76,281
1924	160,329	592,656	82,373
1925	161,040	676,043	96,279
1926	183,667	568,985	102,086
1927	197,161	756,876	112,877
1928	209,636	818,489	115,708
1929	212,116	839,385	129,729
1930	243,005	936,704	119,105
1931	246,369	1,027,241	124,054
1932	259,939	1,049,317	136,780
1933	289,876	1,254,636	150,155
1934	295,811	1,268,403	164,242
1935	333,106	1,395,187	183,002
1936	381,856	1,400,096	197,437
1937	426,356	1,575,150	219,750
1938	456,695	1,569,576	236,943
1939	514,986	1,668,757	272,645
1940	634,203	1,797,922	283,880

자료: 김낙년 편, 『한국의 장기통계: 국민계정 1911-2010』(서울대출판문화원, 2012), p. 552.

표 M226-229 상수도 시설 및 보급, 1948-2014

	시설용량(급수가능량)	급수인구	총인구 대비 보급률	1인1일급수량
	M226	M227	M228	M229
	남한, 천 톤/일	남한, 천 명	남한, %	남한, L
1948	240	3,280	18.4	66
1955	270	3,475	16.1	71
1957	385	3,321	15.6	87
1958	436	3,325	15.2	90
1959	469	3,604	15.7	98
1960	517	4,210	16.8	99
1961	600	4,400	17.1	102
1962	622	4,800	18.1	102
1963	630	5,000	18.3	104
1964	660	5,200	18.6	104
1965	750	6,000	20.9	106
1966	1,140	6,474	22.0	110
1967	1,226	7,436	24.7	110
1968	1,606	8,150	26.4	128
1969	1,870	9,184	29.1	135
1970	2,166	10,430	32.4	158
1971	2,670	11,600	35.3	173
1972	2,803	12,250	36.6	177
1973	2,980	12,944	38.0	179
1974	3,466	14,089	40.6	182
1975	3,842	14,961	42.4	216
1976	4,409	17,910	50.0	220
1977	4,820	18,582	51.0	228
1978	5,286	19,053	51.5	232
1979	6,186	19,834	52.8	235
1980	6,756	20,809	54.6	256
1981	7,508	22,088	57.0	264
1982	8,076	23,363	59.4	270
1983	8,386	24,728	62.0	273
1984	9,498	26,211	64.9	280
1985	10,214	27,188	66.6	282
1986	11,505	28,289	68.6	295
1987	12,613	29,556	71.0	311
1988	14,442	31,161	74.1	325
1989	15,725	32,968	77.7	339
1990	16,274	33,631	78.5	369
1991	16,870	34,665	80.1	376
1992	18,787	35,640	80.0	385
1993	20,093	36,568	81.1	394
1994	20,967	37,351	82.1	408
1995	21,844	38,107	82.9	398
1996	22,908	38,823	83.6	409
1997	23,960	39,607	84.5	409
1998	25,695	40,190	85.2	395
1999	26,590	40,948	86.1	388
2000	26,980	41,774	87.1	380
2001	27,734	42,402	87.8	374
2002	28,561	43,021	88.7	362
2003	28,462	43,633	89.4	359
2004	23,156	44,187	90.1	365
2005	28,182	44,671	90.7	363
2006	31,138	47,572	95.9	346
2007	31,265	48,230	96.4	340
2008	30,571	48,789	96.8	337
2009	31,416	49,302	97.4	332
2010	30,936	50,264	97.7	333
2011	30,944	50,638	97.9	335
2012	29,959	50,905	98.1	332
2013	29,941	51,325	98.5	335
2014	29,942	51,712	98.7	335

자료: 내무부통계국, 『대한민국통계연감』(1960); 건설부, 『건설통계편람』, 각년도; 건설부, 『상수도통계』, 각년도.

표 M230-234 하수관거 시설 및 보급률, 1980-2013

	합류식	분류식	하수관거 시설 합계	하수관거 설치계획	보급률 (시설/계획)
	M230	M231	M232	M233	M234
	남한, 천 km				남한, %
1980	16,182	332	16,514	29,729	55.5
1981	17,535	217	17,752	30,878	57.5
1982	19,061	244	19,305	30,310	63.7
1983	20,476	287	20,763	33,262	62.4
1984			27,437	57,226	47.9
1985			30,420	64,817	46.9
1986			32,384	67,027	48.3
1987			34,288	69,284	49.5
1988			35,692	69,939	51.0
1989			37,532	70,750	53.0
1990			39,523	71,422	55.3
1991	28,581	12,393	40,974	72,724	56.3
1992	32,153	13,985	46,138	78,501	58.8
1993	33,259	15,466	48,725	80,330	60.7
1994	34,144	16,735	50,879	83,898	60.6
1995	35,760	17,024	52,784	85,742	61.6
1996	36,591	19,239	55,830	89,119	62.6
1997	38,148	20,523	58,671	92,391	63.5
1998	40,160	22,170	62,330	96,728	64.4
1999	41,437	23,304	64,741	103,280	62.7
2000	42,878	25,317	68,195	107,623	63.4
2001	44,534	27,305	71,839	112,567	63.8
2002	45,680	30,179	75,859	116,141	65.3
2003	46,167	32,438	78,605	119,521	65.8
2004	47,255	34,959	82,214	120,814	68.1
2005	48,257	37,498	85,755	137,471	62.4
2006	48,966	42,133	91,099	141,156	64.5
2007	49,636	46,643	96,279	145,563	66.1
2008	49,460	52,618	102,078	150,540	67.8
2009	49,386	58,457	107,843	156,444	68.9
2010	47,976	65,518	113,494	159,050	71.4
2011	47,510	70,819	118,329	161,321	73.4
2012	45,683	77,627	123,310	162,633	75.8
2013	45,415	81,191	126,606	165,479	76.5

자료: 건설부, 『하수도』(1981-1993); 환경처, 『하수도통계』(1994); 환경부, 『하수도통계』(1995-2014).

표 M235-237 하수처리량 및 보급률, 1976-2013

	하수처리량	처리인구	보급률(처리인구/총인구)		하수처리량	처리인구	보급률(처리인구/총인구)
	M235	M236	M237		M235	M236	M237
	남한, 천 톤/일	남한, 천 명	남한, %		남한, 천 톤/일	남한, 천 명	남한, %
1976	250.0	1,300	3.6	1995	9,653.0	20,908	45.5
1977	250.0	1,300	3.6	1996	11,452.0	24,420	52.6
1978	250.0	1,300	3.5	1997	15,038.0	28,559	60.9
1979	275.0	1,360	3.6	1998	16,616.0	31,099	65.9
1980	485.0	2,160	5.7	1999	17,712.0	32,539	68.4
1981	822.0	3,222	8.3	2000	18,400.0	33,843	70.5
1982	822.0	3,222	8.2	2001	19,230.0	35,569	73.7
1983	822.0	3,222	8.1	2002	20,233.0	36,760	75.8
1984	822.0	3,222	8.0	2003	20,954.0	38,449	78.8
1985	822.0	3,222	7.9	2004	21,617.0	39,924	81.4
1986	973.0	2,729	6.6	2005	22,568.0	41,157	83.5
1987	4,262.5	12,332	29.6	2006	23,273.0	42,450	85.5
1988	4,644.5	13,330	31.7	2007	23,942.0	43,570	87.1
1989	4,945.0	13,465	31.7	2008	24,568.0	44,631	88.6
1990	5,097.0	14,120	32.9	2009	24,925.0	45,263	89.4
1991	5,258.0	15,434	35.7	2010	25,118.0	46,358	90.1
1992	5,815.0	17,279	38.8	2011	25,228.0	47,034	90.9
1993	6,370.0	18,620	41.3	2012	25,297.0	47,538	91.6
1994	9,391.0	19,081	41.9	2013	25,330.0	48,016	92.1

자료: 건설부, 『하수도』(1981-1993); 환경처, 『하수도통계』(1994); 환경부, 『하수도통계』(1995-2014).

N. 국민소득

김낙년

국민생산은 한 나라에서 매년 이루어지는 재화와 서비스의 총생산을 측정한 것이고, 국민소득은 그에 대응하여 창출된 소득의 합계를 말한다. 가장 대표적인 지표인 국내총생산(GDP)은 한 나라에서 1년 동안 생산된 재화와 서비스의 시장가치로 정의된다. 이러한 포괄적인 지표는 경제활동의 성과나 수준을 평가하는데 널리 이용되고 있다. 두 시점의 GDP(또는 일인당 GDP)를 비교하여 경제성장이 얼마나 이루어졌는지를 평가한다. 경기가 좋아지고 있는지 후퇴하고 있는지의 판단도 GDP의 동향에 의거하고 있다. 나아가 일인당 GDP는 그 나라의 복지 수준을 개략적으로 보여 주는 것으로 볼 수 있기 때문에 국가 간 생활수준의 비교에도 이용된다.

각국의 국민소득 통계는 1953년 이후 UN이 제시하는 국민계정 체계(System of National Accounts)에 따라 작성되고 있다. 그 이전 시기의 국민소득을 추계할 경우에도 이 체계에 의거하고 있다. 이를 통해 국민소득의 두 시점 간 또는 국가 간 일관된 비교가 이루어질 수 있도록 하고 있다. 다만 이러한 지표가 경제의 성과와 복지를 측정하는데 한계가 있다는 점에도 유의할 필요가 있다. 예컨대, 공해나 가사 노동과 같이 그 시장가치를 알기 어려운 것은 GDP에 반영되지 않는다. 일인당 GDP와 같은 평균 지표로는 소득이 얼마나 편중되어 있는지를 알지 못한다. 복지에는 수명의 연장이나 교육의 보급과 같은 비물질적인 요소도 중요하지만, GDP는 이들을 포착하지 못한다. 이에 대해서는 본서의 다른 장을 참조할 수 있다.

이 장은 다음과 같이 구성되어 있다. 1절에서는 국민소득 계정을 생산, 분배, 지출의 각 측면으로 나누어 설명하고 어떤 국민소득 통계들이 작성되고 있는지를 개관한다. 2절은 두 시점 간 명목 GDP의 증가에는 물량의 증가 이외에 가격 상승에 의한 것이 포함되어 있는데, 이를 분리하는 방법을 다룬다. 3절에서는 이상의 통계 중에서 몇 가지를 예시하여 한국 경제가 지난 100년간 어떠한 추이를 밟아 왔는지를 보이고자 한다. 한국은행의 국민소득 통계는 1970년(일부는 1953년) 이후 시기로 한정되어 있는데, 4절에서는 해방 전의 국민소득 추계와 이를 해방 후와 연결하기 위한 연구들을 간단히 살펴본다.

1. 각종 국민소득 지표

국민경제의 순환 과정을 단순화하여 가계와 기업만 존재한다고 해보자. 가계는 기업에 노동 · 자본 · 경영과 같은 생산요소를 제공하고, 기업은 이들을 결합하여 재화와 서비스를 생산하여 가계로 판매한다. 이 흐름의 반대쪽으로는 기업이 생산요소에 대해 보상을 하고, 가계는 그 소득으로 재화와 서비스를 구매(즉, 지출)하는 현금의 흐름이 대응하고 있다. 즉, 생산 활동과 소득의 창출, 그리고 그 지출이 동전의 양면과 같이 서로 대응하고 있음을 알 수 있다. GDP의 측정은 이 순환 과정의 각 국면을 포착하는 것을 통해서 이루어진다.

첫째, GDP는 생산의 각 단계에서 창출된 부가가치를 합산하는 방법으로 구할 수 있다. 이것은 총산출에서 중간투입액을 공제하는 방법과 동일하다. 시장가격으로 평가된 부가가치는 정부로 귀속되는 순생산물세(=생산물세-보조금)와 생산자의 몫으로 나뉘는데, 후자는 기초가격으로 평가된 부가가치가 된다. 그림 N-a의 생산 GDP가 이러한 부가가치 접근을 통해 구한 것인데, 그 상세 내역은 N169-188에 제시되어 있다.

그림 N-a 국민소득의 주요 총량 지표와 그들 간의 관계

자료: N17-32, N33-48.
주: ( ) 안의 수치는 2015년의 값(단위: 조 원)을 예시한 것이다.

둘째, 이들 부가가치는 그 창출에 기여한 생산요소 제공자들에게 분배된다. 그림 N-a의 분배 GDP가 그것인데, 부가가치 총액은 정부로 귀속되는 순생산 및 수입세, 고정자본의 가치 감소분에 해당하는 고정자본소모, 노동에 대한 보수인 피용자보수, 생산의 주체인 기업이나 자영업자의 몫인 영업잉여로 나뉘어진다. 이들 통계는 N17-22에 제시되어 있다.

셋째, GDP는 또한 최종재에 대한 지출의 합계로도 구할 수 있다. 최종재란 중간투입재가 아닌 소비재나 투자재를 말하는데, 그 수요자에 따라 민간소비, 정부소비, 투자(총자본형성), 순수출(=수출-수입)로 나뉜다. 이들 세 가지 접근으로 구한 GDP는 개념상 일치해야 하지만, 실제로는 차이가 발생하여 이를 통계상 불일치라고 부른다. 한국에서는 지출 국민소득의 정확도가 상대적으로 떨어진다고 보아 통계상 불일치를 지출 항목에 포함시켜 세 접근의 합계액을 일치시키고 있다(그림 N-a의 지출 GDP 참조). 지출 국민소득의 상세 내역은 N211-227에 제시되어 있다.

이 GDP는 국내에서 생산 활동의 결과로 발생한 소득을 파악하고 있는데, 거기에 국외와의 요소소득(피용자보수나 기업 및 재산소득)의 거래에서 발생한 국외순수취 요소소득을 더하면 국민총소득(Gross National Income)이 된다. 나아가 GNI에 다시 국외순수취 경상이전을 더하면 국민총처분가능소득(GNDI)이 된다. 통계상 불일치와 국외순수취 요소소득이나 경상이전은 음수 또는 양수가 될 수 있다. GNDI로부터 민간과 정부의 소비지출을 빼면 총저축이 되고, 총저축에서 고정자본소모를 제하면 순저축이 된다. 이들 GNDI의 내역은 N33-48에 제시되어 있다.

그런데 국민경제를 제도 부문(가계, 기업, 정부, 해외)별로 나누어 접근할 수 있으며, 그로부터 가계로 귀속되는 소득을 구할 수 있다. 그림 N-b는 각종 국민소득과 가계소득의 포괄 범위를 보여 주고 있다. 먼저 가장 왼쪽의 막대는 국민총소득(GNI)을 뜻하며, 거기서 고정자본소모를 빼면 국민순소득(NNI)이 된다. 이것은 시장가격에 의한 국민소득(N48)과 동일한 개념이다. 거기에서 다시 정부로 귀속되는 부분(순생산 및 수입세)을 빼면 요소비용에 의한 국민소득(N47)이 된다. 여기에서 다시 기업이나 정부로 귀속되어 가계로 분배되지 않는 소득을 제외하면 가계의 본원소득(N89)이 된다.

이 가계의 본원소득에서 소득과 부에 대한 경상세와 사회부담금(연금이나 건강보험과 같은 사회보험료)을 빼고, 사회수혜금(연금 수령액이나 실업수당 또는 사회부조)이나 기타 경상이

그림 N-b 각종 국민소득과 가계소득 및 그 처분

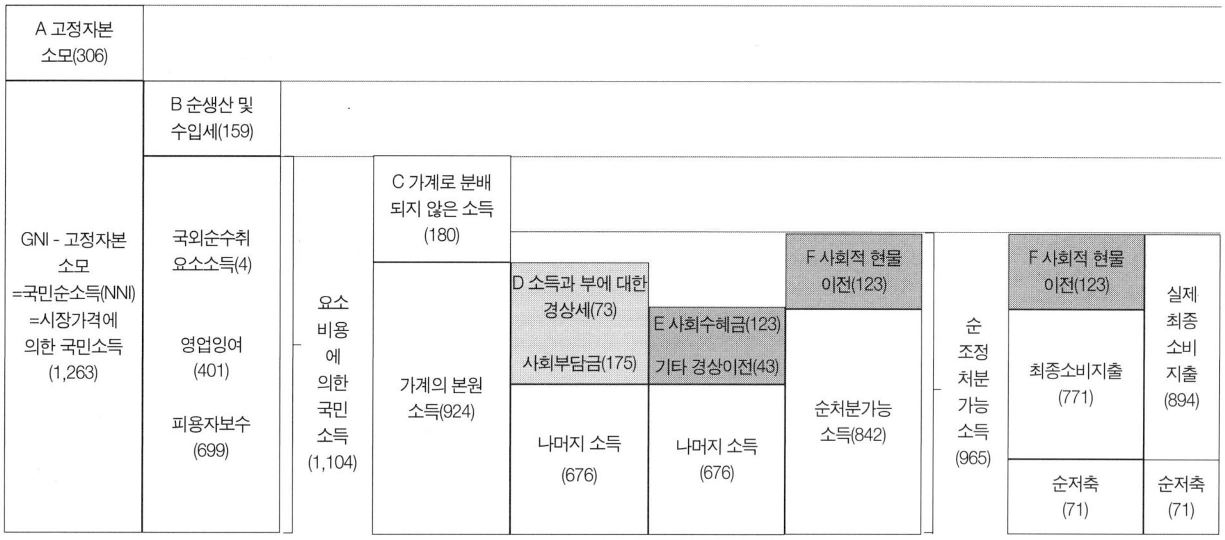

자료: N17-32, N33-48, N81-108.
주: 1) ( ) 안의 수치는 2015년의 값(단위: 조 원)을 예시한 것이다.
2) D는 가계 부문에서 정부나 기업 부문으로 소득의 이전을, E와 F는 반대 방향으로 소득의 이전을 뜻한다. 따라서 E-D는 가계의 순이전소득이 된다.
3) 가계에는 가계에 봉사하는 비영리단체가 포함되어 있다.
4) 순저축(71)에는 연금기금의 가계 지분(9조 원, N105)이 제외되어 있다.

전을 더하면, 가계의 순처분가능소득이 산출된다. 여기서 '순'이란 고정자본소모가 제외되어 있다는 의미이다. 그런데 현금 소득은 아니지만 사회적 현물 이전을 가계소득에 포함해 볼 수 있다. 즉, 정부(사회보장기금 포함)에서 지급되는 교육비나 의료비와 같은 개별 소비지출은 공공 행정이나 국방과 같은 집합 소비지출과는 달리 해당 가계의 소득으로 간주될 수 있기 때문이다. 이것을 추가하면 가계의 순조정처분가능소득이 된다. 순처분가능소득에서 최종소비지출로 처분되고 남은 것이 순저축이 된다. 가계의 본원소득에서 순저축에 이르는 소득의 내역은 표 N81-108에 제시되어 있다.

그림 N-b는 2015년의 수치를 예시하여 각 소득의 크기를 비교하였지만, 그것이 어떻게 변해 왔는지를 보이기 위해 그림 N-c에는 각 소득의 GNI 대비 비율을 제시하였다. 그에 따르면, GNI와 다른 소득과의 갭이 급속히 벌어졌으며, 가계의 순처분가능소득의 경우 최근에 GNI의 52-53%로까지 하락한 것으로 나타났다. 그 차이는 고정자본소모(N-b와 N-c에서 A로 표기, 이하 동일), 정부에 귀속되는 순생산 및 수입세(B)가 빠르게 늘어난 것 이외에도 국민소득(NI) 중에서 가계로 분배되지 않는 소득(C)이, 특히 외환위기 이후 급격히

그림 N-c 각 소득의 국민총소득(GNI) 대비 비율(%)

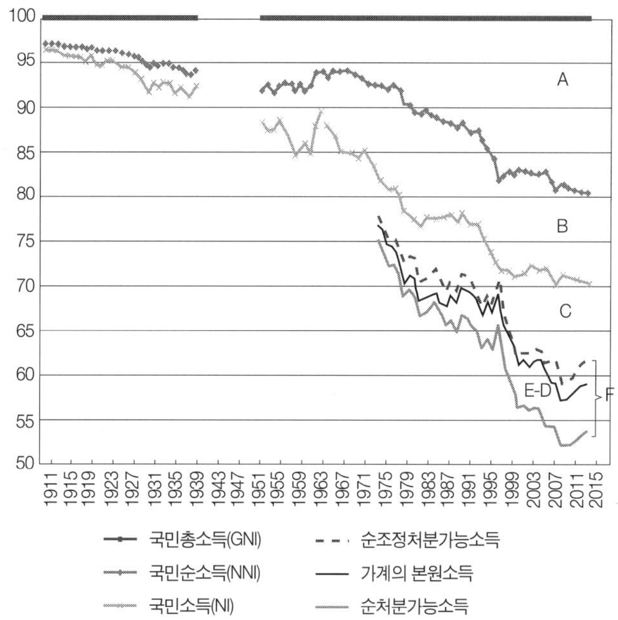

자료: N1-10, N17-32, N81-108.
주: 1) 인접한 두 소득 간의 차이를 나타내는 A-F는 그림 N-b의 해당 항목을 가리킨다. 예컨대, GNI와 NNI의 차이인 A는 그림 N-b의 'A 고정자본소모'를 말한다.

늘어난 것으로 설명된다. 그리고 가계의 본원소득에서 세금이나 사회보험료로 빠져나간 것(D)이 사회수혜금 등으로

들어온 것(E)보다 커서 순처분가능소득은 본원소득보다 줄어들었다. 그 요인의 하나로서 연금 부담금이 빠르게 늘어난 반면 연금의 수령이 아직 본격적으로 늘어나지 않은 것을 들 수 있다. 한편, 사회적 현물 이전(F)의 비중도 늘어났지만, 그것을 추가하더라도 가계의 순조정처분가능소득의 GNI 대비 비율은 여전히 하락하는 추세를 보이고 있다.

2. 당해년 가격과 기준년 가격의 GDP

두 시점 간에 경제 활동이나 소득의 수준이 어떻게 변화했는지를 알고자 할 때에는 당해년 가격의 GDP(또는 명목 GDP)를 비교하는 것은 의미가 없다. 당해년 가격의 GDP 증가에는 물량의 증가 이외에도 물가상승에 의한 것이 포함되어 있기 때문이다. 이를 분리해내기 위한 종래의 방법은 기준년을 정하고, 그 해의 가격으로 다른 해의 GDP를 평가하는 것이다. 그러면 두 시점 간의 가격 변동이 제거된 기준년 가격의 GDP(또는 실질 GDP)를 구할 수 있다.[1]

그런데 이러한 방식은 몇 가지 문제를 안고 있다. 먼저, 비교하는 두 시점이 멀어질수록 기술이 진보하고 새롭게 출현하거나 퇴장하는 상품이 생기는 등 경제상황의 변화로 인해 기준년의 상대가격이 점차 현실을 반영하지 못하게 된다. 특히, IT 제품과 같이 기술진보가 빨라 제품의 가격이 크게 떨어진 반면 수요량이 크게 늘어난 경우 기준년의 높은 가격을 비교년의 급증한 수량에 적용하면 물량의 증가가 과대 평가된다. 어떤 제품의 상대가격이 하락하면 그 제품에 대한 수요가 늘어나는 것을 대체효과라고 하는데, 이것은 IT 제품에 그치지 않는 일반적인 현상이다. 그로 인한 성장률의 과대 평가(이를 대체 편향(substitution bias)이라고 한다)가 상당히 커질 수 있다.

이에 대처하기 위해 한국은행은 기준년을 5년마다 개편하는 방법을 사용해 왔다. 이를 통해 경제상황의 변화를 지수에 반영함으로써 성장률의 왜곡을 줄일 수 있다. 그렇지만 5년이라 하더라도 기술진보가 빠른 경우 그 사이의 변화를 무시하기 어렵다. 더구나 기준년이 개편되면 그 이전 계열의 수치가 모두 바뀌는 불편함이 생긴다.

최근에는 종래의 방법 대신에 연쇄가중법(chained weighted method)에 의해 물량지수를 구하는 방법으로 이행하였다(한국은행 2009). 그것은 인접한 두 해를 기준년과 비교년으로 하여 물량지수를 구한 다음, 이것을 매년 누적하는 방식으로 구한다.[2] 기준년을 5년이 아니라 매년 개편하는 것이라 할 수 있다. 이 방식은 인접한 두 해를 비교하는 것이기 때문에 경제상황의 변화를 그때그때 지수에 반영하는 장점이 있다. 이로 인해 전술한 대체 편향을 상당히 줄일 수 있다. 그리고 기준년의 가격을 더 이상 고정하지 않기 때문에 기준년 개편에 따라 과거의 성장률이 모두 바뀌는 불편함도 일어나지 않는다.[3]

한국은행은 물량지수를 구하는 여러 가지 방식 중에서 라스파이레스(Laspeyres) 연쇄물량지수를 이용하여 기준년 가격의 GDP와 그 구성 항목을 구하고 있다. 피셔(Fisher) 지수가 이상적이지만, 라스파이레스 지수가 계산이 간편할 뿐만 아니라 이를 연쇄지수화 하는 것만으로도 전술한 편향을 상당히 제거할 수 있기 때문이다. 한국은행이 제공하는 1953년 이후 기준년 가격의 통계는 모두 이 방식으로 구한 것이다. 여기서는 GDP나 그 구성 항목의 디플레이터를

---

1 이를 산식으로 나타내면 다음과 같다. 기준년을 0, 비교년을 t라고 하고, 각 품목의 가격과 수량을 각각 p, q라고 할 때 라스파이레스(Laspeyres) 물량지수는 식 (1)과 같다. 그리고 이 물량지수를 기준년의 GDP(=Σp_0q_0)에 곱하면 두 시점 간의 가격 변동이 제거된 t년의 기준년 가격 GDP(=Σp_0q_t)를 구할 수 있다.

$$Q^L_{(0,t)}=\Sigma p_0q_t/\Sigma p_0q_0 \qquad (1)$$
$$Q^P_{(0,t)}=\Sigma p_tq_t/\Sigma p_tq_0 \qquad (2)$$
$$Q^F_{(0,t)}=[Q^L_{(0,t)} \cdot Q^P_{(0,t)}]^{1/2} \qquad (3)$$

물량지수를 구하는 방법에는 그 외에도 기준년 가격을 고정하지 않고 비교년(t)의 가격을 고정하는 식 (2)의 파셰(Paasche) 지수가 있다. 나아가 식 (3)과 같이 이상의 두 지수의 기하 평균으로 구하는 피셔(Fisher) 지수가 있다. 라스파이레스와 파셰 물량지수는 각각 성장률을 과대 또는 과소 평가하는 편향을 갖지만, 피셔 지수는 두 편향을 중화하는 의미가 있다. 한국은행은 알기 쉽고 계산이 간편한 라스파이레스 방식을 채택해 왔다.

2 라스파이레스 연쇄 물량지수의 산식을 아래 식 (4)에 제시하였는데, 식 (1)의 물량지수를 인접한 두 해에 적용하여 구한 매년의 물량 변동을 누적하는 방식임을 알 수 있다. 식 (5)와 (6)의 파셰 및 피셔 연쇄물량지수도 마찬가지로 식 (2)와 (3)의 물량지수를 매년 누적해서 구한다.

$$Q^{LC}_{(0,t)}= Q^L_{(0,1)}\times Q^L_{(1,2)} \cdots \times Q^L_{(t-1,t)} \qquad (4)$$
$$Q^{PC}_{(0,t)}= Q^P_{(0,1)}\times Q^P_{(1,2)} \cdots \times Q^P_{(t-1,t)} \qquad (5)$$
$$Q^{FC}_{(0,t)}= Q^F_{(0,1)}\times Q^F_{(1,2)} \cdots \times Q^F_{(t-1,t)} \qquad (6)$$

3 기준년의 의미도 달라지게 되는데, 식 (1)-(3)에서 기준년(base year)이란 그 해의 가격을 다른 해에 적용하였음을 뜻하지만, 식 (4)-(6)에서 기준년(reference year)이란 단순히 물량지수를 100으로 설정하여 당해년과 기준년의 금액이 같은 연도를 뜻한다.

그림 N-d GDP 디플레이터의 등락률(%)

자료: N10.

따로 제시하지 않았지만, 그것은 당해년 가격의 통계를 거기에 대응하는 기준년 가격의 통계로 나누어 구할 수 있다. 이에 대해 해방 전의 기준년 가격의 통계는 모두 피셔 연쇄지수를 이용하여 구했다.[4] 해방 후와 다른 방식을 적용하였지만, 연쇄 지수의 경우 양자의 차이는 미미할 것으로 생각된다.

연쇄지수는 기준년 가격을 고정하는 종래의 방법에 비해 많은 장점을 갖지만, 가법성(additivity)을 상실하게 되는 단점도 있다. 예컨대, 경제활동별 GDP(N189-210)이나 지출항목별 GDP(N228-244)와 같은 기준년 가격의 통계를 보면 GDP의 각 구성 항목의 합계가 GDP와 일치하지 않는다. 이러한 괴리는 기준년으로부터 멀어질수록 더 커진다. 따라서 기준년 가격의 통계로부터 GDP나 그 구성 항목의 증가율을 구하지만, 항목별 구성비를 구할 수는 없다. 구성비는 당해년 가격의 통계로부터 구한다.

그림 N-d는 이상에서 구한 GDP 디플레이터의 등락률을 제시하였다. 제1차 세계대전기의 급등과 하락, 대공황기의 급락과 1930년대 말의 상승 등 등락을 반복하고 있다. 해방 후에는 상승률에 기복은 있지만 하락한 경우가 거의 없어 인플레가 지속되었다는 점과는 대조된다. 근래로 올수록 기복이 크게 줄어든 것은 날씨에 따라 작황의 변동이 심한 농업의 비중이 감소했기 때문이다. 한국전쟁 후 복구기인 1950년대와 1960-1970년대의 고도성장기에 특히 인플레가 심하였는데, 그 배후에는 부흥이나 성장을 촉진하기 위한 통화공급의 급속한 확대가 있었다. 이에 비하여 식민지기 통화는 일본 圓과 연계(peg)되어 있는 제도적 제약 때문에 재량적인 통화공급이 허용되지 않았다. 이러한 제도적 차이가 GDP 디플레이터의 변화 양상을 규정한 것으로 볼 수 있다.

3. 한국의 경제성장과 구조 변화

여기서는 이상의 국민소득 통계로부터 한국 경제가 지난 100년간 어떠한 추이를 밟아 왔고 어떤 구조 변화가 일어났는지를 보여 주는 몇 가지 지표를 예시하기로 한다. 그림 N-e는 한국의 경제성장률과 남한과 북한의 일인당 GDP를 제시하였다. 1912-1942년의 남한의 연평균 성장률은 2.8%로 북한의 4.2%에 비해 다소 낮았다. 해방 후 1947-2014년의 연평균 성장률은 7.2%로 해방 전에 비해 2배 이상 높았다. 다만 시기별 부침이 있는데, 1965년부터 30년간 지속된 고도성장기에는 9.6%로 높았고, 그 전후에는 성장률이 점차 상승했다가 하락하는 역 U자형의 양상을 보이고 있다. 일인당 GDP는 1912-1942년간 1.6배(북한은 2.2배), 해방 후 1954-2014년간 29.3배로 증가했다. 북한은 현재에도 해방 전 수준을 벗어나지 못하고 있으며, 한국과의 격차가 벌어지고 있다.

그림 N-f는 경제활동별 부가가치의 구성비를 제시한 것이다. 농림수산업의 비중이 식민지기 초기에 70%에 가까웠던 것이 급락하여 최근에는 2%대로까지 떨어졌다. 그 반면에 광공업, 전기 건설업, 서비스업의 비중이 높아졌는데, 서비스업을 제외하면 1990년대 이후에는 비중이 정체 내지 하락하였다. 이러한 산업 구성의 변화 추세는 해방 전후와 한국전쟁기에 일시 후퇴하기도 했지만, 전체 시기에 걸쳐 일관되게 지속되었음을 알 수 있다. 해방 전에는 남한과 남북

4 구체적인 방법은 먼저 피셔 연쇄가격지수를 구하고, 그 지수로 당해년 가격의 GDP를 디플레이트하여 기준년 가격으로 환산하였다(김낙년 편 2012: 19-24). 여기서 가격지수의 산식을 따로 제시하지 않지만, 식 (1)과 (2)의 물량지수 산식에서 가격(p)과 수량(q)을 바꾸어 주면 가격지수의 산식이 되고, 그 때의 식 (6)이 피셔 연쇄가격지수가 된다. 이 방식은 식 (6)의 피셔 연쇄물량지수를 이용하여 직접 기준년 가격의 GDP를 구하는 것과 차이가 없다.

그림 N-e 한국의 경제성장률과 남북한의 일인당 GDP(%)

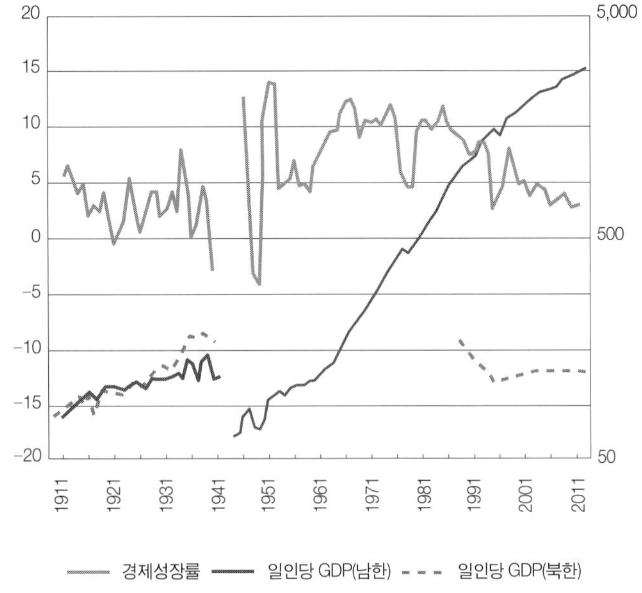

자료: N11-16.

주: 1) 경제성장률은 왼쪽 눈금(%)이고, 3개년 이동 평균한 값이다.

2) 일인당 GDP는 오른쪽 눈금(2010년 가격, 단위: 만 원, 로그 눈금)이다. 북한의 일인당 GDP도 남한의 2010년 가격으로 나타낸 것이다.

그림 N-f 경제활동별 부가가치 구성비(%)

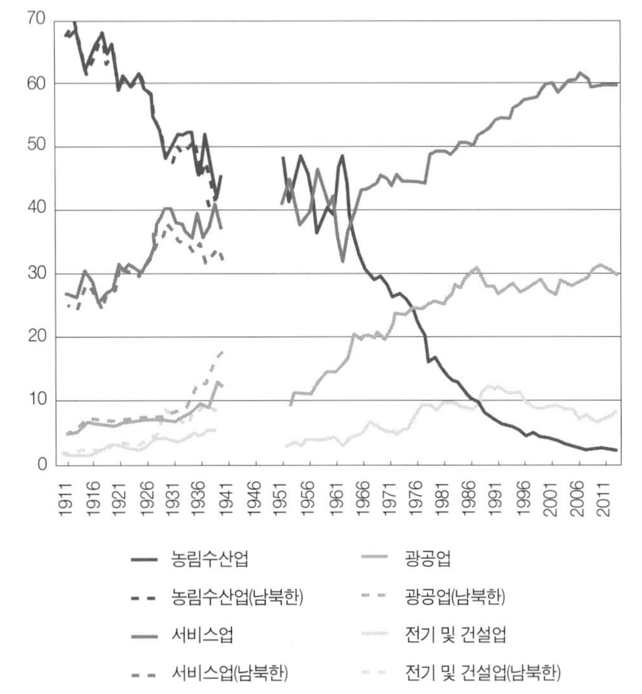

자료: N169-188, N391-408.

한의 구성비를 함께 제시하였는데, 북한을 포함할 경우 1930년대 이후 농림수산업이나 서비스업의 비중이 하락한

그림 N-g 지출 항목의 GDP 대비 비율(%)

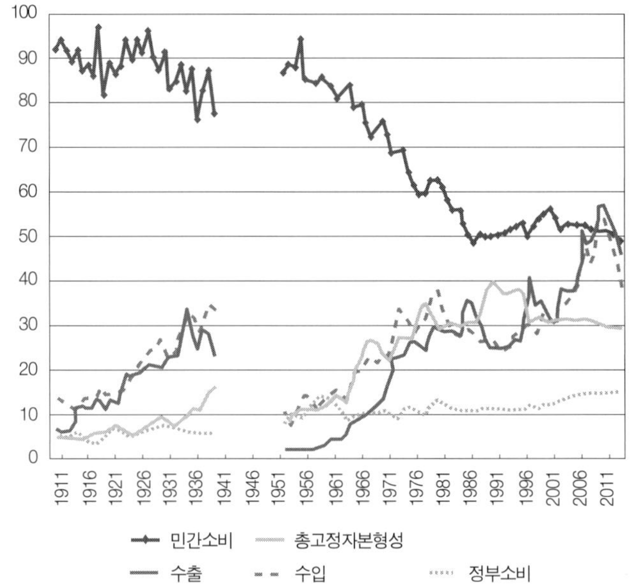

자료: N211-227.

그림 N-h 가계소비 목적별 및 형태별 구성비의 추이(%)

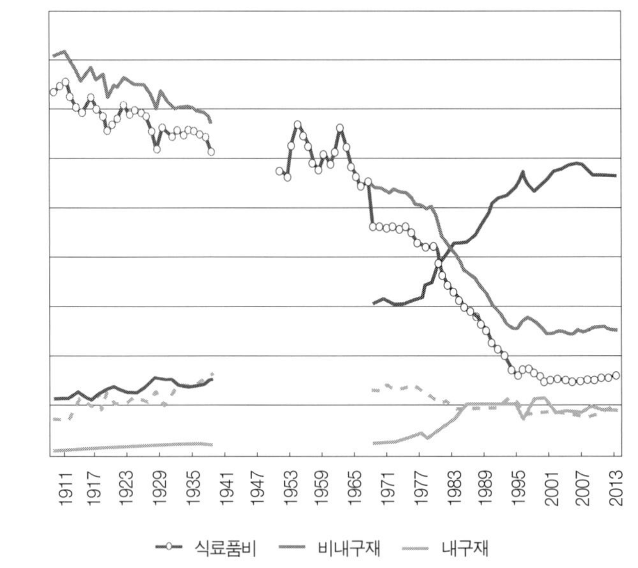

자료: N296-315.

주: 가계의 목적별 소비지출 중에는 식료품비의 구성비만을 제시하였다. 식료품비에는 음료와 담배가 포함되어 있다.

반면 광공업과 전기 건설업의 비중이 빠르게 높아졌다. 이 시기 북한을 중심으로 전개된 전력개발과 공업화의 영향을 읽을 수 있다.

그림 N-g는 지출 항목의 GDP 대비 비율을 보여 준다. 민

그림 N-i 저축률과 투자율(%)

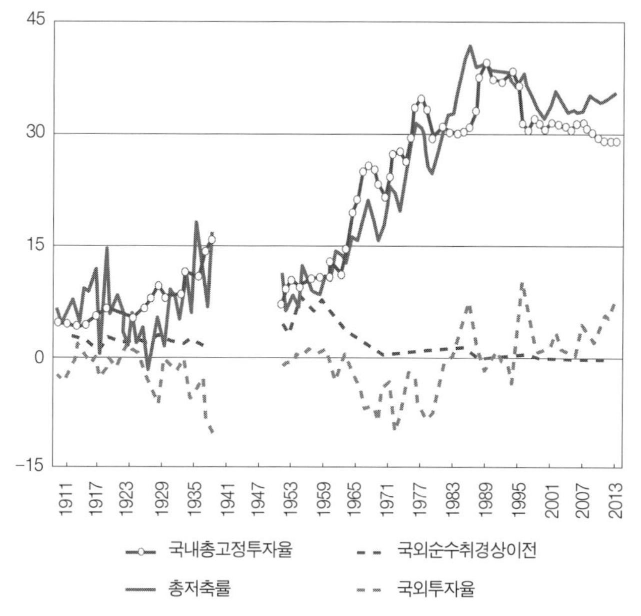

자료: N344-359, N44, N217.
주: 1) 총저축과 총고정자본형성의 국민총처분가능소득 대비 비율이다.
2) 국외투자율은 경상계정 잉여(N79)를 국민총처분가능소득으로 나누어 구한 것이다.

간소비는 GDP의 90% 전후에서 50%로까지 떨어진 반면, 총고정자본형성은 5% 미만에서 30%대로 상승하였다. 수출과 수입의 GDP 대비 비율은 해방 전에 빠르게 상승하여 30% 전후에 달했지만, 해방 후 거의 붕괴되다시피 한 후 다시 상승하여 50% 전후로까지 높아졌다. 해방 전과 후에 정도의 차이는 있지만, 투자와 무역의 확대가 경제성장을 주도하는 양상을 보였다. 다만 투자율은 1990년대 초를 정점으로 하여 하락 또는 정체로 돌아섰다.

민간소비지출의 구성비가 크게 하락한 것을 보았지만, 그 내부의 구성도 크게 변했다. 그림 N-h는 가계소비의 목적별 및 형태별 구성비 추이를 보여 준다. 그에 따르면, 가계소비 중 음식료비가 차지하는 비중(이를 엥겔계수라고 한다)이 식민지기 초에는 70%를 넘는 수준에서 2000년대 이후는 15%로 떨어졌다는 것이다. 이를 가계소비의 형태별로 보면 비내구재 중심의 구성에서 서비스 중심으로 바뀌어 그 비중이 60%에 근접할 정도로 높아졌다. 비내구재에서는 음식료비가 대부분을 차지했지만 양자의 구성비 갭이 벌어진 것은 음식물이 아닌 비내구재의 소비가 늘어난 것을 반영하고 있다. 또 하나 주목할 것은 내구재 소비가 특히 1980년대 이후 10% 수준으로 높아졌는데, 가전이나 자동차 등의 보급이 영향을 미쳤다.

한편, 그림 N-i는 국민총처분가능소득 중에서 저축 또는 투자되는 비율이 어느 정도인지를 보여 준다. 해방 전의 총저축률은 작물의 풍흉으로 인한 기복이 심하며 평균 7%의 수준에 머물렀지만, 해방 후 지속적으로 증가하여 1980년대 말에는 40%에 달할 정도로 높아졌다. 저축률의 증가에 힘입어 투자도 급속히 늘어났는데, 국내 총고정투자율은 1990년대에 37%까지 높아졌다. 이들 저축률과 투자율은 근래에 다소 하락하였지만, 다른 나라와 비교하여 상당히 높은 수준을 보였다. 그런데 이 국내 총고정투자율은 대체로 총저축률을 능가하는 해가 많았고, 그 차액은 해외로부터 자본유입으로 메워졌다. 국외 투자율이 (−)로 된 경우가 그러하다. 1930년대나 1960년대 후반에서 1980년대 초까지는 해외 자본에 크게 의존하는 형태로 투자가 급속히 늘어났음을 알 수 있다. 근래에는 투자보다 저축이 더 많아 거꾸로 해외로의 투자가 늘어나고 있다. 1950년대에서 1960년대 전반에는 해외 자본의 유입보다는 원조(경상이전)에 대한 의존이 매우 높았음을 알 수 있다.

4. 해방 전 국민소득 추계와 해방 후와의 연결

식민지기에는 근대적 통계조사가 이루어지기 시작하였고, 발간된 통계 자료도 비교적 풍부한 편이다. 이를 이용하여 GDP를 추계하려는 시도가 수차례 이루어졌다. 먼저 이윤근(1971)은 산업별 GDP를 추계하고자 한 최초의 시도였지만, 이용 자료가 제한되어 있고, 추계 기간도 1926-1935년에 한정되어 있다. Suh(1978)는 1910-1940년간의 1차 산업과 광공업의 부가가치를 추계한 성과이지만, 3차 산업이 추계에서 제외되어 있다. 본격적인 추계는 溝口(1975)와 그 연장선상에 있는 溝口・梅村編(1988)에서 시도되었다. 이 연구는 조선에 국한되지 않고 구 일본 식민지 전체를 대상으로 하여 지출 및 생산 GDP의 추계 결과를 제시하고 있다. 추계 기간도 조선의 경우 1911-1938년에 걸쳐 있으며, 그동안 이 추계가 널리 이용되어 왔다. 다만 지출 GDP를 추계하는데 역점을 두었으며, 생산 GDP는 그에 비해 신뢰도가 떨어지

그림 N-j 두 추계의 GDP 대비 통계상 불일치의 비교(%)

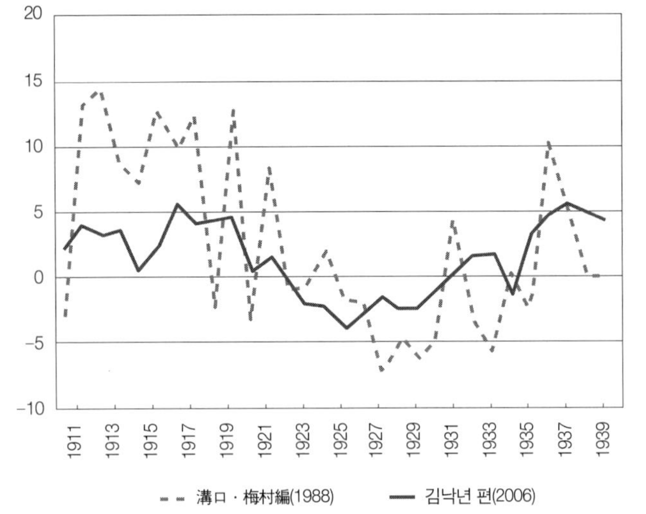

자료: 溝口 · 梅村編(1988); N226-227.

는 것으로 평가되고 있다. 디플레이터의 추계방법도 GDP의 각 항목마다 달라 일관성이 견지되지 않았다.

이에 대해 김낙년 편(2006)은 몇 가지 점에서 선행 연구를 개선하였다. 먼저 이전 추계에서는 활용되지 못했던 1차 자료를 추가로 발굴하여 활용하였다. 그리고 통계 자료를 면밀하게 음미하는 과정에서 통계 조사방법의 변경, 일부 통계의 낮은 커버리지 문제, 과소 신고 또는 중복게재 등의 문제를 검토하고 필요한 보완을 하였다. 추계 기간이 1911-1940년으로 연장되었고, 디플레이터의 추계도 피셔(Fisher) 연쇄지수로 통일되었다. 생산과 지출 GDP를 모두 제시하였는데, 그들 간의 정합성이 유지될 수 있도록 추계방법이 개선되었다. 양자의 차이를 통계상 불일치라고 하는데, GDP 대비 그 비율을 보여 주는 그림 N-j에 따르면 김낙년 편(2006)이 5% 이내에 머물러 溝口 · 梅村編(1988)에 비해 크게 줄었음을 알 수 있다.

그런데 해방 전의 국민소득 통계를 해방 후와 연결하기 위해서는 추가적인 작업이 필요하다. 먼저 해방 전은 북한을 포함한 한반도 전체의 통계이며 해방 후는 남한의 통계이기 때문에 두 시기의 커버리지를 일치시킬 필요가 있다. 김낙년(2008)과 김낙년 편(2012) 및 Cha and Kim(2012)은 식민지기 도별 통계를 이용하여 이 시기 GDP와 인구를 도별, 나아가 남북한으로 분할하였다. 다만 생산 GDP(N360-372, N391-426)에서는 그것이 가능했지만, 지출 GDP의 경우는 상품의 도별 유출입을 보여 주는 자료가 없어 추계되지 못했다.

그리고 해방 전후기(1941-1952년)는 전쟁, 해방과 분단, 그리고 한국전쟁으로 이어지는 정치적 격동기였기 때문에 종합적인 통계서의 발행이 중단되었다. 해외동포의 귀국, 월남 인구, 한국전쟁으로 인한 사망 등으로 인해 인구의 변동도 심했다. 이 시기는 자료상의 제약이 커서 그 전후 시기와 같은 수준의 GDP를 추계하기는 어렵다. 다만 김낙년 편(2012: 313-323)은 산업별 생산 동향을 보여 주는 자료를 수집 · 정리하여 산업별 생산지수를 추정하였다. 나아가 1944, 1949, 1955년의 인구 센서스와 인구 이동에 관한 자료 및 기존 연구(Kwon 1977; Kwon et al. 1975) 등을 이용하여 이 시기 매년의 인구 추정도 시도하였다. 그 결과가 N11-16에 제시되었다. 그리고 해방 후 북한의 GDP와 인구에 관해서는 1990년 이후 한국은행의 추계치가 발표되고 있는데, 여기는 그것을 실었다.

한국은행은 1953년 이후 국민소득 통계를 작성하였지만, 국민계정 체계(SNA)가 개편될 때마다 그에 맞추어 개편된 것은 1970년 이후 계열에 한정된다. 따라서 1953-1969년의 계열은 1970년 이후의 현행 계열과 단절되어 있었다. 최근 한국은행이 2008년 SNA로 이행하면서 일부 통계(N169-244)와 주요 지표의 경우 1953년까지 소급하여 개편한 통계를 발표하였다. 여기서는 이들을 이용하여 가능한 항목의 경우 1953년까지 소급하여 작성하였다. 그리고 1953-1969년의 일부 항목은 1953년 SNA에 의거하여 작성된 한국은행(1982)을 이용하여 채워 넣었지만, 2008년 SNA와 단절이 있다는 점에 유의할 필요가 있다.[5]

마지막으로 본서가 채택한 한국의 일인당 GDP의 장기계열[6]을 국제적으로 널리 이용되고 있는 Maddison의 추계[7]

5 예컨대, 가계의 소비지출(N296-331)과 자본형성(N245-295)의 1953-1969년 통계가 한국은행(1982)에 의거한 것이다. 소비지출의 경우 1953년과 2008년 SNA 간에 차이가 거의 없어 이 방법에 큰 문제는 없지만, 자본형성의 경우 두 SNA 간의 단절이 크다는 점에 유의할 필요가 있다.

6 본서의 일인당 GDP(계열 N15)는 1953년 이후는 한국은행(http://ecos.bok.or.kr)에서 가져왔고, 1911-1952년은 김낙년 편(2012: 519-521)에 의거하여 연장한 것이다.

7 여기서는 Maddison(http://www.ggdc.net/maddison/maddison-project/orihome.htm)을 이용하였는데, 그것은 1990년을 벤치마크로 하여 구매력 평가(PPP) 기준의 GDP(GK 달러 표시)를 구한 다음, 그 전후를 증가율로 연장하는 방법(backward projection)으로 구한 것이다. 이에 대해 Maddison Project Database(http://www.ggdc.net/maddison/maddison-project/data.htm)은 해방 전의 경우 1935년을 벤치마크로 하는 PPP 기준의 GDP를

그림 N-k 본서와 Maddison의 일인당 GDP 비교

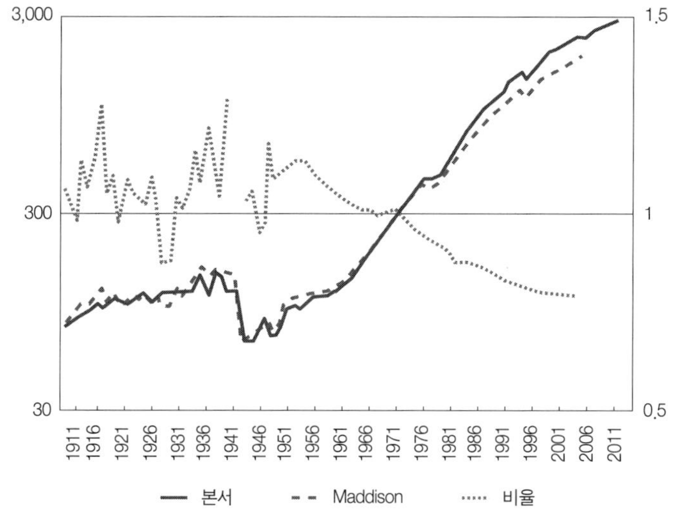

자료: N15; Maddison(http://www.ggdc.net/maddison/maddison-project/orihome.htm).

주: 1) 일인당 GDP는 왼쪽, 비율은 오른쪽 눈금이다.

2) 일인당 GDP는 2010년 가격(단위: 만 원)으로 표시한 것이며 로그 눈금이다.

3) 비율은 Maddison/본서로 구한 일인당 GDP의 비율(1970년=1)을 말한다.

와 비교해 두기로 한다. Maddison은 GDP와 인구에 관한 기존의 여러 추계를 접속하여 만든 것이다. GDP의 경우 1911-1938년은 溝口·梅村編(1988: 238), 1938-1940년은 Suh(1978: 171), 1940-1953년은 Kim and Roemer(1979: 35), 1953년 이후는 한국은행에 각각 의거하였다(Maddison 1995: 146, 158-159). 인구의 경우는 1910-1940년은 Suh(1978: 40-41, 132), 1940-1949는 UN(1960: 142)에서 가져온 것으로 되어 있다(Maddison 2003: 153). 해방 전후기의 수치는 자료의 제약이 커서 가정에 의존했거나 근거가 뚜렷하지 않은 경우가 있다.[8]

그림 N-k는 본서와 Maddison의 일인당 GDP를 비교한 것이다.[9] 그에 따르면, 1953년 이후 본서의 일인당 GDP가 Maddison보다 빠른 증가 추세를 갖는 것으로 나타났다. 둘 다 한국은행 통계를 이용하였지만, Maddison은 각 시기마다 SNA의 버전(1953, 1968, 1993)이 다른 GDP를 접속한 것인데 비해 본서는 2008년 SNA로 통일된 계열을 이용하였다. 실질 GDP를 구하는 방식도 달라졌는데, Maddison은 5년마다 기준년이 개편된 계열인데 비해 본서는 연쇄가중법으로 산출된 계열을 이용한 것이다.[10]

1953년 이후 양자의 괴리가 점차 커지는 추세를 보인 것과는 달리 그 이전 시기는 들쑥날쑥한 차이를 보였다. 해방 전의 GDP 추계에서 Maddison과 본서가 각각 의거한 溝口·梅村編(1988)과 김낙년 편(2006: 2012)이 적지 않은 차이를 보였음은 전술한 바와 같다. 남한의 GDP를 구하기 위해 이를 다시 남북으로 분할하는 과정에서도 차이가 생겼을 터인데, Maddison은 그 방법을 밝히지 않았다. 인구에서도 무시하기 어려운 차이가 나타났다. 인구 센서스를 이용할 수 있는 1925년 이후는 비교적 차이가 적지만, 그 이전으로 갈수록 괴리가 크게 벌어졌다. 그것은 Maddison이 의거한 Suh(1978)가 식민지 초기의 인구를 상당히 과소 추정했기 때문이다.[11]

참고문헌

김낙년(2008), 「일제시기 우리나라 GDP의 도별 분할」, 『경제사학』 45, 3-43.

_____(2009), 「한국의 국민계정, 1911-2007: 주요지표를 중심으로」, 『경제분석』 15(2), 79-108.

김낙년 편(2006), 『한국의 경제성장 1910-1945』, 서울대출판부.

_____(2012), 『한국의 장기통계: 국민계정 1911-2010』, 서울대출판

따로 구했기 때문에 그것과 해방 후 통계가 단절되어 있다.

8 Suh(1978)와 Kim and Roemer(1979)는 상품의 생산을 추정한 것인데, 거기서 빠진 서비스는 인구 동향을 반영할 것이라는 가정으로 추정되었다.

9 Maddison의 일인당 GDP는 1990년의 Geary-Khamis 달러로, 본서는 2010년 원화 가격으로 표시되어 있으므로 양자의 단위를 일치시킬 필요가 있다. 이를 위해 임의로 1970년을 잡아 Maddison의 일인당 GDP를 본서와 일치시킨 다음, 그 전후를 Maddison의 일인당 GDP 증가율로 연장하는 방법으로 2010년 원화 가격으로 바꾸었다.

10 2008년 SNA로 이행하면서 종전에 비용으로 처리되었던 R&D나 지적 생산물이 자산으로 분류되면서 GDP 증가가 더 빨라진 것으로 수정되었다. 수출이 통관기준에서 소유권 변경기준으로 바뀐 것도 마찬가지 결과를 가져왔다. 1953-1969년의 실질 GDP 산출에 연쇄가중법이 적용되면서 증가율이 더 높아졌다(한국은행 2014: 21-22).

11 Suh(1978: 41, 132)는 1910년의 인구를 1,477만 명으로 추정했지만, 상당히 과소 평가되었다. 인구 센서스가 처음 실시되어 실태가 파악된 1925년 인구수와 1910-1924년간의 사망자수 통계를 이용하여 1910년의 인구를 구해 보면 1,579만 명이 된다(박이택 2008). 당시 사망자 신고에 누락이 많았던 점을 감안하면 실제 인구는 적어도 이보다는 커야 하지만, Suh의 추정치는 거기에도 미치지 못했다. 그 외에도 Suh가 추정한 인구는 조선인만의 수치이며 일본인을 포함한 외국인이 빠져 있다. 1925년 이전의 인구를 남북으로 분할할 때에도 Maddison(2003: 153)이 적용한 Suh의 남한 인구 비율(68.375%)에도 문제가 있다. 남북에 걸쳐 있는 경기도와 강원도를 Suh는 모두 남한으로 귀속시켜 그 비율을 산출했기 때문이다(김낙년 2009: 80).

문화원.
박이택(2008), 「식민지기 조선인 인구추계의 재검토」, 『대동문화연구』 63, 331-373.
이윤근(1971), 「한국 국민소득 추계와 그 내용(1926-1936)」, 조기준 외, 『일제하의 민족생활사』, 민중서관(1982년 현음사에서 복간).
한국은행(2009), 『연쇄가중 경제성장률 이해』.
______(2014), 『한국의 국민계정』.
______, ECOS (http://ecos.bok.or.kr).
溝口敏行(1975), 『臺灣・朝鮮の經濟成長』, 岩波書店.
溝口敏行・梅村又次編(1988), 『舊日本植民地經濟統計: 推計と分析』, 東洋經濟新報社.
Cha, Myung Soo and Nak Nyeon Kim(2012), "Korea's First Industrial Revolution, 1911-1940," *Explorations in Economic History*, 49(1), 60-74.
Kim, Kwang Suk and M. Roemer(1979), *Growth and Structural Transformation*, Cambridge, Mass.
Kwon, Tai Hwan(1977), *Demography of Korea*, Seoul: Seoul National University Press.
Kwon, T. H., H. Y. Lee, Y. Chang, and E. Y. Yu(1975), *The Population of Korea*, Seoul National Univ. Press, Population and Development Studies Center.
Maddison, A.(1995), *Monitoring the World Economy, 1820-1992*, Paris: OECD.
______(2003), *The World Economy: Historical Statistics*, Paris: OECD.
Maddison(http://www.ggdc.net/maddison/maddison-project/orihome.htm).
Maddison Project Database(http://www.ggdc.net/maddison/maddison-project/data.htm).
Suh, Sang-Chul(1978), *Growth and Structural Changes in the Korean Economy, 1910-1940*, Harvard University Press.
UN(1960), *Demographic Yearbook*.

N. 국민소득

김낙년

1. 주요 총량지표
   표 N1-10 경제활동의 총량지표, 당해년 가격, 1911-1940, 1953-2015
   표 N11-16 GDP, 인구, 1인당 GDP(남한과 북한, 2010년 가격), 1911-2015
2. 종합계정
   표 N17-32 국내총생산과 지출, 당해년 가격, 1911-1940, 1953-2015
   표 N33-48 국민처분가능소득과 처분, 당해년 가격, 1911-1940, 1953-2015
   표 N49-80 국외거래, 당해년 가격, 1911-1940, 1953-2015
3. 제도부문별 소득계정
   표 N81-108 가계소득의 원천과 처분, 1975-2015
   표 N109-123 비금융법인 소득의 원천과 처분, 1975-2015
   표 N124-141 금융법인 소득의 원천과 처분, 1975-2015
   표 N142-168 일반정부 수입의 원천과 처분, 1975-2015
4. 경제활동별 GDP와 GNI
   표 N169-188 경제활동별 GDP 및 GNI, 당해년 가격, 1911-1940, 1953-2015
   표 N189-210 경제활동별 GDP 및 GNI, 기준년 가격, 1911-1940, 1953-2015
5. GDP에 대한 지출과 항목별 상세 통계
   표 N211-227 국내총생산에 대한 지출, 당해년 가격, 1911-1940, 1953-2015
   표 N228-244 국내총생산에 대한 지출, 기준년 가격, 1911-1940, 1953-2015
   표 N245-260 자본재 형태별 총자본형성, 당해년 가격, 1911-1940, 1953-2015
   표 N261-276 자본재 형태별 총자본형성, 기준년 가격, 1911-1940, 1953-2015
   표 N277-295 경제활동별 총자본형성, 당해년 가격, 1911-1940, 1953-2014
   표 N296-315 가계의 목적별 형태별 최종소비지출, 당해년 가격, 1911-1940, 1953-2015
   표 N316-331 가계의 목적별 형태별 최종소비지출, 기준년 가격, 1911-1940, 1953-2015
   표 N332-343 가계에 봉사하는 비영리단체의 목적별 최종소비지출, 당해년 및 기준년 가격, 1911-1940, 1970-2015
   표 N344-359 총저축과 총투자, 당해년 가격, 1911-1940, 1953-2015
6. 도별 GDP와 인구
   표 N360-385 도별 지역내총생산(GRDP)과 인구, 1911-1940/1944
   표 N386-421 시도별 지역내총생산(GRDP)과 인구, 1970/1985-2015
7. 식민지기 남한의 GDP
   표 N422-439 경제활동별 GDP, 남한, 당해년 가격, 1911-1940
   표 N440-457 경제활동별 GDP, 남한, 기준년 가격, 1911-1940

1. 주요 총량지표

표 N1-10 경제활동의 총량지표, 당해년 가격, 1911-1940, 1953-2115

	국내총생산	국민총소득	요소비용 국민소득	국민처분 가능소득	국민총처분 가능소득	가계총처분 가능소득	1인당 국내총생산	1인당 국민총소득	1인당 가계총처분 가능소득	GDP 디플레이터
	N1	N2	N3	N4	N5	N6	N7	N8	N9	N10
	남북한, 백만 圓						남북한, 圓			1935=100
1911	515	513	495	520	535		30.7	30.6		53.08
1912	630	626	604	630	648		36.9	36.7		62.55
1913	700	695	670	693	713		40.4	40.1		64.37
1914	631	625	602	622	642		35.8	35.5		54.54
1915	571	564	540	561	580		31.9	31.5		47.51
1916	666	659	631	653	675		36.8	36.5		52.07
1917	900	893	854	880	909		49.4	49.0		69.47
1918	1,420	1,410	1,349	1,379	1,425		77.3	76.7		103.60
1919	1,839	1,825	1,737	1,780	1,842		99.2	98.5		147.54
1920	1,966	1,945	1,862	1,911	1,975		105.2	104.1		138.03
1921	1,584	1,560	1,478	1,544	1,601		84.0	82.7		108.71
1922	1,729	1,701	1,612	1,678	1,739		90.9	89.4		116.78
1923	1,710	1,677	1,596	1,650	1,713		89.1	87.4		113.39
1924	1,814	1,779	1,691	1,751	1,817		93.8	91.9		125.37
1925	1,892	1,851	1,757	1,819	1,888		96.9	94.8		126.19
1926	1,834	1,801	1,701	1,772	1,841		92.5	90.9		116.32
1927	1,860	1,821	1,718	1,785	1,857		92.5	90.5		109.00
1928	1,767	1,722	1,619	1,686	1,759		86.5	84.3		107.96
1929	1,711	1,658	1,553	1,626	1,698		82.5	80.0		101.99
1930	1,418	1,374	1,273	1,346	1,415		67.3	65.3		76.42
1931	1,366	1,316	1,208	1,279	1,351		63.8	61.5		71.28
1932	1,512	1,456	1,349	1,411	1,486		69.5	66.9		77.49
1933	1,648	1,604	1,481	1,552	1,636		74.4	72.4		80.98
1934	1,844	1,795	1,664	1,735	1,827		81.9	79.7		90.34
1935	2,230	2,155	1,997	2,081	2,190		97.4	94.1		100.00
1936	2,362	2,288	2,098	2,194	2,325		101.9	98.7		104.65
1937	3,016	2,933	2,702	2,829	2,996		128.6	125.0		112.17
1938	3,271	3,192	2,919	3,049	3,244		137.8	134.4		120.99
1939	3,716	3,617	3,299	3,430	3,660		154.6	150.5		151.93
1940	4,588	4,505	4,154	4,304	4,577		188.6	185.2		161.36
	남한, 십억 원						남한, 천 원			2010=100
1953	48	48	43	47	51		2	2		0.25
1954	66	67	59	64	69		3	3		0.32
1955	114	116	101	111	120		5	5		0.53
1956	151	153	135	155	167		7	7		0.70
1957	198	200	176	201	216		9	9		0.84
1958	208	209	181	209	225		9	9		0.82
1959	221	222	189	219	237		9	9		0.83
1960	250	252	214	251	270		10	10		0.92
1961	302	305	262	304	328		12	12		1.03
1962	366	370	315	366	394		14	14		1.21
1963	518	523	460	515	548		19	19		1.57
1964	740	747	669	732	778		26	27		2.04
1965	831	843	741	823	878		29	29		2.14
1966	1,066	1,088	950	1,058	1,123		36	37		2.45
1967	1,313	1,352	1,169	1,304	1,385		44	45		2.77
1968	1,692	1,737	1,477	1,662	1,768		55	56		3.15
1969	2,212	2,267	1,926	2,162	2,300		70	72		3.60
1970	2,795	2,843	2,407	2,691	2,867		87	88		4.13
1971	3,433	3,457	2,922	3,252	3,481		104	105		4.60
1972	4,260	4,266	3,635	4,002	4,292		127	127		5.32
1973	5,514	5,516	4,665	5,137	5,545		162	162		6.00
1974	7,880	7,903	6,608	7,354	7,932		227	228		7.83
1975	10,505	10,412	8,559	9,656	10,445	8,063	298	295	229	9.68
1976	14,413	14,339	11,655	13,327	14,419	10,847	402	400	303	11.74
1977	18,520	18,452	14,912	17,109	18,562	13,747	509	507	378	13.43

표 N1-10 계속

	국내총생산	국민총소득	요소비용 국민소득	국민처분 가능소득	국민총처분 가능소득	가계총처분 가능소득	1인당 국내총생산	1인당 국민총소득	1인당 가계총처분 가능소득	GDP 디플레이터
	N1	N2	N3	N4	N5	N6	N7	N8	N9	N10
	남한, 십억 원						남한, 천 원			2010=100
1978	25,023	25,069	20,275	23,349	25,245	18,636	677	678	504	16.39
1979	32,219	32,129	25,742	29,659	32,295	23,551	858	856	627	19.42
1980	39,471	39,083	30,586	35,599	39,340	27,638	1,035	1,025	725	24.21
1981	49,324	48,597	37,938	44,207	48,961	34,811	1,274	1,255	899	28.22
1982	56,859	56,299	43,507	50,799	56,707	39,661	1,446	1,432	1,009	30.05
1983	67,509	66,732	51,111	60,103	67,209	45,795	1,692	1,672	1,147	31.51
1984	77,856	76,675	59,550	69,218	77,159	52,957	1,927	1,898	1,311	32.90
1985	87,240	85,272	66,273	76,743	85,976	59,561	2,138	2,090	1,460	34.21
1986	101,840	99,584	77,253	89,632	100,699	69,571	2,471	2,416	1,688	35.91
1987	120,205	118,683	92,237	106,503	120,051	81,685	2,888	2,851	1,963	37.69
1988	144,073	142,878	111,125	127,654	144,328	95,880	3,428	3,399	2,281	40.36
1989	163,518	162,951	127,253	144,402	163,568	110,068	3,852	3,839	2,593	42.80
1990	197,712	197,415	152,332	174,019	198,076	131,709	4,612	4,605	3,072	47.13
1991	238,877	238,470	186,050	211,043	239,015	163,706	5,517	5,508	3,781	51.60
1992	273,267	272,709	210,022	239,086	273,416	186,687	6,246	6,234	4,267	55.59
1993	310,074	309,371	237,731	270,146	309,987	209,793	7,016	7,000	4,747	59.04
1994	366,054	364,789	280,642	319,438	365,442	243,622	8,200	8,172	5,457	63.82
1995	428,927	427,012	321,618	366,890	427,238	279,047	9,512	9,470	6,188	68.25
1996	481,141	479,123	355,956	408,070	478,906	318,222	10,569	10,524	6,990	71.16
1997	530,347	527,077	386,458	446,064	527,852	344,073	11,541	11,470	7,487	74.05
1998	524,477	517,262	371,464	427,089	521,387	357,794	11,331	11,175	7,730	77.47
1999	576,873	570,155	408,085	471,720	571,150	373,160	12,375	12,231	8,005	76.55
2000	635,185	630,614	451,263	521,717	630,374	396,611	13,512	13,415	8,437	77.38
2001	688,165	683,447	485,421	562,164	681,818	421,674	14,527	14,428	8,902	80.21
2002	761,939	758,863	542,105	628,068	756,241	452,685	15,992	15,928	9,501	82.66
2003	810,915	807,778	577,153	665,178	804,013	483,633	16,932	16,867	10,098	85.47
2004	876,033	874,239	630,342	719,942	870,775	519,030	18,219	18,182	10,795	88.02
2005	919,797	912,609	656,314	750,311	909,275	544,652	19,089	18,940	11,303	88.93
2006	966,055	962,447	690,239	790,895	958,259	570,449	19,944	19,870	11,777	88.80
2007	1,043,258	1,040,092	748,358	857,994	1,036,014	598,759	21,429	21,364	12,299	90.93
2008	1,104,492	1,104,414	779,656	900,585	1,103,619	637,282	22,516	22,514	12,991	93.62
2009	1,151,708	1,148,982	807,639	924,761	1,146,510	661,393	23,358	23,302	13,414	96.94
2010	1,265,308	1,266,580	900,609	1,028,322	1,260,455	701,026	25,534	25,560	14,147	100.00
2011	1,332,681	1,340,530	950,900	1,082,939	1,335,321	741,722	26,687	26,845	14,853	101.59
2012	1,377,457	1,391,596	982,972	1,118,055	1,385,445	770,296	27,439	27,721	15,345	102.65
2013	1,429,445	1,439,644	1,018,672	1,155,996	1,435,098	808,633	28,346	28,548	16,035	103.52
2014	1,486,079	1,490,764	1,051,528	1,194,210	1,485,517	845,559	29,284	29,377	16,662	104.14
2015	1,564,124	1,568,383	1,103,924	1,257,057	1,562,737	893,977	30,660	30,744	17,524	106.64

자료: 1911-1940년은 김낙년 편, 『한국의 장기통계: 국민계정 1911-2010』(서울대출판문화원, 2012); 1953년 이후는 한국은행, 「주요지표」(http://ecos.bok.or.kr).

주: N1, N2, N3, N4, N5는 각각 N186, N188, N47, N37, N46에서 가져왔다. N6은 N100과 N107의 합계와 같다.

표 N11-16 GDP, 인구, 1인당 GDP(남한과 북한, 2010년 가격), 1911-2015

	국민총생산 GDP		인구		1인당 GDP	
	남한	북한	남한	북한	남한	북한
	N11	N12	N13	N14	N15	N16
	십억 원		천 명		만 원	
1911	8,679	4,280	11,109	5,650	78.1	75.7
1912	8,647	4,797	11,242	5,812	76.9	82.5
1913	9,395	5,121	11,375	5,968	82.6	85.8
1914	10,195	5,249	11,523	6,104	88.5	86.0
1915	10,420	5,618	11,713	6,192	89.0	90.7
1916	10,981	6,087	11,839	6,229	92.8	97.7
1917	11,483	5,820	11,917	6,310	96.4	92.2
1918	12,064	6,237	11,985	6,397	100.7	97.5
1919	11,656	4,987	12,123	6,412	96.1	77.8
1920	12,537	6,482	12,440	6,252	100.8	103.7
1921	12,964	6,487	12,471	6,385	104.0	101.6
1922	13,171	6,592	12,507	6,520	105.3	101.1
1923	13,398	6,740	12,617	6,576	106.2	102.5
1924	12,772	6,548	12,732	6,617	100.3	99.0
1925	13,303	6,714	12,831	6,692	103.7	100.3
1926	14,035	7,018	13,009	6,811	107.9	103.0
1927	14,983	7,804	13,179	6,942	113.7	112.4
1928	14,074	7,776	13,365	7,063	105.3	110.1
1929	14,280	8,113	13,535	7,206	105.5	112.6
1930	15,849	8,927	13,724	7,334	115.5	121.7
1931	15,948	9,640	13,950	7,463	114.3	129.2
1932	16,186	9,871	14,157	7,617	114.3	129.6
1933	16,782	10,384	14,376	7,767	116.7	133.7
1934	17,236	10,009	14,604	7,914	118.0	126.5
1935	18,413	11,353	14,836	8,063	124.1	140.8
1936	17,989	12,141	15,065	8,112	119.4	149.7
1937	21,489	14,405	15,189	8,270	141.5	174.2
1938	20,955	15,135	15,352	8,392	136.5	180.4
1939	17,553	15,102	15,450	8,584	113.6	175.9
1940	21,510	16,448	15,439	8,888	139.3	185.1
1941	23,214	16,807	15,619	9,091	148.6	184.9
1942	18,439	15,597	15,884	9,215	116.1	169.3
1943	19,137	16,330	16,092	9,404	118.9	173.7
1944			16,346	9,554		
1945			16,577			
1946	11,855		18,354		64.6	
1947	12,700		19,211		66.1	
1948	15,375		19,837		77.5	
1949	16,931		20,189		83.9	
1950	14,380		20,427		70.4	
1951	13,867		19,843		69.9	
1952	14,764		20,165		73.2	
1953	19,054		20,517		92.9	
1954	20,435		21,106		96.8	
1955	21,614		21,712		99.5	
1956	21,772		22,335		97.5	
1957	23,771		22,976		103.5	
1958	25,305		23,636		107.1	
1959	26,681		24,314		109.7	
1960	27,305		25,012		109.2	
1961	29,184		25,766		113.3	
1962	30,305		26,513		114.3	
1963	33,090		27,262		121.4	
1964	36,220		27,984		129.4	
1965	38,822		28,705		135.2	
1966	43,474		29,436		147.7	
1967	47,437		30,131		157.4	
1968	53,694		30,838		174.1	

표 N11-16 계속

	국민총생산 GDP		인구		1인당 GDP	
	남한	북한	남한	북한	남한	북한
	N11	N12	N13	N14	N15	N16
	십억 원		천 명		만 원	
1969	61,501		31,544		195.0	
1970	67,650		32,241		209.8	
1971	74,723		32,883		227.2	
1972	80,066		33,505		239.0	
1973	91,938		34,103		269.6	
1974	100,636		34,692		290.1	
1975	108,549		35,281		307.7	
1976	122,786		35,849		342.5	
1977	137,861		36,412		378.6	
1978	152,715		36,969		413.1	
1979	165,887		37,534		442.0	
1980	163,065		38,124		427.7	
1981	174,774		38,723		451.3	
1982	189,219		39,326		481.2	
1983	214,276		39,910		536.9	
1984	236,652		40,406		585.7	
1985	254,992		40,806		624.9	
1986	283,612		41,214		688.2	
1987	318,971		41,622		766.4	
1988	356,944		42,031		849.2	
1989	382,036		42,449		900.0	
1990	419,518	35,027	42,869	20,221	978.6	173.2
1991	462,955	33,480	43,296	20,495	1,069.3	163.4
1992	491,545	31,108	43,748	20,798	1,123.6	149.6
1993	525,199	29,715	44,195	21,103	1,188.4	140.8
1994	573,550	29,088	44,642	21,412	1,284.8	135.8
1995	628,442	27,815	45,093	21,715	1,393.7	128.1
1996	676,169	26,883	45,525	21,991	1,485.3	122.2
1997	716,213	25,140	45,954	22,208	1,558.6	113.2
1998	677,028	24,912	46,287	22,355	1,462.7	111.4
1999	753,590	26,427	46,617	22,507	1,616.6	117.4
2000	820,844	26,536	47,008	22,702	1,746.2	116.9
2001	857,990	27,532	47,370	22,902	1,811.2	120.2
2002	921,759	27,863	47,645	23,088	1,934.7	120.7
2003	948,796	28,370	47,892	23,254	1,981.1	122.0
2004	995,286	28,959	48,083	23,411	2,070.0	123.7
2005	1,034,338	30,048	48,185	23,561	2,146.6	127.5
2006	1,087,876	29,739	48,438	23,707	2,245.9	125.4
2007	1,147,311	29,387	48,684	23,849	2,356.7	123.2
2008	1,179,771	30,297	49,055	23,934	2,405.0	126.6
2009	1,188,118	30,022	49,308	24,062	2,409.6	124.8
2010	1,265,308	29,880	49,554	24,187	2,553.4	123.5
2011	1,311,893	30,118	49,937	24,308	2,627.1	123.9
2012	1,341,967	30,512	50,200	24,427	2,673.2	124.9
2013	1,380,833	30,839	50,429	24,545	2,738.2	125.6
2014	1,426,972	31,161	50,747	24,662	2,812.0	126.4
2015	1,466,788	30,805	51,015	24,779	2,875.2	124.3

자료: 1953년 이후의 GDP는 한국은행, 「주요지표」(http://ecos.bok.or.kr); 그 이전 시기는 김낙년 편, 『한국의 장기통계: 국민계정 1911-2010』(서울대출판문화원, 2012), pp. 518-521에 의거한 것이다.

인구는 1960년 이후는 통계청, 「장래인구추계」(http://kosis.kr); 1959년 이전은 김낙년 편(2012: 518-521)에 의거한 것이다.

해방 전 북한의 GDP는 도별 생산액(GRDP) 추계(김낙년, 「일제시기 우리나라 GDP의 도별 분할」, 『경제사학』, 45, 2008)를 이용하여 GDP를 남북한으로 분할하여 구한 것(김낙년 편, 2012: 508-517)이다. 1990년 이후 북한의 GDP는 한국은행, 「남북한 주요지표 비교」(http://ecos.bok.or.kr)에서 가져온 것인데, 그것은 북한의 품목별 수량에 남한의 해당 품목의 가격을 곱하는 방식으로 구한 것이다.

주: GDP는 2010년 불변가격이다. 북한의 GDP도 남한의 2010년 가격으로 표시한 것이다.

2. 종합계정

표 N17-32 국내총생산과 지출, 당해년 가격, 1911-1940, 1953-2015

	국내총생산	피용자 보수	영업잉여	고정자본 소모	생산 및 수입세	(공제) 보조금	국내총생산에 대한 지출	민간 최종 소비지출	정부 최종 소비지출	총고정 자본형성	재고증감	재화 및 서비스 수출	(공제) 재화 및 서비스 수입	통계상 불일치	국외순수취요소소득	국민 총소득
	N17	N18	N19	N20	N21	N22	N23	N24	N25	N26	N27	N28	N29	N30	N31	N32
								남북한, 백만 圓								
1911	515	110	387	15	4	2	515	472	29	25	12	34	68	11	-2	513
1912	630	130	478	18	6	2	630	593	32	29	-5	35	76	24	-4	626
1913	700	140	535	20	6	2	700	641	32	29	9	45	78	22	-5	695
1914	631	138	470	19	6	2	631	562	33	27	7	48	68	21	-6	625
1915	571	134	412	19	7	2	571	522	33	26	-14	66	66	3	-6	564
1916	666	150	487	22	8	1	666	579	35	29	15	76	84	16	-6	659
1917	900	190	671	29	12	1	900	793	36	44	-3	98	115	49	-7	893
1918	1,420	283	1,076	46	17	2	1,420	1,220	41	78	25	171	172	58	-10	1,410
1919	1,839	401	1,350	63	28	2	1,839	1,786	66	98	-131	235	293	80	-14	1,825
1920	1,966	448	1,435	63	22	2	1,966	1,599	97	106	122	214	263	91	-21	1,945
1921	1,584	417	1,085	57	28	3	1,584	1,406	106	109	-30	210	222	5	-24	1,560
1922	1,729	437	1,202	61	32	4	1,729	1,489	110	122	14	204	240	29	-28	1,701
1923	1,710	435	1,194	63	23	5	1,710	1,503	106	105	-4	251	240	-10	-33	1,677
1924	1,814	437	1,289	66	28	5	1,814	1,697	101	94	-71	340	309	-38	-35	1,779
1925	1,892	445	1,353	69	31	6	1,892	1,687	94	93	54	347	339	-44	-41	1,851
1926	1,834	443	1,291	70	38	7	1,834	1,711	99	102	-5	363	360	-75	-33	1,801
1927	1,860	471	1,286	72	39	8	1,860	1,691	102	118	36	368	405	-50	-39	1,821
1928	1,767	482	1,181	73	39	8	1,767	1,688	106	134	-85	372	421	-26	-45	1,722
1929	1,711	482	1,123	72	43	9	1,711	1,541	114	143	28	338	412	-41	-52	1,658
1930	1,418	433	884	68	42	9	1,418	1,233	111	131	67	280	369	-35	-44	1,374
1931	1,366	405	853	72	45	9	1,366	1,243	100	104	-87	304	288	-10	-50	1,316
1932	1,512	428	978	75	40	8	1,512	1,252	103	106	35	337	331	10	-57	1,456
1933	1,648	457	1,068	84	47	9	1,648	1,388	112	120	21	377	397	26	-44	1,604
1934	1,844	505	1,208	92	51	12	1,844	1,629	111	152	-66	496	512	33	-49	1,795
1935	2,230	604	1,468	109	57	9	2,230	1,830	121	209	61	738	704	-25	-74	2,155
1936	2,362	679	1,493	131	67	8	2,362	2,061	130	266	-53	639	747	65	-74	2,288
1937	3,016	829	1,956	166	73	9	3,016	2,291	175	316	182	735	826	143	-83	2,933
1938	3,271	952	2,045	195	88	10	3,271	2,689	193	391	-116	942	1,009	180	-79	3,192
1939	3,716	1,144	2,254	230	104	15	3,716	3,230	201	540	-187	1,032	1,285	185	-99	3,617
1940	4,588	1,392	2,845	273	108	29	4,588	3,560	255	724	319	1,059	1,520	192	-82	4,505
								남한, 십억 원								
1953	47.7	11.6	31.0	3.9	1.8		47.7	41.3	3.8	3.5	3.9	0.8	4.7	-1.0	0.6	48.3
1954	66.3	19.1	39.5	5.0	3.3		66.3	58.5	6.8	6.2	1.5	0.7	4.8	-2.6	0.7	66.9
1955	114.2	32.1	69.2	9.6	4.8		114.2	100.4	10.1	11.9	2.2	1.5	11.3	-0.5	1.5	115.7
1956	151.5	40.3	94.8	11.9	5.9		151.5	142.5	13.9	15.8	-1.8	1.9	19.8	-0.9	1.5	153.0
1957	198.4	54.8	120.6	14.9	9.5		198.4	168.6	21.5	21.4	9.5	2.4	22.8	-2.1	1.6	200.0
1958	207.6	63.6	117.6	15.5	12.6		207.6	176.8	26.3	21.3	4.5	3.1	21.4	-3.1	1.6	209.2
1959	220.8	75.5	113.1	17.7	16.3		220.8	186.1	30.9	25.2	-1.3	4.3	21.6	-2.8	1.7	222.5
1960	249.8	82.1	132.1	19.1	18.6		249.8	212.7	35.6	28.1	-1.8	6.6	29.9	-1.4	2.2	252.1
1961	301.7	93.1	169.2	24.2	19.0		301.7	253.0	40.1	35.4	2.9	12.2	42.1	0.3	3.7	305.4
1962	365.8	116.1	198.8	27.7	27.6		365.8	304.1	49.6	50.6	0.9	14.2	57.1	3.5	4.2	370.0
1963	518.5	143.5	316.7	32.5	30.7		518.5	417.9	54.6	70.2	27.2	20.5	76.0	4.1	4.6	523.1
1964	739.6	190.5	477.5	45.5	33.4		739.6	612.3	60.7	85.6	28.4	36.7	91.6	7.5	7.9	747.4
1965	831.3	241.4	499.5	54.7	47.4		831.3	693.8	74.4	126.7	-4.0	59.3	119.1	0.2	11.7	842.9
1966	1,065.9	324.7	624.6	65.8	73.0		1,065.9	837.9	103.2	217.2	14.1	90.0	194.2	-2.3	22.2	1,088.1
1967	1,313.3	447.4	721.7	81.3	101.1		1,313.3	1,039.8	129.7	290.3	1.3	119.7	258.5	-9.1	38.5	1,351.7
1968	1,692.3	576.4	900.0	106.1	153.8		1,692.3	1,277.1	171.9	441.0	17.7	171.7	383.2	-3.8	44.3	1,736.7
1969	2,211.9	756.6	1,170.5	137.1	204.7		2,211.9	1,598.0	219.5	588.7	73.6	234.8	496.8	-5.9	55.1	2,266.9
1970	2,795	940	1,419	176	267	6	2,795	2,062	277	723	13	320	591	-9	48	2,843
1971	3,433	1,159	1,740	228	317	10	3,433	2,589	350	803	75	436	791	-28	24	3,457
1972	4,260	1,407	2,221	291	355	14	4,260	3,096	447	915	-3	708	914	11	7	4,266
1973	5,514	1,841	2,821	408	463	20	5,514	3,783	491	1,343	83	1,320	1,527	20	2	5,516
1974	7,880	2,494	4,091	578	762	45	7,880	5,413	760	2,148	416	1,754	2,628	17	23	7,903
1975	10,505	3,364	5,288	790	1,149	85	10,505	7,233	1,171	2,866	176	2,384	3,296	-29	-93	10,412
1976	14,413	4,737	6,992	1,092	1,624	32	14,413	9,238	1,566	3,811	161	3,684	4,092	46	-74	14,339

표 N17-32 계속

	국내총생산	피용자 보수	영업잉여	고정자본 소모	생산 및 수입세	(공제) 보조금	국내총생산에 대한 지출	민간 최종 소비지출	정부 최종 소비지출	총고정 자본형성	재고증감	재화 및 서비스 수출	(공제) 재화 및 서비스 수입	통계상 불일치	국외순수취 요소 소득	국민 총소득
	N17	N18	N19	N20	N21	N22	N23	N24	N25	N26	N27	N28	N29	N30	N31	N32
	남한, 십억 원															
1977	18,520	6,404	8,577	1,454	2,118	33	18,520	11,250	2,000	5,442	231	4,820	5,170	-53	-69	18,452
1978	25,023	9,142	11,087	1,896	2,940	42	25,023	14,841	2,508	8,422	219	6,234	7,319	118	46	25,069
1979	32,219	12,257	13,575	2,635	3,856	104	32,219	19,188	3,212	11,154	1,132	7,562	9,961	-67	-90	32,129
1980	39,471	15,452	15,522	3,741	4,907	150	39,471	24,567	4,763	13,031	570	11,232	14,655	-37	-388	39,083
1981	49,324	19,128	19,537	4,754	6,058	152	49,324	30,732	6,033	14,389	1,614	14,776	18,351	132	-727	48,597
1982	56,859	22,304	21,763	5,908	7,016	131	56,859	34,741	6,791	16,976	1,338	15,561	18,708	161	-560	56,299
1983	67,509	27,017	24,871	7,106	8,613	98	67,509	39,120	7,614	20,553	1,578	18,895	20,291	40	-777	66,732
1984	77,856	31,116	29,614	7,941	9,302	118	77,856	43,644	8,345	23,272	1,835	22,907	22,214	68	-1,181	76,675
1985	87,240	34,529	33,713	9,234	9,851	86	87,240	48,362	9,413	25,891	2,520	23,843	22,587	-201	-1,968	85,272
1986	101,840	40,086	39,424	11,067	11,374	110	101,840	53,623	10,634	30,113	2,906	33,073	28,784	276	-2,257	99,584
1987	120,205	48,069	45,690	13,548	13,009	111	120,205	60,291	12,223	36,584	3,192	41,930	34,073	58	-1,522	118,683
1988	144,073	59,159	53,161	16,673	15,137	57	144,073	69,548	14,559	44,495	5,505	47,585	37,975	357	-1,195	142,878
1989	163,518	70,335	57,485	19,166	16,673	141	163,518	81,699	17,935	53,962	6,698	45,551	42,015	-311	-567	162,951
1990	197,712	86,291	66,339	24,057	21,214	188	197,712	98,050	22,252	74,594	3,732	50,100	51,249	234	-298	197,415
1991	238,877	107,422	79,036	27,972	24,678	230	238,877	118,655	26,410	94,128	4,705	57,695	62,673	-42	-407	238,470
1992	273,267	122,094	88,486	34,329	28,591	233	273,267	137,302	31,144	102,364	2,804	67,297	67,939	296	-559	272,709
1993	310,074	138,499	99,935	39,841	32,191	392	310,074	156,414	34,565	114,319	1,896	74,831	72,725	776	-702	309,371
1994	366,054	162,396	119,511	46,004	38,581	437	366,054	187,037	39,081	135,021	6,053	88,767	90,144	240	-1,265	364,789
1995	428,927	193,564	129,969	60,348	45,502	456	428,927	219,890	44,609	161,492	5,804	111,236	115,174	1,071	-1,915	427,012
1996	481,141	221,868	136,107	70,836	53,154	824	481,141	252,658	51,988	182,668	8,253	121,655	135,776	-306	-2,018	479,123
1997	530,347	234,807	154,922	81,787	59,654	822	530,347	279,564	56,289	191,130	7,351	153,679	157,280	-386	-3,270	527,077
1998	524,477	223,394	155,285	94,298	52,168	667	524,477	261,382	62,071	162,538	-16,933	211,833	155,237	-1,176	-7,215	517,262
1999	576,873	237,609	177,193	99,429	63,270	628	576,873	299,760	66,379	173,805	4,542	193,622	160,786	-450	-6,718	570,155
2000	635,185	260,585	195,248	108,657	71,467	772	635,185	341,442	72,019	200,825	8,416	222,371	209,219	-669	-4,570	630,614
2001	688,165	285,670	204,469	119,654	79,358	985	688,165	376,803	83,865	211,085	6,097	225,253	214,560	-378	-4,718	683,447
2002	761,939	315,334	229,847	128,174	89,958	1,374	761,939	423,157	92,460	231,519	4,222	234,882	223,453	-847	-3,076	758,863
2003	810,915	343,476	236,815	138,836	93,613	1,824	810,915	434,864	101,103	253,413	6,201	265,187	248,877	-976	-3,137	807,778
2004	876,033	372,208	259,928	150,834	95,557	2,494	876,033	449,981	112,039	273,320	8,036	335,477	301,934	-886	-1,794	874,239
2005	919,797	401,450	262,053	158,964	99,869	2,539	919,797	480,170	122,175	283,859	11,976	338,574	316,177	-780	-7,189	912,609
2006	966,055	426,142	267,705	167,364	107,792	2,949	966,055	509,907	133,501	296,970	18,937	359,046	351,500	-807	-3,608	962,447
2007	1,043,258	457,914	293,609	178,020	117,375	3,661	1,043,258	546,429	145,311	318,339	21,550	408,797	397,047	-122	-3,166	1,040,092
2008	1,104,492	483,001	296,733	203,034	125,296	3,571	1,104,492	579,053	161,751	346,612	18,075	551,820	551,939	-881	-78	1,104,414
2009	1,151,708	500,935	309,430	221,748	122,907	3,312	1,151,708	594,883	174,706	360,697	-32,856	547,634	493,655	299	-2,726	1,148,982
2010	1,265,308	536,350	362,987	232,133	137,470	3,632	1,265,308	636,713	183,109	385,924	19,264	625,309	585,010	-	1,272	1,266,580
2011	1,332,681	570,367	372,685	252,382	140,963	3,715	1,332,681	679,142	194,381	403,045	36,191	742,936	723,014	-	7,849	1,340,530
2012	1,377,457	599,309	369,525	267,390	145,398	4,164	1,377,457	707,614	204,324	407,307	19,722	776,062	737,572	-	14,139	1,391,596
2013	1,429,445	629,400	379,072	279,102	146,075	4,203	1,429,445	727,800	214,467	418,289	-2,288	770,115	698,937	-	10,199	1,439,644
2014	1,486,079	661,406	385,437	291,307	152,559	4,631	1,486,079	748,201	224,724	433,266	1,813	747,134	669,058	-	4,685	1,490,764
2015	1,564,124	698,570	401,095	305,680	163,707	4,929	1,564,124	771,239	234,766	458,420	-6,105	709,122	600,239	-3,079	4,259	1,568,383

자료: 1911-1940년은 김낙년 편, 『한국의 장기통계: 국민계정 1911-2010』(서울대출판문화원, 2012), pp. 431-432; 1953년 이후는 한국은행, 「국내총생산과 지출」(http://ecos.bok.or.kr). 단 1953-1969년의 N18, N19, N21은 각각 N38, N40, N42에서 가져온 것이다.

주: 1) N17은 N18에서 N21까지를 더하고 N22를 뺀 것이다. N23은 N24에서 N28까지를 더하고 N29를 공제한 다음 N30을 뺀 것이다. N32는 N17(또는 N23)에 N31을 더한 것이다.

2) 1953-1969년의 피용자보수(N18), 영업잉여(N19)에는 각각 국외순수취 피용자보수와 국외순수취 기업 및 재산소득이 포함되어 있어 그렇지 않은 다른 연도와 단절이 있다. 1953-1969년의 생산 및 수입세(N21)는 보조금이 공제된 것이다.

표 N33-48 국민처분가능소득과 처분, 당해년 가격, 1911-1940, 1953-2015

	국민처분가능소득의 처분	민간최종 소비지출	정부최종 소비지출	순저축	국민처분 가능소득	피용자 보수	국외순수취 피용자보수	영업잉여	국외순수취 기업 및 재산소득	생산 및 수입세	(공제) 보조금	국외순수취 경상이전	고정자본 소모	국민총처분 가능소득	요소비용에 의한 국민소득	시장가격에 의한 국민소득
	N33	N34	N35	N36	N37	N38	N39	N40	N41	N42	N43	N44	N45	N46	N47	N48
								남북한, 백만 圓								
1911	520	472	29	18	520	110	-0.8	387	-2	4	2	22	15	535	495	497
1912	630	593	32	5	630	130	-1.0	478	-3	6	2	22	18	648	604	608
1913	693	641	32	21	693	140	-1.1	535	-4	6	2	19	20	713	670	675
1914	622	562	33	28	622	138	-1.1	470	-5	6	2	16	19	642	602	606
1915	561	522	33	5	561	134	-1.0	412	-5	7	2	15	19	580	540	545
1916	653	579	35	39	653	150	-0.9	487	-6	8	1	16	22	675	631	637
1917	880	793	36	51	880	190	-1.0	671	-6	12	1	16	29	909	854	864
1918	1,379	1,220	41	118	1,379	283	-1.4	1,076	-9	17	2	15	46	1,425	1,349	1,364
1919	1,780	1,786	66	-72	1,780	401	-2.7	1,350	-11	28	2	17	63	1,842	1,737	1,763
1920	1,911	1,599	97	215	1,911	448	-3.5	1,435	-17	22	2	29	63	1,975	1,862	1,882
1921	1,544	1,406	106	32	1,544	417	-3.1	1,085	-21	28	3	41	57	1,601	1,478	1,503
1922	1,678	1,489	110	79	1,678	437	-3.2	1,202	-25	32	4	38	61	1,739	1,612	1,640
1923	1,650	1,503	106	41	1,650	435	-3.2	1,194	-30	23	5	36	63	1,713	1,596	1,614
1924	1,751	1,697	101	-47	1,751	437	-2.9	1,289	-32	28	5	38	66	1,817	1,691	1,713
1925	1,819	1,687	94	38	1,819	445	-2.8	1,353	-38	31	6	37	69	1,888	1,757	1,782
1926	1,772	1,711	99	-38	1,772	443	-3.0	1,291	-30	38	7	40	70	1,841	1,701	1,731
1927	1,785	1,691	102	-8	1,785	471	-2.8	1,286	-36	39	8	36	72	1,857	1,718	1,749
1928	1,686	1,688	106	-108	1,686	482	-2.6	1,181	-42	39	8	37	73	1,759	1,619	1,650
1929	1,626	1,541	114	-28	1,626	482	-2.0	1,123	-50	43	9	40	72	1,698	1,553	1,586
1930	1,346	1,233	111	2	1,346	433	-1.6	884	-42	42	9	40	68	1,415	1,273	1,306
1931	1,279	1,243	100	-64	1,279	405	-2.2	853	-47	45	9	34	72	1,351	1,208	1,245
1932	1,411	1,252	103	56	1,411	428	-2.3	978	-54	40	8	30	75	1,486	1,349	1,381
1933	1,552	1,388	112	52	1,552	457	-0.4	1,068	-44	47	9	33	84	1,636	1,481	1,519
1934	1,735	1,629	111	-4	1,735	505	-1.7	1,208	-47	51	12	32	92	1,827	1,664	1,703
1935	2,081	1,830	121	130	2,081	604	-1.2	1,468	-73	57	9	35	109	2,190	1,997	2,046
1936	2,194	2,061	130	3	2,194	679	-0.6	1,493	-73	67	8	37	131	2,325	2,098	2,157
1937	2,829	2,291	175	364	2,829	829	-0.1	1,956	-83	73	9	63	166	2,996	2,702	2,767
1938	3,049	2,689	193	166	3,049	952	0.5	2,045	-79	88	10	52	195	3,244	2,919	2,997
1939	3,430	3,230	201	-1	3,430	1,144	1.3	2,254	-101	104	15	43	230	3,660	3,299	3,387
1940	4,304	3,560	255	490	4,304	1,392	2.4	2,845	-85	108	29	71	273	4,577	4,154	4,233
								남한, 십억 원								
1953	46.7	41.3	3.8	1.6	46.7	11.6		31.0		1.8		2.3	3.9	50.6	42.6	44.4
1954	64.3	58.5	6.8	-1.0	64.3	19.1		39.5		3.3		2.4	5.0	69.4	58.6	61.9
1955	110.8	100.4	10.1	0.3	110.8	32.1		69.2		4.8		4.7	9.6	120.4	101.3	106.2
1956	155.4	142.5	13.9	-1.0	155.4	40.3		94.8		5.9		14.3	11.9	167.3	135.2	141.0
1957	201.0	168.6	21.5	10.9	201.0	54.8		120.6		9.5		15.8	14.9	215.8	175.6	185.0
1958	209.3	176.8	26.3	6.2	209.3	63.6		117.6		12.6		15.6	15.5	224.8	181.2	193.8
1959	219.0	186.1	30.9	2.0	219.0	75.5		113.1		16.3		14.2	17.7	236.7	188.6	204.9
1960	251.1	212.7	35.6	2.8	251.1	82.1		132.1		18.6		18.1	19.1	270.2	214.3	232.9
1961	303.8	253.0	40.1	10.8	303.8	93.1		169.2		19.0		22.6	24.2	328.0	262.2	281.4
1962	365.9	304.1	49.6	12.2	365.9	116.1		198.8		27.6		23.6	27.7	393.6	314.8	342.4
1963	515.4	417.9	54.6	42.9	515.4	143.5		316.7		30.7		24.8	32.5	547.9	460.2	490.9
1964	732.2	612.3	60.7	59.2	732.2	190.5		477.5		33.4		30.3	45.5	777.7	668.6	701.5
1965	823.1	693.8	74.4	54.9	823.1	241.4		499.5		47.4		34.9	54.7	877.8	740.9	788.3
1966	1,057.7	837.9	103.2	116.6	1,057.7	324.7		624.6		73.0		35.4	65.8	1,123.5	949.6	1,022.3
1967	1,304.0	1,039.8	129.7	134.5	1,304.0	447.4		721.7		101.1		33.6	81.3	1,385.3	1,169.2	1,270.3
1968	1,662.1	1,277.1	171.9	213.2	1,662.1	576.4		900.0		153.8		31.5	106.1	1,768.2	1,477.4	1,630.3
1969	2,162.5	1,598.0	219.5	345.1	2,162.5	756.6		1,170.5		204.7		32.7	137.1	2,299.6	1,925.6	2,131.7
1970	2,691	2,062	277	352	2,691	940	26	1,419	22	267	6	24	176	2,867	2,407	2,667
1971	3,252	2,589	350	314	3,252	1,159	27	1,740	-4	317	10	24	228	3,481	2,922	3,229
1972	4,002	3,096	447	459	4,002	1,407	36	2,221	-29	355	14	26	291	4,292	3,635	3,976
1973	5,137	3,783	491	863	5,137	1,841	26	2,821	-24	463	20	29	408	5,545	4,665	5,108
1974	7,354	5,413	760	1,181	7,354	2,494	29	4,091	-6	762	45	29	578	7,932	6,608	7,325
1975	9,656	7,233	1,171	1,251	9,656	3,364	33	5,288	-126	1,149	85	33	790	10,445	8,559	9,622
1976	13,327	9,238	1,566	2,523	13,327	4,737	33	6,992	-108	1,624	32	80	1,092	14,419	11,655	13,247
1977	17,109	11,250	2,000	3,859	17,109	6,404	30	8,577	-99	2,118	33	111	1,454	18,562	14,912	16,998
1978	23,349	14,841	2,508	6,000	23,349	9,142	34	11,087	12	2,940	42	176	1,896	25,245	20,275	23,173

표 N33-48 계속

	국민처분가능소득의 처분	민간최종 소비지출	정부최종 소비지출	순저축	국민처분 가능소득	피용자 보수	국외순수취 피용자보수	영업잉여	국외순수취 기업 및 재산소득	생산 및 수입세	(공제) 보조금	국외순수취 경상이전	고정자본 소모	국민총처분 가능소득	요소비용에 의한 국민소득	시장가격에 의한 국민소득
	N33	N34	N35	N36	N37	N38	N39	N40	N41	N42	N43	N44	N45	N46	N47	N48
	남한, 십억 원															
1979	29,659	19,188	3,212	7,260	29,659	12,257	59	13,575	-149	3,856	104	166	2,635	32,295	25,742	29,494
1980	35,599	24,567	4,763	6,269	35,599	15,452	36	15,522	-424	4,907	150	257	3,741	39,340	30,586	35,343
1981	44,207	30,732	6,033	7,443	44,207	19,128	41	19,537	-768	6,058	152	363	4,754	48,961	37,938	43,844
1982	50,799	34,741	6,791	9,267	50,799	22,304	123	21,763	-683	7,016	131	408	5,908	56,707	43,507	50,391
1983	60,103	39,120	7,614	13,369	60,103	27,017	144	24,871	-921	8,613	98	477	7,106	67,209	51,111	59,626
1984	69,218	43,644	8,345	17,230	69,218	31,116	182	29,614	-1,362	9,302	118	484	7,941	77,159	59,550	68,734
1985	76,743	48,362	9,413	18,968	76,743	34,529	255	33,713	-2,223	9,851	86	705	9,234	85,976	66,273	76,038
1986	89,632	53,623	10,634	25,376	89,632	40,086	351	39,424	-2,608	11,374	110	1,115	11,067	100,699	77,253	88,517
1987	106,503	60,291	12,223	33,988	106,503	48,069	280	45,690	-1,801	13,009	111	1,367	13,548	120,051	92,237	105,135
1988	127,654	69,548	14,559	43,547	127,654	59,159	261	53,161	-1,456	15,137	57	1,449	16,673	144,328	111,125	126,205
1989	144,402	81,699	17,935	44,768	144,402	70,335	272	57,485	-839	16,673	141	617	19,166	163,568	127,253	143,785
1990	174,019	98,050	22,252	53,717	174,019	86,291	246	66,339	-544	21,214	188	661	24,057	198,076	152,332	173,358
1991	211,043	118,655	26,410	65,979	211,043	107,422	235	79,036	-642	24,678	230	545	27,972	239,015	186,050	210,498
1992	239,086	137,302	31,144	70,640	239,086	122,094	220	88,486	-779	28,591	233	707	34,329	273,416	210,022	238,379
1993	270,146	156,414	34,565	79,167	270,146	138,499	284	99,935	-987	32,191	392	616	39,841	309,987	237,731	269,530
1994	319,438	187,037	39,081	93,320	319,438	162,396	179	119,511	-1,444	38,581	437	653	46,004	365,442	280,642	318,785
1995	366,890	219,890	44,609	102,391	366,890	193,564	125	129,969	-2,040	45,502	456	226	60,348	427,238	321,618	366,664
1996	408,070	252,658	51,988	103,424	408,070	221,868	89	136,107	-2,108	53,154	824	-217	70,836	478,906	355,956	408,287
1997	446,064	279,564	56,289	110,212	446,064	234,807	258	154,922	-3,528	59,654	822	774	81,787	527,852	386,458	445,290
1998	427,089	261,382	62,071	103,636	427,089	223,394	239	155,285	-7,454	52,168	667	4,125	94,298	521,387	371,464	422,964
1999	471,720	299,760	66,379	105,581	471,720	237,609	282	177,193	-7,000	63,270	628	995	99,429	571,150	408,085	470,726
2000	521,717	341,442	72,019	108,256	521,717	260,585	389	195,248	-4,959	71,467	772	-240	108,657	630,374	451,263	521,957
2001	562,164	376,803	83,865	101,496	562,164	285,670	420	204,469	-5,137	79,358	985	-1,630	119,654	681,818	485,421	563,793
2002	628,068	423,157	92,460	112,452	628,068	315,334	238	229,847	-3,314	89,958	1,374	-2,622	128,174	756,241	542,105	630,689
2003	665,178	434,864	101,103	129,210	665,178	343,476	504	236,815	-3,641	93,613	1,824	-3,765	138,836	804,013	577,153	668,942
2004	719,942	449,981	112,039	157,921	719,942	372,208	380	259,928	-2,175	95,557	2,494	-3,464	150,834	870,775	630,342	723,405
2005	750,311	480,170	122,175	147,965	750,311	401,450	300	262,053	-7,489	99,869	2,539	-3,334	158,964	909,275	656,314	753,644
2006	790,895	509,907	133,501	147,487	790,895	426,142	196	267,705	-3,804	107,792	2,949	-4,188	167,364	958,259	690,239	795,083
2007	857,994	546,429	145,311	166,254	857,994	457,914	86	293,609	-3,252	117,375	3,661	-4,078	178,020	1,036,014	748,358	862,072
2008	900,585	579,053	161,751	159,780	900,585	483,001	-318	296,733	240	125,296	3,571	-796	203,034	1,103,619	779,656	901,381
2009	924,761	594,883	174,706	155,173	924,761	500,935	-695	309,430	-2,031	122,907	3,312	-2,472	221,748	1,146,510	807,639	927,234
2010	1,028,322	636,713	183,109	208,501	1,028,322	536,350	-1,048	362,987	2,320	137,470	3,632	-6,125	232,133	1,260,455	900,609	1,034,447
2011	1,082,939	679,142	194,381	209,417	1,082,939	570,367	-1,023	372,685	8,872	140,963	3,715	-5,209	252,382	1,335,321	950,900	1,088,148
2012	1,118,055	707,614	204,324	206,117	1,118,055	599,309	-1,033	369,525	15,172	145,398	4,164	-6,150	267,390	1,385,445	982,972	1,124,206
2013	1,155,996	727,800	214,467	213,729	1,155,996	629,400	-1,064	379,072	11,263	146,075	4,203	-4,547	279,102	1,435,098	1,018,672	1,160,543
2014	1,194,210	748,201	224,724	221,285	1,194,210	661,406	-1,013	385,437	5,698	152,559	4,631	-5,247	291,307	1,485,517	1,051,528	1,199,457
2015	1,257,057	771,239	234,766	251,051	1,257,057	698,570	-582	401,095	4,841	163,707	4,929	-5,646	305,680	1,562,737	1,103,924	1,262,703

자료: 1911-1940년은 김낙년 편, 『한국의 장기통계: 국민계정 1911-2010』(서울대출판문화원, 2012), pp. 433-434; 1953년 이후는 한국은행, 「국민처분가능소득과 처분」(http://ecos.bok.or.kr). 단 1953-1969년의 N38, N40, N42는 한국은행의 주요지표에 제시되어 있는 각 항목의 국민총처분가능소득 대비 비율을 이용하여 구한 것이다.

주: 1) N33은 N34-N36의 합계이다. N37은 N38에서 N42까지, 그리고 N44를 더하고, N43을 뺀 것이다. N46은 N37과 N45의 합계이다. N47은 N38에서 N41까지의 합계이다. N48은 N47과 N42의 합계에서 N43을 뺀 것이다.

2) 1953-1969년의 피용자보수(N38), 영업잉여(N40)에는 각각 국외순수취 피용자보수와 국외순수취 기업 및 재산소득이 포함되어 있다. 1953-1969년의 생산 및 수입세(N42)는 보조금이 공제된 것이다.

표 N49-80 국외거래, 당해년 가격, 1911-1940, 1953-2015

	재화와 서비스의 수출	상품(f.o.b.)			서비스						국외수취 요소소득		
		합계	일반상품	금은	합계	운수	보험	기타	비거주자 국내소비	외국기관의 국내소비지출	합계	피용자보수	기업 및 재산소득
	N49	N50	N51	N52	N53	N54	N55	N56	N57	N58	N59	N60	N61
	남북한, 백만 圓												
1911	34.1	32.8	20.0	12.9	1.3	0.3				0.9	0.4	0.2	0.3
1912	34.5	33.0	22.9	10.1	1.5	0.4				1.1	0.5	0.2	0.3
1913	44.7	42.7	31.8	10.9	2.0	0.5	0.2			1.3	0.6	0.2	0.4
1914	48.1	46.0	35.2	10.8	2.0	0.5	0.3			1.3	0.6	0.2	0.4
1915	65.7	63.4	51.7	11.8	2.2	0.5	0.4			1.3	0.6	0.3	0.4
1916	76.4	73.2	57.0	16.1	3.3	0.6	1.1			1.6	0.8	0.3	0.5
1917	97.6	93.8	84.1	9.7	3.8	0.9	0.7			2.3	1.1	0.3	0.8
1918	171.4	166.0	160.0	6.0	5.4	1.5	0.8			3.1	1.4	0.5	0.9
1919	234.7	227.7	223.3	4.4	7.0	2.4	0.5			4.0	1.9	0.7	1.2
1920	214.4	207.1	183.3	23.8	7.2	2.1	0.9			4.2	2.4	1.0	1.5
1921	210.1	202.9	195.6	7.4	7.2	2.1	1.8			3.3	3.3	1.0	2.2
1922	203.6	195.7	191.5	4.2	7.9	2.2	2.2			3.5	4.1	1.2	2.9
1923	251.3	243.6	237.0	6.6	7.7	2.5	1.6			3.6	4.6	1.3	3.2
1924	339.6	325.2	319.5	5.7	14.4	3.0	7.4			3.9	5.5	1.5	4.0
1925	347.0	334.8	330.5	4.4	12.2	3.2	4.6			4.3	5.3	1.6	3.6
1926	362.7	352.9	345.4	7.5	9.8	4.7	3.4			1.8	6.3	1.6	4.7
1927	368.0	357.6	352.3	5.3	10.4	5.0	3.3			2.1	4.3	2.0	2.2
1928	372.0	360.9	357.2	3.7	11.1	5.6	2.9			2.5	4.1	2.5	1.6
1929	338.0	324.9	318.8	6.1	13.1	6.5	4.1			2.5	6.4	2.9	3.5
1930	280.1	266.5	239.7	26.8	13.6	5.5	4.3			3.8	11.3	2.9	8.4
1931	304.3	281.3	241.7	39.5	23.0	6.1	13.7			3.2	11.4	2.5	8.8
1932	336.7	322.1	293.8	28.3	14.6	7.1	4.2			3.3	8.7	2.4	6.3
1933	376.9	360.1	335.7	24.4	16.9	7.2	5.3			4.3	21.0	3.0	18.0
1934	496.4	474.0	437.6	36.3	22.4	10.2	5.4			6.8	16.4	2.9	13.4
1935	737.6	710.6	500.0	210.6	27.0	11.4	6.7			8.9	11.1	3.7	7.4
1936	638.8	607.1	541.6	65.6	31.6	12.7	7.6			11.3	15.4	4.5	10.9
1937	734.7	698.2	612.4	85.7	36.6	14.2	8.3			14.0	16.5	5.3	11.2
1938	942.1	894.1	787.3	106.8	48.1	16.1	14.7			17.3	27.6	6.3	21.3
1939	1,032.1	951.0	838.6	112.4	81.1	27.8	25.3			28.0	23.5	7.5	16.1
1940	1,058.9	970.4	873.1	97.4	88.4	24.9	28.2			35.4	29.5	8.9	20.6
1941	1,112.7	1,023.1	924.6	98.5	89.6	24.9	26.7			38.0	36.4	11.8	24.7
	남한, 십억 원												
1953	0.84	0.70			0.13								
1954	0.67	0.60			0.07								
1955	1.46	0.81			0.65								
1956	1.87	1.41			0.46								
1957	2.38	1.21			1.17								
1958	3.13	1.11			2.02								
1959	4.28	1.61			2.67								
1960	6.55	3.42			3.13								
1961	12.19	5.33			6.86								
1962	14.17	7.06			7.11								
1963	20.46	14.39			6.06								
1964	36.71	27.05			9.66								
1965	59.27	43.87			15.40								
1966	90.00	62.78			27.22								
1967	119.71	81.74			37.97								
1968	171.70	118.54			53.15								
1969	234.77	164.59			70.18								
1970	320	243			77	7	1	18	5	46	74	30	44
1971	436	347			88	12	2	23	8	44	69	30	38
1972	708	587			121	25	3	28	20	45	73	39	34
1973	1,320	1,112			208	34	4	61	75	35	92	30	62
1974	1,754	1,536			218	65	4	78	46	24	163	36	127
1975	2,384	2,103			281	103	6	93	53	27	141	44	97
1976	3,684	3,284			400	113	9	142	100	35	190	48	143
1977	4,820	4,237			583	174	21	200	133	54	317	52	265

표 N49-80 계속

	재화와 서비스의 수출	상품(f.o.b.)			서비스						국외수취 요소소득		
		합계	일반상품	금은	합계	운수	보험	기타	비거주자 국내소비	외국기관의 국내소비지출	합계	피용자보수	기업 및 재산소득
	N49	N50	N51	N52	N53	N54	N55	N56	N57	N58	N59	N60	N61
	남한, 십억 원												
1978	6,234	5,533			701	208	20	272	141	60	586	72	514
1979	7,562	6,622			939	338	29	397	101	75	715	109	607
1980	11,232	9,807			1,425	710	31	451	155	78	1,325	91	1,234
1981	14,776	12,863			1,912	1,045	-26	584	213	96	1,901	136	1,765
1982	15,561	13,187			2,373	1,197	-32	839	247	123	2,360	192	2,168
1983	18,895	15,975			2,920	1,347	-16	1,157	286	146	2,080	248	1,832
1984	22,907	19,666			3,241	1,277	-8	1,472	335	165	2,213	291	1,922
1985	23,843	20,162			3,681	1,263	-15	1,815	434	184	1,679	328	1,351
1986	33,073	28,479			4,594	1,472	-	2,172	696	254	1,567	432	1,136
1987	41,930	36,321			5,609	1,737	35	2,337	1,209	290	1,680	375	1,305
1988	47,585	41,432			6,153	1,812	17	2,668	1,396	261	1,347	369	979
1989	45,551	39,511			6,041	1,798	19	2,609	1,353	262	1,704	392	1,311
1990	50,100	43,119			6,981	2,014	3	3,403	1,290	272	2,122	400	1,721
1991	57,695	50,084			7,611	2,621	-11	3,541	1,270	190	2,231	464	1,767
1992	67,297	58,649			8,648	3,165	41	4,036	1,279	127	2,098	505	1,594
1993	74,831	64,408			10,423	3,990	69	4,811	1,279	275	2,114	659	1,455
1994	88,767	75,608			13,160	5,135	114	6,104	1,470	336	2,038	651	1,387
1995	111,236	93,902			17,333	6,315	66	8,576	1,980	396	2,714	622	2,092
1996	121,655	102,602			19,053	6,599	176	9,817	1,995	467	3,143	624	2,519
1997	153,679	128,872			24,807	9,053	152	12,578	2,359	664	3,719	698	3,021
1998	211,833	176,965			34,868	11,713	279	16,731	5,422	724	5,477	660	4,817
1999	193,622	163,511			30,111	10,881	274	13,555	4,732	669	5,299	665	4,635
2000	222,371	188,589			33,782	13,565	389	14,385	4,772	671	8,138	705	7,432
2001	225,253	190,900			34,353	13,284	336	14,693	5,155	885	9,610	789	8,821
2002	234,882	202,688			32,194	12,765	413	13,443	4,602	971	9,461	754	8,707
2003	265,187	231,482			33,705	14,041	410	14,171	3,928	1,156	9,621	923	8,698
2004	335,477	290,011			45,466	22,566	713	16,612	4,407	1,168	12,836	883	11,953
2005	338,574	294,844			43,731	21,188	965	16,565	3,909	1,105	13,010	830	12,180
2006	359,046	315,291			43,755	20,590	1,552	16,882	3,637	1,095	15,521	719	14,802
2007	408,797	354,932			53,865	27,476	2,300	19,276	3,689	1,124	20,051	710	19,341
2008	551,820	474,703			77,117	40,619	2,844	26,060	6,646	948	25,126	886	24,240
2009	547,634	479,528			68,107	30,549	2,439	26,063	8,075	981	21,207	824	20,383
2010	625,309	549,897			75,412	38,163	2,496	25,551	8,341	862	27,794	880	26,914
2011	742,936	666,725			76,211	33,492	2,557	29,340	9,829	994	31,876	898	30,978
2012	776,062	690,755			85,308	37,387	2,624	32,546	11,734	1,018	35,283	860	34,422
2013	770,115	687,279			82,836	32,378	2,125	34,709	12,674	951	34,244	854	33,390
2014	747,134	658,062			89,072	31,522	2,346	38,922	15,508	774	29,323	875	28,448
2015	709,122	621,674			87,448	29,356	2,690	40,365	14,253	784	27,228	1,025	26,203

자료: 1911-1941년은 김낙년 편, 『한국의 장기통계: 국민계정 1911-2010』(서울대출판문화원, 2012), pp. 496-499; 1953년 이후는 한국은행, 「국외거래」(http://ecos.bok.or.kr). 단 1953-1969년은 한국은행, 「주요지표」로부터 구한 것이다.

주: 1) 상품의 수출과 수입은 본선인도(f.o.b.) 가격이다.

2) 1911-1940년의 상품의 수입은 자료상의 제약으로 운임 보험료 포함(c.i.f.) 가격에서 일부 운임과 보험료만이 제외된 가격이다.

표 N49-80 계속

	국외로부터의 경상이전	수취(A)	재화와 서비스의 수입	상품(f.o.b.)			서비스					
				합계	일반상품	금은	합계	운수	보험	기타	거주자의 국외소비지출	정부의 국외소비지출
	N62	N63	N64	N65	N66	N67	N68	N69	N70	N71	N72	N73
	남북한, 백만 圓											
1911	22.2	56.7	67.7	66.7	61.9	4.7	1.0	0.5				0.6
1912	21.6	56.6	76.0	74.8	73.3	1.5	1.3	0.6				0.7
1913	18.5	63.8	77.9	75.8	75.6	0.2	2.1	0.7	0.7			0.8
1914	16.4	65.1	67.8	65.5	65.2	0.3	2.3	0.7	0.9			0.8
1915	15.3	81.6	65.5	63.0	62.2	0.8	2.5	0.7	1.0			0.8
1916	16.1	93.4	84.3	81.6	79.9	1.7	2.7	0.9	1.0			0.9
1917	16.0	114.7	114.9	111.3	110.9	0.5	3.6	1.3	1.2			1.1
1918	15.3	188.1	172.3	166.6	166.2	0.4	5.7	2.1	2.1			1.5
1919	17.0	253.6	292.9	285.2	283.5	1.6	7.7	3.3	2.2			2.2
1920	29.2	246.0	262.8	255.1	235.8	19.3	7.8	3.0	2.5			2.3
1921	41.5	254.9	222.4	214.5	212.0	2.5	7.9	3.0	2.7			2.3
1922	38.0	245.7	239.5	223.5	222.4	1.1	16.0	3.1	10.4			2.5
1923	35.6	291.5	240.5	230.5	229.4	1.1	10.0	3.5	3.7			2.7
1924	37.6	382.7	308.9	297.6	296.0	1.6	11.3	4.2	4.0			3.1
1925	37.2	389.5	339.1	324.3	323.5	0.8	14.8	4.5	7.0			3.3
1926	40.3	409.3	360.0	349.6	349.1	0.5	10.4	4.9	2.2			3.3
1927	35.8	408.1	404.6	371.0	370.5	0.5	33.6	4.9	25.1			3.5
1928	36.5	412.7	421.3	399.4	398.8	0.5	21.9	5.2	12.7			4.1
1929	39.8	384.2	411.7	391.7	390.8	0.9	20.0	8.6	7.9			3.5
1930	40.3	331.7	369.2	347.9	336.1	11.7	21.3	7.5	10.9			2.9
1931	37.0	352.7	288.1	268.1	246.2	22.0	20.0	7.3	10.5			2.1
1932	33.6	378.9	330.7	308.5	297.9	10.6	22.3	7.9	12.0			2.4
1933	36.2	434.1	396.5	370.2	366.4	3.8	26.3	9.1	13.7			3.5
1934	38.1	550.8	511.7	484.4	484.0	0.4	27.4	6.7	16.9			3.7
1935	41.8	790.5	704.4	674.1	600.9	73.2	30.3	10.4	15.4			4.6
1936	46.6	700.8	746.8	709.6	701.6	8.0	37.2	14.5	17.2			5.5
1937	81.2	832.4	825.6	780.1	780.1	-	45.5	19.2	19.9			6.5
1938	86.6	1,056.4	1,009.0	951.8	951.8	-	57.2	25.0	24.6			7.6
1939	92.5	1,148.1	1,284.9	1,202.9	1,202.9	-	82.0	32.3	40.8			9.0
1940	130.2	1,218.6	1,520.0	1,440.9	1,440.9	-	79.1	20.0	49.0			10.1
1941	262.9	1,412.0	1,526.4	1,445.3	1,445.3	-	81.1	19.8	48.5			12.8
	남한, 십억 원											
1953			4.65	4.57			0.08					
1954			4.75	4.67			0.08					
1955			11.29	11.12			0.16					
1956			19.82	19.17			0.65					
1957			22.84	19.76			3.08					
1958			21.38	18.87			2.51					
1959			21.63	18.87			2.76					
1960			29.93	26.12			3.81					
1961			42.12	35.93			6.19					
1962			57.06	50.15			6.91					
1963			75.99	67.68			8.31					
1964			91.57	80.49			11.09					
1965			119.14	104.62			14.52					
1966			194.21	174.68			19.53					
1967			258.51	230.89			27.63					
1968			383.19	341.10			42.09					
1969			496.75	441.77			54.98					
1970	27	420	591	523			68	31	0	25	2	9
1971	27	531	791	705			86	47	0	24	4	11
1972	30	811	914	812			103	59	0	27	2	15
1973	39	1,451	1,527	1,362			165	110	0	37	2	15
1974	40	1,957	2,628	2,372			256	169	1	65	5	16
1975	49	2,574	3,296	2,949			347	218	1	90	7	31
1976	104	3,978	4,092	3,685			407	249	2	124	9	24
1977	142	5,279	5,170	4,650			520	302	2	180	12	24

표 N49-80 계속

	국외로부터의 경상이전	수취(A)	재화와 서비스의 수입	상품(f.o.b.)			서비스					
				합계	일반상품	금은	합계	운수	보험	기타	거주자의 국외소비지출	정부의 국외소비지출
	N62	N63	N64	N65	N66	N67	N68	N69	N70	N71	N72	N73
	남한, 십억 원											
1978	203	7,023	7,319	6,573			747	396	4	288	28	31
1979	201	8,478	9,961	8,930			1,031	550	6	375	60	41
1980	315	12,872	14,655	12,918			1,736	989	10	581	89	68
1981	408	17,084	18,351	16,181			2,170	1,070	14	815	169	102
1982	454	18,374	18,708	16,509			2,199	976	26	863	255	79
1983	509	21,484	20,291	17,874			2,416	1,032	14	1,070	228	71
1984	512	25,631	22,214	19,610			2,604	1,023	125	1,132	273	52
1985	732	26,253	22,587	19,924			2,663	1,143	91	1,039	328	63
1986	1,155	35,795	28,784	25,627			3,157	1,416	83	1,323	256	79
1987	1,395	45,005	34,073	30,758			3,314	1,531	38	1,363	306	77
1988	1,570	50,502	37,975	33,913			4,062	1,647	59	1,713	565	78
1989	1,182	48,437	42,015	36,771			5,244	1,855	24	2,159	1,121	85
1990	1,481	53,702	51,249	44,475			6,774	2,526	-6	2,683	1,485	86
1991	1,709	61,635	62,673	54,288			8,386	3,278	20	3,124	1,842	122
1992	1,931	71,327	67,939	58,096			9,844	3,835	146	3,823	1,878	161
1993	1,855	78,799	72,725	62,366			10,360	3,682	160	4,268	2,070	180
1994	2,005	92,810	90,144	76,505			13,639	4,953	215	5,623	2,668	180
1995	2,252	116,202	115,174	96,965			18,209	6,342	296	7,772	3,599	200
1996	2,478	127,276	135,776	113,436			22,340	7,320	246	9,968	4,583	224
1997	4,027	161,425	157,280	130,572			26,708	9,541	226	11,900	4,758	283
1998	7,565	224,874	155,237	123,516			31,722	11,255	352	16,434	3,289	391
1999	5,186	204,107	160,786	131,661			29,125	9,396	84	15,233	4,093	320
2000	5,026	235,534	209,219	173,987			35,232	10,665	382	17,491	6,374	320
2001	5,778	240,642	214,560	176,282			38,278	10,862	590	18,615	7,823	389
2002	6,649	250,991	223,453	182,084			41,369	10,901	795	18,822	10,505	344
2003	6,982	281,790	248,877	205,204			43,673	12,721	586	20,121	9,912	334
2004	7,059	355,372	301,934	247,582			54,352	18,221	669	22,940	12,085	439
2005	6,402	357,986	316,177	258,494			57,684	18,927	992	23,678	13,568	518
2006	5,789	380,356	351,500	289,461			62,039	19,098	1,456	25,061	15,971	453
2007	6,140	434,988	397,047	323,631			73,416	24,097	2,193	28,330	18,289	507
2008	10,524	587,470	551,939	453,707			98,231	35,481	2,711	40,889	18,687	464
2009	10,254	579,095	493,655	397,129			96,526	26,722	4,062	47,690	17,616	437
2010	8,159	661,262	585,010	480,813			104,197	30,314	3,233	49,977	20,184	489
2011	9,347	784,159	723,014	618,071			104,942	29,322	3,009	53,637	18,401	574
2012	9,642	820,987	737,572	624,344			113,229	30,387	3,450	56,960	21,888	543
2013	9,614	813,973	698,937	588,411			110,526	28,826	3,244	55,062	22,756	638
2014	9,342	785,799	669,058	556,152			112,906	29,398	2,641	57,166	23,113	587
2015	10,013	746,363	600,239	480,498			119,742	29,122	2,888	60,145	26,702	884

표 N49-80 계속

	국외지급 요소소득			국외에 대한 경상이전	지급(B)	경상계정잉여(A-B)	국외순수취요소소득
	합계	피용자보수	기업 및 재산소득				
	N74	N75	N76	N77	N78	N79	N80
				남북한, 백만 圓			
1911	2.8	1.0	1.8		70.5	-13.8	-2.4
1912	4.2	1.2	3.0		80.2	-23.6	-3.7
1913	5.5	1.3	4.2		83.5	-19.7	-5.0
1914	6.3	1.3	4.9		74.1	-9.0	-5.6
1915	7.0	1.3	5.7		72.5	9.1	-6.3
1916	7.2	1.2	6.1		91.5	1.9	-6.4
1917	8.3	1.3	7.0		123.2	-8.5	-7.1
1918	11.4	1.9	9.5		183.7	4.4	-10.0
1919	15.8	3.4	12.5		308.7	-55.1	-14.0
1920	23.2	4.4	18.8		286.1	-40.1	-20.8
1921	27.6	4.1	23.5		250.0	4.9	-24.3
1922	32.0	4.5	27.5		271.5	-25.8	-27.9
1923	37.8	4.5	33.3		278.2	13.3	-33.2
1924	40.8	4.4	36.4		349.7	33.0	-35.3
1925	46.4	4.4	42.0		385.5	4.0	-41.1
1926	39.6	4.6	35.1		399.7	9.6	-33.3
1927	43.4	4.8	38.6		448.0	-40.0	-39.2
1928	48.7	5.2	43.5		470.0	-57.4	-44.6
1929	58.7	4.9	53.9		470.4	-86.2	-52.3
1930	55.2	4.5	50.7		424.3	-92.6	-43.9
1931	60.9	4.7	56.2	2.7	351.8	0.9	-49.6
1932	65.2	4.7	60.5	3.4	399.3	-20.3	-56.5
1933	65.1	3.4	61.8	3.4	465.0	-31.0	-44.2
1934	65.1	4.6	60.4	5.7	582.5	-31.7	-48.7
1935	85.4	4.9	80.6	6.9	796.8	-6.3	-74.3
1936	89.1	5.1	83.9	9.2	845.0	-144.2	-73.6
1937	99.3	5.4	93.9	18.6	943.6	-111.1	-82.8
1938	106.4	5.8	100.6	34.9	1,150.3	-93.9	-78.7
1939	122.9	6.1	116.7	49.3	1,457.1	-309.1	-99.3
1940	111.9	6.6	105.3	58.9	1,690.8	-472.2	-82.4
1941	170.7	7.9	162.8	103.5	1,800.6	-388.6	-134.3
				남한, 십억 원			
1953						-0.92	0.56
1954						-1.00	0.66
1955						-3.67	1.46
1956						-2.19	1.51
1957						-3.06	1.60
1958						-1.02	1.65
1959						-1.44	1.74
1960						-3.00	2.24
1961						-3.60	3.70
1962						-15.10	4.16
1963						-26.12	4.61
1964						-16.73	7.85
1965						-13.31	11.69
1966						-46.62	22.19
1967						-66.79	38.45
1968						-135.63	44.33
1969						-174.24	55.07
1970	26	4	22	3	619	-199	48
1971	45	3	42	3	839	-308	24
1972	66	3	63	5	985	-174	7
1973	90	4	86	10	1,627	-175	2
1974	140	7	133	11	2,779	-822	23
1975	234	11	223	16	3,546	-972	-93
1976	265	14	251	24	4,381	-403	-74
1977	385	22	364	32	5,587	-308	-69
				27			

표 N49-80 계속

	국외지급 요소소득			국외에 대한 경상이전	지급(B)	경상계정잉여(A-B)	국외순수취요소소득
	합계	피용자보수	기업 및 재산소득				
	N74	N75	N76	N77	N78	N79	N80
	남한, 십억 원						
1978	539	38	502	27	7,885	-863	46
1979	805	50	755	35	10,802	-2,324	-90
1980	1,713	55	1,658	58	16,426	-3,554	-388
1981	2,627	94	2,533	44	21,023	-3,939	-727
1982	2,919	69	2,851	46	21,673	-3,299	-560
1983	2,857	104	2,753	32	23,180	-1,695	-777
1984	3,393	109	3,284	28	25,635	-4	-1,181
1985	3,647	73	3,574	27	26,261	-7	-1,968
1986	3,824	81	3,743	40	32,648	3,148	-2,257
1987	3,201	95	3,106	28	37,302	7,703	-1,522
1988	2,542	108	2,434	121	40,638	9,864	-1,195
1989	2,271	121	2,150	565	44,851	3,587	-567
1990	2,419	154	2,265	820	54,488	-785	-298
1991	2,637	229	2,408	1,164	66,475	-4,840	-407
1992	2,657	285	2,372	1,224	71,821	-494	-559
1993	2,816	375	2,441	1,239	76,780	2,019	-702
1994	3,303	472	2,832	1,352	94,799	-1,989	-1,265
1995	4,629	497	4,132	2,027	121,829	-5,627	-1,915
1996	5,161	535	4,626	2,695	143,632	-16,356	-2,018
1997	6,989	441	6,548	3,253	167,521	-6,096	-3,270
1998	12,691	421	12,271	3,440	171,369	53,506	-7,215
1999	12,017	383	11,634	4,191	176,995	27,113	-6,718
2000	12,708	317	12,391	5,266	227,193	8,341	-4,570
2001	14,328	370	13,958	7,408	236,296	4,346	-4,718
2002	12,537	516	12,021	9,270	245,260	5,731	-3,076
2003	12,758	419	12,339	10,747	272,382	9,408	-3,137
2004	14,631	503	14,127	10,523	327,087	28,285	-1,794
2005	20,198	530	19,668	9,735	346,111	11,875	-7,189
2006	19,129	523	18,606	9,976	380,605	-249	-3,608
2007	23,217	624	22,593	10,218	430,481	4,507	-3,166
2008	25,204	1,204	24,000	11,320	588,462	-992	-78
2009	23,933	1,519	22,414	12,726	530,314	48,781	-2,726
2010	26,522	1,928	24,594	14,284	625,816	35,446	1,272
2011	24,027	1,922	22,106	14,555	761,596	22,562	7,849
2012	21,144	1,893	19,250	15,792	774,508	46,479	14,139
2013	24,045	1,917	22,128	14,161	737,143	76,830	10,199
2014	24,639	1,888	22,750	14,589	708,285	77,514	4,685
2015	22,969	1,607	21,362	15,659	638,867	107,496	4,259

3. 제도부문별 소득계정

표 N81-108 가계소득의 원천과 처분, 1975-2015

	피용자 보수	영업 잉여	재산소득*						순본원소득 잔액	소득, 부 등에 대한 경상세	사회부담금			사회수혜금		
			합계	이자 (원천)	이자 (사용)	배당	준법인기업 소득인출	기타*			합계	고용주	가계	합계	사회 보장	사회 부조
	N81	N82	N83	N84	N85	N86	N87	N88	N89	N90	N91	N92	N93	N94	N95	N96
	남한, 십억 원															
1975	3,397	4,175	427	170	-94	124	211	16	7,999	245	230	223	6	280	214	67
1976	4,771	5,403	751	285	-120	220	337	28	10,924	427	343	333	10	400	319	81
1977	6,434	6,262	1,045	377	-159	278	508	40	13,741	507	516	496	20	593	473	120
1978	9,176	7,804	1,642	724	-172	306	707	78	18,622	658	745	709	36	818	672	145
1979	12,315	9,062	2,167	1,168	-360	330	893	136	23,544	875	994	942	52	1,123	887	235
1980	15,488	9,093	2,867	1,934	-834	338	1,170	259	27,448	1,013	1,488	1,380	108	1,541	1,271	271
1981	19,169	11,502	3,882	2,583	-1,051	256	1,718	376	34,553	1,339	1,884	1,721	163	1,897	1,569	328
1982	22,427	14,218	3,234	2,600	-1,248	276	1,219	388	39,880	1,590	2,540	2,167	374	2,384	2,014	370
1983	27,161	15,220	3,146	2,134	-1,128	220	1,471	449	45,527	1,748	2,969	2,476	493	2,608	2,267	341
1984	31,298	17,850	3,421	2,466	-1,453	290	1,538	580	52,569	1,916	3,438	2,901	537	2,970	2,620	350
1985	34,783	19,964	3,916	2,577	-1,703	382	1,917	744	58,664	2,152	3,831	3,253	579	3,360	2,974	386
1986	40,437	24,002	4,451	3,023	-2,017	357	2,140	946	68,889	2,515	4,524	3,866	658	3,933	3,518	416
1987	48,349	26,333	6,079	4,012	-2,664	554	2,763	1,415	80,761	3,154	5,605	4,856	749	4,989	4,442	547
1988	59,420	30,382	6,932	4,606	-3,318	625	3,125	1,893	96,733	4,320	7,709	6,398	1,311	6,466	5,731	735
1989	70,607	33,427	8,268	5,984	-4,317	1,050	3,311	2,241	112,301	5,162	9,621	7,826	1,795	7,826	7,033	793
1990	86,537	38,067	9,850	8,579	-6,399	1,103	3,461	3,107	134,454	6,856	12,395	9,902	2,493	9,948	9,097	851
1991	107,656	45,538	13,118	11,868	-8,389	1,099	4,197	4,344	166,312	8,095	16,132	12,923	3,209	13,731	12,080	1,650
1992	122,314	51,743	15,391	15,218	-10,985	1,141	4,526	5,491	189,448	9,870	17,644	13,959	3,685	14,767	12,997	1,770
1993	138,783	56,236	18,436	17,826	-12,261	1,388	5,549	5,934	213,455	11,800	21,379	16,197	5,183	16,823	14,788	2,035
1994	162,575	64,216	22,554	23,820	-16,232	1,343	7,091	6,532	249,345	14,020	25,712	19,758	5,955	21,067	18,822	2,245
1995	193,689	64,612	26,626	29,734	-21,068	1,893	8,254	7,813	284,927	17,534	28,340	21,471	6,869	22,523	20,847	1,675
1996	221,957	75,994	29,172	32,893	-22,595	1,589	7,687	9,598	327,123	19,256	33,733	25,117	8,615	25,638	23,401	2,238
1997	235,064	81,454	35,800	37,408	-24,174	1,714	8,865	11,986	352,318	19,902	37,750	27,930	9,820	28,602	26,203	2,399
1998	223,633	90,326	43,559	48,726	-28,476	1,809	7,310	14,190	357,518	22,977	38,738	26,950	11,787	30,371	28,253	2,118
1999	237,891	96,262	40,754	44,042	-25,029	2,304	9,115	10,323	374,907	20,845	43,306	30,406	12,900	36,066	32,784	3,282
2000	260,974	100,966	45,342	45,648	-25,235	4,000	11,361	9,568	407,282	22,848	44,414	28,114	16,300	28,575	25,420	3,155
2001	286,089	100,343	45,299	47,506	-31,628	4,986	13,740	10,696	431,732	24,637	51,651	32,999	18,652	30,708	26,496	4,212
2002	315,571	105,545	41,518	40,063	-31,872	5,316	15,315	12,696	462,634	24,946	56,737	35,152	21,584	32,183	27,587	4,596
2003	343,979	104,424	50,321	38,387	-25,602	6,952	16,817	13,768	498,725	27,141	63,740	38,847	24,893	37,402	31,072	6,330
2004	372,588	106,791	52,870	37,123	-23,234	6,697	18,181	14,103	532,249	30,516	66,412	39,356	27,056	38,494	31,516	6,977
2005	401,750	110,602	49,426	37,395	-31,544	8,681	20,386	14,508	561,778	32,145	76,006	47,013	28,993	46,415	37,449	8,965
2006	426,339	116,564	52,227	38,309	-36,583	10,696	23,716	16,089	595,129	39,358	83,301	51,946	31,356	52,104	41,265	10,839
2007	458,000	107,045	64,066	42,009	-39,717	15,188	28,689	17,896	629,111	48,611	91,322	57,524	33,798	59,196	45,128	14,069
2008	482,683	109,088	64,850	45,328	-43,272	15,136	26,531	21,126	656,620	47,166	99,143	62,310	36,833	64,782	47,902	16,880
2009	500,240	110,091	66,556	48,323	-45,862	12,869	29,745	21,481	676,887	45,826	105,342	64,678	40,664	69,154	50,680	18,474
2010	535,302	112,068	76,069	48,734	-44,648	14,403	33,469	24,113	723,439	48,468	113,680	68,842	44,838	72,666	50,522	22,144
2011	569,343	112,905	84,528	50,971	-48,345	14,737	41,033	26,132	766,776	54,515	125,630	75,214	50,416	80,788	55,342	25,446
2012	598,275	114,847	87,291	48,895	-46,770	14,981	42,262	27,922	800,412	58,286	136,537	80,080	56,457	83,493	56,309	27,184
2013	628,337	118,126	91,235	44,479	-42,852	14,009	46,185	29,413	837,697	60,912	145,971	84,234	61,736	92,435	62,469	29,966
2014	660,393	120,414	95,155	39,976	-38,378	14,894	46,522	32,141	875,963	65,704	160,334	94,408	65,926	105,323	70,705	34,619
2015	697,988	122,927	103,444	38,172	-37,112	17,647	50,832	33,906	924,360	73,219	174,935	103,650	71,285	122,704	82,585	40,119

자료: 한국은행, 「제도부문별 소득계정」(http://ecos.bok.or.kr).

주: 1) 가계에는 가계에 봉사하는 비영리단체가 포함되어 있다.

2) *를 붙인 것은 소득의 원천에서 사용을 공제한 것이다.

3) N88에는 투자소득지급과 임료가 포함된다. N89는 N81-83의 합계이다. N92에는 고용주의 실제 사회부담금과 의제 사회부담금이 포함된다. N100은 N89에서 N90, N91을 빼고, N94, N97을 더한 것이다. N101은 정부나 가계 봉사 비영리단체가 무상 또는 경제적으로 의미가 없는 가격으로 제공되는 재화와 서비스이며, 주로 교육과 의료로 구성되어 있다. N102는 N100과 N101을 더한 것이다. N103은 N24에서 가져온 것이다. N104는 N101과 N103을 더한 것이다. N105는 N138에서 가져온 것인데, 금융법인에 적립된 연금 보험료에서 지급된 연금을 제외한 것으로서 가계의 저축이 된다. N106은 N102에서 N104를 공제하고 N105를 더한 것이다. N108의 '총'저축은 '순'저축(N106)에 고정자본소모(N107)를 더한 것이다. 그 외에 '순'이 붙은 다른 항목(순본원소득잔액, 순처분가능소득, 순조정처분가능소득)도 마찬가지다.

표 N81-108 계속

	기타 경상이전*			순처분가능 소득	사회적 현물이전*	순조정처분 가능소득	최종소비지출	실제최종소비	연금기금의 가계순지분 증감조정	순저축	고정자본소모	총저축
	합계	(원천)	(사용)									
	N97	N98	N99	N100	N101	N102	N103	N104	N105	N106	N107	N108
	남한, 십억 원											
1975	15	265	-250	7,818	290	8,108	7,233	7,523	-	585	245	830
1976	7	353	-346	10,561	434	10,995	9,238	9,672	-	1,324	285	1,609
1977	35	467	-432	13,345	567	13,911	11,250	11,816	-	2,095	402	2,497
1978	123	858	-735	18,159	720	18,879	14,841	15,561	-	3,318	477	3,795
1979	164	1,190	-1,026	22,962	962	23,924	19,188	20,150	-	3,774	589	4,363
1980	411	1,599	-1,188	26,899	1,403	28,303	24,567	25,971	-	2,332	738	3,070
1981	566	2,091	-1,525	33,792	1,818	35,610	30,732	32,549	-	3,061	1,018	4,079
1982	613	2,372	-1,759	38,746	2,276	41,022	34,741	37,017	-	4,005	915	4,920
1983	972	3,290	-2,318	44,391	2,643	47,034	39,120	41,764	-	5,270	1,405	6,675
1984	1,028	4,031	-3,003	51,215	3,044	54,259	43,644	46,688	-	7,571	1,743	9,313
1985	1,417	5,250	-3,833	57,458	3,398	60,857	48,362	51,760	-	9,096	2,103	11,199
1986	1,967	6,393	-4,426	67,751	3,803	71,554	53,623	57,426	-	14,128	1,820	15,949
1987	2,317	7,366	-5,049	79,309	4,425	83,734	60,291	64,717	-	19,018	2,376	21,394
1988	2,531	8,891	-6,360	93,700	5,551	99,252	69,548	75,099	-	24,152	2,179	26,332
1989	2,350	12,374	-10,024	107,694	7,100	114,795	81,699	88,799	-	25,996	2,373	28,369
1990	2,685	15,337	-12,653	127,835	9,154	136,989	98,050	107,204	-	29,786	3,874	33,659
1991	3,344	19,315	-15,971	159,160	10,699	169,859	118,655	129,354	-	40,506	4,546	45,052
1992	4,246	23,544	-19,298	180,946	12,640	193,586	137,302	149,943	-	43,644	5,741	49,385
1993	5,225	26,777	-21,552	202,323	14,051	216,374	156,414	170,465	-	45,910	7,470	53,379
1994	6,034	29,246	-23,211	236,715	16,471	253,186	187,037	203,508	-	49,678	6,907	56,585
1995	7,674	35,444	-27,770	269,250	19,343	288,593	219,890	239,233	-	49,361	9,796	59,157
1996	6,525	36,218	-29,693	306,297	22,422	328,718	252,658	275,080	-	53,638	11,925	65,564
1997	7,877	44,583	-36,706	331,146	24,756	355,901	279,564	304,319	-	51,582	12,927	64,509
1998	12,717	45,652	-32,935	338,891	27,263	366,155	261,382	288,645	-	77,509	18,903	96,412
1999	9,023	44,404	-35,381	355,844	29,302	385,146	299,760	329,063	-	56,084	17,317	73,400
2000	7,266	46,973	-39,707	375,862	31,814	407,676	341,442	373,256	-	34,420	20,749	55,169
2001	12,599	54,171	-41,573	398,751	39,373	438,124	376,803	416,176	-	21,948	22,923	44,871
2002	14,607	56,672	-42,065	427,740	43,202	470,942	423,157	466,358	-	4,584	24,945	29,528
2003	11,324	52,060	-40,736	456,570	48,166	504,736	434,864	483,031	-	21,706	27,063	48,769
2004	16,317	56,326	-40,009	490,132	53,568	543,700	449,981	503,550	-	40,151	28,898	69,049
2005	14,711	55,080	-40,369	514,753	58,583	573,336	480,170	538,753	1	34,584	29,899	64,483
2006	14,474	56,786	-42,312	539,048	65,697	604,744	509,907	575,604	363	29,503	31,402	60,905
2007	17,237	61,527	-44,291	565,612	70,706	636,318	546,429	617,135	928	20,110	33,147	53,257
2008	24,265	69,470	-45,205	599,357	78,941	678,298	579,053	657,994	2,302	22,606	37,925	60,530
2009	26,901	75,472	-48,570	621,774	86,434	708,208	594,883	681,316	3,318	30,210	39,619	69,828
2010	26,109	78,288	-52,179	660,066	89,548	749,614	636,713	726,261	7,788	31,141	40,960	72,101
2011	30,352	89,550	-59,198	697,772	98,284	796,056	679,142	777,425	8,652	27,282	43,950	71,232
2012	35,269	93,405	-58,136	724,352	103,464	827,816	707,614	811,078	11,941	28,679	45,944	74,623
2013	37,576	97,282	-59,706	760,825	109,270	870,095	727,800	837,070	10,116	43,141	47,807	90,949
2014	40,481	103,441	-62,960	795,729	116,783	912,512	748,201	864,984	10,349	57,878	49,830	107,708
2015	42,944	106,130	-63,187	841,853	122,721	964,574	771,239	893,960	8,658	79,271	52,124	131,395

표 N109-123 비금융법인 소득의 원천과 처분, 1975-2015

	영업잉여	재산소득*						순본원 소득잔액	소득, 부 등에 대한 경상세	기타 경상이전*			순처분가능 소득 순저축	고정자본 소모	총저축
		합계	이자 (원천)	이자 (사용)	배당*	준법인 기업소득 인출	기타*			합계	(원천)	(사용)			
	N109	N110	N111	N112	N113	N114	N115	N116	N117	N118	N119	N120	N121	N122	N123
	남한, 십억 원														
1975	1,055	-594	109	-352	-135	-211	-4	461	134	76	46	30	404	411	815
1976	1,438	-911	191	-526	-233	-337	-5	527	207	178	96	82	498	643	1,142
1977	2,114	-1,210	280	-686	-289	-508	-7	904	274	224	96	128	854	846	1,700
1978	2,930	-1,713	381	-1,053	-321	-707	-13	1,217	391	231	99	132	1,057	1,132	2,188
1979	4,004	-2,454	565	-1,788	-323	-893	-14	1,550	544	153	118	35	1,159	1,626	2,785
1980	5,363	-3,530	1,035	-3,725	360	-1,170	-30	1,834	398	-79	184	-263	1,357	2,341	3,698
1981	7,269	-4,998	1,172	-5,149	763	-1,718	-66	2,271	554	-87	180	-267	1,630	2,885	4,514
1982	7,473	-4,281	1,207	-5,280	1,050	-1,219	-40	3,192	963	-103	240	-343	2,126	4,000	6,126
1983	9,397	-4,474	1,305	-5,013	812	-1,471	-108	4,923	1,099	-352	297	-648	3,472	4,498	7,970
1984	11,263	-5,428	1,689	-6,061	584	-1,538	-101	5,835	1,082	-415	350	-765	4,337	4,846	9,184
1985	12,813	-6,712	1,952	-6,611	-10	-1,917	-125	6,101	1,327	-546	364	-911	4,228	5,556	9,784
1986	14,195	-7,574	2,191	-7,327	-113	-2,140	-185	6,621	1,331	-631	382	-1,013	4,659	7,425	12,084
1987	17,629	-8,634	2,306	-7,738	-245	-2,763	-195	8,995	1,674	-798	563	-1,361	6,523	9,036	15,559
1988	20,120	-9,110	3,304	-8,517	-605	-3,125	-167	11,010	2,083	-1,035	623	-1,658	7,892	11,936	19,828
1989	20,929	-10,330	4,373	-10,169	-1,080	-3,311	-143	10,599	3,280	-1,372	803	-2,175	5,946	13,782	19,729
1990	25,241	-12,042	5,295	-12,647	-1,008	-3,461	-221	13,199	3,829	-1,365	1,203	-2,568	8,005	16,455	24,460
1991	30,474	-16,176	7,431	-18,002	-1,210	-4,197	-199	14,298	4,566	-1,851	1,574	-3,425	7,882	18,880	26,762
1992	31,996	-18,935	8,892	-21,738	-1,415	-4,526	-148	13,061	5,258	-2,303	2,049	-4,352	5,500	23,112	28,612
1993	38,630	-22,158	8,820	-23,611	-1,588	-5,549	-231	16,471	4,920	-3,005	2,261	-5,266	8,546	26,056	34,602
1994	50,025	-26,590	10,377	-27,827	-1,760	-7,091	-290	23,435	6,215	-2,801	2,524	-5,325	14,420	31,857	46,277
1995	58,308	-32,064	12,927	-34,010	-2,282	-8,254	-445	26,243	8,535	-3,787	5,121	-8,908	13,922	42,021	55,942
1996	51,446	-34,075	14,531	-38,676	-2,025	-7,687	-218	17,370	9,235	-4,273	5,075	-9,348	3,863	48,955	52,818
1997	62,934	-43,062	16,328	-47,918	-2,265	-8,865	-342	19,872	8,842	-3,475	6,443	-9,918	7,556	57,305	64,862
1998	54,793	-59,654	22,331	-71,459	-2,314	-7,310	-903	-4,861	9,956	-3,245	6,034	-9,279	-18,061	62,107	44,046
1999	63,248	-51,852	19,476	-57,680	-2,943	-9,115	-1,590	11,397	8,162	-3,600	6,871	-10,471	-365	67,796	67,432
2000	81,023	-56,234	14,253	-52,758	-4,192	-11,361	-2,175	24,790	15,798	1,198	9,697	-8,499	10,190	72,252	82,442
2001	84,493	-55,113	14,144	-47,290	-5,319	-13,740	-2,908	29,380	15,002	-1,284	12,429	-13,713	13,094	79,329	92,423
2002	97,348	-47,122	14,142	-36,066	-6,188	-15,315	-3,695	50,226	17,258	-2,755	6,739	-9,494	30,214	83,765	113,979
2003	104,959	-50,982	13,609	-34,299	-9,987	-16,817	-3,488	53,977	24,417	-4,525	6,425	-10,949	25,035	90,054	115,090
2004	126,992	-52,737	13,777	-33,784	-1,000	-18,181	-3,549	74,255	25,410	-4,828	7,867	-12,695	44,016	97,856	141,872
2005	124,266	-52,161	14,553	-28,788	-12,170	-20,386	-5,370	72,105	28,167	-5,738	7,950	-13,689	38,200	103,548	141,749
2006	123,646	-54,185	16,981	-31,559	-11,257	-23,716	-4,634	69,461	26,112	-7,176	8,232	-15,408	36,173	108,955	145,129
2007	156,366	-69,597	19,213	-37,867	-16,733	-28,689	-5,521	86,769	30,040	-7,190	10,179	-17,368	49,540	115,571	165,110
2008	156,141	-80,695	23,712	-48,633	-20,045	-26,531	-9,197	75,446	31,101	-5,333	16,090	-21,423	39,012	131,072	170,084
2009	168,944	-83,146	22,982	-52,245	-14,596	-29,745	-9,543	85,797	31,789	-7,886	15,372	-23,258	46,122	144,812	190,934
2010	216,044	-82,191	22,866	-53,397	-14,218	-33,469	-3,973	133,853	32,170	-10,056	13,463	-23,519	91,627	151,591	243,218
2011	220,493	-86,444	23,884	-56,721	-14,050	-41,033	1,475	134,049	38,185	-7,647	15,395	-23,042	88,217	165,404	253,621
2012	217,329	-85,862	22,592	-56,642	-11,213	-42,262	1,663	131,468	39,052	-8,823	16,144	-24,967	83,592	175,507	259,100
2013	227,116	-90,318	20,874	-53,098	-11,914	-46,185	4	136,798	38,067	-9,800	16,925	-26,725	88,931	183,209	272,140
2014	229,534	-91,840	21,354	-51,221	-14,950	-46,522	-500	137,694	38,194	-12,579	17,069	-29,647	86,921	191,205	278,126
2015	241,332	-101,219	19,582	-46,887	-23,026	-50,832	-55	140,113	40,468	-9,423	19,156	-28,579	90,222	201,368	291,590

자료: 한국은행, 「제도부문별 소득계정」(http://ecos.bok.or.kr/).

주: 1) *를 붙인 것은 소득의 원천에서 사용을 공제한 것이다.

2) N115에는 국외직접투자에 대한 재투자수익, 투자소득지급, 임료가 포함된다. N116은 N109와 N110을 더한 것이다. N119에는 비생명보험의 보험금 이외에 정부로부터 이전으로서 공공 교통에 대한유가 보조와 같은 공기업의 원가 보조 등을 포함한다. N120에는 비생명보험의 보험료 이외에 정부에 납부한 각종 부담금(일종의 준조세), 가계에 대한 기부금 등을 포함한다. N121의 순처분가능소득은 N116에서 N117을 빼고, N118을 더해서 구한다. 법인은 소비지출이 없기 때문에 이것이 곧 순저축이 된다. N123은 N121과 N122를 더한 것이다.

표 N124-141 금융법인 소득의 원천과 처분, 1975-2015

	영업잉여	재산소득*					순본원 소득잔액	소득, 부 등에 대한 경상세	사회부담금 (원천)	사회수혜금 (사용)
		합계	이자(원천)	이자(사용)	배당*	기타*				
	N124	N125	N126	N127	N128	N129	N130	N131	N132	N133
	남한, 십억 원									
1975	55	28	735	-693	2	-16	83	23	10	10
1976	143	39	970	-894	-9	-28	181	56	12	12
1977	194	43	1,383	-1,289	-13	-39	237	95	19	19
1978	346	83	2,129	-1,962	-6	-78	429	133	28	28
1979	503	106	3,449	-3,182	-13	-148	609	197	39	39
1980	1,044	169	5,902	-5,630	155	-258	1,213	399	64	64
1981	729	216	7,061	-6,679	195	-361	945	455	79	79
1982	4	310	7,591	-7,190	288	-379	315	261	102	102
1983	190	329	7,033	-6,544	261	-421	519	242	140	140
1984	413	536	8,565	-7,833	395	-592	949	346	161	161
1985	883	310	10,660	-9,768	180	-762	1,193	354	191	191
1986	1,137	276	12,083	-10,852	23	-979	1,413	458	226	226
1987	1,621	394	14,563	-12,977	251	-1,443	2,015	741	304	304
1988	2,548	72	18,157	-16,189	29	-1,926	2,619	1,241	417	417
1989	3,018	91	22,520	-20,093	-48	-2,288	3,109	1,371	542	542
1990	2,912	318	30,429	-26,907	-91	-3,113	3,230	1,137	668	668
1991	2,903	963	39,033	-33,747	94	-4,417	3,866	1,426	894	894
1992	4,605	1,153	47,185	-40,680	198	-5,549	5,758	1,394	1,095	1,095
1993	4,890	1,259	52,479	-45,353	125	-5,991	6,148	1,714	1,297	1,297
1994	5,108	579	64,245	-57,076	45	-6,635	5,688	2,025	1,824	1,824
1995	6,858	512	80,404	-71,970	69	-7,991	7,370	1,470	2,058	2,058
1996	8,443	-1,550	90,555	-82,234	-50	-9,821	6,893	1,618	2,376	2,376
1997	10,396	-1,821	104,969	-94,430	99	-12,460	8,575	2,031	2,813	2,813
1998	10,009	2,242	154,262	-137,253	-7	-14,759	12,251	2,451	3,242	3,242
1999	17,300	-1,323	135,042	-125,039	-552	-10,773	15,977	3,727	2,655	2,655
2000	12,704	-1,434	109,212	-99,095	-1,399	-10,153	11,271	4,728	2,251	2,251
2001	18,975	-2,149	103,664	-92,319	-1,979	-11,515	16,825	4,188	4,095	4,095
2002	26,253	-3,778	99,369	-88,517	-1,642	-12,988	22,476	4,317	2,125	2,125
2003	26,801	-4,962	96,455	-86,524	-303	-14,590	21,838	4,042	2,075	2,075
2004	25,304	-4,243	89,864	-80,323	73	-13,856	21,062	2,189	3,141	3,141
2005	26,205	-11,479	87,360	-81,339	-2,245	-15,256	14,726	4,953	2,188	2,187
2006	26,330	-11,188	102,097	-92,641	-4,517	-16,127	15,142	6,562	2,597	2,235
2007	29,049	-9,322	125,156	-112,074	-4,777	-17,628	19,727	9,140	4,207	3,279
2008	30,654	12,807	149,700	-119,202	2,963	-20,653	43,462	12,596	5,410	3,109
2009	29,759	3,759	137,921	-112,708	4	-21,458	33,518	7,665	7,636	4,317
2010	34,149	539	137,236	-110,412	-2,426	-23,858	34,688	8,707	12,678	4,890
2011	39,018	2,154	143,674	-112,352	-2,540	-26,629	41,172	11,301	16,606	7,954
2012	37,312	8,528	138,138	-100,447	-1,838	-27,325	45,839	10,912	22,022	10,082
2013	33,604	2,246	122,571	-91,096	-520	-28,708	35,850	10,522	26,057	15,941
2014	34,953	-892	119,291	-88,418	-545	-31,219	34,061	8,961	28,851	18,502
2015	35,783	-1,915	108,603	-77,640	-356	-32,522	33,868	9,081	31,741	23,083

자료: 한국은행, 「제도부문별 소득계정」(http://ecos.bok.or.kr/).

주: 1) *를 붙인 것은 소득의 원천에서 사용을 공제한 것이다.

2) N129는 주로 보험회사의 보험금 지급준비금에 대한 투자소득인데, 대부분 가계로 귀속된다. N130은 N124와 N125의 합계이다. N132는 금융법인의 퇴직금과 다른 제도부문으로부터 적립된 퇴직연금(2005년 시행)을 합한 것이다. N133은 금융법인이 지급한 퇴직금과 퇴직연금이다. N135는 공공 금융기관에 대한 정부의지원을 포함한다. N136은 각종 부담금이나 기부금을 포함한다. N137은 N130에서 N131과 N133을 빼고 N132와 N134를 더한 것이다. N138은 N132에서 N133을 공제한 것이며, 가계의 순저축으로 귀속된다. N139는 N137에서 N138을 뺀 것이다. N141은 N139와 N140을 더한 것이다.

표 N124-141 계속

	기타 경상이전*			순처분 가능소득	연금기금의 가계순지분 증감조정	순저축	고정자본소모	총저축
	합계	(원천)	(사용)					
	N134	N135	N136	N137	N138	N139	N140	N141
	남한, 십억 원							
1975	-15	29	-44	45	-	45	15	60
1976	-41	44	-84	84	-	84	17	101
1977	10	90	-80	151	-	151	22	173
1978	13	105	-92	308	-	308	33	341
1979	13	212	-199	424	-	424	52	476
1980	23	275	-252	836	-	836	92	928
1981	18	301	-283	508	-	508	109	617
1982	29	407	-378	83	-	83	114	197
1983	78	554	-477	354	-	354	185	539
1984	187	660	-474	790	-	790	190	979
1985	91	663	-573	929	-	929	223	1,152
1986	78	771	-693	1,033	-	1,033	290	1,323
1987	82	955	-873	1,355	-	1,355	368	1,723
1988	125	1,122	-997	1,504	-	1,504	431	1,935
1989	114	1,457	-1,343	1,853	-	1,853	507	2,360
1990	133	2,096	-1,963	2,226	-	2,226	626	2,851
1991	206	2,763	-2,557	2,647	-	2,647	735	3,382
1992	510	3,854	-3,345	4,874	-	4,874	947	5,821
1993	499	4,287	-3,788	4,933	-	4,933	1,125	6,058
1994	568	4,990	-4,422	4,231	-	4,231	1,253	5,484
1995	-54	5,501	-5,555	5,846	-	5,846	1,527	7,373
1996	-146	6,264	-6,410	5,130	-	5,130	1,946	7,076
1997	-1,064	7,628	-8,692	5,481	-	5,481	2,339	7,820
1998	-1,869	6,136	-8,005	7,930	-	7,930	2,548	10,478
1999	-1,068	9,193	-10,261	11,181	-	11,181	2,560	13,741
2000	-2,426	11,073	-13,499	4,116	-	4,116	2,863	6,979
2001	-1,577	14,615	-16,192	11,060	-	11,060	2,959	14,019
2002	-4,123	8,428	-12,551	14,036	-	14,036	3,566	17,603
2003	-1,528	11,890	-13,418	16,268	-	16,268	3,927	20,194
2004	-3,830	9,939	-13,769	15,042	-	15,042	4,194	19,236
2005	-2,244	10,124	-12,368	7,530	1	7,529	4,329	11,857
2006	-2,147	11,362	-13,509	6,796	363	6,433	4,404	10,837
2007	-1,713	14,309	-16,021	9,802	928	8,874	4,671	13,545
2008	-3,269	15,452	-18,721	29,898	2,302	27,596	5,186	32,782
2009	-2,665	21,546	-24,211	26,506	3,318	23,188	5,486	28,673
2010	-4,598	19,034	-23,631	29,171	7,788	21,383	5,390	26,773
2011	-5,655	23,678	-29,333	32,868	8,652	24,216	5,599	29,814
2012	-6,625	21,162	-27,786	40,243	11,941	28,303	6,086	34,389
2013	-6,949	23,261	-30,210	28,496	10,116	18,380	6,225	24,604
2014	-7,543	24,502	-32,044	27,907	10,349	17,558	6,389	23,946
2015	-7,090	26,297	-33,386	26,355	8,658	17,698	6,537	24,235

표 N142-168 일반정부 수입의 원천과 처분, 1975-2015

	생산 및 수입세	보조금	영업 잉여	재산소득*					순본원소득 잔액	소득, 부 등에 대한 경상세	사회부담금		
				합계	이자 (원천)	이자 (사용)	배당	기타*			합계	고용주	가계
	N142	N143	N144	N145	N146	N147	N148	N149	N150	N151	N152	N153	N154
	남한, 십억 원												
1975	1,149	-85	3	13	46	-38	4	1	1,080	401	31	25	6
1976	1,624	-32	8	14	63	-56	5	2	1,614	691	47	37	10
1977	2,118	-33	7	23	94	-79	6	2	2,116	876	80	60	20
1978	2,940	-42	7	0	106	-119	4	10	2,905	1,183	126	90	36
1979	3,856	-104	7	32	143	-142	11	20	3,791	1,617	183	131	52
1980	4,907	-150	22	70	265	-217	9	13	4,848	1,809	452	343	108
1981	6,058	-152	37	133	403	-307	13	24	6,076	2,348	649	486	163
1982	7,016	-131	67	54	526	-502	13	17	7,005	2,813	1,077	703	374
1983	8,613	-98	64	79	642	-591	6	21	8,657	3,090	1,341	848	493
1984	9,302	-118	88	109	763	-713	7	52	9,381	3,343	1,507	970	537
1985	9,851	-86	53	263	909	-725	28	52	10,080	3,832	1,657	1,079	579
1986	11,374	-110	90	240	1,101	-930	12	57	11,594	4,304	1,937	1,279	658
1987	13,009	-111	107	360	1,256	-975	14	65	13,365	5,569	2,230	1,481	749
1988	15,137	-57	111	651	1,550	-1,007	50	58	15,842	7,645	3,301	1,991	1,311
1989	16,673	-141	111	1,133	1,969	-1,054	122	97	17,776	9,813	4,153	2,358	1,795
1990	21,214	-188	119	1,330	2,568	-1,421	82	102	22,475	11,821	5,322	2,828	2,493
1991	24,678	-230	120	1,453	3,311	-2,094	92	144	26,021	14,086	6,578	3,370	3,209
1992	28,591	-233	142	1,613	3,945	-2,598	107	159	30,113	16,522	7,967	4,283	3,685
1993	32,191	-392	180	1,477	4,246	-3,053	109	175	33,456	18,435	10,506	5,324	5,183
1994	38,581	-437	161	2,013	4,729	-3,147	195	236	40,317	22,259	11,593	5,638	5,955
1995	45,502	-456	191	2,887	5,962	-3,537	143	319	48,123	27,539	13,335	6,466	6,869
1996	53,154	-824	224	4,346	6,932	-3,126	235	305	56,901	30,109	16,636	8,021	8,615
1997	59,654	-822	137	5,556	8,248	-3,270	213	365	64,525	30,774	18,911	9,091	9,820
1998	52,168	-667	157	6,399	11,170	-5,622	175	677	58,057	35,383	22,028	10,240	11,787
1999	63,270	-628	384	5,420	12,274	-7,614	180	580	68,446	32,734	26,292	13,392	12,900
2000	71,467	-772	555	7,366	16,436	-10,180	442	668	78,615	43,374	29,010	12,710	16,300
2001	79,358	-985	658	6,826	16,981	-10,995	259	581	85,856	43,828	34,785	16,133	18,652
2002	89,958	-1,374	702	6,067	15,915	-10,752	291	613	95,354	46,520	39,807	18,223	21,584
2003	93,613	-1,824	631	1,982	17,394	-16,599	360	827	94,402	55,600	45,484	20,591	24,893
2004	95,557	-2,494	841	1,935	19,768	-18,852	478	542	95,840	58,115	50,160	23,104	27,056
2005	99,869	-2,539	979	6,726	22,620	-17,103	652	556	105,035	65,265	55,984	26,991	28,993
2006	107,792	-2,949	1,165	9,342	25,523	-17,910	1,129	600	115,350	72,032	61,024	29,687	31,337
2007	117,375	-3,661	1,149	11,601	29,872	-20,583	1,830	482	126,464	87,791	66,964	33,266	33,698
2008	125,296	-3,571	851	3,278	33,674	-32,167	1,416	355	125,854	90,863	73,585	37,013	36,572
2009	122,907	-3,312	637	10,801	39,944	-30,320	519	658	131,032	85,280	79,052	38,787	40,265
2010	137,470	-3,632	726	7,903	31,853	-25,034	534	549	142,467	89,346	84,696	40,816	43,879
2011	140,963	-3,715	269	8,634	35,062	-27,875	864	584	146,151	104,000	93,177	44,261	48,915
2012	145,398	-4,164	38	5,215	33,211	-29,826	1,190	640	146,487	108,250	103,767	49,163	54,604
2013	146,075	-4,203	227	8,100	31,814	-25,623	1,183	725	150,198	109,501	110,805	52,819	57,986
2014	152,559	-4,631	537	3,274	28,244	-26,585	804	811	151,739	112,859	120,093	57,918	62,175
2015	163,707	-4,929	1,053	4,531	27,272	-25,225	1,743	741	164,362	122,769	128,470	61,771	66,699

자료: 한국은행, 「제도부문별 소득계정」(http://ecos.bok.or.kr/).

주: 1) *를 붙인 것은 소득의 원천에서 사용을 공제한 것이다.

2) N149는 투자지급소득과 임료로 이루어져 있다. N150은 N142에서 N145까지의 합계이다. N153은 고용주의 실제 및 의제 사회보험 부담금 중에서 정부의 사회보장기구에 적립된 것이다. N154는 가계가 부담한 사회보장기여금이다. N156은 현금으로 지급된 공적 연금이나 실업보험금이다. N157은 재정에서 현금으로 지급된 사회부조금이다. N159는 각종 징수금, 벌과금 이외에 법인에 징수된 각종 부담금(준조세)을 포함한다. N160은 공기업에 대한 원가보조나 공공금융기관에 대한 지원, 가계 봉사 비영리단체에 대한 지원금 등을 포함한다. N161은 N150에서 N151과 N152를 빼고 N155와 N158을 더한 것이다. N162는 주로 교육과 보건 분야에서 이루어진 정부의 개별소비지출이다. N163은 N161에서 N162를 뺀 것이다. N164는 N25에서 가져온 것이다. N165는 N164에서 N162를 뺀 것이다. N166은 N163에서 N165를 뺀 것이다. N166은 N163에서 N165를 뺀 것이다. N168은 N166과 N167을 더한 것이다.

표 N142-168 계속

	사회수혜금			기타 경상이전*			순처분가능 소득	사회적 현물 이전	순조정처분 가능소득	최종소비 지출	실제최종 소비	순저축	고정자본 소모	총저축
	합계	사회보장	사회부조	합계	(원천)	(사용)								
	N155	N156	N157	N158	N159	N160	N161	N162	N163	N164	N165	N166	N167	N168
	남한, 십억 원													
1975	81	15	67	-42	56	-98	1,389	290	1,099	1,171	881	218	119	336
1976	104	23	81	-64	113	-177	2,184	434	1,750	1,566	1,132	617	146	764
1977	156	36	120	-157	89	-246	2,759	567	2,192	2,000	1,433	759	184	943
1978	198	53	145	-190	132	-322	3,825	720	3,105	2,508	1,788	1,317	255	1,572
1979	312	77	235	-165	204	-369	5,115	962	4,152	3,212	2,250	1,903	369	2,271
1980	505	234	271	-98	217	-315	6,507	1,403	5,104	4,763	3,360	1,744	570	2,314
1981	662	334	328	-134	247	-381	8,277	1,818	6,459	6,033	4,216	2,244	742	2,985
1982	920	550	370	-132	295	-427	9,844	2,276	7,568	6,791	4,515	3,053	879	3,931
1983	981	640	341	-221	350	-571	11,886	2,643	9,243	7,614	4,970	4,272	1,019	5,291
1984	1,039	689	350	-316	367	-683	12,876	3,044	9,832	8,345	5,300	4,532	1,162	5,694
1985	1,186	801	386	-256	384	-640	14,127	3,399	10,729	9,413	6,014	4,715	1,352	6,066
1986	1,346	931	416	-299	427	-726	16,189	3,803	12,385	10,634	6,831	5,555	1,531	7,086
1987	1,615	1,068	547	-234	478	-712	19,316	4,425	14,890	12,223	7,798	7,092	1,768	8,860
1988	2,058	1,323	735	-172	640	-812	24,558	5,551	19,007	14,559	9,008	9,999	2,127	12,126
1989	2,358	1,565	793	-475	706	-1,181	28,909	7,100	21,808	17,935	10,834	10,974	2,503	13,477
1990	2,874	2,023	851	-791	1,008	-1,799	35,953	9,154	26,799	22,252	13,098	13,701	3,104	16,805
1991	4,177	2,527	1,650	-1,155	1,489	-2,643	41,354	10,699	30,655	26,410	15,711	14,944	3,811	18,756
1992	5,090	3,320	1,770	-1,745	1,849	-3,594	47,767	12,640	35,126	31,144	18,504	16,623	4,528	21,151
1993	5,950	3,915	2,035	-2,103	2,458	-4,561	54,344	14,051	40,293	34,565	20,514	19,779	5,191	24,970
1994	6,948	4,703	2,245	-3,149	2,320	-5,469	64,073	16,471	47,601	39,081	22,610	24,992	5,988	30,979
1995	7,518	5,842	1,675	-3,608	4,320	-7,928	77,872	19,343	58,528	44,609	25,266	33,263	7,004	40,267
1996	8,542	6,304	2,238	-2,323	4,653	-6,976	92,781	22,422	70,360	51,988	29,567	40,793	8,009	48,802
1997	9,763	7,365	2,399	-2,565	6,150	-8,715	101,882	24,756	77,126	56,289	31,533	45,593	9,215	54,808
1998	13,661	11,543	2,118	-3,478	6,931	-10,409	98,329	27,263	71,065	62,071	34,807	36,258	10,741	46,999
1999	19,052	15,770	3,282	-3,360	7,307	-10,667	105,060	29,302	75,758	66,379	37,077	38,681	11,756	50,437
2000	13,171	10,016	3,155	-6,279	6,574	-12,852	131,550	31,814	99,736	72,019	40,206	59,530	12,793	72,324
2001	13,843	9,630	4,212	-11,367	8,557	-19,924	139,259	39,373	99,886	83,865	44,492	55,394	14,443	69,836
2002	15,254	10,658	4,596	-10,351	13,676	-24,027	156,077	43,202	112,875	92,460	49,258	63,618	15,898	79,516
2003	19,146	12,816	6,330	-9,036	13,894	-22,930	167,305	48,166	119,138	101,103	52,937	66,202	17,792	83,993
2004	22,242	15,264	6,977	-11,122	14,218	-25,340	170,752	53,568	117,184	112,039	58,471	58,713	19,886	78,598
2005	26,394	17,428	8,965	-10,062	16,023	-26,086	189,828	58,583	131,245	122,175	63,592	67,652	21,188	88,841
2006	30,190	19,350	10,839	-9,339	18,713	-28,051	208,878	65,697	143,182	133,501	67,805	75,377	22,603	97,981
2007	35,766	21,698	14,069	-12,412	18,751	-31,163	233,041	70,706	162,335	145,311	74,605	87,730	24,632	112,362
2008	41,526	24,646	16,880	-16,458	22,317	-38,775	232,318	78,941	153,378	161,751	82,811	70,567	28,851	99,418
2009	46,182	27,708	18,474	-18,823	24,734	-43,557	230,360	86,434	143,926	174,706	88,272	55,654	31,832	87,485
2010	51,469	29,325	22,144	-17,581	24,057	-41,638	247,458	89,548	157,910	183,109	93,561	64,350	34,193	98,543
2011	56,987	31,541	25,446	-22,259	24,702	-46,961	264,083	98,284	165,799	194,381	96,097	69,702	37,430	107,131
2012	62,664	35,480	27,184	-25,972	26,920	-52,892	269,868	103,464	166,404	204,324	100,860	65,544	39,852	105,396
2013	67,385	37,419	29,966	-25,374	30,970	-56,344	277,744	109,270	168,475	214,467	105,197	63,277	41,860	105,137
2014	75,431	40,813	34,619	-25,607	33,765	-59,372	283,653	116,783	166,870	224,724	107,941	58,929	43,884	102,812
2015	84,896	44,777	40,119	-32,077	31,999	-64,077	298,627	122,721	175,906	234,766	112,045	63,861	45,651	109,512

4. 경제활동별 GDP와 GNI

표 N169-188 경제활동별 GDP 및 GNI, 당해년 가격, 1911-1940, 1953-2015

	총부가가치(기초가격)									
	농축산업	임업	수산업	광업	제조업	전기가스 및 수도업	건설업	도소매 및 음식숙박업	운수창고통신업	금융보험업
	N169	N170	N171	N172	N173	N174	N175	N176	N177	N178
	남북한, 백만 圓									
1911	298.5	44.3	4.7	3.2	22.5	0.4	8.3	53.4	20.3	4.7
1912	373.3	51.3	5.8	3.7	25.5	0.5	9.0	65.3	24.6	5.2
1913	423.2	52.8	8.0	4.4	28.9	1.1	9.3	69.4	27.3	6.0
1914	354.8	54.9	8.3	4.6	31.4	1.3	9.4	66.4	26.3	7.0
1915	298.4	45.9	9.1	5.8	35.5	1.5	8.9	66.1	26.7	7.0
1916	365.3	45.3	11.0	8.1	38.1	3.1	9.6	74.1	30.9	6.1
1917	515.1	57.7	14.4	10.0	50.5	2.7	12.2	98.7	42.2	8.1
1918	832.0	92.6	22.7	9.3	81.5	12.8	19.1	150.7	63.5	11.5
1919	989.0	128.9	30.4	10.3	120.5	11.7	31.6	215.0	88.6	24.4
1920	1,091.7	158.2	27.3	10.8	98.9	9.0	38.6	202.1	88.6	40.1
1921	759.5	124.9	31.3	7.7	101.3	8.6	48.1	179.0	82.9	36.3
1922	865.6	129.9	33.0	7.0	100.4	8.8	52.3	188.4	89.9	37.5
1923	854.9	112.8	36.4	8.0	112.3	8.9	46.2	193.6	94.0	31.9
1924	941.4	106.7	36.7	9.4	118.5	8.6	38.5	201.0	98.7	27.7
1925	989.3	114.0	36.8	10.1	120.0	11.9	38.9	214.8	104.4	28.8
1926	920.0	101.8	38.7	11.4	125.4	11.2	40.1	216.4	107.1	26.1
1927	895.6	118.1	45.9	11.5	121.7	13.4	48.0	219.5	112.1	35.6
1928	770.3	114.7	47.8	12.5	126.1	14.4	55.1	224.2	116.9	41.4
1929	714.8	113.4	46.8	13.1	120.4	11.8	59.2	225.0	121.3	40.1
1930	512.1	108.7	36.1	12.0	91.4	44.2	52.8	190.7	103.6	41.1
1931	508.7	91.4	33.8	12.4	74.7	70.0	44.7	170.0	97.7	40.1
1932	625.7	81.0	33.4	18.4	94.3	64.4	44.6	185.4	104.9	40.9
1933	675.0	83.2	37.2	25.5	115.1	68.3	45.2	206.1	116.0	42.3
1934	770.7	89.7	41.6	31.9	138.9	55.3	52.7	231.6	130.9	44.4
1935	955.4	96.0	47.2	46.9	185.2	55.9	73.7	276.2	155.5	50.5
1936	877.7	98.4	58.0	57.8	224.6	98.4	97.6	299.2	169.5	59.8
1937	1,224.8	115.6	64.7	77.1	287.9	148.5	109.4	353.3	195.8	69.1
1938	1,183.2	129.8	63.5	108.8	360.0	183.9	127.1	388.8	221.3	80.0
1939	1,186.9	158.2	109.9	139.1	482.6	161.9	168.8	468.6	275.0	80.3
1940	1,571.9	190.8	130.7	168.7	619.5	170.4	213.2	561.6	327.6	100.2
	남한, 십억 원									
1953	22.2			0.5	3.6	0.2	1.0	6.5	0.8	0.3
1954	25.9			0.6	6.5	0.2	1.7	8.9	1.4	0.3
1955	50.3			1.2	11.2	0.5	3.4	15.2	2.8	0.6
1956	70.7			1.8	15.0	0.3	4.3	20.2	3.9	0.7
1957	88.5			3.0	18.1	1.0	6.7	23.5	6.8	1.5
1958	83.2			3.4	21.3	1.5	6.4	23.6	7.9	2.2
1959	73.5			4.1	24.4	1.2	7.3	28.1	9.6	2.5
1960	90.5			5.6	28.1	1.4	7.6	26.1	11.0	3.3
1961	115.7			6.0	35.5	2.7	9.0	31.0	13.7	3.6
1962	132.8			7.7	42.1	3.8	10.8	40.2	17.1	4.6
1963	222.0			9.4	65.8	3.9	13.6	57.1	20.2	6.1
1964	342.2			13.4	104.4	5.3	18.6	81.7	24.8	8.2
1965	310.1			17.2	140.9	8.2	25.2	111.7	33.5	9.6
1966	364.2			20.5	176.3	11.9	34.4	152.6	54.0	12.6
1967	394.2			26.1	218.4	14.3	44.1	200.3	77.5	17.1
1968	473.7			27.0	287.1	18.0	70.4	241.1	110.5	27.4
1969	603.0			31.3	373.7	25.4	107.3	327.7	144.5	37.3
1970	644	50	44	41	480	35	129	405	181	54
1971	811	54	62	47	566	42	137	526	221	70
1972	994	62	68	46	789	57	155	689	272	81
1973	1,155	82	114	57	1,173	64	213	946	363	101
1974	1,677	108	110	90	1,626	54	303	1,468	470	152
1975	2,262	138	160	142	2,091	111	426	1,782	625	207
1976	2,943	167	196	156	3,054	166	557	2,252	857	326

표 N169-188 계속

	총부가가치(기초가격)									
	농축산업	임업	수산업	광업	제조업	전기가스 및 수도업	건설업	도소매 및 음식숙박업	운수창고통신업	금융보험업
	N169	N170	N171	N172	N173	N174	N175	N176	N177	N178
	남한, 십억 원									
1977	3,485	219	311	241	3,853	245	863	2,703	1,213	449
1978	4,337	266	357	307	5,220	318	1,614	3,551	1,658	738
1979	5,173	297	476	338	6,889	526	2,282	4,379	2,267	1,065
1980	4,772	385	425	481	8,519	762	2,671	5,150	2,994	1,942
1981	6,331	446	571	651	10,561	1,044	2,876	6,577	3,956	1,848
1982	6,846	464	576	693	12,138	1,243	3,557	7,596	4,730	1,373
1983	7,146	599	701	758	15,219	1,619	4,263	8,772	5,271	1,870
1984	7,800	636	727	823	18,791	2,052	4,725	10,359	5,890	2,281
1985	8,726	598	871	939	20,805	2,329	5,058	11,625	6,252	3,074
1986	8,836	631	1,093	1,112	25,453	3,007	5,311	14,187	7,257	3,702
1987	9,335	655	1,156	1,147	31,655	3,298	6,453	17,249	8,385	4,672
1988	11,364	702	1,177	1,155	39,157	3,495	8,078	19,829	9,664	6,518
1989	11,863	717	1,342	1,128	42,738	3,689	10,609	21,712	11,376	8,163
1990	13,011	677	1,343	1,307	48,641	3,844	16,933	25,374	13,515	9,185
1991	13,964	685	1,632	1,481	58,993	4,492	22,198	29,892	16,349	11,397
1992	15,627	754	1,657	1,338	65,327	5,581	23,993	33,412	18,804	14,265
1993	15,637	851	1,807	1,379	74,736	6,591	27,428	36,953	21,446	15,802
1994	17,601	896	2,221	1,754	90,665	7,746	30,113	42,231	25,365	18,436
1995	19,920	927	2,047	1,816	108,165	8,790	34,800	48,652	29,929	23,081
1996	20,856	998	2,180	1,831	116,289	9,881	39,470	52,143	34,585	27,175
1997	20,537	1,069	2,365	1,919	127,868	11,035	43,336	53,820	38,088	29,772
1998	19,013	1,249	2,168	1,692	131,167	12,352	36,879	50,546	40,068	30,204
1999	21,407	1,320	2,162	1,678	145,413	14,537	34,826	61,171	44,992	35,198
2000	21,587	1,255	2,207	1,682	165,229	16,069	34,232	71,849	50,210	32,320
2001	21,986	1,230	2,185	1,674	169,740	17,574	37,707	76,213	56,091	38,189
2002	22,322	1,261	1,980	1,778	184,578	19,234	41,500	81,720	62,841	48,996
2003	22,025	1,183	2,282	1,756	193,549	20,654	49,558	83,630	66,765	50,091
2004	24,534	1,144	2,218	1,818	225,328	20,770	52,086	87,399	71,197	49,992
2005	22,874	1,055	2,197	2,029	234,697	21,305	53,214	91,170	74,878	53,820
2006	22,787	1,056	2,193	1,962	242,292	22,012	54,813	97,228	77,322	55,741
2007	22,083	1,174	2,261	2,034	265,627	22,932	57,994	104,481	82,320	61,891
2008	21,303	1,285	2,396	2,240	284,940	16,619	57,618	113,314	84,504	64,928
2009	22,043	1,497	3,493	2,238	300,037	21,246	59,610	118,141	84,509	65,352
2010	23,107	1,764	3,426	2,199	351,771	25,632	58,634	130,351	89,903	71,670
2011	24,952	1,769	3,733	2,287	379,521	23,994	58,587	140,705	89,286	77,873
2012	25,411	1,948	3,416	2,279	388,010	26,178	59,959	146,808	92,345	75,809
2013	25,408	1,968	3,061	2,471	403,657	30,239	64,251	150,252	97,361	72,478
2014	26,417	2,145	2,998	2,520	408,510	37,374	67,267	152,205	102,818	75,860
2015	27,428	2,091	3,093	2,577	423,652	44,989	74,522	156,363	110,412	78,700

자료: 1911-1940년은 김낙년 편, 『한국의 장기통계: 국민계정 1911-2010』(서울대출판문화원, 2012), pp. 442-443; 1953년 이후는 한국은행, 「경제활동별 GDP 및 GNI」(http://ecos.bok.or.kr).

주: 1) 1911-1940년의 금액 단위 圓은 현재의 원으로 환산하려면 1,000으로 나누어 주면 된다.
2) N184는 N169에서 N183까지의 합계이다. N186은 N184와 N185를 더한 것이다. N188은 N186과 N187을 더한 것이다.
3) 1953-1969년의 농축산업에는 임업과 수산업이 포함되어 있으며, 1953년 이후의 농축산업에는 농림어업서비스가 포함되어 있다.

표 N169-188 계속

	총부가가치(기초가격)						순생산물세	국내총생산 (시장가격)	국외순수취 요소소득	국민총소득
	부동산 및 사업서비스업	공공행정 및 국방, 사회보장	교육서비스	보건 및 사회복지사업	기타 서비스	합계				
	N179	N180	N181	N182	N183	N184	N185	N186	N187	N188
	남북한, 백만 圓									
1911	21.9	18.1	1.3	2.5	8.3	512.4	2.8	515.2	-2.4	512.8
1912	27.8	19.0	2.2	3.1	9.5	625.9	3.9	629.9	-3.7	626.2
1913	29.7	19.4	2.8	3.1	10.3	695.5	4.4	699.9	-5.0	695.0
1914	26.6	19.2	3.3	3.3	9.8	626.8	4.2	631.0	-5.6	625.3
1915	24.5	19.5	3.5	3.4	9.5	565.6	5.1	570.7	-6.3	564.4
1916	27.3	20.5	3.9	3.7	12.2	659.3	6.4	665.7	-6.4	659.3
1917	37.1	21.0	4.5	3.7	12.3	890.2	10.2	900.4	-7.1	893.3
1918	57.2	24.9	5.5	4.4	17.3	1,404.9	15.3	1,420.2	-10.0	1,410.2
1919	84.2	39.6	8.4	5.7	25.0	1,813.4	25.9	1,839.3	-14.0	1,825.4
1920	76.4	57.6	11.8	6.7	28.6	1,946.3	20.0	1,966.3	-20.8	1,945.5
1921	66.7	61.7	15.0	6.1	30.0	1,559.0	24.9	1,583.9	-24.3	1,559.6
1922	70.3	61.7	18.0	6.3	31.2	1,700.3	28.4	1,728.7	-27.9	1,700.8
1923	71.1	61.9	18.4	6.6	34.8	1,691.9	18.5	1,710.3	-33.2	1,677.1
1924	80.4	61.0	19.1	6.5	37.9	1,792.0	22.2	1,814.2	-35.3	1,778.9
1925	79.7	56.4	19.4	7.2	35.1	1,867.0	25.0	1,892.0	-41.1	1,850.9
1926	81.0	57.7	21.6	7.5	37.7	1,803.6	30.7	1,834.3	-33.3	1,800.9
1927	79.9	59.3	23.0	8.0	38.1	1,829.6	30.8	1,860.4	-39.2	1,821.2
1928	79.6	61.4	24.1	8.0	39.4	1,736.1	31.0	1,767.0	-44.6	1,722.5
1929	73.0	64.7	24.1	8.2	40.9	1,676.9	33.8	1,710.8	-52.3	1,658.5
1930	59.1	64.0	23.9	8.4	37.3	1,385.3	32.9	1,418.3	-43.9	1,374.3
1931	58.6	59.2	23.0	8.4	36.6	1,329.4	36.7	1,366.1	-49.6	1,316.5
1932	59.2	59.7	23.4	8.7	36.9	1,480.7	31.7	1,512.5	-56.5	1,455.9
1933	65.0	61.9	24.3	8.8	35.7	1,609.5	38.3	1,647.9	-44.2	1,603.7
1934	76.3	68.9	25.6	8.9	37.2	1,804.6	38.9	1,843.5	-48.7	1,794.8
1935	85.6	76.0	27.3	9.0	40.9	2,181.3	48.3	2,229.6	-74.3	2,155.2
1936	96.5	80.8	29.2	9.8	45.0	2,302.3	59.4	2,361.7	-73.6	2,288.0
1937	106.6	106.1	31.1	10.7	50.2	2,951.0	64.8	3,015.8	-82.8	2,933.0
1938	126.1	117.5	34.3	12.0	56.2	3,192.4	78.4	3,270.8	-78.7	3,192.0
1939	150.7	125.3	38.8	13.4	68.4	3,627.9	88.3	3,716.2	-99.3	3,616.9
1940	165.3	151.4	43.8	16.6	77.7	4,509.3	78.5	4,587.8	-82.4	4,505.4
	남한, 십억 원									
1953	6.1	3.7	0.5	0.4	0.4	46.1	1.7	47.7	0.6	48.3
1954	8.1	6.3	2.0	0.7	0.6	63.2	3.1	66.3	0.7	66.9
1955	9.5	8.7	4.1	1.2	1.0	109.7	4.5	114.2	1.5	115.7
1956	11.3	10.3	4.7	1.4	1.5	145.9	5.6	151.5	1.5	153.0
1957	13.9	16.0	6.9	1.6	2.2	189.4	9.0	198.4	1.6	200.0
1958	16.0	18.0	7.8	1.7	2.9	195.8	11.8	207.6	1.7	209.2
1959	17.5	21.7	9.7	2.2	3.6	205.5	15.3	220.8	1.7	222.5
1960	18.9	22.9	10.0	2.4	4.5	232.2	17.6	249.8	2.2	252.1
1961	20.1	27.2	10.6	2.8	5.8	283.7	18.0	301.7	3.7	305.4
1962	22.7	34.9	13.0	3.2	6.9	339.7	26.1	365.8	4.2	370.0
1963	26.9	37.4	14.4	4.3	8.6	489.6	28.9	518.5	4.6	523.1
1964	32.9	46.1	16.0	4.9	9.6	707.9	31.7	739.6	7.9	747.4
1965	38.8	54.5	17.3	6.5	13.0	786.4	44.9	831.3	11.7	842.9
1966	48.4	71.1	26.1	8.2	16.9	997.2	68.7	1,065.9	22.2	1,088.1
1967	68.1	87.6	35.2	9.8	25.1	1,217.9	95.4	1,313.3	38.5	1,351.7
1968	84.6	111.3	50.3	11.9	34.7	1,548.0	144.3	1,692.3	44.3	1,736.7
1969	102.9	140.2	64.8	14.7	46.8	2,019.5	192.4	2,211.9	55.1	2,266.9
1970	130	181	93	17	66	2,550	245	2,795	48	2,843
1971	163	218	119	23	88	3,145	288	3,433	24	3,457
1972	195	265	147	29	100	3,950	310	4,260	7	4,266
1973	233	290	170	35	114	5,107	407	5,514	2	5,516
1974	330	395	228	54	153	7,219	661	7,880	23	7,903
1975	403	559	349	75	200	9,530	975	10,505	-93	10,412
1976	557	821	560	92	245	12,948	1,466	14,413	-74	14,339
1977	803	1,077	708	116	299	16,583	1,937	18,520	-69	18,452
1978	1,091	1,386	877	184	397	22,300	2,723	25,023	46	25,069

표 N169-188 계속

	총부가가치(기초가격)						순생산물세	국내총생산 (시장가격)	국외순수취 요소소득	국민총소득
	부동산 및 사업서비스업	공공행정 및 국방, 사회보장	교육서비스	보건 및 사회복지사업	기타 서비스	합계				
	N179	N180	N181	N182	N183	N184	N185	N186	N187	N188
	남한, 십억 원									
1979	1,417	1,809	1,099	236	496	28,750	3,469	32,219	-90	32,129
1980	2,012	2,468	1,475	322	708	35,086	4,385	39,471	-388	39,083
1981	2,657	3,081	1,918	476	887	43,878	5,446	49,324	-727	48,597
1982	3,445	3,656	2,417	689	1,084	50,507	6,352	56,859	-560	56,299
1983	4,268	4,048	2,824	942	1,310	59,610	7,899	67,509	-777	66,732
1984	4,959	4,392	3,134	1,226	1,569	69,363	8,493	77,856	-1,181	76,675
1985	5,979	4,903	3,620	1,609	1,848	78,235	9,004	87,240	-1,968	85,272
1986	7,284	5,427	4,151	1,846	2,136	91,432	10,408	101,840	-2,257	99,584
1987	8,756	6,211	4,766	2,070	2,468	108,276	11,929	120,205	-1,522	118,683
1988	10,788	7,282	5,488	2,506	2,930	130,131	13,942	144,073	-1,195	142,878
1989	12,923	8,847	6,709	2,931	3,627	148,373	15,146	163,518	-567	162,951
1990	17,508	10,938	8,015	3,559	4,553	178,401	19,311	197,712	-298	197,415
1991	22,874	13,390	9,558	4,333	5,558	216,798	22,079	238,877	-407	238,470
1992	28,015	15,842	11,410	5,161	6,539	247,726	25,541	273,267	-559	272,709
1993	34,521	17,824	13,107	6,002	7,520	281,603	28,471	310,074	-702	309,371
1994	43,165	20,258	15,428	6,973	9,048	331,899	34,155	366,054	-1,265	364,789
1995	50,503	23,185	18,114	8,229	10,577	388,732	40,195	428,927	-1,915	427,012
1996	60,046	26,163	21,051	9,638	11,938	434,244	46,897	481,141	-2,018	479,123
1997	71,344	28,799	23,246	11,025	13,222	477,443	52,905	530,347	-3,270	527,077
1998	74,512	30,597	23,662	11,906	12,597	478,612	45,864	524,477	-7,215	517,262
1999	72,638	32,607	25,019	13,122	13,641	519,732	57,141	576,873	-6,718	570,155
2000	82,578	35,062	27,071	14,159	14,714	570,223	64,962	635,185	-4,570	630,614
2001	87,939	38,686	30,768	18,917	16,666	615,564	72,601	688,165	-4,718	683,447
2002	96,967	42,863	34,409	19,836	18,933	679,216	82,723	761,939	-3,076	758,863
2003	106,318	47,191	38,574	21,854	19,953	725,382	85,534	810,915	-3,137	807,778
2004	114,583	51,894	42,608	24,027	20,659	790,257	85,776	876,033	-1,794	874,239
2005	121,791	56,719	45,768	26,731	21,797	830,044	89,754	919,797	-7,189	912,609
2006	130,082	60,466	50,064	29,614	23,493	871,126	94,928	966,055	-3,608	962,447
2007	140,983	64,730	54,303	33,298	25,760	941,872	101,386	1,043,258	-3,166	1,040,092
2008	152,338	71,209	59,746	35,947	27,874	996,258	108,235	1,104,492	-78	1,104,414
2009	158,396	76,178	61,915	40,626	29,286	1,044,566	107,142	1,151,708	-2,726	1,148,982
2010	168,992	78,886	63,749	43,925	31,115	1,145,124	120,184	1,265,308	1,272	1,266,580
2011	177,994	83,291	66,560	46,656	32,749	1,209,956	122,725	1,332,681	7,849	1,340,530
2012	187,752	88,655	68,546	50,031	34,309	1,251,455	126,001	1,377,457	14,139	1,391,596
2013	198,286	93,776	71,599	52,852	35,580	1,303,238	126,207	1,429,445	10,199	1,439,644
2014	210,486	98,334	74,008	57,130	36,785	1,354,855	131,224	1,486,079	4,685	1,490,764
2015	221,563	102,848	76,237	61,980	37,191	1,423,647	140,477	1,564,124	4,259	1,568,383

표 N189-210 경제활동별 GDP 및 GNI, 기준년 가격, 1911-1940, 1953-2015

	총부가가치(기초가격)															
	농축산업	임업	수산업	광업	제조업	전기가스 및 수도업	건설업	도소매 및 음식숙박업	운수창고 통신업	금융 보험업	부동산 및 사업서비스업	공공행정 및 국방, 사회보장	교육 서비스	보건 및 사회복지 사업	기타 서비스	합계
	N189	N190	N191	N192	N193	N194	N195	N196	N197	N198	N199	N200	N201	N202	N203	N204
	남북한, 백만 圓, 1935년 가격															
1911	557.7	79.7	4.7	4.8	33.3	0.2	12.8	96.6	32.0	8.5	39.6	38.0	2.7	4.6	15.1	878.3
1912	575.3	80.9	5.1	5.3	37.0	0.2	12.4	100.5	38.5	7.9	42.8	39.7	4.7	4.8	14.7	916.4
1913	626.9	82.8	9.2	6.5	41.6	0.4	13.1	103.7	44.4	9.0	44.5	39.3	5.6	4.6	15.5	992.7
1914	652.5	83.9	11.5	6.9	46.7	0.5	14.5	116.8	43.1	12.4	46.7	40.0	6.9	5.8	17.3	1,049.7
1915	652.5	83.3	12.1	8.7	55.7	0.6	14.9	133.4	46.6	14.2	49.4	39.5	7.2	6.8	19.1	1,089.8
1916	691.5	84.5	15.4	11.8	56.0	1.3	15.7	134.4	53.2	11.0	49.5	42.6	8.0	6.7	22.2	1,150.1
1917	700.8	84.3	15.4	13.4	59.7	1.1	15.3	131.3	67.2	10.8	49.4	43.7	9.5	5.0	16.4	1,167.5
1918	767.6	83.8	15.4	12.4	67.4	3.3	17.5	133.5	76.6	10.2	50.7	43.8	9.7	3.9	15.3	1,257.1
1919	621.8	83.5	17.8	14.3	75.3	2.8	22.8	132.7	72.6	15.1	52.0	54.6	11.6	3.5	15.4	1,138.1
1920	767.5	84.1	15.9	13.2	71.5	1.8	23.9	134.0	59.9	26.6	50.7	52.0	10.7	4.4	19.0	1,273.6
1921	749.9	84.0	22.1	10.9	77.7	1.8	38.5	153.4	64.6	31.1	57.1	57.8	14.0	5.2	25.7	1,335.3
1922	758.9	85.1	23.4	10.6	78.8	2.1	41.4	151.2	72.9	30.1	56.4	58.1	17.0	5.0	25.0	1,358.4
1923	751.8	85.4	25.8	11.7	89.9	2.5	37.6	158.8	78.1	26.2	58.4	59.0	17.5	5.5	28.6	1,380.3
1924	712.5	83.9	27.1	13.3	93.0	2.8	29.6	149.4	87.8	20.6	59.8	59.0	18.5	4.8	28.2	1,334.5
1925	757.0	87.6	24.9	14.3	94.7	4.3	31.0	159.4	90.1	21.4	59.2	53.5	18.4	5.3	26.0	1,391.9
1926	770.8	89.8	27.9	17.8	103.8	4.1	32.4	175.6	95.6	21.2	65.7	55.6	20.7	6.1	30.6	1,458.9
1927	840.5	90.9	38.2	18.1	102.7	5.3	40.2	191.3	102.0	31.1	69.6	55.6	21.5	6.9	33.2	1,586.1
1928	712.5	90.8	37.3	19.9	106.7	4.3	48.0	195.0	103.7	36.0	69.2	56.7	22.3	6.9	34.3	1,489.9
1929	729.5	88.1	37.0	21.9	106.2	3.5	54.2	208.9	107.6	37.2	67.7	59.3	22.0	7.6	38.0	1,530.2
1930	820.5	88.0	40.0	21.0	99.5	15.0	54.3	240.6	101.3	51.9	74.6	61.5	23.0	10.6	47.0	1,700.2
1931	782.8	88.5	43.4	23.0	91.2	25.2	50.5	227.2	105.1	53.7	78.3	60.9	23.6	11.2	48.9	1,698.1
1932	860.9	88.2	49.5	25.4	108.7	24.8	51.3	232.6	111.6	51.3	74.2	60.6	23.7	10.9	46.4	1,793.3
1933	882.5	90.6	39.9	29.5	125.6	27.4	47.9	244.5	121.3	50.1	77.1	63.2	24.8	10.4	42.4	1,854.7
1934	849.1	95.4	46.2	32.6	149.4	39.6	53.4	248.3	143.3	47.6	81.8	69.9	26.0	9.5	39.8	1,928.8
1935	955.4	96.0	47.2	46.9	185.2	55.9	73.7	276.2	155.5	50.5	85.6	76.0	27.3	9.0	40.9	2,181.3
1936	830.4	94.7	51.3	52.3	208.7	62.9	94.1	284.4	169.2	56.9	91.7	80.1	29.0	9.3	42.8	2,159.6
1937	1,124.6	93.1	59.9	63.7	238.4	73.1	90.1	309.6	176.8	60.6	93.4	100.7	29.5	9.3	44.0	2,563.4
1938	986.5	90.5	55.0	85.2	276.3	80.1	89.0	311.7	197.8	64.1	101.1	107.2	31.3	9.7	45.0	2,541.0
1939	715.4	88.2	59.7	105.1	319.8	104.3	103.7	292.4	223.6	50.1	94.0	102.6	31.8	8.4	42.7	2,356.8
1940	910.9	88.9	50.8	112.5	371.2	114.1	118.5	335.2	246.5	59.8	98.7	117.1	33.8	9.9	46.4	2,730.7
	남한, 십억 원, 2010년 가격															
1953	5,859			396	550	18	753	3,779	181	81	2,762	8,424	3,067	500	312	18,341
1954	6,371			360	627	22	923	3,954	225	96	2,885	7,936	3,679	534	317	19,680
1955	6,507			401	738	22	921	4,339	273	82	2,987	7,855	4,104	553	369	20,755
1956	6,136			412	858	26	856	4,474	345	67	3,108	7,622	4,384	558	474	20,858
1957	6,734			534	930	30	1,069	5,156	357	90	3,207	7,318	4,548	571	491	22,774
1958	7,283			552	1,028	37	1,095	5,467	402	108	3,274	6,939	4,667	579	554	24,235
1959	7,293			641	1,131	44	1,329	6,202	469	139	3,362	6,854	4,828	584	595	25,494
1960	7,194			806	1,212	43	1,304	6,335	519	138	3,455	6,787	4,989	608	652	26,037
1961	8,271			855	1,279	46	1,429	6,095	524	153	3,583	6,729	5,354	653	649	27,963
1962	7,741			1,053	1,475	57	1,636	6,520	591	183	3,715	6,964	5,749	744	734	28,941
1963	8,504			1,123	1,716	65	1,920	6,416	696	211	3,897	7,218	6,333	798	859	31,587
1964	9,873			1,278	1,878	79	2,027	5,918	814	205	4,156	7,369	6,853	877	808	34,643
1965	9,985			1,381	2,293	97	2,519	6,200	973	240	4,430	7,562	7,253	885	853	37,028
1966	10,865			1,436	2,724	120	3,059	6,893	1,240	282	4,777	8,024	7,909	951	896	41,422
1967	10,314			1,595	3,375	153	3,636	7,853	1,527	332	5,232	8,545	8,471	1,068	983	44,978
1968	10,328			1,564	4,154	192	5,034	9,089	1,996	497	5,690	9,089	9,192	1,153	1,141	50,644
1969	11,268			1,553	4,886	256	6,959	10,304	2,543	693	6,253	9,732	9,898	1,215	1,263	57,894
1970	9,444	1,819	1,100	1,858	5,655	302	7,253	11,974	3,037	859	6,680	10,535	10,568	1,262	1,472	63,338
1971	10,069	1,742	1,096	1,888	6,641	370	7,095	13,413	3,372	1,063	7,259	11,389	11,511	1,478	1,780	69,867
1972	10,252	1,819	1,274	1,913	7,636	415	6,952	14,724	3,660	1,192	7,792	11,769	12,447	1,608	1,819	74,952
1973	10,740	2,063	1,543	2,236	9,943	490	8,562	16,431	4,331	1,462	8,546	12,313	13,141	1,782	1,969	85,671
1974	11,253	1,964	1,796	2,337	11,583	555	9,521	17,891	4,610	1,400	9,205	13,018	13,514	1,978	2,026	93,506
1975	12,043	1,908	1,714	2,580	13,091	626	10,074	18,917	5,074	1,718	9,947	13,742	14,512	2,104	2,125	101,182
1976	13,231	1,967	1,711	2,616	15,824	762	11,015	20,424	5,706	2,106	11,259	14,546	15,123	2,243	2,270	113,203
1977	13,656	2,046	1,694	2,989	18,403	820	14,127	21,751	6,687	2,795	12,812	15,542	15,738	2,504	2,476	125,270

표 N189-210 계속

	총부가가치(기초가격)															
	농축산업	임업	수산업	광업	제조업	전기가스 및 수도업	건설업	도소매 및 음식숙박업	운수창고 통신업	금융 보험업	부동산 및 사업서비스업	공공행정 및 국방, 사회보장	교육 서비스	보건 및 사회복지 사업	기타 서비스	합계
	N189	N190	N191	N192	N193	N194	N195	N196	N197	N198	N199	N200	N201	N202	N203	N204
	남한, 십억 원, 2010년 가격															
1978	12,130	2,163	1,595	3,157	22,945	1,093	18,082	23,557	7,657	3,442	14,108	16,633	16,585	2,859	2,739	137,659
1979	13,734	1,799	1,755	3,021	25,289	1,169	18,911	24,757	8,617	3,740	15,501	17,942	17,334	2,889	3,012	149,814
1980	10,912	2,163	1,841	2,902	24,838	1,251	18,368	24,373	8,944	4,716	16,699	19,290	18,391	3,269	3,208	147,530
1981	12,724	2,247	2,118	2,889	27,118	1,445	17,045	26,414	9,308	4,412	18,311	20,355	20,041	4,097	3,320	158,370
1982	13,974	1,877	2,144	2,551	28,379	1,530	19,676	28,721	10,207	4,836	20,630	21,542	21,527	5,264	3,605	170,962
1983	15,082	2,351	2,107	2,748	33,252	1,984	23,885	31,406	10,985	5,368	23,570	22,725	22,688	6,792	4,092	192,875
1984	14,517	2,426	2,177	2,876	39,745	2,499	25,201	33,560	12,105	6,285	25,795	23,511	23,899	8,495	4,713	212,661
1985	15,528	2,238	2,285	3,049	42,587	2,985	26,556	35,448	12,678	7,686	29,124	24,646	25,132	10,561	5,382	229,699
1986	16,440	1,899	2,593	3,215	49,367	3,774	27,455	39,944	13,560	8,863	32,597	26,041	26,481	11,501	6,020	255,154
1987	15,481	2,021	2,600	3,213	59,254	4,232	30,178	44,799	15,166	11,270	37,008	27,518	27,736	12,384	6,650	285,960
1988	17,224	1,940	2,611	3,206	67,030	4,642	32,621	49,773	16,925	14,624	42,267	29,335	29,128	13,926	7,322	319,802
1989	17,180	1,823	2,785	3,094	69,895	5,191	36,589	53,364	18,420	16,908	46,506	31,383	30,660	15,152	8,208	341,885
1990	16,047	1,693	2,946	2,849	77,972	6,034	45,209	57,804	20,509	18,612	51,450	33,568	32,346	16,544	9,116	374,826
1991	16,640	1,421	3,124	2,915	87,547	6,676	50,430	62,673	22,617	21,597	57,889	35,910	33,885	18,175	10,242	413,287
1992	18,282	1,476	3,157	2,596	92,794	7,589	49,610	65,815	24,535	24,413	63,562	38,520	35,466	19,513	11,155	440,186
1993	17,618	1,309	2,985	2,599	99,192	8,545	53,964	69,891	25,973	28,685	69,290	41,029	36,885	20,787	12,161	471,162
1994	17,568	1,390	2,965	2,885	110,645	9,676	56,421	75,301	29,075	32,023	76,831	43,088	38,573	22,929	13,939	513,719
1995	19,285	1,267	2,675	2,862	124,947	10,304	59,328	80,502	32,463	36,414	84,955	44,939	40,134	24,738	15,572	562,377
1996	20,200	1,302	2,709	2,879	135,435	11,413	63,186	85,594	36,166	38,500	92,861	47,704	41,700	25,631	16,950	604,902
1997	21,081	1,357	2,859	2,866	143,075	12,422	63,764	88,365	40,225	39,684	101,855	50,374	43,010	27,349	18,315	640,015
1998	19,492	1,347	2,669	2,365	132,358	12,525	56,458	80,495	39,031	37,807	101,712	52,019	42,760	26,240	16,739	608,148
1999	20,439	1,359	2,646	2,551	160,352	13,875	52,279	93,701	45,888	40,693	105,625	54,687	44,026	27,270	18,634	674,374
2000	21,009	1,199	2,460	2,546	186,647	15,410	49,718	101,232	54,111	40,177	114,421	56,015	45,555	27,167	20,186	733,837
2001	21,295	1,200	2,532	2,565	192,723	16,339	52,165	105,323	59,619	43,394	118,368	57,883	47,997	25,817	22,335	766,877
2002	20,833	1,177	2,494	2,593	210,605	17,646	53,654	111,524	64,787	53,301	125,029	60,155	50,748	27,351	24,772	825,531
2003	19,554	1,116	2,590	2,680	221,053	18,321	58,141	108,357	66,877	52,837	131,857	62,307	53,253	28,908	24,645	850,783
2004	21,594	1,169	2,526	2,597	242,529	19,610	58,964	108,057	71,143	52,689	136,749	64,746	54,986	30,482	24,551	892,055
2005	21,683	1,219	2,806	2,573	256,696	20,993	58,600	110,167	74,812	55,661	142,394	67,090	56,383	32,431	25,268	928,995
2006	21,685	1,309	3,122	2,545	276,567	21,403	59,578	114,804	78,082	57,694	149,092	70,223	58,926	34,471	26,876	976,372
2007	22,221	1,448	3,518	2,457	299,922	22,296	61,061	120,700	81,337	63,996	155,491	72,369	60,804	37,083	28,788	1,033,356
2008	23,543	1,490	3,586	2,462	311,056	23,064	59,504	122,676	84,518	66,969	161,596	74,015	62,662	38,417	29,628	1,065,183
2009	24,188	1,711	3,664	2,399	309,505	24,211	60,878	122,252	83,498	70,201	162,984	76,847	63,002	41,285	29,957	1,076,430
2010	23,107	1,764	3,426	2,199	351,771	25,632	58,634	130,351	89,903	71,670	168,992	78,886	63,749	43,925	31,115	1,145,124
2011	22,590	1,762	3,393	2,176	374,782	25,687	55,432	137,058	94,090	72,741	174,297	80,639	63,807	45,483	31,466	1,185,403
2012	22,591	1,632	3,306	2,171	383,683	26,710	54,431	141,698	97,077	75,547	176,536	82,941	64,387	48,693	31,973	1,213,224
2013	23,700	1,603	3,086	2,347	397,426	26,629	56,044	145,620	100,329	78,584	181,244	85,025	64,773	51,247	32,683	1,250,079
2014	24,089	1,943	3,320	2,344	411,495	27,328	56,471	149,151	103,812	83,021	188,537	87,053	64,865	54,740	33,106	1,290,494
2015	23,948	1,882	3,296	2,315	418,743	28,722	59,691	152,013	106,019	88,569	194,488	88,495	65,158	58,653	33,000	1,324,279

자료: 1911-1940년은 김낙년 편, 『한국의 장기통계: 국민계정 1911-2010』(서울대출판문화원, 2012), pp. 451-453; 1953년 이후는 한국은행, 「경제활동별 GDP 및 GNI」(http://ecos.bok.or.kr).

주: 1) 각 항목의 합계는 상위 항목과 일치하지 않는다. 연쇄가중법으로 기준년 가격을 구할 경우 가법성이 성립하지 않기 때문이다.

2) 지면의 제약으로 각 항목의 deflator를 제시하지 않지만, 당해년 가격(N169-188)을 기준년 가격(N189-210)의 해당 항목으로 나누어 구할 수 있다.

3) 1953-1969년의 농축산업에는 임업과 수산업이 포함되어 있으며,1953년 이후의 농축산업에는 농림어업서비스가 포함되어 있다.

표 N189-210 계속

	순생산물세	국내총생산(시장가격)	교역조건 변화에 따른 실질무역손익	국내총소득	국외순수취 요소소득	국민총소득
	N205	N206	N207	N208	N209	N210
			남북한, 백만 圓, 1935년 가격			
1911	4.5	970.6	-3.8	966.8	-4.3	962.5
1912	6.1	1,007.0	2.9	1,009.8	-5.8	1,004.1
1913	6.6	1,087.3	7.2	1,094.5	-7.5	1,087.0
1914	6.6	1,156.8	-2.9	1,154.0	-9.9	1,144.1
1915	8.4	1,201.3	-16.7	1,184.6	-12.6	1,172.0
1916	8.8	1,278.5	-25.9	1,252.5	-11.6	1,241.0
1917	10.8	1,296.1	-37.1	1,259.0	-9.5	1,249.4
1918	11.8	1,370.8	-41.5	1,329.3	-9.0	1,320.3
1919	16.3	1,246.6	-48.4	1,198.2	-8.9	1,189.3
1920	12.9	1,424.5	-59.5	1,365.0	-13.9	1,351.1
1921	19.0	1,457.0	-67.0	1,390.0	-20.7	1,369.3
1922	22.4	1,480.3	-43.3	1,437.0	-22.5	1,414.5
1923	14.5	1,508.4	-58.6	1,449.8	-27.4	1,422.4
1924	16.6	1,447.1	-54.9	1,392.2	-26.6	1,365.6
1925	18.6	1,499.4	-47.3	1,452.0	-31.0	1,421.1
1926	24.6	1,576.9	-51.9	1,525.1	-27.3	1,497.8
1927	25.9	1,706.8	-61.4	1,645.4	-34.2	1,611.2
1928	26.4	1,636.7	-85.1	1,551.6	-38.9	1,512.7
1929	30.3	1,677.3	-75.4	1,601.9	-48.5	1,553.4
1930	36.5	1,855.8	-86.6	1,769.2	-53.8	1,715.4
1931	46.5	1,916.6	-125.7	1,790.9	-64.6	1,726.3
1932	37.6	1,951.8	-67.5	1,884.3	-69.6	1,814.7
1933	41.5	2,034.8	-89.8	1,945.0	-51.5	1,893.5
1934	41.3	2,040.7	-74.5	1,966.2	-51.8	1,914.4
1935	48.3	2,229.6	-	2,229.6	-74.3	2,155.2
1936	56.2	2,256.8	-4.9	2,252.0	-70.2	2,181.7
1937	53.6	2,688.6	-56.7	2,631.9	-72.0	2,559.9
1938	59.5	2,703.3	-115.0	2,588.2	-62.3	2,525.9
1939	57.7	2,445.9	-104.3	2,341.6	-62.9	2,278.6
1940	45.5	2,843.1	-63.4	2,779.7	-49.5	2,730.2
			남한, 십억 원, 2010년 가격			
1953	883	19,054	3,243	22,297	374	22,482
1954	933	20,435	3,373	23,808	348	23,969
1955	1,046	21,614	3,973	25,587	337	25,735
1956	1,113	21,772	3,623	25,395	333	25,540
1957	1,214	23,771	4,216	27,987	359	28,142
1958	1,303	25,305	4,531	29,837	373	29,996
1959	1,426	26,681	4,682	31,363	379	31,521
1960	1,499	27,305	4,785	32,090	364	32,237
1961	1,500	29,184	4,800	33,984	299	34,071
1962	1,639	30,305	4,990	35,294	337	35,422
1963	1,800	33,090	6,259	39,349	359	39,470
1964	1,905	36,220	6,332	42,552	384	42,679
1965	2,168	38,822	6,934	45,756	448	45,934
1966	2,473	43,474	7,560	51,034	879	51,776
1967	2,889	47,437	8,249	55,687	1,515	57,157
1968	3,489	53,694	9,319	63,013	1,711	64,665
1969	4,080	61,501	10,290	71,791	2,098	73,801
1970	4,743	67,650	10,667	78,317	1,414	79,712
1971	5,311	74,723	11,521	86,243	633	86,906
1972	5,616	80,066	12,065	92,131	174	92,345
1973	6,826	91,938	13,683	105,621	55	105,730
1974	7,742	100,636	11,053	111,689	344	112,081
1975	8,058	108,549	9,343	117,892	-1,033	116,927
1976	10,088	122,786	15,116	137,901	-726	137,256
1977	12,768	137,861	18,718	156,578	-554	156,121
1978	15,111	152,715	21,858	174,573	338	175,033
1979	16,161	165,887	23,093	188,981	-465	188,625

표 N189-210 계속

	순생산물세	국내총생산(시장가격)	교역조건 변화에 따른 실질무역손익	국내총소득	국외순수취 요소소득	국민총소득
	N205	N206	N207	N208	N209	N210
	남한, 십억 원, 2010년 가격					
1980	15,649	163,065	16,449	179,514	-1,650	177,884
1981	16,564	174,774	15,285	190,059	-2,657	187,372
1982	18,352	189,219	18,417	207,636	-1,922	205,722
1983	21,402	214,276	22,555	236,831	-2,588	234,247
1984	23,934	236,652	25,900	262,552	-3,789	258,724
1985	25,277	254,992	27,381	282,372	-6,016	276,223
1986	28,426	283,612	37,668	321,281	-6,710	314,429
1987	32,953	318,971	45,960	364,931	-4,330	360,638
1988	37,086	356,944	54,753	411,697	-3,200	408,652
1989	40,125	382,036	63,389	445,425	-1,421	444,305
1990	44,753	419,518	66,776	486,294	-663	486,033
1991	49,772	462,955	74,485	537,439	-813	537,066
1992	51,217	491,545	78,926	570,471	-1,043	569,878
1993	53,779	525,199	86,241	611,440	-1,248	610,663
1994	59,655	573,550	95,543	669,093	-2,092	667,445
1995	65,937	628,442	99,888	728,331	-2,943	725,802
1996	71,153	676,169	98,137	774,306	-2,976	771,785
1997	76,142	716,213	89,937	806,150	-4,474	802,026
1998	68,594	677,028	68,983	746,010	-9,198	736,589
1999	79,349	753,590	69,031	822,621	-8,982	813,530
2000	87,202	820,844	49,205	870,049	-5,985	864,168
2001	91,324	857,990	43,920	901,909	-5,809	896,227
2002	96,439	921,759	53,413	975,171	-3,755	971,687
2003	98,273	948,796	49,955	998,751	-3,731	995,304
2004	103,495	995,286	41,377	1,036,662	-2,062	1,034,900
2005	105,483	1,034,338	28,030	1,062,368	-8,418	1,054,203
2006	111,687	1,087,876	10,635	1,098,511	-4,227	1,094,469
2007	113,968	1,147,311	10,407	1,157,719	-3,634	1,154,246
2008	114,537	1,179,771	-24,186	1,155,586	-190	1,155,419
2009	111,675	1,188,118	-1,397	1,186,721	-2,605	1,184,104
2010	120,184	1,265,308	-	1,265,308	1,272	1,266,580
2011	126,490	1,311,893	-32,184	1,279,709	7,573	1,287,282
2012	128,708	1,341,967	-33,075	1,308,891	13,578	1,322,450
2013	130,627	1,380,833	-19,139	1,361,694	10,038	1,371,733
2014	136,455	1,426,972	-14,000	1,412,972	4,706	1,417,814
2015	142,688	1,466,788	38,788	1,505,576	4,250	1,510,006

5. GDP에 대한 지출과 항목별 상세 통계

표 N211-227 국내총생산에 대한 지출, 당해년 가격, 1911-1940, 1953-2015

	최종소비지출					총자본형성								재화와 서비스의 수이출	(공제) 재화와 서비스의 수이입	통계상 불일치	국내총생산에 대한 지출
		민간					총고정자본형성										
	합계	합계	가계	비영리 단체	정부	합계	합계	민간	정부	건설투자	설비투자	무형고정 자산투자	재고증감				
	N211	N212	N213	N214	N215	N216	N217	N218	N219	N220	N221	N222	N223	N224	N225	N226	N227
	남북한, 백만 圓																
1911	501.3	471.9	471.0	0.9	29.4	36.7	24.9			20.4	4.5		11.8	34.1	67.7	10.8	515.2
1912	624.1	592.6	591.6	0.9	31.5	23.3	28.7			23.6	5.1		-5.4	34.5	76.0	24.0	629.9
1913	672.8	640.8	639.8	1.0	32.0	38.4	29.1			23.8	5.3		9.3	44.7	77.9	21.9	699.9
1914	594.5	561.9	560.9	1.0	32.6	34.8	27.4			24.0	3.5		7.4	48.1	67.8	21.4	631.0
1915	555.7	522.4	521.4	1.0	33.3	11.7	25.5			21.6	3.9		-13.8	65.7	65.5	3.2	570.7
1916	614.2	579.0	578.0	1.0	35.1	43.5	28.6			24.1	4.5		14.9	76.4	84.3	15.9	665.7
1917	828.6	792.7	791.7	1.0	35.8	40.4	43.7			33.3	10.4		-3.3	97.6	114.9	48.8	900.4
1918	1,260.7	1,220.2	1,219.0	1.1	40.5	102.7	77.5			51.9	25.6		25.1	171.4	172.3	57.7	1,420.2
1919	1,851.4	1,785.9	1,784.6	1.3	65.6	-33.9	97.5			73.1	24.5		-131.4	234.7	292.9	79.9	1,839.3
1920	1,696.2	1,599.0	1,597.2	1.8	97.2	227.3	105.6			82.3	23.3		121.7	214.4	262.8	91.3	1,966.3
1921	1,512.0	1,405.6	1,403.4	2.1	106.4	78.9	109.1			88.9	20.2		-30.3	210.1	222.4	5.4	1,583.9
1922	1,598.8	1,488.6	1,486.1	2.5	110.2	136.9	122.4			100.7	21.7		14.5	203.6	239.5	28.9	1,728.7
1923	1,609.0	1,503.1	1,500.5	2.6	105.9	100.9	105.2			89.4	15.8		-4.3	251.3	240.5	-10.4	1,710.3
1924	1,798.3	1,697.0	1,694.2	2.8	101.3	23.2	94.0			77.4	16.6		-70.8	339.6	308.9	-37.9	1,814.2
1925	1,781.3	1,687.4	1,684.6	2.8	93.9	147.0	92.7			79.3	13.4		54.3	347.0	339.1	-44.1	1,892.0
1926	1,809.8	1,710.5	1,707.1	3.5	99.3	97.0	102.1			83.1	19.1		-5.1	362.7	360.0	-75.2	1,834.3
1927	1,793.5	1,691.5	1,687.9	3.6	102.0	153.8	118.0			96.5	21.5		35.8	368.0	404.6	-50.3	1,860.4
1928	1,794.2	1,688.2	1,684.3	3.9	105.9	48.3	133.5			105.2	28.3		-85.2	372.0	421.3	-26.1	1,767.0
1929	1,654.3	1,540.6	1,537.1	3.6	113.7	170.7	142.9			110.5	32.4		27.8	338.0	411.7	-40.6	1,710.8
1930	1,344.6	1,233.3	1,230.0	3.4	111.2	197.7	130.6			98.7	31.9		67.0	280.1	369.2	-35.0	1,418.3
1931	1,342.9	1,242.9	1,239.4	3.5	100.0	17.4	104.4			82.8	21.7		-87.0	304.3	288.1	-10.4	1,366.1
1932	1,355.5	1,252.4	1,248.9	3.5	103.1	141.3	105.9			84.7	21.3		35.4	336.7	330.7	9.7	1,512.5
1933	1,499.9	1,387.5	1,384.2	3.3	112.4	141.6	120.3			93.2	27.1		21.3	376.9	396.5	25.9	1,647.9
1934	1,739.7	1,628.8	1,625.4	3.4	111.0	86.4	152.3			111.5	40.8		-65.8	496.4	511.7	32.7	1,843.5
1935	1,951.0	1,829.8	1,826.1	3.7	121.2	270.4	209.4			148.2	61.2		61.0	737.6	704.4	-25.1	2,229.6
1936	2,191.3	2,061.4	2,057.5	3.9	130.0	213.3	265.9			189.1	76.8		-52.6	638.8	746.8	65.0	2,361.7
1937	2,465.7	2,290.9	2,286.7	4.2	174.8	497.6	315.5			224.6	90.9		182.1	734.7	825.6	143.4	3,015.8
1938	2,882.4	2,689.3	2,684.7	4.6	193.2	275.3	391.0			273.5	117.5		-115.7	942.1	1,009.0	179.8	3,270.8
1939	3,431.4	3,230.0	3,225.2	4.8	201.4	352.7	539.9			349.7	190.2		-187.2	1,032.1	1,284.9	184.9	3,716.2
1940	3,814.5	3,560.0	3,553.9	6.1	254.5	1,042.6	723.6			449.1	274.5		318.9	1,058.9	1,520.0	191.9	4,587.8
	남한, 십억 원																
1953	45.1	41.3			3.8	7.4	3.5			2.6	0.8	0.1	3.9	0.8	4.7	-1.0	47.7
1954	65.4	58.5			6.8	7.6	6.2			4.6	1.5	0.1	1.5	0.7	4.8	-2.6	66.3
1955	110.5	100.4			10.1	14.1	11.9			8.5	3.2	0.2	2.2	1.5	11.3	-0.5	114.2
1956	156.4	142.5			13.9	13.9	15.8			10.0	5.5	0.3	-1.8	1.9	19.8	-0.9	151.5
1957	190.1	168.6			21.5	30.9	21.4			14.5	6.4	0.4	9.5	2.4	22.8	-2.1	198.4
1958	203.1	176.8			26.3	25.8	21.3			14.6	6.1	0.6	4.5	3.1	21.4	-3.1	207.6
1959	217.0	186.1			30.9	23.9	25.2			18.0	6.4	0.8	-1.3	4.3	21.6	-2.8	220.8
1960	248.3	212.7			35.6	26.3	28.1			19.5	7.8	0.8	-1.8	6.6	29.9	-1.4	249.8
1961	293.0	253.0			40.1	38.3	35.4			23.4	11.0	1.1	2.9	12.2	42.1	0.3	301.7
1962	353.7	304.1			49.6	51.5	50.6			33.4	15.8	1.4	0.9	14.2	57.1	3.5	365.8
1963	472.5	417.9			54.6	97.4	70.2			44.4	24.0	1.8	27.2	20.5	76.0	4.1	518.5
1964	673.0	612.3			60.7	114.0	85.6			58.0	25.5	2.2	28.4	36.7	91.6	7.5	739.6
1965	768.2	693.8			74.4	122.7	126.7			87.7	36.1	3.0	-4.0	59.3	119.1	0.2	831.3
1966	941.1	837.9			103.2	231.3	217.2			125.9	87.1	4.2	14.1	90.0	194.2	-2.3	1,065.9
1967	1,169.5	1,039.8			129.7	291.6	290.3			167.3	115.3	7.8	1.3	119.7	258.5	-9.1	1,313.3
1968	1,448.9	1,277.1			171.9	458.7	441.0			265.8	164.9	10.3	17.7	171.7	383.2	-3.8	1,692.3
1969	1,817.4	1,598.0			219.5	662.3	588.7			372.0	202.6	14.1	73.6	234.8	496.8	-5.9	2,211.9
1970	2,339	2,062	2,033	29	277	736	723	551	172	492	214	17	13	320	591	-9	2,795
1971	2,939	2,589	2,541	48	350	878	803	608	195	498	285	20	75	436	791	-28	3,433
1972	3,543	3,096	3,051	46	447	912	915	708	207	536	356	24	-3	708	914	11	4,260
1973	4,274	3,783	3,733	49	491	1,427	1,343	1,116	228	764	550	30	83	1,320	1,527	20	5,514
1974	6,173	5,413	5,350	63	760	2,564	2,148	1,815	333	1,199	907	42	416	1,754	2,628	17	7,880
1975	8,404	7,233	7,144	89	1,171	3,042	2,866	2,317	549	1,580	1,222	63	176	2,384	3,296	-29	10,505

표 N211-227 계속

	최종소비지출					총자본형성								재화와 서비스의 수이출	(공제) 재화와 서비스의 수이입	통계상 불일치	국내총생산에 대한 지출
	합계	민간			정부	합계	총고정자본형성						재고증감				
		합계	가계	비영리 단체			합계	민간	정부	건설투자	설비투자	무형고정 자산투자					
	N211	N212	N213	N214	N215	N216	N217	N218	N219	N220	N221	N222	N223	N224	N225	N226	N227
	남한, 십억 원																
1976	10,804	9,238	9,118	120	1,566	3,972	3,811	3,077	734	1,971	1,750	90	161	3,684	4,092	46	14,413
1977	13,250	11,250	11,102	147	2,000	5,673	5,442	4,433	1,009	2,767	2,539	137	231	4,820	5,170	-53	18,520
1978	17,349	14,841	14,658	184	2,508	8,641	8,422	6,861	1,561	4,148	4,072	202	219	6,234	7,319	118	25,023
1979	22,400	19,188	18,967	221	3,212	12,286	11,154	9,124	2,030	5,484	5,401	269	1,132	7,562	9,961	-67	32,219
1980	29,331	24,567	24,281	286	4,763	13,600	13,031	10,209	2,822	7,011	5,661	359	570	11,232	14,655	-37	39,471
1981	36,765	30,732	30,327	404	6,033	16,004	14,389	10,889	3,500	7,421	6,496	472	1,614	14,776	18,351	132	49,324
1982	41,532	34,741	34,245	496	6,791	18,313	16,976	13,593	3,383	9,116	7,179	680	1,338	15,561	18,708	161	56,859
1983	46,734	39,120	38,532	588	7,614	22,131	20,553	16,609	3,944	11,498	8,294	762	1,578	18,895	20,291	40	67,509
1984	51,989	43,644	42,971	673	8,345	25,107	23,272	19,009	4,262	12,704	9,599	969	1,835	22,907	22,214	68	77,856
1985	57,774	48,362	47,561	801	9,413	28,410	25,891	20,870	5,020	13,683	10,937	1,271	2,520	23,843	22,587	-201	87,240
1986	64,256	53,623	52,721	902	10,634	33,019	30,113	24,730	5,383	14,276	14,186	1,652	2,906	33,073	28,784	276	101,840
1987	72,514	60,291	59,262	1,030	12,223	39,776	36,584	30,663	5,921	17,160	17,281	2,142	3,192	41,930	34,073	58	120,205
1988	84,107	69,548	68,312	1,236	14,559	50,000	44,495	37,348	7,147	21,452	20,325	2,718	5,505	47,585	37,975	357	144,073
1989	99,633	81,699	80,282	1,417	17,935	60,659	53,962	45,822	8,140	27,465	23,044	3,453	6,698	45,551	42,015	-311	163,518
1990	120,302	98,050	96,396	1,654	22,252	78,326	74,594	64,042	10,552	41,347	28,630	4,617	3,732	50,100	51,249	234	197,712
1991	145,064	118,655	116,640	2,015	26,410	98,833	94,128	79,638	14,490	54,495	34,065	5,568	4,705	57,695	62,673	-42	238,877
1992	168,446	137,302	134,692	2,610	31,144	105,168	102,364	85,471	16,893	59,522	36,189	6,653	2,804	67,297	67,939	296	273,267
1993	190,978	156,414	153,467	2,947	34,565	116,214	114,319	95,822	18,497	68,257	38,307	7,754	1,896	74,831	72,725	776	310,074
1994	226,117	187,037	183,338	3,699	39,081	141,074	135,021	113,943	21,079	75,790	49,231	10,000	6,053	88,767	90,144	240	366,054
1995	264,498	219,890	215,325	4,565	44,609	167,296	161,492	137,318	24,174	89,621	58,536	13,335	5,804	111,236	115,174	1,071	428,927
1996	304,646	252,658	247,221	5,438	51,988	190,921	182,668	155,502	27,166	101,473	65,931	15,265	8,253	121,655	135,776	-306	481,141
1997	335,853	279,564	273,294	6,269	56,289	198,481	191,130	160,128	31,002	110,489	62,726	17,915	7,351	153,679	157,280	-386	530,347
1998	323,453	261,382	254,897	6,485	62,071	145,605	162,538	131,378	31,160	100,625	43,199	18,715	-16,933	211,833	155,237	-1,176	524,477
1999	366,140	299,760	292,701	7,059	66,379	178,348	173,805	142,724	31,082	96,320	57,103	20,382	4,542	193,622	160,786	-450	576,873
2000	413,461	341,442	333,566	7,876	72,019	209,241	200,825	166,198	34,627	98,396	77,762	24,667	8,416	222,371	209,219	-669	635,185
2001	460,668	376,803	367,960	8,843	83,865	217,182	211,085	173,043	38,043	109,393	72,586	29,106	6,097	225,253	214,560	-378	688,165
2002	515,616	423,157	413,060	10,097	92,460	235,741	231,519	192,140	39,378	122,015	76,975	32,529	4,222	234,882	223,453	-847	761,939
2003	535,967	434,864	423,693	11,171	101,103	259,614	253,413	206,934	46,479	141,949	76,753	34,710	6,201	265,187	248,877	-976	810,915
2004	562,020	449,981	437,770	12,212	112,039	281,356	273,320	223,364	49,955	154,317	80,619	38,384	8,036	335,477	301,934	-886	876,033
2005	602,345	480,170	466,703	13,467	122,175	295,835	283,859	233,962	49,897	158,984	83,506	41,369	11,976	338,574	316,177	-780	919,797
2006	643,408	509,907	495,180	14,727	133,501	315,907	296,970	247,296	49,673	165,045	88,061	43,864	18,937	359,046	351,500	-807	966,055
2007	691,740	546,429	529,759	16,670	145,311	339,889	318,339	265,922	52,416	175,600	93,945	48,795	21,550	408,797	397,047	-122	1,043,258
2008	740,805	579,053	560,688	18,366	161,751	364,687	346,612	288,107	58,505	190,126	102,966	53,521	18,075	551,820	551,939	-881	1,104,492
2009	769,589	594,883	574,794	20,089	174,706	327,841	360,697	285,865	74,832	200,153	103,508	57,036	-32,856	547,634	493,655	299	1,151,708
2010	819,821	636,713	615,228	21,485	183,109	405,188	385,924	319,875	66,049	200,618	121,621	63,684	19,264	625,309	585,010	-	1,265,308
2011	873,523	679,142	655,109	24,032	194,381	439,236	403,045	337,307	65,738	205,668	127,711	69,666	36,191	742,936	723,014	-	1,332,681
2012	911,938	707,614	678,097	29,518	204,324	427,029	407,307	341,785	65,522	201,699	128,285	77,323	19,722	776,062	737,572	-	1,377,457
2013	942,267	727,800	693,861	33,939	214,467	416,000	418,289	351,448	66,840	213,106	122,999	82,183	-2,288	770,115	698,937	-	1,429,445
2014	972,925	748,201	712,682	35,518	224,724	435,078	433,266	369,110	64,156	218,334	127,164	87,767	1,813	747,134	669,058	-	1,486,079
2015	1,006,006	771,239	734,369	36,870	234,766	452,315	458,420	391,008	67,412	233,149	134,905	90,366	-6,105	709,122	600,239	-3,079	1,564,124

자료: 1911-1940년은 김낙년 편, 『한국의 장기통계: 국민계정 1911-2010』(서울대출판문화원, 2012), pp. 460-462; 1953년 이후는 한국은행, 「국내총생산에 대한 지출」(http://ecos.bok.or.kr).

주: 1) 1911-1940년의 건설투자(N220)에는 토지개량이 포함되어 있으며, N246에서 가져왔다. 1911-1940년의 설비투자(N221)에는 낙농축이 포함되어 있으며 N252에서 가져왔다.

2) 1911-1940년의 재고증감(N223)은 곡물재고에 한정하여 추계된 수치이며, 곡물 이외의 재고증감은 통계상 불일치 항목(N226) 속에 포함된 것으로 볼 수 있다.

표 N228-244 국내총생산에 대한 지출, 기준년 가격, 1911-1940, 1953-2015

	최종소비지출					총자본형성								재화와 서비스의 수이출	(공제) 재화와 서비스의 수이입	통계상 불일치	국내 총생산에 대한 지출
		민간					총고정자본형성										
	합계	합계	가계	비영리 단체	정부	합계	합계	민간	정부	건설투자	설비투자	무형고정 자산투자	재고증감				
	N228	N229	N230	N231	N232	N233	N234	N235	N236	N237	N238	N239	N240	N241	N242	N243	N244
	남북한, 백만 圓, 1935년 가격																
1911	916.3	854.6	852.9	1.7	59.3	54.0	36.6			31.7	6.9		23.3	59.1	112.1	20.3	970.6
1912	977.0	911.8	910.4	1.4	62.5	30.9	38.2			32.9	7.2		-8.6	52.5	119.6	38.4	1,007.0
1913	1,023.7	957.9	956.4	1.5	62.3	51.9	39.3			33.6	7.8		14.0	62.5	118.1	34.1	1,087.3
1914	1,057.7	988.8	987.0	1.8	65.4	50.5	39.8			36.6	5.3		14.2	78.4	107.3	39.3	1,156.8
1915	1,123.8	1,053.5	1,051.4	2.1	66.4	17.9	38.9			35.8	5.3		-31.3	121.5	104.6	6.7	1,201.3
1916	1,120.3	1,050.1	1,048.2	1.9	66.3	63.3	41.7			39.2	5.0		28.9	125.4	110.9	30.5	1,278.5
1917	1,119.0	1,055.3	1,053.9	1.4	59.0	45.8	49.5			42.5	8.7		-4.6	130.5	113.0	70.3	1,296.1
1918	1,140.2	1,081.1	1,080.0	1.0	52.4	87.9	66.4			48.6	17.5		23.9	170.8	130.2	55.7	1,370.8
1919	1,171.3	1,102.1	1,101.3	0.8	66.8	-24.7	71.2			53.6	17.4		-84.8	195.2	189.0	54.2	1,246.6
1920	1,135.4	1,060.6	1,059.4	1.2	75.2	145.2	67.5			52.1	15.2		88.7	174.2	146.9	66.1	1,424.5
1921	1,293.9	1,204.1	1,202.3	1.8	90.6	62.8	86.9			71.7	15.0		-31.7	225.9	169.8	4.9	1,457.0
1922	1,289.3	1,194.7	1,192.6	2.0	95.6	109.4	97.8			80.7	17.0		13.4	201.5	189.8	24.7	1,480.3
1923	1,326.2	1,233.2	1,231.0	2.1	93.7	84.2	87.8			73.7	14.0		-4.0	255.8	187.6	-9.2	1,508.4
1924	1,351.6	1,261.5	1,259.4	2.1	90.2	18.1	73.6			60.8	12.7		-54.8	307.3	227.4	-30.3	1,447.1
1925	1,333.8	1,251.7	1,249.6	2.1	80.9	121.4	76.5			64.8	11.6		43.6	294.9	241.5	-35.0	1,499.4
1926	1,478.5	1,388.5	1,385.6	2.8	88.7	81.0	85.3			68.1	17.3		-4.5	337.6	283.5	-64.6	1,576.9
1927	1,567.3	1,474.3	1,471.2	3.2	91.4	132.0	101.3			82.0	19.4		35.0	377.4	350.3	-46.1	1,706.8
1928	1,565.0	1,468.2	1,464.8	3.4	95.3	43.0	118.6			93.0	26.0		-82.4	409.3	372.6	-24.2	1,636.7
1929	1,536.2	1,430.5	1,427.2	3.3	104.4	156.1	130.7			101.5	29.5		30.0	380.4	379.6	-39.8	1,677.3
1930	1,670.3	1,556.3	1,552.1	4.3	112.5	204.1	134.9			102.4	32.9		117.9	377.5	397.6	-45.7	1,855.8
1931	1,768.4	1,661.4	1,656.7	4.6	108.1	19.9	119.2			94.4	25.1		-140.2	527.6	377.7	-14.6	1,916.6
1932	1,681.5	1,571.5	1,567.1	4.4	109.7	161.5	121.1			97.5	24.0		49.9	474.8	399.5	12.5	1,951.8
1933	1,765.1	1,646.5	1,642.6	3.9	117.9	148.3	126.0			99.0	27.3		29.3	482.6	415.3	32.0	2,034.8
1934	1,861.1	1,745.9	1,742.3	3.6	115.2	86.6	152.6			112.8	39.9		-72.8	589.2	531.7	36.2	2,040.7
1935	1,951.0	1,829.8	1,826.1	3.7	121.2	270.4	209.4			148.2	61.2		61.0	737.6	704.4	-25.1	2,229.6
1936	2,084.6	1,959.3	1,955.6	3.7	125.3	208.5	259.9			183.0	76.9		-50.2	649.9	754.6	62.1	2,256.8
1937	2,163.9	2,007.2	2,003.6	3.7	157.2	403.9	256.1			185.7	70.4		171.2	687.6	712.5	127.8	2,688.6
1938	2,316.2	2,156.0	2,152.4	3.7	160.5	194.6	276.4			192.5	83.8		-98.4	832.3	772.1	148.6	2,703.3
1939	2,162.5	2,015.4	2,012.4	3.0	147.1	228.7	350.0			216.6	135.5		-115.7	749.7	816.8	121.7	2,445.9
1940	2,296.5	2,125.0	2,121.3	3.6	174.2	618.0	429.0			251.2	182.7		192.8	652.0	860.7	118.9	2,843.1
	남한, 십억 원, 2010년 가격																
1953	24,572	17,844			9,295	2,926	731			926	89	17	1,406	161	1,567	93	19,054
1954	26,205	19,145			9,266	2,752	932			1,134	126	24	1,336	99	1,118	85	20,435
1955	28,682	21,077			9,636	2,706	1,104			1,278	172	28	92	92	1,501	-28	21,614
1956	30,841	22,695			10,219	1,661	1,184			1,192	248	30	-1,003	93	1,749	-67	21,772
1957	32,211	23,764			10,390	2,950	1,428			1,492	279	35	1,074	115	2,144	-33	23,771
1958	34,850	25,851			10,760	2,327	1,389			1,500	245	45	575	136	1,850	2	25,305
1959	36,953	27,609			10,854	1,898	1,515			1,770	209	61	-353	158	1,503	-65	26,681
1960	37,461	27,911			11,188	2,202	1,618			1,801	256	58	97	199	1,714	-27	27,305
1961	38,246	28,560			11,269	2,888	1,727			1,977	253	65	523	270	1,566	-138	29,184
1962	41,675	31,343			11,724	2,876	2,237			2,496	348	76	-774	312	2,113	-312	30,305
1963	43,557	32,702			12,384	4,523	2,806			3,054	466	79	1,480	357	2,644	-332	33,090
1964	46,853	35,496			12,394	3,894	2,632			3,185	344	79	1,542	461	1,986	-259	36,220
1965	50,061	37,938			13,203	3,920	3,392			4,145	434	100	262	630	2,253	-47	38,822
1966	53,597	40,435			14,727	6,491	5,348			5,235	1,026	123	172	900	3,368	-126	43,474
1967	58,329	43,973			16,121	7,804	6,748			6,383	1,355	162	191	1,170	4,382	-180	47,437
1968	64,490	48,611			17,845	11,048	9,448			9,176	1,847	185	278	1,614	6,240	-428	53,694
1969	71,387	53,813			19,744	14,352	11,884			11,951	2,201	216	1,614	2,203	7,866	-754	61,501
1970	78,641	59,494	58,153	1,208	21,181	14,361	12,910	9,555	3,608	13,200	2,321	230	885	2,880	8,586	-547	67,650
1971	85,978	65,103	63,414	1,642	23,005	16,539	13,712	10,076	3,921	13,008	2,875	244	2,805	3,574	10,316	-480	74,723
1972	90,955	68,665	67,078	1,466	24,876	14,380	14,060	10,526	3,785	12,761	3,167	256	-1,742	5,106	10,325	-384	80,066
1973	98,313	74,795	73,107	1,539	25,445	18,996	17,727	14,151	3,689	16,405	3,872	326	1,186	7,695	13,836	-392	91,938
1974	105,513	80,276	78,517	1,568	27,300	24,978	20,273	16,436	3,894	18,614	4,462	394	7,437	8,027	16,540	-448	100,636
1975	111,543	84,723	82,840	1,700	29,200	24,605	22,349	17,383	5,244	20,071	5,027	501	2,657	9,741	17,220	-2	108,549
1976	119,555	91,717	89,688	1,825	29,364	30,265	28,496	22,289	6,528	22,781	7,316	646	1,079	13,534	21,427	-463	122,786
1977	126,371	96,671	94,475	2,012	31,557	39,795	37,762	29,901	8,202	28,957	10,105	915	1,712	16,458	26,140	-506	137,861

표 N228-244 계속

	최종소비지출					총자본형성								재화와 서비스의 수이출	(공제) 재화와 서비스의 수이입	통계상 불일치	국내 총생산에 대한 지출
	합계	민간			정부	합계	총고정자본형성						재고증감				
		합계	가계	비영리 단체			합계	민간	정부	건설투자	설비투자	무형고정 자산투자					
	N228	N229	N230	N231	N232	N233	N234	N235	N236	N237	N238	N239	N240	N241	N242	N243	N244
	남한, 십억 원, 2010년 가격																
1978	136,384	104,733	102,359	2,173	33,318	52,081	51,065	40,675	10,801	36,507	14,723	1,154	545	19,176	34,054	-792	152,715
1979	147,640	113,745	111,181	2,334	35,376	61,507	55,916	44,958	11,339	38,311	16,699	1,432	6,392	19,654	38,683	-910	165,887
1980	150,008	113,639	111,016	2,443	39,530	51,599	49,672	38,469	11,738	36,643	13,495	1,589	2,229	21,522	37,354	-846	163,065
1981	158,180	119,577	116,705	2,779	42,136	52,932	48,586	36,274	12,975	34,732	13,599	1,754	5,295	24,491	39,027	-929	174,774
1982	168,499	128,406	125,339	2,954	43,038	58,344	54,251	42,641	12,109	40,988	13,965	2,370	5,585	24,970	39,628	-915	189,219
1983	182,258	140,030	136,638	3,299	44,600	67,070	62,954	49,692	13,811	50,099	15,203	2,582	4,709	29,130	42,309	-868	214,276
1984	195,184	150,580	146,815	3,732	46,751	73,347	70,242	56,042	14,711	53,854	17,629	3,239	4,290	33,229	44,165	-1,305	236,652
1985	207,947	161,342	157,161	4,237	48,322	78,896	74,603	58,463	16,864	56,329	18,686	4,195	7,593	33,590	43,307	-1,256	254,992
1986	225,517	175,980	171,492	4,507	50,856	90,887	85,182	68,461	17,207	58,567	23,461	5,292	9,949	45,253	57,632	-1,962	283,612
1987	244,030	190,794	185,922	4,895	54,496	105,383	100,893	82,473	18,781	68,512	28,003	6,521	8,245	55,492	68,077	-2,614	318,971
1988	266,243	208,384	202,902	5,591	59,142	123,722	115,089	94,490	20,936	78,054	31,840	7,707	15,435	62,249	76,985	-2,567	356,944
1989	295,089	230,748	224,814	5,982	65,840	144,748	133,816	111,754	22,157	91,229	36,764	9,056	18,717	60,028	89,093	-2,340	382,036
1990	324,796	253,472	247,060	6,411	73,124	167,323	166,803	141,352	25,332	118,588	43,880	10,644	7,585	62,785	101,122	-2,185	419,518
1991	351,328	275,983	269,053	6,904	76,803	197,294	190,664	159,632	31,065	134,583	50,928	11,785	16,998	70,562	121,343	-1,062	462,955
1992	375,138	294,896	287,414	7,491	81,746	197,504	195,223	161,573	33,815	135,000	52,926	13,364	5,597	79,625	127,119	-367	491,545
1993	399,287	314,927	307,151	7,713	85,728	209,429	210,919	175,081	35,985	151,084	53,445	14,938	1,961	87,260	135,801	-962	525,199
1994	431,059	343,187	334,895	8,166	88,607	241,106	240,519	200,878	39,729	160,086	68,154	17,698	7,161	101,713	166,701	-1,301	573,550
1995	471,061	379,260	370,464	8,580	91,609	266,959	271,819	229,070	42,706	175,637	79,173	21,679	7,020	125,174	204,252	-3,420	628,442
1996	506,605	408,082	398,317	9,560	98,277	293,869	294,193	248,506	45,607	188,448	86,787	23,511	17,410	139,365	234,952	-3,129	676,169
1997	525,830	424,953	414,371	10,406	100,386	288,168	291,957	242,809	49,262	193,177	79,543	25,927	10,809	165,604	240,803	-1,718	716,213
1998	476,986	374,408	364,103	10,243	104,051	203,437	230,788	184,515	46,719	167,565	48,243	24,895	-19,321	189,207	183,046	-417	677,028
1999	526,592	418,258	407,277	10,856	109,124	252,983	251,075	204,347	46,968	162,016	65,275	28,046	6,960	213,952	228,647	1,229	753,590
2000	566,456	456,116	444,431	11,518	110,085	289,736	283,424	230,233	53,487	161,913	86,709	33,143	13,196	250,691	278,478	932	820,844
2001	599,164	482,023	469,507	12,357	116,933	293,227	287,763	232,810	55,362	172,378	79,039	37,972	12,932	244,963	268,345	777	857,990
2002	648,804	524,830	511,007	13,669	123,490	314,626	307,708	252,497	55,360	183,365	84,584	41,319	11,597	276,885	308,615	843	921,759
2003	650,402	522,093	507,562	14,450	128,134	331,019	322,476	261,157	61,715	199,416	83,853	42,710	8,412	315,351	341,381	766	948,796
2004	657,296	523,418	508,277	15,105	133,936	343,732	331,680	269,294	62,758	202,484	86,813	45,589	13,135	380,382	383,440	925	995,286
2005	686,488	546,548	530,492	16,035	140,003	352,040	338,300	276,806	61,784	202,289	91,015	47,611	13,002	410,113	413,372	955	1,034,338
2006	721,857	571,617	554,693	16,908	150,328	369,640	350,318	289,577	60,904	203,690	98,650	49,887	22,843	459,671	464,432	969	1,087,876
2007	760,101	600,758	582,365	18,392	159,440	386,391	367,792	305,581	62,309	206,813	108,196	54,165	25,612	517,849	518,499	907	1,147,311
2008	776,459	609,005	589,705	19,302	167,543	382,654	364,663	302,821	61,944	201,160	108,014	56,660	26,604	556,668	535,066	891	1,179,771
2009	786,332	609,997	589,467	20,530	176,323	343,840	365,746	289,135	76,821	208,241	99,712	59,045	-22,746	554,856	498,917	790	1,188,118
2010	819,821	636,713	615,228	21,485	183,109	405,188	385,924	319,875	66,049	200,618	121,621	63,684	19,265	625,309	585,010	-	1,265,308
2011	842,339	655,181	631,984	23,197	187,158	419,283	389,124	326,431	62,694	193,752	127,285	68,087	30,158	719,943	668,932	-741	1,311,893
2012	861,259	667,781	639,782	28,002	193,474	409,640	387,240	325,954	61,302	186,108	127,444	73,954	28,883	756,558	685,009	-142	1,341,967
2013	880,130	680,350	648,429	31,942	199,783	409,154	400,026	337,635	62,426	196,330	126,441	77,186	6,112	788,788	696,725	-173	1,380,833
2014	898,109	692,236	659,239	33,022	205,869	430,686	413,488	354,535	59,142	198,457	133,993	81,339	6,408	804,797	706,938	1,019	1,426,972
2015	919,531	707,493	673,721	33,798	212,022	462,114	434,381	372,938	61,662	211,536	140,262	82,778	13,781	803,746	721,740	2,481	1,466,788

자료: 1911-1940년은 김낙년 편, 『한국의 장기통계: 국민계정 1911-2010』(서울대출판문화원, 2012), pp. 469-471; 1953년 이후는 한국은행, 「국내총생산에 대한 지출」(http://ecos.bok.or.kr).

주: 1) 각 항목의 합계는 상위 항목과 일치하지 않는다. 연쇄가중법으로 기준년 가격을 구할 경우 가법성이 성립하지 않기 때문이다.
2) 지면의 제약으로 디플레이터를 제시하지 않지만, 당해년 가격(N211-227)을 기준년 가격(N228-244)의 해당 항목으로 나누어 구할 수 있다.

표 N245-260 자본재 형태별 총자본형성, 당해년 가격, 1911-1940, 1953-2014

	총고정자본 형성	건설투자						설비투자				지식재산생산물투자				
		합계	건물건설	(주거용)	(비주거용)	기타 구축물	토지개량	합계	운수장비	기계류	낙농축 등	합계	연구개발	기타	재고증감	총자본형성
	N245	N246	N247	N248	N249	N250	N251	N252	N253	N254	N255	N256	N257	N258	N259	N260
	남북한, 백만 圓															
1911	24.9	20.4	11.3	8.9	2.3	8.9	0.2	4.5	2.3	1.6	0.5				11.8	36.7
1912	28.7	23.6	13.7	10.7	3.0	9.6	0.3	5.1	2.8	1.8	0.4				-5.4	23.3
1913	29.1	23.8	12.5	9.4	3.1	10.8	0.5	5.3	3.1	1.8	0.4				9.3	38.4
1914	27.4	24.0	13.1	9.5	3.5	10.1	0.9	3.5	2.8	1.8	-1.2				7.4	34.8
1915	25.5	21.6	10.2	7.6	2.6	10.4	1.0	3.9	1.9	1.7	0.4				-13.8	11.7
1916	28.6	24.1	12.8	10.1	2.7	10.1	1.2	4.5	2.1	2.4	-0.0				14.9	43.5
1917	43.7	33.3	22.5	18.0	4.5	9.4	1.3	10.4	3.7	5.7	1.0				-3.3	40.4
1918	77.5	51.9	37.9	29.9	8.0	12.2	1.8	25.6	5.4	14.9	5.4				25.1	102.7
1919	97.5	73.1	51.9	41.0	10.9	19.0	2.1	24.5	12.3	13.6	-1.4				-131.4	-33.9
1920	105.6	82.3	56.9	41.2	15.7	22.3	3.1	23.3	10.3	10.8	2.2				121.7	227.3
1921	109.1	88.9	57.8	41.8	15.9	25.2	6.0	20.2	9.0	8.9	2.4				-30.3	78.9
1922	122.4	100.7	61.5	46.5	14.9	33.7	5.5	21.7	8.5	7.4	5.8				14.5	136.9
1923	105.2	89.4	53.1	41.8	11.2	27.8	8.5	15.8	8.6	7.0	0.2				-4.3	100.9
1924	94.0	77.4	48.3	40.2	8.1	20.0	9.2	16.6	9.5	7.4	-0.4				-70.8	23.2
1925	92.7	79.3	49.9	43.4	6.5	21.0	8.4	13.4	7.5	7.1	-1.2				54.3	147.0
1926	102.1	83.1	42.1	36.5	5.6	36.2	4.8	19.1	9.8	8.9	0.3				-5.1	97.0
1927	118.0	96.5	51.8	42.4	9.4	32.9	11.8	21.5	12.0	10.2	-0.7				35.8	153.8
1928	133.5	105.2	59.8	53.1	6.7	33.7	11.8	28.3	13.8	15.9	-1.3				-85.2	48.3
1929	142.9	110.5	59.7	52.5	7.2	40.6	10.3	32.4	13.2	18.0	1.2				27.8	170.7
1930	130.6	98.7	59.7	52.0	7.7	27.7	11.3	31.9	10.0	19.8	2.0				67.0	197.7
1931	104.4	82.8	34.8	29.7	5.1	35.7	12.2	21.7	9.1	10.9	1.7				-87.0	17.4
1932	105.9	84.7	35.3	27.8	7.6	44.2	5.2	21.3	10.0	9.6	1.6				35.4	141.3
1933	120.3	93.2	35.0	25.6	9.3	52.8	5.5	27.1	14.9	12.2	-0.1				21.3	141.6
1934	152.3	111.5	57.9	48.0	9.9	45.5	8.1	40.8	18.4	21.8	0.5				-65.8	86.4
1935	209.4	148.2	92.7	79.3	13.4	46.8	8.7	61.2	25.5	35.2	0.6				61.0	270.4
1936	265.9	189.1	108.2	85.2	23.0	72.1	8.8	76.8	30.5	44.7	1.6				-52.6	213.3
1937	315.5	224.6	98.2	55.1	43.1	119.9	6.5	90.9	36.8	53.3	0.8				182.1	497.6
1938	391.0	273.5	104.5	58.4	46.1	161.2	7.8	117.5	41.8	75.4	0.4				-115.7	275.3
1939	539.9	349.7	150.2	101.9	48.4	191.3	8.2	190.2	67.8	123.9	-1.5				-187.2	352.7
1940	723.6	449.1	180.1	98.7	81.5	258.3	10.7	274.5	108.4	161.9	4.3				318.9	1,042.6
	총고정자본 형성	건설투자: 합계	건물건설	(주거용)	(비주거용)	기타 구축물		설비투자: 합계	운수장비	기계류		지식재산생산물투자: 합계	연구개발	기타	재고증감 및 귀중품 순취득	총자본형성
	남한, 십억 원															
1953	3.46	2.53	1.82	0.74	1.08	0.71		0.93	0.31	0.62					3.92	7.38
1954	6.12	4.49	3.25	1.69	1.56	1.24		1.63	0.53	1.10					1.78	7.90
1955	11.72	8.32	5.40	2.07	3.33	2.92		3.40	0.65	2.75					2.40	14.12
1956	15.68	9.67	6.12	2.68	3.44	3.55		6.01	1.14	4.87					-2.15	13.53
1957	20.96	14.02	7.30	2.83	4.47	6.72		6.94	1.39	5.55					9.25	30.21
1958	20.82	14.10	7.95	2.81	5.14	6.15		6.72	1.39	5.33					5.57	26.39
1959	24.09	17.09	10.56	3.78	6.78	6.53		7.00	1.99	5.01					0.18	24.27
1960	26.54	18.03	11.76	5.34	6.42	6.27		8.51	2.39	6.12					0.09	26.63
1961	34.29	22.26	11.59	4.93	6.66	10.67		12.03	3.84	8.19					4.41	38.70
1962	48.62	31.37	16.75	5.81	10.94	14.62		17.25	5.18	12.07					-3.11	45.51
1963	68.04	41.71	21.12	6.91	14.21	20.59		26.33	9.64	16.69					23.10	91.14
1964	81.29	53.33	28.75	10.24	18.51	24.58		27.96	7.62	20.34					19.30	100.59
1965	118.99	79.38	45.71	13.59	32.12	33.67		39.61	11.70	27.91					1.89	120.88
1966	209.76	114.20	60.82	21.03	39.79	53.38		95.56	26.84	68.72					14.17	223.93
1967	274.57	148.20	82.44	30.95	51.49	65.76		126.37	53.39	72.98					6.15	280.72
1968	413.61	232.86	124.64	49.79	74.85	108.22		180.75	68.48	112.27					14.05	427.66
1969	555.75	333.59	159.55	55.51	104.04	174.04		222.16	98.01	124.15					65.58	621.33
1970	654.10	420.57	230.74	89.70	141.04	189.83		233.53	97.93	135.60					65.00	719.10
	남한, 십억 원															
1970	723	492	311	166	145	181		214	90	125		17	9	8	13	736
1971	803	498	299	166	133	200		285	120	165		20	10	10	75	878
1972	915	536	304	156	149	232		356	159	197		24	13	11	-3	912
1973	1,343	764	488	237	251	277		550	224	326		30	16	14	83	1,427

표 N245-260 계속

	총고정자본 형성	건설투자						설비투자				지식재산생산물투자			재고증감 및 귀중품 순취득	총자본형성
		합계	건물건설	(주거용)	(비주거용)	기타 구축물		합계	운수장비	기계류		합계	연구개발	기타		
	N245	N246	N247	N248	N249	N250	N251	N252	N253	N254	N255	N256	N257	N258	N259	N260
	남한, 십억 원															
1974	2,148	1,199	831	511	320	367		907	458	449		42	24	18	416	2,564
1975	2,866	1,580	1,027	628	399	553		1,222	574	648		63	39	25	176	3,042
1976	3,811	1,971	1,246	706	540	726		1,750	727	1,023		90	53	36	161	3,972
1977	5,442	2,767	1,661	967	693	1,106		2,539	813	1,725		137	88	49	231	5,673
1978	8,422	4,148	2,692	1,568	1,124	1,456		4,072	1,160	2,912		202	135	67	219	8,641
1979	11,154	5,484	3,367	1,813	1,555	2,116		5,401	1,355	4,046		269	175	94	1,132	12,286
1980	13,031	7,011	4,073	2,228	1,845	2,938		5,661	1,707	3,955		359	234	124	570	13,600
1981	14,389	7,421	3,850	2,035	1,815	3,571		6,496	2,213	4,283		472	317	155	1,614	16,004
1982	16,976	9,116	4,803	2,667	2,135	4,314		7,179	2,248	4,931		680	512	169	1,338	18,313
1983	20,553	11,498	6,610	3,669	2,941	4,888		8,294	2,693	5,601		762	570	191	1,578	22,131
1984	23,272	12,704	7,215	3,469	3,746	5,489		9,599	3,170	6,429		969	721	248	1,835	25,107
1985	25,891	13,683	7,269	3,590	3,680	6,414		10,937	3,576	7,361		1,271	908	364	2,520	28,410
1986	30,113	14,276	8,089	4,163	3,926	6,186		14,186	3,937	10,249		1,652	1,196	456	2,906	33,019
1987	36,584	17,160	9,926	4,711	5,215	7,234		17,281	4,618	12,663		2,142	1,546	597	3,192	39,776
1988	44,495	21,452	13,232	6,293	6,939	8,220		20,325	5,495	14,830		2,718	2,012	706	5,505	50,000
1989	53,962	27,465	17,440	8,139	9,301	10,025		23,044	6,440	16,605		3,453	2,536	917	6,698	60,659
1990	74,594	41,347	27,687	14,757	12,930	13,660		28,630	8,507	20,123		4,617	3,482	1,135	3,732	78,326
1991	94,128	54,495	35,134	19,563	15,571	19,362		34,065	9,784	24,281		5,568	4,033	1,534	4,705	98,833
1992	102,364	59,522	36,346	20,148	16,198	23,176		36,189	10,823	25,366		6,653	4,748	1,905	2,804	105,168
1993	114,319	68,257	43,421	23,303	20,117	24,837		38,307	11,417	26,890		7,754	5,516	2,239	1,896	116,214
1994	135,021	75,790	47,475	24,514	22,961	28,316		49,231	14,392	34,839		10,000	6,931	3,069	6,053	141,074
1995	161,492	89,621	57,539	28,785	28,754	32,082		58,536	14,316	44,220		13,335	8,936	4,398	5,804	167,296
1996	182,668	101,473	61,329	30,945	30,383	40,144		65,931	16,578	49,352		15,265	9,761	5,504	8,253	190,921
1997	191,130	110,489	64,829	31,316	33,513	45,660		62,726	15,099	47,627		17,915	11,455	6,460	7,351	198,481
1998	162,538	100,625	55,807	28,275	27,532	44,817		43,199	8,600	34,599		18,715	11,655	7,060	-16,933	145,605
1999	173,805	96,320	48,516	26,518	21,999	47,804		57,103	14,500	42,604		20,382	12,048	8,334	4,542	178,348
2000	200,825	98,396	50,685	24,535	26,150	47,710		77,762	18,979	58,784		24,667	14,475	10,192	8,416	209,241
2001	211,085	109,393	58,609	30,122	28,487	50,785		72,586	17,844	54,742		29,106	17,960	11,146	6,097	217,182
2002	231,519	122,015	71,430	36,148	35,282	50,585		76,975	20,628	56,347		32,529	19,048	13,481	4,222	235,741
2003	253,413	141,949	86,034	43,056	42,978	55,915		76,753	18,595	58,158		34,710	20,792	13,918	6,201	259,614
2004	273,320	154,317	94,599	47,286	47,313	59,718		80,619	17,271	63,347		38,384	23,965	14,419	8,036	281,356
2005	283,859	158,984	97,491	50,554	46,938	61,493		83,506	17,980	65,526		41,369	25,357	16,012	11,976	295,835
2006	296,970	165,045	100,686	50,850	49,836	64,359		88,061	21,508	66,554		43,864	26,815	17,049	18,937	315,907
2007	318,339	175,600	105,005	51,314	53,690	70,595		93,945	24,637	69,308		48,795	30,830	17,965	21,550	339,889
2008	346,612	190,126	111,063	51,056	60,007	79,063		102,966	29,459	73,507		53,521	35,053	18,467	18,075	364,687
2009	360,697	200,153	110,039	50,753	59,286	90,114		103,508	31,473	72,035		57,036	38,701	18,335	-32,856	327,841
2010	385,924	200,618	112,734	46,010	66,724	87,885		121,621	34,066	87,556		63,684	44,940	18,744	19,264	405,188
2011	403,045	205,668	117,573	44,828	72,745	88,095		127,711	35,781	91,930		69,666	48,646	21,020	36,191	439,236
2012	407,307	201,699	118,043	44,649	73,394	83,657		128,285	35,603	92,682		77,323	54,969	22,354	19,722	427,029
2013	418,289	213,106	131,491	55,442	76,049	81,616		122,999	36,125	86,874		82,183	59,492	22,692	-2,288	416,000
2014	433,266	218,334	141,962	62,556	79,406	76,372		127,164	39,466	87,699		87,767	64,647	23,121	1,813	435,078
2015	458,420	233,149	156,690	74,735	81,955	76,459		134,905	43,710	91,195		90,366	66,238	24,129	-6,105	452,315

자료: 1911-1940년은 김낙년 편, 『한국의 장기통계: 국민계정 1911-2010』(서울대출판문화원, 2012), pp. 484-485; 1953-1970년은 한국은행, 『한국의 국민소득』, 1982, pp. 178-181; 1970년 이후는 한국은행, 「자본형성」(http://ecos.bok.or.kr).

주: 1) 1911-1940년과 1970년 이후의 항목을 대응하도록 맞추었지만, 그렇지 못한 경우도 있다. 1911-1940년의 건설투자(N246)에는 토지개량이 포함되어 있고, 1911-1940년의 설비투자(N252)에는 낙농축 등이 포함되어 있다.

2) 1953-1970년은 1953년 SNA에 의거하여 작성된 것이며, 2008년 SNA에 의거해 있는 1970년 이후 계열과 단절이 있다.

표 N261-276 자본재 형태별 총자본형성, 기준년 가격, 1911-1940, 1953-2015

	총고정 자본형성	건설투자						설비투자				지식재산생산물투자			재고증감	총자본 형성
		합계	건물건설	(주거용)	(비주거용)	기타 구축물	토지개량	합계	운수장비	기계류	낙농축 등	합계	연구개발	기타		
	N261	N262	N263	N264	N265	N266	N267	N268	N269	N270	N271	N272	N273	N274	N275	N276
	남북한, 백만 圓, 1935년 가격															
1911	36.6			13.8	3.6	13.7	0.5		3.3	2.3	1.0				23.3	54.0
1912	38.2			14.7	4.2	13.3	0.7		3.6	2.4	1.0				-8.6	30.9
1913	39.3			13.2	4.3	15.2	0.8		4.1	2.4	1.0				14.0	51.9
1914	39.8			14.6	5.4	15.4	1.1		3.9	2.4	-2.7				14.2	50.5
1915	38.9			12.7	4.4	17.4	1.2		2.2	2.0	1.0				-31.3	17.9
1916	41.7			16.5	4.4	16.3	1.8		2.0	2.3	-0.0				28.9	63.3
1917	49.5			22.6	5.6	11.8	2.1		2.7	4.2	2.2				-4.6	45.8
1918	66.4			27.5	7.4	11.2	2.2		3.4	9.4	6.6				23.9	87.9
1919	71.2			29.6	7.9	13.7	2.0		8.5	9.4	-1.3				-84.8	-24.7
1920	67.5			25.5	9.8	13.8	2.7		6.5	6.8	2.0				88.7	145.2
1921	86.9			33.5	12.8	20.2	5.2		6.5	6.4	2.4				-31.7	62.8
1922	97.8			36.9	11.8	26.7	5.0		6.6	5.8	5.8				13.4	109.4
1923	87.8			34.0	9.1	22.6	8.3		7.7	6.3	0.2				-4.0	84.2
1924	73.6			31.0	6.2	15.4	8.9		7.4	5.7	-0.3				-54.8	18.1
1925	76.5			34.7	5.2	16.8	8.7		6.5	6.2	-1.0				43.6	121.4
1926	85.3			29.5	4.5	29.2	4.6		9.0	8.2	0.3				-4.5	81.0
1927	101.3			35.5	7.8	27.5	11.7		10.9	9.3	-0.6				35.0	132.0
1928	118.6			46.2	5.9	29.3	12.2		12.7	14.7	-1.1				-82.4	43.0
1929	130.7			48.0	6.6	37.1	9.9		12.1	16.5	1.1				30.0	156.1
1930	134.9			53.5	7.9	28.5	12.9		10.5	20.8	1.8				117.9	204.1
1931	119.2			33.5	5.8	40.4	15.4		10.7	12.8	1.8				-140.2	19.9
1932	121.1			32.0	8.7	50.9	5.9		11.3	10.9	1.9				49.9	161.5
1933	126.0			27.2	9.9	55.9	5.9		15.1	12.3	-0.1				29.3	148.3
1934	152.6			48.6	10.0	46.1	8.0		18.0	21.3	0.6				-72.8	86.6
1935	209.4			79.3	13.4	46.8	8.7		25.5	35.2	0.6				61.0	270.4
1936	259.9			82.2	22.2	69.5	9.0		30.5	44.8	1.6				-50.2	208.5
1937	256.1			45.4	35.5	98.8	5.9		28.4	41.2	0.7				171.2	403.9
1938	276.4			40.9	32.3	113.0	6.0		29.8	53.7	0.3				-98.4	194.6
1939	350.0			62.6	29.7	117.5	6.3		48.2	88.2	-0.8				-115.7	228.7
1940	429.0			54.8	45.3	143.5	7.1		72.0	107.6	2.4				192.8	618.0
	총고정 자본형성	건설투자						설비투자				지식재산생산물투자			재고증감 및 귀중품 순취득	총자본 형성
		합계	건물건설	(주거용)	(비주거용)	기타 구축물		합계	운수장비	기계류		합계	연구개발	기타		
	남한, 십억 원, 1975년 가격															
1953	123.5	87.6	68.0	27.6	40.4	19.7		35.8	13.8	22.1	177.6				177.6	301.0
1954	157.1	106.6	85.7	44.4	41.2	21.0		50.5	21.8	28.6	98.4				98.4	255.5
1955	184.1	116.4	86.7	31.8	54.9	29.8		67.6	13.6	54.1	76.8				76.8	260.8
1956	203.8	107.3	81.0	34.2	46.7	26.4		96.4	20.0	76.5	-9.9				-9.9	193.9
1957	233.0	125.8	81.2	31.3	49.9	44.6		107.2	18.4	88.8	140.6				140.6	373.6
1958	220.0	126.9	84.0	29.7	54.3	42.9		93.2	19.1	74.1	96.0				96.0	316.0
1959	227.4	149.1	102.0	37.8	64.2	47.1		78.3	22.1	56.2	3.0				3.0	230.3
1960	243.4	148.8	107.2	54.0	53.2	41.6		94.6	23.8	70.9	-6.1				-6.1	237.3
1961	252.0	159.1	92.1	40.0	52.2	67.0		92.8	29.0	63.9	43.9				43.9	295.9
1962	324.3	199.5	114.8	38.8	76.0	84.7		124.8	36.5	88.4	-29.6				-29.6	294.8
1963	413.0	247.3	137.1	45.0	92.1	110.2		165.7	58.9	106.8	184.0				184.0	597.0
1964	374.6	253.3	150.9	52.1	98.8	102.4		121.3	33.5	87.8	78.7				78.7	453.3
1965	476.2	325.2	203.6	57.9	145.6	121.6		151.0	45.8	105.3	-2.9				-2.9	473.3
1966	759.8	404.9	237.5	81.9	155.6	167.5		354.9	103.4	251.5	64.2				64.2	824.0
1967	931.9	478.6	283.3	106.0	177.2	195.3		453.3	191.1	262.2	10.1				10.1	941.9
1968	1,280.3	681.3	385.1	154.1	231.1	296.2		599.0	229.5	369.5	2.1				2.1	1,282.4
1969	1,597.3	900.0	455.7	158.5	297.1	444.4		697.3	311.4	385.9	222.1				222.1	1,819.4
1970	1,612.9	954.3	556.2	215.6	340.6	398.0		658.6	266.3	392.4	174.3				174.3	1,787.2
	남한, 십억 원, 2010년 가격															
1970	12,910	13,200	8,239	4,098	4,089	5,022		2,321	1,347	1,248		230	222	37	885	14,361
1971	13,712	13,008	7,772	4,020	3,681	5,313		2,875	1,682	1,536		244	226	41	2,805	16,539
1972	14,060	12,761	7,181	3,408	3,753	5,666		3,167	1,964	1,618		256	250	40	-1,742	14,380
1973	17,727	16,405	10,361	4,715	5,647	6,113		3,872	2,225	2,096		326	312	53	1,186	18,996
1974	20,273	18,614	12,784	7,342	5,243	5,867		4,462	3,210	1,998		394	354	69	7,437	24,978

표 N261-276 계속

	총고정 자본형성	건설투자						설비투자				지식재산생산물투자			재고증감 및 귀중품 순취득	총자본 형성
		합계	건물건설	(주거용)	(비주거용)	기타 구축물		합계	운수장비	기계류		합계	연구개발	기타		
	N261	N262	N263	N264	N265	N266	N267	N268	N269	N270	N271	N272	N273	N274	N275	N276
	남한, 십억 원, 2010년 가격															
1975	22,349	20,071	13,013	7,353	5,476	7,127		5,027	3,397	2,390		501	466	83	2,657	24,605
1976	28,496	22,781	14,574	7,610	6,865	8,289		7,316	4,361	3,842		646	549	121	1,079	30,265
1977	37,762	28,957	17,705	9,546	7,985	11,337		10,105	4,795	6,076		915	822	158	1,712	39,795
1978	51,065	36,507	24,308	13,129	10,936	12,382		14,723	6,025	9,427		1,154	1,064	190	545	52,081
1979	55,916	38,311	24,137	12,006	12,058	14,287		16,699	5,969	11,230		1,432	1,228	268	6,392	61,507
1980	49,672	36,643	22,109	11,051	10,981	14,585		13,495	5,842	8,435		1,589	1,266	337	2,229	51,599
1981	48,586	34,732	18,867	9,126	9,736	15,735		13,599	6,223	8,290		1,754	1,415	364	5,295	52,932
1982	54,251	40,988	22,310	11,392	10,795	18,530		13,965	6,079	8,728		2,370	2,123	380	5,585	58,344
1983	62,954	50,099	29,082	14,958	13,944	20,972		15,203	6,547	9,548		2,582	2,282	431	4,709	67,070
1984	70,242	53,854	30,819	13,901	17,045	22,975		17,629	7,510	11,129		3,239	2,812	570	4,290	73,347
1985	74,603	56,329	30,117	14,012	16,172	26,106		18,686	7,998	11,768		4,195	3,438	857	7,593	78,896
1986	85,182	58,567	33,612	16,384	17,208	24,886		23,461	9,257	15,336		5,292	4,336	1,082	9,949	90,887
1987	100,893	68,512	40,017	18,093	22,061	28,436		28,003	10,211	18,839		6,521	5,294	1,366	8,245	105,383
1988	115,089	78,054	48,659	22,173	26,635	29,405		31,840	11,188	21,704		7,707	6,334	1,563	15,435	123,722
1989	133,816	91,229	59,113	26,582	32,743	32,189		36,764	12,199	25,578		9,056	7,226	1,988	18,717	144,748
1990	166,803	118,588	81,467	42,334	38,982	37,460		43,880	15,260	29,959		10,644	8,554	2,290	7,585	167,323
1991	190,664	134,583	88,048	47,505	40,290	46,619		50,928	17,354	35,068		11,785	8,935	2,976	16,998	197,294
1992	195,223	135,000	83,036	44,780	38,020	51,841		52,926	19,698	35,089		13,364	9,829	3,641	5,597	197,504
1993	210,919	151,084	96,304	50,671	45,429	54,713		53,445	20,202	35,197		14,938	10,766	4,274	1,961	209,429
1994	240,519	160,086	99,648	50,754	48,748	60,351		68,154	27,375	43,691		17,698	12,400	5,410	7,161	241,106
1995	271,819	175,637	111,864	55,813	55,916	63,638		79,173	26,774	54,070		21,679	15,111	6,704	7,020	266,959
1996	294,193	188,448	113,099	57,327	55,634	75,345		86,787	29,321	59,287		23,511	15,600	7,981	17,410	293,869
1997	291,957	193,177	112,380	54,822	57,395	80,856		79,543	25,376	55,357		25,927	17,372	8,647	10,809	288,168
1998	230,788	167,565	91,937	47,176	44,679	75,798		48,243	13,157	35,118		24,895	16,036	8,872	-19,321	203,437
1999	251,075	162,016	80,184	44,723	35,488	82,228		65,275	21,258	45,225		28,046	16,897	11,063	6,960	252,983
2000	283,424	161,913	82,048	40,719	41,136	80,184		86,709	26,192	61,555		33,143	19,891	13,146	13,196	289,736
2001	287,763	172,378	91,394	46,734	44,517	81,168		79,039	22,202	57,380		37,972	23,801	14,112	12,932	293,227
2002	307,708	183,365	106,195	53,309	52,727	77,142		84,584	23,896	61,291		41,319	24,689	16,511	11,597	314,626
2003	322,476	199,416	119,733	59,681	59,879	79,543		83,853	20,976	63,309		42,710	26,082	16,536	8,412	331,019
2004	331,680	202,484	123,031	61,523	61,329	79,280		86,813	19,575	67,609		45,589	28,889	16,658	13,135	343,732
2005	338,300	202,289	121,534	62,789	58,576	80,610		91,015	19,922	71,448		47,611	29,696	17,851	13,002	352,040
2006	350,318	203,690	122,524	61,338	61,025	81,013		98,650	23,356	75,706		49,887	30,848	18,959	22,843	369,640
2007	367,792	206,813	122,487	59,195	63,163	84,236		108,196	27,802	80,743		54,165	34,510	19,601	25,612	386,391
2008	364,663	201,160	117,057	53,614	63,378	84,063		108,014	30,189	78,095		56,660	37,341	19,295	26,604	382,654
2009	365,746	208,241	114,128	52,298	61,766	94,134		99,712	31,197	68,641		59,045	40,084	18,958	-22,746	343,840
2010	385,924	200,618	112,734	46,010	66,724	87,885		121,621	34,066	87,556		63,684	44,940	18,744	19,265	405,188
2011	389,124	193,752	110,837	42,311	68,526	82,915		127,285	35,907	91,378		68,087	47,397	20,690	30,158	419,283
2012	387,240	186,108	109,055	41,091	67,963	77,057		127,444	35,780	91,663		73,954	51,905	22,044	28,883	409,640
2013	400,026	196,330	121,248	50,701	70,514	75,105		126,441	36,893	89,569		77,186	54,703	22,455	6,112	409,154
2014	413,488	198,457	128,855	56,342	72,444	69,638		133,993	39,957	94,050		81,339	58,645	22,588	6,408	430,686
2015	434,381	211,536	141,686	67,000	74,545	69,869		140,262	43,449	96,732		82,778	59,729	22,939	13,781	462,114

자료: 1911-1940년은 김낙년 편, 『한국의 장기통계: 국민계정 1911-2010』(서울대출판문화원, 2012), pp. 486-487; 1953-1970년은 한국은행, 『한국의 국민소득』, 1982, pp. 186-189; 1970년 이후는 한국은행, 「자본형성」(http://ecos.bok.or.kr).

주: 1) 1911-1940년과 1970년 이후의 항목을 대응하도록 맞추었지만, 그렇지 못한 경우도 있다. 1911-1940년의 건설투자(N246)에는 토지개량이 포함되어 있고, 1911-1940년의 설비투자(N252)에는 낙농축 등이 포함되어 있다.

2) 각 항목의 합계는 상위 항목과 일치하지 않는다. 연쇄가중법으로 기준년 가격을 구할 경우 가법성이 성립하지 않기 때문이다.

3) 지면의 제약으로 디플레이터를 제시하지 않지만, 당해년 가격(N245-260)을 기준년 가격(N261-276)의 해당 항목으로 나누어 구할 수 있다.

4) 1953-1970년은 1953년 SNA에 의거하여 작성된 것이며, 2008년 SNA에 의거해 있는 1970년 이후 계열과 단절이 있다.

표 N277-295 경제활동별 총자본형성, 당해년 가격, 1911-1940, 1953-2015

	총고정자본형성																	재고 증감	총자본 형성
	합계	농림 수산업	광업	제조업	전기가스 및 수도업	건설업		도소매 및 음식 숙박업	운수 창고 통신업		금융 보험업	부동산 및 사업 서비스업		공공행정 및 국방, 사회보장	교육 서비스	보건 및 사회복지 사업	기타 서비스		
	N277	N278	N279	N280	N281	N282	N283	N284	N285	N286	N287	N288	N289	N290	N291	N292	N293	N294	N295
	남북한, 백민 圓																		
1911	24.9	0.8	0.1	1.3	0.5	0.1		0.2	7.5		1.3	7.4		3.9	0.3	0.5	1.0	11.8	36.7
1912	28.7	0.8	0.1	1.6	0.7	0.1		0.3	8.1		1.4	8.9		4.3	0.6	0.6	1.2	-5.4	23.3
1913	29.1	1.0	0.1	1.6	0.7	0.1		0.3	8.8		1.4	7.8		4.6	0.8	0.7	1.3	9.3	38.4
1914	27.4	-0.3	0.1	1.7	0.7	0.1		0.2	7.7		1.8	7.5		4.9	0.9	0.7	1.4	7.4	34.8
1915	25.5	1.4	0.1	1.5	0.5	0.1		0.2	7.6		1.5	5.9		4.2	0.8	0.6	1.1	-13.8	11.7
1916	28.6	1.2	0.2	2.0	0.6	0.1		0.3	7.8		1.7	8.2		4.0	0.8	0.6	1.1	14.9	43.5
1917	43.7	2.4	3.2	2.8	1.2	0.1		0.4	7.9		3.1	14.5		4.7	1.1	0.7	1.5	-3.3	40.4
1918	77.5	6.9	9.7	6.5	2.3	0.2		0.7	11.8		4.8	24.2		5.9	1.4	0.9	2.3	25.1	102.7
1919	97.5	0.8	5.0	9.6	2.7	0.3		1.0	22.8		9.3	30.7		9.2	2.1	0.9	3.2	-131.4	-33.9
1920	105.6	5.3	1.1	9.4	2.7	0.3		0.9	19.8		13.9	26.3		16.3	3.5	1.3	4.9	121.7	227.3
1921	109.1	7.4	0.5	9.4	1.9	0.4		1.0	22.2		14.5	26.7		15.7	4.0	1.2	4.1	-30.3	78.9
1922	122.4	10.4	0.1	7.6	1.2	0.3		0.8	28.1		16.0	30.2		16.6	5.1	1.3	4.7	14.5	136.9
1923	105.2	8.3	0.1	7.2	0.4	0.4		0.9	22.4		12.9	29.0		14.1	4.4	1.1	4.2	-4.3	100.9
1924	94.0	8.3	0.1	6.9	1.0	0.3		0.9	16.6		10.3	30.0		11.1	3.7	0.9	4.0	-70.8	23.2
1925	92.7	7.3	0.1	5.6	1.3	0.3		1.0	13.7		11.6	32.0		11.1	4.0	1.0	3.6	54.3	147.0
1926	102.1	5.5	0.2	7.0	7.8	0.4		1.3	20.5		9.0	28.1		12.6	4.9	1.1	3.8	-5.1	97.0
1927	118.0	11.2	0.2	10.8	1.0	0.6		1.3	24.9		13.2	29.8		13.9	5.6	1.3	4.1	35.8	153.8
1928	133.5	10.6	0.4	13.2	0.7	0.8		1.3	27.3		18.3	35.7		14.0	5.7	1.3	4.2	-85.2	48.3
1929	142.9	12.1	0.4	16.4	4.2	0.6		1.8	30.0		18.6	34.3		13.8	5.4	1.2	4.1	27.8	170.7
1930	130.6	13.2	0.6	16.5	1.8	0.6		1.5	21.6		21.5	31.4		12.5	4.9	1.2	3.4	67.0	197.7
1931	104.4	13.8	0.3	5.9	1.2	0.4		1.1	17.5		12.6	18.6		18.6	7.6	1.9	4.8	-87.0	17.4
1932	105.9	7.0	0.4	10.0	0.8	0.4		1.0	20.6		11.8	17.4		20.7	8.5	2.1	5.4	35.4	141.3
1933	120.3	5.5	0.8	8.0	0.9	0.4		1.5	28.6		10.7	16.7		26.5	11.0	2.7	7.0	21.3	141.6
1934	152.3	8.3	1.7	17.9	2.3	0.8		2.0	30.1		18.1	31.6		22.8	9.2	2.1	5.5	-65.8	86.4
1935	209.4	8.8	3.3	32.3	4.6	1.1		2.8	42.4		29.8	51.2		19.2	7.6	1.6	4.9	61.0	270.4
1936	265.9	10.0	5.7	44.4	11.7	1.6		3.3	58.7		32.7	53.6		25.3	10.0	2.1	6.7	-52.6	213.3
1937	315.5	6.7	7.9	56.9	21.7	1.7		4.2	81.0		22.4	35.1		48.1	15.5	3.3	10.9	182.1	497.6
1938	391.0	7.3	15.5	78.5	25.0	1.8		4.4	124.1		21.6	34.9		48.1	15.5	3.2	11.2	-115.7	275.3
1939	539.9	6.3	31.0	110.1	41.0	5.0		5.0	157.4		32.7	62.6		52.5	18.0	3.6	14.8	-187.2	352.7
1940	723.6	14.6	48.2	167.7	81.8	4.4		5.7	196.4		32.0	53.2		71.4	22.9	4.9	20.3	318.9	1,042.6

	총고정자본형성																	재고 증가	총자본 형성
	합계	농업 임업 어업	광업 및 채석업	제조업	전기가스 및 수도업	건설업		도소매 음식 숙박업	운수 창고 통신업		금융보험 부동산 및 용역업	주택 소유		공공 행정	사회 및 개인 서비스업				
	남한, 십억 원																		
1953	3.46	0.45	0.01	0.73	0.08	0.01		0.44	0.58		0.02	0.74		0.11	0.29			3.92	7.38
1954	6.12	0.64	0.02	1.07	0.19	0.02		0.57	1.08		0.02	1.69		0.30	0.52			1.78	7.90
1955	11.72	1.30	0.12	2.66	0.79	0.06		1.19	1.88		0.04	2.07		0.45	1.16			2.40	14.12
1956	15.68	1.87	0.29	4.20	0.65	0.11		1.26	2.77		0.12	2.68		0.62	1.11			-2.15	13.53
1957	20.96	2.94	0.48	4.66	0.65	0.21		1.25	5.89		0.14	2.83		0.73	1.18			9.25	30.21
1958	20.82	2.43	0.36	4.93	1.28	0.26		1.62	4.89		0.14	2.81		0.85	1.25			5.57	26.39
1959	24.09	2.84	0.26	4.80	0.97	0.21		2.18	5.95		0.20	3.78		0.93	1.97			0.18	24.27
1960	26.54	3.40	0.35	5.31	1.06	0.25		2.20	5.07		0.19	5.34		1.03	2.34			0.09	26.63
1961	34.29	4.83	0.17	7.03	2.83	0.37		2.17	8.15		0.13	4.93		0.77	2.91			4.41	38.70
1962	48.62	4.03	0.38	10.01	5.18	1.59		3.96	11.45		0.29	5.81		0.92	5.00			-3.11	45.51
1963	68.04	7.01	0.87	15.17	8.59	1.40		4.58	16.28		0.32	6.91		1.39	5.52			23.10	91.14
1964	81.29	9.66	0.78	20.00	6.30	1.22		6.44	16.95		0.60	10.24		1.21	7.89			19.30	100.59
1965	118.99	13.69	1.48	31.74	7.01	1.78		11.63	24.09		0.99	13.59		1.97	11.02			1.89	120.88
1966	209.76	24.99	2.12	66.39	10.47	2.49		12.22	52.48		1.62	21.03		2.49	13.46			14.17	223.93
1967	274.57	23.14	2.52	70.67	21.86	2.54		18.56	77.64		1.85	30.95		5.28	19.56			6.15	280.72
1968	413.61	30.80	4.20	98.79	43.41	11.92		26.35	106.72		5.00	49.79		10.50	26.13			14.05	427.66
1969	555.75	35.15	3.82	114.62	64.62	12.45		44.46	166.56		7.43	55.51		10.74	40.39			65.58	621.33
1970	654.10	52.47	3.63	128.32	73.00	8.03		55.39	169.66		9.67	89.70		13.03	51.20			65.00	719.10

표 N277-295 계속

	총고정자본형성																	재고증감 및 귀중품 순취득	총자본 형성
							서비스업												
	합계	농림 어업	광업	제조업	전기, 가스 및 수도사업	건설업	합계	도소매 및 음식 숙박업	운수 및 보관업	정보 통신업	금융 및 보험업	부동산 및 임대업	사업 서비스	공공행정 및 국방	교육 서비스업	보건 및 사회복지 서비스업	문화 및 기타서 비스업		
	N277	N278	N279	N280	N281	N282	N283	N284	N285	N286	N287	N288	N289	N290	N291	N292	N293	N294	N295
	남한, 십억 원																		
1970	723	91	2	98	42	5	485	33	20	10	11	231	7	128	16	8	23	13	736
1971	803	87	3	136	69	7	501	35	32	13	14	204	7	140	19	10	28	75	878
1972	915	99	3	117	89	9	597	53	55	18	16	233	8	149	23	12	31	-3	912
1973	1,343	121	5	264	108	9	835	65	116	30	21	349	12	169	26	13	35	83	1,427
1974	2,148	300	10	392	132	16	1,299	84	210	46	31	568	20	268	23	13	36	416	2,564
1975	2,866	184	11	632	196	35	1,808	128	215	56	44	755	28	455	44	23	61	176	3,042
1976	3,811	224	21	931	215	70	2,351	175	394	107	54	799	31	628	67	27	69	161	3,972
1977	5,442	354	31	1,452	444	118	3,044	205	390	108	54	1,104	45	851	124	48	114	231	5,673
1978	8,422	490	44	2,215	660	151	4,862	349	637	170	177	1,796	76	1,322	131	60	145	219	8,641
1979	11,154	683	57	2,867	1,095	205	6,248	385	911	242	201	2,272	101	1,684	181	81	190	1,132	12,286
1980	13,031	650	64	2,631	1,317	250	8,119	478	1,320	336	302	2,676	123	2,324	224	106	231	570	13,600
1981	14,389	633	86	2,761	1,601	289	9,019	645	1,690	411	330	2,358	116	2,794	273	143	260	1,614	16,004
1982	16,976	756	105	3,465	1,774	378	10,498	978	1,729	509	594	2,822	148	2,765	382	223	349	1,338	18,313
1983	20,553	922	114	3,730	2,221	370	13,197	786	2,535	788	331	4,222	227	3,256	397	263	393	1,578	22,131
1984	23,272	1,069	140	5,312	2,105	495	14,151	965	2,565	847	435	4,269	242	3,452	507	375	494	1,835	25,107
1985	25,891	1,027	160	6,733	2,164	513	15,294	1,087	2,734	1,025	407	4,209	256	4,104	531	424	519	2,520	28,410
1986	30,113	1,331	158	8,779	1,884	514	17,447	1,583	2,756	1,108	1,022	4,627	288	4,471	574	454	563	2,906	33,019
1987	36,584	1,669	161	12,456	2,030	737	19,531	1,839	2,836	1,255	846	5,426	353	4,963	735	568	710	3,192	39,776
1988	44,495	1,738	172	14,790	1,804	878	25,114	2,539	3,287	1,533	723	7,837	513	6,160	907	720	896	5,505	50,000
1989	53,962	3,392	231	17,519	2,628	1,106	29,086	2,876	3,694	1,826	1,424	8,871	612	6,988	1,022	768	1,005	6,698	60,659
1990	74,594	3,311	215	22,469	2,945	1,780	43,874	3,104	4,923	2,565	882	18,477	1,268	8,821	1,389	1,044	1,402	3,732	78,326
1991	94,128	3,774	226	25,322	4,882	2,695	57,229	3,861	5,671	3,089	1,854	24,433	1,725	12,109	1,552	1,180	1,755	4,705	98,833
1992	102,364	4,072	228	24,300	6,587	2,906	64,270	3,447	6,498	3,671	3,558	25,416	1,887	14,207	1,916	1,453	2,218	2,804	105,168
1993	114,319	4,106	221	24,366	6,567	2,640	76,419	4,341	6,958	4,041	2,869	33,831	2,703	15,427	2,161	1,616	2,472	1,896	116,214
1994	135,021	4,539	226	32,325	7,415	2,607	87,910	5,302	8,962	5,536	1,998	37,350	3,048	17,329	2,897	2,122	3,366	6,053	141,074
1995	161,492	4,851	187	41,552	9,289	2,896	102,718	5,937	11,731	7,835	8,432	36,087	3,049	20,045	3,343	2,450	3,810	5,804	167,296
1996	182,668	6,216	195	47,244	11,100	3,300	114,613	7,148	12,051	9,188	7,995	40,367	3,596	22,276	4,211	3,060	4,721	8,253	190,921
1997	191,130	4,378	188	50,853	9,918	3,900	121,892	7,070	11,030	9,039	6,409	46,340	4,295	25,102	4,386	3,322	4,900	7,351	198,481
1998	162,538	3,410	168	33,619	9,249	2,342	113,749	5,888	10,238	8,509	2,491	46,055	4,330	24,941	4,003	3,145	4,150	-16,933	145,605
1999	173,805	4,123	149	41,868	12,291	2,415	112,960	7,108	13,131	11,873	504	39,041	3,835	24,391	4,785	3,736	4,557	4,542	178,348
2000	200,825	5,116	164	55,971	12,511	2,867	124,196	8,571	15,527	15,262	5,446	32,615	3,384	26,479	7,979	3,641	5,292	8,416	209,241
2001	211,085	5,089	163	54,470	13,275	2,850	135,240	9,234	14,109	15,767	4,974	38,720	4,108	29,638	9,268	3,780	5,643	6,097	217,182
2002	231,519	4,826	175	60,979	13,254	3,229	149,056	10,154	14,145	15,889	5,762	45,281	4,766	30,448	11,009	4,598	7,006	4,222	235,741
2003	253,413	4,589	191	66,113	12,969	3,401	166,150	10,378	14,038	15,825	6,224	54,880	5,745	36,728	10,878	4,704	6,751	6,201	259,614
2004	273,320	4,052	210	76,032	12,428	3,601	176,997	9,171	16,467	16,009	5,916	59,598	6,375	39,475	11,621	5,095	7,268	8,036	281,356
2005	283,859	4,311	208	82,755	13,416	3,727	179,442	8,602	15,758	15,685	5,613	61,887	6,465	40,833	11,792	5,204	7,604	11,976	295,835
2006	296,970	4,626	226	85,107	13,897	3,360	189,754	9,428	18,795	18,206	5,896	63,312	7,029	41,100	12,053	5,681	8,255	18,937	315,907
2007	318,339	4,505	249	92,733	15,647	3,998	201,207	10,201	21,377	19,172	8,256	64,523	6,952	43,725	11,774	6,540	8,687	21,550	339,889
2008	346,612	4,228	256	102,370	16,213	4,126	219,419	12,015	26,507	19,831	8,762	67,228	8,212	47,626	13,076	6,930	9,231	18,075	364,687
2009	360,697	4,714	343	100,543	18,632	4,289	232,178	11,853	26,317	19,481	8,410	64,230	8,662	60,625	15,931	7,624	9,045	-32,856	327,841
2010	385,924	4,703	341	127,701	17,107	4,271	231,802	13,601	29,579	20,765	10,026	60,582	9,540	54,373	14,973	8,953	9,410	19,264	405,188
2011	403,045	5,055	315	136,566	18,632	5,003	237,475	16,314	32,142	22,304	10,936	57,367	10,239	54,751	14,396	9,053	9,974	36,191	439,236
2012	407,307	4,920	334	141,990	18,862	5,000	236,202	16,255	32,048	25,105	10,089	56,080	11,477	53,559	13,867	8,741	8,982	19,722	427,029
2013	418,289	4,783	325	141,968	20,924	4,717	245,572	16,427	31,388	24,066	10,150	67,397	11,201	53,819	13,384	8,910	8,830	-2,288	416,000
2014	433,266	4,777	333	146,853	21,986	4,801	254,515	19,491	32,153	23,620	10,584	75,223	11,619	52,223	12,505	9,037	8,060	1,813	435,078
2015	458,420	5,077	420	150,629	22,789	4,885	274,621	19,122	33,759	23,154	11,122	89,357	12,183	55,718	12,424	9,708	8,075	-6,105	452,315

자료: 1911-1940년은 김낙년 편, 『한국의 장기통계: 국민계정 1911-2010』(서울대출판문화원, 2012), pp. 488-490; 1953-1970년은 한국은행, 『한국의 국민소득』, 1982, pp. 178-181; 1970년 이후는 한국은행, 「자본형성」(http://ecos.bok.or.kr).

주: 1) 1911-1940년과 1970년 이후의 항목을 대응하도록 맞추었지만, 그렇지 못한 경우도 있다. 운수창고통신업(N285)은 1970년 이후에 정보통신업(N286)이 분리되었다. 부동산 및 사업서비스업(N288)은 1970년 이후에 사업서비스업(N289)이 분리되었다.

2) 1953-1970년은 1953년 SNA에 의거하여 작성된 것이며, 2008년 SNA에 의거해 있는 1970년 이후 계열과 단절이 있다.

표 N296-315 가계의 목적별 형태별 최종소비지출, 당해년 가격, 1911-1940, 1953-2015

	국내소비지출	목적별											
		식료품비	(음료 및 담배)	의복비	주거광열비	가계시설 및 운영	보건의료비	교통통신비		교육문화 오락비		기타	
	N296	N297	N298	N299	N300	N301	N302	N303	N304	N305	N306	N307	N308
	남북한, 백만 圓												
1911	471.4	346.8		28.9	56.0	10.5	4.2	3.8		3.4		17.7	
1912	592.1	442.5		34.8	66.6	11.4	5.6	4.9		4.1		22.2	
1913	640.3	484.0		35.5	70.9	12.4	5.8	5.5		4.4		21.7	
1914	561.4	407.6		34.7	68.8	12.4	6.4	5.4		4.2		21.9	
1915	521.9	367.9		41.5	60.4	13.3	6.1	5.9		4.5		22.4	
1916	578.7	400.7		55.3	63.5	16.7	7.8	6.8		5.0		23.0	
1917	792.8	563.5		75.1	84.0	19.8	7.8	9.3		6.1		27.3	
1918	1,220.6	882.3		106.3	133.2	27.6	9.5	13.6		8.5		39.6	
1919	1,786.4	1,247.3		191.9	192.4	47.0	13.0	18.5		9.9		66.5	
1920	1,599.1	1,098.2		125.8	205.3	43.1	11.5	23.4		12.9		78.9	
1921	1,404.5	914.7		150.2	171.8	45.1	10.4	24.0		17.0		71.2	
1922	1,487.1	1,000.1		135.5	183.1	43.4	13.9	26.0		17.2		67.9	
1923	1,501.4	1,022.2		139.1	170.0	47.2	11.9	28.3		16.0		66.7	
1924	1,695.0	1,198.0		152.9	172.2	48.0	13.9	28.0		17.7		64.3	
1925	1,685.6	1,166.2		156.9	182.9	47.8	20.0	28.8		18.1		65.0	
1926	1,705.5	1,188.2		167.2	167.9	52.4	17.1	30.8		19.2		62.7	
1927	1,686.4	1,164.5		155.0	178.8	52.8	18.4	32.9		19.9		64.2	
1928	1,682.8	1,151.6		151.5	177.6	53.7	21.8	35.3		23.0		68.3	
1929	1,536.1	1,004.1		151.6	176.1	54.7	21.3	39.6		22.9		65.8	
1930	1,230.9	761.5		126.1	156.5	49.4	20.2	34.4		20.6		62.2	
1931	1,240.5	821.0		101.4	143.2	43.9	23.5	32.9		20.5		54.1	
1932	1,249.9	809.2		124.2	135.9	46.8	23.6	34.2		21.3		54.6	
1933	1,385.0	894.8		155.0	139.5	50.8	23.8	39.2		22.3		59.6	
1934	1,628.4	1,062.1		194.3	157.9	59.9	24.8	44.0		24.3		61.1	
1935	1,830.5	1,186.8		219.5	173.8	72.8	26.4	54.0		26.5		70.6	
1936	2,063.3	1,353.1		247.8	190.4	78.3	27.2	59.9		29.2		77.4	
1937	2,294.2	1,501.8		268.1	214.9	89.8	26.8	67.9		34.1		90.9	
1938	2,694.4	1,741.9		333.1	248.3	114.3	36.6	81.2		38.8		100.2	
1939	3,244.1	2,078.2		399.2	305.4	137.7	45.0	109.6		44.5		124.4	
1940	3,579.1	2,196.2		489.3	335.5	151.8	53.8	137.1		53.0		162.5	
	남한, 십억 원												
1953	41.3	21.9	1.9	3.8	8.0	1.5	0.9	0.8		1.6		0.9	
1954	58.3	28.5	4.1	6.5	10.8	2.2	1.4	1.1		2.3		1.5	
1955	99.6	56.0	6.3	10.2	13.4	3.3	2.6	2.2		3.5		2.2	
1956	140.9	85.6	8.1	13.0	16.0	4.2	3.4	2.9		5.0		2.8	
1957	166.2	97.7	9.6	13.7	19.6	5.3	4.2	4.9		7.2		4.0	
1958	173.7	98.4	9.6	14.7	21.6	5.5	5.0	6.3		7.9		4.7	
1959	182.1	95.0	12.0	16.1	23.2	6.9	6.4	7.8		9.6		5.2	
1960	207.4	106.8	13.3	22.4	26.2	7.6	7.8	8.8		9.3		5.2	
1961	245.8	132.9	15.7	24.2	28.2	8.6	9.7	11.2		9.7		5.6	
1962	294.5	150.7	22.6	33.8	33.1	10.8	12.2	13.8		11.3		6.2	
1963	404.6	219.9	26.8	41.6	42.1	14.5	18.7	18.1		15.3		7.7	
1964	592.8	356.1	34.1	53.6	52.1	20.7	21.0	23.8		21.9		9.6	
1965	672.2	374.0	44.5	69.5	60.6	24.7	28.5	31.0		28.5		10.9	
1966	812.4	417.7	55.5	83.7	80.1	36.6	36.7	51.0		35.3		15.7	
1967	1,006.8	493.2	71.3	102.2	108.6	46.5	49.2	64.0		48.3		23.6	
1968	1,233.5	573.8	94.7	129.1	121.4	56.3	70.8	85.7		66.5		35.4	
1969	1,531.7	708.8	133.3	156.9	142.7	66.8	84.2	107.3		85.5		46.3	
1970	1,942.9	918.6	175.1	199.3	174.8	77.9	102.1	127.3		106.3		61.6	
	국내소비지출	목적별											
		식료품 및 비주류 음료품	주류 및 담배	의류 및 신발	임료 및 수도광열	가계시설 및 운영	의료보건	교통	통신	오락문화	교육	음식숙박	기타
	남한, 십억 원												
1970	2,036	808	132	220	192	63	54	127	6	66	55	200	112
1971	2,545	1,003	168	272	236	79	69	156	8	77	71	262	147
1972	3,068	1,218	201	316	269	92	89	205	9	85	89	334	160
1973	3,805	1,465	263	433	314	122	107	258	13	113	107	414	196

표 N296-315 계속

	국내소비지출	식료품 및 비주류 음료품	주류 및 담배	의류 및 신발	임료 및 수도광열	가계시설 및 운영	의료보건	교통	통신	오락문화	교육	음식숙박	기타
		목적별											
	N296	N297	N298	N299	N300	N301	N302	N303	N304	N305	N306	N307	N308
	남한, 십억 원												
1974	5,392	2,094	393	558	438	187	169	364	18	167	159	563	281
1975	7,190	2,725	542	801	566	244	220	486	25	225	252	738	368
1976	9,209	3,584	636	974	696	345	270	578	38	303	370	924	493
1977	11,223	4,241	777	1,239	928	439	299	732	58	355	473	1,059	624
1978	14,771	5,396	972	1,669	1,255	643	444	1,049	70	483	557	1,373	862
1979	19,008	6,889	1,303	2,018	1,575	881	529	1,487	87	656	745	1,643	1,193
1980	24,347	8,508	1,654	2,449	2,272	913	643	2,114	156	833	1,065	2,024	1,717
1981	30,371	10,706	2,031	2,819	2,995	1,023	934	2,560	214	1,167	1,471	2,378	2,074
1982	34,237	11,179	2,151	2,853	3,601	1,192	1,212	3,147	327	1,471	1,878	2,733	2,494
1983	38,590	11,805	2,181	3,141	3,992	1,508	1,598	3,656	403	1,912	2,205	3,120	3,070
1984	43,033	12,380	2,313	3,391	4,530	1,941	1,979	4,222	539	2,391	2,455	3,317	3,575
1985	47,667	13,293	2,310	3,271	4,990	2,173	2,462	4,783	645	2,862	2,733	3,596	4,551
1986	53,161	14,076	2,424	3,702	5,715	2,655	2,808	5,396	698	3,418	3,020	4,098	5,152
1987	60,165	15,298	2,579	4,244	6,515	3,269	3,169	6,357	864	4,132	3,259	4,611	5,869
1988	69,142	17,000	2,866	4,960	7,626	3,944	3,405	7,265	1,072	4,872	3,789	5,191	7,153
1989	80,514	19,162	3,178	5,736	9,062	4,480	3,575	8,840	1,110	5,802	4,450	6,226	8,894
1990	96,200	22,117	3,521	6,927	12,226	5,249	3,563	10,995	1,397	7,011	5,311	7,405	10,479
1991	116,068	25,170	3,764	8,256	16,022	6,305	4,486	13,657	1,717	8,518	6,165	9,603	12,406
1992	134,093	26,140	3,984	9,600	20,303	7,087	5,072	16,153	2,073	9,980	7,346	11,275	15,082
1993	152,676	27,618	4,265	10,872	25,691	8,116	5,902	18,742	2,524	11,194	8,579	12,226	16,948
1994	182,140	31,379	4,811	13,125	32,552	9,590	6,902	21,745	3,340	13,708	10,054	14,010	20,924
1995	213,706	33,147	5,104	16,530	38,265	11,425	7,864	25,831	4,558	16,576	12,293	15,790	26,322
1996	244,633	35,067	6,058	18,551	45,272	12,409	8,292	29,780	6,051	18,477	14,161	18,292	32,223
1997	270,896	37,440	6,885	19,192	54,016	12,813	9,265	33,402	8,187	19,643	15,457	20,015	34,582
1998	257,030	37,246	6,858	15,016	57,777	9,965	8,006	29,160	9,702	16,524	15,001	18,248	33,528
1999	293,341	42,928	8,139	17,307	59,453	11,871	8,733	34,891	13,282	19,681	16,114	23,180	37,763
2000	331,965	45,982	8,957	20,776	66,739	13,464	9,116	39,825	17,137	24,586	17,545	25,932	41,905
2001	365,293	47,716	10,003	22,030	71,499	14,051	10,363	43,706	19,547	28,404	20,407	28,712	48,855
2002	407,156	50,532	10,142	26,435	75,951	15,555	12,672	48,021	21,579	34,234	22,893	32,322	56,820
2003	417,709	51,607	10,725	25,897	81,114	14,365	13,393	47,028	20,986	34,541	26,069	34,291	57,693
2004	430,092	54,402	11,274	26,396	85,103	14,052	14,325	47,228	21,654	34,514	28,344	35,519	57,283
2005	457,044	56,480	12,008	28,346	89,670	14,875	16,055	51,622	22,072	37,982	30,637	37,156	60,142
2006	482,846	57,961	12,716	30,462	93,217	15,800	17,674	54,885	22,039	40,545	33,481	39,666	64,399
2007	515,160	61,032	13,629	32,610	96,589	16,207	19,746	58,674	22,687	43,510	36,718	42,707	71,053
2008	548,647	66,932	14,414	32,956	101,823	16,033	21,744	62,654	23,488	45,977	40,126	45,623	76,877
2009	565,253	70,403	14,115	33,257	104,326	15,504	24,062	65,667	23,615	46,888	41,401	47,242	78,773
2010	603,385	76,711	13,975	36,767	109,745	17,351	26,112	72,138	24,801	50,253	42,134	49,042	84,356
2011	646,537	84,817	14,270	39,492	115,516	18,280	28,113	78,660	26,313	53,145	42,812	52,879	92,240
2012	667,942	89,026	14,499	40,907	121,997	18,303	30,222	80,859	26,734	55,540	40,866	54,932	94,057
2013	683,779	90,964	15,042	43,278	127,220	18,949	32,477	82,439	25,836	57,623	40,455	56,538	92,959
2014	705,078	93,421	15,482	43,967	130,536	20,247	34,712	86,631	24,658	59,827	40,229	59,813	95,554
2015	721,920	96,640	19,091	44,032	132,808	20,740	37,071	88,856	24,223	60,803	39,820	59,950	97,886

자료: 1911-1940년은 김낙년 편, 『한국의 장기통계: 국민계정 1911-2010』(서울대출판문화원, 2012), pp. 491-492; 1953-1969년은 한국은행, 『한국의 국민소득』, 1982, pp. 194-196; 1970년 이후는 한국은행, 「최종소비지출」(http://ecos.bok.or.kr).

주: 1) 1911-1940년과 1970년 이후의 항목을 대응하도록 맞추었지만, 그렇지 못한 경우도 있다. 식료품비(N297)는 1953-1970년에는 음료와 담배(N298)가, 1970년 이후에는 주류 및 담배(N298)가 분리되었다. 교통통신비(N303)는 1970년 이후에 통신비(N304)가 분리되었다. 교육문화오락비(N305)는 1970년 이후에는 교육비(N306)가 분리되었다. 1911-1970년의 기타(N307)는 음식숙박비와 기타가 합쳐졌지만, 1970년 이후는 양자가 나누어졌다.

2) 1953-1970년은 1953년 SNA에 의거하여 작성된 것이며, 2008년 SNA에 의거해 있는 1970년 이후 계열과 단절이 있다.

표 N296-315 계속

	형태별				거주자 국외소비	(공제) 비거주자 국내소비	가계 최종소비지출
	내구재	준내구재	비내구재	서비스			
	N309	N310	N311	N312	N313	N314	N315
	남북한, 백만 圓						
1911	3.6	34.4	380.1	53.2	0.6	0.9	471.0
1912	4.0	40.9	480.7	66.5	0.7	1.1	591.6
1913	3.9	42.4	524.0	70.0	0.8	1.3	639.8
1914	3.7	42.0	449.9	65.9	0.8	1.3	560.9
1915	4.0	49.6	403.5	64.8	0.8	1.3	521.4
1916	4.9	64.6	438.0	71.2	0.9	1.6	578.0
1917	7.4	86.3	610.6	88.6	1.1	2.3	791.7
1918	10.3	122.6	958.4	129.3	1.5	3.1	1,219.0
1919	17.2	218.9	1,356.9	193.3	2.2	4.0	1,784.6
1920	16.6	150.7	1,226.8	204.9	2.3	4.2	1,597.2
1921	17.9	177.6	1,018.4	190.6	2.3	3.3	1,403.4
1922	17.9	160.2	1,113.3	195.8	2.5	3.5	1,486.1
1923	16.8	165.2	1,119.2	200.2	2.7	3.6	1,500.5
1924	17.7	179.9	1,289.6	207.8	3.1	3.9	1,694.2
1925	17.7	183.9	1,274.4	209.7	3.3	4.3	1,684.6
1926	18.6	196.5	1,277.6	212.8	3.3	1.8	1,707.1
1927	19.1	185.2	1,266.3	215.9	3.5	2.1	1,687.9
1928	18.9	184.1	1,254.8	225.0	4.1	2.5	1,684.3
1929	20.5	183.0	1,111.0	221.7	3.5	2.5	1,537.1
1930	15.6	156.7	862.7	196.0	2.9	3.8	1,230.0
1931	16.1	125.0	910.7	188.7	2.1	3.2	1,239.4
1932	17.1	150.1	891.1	191.6	2.4	3.3	1,248.9
1933	20.8	183.2	973.9	207.1	3.5	4.3	1,384.2
1934	24.4	228.8	1,147.2	228.0	3.7	6.8	1,625.4
1935	30.7	261.6	1,280.7	257.4	4.6	8.9	1,826.1
1936	34.4	291.5	1,451.1	286.4	5.5	11.3	2,057.5
1937	41.4	317.0	1,610.7	325.1	6.5	14.0	2,286.7
1938	40.9	407.7	1,871.0	374.7	7.6	17.3	2,684.7
1939	46.6	489.8	2,252.8	454.9	9.0	28.0	3,225.2
1940	62.9	580.6	2,401.6	534.0	10.1	35.4	3,553.9
	남한, 십억 원						
1953						-	41.3
1954						-	58.3
1955						-	99.6
1956						-	140.9
1957						-	166.2
1958						-	173.7
1959						-	182.1
1960						0.0	207.4
1961						0.1	245.8
1962						0.1	294.3
1963						0.1	404.5
1964						0.2	592.6
1965						0.7	671.5
1966						1.6	810.8
1967						1.6	1,005.2
1968						2.5	1,231.0
1969						3.0	1,528.7
1970						3.8	1,939.1

	형태별				거주자 국외소비	(공제) 비거주자 국내소비	가계 최종소비지출
	내구재	준내구재	비내구재	서비스			
	남한, 십억 원						
1970	44	263	1,106	623	2	5	2,033
1971	56	324	1,373	792	4	8	2,541
1972	68	379	1,650	971	2	20	3,051
1973	90	525	2,009	1,182	2	75	3,733
1974	141	698	2,895	1,658	5	46	5,350
1975	188	988	3,816	2,197	7	53	7,144

표 N296-315 계속

	형태별				거주자 국외소비	(공제) 비거주자 국내소비	가계 최종소비지출
	내구재	준내구재	비내구재	서비스			
	N309	N310	N311	N312	N313	N314	N315
	남한, 십억 원						
1976	268	1,231	4,894	2,816	9	100	9,118
1977	341	1,569	5,832	3,482	12	133	11,102
1978	524	2,124	7,443	4,680	28	141	14,658
1979	729	2,607	9,608	6,064	60	101	18,967
1980	741	3,154	12,110	8,342	89	155	24,281
1981	1,104	3,562	15,197	10,507	169	213	30,327
1982	1,451	3,711	16,064	13,011	255	247	34,245
1983	2,071	4,129	16,963	15,427	228	286	38,532
1984	2,767	4,550	18,071	17,644	273	335	42,971
1985	3,256	4,627	19,397	20,387	328	434	47,561
1986	4,285	5,286	20,714	22,876	256	696	52,721
1987	5,777	6,006	22,564	25,818	306	1,209	59,262
1988	6,831	7,042	25,155	30,114	565	1,396	68,312
1989	8,097	8,037	28,429	35,951	1,121	1,353	80,282
1990	9,702	9,444	32,817	44,238	1,485	1,290	96,396
1991	11,598	11,264	37,509	55,696	1,842	1,270	116,640
1992	12,965	13,241	40,473	67,414	1,878	1,279	134,692
1993	14,761	15,175	44,135	78,605	2,070	1,279	153,467
1994	17,681	18,451	50,538	95,471	2,668	1,470	183,338
1995	20,795	23,824	56,407	112,679	3,599	1,980	215,325
1996	23,890	26,683	62,339	131,722	4,583	1,995	247,221
1997	26,101	27,437	69,341	148,018	4,758	2,359	273,294
1998	17,704	21,446	69,989	147,891	3,289	5,422	254,897
1999	28,233	25,082	80,925	159,101	4,093	4,732	292,701
2000	35,672	29,624	89,248	177,422	6,374	4,772	333,566
2001	39,230	31,073	95,031	199,958	7,823	5,155	367,960
2002	44,503	36,774	100,460	225,420	10,505	4,602	413,060
2003	39,325	36,009	102,763	239,612	9,912	3,928	423,693
2004	37,672	36,171	107,420	248,828	12,085	4,407	437,770
2005	40,085	38,612	114,271	264,076	13,568	3,909	466,703
2006	41,624	41,084	118,764	281,374	15,971	3,637	495,180
2007	43,473	43,667	124,874	303,146	18,289	3,689	529,759
2008	44,001	44,596	137,610	322,440	18,687	6,646	560,688
2009	48,904	44,958	139,887	331,504	17,616	8,075	574,794
2010	55,270	49,855	151,533	346,728	20,184	8,341	615,228
2011	59,885	53,779	165,549	367,324	18,401	9,829	655,109
2012	60,409	55,742	173,082	378,709	21,888	11,734	678,097
2013	61,009	58,626	176,632	387,512	22,756	12,674	693,861
2014	64,690	60,646	179,428	400,314	23,113	15,508	712,682
2015	70,715	60,878	181,885	408,441	26,702	14,253	734,369

표 N316-331 가계의 목적별 형태별 최종소비지출, 기준년 가격, 1911-1940, 1953-2015

	국내 소비지출	목적별												거주자 국외소비	(공제) 비거주자 국내소비	가계 최종 소비지출
		식료품비	(음료 및 담배)	의복비	주거광열비	가계시설 및 운영	보건 의료비	교통 통신비		교육문화 오락비		기타				
	N316	N317	N318	N319	N320	N321	N322	N323	N324	N325	N326	N327	N328	N329	N330	N331
	남북한, 백만 圓, 1935년 가격															
1911	853.6	642.3		60.0	93.5	12.6	2.2	6.0		5.4		19.1		1.0	1.7	852.9
1912	911.1	683.1		70.2	99.8	13.2	2.6	7.7		6.8		21.5		1.0	1.7	910.4
1913	957.2	725.2		67.7	103.6	14.9	3.0	9.0		7.4		17.4		1.2	1.9	956.4
1914	987.9	740.9		68.1	97.7	16.3	3.8	8.9		6.8		16.3		1.4	2.3	987.0
1915	1,052.5	773.7		86.6	100.8	16.9	4.1	10.2		6.9		16.6		1.5	2.6	1,051.4
1916	1,049.5	752.0		98.7	106.7	19.7	5.2	11.6		5.2		28.3		1.6	2.9	1,048.2
1917	1,055.4	786.9		80.1	110.5	19.9	5.8	14.7		4.9		28.0		1.5	3.0	1,053.9
1918	1,081.4	830.2		67.1	107.5	22.9	6.4	16.3		5.3		24.7		1.4	2.8	1,080.0
1919	1,102.4	815.1		85.8	109.2	24.0	7.6	15.1		6.0		44.8		1.3	2.5	1,101.3
1920	1,060.7	780.9		69.6	95.7	24.7	6.2	15.8		6.9		51.9		1.5	2.8	1,059.4
1921	1,203.2	856.0		104.0	98.2	27.8	7.0	18.8		10.5		64.2		2.0	2.9	1,202.3
1922	1,193.4	862.2		90.8	102.8	26.4	9.3	21.2		12.2		55.1		2.0	2.8	1,192.6
1923	1,231.8	888.8		94.1	110.6	31.2	8.4	23.5		12.4		49.1		2.2	2.9	1,231.0
1924	1,260.0	913.2		101.0	117.9	34.5	8.1	24.8		14.6		45.9		2.3	2.9	1,259.4
1925	1,250.4	901.6		95.1	122.8	32.2	10.6	24.9		14.9		37.0		2.4	3.2	1,249.6
1926	1,384.4	998.5		115.7	129.7	36.6	10.0	27.7		15.8		44.2		2.7	1.4	1,385.6
1927	1,469.9	1,061.0		120.2	120.6	39.6	14.0	30.1		16.9		49.3		3.1	1.8	1,471.2
1928	1,463.4	1,044.2		112.9	118.9	44.9	22.6	31.5		20.2		87.7		3.5	2.2	1,464.8
1929	1,426.3	984.8		119.9	113.8	52.9	20.1	35.4		21.5		62.8		3.2	2.3	1,427.2
1930	1,553.3	1,072.5		129.5	108.8	54.3	19.8	33.9		21.2		67.5		3.6	4.9	1,552.1
1931	1,658.2	1,188.0		123.2	117.9	52.8	24.2	35.6		21.9		59.0		2.8	4.3	1,656.7
1932	1,568.3	1,075.3		144.8	127.2	46.2	25.5	36.4		22.8		60.0		3.0	4.2	1,567.1
1933	1,643.5	1,123.8		157.0	135.8	52.5	24.2	41.2		24.0		69.1		4.2	5.2	1,642.6
1934	1,745.5	1,164.3		190.9	162.7	57.4	25.2	48.1		26.8		68.5		4.0	7.3	1,742.3
1935	1,830.5	1,186.8		219.5	173.8	72.8	26.4	54.0		26.5		70.6		4.6	8.9	1,826.1
1936	1,961.1	1,285.7		239.4	168.2	72.6	25.7	60.2		28.5		79.9		5.2	10.8	1,955.6
1937	2,010.2	1,350.2		227.8	157.0	63.2	26.2	61.7		23.3		91.6		5.7	12.3	2,003.6
1938	2,160.1	1,444.7		245.2	152.0	77.1	36.5	72.2		25.8		114.8		6.1	13.8	2,152.4
1939	2,024.3	1,324.6		223.7	152.7	74.1	42.2	89.1		27.9		108.9		5.6	17.4	2,012.4
1940	2,136.4	1,364.4		242.9	149.3	91.8	39.2	101.4		32.8		119.4		6.1	21.1	2,121.3
	남한, 십억 원, 1975년 가격															
1953	1,745.8	1,170.4	66.1	112.2	188.8	32.0	49.6	30.8		35.4		60.6			-	1,745.8
1954	1,830.0	1,206.6	69.9	120.7	197.3	34.3	53.1	32.1		49.3		66.9			-	1,830.0
1955	1,986.9	1,270.6	85.7	159.9	201.6	39.5	59.4	35.2		62.5		72.4			-	1,986.9
1956	2,107.7	1,326.5	93.8	178.0	214.3	42.0	63.6	43.8		71.8		73.9			-	2,107.7
1957	2,181.9	1,354.4	90.2	194.6	224.2	45.8	68.2	43.8		84.6		76.3			-	2,181.9
1958	2,359.1	1,481.7	98.7	195.5	232.7	49.1	71.9	53.3		95.1		81.1			-	2,359.1
1959	2,478.9	1,533.5	112.4	211.0	238.3	51.4	75.7	64.9		109.1		82.6			-	2,478.9
1960	2,469.3	1,502.9	123.8	217.5	254.1	55.0	80.9	78.2		91.2		65.8			0.1	2,469.2
1961	2,493.2	1,533.6	131.0	210.1	262.9	52.9	81.2	72.7		81.7		67.1			0.5	2,492.7
1962	2,654.2	1,582.0	124.1	253.6	276.6	66.2	101.9	86.9		94.7		68.1			1.1	2,653.0
1963	2,731.7	1,568.9	124.5	256.6	308.8	69.4	123.6	104.6		102.1		73.3			0.9	2,730.9
1964	2,943.2	1,773.9	126.4	235.1	315.9	72.1	105.5	123.1		110.3		81.0			1.1	2,942.1
1965	3,144.6	1,864.9	167.5	262.9	319.0	69.8	106.4	139.4		130.0		84.7			3.3	3,141.3
1966	3,337.9	1,947.4	185.9	262.4	348.3	85.2	116.1	153.8		140.6		98.2			6.3	3,331.6
1967	3,615.0	2,031.8	230.2	304.8	352.9	105.8	131.6	177.0		164.9		116.0			5.7	3,609.3
1968	3,966.0	2,159.1	252.2	337.4	371.3	123.2	168.1	218.6		194.8		141.3			8.0	3,958.0
1969	4,337.1	2,312.3	294.8	380.1	400.2	136.2	183.1	254.3		217.0		159.3			8.4	4,328.8
1970	4,766.6	2,473.1	369.1	437.5	432.8	155.2	202.5	277.1		245.4		174.1			9.2	4,757.4
	국내 소비지출	목적별												거주자 국외소비	(공제) 비거주자 국내소비	가계 최종 소비지출
		식료품 및 비주류 음료품	주류 및 담배	의류 및 신발	임료 및 수도광열	가계시설 및 운영	의료 보건	교통	통신	오락 문화	교육	음식 숙박	기타			
	남한, 십억 원, 2010년 가격															
1970	58,216	25,313	2,651	4,534	13,964	1,136	987	4,177	43	1,136	5,582	8,166	2,113	42	91	58,153
1971	63,504	25,998	3,196	5,337	14,463	1,340	1,162	4,508	51	1,197	6,175	9,355	2,477	58	125	63,414
1972	67,460	27,418	3,464	5,710	15,273	1,494	1,303	4,992	63	1,203	6,472	10,060	2,442	34	281	67,078

표 N316-331 계속

	국내 소비지출	목적별 식료품 및 비주류 음료품	주류 및 담배	의류 및 신발	임료 및 수도광열	가계시설 및 운영	의료 보건	교통	통신	오락 문화	교육	음식 숙박	기타	거주자 국외소비	(공제) 비거주자 국내소비	가계 최종 소비지출
	N316	N317	N318	N319	N320	N321	N322	N323	N324	N325	N326	N327	N328	N329	N330	N331
	남한, 십억 원, 2010년 가격															
1973	74,660	29,396	3,823	6,513	16,083	1,749	1,449	6,030	84	1,397	7,094	11,375	2,787	25	1,021	73,107
1974	79,349	30,742	4,590	6,882	17,060	1,951	1,693	6,280	97	1,411	7,561	11,637	2,973	40	530	78,517
1975	83,605	31,498	4,992	7,332	18,067	2,333	1,811	7,046	86	1,478	8,102	11,907	3,160	48	479	82,840
1976	90,863	34,179	5,278	8,213	18,735	2,694	2,002	7,793	109	1,720	8,524	12,435	3,525	52	791	89,688
1977	95,850	34,782	5,665	8,763	19,894	3,070	2,107	9,384	142	1,770	8,823	12,737	3,892	62	953	94,475
1978	103,577	35,992	6,122	10,185	21,305	3,997	2,442	10,859	167	2,023	8,801	12,747	4,341	129	888	102,359
1979	111,880	39,898	6,606	9,932	22,680	4,378	2,298	12,339	205	2,270	9,803	13,370	4,837	238	537	111,181
1980	111,769	39,401	6,889	9,664	24,149	3,682	2,088	12,564	163	2,310	10,406	13,511	5,112	272	632	111,016
1981	117,334	40,624	7,100	9,832	25,352	3,659	2,762	12,932	196	2,735	11,477	12,913	5,927	438	724	116,705
1982	125,798	42,122	7,177	9,282	26,406	3,990	3,467	14,650	268	3,290	12,579	13,883	7,356	619	783	125,339
1983	137,401	45,356	7,088	9,768	26,876	4,717	4,507	16,278	303	3,990	13,668	15,274	8,510	520	877	136,638
1984	147,618	46,184	7,394	10,167	27,526	5,644	5,548	17,928	386	4,839	14,597	15,570	10,093	614	1,002	146,815
1985	157,741	47,742	7,348	9,628	28,144	6,139	6,745	18,950	414	5,650	15,383	16,316	13,078	986	1,267	157,161
1986	173,206	52,030	7,714	10,762	29,782	7,260	7,498	20,906	443	6,468	16,361	17,644	14,794	710	1,981	171,492
1987	189,025	55,197	8,245	12,010	31,703	8,278	8,156	23,551	538	7,352	16,855	18,834	16,941	868	3,335	185,922
1988	205,392	58,080	8,948	13,203	34,220	9,273	8,468	25,709	648	8,371	18,095	19,812	19,616	1,711	3,597	202,902
1989	225,141	62,143	9,515	14,393	36,694	9,957	8,701	29,543	757	9,660	19,485	21,203	22,974	3,570	3,300	224,814
1990	246,247	66,326	10,212	15,647	40,087	11,030	8,230	34,369	896	10,952	20,805	22,795	26,088	4,305	2,896	247,060
1991	267,340	70,090	10,581	17,733	43,644	12,213	9,610	37,536	1,143	12,851	21,494	24,353	27,068	4,916	2,605	269,053
1992	285,859	71,198	10,789	19,416	48,458	13,028	10,218	40,479	1,372	14,521	22,439	25,101	29,740	4,531	2,474	287,414
1993	305,327	72,523	11,016	21,136	53,325	14,284	11,449	43,105	1,761	15,595	23,021	25,449	33,007	4,667	2,357	307,151
1994	332,374	72,930	10,542	24,387	57,974	15,989	12,805	46,455	2,456	18,325	23,687	26,805	38,190	5,668	2,551	334,895
1995	366,949	73,315	10,643	29,095	64,849	17,894	13,432	52,074	3,546	21,307	24,462	27,759	44,926	7,690	3,292	370,464
1996	393,319	74,163	10,945	30,878	70,705	18,474	13,578	55,915	4,696	22,532	25,647	29,741	51,489	9,299	3,162	398,317
1997	410,486	74,383	11,142	30,023	76,439	18,278	14,782	58,609	6,370	23,163	26,737	30,817	53,615	8,361	3,559	414,371
1998	368,231	65,840	10,557	22,390	77,209	13,348	12,410	46,626	7,670	19,481	26,135	26,559	49,657	3,875	7,654	364,103
1999	408,660	70,061	10,787	24,315	83,472	15,780	13,063	53,717	10,462	22,538	27,610	32,894	52,189	5,382	6,630	407,277
2000	442,226	71,031	11,247	28,037	87,180	17,133	12,532	58,038	14,053	26,733	28,530	35,236	57,695	8,714	6,528	444,431
2001	466,525	71,079	11,859	28,991	88,677	17,468	12,392	61,180	15,997	29,824	31,871	38,445	63,095	9,762	6,782	469,507
2002	503,293	71,745	11,885	33,376	90,634	18,980	15,142	65,414	18,256	35,248	33,389	41,485	70,458	13,583	5,899	511,007
2003	499,555	69,467	12,278	31,562	93,156	17,255	15,671	60,946	18,642	35,307	35,659	42,319	69,343	12,839	4,853	507,562
2004	498,269	68,326	12,660	31,902	95,248	16,733	16,361	58,676	19,739	35,037	36,631	42,096	66,256	15,435	5,263	508,277
2005	516,635	68,431	12,456	33,603	98,863	17,408	17,765	60,866	20,696	38,525	37,671	43,023	68,203	18,853	4,542	530,492
2006	537,223	69,993	13,224	35,071	100,990	18,202	19,175	62,051	21,211	41,927	39,182	45,075	71,779	22,643	4,134	554,693
2007	562,761	72,357	14,079	36,545	102,718	18,006	21,034	64,347	22,521	45,672	40,467	47,655	77,770	25,064	4,087	582,365
2008	576,371	75,158	14,733	35,856	104,961	16,996	22,669	64,235	23,597	47,644	41,795	48,524	80,504	20,770	7,021	589,705
2009	581,180	74,017	14,191	34,338	106,419	15,743	24,553	68,320	23,738	46,877	42,196	48,384	82,432	16,820	8,341	589,467
2010	603,385	76,711	13,975	36,767	109,745	17,351	26,112	72,138	24,801	50,253	42,134	49,042	84,356	20,184	8,341	615,228
2011	623,443	79,103	14,199	38,251	111,164	17,732	27,623	75,031	26,413	52,723	41,806	50,164	89,235	17,978	9,437	631,984
2012	630,596	80,016	14,278	37,850	112,701	17,291	29,357	75,194	26,841	55,959	38,769	50,988	91,411	20,272	11,053	639,782
2013	638,418	81,028	14,461	38,794	114,307	17,888	31,255	76,486	26,165	57,707	37,413	51,639	91,318	21,805	11,784	648,429
2014	650,460	82,769	14,916	37,895	114,593	18,760	33,146	81,038	25,274	59,724	36,699	53,964	91,764	23,051	14,229	659,239
2015	660,457	84,527	13,775	37,523	116,379	18,748	34,917	86,971	25,352	60,892	35,837	52,955	92,788	26,517	12,995	673,721

자료: 1911-1940년은 김낙년 편, 『한국의 장기통계: 국민계정 1911-2010』(서울대출판문화원, 2012), pp. 493-494; 1953-1969년은 한국은행, 『한국의 국민소득』, 1982, pp. 198-201; 1970년 이후는 한국은행, 「최종소비지출」(http://ecos.bok.or.kr).

주: 1) 각 항목의 합계는 상위 항목과 일치하지 않는다. 연쇄가중법으로 기준년 가격을 구할 경우 가법성이 성립하지 않기 때문이다.

2) 지면의 제약으로 디플레이터를 제시하지 않지만, 당해년 가격(N296-315)을 기준년 가격(N316-331)의 해당 항목으로 나누어 구할 수 있다.

3) 1911-1940년과 1970년 이후의 항목을 대응하도록 맞추었지만, 그렇지 못한 경우도 있다. 식료품비(N317)는 1970년 이후에 주류 및 담배(N318)가 분리되었다. 교통통신비(N323)는 1970년 이후에 통신비(N324)가 분리되었다. 교육문화오락비(N325)는 1970년 이후에는 교육비(N326)가 분리되었다. 1911-1940년의 기타(N327)는 음식숙박비와 기타가 합쳐졌지만, 1970년 이후는 양자가 나누어졌다.

4) 1953-1970년은 1953년 SNA에 의거하여 작성된 것이며, 2008년 SNA에 의거해 있는 1970년 이후 계열과 단절이 있다.

표 N332-343 가계에 봉사하는 비영리단체의 목적별 최종소비지출, 당해년 및 기준년 가격, 1911-1940, 1970-2015

	의료	교육	사회사업			합계	의료	교육	사회사업			합계
	N332	N333	N334	N335	N336	N337	N338	N339	N340	N341	N342	N343
	남북한, 千 圓						남북한, 千 圓, 1935년 가격					
1911	88	651	189			928	160	1,178	342			1,680
1912	92	633	196			922	142	975	302			1,418
1913	96	690	204			990	143	1,031	305			1,479
1914	99	715	212			1,027	175	1,259	373			1,807
1915	103	702	221			1,026	209	1,415	445			2,069
1916	110	685	235			1,030	200	1,242	426			1,868
1917	112	683	239			1,034	149	910	318			1,376
1918	131	736	278			1,145	116	652	247			1,015
1919	132	880	282			1,294	82	543	174			799
1920	149	1,317	318			1,784	99	873	211			1,183
1921	146	1,678	311			2,135	125	1,438	266			1,829
1922	176	1,964	376			2,516	142	1,576	302			2,019
1923	178	2,026	380			2,584	146	1,662	312			2,120
1924	193	2,181	412			2,786	144	1,621	306			2,071
1925	193	2,227	412			2,833	143	1,652	306			2,101
1926	191	2,884	408			3,484	155	2,341	331			2,828
1927	206	2,979	440			3,625	180	2,597	383			3,159
1928	206	3,257	440			3,903	179	2,832	382			3,394
1929	227	2,856	473			3,556	211	2,652	439			3,301
1930	229	2,671	488			3,388	289	3,371	616			4,275
1931	233	2,730	498			3,461	312	3,649	665			4,626
1932	238	2,758	507			3,503	298	3,460	636			4,395
1933	216	2,532	569			3,318	257	3,005	675			3,937
1934	250	2,595	534			3,379	268	2,781	572			3,622
1935	258	2,875	551			3,685	258	2,875	551			3,685
1936	291	3,097	518			3,906	277	2,943	492			3,712
1937	266	3,348	568			4,183	233	2,934	498			3,665
1938	337	3,501	720			4,558	271	2,807	577			3,654
1939	276	3,983	588			4,847	172	2,485	367			3,024
1940	394	4,868	840			6,101	235	2,906	501			3,642
	의료 보건	교육	사회복지	오락 문화	기타	합계	의료 보건	교육	사회복지	오락 문화	기타	합계
	남한, 십억 원						남한, 십억 원, 2010년 가격					
1970	1	9	3	3	14	29	17	642	93	92	357	1,208
1971	1	11	4	5	27	48	20	682	94	150	566	1,642
1972	1	14	5	4	22	46	22	748	102	113	451	1,466
1973	1	16	6	4	23	49	25	832	108	111	458	1,539
1974	2	22	8	5	27	63	29	890	108	107	454	1,568
1975	2	33	10	6	38	89	30	946	111	118	506	1,700
1976	3	52	12	7	46	120	33	1,003	118	129	549	1,825
1977	3	69	15	8	53	147	37	1,017	136	136	657	2,012
1978	5	85	16	11	68	184	40	990	153	153	787	2,173
1979	7	105	21	12	77	221	47	1,108	152	154	821	2,334
1980	8	142	22	15	99	286	51	1,179	157	152	846	2,443
1981	10	191	29	22	152	404	53	1,255	163	181	1,070	2,779
1982	14	241	34	26	181	496	68	1,331	177	184	1,127	2,954
1983	18	279	40	31	219	588	83	1,461	200	204	1,276	3,299
1984	22	306	48	36	261	673	97	1,522	229	228	1,585	3,732
1985	28	343	53	45	332	801	114	1,567	237	271	2,006	4,237
1986	29	387	62	49	374	902	111	1,722	282	294	2,031	4,507
1987	31	436	68	57	438	1,030	115	1,829	300	327	2,264	4,895
1988	35	495	81	71	555	1,236	124	1,979	331	383	2,738	5,591
1989	41	576	91	78	630	1,417	135	2,123	352	396	2,933	5,982
1990	48	694	108	87	717	1,654	143	2,275	372	395	3,181	6,411
1991	62	798	137	109	908	2,015	172	2,423	422	404	3,427	6,904
1992	68	961	177	149	1,256	2,610	167	2,490	461	397	3,957	7,491
1993	73	1,091	224	158	1,402	2,947	173	2,667	553	425	3,833	7,713
1994	88	1,267	298	198	1,849	3,699	197	2,754	637	414	4,099	8,166
1995	103	1,551	380	236	2,295	4,565	215	2,922	724	434	4,214	8,580
1996	118	1,864	561	256	2,639	5,438	229	3,156	1,019	450	4,633	9,560

표 N332-343 계속

	의료 보건	교육	사회복지	오락 문화	기타	합계	의료 보건	교육	사회복지	오락 문화	기타	합계
	N332	N333	N334	N335	N336	N337	N338	N339	N340	N341	N342	N343
	남한, 십억 원						남한, 십억 원, 2010년 가격					
1997	141	2,128	802	276	2,922	6,269	262	3,407	1,394	455	4,819	10,406
1998	155	2,248	953	283	2,846	6,485	265	3,599	1,540	432	4,341	10,243
1999	168	2,418	1,098	288	3,088	7,059	282	3,814	1,759	421	4,518	10,856
2000	183	2,659	1,260	303	3,472	7,876	281	3,960	1,976	421	4,816	11,518
2001	184	3,081	1,474	339	3,764	8,843	233	4,412	2,189	452	5,012	12,357
2002	206	3,493	1,712	323	4,363	10,097	262	4,734	2,534	419	5,657	13,669
2003	242	3,857	2,033	380	4,659	11,171	299	4,950	2,864	474	5,818	14,450
2004	276	4,246	2,410	429	4,852	12,212	329	5,201	3,220	514	5,819	15,105
2005	314	4,656	2,688	478	5,332	13,467	360	5,482	3,437	555	6,180	16,035
2006	377	5,149	3,013	520	5,668	14,727	421	5,790	3,660	590	6,427	16,908
2007	385	5,788	3,736	570	6,192	16,670	418	6,239	4,252	631	6,849	18,392
2008	458	6,507	4,308	561	6,533	18,366	482	6,709	4,610	593	6,903	19,302
2009	458	7,157	5,267	635	6,572	20,089	469	7,246	5,404	653	6,756	20,530
2010	519	7,498	5,588	681	7,198	21,485	519	7,498	5,588	681	7,198	21,485
2011	548	8,600	6,343	683	7,858	24,032	514	8,372	6,101	657	7,554	23,197
2012	571	11,332	8,348	754	8,512	29,518	527	10,859	7,911	710	8,007	28,002
2013	591	13,211	10,657	784	8,697	33,939	540	12,597	10,028	728	8,075	31,942
2014	624	13,320	12,119	816	8,639	35,518	563	12,637	11,181	748	7,921	33,022
2015	650	13,656	12,845	980	8,738	36,870	580	12,851	11,545	893	7,956	33,798

자료: 1911-1940년은 김낙년 편,『한국의 장기통계: 국민계정 1911-2010』(서울대출판문화원, 2012), p. 495; 1970년 이후는 한국은행,「최종소비지출」(http://ecos.bok.or.kr).
주: 민간비영리단체 최종소비지출 디플레이터는 가계소비지출 디플레이터를 원용하였다.

표 N344-359 총저축과 총투자, 당해년 가격, 1911-1940, 1953-2015

	총저축	민간				일반정부	총투자	국내총자본형성						국외투자	통계상 불일치	국민총처분 가능소득
		합계	비금융 법인기업	금융기관	가계 및 비영리 단체			합계	민간				일반정부			
									합계	비금융 법인기업	금융기관	가계 및 비영리 단체				
	N344	N345	N346	N347	N348	N349	N350	N351	N352	N353	N354	N355	N356	N357	N358	N359
	남북한, 백만 圓															
1911	33.7	27.6				6.1	22.9	36.7	31.7				5.0	-13.8	10.8	535.0
1912	23.6	17.3				6.3	-0.4	23.3	17.6				5.6	-23.6	24.0	647.7
1913	40.7	35.0				5.7	18.7	38.4	32.0				6.4	-19.7	21.9	713.5
1914	47.2	41.0				6.2	25.8	34.8	27.8				7.0	-9.0	21.4	641.7
1915	24.0	18.9				5.1	20.9	11.7	5.7				6.0	9.1	3.2	579.7
1916	61.2	55.1				6.1	45.3	43.5	37.8				5.7	1.9	15.9	675.4
1917	80.7	69.4				11.3	31.9	40.4	34.0				6.4	-8.5	48.8	909.3
1918	164.8	143.4				21.4	102.7	102.7	95.1				7.6	-	62.2	1,425.5
1919	-9.0	-22.8				13.8	-89.0	-33.9	-45.7				11.8	-55.1	79.9	1,842.4
1920	278.5	277.8				0.7	187.3	227.3	205.1				22.3	-40.1	91.3	1,974.7
1921	89.1	75.2				13.9	83.7	78.9	56.5				22.4	4.9	5.4	1,601.0
1922	139.9	127.8				12.1	111.1	136.9	111.3				25.6	-25.8	28.9	1,738.8
1923	103.8	100.0				3.8	114.2	100.9	77.7				23.2	13.3	-10.4	1,712.8
1924	18.2	6.1				12.1	56.2	23.2	4.2				19.0	33.0	-37.9	1,816.5
1925	106.8	83.2				23.6	151.0	147.0	127.7				19.3	4.0	-44.1	1,888.1
1926	31.4	6.4				25.0	106.5	97.0	75.4				21.5	9.6	-75.2	1,841.2
1927	63.5	43.6				19.9	113.8	153.8	129.8				23.9	-40.0	-50.3	1,857.1
1928	-35.2	-53.4				18.3	-9.0	48.3	24.3				24.1	-57.4	-26.1	1,759.0
1929	43.9	34.4				9.6	84.5	170.7	147.0				23.8	-86.2	-40.6	1,698.3
1930	70.1	56.3				13.7	105.0	197.7	177.0				20.7	-92.6	-35.0	1,414.6
1931	7.8	-3.7				11.6	18.3	17.4	-14.9				32.3	0.9	-10.4	1,350.7
1932	130.6	132.5				-1.8	121.0	141.3	105.2				36.1	-20.3	9.7	1,486.2
1933	136.6	130.7				5.8	110.6	141.6	96.5				45.1	-31.0	25.9	1,636.5
1934	87.4	75.7				11.8	54.7	86.4	48.0				38.5	-31.7	32.7	1,827.1
1935	239.1	222.6				16.5	264.2	270.4	238.6				31.8	-6.3	-25.1	2,190.1
1936	134.1	98.0				36.1	69.1	213.3	171.2				42.1	-144.2	65.0	2,325.4
1937	529.9	493.9				36.1	386.5	497.6	424.8				72.9	-111.1	143.4	2,995.6
1938	361.3	312.8				48.5	181.5	275.3	198.3				77.0	-93.9	179.8	3,243.7
1939	228.5	184.4				44.2	43.6	352.7	265.5				87.2	-309.1	184.9	3,660.0
1940	762.3	674.7				87.6	570.4	1,042.6	924.8				117.8	-472.2	191.9	4,576.7
	남한, 십억 원															
1953	5.5						6.5	7.4						-0.9	-1.0	50.6
1954	4.0						6.6	7.6						-1.0	-2.6	69.4
1955	9.9						10.4	14.1						-3.7	-0.5	120.4
1956	10.9						11.8	13.9						-2.2	-0.9	167.3
1957	25.7						27.8	30.9						-3.1	-2.1	215.8
1958	21.7						24.8	25.8						-1.0	-3.1	224.8
1959	19.7						22.4	23.9						-1.4	-2.8	236.7
1960	21.9						23.3	26.3						-3.0	-1.4	270.2
1961	34.9						34.7	38.3						-3.6	0.3	328.0
1962	39.9						36.4	51.5						-15.1	3.5	393.6
1963	75.4						71.3	97.4						-26.1	4.1	547.9
1964	104.8						97.3	114.0						-16.7	7.5	777.7
1965	109.6						109.4	122.7						-13.3	0.2	877.8
1966	182.4						184.7	231.3						-46.6	-2.3	1,123.5
1967	215.8						224.8	291.6						-66.8	-9.1	1,385.3
1968	319.3						323.1	458.7						-135.6	-3.8	1,768.2
1969	482.2						488.1	662.3						-174.2	-5.9	2,299.6
1970	528	331				197	537	736	560				176	-199	-9	2,867
1971	542	332				210	569	878	654				224	-308	-28	3,481
1972	749	612				138	738	912	695				217	-174	11	4,292
1973	1,271	1,074				197	1,251	1,427	1,127				299	-175	20	5,545
1974	1,759	1,517				242	1,742	2,564	2,226				338	-822	17	7,932
1975	2,041	1,705	815	60	830	336	2,070	3,042	2,284	2,068	44	171	759	-972	-29	10,445
1976	3,615	2,851	1,142	101	1,609	764	3,569	3,972	3,067	2,274	54	739	905	-403	46	14,419

표 N344-359 계속

	총저축	민간				일반정부	총투자	국내총자본형성						국외투자	통계상 불일치	국민총처분 가능소득
		합계	비금융 법인기업	금융기관	가계 및 비영리 단체			합계	민간				일반정부			
									합계	비금융 법인기업	금융기관	가계 및 비영리 단체				
	N344	N345	N346	N347	N348	N349	N350	N351	N352	N353	N354	N355	N356	N357	N358	N359
	남한, 십억 원															
1977	5,313	4,370	1,700	173	2,497	943	5,365	5,673	4,410	3,714	54	642	1,263	-308	-53	18,562
1978	7,896	6,324	2,188	341	3,795	1,572	7,778	8,641	7,025	5,015	177	1,832	1,616	-863	118	25,245
1979	9,895	7,624	2,785	476	4,363	2,271	9,962	12,286	10,183	7,598	201	2,384	2,103	-2,324	-67	32,295
1980	10,010	7,696	3,698	928	3,070	2,314	10,046	13,600	11,096	8,574	302	2,221	2,504	-3,554	-37	39,340
1981	12,196	9,211	4,514	617	4,079	2,985	12,065	16,004	11,651	10,601	330	720	4,353	-3,939	132	48,961
1982	15,175	11,243	6,126	197	4,920	3,931	15,014	18,313	14,615	11,926	594	2,095	3,699	-3,299	161	56,707
1983	20,475	15,184	7,970	539	6,675	5,291	20,436	22,131	17,948	13,628	331	3,989	4,183	-1,695	40	67,209
1984	25,171	19,476	9,184	979	9,313	5,694	25,103	25,107	20,966	14,653	435	5,878	4,142	-4	68	77,159
1985	28,202	22,136	9,784	1,152	11,199	6,066	28,403	28,410	23,396	17,341	407	5,648	5,015	-7	-201	85,976
1986	36,442	29,356	12,084	1,323	15,949	7,086	36,167	33,019	27,759	19,038	1,022	7,699	5,260	3,148	276	100,699
1987	47,536	38,676	15,559	1,723	21,394	8,860	47,478	39,776	33,770	23,298	846	9,626	6,006	7,703	58	120,051
1988	60,220	48,094	19,828	1,935	26,332	12,126	59,864	50,000	42,332	26,351	723	15,257	7,668	9,864	357	144,328
1989	63,934	50,458	19,729	2,360	28,369	13,477	64,246	60,659	51,652	33,143	1,424	17,085	9,007	3,587	-311	163,568
1990	77,775	60,970	24,460	2,851	33,659	16,805	77,540	78,326	67,078	48,814	882	17,382	11,248	-785	234	198,076
1991	93,951	75,196	26,762	3,382	45,052	18,756	93,993	98,833	84,144	62,598	1,854	19,692	14,689	-4,840	-42	239,015
1992	104,969	83,819	28,612	5,821	49,385	21,151	104,673	105,168	88,271	61,819	3,558	22,894	16,897	-494	296	273,416
1993	119,009	94,039	34,602	6,058	53,379	24,970	118,233	116,214	98,061	65,781	2,869	29,410	18,153	2,019	776	309,987
1994	139,325	108,345	46,277	5,484	56,585	30,979	139,085	141,074	121,440	88,339	1,998	31,103	19,635	-1,989	240	365,442
1995	162,740	122,472	55,942	7,373	59,157	40,267	161,669	167,296	143,362	101,129	8,432	33,802	23,933	-5,627	1,071	427,238
1996	174,259	125,457	52,818	7,076	65,564	48,802	174,565	190,921	164,174	116,326	7,995	39,853	26,747	-16,356	-306	478,906
1997	191,999	137,191	64,862	7,820	64,509	54,808	192,384	198,481	166,876	120,546	6,409	39,922	31,604	-6,096	-386	527,852
1998	197,934	150,936	44,046	10,478	96,412	46,999	199,110	145,605	114,093	85,222	2,491	26,381	31,512	53,506	-1,176	521,387
1999	205,010	154,573	67,432	13,741	73,400	50,437	205,460	178,348	147,503	100,072	504	46,927	30,845	27,113	-450	571,150
2000	216,913	144,589	82,442	6,979	55,169	72,324	217,582	209,241	174,144	126,418	5,446	42,280	35,097	8,341	-669	630,374
2001	221,149	151,313	92,423	14,019	44,871	69,836	221,528	217,182	178,553	127,026	4,974	46,553	38,629	4,346	-378	681,818
2002	240,625	161,110	113,979	17,603	29,528	79,516	241,472	235,741	196,572	143,286	5,762	47,525	39,168	5,731	-847	756,241
2003	268,046	184,053	115,090	20,194	48,769	83,993	269,022	259,614	213,795	155,469	6,224	52,102	45,819	9,408	-976	804,013
2004	308,755	230,157	141,872	19,236	69,049	78,598	309,641	281,356	231,258	166,087	5,916	59,256	50,098	28,285	-886	870,775
2005	306,930	218,089	141,749	11,857	64,483	88,841	307,710	295,835	246,011	184,809	5,613	55,590	49,824	11,875	-780	909,275
2006	314,851	216,870	145,129	10,837	60,905	97,981	315,657	315,907	266,032	203,453	5,896	56,683	49,875	-249	-807	958,259
2007	344,274	231,912	165,110	13,545	53,257	112,362	344,395	339,889	287,877	219,433	8,256	60,188	52,011	4,507	-122	1,036,014
2008	362,814	263,396	170,084	32,782	60,530	99,418	363,695	364,687	306,402	240,146	8,762	57,493	58,285	-992	-881	1,103,619
2009	376,921	289,436	190,934	28,673	69,828	87,485	376,622	327,841	252,570	200,600	8,410	43,560	75,271	48,781	299	1,146,510
2010	440,634	342,091	243,218	26,773	72,101	98,543	440,634	405,188	339,254	256,319	10,026	72,909	65,934	35,446	-	1,260,455
2011	461,799	354,668	253,621	29,814	71,232	107,131	461,799	439,236	373,791	285,107	10,936	77,749	65,445	22,562	-	1,335,321
2012	473,507	368,111	259,100	34,389	74,623	105,396	473,507	427,029	361,546	284,281	10,089	67,177	65,482	46,479	-	1,385,445
2013	492,830	387,693	272,140	24,604	90,949	105,137	492,830	416,000	349,184	264,722	10,150	74,312	66,817	76,830	-	1,435,098
2014	512,592	409,780	278,126	23,946	107,708	102,812	512,592	435,078	370,020	278,004	10,584	81,433	65,058	77,514	-	1,485,517
2015	556,731	447,220	291,590	24,235	131,395	109,512	559,811	452,315	384,304	277,137	10,516	96,651	68,011	107,496	-3,079	1,562,737

자료: 1911-1940년은 김낙년 편, 『한국의 장기통계: 국민계정 1911-2010』(서울대출판문화원, 2012), pp. 504-505; 1953년 이후는 한국은행, 「총저축과 총투자」(http://ecos.bok.or.kr).
주: 국외투자율(N357)은 경상계정 잉여(N79)를 가져온 것이다.

6. 도별 GDP와 인구

표 N360-385 도별 지역내총생산(GRDP)과 인구, 1911-1940/1944

	지역내총생산												
	경기	충북	충남	전북	전남	경북	경남	황해	평남	평북	강원	함남	함북
	N360	N361	N362	N363	N364	N365	N366	N367	N368	N369	N370	N371	N372
	백만 圓												
1911	77.7	16.7	29.9	35.4	53.9	62.5	56.5	40.5	31.2	34.6	27.1	31.6	17.5
1912	89.5	20.9	37.8	39.8	62.9	69.6	68.1	57.3	42.0	45.3	34.3	40.5	21.8
1913	98.4	22.8	41.9	48.8	74.2	73.4	75.5	60.0	47.3	51.7	37.6	44.8	23.6
1914	94.5	22.8	39.7	44.7	63.5	66.1	67.6	49.7	41.1	45.3	36.6	38.4	21.0
1915	91.6	20.8	33.4	36.3	57.4	55.9	60.0	45.2	37.4	40.8	33.1	39.8	19.0
1916	104.7	24.2	41.8	42.4	64.1	65.7	68.9	55.8	46.4	48.3	36.5	44.5	22.2
1917	135.3	33.5	56.9	60.4	94.6	94.2	99.9	68.5	60.8	61.7	48.9	58.7	27.0
1918	199.1	55.0	87.7	91.8	145.2	163.9	153.0	117.4	100.0	93.1	80.9	89.9	43.0
1919	245.1	71.0	103.3	125.1	219.2	236.5	231.2	122.9	99.6	105.7	109.0	116.4	54.3
1920	281.7	74.1	120.0	125.8	197.7	224.9	211.5	158.9	138.0	126.9	117.1	126.7	62.9
1921	235.4	56.5	92.8	106.5	168.2	173.0	178.1	119.4	106.3	103.3	90.7	101.9	51.8
1922	250.2	61.8	101.8	113.9	184.2	197.6	191.0	125.3	118.3	114.3	101.4	109.2	59.6
1923	251.0	60.2	98.0	116.4	184.4	189.7	189.3	127.0	120.0	105.3	97.6	109.1	62.2
1924	258.3	64.7	101.3	112.9	203.0	197.6	206.6	137.5	137.0	120.6	106.4	111.0	57.4
1925	268.6	66.8	110.7	131.6	213.1	212.2	201.6	138.7	138.4	128.2	104.8	113.8	63.6
1926	264.2	62.2	105.9	126.7	200.9	206.5	206.7	129.1	133.7	117.9	100.1	116.6	63.9
1927	276.6	62.8	109.2	130.0	200.6	193.2	200.7	135.2	138.1	121.9	102.2	117.9	72.3
1928	257.5	57.9	97.2	113.1	195.4	174.0	192.8	122.6	145.4	127.7	100.2	115.3	68.1
1929	265.7	54.7	93.0	111.0	179.9	165.1	172.9	121.8	141.2	120.6	99.0	119.4	66.6
1930	221.7	42.0	71.2	89.5	145.6	147.9	151.7	97.6	102.8	94.5	78.8	122.5	52.6
1931	210.5	40.2	68.9	86.2	131.2	135.7	143.2	94.6	99.2	92.0	74.5	143.4	46.6
1932	232.6	45.1	76.5	94.5	154.5	141.5	154.9	105.2	119.0	104.3	82.6	150.3	51.4
1933	254.0	49.3	85.3	105.1	155.9	160.2	165.5	116.0	129.6	110.9	88.9	166.0	61.1
1934	298.8	55.4	99.5	127.2	185.0	170.6	183.3	133.1	142.4	118.8	98.8	164.2	66.4
1935	347.5	65.5	116.4	138.8	204.3	205.5	241.4	165.8	175.7	146.2	121.4	206.3	94.6
1936	388.6	64.7	127.9	137.4	212.3	203.6	221.7	162.8	183.1	163.8	117.2	269.1	109.6
1937	498.0	90.1	159.5	184.5	263.6	248.8	286.3	214.4	221.1	186.2	157.2	371.0	135.1
1938	544.3	93.2	162.7	195.7	267.3	270.6	288.4	239.0	255.2	208.7	164.0	431.2	150.4
1939	618.1	88.0	138.5	157.8	306.9	264.5	324.3	301.4	311.8	261.6	200.7	506.5	236.1
1940	746.4	112.5	194.8	262.5	389.6	368.6	404.4	349.9	372.6	291.2	236.8	563.2	295.2
	인구												
	N373	N374	N375	N376	N377	N378	N379	N380	N381	N382	N383	N384	N385
	천 명												
1910	1,754	680	1,103	1,210	1,903	1,949	1,780	1,211	1,109	1,188	969	1,064	547
1911	1,805	712	1,102	1,168	1,974	1,993	1,792	1,214	1,109	1,205	1,018	1,139	530
1912	1,836	756	1,164	1,157	1,934	2,020	1,780	1,262	1,120	1,215	1,064	1,204	542
1913	1,857	764	1,176	1,164	1,948	2,053	1,791	1,322	1,132	1,258	1,105	1,226	548
1914	1,874	780	1,151	1,186	1,967	2,073	1,826	1,367	1,174	1,274	1,158	1,241	556
1915	1,872	779	1,170	1,185	2,009	2,131	1,892	1,379	1,163	1,300	1,187	1,276	563
1916	1,904	792	1,183	1,188	2,014	2,170	1,896	1,378	1,171	1,308	1,202	1,296	566
1917	1,901	802	1,200	1,201	2,017	2,196	1,893	1,387	1,217	1,320	1,215	1,310	566
1918	1,909	810	1,205	1,216	2,023	2,218	1,878	1,416	1,226	1,353	1,240	1,324	566
1919	1,935	820	1,208	1,229	2,040	2,251	1,899	1,410	1,228	1,347	1,258	1,338	573
1920	1,929	841	1,232	1,319	2,113	2,284	1,940	1,385	1,170	1,304	1,278	1,329	567
1921	1,952	840	1,235	1,313	2,113	2,298	1,952	1,400	1,195	1,336	1,282	1,345	594
1922	1,967	842	1,251	1,320	2,111	2,274	1,965	1,414	1,219	1,373	1,304	1,362	626
1923	1,991	841	1,254	1,342	2,145	2,298	1,968	1,428	1,236	1,397	1,305	1,349	640
1924	2,009	837	1,257	1,367	2,168	2,323	1,987	1,441	1,254	1,404	1,307	1,361	633
1925	2,019	847	1,282	1,369	2,159	2,333	2,022	1,462	1,242	1,417	1,332	1,413	626
1926	2,017	890	1,269	1,400	2,206	2,378	2,033	1,471	1,294	1,449	1,354	1,411	647
1927	2,025	870	1,323	1,429	2,235	2,403	2,068	1,477	1,321	1,475	1,369	1,458	668
1928	2,066	885	1,364	1,467	2,253	2,417	2,093	1,482	1,361	1,498	1,369	1,474	701
1929	2,114	900	1,388	1,484	2,284	2,428	2,104	1,507	1,372	1,536	1,392	1,505	725
1930	2,157	900	1,383	1,504	2,332	2,417	2,136	1,524	1,332	1,563	1,488	1,578	745
1931	2,181	911	1,439	1,538	2,366	2,444	2,190	1,569	1,380	1,590	1,475	1,551	779
1932	2,250	914	1,452	1,527	2,408	2,479	2,220	1,580	1,390	1,639	1,513	1,628	775

표 N360-385 계속

	인구												
	경기	충북	충남	전북	전남	경북	경남	황해	평남	평북	강원	함남	함북
	N373	N374	N375	N376	N377	N378	N379	N380	N381	N382	N383	N384	N385
	천 명												
1933	2,316	931	1,481	1,544	2,429	2,497	2,259	1,616	1,432	1,664	1,535	1,645	794
1934	2,378	942	1,512	1,571	2,471	2,525	2,273	1,651	1,464	1,685	1,552	1,670	824
1935	2,452	959	1,527	1,607	2,508	2,563	2,248	1,674	1,470	1,710	1,605	1,722	853
1936	2,514	954	1,559	1,620	2,540	2,580	2,327	1,723	1,508	1,705	1,607	1,684	856
1937	2,578	953	1,578	1,627	2,577	2,567	2,331	1,748	1,543	1,734	1,619	1,717	886
1938	2,653	949	1,592	1,628	2,602	2,600	2,333	1,778	1,582	1,736	1,641	1,745	906
1939	2,731	948	1,607	1,626	2,624	2,561	2,327	1,814	1,622	1,751	1,677	1,758	988
1940	2,864	945	1,576	1,599	2,639	2,472	2,242	1,813	1,662	1,768	1,765	1,879	1,102
1941	2,939	912	1,583	1,625	2,658	2,482	2,342	1,841	1,695	1,793	1,749	1,937	1,154
1942	3,068	933	1,589	1,639	2,684	2,510	2,353	1,863	1,753	1,803	1,778	1,956	1,171
1943	3,118	952	1,637	1,664	2,709	2,543	2,362	1,914	1,772	1,847	1,792	2,023	1,164
1944	3,090	980	1,673	1,673	2,748	2,604	2,416	2,013	1,827	1,881	1,857	2,014	1,124

자료: 김낙년 편, 『한국의 장기통계: 국민계정 1911-2010』(서울대출판문화원, 2012), pp. 508-511.

표 N386-421 시도별 지역내총생산(GRDP)과 인구, 1970/1985-2015

	지역내총생산																	
	전국	서울	부산	대구	인천	광주	대전	울산	세종	경기	강원	충북	충남	전북	전남	경북	경남	제주
	N386	N387	N388	N389	N390	N391	N392	N393	N394	N395	N396	N397	N398	N399	N400	N401	N402	N403
	십억 원																	
1985	90,350	22,913	6,968	3,882	4,170					12,553	3,727	3,103	5,826	3,427	6,512	6,784	9,682	804
1986	105,506	27,019	7,948	4,634	4,857					15,373	4,256	3,259	6,782	3,933	7,374	7,965	11,209	900
1987	122,679	31,702	9,248	5,538	5,649	2,269				18,516	4,878	3,629	7,528	4,312	6,119	9,395	12,800	1,097
1988	146,826	37,201	10,647	6,278	6,968	2,967				23,002	5,442	4,299	9,043	5,072	7,538	11,576	15,486	1,307
1989	166,258	43,078	11,537	6,997	8,052	3,440	3,728			26,982	6,023	5,009	6,472	5,570	8,225	12,295	17,230	1,621
1990	201,737	52,333	14,330	8,626	10,126	4,389	4,694			33,283	7,031	6,079	7,472	6,545	9,770	13,870	21,265	1,924
1991	244,997	63,548	16,947	9,959	12,965	5,233	5,877			41,340	7,971	7,473	9,100	7,944	12,035	16,592	25,584	2,429
1992	280,977	73,167	18,198	11,039	14,351	6,081	6,779			47,690	8,746	8,642	10,871	9,312	14,232	18,161	31,029	2,679
1993	316,558	82,829	20,134	12,036	16,175	6,836	7,733			55,006	9,419	10,061	12,688	10,507	16,071	19,825	34,286	2,952
1994	373,112	96,068	23,158	14,214	18,658	8,178	8,657			65,553	10,867	12,166	15,550	13,143	17,455	24,028	41,809	3,608
1995	437,585	111,002	26,988	16,515	22,837	9,685	9,938			77,140	12,631	14,640	18,273	14,772	21,823	27,425	49,593	4,322
1996	484,292	121,526	29,593	18,400	25,105	10,893	11,142			85,072	14,616	16,598	21,147	16,902	24,295	30,132	54,237	4,634
1997	532,639	132,303	31,696	20,179	27,708	11,795	12,275			90,866	15,876	17,334	24,712	18,568	27,820	35,239	61,261	5,005
1998	524,913	129,737	31,591	19,147	25,673	11,023	12,152	26,388		89,975	15,580	16,981	24,814	17,541	28,207	34,522	36,745	4,838
1999	579,996	143,659	34,019	20,797	27,175	11,913	12,882	28,614		105,634	16,623	19,201	28,503	19,108	29,102	38,110	39,437	5,218
2000	638,030	159,731	35,660	22,640	29,278	13,214	14,394	31,053		119,873	17,445	20,343	31,895	20,563	30,659	42,796	42,902	5,582
2001	691,323	172,078	39,637	24,070	32,601	14,480	15,299	33,487		132,966	18,399	21,296	34,144	21,896	32,887	44,624	47,438	6,020
2002	762,789	192,248	42,568	26,151	37,331	16,047	17,086	37,033		148,015	19,848	23,025	37,972	23,370	35,075	48,309	51,934	6,777
2003	814,453	203,337	46,239	27,593	39,277	16,613	18,552	36,793		159,675	21,791	24,393	42,582	24,326	38,075	52,584	55,350	7,275
2004	879,128	209,446	48,850	29,799	42,631	17,679	19,702	42,688		175,038	22,848	27,767	47,680	26,058	42,035	59,410	59,551	7,947
2005	920,028	220,236	50,611	30,767	44,164	19,236	20,442	43,381		185,777	23,556	27,576	51,307	26,570	42,925	61,827	63,402	8,250
2006	966,660	231,224	52,358	32,276	47,055	20,614	21,377	45,155		197,973	25,023	29,761	54,335	28,065	42,951	63,295	66,710	8,489
2007	1,043,255	249,485	56,193	34,388	51,638	22,310	22,775	50,082		212,644	26,878	32,011	59,031	30,007	47,730	65,990	73,044	9,049
2008	1,105,722	263,000	60,467	35,465	51,274	22,940	24,034	53,870		225,736	27,981	33,036	64,067	31,832	52,424	70,559	79,694	9,342
2009	1,151,367	273,199	60,695	36,017	53,796	23,834	25,535	52,556		237,319	29,111	34,837	71,756	34,739	51,544	72,973	83,163	10,296
2010	1,265,146	289,719	63,737	38,580	60,708	26,401	27,632	62,852		266,562	30,628	39,470	83,167	36,632	59,901	80,839	87,419	10,899
2011	1,330,888	303,813	66,648	41,448	61,854	27,789	29,684	68,748		276,155	32,438	42,489	91,816	39,960	62,689	82,276	91,233	11,847
2012	1,377,041	313,479	67,999	43,021	62,208	28,914	30,884	70,783		288,147	33,853	43,628	95,308	40,432	64,642	85,401	95,635	12,707
2013	1,430,255	318,607	70,338	44,754	64,654	29,763	31,456	68,348		313,671	35,357	47,402	99,154	42,513	62,289	89,132	99,619	13,198
2014	1,485,505	328,661	73,674	46,524	69,501	31,295	32,799	67,018		329,559	37,170	49,791	105,002	44,243	62,457	92,697	101,028	14,087
2015	1,565,248	344,426	78,238	48,869	75,675	32,516	34,062	69,674		352,857	39,566	52,656	111,265	45,641	65,454	94,988	103,995	15,366
	인구																	
	N404	N405	N406	N407	N408	N409	N410	N411	N412	N413	N414	N415	N416	N417	N418	N419	N420	N421
	천 명																	
1970	32,241	5,686	2,046	1,295	804	651	548	283		2,636	1,914	1,516	2,379	2,491	3,450	3,374	2,795	374
1971	32,883	5,940	2,155	1,345	838	672	569	300		2,733	1,914	1,525	2,379	2,501	3,430	3,388	2,810	384
1972	33,505	6,207	2,270	1,396	874	693	590	317		2,829	1,912	1,532	2,373	2,505	3,402	3,393	2,818	393

표 N386-421 계속

	인구																	
	전국	서울	부산	대구	인천	광주	대전	울산	세종	경기	강원	충북	충남	전북	전남	경북	경남	제주
	N404	N405	N406	N407	N408	N409	N410	N411	N412	N413	N414	N415	N416	N417	N418	N419	N420	N421
	천 명																	
1973	34,103	6,470	2,386	1,445	909	713	611	336		2,927	1,908	1,537	2,365	2,505	3,370	3,395	2,824	402
1974	34,692	6,738	2,505	1,495	945	733	631	355		3,025	1,902	1,542	2,355	2,502	3,335	3,394	2,826	410
1975	35,281	7,005	2,625	1,544	981	751	651	375		3,125	1,893	1,546	2,346	2,498	3,300	3,393	2,829	419
1976	35,849	7,301	2,757	1,612	1,032	776	684	405		3,250	1,881	1,529	2,318	2,468	3,237	3,351	2,819	430
1977	36,412	7,599	2,890	1,680	1,085	801	717	436		3,377	1,869	1,511	2,289	2,435	3,173	3,306	2,804	440
1978	36,969	7,900	3,026	1,749	1,139	826	750	470		3,505	1,854	1,491	2,257	2,401	3,106	3,257	2,786	450
1979	37,534	8,205	3,166	1,818	1,195	850	785	506		3,637	1,839	1,470	2,224	2,365	3,040	3,207	2,767	461
1980	38,124	8,516	3,309	1,889	1,253	874	820	546		3,774	1,824	1,450	2,191	2,329	2,974	3,157	2,746	472
1981	38,723	8,796	3,400	1,940	1,315	913	843	571		3,876	1,820	1,446	2,182	2,318	2,937	3,139	2,749	479
1982	39,326	9,059	3,469	1,995	1,366	954	864	598		4,023	1,814	1,441	2,172	2,312	2,899	3,111	2,765	484
1983	39,910	9,317	3,527	2,047	1,412	992	887	625		4,247	1,796	1,432	2,151	2,291	2,848	3,067	2,784	489
1984	40,406	9,559	3,580	2,091	1,474	1,023	919	651		4,480	1,766	1,416	2,112	2,255	2,786	3,008	2,793	492
1985	40,806	9,725	3,628	2,129	1,541	1,053	952	676		4,697	1,740	1,403	2,075	2,221	2,729	2,954	2,790	493
1986	41,214	9,815	3,671	2,162	1,593	1,062	964	686		5,001	1,721	1,397	2,066	2,188	2,701	2,907	2,783	495
1987	41,622	9,932	3,725	2,196	1,647	1,069	974	703		5,291	1,692	1,390	2,056	2,153	2,659	2,867	2,774	496
1988	42,031	10,147	3,773	2,230	1,710	1,079	984	731		5,499	1,653	1,381	2,040	2,116	2,599	2,823	2,768	499
1989	42,449	10,379	3,803	2,267	1,785	1,100	1,003	762		5,691	1,607	1,373	2,018	2,080	2,539	2,774	2,765	502
1990	42,869	10,473	3,803	2,293	1,897	1,125	1,036	794		5,972	1,562	1,374	1,992	2,047	2,480	2,736	2,776	509
1991	43,296	10,461	3,817	2,332	1,979	1,154	1,084	829		6,294	1,547	1,383	1,949	2,022	2,396	2,732	2,806	510
1992	43,748	10,446	3,829	2,371	2,065	1,185	1,133	866		6,634	1,532	1,392	1,908	1,999	2,315	2,728	2,835	510
1993	44,195	10,420	3,839	2,408	2,153	1,215	1,183	903		6,988	1,516	1,400	1,866	1,974	2,237	2,722	2,861	511
1994	44,642	10,385	3,846	2,442	2,243	1,244	1,235	941		7,356	1,499	1,406	1,825	1,948	2,161	2,713	2,886	512
1995	45,093	10,342	3,852	2,475	2,334	1,274	1,287	980		7,738	1,482	1,412	1,784	1,922	2,089	2,702	2,909	512
1996	45,525	10,195	3,826	2,489	2,376	1,292	1,315	998		8,132	1,483	1,431	1,804	1,923	2,077	2,724	2,943	514
1997	45,954	10,116	3,803	2,496	2,421	1,317	1,339	1,016		8,449	1,489	1,452	1,831	1,923	2,065	2,745	2,975	516
1998	46,287	10,051	3,775	2,502	2,464	1,341	1,358	1,023		8,682	1,502	1,469	1,854	1,925	2,061	2,759	3,000	519
1999	46,617	10,036	3,752	2,512	2,494	1,361	1,378	1,027		8,893	1,513	1,483	1,870	1,930	2,055	2,771	3,020	522
2000	47,008	10,078	3,733	2,529	2,522	1,382	1,397	1,036		9,146	1,516	1,494	1,879	1,927	2,035	2,773	3,036	524
2001	47,370	10,091	3,716	2,535	2,551	1,402	1,418	1,047		9,451	1,517	1,499	1,882	1,916	2,012	2,757	3,048	529
2002	47,645	10,049	3,685	2,531	2,572	1,422	1,434	1,057		9,814	1,510	1,496	1,877	1,896	1,963	2,737	3,070	534
2003	47,892	10,041	3,649	2,532	2,573	1,432	1,453	1,062		10,149	1,501	1,491	1,872	1,871	1,929	2,705	3,095	537
2004	48,083	10,052	3,624	2,533	2,571	1,445	1,461	1,067		10,416	1,497	1,491	1,892	1,843	1,881	2,670	3,102	539
2005	48,185	10,029	3,590	2,509	2,581	1,445	1,470	1,071		10,625	1,489	1,485	1,918	1,817	1,851	2,652	3,110	542
2006	48,438	10,057	3,563	2,490	2,607	1,448	1,481	1,076		10,853	1,482	1,487	1,943	1,801	1,830	2,653	3,123	544
2007	48,684	10,069	3,538	2,484	2,643	1,456	1,494	1,079		11,057	1,476	1,494	1,973	1,792	1,806	2,643	3,137	543
2008	49,055	10,112	3,514	2,481	2,689	1,465	1,501	1,092		11,267	1,480	1,509	2,013	1,788	1,794	2,639	3,166	544
2009	49,308	10,139	3,497	2,482	2,700	1,479	1,508	1,098		11,413	1,485	1,517	2,040	1,792	1,785	2,634	3,192	546
2010	49,554	10,089	3,477	2,480	2,723	1,494	1,515	1,099		11,619	1,489	1,524	2,078	1,796	1,777	2,630	3,217	548
2011	49,937	10,072	3,476	2,483	2,755	1,502	1,528	1,112		11,825	1,498	1,545	2,108	1,809	1,779	2,645	3,245	554
2012	50,200	10,036	3,462	2,480	2,794	1,504	1,540	1,125	102	11,974	1,504	1,553	2,043	1,817	1,782	2,656	3,265	561
2013	50,429	9,990	3,456	2,476	2,830	1,504	1,545	1,137	118	12,126	1,506	1,565	2,062	1,821	1,784	2,661	3,278	570
2014	50,747	9,975	3,452	2,475	2,862	1,505	1,553	1,151	132	12,282	1,510	1,578	2,088	1,829	1,792	2,671	3,307	583
2015	51,015	9,941	3,452	2,469	2,883	1,506	1,542	1,164	187	12,423	1,517	1,589	2,103	1,835	1,797	2,678	3,330	599

자료: 통계청, 「지역계정」, 「장래인구추계」(http://kosis.kr).

주: 1) 시도별 GRDP의 합계(N373)는 전체 GDP(N186)와 다소 괴리가 있다.

2) 해방 전(N360-372)과 비교할 때에는 행정구역의 변화를 고려할 필요가 있다. 예컨대 해방 전의 경기(N360)는 서울, 인천, 경기(N374, N377, N382)와 대응하며, 해방 전의 전남(N364)은 해방 후 전남과 제주(N387, N390)로 나뉘어졌다.

7. 식민지기 남한의 GDP

표 N422-439 경제활동별 GDP, 남한, 당해년 가격, 1911-1940

	총부가가치(기초가격)																순생산물세	국내총생산(시장가격)
	농업	임업	어업	광업	제조업	전기, 가스, 수도사업	건설업	도소매 및 음식 숙박업	운수, 창고, 통신업	금융 보험업	부동산 및 사업서비스업	공공행정 및 국방	교육 서비스업	보건 및 사회복지	기타 서비스	합계		
	N422	N423	N424	N425	N426	N427	N428	N429	N430	N431	N432	N433	N434	N435	N436	N437	N439	N439
	남한, 백만 圓																	
1911	201.3	25.9	4.1	0.5	15.2	0.3	4.9	36.9	14.6	3.6	14.6	13.2	0.8	1.7	5.7	343.3	1.8	345.1
1912	237.8	29.6	4.2	0.6	16.9	0.4	5.3	44.5	17.4	3.9	18.6	13.8	1.4	1.8	6.5	402.7	2.4	405.1
1913	270.8	31.0	6.0	0.7	19.2	0.6	5.5	47.8	19.4	4.6	19.8	14.2	1.7	2.1	7.0	450.3	2.7	453.0
1914	235.3	32.3	6.6	0.6	20.9	0.8	5.6	45.2	18.6	5.4	17.7	14.1	2.1	1.9	6.6	413.8	2.7	416.5
1915	192.1	27.2	7.1	0.9	23.7	0.9	5.2	44.8	18.8	5.5	16.3	14.4	2.3	2.0	6.4	367.6	3.2	370.8
1916	232.7	27.2	8.2	1.4	25.0	1.5	5.7	50.3	21.5	4.7	18.1	14.9	2.5	2.2	8.4	424.3	4.0	428.3
1917	346.7	34.4	10.5	1.4	33.8	1.5	7.3	66.8	29.1	6.2	24.7	15.0	2.9	2.2	8.3	590.9	6.7	597.6
1918	554.5	55.8	17.2	1.9	53.0	4.6	11.5	101.8	43.7	8.8	37.9	17.8	3.5	2.5	11.6	926.2	10.0	936.2
1919	728.0	78.8	22.5	1.1	80.2	4.5	21.7	144.6	61.1	18.9	55.9	26.9	5.5	3.4	16.9	1,270.2	18.0	1,288.2
1920	719.8	96.3	20.2	1.0	66.1	5.4	25.8	136.4	61.1	30.6	51.1	38.2	7.8	4.1	19.1	1,282.9	13.3	1,296.2
1921	510.3	77.7	23.7	1.1	68.6	4.3	29.1	120.4	56.8	27.6	44.4	41.1	10.0	3.8	20.2	1,039.0	16.7	1,055.7
1922	585.8	80.7	24.8	1.1	66.3	4.6	29.3	126.9	61.4	28.2	46.7	40.4	12.1	4.0	20.9	1,133.2	18.8	1,152.1
1923	573.9	68.5	27.7	1.2	74.6	4.8	27.3	130.5	64.1	23.9	47.3	41.9	12.3	4.1	23.5	1,125.7	12.2	1,137.9
1924	624.9	64.9	27.7	1.3	78.1	4.9	24.3	136.0	67.4	20.5	53.4	38.9	12.8	4.1	25.4	1,184.7	14.6	1,199.3
1925	666.1	68.9	27.5	1.4	78.8	5.0	23.7	146.0	71.4	21.5	53.0	35.9	13.5	4.6	23.7	1,241.0	16.4	1,257.4
1926	626.0	59.4	28.7	1.7	83.5	5.3	22.3	147.0	73.0	19.6	53.8	36.9	14.9	4.9	25.6	1,202.5	20.4	1,222.8
1927	601.0	70.0	32.4	1.7	80.3	6.0	22.2	148.8	76.4	27.0	52.9	37.7	15.9	5.1	25.8	1,203.0	20.2	1,223.2
1928	497.0	68.3	32.9	2.0	80.8	6.6	28.3	151.0	79.3	31.9	52.7	39.0	16.8	5.1	26.6	1,118.5	19.7	1,138.2
1929	448.0	69.8	32.0	1.8	75.5	6.8	35.0	150.2	81.7	30.6	48.2	40.7	16.7	5.3	27.7	1,070.0	21.0	1,091.0
1930	335.3	66.9	26.8	1.9	59.6	7.7	33.4	126.4	69.6	31.6	39.0	40.4	16.5	5.5	25.3	886.0	21.3	907.3
1931	334.5	55.6	24.0	2.2	46.5	8.2	26.0	113.2	66.0	30.6	38.7	37.3	15.9	5.4	24.7	828.8	22.6	851.4
1932	402.6	49.4	24.0	4.5	57.5	8.5	24.8	124.5	70.8	31.2	38.9	37.1	16.0	5.6	25.0	920.4	19.1	939.5
1933	439.0	48.9	24.7	7.3	67.2	8.7	24.3	138.0	77.9	32.4	42.6	38.4	16.6	5.6	24.2	995.7	22.3	1,018.0
1934	517.1	51.7	26.6	9.8	81.6	10.5	29.4	154.6	87.5	33.6	50.0	43.1	17.3	5.6	25.1	1,143.6	22.7	1,166.3
1935	619.1	55.1	27.8	13.3	101.6	12.5	41.2	185.0	103.5	37.9	56.2	47.6	18.4	5.7	27.6	1,352.5	26.7	1,379.2
1936	551.6	56.4	31.4	16.7	114.9	15.9	54.2	208.1	116.1	44.2	63.1	50.3	19.6	6.2	30.5	1,379.0	31.0	1,410.0
1937	809.4	65.4	32.1	23.2	137.8	20.6	59.1	244.9	134.6	51.2	69.3	65.4	20.6	6.7	33.7	1,773.8	31.6	1,805.5
1938	771.6	70.3	35.4	32.5	165.0	25.5	65.2	266.1	148.6	59.6	81.9	72.3	22.8	7.5	37.4	1,861.7	37.4	1,899.1
1939	656.4	88.1	49.3	38.1	212.6	29.0	75.3	317.1	182.5	59.0	97.1	74.4	25.5	8.3	45.2	1,957.9	39.7	1,997.6
1940	997.4	99.5	63.3	42.1	273.8	33.2	107.5	374.7	212.6	74.1	105.7	90.2	28.3	10.2	51.1	2,563.7	36.1	2,599.8

자료: 김낙년 편, 『한국의 장기통계: 국민계정 1911-2010』(서울대출판문화원, 2012), pp. 512-514.

주: 북한의 경제활동별 GDP는 지면의 제약으로 여기서 제시하지 않았지만 남북한 전체 통계(N169-188)에서 남한의 해당 항목을 공제하여 구할 수 있다.

표 N440-457 경제활동별 GDP, 남한, 기준년 가격, 1911-1940

	총부가가치(기초가격)																순생산물세	국내총생산 (시장가격)
	농업	임업	어업	광업	제조업	전기, 가스, 수도 사업	건설업	도소매 및 음식숙박업	운수, 창고, 통신업	금융 보험업	부동산 및 사업서비스업	공공행정 및 국방	교육 서비스업	보건 및 사회 복지	기타 서비스	합계		
	N440	N441	N442	N443	N444	N445	N446	N447	N448	N449	N450	N451	N452	N453	N454	N455	N456	N457
	남한, 백만 圓, 1935년 가격																	
1911	376.1	46.6	4.1	0.7	22.5	0.1	7.6	66.9	22.9	6.5	26.4	27.7	1.7	3.2	10.2	588.4	2.9	650.1
1912	366.5	46.6	3.7	0.8	24.5	0.2	7.4	68.5	27.2	6.1	28.6	28.9	2.9	2.8	10.0	589.6	3.8	647.7
1913	401.2	48.6	6.9	1.0	27.6	0.2	7.7	71.4	31.6	6.9	29.6	28.8	3.5	3.1	10.5	642.7	4.1	703.7
1914	432.7	49.4	9.2	0.9	31.1	0.3	8.5	79.6	30.4	9.6	31.1	29.4	4.4	3.4	11.6	693.1	4.2	763.6
1915	420.0	49.4	9.4	1.4	37.2	0.4	8.8	90.4	32.9	11.1	32.8	29.0	4.6	3.9	12.9	708.3	5.3	780.5
1916	440.5	50.7	11.4	2.0	36.7	0.6	9.3	91.3	37.0	8.5	32.9	31.0	5.1	4.0	15.2	740.1	5.5	822.5
1917	471.7	50.3	11.2	1.9	40.0	0.6	9.1	89.0	46.4	8.2	32.8	31.3	6.0	2.9	11.1	774.9	7.0	860.1
1918	511.5	50.5	11.7	2.5	43.8	1.2	10.6	90.2	52.7	7.8	33.6	31.3	6.2	2.3	10.3	828.8	7.7	903.6
1919	457.7	51.0	13.2	1.5	50.1	1.1	15.7	89.3	50.0	11.7	34.5	37.0	7.6	2.1	10.4	797.2	11.3	873.1
1920	506.0	51.2	11.8	1.2	47.8	1.1	16.0	90.5	41.3	20.3	33.9	34.4	7.1	2.8	12.6	839.5	8.6	939.0
1921	503.9	52.3	16.7	1.5	52.6	0.9	23.3	103.1	44.2	23.6	38.1	38.5	9.4	3.3	17.3	889.9	12.8	971.1
1922	513.5	52.9	17.6	1.7	52.1	1.1	23.2	101.9	49.8	22.6	37.4	38.0	11.4	3.2	16.8	905.4	14.8	986.5
1923	504.7	51.8	19.6	1.7	59.7	1.4	22.2	107.1	53.2	19.6	38.8	40.0	11.7	3.4	19.3	918.4	9.6	1,003.5
1924	472.9	51.0	20.5	1.9	61.3	1.6	18.7	101.1	60.0	15.3	39.7	37.6	12.4	3.0	18.9	882.3	10.9	956.7
1925	509.7	52.9	18.6	2.0	62.1	1.8	19.0	108.3	61.6	15.9	39.3	34.0	12.8	3.4	17.6	925.2	12.2	996.5
1926	524.5	52.5	20.7	2.6	69.1	2.0	18.0	119.3	65.2	15.9	43.6	35.5	14.3	4.0	20.8	972.7	16.3	1,051.2
1927	564.0	53.8	27.0	2.7	67.8	2.4	18.5	129.7	69.5	23.5	46.1	35.3	14.9	4.4	22.5	1,042.9	17.0	1,122.3
1928	459.7	54.1	25.7	3.1	68.4	2.0	24.6	131.3	70.4	27.8	45.9	36.0	15.5	4.4	23.2	959.9	16.8	1,054.2
1929	457.2	54.2	25.3	3.0	66.5	2.0	32.1	139.5	72.5	28.5	44.8	37.3	15.3	4.9	25.7	976.3	18.9	1,069.6
1930	537.2	54.2	29.7	3.4	64.9	2.6	34.3	159.5	68.1	39.9	49.3	38.8	15.9	6.9	31.9	1,087.3	23.6	1,187.1
1931	514.7	53.8	30.9	4.0	56.8	3.0	29.4	151.3	70.9	40.9	51.7	38.4	16.3	7.2	33.0	1,058.7	28.7	1,194.6
1932	554.0	53.8	35.5	6.2	66.3	3.3	28.5	156.2	75.4	39.2	48.8	37.7	16.2	7.0	31.4	1,114.7	22.7	1,212.4
1933	573.9	53.3	26.5	8.4	73.3	3.5	25.7	163.7	81.5	38.4	50.6	39.2	16.9	6.7	28.7	1,147.4	24.2	1,257.0
1934	569.7	55.0	29.5	10.0	87.7	7.5	29.8	165.8	95.8	36.0	53.6	43.8	17.6	6.0	26.9	1,222.3	24.1	1,291.0
1935	619.1	55.1	27.8	13.3	101.6	12.5	41.2	185.0	103.5	37.9	56.2	47.6	18.4	5.7	27.6	1,352.5	26.8	1,379.2
1936	521.9	54.3	27.8	15.1	106.7	10.2	52.3	197.8	115.8	42.0	60.0	49.9	19.4	5.9	29.0	1,293.6	29.4	1,347.4
1937	743.2	52.6	29.7	19.1	114.1	10.1	48.7	214.6	121.5	44.9	60.8	62.0	19.5	5.8	29.6	1,540.9	26.2	1,609.6
1938	643.3	49.0	30.7	25.5	126.6	11.1	45.7	213.4	132.9	47.8	65.7	66.1	20.8	6.0	30.0	1,481.8	28.3	1,569.6
1939	395.6	49.1	26.8	28.8	140.9	18.7	46.2	197.9	148.4	36.8	60.6	60.9	20.9	5.2	28.2	1,271.9	25.9	1,314.8
1940	578.0	46.3	24.6	28.1	164.1	22.3	59.8	223.7	160.0	44.2	63.1	69.7	21.9	6.1	30.5	1,552.5	20.8	1,611.1

자료: 김낙년 편, 『한국의 장기통계: 국민계정 1911-2010』(서울대출판문화원, 2012), pp. 515-517.

주: 북한의 경제활동별 GDP는 남북한 전체 통계(N189-210)에서 남한의 해당 항목을 공제하여 구할 수 있다.

O. 물가

박기주 · 이영훈 · 조영준

이 장의 과제는 장기에 걸친 물가 변화의 다양한 시계열을 제시하는 것이다. 유럽(특히, 영국)에서는 13세기 이래의 장기 물가 추이가 구명되었으며, 그 추이를 설명하는 연구는 일일이 거론하기 힘들 정도로 많다.[1] 비유럽 세계에서는 전근대 일본에 관한 연구가 적지 않으며, 최근에는 특히 중국이 새로운 관심사로 부상하면서 물가사 연구는 전 세계로까지 확장되고 있다. 물가사 연구에 이처럼 많은 연구자들의 관심이 집중되고 있는 것은 물가사 연구가 시장경제의 발달 여부나 분업화와 같은 경제발전에 관한 기본적인 문제뿐 아니라 인구와 경제, 그리고 제도 간의 관계를 이해하는 기초이기 때문이다.

이하 제1절에서는 물가지수의 작성 방식과 물가 자료에 대해 설명하고, 제2절과 제3절에서는 각각 물가지수의 장기 추이와 유별 물가지수의 추이에 대해 설명하기로 한다.

1. 물가지수의 작성 방식과 자료

1) 물가지수의 작성 방식

물가지수는 재화 및 서비스의 가격 변화를 종합적으로 평균하여 특정 시점을 기준으로 얼마나 변했는가를 보여준다. 예컨대, 소비자물가지수는 가계가 소비하는 중요한 재화와 서비스를 선정하고 그것들이 가계 소비에서 차지하는 비중을 반영하여 가격 변화를 종합함으로써 산출된다. 이렇게 작성된 소비자물가지수를 이용하면 우리는 가계의 평균적인 생계비의 변동 추이를 측정할 수 있고 또한 다른 두 시점 간의 명목소득에서 물가 변동분을 제거한 실질소득도 계산할 수 있다.

소비자물가지수 외에 다음과 같은 물가지수가 있다. 생산자물가지수는 판매용의 재화 및 서비스를 생산하는 기업 등의 생산자가 구입하는 가격을 종합한 것이다. 도매물가지수는 최종 소비자에게 판매되기 전 단계에서 이루어지는 거래에서의 가격을 종합한 것이며, 소매물가지수는 소매단계, 즉 최종 소비자에게 판매되는 재화 및 서비스의 가격을 종합한 것이다. 소매물가지수는 소비자물가지수에 비견할 만하지만 주로 재화에 국한되기 때문에 생계비 추이를 보여주기에는 한계가 있다.

다양한 재화 및 서비스의 가격을 종합하여 물가지수를 작성하는 방식은 그동안 꾸준히 연구 · 개발되었다. 초기의 물가지수 작성 방식은 재화 및 서비스의 가격지수를 단순히 산술 또는 기하 평균하는 것이었지만 그것은 산입된 품목의 중요도, 즉 가중치를 고려하지 않았다는 문제가 있다. 단순 평균보다 가중 평균 지수가 보다 바람직하므로 현재는 가중 평균이 물가지수 작성의 보편적인 방식이 되었다. 가중치는 고정되어 있지 않고 산업 구조 또는 소비 구조의 변화에 따라 일정 기간마다 변경된다. 이 때문에 장기 연속적인 물가지수를 작성할 수 없으며, 장기의 연속적인 물가지수를 작성하기 위해서는 이전의 시계열과 이후의 시계열을 일정한 방식에 의해 연결할 수밖에 없다.

현재 가중 평균할 때 사용하는 가중치는 대개 5년마다 변경되므로, 5년의 기간 내에 소비 구조의 변화가 있더라도 물가지수에 그것이 반영되지 못한다. 그 결과 상대가격 변화, 품질 변화, 신제품 등장이 물가지수에 미치는 효과를 반영하지 않은 물가지수는 실제의 물가와 괴리할 수밖에 없

1 이에 관한 다양한 연구 성과에 관해서는 Fischer(1996)와 거기에 소개된 각종 문헌을 참고.

다. 즉, 물가지수는 특정 기준연도에 정해진 일정한 소비품의 구입가격 변동을 조사하기 때문에 상대가격 변화에 따른 소비자의 구매행동의 변화, 즉 대체효과를 반영하지 못한다. 또한 물가지수는 품질이 변하여 가격이 상승한 경우를 제품가격의 상승으로 간주하며, 신제품의 등장이 기존 제품보다 효용 대비 가격이 싼 제품으로 수요가 이전한 것을 의미하지만 그 효과를 반영하지 못한다.

또한 물가지수 산식에서 기인하는 기술적인 문제도 있다. 현재 물가지수를 작성하는 가장 기본적인 방식으로, 가중 산술 평균할 때 기준연도의 가중치를 사용하는 라스파이레스 지수와 비교연도의 가중치를 사용하는 파셰 지수와 양자를 기하 평균한 피셔 지수가 있다. 라스파이레스 지수는 물가상승을 과대하게, 파셰 지수는 과소하게 측정하는 편의를 갖고 있다. 피셔 지수는 상향 또는 하향의 편의가 없는 최우량(superlative) 물가지수라고 할 수 있지만, 대신 유별 지수의 가중 합이 종합지수와 일치하지 않아 가법성이 성립하지 않는 문제를 갖는다. 가중 기하 평균 방식인 퇴른크비스트 지수도 피셔 지수와 마찬가지로 편의를 갖지 않는 최우량 물가지수이다.[2]

앞에서 말한 상대가격 변화에 따른 대체효과는 매년 가중치를 변경하는 연쇄지수를 작성함으로써 어느 정도 해결할 수 있다. IT 산업의 발전으로 자료 수집 및 처리 속도가 크게 향상되어 현재 통계청은 보조지표로 연쇄지수 방식의 소비자물가지수를 작성하고 있다. 또한 가격조사는 품질에 변화가 없는 것을 전제로 하므로, 품질이 빠르게 변하는 품목(예컨대, 자동차, 컴퓨터 등)의 경우에는 헤도닉 회귀식을 이용하여 품질이 가격에 미치는 효과를 계측한다. 그러나 신제품 등장은 사실 동일한 욕구의 충족을 위해 이전과 완전히 다른 재화를 소비하는 경우이므로 지수 작성에 어려움을 발생시킨다. 이처럼 물가지수 작성 방식에 존재하는 모든 문제는 완벽하게 해결되지 않는다.

물가지수를 작성하고자 할 경우에 자료의 확보가 중요한 문제이다. 자료가 지수 작성에 상응하게 구비되어 있지 못할 때 실제로 어떤 방식을 사용할 것인가는 이론과 자료 수집비용 간의 타협일 수밖에 없다. 이러한 타협은 역사적 통계로부터 물가지수를 작성할 때에 불가피하게 나타난다. 역사적 통계의 가장 큰 문제는 데이터의 불완전성이라고 할 수 있다. 과거로 소급할수록 가격조사 품목수가 작아지고 데이터의 일관성도 없어지기 마련이다. 이러한 문제를 어떻게 해결하여 오차가 적은 물가지수를 작성할 것인가는 물가사 연구에서 중요한 과제이다(Griliches 1971; Allen 2004).

2) 물가 자료

최근 십여 년 사이에 조선후기의 각종 자료로부터 가격 정보가 수집됨으로써 물가 통계는 조선후기까지 거슬러 올라갈 수 있게 되었다. 조선후기의 물가 자료는 남원, 영암, 광주, 해남, 고성, 경주, 예천, 울산 등 여러 지방에서 수집된 개인 문서와 계나 서원, 궁방과 같은 단체 또는 기관의 문서에 기록된 재화가격 정보이며 따라서 물가조사를 목적으로 하여 작성된 자료가 아니라는 특징을 갖고 있다.[3] 또한 자료의 대부분이 경상도와 전라도에 국한되어 있으므로 전국적인 물가 동향을 파악하기에는 어려움이 있다.

李榮薰 · 全成昊(2000), 박기주 · 이우연(2001), 이영훈 편(2004) 등은 민간의 일기나 회계장부 등에 기록된 가격 정보를 수집하여 쌀과 각종 재화의 가격을 추계 · 정리하였다.[4] 특히, 쌀은 主食으로 가계소비에 큰 비중을 차지하는 재화일 뿐 아니라 비교적 가격 자료가 풍부하게 남아 있다. 제시된 가격 시계열(O160-171)은 연도가 음력기준이며, 데이터가 충분치 못하여 가격의 계절 변동을 고려하지 않고 수집된 모든 가격 정보를 단순 평균한 것이다.

---

2 이상에서 설명한 지수를 수식으로 표현하면 다음과 같다. 기준년을 0, 비교년을 t, 각 품목의 가격과 수량을 각각 p, q라고 하고 가중치(어떤 재화의 구입비용이 전체 생계비에서 차지하는 비중)를 w(=pq/Σpq)라고 할 때, 라스파이레스 물가지수는 식 (1) 및 그것을 변형한 (1)′과 같고 파셰 물가지수는 (2) 및 그것을 변형한 (2)′과 같다. 최우량지수인 피셔 물가지수는 양자를 기하 평균한 식 (3)과 같다. 또 다른 최우량지수로서 퇴른키비스트 지수는 식 (4)와 같다. 또한 현재 보조지표로 작성하고 있는 라스파이레스 연쇄물가지수는 식 (5)와 같다.

$$P^L_{(0,t)}=\Sigma p_t q_0/\Sigma p_0 q_0 \quad (1) \qquad P^L_{(0,t)}=\Sigma w_0(p_t/p_0) \quad (1)'$$

$$P^P_{(0,t)}=\Sigma p_t q_t/\Sigma p_0 q_t \quad (2) \qquad P^P_{(0,t)}=1/\Sigma w_t/(p_t/p_0) \quad (2)'$$

$$P^F_{(0,t)}=[P^L_{(0,t)} \cdot P^P_{(0,t)}]^{1/2} \quad (3)$$

$$P^T_{(0,t)}=\Pi(p_t/p_0)^{(w0+wt)/2} \quad (4)$$

$$P^{LC}_{(0,t)}=P^L_{(0,1)} \times P^L_{(1,2)} \cdots\cdots \times P^L_{(t-1,t)} \quad (5)$$

3 통계표에는 경주와 예천의 재화가격만 제시하며, 다른 지방의 것은 생략한다. 경주 지방의 물가 자료는 옥산서원 및 용산서원의 都錄과 傳與記, 방어리의 동계 문서를 종합한 것이며, 300여 년에 걸쳐 있다. 예천의 물가 자료는 경북 예천 함양 박씨家의 개인 가계 지출부와 일기에서 수집된 것이다. 이외에도 많은 지방에서 발굴된 물가 자료가 있지만 시계열이 길지 않다.

4 또한 궁방의 구매 장부로부터 정리한 서울의 재화가격 시계열이 있는데(이영훈 2005), 그것이 시장가격인지 아닌지는 불분명하다.

근대적인 물가 통계가 작성되기 시작한 것은 식민지기부터이며 따라서 그 이전과는 물가 자료의 성격이나 질에서 큰 차이가 있다. 식민지기에 물가를 조사한 기관은 조선총독부, 조선은행, 경성상공회의소, 식산은행 등이 있었다. 조선총독부는 1907-1939년 도시별 물가(단 1919년까지는 도매가격이고 1920-1939년은 소매가격)를 조사하였으며, 조선은행은 1910년 이후 매년 또는 매월의 서울 도매 물가를 조사하여 발간하였다. 두 기관에 비해 경성상공회의소와 식산은행의 물가조사는 그 기간이 길지 않고 데이터의 일관성도 없다.

식민지기의 소비자물가지수는 『조선총독부통계연보』에 수록된 자료를 이용하여 溝口敏行(1975)을 비롯한 여러 연구에 의해 작성되었으며(O4), 가장 최근의 연구로는 박기주 · 김낙년(2011)이 있다. 후자의 연구는 기존의 연구와 동일한 자료를 사용하면서도 지수 작성 기간과 산입된 품목의 수를 늘리고 가중치 작성 방식 등을 달리 함으로써 이전 연구를 개선하였으며, 아울러 도시별 물가지수도 작성하였다(O5, O9-16).

해방 후에 소비자물가지수는 한국은행이 작성하다가 1965년 기준연도부터는 경제기획원 통계국(현재의 통계청)에서 작성하였다. 현재 통계청은 소비자물가지수로 소비목적별 물가지수, 생활물가지수, 품목성질별 물가지수, 신선식품지수, 주거비용 포함 지수, 근원물가지수 등을 작성하고 있으며, 2000년 기준연도부터는 보조지표로 연쇄 소비자물가지수를 작성하고 있다. 생산자물가지수와 수출입물가지수 등은 한국은행이 작성하고 있다. 생산자물가지수는 1955년 기준지수부터 라스파이레스 방식으로 작성되고 조사 지역도 전국으로 확대되었으며, 1990년 기준지수 개편에서는 지수 명칭을 종래의 도매물가지수에서 생산자물가지수로 변경하였다. 또한 농협(농업은행)은 농가판매물가 및 농가구입물가지수를 작성하고 있다.[5]

한편, 식민지기의 물가 통계를 이용하여 소비자물가지수를 작성할 수 있는 기간은 1939년까지이고 한국은행이 국제적 기준에 맞추어 소비자물가지수를 작성한 것은 1955년부터이므로, 그 사이의 기간은 소비자물가지수가 존재하지 않는다. 다만 한국은행의 도매가격 조사가 해방 전후로 이어지고 있을 뿐이다. 이에 김낙년 · 박기주(2007)는 소매가격이 도매가격에 일정한 유통마진을 더한 수준에서 연동할 것으로 가정하고 주거 및 서비스와 관련된 임금 통계를 부분적으로 포함함으로써, 해방 전과 후가 포함된 1936-1956년의 서울 소비자물가지수를 작성하였다(O6).

2. 물가지수의 장기 추이

1) 물가지수의 장기 추이

그림 O-a는 1834-1937년 경북 예천지방의 물가지수 시계열과 1907-2009년 서울의 물가지수 시계열을 연결한 것이다. 전자는 불규칙하고 불완전한 가격 정보에 기초하여 추계된 것이므로 많은 문제가 있을 수밖에 없지만, 후자는 근대적인 물가 통계에 기초하여 작성한 것이므로 비교적 신뢰할 만하다. 그런데 두 시계열은 20세기 초의 30년 동안 겹치는데 변화 추이가 크게 다르지 않음을 확인할 수 있다. 따라서 두 시계열을 연결한 이 그림으로 2세기 동안의 장기 물가지수의 추이를 어느 정도 파악할 수 있을 것으로 보인다. 그림의 세로축이 로그 표시로 되어 있기 때문에 기울기는 곧 물가상승률을 나타낸다.

2세기 간의 장기 물가지수의 추이에서 가장 인상적인 점은 1940년대 중엽부터 1950년대 후반까지 물가가 폭등하였다는 사실이다. 이러한 물가 폭등은 제2차 세계대전 이후 대만, 일본에서도 있었던 일이지만(溝口敏行 編 2008; 大川一司 · 篠原三代平 · 梅村又次 編, 1967), 한국에서는 그 정도가 훨씬 컸다. 다음으로 1960-1970년대의 물가상승률이 비교적 컸다. 그에 비하면 1980년대 이후와 20세기 전반에는 물가상승률이 비교적 완만하였다. 20세기 전반에 두 번의 세계대전과 공황이 있어 물가의 등락이 있었지만 전체적으로 완만한 상승세였다. 마지막으로, 근대적 물가 통계가 작성되기 전 시기인 19세기의 물가는 단기적으로 심한 등락이 있지만 대체로 완만한 상승 추이를 보였다. 이하에서는 시기를 구분하여 2세기에 걸친 물가의 장기 추이를 검토하기

5 농가판매물가 및 농가구입물가지수는 농가의 농산물 판매가격과 영농용역의 구입가격을 매월 전국적으로 조사하여 계절적인 변동과 장기 추세를 파악하고, 아울러 농가경제를 분석하는 데 필요한 기초 자료를 제공하려는 목적에서 작성되고 있다. 연혁을 보면, 1956년 농업은행의 '지방물가조사'를 시작으로, 1961년 종합농협이 발족하여 '농촌물가 및 임금지수'를 작성하기 시작하였으며, 1965년 정부지정통계(제12호)로 지정되고 1993년에 '농가판매 및 구입가격지수'로 개칭되었다.

그림 O-a 소비자물가지수의 장기 추이(1936년=1)

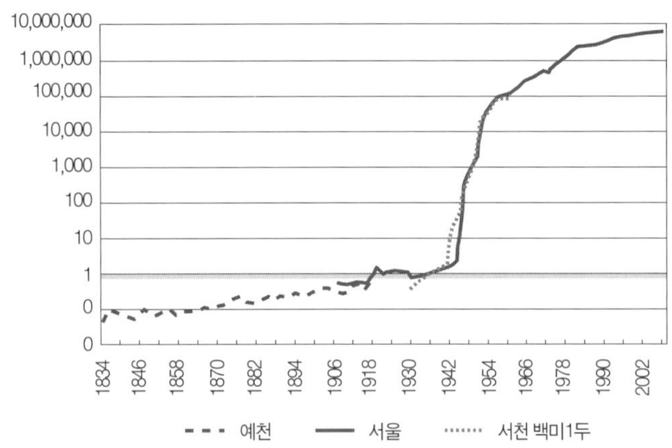

자료: O3, O6, O290.
주: 각 계열을 1936년=1로 하여 연결하였다.

그림 O-b 쌀가격 추이(6개년 이동 평균)(냥)

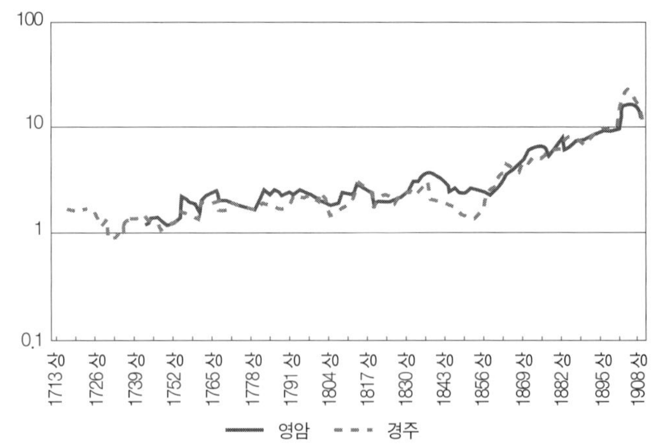

자료: O163, O167.

로 한다.

2) 18-19세기의 쌀가격 추이

20세기 이전의 물가 추이에서 가장 특징적인 점은 19세기 중엽부터 상승한다는 것이다. 예천지방의 물가는 19세기 중엽부터 상승하며, 그림으로 제시하지 않았지만 경주의 물가 추이도 마찬가지였다(O1). 소비에서 차지하는 가중치가 커 물가지수를 대신할 수 있는 것이 쌀가격이다. 쌀가격 자료는 많은 지방에서 발굴되었다(O160-171).[6] 그 중 가장 시계열이 긴 것은 전남 영암과 경북 경주이다. 그림 O-b는 3개년 이동 평균에 의한 두 지방의 쌀가격 추이를 보여 준다. 쌀가격은 물가보다 등락의 폭도 컸는데, 이는 풍흉에 크게 좌우되는 쌀가격에 비해 다른 재화의 가격이 비교적 안정적이었음을 말해 준다.

쌀가격 추이는 18세기 초에 하락하고 18세기 말까지 완만하게 상승하며, 19세기 전반기에 정체(사실은 등락)한 후 19세기 중엽부터 급등하였다. 두 지방의 쌀가격 추이는, 18세기 말까지는 가격의 절대 수준도 크게 다르지 않고 매우 완만한 상승세를 보였으나, 19세기 초부터 등락의 폭이 달라지고 1830-1840년대에 상당한 차이를 보였다. 영암의 쌀가격은 경주보다 높은 수준이었으나 19세기 중엽부터 비슷한 가격 수준을 유지하면서 상승하였으며, 1880년 전후의 약 10여 년 동안에는 양자의 차이가 역전되기도 하였다.

쌀은 지방 간 이동이 큰 재화이다. 이에 이영훈 · 박이택(2001)은 여러 지방의 쌀가격 추이를 비교함으로써 시장통합의 문제를 분석하였다. 그 결과에 의하면, 쌀시장은 18세기에는 수운이 편리한 지역 간의 통합이라는 의미에서 준통합 상태였으나 19세기에 완전한 통합으로 발전하지 못하고 반전되어 통합이 와해되었으며, 이러한 반전은 개항 직후까지 계속 이어지다가 19세기 말부터 다시 통합되는 경향을 보였다.[7]

쌀시장의 분열은 19세기 중엽부터 물가 및 쌀가격이 급상승하는 점과 연관되어 있다. 쌀가격 상승의 수요 측 요인으로 생각할 수 있는 인구 증가나 통화량 증가는 쌀가격 상승이 시작되는 시점과 일치하지 않으며, 따라서 생산성 하락이라는 공급 측의 요인이 가격 상승을 초래했을 수 있지만, 지금까지 발굴된 사례를 보면, 생산성 하락은 매우 장기에 걸쳐 진행된 것이어서 쌀가격의 추이와는 정합적이지 않다. 19세기 중엽부터 쌀가격이 급상승하는 것은 중앙집권적 정부에 의한 재분배 시스템인 환곡의 와해와 일정한 관련이 있다고 할 수 있다(박기주 2004).

조선후기의 시장은 아직 자율적인 경제영역으로 성장하지 못하였으며 국가적 재분배를 보완하는 위치에 있었

6 관찬기록에서도 서울의 쌀가격 정보를 얻을 수 있지만 정보량이 많지는 않다. 그것에 대해서는 이헌창(1996)을 참고.

7 이영훈 · 박이택(2001)은 분열로 반전하는 시점을 19세기 중엽으로 보고 있다.

다. 특히, 쌀에 관한 한 환곡에 의한 유통이 시장거래 규모를 능가하였다. 그러나 18세기에는 비교적 원활하게 잘 운영되던 환곡이 점차 진휼과 상평의 기능보다는 정부의 중요한 재정수입원으로 변칙 운영되면서 19세기에 그 규모가 지속적으로 감소하였다. 1840년을 고비로 진휼 기능은 크게 축소되었으며, 이로써 전반적인 곡물 부족 현상이 불가피하게 되고 결국 19세기 중엽부터 물가의 급등이 이어졌을 가능성이 있다.

쌀가격 외에 다른 재화의 가격 데이터는 많지 않지만 불완전하게나마 가격의 추이를 파악할 수 있다. 경주의 자료가 장기에 걸쳐 비교적 많은 재화의 가격을 제공하는데, 대부분의 재화가격은 쌀가격과 유사하게 완만한 추세를 보이다가 19세기 중엽부터 급등하였다. 어물과 제1차 산품의 간단한 가공 상태인 담배 및 누룩의 가격은 단기적 변동이 심하였던 반면, 공산품에 속하는 의료품, 잡화와 식용 가축의 가격은 단기적 변동이 심하지 않았다. 또한 쌀에 대한 대부분의 상품 작물 및 공산품의 상대가격은 추세적으로 하락하고 있었다(박기주 2004).

쌀가격이 급등하는 19세기 후반은 자본주의 열강의 제국주의적 팽창기였다. 조선은 개항(1876)으로 자본주의 세계시장에 편입되었다. 개항기 무역에서 지배적 비중을 차지한 것은 수출에서는 쌀과 콩이고 수입에서는 면직물이었다. 소위 '미면교환 체제'라고 하는 국제분업 체제가 성립하였다. 이러한 분업 체제가 물가에 미친 효과는 쌀가격의 상승이었다. 일본 오사카 쌀시장의 영향을 받는 쌀가격은 지속적으로 상승한 반면, 면제품 가격은 거의 상승하지 않았다. 그 결과 수입 옥양목(金巾) 1反에 대한 수출 쌀 1석의 상대가격은 1881년의 1.5배에서 1903년의 2.8배로 상승하였다(하원호 1997).

개항은 쌀가격의 계절 변동에도 영향을 주었다. 울산지방의 쌀가격 자료는 매우 규칙적으로 수집되었으며(O172-183), 이로부터 월별 쌀가격의 변이계수를 계산할 수 있다. 농산물은 풍흉의 영향을 크게 받기 때문에 가격의 등락이 매우 심할 수밖에 없지만 쌀가격의 변이계수는 개항기를 통해 감소하는 추세였다. 지주들이 대일 쌀 수출에 적극적으로 대응하여 쌀가격 차이를 고려하면서 쌀을 출시한 때문이기도 하고 개항장의 일본인 상인이나 정미소가 쌀 창고 기능을 함으로써 쌀가격의 계절 변동이 점차 낮아질 수 있었다.

3) 식민지기의 물가 변동

근대적인 물가조사가 시작된 것은 1907년부터이다. 그때부터 최근까지의 연간 물가상승률을 5년 간격으로 제시한 표 O-c를 보면, 제1차 세계대전이 발발하는 1914년까지의 물가는 등락이 있지만 거의 변화가 없었다고 할 수 있다. 이후 1914년에 제1차 세계대전이 발발하면서 1910년대 후반에 물가는 연평균 22.9%로 폭등하였다. 그러나 전쟁 직후의 불황과 그에 뒤이은 경기침체로 인해 물가는 1920년대 전반기에는 정체하고 후반에는 다소 하락하였으며, 전후 유럽에서 나타난 초 인플레이션 현상은 존재하지 않았다.

이처럼 1920년대에 완만한 하락세이던 물가는 세계대공황으로 인해 폭락하였다. 1931년의 물가는 공황 직전인 1929년에 비해 25% 이상 하락하였으며 1930년대 전반기의 연평균 물가상승률은 −4.2%를 기록하였다. 이러한 물가 하락은 이전에 경험하지 못한 것이었으나 다른 구미 제국에 비해 크지 않았으며 장기적이지도 않았다. 이는 공황이 발발하자 일본이 1931년 말에 금본위제를 포기하고 공황 극복을 위한 재정팽창 정책에 돌입하였기 때문이었다.

물가는 1930년대 중반부터 상승하기 시작하여 1937년에 공황 직전의 수준으로 회복되었으며, 이후 물가는 크게 상승하였다. 1937년에 시작된 중일전쟁이 장기화되고 1939년에 제2차 세계대전이 발발하고 1941년 말에 태평양전쟁이 시작되었다. 1937년 중일전쟁부터 1945년 패전에 이르기까지를 전시경제체제기라고 한다. 전시경제체제기인 1930년대 후반과 1940년대 전반기에 연평균 물가상승률은 각각 9.6%와 10.7%였다. 그러나 이러한 물가상승률은 제1차 세계대전기에 비해서는 낮았는데, 그것은 조선총독부의 가격통제 정책 때문이었다.

중일전쟁 이후 중요 물자에 대한 부분적인 가격통제가 실시되다가 제2차 세계대전의 발발과 함께 물가가 등귀하자 조선총독부는 '국가총동원법'의 일환으로 '價格等統制令'을 발포하여 모든 가격을 전면 동결하는 조치를 취하였다. 일본에서 시행된 것과 동일한 조치가 조선에도 시행된 것이었다. 동결조치에 따른 停止價格은 총독 또는 지방관

표 O-c 연평균 물가상승률(%)

기간	평균	기간	평균	기간	평균
1908-1909	-4.1	1940-1944	10.7	1975-1979	16.9
1910-1914	1.6	1945-1949	347.2	1980-1984	12.6
1915-1919	22.9	1950-1954	140.8	1985-1989	4.2
1920-1924	-0.3	1955-1959	24.0	1990-1994	7.1
1925-1929	-1.5	1960-1964	14.6	1995-1999	4.1
1930-1934	-4.2	1965-1969	11.5	2000-2004	3.6
1935-1939	9.6	1970-1974	12.7	2005-2009	2.9

자료: O6.

이 정하는 公定價格으로 개편되었다. 공정가격제는 재화나 서비스의 가격뿐만 아니라 임금, 임대료, 소작료, 부동산 가격에 이르기까지 거의 모든 가격과 소득에 대해 전면적으로 실시되었다.

가격통제를 벗어난 암시장이 있었다면 암시장 가격은 어떤 수준이고 그것이 어느 정도의 비중을 점했는지를 알 수 없다. 당시의 기술 자료에 따르면, 조선에서 시행된 공정가격은 일본에 비해 잘 지켜진 편이었던 것 같지만, 시간이 흐를수록 물가상승 압력은 더욱 거세졌을 것으로 생각된다. 조선은행권 발행액은 1936년에 비해 20배 이상 늘었지만, 공정가격을 반영하는 조선은행 도매물가지수는 같은 기간에 2.8배 상승에 불과하였기 때문이다(김낙년 · 박기주 2007). 이 점을 감안하면 조선총독부나 조선은행이 공표한 가격 자료에 기초하여 작성된 물가지수는 실태와 괴리되어 있다고 할 수 있다.

가격통제는 농촌시장에까지 철저하게 미치지는 못했을 것이다. 당시 농촌시장의 가격을 기록한 것으로 추정되는 서천 자료(O290-300)에 포함된 백미 가격지수를 물가지수와 비교해 보면, 1940년대 전반에 두 지수의 차이는 확연하다(O-a). 서산의 백미 가격지수는 1942-1944년에 이미 크게 상승하지만 물가지수는 해방 직후에야 대폭 상승한다. 이는 물가지수 추계에 사용된 가격이 시장가격이 아니라 통제가격이며, 따라서 그에 기초한 물가지수는 1940년대 전반기의 물가상승을 과소하게 추계하였다고 할 수 있다.

4) 해방 후의 물가 폭등과 1960-1970년대의 높은 물가상승률

해방 후 10년 동안은 물가 폭등의 시기였다. 1940년대 후반과 1950년대 전반의 연평균 물가상승률은 각각 347%와 141%였다(O-c). 해방 직후의 물가 폭등은 그동안 억제되었던 물가 압력이 폭발하면서 나타난 결과였다고 할 수 있다. 그뿐 아니라 물가 폭등은 조선과 일본의 관계 두절 및 남북 분단으로 인한 재생산 구조의 붕괴, 통화 증발과 인구의 급격한 증가 때문이기도 하다. 이후 진정되어 가던 물가는 한국전쟁이 발발하면서 다시 폭등하였다. 1953년에 단행된 화폐개혁의 물가상승 억제효과는 크지 않았으며 전후 복구를 위한 재정지출 확대와 맞물려 1950년대 중엽까지 높은 인플레이션이 지속되었다. 해방 직후의 높은 인플레이션에 대응하여 미군정은 일부 재화가격에 대한 통제와 배급제를 실시하였으며, 정부 수립 후인 1950년 초에야 부분적으로 자유거래가 허용되었다.

해방 직후 경제 시스템의 붕괴와 한국전쟁으로 인해 인플레이션이 격심하였지만, 경제성장보다는 안정을 중시하는 미국의 요구로 1950년대 후반에 경제안정화 정책이 강력하게 추진되었다. 총통화증가율이 낮아졌으며 1956년부터 도입되기 시작한 미국의 잉여농산물이 쌀가격의 안정에 기여하였으며 1957-1958년에 연이은 풍작으로 농산물 가격이 안정되었다. 이 덕분에 이전부터 계속되어 온 높은 인플레이션은 일단 수습 국면으로 접어들었으며 마침내 1958년에는 물가상승률이 마이너스를 기록하기도 하였다.

1960-1970년대는 이전 시기와 같이 물가상승률이 높지는 않았지만 매년 두 자릿수의 물가상승률을 기록하였다. 물론 이는 한국만의 현상은 아니고 선진국 경제가 케인스주의적 팽창 정책을 추구하면서 전 세계적으로 나타난 현상이었다. 1960-1970년대 한국은 국내 저축을 초과하는 투자와 수출 증대를 통해 고도성장을 하였으며 이를 뒷받침한 통화량 증가는 높은 물가상승률을 동반하였다.

5 · 16 군사정권은 1961년에 '물가조절에 관한 임시조치법'을 제정하고 1962년에 통화개혁을 단행하였다. 그러나 1962년부터 제1차 경제개발5개년계획이 수립 · 추진되고 수입이 증가하면서 외환 사정이 크게 악화되었으며 1963년부터 물가는 다시 크게 상승하였다. 특히, 원조 수입이 감소하면서 수입품 가격이 상승하였으며 1964년의 달러 환율 인상도 물가상승 압력으로 작용하였다. 투자의 활성화는 수요 압력으로 나타났고 1965년 금리현실화 조치 이후 투자

표 O-d 쌀의 정부 수매가격과 시중 도매가격(원/80kg, %)

	1965	1966	1967	1968	1969	1970	1971	1972	1973	1974	1975
정부수매가	3,150	3,360	3,693	4,200	5,150	7,000	8,750	9,888	1,1377	15,760	19,495
증가율	6.2	6.7	9.9	13.7	22.6	35.9	25	13	15.1	38.5	23.7
시중도매가	3,415	3,577	3,938	4,591	5,259	6,297	7,833	10,307	10,214	14,847	19,025
증가율	−3.3	4.7	10.1	16.6	14.6	19.7	24.4	31.6	−0.9	45.4	28.1

자료: 부산상공회의소(1977).

촉진을 위한 총통화증가율은 매년 50%를 상회하였다. 그러나 이 시기의 정부는 물가안정보다는 성장을 선택하였다.

1970년대 들어서도 물가상승의 압력은 강하였다. 정부의 중화학공업 육성 정책으로 투자율은 여전히 높았으며, 1973년과 1979년의 석유파동은 유가뿐 아니라 모든 재화의 가격을 폭등시켰다. 1970년대의 연평균 물가상승률은 1960년대보다 1-2%p 더 높았다. 그러나 이는 한국만의 현상은 아니며 다른 국가에서도 마찬가지였다. 즉, 1970년대의 물가상승에는 국제적 요인이 크게 작용했으며, 따라서 중화학공업 육성 정책에 높은 물가상승의 책임을 전가하기는 어렵다.

1960-1970년대 정부의 경제성장 정책에 대한 비판 중 하나는 농업을 희생시켰다는 것이다. 일반적으로 공업화는 농업으로부터 값싼 식량과 원료를 기반으로 한다는 점에서 그럴 개연성이 있다. 그러나 고도성장기인 1960-1970년대에 농가의 교역조건은 오히려 개선되었다(O113). 이는 1960년대 중엽에 농가소득이 악화되자 정부가 1969년부터 이중곡가제를 실시하였기 때문이다(표 O-d). 정부는 농가로부터 쌀을 비싸게 수매하여 농가소득을 안정시키고 도시 서민층에 싸게 공급하며 그 차액을 정부의 양곡특별회계에서 보전하였다. 정부 수매는 농가소득 안정화와 방출을 통한 물가조절의 역할을 하였다. 그러나 양특(糧特) 적자가 누적되고 통화증발 요인으로 작용하면서 결국 1970년대 말에 이중곡가제는 중단되었다.

5) 1980년 이후의 물가 안정화

1979년의 제2차 석유파동과 영국과 미국을 위시한 선진국 경제의 긴축 정책으로 세계경제는 침체기에 접어들었으며 한국은 1980년에 처음으로 마이너스 성장률을 기록하였다. 제2차 석유파동에 이어 국내의 정치적 혼란이 더해지면서 1980, 1981년에 물가는 폭등하였다.

새로 정권을 장악한 군부는 경제 정책의 기조를 크게 바꾸었다. 크게 달라진 것 중 하나는 물가 안정화 정책이었다. 제5차 경제개발5개년계획(1982-1986)은 물가안정에 정책의 최우선 순위를 두고 연 10% 이내로 물가를 안정시키는 것을 목표로 하였다. 물가 안정화 정책을 강력하게 추진한 결과, 1970년대에 20% 내외이던 물가상승률은 1982년에 7.2%로 크게 낮아졌고 이후 1987년까지 2-3%로 낮아지면서 안정 기조를 달성할 수 있었다(한국경제60년사편찬위원회 2010: 207). 저유가, 저금리, 저달러의 3저 현상도 여기에 기여하였다. 전반기에는 1980-1981년의 물가상승으로 인해 연평균 물가상승률이 12.6%로 높았지만 후반기에는 4.2%로 크게 낮아졌다. 물론 이러한 물가안정 역시 한국만의 현상은 아니며, 거의 대부분의 국가에서 물가상승률은 1980년대에 크게 낮아졌다.

1980년대에 정착된 물가안정 기조는 이후 외환위기와 금융위기가 있었던 1998년과 2008년을 제외하면 큰 변화 없이 지금까지 유지되고 있다. 우리 경제는 에너지의 해외 의존도가 높아 국제정세에 따른 유가의 등락이 총지수에 큰 영향을 주고 있다. 그러나 물가는 1998년에 도입된 물가안정목표제하에서 관리되었으며, 투자와 소비의 증가세가 둔화되고 경제성장률도 대폭 하락하면서 물가는 선진 주요국과 비교하여 다르지 않은 안정세를 유지하고 있으며, 최근에는 물가하락의 추세를 보여 주고 있다.

3. 유별 물가지수의 추이

1) 지출목적별 소비자물가지수

유별 소비자물가지수로 대표적인 것은 지출목적별 소

비자물가지수이다. 통계 당국은 해방 후에 5분류 체계(O46-50)를 상당 기간 유지하다가 1985년부터 9분류 체계(O52-60)로 변경하였으며, 2000년부터 10분류, 2005년부터는 12분류 체계(O62-73)로 변경하였다. 이처럼 분류기준이 여러 차례 변경되었기 때문에 시계열이 연속적이지 않지만, 통계청은 12분류로 1985년까지 소급하여 물가지수를 제시하고 있으며, 식민지기 역시 12분류(O33-44)로 추계되어 있다. 이하에서는 식민지기와 1985년 이후의 두 시기에 대해 12분류 소비자물가지수의 추이를 비교하기로 한다. 두 시기 사이는 5분류 방식이어서 전후의 시기와 비교가 불가능하며, 만일 식민지와 해방 후를 연속해서 유별 물가지수의 추이를 보고 싶다면, 서울의 5분류 소비자물가지수(1907-1985)를 이용할 수 있다(O75-79).

그림 O-e는 12분류 중 가중치가 비교적 크고 대표적인 4개 분류의 추이만을 살펴본 것이다. 식민지기는 모든 유별 소비자물가지수가 비슷한 추이를 보였다. 즉, 1910년대 후반에 급등하고 제1차 세계대전 직후 하락한 다음 거의 변화가 없다가 대공황 초기에 크게 하락한 후 다시 상승하는 추이를 보였다. 그러나 의복 · 신발 비목과 식료품 · 비주류음료 비목의 물가지수는 등락이 비교적 심했던 반면, 주거 · 수도 · 광열 비목, 통신 비목의 물가지수는 상대적으로 등락이 심하지 않았다고 할 수 있다. 그런데 『총독부통계연보』의 물가 자료는 재화에 국한되어 있기 때문에 그것에만 의존해서는 소비자물가지수를 추계할 수 없다. 이에 박기주 · 김낙년(2011)은 각종 임금과 공공요금 자료를 적극적으로 활용하여 유별 물가지수와 총지수를 추계하였다. 주거 · 수도 · 광열 비목과 통신 비목의 물가지수의 변동이 심하지 않은 것은 임금 및 공공요금 정보가 많이 포함되어 있기 때문으로 추정된다.

해방 후 1985년 이전까지는 5분류 또는 9분류여서 분류기준이 다르기 때문에 그림에 포함되어 있지 않지만, 대체로 유별 물가지수의 추이는 총물가지수의 추이와 다르지 않았다. 1985년 이후의 경우에도 그림에서 보듯이 대부분의 유별 소비자물가지수는 총물가지수의 추이와 같이 지속적으로 상승하였지만, 통신 비목의 물가지수만 지속적으로 하락하는 결과를 보여 주고 있다. 물론 통신 비목은 전체 소비자물가지수의 추이에 영향을 줄 정도로 비중이 크지 않

그림 O-e 지출목적별 소비자물가지수(1936년=100, 2010년=100)

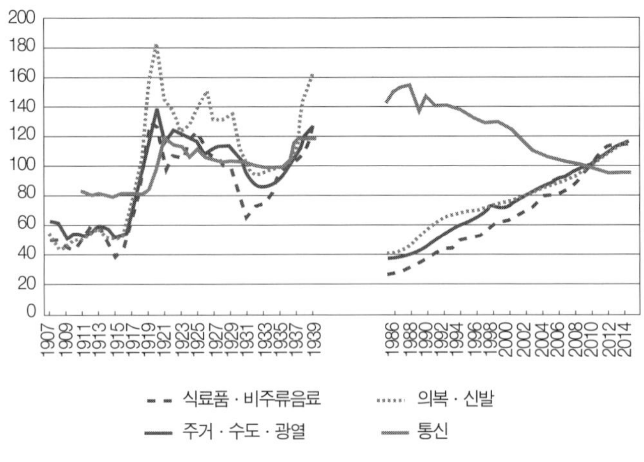

자료: O33, O35-36, O40, O62, O64-65, O69.
주: 식민지기는 1936년=100, 해방 후는 2010년=100으로 한 지수.

았다. 이처럼 통신 비목의 물가지수가 지속적으로 하락한 것은 전화와 장비, 통신 서비스 가격의 하락에 의한 것이었다. 또한 의복 · 신발 비목과 주거 · 수도 · 광열 비목의 물가지수가 상대적으로 다소 완만하게 상승하였다.

한편, 통계청은 조사 대상 품목을 상품과 서비스로 구분하고 상품을 농축수산물과 공업제품, 서비스를 집세, 공공 서비스, 개인 서비스로 세분하여 품목성질별 소비자물가지수를 작성하고 있다. 통계청이 제공하는 품목성질별 소비자물가지수는 1985년부터이지만, 1990년 기준의 시계열을 이용하면 시계열은 1975년까지 소급된다(O93-99). 지난 40년 동안의 상품 소비자물가지수와 서비스 소비자물가지수의 추이를 비교하면, 후자가 다소 더 빠르게 상승하였다고 할 수 있다. 특히, 서비스에서 큰 비중을 차지하는 개인 서비스의 물가지수가 1980년대 중엽부터 1990년대 중엽 사이에 크게 상승하였다.

2) 가공단계별 생산자물가지수

유별 생산자물가지수에는 기본분류별 물가지수와 특수분류별 물가지수, 가공단계별 물가지수가 있다. 기본분류별 생산자물가지수는 한국표준산업분류(KSIC)에 근거하여 품목을 상품과 서비스로 구분하고 그것을 다시 세분하여 작성되고 있다. 한국은행은 상품을 4개, 서비스를 8개로 분류한 1995년 이후의 기본분류별 물가지수를 제공하고 있

으며, 그 이전은 1965년까지 소급하여 재화에 대해서만 기본분류별 물가지수를 제공하고 있다(O115-129).

특수분류별 생산자물가지수는 식료품, 신선식품, 에너지, 신선식품 · 에너지, IT를 구분의 기준으로 하며, 앞의 세 기준의 경우 물가지수는 1965년까지 소급되어 있다(O153-159). 특수분류별 생산자물가지수 추이를 보면, 식료품 물가지수는 1980년대 전반기에 안정적이었으며 식료품 이외의 물가지수는 후반까지도 안정적이었다가 상승하였다. 유가에 의해 좌우되는 에너지 물가지수는 1970년대에 일어난 1, 2차 석유파동 때 급상승하고 1980년대를 통해 하락했다가 1990년대부터 다시 급상승하였다. 에너지 물가지수는 1990년에 23.4였으나 2013년까지 122.4로 급상승하였다. 반면, 에너지 이외의 물가지수는 1970년대에는 빠르게 상승하였으며 이후에는 시기별로 큰 차이 없이 완만하게 상승하였다.

한편, 가공단계별 물가지수는 가공 정도에 따라 원재료, 중간재 및 최종재로 구분하여 지수를 편제함으로써 물가 파급 과정을 단계별로 파악할 수 있도록 한 지수이다. 생산자물가지수는 기업 간의 중간거래액을 포함한 총거래액을 모집단으로 하여 조사 대상 품목을 선정하기 때문에 원재료와 중간재와 최종재에 해당되는 품목이 혼재되어 있어 원재료의 가격 변동이 중간재 및 최종재의 가격에 미치는 가격 파급효과를 통해 중복 계상될 가능성이 크다.[8] 그러나 가공단계별 물가지수에는 가격 변동이 중복 계산될 여지가 줄어든다.

통계 당국이 특수 분류의 하나로 용도별 혹은 가공단계별 생산자물가지수를 작성하기 시작한 것은 1947년 기준 지수부터였다. 처음에는 용도별로 생산재와 소비재로 구분하다가(편제 기간 1947-1971년) 이후 1970년 기준 지수부터 원자재, 자본재, 소비재로 구분하였으며(편제 기간 1970-1992년), 1980년 기준 지수부터 원자재, 중간재, 최종재로 구분한 가공단계별 지수를 추가하였다(편제 기간 1980년 이후). 2010년부터는 서비스를 포함하고 국내 출하품뿐 아니라 수입품을 포함하며[9] 명칭을 가공단계별 물가지수에서 국내 공급 물가지수로 변경하였다(한국은행 2013).

8 미국에서는 노동통계국(BLS)이 1978년 개편에서 도매물가지수를 생산자물가지수로 명칭을 변경하고, 상품별 지수의 총지수보다 가공단계별 최종재 물가지수로 생산자물가지수를 대표하게 함으로써 중복 계산에 따른 물가 변동의 왜곡현상을 해결하였다.

9 따라서 기본분류의 총지수와 가공단계별 총지수 사이에는 차이가 있다.

그림 O-f 가공단계별 생산자물가지수(2010년=100)

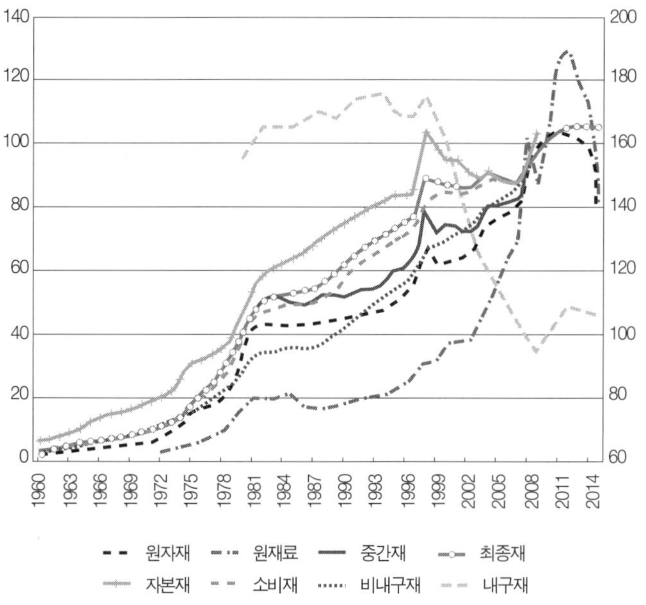

자료: O144-151.
주: 내구 소비재만 우축 기준이다.

가공단계별 물가지수는 원재료, 중간재, 최종재로 구분하고 최종재를 다시 자본재와 소비재, 소비재를 내구재와 비내구재로 세분하여 작성되고 있다. 한국은행은 가공단계별 물가지수를 1980년까지 소급하여 제공하고 있으며, 이전 시기에 대해서는 용도별 구분에 따른 자본재, 소비재, 원자재의 물가지수가 있으므로, 두 시계열을 단순 배율로 접속함으로써 1960년부터 가공단계별 물가지수의 장기 시계열을 작성할 수 있다.[10]

반 세기 동안의 가공단계별 물가지수 추이(그림 O-f)에서 두드러지게 보이는 특징은 다음과 같다. 원자재 중에서 원재료 물가지수는 1990년대 말부터 2010년대 초까지 급등한 반면, 최종재 중에서 내구소비재 물가지수는 거의 비슷한 기간에 급락하였다. 내구소비재 물가지수는 1998년부터 2008년까지의 10년 사이에 170에서 100 이하로 급락하였다. 이외에 중간재, 자본재, 비내구소비재의 물가지수는 1980-1990년대에 격차가 생기기도 했지만 대체로 비슷한 추이를

10 두 시계열을 단순 배율로 연결하였기 때문에 문제가 있음은 두말할 필요도 없지만, 그것을 개선하기에는 데이터의 한계가 있다.

보여 주었다.

원재료 물가지수는 유가의 변동을 반영한다. 1970년대의 두 번의 석유파동으로 인해 원재료 물가지수는 1970년대 초부터 말까지 폭등하였으며, 중간재와 최종재의 물가지수도 동일한 추세였다. 그러나 1990년대 중엽까지 유가가 안정세를 보이면서 원재료의 물가지수는 매우 안정된 모습을 보인 반면, 다른 물가지수는 지속적으로 상승하였다. 1990년대 후반부터 OPEC의 카르텔 정책과 외환위기로 인한 환율의 폭등으로 수입에 전적으로 의존하는 유가가 폭등하면서 원재료 물가지수 역시 급상승하였다. 반면 이 시기에 다른 물가지수는 오히려 안정적인 모습을 보여 대조적이다. 2000년대에 9 · 11과 이라크 전쟁 등 여러 가지 국제정세가 불안정한 가운데 유가도 심하게 등락하면서 국내 원재료 가격에 영향을 미쳤다.

참고문헌

김낙년 · 박기주(2007), 「해방 전후(1936-1956) 서울의 물가와 임금」, 『경제사학』 42, 71-105.

박기주(2004), 「재화가격의 추이, 1701-1909」, 이영훈 편, 『수량경제사로 다시 본 조선후기』, 서울대학교출판부.

박기주 · 김낙년(2011), 「해방 전(1907-1939) 소비자물가지수 추계」, 『경제분석』 17(1), 131-168.

______(2013), 「식민지기 조선의 도시 간 물가 및 임금 격차」, 『경제사학』 54, 3-38.

박기주 · 이우연(2001), 「농촌의 재화가격과 물가의 추이: 1834-1937」, 안병직 · 이영훈 편저, 『맛질의 농민들』, 일조각.

부산상공회의소(1977), 『부산물가총람: 1950-1975』.

이영훈(2005), 「19세기 서울 재화시장의 동향: 안정에서 위기로」, 中村哲 · 박섭 편저, 『동아시아 근대경제의 형성과 발전』, 신서원.

李榮薰 · 全成昊(2000), 「米價史 資料의 現況과 解說」, 『古文書研究』 18, 125-157.

이영훈 · 박이택(2001), 「농촌 미곡시장과 전국적 시장통합: 1713-1937」, 『朝鮮時代史學報』 16.

이영훈 편(2004), 『수량경제사로 다시 본 조선후기』, 서울대출판부.

이헌창(1996), 「숙종-정조조(1678-1800년간) 미가의 변동」, 『경제사학』 21, 117-158.

차명수(2011), 「식민지기 8대 도시의 소비재가격 및 택지 임대가격」, 『경제사학』 50, 3-38.

하원호(1997), 『한국 근대 경제사』, 신서원.

한국경제60년사편찬위원회(2010), 『한국경제60년사』 Ⅰ.

한국은행(2013), 『물가총람』.

溝口敏行(1975), 『臺灣 · 朝鮮の經濟成長』, 岩波書店.

溝口敏行 編(2008), 『アジア經濟統計, 臺灣』, 東洋經濟新報社.

大川一司 · 篠原三代平 · 梅村又次 編(1967), 『物價』(長期經濟統計 - 推計と分析 8), 東洋經濟新報社.

Allen, Robert C.(2004), "Mr. Lockyer meets the Index Number Problem: the Standard of living in Canton and London in 1704," mimeo.

Fischer, Davi H.(1996), *The Great Wave*, Oxford University Press.

Griliches, Zvi(1971), *Price Indexes and Quality Change*, Cambridge, Mass: Havard University Press.

O. 물가

박기주 · 이영훈 · 조영준

1. 소비자물가지수

표 O1-2 경주 소비자물가지수, 1701-1909

	물가지수	벼가격지수
	O1	O2
	1840s=100	
1701-1710	105.9	116.8
1711-1720	85.6	91.2
1721-1730	67.4	74.7
1731-1740	76.2	73.2
1741-1750	64.5	70.5
1751-1760	73.3	77.2
1761-1770	90.5	103.0
1771-1780	95.8	105.1
1781-1790	91.3	101.3
1791-1700	108.5	126.9
1801-1810	89.8	103.7
1811-1820	119.8	142.5
1821-1830	121.0	135.4
1831-1840	116.3	135.4
1841-1850	100.0	100.0
1851-1860	119.5	138.8
1861-1870	204.9	270.3
1871-1880	273.9	322.8
1881-1890	347.7	421.4
1891-1800	464.9	520.5
1901-1909	830.8	1,072.5

자료: 박기주, 「재화가격의 추이, 1701-1909」, 이영훈 편, 『수량경제사로 다시 본 조선후기』(서울대학교출판부, 2004), p. 223.
注: 수집된 재화 가격데이터를 10년 간격으로 단순평균한 결과이다.

표 O3-4 예천 소비자물가지수, 1834-1937

	물가지수
	O3
	1914-1916년 평균=100
1834	11.4
1835	16.0
1836	24.6
1837	28.2
1838	22.0
1839	22.7
1840	23.0
1841	17.5
1842	16.8
1843	16.0
1844	14.2
1845	14.1
1846	20.7
1847	24.7
1848	21.7
1849	17.1
1850	16.8
1851	18.7
1852	21.8
1853	20.8
1854	25.9
1855	26.6
1856	18.4
1857	21.1
1858	23.8
1859	23.1
1860	22.4
1861	24.8
1862	23.4
1863	26.6
1864	25.2
1865	27.6
1866	33.6
1867	24.5
1868	33.0
1869	35.1
1870	37.1
1871	34.5
1872	37.4
1873	43.3
1874	47.8
1875	55.5
1876	48.7
1877	63.3
1878	44.7
1879	37.0
1880	36.4
1881	36.3
1882	40.7
1883	50.9
1884	54.6
1885	57.2
1886	69.2
1887	47.6
1888	58.6
1889	66.8
1890	57.6
1891	54.9
1892	62.2
1893	76.8
1894	73.5
1895	72.4
1896	60.0
1897	59.8
1898	84.0
1899	81.6
1900	91.5
1901	88.1
1902	109.2
1903	116.1
1904	121.4
1905	112.4
1906	95.3
1907	86.2
1908	76.1
1909	75.1
1910	82.4
1911	107.8
1912	126.9
1913	142.7
1914	100.4
1915	91.5
1916	108.1
1917	151.0
1918	244.0
1919	358.3
1920	343.2
1921	219.0
1922	265.1
1923	251.4
1924	281.2
1925	305.6
1926	294.3
1927	271.3
1928	232.9
1929	231.3
1930	214.8
1931	148.4
1932	173.6
1933	186.7
1934	190.7
1935	246.7
1936	276.8
1937	288.3

자료: 박기주 · 이우연, 「농촌의 재화가격과 물가의 추이: 1834-1937」, 안병직 · 이영훈 편저, 『맛질의 농민들』(일조각, 2001), pp. 175-177.

표 O4-8 소비자물가지수, 1907-2015

	전 도시	전 도시	서울	서울	전 도시
	O4	O5	O6	O7	O8
	남북한, 1934-1936년 평균=100	남북한, 1936년=100	1936년=1	2010년=100	남한, 2010년=100
1907		48.3	0.486		
1908		48.5	0.490		
1909		44.0	0.446		
1910		43.5	0.427		
1911		47.9	0.465		
1912	72.6	56.0	0.540		
1913	69.2	56.5	0.558		
1914	63.7	48.0	0.469		
1915	60.1	41.4	0.401		
1916	65.8	45.2	0.438		
1917	80.8	59.3	0.576		
1918	104.4	85.9	0.832		
1919	139.7	121.9	1.196		
1920	157.1	129.4	1.263		
1921	133.9	101.7	0.992		
1922	137.4	111.3	1.078		
1923	131.8	107.1	1.067		
1924	133.9	114.7	1.138		
1925	134.8	119.7	1.177		
1926	127.7	112.1	1.109		
1927	121.1	108.3	1.071		
1928	118.4	103.5	1.033		
1929	118.4	104.3	1.050		
1930	107.4	93.1	0.932		
1931	91.0	75.7	0.764		
1932	93.7	79.5	0.799		
1933	92.9	80.2	0.794		
1934	94.9	84.2	0.827		
1935	99.5	94.2	0.932		
1936	105.6	100.0	1.000		
1937	114.8	104.6	1.037		
1938	128.5	116.0	1.162		
1939		130.5	1.306		
1940			1.401		
1941			1.456		
1942			1.584		
1943			1.799		
1944			2.160		
1945			14.2		
1946			144.9		
1947			374.9		
1948			629.0		
1949			833.3		
1950			1,441		
1951			7,410		
1952			16,604		
1953			24,421		
1954			35,558		
1955			61,887		
1956			76,122		
1957			93,790		
1958			90,458		
1959			93,386		
1960			100,958		
1961			109,136		
1962			116,304		
1963			140,332		
1964			181,724		
1965			206,358	3.19	3.02
1966			231,327	3.57	3.36
1967			256,297	3.96	3.73
1968			284,774	4.40	4.13
1969			313,664	4.85	4.64
1970			353,491	5.46	5.38
1971			396,971	6.14	6.11
1972			443,985	6.86	6.82
1973			457,771	7.07	7.04
1974			565,940	8.74	8.76
1975			714,760	11.04	10.97
1976			824,833	12.75	12.65
1977			909,174	14.05	13.92
1978			1,039,975	16.07	15.94
1979			1,227,957	18.97	18.86
1980			1,578,904	24.40	24.27
1981			1,915,210	29.60	29.45
1982			2,055,733	31.78	31.57
1983			2,128,362	32.89	32.65
1984			2,175,730	33.62	33.39
1985			2,229,412	34.45	34.21
1986			2,288,709	35.36	35.15
1987			2,365,213	36.55	36.23
1988			2,527,243	39.05	38.81
1989			2,668,255	41.23	41.03
1990			2,904,939	44.89	44.54
1991			3,187,917	49.26	48.70
1992			3,368,050	52.04	51.73
1993			3,535,068	54.62	54.21
1994			3,748,381	57.92	57.61
1995			3,893,597	60.16	60.19
1996			4,058,429	62.71	63.15
1997			4,229,427	65.35	65.96
1998			4,544,800	70.22	70.91
1999			4,582,463	70.81	71.49
2000			4,698,703	72.60	73.10
2001			4,902,712	75.75	76.08
2002			5,064,406	78.25	78.18
2003			5,257,373	81.23	80.92
2004			5,462,111	84.40	83.83
2005			5,604,636	86.61	86.14
2006			5,722,334	88.40	88.07
2007			5,873,659	90.71	90.30
2008			6,114,658	94.49	94.52
2009			6,294,007	97.27	97.13
2010				100.00	100.00
2011				103.80	104.00
2012				106.39	106.28
2013				107.88	107.67
2014				109.56	109.04
2015				110.93	109.81

자료: 溝口敏行·梅村又次編, 『舊日本植民地經濟統計推計と分析』(東洋經濟新報社, 1988), p. 306; 박기주·김낙년, 「해방 전(1907-1939) 소비자물가지수 추계」, 『경제분석』 17(1), 2011, pp. 164-167; 통계청 「소비자물가조사」(http://kosis.kr).

표 O9-16 도시별 소비자물가지수, 1907-1939

	서울	대구	목포	부산	신의주	원산	청진	평양
	O9	O10	O11	O12	O13	O14	O15	O16
	1936년=100							
1907	48.6	37.2	50.3	38.1		52.8		36.1
1908	49.0	37.6	47.7	39.5		47.5		35.0
1909	44.6	36.3	40.0	32.8	38.7	42.9	48.9	39.4
1910	42.7	36.8	39.8	34.1	34.5	45.4	46.6	42.4
1911	46.5	39.9	49.1	40.4	39.2	45.8	50.3	39.8
1912	54.0	44.9	61.2	46.4	46.7	61.0	59.0	48.9
1913	55.8	48.1	59.5	47.8	49.3	61.5	58.6	47.3
1914	46.9	41.0	51.2	40.6	44.1	51.6	52.1	41.0
1915	40.1	37.0	43.3	34.8	38.3	45.3	45.0	37.8
1916	43.8	41.9	48.2	39.3	41.7	47.5	50.1	42.6
1917	57.6	57.7	62.9	51.7	58.6	59.7	64.5	55.1
1918	83.2	83.0	98.8	76.6	79.8	88.9	91.5	78.2
1919	119.6	115.5	133.2	109.9	110.6	122.2	126.0	107.6
1920	126.3	131.9	140.8	119.5	116.1	132.7	136.5	111.0
1921	99.2	109.0	117.9	99.7	88.3	116.5	108.6	90.7
1922	107.8	118.3	120.0	115.2	93.7	124.3	120.6	100.4
1923	106.7	107.5	108.4	101.4	88.3	108.9	112.5	100.0
1924	113.8	118.7	121.3	107.8	102.8	120.6	120.1	100.2
1925	117.7	120.7	126.9	118.0	106.0	130.9	121.8	107.7
1926	110.9	119.6	125.0	107.8	101.1	124.3	116.1	100.6
1927	107.1	115.9	122.0	102.4	105.3	115.1	113.4	100.1
1928	103.3	105.8	111.2	98.5	98.8	115.2	110.7	94.4
1929	105.0	106.6	112.4	101.0	102.7	111.1	110.2	91.7
1930	93.2	88.6	101.7	87.5	91.2	100.2	99.7	88.1
1931	76.4	73.7	78.9	70.6	75.0	80.7	81.6	71.9
1932	79.9	80.7	79.3	75.5	82.4	83.5	84.0	74.1
1933	79.4	82.3	81.4	79.4	84.3	84.3	85.4	77.5
1934	82.7	87.8	85.0	81.5	87.7	87.2	89.5	86.4
1935	93.2	97.1	95.3	90.6	98.3	95.9	99.8	96.8
1936	100.0	100.0	100.0	100.0	100.0	100.0	100.0	100.0
1937	103.7	107.9	114.8	107.3	104.8	107.0	109.4	104.0
1938	116.2	119.0	121.5	114.7	128.2	123.9	119.8	116.1
1939	130.6	131.4	134.2	133.5	152.7	133.2	138.7	130.6

자료: 박기주 · 김낙년, 「해방 전(1907-1939) 소비자물가지수추계」, 『경제분석』 17(1), 2011, p. 163.

표 O17-23 도시별 소매물가지수, 1945-1957

	서울	부산	대구	인천	광주	대전	목포
	O17	O18	O19	O20	O21	O22	O23
	1947년=100						
1945	14.0	15.0				16.4	
1946	54.6	59.2	59.1	53.1		58.2	48.7
1947	100.0	100.0	100.0	100.0	100.0	100.0	100.0
1948	153.6	168.4	157.0	164.2	154.3	160.4	153.8
1949	159.1	206.8	199.6	195.4	204.7	197.4	200.5
1950	564.7	473.8	453.4	559.3	390.4	504.1	463.3
1951		2,352.7	2,220.5		1971.4	2,012.3	2,098.3
1952	4,841.1	5,802.6	5,644.3	5,232.8	5,611.1	5,550.5	5,481.6
1953	7,383.9	8,203.6	8,248.1	7,027.1	7,488.1	7,127.9	7,189.7
1954	10,125.9	11,233.6	10,832.3	10,337.3	9,332.9	8,983.3	9,783.3
1955	17,057.0	18,487.4	17,023.4	18,125.9	16,886.1	17,700.0	17,839.7
1956	21,047.8	23,448.8	21,544.9	20,880.5	21,368.9	21,571.2	23,296.0
1957	25,984.8	28,109.4	26,644.7	26,044.8	26,379.5	26,918.1	25,515.2

자료: 한국은행, 『물가총람』(1961).
주: 1945년은 8-12월 값이다.

표 O24-31 도시별 소비자물가지수, 1965-2015

	서울	부산	대구	인천	광주	대전	울산	목포
	O24	O25	O26	O27	O28	O29	O30	O31
	2010년=100							
1965	3.2	2.9	2.9	2.9	3.0	2.7		
1966	3.6	3.3	3.2	3.2	3.3	3.0		
1967	4.0	3.6	3.6	3.5	3.7	3.2		
1968	4.4	4.0	4.0	3.9	4.0	3.5		
1969	4.8	4.6	4.5	4.5	4.6	4.1		
1970	5.5	5.5	5.3	5.3	5.4	4.9		
1971	6.1	6.3	6.2	6.0	6.1	5.7		
1972	6.9	7.0	6.8	6.7	6.9	6.4		
1973	7.1	7.2	7.1	6.9	7.1	6.6		
1974	8.7	9.0	8.7	8.6	8.9	8.3		
1975	11.0	11.1	10.8	10.8	10.8	10.5		
1976	12.7	12.7	12.6	12.3	12.4	12.1		
1977	14.1	13.9	13.9	13.6	13.7	13.4		
1978	16.1	15.7	15.9	15.9	16.0	15.6		
1979	19.0	18.5	19.0	19.0	18.6	18.6		
1980	24.4	23.9	24.6	24.5	23.6	23.8		
1981	29.6	28.8	29.9	29.7	29.3	28.9		
1982	31.8	31.0	31.9	31.8	31.0	30.9		
1983	32.9	32.0	33.0	32.8	32.3	31.7		
1984	33.6	32.7	33.8	33.7	32.9	32.5		
1985	34.4	33.6	34.5	34.5	33.8	33.2		
1986	35.4	34.5	35.3	35.7	34.8	34.2		
1987	36.5	35.3	36.4	36.6	35.7	35.7		
1988	39.0	37.8	39.9	39.0	38.4	38.1		
1989	41.2	40.2	41.9	41.3	40.8	40.1		
1990	44.9	43.3	45.8	44.5	44.4	43.1	45.7	43.7
1991	49.3	47.6	50.1	48.2	48.3	46.7	49.5	47.6
1992	52.0	51.0	53.3	51.5	51.2	50.1	51.8	50.4
1993	54.6	53.1	56.2	54.0	53.7	53.3	53.2	52.9
1994	57.9	56.8	59.6	57.2	57.2	57.6	55.9	56.6
1995	60.2	59.3	62.5	60.1	59.7	60.9	58.7	59.9
1996	62.7	62.5	65.5	63.3	63.0	63.9	61.9	63.3
1997	65.4	65.8	68.3	66.1	66.1	66.7	64.5	66.1
1998	70.2	70.9	73.1	70.6	71.5	71.7	70.1	71.4
1999	70.8	71.9	73.2	71.3	71.9	72.0	70.9	72.1
2000	72.6	73.3	74.7	73.3	73.4	73.6	72.2	74.2
2001	75.8	76.3	77.5	76.4	76.1	76.4	75.1	76.7
2002	78.3	78.3	79.4	78.4	77.7	78.2	77.0	78.3
2003	81.2	81.1	82.0	80.9	80.3	80.7	79.6	80.8
2004	84.4	83.5	84.4	83.7	83.7	83.8	82.7	83.5
2005	86.6	85.9	86.6	85.9	86.2	86.2	85.2	85.7
2006	88.4	87.8	88.6	87.9	88.2	88.4	87.6	87.7
2007	90.7	89.9	90.7	90.0	90.5	90.6	90.0	89.9
2008	94.5	94.2	95.0	94.4	94.7	94.9	94.7	94.3
2009	97.3	97.0	97.3	96.9	97.1	97.0	96.9	97.0
2010	100.0	100.0	100.0	100.0	100.0	100.0	100.0	100.0
2011	103.8	104.5	104.2	103.4	104.1	104.5	104.0	104.3
2012	106.4	107.0	106.7	105.5	105.9	106.6	106.2	106.7
2013	107.9	108.6	108.5	106.6	107.3	107.6	107.8	108.1
2014	109.6	109.9	110.0	108.1	109.0	108.6	109.1	108.9
2015	110.9	110.8	110.8	109.2	109.3	108.8	109.6	108.9

자료: 통계청, 「소비자물가조사」(http://kosis.kr/).

표 O32-44 전 도시 12분류 지출목적별 소비자물가지수, 1907-1939

	총지수	식료품·비주류음료	주류·담배	의복·신발	주거 및 수도·광열	가구집기·가사용품	보건의료	교통	통신	교양·오락	교육	외식·숙박	기타잡비
	O32	O33	O34	O35	O36	O37	O38	O39	O40	O41	O42	O43	O44
	남북한, 1936년=100												
1907	48.3	49.6	29.1	52.8	62.8	76.3		107.8		42.5		41.2	
1908	48.5	51.0	29.6	43.4	61.9	74.2		94.8		52.2		38.7	
1909	44.0	45.5	29.6	46.8	51.6	77.0		92.5		52.1		41.9	
1910	43.5	43.9	29.6	50.1	54.4	79.8		95.7		53.0		42.9	
1911	47.9	50.8	30.7	50.0	53.1	75.6	46.0	87.3	81.9	50.4		41.6	69.1
1912	56.0	60.0	32.0	52.8	54.0	69.6	167.3	73.0	80.5	47.4		36.9	65.2
1913	56.5	59.7	35.4	56.8	60.2	65.2	138.7	73.6	81.1	48.5		36.9	61.2
1914	48.0	48.5	33.2	49.7	57.7	70.6	100.3	72.7	80.1	51.4		37.5	58.9
1915	41.4	40.0	32.7	51.4	50.8	64.7	103.5	70.4	80.1	60.1	12.2	35.0	56.0
1916	45.2	44.8	33.2	55.7	51.9	66.8	98.4	71.6	81.2	69.5	14.5	33.9	56.6
1917	59.3	60.2	42.3	78.1	65.9	82.8	100.5	73.7	81.2	85.1	22.5	37.5	40.9
1918	85.9	90.3	55.2	105.1	92.2	111.3	108.5	80.2	80.2	122.9	23.5	48.0	55.4
1919	121.9	128.4	83.9	156.2	122.0	157.6	133.0	100.9	82.6	140.8	24.5	73.7	89.2
1920	129.4	127.3	111.8	181.8	138.6	180.4	153.8	122.2	97.4	169.2	26.4	84.8	137.6
1921	101.7	96.8	94.3	142.3	115.8	106.5	139.7	114.2	118.5	159.3	39.9	91.8	107.6
1922	111.3	108.2	97.3	136.8	124.6	120.7	138.2	110.9	114.7	148.3	68.7	119.8	97.5
1923	107.1	103.6	105.0	123.3	121.6	116.4	132.5	110.7	114.3	135.1	103.8	106.1	95.0
1924	114.7	117.1	95.4	127.6	119.9	114.2	142.4	105.9	105.8	149.1	121.9	98.1	83.1
1925	119.7	123.4	97.0	140.4	117.1	119.9	87.2	103.9	110.9	144.0	119.7	116.5	84.2
1926	112.1	112.1	93.4	150.8	107.0	118.0	87.2	104.4	106.8	142.7	121.6	110.6	82.9
1927	108.3	106.0	106.3	131.0	112.4	110.2	81.6	104.9	105.2	138.0	124.8	109.2	91.7
1928	103.5	98.9	96.4	131.2	114.1	111.6	74.4	107.1	104.5	137.7	127.3	110.0	93.9
1929	104.3	99.7	94.2	134.1	113.7	109.2	104.5	104.2	103.5	135.1	128.7	106.6	97.8
1930	93.1	87.1	85.6	115.9	105.7	103.3	86.2	103.1	102.8	123.0	127.6	111.1	93.3
1931	75.7	64.8	82.2	96.8	94.6	91.5	82.5	101.9	101.2	104.9	126.5	99.6	79.9
1932	79.5	73.0	83.2	93.6	86.4	92.6	83.6	100.7	98.8	96.6	125.9	97.7	78.3
1933	80.2	74.1	82.8	96.7	85.4	91.0	91.6	97.5	98.1	91.9	123.7	95.1	84.0
1934	84.2	80.3	83.4	98.5	87.6	93.5	87.7	95.7	98.9	85.1	111.7	95.9	80.7
1935	94.2	96.3	86.3	96.3	91.0	94.8	95.8	95.8	98.5	86.7	99.2	94.9	78.8
1936	100.0	100.0	100.0	100.0	100.0	100.0	100.0	100.0	100.0	100.0	100.0	100.0	100.0
1937	104.6	103.0	109.2	110.1	102.9	109.9	100.3	99.0	116.9	115.4	103.3	98.9	102.8
1938	116.0	110.3	112.5	148.3	120.7	127.2	105.0	105.1	118.1	132.5	106.6	96.0	99.4
1939	130.5	127.7	124.3	163.6	128.1	144.4	113.9	110.7	118.1	140.4	104.2	97.0	101.8

자료: 박기주·김낙년, 「해방 전(1907-1939) 소비자물가지수추계」, 『경제분석』 17(1), 2011, p. 164.

표 O45-50 전 도시 5분류 지출목적별 소비자물가지수, 1966-1975

	총지수	식료품	주거	광열	피복	잡비
	O45	O46	O47	O48	O49	O50
	남한, 1970년=100					
가중치	1,000.0	461.3	97.4	57.9	102.7	280.7
1966	62.5	59.5	66.3	68.3	73.3	62.9
1967	69.1	64.5	79.8	80.2	82.4	68.8
1968	76.6	70.9	87.0	86.9	88.2	79.5
1969	86.2	82.3	91.9	92.4	94.7	88.7
1970	100.0	100.0	100.0	100.0	100.0	100.0
1971	113.5	118.9	107.5	108.2	106.3	110.3
1972	126.8	134.7	117.1	119.1	115.6	122.7
1973	130.8	138.2	122.2	126.0	129.7	123.2
1974	162.6	173.9	140.4	173.7	158.5	147.0
1975	203.7	232.5	161.7	199.6	181.4	180.1

자료: 한국은행, 『경제통계연보』(1976).

표 O51-60 전 도시 9분류 지출목적별 소비자물가지수, 1975-1985

	총지수	식료품	피복 및 신발	주거비	광열·수도	가구집기·가사용품	보건의료	교통·통신	교육·교양·오락	기타잡비
	O51	O52	O53	O54	O55	O56	O57	O58	O59	O60
	남한, 1985년=100									
가중치	1000.0	379.9	74.4	129.4	76.1	50.3	72.4	64.6	114.9	38.0
1975	32.1	32.4	34.4	26.5	26.0	42.2	38.3	27.9	30.0	38.2
1976	37.0	38.2	39.4	30.2	27.6	45.9	40.8	30.3	37.5	42.8
1977	40.7	42.7	43.7	34.7	32.0	47.8	42.6	31.6	41.7	43.6
1978	46.6	49.8	48.7	40.4	39.6	49.7	47.3	37.8	46.7	44.9
1979	55.1	56.6	60.8	50.2	49.5	62.5	58.9	46.4	54.9	53.5
1980	70.9	71.7	77.9	63.8	65.1	77.7	75.3	68.4	67.5	74.6
1981	86.2	91.5	89.7	70.9	84.3	84.6	87.4	81.5	81.4	85.7
1982	92.3	93.8	96.7	77.0	96.0	90.2	95.2	93.0	91.0	95.2
1983	95.4	95.0	99.7	88.7	96.7	93.6	99.2	95.0	96.0	99.2
1984	97.6	96.4	101.9	95.7	97.3	97.7	100.1	97.5	98.2	99.6
1985	100.0	100.0	100.0	100.0	100.0	100.0	100.0	100.0	100.0	100.0

자료: 한국은행, 『경제통계연보』(1986).

표 O61-73 전 도시 12분류 지출목적별 소비자물가지수, 1985-2015

	총지수	식료품·비주류 음료	주류 및 담배	의류 및 신발	주택·수도·전기 및 연료	가정용품 및 가사 서비스	보건	교통	통신	오락 및 문화	교육	음식 및 숙박	기타 상품 및 서비스
	O61	O62	O63	O64	O65	O66	O67	O68	O69	O70	O71	O72	O73
	남한, 2010년=100												
1985	34.2	27.3	36.0	40.6	37.3	53.3	39.6	27.6	142.8	67.4	19.3	26.5	39.6
1986	35.2	27.8	36.9	41.5	38.3	54.6	41.1	28.1	151.2	68.8	20.1	27.8	41.4
1987	36.2	28.7	37.4	43.0	39.2	56.4	42.5	28.6	153.8	70.3	21.3	29.0	42.6
1988	38.8	31.7	38.1	46.4	40.6	59.7	45.5	30.1	153.8	72.9	23.3	31.7	43.4
1989	41.0	33.7	40.1	52.5	42.3	63.7	46.8	31.1	137.3	74.8	25.4	36.5	43.5
1990	44.5	37.0	42.2	57.6	45.6	67.6	50.3	31.9	146.4	78.3	28.8	41.5	45.0
1991	48.7	41.1	43.7	60.8	50.7	71.4	53.5	35.4	141.2	81.1	31.8	49.7	47.7
1992	51.7	43.2	45.9	64.6	54.3	73.7	55.2	38.7	140.9	83.2	35.2	54.7	49.5
1993	54.2	44.6	48.7	66.8	57.2	76.1	56.8	42.0	140.1	86.8	38.8	57.8	51.5
1994	57.6	49.1	53.5	68.4	59.6	78.7	58.8	45.2	136.6	88.9	42.5	61.7	53.4
1995	60.2	50.6	54.7	69.5	62.1	80.2	62.0	48.0	133.4	92.2	48.1	65.1	55.2
1996	63.2	52.1	59.7	70.4	65.1	81.8	64.9	51.6	132.9	95.8	53.6	68.7	58.4
1997	66.0	54.2	63.6	71.5	68.4	82.1	67.6	56.6	129.0	96.6	57.4	71.1	61.0
1998	70.9	59.7	67.6	74.4	73.3	86.9	71.1	66.1	128.8	99.9	59.5	74.7	66.6
1999	71.5	62.4	72.0	75.7	71.1	85.8	72.2	67.6	128.1	99.9	60.3	74.0	65.1
2000	73.1	62.9	72.6	76.8	73.7	83.6	77.5	70.6	125.2	98.8	63.3	74.7	65.9
2001	76.1	66.1	76.2	79.1	78.1	85.2	86.3	73.4	121.2	98.5	66.2	76.0	68.6
2002	78.2	69.3	81.9	81.5	80.3	86.0	85.8	74.1	115.8	99.1	69.9	78.5	70.8
2003	80.9	72.5	84.2	84.4	83.7	87.7	87.7	77.1	109.8	99.5	74.0	81.4	72.6
2004	83.8	78.3	85.1	84.7	86.4	88.4	89.0	79.8	108.1	99.4	78.1	84.5	74.1
2005	86.1	80.8	97.8	85.5	88.0	88.9	91.0	83.8	106.1	99.5	81.4	86.5	75.1
2006	88.1	81.2	97.6	87.8	90.6	89.1	92.8	87.7	104.7	97.1	85.4	88.2	79.0
2007	90.3	83.2	98.0	90.2	92.6	91.4	94.4	90.8	102.6	95.5	90.5	89.8	82.9
2008	94.5	87.4	98.5	92.5	96.6	95.4	96.2	98.8	101.1	96.9	95.4	94.1	90.4
2009	97.1	94.0	99.6	97.1	97.7	99.7	98.3	95.3	101.0	99.1	97.8	97.7	96.6
2010	100.0	100.0	100.0	100.0	100.0	100.0	100.0	100.0	100.1	100.0	100.0	100.0	100.0
2011	104.0	108.1	100.8	103.3	104.5	103.7	101.8	107.0	98.4	101.6	101.7	104.3	103.2
2012	106.3	112.4	102.3	108.3	109.3	106.7	102.7	110.5	95.9	101.8	103.2	105.5	99.9
2013	107.7	113.4	104.0	111.4	113.2	107.0	103.1	109.9	95.8	102.9	104.4	107.2	100.3
2014	109.0	113.7	103.9	115.9	116.5	109.3	103.8	108.1	95.7	103.3	105.9	108.7	103.4
2015	109.8	115.6	156.0	117.5	115.7	112.1	105.1	99.6	95.5	102.8	107.7	111.3	106.2

자료: 통계청, 「소비자물가조사」(http://kosis.kr).

표 O74-79 서울 5분류 지출목적별 소비자물가지수, 1907-1985

	총지수	식료품	주거	광열	피복	잡비
	O74	O75	O76	O77	O78	O79
	1936년=1					
1907	0.49	0.48	0.60	0.89	0.50	0.32
1908	0.49	0.49	0.57	0.89	0.38	0.30
1909	0.45	0.43	0.57	0.60	0.40	0.31
1910	0.43	0.41	0.55	0.64	0.44	0.31
1911	0.47	0.48	0.57	0.58	0.43	0.39
1912	0.54	0.57	0.55	0.64	0.51	0.48
1913	0.56	0.55	0.46	0.88	0.58	0.46
1914	0.47	0.46	0.48	0.81	0.49	0.42
1915	0.40	0.37	0.50	0.66	0.46	0.42
1916	0.44	0.41	0.52	0.59	0.50	0.41
1917	0.58	0.55	0.63	0.75	0.72	0.45
1918	0.83	0.82	0.87	1.09	0.93	0.58
1919	1.20	1.18	1.22	1.33	1.42	0.82
1920	1.26	1.18	1.58	1.34	1.66	0.98
1921	0.99	0.90	1.29	1.03	1.27	1.01
1922	1.08	1.01	1.21	1.14	1.18	1.16
1923	1.07	0.99	1.21	1.21	1.24	1.12
1924	1.14	1.10	1.18	1.21	1.34	1.06
1925	1.18	1.15	1.20	1.21	1.41	1.04
1926	1.11	1.07	1.21	1.04	1.45	1.05
1927	1.07	1.02	1.22	1.11	1.23	1.15
1928	1.03	0.97	1.24	1.13	1.24	1.08
1929	1.05	0.99	1.25	1.07	1.25	1.10
1930	0.93	0.87	1.18	1.02	1.14	1.00
1931	0.76	0.67	1.09	0.94	1.00	0.94
1932	0.80	0.75	1.03	0.81	1.00	0.93
1933	0.79	0.75	0.93	0.82	0.96	0.92
1934	0.83	0.80	0.93	0.90	0.98	0.90
1935	0.93	0.94	0.98	0.88	0.94	0.92
1936	1.00	1.00	1.00	1.00	1.00	1.00
1937	1.04	1.02	1.07	0.97	1.09	1.08
1938	1.16	1.10	1.15	1.28	1.50	1.13
1939	1.31	1.28	1.24	1.38	1.55	1.20
1940	1.40	1.42	1.34	1.60	1.47	1.27
1941	1.46	1.46	1.47	1.56	1.51	1.39
1942	1.58	1.57	1.51	1.68	1.55	1.70
1943	1.80	1.72	1.68	1.83	1.86	2.11
1944	2.16	2.11	1.88	2.41	2.09	2.43
1945	14	16	9	9	24	10
1946	145	167	113	52	249	95
1947	375	323	295	157	874	289
1948	629	497	446	310	1,697	468
1949	833	622	645	422	2,203	651
1950	1,441	1,390	959	1,020	2,820	1,065
1951	7,410	8,711	5,733	3,541	13,639	4,023
1952	16,604	23,570	11,767	7,365	20,007	8,427
1953	24,421	31,628	21,519	12,370	30,368	13,327
1954	35,558	39,487	33,803	27,292	48,722	21,715
1955	61,887	76,680	54,244	47,633	72,907	34,260
1956	76,122	104,861	62,514	48,401	80,010	37,822
1957	93,790	126,227	82,892	64,535	87,930	49,401
1958	90,458	115,085	88,799	61,322	82,704	52,963
1959	93,386	114,692	96,773	67,538	80,174	57,535
1960	100,958	131,076	98,447	69,843	81,643	59,376
1961	109,136	142,873	97,462	82,764	85,644	64,363
1962	116,304	154,670	105,338	88,491	86,868	67,807
1963	140,332	205,135	121,483	89,818	99,196	73,626
1964	181,724	279,717	140,877	101,481	138,957	86,629
1965	206,358	303,311	158,696	123,203	169,573	104,442
1966	231,327	326,969	188,055	144,024	190,939	121,989
1967	256,297	352,144	225,349	170,143	209,931	135,670
1968	284,774	390,968	239,631	190,594	219,936	155,619
1969	313,664	437,374	253,438	199,588	232,823	172,956
1970	353,491	511,382	270,101	210,800	243,337	193,009
1971	396,971	598,317	287,928	226,820	262,317	211,731
1972	443,985	677,070	317,639	255,067	289,327	234,506
1973	457,771	697,014	329,523	270,667	319,015	234,506
1974	565,940	882,646	381,112	389,768	376,685	280,442
1975	714,760	1,173,111	460,522	444,998	441,170	343,942
1976	824,833	1,383,097	521,311	462,798	502,933	396,910
1977	909,174	1,548,506	571,047	540,672	569,109	422,017
1978	1,039,975	1,800,725	634,139	674,617	645,431	467,074
1979	1,227,957	2,050,597	786,111	841,936	792,341	561,314
1980	1,578,904	2,611,344	988,280	1,125,845	1,017,337	736,037
1981	1,915,210	3,352,966	1,088,097	1,466,976	1,138,400	872,940
1982	2,055,733	3,439,140	1,185,936	1,648,237	1,213,683	986,289
1983	2,128,362	3,473,088	1,315,401	1,650,488	1,254,377	1,028,243
1984	2,175,730	3,514,869	1,401,381	1,644,859	1,279,810	1,048,116
1985	2,229,412	3,645,437	1,451,784	1,688,767	1,251,325	1,062,837

자료: 박기주 · 김낙년, 「해방 전(1907-1939) 소비자물가지수 추계」, 『경제분석』 17(1), 2011, pp. 164-166.

주: 1939년과 1955년을 접속연도로 하여 작성된 것이다.

표 O80-92 서울 12분류 지출목적별 소비자물가지수, 1985-2015

	총지수	식료품·비주류 음료	주류 및 담배	의류 및 신발	주택·수도·전기 및 연료	가정용품 및 가사 서비스	보건	교통	통신	오락 및 문화	교육	음식 및 숙박	기타 상품 및 서비스
	O80	O81	O82	O83	O84	O85	O86	O87	O88	O89	O90	O91	O92
	2010년=100												
1985	34.4	27.8	36.8	42.5	36.0	54.3	39.9	27.5	140.3	67.8	20.5	26.9	40.6
1986	35.4	28.3	37.9	43.4	37.0	55.7	41.4	28.0	148.9	69.1	21.2	28.0	42.2
1987	36.5	29.5	38.4	44.8	37.9	57.7	42.9	28.6	151.7	70.5	22.4	29.1	43.3
1988	39.0	32.5	39.1	48.1	39.2	61.1	45.8	30.1	151.6	72.9	24.7	31.8	43.7
1989	41.2	34.5	40.8	53.9	41.1	65.2	47.1	30.7	135.2	74.6	26.7	35.9	43.8
1990	44.9	37.9	42.7	58.9	44.8	69.8	50.6	31.4	146.3	77.7	30.5	41.3	45.4
1991	49.3	41.9	44.0	62.3	50.1	73.6	53.8	35.2	140.6	80.4	34.0	50.1	47.5
1992	52.0	43.5	45.9	66.0	53.4	75.5	55.4	38.2	140.3	82.2	37.0	55.3	50.3
1993	54.6	45.2	48.5	67.7	56.5	76.7	56.9	41.3	139.1	85.9	40.5	58.8	52.3
1994	57.9	49.3	53.6	68.9	58.9	79.9	58.7	44.1	135.3	88.3	44.3	63.9	54.2
1995	60.2	49.4	54.4	69.6	61.8	80.5	61.8	46.6	131.9	91.8	50.3	67.4	55.6
1996	62.7	49.5	59.6	70.3	64.5	82.3	64.7	50.3	131.7	95.1	55.1	70.8	59.0
1997	65.4	51.4	63.8	71.3	67.5	83.0	67.5	55.7	128.6	95.4	57.9	72.7	61.2
1998	70.2	58.0	67.0	74.0	71.9	87.6	70.7	65.2	128.4	98.3	59.5	75.7	66.7
1999	70.8	61.6	71.6	75.8	69.3	86.5	72.2	66.9	127.8	98.4	60.1	74.6	65.3
2000	72.6	62.7	72.5	76.9	71.3	84.2	77.7	70.2	124.8	97.5	63.0	75.3	66.7
2001	75.8	65.8	76.3	79.1	76.2	85.7	86.7	73.2	120.8	97.6	66.2	76.5	68.4
2002	78.3	68.7	81.9	81.5	79.8	85.9	86.0	74.2	115.4	98.5	70.1	79.0	70.9
2003	81.2	72.2	84.3	84.5	83.6	87.6	87.9	77.4	109.4	99.1	74.5	81.9	73.0
2004	84.4	78.8	84.9	84.9	86.4	89.0	88.9	80.6	107.6	99.0	79.0	85.0	74.1
2005	86.6	82.0	97.8	85.7	87.6	89.4	90.9	84.4	105.6	99.3	82.5	86.6	75.4
2006	88.4	82.3	97.7	88.0	89.8	89.6	92.5	87.8	104.5	97.1	86.4	88.2	78.7
2007	90.7	84.3	98.1	90.3	92.0	92.0	94.6	91.4	102.5	95.6	91.4	89.9	82.6
2008	94.5	88.1	98.6	92.5	95.4	95.6	96.5	98.7	101.1	97.2	95.8	93.5	89.8
2009	97.3	94.8	99.6	97.2	97.7	100.1	98.6	95.7	101.0	99.2	97.8	97.0	96.6
2010	100.0	100.0	100.0	100.0	100.0	100.0	100.0	100.0	100.1	100.0	100.0	100.0	100.0
2011	103.8	107.8	100.6	103.3	104.3	103.2	101.7	105.8	98.4	102.1	102.0	104.5	102.9
2012	106.4	111.8	101.9	108.0	109.4	108.1	102.8	110.4	95.9	102.2	103.1	105.5	99.9
2013	107.9	112.1	103.5	111.1	113.6	108.1	103.3	110.2	95.8	103.2	104.1	106.8	100.1
2014	109.6	112.3	103.2	115.6	117.3	109.5	104.0	108.9	95.8	103.6	106.1	108.1	103.9
2015	110.9	114.9	152.7	117.4	117.6	112.0	105.1	103.5	95.7	102.6	108.4	111.1	106.4

자료: 통계청, 「소비자물가조사」(http://kosis.kr).

표 O93-99 품목성질별 소비자물가지수, 1975-2015

	상품			서비스			
	종합	농축수산물	공업제품	종합	집세	공공서비스	개인서비스
	O93	O94	O95	O96	O97	O98	O99
	남한, 2010년=100						
1975	12.4	8.3	16.3	8.4	11.3	9.6	4.6
1976	14.2	9.9	17.6	10.0	12.9	11.6	5.4
1977	15.6	11.1	18.8	11.0	14.8	12.5	6.2
1978	17.9	13.3	20.6	12.6	17.2	14.0	7.5
1979	20.7	15.0	24.7	15.7	21.4	16.7	11.1
1980	26.5	18.8	32.4	20.5	27.2	21.2	15.9
1981	32.5	24.1	38.1	24.3	30.2	25.8	19.1
1982	33.9	24.5	40.8	27.6	32.8	30.0	21.7
1983	34.5	24.9	41.5	29.5	37.8	31.2	22.7
1984	34.8	25.2	41.8	30.8	40.8	32.3	23.5
1985	35.6	26.2	42.1	31.7	42.6	32.9	24.2
1986	36.2	26.7	43.0	33.0	44.4	34.0	25.4
1987	37.4	27.6	44.1	34.0	45.8	34.9	26.5
1988	40.2	31.3	45.4	36.2	48.2	36.8	28.9
1989	42.5	33.4	47.6	38.2	51.4	37.6	32.1
1990	45.9	37.1	50.1	41.9	56.8	39.9	36.7
1991	49.4	42.0	52.5	46.9	63.4	42.7	42.8

표 O93-99 계속

	상품			서비스			
	종합	농축수산물	공업제품	종합	집세	공공서비스	개인서비스
	O93	O94	O95	O96	O97	O98	O99
	남한, 2010년=100						
1992	51.4	43.7	54.7	51.1	68.3	46.3	47.3
1993	53.0	44.4	56.8	54.8	72.3	49.7	50.9
1994	56.3	49.9	58.6	58.3	75.1	53.2	54.9
1995	57.8	51.3	60.1	62.2	78.0	57.4	59.2
1996	59.9	52.2	62.7	66.1	80.7	61.3	63.7
1997	62.4	54.2	65.4	69.3	83.4	64.4	67.1
1998	68.5	57.5	72.7	72.9	83.8	70.5	70.6
1999	70.1	61.7	73.1	72.3	80.4	72.0	69.9
2000	71.2	62.9	74.3	74.4	80.0	77.2	71.4
2001	73.7	66.8	76.2	77.8	83.3	82.9	73.6
2002	75.8	71.0	77.5	80.0	88.1	81.8	76.3
2003	78.2	75.2	79.3	82.9	91.2	83.9	79.7
2004	81.5	81.9	81.4	85.5	92.7	86.0	83.0
2005	84.2	83.5	84.4	87.5	92.5	88.7	85.6
2006	85.5	83.4	86.1	89.8	92.8	91.8	88.2
2007	87.1	85.0	87.7	92.4	94.5	94.6	90.9
2008	92.5	85.4	94.6	95.9	96.6	96.9	95.2
2009	95.6	90.9	96.9	98.2	98.2	98.8	97.9
2010	100.0	100.0	100.0	100.0	100.0	100.0	100.0
2011	105.7	109.2	104.9	102.7	104.0	99.6	103.7
2012	108.9	112.6	107.9	104.2	108.3	100.1	104.8
2013	110.1	111.9	108.8	105.8	111.2	100.8	106.5
2014	111.1	108.9	110.3	107.4	113.8	101.5	108.3
2015	110.3	111.1	110.0	109.4	116.7	102.8	110.4

자료: 통계청, 『물가연보』(1990); 한국은행, 『경제통계연보』(2016).
주: 1) 1985년 이전은 1985년 기준지수로 연결하였다.
2) 1985년 이전의 공공서비스는 공공요금, 개인서비스는 개인서비스와 외식의 가중평균이다.

표 O100-101 식료품 및 비식료품별 소비자물가지수, 1965-2005

	식료품	식료품 외
	O100	O101
	남한, 2000년=100	
1965	3.3	5.0
1966	3.6	5.7
1967	3.9	6.5
1968	4.3	7.3
1969	4.9	7.9
1970	6.0	8.8
1971	7.1	9.5
1972	8.1	10.5
1973	8.3	10.9
1974	10.6	13.2
1975	13.9	15.7
1976	16.4	17.7
1977	18.3	19.3
1978	21.3	21.7
1979	24.3	26.6
1980	30.8	34.6
1981	39.2	40.7
1982	40.2	44.9
1983	40.7	47.1
1984	41.4	48.4
1985	42.9	49.2
1986	43.9	50.7
1987	45.3	52.2
1988	50.0	54.9
1989	53.4	57.7
1990	58.7	62.1
1991	66.0	66.9
1992	70.1	71.1
1993	72.7	74.9
1994	79.5	78.4
1995	82.2	82.4
1996	85.4	86.8
1997	88.7	90.9
1998	96.4	97.2
1999	99.1	97.2
2000	100.0	100.0
2001	103.5	104.3
2002	107.7	106.7
2003	112.4	110.1
2004	119.5	112.9
2005	122.8	116.0

자료: 한국은행, 『경제통계연보』(2006); 통계청, 『물가연보』(1992).
주: 1985년 이전은 1990년 기준지수로 연결하였다.

표 O102-113 농가 판매 및 구입 가격지수, 1959-2012

	농가판매가격지수							농가구입가격지수				농가교역조건
	종합(A)	곡물	청과물	채소	과실	축산물	기타 농산물	종합(B)	가계용품	농업용품	농촌임료	(A)/(B)
	O102	O103	O104	O105	O106	O107	O108	O109	O110	O111	O112	O113
	남한, 2005년=100											
1959	0.7	0.8	1.2	1.2	1.8	0.5	1.0	1.0	1.1	1.1	0.2	0.70
1960	1.0	1.0	1.7	1.7	1.9	0.6	1.0	1.0	1.2	1.3	0.2	1.00
1961	1.1	1.2	1.5	1.5	2.2	0.6	1.3	1.1	1.3	1.5	0.2	1.00
1962	1.2	1.2	1.6	1.5	2.2	0.7	1.6	1.2	1.4	1.6	0.3	1.00
1963	1.8	2.1	2.9	3.2	2.7	0.8	2.2	1.4	1.5	1.6	0.4	1.29
1964	2.1	2.6	3.1	3.0	4.1	1.1	2.9	1.8	2.0	1.9	0.5	1.17
1965	2.3	2.3	3.6	3.5	4.1	1.6	2.8	2.0	2.3	2.6	0.6	1.15
1966	2.5	2.5	4.4	4.6	4.2	1.8	3.3	2.2	2.6	2.9	0.7	1.14
1967	2.8	2.7	4.0	3.9	4.7	2.3	3.5	2.6	2.9	3.2	0.7	1.08
1968	3.2	3.2	4.1	3.9	6.1	3.0	3.7	3.0	3.3	4.2	0.9	1.07
1969	3.8	3.8	4.8	4.5	7.9	2.9	4.6	3.4	3.7	4.4	1.2	1.12
1970	4.7	4.3	8.7	9.5	8.8	3.5	5.3	3.9	4.2	5.0	1.4	1.21
1971	5.6	5.3	8.8	8.6	10.3	4.2	6.5	4.5	4.6	5.8	1.7	1.24
1972	6.7	6.8	9.2	8.9	11.1	4.9	7.9	5.1	5.2	6.8	2.1	1.31
1973	7.4	7.2	9.8	9.2	12.6	5.8	9.9	5.5	5.5	7.8	2.2	1.35
1974	9.8	10.2	13.1	11.9	17.8	6.6	12.2	7.5	7.9	9.4	3.0	1.31
1975	12.3	13.0	18.2	17.3	22.4	8.0	12.4	9.3	9.9	11.0	3.8	1.32
1976	15.1	15.6	22.2	21.8	24.9	11.6	13.3	11.5	11.7	14.9	4.9	1.31
1977	17.5	17.8	25.8	25.1	30.2	14.5	14.0	13.5	13.4	17.8	6.0	1.30
1978	23.5	20.9	44.9	47.9	35.8	20.4	19.7	17.6	15.7	25.4	8.5	1.34
1979	26.1	26.2	42.9	43.2	44.1	18.9	24.0	20.1	19.3	24.4	12.8	1.30
1980	32.1	33.9	42.9	42.4	53.2	22.1	32.6	25.0	25.3	27.8	16.4	1.28
1981	40.7	40.1	53.7	56.0	51.1	33.8	37.3	32.1	31.3	38.9	19.0	1.27
1982	43.0	41.6	49.4	50.5	49.6	41.1	36.6	36.2	34.0	45.8	21.2	1.19
1983	43.5	42.0	42.1	42.1	44.8	45.8	37.0	39.2	35.5	52.2	22.4	1.11
1984	43.9	43.2	55.1	57.9	51.1	38.7	36.6	37.6	36.1	45.6	23.3	1.17
1985	44.6	46.9	57.7	60.7	53.6	32.3	41.4	36.6	37.1	40.5	24.5	1.22
1986	43.5	50.7	49.6	47.1	57.7	29.5	45.8	36.3	38.0	38.2	25.4	1.20
1987	45.8	53.0	56.1	53.0	66.3	28.5	51.7	37.0	38.9	38.2	26.5	1.24
1988	51.4	57.4	62.9	62.1	68.1	34.8	53.0	40.0	40.8	42.5	29.3	1.29
1989	53.6	58.5	57.3	56.2	62.7	43.2	54.7	43.4	42.8	47.8	34.0	1.24
1990	60.3	63.1	66.6	66.9	69.0	50.0	59.5	47.4	45.6	52.6	40.2	1.27
1991	66.3	66.2	74.9	70.6	86.8	57.7	67.3	53.0	50.4	59.0	48.2	1.25
1992	69.0	68.5	77.7	77.4	82.0	60.2	71.9	56.7	54.5	61.2	53.6	1.22
1993	69.2	71.8	77.4	76.6	82.8	56.1	79.7	57.1	57.6	56.6	55.8	1.21
1994	74.8	74.4	94.4	85.2	116.6	57.8	81.8	59.3	61.1	57.0	56.9	1.26
1995	81.6	81.6	104.0	95.8	124.7	63.3	80.6	62.8	64.8	60.7	59.3	1.30
1996	85.9	92.9	105.0	100.2	115.3	63.5	85.6	65.5	68.9	61.5	62.7	1.31
1997	83.5	94.1	104.4	98.8	117.1	56.8	87.4	67.0	72.1	60.7	65.3	1.25
1998	83.3	99.9	105.7	100.8	116.4	51.1	85.7	74.1	76.9	72.1	63.9	1.12
1999	88.6	105.5	101.5	91.7	127.1	62.4	83.5	76.1	78.0	74.4	70.7	1.16
2000	89.5	109.8	94.1	90.8	100.1	64.9	86.4	80.1	81.5	77.4	82.6	1.12
2001	94.1	108.2	97.9	108.4	78.3	75.7	95.3	84.6	85.5	82.8	87.2	1.11
2002	99.1	104.5	107.1	110.2	101.0	85.5	99.2	87.8	88.3	86.4	90.6	1.13
2003	107.3	110.5	120.1	133.4	95.0	91.6	103.8	91.8	92.2	90.5	95.4	1.17
2004	104.2	112.3	107.5	107.9	106.8	93.4	99.7	96.3	96.1	96.4	97.7	1.08
2005	100.0	100.0	100.0	100.0	100.0	100.0	100.0	100.0	100.0	100.0	100.0	1.00
2006	99.2	95.5	102.8	105.1	98.3	96.1	111.0	101.8	102.3	100.7	100.9	0.97
2007	101.4	100.2	105.7	109.1	98.9	93.3	114.7	104.8	104.9	104.8	103.5	0.97
2008	99.4	107.8	92.3	96.9	83.1	93.0	115.3	115.3	110.7	128.5	111.7	0.86
2009	101.0	100.0	95.9	101.4	84.9	103.3	122.1	120.4	113.9	138.4	116.4	0.84
2010	108.1	98.5	113.0	122.5	94.1	107.5	132.7	122.2	117.6	135.4	117.8	0.88
2011	120.2	112.1	134.4	150.6	102.0	108.9	130.6	127.4	123.1	139.1	125.5	0.94
2012	122.8	120.2	141.7	148.3	128.5	97.5	134.1	130.1	125.1	142.3	132.9	0.94

자료: 통계청, 「농가판매 및 구입가격조사」(http://kosis.kr/).

주: 통계청은 2010년 기준의 최신통계를 2005년부터만 제시하고 있으므로, 여기서는 2005년 기준의 통계를 제시한다.

2. 생산자물가지수

표 O114 생산자물가지수, 1910-1964

	총지수
	O114
	남한, 2010년=100
1910	0.000014
1911	0.000015
1912	0.000016
1913	0.000017
1914	0.000016
1915	0.000015
1916	0.000017
1917	0.000024
1918	0.000033
1919	0.000041
1920	0.000042
1921	0.000032
1922	0.000032
1923	0.000031
1924	0.000034
1925	0.000036
1926	0.000032
1927	0.000030
1928	0.000030
1929	0.000029
1930	0.000025
1931	0.000020
1932	0.000020
1933	0.000022
1934	0.000023
1935	0.000025
1936	0.000026
1937	0.000031
1938	0.000037
1939	0.000043
1940	0.000048
1941	0.000049
1942	0.000052
1943	0.000057
1944	0.000064
1945	0.000603
1946	0.006027
1947	0.010484
1948	0.017081
1949	0.023355
1950	0.042413
1951	0.229553
1952	0.498089
1953	0.623924
1954	0.799781
1955	1.448350
1956	1.905605
1957	2.214837
1958	2.077594
1959	2.132154
1960	2.360897
1961	2.676287
1962	2.925744
1963	3.527378
1964	4.751324

자료: 한국은행, 「생산자물가지수」(http://ecos.bok.or.kr/).

주: 서울의 생산자물가지수이며, 1965년 이후의 생산자물가지수는 O115이다.

표 O115-129 기본분류별 생산자물가지수, 1965-2015

	총지수	재화					서비스								
		종합	농림 수산품	광산품	공산품	전력, 가스 및 수도	종합	음식점 및 숙박	운수	통신	정보, 출판 및 영상서비스	금융 및 보험	부동산	사업 서비스	위생 및 자원재활용 서비스
	O115	O116	O117	O118	O119	O120	O121	O122	O123	O124	O125	O126	O127	O128	O129
	남한, 2010년=100														
1965	5.2	5.2	1.7	1.4	7.0	4.1									
1966	5.7	5.6	1.9	1.4	7.6	4.6									
1967	6.1	6.0	2.1	1.7	8.0	5.1									
1968	6.5	6.5	2.3	1.9	8.5	5.8									
1969	7.0	6.9	2.7	2.2	8.9	5.8									
1970	7.6	7.5	3.1	2.4	9.6	6.4									
1971	8.3	8.2	3.7	2.8	10.1	6.4									
1972	9.4	9.3	4.7	3.1	11.2	7.2									
1973	10.1	10.0	4.9	3.3	12.1	7.0									
1974	14.4	14.2	6.2	4.6	17.8	9.6									
1975	18.1	17.9	8.5	5.9	21.8	14.2									
1976	20.3	20.1	10.5	6.7	23.8	16.2									
1977	22.2	21.9	12.5	9.0	25.0	18.6									
1978	24.8	24.5	16.6	11.5	26.2	19.4									
1979	29.4	29.1	18.7	13.8	31.4	28.4									
1980	40.9	40.4	23.3	20.3	44.9	46.1									
1981	49.2	48.6	29.4	28.0	53.2	57.9									
1982	51.5	50.9	29.6	31.1	56.1	62.7									
1983	51.6	51.0	30.4	31.9	55.8	61.3									
1984	52.0	51.4	30.5	33.8	56.3	60.9									
1985	52.4	51.8	32.3	35.6	56.1	60.9									
1986	51.7	51.1	31.9	37.5	55.2	59.1									
1987	51.9	51.3	31.6	39.8	55.6	57.1									
1988	53.3	52.7	36.8	41.2	56.1	52.3									
1989	54.1	53.5	38.0	42.1	56.8	49.0									
1990	56.4	55.7	43.4	43.6	58.2	46.2									
1991	59.0	58.3	48.6	47.4	60.4	46.9									
1992	60.3	59.6	50.3	48.1	61.5	50.1									
1993	61.2	60.5	51.1	48.1	62.3	50.8									
1994	62.9	62.1	57.4	49.3	63.3	51.0									
1995	65.8	65.0	59.5	49.3	66.4	52.8	67.9	69.1	55.8	107.8	62.2	83.0	76.0	56.7	87.4
1996	67.9	66.4	60.5	49.8	67.8	54.1	72.6	76.7	59.0	108.4	69.4	83.9	79.6	63.2	104.0
1997	70.5	68.5	61.6	50.5	70.0	56.7	76.7	81.2	61.6	107.1	74.5	83.4	83.3	69.9	110.1
1998	79.1	77.9	64.0	54.6	80.3	64.6	82.6	83.0	71.7	109.6	77.1	81.0	84.1	77.2	102.5
1999	77.5	76.2	70.5	55.3	77.6	64.9	81.1	83.9	71.4	109.8	79.1	87.2	81.8	72.9	91.9
2000	79.1	77.9	68.6	56.6	79.4	70.5	82.4	87.6	73.9	109.1	81.5	87.1	81.7	73.6	100.4
2001	78.7	77.0	71.2	57.2	77.7	76.4	83.4	93.5	75.8	109.0	83.6	83.4	83.0	74.7	99.2
2002	78.5	75.9	73.0	61.9	76.4	73.9	85.3	99.1	78.2	107.2	87.5	86.0	85.0	76.7	101.1
2003	80.2	77.5	77.2	62.7	77.7	76.1	87.2	99.1	81.2	104.7	89.7	86.2	87.8	79.1	102.8
2004	85.1	83.4	86.5	67.6	83.6	76.8	89.7	95.4	86.0	103.5	89.9	90.9	89.7	82.2	104.6
2005	86.9	85.5	83.3	72.2	86.3	77.7	90.9	94.9	86.9	102.9	91.4	95.6	90.5	84.0	102.8
2006	87.7	85.8	81.3	70.6	86.4	83.5	92.9	95.3	89.2	102.7	93.4	102.3	91.5	86.3	103.1
2007	88.9	86.7	83.5	75.5	87.1	86.4	95.0	95.6	91.5	101.5	95.6	109.4	93.5	88.4	104.4
2008	96.5	96.2	84.4	82.3	97.6	90.1	97.5	96.9	97.2	100.7	97.2	101.3	96.2	94.3	105.5
2009	96.3	95.6	91.8	90.2	95.9	96.1	98.3	98.0	99.0	100.7	98.9	96.7	98.6	96.3	100.1
2010	100.0	100.0	100.0	100.0	100.0	100.0	100.0	100.0	100.0	100.0	100.0	100.0	100.0	100.0	100.0
2011	106.7	108.7	107.4	102.1	109.0	105.8	102.5	106.6	101.2	99.2	101.0	102.6	102.1	102.8	104.7
2012	107.5	108.9	108.3	105.7	108.6	113.7	104.2	109.4	103.7	98.6	101.1	99.6	104.5	105.0	109.0
2013	105.7	106.2	101.9	108.2	105.3	120.2	104.5	111.2	104.4	97.1	101.5	93.8	106.5	105.4	112.5
2014	105.2	104.8	102.5	110.5	103.1	126.6	106.1	113.2	106.0	97.6	103.9	94.8	108.1	106.1	118.5
2015	101.0	98.0	104.9	110.9	96.2	116.6	107.5	115.6	105.3	97.8	107.1	95.4	109.7	108.3	120.8

자료: 한국은행, 「생산자물가조사(기본분류)」(http://ecos.bok.or.kr/).

표 O130-142 공산품 기본분류별 생산자물가지수, 1965-2015

	음식료품	섬유 및 가죽제품	목재 및 종이제품	석탄 및 석유제품	화학제품	비금속광물 제품	1차금속	금속제품	일반기계	전기 및 전자기기	정밀기기	수송장비	기타제품
	O130	O131	O132	O133	O134	O135	O136	O137	O138	O139	O140	O141	O142
	남한, 2010년=100												
1965	6.5	9.8	5.5	0.7	9.6	5.9	4.4	6.2	9.4	72.1	29.0	16.1	10.6
1966	6.9	11.1	5.9	0.7	9.9	6.5	4.7	7.1	10.8	87.3	32.2	19.6	11.6
1967	7.2	12.1	6.1	0.8	9.5	7.0	4.9	7.3	11.9	93.4	31.9	21.5	12.6
1968	8.0	12.7	6.2	0.9	9.6	7.9	5.1	7.8	14.3	103.3	33.5	23.2	13.1
1969	8.3	13.1	6.5	1.0	10.0	8.3	5.4	8.1	15.1	108.2	33.8	23.2	13.5
1970	8.7	13.8	7.3	1.0	10.4	9.0	6.5	9.8	17.4	114.3	34.9	26.5	14.4
1971	9.1	14.6	7.8	1.3	10.8	9.0	6.4	10.1	18.0	116.3	35.4	28.4	15.0
1972	9.9	16.5	8.6	1.5	11.5	10.0	6.8	10.4	18.0	118.5	36.8	33.0	16.6
1973	10.5	17.7	9.7	1.7	12.3	10.2	8.7	11.9	19.5	123.3	38.1	32.9	18.0
1974	14.1	20.3	13.4	4.2	17.1	14.6	12.4	16.3	23.9	157.6	45.5	38.4	23.9
1975	17.9	22.3	15.5	5.5	21.1	20.4	13.1	19.1	28.6	164.4	53.1	46.4	28.3
1976	19.5	24.6	16.6	5.9	24.4	22.0	13.6	20.2	31.1	168.7	55.0	48.9	29.7
1977	20.5	27.2	17.6	6.2	24.6	23.5	15.0	21.3	32.4	171.2	57.5	50.9	30.4
1978	21.1	29.3	18.5	6.6	25.0	25.2	16.0	23.0	34.3	171.6	59.7	52.3	30.9
1979	22.9	36.2	23.6	9.1	29.1	32.4	19.3	27.5	38.4	182.9	66.9	56.9	38.1
1980	30.9	44.4	32.0	17.5	40.5	45.6	26.0	33.4	45.6	222.3	77.8	64.3	45.9
1981	38.0	49.3	35.0	23.5	47.3	52.8	28.9	36.9	50.8	234.4	81.4	72.0	49.4
1982	39.3	52.6	36.4	25.5	49.1	57.3	29.3	38.7	53.1	240.2	84.1	80.3	51.6
1983	39.2	54.7	36.6	24.4	48.8	57.6	29.9	38.9	54.0	238.9	84.3	81.1	52.7
1984	39.9	56.9	38.3	24.0	48.9	57.5	29.9	39.3	55.9	237.1	84.5	81.7	53.8
1985	39.8	56.3	38.1	24.0	48.5	57.6	29.9	39.5	56.2	235.2	83.8	81.4	55.2
1986	40.0	58.6	39.0	20.4	47.4	57.3	30.3	39.8	57.1	231.5	84.9	81.5	56.9
1987	39.2	61.9	41.2	19.4	47.9	57.1	31.3	40.6	59.1	229.8	86.5	81.9	58.7
1988	39.2	64.3	43.3	16.3	48.4	57.8	33.7	42.1	62.3	235.1	90.3	82.3	60.9
1989	40.6	65.5	43.3	15.0	48.6	58.4	34.2	44.1	66.8	235.3	93.7	85.0	63.0
1990	42.2	66.8	44.0	15.2	49.5	64.3	34.0	46.2	68.9	236.5	97.4	86.5	63.9
1991	43.3	71.3	46.0	16.2	51.3	72.5	34.6	48.8	71.7	236.0	100.5	87.9	68.6
1992	45.3	73.0	47.2	17.0	50.4	74.8	34.9	49.9	73.2	235.6	103.2	88.5	72.2
1993	46.8	74.2	52.7	17.9	50.1	72.3	34.6	49.2	74.2	234.4	105.6	88.8	75.7
1994	49.3	76.9	53.6	17.8	50.9	69.8	35.3	49.9	75.4	232.7	107.8	89.1	78.9
1995	51.1	81.6	59.9	19.1	56.9	71.2	38.0	51.0	76.9	231.3	109.7	89.0	80.8
1996	54.8	82.4	60.5	22.9	56.0	73.2	37.8	52.1	78.6	224.3	112.1	88.8	83.9
1997	57.6	83.9	59.9	28.7	56.4	75.4	39.8	52.5	79.6	216.0	113.6	89.4	84.6
1998	67.1	93.8	76.1	39.4	66.3	85.4	45.7	60.7	86.8	231.7	128.3	90.9	90.3
1999	65.2	92.3	72.2	37.5	63.1	83.2	42.9	60.0	86.2	216.8	128.8	91.9	89.0
2000	64.1	91.9	77.8	44.5	65.5	81.2	43.9	61.3	86.4	204.9	126.4	92.5	89.2
2001	66.3	90.1	78.0	47.2	65.6	84.6	43.8	61.8	86.3	173.4	125.0	93.6	90.9
2002	68.5	90.7	77.8	48.0	64.9	87.1	44.4	62.0	85.8	153.2	123.6	93.2	91.1
2003	70.1	92.5	78.4	53.0	68.6	89.7	47.7	64.2	86.0	138.4	120.1	93.3	92.1
2004	73.8	95.3	81.1	59.7	76.6	90.1	62.2	72.0	89.6	137.0	120.5	92.6	93.3
2005	78.6	94.5	79.7	66.9	79.6	88.7	67.1	75.6	92.0	129.0	120.8	92.9	91.6
2006	79.3	91.0	79.2	74.3	80.6	85.3	72.0	76.6	91.4	117.5	108.6	94.7	91.4
2007	82.0	89.1	80.5	78.3	82.8	83.9	80.1	77.1	91.3	106.4	101.3	95.6	92.3
2008	91.9	92.9	89.6	103.5	95.9	93.6	99.4	89.3	95.6	105.3	101.2	96.8	93.4
2009	98.6	96.6	93.4	88.5	93.6	101.2	91.1	95.1	99.9	103.1	101.5	98.1	99.2
2010	100.0	100.0	100.0	100.0	100.0	100.0	100.0	100.0	100.0	100.0	100.0	100.0	100.0
2011	106.6	108.4	106.4	124.2	111.5	100.3	114.9	107.5	104.3	98.3	100.3	101.3	101.8
2012	110.7	110.7	108.1	130.2	112.2	103.0	106.5	108.1	106.7	96.5	100.3	102.0	106.4
2013	112.5	111.9	105.3	123.3	110.8	99.3	96.1	107.5	107.0	93.9	99.3	102.5	110.8
2014	114.2	113.8	104.8	111.9	107.3	99.4	91.8	107.2	107.4	91.1	99.6	105.8	113.9
2015	115.0	113.3	104.1	76.4	95.8	97.9	81.7	104.2	107.9	88.8	99.6	107.5	116.1

자료: 한국은행, 「생산자물가조사(기본분류)」(http://ecos.bok.or.kr/).
주: 공산품 총지수는 O119이다.

표 O143-152 가공단계별 생산자물가지수, 1960-2015

	총지수	원자재			최종재					
		종합	원재료	중간재	종합	자본재	소비재			서비스
							종합	내구재	비내구재	
	O143	O144	O145	O146	O147	O148	O149	O150	O151	O152
	남한, 2010년=100									
가중치	1,000.0	672.4	74.9	597.6	327.6	55.9	144.0	42.4	101.6	127.7
1960	2.1	1.9			2.5	6.7	2.3			
1961	2.4	2.2			2.8	6.9	2.6			
1962	2.6	2.4			3.1	7.2	2.8			
1963	3.2	2.7			3.9	8.3	3.5			
1964	4.3	3.6			5.3	10.5	4.8			
1965	4.7	4.3			5.5	12.0	5.0			
1966	5.1	4.6			6.0	13.0	5.5			
1967	5.4	4.7			6.6	13.8	6.0			
1968	5.9	5.0			7.2	15.5	6.6			
1969	6.3	5.2			7.8	15.6	7.1			
1970	6.8	5.7			8.5	17.5	7.8			
1971	7.4	6.0			9.4	18.3	8.6			
1972	8.4	6.8	3.2	8.0	10.7	20.3	9.8			
1973	9.0	7.7	3.7	8.9	11.1	21.3	10.1			
1974	12.8	12.1	4.6	14.4	14.4	25.8	12.8			
1975	16.2	15.0	5.6	17.9	18.4	30.3	16.8			
1976	18.2	16.5	6.4	19.6	21.1	31.7	19.4			
1977	19.9	17.7	7.9	20.6	23.6	33.2	21.8			
1978	22.2	18.6	9.8	21.3	27.8	34.9	26.2			
1979	26.3	23.1	11.9	26.6	31.5	39.3	29.7			
1980	36.6	35.1	16.2	40.4	40.2	46.9	37.3	155.0	26.8	
1981	43.7	41.8	19.4	48.0	48.3	53.3	45.2	159.5	32.8	
1982	45.3	43.2	19.8	49.9	50.5	58.3	47.0	165.2	34.2	
1983	45.6	43.1	19.7	49.7	51.6	60.1	47.9	165.7	34.9	
1984	46.3	43.9	20.5	50.3	52.1	61.6	48.2	164.9	35.1	
1985	46.9	44.3	21.1	50.4	53.4	63.3	49.3	164.7	36.0	
1986	45.4	42.0	17.2	49.6	53.6	65.1	49.2	167.4	35.8	
1987	46.3	43.1	17.7	50.9	53.8	67.2	49.1	168.7	35.6	
1988	47.9	44.1	17.2	52.7	56.6	69.7	51.8	169.8	37.9	
1989	48.2	43.8	17.1	52.3	58.2	72.7	53.0	168.1	38.9	
1990	49.6	44.1	19.0	51.5	61.9	74.2	57.0	170.5	42.2	
1991	51.8	45.8	19.7	53.5	65.1	76.6	60.5	173.1	45.4	
1992	53.0	46.6	20.2	54.3	67.3	78.7	62.7	174.1	47.3	
1993	53.7	47.0	20.6	54.6	68.8	80.4	64.1	175.3	48.6	
1994	55.2	47.7	20.8	55.5	71.7	81.8	67.5	175.1	51.8	
1995	58.0	51.3	22.3	59.7	73.2	83.2	69.0	169.8	53.5	
1996	59.2	52.1	24.0	60.2	74.9	83.1	71.6	168.1	56.3	
1997	62.1	55.3	26.6	63.5	77.5	84.9	74.6	168.1	59.3	
1998	74.5	68.4	32.1	78.9	88.6	103.0	82.4	174.8	66.6	
1999	70.1	62.2	29.6	71.6	87.8	97.7	83.8	168.6	68.5	
2000	72.6	66.3	36.4	74.6	87.1	95.0	83.9	161.0	69.3	
2001	72.7	66.3	37.2	74.3	87.5	94.4	84.7	148.4	72.3	
2002	70.7	64.2	37.7	71.4	85.8	90.6	83.8	136.6	73.2	
2003	72.1	66.0	40.1	73.0	86.4	89.4	85.2	128.0	76.1	
2004	78.1	73.5	48.1	80.1	88.8	91.4	87.8	122.0	80.0	
2005	80.1	76.4	56.7	80.9	89.1	89.6	88.9	115.3	82.4	
2006	80.6	77.4	63.9	80.5	88.1	87.3	88.5	108.6	83.5	
2007	82.2	79.8	68.1	82.5	88.0	86.5	88.5	101.9	85.3	
2008	97.1	98.4	101.7	97.7	94.0	94.8	93.7	100.4	92.0	
2009	95.4	94.3	86.7	96.0	98.1	103.0	101.4	95.0	96.2	
2010	100.0	100.0	100.0	100.0	100.0	100.0	100.0	100.0	100.0	100.0
2011	108.1	109.5	125.6	108.1	103.1	102.1	98.7	105.9	104.1	102.5
2012	108.6	107.7	129.3	107.5	104.7	102.9	97.3	108.2	105.5	104.7
2013	105.2	103.2	119.8	103.7	104.0	100.6	94.5	106.9	103.7	106.0
2014	103.0	99.9	111.7	101.0	104.8	99.0	93.7	108.0	104.3	108.4
2015	96.5	90.7	79.1	94.5	104.6	99.8	91.9	105.7	102.1	110.3

자료: 한국은행, 「국내공급물가조사」(http://ecos.bok.or.kr/); 한국은행, 『경제통계연보』(1972, 1976, 1983, 1985).

주: 1) 가중치(2010년 기준연도)는 1980년 이후의 지수에만 해당한다.

2) 1970-1979년은 1980년 기준의 용도별 또는 가공단계별 도매물가지수로 연결하였으며, 1960-1969년은 1970년 기준의 용도별 도매물가지수로 연결하였다.

3) 1960-1971년의 최종재 물가지수는 1970년 기준의 자본재 지수와 소비재 지수를 가중평균한 수치로 연결하였다.

표 O153-159 특수분류별 생산자물가지수, 1965-2015

	총지수	식료품 구분		신선식품 구분		에너지 구분	
		식료품	식료품 이외	신선식품	신선식품 이외	에너지	에너지 이외
	O153	O154	O155	O156	O157	O158	O159
	남한, 2010년=100						
1965	5.2	2.6	6.6	0.6	5.7	1.1	6.7
1966	5.7	2.9	7.2	0.7	6.2	1.2	7.3
1967	6.1	3.1	7.6	0.8	6.6	1.4	7.7
1968	6.5	3.5	8.0	0.8	7.1	1.5	8.3
1969	7.0	3.9	8.4	0.9	7.6	1.6	8.9
1970	7.6	4.4	9.0	1.1	8.2	1.8	9.7
1971	8.3	5.0	9.5	1.3	8.9	2.0	10.5
1972	9.4	6.0	10.6	1.6	10.1	2.4	11.9
1973	10.1	6.3	11.5	1.7	10.9	2.6	12.7
1974	14.4	8.4	16.8	2.5	15.4	5.5	16.6
1975	18.1	11.4	20.5	3.9	19.4	7.3	20.9
1976	20.3	13.4	22.5	5.0	21.6	7.9	23.5
1977	22.2	15.4	24.0	6.8	23.2	8.7	25.6
1978	24.8	19.2	25.4	9.5	25.5	9.7	28.6
1979	29.4	21.3	31.1	9.3	30.7	13.2	33.1
1980	40.9	27.2	45.0	13.0	42.7	23.6	43.3
1981	49.2	34.1	53.4	16.8	51.2	31.4	50.9
1982	51.5	34.3	56.7	15.5	53.9	34.6	52.6
1983	51.6	34.7	56.6	16.2	53.9	33.3	53.2
1984	52.0	34.8	57.1	16.2	54.3	32.7	53.9
1985	52.4	36.2	57.0	17.7	54.6	32.9	54.4
1986	51.7	36.2	55.9	17.7	53.8	29.8	54.4
1987	51.9	35.7	56.5	17.5	54.1	28.7	55.0
1988	53.3	39.0	56.9	23.2	54.9	25.3	57.6
1989	54.1	40.4	57.3	25.3	55.5	23.7	59.0
1990	56.4	44.9	58.4	28.9	57.5	23.4	61.9
1991	59.0	48.6	60.7	35.5	59.8	24.3	64.8
1992	60.3	50.8	61.6	37.0	61.1	25.8	66.0
1993	61.2	51.5	62.6	36.8	62.1	27.0	66.8
1994	62.9	55.9	63.5	46.4	63.1	27.0	68.8
1995	65.8	58.0	66.6	46.1	66.3	28.4	72.0
1996	67.9	59.7	68.8	44.0	68.5	31.9	73.8
1997	70.5	61.3	71.5	48.8	71.0	37.7	75.7
1998	79.1	68.3	80.3	49.6	79.9	48.9	83.7
1999	77.5	71.3	78.0	53.1	78.1	47.2	82.1
2000	79.1	69.5	80.1	49.2	79.9	54.3	82.6
2001	78.7	71.2	79.5	51.5	79.4	58.0	81.6
2002	78.5	72.6	79.1	54.9	79.1	57.8	81.4
2003	80.2	75.8	80.6	61.0	80.6	62.1	82.7
2004	85.1	82.4	85.3	71.2	85.3	66.9	87.5
2005	86.9	81.8	87.4	68.4	87.3	72.4	88.7
2006	87.7	80.9	88.3	68.3	88.1	79.1	88.8
2007	88.9	83.0	89.5	73.5	89.3	82.2	89.8
2008	96.5	87.0	97.4	66.0	97.2	98.2	96.3
2009	96.3	94.4	96.5	78.3	96.7	91.8	96.9
2010	100.0	100.0	100.0	100.0	100.0	100.0	100.0
2011	106.7	106.9	106.7	99.6	106.8	114.5	106.0
2012	107.5	109.6	107.3	110.7	107.4	121.7	106.1
2013	105.7	107.3	105.6	97.8	105.9	122.4	104.2
2014	105.2	108.1	105.0	93.4	105.4	121.6	103.6
2015	101.0	109.6	100.4	97.8	101.0	101.1	100.9

자료: 한국은행, 「생산자물가조사(특수분류)」(http://ecos.bok.or.kr/).

注: 특수분류에는 이외에도 IT, 식료품·에너지, 신선식품·에너지를 기준으로 구분한 지수도 있지만 시계열이 짧아 생략하였다.

3. 상품가격

표 O160-171 12개 지방 쌀가격, 1713-1937

	서울	부여	남원	영암	해남	고성	안동	경주	대구	상주	예천	울산
	경승	시두	전석	전석	전석	전석	평석	평석	전석	전석	시승	시승
	O160	O161	O162	O163	O164	O165	O166	O167	O168	O169	O170	O171
	냥											
1713 상								2.03				
1713 하								1.17				
1714 상								2.26				
1714 하												
1715 상								1.50				
1715 하												
1716 상								2.50				
1716 하								1.36				
1717 상								2.31				
1717 하								1.14				
1718 상								1.28				
1718 하												
1719 상								1.28				
1719 하								1.30				
1720 상												
1720 하												
1721 상												
1721 하								2.22				
1722 상								2.00				
1722 하								1.69				
1723 상								2.23				
1723 하								1.69				
1724 상								1.41				
1724 하								1.06				
1725 상								0.75				
1725 하												
1726 상						3.67		2.35				
1726 하						1.27		0.75				
1727 상						2.89						
1727 하						1.76						
1728 상						2.39						
1728 하	1.50							0.90				
1729 상	5.00											
1729 하						1.33						
1730 상												
1730 하	1.50					2.11						
1731 상												
1731 하												
1732 상						4.36						
1732 하						4.21						
1733 상						6.13						
1733 하						2.06						
1734 상												
1734 하						0.97						
1735 상						1.04						
1735 하						1.25						
1736 상												
1736 하								1.15				
1737 상												
1737 하						2.44		0.83				
1738 상								1.76				
1738 하						1.75		1.80				
1739 상												
1739 하						1.38						
1740 상												
1740 하						1.63						
1741 상												
1741 하						1.67						
1742 상								1.37				

표 O160-171 계속

	서울	부여	남원	영암	해남	고성	안동	경주	대구	상주	예천	울산
	경승	시두	전석	전석	전석	전석	평석	평석	전석	전석	시승	시승
	O160	O161	O162	O163	O164	O165	O166	O167	O168	O169	O170	O171
	냥											
1742 하						1.30		1.64				
1743 상												
1743 하								1.00				
1744 상				1.19		1.60						
1744 하						1.44						
1745 상								1.50				
1745 하				1.60								
1746 상				1.37				1.19				
1746 하						1.34		1.20				
1747 상				1.46		1.71						
1747 하	2.60					1.71		0.97				
1748 상												
1748 하				1.14		1.45		1.10				
1749 상												
1749 하				0.87		1.14		0.89				
1750 상				1.00								
1750 하				1.25		1.67		1.27				
1751 상						2.92		1.65		2.64		
1751 하	7.00					1.74		1.23				
1752 상				1.83		2.38		2.15		1.60		
1752 하						1.81		1.05		0.80		
1753 상				1.36		1.70		1.01				
1753 하						1.77		1.28				
1754 상				1.52		1.78				1.67		
1754 하						1.94		1.00		2.00		
1755 상				2.19		2.64		1.50				
1755 하						3.79				2.53		
1756 상				4.00		6.45		3.00		4.00		
1756 하						2.42		1.99		2.00		
1757 상				2.14		3.22				2.15		
1757 하						1.43		0.87		1.04		
1758 상				0.82						0.93		
1758 하						1.36		1.03		1.06		
1759 상				0.93		1.41						
1759 하						2.26		1.21				
1760 상				1.47				1.33				
1760 하						1.73		1.02				
1761 상				2.00		2.67		1.08				
1761 하						2.35		1.69				
1762 상				2.40				1.80				
1762 하	7.50							3.79				
1763 상				5.00				4.80				
1763 하				1.35				1.47				
1764 상		0.33		1.79				1.33				
1764 하		0.29						1.41				
1765 상		0.33		2.05				1.74				
1765 하		0.29						1.36				
1766 상								1.46				
1766 하								1.29				
1767 상	10.30							1.57				
1767 하								2.00				
1768 상								2.01				
1768 하								1.79				
1769 상								2.07				
1769 하	18.00							1.55				
1770 상												
1770 하								1.11				
1771 상												
1771 하								1.67				
1772 상								1.89				
1772 하								1.37				

표 O160-171 계속

	서울	부여	남원	영암	해남	고성	안동	경주	대구	상주	예천	울산
	경승	시두	전석	전석	전석	전석	평석	평석	전석	전석	시승	시승
	O160	O161	O162	O163	O164	O165	O166	O167	O168	O169	O170	O171
	냥											
1773 상												
1773 하								3.26	3.31			
1774 상								2.17	2.87			
1774 하								1.24				
1775 상								1.62				
1775 하								1.37				
1776 상												
1776 하								1.55				
1777 상	5.75	0.34						1.53				
1777 하								1.35	3.33			
1778 상	0.50	0.33						1.80	4.73			
1778 하		0.47						2.26				
1779 상		0.41						1.50	3.85			
1779 하		0.30						2.23	2.03			
1780 상	0.10	0.20						1.80				
1780 하	5.50	0.18						1.20	2.50			
1781 상	0.25			1.65				1.30				
1781 하				1.95				1.62	2.98			
1782 상				2.70				2.09				
1782 하	15.00			2.00				2.13	4.20			
1783 상				3.20				2.91				
1783 하				3.00				2.13	2.36			
1784 상				3.60				2.34	3.60			
1784 하				1.65				1.42	2.50			
1785 상				1.88				1.39	2.07			
1785 하				1.60				1.10	2.63			
1786 상		0.24		1.68				1.29				
1786 하		0.42		3.54				2.65	4.99			
1787 상		0.54		4.10				1.13				
1787 하		0.34						1.19	2.36			
1788 상				1.52				1.52				
1788 하				1.50				1.75	2.95			
1789 상				2.04				2.32	3.00			
1789 하								2.28	2.50			
1790 상				2.18				1.92	2.67			
1790 하								1.53	2.12			
1791 상				2.20				1.43				
1791 하									2.78			
1792 상				2.60				2.48				
1792 하									5.00			
1793 상				3.64				4.96				
1793 하								1.35	2.03			
1794 상				1.60				1.85				
1794 하								2.45	4.00			
1795 상	7.70, 9.00			2.80				2.97				
1795 하								1.42	2.45			
1796 상				2.63				1.30				
1796 하								1.37	2.50			
1797 상				1.77				1.57				
1797 하								2.48				
1798 상	7.20			2.41								
1798 하								3.28	6.67			
1799 상				3.00				3.60				
1799 하								2.00	1.56			
1800 상				1.60				1.92	2.07			
1800 하								1.53	2.00			
1801 상				1.75								
1801 하				1.90				1.90				
1802 상				1.58					2.40			
1802 하									1.89			
1803 상				1.63								

표 O160-171 계속

	서울	부여	남원	영암	해남	고성	안동	경주	대구	상주	예천	울산
	경승	시두	전석	전석	전석	전석	평석	평석	전석	전석	시승	시승
	O160	O161	O162	O163	O164	O165	O166	O167	O168	O169	O170	O171
	냥											
1803 하									1.67			
1804 상				2.08				1.30				
1804 하									1.69			
1805 상				2.03								
1805 하								1.15				
1806 상				2.16								
1806 하												
1807 상				1.66				2.09				
1807 하								1.30	2.64			
1808 상				1.73				1.83				
1808 하				1.70				2.00	2.24			
1809 상				1.89				1.50				
1809 하								1.62				
1810 상	7.00			5.50				2.60				
1810 하								1.80				
1811 상				2.20								
1811 하												
1812 상				1.58				1.30				
1812 하			1.20	2.00				2.91				
1813 상				2.20				2.47				
1813 하				2.10								
1814 상				3.00				3.23				
1814 하												
1815 상				6.00				5.55				
1815 하												
1816 상				2.00				2.69				
1816 하				1.10								
1817 상								1.30				
1817 하								1.50				
1818 상												
1818 하								1.40				
1819 상				1.55								
1819 하				1.72				2.10				
1820 상				1.73				2.50				
1820 하				1.90				1.73				
1821 상				1.88				1.88				
1821 하				2.60				3.00				
1822 상				2.63				3.20				
1822 하				2.12				2.29				
1823 상				2.05				2.30				
1823 하				1.77	2.00			1.91				
1824 상				1.75								
1824 하				1.60	2.00			2.06				
1825 상				1.65								
1825 하				1.95	1.82			1.80				
1826 상				2.20				2.00				
1826 하				1.80	2.11			1.86				
1827 상				1.55				2.00				
1827 하				1.92	2.21							
1828 상				2.20				2.00				
1828 하			2.39	2.75	2.50			4.55				
1829 상			2.63	3.71								
1829 하			1.60	2.33	2.50			3.17				
1830 상			2.88	2.14				2.14				
1830 하				1.85	2.15			2.04				
1831 상				2.04				2.00				
1831 하				2.05	2.35			2.31				
1832 상				2.27				2.30				
1832 하			2.80	3.30	2.50			2.36				
1833 상			2.34	4.01				2.60				
1833 하				5.00	4.44			4.11				

표 O160-171 계속

	서울	부여	남원	영암	해남	고성	안동	경주	대구	상주	예천	울산
	경승	시두	전석	전석	전석	전석	평석	평석	전석	전석	시승	시승
	O160	O161	O162	O163	O164	O165	O166	O167	O168	O169	O170	O171
	냥											
1834 상				5.19				2.07				
1834 하				2.70	2.26						0.06	
1835 상				2.60							0.08	
1835 하				3.11	2.84						0.10	
1836 상				3.10							0.13	
1836 하				4.15	3.80						0.16	
1837 상			1.94	4.59							0.22	
1837 하				2.90	2.15						0.14	
1838 상			2.46	3.30							0.12	
1838 하			2.28	3.84	3.34						0.14	
1839 상			3.40	3.90	4.50						0.12	
1839 하				4.00	3.40			2.10			0.18	
1840 상				4.34							0.19	
1840 하				2.50	3.00						0.12	
1841 상				2.50	3.00						0.07	
1841 하				2.10	2.20			1.99			0.07	
1842 상					2.80						0.08	
1842 하					2.85			1.80			0.08	
1843 상				3.07							0.09	
1843 하				2.60	2.77			2.00			0.07	
1844 상				2.66	3.00							
1844 하				2.79	2.55			2.00				
1845 상				2.54				1.50			0.07	
1845 하				2.50	2.45						0.10	
1846 상				2.50								
1846 하				2.50	2.20			1.40				
1847 상				2.40								
1847 하				2.65	2.43			1.97			0.16	
1848 상				2.58	2.55			1.50			0.13	
1848 하				1.75				1.66			0.14	
1849 상				1.96	2.00			1.00				
1849 하			2.64	1.80	1.67			1.45			0.09	
1850 상				2.15				1.20			0.07	
1850 하			5.53	2.50	2.20			1.73			0.08	
1851 상			4.50	2.86	2.86						0.09	
1851 하			3.23	2.79	2.50						0.12	
1852 상			3.88	4.00	4.00						0.14	
1852 하				3.38	3.37							
1853 상			3.65	3.84	3.50						0.10	
1853 하			2.70	2.30	2.00						0.18	
1854 상				2.17	2.45						0.19	
1854 하			1.80	1.80	2.00			1.50			0.08	
1855 상				1.80	2.03							
1855 하			1.60	1.65	1.70							
1856 상				1.62	1.70						0.08	
1856 하			2.30	1.96	2.15			1.64			0.09	
1857 상				1.53	2.33			1.70			0.12	
1857 하			3.37	3.16	3.00						0.12	
1858 상			3.50	3.30	2.96			2.24			0.20	
1858 하			4.50	4.10	4.49			4.50			0.24	
1859 상					4.08						0.25	
1859 하				1.70				4.00			0.29	
1860 상			2.85	2.10	2.26							
1860 하				2.62	3.02							
1861 상			4.60	3.12	3.60							
1861 하			4.35	3.40	4.00			3.00				
1862 상			5.30	3.22	3.73						0.16	
1862 하			4.95	3.05	3.10			4.09			0.18	
1863 상			3.53	3.25	4.33						0.19	
1863 하			4.00	4.00							0.17	
1864 상			5.00	4.17	4.15						0.18	

표 O160-171 계속

	서울	부여	남원	영암	해남	고성	안동	경주	대구	상주	예천	울산
	경승	시두	전석	전석	전석	전석	평석	평석	전석	전석	시승	시승
	O160	O161	O162	O163	O164	O165	O166	O167	O168	O169	O170	O171
	냥											
1864 하			3.45	3.80	4.00			3.79			0.18	
1865 상				3.87	3.95						0.19	
1865 하			5.20	4.60	4.77						0.17	
1866 상			6.80	4.84	5.20			6.88			0.37	
1866 하			4.83	4.00				3.50			0.26	
1867 상			6.18	4.29	4.20			3.53			0.15	
1867 하			4.20	4.00				2.76			0.14	
1868 상			4.63	4.46	4.28			3.13			0.16	
1868 하			4.40	4.48	3.85						0.18	
1869 상			6.30	4.59	4.00						0.37	
1869 하			6.00	6.00	4.40			7.65			0.32	
1870 상			8.00	6.28	6.56						0.39	
1870 하			5.80	7.00	6.00			7.10			0.27	0.27
1871 상			6.00	6.30	7.00			4.50			0.26	0.32
1871 하				7.00	5.67			4.10			0.23	0.20
1872 상			6.31	7.27	6.67			4.50			0.26	
1872 하				7.00	6.00			4.48			0.26	
1873 상			6.70	6.69	5.83						0.25	
1873 하			7.20	7.47				4.55			0.31	
1874 상				5.25	5.80						0.35	0.45
1874 하			5.10								0.41	
1875 상			6.82		4.20						0.40	
1875 하			5.50		4.50						0.30	
1876 상			9.20		4.10			6.22			0.49	0.58
1876 하					12.00						0.63	0.54
1877 상			16.50		10.00						1.14	
1877 하			5.60								0.30	0.32
1878 상											0.28	0.32
1878 하			2.97								0.21	0.19
1879 상								9.48			0.19	0.23
1879 하			3.00		2.70			2.40			0.21	0.21
1880 상			4.00								0.23	0.27
1880 하			4.00								0.20	0.34
1881 상											0.27	0.36
1881 하			5.50									0.47
1882 상					5.00			7.45			0.35	0.52
1882 하			5.50		3.00						0.34	0.33
1883 상			7.40									0.31
1883 하	0.60		5.00					6.26				0.47
1884 상	0.79			8.00				10.52				0.77
1884 하	0.85		7.00	4.00							0.52	0.43
1885 상				7.00				9.00			0.55	0.60
1885 하	1.45		7.00	6.00				9.50			0.48	0.55
1886 상	2.08			8.00				8.72			0.63	0.79
1886 하	2.04		5.00	5.50								0.54
1887 상	1.05			6.15	6.50			8.06			0.35	0.48
1887 하	0.90		5.60	6.50				5.81			0.29	0.37
1888 상				11.25				6.50				0.41
1888 하			15.00	15.22				6.50			0.52	0.59
1889 상					14.00			9.75			0.66	0.71
1889 하			5.83	3.00	14.25			5.22			0.47	0.55
1890 상			7.50	4.78	7.00			7.00			0.46	0.56
1890 하				3.00				4.44			0.36	0.43
1891 상			6.00		6.00			5.85				0.48
1891 하			7.53					5.90			0.38	0.50
1892 상			8.00	7.00	7.00			7.50			0.57	0.64
1892 하			9.00	8.00	8.00						0.71	0.94
1893 상				8.00	12.00			16.00			0.80	1.16
1893 하			10.00	14.00	14.00			13.50			0.79	1.42
1894 상				13.00							0.80	1.46
1894 하			11.00	10.00				9.29			0.69	1.42

표 O160-171 계속

	서울	부여	남원	영암	해남	고성	안동	경주	대구	상주	예천	울산
	경승	시두	전석	전석	전석	전석	평석	평석	전석	전석	시승	시승
	O160	O161	O162	O163	O164	O165	O166	O167	O168	O169	O170	O171
	냥											
1895 상				12.00							0.94	1.09
1895 하			8.39	7.00				5.24				0.58
1896 상			8.00		9.25							0.64
1896 하			9.00					5.89			0.46	0.56
1897 상					10.00			7.30			0.48	0.75
1897 하			11.25	7.50				7.00			0.59	0.89
1898 상				8.20	15.00			14.54			0.92	1.18
1898 하			10.50	7.00				10.50			0.72	0.94
1899 상				14.50	14.00			12.00			0.91	1.09
1899 하			16.00					11.02			0.83	1.01
1900 상			16.00		14.50			12.25			0.89	1.11
1900 하			17.00		10.00			11.00			0.74	1.01
1901 상					11.00						0.73	1.01
1901 하			15.00								0.95	1.05
1902 상					16.83						1.19	1.30
1902 하			22.50								0.94	1.54
1903 상			27.40		17.00			24.75			1.25	2.42
1903 하			26.00		19.87			32.50			0.86	1.67
1904 상			29.00	22.00				30.50			1.33	2.05
1904 하			18.00	12.67	15.00			21.83			1.13	1.55
1905 상								16.50			1.18	1.39
1905 하			16.00	14.49	13.50						0.87	1.37
1906 상			17.80	16.03	15.33			15.00			0.90	1.47
1906 하			14.50	15.00	13.67						0.70	1.37
1907 상			17.50	17.74				15.00			0.74	1.39
1907 하			14.90	14.00	14.00			9.00			0.60	1.14
1908 상			18.50	14.00	13.00			12.00			0.67	1.16
1908 하			10.40	13.00				9.00			0.69	
1909 상								10.00			0.76	0.99
1909 하			7.80	8.99				6.00			0.69	0.96
1910 상					11.00			12.00			0.85	1.11
1910 하			9.80	14.97	14.67						0.79	1.26
1911 상				20.00				18.46			1.23	1.62
1911 하			22.00								1.28	1.88
1912 상			21.80	30.00				25.00			1.40	2.27
1912 하			25.00	25.00							1.64	2.24
1913 상				26.67				28.50			1.83	2.79
1913 하			28.00	25.00							1.51	4.12
1914 상			30.00	25.00				25.00			1.37	1.85
1914 하				14.00							0.64	1.27
1915 상			17.20					16.00			0.79	1.31
1915 하							23.85				0.92	1.43
1916 상				18.88							0.98	1.61
1916 하			26.00	23.36			46.91				1.23	1.58
1917 상											1.69	2.18
1917 하			40.00	47.06			27.00				1.83	2.60
1918 상			24.00	49.18							2.21	3.35
1918 하				74.70			45.00				2.87	4.51
1919 상											3.48	4.88
1919 하			96.00	86.25			231.30				4.29	5.54
1920 상			41.60								4.35	6.13
1920 하			25.31	65.01			61.49				2.18	3.67
1921 상			34.00	41.96							1.98	2.91
1921 하			56.00	58.50			96.81				2.88	4.15
1922 상				61.99							3.66	4.47
1922 하			40.00	59.13			112.54				2.16	
1923 상				54.79							3.17	
1923 하			56.00				115.25				2.83	
1924 상				70.53							3.35	
1924 하			72.00	70.00			126.59				4.15	
1925 상											3.95	5.17

표 O160-171 계속

	서울	부여	남원	영암	해남	고성	안동	경주	대구	상주	예천	울산
	경승	시두	전석	전석	전석	전석	평석	평석	전석	전석	시승	시승
	O160	O161	O162	O163	O164	O165	O166	O167	O168	O169	O170	O171
	냥											
1925 하			60.80	68.25			147.95				4.03	4.79
1926 상				70.67								4.56
1926 하			57.68	59.79			118.47				3.33	4.28
1927 상				80.00							3.50	4.27
1927 하			46.32	46.72			115.93				2.87	3.73
1928 상				57.86							3.20	3.62
1928 하			54.00				98.41				2.95	3.51
1929 상											3.09	3.68
1929 하			45.61								3.03	3.76
1930 상			47.20								2.50	3.43
1930 하			26.40								1.40	2.21
1931 상			25.12								1.66	2.00
1931 하			37.60								2.03	2.22
1932 상												2.92
1932 하											2.13	2.57
1933 상												
1933 하											2.20	
1934 상											2.40	
1934 하											2.92	
1935 상											3.00	
1935 하											3.11	
1936 상											3.20	
1936 하											3.20	
1937 상											3.20	
1937 하												

자료: 서울『漢城旬報』,『漢城周報』및 李憲昶,「肅宗-正祖朝(1678-1800년간) 米價의 變動」,『經濟史學』21, 1996, pp. 117-158; 부여 鄭彦郁의 일기; 남원 屯德坊 屯德里의 동계 문서; 영암 읍내 場巖里의 文氏家 족계문서; 해남 읍내 百蓮洞의 尹氏家 족계 문서; 고성 具尙德의『勝聽明錄』; 안동 府內 法興洞의 李氏家 족계 문서; 경주 內南面 伊助里의 龍山書院 문서 및 安康邑 玉山里의 玉山書院「都錄」; 대구 租岩坊 月村의 禹氏家 족계 문서; 상주 權相一의『淸臺全集』중「日錄」; 예천『예천 맛질 朴氏家 日記 1-4』(한국정신문화연구원, 2002; 2004; 2005; 2006); 울산『沈遠權日記』(국사편찬위원회, 2004).

주: 1) 자료의 출처에 대한 상세한 해설은 李榮薰·全成昊(2000)를 참조하라.

2) 경승, 전석, 평석, 시승은 量器를 의미한다. 지방마다 그 크기가 상이하였기 때문에 가격의 절대수준을 비교할 수는 없다.

3) 상, 하는 각각 음력 1-6월과 7-12월의 평균을 의미한다.

표 O172-183 울산 월별 쌀가격, 1876-1933

	1월	2월	3월	4월	5월	6월	7월	8월	9월	10월	11월	12월
	O172	O173	O174	O175	O176	O177	O178	O179	O180	O181	O182	O183
	전/승											
1876						5.8	4.9	4.9	5.5	5.3	5.9	
1877	8.1	7.4	12.5	10.0	13.0	10.3		4.1	4.0	3.3	3.3	3.1
1878	3.3	3.3	3.3	3.1	3.3	3.1	2.4	2.0	1.8	1.8	1.6	1.7
1879	2.0	2.3	2.3	2.4	2.4	2.3	2.0	2.0	2.0	5.3	2.0	2.5
1880	2.6	2.6	2.7	2.7	2.7	3.0	3.5	3.3	3.1	3.3	3.2	
1881	3.6	3.5	3.6	3.7	3.7	5.0	4.7	4.8	4.6	4.7	4.5	4.5
1882	4.6	4.7	5.0	5.2	5.6	5.6	4.6	3.1	2.8	2.1	1.9	2.3
1883	2.5	2.5	2.7	3.4	3.8	4.0	5.0	4.1	4.4	4.8	4.6	5.0
1884	6.1	5.6	6.3	6.7	9.4	8.3	6.0	3.9	3.5	3.5	3.6	4.5
1885	5.0		6.0	6.1	6.0	6.1		5.3	4.8	5.4	5.7	5.8
1886	7.5	7.9	7.6	7.9	8.4	9.8		4.8	4.1	3.7	3.5	3.7
1887	3.9	3.9	4.4	4.9	5.5	5.0	3.6	3.8	3.8	3.6	3.4	3.7
1888	4.1	4.2	4.1	4.2	3.7	4.4		6.1	5.9	6.3	6.5	6.5
1889	6.5	6.5	6.6	7.1	7.6	9.0	8.8	5.1	4.8	5.0	5.0	4.9
1890	5.0	5.1	5.5	5.8	5.9	5.8	4.5	4.1	4.5	4.1	4.2	4.4
1891	4.5	4.5	4.6	4.9	5.0	4.9	5.0	5.2	4.9	5.5	5.2	5.5
1892	5.6	5.6	5.9	6.5	6.5	8.3	10.0	9.5	9.3	9.0	8.7	8.8
1893	9.5	10.4	11.9	12.2	12.3	12.4		15.3	15.4	14.5	13.2	13.6
1894	14.3	14.8	14.6	14.1	14.5	14.9	15.6	15.0	13.1			11.5
1895	11.3	11.4	10.8	10.4	10.8	9.8	5.0	5.3	5.2	5.2	4.9	5.1
1896	5.4	5.7	6.0	6.3	6.6	7.1	5.5	5.3	5.4	5.8	5.8	5.9
1897	6.0	6.0	6.4	7.3	8.5	9.0	8.0	8.0	8.3	9.1	9.6	9.8
1898	10.9	10.8	11.8	12.9	12.7	13.0	9.4	10.2	8.9	8.9	8.8	9.0
1899	10.0	10.0	10.9	11.7	11.6	11.0	9.8	9.4	10.2	10.3	10.5	10.7
1900	11.8	10.9	11.2	11.0	11.0	10.8	11.0	10.5	10.0	10.2	10.0	10.0
1901	9.7	10.0	10.0	10.0	10.2	10.7	11.2	10.5	11.0	11.0	10.7	11.4
1902	12.0	12.0	12.5	13.3	13.7	14.3	15.2	15.8	15.5	15.2	15.1	15.0
1903	16.5	16.8	17.7	21.5	27.8	32.0	27.5	15.8	13.8	13.2	14.0	16.2
1904	19.5	20.2	22.2	20.4	20.3	20.0	18.4	17.5	16.3	14.5	14.3	14.3
1905	13.8	14.0	14.0	13.8	13.7	14.0	14.5	14.5	14.0	13.0	13.3	13.0
1906	13.1	13.1	13.2	15.3	16.8	16.5	15.5	14.5	15.0	12.8	12.2	12.6
1907	12.6	13.0	13.8	14.3	14.8	14.5	13.5	11.9	11.3	11.0	10.7	10.3
1908	11.0	11.0	13.1	10.8	11.2	11.3	11.0	9.7	10.2	11.0	9.3	9.1
1909	9.3	9.0	9.3	10.0	10.8	11.3	10.2	9.5	9.7	10.0	9.0	9.2
1910	9.7	10.3	10.9	11.2	12.2	12.3	12.3	11.7	12.7	13.2	13.0	13.3
1911	11.5	15.5	16.6	17.5	17.3	18.0	17.6	18.4	18.5	18.9	19.5	20.0
1912	22.0	21.8	21.8	22.8	23.0	25.0	23.7	23.9	23.0	22.0	22.2	21.6
1913	22.0	22.0	22.3	22.3	22.0	22.2	22.0	22.0	21.8	20.0	19.4	19.0
1914	18.8	18.5	18.0	18.3	18.6	18.0	16.5	15.0	11.8	10.3	8.9	11.5
1915	13.3	13.2	12.0	13.3	13.4	13.7	14.5	14.9	12.9	12.2	14.3	15.0
1916	15.7	15.5	15.6	16.1	16.2	17.7	18.0	16.3	14.0	15.5	15.8	16.0
1917	16.4	17.8	20.8	25.0	25.7	28.3	28.0	26.8	26.3	27.3	27.5	27.8
1918	30.3	34.0	34.5	34.0	34.2	35.2	43.3	42.0	47.3	47.0	46.0	45.5
1919	47.3	47.8	47.7	49.7	50.0	50.0	50.8	55.2	55.0	57.3	60.7	62.0
1920	64.3	65.0	63.8	60.7	59.3	56.0	51.7	41.5	33.0	30.0	28.3	28.0
1921	27.5	25.0	26.0	26.5	32.8	34.2	38.0	38.0	41.8	43.3	45.0	42.0
1922	45.0	44.0	43.3	44.0	46.4							
1924								48.8				50.0
1925	50.0	50.0	50.0	51.3	54.3	54.0	55.0	55.0	45.5	42.5	42.8	42.8
1926	44.7	44.0	43.7	44.7	45.7	50.0	50.0	45.0	42.0	40.0	39.5	39.2
1927	40.0	43.0	43.0	43.7	43.8	44.7	45.7	40.0	38.3	32.0	32.0	32.5
1928	34.3	35.3		37.0	37.4	37.7	37.7	35.0	33.0	34.0	34.0	34.7
1929	34.7	35.0	36.0	36.5	38.8	39.3	40.5	40.8	41.0	37.3	34.8	32.3
1930	32.5	34.3	35.0	35.0	35.8	34.4	36.0	23.8	19.8	17.5	16.7	17.0
1931	17.8	18.3	20.0	20.0	21.2	22.8	23.2	21.5	18.3	20.5	27.0	28.2
1932	28.3	28.8	29.0	29.5	30.0	29.7	28.3	25.3	20.5	22.7	26.6	30.3
1933	29.0	29.0										

자료: 국사편찬위원회, 『沈遠權日記』(2004).

주: 매월 규칙적으로 조사된 쌀 가격을 단순 평균한 수치이다.

표 O184-200 서울 주요 재화 도매가격, 1910-1968

	쌀	보리	밀	콩	북어	쇠고기	밀가루	설탕	면사	조면	생사	각재	초안	장작	세탁비누	고무신	양지
	180L	180L	180L	180L	600尾	600g	22kg	60kg	400lb	60kg	60kg	3,333㎥	45kg	10貫	28kg	100足	60斤(80lb)
	O184	O185	O186	O187	O188	O189	O190	O191	O192	O193	O194	O195	O196	O197	O198	O199	O200
									圓								
1910	125	46	66	72			25	93	1,364	236		0.7		4.0			61
1911	173	49	76	76			25	95	1,517	241		0.8		3.5			61
1912	208	53	78	80			28	107	1,495	209		0.9		4.4			61
1913	214	47	86	85			26	95	1,542	221		0.8		4.6			62
1914	157	38	78	84			26	95	1,229	191		0.8		3.9			63
1915	121	36	79	62			31	116	1,097	222		0.7		4.2			61
1916	138	40	89	78			28	128	1,427	347		0.8		4.7			101
1917	199	57	102	102			36	134	2,403	589		1.1		5.7			124
1918	316	85	172	155			51	151	3,846	890		1.4		7.8			190
1919	463	98	205	195			55	298	5,284	913		2.1		8.5			177
1920	447	80	185	225			57	399	4,441	731		2.4		10.4			199
1921	296	57	156	142			47	266	2,471	505		1.7		9.5			148
1922	349	57	159	175			45	253	2,498	547		1.8		10.0			124
1923	319	70	147	178			42	295	2,481			1.8		9.1			112
1924	381	101	189	192			44	277	3,292			1.8		9.0			107
1925	409	113	208	217			54	247	3,315			1.8		9.3			109
1926	371	90	180	170			44	237	2,345			1.8		7.7			105
1927	345	84	174	177			42	233	2,151			1.7		7.8			95
1928	304	88	190	178			39	214	2,371			1.7		7.2			91
1929	307	89	161	170			38	218	2,301			1.6		5.8			82
1930	267	71	142	132			34	207	1,466			1.2		6.5			71
1931	180	45	101	95			27	185	1,237			1.0		4.6			66
1932	222	49	122	119			34	201	1,590	361	6,943	1.0		4.5			66
1933	228	64	134	138			36	210	1,999	448	7,559	1.2		4.8			77
1934	249	66	135	132			34	211	2,095	514	5,342	1.3		5.4			74
1935	298	86	149	180			38	215	2,092	584	7,177	1.4		5.3			76
1936	317	90	188	202			44	215	2,000	646	7,634	1.4		6.8			78
1937	326	96	210	212			48	229	2,479	699	8,281	1.5		6.1			130
1938	334	124	229	199			49	240	3,044	796	7,637	2.2		8.2			132
1939	377	138	290	309			60	251	2,790	939	13,459	2.8		10.5			143
1940	408	161	315	350			68	267	3,021	786	15,116	2.9		12.7			143
1941	411	161	319	327			70	275	3,050	850	14,983	3.0		12.6			160
1942	429	165	323	320			71	303	3,525	913	14,629	3.0					185
1943	435	180	337	332			72	327	4,258	1,143	15,493	3.0					194
1944	470	193	366	394			97	382	4,783	1,270	18,508	3.7					221
									원								
1945	0.7	0.3	0.6	0.5	0.5	0.0	0.1	1.4	4.4	1.1	14.3	0.003		0.3	0.3	0.4	0.5
1946	7	2	5	3	3	0.1	1	14	60	3	54	0.01	0.4	1	2	1	4
1947	11	3	5	7	5	0.2	1	30	255	14	205	0.03	0.4	3	11	2	16
1948	16	11	9	11	9	0.3	2	25	477	38	424	0.1	1	5	17	2	20
1949	17	12	11	15	16	0.4	3	45	656	56	695	0.1	2	8	18	2	19
1950	43	34	34	30	40	0.7	9	91	815	100	923	0.1	4	17	22	5	33
1951	231	161	155	185	295		53	397	4,758	205	3,687	0.8	30	79	97	54	215
1952	838	558	436	499	443	8	96	848	5,207	368	8,307	1.1	39	127	138	55	312
1953	862	480	417	729	670	12	97	854	6,924	771	13,685	2.6	39	248	209	73	322
1954	707	334	352	586	1,402	27	133	844	10,382	1,302	26,584	3.6	39	548	519	79	559
1955	1,580	958	760	1,122	1,809	39	200	917	12,421	2,523	44,488	11.1	60	720	637	199	945
1956	2,525	1,640	1,132	1,326	2,458	42	260	1,327	16,604	3,458	43,392	14.1	200	793	695	240	920
1957	2,864	2,018	1,245	1,606	2,521	51	276	1,858	16,148		60,813	14.3	211	998	761	240	1,169
1958	2,360	1,561	1,034	1,485	2,566	52	245	1,438	27,525		63,119	16.5	211	1,180	732	245	1,136
1959	2,083	1,203	926	1,703	3,969	55	221	2,083	17,859		62,797	19.0	211	1,538	763	307	1,139
1960	2,463	1,535	1,127	2,108	5,195	69	243	1,852	20,280		67,333	12.3	211	1,685	812	351	1,236
1961	3,037	2,129	1,357	2,125	5,856	81	335	2,254	24,905		70,756	15.9	270	1,947	799	315	1,578
1962	3,182	2,408	1,653	2,267	6,645	87	348	2,623	29,529		75,200	26.0		2,306	790	290	1,600
1963	5,042	3,832	2,409	3,749	8,118	92	342	3,767	29,584			28.0		4,000	1,160	328	1,779
1964	6,246	5,003	3,578	5,724	10,918	109	569	10,536	41,229			33.8		4,222	2,455	493	2,607
1965	5,983	3,958	3,016	6,015	13,054	141	705	6,019	51,632			44.3		4,797	2,472	516	3,186
1966	6,229	3,767	3,334	6,828	16,796	160	710	5,369	54,600			56.3		5,981	2,652	532	3,200
1967	6,750	4,379	3,514	8,929	23,011	208	685	5,141	59,227			58.9		6,500	2,204	530	3,200
1968	7,374	4,591	3,534	5,975	23,043	272	690	5,551	53,848			60.2		6,500	1,981	530	3,403

자료: 한국은행, 『물가총람』(1968).

주: 수량 단위의 변화가 있는 것을 환산하여 통일하였다.

표 O201-220 서울 주요 재화 도소매가격, 1907-1939

	쌀	조	팥	콩	달걀	쇠고기	닭고기	연유	맥주	청량음료	차	고추장	식염	청주	설탕	마포	타면	땔나무	목탄	양지
	朝鮮白米 1승	1승	1승	上品 1승	10개	중품 또는 보통 100돈	100돈	鷲印 1罐	麒麟 1병	미쯔야사이다 1본	正喜撰 1근	조선산 100돈	朝鮮二等 官鹽 1근	白鶴 1승	四溫 또는 白 1근	支那産 大夏布 1필	1관	松薪 1관	上品 또는 白炭 1관	神戶18파운드 10매
	O201	O202	O203	O204	O205	O206	O207	O208	O209	O210	O211	O212	O213	O214	O215	O216	O217	O218	O219	O220
											圓									
1907			0.11	0.08	0.18				0.22					0.60	0.09					0.09
1908			0.07	0.06	0.15	0.24		0.29	0.22			0.04	0.05	0.64	0.09		2.19	0.06	0.14	0.15
1909				0.06	0.15	0.22		0.28	0.22			0.03	0.01	0.65	0.09		2.50	0.04	0.12	0.16
1910			0.08	0.07	0.15	0.22		0.28	0.22			0.03	0.00	0.67	0.09		2.97	0.04	0.15	0.17
1911		0.12	0.09	0.08	0.15	0.15		0.29	0.22			0.03	0.00	0.70	0.09		2.19	0.04	0.10	0.16
1912		0.15	0.14	0.08	0.15	0.18		0.28	0.22			0.03	0.01	0.75	0.10		1.74	0.04	0.10	0.15
1913		0.12	0.13		0.13	0.15		0.28	0.20	0.10	0.72	0.03	0.01	0.76	0.09	3.00	2.50	0.06	0.10	0.17
1914		0.10	0.13		0.15	0.13		0.29	0.21	0.10	0.80	0.03	0.01	0.77	0.09	3.00	2.28	0.06	0.09	0.18
1915		0.08	0.08		0.17	0.10		0.28	0.20	0.09	0.65	0.03	0.01	0.69	0.12	2.30	2.33	0.05	0.09	0.18
1916		0.10	0.10		0.14	0.10		0.32	0.20	0.10	0.65	0.02	0.01	0.79	0.12	2.41	2.87	0.04	0.11	0.24
1917		0.14	0.14		0.16	0.13		0.36	0.26	0.12	0.72	0.04	0.01	0.95	0.13		3.98	0.05	0.15	0.30
1918		0.18	0.19		0.23	0.23		0.50	0.31	0.15	0.73	0.05	0.01	1.25	0.15	5.30		0.07	0.18	0.46
1919		0.23	0.31		0.36	0.25		0.62	0.36	0.18	1.05	0.06	0.02	1.96	0.30	12.87	7.58	0.09	0.30	0.51
1920	0.42	0.25	0.33	0.26	0.41	0.66	0.83	0.67	0.56	0.25	1.10	0.09	0.12	2.25	0.44		8.33	0.12	0.33	
1921	0.30	0.16	0.22	0.16	0.41	0.59	0.83	0.61	0.51	0.28	1.10	0.06	0.06	2.16	0.25	8.30	4.07	0.09	0.31	0.48
1922	0.36	0.18	0.24	0.16	0.41	0.65	0.99	0.55	0.47	0.25	1.20	0.06	0.06	2.16	0.29	8.25	4.87	0.10	0.37	0.50
1923	0.34	0.16	0.28	0.22	0.39	0.59	0.86	0.50	0.45	0.21	1.25	0.06	0.05	2.17	0.32	4.87	5.12	0.11	0.28	0.42
1924	0.40	0.21	0.36	0.23	0.34	0.59	0.82	0.50	0.43	0.23	1.30	0.07	0.05	2.23		5.62	5.27	0.11	0.25	
1925	0.42	0.24	0.41	0.27	0.41	0.62	0.79	0.50	0.42	0.22	1.30	0.08	0.05	2.35	0.25	5.25	4.87	0.11	0.27	0.50
1926	0.38	0.21	0.30	0.23	0.40	0.52	0.81	0.49		0.20	1.30	0.08	0.06	2.18	0.26	5.70	4.52	0.09	0.26	0.50
1927	0.36	0.19	0.26	0.24	0.38	0.54	0.80	0.50	0.40	0.20	1.30	0.08	0.05	2.00	0.27	4.92	4.50	0.10	0.23	0.50
1928	0.31	0.20	0.27	0.22	0.41	0.51	0.80	0.50	0.39	0.20	1.30	0.08	0.05	2.00	0.25	5.13	4.33	0.10	0.22	0.50
1929	0.32	0.21	0.34	0.24	0.41	0.50	0.80	0.50	0.36	0.19	1.28	0.07	0.04	2.00	0.25	5.21	4.00	0.09	0.21	0.50
1930	0.28	0.17	0.28	0.20	0.38	0.46	0.79	0.49	0.35	0.17	1.18	0.07	0.03	1.98	0.23	2.28	3.10	0.09	0.19	0.40
1931	0.19	0.11	0.23	0.15	0.34	0.41	0.75	0.46	0.34	0.16	1.02	0.05	0.04	1.80	0.21	3.04	2.62	0.08	0.17	0.27
1932	0.24	0.15	0.31	0.17	0.36	0.37	0.68	0.47	0.34	0.16	0.95	0.06	0.04	1.95	0.22	4.59	3.14	0.07	0.16	0.20
1933	0.23	0.16	0.35	0.18	0.35	0.44	0.65	0.60	0.32	0.16	0.90	0.06	0.04	1.90	0.23	6.00	3.18	0.07	0.23	0.20
1934	0.25	0.18	0.29	0.18	0.39	0.49	0.65	0.58	0.33	0.18	0.94	0.06	0.04	1.93	0.23	6.00	3.28	0.08	0.25	0.15
1935	0.31	0.27	0.34	0.26	0.38	0.50	0.65	0.55	0.33	0.17	1.00	0.06	0.04	2.00	0.23	6.00	3.55	0.08	0.25	0.15
1936	0.24	0.16	0.30	0.23	0.48	0.47	0.70	0.45	0.35	0.17	0.97	0.07	0.04	2.10	0.23	4.83	3.75	0.09	0.28	0.25
1937	0.24	0.17	0.26	0.22	0.52	0.54	0.83	0.50	0.35	0.17	1.00	0.08	0.04	2.15	0.25	5.04	4.25	0.08	0.29	0.30
1938	0.25	0.18	0.23	0.22	0.60	0.62	0.90	0.50	0.39	0.18	1.00	0.09	0.05	2.34	0.26		6.29	0.11	0.37	0.35
1939	0.27	0.29	0.31	0.28	0.64	0.60	0.90	0.50	0.40	0.22	1.00	0.09	0.06	2.35	0.27		7.30	0.13	0.40	0.38

자료: 조선총독부, 『조선총독부통계연보』, 각년도.

주: 1) 1907-1919년은 도매가격, 1920-1939년은 소매가격이다.

2) 재화별로 규격이 미상이거나 달라진 경우는 다음과 같다. O201 1936-1939년은 朝鮮白米 2등 1kg; O202 1914-1915년은 중국산과 조선산의 평균, 1916-1919년은 만주산과 조선산의 평균(1918년은 만주산), 1936-1939년은 1kg; O203 1907-1919년은 上品, 1936-1939년은 1kg; O204 1907-1912년은 上品, 1936-1939년은 1kg; O206 1920-1927년은 로스트용; O208 1913-1914년, 1936-1938년은 규격 미상; O209 1936-1939년은 札幌; O210 1913-1914년은 미상; O213 1908-1915년은 粗製鹽, 1936-1938년은 미상; O214 1910년은 白露, 1926-1938년은 미상; O215 1908-1919년은 적설탕 4溫, 1920-1935년은 백설탕, 1936-1939년은 조선산; O216 1913-1914년은 上品, 1925-1926년, 1936-1937년은 미상; O217 1915-1919년은 上品, 1939년은 內地人向; O218 1908-1914년은 미상; O219 1908-1914년, 1920-1922년은 미상, 1915-1919년은 上品, 1923-1939년은 백탄.

3) O214에서 단위가 1挺인 것은 30승으로 환산하였다.

표 O221-237 서울 주요 재화 소매가격, 1945-1961

	쌀	보리쌀	콩	팥	밀가루	달걀	쇠고기	배추	설탕	참기름	약주	양은솥	연탄	장작	광목	여자고무신	세탁비누
	1등 20L	1등 20L	20L	20L	1등 22kg	10개	600g	3.75kg	정백 600g	상품 1.8L	1.8L	24인치	1톤	중작 1평=2.24㎥	1급 1마	1켤레	1급 1개
	O221	O222	O223	O224	O225	O226	O227	O228	O229	O230	O231	O232	O233	O234	O235	O236	O237
	원																
1945	0.22	0.12	0.05	0.14	0.13	0.03	0.02	0.01	0.02	0.06	0.02	0.07	0.35	0.35	0.01	0.04	0.00
1946	0.77	0.58	0.41	0.72	1.24	0.05	0.07	0.05	0.17	0.27	0.07	0.23	1.70	1.03	0.09	0.11	0.03
1947	1.34	0.82	0.87	1.21	1.44	0.14	0.19	0.13	0.35	1.08	0.16	0.76	4.95	3.12	0.28	0.24	0.14
1948	1.84	1.30	1.38	2.01	2.25	0.29	0.31	0.18	0.29	2.10	0.25	0.89	8.38	5.94	0.50	0.24	0.22
1949	1.97	1.41	1.81	2.33	2.79	0.35	0.38	0.24	0.49	2.09	0.31	1.18	10.27	8.48	0.69	0.28	0.20
1950	12.64	7.44	6.50	10.27	11.83	0.93	0.90	0.52	1.30	4.44	0.72	2.23	22.94	23.14	0.94	1.13	0.30
1952	91.1	60.2	53.0	86.6	117.8	7.9	8.5	6.4	9.0	35.8	6.3	11.3	350.0	116.5	5.5	5.9	2.0
1953	96.5	58.2	80.1	102.1	115.0	14.1	15.1	11.5	10.5	100.8	9.3	22.2	375.9	333.7	7.6	7.7	4.0
1954	84.7	41.4	72.6	82.1	145.8	22.5	28.8	17.3	11.0	132.3	17.1	33.9	705.8	636.4	13.6	10.7	6.7
1955	201.1	121.7	141.7	246.4	216.5	26.4	40.0	17.2	14.9	213.0	21.5	50.3	1,272	1,037	16.9	26.4	9.6
1956	314.3	203.7	160.3	323.2	299.0	30.5	44.0	25.5	14.7	182.0	27.9	73.4	1,193	1,106	16.5	32.8	8.7
1957	361.0	246.0	213.3	392.9	306.5	34.6	58.0	30.4	23.0	342.0	32.8	85.2	1,450	1,473	15.7	32.4	10.7
1958	297.4	202.5	198.3	259.7	272.5	37.3	60.0	30.6	19.0	441.0	27.7	96.7	1,083	1,800	15.9	33.3	10.8
1959	266.3	164.7	237.5	286.9	248.5	36.2	63.0	36.3	18.8	287.0	34.2	127.5	1,196	2,446	17.5	40.8	11.5
1960	304.1	200.7	274.2	371.6	264.9	35.1	78.0	49.1	21.5	291.0	36.7	131.7	1,234	2,648	20.2	45.0	13.6
1961	366.8	272.4	272.4	373.1	362.6	37.9	94.0	37.5	25.1	289.0	40.0	140.0	1,401	3,200	24.5	45.0	13.3

자료: 한국은행, 『경제연감』(1956); 『경제통계연보』(1963).

주: 1946-1947년의 쌀, 보리쌀, 콩, 팥은 18L 가격을 20L 가격으로 환산하였다.

표 O238-250 서울 서비스 및 공공요금, 1936-1961

	목욕	버스	세탁	수도	숙박	신문	영화	우편	이발	전등	전보	전차	철도
	성인1회	1구1회	양복1착	10m^3	2등2식1박	1개월	1회	엽서1장	성인1회	1등 30W	국내10자내	시내1구1회	3등 1km
	O238	O239	O240	O241	O242	O243	O244	O245	O246	O247	O248	O249	O250
	圓												
1936	0.06	0.06	1.5	1.90	2.5	1.0	0.3	0.015	0.40	0.75	0.3	0.05	0.016
1937	0.06	0.06	1.5	1.90	2.0	1.2	0.4	0.015	0.45	0.75	0.3	0.05	0.016
1938	0.07	0.06	2.0	1.90	2.0	1.2	0.4	0.015	0.45	0.75	2.0	0.05	0.016
1939	0.07	0.06	2.0	1.90	2.5	1.2	0.4	0.015	0.45	0.75	2.0	0.05	0.016
1940	0.08	0.06	2.5	1.90	2.0	1.2	0.4	0.015	0.45	0.75	2.0	0.05	0.016
1941	0.08	0.06	2.5	1.90	2.0	1.2	0.5	0.015	0.50	0.75	2.0	0.05	0.016
1942	0.09	0.06	3.0	1.90	2.0	1.2	0.7	0.020	0.50	0.75	2.0	0.05	0.016
1943	0.10	0.06	3.0	1.96	2.0	1.2	1.1	0.020	0.70	0.75	2.0	0.05	0.031
1944	0.12	0.10	4.0	1.96	2.0	1.2	1.5	0.030	0.70	1.10	2.0	0.06	0.031
	원												
1945	0.001	0.000	0.006	0.003	0.005	0.003	0.002	0.000	0.003	0.001	0.002	0.000	0.000
1946	0.005	0.001	0.03	0.01	0.08	0.02	0.009	0.000	0.023	0.007	0.005	0.001	0.000
1947	0.02	0.002	0.2	0.08	0.4	0.08	0.02	0.001	0.05	0.01	0.02	0.002	0.001
1948	0.05	0.005	0.5	0.1	0.9	0.2	0.1	0.002	0.1	0.07	0.04	0.005	0.001
1949	0.07	0.01	0.9	0.4	1.1	0.3	0.2	0.008	0.1	0.07	0.09	0.006	0.004
1950	0.1	0.06	2.2	0.6	1.8	0.6	0.2	0.02	0.2	0.1	0.2	0.02	0.008
1951	0.5	0.3	8.8	2.3	6.0	3.1	1.4	0.07	1.4	1.6	0.8	0.09	0.02
1952	1.5	0.5	24.1	4.7	23.6	8.5	4.5	0.3	4.3	2.7	1.9	0.2	0.06
1953	2.9	0.7	36.6	7.6	37.8	13.3	8.3	0.5	5.8	3.0	3.0	0.4	0.1
1954	4.0	1.1	49.6	32.0	75.8	22.5	22.3	0.5	8.7	6.6	3.0	0.8	0.1
1955	6.0	2.2	73.3	38.0	134.2	30.0	34.2	1.1	13.5	15.5	11.0	1.5	0.2
1956	6.0	2.0	80.0	38.0	150.0	30.0	40.0	1.0	13.0	15.5	10.0	1.5	0.2
1957	8.7	2.3	96.7	54.0	170.0	38.3	48.6	2.0	17.7	30.2	25.0	1.8	0.4
1958	10.0	3.0	100.0	54.0	180.0	40.8	50.0	2.0	20.0	30.2	25.0	2.5	0.4
1959	10.2	3.0	100.0	54.0	180.0	53.3	50.0	2.0	23.3	30.2	25.0	2.5	0.4
1960	14.3	3.0	100.0	54.0	180.0	60.0	50.0	2.0	30.0	30.2	25.0	2.5	0.4
1961	19.6	4.3	100.0	57.5	180.0	60.0	50.0	2.0	47.5	40.1	25.0	2.5	0.5

자료: 1936-1948년은 조선은행, 『경제연감』(1949); 1949-1961년은 한국은행, 『경제통계연보』(1961, 1962).

주: 1950년 6월-1953년 9월의 요금은 부산의 요금이다.

표 O251-289 서울 주요 품목 소비자가격지수, 1975-2015

	쌀	콩나물	파	쇠고기	돼지고기	닭고기	달걀	고등어	마른멸치	밀가루	라면	두부	우유	참기름	맛김	스낵과자	탄산음료	소주	맥주
	O251	O252	O253	O254	O255	O256	O257	O258	O259	O260	O261	O262	O263	O264	O265	O266	O267	O268	O269
	2010년=100																		
1975	15	7	2	3	15	17	15	4	4	12	14	10		10				10	25
1976	18	11	3	5	19	22	15	5	5	12	15	12		11				11	27
1977	19	13	4	6	19	25	17	6	6	12	16	12		12				11	28
1978	21	15	7	7	26	27	19	6	12	12	18	13		19				12	29
1979	24	19	6	8	25	25	19	7	13	13	22	14		21				18	31
1980	31	30	10	10	30	35	22	9	18	19	30	21		35		24		21	38
1981	40	32	12	14	50	42	28	12	20	24	35	21		46		26		24	43
1982	41	31	9	16	50	41	31	13	18	24	37	22		49		26		25	47
1983	41	38	10	18	46	38	32	13	25	22	37	25		52		26		24	47
1984	41	42	18	19	38	43	32	12	22	22	37	26		52		26		27	49
1985	43	39	12	17	47	44	31	15	20	23	37	29	26	56		26	37	29	49
1986	46	37	11	15	53	41	29	20	28	25	37	28	28	64		26	38	31	51
1987	48	42	15	15	43	41	28	18	25	24	36	31	28	72		26	38	32	52
1988	53	42	17	19	41	44	28	23	26	23	34	31	28	70		26	38	33	52
1989	55	47	15	24	40	51	37	17	35	25	35	32	32	63		26	38	34	55
1990	59	55	23	26	56	54	39	25	34	27	35	35	34	73	58	27	38	38	56
1991	64	57	25	30	64	52	36	41	34	28	36	41	36	73	61	28	40	42	57
1992	64	58	16	35	52	52	41	51	32	31	39	43	40	76	59	28	45	48	65
1993	69	62	25	34	50	55	40	40	35	32	41	51	45	77	56	28	46	52	71
1994	73	63	60	34	50	65	45	21	48	32	45	51	46	78	58	28	52	54	74
1995	76	63	27	33	45	62	48	25	59	32	48	51	46	72	59	30	55	53	77
1996	86	64	24	31	40	56	46	27	63	39	51	56	50	72	59	40	56	55	84
1997	89	68	24	30	49	55	47	30	52	42	52	64	52	71	59	46	62	56	88
1998	96	84	28	31	52	69	56	38	42	65	64	75	56	70	61	53	70	60	95
1999	103	89	35	36	54	66	55	52	40	53	63	77	55	69	61	52	71	59	95
2000	107	86	37	44	58	62	46	57	50	51	62	77	54	65	59	53	64	73	92
2001	108	84	36	50	62	70	57	84	64	54	65	77	54	64	59	63	68	73	90
2002	105	86	37	62	66	65	57	67	65	56	68	77	54	62	59	63	68	77	89
2003	105	89	59	69	68	57	58	67	64	63	72	77	55	63	60	64	71	82	95
2004	107	92	47	76	86	74	73	88	63	68	75	81	61	84	61	65	73	87	95
2005	104	93	48	78	92	77	85	79	75	72	81	81	70	83	63	73	77	88	96
2006	99	91	60	86	92	74	78	91	76	73	81	81	72	76	65	73	79	89	93
2007	100	91	54	83	88	71	81	89	79	79	86	85	72	78	79	80	82	92	91
2008	107	96	54	82	100	86	98	86	81	130	98	94	84	92	87	93	88	94	94
2009	107	97	57	92	109	100	106	90	87	120	101	97	101	103	96	102	96	100	97
2010	100	100	100	100	100	100	100	100	100	100	100	100	100	100	100	100	100	100	100
2011	112	117	78	87	131	106	122	120	104	106	101	124	102	99	110	108	109	96	100
2012	123	120	90	85	113	98	109	103	101	106	108	124	110	99	122	114	116	95	102
2013	129	123	76	86	104	100	114	97	105	114	109	130	115	101	125	119	120	103	104
2014	126	125	50	93	122	98	127	102	108	116	109	130	123	104	129	127	129	102	104
2015	123	126	70	100	131	99	122	100	105	114	109	129	123	104	134	127	140	103	105

자료: 통계청, 「소비자물가조사」(http://kosis.kr).

주: 가중치가 비교적 크고 규격 변화가 적은 품목을 중심으로 유별로 고르게 선정하였다.

표 O251-289 계속

	휘발유	감기약	담배 (국산)	가루 비누	상수도료	전기료	도시 가스	전세	월세	외래 진료비	치과 진료비	전철료	시내 버스료	이동 전화료	설렁탕	삼겹살 (외식)	세탁료	영화 관람료	목욕료	미용료
	O270	O271	O272	O273	O274	O275	O276	O277	O278	O279	O280	O281	O282	O283	O284	O285	O286	O287	O288	O289
	2010년=100																			
1975		27	15	35	5	52		9	11				4		8		9	5	4	7
1976		29	16	35	6	52		11	13				4		12		10	6	4	8
1977		31	16	35	7	52		12	16				4		12		12	6	5	9
1978		34	16	35	7	52		14	18				6		13		14	8	5	9
1979		53	16	39	8	55		18	23				7		14		21	12	7	16
1980		54	21	58	8	59	43	23	30			10	10		18		28	16	10	23
1981		49	26	60	9	73	59	25	33			11	12		22		35	19	12	28
1982		39	29	60	12	82	59	27	37			13	13		24		36	24	15	37
1983		38	31	59	12	80	56	32	42			13	13		26		36	25	15	37
1984		36	31	61	12	80	54	35	45			14	14		27		36	25	15	37
1985		38	31	62	12	80	54	37	46			16	14		28		36	26	16	35
1986		40	31	64	15	79	50	38	48			17	14		28		36	29	18	34
1987		47	31	63	15	78	46	40	50			21	14		29		37	31	18	34
1988		48	32	63	15	78	39	42	51			21	16		31		46	34	19	34
1989		47	32	63	15	75	34	45	55			21	16		37		48	38	19	36
1990	21	49	33	63	15	74	34	51	60			21	17		43		58	42	19	43
1991	26	57	34	63	17	78	33	57	67			26	19		52		67	49	29	44
1992	30	57	34	63	18	87	34	61	73			26	23		55		75	56	34	49
1993	33	57	35	63	21	88	35	65	78			30	28		61		86	61	35	57
1994	32	62	42	63	25	88	34	67	81			36	32		65		91	62	39	59
1995	32	65	43	63	30	89	35	69	86			37	36	178	69		87	65	41	59
1996	37	71	49	65	34	89	36	72	88			41	41	178	71		92	74	45	62
1997	46	70	53	68	36	91	39	75	90			44	46	159	72		94	75	49	66
1998	61	68	53	80	50	100	54	76	91			46	55	146	72		99	75	62	68
1999	66	66	61	72	60	101	50	72	87			51	55	144	70		90	75	62	66
2000	69	70	61	66	73	101	57	72	88		82	55	61	130	73	66	87	75	66	71
2001	71	74	68	74	88	106	68	76	90		92	62	67	124	75	66	82	87	68	72
2002	71	77	77	78	90	104	61	84	92		90	62	67	116	76	67	83	87	70	75
2003	73	80	78	80	92	101	64	88	93		89	70	76	109	82	70	88	87	76	81
2004	77	81	78	86	92	98	67	90	94		89	81	83	108	83	76	90	87	75	84
2005	81	83	100	88	94	97	70	90	92	88	89	90	88	105	83	81	92	87	75	83
2006	84	83	100	86	96	99	80	90	92	90	90	90	88	105	85	82	93	87	76	82
2007	88	86	100	94	98	99	84	93	93	93	94	98	97	103	89	82	94	88	78	84
2008	98	97	100	96	100	99	90	96	96	95	97	100	100	101	91	88	97	88	86	90
2009	93	100	100	106	100	99	96	98	98	98	99	100	100	101	95	96	99	94	94	97
2010	100	100	100	100	100	100	100	100	100	100	100	100	100	100	100	100	100	100	100	100
2011	112	102	100	107	102	102	109	105	103	102	102	100	100	97	107	116	102	100	104	107
2012	117	104	100	111	109	104	118	110	106	102	104	113	111	92	110	120	102	100	111	112
2013	114	106	100	96	110	108	125	113	108	103	101	115	113	92	112	121	103	101	116	115
2014	109	109	100	90	110	110	134	117	110	105	99	115	113	92	114	123	104	106	119	124
2015	91	115	184	94	110	109	112	122	110	107	99	125	121	92	119	127	103	109	122	126

표 O290-300 충남 서천 재화가격, 1930-1961

	白米	裸麥	가마니(上)	硫安	廣木	麻布	長斫	濁酒	煙草	石油	성냥
	1斗	1斗	1枚	1叺	1尺	1尺	1負	1斗	下1匣	1斗	1匣
	O290	O291	O292	O293	O294	O295	O296	O297	O298	O299	O300
	圓										
1930	1.28	0.60	0.10	5.00				1.60	0.05	3.70	0.003
1931	1.58	0.80	0.11	3.20				1.60	0.05	3.70	0.003
1932	1.92	0.70	0.13	2.50				1.60	0.05	3.40	0.003
1933	2.00	0.80	0.13	4.00				2.00	0.05	4.00	0.004
1934	2.50	1.20	0.17	4.10	0.11			2.20	0.05	4.20	0.004
1935	3.10	1.80	0.19	4.50	0.12			2.40	0.05	4.00	0.004
1936	3.20	1.80	0.16	4.30	0.13			2.20	0.05	3.70	0.005
1937	3.30	1.90	0.19	3.70	0.15			2.20	0.06	4.00	0.005
1938	3.50	2.10	0.24	4.00	0.20			2.40	0.07	5.00	0.01
1939	4.10	2.70	0.26	4.10	0.25			2.60	0.07	5.00	0.01
1940	4.30	3.20	0.29	4.30	0.30	0.25	0.44	3.00	0.07	5.50	0.05
1941	5.40	3.70	0.39	5.50	0.74	0.55	0.71	3.50	0.08	5.50	0.14
1942	37.00	28.00	0.57	15.00	4.00	2.20	2.20	5.70	0.11	9.10	0.15
1943	63.00	46.00	1.10	55.00	14.00	5.10	6.20	33.00	0.17	58.00	0.23
1944	110.00	75.00	2.70	91.00	31.00	10.00	14.00	64.00	2.50	275.00	1.40
	원										
1945	0.15	0.10	0.00	0.17	0.04	0.01	0.04	0.21	0.02	0.52	0.01
1946	0.63	0.42	0.01	0.66	0.11	0.03	0.14	0.46	0.03	0.63	0.01
1947	1.03	0.59	0.05	2.22	0.23	0.06	0.25	0.65	0.05	0.44	0.01
1948	1.40	1.00	0.08	3.60	0.35	0.11	0.38	1.02	0.09	2.55	0.01
1949	1.55	0.87	0.08	3.30	0.45	0.15	0.48	1.31	0.07	2.57	0.01
1950	4.27	2.40	0.80	0.80	0.80	0.27	0.64	2.80	0.13	8.00	0.04
1951	18.50	13.20	0.68	59.50		0.86	4.60	13.50	0.50	29.50	0.10
1952	82.00	60.00	2.00	170.00	3.80	2.00	12.00	42.00	0.90	30.00	0.13
1955	120	96	8.0	350	11.0	8.0	45	100	3.0	230	0.5
1956	260	160	10.0	365	12.0	9.0	60	160	4.0	170	0.5
1957	290	180	11.0	350	11.0	9.0	65	190	6.0	140	0.7
1958	230	120	15.0	400	13.0	17.0	130	130	5.0	300	0.5
1959	230	120	15.0	400	18.0	17.0	130	130	5.0	300	0.5
1960	230	150	15.0	370	13.0	15.0	130	16	5.0	320	0.5
1961	340	260	15.0	410	15.0	18.0	120	22	5.0	260	1.0

자료: 저자미상, 『生活必需品 價格調査表』(충남도정자료실).

P. 자본과 부

차명수

토지와 자본은 노동과 함께 3대 생산요소로 꼽힌다. 노동 투입 통계는 C장에서 다루어지며 이 장은 토지와 자본을 주요 항목으로 포함하는 국부 통계를 제시한다. 국부(national wealth)는 유형(tangible) 자산과 무형 자산을 포함하는데 무형 자산이란 인적자본(human capital)을 가리킨다. 유형 자산에는 내구적인(durable) 자산과 비내구적인 자산이 있는데 비내구적 자산이란 재고자산을 말한다. 내구적 자산에는 재생산 가능한 것(reproducible)이 있고 그렇지 않은 것이 있는데 재생산 가능한 자산에는 고정자본과 재고자본이, 재생산 불가능한 자산에는 토지 및 광물 자원이 포함된다. 이 장에서는 자본을 재생산 가능한 자산을 가리키는 용어로, 자산을 자본과 재생산 불가능한 자산을 모두 포함하는 용어로 사용한다. 국부를 크게 토지자산, 고정자본, 인적자본으로 나누어 통계를 제시하고 설명하며 재고자산과 광물자원에 관해서도 간단히 언급한다.

1. 통계 자료 개관

1) 토지자산

조선시대 국부의 대부분은 다른 농업경제에서와 마찬가지로 토지였을 것이다. 세금 징수를 목적으로 조선왕조가 파악한 18, 19세기 농경지 면적은 농업을 다루는 G장에서 소개하고 있다. 그러나 조선 정부가 집계한 농경지 면적은 전체의 일부에 불과했고 식민지 지배와 아울러 시작된 토지조사사업이 1918년에 끝나면서 비로소 전체 경작지 면적이 처음으로 파악되게 되었다. 식민지기의 경작지 면적 통계에 관해서도 G장을 참조하기 바란다. 해방 이후의 경작면적 통계 역시 G장에서 소개하고 있다.

이 장에 수록된 것은 면적이 아니라 토지자산 가치 통계인데 이는 모두 한국은행이 추계한 것이다. 한국은행은 경제통계시스템(ecos.bok.go.kr)에서 1995년부터의 주택 및 토지자산 가치 통계를 제공하고 있지만 조태형 외(2015)에서 이를 1964년까지 과거로 연장한 시계열을 얻을 수 있다. 이 연구는 전, 답, 대, 임야, 공장용지를 구분한 추계를 제공하는데 이를 표 P1-7로 옮겨 실었다. 아울러 같은 연구가 제공하고 있는 지목별 단가 통계는 표 P8-14로 제시했다.

조태형 외(2015)는 토지 자산 가치의 추계방법을 상세히 설명하고 있다. 『조선총독부통계연보』에는 등급별, 지역별, 농경지 가격 정보가 수록되어 있으므로 여기에 같은 추계방법을 적용하면 식민지기의 전체 토지자산 가치를 계산할 수 있을 것으로 여겨지지만 아직 그런 작업은 이루어지지 않았다. 차명수 · 이헌창(2004)은 조선후기의 논가격을 추계했지만 밭, 임야, 택지 가격을 모를 뿐 아니라 각종 토지면적 정보도 존재하지 않으므로 1910년 이전의 토지자산 가치 추계는 어려울 것으로 보인다.

2) 고정자본

고정자본(fixed capital) 축적은 공업화와 경제성장을 이끄는 주요한 원동력 중 하나다. 고정자본스톡 추계치는 총고정자본스톡과 순고정자본스톡으로 구분되는데 총고정자본스톡은 어떤 시점에 존재하는 자본재를 모두 그 시점에 다시 구매하는데 소요되는 비용을 가리키며, 순고정자본스톡은 총고정자본스톡에서 감가상각된 부분을 제외한 것을 말한다. 어떤 시점의 고정자본의 양을 측정하는 방법은 두 가지다. 하나는 국부조사를 통해 그 시점에 존재하는 여러 종류의 고정자본을 조사한 뒤 거기에 시장가치를 곱해 합산하는 것인데 이를 직접추계법이라고 한다. 다른 하나는 국민계정의 한 항목인 고정자본 형성액을 더해 나가는 것인데 이를 간접 추계라고 한다.

조선총독부는 농경지 이외의 국부조사는 실시하지 않았고 우리나라에서는 한국은행이 1968년에 처음으로 국부조사를 실시했는데 이후 1977, 1987, 1997년에 세 차례 더 국부조사가 이루어졌다. 국부조사 결과는 자본스톡을 유형 고정자산 총액과 재고자산 총액으로 나누어 제시하고 있고 이 둘을 각각 다시 순자산액과 총자산액으로 평가하고 있다. 그리고 유형 고정자산은 형태별로 분류되어 있다. 이 중 가계가 보유하는 실물자산, 즉 가계자산은 1968년 조사보고에서는 유형 고정자산 항목에 포함되지 않고 별도의 항목을 이루고 있었으나 1977년부터는 유형 고정자산에 포함되게 되었다.

1997년 국부조사를 마지막으로 한국은행은 간접추계법으로 전환했는데 그 이유는 무엇보다 국부조사에 많은 비용과 시간이 소모되기 때문이었다. 둘째, 부록에서 보다 상세히 설명하는 것처럼 국부조사 통계는 자본형성 추계와 서로 정합적이지 않을 수 있기 때문이다(한국은행 2014: 53). 이에 비해 간접 추계의 근거가 되는 자본형성 추계는 국민계정의 일부이므로 일관성 체크(consistency check)가 가능하고 따라서 국부조사 결과보다 신뢰도가 높으므로 한국은행은 자본형성 통계를 기반으로 자본스톡을 추계하기 시작했다. 마지막으로 국부조사는 어떤 생산설비를 가지고 있으며 이를 얼마에 구입했는가 라는 질문에 대한 사업주들의 답변을 그대로 받아 적어 합산한 결과이어서 이는 현실과 다를 수 있기 때문이다. 사업주들은 생산설비의 가치를 과대 보고할 인센티브가 있는데 그 이유은 그렇게 하면 감가상각도 크게 평가되고 따라서 영업 이윤이 과소 평가되어 세금을 적게 낼 것이기 때문이다. 이는 국부조사 결과가 자본스톡을 과대 평가하고 있을 가능성이 높다는 것을 의미한다(Young 1995).

한국은행(2014)은 간접추계법의 하나인 영구재고법(perpetual inventory method)을 사용해서 자본스톡을 추계했는데 이 장의 부록은 이 방법에 대해 설명한다.[1] 한국은행은 2014년부터 자본스톡 추계를 국민대차대조표의 일부로 발표하기 시작했다. 2017년 2월 7일 현재 한국은행 경제통계시스템(ecos.bok.go.kr)은 1970년 이후 제도부문별, 경제활동별, 자산별 자본스톡 통계를 연도별로 제공하고 있다. 제도부문별이란 국내와 국외를 구분하고, 국내는 민간과 정부로 나누며, 민간은 법인과 개인 및 비영리단체로, 법인은 다시 금융법인과 비금융법인으로 구분하는 것을 가리킨다. 경제활동은 농림어업, 광업, 제조업, 전기 가스 수도, 건설업, 서비스업을 포함하는데 각 산업별로 다시 구분된다. 자산은 비금융자산을 가리키며 이는 고정자산, 재고자산, 토지자산, 지하자원, 입목자산으로 구분된다.

한국은행은 순자본스톡과 생산자본스톡을 구별해서 추계했다. 순자본스톡은 위에서 설명한대로 자본재를 시장가치로 평가해서 도출한 합계인데 생산자본스톡은 자산의 시장가격이 아니라 생산 효율을 기준으로 산출된 합계를 가리킨다. 이외에도 자본 서비스 물량지수 및 주택·토지자산 통계를 한국은행은 제공한다. 자본 서비스란 '비금융자산이 생산 과정에 투입되면서 생산에 기여한 정도'를 가리키는 것으로 저량인 자본스톡에서 파생되는 유량(=플로우)에 해당한다. 상세한 내용은 한국은행(2014: 5장 1절)을 참조할 수 있다. 이 장에는 한국은행의 자본스톡 추계를 그대로 가져와 제시한다(P15-140).

이 장은 한국은행의 자본스톡 통계 외에도 1911-1940년 및 1953-2010년간의 차명수(2014)의 순자본스톡을 제시한다(P141-162). 부록에서 설명하는 것처럼 차명수(2014)의 추계 역시 영구재고법을 이용해 도출된 것인데 아래에서 보는 것처럼 1970년 이후의 한국은행 추계와 크게 다르지 않다. 다만 1969년 이전의 한국 자본스톡, 그리고 1911-1940년간의 식민지기 자본스톡과 연결해서 사용할 수 있다는 편리한 점이 있다.

김광석·홍성덕(1992)은 1965-1989년간 36개 비농업 부문의 총자산 및 순자산 추계치를 제공한다(P163-236). 이 통계의 장점은 생산 부문을 보다 상세히 구분한다는 점에 있다.

3) 인적자본

이 장은 네 종류의 인적자본 지표를 제시한다. 인적자본이란 노동의 질(labor quality)이라고도 하는데 이는 교육이

1 다만 한국은행은 토지자산, 입목자산, 육성 생물자원을 추계하는 데에는 물량 가격법(price times quantity approach)을 사용했다. 이는 존재하는 자산의 수량에 시장가격을 곱해서 합산하는 추계방법을 말한다(한국은행 2014: 54).

나 훈련을 받은 노동자가 한 시간 일해서 내는 성과와 아무런 교육도 훈련도 받지 않는 노동자가 한 시간 일해서 내는 성과 사이의 격차로 나타난다. 따라서 전체 노동자 중에서 학교 교육이나 기술 훈련을 받은 사람의 비중이 증가하면 인적자본지수는 증가하며 이를 인적자본 축적이라고 한다. 노동 투입은 노동시간과 인적자본지수를 곱한 값과 같으며 인적자본 축적은 노동시간을 포함한 다른 조건이 변화하지 않더라도 생산 증가를 가져 온다.

인적자본을 측정하는 방법은 여러 가지가 있는데 가장 간단한 것이 성인 인구 중 글자를 읽고 쓸 수 있는 사람의 비중, 즉 식자율 또는 문자해독률(문해율, literacy)이다. P241-242는 1911-2000년간의 성별 식자율을 보여 준다. 식자율은 여러 가지 종류의 능력을 포괄하는 인적자본 중 가장 기초적인 한 요소만을 측정한다는 점에서 한계가 있다.

사람들은 문자해독 능력을 포함한 여러 능력을 학교 교육을 통해 획득한다. 따라서 교육 정도별 성인 인구 구성(educational attainment)을 보면 인적자본의 수준이나 축적 경로를 가늠할 수 있다(P243-250). 셋째는 교육 정도별 성인 인구 구성을 바탕으로 계산할 수 있는 성인 한 사람의 평균 수학 연수(average schooling years)이며 세 개의 상이한 평균 수학 연수 추정치가 P238-240으로 제시되어 있다. 이 추정치들 사이에 발견되는 차이에 관해서는 다음 절에서 보다 상세히 논의하겠다. 평균 수학 연수는 인적자본지수로 많이 활용되지만 서로 다른 수준의 학교 교육 – 예를 들어, 초등학교 교육 1년과 대학 교육 1년 – 이 가져오는 노동의 질 향상 폭이 같다는 가정을 바탕으로 계산된 인적자본지수라는 약점을 안고 있다. 인적자본 축적의 대부분은 학교 교육을 통해서 이루어지는데 대졸 · 고졸 임금 비율 같은 학력별 임금격차는 교육 수준이 다른 노동자들 사이의 생산 효율 차이를 보여 준다. 여기에 교육 정도별 성인 인구 구성을 결합하면 교육 수준별로 인적자본 축적의 정도가 다를 수 있다는 점을 감안한 노동의 질(labor quality) 지수를 도출할 수 있다. 이 지표가 1910-2010년간 어떻게 바뀌었는지는 P237로 제시되어 있다.[2]

2 이 지수의 도출 과정에 대한 설명은 차명수(2014: 5장)를 보라.

2. 장기 추세

이 절에서는 토지, 물적 고정자본, 인적자본 축적의 장기 추세를 소개하고 추세 변동을 설명하는 원인들을 생각해 본다.

그림 P-a는 조태형 등(2015)이 추계한 토지자산 가치를 명목 국내총생산으로 나눈 비율을 보여 준다. 상당한 등락을 보이면서 이 비율은 지난 반 세기 동안 추세적으로는 상승하지도 하락하지도 않았다. 토지자산 가치는 장기적으로 명목 국내총생산의 네 배 정도의 수준을 유지했는데 토지자산의 실질가치가 경제성장률과 비슷한 속도로 증가했음을 의미한다.

조선후기의 고정자본은 대부분 수리시설, 가축, 농기구로 이루어져 있었을 것이다. 이에 관한 통계 자료가 거의 남아 있지 않으므로 조선후기의 고정자본스톡을 추정하는 것은 불가능할 것이다. 그러나 임금, 지대, 금리와 같은 생산요소 가격은 조선후기에 서로 다른 속도로 하락했는데 하락 속도 차이를 이용해 조선후기에 자본스톡이 연 0.29%씩 감소했음을 추론할 수 있다(차명수 2014: 398). 이 같은 추론은 조선후기에 제대로 기능하고 있는 저수지 숫자가 감소하고 있었다는 연구 결과와 합치한다(이광린 1961: 7장).

1688년 영국 총국부의 64%는 농경지의 형태로 존재했는데 산업혁명이 진행 중이던 1798년에도 이 비율은 아직 55%에 달했다(Deane and Cole 1969). Christensen and Cumings (1981)의 추계에 따르면 1960년경 토지는 남한 전체 국부의

그림 P-a 지가총액/명목 GDP

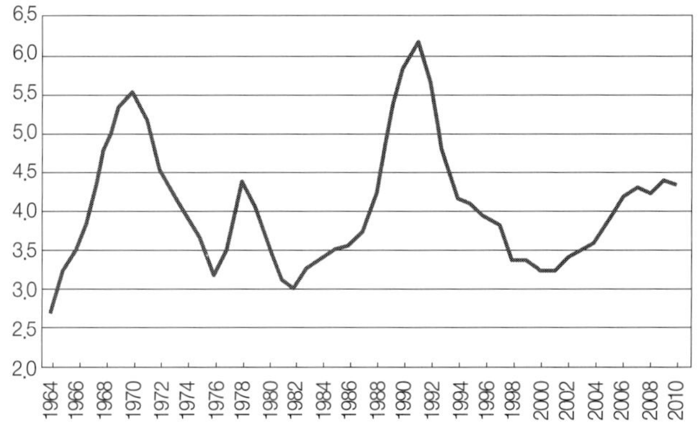

자료: N1; P1.

그림 P-b 국부에서 차지하는 토지자산 비중(%)

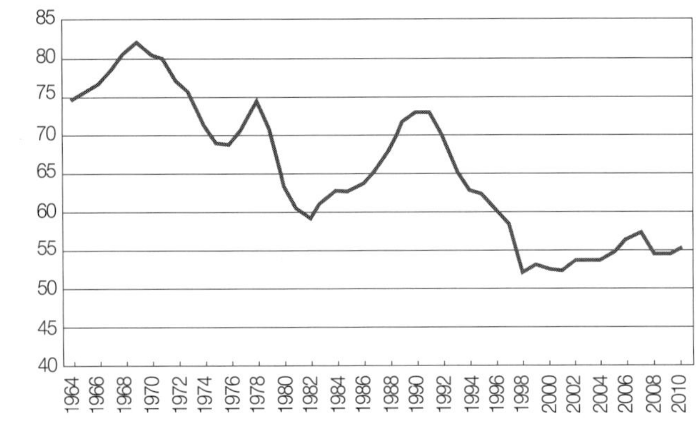

자료: P1, P142, P157.
주: 국부란 토지자산과 고정자본의 합계를 가리킨다.

그림 P-c 노동자 일인당 자본 사용량

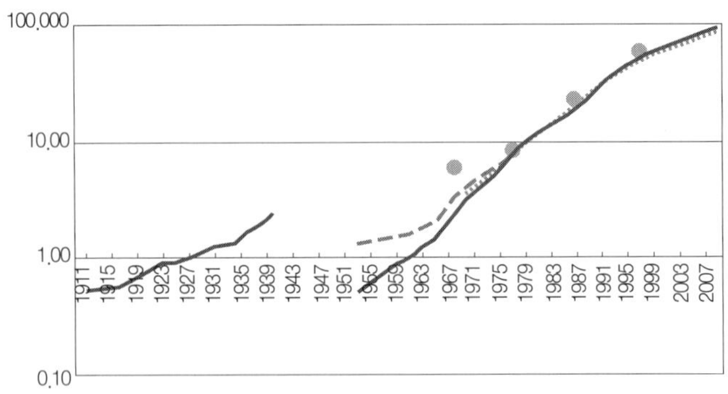

자료: B193-238, P115, P142, P157; 표학길(2003); 국부조사 보고서.
주: 1) 세로축은 로그 축, 단위는 십억 원이며 2005년 가격으로 측정.
2) 1940년 이전은 남북한 전체, 1953년 이후는 남한.
3) 일인당 자본 사용량은 총고정자본스톡을 15-64세 인구로 나누어 구함.
4) 실선은 1935-1940년간의 GDP 디플레이터(N1)와 김낙년·박기주(2007)의 1936-1956년간의 서울 물가지수(O74)를 적용해서 연결한 차명수의 순고정자본스톡(P142와 P157).
5) 점선은 한국은행의 명목/실질 순고정자본스톡 비율을 이용해서 2010년 가격으로 계산된 한국은행의 순고정자본스톡(P115)을 2005년 값으로 환산한 것.
6) 파선은 표학길 등(2003)의 순자본스톡.
7) 동그라미는 국세조사에서 파악된 순고정자본스톡.

거의 90%에 달했다. 그림 P-b는 1964년 토지자산이 국부(=토지자산+고정자본)에서 차지하는 비중이 약 75% 정도였는데 이 비율은 이후 꾸준히 하락해서 2010년 현재 약 55% 수준에 도달했음을 보여 준다.

그림 P-c에 실선으로 표시된 차명수(2012)의 일인당 자본 사용량 추계는 식민지기와 해방 이후에 자본/노동 비율이 지속적으로 증가했음을 보여 준다. 식민지기 시계열의 마지막 해인 1940년의 일인당 자본 사용량에 비해 해방 이후

그림 P-d 일인당 생산 및 일인당 자본 사용량 증가율(%)

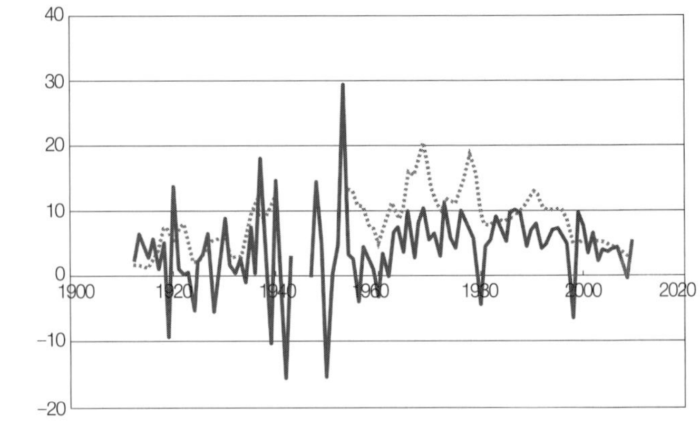

자료: B193-238; N1; P142, P157.
주: 실선은 일인당 생산증가율 점선은 일인당 자본사용량 증가율.

시계열의 첫 해인 1953년의 일인당 자본 사용량은 현저히 작다. 이는 한국전쟁기의 파괴, 해방 후 북한과 해외로부터의 인구 유입, 식민지기에 북한을 중심으로 공업화가 일어난 사실로 설명할 수 있다. 그림 P-c에 점선으로 표시된 것은 한국은행의 순자본스톡 추정치인데 차명수(2012)의 추계와 근사하다. 국부조사 결과와 자본형성 통계를 결합해서 도출한 표학길 등(2003)의 추계는 이 그래프에 파선으로 표시되어 있는데 1950년대와 1960년의 추계치가 차명수(2014)의 그것을 상당히 상회하고 있다. 마지막으로 동그라미로 표시된 국부조사 집계는 한국은행이나 차명수(2014)의 추계치를 다소 상회하고 있다.

Kaldor(1957)는 경제성장 과정에서는 몇 가지의 정형화된 사실들이 발견된다고 주장했다. 그 중 하나는 일인당 생산증가율이 대체로 일정하게 유지된다는 것인데 자본축적과 관련해서는 두 가지 사실이 주목된다. 그것은 첫째, 일인당 자본 사용량(k=K/N) 증가율이 대체로 안정되어 있으며, 둘째, 자본/산출 비율(K/Y)이 일정하게 유지된다는 것이다.

그림 P-d에서 보듯이 일인당 생산증가율(실선)은 1911-1940년간 연 2.3%, 1960/2-2008/10년간 6.2%씩 증가했으므로 칼도어의 첫 번째 정형화된 사실이 우리나라에서 발견된다고 하기는 어렵다. 그러나 1960/2-2008/10년간의 높은 일인당 생산증가율은 1960-1990년간에 일어난 고도성장을 반영한 것으로 최근 20년간의 일인당 생산증가율이 식민지기의 그것과 비슷한 수준으로 떨어졌다는 점에서 지난 한 세기 동안 일인당 생산증가율은 안정되어 있었다고 할 수도 있

그림 P-e 고정자본/산출 비율의 추세

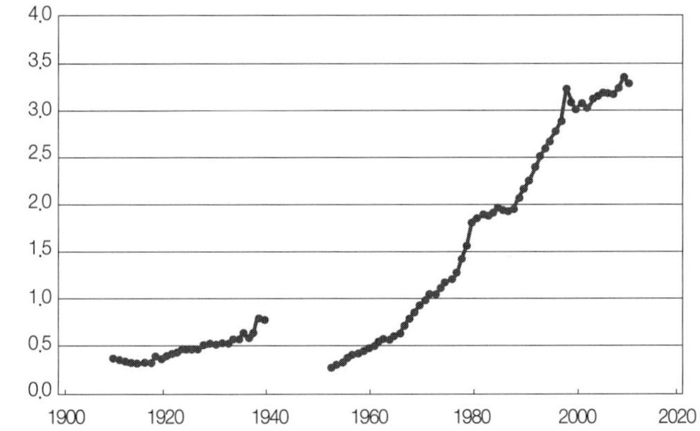

자료: N1; P141, P142, P156, P157.

그림 P-f 자본스톡 중 농업 및 제조업 비중의 추이(%)

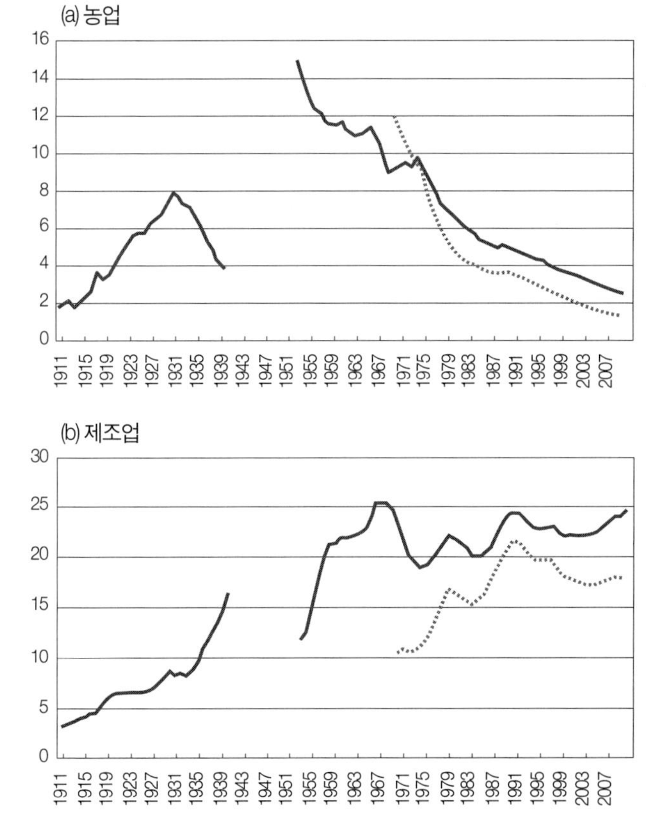

자료: P115, P116, P118, P142, P143, P145, P157, P158, P160.
주: 실선은 차명수(2012) 추계, 점선은 한국은행 추계에 의한 비율.

겠다.

그림 P-d에 같이 제시된 일인당 자본사용량 증가율(점선)은 일인당 생산증가율을 상회하면서 이와 비슷한 추세를 따르고 있다. 즉, 식민지기에 비해 고도성장기에 현저히 높아졌던 일인당 자본사용량 증가율은 최근 다시 식민지기의 수준으로 되돌아온 것이다.

그림 P-e는 명목 자본스톡을 명목 GDP로 나누어 구한 자본/산출 비율의 추세를 보여 준다. 식민지기에 자본/산출 비율은 꾸준히 증가했는데 해방과 한국전쟁을 거치면서 자본/산출 비율은 식민지기 초기 수준으로 되돌아 갔다. 이후 반 세기 이상에 걸쳐 12배 이상 증가했는데 이는 자본/산출 비율이 일정하게 유지된다는 칼도어의 정형화된 사실과 다르다.

솔로우 경제성장 모델의 관점에서 보면 그림 P-e에 나타난 자본/산출 비율의 꾸준한 증가는 균제 상태(steady state)로 접근해 가는 과정으로 해석할 수 있다. 1960년 이후 반 세기에 걸쳐 자본/산출 비율이 증가했는데 2000년부터 증가세가 둔화되고 있어서 균제 상태에 가까와 지고 있음을 알 수 있다.

솔로우 모델에 따르면 저축률이 오르면 균제 상태로의 거리가 멀어지고 자본/산출 비율 증가가 계속되게 된다. 이는 식민지기와 고도성장기에 일인당 생산증가율이 둔화되는 경향이 나타나지 않았던 중요한 이유가 그림 N-h에서 보는 것과 같은 저축률의 꾸준한 상승에 있었음을 말해 준다.

부문별 고정자본스톡 통계를 보면 우리나라 고정자본의 구성이 시기별로 어떻게 바뀌어 갔는지를 알 수 있고 이로부터 시기별로 어느 부문에서 투자가 가장 활발히 일어났는지를 추측할 수 있다. 그 예로서 그림 P-f의 두 패널은 농업과 제조업이 자본스톡에서 차지하는 비중의 변화를 보여 주는데, 패널 (a)에 따르면 산미증식계획에 따라 수리시설이 빠르게 확충되어 가던 1910년대와 1920년대에 농업 자본스톡의 비중이 증가했지만 이후 감소 추세로 돌아섰음을 알 수 있다. 아울러 해방을 계기로 농업의 비중이 급속히 상승했는데 이는 식민지기에 북한 지역을 중심으로 공업화와 자본축적이 일어난 사실을 반영한다. 패널 (b)를 보면 제조업의 비중은 20세기 초부터 꾸준히 증가해 오다가 최근 정체 국면에 접어들었음을 알 수 있다. 1970년 이후에는 차명수(2012)의 추계를 가지고 계산된 비중(실선)과 한국은행 추계를 가지고 계산된 비중(점선)이 같이 그려져 있는데, 둘 사이에는 수준이나 추세 면에서 상당한 차이가 있다. 그 차이가 나타나는 중요한 이유 중 하나는 차명수(2012)는 경제 전

그림 P-g 식자율(%)

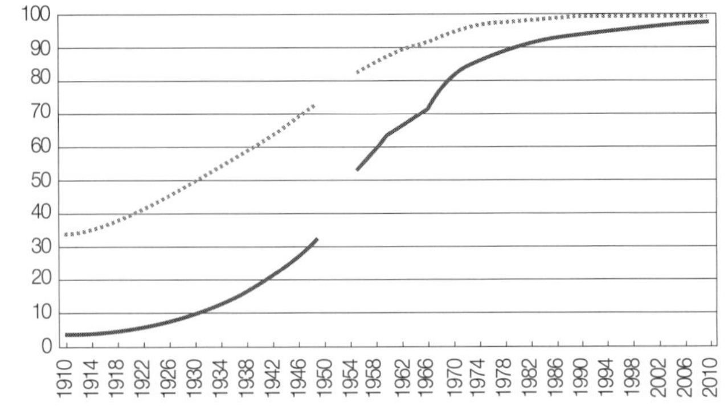

자료: P241-242.
주: 점선-남자, 실선-여자.

그림 P-h 성인 일인당 평균 수학 연수

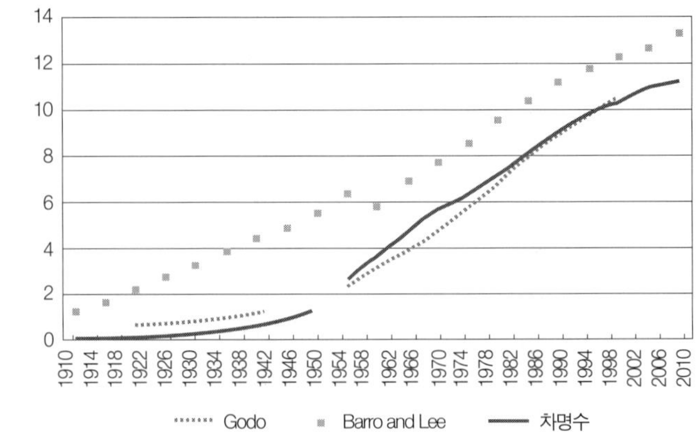

자료: P238-240.

체의 감가상각률을 서로 다른 생산 부분에 대해 일률적으로 적용해서 부문별 자본스톡을 추계한 데 비해, 한국은행은 부분별로 다른 감가상각률을 추정해서 부문별 자본스톡을 계산했기 때문이라고 짐작된다. 이는 한국은행의 부문별 자본스톡 추계가 더 현실에 가까울 것임을 의미한다.

그림 P-g는 문자해독률이 지난 한 세기 동안 꾸준히 증가했음을 보여 준다. 1910년 당시 글자를 읽고 쓸 수 있는 사람이 성인 인구에서 차지하는 비중은 20%에 미치지 못했지만 오늘날 문맹자는 거의 사라지게 되었다. 이 그림은 아울러 남성과 여성 사이에 문자해독률 격차가 이 과정에서 좁혀져 갔음을 보여 준다.

P-g가 보여 주는 문맹률 하락을 가져온 하나의 중요한 원인은 학교 교육의 보급이었다. P-h는 성인 일인당 평균 수학 연수의 추세를 보여 주는데 여기에 제시된 세 추계 사이에는 상당한 차이가 있다. 특히, 그 차이는 Barro and Lee(2014)의 추계와 Godo(2011) 및 차명수(2017)의 추계 사이에서 두드러진다. Barro and Lee(2014)의 추계는 해방 전과 후에 평균 수학 연수가 비슷한 속도로 증가해 갔던 반면 나머지 두 추계에서는 해방 후 증가 속도가 더 빨라졌다. 아울러 Barro and Lee(2014)의 추계는 다른 추계에 비해 지난 한 세기 내내 현저히 긴 평균 수학 연수를 보이고 있다.

그림 P-i는 교육이 보급되면서 남성 성인 인구 중 무학자의 비중이 지난 한 세기 동안 꾸준히 감소해 가고 초등, 중등 및 대학 교육을 받은 사람의 비중이 지속적으로 증가해 가는 과정을 보여 준다. 여성 성인 인구의 학력별 구성도

그림 P-i 15세 이상 남성 인구의 학력별 구성(%)

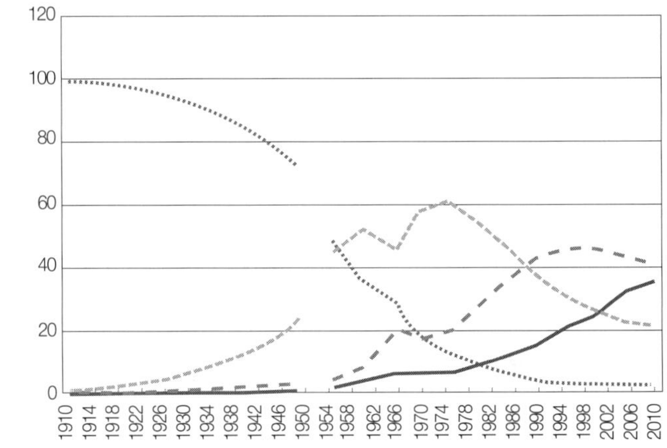

자료: P243-246.
주: 점선-무학자, 짧은 파선-초졸자, 긴 파선-중고졸자, 실선-대졸자.

이와 크게 다르지 않은 경로를 따라 변해 갔다. 이에 따르면 1910년에 학교 교육을 받은 사람은 성인 인구의 1%에도 미치지 못했다. 이는 1910년 평균 수학 연수가 1.2년이었다는 Barro and Lee(2014)의 추계와 모순된다. 1910년에 중등 및 대학 교육을 받은 사람이 없었다고 가정하면, 이 시기의 초등학교는 대부분 4년제였으므로 평균 수학 연수가 1.2년이었다는 것은 성인 인구의 30%(=1.2/4)가 초등 교육을 받았다는 것을 의미하기 때문이다. 이는 1911년 5-14세 인구 중 2.5%만이 초등학교에 다니고 있었던 현실과 동떨어진 숫자다. 센서스를 통해 인구의 학력별 구성에 관한 비교적 정확한 정보가 알려지게 된 그 이후의 다른 시점에 관한 Barro and Lee(2014)의 추계치에 대해서도 마찬가지의 의문을 제기할

그림 P-j 인적자본지수

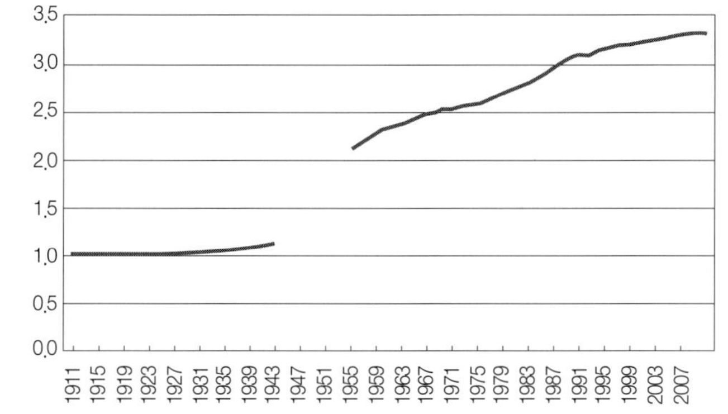

자료: P237.

수 있다.

Godo(2011)에 따르면 1920년의 평균 수학 연수는 0.64년이었는데 이 역시 과대 평가치로 보인다. 이 숫자는 성인 인구의 16%(=0.64/4)가 초등 교육을 받았음을 의미하지만 1920년 초등학교 취학자의 5-14세 인구에 대한 비율은 3.7%에 불과했다.

그림 P-j는 그림 P-i에 제시된 인구의 학력별 구성과 D장에서 소개한 학력별 임금격차를 결합해서 추계한 노동의 질(labor quality) 지수를 보여 준다. 식민지기에 노동의 질이 향상되고 있었지만 그 속도는 해방 이후에 비해 매우 느렸으며 해방 전후 사이에 불연속성이 발견된다.

그림 P-k는 노동의 질 지수와 일인당 고정자본 사용량 사이의 비율의 추세를 보여 준다. 20세기는 인적자본의 시대라고 하지만 이 그림에 나타난 하락 추세는 물적자본이 인적자본보다 빠르게 축적되어 갔음을 알려준다. 해방을 계기로 인적 · 물적 자본 비율은 급상승했는데 이는 분단과 한국전쟁의 결과 일인당 자본사용량이 감소하고 교육 확산의 결과 인적자본 축적이 가속된 결과이다. 1980년경부터 인적 · 물적 자본 비율의 하락 속도는 현저히 둔화되었는데 이 역시 균제 상태로의 접근을 나타낸다. 인적 · 물적 자본 비율은 0으로 접근해 가고 있는데 이는 물적자본 축적과는 달리 인적자본 축적에는 대학 교육이라는 점근적 상한(asymptotic upper bound)이 존재하기 때문이다. 즉, 한 개인은 대학 학부 교육을 마친 이후에도 대학원 과정을 이수할 수 있고 취직해서 각종 기술과 능력을 취득해서 인적자본을

그림 P-k 인적자본/유형 고정자산

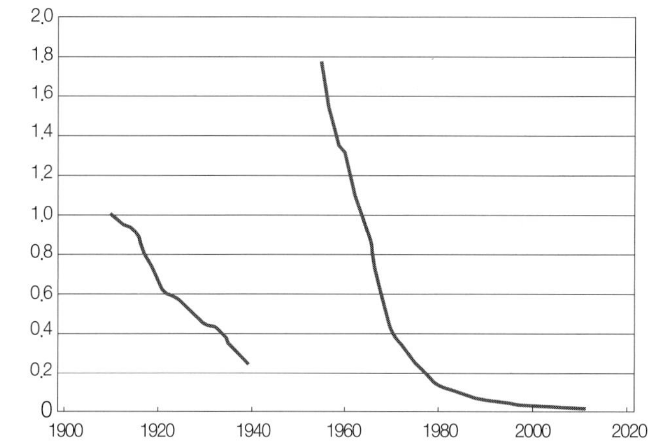

자료: P142, P157, P237.

꾸준히 축적하지만 대학 학부 과정을 마친 다음에 일어나는 인적자본 축적은 대학 학부 졸업까지의 그것에 비해서는 속도가 훨씬 느린 것이다.

부록: 영구재고법

영구재고법이 무엇인지를 이해하기 위해서 자본 축적 과정을 묘사하는 다음 식 (1)을 보자

$$K_{t+1} = K_t\,(1-\delta) + I_t \tag{1}$$

이 식에서 t+1기의 자본스톡(K_{t+1})은 t기의 자본스톡(K_t) 중에서 t기 동안 감가상각되고 남은 부분($K_t\,(1-\delta)$)에 t기의 투자(I_t)를 더한 것과 같다는 것을 보여 준다. 이 식의 양변에서 K_t를 빼고 양변을 K_t로 나누면 다음 식이 나온다.

$$(K_{t+1} - K_t)/K_t = \Delta K_t/K_t = I_t/K_t - \delta \tag{2}$$

식 (2)는 자본 축적 속도가 t기의 투자의 자본스톡에 대한 비율(I_t/K_t)에서 감가상각률(δ)을 뺀 것과 같다는 것을 나타낸다. 만일 자본 축적 속도와 감가상각률을 안다면 플로우 변수인 초기의 투자(I_0)로부터 초기의 자본스톡(K_0)을 계산해 낼 수 있으며 이를 바탕으로 이후의 투자를 더하고 감가상

각을 빼 나감으로써 시계열을 도출할 수 있다. 溝口敏行(1988: 181)은 식민지기 우리나라의 자본 축적 속도가 1890년대 일본에서의 자본 축적 속도(연 2%)와 같으며 생산설비의 감가상각률은 0.12, 건물은 0.07과 같다고 가정해서 1910년의 자본스톡을 계산한 뒤 영구재고법을 적용해서 식민지기의 자본스톡 시계열을 추계했다.

이런 추정방법에는 두 가지 문제가 있다. 하나는 1890년대 일본의 자본 축적 속도가 식민지기 자본 축적 속도와 같다는 증거가 없다는 것이다. 다른 하나는 자신의 자본소모(감가상각) 추계를 무시하고 자의적인 감가상각률을 도입했기 때문에 그의 국민계정 추계는 내적 일관성을 잃어버리게 되었다는 것이다. 즉, 그의 순자본형성(=조자본형성−자본소모)은 1934년까지 음의 값을 보이는데 비해 자본스톡은 지속적으로 증가하고 있는 것이다(Cha, 1996).

Young(1995)은 첫 번째 문제를 피하기 위해 시점 0에서의 자본스톡의 크기(K_0)는 아주 먼 과거로부터 그 전 시점(즉, 시점−1)까지의 순투자(즉, 총투자 I에서 감가상각분 $\delta \cdot I$를 뺀 값)를 합한 것과 같다는 가정을 도입했다. 이를 수식으로 표현하면 다음과 같이 쓸 수 있다.

$$K_0 = \sum_{i=0}^{\infty} I_{-i-1}(1-\delta)^i \qquad (3)$$

만일 먼 과거로부터 시점 0까지 총투자가 매년 g의 속도로 증가해 왔다면 I_{-i-1}는 $I_0(1+g)^{-i-1}$과 같아지게 되고 이를 대입하면 등비 수열을 얻게 되는데 이를 정리하면 다음과 같은 결과가 나온다.

$$K_0 = \sum_{i=0}^{\infty} I_{-i-1}(1-\delta)^i = \sum_{i=0}^{\infty} I_0(1+g)^{-i-1}(1-\delta)^i = I_0/(g+\delta) \qquad (4)$$

즉, 시점 0에서의 자본스톡의 크기는 그 시점의 총투자(I_0)를 가정된 총투자증가율 g에 감가상각률 δ를 더한 값으로 나눈 값과 같다는 것이다. Young(1995: 651)은 g를 첫 5년간의 총투자증가율과 같다고 놓고 δ는 미국의 감가상각률을 적용했다.

초기의 자본스톡은 충분한 시간이 흐르면 감가상각되어 사라지므로 초기 자본스톡을 어떻게 결정하느냐는 장기간에 걸친 자본 축적 경로를 추정할 때 그렇게 중요한 문제는 아니다. 그러나 두 번째 문제, 즉 감가상각률을 어떻게 추정하느냐는 중요하다. 감가상각률은 초기 자본스톡뿐 아니라 영구재고법에 따라 계산되는 이후의 자본스톡의 크기 – 즉, 자본 축적의 전체 경로 – 를 결정하므로 외국의 감가상각률을 빌려와 적용하면 현실과는 동떨어진 자본스톡 시계열을 생산해 낼 가능성이 있기 때문이다. 영구재고법을 통해 자본스톡을 추정하는 과정에서는 자본소모(감가상각)가 동시에 계산되는데 이는(溝口敏行 1988)의 경우에서 본 것처럼) 국민계정의 일부로서 독립적으로 추계된 자본 소모액과 크게 차이 날 가능성이 있다.

그래서 차명수(2012)는 식민지기 자본스톡을 추계하기 위해서 식 (4)에 따라 초기 자본스톡을 결정하고 영구재고법을 이용해 이후의 순자본스톡 규모를 계산하되 이때 같이 계산되어 나오는 1911-1940년간의 감가상각 총액이 김낙년 편(2012)의 국민계정 추계에 포함된 같은 시기의 자본소모 총액과 같아지도록 하는 감가상각률(δ)을 찾아내어 적용했다. 김낙년 편(2012)의 국민계정 추계는 9개 부문별 자본형성 시계열도 포함하고 있으므로 차명수(2012)는 부문별 자본형성 통계와 내생적으로 결정된 경제 전체의 감가상각률을 서로 다른 생산 부문에 일률적으로 사용해 부문별 순자본스톡도 추계했다.

참고문헌

김광석 · 홍성덕(1992), 『製造業의 總要素生産性動向과 그 決定要因』, 한국개발연구원.

이광린(1961), 『李朝水利史硏究』, 韓國硏究圖書館.

조태형 · 최병오 · 장경철 · 김은우(2015), 「우리나라 토지자산 장기 시계열 추정」, 『BOK 경제리뷰』 제2015-6호.

차명수(2012), 「경제성장 · 소득분배 · 구조변화」, 김낙년 편, 『한국의 장기통계』, 서울대학교출판문화원.

______(2014), 『기아와 기적의 기원: 한국경제사, 1700-2010』, 도서출판 해남.

표학길 · 김종일 · 이진면(2003), 「한국의 산업별, 자산별 자본스톡 추계」, 『한국경제의 분석』 9(1), 203-282.

한국은행(2015), 『우리나라의 국민계정체계』, 한국은행.

황수철(1996), 「韓國農業의 産出, 投入 및 生産性 推計研究: 1955-1992年」, 서울대학교 박사학위논문.

溝口敏行(1988), 「臺灣 · 朝鮮の固定資本形成と資本ストック」, 溝口敏行 · 梅村又次編, 『舊日本植民地經濟統計』, 東洋經濟新報社.

Ban, Sung Hwan(1979), "Agricultural Growth in Korea, 1918-1971," in Y. Hayami, V. Ruttan, and H. Southworth, eds., *Agricultrual Growth in Japan, Taiwan, Korea and the Philippines*, Honolulu: University of Hawaii.

Barro and Lee(2014), *Education Matters*, Oxford: Oxford University Press.

Cha, Myung Soo(1996), "Is Mizoguchi Estimate of Interwar Korean National Account Ready for Use?," paper presented to Workshop on Long Term Economic Statistics of Korea, held jointly by Institute of Economic Research of Hitotsubashi University and Seoul National University.

Christensen, L. and D. Cummings(1981), "Real Product, Real Factor Supply, and Productivity in the Republic of Korea, 1960-1973," *Journal of Development Economics* 8, 285-302.

Deane, P. and W. Coale(1967), *British Economic Growth 1688-1955*, Cambridge: Cambridge University Press.

Godo, Y.(2011), "Estimation of Average Years of Schooling for Japan, Korea, and the United States," PRIMECED discussion paper no. 9.

Kaldor, Nicholas(1957), "A Model of Economic Growth," *Economic Journal* 67(268), 591-624.

Young, Alwyn(1995), "The Tyranny of Numbers: Confronting the Statistical Realities of the East Asian Growth Experience," *Quarterly Journal of Economics*, 110(3), 641-680.

P. 자본과 부

차명수

1. 토지
   - 표 P1-7 지가총액, 1964-2013
   - 표 P8-14 평균지가, 1964-2013
2. 물적 자본
   - 표 P15-26 제도부문별 생산자본스톡, 명목, 1970-2015
   - 표 P27-38 제도부문별 생산자본스톡, 실질, 1970-2015
   - 표 P39-45 경제활동별 생산자본스톡, 명목, 1970-2014
   - 표 P46-52 경제활동별 생산자본스톡, 실질, 1970-2014
   - 표 P53-85 제도부문별 순자본스톡, 명목, 1970-2015
   - 표 P86-96 자산별 순자본스톡, 명목, 1970-2015
   - 표 P97-107 자산별 순자본스톡, 실질, 1970-2015
   - 표 P108-114 경제활동별 순자본스톡, 명목, 1970-2014
   - 표 P115-121 경제활동별 순자본스톡, 실질, 1970-2014
   - 표 P122-128 경제활동별 연쇄라스파이레스 자본서비스물량지수, 1970-2015
   - 표 P129-133 제도부문별 연쇄라스파이레스 자본서비스물량지수, 1970-2015
   - 표 P134-140 경제활동별 순재고자본스톡, 명목, 1970-2014
   - 표 P141-155 차명수의 식민지기 산업부문별 순자본스톡, 실질, 1911-1940
   - 표 P156-162 차명수의 한국 산업부문별 순자본스톡, 실질, 1953-2010
   - 표 P163-199 김광석 · 홍성덕의 비농업 부문별 총유형고정자산 실질, 1965-1989
   - 표 P200-236 김광석 · 홍성덕의 비농업 부문별 순유형고정자산, 실질, 1965-1989
3. 인적 자본
   - 표 P237-242 인적자본지수, 평균수학연수, 문해율, 1910-2010
   - 표 P243-250 교육수준별 성별 성인인구비율, 1910-2010

1. 토지

표 P1-7 지가총액, 1964-2013

	합계	전	답	대	임야	공장용지	기타
	P1	P2	P3	P4	P5	P6	P7
				남한, 조 원			
1964	1.90	0.30	0.60	0.60	0.20		0.30
1965	2.60	0.40	0.70	0.80	0.30		0.40
1966	3.60	0.50	1.00	1.20	0.40		0.50
1967	5.00	0.70	1.30	1.70	0.60		0.80
1968	7.80	1.10	2.00	2.70	0.90		1.20
1969	11.40	1.60	2.90	3.90	1.40		1.70
1970	15.30	2.20	3.90	5.20	2.00		2.10
1971	17.80	2.60	4.70	5.80	2.30		2.30
1972	19.30	2.90	5.50	6.10	2.60		2.30
1973	23.40	3.40	6.70	7.50	3.00		2.80
1974	30.90	4.60	9.00	9.80	3.90		3.50
1975	38.10	5.80	11.70	11.70	4.80		4.20
1976	45.80	7.20	15.30	12.50	6.00		4.80
1977	65.10	11.00	21.60	17.00	8.60	0.10	6.90
1978	108.70	17.50	33.00	31.50	13.00	0.70	12.90
1979	129.00	20.90	38.00	38.20	15.40	1.20	15.40
1980	140.70	21.40	39.70	44.50	16.10	1.40	17.60
1981	153.90	22.50	43.30	49.90	17.10	1.80	19.30
1982	170.20	23.70	47.10	58.00	18.20	2.00	21.20
1983	219.70	27.80	57.20	80.90	22.70	2.60	28.50
1984	260.20	30.60	60.40	106.20	24.40	3.60	35.00
1985	299.90	32.90	62.40	130.30	26.60	4.60	43.10
1986	355.80	37.30	65.70	160.00	34.90	5.20	52.60
1987	442.00	43.20	73.60	206.90	42.50	7.70	68.10
1988	596.30	56.00	88.90	286.80	59.20	11.00	94.30
1989	828.60	70.10	108.80	421.60	73.00	16.70	138.40
1990	1,125.00	84.20	123.90	604.10	92.10	25.40	195.20
1991	1,427.30	99.80	138.10	782.70	113.10	36.50	257.00
1992	1,472.70	100.60	137.40	803.90	116.10	40.90	273.70
1993	1,386.90	93.10	126.60	759.30	106.20	42.40	259.40
1994	1,453.30	95.90	125.20	788.40	108.70	48.90	286.10
1995	1,668.50	104.40	136.50	892.50	124.20	66.60	344.30
1996	1,795.00	112.50	146.10	967.50	130.70	73.40	364.80
1997	1,909.10	118.70	156.00	1,029.20	139.30	79.30	386.60
1998	1,690.20	108.20	143.70	901.10	123.10	71.80	342.30
1999	1,849.00	121.00	160.30	980.70	136.20	79.90	370.90
2000	1,953.30	130.80	174.00	1,020.40	147.30	87.60	393.30
2001	2,109.60	141.30	186.30	1,103.40	160.30	94.40	423.90
2002	2,436.40	160.20	207.90	1,295.00	180.50	108.20	484.40
2003	2,680.30	174.60	225.00	1,431.60	199.90	119.00	530.20
2004	2,976.70	197.10	253.80	1,579.90	228.50	131.80	585.50
2005	3,346.30	226.80	291.10	1,764.90	263.30	147.30	652.90
2006	3,782.00	255.30	327.40	1,996.70	300.70	166.40	735.30
2007	4,201.00	281.60	361.90	2,214.60	338.50	186.80	817.60
2008	4,316.60	302.60	391.20	2,238.70	345.50	200.20	838.40
2009	4,671.70	326.10	419.50	2,423.60	376.00	213.90	912.70
2010	5,067.60	352.50	452.90	2,613.90	420.00	233.00	995.40
2011	5,516.60	385.90	488.00	2,820.70	467.70	255.90	1,098.40
2012	5,727.60	398.50	504.10	2,899.30	482.90	272.50	1,170.30
2013	5,848.00	400.00	503.10	2,971.80	484.20	285.00	1,203.90

자료: 조태형 · 최병오 · 장경철 · 김은우, 「우리나라 토지자산 장기시계열 추정」, 『BOK 경제리뷰』 제2015-6호(한국은행, 2015).

표 P8-14 평균지가, 1964-2013

	평균	전	답	대	임야	공장용지	기타
	P8	P9	P10	P11	P12	P13	P14
	남한, 원/평방미터						
1964	20	32	45	389	4		34
1965	27	42	59	557	5		51
1966	37	55	78	803	6		68
1967	51	74	104	1,110	8		102
1968	79	112	155	1,744	14		158
1969	116	164	225	2,524	20		223
1970	155	227	307	3,230	30		270
1971	180	270	372	3,561	35		292
1972	196	300	428	3,657	38		300
1973	238	357	525	4,369	45		343
1974	314	480	703	5,593	59		456
1975	387	597	912	6,536	72		542
1976	464	745	1,194	6,928	89	2,900	631
1977	660	1,124	1,687	9,312	129	5,386	912
1978	1,100	1,794	2,574	17,189	195	12,140	1,703
1979	1,306	2,133	2,962	20,834	230	13,140	2,029
1980	1,424	2,182	3,094	23,893	241	13,889	2,329
1981	1,558	2,303	3,375	26,447	257	14,496	2,534
1982	1,722	2,425	3,677	30,134	274	15,114	2,736
1983	2,221	2,858	4,455	41,643	342	18,228	3,628
1984	2,630	3,146	4,710	54,243	368	23,245	4,418
1985	3,030	3,390	4,866	65,825	401	28,899	5,386
1986	3,594	3,821	5,131	79,559	528	30,319	6,474
1987	4,464	4,426	5,754	101,285	643	40,779	8,273
1988	6,020	5,752	6,973	138,652	897	54,349	11,339
1989	8,364	7,226	8,539	200,499	1,108	76,309	16,454
1990	11,354	8,727	9,739	283,063	1,400	102,743	22,923
1991	14,401	10,388	10,889	362,212	1,719	136,334	29,913
1992	14,857	10,532	10,854	365,657	1,766	141,232	31,607
1993	13,980	9,807	10,016	339,003	1,615	131,675	29,526
1994	14,650	10,172	9,944	345,406	1,656	141,427	32,198
1995	16,805	11,220	10,760	381,800	1,896	172,677	37,965
1996	18,074	12,062	11,596	403,735	1,999	177,802	39,722
1997	19,211	12,753	12,433	421,572	2,132	178,670	41,519
1998	17,003	11,671	11,520	361,151	1,886	153,403	36,331
1999	18,595	13,082	12,899	386,433	2,089	163,221	38,938
2000	19,639	14,187	14,063	394,162	2,262	170,419	40,864
2001	21,194	15,372	15,114	419,268	2,463	176,585	43,473
2002	24,465	18,646	16,901	479,925	2,753	193,048	49,163
2003	26,911	20,408	18,359	519,742	3,051	205,405	53,307
2004	29,881	23,120	20,793	562,936	3,491	220,290	58,370
2005	33,582	26,704	23,954	617,890	4,028	236,909	64,341
2006	37,942	30,167	27,098	685,477	4,605	258,348	71,634
2007	42,128	33,410	30,126	747,142	5,190	277,371	78,465
2008	43,241	36,042	32,752	738,868	5,304	284,977	78,907
2009	46,765	38,969	35,265	784,383	5,780	297,052	84,735
2010	50,660	42,321	38,269	831,657	6,453	310,936	91,391
2011	55,084	45,943	41,484	882,502	7,204	327,501	99,060
2012	57,169	47,463	43,124	892,542	7,453	334,801	104,093
2013	58,325	47,867	43,296	898,948	7,478	336,311	105,762

자료: 조태형 · 최병오 · 장경철 · 김은우, 「우리나라 토지자산 장기시계열 추정」, 『BOK 경제리뷰』 제2015-6호(한국은행, 2015).

2. 물적 자본

표 P15-26 제도부문별 생산자본스톡, 명목, 1970-2015

	민간				일반정부				국내			
	합계	건설자산	설비자산	지식재산생산물	합계	건설자산	설비자산	지식재산생산물	합계	건설자산	설비자산	지식재산생산물
	P15	P16	P17	P18	P19	P20	P21	P22	P23	P24	P25	P26
	남한, 조 원											
1970	3.14	2.21	0.88	0.05	0.97	0.82	0.13	0.02	4.11	3.03	1.01	0.07
1971	3.89	2.65	1.18	0.06	1.21	1.02	0.17	0.03	5.10	3.67	1.35	0.09
1972	5.01	3.27	1.67	0.07	1.53	1.27	0.23	0.03	6.54	4.54	1.90	0.10
1973	7.51	4.73	2.70	0.08	2.13	1.75	0.33	0.05	9.64	6.48	3.02	0.13
1974	11.27	7.03	4.13	0.11	3.02	2.50	0.45	0.07	14.30	9.54	4.58	0.18
1975	14.54	9.16	5.23	0.15	3.98	3.32	0.55	0.10	18.52	12.49	5.79	0.25
1976	18.19	11.44	6.55	0.20	5.04	4.18	0.73	0.13	23.23	15.62	7.28	0.33
1977	24.40	15.17	8.93	0.30	6.77	5.59	1.00	0.18	31.17	20.76	9.93	0.48
1978	35.50	21.76	13.30	0.45	9.79	8.08	1.47	0.24	45.29	29.84	14.77	0.68
1979	53.78	32.46	20.66	0.65	14.70	12.20	2.16	0.35	68.48	44.66	22.82	1.00
1980	72.82	43.84	28.05	0.93	20.46	16.73	3.20	0.53	93.28	60.57	31.25	1.46
1981	86.97	51.44	34.30	1.23	25.21	20.35	4.15	0.70	112.18	71.79	38.45	1.94
1982	101.68	59.63	40.46	1.59	28.87	23.04	4.95	0.88	130.55	82.67	45.41	2.47
1983	117.43	69.59	45.90	1.93	32.73	25.91	5.75	1.06	150.16	95.50	51.66	3.00
1984	135.32	80.25	52.64	2.43	37.06	29.32	6.50	1.24	172.38	109.57	59.14	3.67
1985	153.89	90.71	59.97	3.20	41.63	32.75	7.47	1.40	195.52	123.47	67.44	4.61
1986	174.60	101.74	68.55	4.31	46.41	36.18	8.63	1.60	221.01	137.92	77.19	5.90
1987	205.78	120.23	79.74	5.81	53.77	41.88	10.03	1.86	259.55	162.10	89.77	7.67
1988	246.83	147.47	91.62	7.73	63.85	50.03	11.60	2.22	310.67	197.49	103.23	9.95
1989	303.31	187.68	105.16	10.47	77.77	61.99	13.12	2.66	381.07	249.67	118.27	13.13
1990	388.41	250.77	123.67	13.96	97.52	79.23	15.00	3.29	485.92	330.01	138.67	17.25
1991	484.99	323.26	144.42	17.31	120.11	98.85	17.20	4.05	605.10	422.11	161.62	21.36
1992	571.98	384.16	167.08	20.74	140.95	116.37	19.67	4.91	712.93	500.53	186.76	25.65
1993	662.36	448.71	188.73	24.93	161.57	133.43	22.08	6.06	823.93	582.14	210.81	30.99
1994	782.01	534.74	216.37	30.89	187.75	155.61	24.67	7.46	969.75	690.35	241.05	38.35
1995	927.94	638.23	250.95	38.76	218.22	181.32	28.04	8.86	1,146.17	819.55	279.00	47.62
1996	1,093.15	751.48	294.45	47.22	252.29	210.13	31.88	10.27	1,345.44	961.61	326.34	57.49
1997	1,287.92	874.48	355.49	57.95	292.19	242.17	38.21	11.81	1,580.11	1,116.65	393.70	69.76
1998	1,394.73	958.71	370.91	65.11	321.94	267.17	42.22	12.55	1,716.68	1,225.88	413.13	77.66
1999	1,470.06	1,024.75	374.20	71.11	346.30	289.98	43.13	13.19	1,816.35	1,314.72	417.34	84.29
2000	1,600.67	1,113.17	405.93	81.57	385.23	324.85	46.16	14.21	1,985.90	1,438.03	452.09	95.79
2001	1,741.64	1,226.51	421.27	93.86	432.96	368.79	48.39	15.78	2,174.60	1,595.30	469.66	109.64
2002	1,916.39	1,374.11	435.12	107.16	486.99	419.64	49.83	17.52	2,403.38	1,793.75	484.96	124.68
2003	2,131.33	1,557.81	452.63	120.89	554.68	482.71	52.97	19.00	2,686.01	2,040.52	505.60	139.89
2004	2,337.22	1,732.47	469.55	135.20	614.19	537.80	55.73	20.65	2,951.40	2,270.27	525.28	155.85
2005	2,514.80	1,887.20	479.59	148.01	660.38	580.30	58.06	22.02	3,175.17	2,467.49	537.65	170.03
2006	2,713.59	2,064.30	489.18	160.11	714.05	630.93	59.47	23.65	3,427.64	2,695.23	548.65	183.76
2007	3,045.27	2,336.03	532.71	176.54	811.95	720.29	65.26	26.40	3,857.22	3,056.31	597.97	202.94
2008	3,389.22	2,585.44	610.33	193.45	911.78	806.81	75.51	29.45	4,301.00	3,392.25	685.84	222.90
2009	3,612.73	2,762.07	641.31	209.35	996.14	881.65	81.41	33.08	4,608.87	3,643.72	722.72	242.42
2010	3,904.57	3,009.95	666.67	227.95	1,093.22	972.69	83.39	37.14	4,997.78	3,982.64	750.05	265.09
2011	4,196.07	3,239.18	709.59	247.30	1,183.73	1,054.56	87.50	41.66	5,379.80	4,293.75	797.08	288.97
2012	4,377.64	3,377.09	729.74	270.81	1,235.91	1,100.76	90.18	44.98	5,613.56	4,477.85	819.92	315.79
2013	4,538.13	3,513.81	731.23	293.09	1,283.03	1,141.92	92.05	49.05	5,821.16	4,655.73	823.29	342.15
2014	4,735.50	3,674.63	745.00	315.86	1,334.19	1,185.77	94.22	54.20	6,069.69	4,860.40	839.23	370.06
2015	4,911.95	3,790.43	785.91	335.60	1,371.82	1,213.31	100.96	57.55	6,283.77	5,003.74	886.87	393.16

자료: 한국은행, 「국민대차대조표」(http://ecos.bok.or.kr/).

표 P27-38 제도부문별 생산자본스톡, 실질, 1970-2015

	민간				일반정부				국내			
	합계	건설자산	설비자산	지식재산생산물	합계	건설자산	설비자산	지식재산생산물	합계	건설자산	설비자산	지식재산생산물
	P27	P28	P29	P30	P31	P32	P33	P34	P35	P36	P37	P38
	남한, 조 원, 2010년 가격											
1970	67.94	59.54	12.00	0.59	22.81	21.12	1.69	0.46	90.35	80.66	13.70	1.05
1971	78.04	67.25	14.37	0.67	26.65	24.83	1.90	0.53	104.20	92.10	16.29	1.20
1972	88.48	74.97	16.94	0.73	30.21	28.16	2.14	0.62	118.13	103.16	19.08	1.34
1973	103.13	86.20	20.29	0.83	33.59	31.53	2.26	0.74	136.20	117.75	22.53	1.54
1974	120.19	99.33	24.12	0.96	37.14	35.05	2.41	0.87	156.94	134.38	26.49	1.79
1975	137.34	112.55	27.91	1.16	42.15	39.74	2.73	1.00	179.08	152.31	30.60	2.12
1976	160.07	127.98	33.84	1.46	48.44	44.74	3.53	1.13	208.10	172.73	37.34	2.57
1977	190.54	147.82	42.22	1.96	56.37	51.27	4.48	1.30	246.51	199.09	46.66	3.25
1978	231.98	172.61	54.82	2.59	66.91	59.97	5.78	1.51	298.48	232.58	60.54	4.10
1979	276.12	198.00	69.01	3.25	77.82	69.38	6.82	1.90	353.52	267.41	75.74	5.14
1980	310.33	221.85	77.76	3.91	89.04	78.28	8.34	2.32	398.87	300.19	86.04	6.21
1981	340.14	242.02	85.63	4.61	101.25	88.47	9.74	2.71	440.77	330.73	95.34	7.31
1982	376.14	269.16	93.46	5.73	112.13	97.74	10.81	3.18	487.57	367.14	104.24	8.90
1983	418.76	303.70	101.71	6.82	124.51	108.23	12.04	3.73	542.52	412.10	113.72	10.53
1984	466.40	340.15	111.79	8.43	137.56	119.97	13.04	4.24	603.17	460.26	124.79	12.64
1985	514.45	376.86	121.53	10.84	152.50	133.30	14.33	4.66	666.04	510.32	135.83	15.46
1986	570.70	415.22	135.07	13.93	168.42	146.52	16.16	5.12	738.16	561.93	151.20	18.99
1987	640.10	462.09	152.03	17.61	185.40	160.55	18.14	5.63	824.71	622.82	170.14	23.17
1988	718.65	516.53	170.65	21.61	204.50	175.86	20.55	6.27	922.54	692.59	191.18	27.79
1989	810.90	581.66	192.07	26.06	224.65	192.76	22.76	6.94	1,035.31	774.66	214.79	32.89
1990	930.46	670.20	217.95	30.99	247.74	212.42	25.12	7.75	1,178.52	882.92	242.99	38.63
1991	1,064.55	768.89	247.70	35.79	276.41	236.76	28.09	8.77	1,341.64	1,006.00	275.68	44.45
1992	1,194.50	864.46	276.16	40.81	307.25	263.24	30.96	10.04	1,502.62	1,128.12	306.98	50.72
1993	1,332.91	973.20	301.52	45.95	339.50	291.04	33.71	11.60	1,673.49	1,264.72	335.07	57.40
1994	1,492.04	1,086.93	338.32	52.61	374.66	321.14	36.96	13.13	1,868.09	1,408.63	375.06	65.57
1995	1,673.30	1,213.01	381.37	61.86	408.26	352.44	38.25	14.56	2,083.54	1,566.14	419.25	76.25
1996	1,864.84	1,347.12	426.77	71.09	447.82	386.30	42.07	16.07	2,315.06	1,734.27	468.35	86.98
1997	2,038.98	1,480.61	457.51	80.73	490.35	423.33	45.83	17.59	2,531.93	1,904.90	502.88	98.13
1998	2,137.71	1,587.42	449.72	88.16	528.88	459.20	48.25	18.21	2,668.65	2,047.53	497.73	106.22
1999	2,248.20	1,685.42	457.57	96.86	566.83	496.02	49.77	18.72	2,816.62	2,182.16	507.13	115.48
2000	2,380.50	1,778.72	483.73	108.29	608.53	535.37	52.10	19.35	2,990.28	2,314.50	535.58	127.60
2001	2,505.62	1,879.57	497.14	121.25	651.67	575.68	54.19	20.73	3,158.09	2,455.44	551.10	141.95
2002	2,644.46	1,990.37	513.55	134.56	693.54	614.75	56.06	22.20	3,338.64	2,605.25	569.37	156.74
2003	2,784.84	2,110.22	524.54	146.72	740.81	658.27	59.10	23.19	3,526.07	2,768.57	583.48	169.89
2004	2,927.13	2,230.49	536.48	158.60	787.95	701.68	61.88	24.37	3,715.36	2,932.24	598.25	182.96
2005	3,070.82	2,349.95	550.58	169.89	832.80	742.91	64.73	25.30	3,903.80	3,092.89	615.23	195.17
2006	3,221.01	2,470.51	570.05	180.46	875.40	781.50	67.67	26.45	4,096.54	3,252.03	637.65	206.90
2007	3,380.33	2,592.97	595.48	191.82	918.13	818.15	71.64	28.44	4,298.61	3,411.20	667.07	220.24
2008	3,529.97	2,708.18	618.83	202.81	959.42	853.41	75.38	30.67	4,489.54	3,561.69	694.17	233.47
2009	3,658.48	2,815.01	630.60	213.08	1,014.36	901.14	79.68	33.56	4,672.85	3,716.15	710.28	246.65
2010	3,810.62	2,922.44	662.71	225.47	1,056.96	937.21	83.29	36.46	4,867.58	3,859.65	746.00	261.93
2011	3,959.50	3,025.18	695.16	239.40	1,094.36	967.78	87.20	39.45	5,053.83	3,992.95	782.36	278.85
2012	4,098.17	3,119.75	722.77	256.35	1,128.77	995.68	91.12	42.18	5,226.84	4,115.38	813.89	298.53
2013	4,239.45	3,221.39	745.67	273.18	1,163.35	1,023.53	95.39	44.84	5,402.62	4,244.80	841.04	318.02
2014	4,389.16	3,326.12	773.49	290.65	1,193.27	1,047.27	99.41	47.24	5,581.98	4,373.10	872.87	337.89
2015	4,544.41	3,434.66	805.90	305.71	1,226.14	1,073.18	104.16	49.79	5,769.53	4,507.01	910.02	355.60

자료: 한국은행, 「국민대차대조표」(http://ecos.bok.or.kr/).

주: 1) 고정자산만 포함하였다.

2) 실질 생산자본스톡은 연쇄라스파이레스 지수공식에 의해 집계되며 비가법성으로 인해 상위부문의 실질 금액과 하위부문 실질 금액의 합계가 일치하지 않는다.

3) 육성생물자원은 순자본스톡과 생산자본스톡이 동일하다고 가정하였다.

표 P39-45 경제활동별 생산자본스톡, 명목, 1970-2014

	합계	농림어업	광업	제조업	전기, 가스 및 수도사업	건설업	서비스업
	P39	P40	P41	P42	P43	P44	P45
	남한, 조 원						
1970	4.11	0.55	0.01	0.53	0.21	0.03	2.79
1971	5.10	0.67	0.02	0.68	0.29	0.04	3.41
1972	6.54	0.87	0.02	0.87	0.41	0.05	4.32
1973	9.64	1.21	0.03	1.40	0.65	0.07	6.28
1974	14.30	1.79	0.05	2.12	0.96	0.10	9.27
1975	18.52	2.07	0.07	2.82	1.28	0.14	12.16
1976	23.23	2.35	0.09	3.72	1.59	0.20	15.29
1977	31.17	2.85	0.12	5.37	2.25	0.32	20.26
1978	45.29	3.59	0.19	8.29	3.38	0.50	29.35
1979	68.48	4.86	0.28	13.06	5.50	0.81	43.96
1980	93.28	6.04	0.39	17.52	7.86	1.16	60.30
1981	112.18	6.67	0.50	20.79	9.89	1.46	72.86
1982	130.55	7.44	0.61	24.01	11.66	1.79	85.04
1983	150.16	8.32	0.72	26.63	13.71	2.03	98.75
1984	172.38	9.20	0.86	30.96	15.80	2.37	113.20
1985	195.52	10.29	0.98	36.73	17.89	2.72	126.91
1986	221.01	11.49	1.09	43.75	19.61	2.99	142.08
1987	259.55	12.46	1.24	54.85	22.33	3.49	165.19
1988	310.67	13.81	1.41	67.81	25.66	4.02	197.96
1989	381.07	17.14	1.66	85.23	30.90	4.77	241.37
1990	485.92	20.54	1.91	109.98	37.08	6.19	310.22
1991	605.10	24.27	2.06	136.03	44.25	8.37	390.11
1992	712.93	28.26	2.12	158.06	51.42	10.69	462.38
1993	823.93	31.68	2.17	178.44	57.77	12.60	541.27
1994	969.75	35.28	2.26	207.90	66.99	14.48	642.85
1995	1,146.17	39.38	2.36	245.46	78.55	16.69	763.73
1996	1,345.44	43.22	2.47	290.38	91.25	19.13	898.98
1997	1,580.11	47.53	2.72	349.38	103.73	23.26	1,053.49
1998	1,716.68	49.58	2.81	369.46	111.36	25.17	1,158.30
1999	1,816.35	49.47	2.75	380.85	120.29	25.72	1,237.29
2000	1,985.90	51.29	2.77	411.06	130.98	26.89	1,362.91
2001	2,174.60	53.06	2.80	434.73	143.17	27.85	1,512.99
2002	2,403.38	53.79	2.90	468.92	158.88	29.21	1,689.68
2003	2,686.01	54.47	3.12	515.73	177.44	31.26	1,904.00
2004	2,951.40	54.80	3.34	560.92	192.11	33.27	2,106.97
2005	3,175.17	55.19	3.50	595.42	205.26	34.68	2,281.12
2006	3,427.64	56.08	3.64	632.73	221.80	35.35	2,478.05
2007	3,857.22	58.30	4.00	710.69	248.52	37.82	2,797.89
2008	4,301.00	61.21	4.38	806.36	272.70	40.76	3,115.60
2009	4,608.87	62.72	4.66	860.88	290.67	42.58	3,347.36
2010	4,997.78	64.70	4.94	933.95	310.48	44.33	3,639.38
2011	5,379.80	68.24	5.10	1,016.56	328.60	46.60	3,914.70
2012	5,613.56	69.30	5.18	1,073.48	338.71	48.04	4,078.85
2013	5,821.16	70.09	5.23	1,113.01	348.03	49.12	4,235.67
2014	6,069.69	72.28	5.32	1,162.92	359.23	50.45	4,419.49

자료: 한국은행, 「국민대차대조표」(http://ecos.bok.or.kr/).
주: 고정자산만 포함한다.

표 P46-52 경제활동별 생산자본스톡, 실질, 1970-2014

	합계	농림어업	광업	제조업	전기, 가스 및 수도사업	건설업	서비스업
	P46	P47	P48	P49	P50	P51	P52
	남한, 조 원, 2010년 가격						
1970	90.35	10.54	0.35	9.49	4.48	0.49	64.98
1971	104.20	11.50	0.41	11.34	5.85	0.57	74.49
1972	118.13	12.50	0.47	12.55	7.49	0.66	84.60
1973	136.20	13.41	0.55	15.23	9.20	0.73	97.30
1974	156.94	15.46	0.65	17.95	10.62	0.81	111.55
1975	179.08	15.76	0.74	21.71	12.30	1.00	127.85
1976	208.10	16.50	0.92	27.42	14.05	1.42	147.92
1977	246.51	17.59	1.18	36.02	17.48	2.11	171.69
1978	298.48	18.82	1.50	47.79	21.89	2.87	204.75
1979	353.52	20.54	1.82	60.05	27.81	3.71	238.23
1980	398.87	21.34	2.07	67.10	32.95	4.40	269.95
1981	440.77	21.58	2.34	72.83	38.45	5.02	299.98
1982	487.57	22.30	2.64	79.72	44.15	5.78	332.78
1983	542.52	23.61	2.91	86.34	51.23	6.35	372.59
1984	603.17	25.19	3.24	97.30	57.57	7.22	413.34
1985	666.04	26.40	3.56	110.84	63.63	7.94	454.36
1986	738.16	28.04	3.84	128.60	68.36	8.54	501.01
1987	824.71	30.43	4.07	154.84	73.20	9.62	550.98
1988	922.54	32.74	4.26	183.55	76.59	10.85	611.49
1989	1,035.31	38.53	4.57	216.35	81.78	12.53	676.22
1990	1,178.52	42.89	4.74	254.58	86.63	15.50	767.78
1991	1,341.64	47.52	4.88	292.38	94.81	20.21	874.88
1992	1,502.62	52.15	5.01	322.14	105.54	24.90	985.64
1993	1,673.49	56.15	5.10	346.94	115.55	28.35	1,114.26
1994	1,868.09	60.05	5.19	381.53	126.51	31.21	1,256.36
1995	2,083.54	63.88	5.19	425.88	139.46	34.06	1,407.32
1996	2,315.06	68.57	5.19	472.54	154.30	37.09	1,568.98
1997	2,531.93	70.08	5.16	515.02	165.75	40.68	1,726.70
1998	2,668.65	69.19	5.05	520.19	174.71	40.53	1,852.83
1999	2,816.62	69.01	4.93	535.26	188.39	40.30	1,974.56
2000	2,990.28	69.90	4.84	565.00	201.57	40.50	2,104.92
2001	3,158.09	70.03	4.76	587.46	215.19	40.43	2,238.14
2002	3,338.64	69.89	4.71	615.08	227.82	40.72	2,379.28
2003	3,526.07	68.77	4.68	643.57	238.78	41.06	2,528.84
2004	3,715.36	66.79	4.68	677.36	247.68	41.36	2,677.37
2005	3,903.80	65.43	4.67	715.44	257.34	41.65	2,819.13
2006	4,096.54	64.81	4.67	753.83	266.68	41.43	2,965.05
2007	4,298.61	64.32	4.70	796.88	276.97	41.99	3,113.79
2008	4,489.54	63.81	4.71	837.10	285.60	42.50	3,255.93
2009	4,672.85	63.20	4.78	865.46	295.66	43.05	3,400.83
2010	4,867.58	63.37	4.84	916.95	303.38	43.56	3,535.48
2011	5,053.83	63.32	4.85	969.41	311.33	44.75	3,660.31
2012	5,226.84	63.42	4.87	1,019.59	318.68	45.93	3,774.77
2013	5,402.62	64.06	4.88	1,066.64	327.52	46.84	3,893.42
2014	5,581.98	65.31	4.89	1,115.61	336.84	47.81	4,012.77

자료: 한국은행, 「국민대차대조표」(http://ecos.bok.or.kr/).

주: 1) 고정자산만 포함한다.

2) 실질 생산자본스톡은 연쇄라스파이레스 지수공식에 의해 집계되며 비가법성으로 인해 상위부문의 실질 금액과 하위부문 실질 금액의 합계가 일치하지 않는다.

표 P53-85 제도부문별 순자본스톡, 명목, 1970-2015

	민간										
	비금융자산										
	합계	비금융생산자산						비금융비생산자산			
		합계	고정자산				재고자산	합계	토지자산	지하자원	입목자산
			소계	건설자산	설비자산	지식재산생산물					
	P53	P54	P55	P56	P57	P58	P59	P60	P61	P62	P63
	남한, 조 원										
1970		3.53	2.66	1.86	0.76	0.04	0.86				
1971		4.40	3.33	2.26	1.02	0.05	1.07				
1972		5.55	4.30	2.80	1.44	0.06	1.25				
1973		8.12	6.48	4.10	2.31	0.07	1.64				
1974		12.36	9.76	6.15	3.52	0.09	2.60				
1975		15.90	12.61	8.04	4.44	0.13	3.29				
1976		20.45	15.84	10.08	5.58	0.17	4.61				
1977		27.17	21.34	13.43	7.66	0.26	5.83				
1978		39.48	31.23	19.36	11.49	0.39	8.25				
1979		59.12	47.36	28.93	17.86	0.56	11.77				
1980		79.34	63.71	39.02	23.88	0.80	15.64				
1981		93.73	75.43	45.58	28.81	1.05	18.30				
1982		108.11	87.71	52.73	33.62	1.36	20.40				
1983		124.38	100.99	61.56	37.79	1.64	23.40				
1984		141.84	116.13	70.93	43.13	2.07	25.71				
1985		158.94	131.64	80.02	48.88	2.74	27.30				
1986		177.91	149.10	89.52	55.90	3.68	28.81				
1987		207.07	175.60	105.62	65.04	4.93	31.48				
1988		248.90	210.53	129.43	74.60	6.50	38.38				
1989		302.43	259.07	164.86	85.48	8.74	43.35				
1990		391.26	333.58	221.29	100.70	11.59	57.67				
1991		489.66	418.62	286.51	117.83	14.28	71.04				
1992		568.92	494.21	341.15	136.05	17.02	74.70				
1993		654.59	572.53	399.20	152.96	20.37	82.06				
1994		772.48	677.14	476.06	175.83	25.25	95.34				
1995	2,133.12	917.61	804.62	568.42	204.38	31.82	112.99	1,215.51	1,201.83	11.85	1.83
1996	2,359.85	1,070.81	947.46	669.10	239.68	38.68	123.35	1,289.05	1,274.37	12.69	1.99
1997	2,582.04	1,244.95	1,111.45	777.45	286.70	47.31	133.50	1,337.09	1,322.32	12.44	2.33
1998	2,531.29	1,308.41	1,193.46	848.94	291.80	52.72	114.95	1,222.88	1,207.30	12.83	2.76
1999	2,669.10	1,365.03	1,252.02	903.05	291.60	57.36	113.01	1,304.08	1,289.06	12.00	3.01
2000	2,847.33	1,480.50	1,358.87	975.96	317.06	65.85	121.63	1,366.83	1,351.27	12.25	3.31
2001	3,037.60	1,597.87	1,474.40	1,070.94	327.69	75.77	123.47	1,439.73	1,424.09	12.00	3.64
2002	3,460.36	1,748.79	1,620.03	1,195.53	338.16	86.34	128.76	1,711.57	1,692.92	14.63	4.02
2003	3,885.23	1,940.91	1,798.87	1,351.09	350.80	96.99	142.04	1,944.32	1,924.05	15.92	4.35
2004	4,358.41	2,129.84	1,969.22	1,497.69	363.44	108.10	160.62	2,228.57	2,205.94	17.98	4.64
2005	4,876.35	2,282.46	2,113.80	1,624.46	371.37	117.96	168.66	2,593.89	2,568.71	20.17	5.01
2006	5,485.61	2,456.04	2,276.17	1,768.80	380.16	127.20	179.88	3,029.57	3,003.98	20.10	5.49
2007	6,244.66	2,756.02	2,551.31	1,995.22	416.03	140.06	204.70	3,488.65	3,461.66	20.01	6.97
2008	6,678.57	3,070.66	2,831.59	2,200.74	477.58	153.28	239.07	3,607.91	3,580.10	20.19	7.62
2009	7,032.28	3,257.19	3,006.73	2,341.24	499.88	165.61	250.46	3,775.09	3,744.64	21.84	8.62
2010	7,487.47	3,523.84	3,243.90	2,541.91	521.49	180.50	279.95	3,963.63	3,927.67	23.54	12.41
2011	7,952.76	3,800.23	3,477.77	2,725.70	555.94	196.13	322.46	4,152.53	4,115.36	23.95	13.22
2012	8,232.54	3,939.99	3,616.63	2,829.91	571.38	215.35	323.35	4,292.56	4,252.73	25.96	13.87
2013	8,476.96	4,060.97	3,738.48	2,933.62	571.74	233.12	322.49	4,416.00	4,377.72	23.75	14.53
2014	8,837.72	4,215.85	3,891.28	3,057.82	582.35	251.12	324.57	4,621.86	4,587.84	19.17	14.85
2015	9,220.63	4,355.76	4,023.28	3,140.86	616.30	266.12	332.49	4,864.86	4,829.85	20.00	15.02

자료: 한국은행, 「국민대차대조표」(http://ecos.bok.or.kr/).

표 P53-85 계속

	일반정부										
	비금융자산										
	합계	비금융생산자산						비금융비생산자산			
		합계	고정자산				재고자산	합계	토지자산	지하자원	입목자산
			소계	건설자산	설비자산	지식재산생산물					
	P64	P65	P66	P67	P68	P69	P70	P71	P72	P73	P74
	남한, 조 원										
1970		0.89	0.85	0.72	0.11	0.02	0.03				
1971		1.13	1.07	0.91	0.14	0.02	0.06				
1972		1.43	1.36	1.14	0.19	0.03	0.07				
1973		2.02	1.88	1.58	0.26	0.04	0.14				
1974		2.82	2.67	2.25	0.36	0.06	0.15				
1975		3.89	3.53	3.00	0.45	0.08	0.36				
1976		5.03	4.50	3.77	0.61	0.11	0.53				
1977		6.86	6.07	5.06	0.85	0.15	0.79				
1978		9.66	8.82	7.35	1.28	0.20	0.84				
1979		14.20	13.27	11.11	1.87	0.30	0.93				
1980		19.06	18.46	15.22	2.79	0.45	0.61				
1981		24.15	22.70	18.50	3.61	0.60	1.45				
1982		27.67	25.89	20.88	4.26	0.74	1.78				
1983		31.24	29.26	23.43	4.93	0.90	1.99				
1984		34.93	33.02	26.45	5.53	1.04	1.91				
1985		38.91	37.00	29.50	6.32	1.17	1.91				
1986		42.89	41.13	32.50	7.31	1.32	1.76				
1987		49.33	47.52	37.53	8.47	1.53	1.80				
1988		58.63	56.32	44.73	9.77	1.81	2.31				
1989		71.65	68.47	55.33	10.98	2.17	3.17				
1990		89.74	85.83	70.65	12.49	2.68	3.91				
1991		109.94	105.83	88.21	14.31	3.30	4.11				
1992		128.32	124.22	103.90	16.30	4.02	4.10				
1993		146.08	142.31	119.13	18.20	4.97	3.78				
1994		167.62	165.29	138.90	20.27	6.12	2.33				
1995	686.10	194.12	192.03	161.73	23.06	7.23	2.10	491.97	490.52		1.45
1996	722.46	223.51	221.80	187.32	26.12	8.35	1.71	498.94	497.23		1.72
1997	774.22	258.79	256.49	215.80	31.11	9.58	2.30	515.42	513.42		2.00
1998	753.45	284.44	281.79	237.75	34.00	10.04	2.64	469.01	466.85		2.16
1999	809.01	304.76	302.35	257.64	34.27	10.44	2.41	504.26	501.99		2.26
2000	874.94	338.87	335.94	288.39	36.36	11.18	2.94	536.07	533.66		2.41
2001	963.34	380.56	377.27	327.06	37.75	12.47	3.29	582.78	580.20		2.58
2002	1,071.29	426.52	423.81	371.41	38.53	13.88	2.71	644.77	642.04		2.73
2003	1,187.88	484.38	482.46	426.55	40.90	15.01	1.91	703.51	700.62		2.89
2004	1,321.98	535.38	533.50	474.27	42.92	16.31	1.88	786.59	783.58		3.01
2005	1,467.42	574.20	572.33	510.44	44.55	17.35	1.87	893.22	890.13		3.09
2006	1,653.20	619.40	617.34	553.28	45.43	18.63	2.06	1,033.80	1,030.50		3.30
2007	1,887.25	702.33	700.61	629.70	49.98	20.93	1.72	1,184.92	1,180.88		4.04
2008	1,995.58	786.12	784.61	703.21	57.93	23.47	1.51	1,209.46	1,205.03		4.43
2009	2,122.87	858.59	856.60	767.53	62.56	26.52	1.99	1,264.28	1,259.26		5.01
2010	2,263.50	939.86	937.77	843.93	64.00	29.84	2.09	1,323.64	1,316.92		6.72
2011	2,422.18	1,013.80	1,011.73	911.08	67.15	33.49	2.07	1,408.39	1,401.25		7.14
2012	2,536.21	1,053.88	1,051.86	946.53	69.24	36.09	2.02	1,482.32	1,474.91		7.42
2013	2,620.42	1,089.58	1,087.48	977.43	70.80	39.26	2.10	1,530.84	1,523.15		7.69
2014	2,758.39	1,128.55	1,125.43	1,009.77	72.44	43.22	3.12	1,629.84	1,621.98		7.86
2015	2,905.91	1,153.11	1,149.24	1,025.55	77.91	45.78	3.87	1,752.80	1,744.85		7.95

표 P53-85 계속

	국내										
	비금융자산										
	합계	비금융생산자산						비금융비생산자산			
		합계	고정자산				재고자산	합계	토지자산	지하자원	입목자산
			소계	건설자산	설비자산	지식재산생산물					
	P75	P76	P77	P78	P79	P80	P81	P82	P83	P84	P85
	남한, 조 원										
1970		4.41	3.52	2.59	0.87	0.06	0.90				
1971		5.53	4.40	3.17	1.16	0.07	1.13				
1972		6.98	5.66	3.94	1.63	0.09	1.32				
1973		10.14	8.36	5.68	2.58	0.11	1.78				
1974		15.18	12.43	8.40	3.88	0.15	2.75				
1975		19.79	16.14	11.04	4.89	0.21	3.65				
1976		25.48	20.33	13.86	6.19	0.28	5.15				
1977		34.03	27.41	18.49	8.51	0.41	6.62				
1978		49.14	40.05	26.71	12.76	0.59	9.09				
1979		73.33	60.63	40.04	19.73	0.86	12.69				
1980		98.41	82.16	54.24	26.67	1.25	16.24				
1981		117.89	98.14	64.07	32.42	1.64	19.75				
1982		135.78	113.60	73.62	37.88	2.10	22.18				
1983		155.63	130.25	84.99	42.72	2.54	25.38				
1984		176.77	149.15	97.38	48.65	3.11	27.62				
1985		197.85	168.64	109.53	55.21	3.91	29.21				
1986		220.80	190.23	122.02	63.21	5.00	30.57				
1987		256.40	223.12	143.15	73.52	6.46	33.28				
1988		307.53	266.84	174.15	84.38	8.31	40.69				
1989		374.07	327.55	220.18	96.46	10.90	46.53				
1990		480.99	419.41	291.95	113.20	14.27	61.58				
1991		599.60	524.45	374.73	132.14	17.58	75.15				
1992		697.24	618.43	445.05	152.35	21.04	78.80				
1993		800.68	714.83	518.33	171.16	25.34	85.84				
1994		940.10	842.44	614.97	196.10	31.37	97.67				
1995	2,819.22	1,111.74	996.65	730.15	227.44	39.06	115.09	1,707.48	1,692.35	11.85	3.29
1996	3,082.31	1,294.32	1,169.26	856.42	265.81	47.04	125.06	1,787.99	1,771.60	12.69	3.70
1997	3,356.26	1,503.75	1,367.94	993.25	317.81	56.88	135.81	1,852.51	1,835.74	12.44	4.34
1998	3,284.74	1,592.85	1,475.25	1,086.69	325.81	62.76	117.59	1,691.89	1,674.14	12.83	4.92
1999	3,478.12	1,669.78	1,554.36	1,160.69	325.87	67.80	115.42	1,808.33	1,791.05	12.00	5.28
2000	3,722.27	1,819.37	1,694.81	1,264.35	353.42	77.03	124.57	1,902.90	1,884.93	12.25	5.71
2001	4,000.93	1,978.43	1,851.67	1,398.00	365.44	88.23	126.76	2,022.51	2,004.29	12.00	6.22
2002	4,531.65	2,175.31	2,043.85	1,566.94	376.68	100.22	131.46	2,356.34	2,334.96	14.63	6.75
2003	5,073.12	2,425.29	2,281.33	1,777.64	391.70	112.00	143.96	2,647.83	2,624.67	15.92	7.24
2004	5,680.39	2,665.22	2,502.72	1,971.96	406.36	124.40	162.50	3,015.16	2,989.52	17.98	7.66
2005	6,343.76	2,856.66	2,686.13	2,134.90	415.92	135.31	170.53	3,487.11	3,458.84	20.17	8.09
2006	7,138.81	3,075.44	2,893.51	2,322.08	425.59	145.84	181.93	4,063.37	4,034.48	20.10	8.79
2007	8,131.91	3,458.35	3,251.92	2,624.92	466.01	161.00	206.43	4,673.57	4,642.54	20.01	11.02
2008	8,674.15	3,856.78	3,616.20	2,903.95	535.50	176.75	240.58	4,817.37	4,785.12	20.19	12.06
2009	9,155.15	4,115.78	3,863.33	3,108.76	562.44	192.13	252.45	5,039.37	5,003.90	21.84	13.63
2010	9,750.97	4,463.70	4,181.67	3,385.84	585.49	210.34	282.04	5,287.27	5,244.59	23.54	19.14
2011	10,374.94	4,814.02	4,489.50	3,636.78	623.09	229.63	324.53	5,560.92	5,516.61	23.95	20.36
2012	10,768.75	4,993.87	4,668.49	3,776.44	640.62	251.43	325.38	5,774.88	5,727.64	25.96	21.29
2013	11,097.38	5,150.54	4,825.96	3,911.05	642.53	272.37	324.58	5,946.84	5,900.87	23.75	22.22
2014	11,596.10	5,344.40	5,016.71	4,067.59	654.79	294.34	327.69	6,251.70	6,209.82	19.17	22.71
2015	12,126.54	5,508.87	5,172.52	4,166.41	694.21	311.90	336.35	6,617.66	6,574.70	20.00	22.97

표 P86-96 자산별 순자본스톡, 명목, 1970-2015

	합계	비금융생산자산						비금융비생산자산			
		합계	고정자산				재고자산	합계	토지자산	지하자원	입목자산
			소계	건설자산	설비자산	지식재산생산물					
	P86	P87	P88	P89	P90	P91	P92	P93	P94	P95	P96
	남한, 조 원										
1970		4.41	3.52	2.59	0.87	0.06	0.90				
1971		5.53	4.40	3.17	1.16	0.07	1.13				
1972		6.98	5.66	3.94	1.63	0.09	1.32				
1973		10.14	8.36	5.68	2.58	0.11	1.78				
1974		15.18	12.43	8.40	3.88	0.15	2.75				
1975		19.79	16.14	11.04	4.89	0.21	3.65				
1976		25.48	20.33	13.86	6.19	0.28	5.15				
1977		34.03	27.41	18.49	8.51	0.41	6.62				
1978		49.14	40.05	26.71	12.76	0.59	9.09				
1979		73.33	60.63	40.04	19.73	0.86	12.69				
1980		98.41	82.16	54.24	26.67	1.25	16.24				
1981		117.89	98.14	64.07	32.42	1.64	19.75				
1982		135.78	113.60	73.62	37.88	2.10	22.18				
1983		155.63	130.25	84.99	42.72	2.54	25.38				
1984		176.77	149.15	97.38	48.65	3.11	27.62				
1985		197.85	168.64	109.53	55.21	3.91	29.21				
1986		220.80	190.23	122.02	63.21	5.00	30.57				
1987		256.40	223.12	143.15	73.52	6.46	33.28				
1988		307.53	266.84	174.15	84.38	8.31	40.69				
1989		374.07	327.55	220.18	96.46	10.90	46.53				
1990		480.99	419.41	291.95	113.20	14.27	61.58				
1991		599.60	524.45	374.73	132.14	17.58	75.15				
1992		697.24	618.43	445.05	152.35	21.04	78.80				
1993		800.68	714.83	518.33	171.16	25.34	85.84				
1994		940.10	842.44	614.97	196.10	31.37	97.67				
1995	2,819.22	1,111.74	996.65	730.15	227.44	39.06	115.09	1,707.48	1,692.35	11.85	3.29
1996	3,082.31	1,294.32	1,169.26	856.42	265.81	47.04	125.06	1,787.99	1,771.60	12.69	3.70
1997	3,356.26	1,503.75	1,367.94	993.25	317.81	56.88	135.81	1,852.51	1,835.74	12.44	4.34
1998	3,284.74	1,592.85	1,475.25	1,086.69	325.81	62.76	117.59	1,691.89	1,674.14	12.83	4.92
1999	3,478.12	1,669.78	1,554.36	1,160.69	325.87	67.80	115.42	1,808.33	1,791.05	12.00	5.28
2000	3,722.27	1,819.37	1,694.81	1,264.35	353.42	77.03	124.57	1,902.90	1,884.93	12.25	5.71
2001	4,000.93	1,978.43	1,851.67	1,398.00	365.44	88.23	126.76	2,022.51	2,004.29	12.00	6.22
2002	4,531.65	2,175.31	2,043.85	1,566.94	376.68	100.22	131.46	2,356.34	2,334.96	14.63	6.75
2003	5,073.12	2,425.29	2,281.33	1,777.64	391.70	112.00	143.96	2,647.83	2,624.67	15.92	7.24
2004	5,680.39	2,665.22	2,502.72	1,971.96	406.36	124.40	162.50	3,015.16	2,989.52	17.98	7.66
2005	6,343.76	2,856.66	2,686.13	2,134.90	415.92	135.31	170.53	3,487.11	3,458.84	20.17	8.09
2006	7,138.81	3,075.44	2,893.51	2,322.08	425.59	145.84	181.93	4,063.37	4,034.48	20.10	8.79
2007	8,131.91	3,458.35	3,251.92	2,624.92	466.01	161.00	206.43	4,673.57	4,642.54	20.01	11.02
2008	8,674.15	3,856.78	3,616.20	2,903.95	535.50	176.75	240.58	4,817.37	4,785.12	20.19	12.06
2009	9,155.15	4,115.78	3,863.33	3,108.76	562.44	192.13	252.45	5,039.37	5,003.90	21.84	13.63
2010	9,750.97	4,463.70	4,181.67	3,385.84	585.49	210.34	282.04	5,287.27	5,244.59	23.54	19.14
2011	10,374.94	4,814.02	4,489.50	3,636.78	623.09	229.63	324.53	5,560.92	5,516.61	23.95	20.36
2012	10,768.75	4,993.87	4,668.49	3,776.44	640.62	251.43	325.38	5,774.88	5,727.64	25.96	21.29
2013	11,097.38	5,150.54	4,825.96	3,911.05	642.53	272.37	324.58	5,946.84	5,900.87	23.75	22.22
2014	11,596.10	5,344.40	5,016.71	4,067.59	654.79	294.34	327.69	6,251.70	6,209.82	19.17	22.71
2015	12,126.54	5,508.87	5,172.52	4,166.41	694.21	311.90	336.35	6,617.66	6,574.70	20.00	22.97

자료: 한국은행, 「국민대차대조표」(http://ecos.bok.or.kr/).

표 P97-107 자산별 순자본스톡, 실질, 1970-2015

	합계	비금융생산자산						비금융비생산자산			
		합계	고정자산				재고자산	합계	토지자산	지하자원	입목자산
			소계	건설자산	설비자산	지식재산생산물					
	P97	P98	P99	P100	P101	P102	P103	P104	P105	P106	P107
	남한, 조 원, 2010년 가격										
1970		98.16	78.12	68.69	11.81	0.89	16.67				
1971		112.01	90.77	79.32	14.00	1.00	17.67				
1972		124.47	103.19	89.42	16.30	1.11	17.87				
1973		143.70	119.45	102.85	19.16	1.28	20.39				
1974		168.90	138.02	118.09	22.44	1.49	25.87				
1975		191.01	157.60	134.35	25.79	1.78	27.98				
1976		224.31	183.66	152.82	31.62	2.17	33.96				
1977		262.94	218.48	176.86	39.78	2.76	37.48				
1978		316.35	265.93	207.56	52.08	3.50	42.91				
1979		374.66	315.28	239.10	65.24	4.40	50.58				
1980		415.41	354.01	268.11	73.22	5.29	52.69				
1981		450.55	388.75	294.44	80.15	6.19	53.54				
1982		492.41	427.97	326.19	86.66	7.55	56.39				
1983		547.76	474.92	365.97	93.76	8.92	63.51				
1984		603.82	527.01	408.33	102.41	10.70	67.61				
1985		660.31	580.59	451.95	110.96	13.11	70.98				
1986		723.56	642.31	496.51	123.51	16.06	73.47				
1987		800.25	716.87	549.74	139.02	19.48	76.64				
1988		898.39	801.10	611.13	156.03	23.20	88.68				
1989		1,005.79	898.81	684.02	175.09	27.31	97.87				
1990		1,155.63	1,025.35	782.12	198.11	31.95	118.10				
1991		1,318.30	1,169.66	893.85	224.81	36.57	134.74				
1992		1,456.65	1,309.75	1,003.39	249.46	41.58	134.94				
1993		1,608.66	1,458.13	1,126.11	270.64	46.90	139.56				
1994		1,786.12	1,628.25	1,254.73	303.20	53.58	147.57				
1995	5,850.08	1,991.55	1,816.31	1,395.41	338.98	62.47	163.93	4,064.59	4,042.79	16.72	6.70
1996	6,173.99	2,202.02	2,017.20	1,545.05	378.52	71.11	174.27	4,156.49	4,134.19	16.98	7.02
1997	6,454.64	2,386.58	2,201.06	1,695.51	403.18	79.97	176.92	4,230.03	4,206.43	17.63	7.39
1998	6,608.39	2,460.07	2,305.12	1,816.48	390.09	85.77	152.99	4,306.85	4,283.09	17.48	7.89
1999	6,807.44	2,574.50	2,422.23	1,928.20	393.63	92.81	151.88	4,370.10	4,346.41	17.17	8.41
2000	7,062.46	2,728.98	2,564.63	2,036.42	416.75	102.52	163.48	4,442.85	4,417.46	17.96	8.84
2001	7,290.32	2,865.98	2,700.09	2,152.08	427.34	114.14	165.86	4,510.00	4,484.29	17.90	9.29
2002	7,550.72	3,017.24	2,847.51	2,275.46	441.21	125.90	170.21	4,595.82	4,569.52	18.05	9.72
2003	7,805.90	3,179.25	3,000.85	2,411.13	451.33	135.94	178.93	4,666.71	4,638.75	18.87	10.16
2004	8,070.02	3,350.73	3,155.21	2,545.93	462.51	145.97	195.67	4,738.69	4,705.98	21.82	10.60
2005	8,315.50	3,510.76	3,307.83	2,676.62	476.08	155.25	203.18	4,810.20	4,776.14	22.62	10.98
2006	8,562.15	3,679.53	3,463.49	2,804.73	494.94	164.14	216.19	4,880.32	4,845.94	22.58	11.41
2007	8,818.69	3,856.62	3,626.59	2,931.87	520.09	174.69	230.16	4,959.45	4,922.79	22.83	13.60
2008	9,082.80	4,033.01	3,776.76	3,049.59	542.03	185.10	256.39	5,050.04	5,012.82	22.63	14.36
2009	9,299.59	4,175.36	3,918.44	3,170.63	552.68	195.46	256.88	5,124.37	5,086.30	22.69	15.21
2010	9,551.67	4,348.42	4,070.46	3,280.14	582.50	207.82	277.95	5,203.26	5,163.23	22.69	17.34
2011	9,812.15	4,521.90	4,212.50	3,379.05	612.26	221.56	309.66	5,289.69	5,248.65	23.06	17.95
2012	10,027.63	4,657.33	4,340.35	3,466.79	636.97	237.65	317.22	5,369.26	5,327.61	23.10	18.49
2013	10,243.51	4,791.66	4,470.28	3,561.28	657.32	253.11	321.40	5,450.90	5,408.86	23.07	18.92
2014	10,495.58	4,937.60	4,603.05	3,654.41	682.18	268.69	334.79	5,557.42	5,514.59	23.19	19.56
2015	10,733.00	5,096.51	4,742.54	3,752.49	711.58	282.04	355.20	5,637.71	5,594.18	23.24	20.12

자료: 한국은행, 「국민대차대조표」(http://ecos.bok.or.kr/).

주: 실질 순자본스톡은 연쇄라스파이레스 지수공식에 의해 집계되며 비가법성으로 인해 상위부문의 실질 금액과 하위부문 실질 금액의 합계가 일치하지 않는다.

표 P108-114 경제활동별 순자본스톡, 명목, 1970-2014

	합계	농림어업	광업	제조업	전기, 가스 및 수도사업	건설업	서비스업
	P108	P109	P110	P111	P112	P113	P114
	남한, 조 원						
1970	3.52	0.48	0.01	0.45	0.19	0.02	2.36
1971	4.40	0.58	0.01	0.59	0.26	0.03	2.92
1972	5.66	0.74	0.02	0.75	0.37	0.04	3.73
1973	8.36	1.03	0.03	1.20	0.59	0.06	5.46
1974	12.43	1.51	0.04	1.82	0.87	0.08	8.10
1975	16.14	1.72	0.06	2.43	1.15	0.12	10.67
1976	20.33	1.96	0.07	3.22	1.43	0.17	13.47
1977	27.41	2.39	0.11	4.70	2.02	0.28	17.92
1978	40.05	3.01	0.16	7.31	3.05	0.44	26.09
1979	60.63	4.09	0.24	11.50	4.96	0.70	39.13
1980	82.16	5.05	0.33	15.19	7.06	0.99	53.53
1981	98.14	5.54	0.41	17.74	8.84	1.23	64.38
1982	113.60	6.19	0.50	20.26	10.35	1.49	74.81
1983	130.25	6.96	0.59	22.28	12.14	1.65	86.63
1984	149.15	7.72	0.69	25.94	13.90	1.93	98.96
1985	168.64	8.66	0.79	30.87	15.63	2.19	110.49
1986	190.23	9.73	0.87	36.96	16.97	2.40	123.30
1987	223.12	10.57	0.98	46.70	19.18	2.81	142.88
1988	266.84	11.76	1.11	57.90	21.81	3.24	171.03
1989	327.55	14.78	1.29	73.00	26.13	3.86	208.48
1990	419.41	17.73	1.47	94.52	31.19	5.11	269.38
1991	524.45	20.95	1.58	116.91	37.29	7.07	340.65
1992	618.43	24.35	1.63	134.97	43.54	9.08	404.87
1993	714.83	27.21	1.67	151.08	48.92	10.63	475.33
1994	842.44	30.23	1.75	175.61	56.75	12.09	566.01
1995	996.65	33.65	1.81	207.39	66.61	13.85	673.34
1996	1,169.26	36.82	1.89	244.87	77.43	15.82	792.43
1997	1,367.94	40.04	2.06	292.74	87.58	19.23	926.30
1998	1,475.25	41.21	2.11	304.07	93.45	20.42	1,013.99
1999	1,554.36	40.86	2.04	310.51	100.88	20.58	1,079.49
2000	1,694.81	42.27	2.04	334.13	109.48	21.35	1,185.53
2001	1,851.67	43.65	2.05	351.66	119.42	21.96	1,312.92
2002	2,043.85	44.11	2.12	378.75	132.20	23.01	1,463.66
2003	2,281.33	44.45	2.26	416.04	147.04	24.58	1,646.96
2004	2,502.72	44.43	2.40	452.60	158.22	26.12	1,818.96
2005	2,686.13	44.67	2.49	480.66	167.82	27.20	1,963.29
2006	2,893.51	45.54	2.57	510.57	179.89	27.71	2,127.23
2007	3,251.92	47.53	2.80	573.77	200.53	29.86	2,397.44
2008	3,616.20	49.93	3.04	649.87	218.73	32.32	2,662.32
2009	3,863.33	51.27	3.23	690.63	232.02	33.90	2,852.27
2010	4,181.67	53.16	3.40	751.15	246.30	35.49	3,092.17
2011	4,489.50	56.24	3.49	818.41	259.18	37.59	3,314.58
2012	4,668.49	57.27	3.53	864.09	265.44	38.94	3,439.23
2013	4,825.96	58.30	3.54	895.07	271.45	39.90	3,557.70
2014	5,016.71	60.43	3.58	934.18	279.13	41.05	3,698.34

자료: 한국은행, 「국민대차대조표」(http://ecos.bok.or.kr/).

표 P115-121 경제활동별 순자본스톡, 실질, 1970-2014

	합계	농림어업	광업	제조업	전기, 가스 및 수도사업	건설업	서비스업
	P115	P116	P117	P118	P119	P120	P121
	남한, 조 원, 2010년 가격						
1970	78.12	9.34	0.29	8.21	4.10	0.43	55.59
1971	90.77	10.09	0.35	9.85	5.38	0.49	64.44
1972	103.19	10.85	0.40	10.79	6.90	0.57	73.71
1973	119.45	11.52	0.46	13.18	8.45	0.62	85.37
1974	138.02	13.30	0.55	15.52	9.68	0.68	98.35
1975	157.60	13.30	0.62	18.83	11.14	0.84	113.17
1976	183.66	13.82	0.78	23.95	12.62	1.23	131.42
1977	218.48	14.74	1.01	31.75	15.75	1.85	153.00
1978	265.93	15.81	1.28	42.40	19.76	2.50	183.40
1979	315.28	17.35	1.55	53.18	25.16	3.20	213.57
1980	354.01	17.97	1.73	58.53	29.67	3.75	241.45
1981	388.75	18.06	1.94	62.57	34.43	4.19	267.14
1982	427.97	18.66	2.18	67.82	39.33	4.78	295.16
1983	474.92	19.85	2.38	72.85	45.50	5.18	329.74
1984	527.01	21.30	2.64	82.25	50.86	5.86	364.74
1985	580.59	22.38	2.89	94.04	55.89	6.41	399.50
1986	642.31	23.84	3.09	109.67	59.57	6.84	439.26
1987	716.87	25.98	3.25	133.08	63.34	7.74	481.60
1988	801.10	27.98	3.37	158.11	65.64	8.76	533.90
1989	898.81	33.32	3.60	186.56	69.74	10.20	589.83
1990	1,025.35	37.00	3.71	219.77	73.45	12.85	672.04
1991	1,169.66	40.82	3.79	251.81	80.41	17.10	768.68
1992	1,309.75	44.55	3.86	275.40	89.77	21.15	867.74
1993	1,458.13	47.66	3.91	293.97	98.21	23.88	983.42
1994	1,628.25	50.71	3.97	322.11	107.44	26.01	1,110.91
1995	1,816.31	53.73	3.93	359.29	118.48	28.18	1,245.16
1996	2,017.20	57.62	3.91	397.93	131.19	30.57	1,387.89
1997	2,201.06	58.43	3.86	431.79	140.36	33.53	1,525.02
1998	2,305.12	57.08	3.75	429.01	147.02	32.86	1,630.01
1999	2,422.23	56.65	3.62	437.32	158.39	32.26	1,730.61
2000	2,564.63	57.39	3.54	460.52	169.11	32.21	1,839.02
2001	2,700.09	57.43	3.45	476.45	180.15	31.96	1,949.17
2002	2,847.51	57.25	3.39	497.69	190.05	32.13	2,066.31
2003	3,000.85	56.14	3.35	519.76	198.16	32.34	2,191.05
2004	3,155.21	54.23	3.33	546.95	204.13	32.55	2,314.13
2005	3,307.83	53.02	3.30	577.95	210.75	32.79	2,430.01
2006	3,463.49	52.64	3.28	608.65	216.94	32.59	2,549.40
2007	3,626.59	52.40	3.28	643.42	223.97	33.19	2,670.39
2008	3,776.76	52.13	3.26	674.87	229.31	33.74	2,783.57
2009	3,918.44	51.73	3.31	694.60	236.07	34.31	2,898.58
2010	4,070.46	52.08	3.33	737.21	240.50	34.82	3,002.51
2011	4,212.50	52.18	3.32	780.01	245.20	35.97	3,095.96
2012	4,340.35	52.39	3.32	820.04	249.38	37.07	3,178.58
2013	4,470.28	53.11	3.31	856.56	255.14	37.86	3,265.03
2014	4,603.05	54.40	3.30	894.59	261.49	38.68	3,351.82

자료: 한국은행, 「국민대차대조표」(http://ecos.bok.or.kr/).

주: 실질 순자본스톡은 연쇄라스파이레스 지수공식에 의해 집계되며 비가법성으로 인해 상위부문의 실질 금액과 하위부문 실질 금액의 합계가 일치하지 않는다.

표 P122-128 경제활동별 연쇄라스파이레스 자본서비스물량지수, 1970-2015

	합계	농림어업	광업	제조업	전기, 가스 및 수도사업	건설업	서비스업
	P122	P123	P124	P125	P126	P127	P128
	남한, 2010년=100						
1970	1.5	16.6	6.2	0.9	1.0	1.5	1.7
1971	1.8	19.0	7.6	1.1	1.4	1.7	1.9
1972	2.1	21.2	9.0	1.2	1.8	2.0	2.2
1973	2.4	22.8	11.5	1.5	2.3	2.3	2.5
1974	2.8	27.4	14.8	1.8	2.6	2.6	2.9
1975	3.2	27.7	16.9	2.1	3.0	3.3	3.3
1976	3.8	28.2	22.9	2.7	3.5	4.8	3.9
1977	4.5	30.2	30.0	3.6	4.5	7.2	4.6
1978	5.7	32.8	39.3	4.8	5.9	9.9	5.7
1979	6.9	36.1	48.7	6.1	8.0	12.8	6.8
1980	7.8	37.2	54.8	6.7	9.6	15.3	7.7
1981	8.6	37.4	62.7	7.3	11.3	17.5	8.6
1982	9.5	38.3	71.3	7.9	12.9	20.3	9.6
1983	10.5	40.0	79.9	8.5	14.9	22.3	10.7
1984	11.7	42.5	90.3	9.6	16.7	25.4	11.9
1985	13.0	44.0	100.1	10.9	18.3	27.8	13.1
1986	14.5	47.4	107.5	12.7	19.5	29.4	14.6
1987	16.4	51.9	114.9	15.3	20.6	32.7	16.1
1988	18.5	56.0	121.7	18.2	21.4	36.6	17.9
1989	20.9	70.5	128.7	21.1	23.0	42.3	19.8
1990	24.0	80.8	133.2	25.0	24.7	51.6	22.3
1991	27.5	93.1	137.5	28.8	28.0	64.4	25.2
1992	30.8	105.4	138.9	31.9	32.4	76.6	28.2
1993	34.1	113.9	137.8	34.5	36.3	85.5	31.6
1994	38.4	123.6	137.5	38.3	40.7	92.9	36.0
1995	43.2	130.7	133.2	43.0	46.2	98.4	40.7
1996	48.2	141.8	128.7	48.1	52.1	104.4	45.5
1997	52.9	143.8	123.2	53.3	56.2	111.2	50.1
1998	55.2	139.2	116.4	54.2	58.5	108.8	53.2
1999	58.1	137.6	111.1	56.3	62.6	108.2	56.5
2000	62.1	139.0	107.7	60.1	67.1	109.0	60.7
2001	65.8	138.9	104.5	62.9	71.1	109.3	64.8
2002	69.6	137.8	102.1	66.1	74.8	110.6	69.0
2003	73.1	133.8	100.0	69.3	77.7	111.4	73.0
2004	76.6	128.5	98.3	73.2	80.0	111.2	76.7
2005	80.2	121.3	97.2	77.8	83.5	109.1	80.0
2006	84.1	115.3	96.7	82.3	87.2	105.3	83.9
2007	88.3	110.2	97.2	87.1	91.1	102.5	88.2
2008	92.1	106.2	97.0	91.4	93.8	101.8	92.1
2009	95.4	102.8	98.8	93.9	97.2	101.2	95.9
2010	100.0	100.0	100.0	100.0	100.0	100.0	100.0
2011	104.6	97.4	100.2	106.1	102.5	100.2	104.2
2012	108.9	95.6	100.8	111.8	104.9	101.8	108.0
2013	112.9	94.4	100.7	116.8	108.1	102.7	111.7
2014	117.1	94.3	101.0	122.5	111.5	103.7	115.3
2015	121.4						

자료: 한국은행, 「국민대차대조표」(http://ecos.bok.or.kr/).

표 P129-133 제도부문별 연쇄라스파이레스 자본서비스물량지수, 1970-2015

	민간				일반 정부
	민간 평균	비금융법인	금융법인	가계 및 비영리단체	
	P129	P130	P131	P132	P133
	남한, 2010년=100				
1970	1.4	1.1	0.8	2.4	2.2
1971	1.7	1.3	1.0	2.8	2.5
1972	1.9	1.6	1.2	3.2	2.8
1973	2.3	1.9	1.4	3.7	3.1
1974	2.7	2.2	1.6	4.3	3.4
1975	3.1	2.5	1.9	5.0	3.9
1976	3.7	3.0	2.3	5.8	4.5
1977	4.5	3.7	2.6	6.8	5.2
1978	5.6	4.8	3.9	8.3	6.4
1979	6.9	6.0	5.0	9.7	7.5
1980	7.7	6.7	6.1	10.7	8.7
1981	8.5	7.5	7.1	11.5	9.8
1982	9.4	8.3	9.0	12.5	10.8
1983	10.4	9.2	9.7	13.9	11.9
1984	11.6	10.3	10.7	15.3	13.1
1985	12.8	11.5	11.5	16.7	14.5
1986	14.3	13.0	14.5	18.3	15.9
1987	16.3	14.9	16.3	20.3	17.5
1988	18.4	17.0	17.5	22.6	19.4
1989	21.0	19.5	21.0	25.3	21.4
1990	24.2	22.6	21.8	29.1	23.7
1991	27.8	26.1	24.5	33.1	26.6
1992	31.1	29.3	28.8	36.8	29.7
1993	34.5	32.4	31.1	40.8	32.9
1994	38.9	36.7	31.6	45.8	36.4
1995	43.9	41.6	41.1	50.9	39.6
1996	49.3	46.9	50.6	56.2	43.2
1997	54.1	51.6	57.4	60.9	47.3
1998	56.1	53.5	57.7	63.5	50.8
1999	58.9	56.6	52.8	66.5	54.0
2000	63.0	60.9	61.6	69.7	57.6
2001	66.6	64.6	67.1	72.8	61.5
2002	70.4	68.4	73.3	76.2	65.1
2003	73.8	71.8	78.6	79.2	69.2
2004	77.2	75.5	80.4	81.9	73.4
2005	80.7	79.3	81.2	84.8	77.5
2006	84.6	83.5	82.7	87.8	81.5
2007	88.8	88.0	86.8	91.1	86.0
2008	92.5	91.9	93.4	94.2	90.1
2009	95.4	94.8	96.8	97.0	95.5
2010	100.0	100.0	100.0	100.0	100.0
2011	104.7	105.3	103.8	103.2	104.3
2012	109.0	110.9	104.9	104.8	108.1
2013	113.0	116.0	106.2	106.4	112.0
2014	117.4	121.5	107.9	108.3	115.2
2015	121.8	126.8	109.2	110.8	118.9

자료: 한국은행, 「국민대차대조표」(http://ecos.bok.or.kr/).

표 P134-140 경제활동별 순재고자본스톡, 명목, 1970-2014

	합계	농림어업	광업	제조업	전기, 가스 및 수도사업	건설업	서비스업
	P134	P135	P136	P137	P138	P139	P140
	남한, 조 원						
1970	0.90	0.38	0.01	0.26	0.01	0.01	0.23
1971	1.13	0.46	0.01	0.36	0.01	0.02	0.27
1972	1.32	0.55	0.01	0.48	0.01	0.02	0.24
1973	1.78	0.57	0.01	0.64	0.01	0.03	0.52
1974	2.75	0.79	0.01	1.35	0.03	0.05	0.53
1975	3.65	0.94	0.02	1.77	0.04	0.04	0.84
1976	5.15	1.24	0.02	2.39	0.04	0.15	1.31
1977	6.62	1.37	0.02	2.95	0.06	0.28	1.94
1978	9.09	1.92	0.02	3.01	0.08	0.64	3.41
1979	12.69	1.74	0.03	4.63	0.10	1.81	4.38
1980	16.24	1.85	0.04	6.31	0.18	2.38	5.47
1981	19.75	2.70	0.06	8.09	0.23	3.11	5.55
1982	22.18	3.54	0.09	8.63	0.26	3.29	6.37
1983	25.38	4.01	0.07	9.62	0.33	3.29	8.06
1984	27.62	4.32	0.06	11.28	0.26	3.28	8.41
1985	29.21	3.72	0.06	12.42	0.27	3.30	9.43
1986	30.57	3.79	0.07	13.58	0.30	2.87	9.96
1987	33.28	4.08	0.09	16.48	0.33	2.69	9.62
1988	40.69	5.58	0.11	18.96	0.30	2.88	12.86
1989	46.53	4.76	0.10	22.72	0.34	3.16	15.44
1990	61.58	6.08	0.09	27.24	0.40	3.86	23.91
1991	75.15	6.60	0.11	31.76	0.46	4.90	31.33
1992	78.80	6.76	0.14	35.15	0.41	5.78	30.56
1993	85.84	6.90	0.17	37.95	0.52	6.89	33.40
1994	97.67	8.99	0.26	44.06	0.60	8.19	35.57
1995	115.09	11.12	0.30	54.86	0.75	9.03	39.02
1996	125.06	12.06	0.34	58.09	1.00	9.79	43.79
1997	135.81	10.14	0.42	65.77	1.01	11.52	46.94
1998	117.59	9.65	0.34	57.91	1.15	10.30	38.24
1999	115.42	11.67	0.31	61.14	1.09	9.20	32.01
2000	124.57	10.22	0.29	69.67	1.35	9.50	33.54
2001	126.76	11.73	0.28	65.59	1.55	9.20	38.41
2002	131.46	11.58	0.26	69.90	1.54	7.65	40.53
2003	143.96	12.82	0.14	76.40	1.88	6.77	45.95
2004	162.50	14.19	0.15	88.13	3.12	7.63	49.27
2005	170.53	14.45	0.16	92.17	3.32	8.39	52.04
2006	181.93	14.58	0.16	97.94	4.04	8.12	57.10
2007	206.43	15.42	0.19	111.84	4.12	10.77	64.09
2008	240.58	17.12	0.22	134.78	6.97	15.19	66.31
2009	252.45	19.58	0.22	136.28	5.43	15.10	75.84
2010	282.04	19.37	0.22	159.62	5.92	16.39	80.52
2011	324.53	18.91	0.25	187.37	7.19	15.67	95.14
2012	325.38	18.28	0.29	185.39	5.74	15.54	100.13
2013	324.58	19.36	0.28	188.61	6.85	13.96	95.52
2014	327.69	19.81	0.26	187.17	8.18	13.87	98.41

자료: 한국은행, 「국민대차대조표」(http://ecos.bok.or.kr/).

표 P141-155 차명수의 식민지기 산업부문별 순자본스톡, 실질, 1911-1940

	고정자본형성 디플레이터	합계	농림 수산업	광업	제조업	전기가스 및 수도업	건설업	도소매 및 음식숙박업	운수창고 통신업	금융 보험업	부동산 및 사업서비스업	공공행정 및 국방, 사회보장	교육 서비스	보건 및 사회복지사업	기타 서비스
	P141	P142	P143	P144	P145	P146	P147	P148	P149	P150	P151	P152	P153	P154	P155
	남북한, 1935=1	남북한, 백만 圓, 1935년 가격													
1911	0.680	344.8	6.8	0.7	11.8	5.7	1.5	3.6	124.5	14.1	112.9	69.3	1.7	5.7	13.8
1912	0.752	355.3	7.3	0.7	13.0	6.2	1.5	3.6	125.2	14.8	115.7	69.5	2.3	6.1	14.3
1913	0.740	366.1	8.1	0.8	14.2	6.6	1.4	3.7	127.1	15.5	116.9	70.2	3.1	6.5	15.0
1914	0.689	376.6	7.1	0.9	15.5	7.1	1.4	3.8	128.0	16.8	118.4	71.7	4.2	7.0	15.8
1915	0.655	385.3	8.6	1.0	16.5	7.2	1.4	3.8	129.4	17.8	117.9	72.3	5.2	7.4	16.3
1916	0.687	396.1	9.7	1.1	18.1	7.6	1.4	3.9	130.4	18.9	120.3	72.4	5.9	7.6	16.7
1917	0.883	413.8	11.6	4.6	19.8	8.3	1.4	4.1	128.9	20.8	127.1	71.9	6.7	7.8	17.1
1918	1.169	446.9	16.6	12.6	23.8	9.6	1.4	4.3	128.7	23.3	137.6	71.2	7.4	7.9	17.7
1919	1.370	482.3	15.8	15.3	28.9	10.7	1.5	4.7	135.0	28.2	149.0	72.3	8.3	8.0	18.6
1920	1.565	511.1	17.9	14.8	32.5	11.6	1.6	4.9	136.8	34.8	153.9	76.9	9.9	8.2	20.3
1921	1.256	557.0	22.4	14.0	37.4	12.2	1.7	5.3	143.5	43.6	162.8	83.2	12.3	8.4	22.0
1922	1.251	610.2	28.9	13.0	40.5	12.2	1.9	5.5	154.4	52.9	173.9	89.8	15.4	8.8	23.9
1923	1.198	649.1	33.5	12.0	43.2	11.5	2.0	5.9	160.7	59.4	184.2	94.3	17.8	9.0	25.5
1924	1.278	670.6	37.3	11.2	45.2	11.3	2.1	6.1	160.8	62.7	192.8	95.4	19.3	9.0	26.6
1925	1.211	693.3	40.3	10.4	46.2	11.5	2.1	6.4	159.2	67.2	203.8	97.0	21.1	9.1	27.4
1926	1.198	723.0	41.7	9.7	48.3	17.1	2.3	7.0	163.6	69.3	210.9	99.8	23.5	9.2	28.4
1927	1.165	766.3	48.0	9.1	53.7	16.6	2.6	7.6	171.8	75.1	219.6	103.7	26.4	9.6	29.6
1928	1.125	823.5	53.5	8.8	61.2	15.9	3.2	8.2	182.3	85.3	233.6	107.8	29.3	10.0	31.0
1929	1.094	888.1	60.3	8.4	71.2	18.5	3.5	9.2	195.1	95.4	246.3	111.8	31.9	10.3	32.2
1930	0.969	951.7	69.1	8.4	82.6	18.8	3.8	10.0	201.7	110.0	258.9	115.8	34.4	10.7	33.1
1931	0.876	994.6	79.3	8.1	82.7	18.7	4.0	10.4	205.6	115.5	259.4	127.7	40.3	12.0	36.0
1932	0.875	1,036.0	81.0	7.9	87.5	18.1	4.1	10.7	212.6	119.8	258.4	141.1	46.8	13.5	39.2
1933	0.955	1,078.9	80.2	8.1	88.9	17.7	4.2	11.4	225.5	121.4	255.2	157.5	54.6	15.3	43.4
1934	0.998	1,144.9	82.1	9.1	99.7	18.5	4.6	12.5	237.5	129.8	266.4	167.7	59.4	16.1	45.4
1935	1.000	1,262.5	84.4	11.7	124.0	21.6	5.4	14.2	260.9	149.1	296.3	173.4	62.2	16.4	46.6
1936	1.023	1,421.1	87.4	16.3	157.5	31.3	6.5	16.4	297.4	169.1	324.8	184.2	67.0	17.1	49.4
1937	1.232	1,563.2	85.8	21.4	191.0	46.4	7.4	18.5	339.2	173.8	327.3	208.5	74.3	18.4	54.3
1938	1.415	1,714.3	84.1	30.6	231.1	60.4	8.1	20.1	399.7	175.1	325.7	225.8	79.3	19.2	57.9
1939	1.542	1,926.8	81.4	48.2	284.0	82.1	10.7	21.7	469.7	182.3	340.2	241.7	84.6	20.0	62.9
1940	1.687	2,201.2	83.6	72.9	360.7	124.0	12.4	23.3	548.5	186.6	344.4	264.6	91.4	21.3	69.9

자료: 차명수, 「경제성장 · 소득분배 · 구조변화」, 김낙년 편, 『한국의 장기통계』(서울대학교출판문화원, 2012), pp 637-638.

주: 영구 재고법에 의한 추계로 총자본 스톡추계는 부문별 자본 스톡 추계의 합계와 일치하지 않는다.

표 P156-162 차명수의 한국 산업부문별 순자본스톡, 실질, 1953-2010

	고정자본형성 디플레이터	합계	농림수산업	광업 채석	제조업	전기 가스 수도	기타
	P156	P157	P158	P159	P160	P161	P162
	남한, 2005년=1	남한, 조 원, 2005년 가격					
1953	0.0041	5.7	0.9	0.00	0.7	0.1	4.4
1954	0.0057	6.5	1.0	0.01	0.9	0.1	5.0
1955	0.0094	7.5	1.0	0.03	1.2	0.1	5.4
1956	0.0113	8.6	1.1	0.1	1.6	0.2	5.9
1957	0.0132	9.8	1.2	0.1	2.0	0.2	6.5
1958	0.0139	10.9	1.3	0.2	2.4	0.3	7.0
1959	0.0156	12.0	1.4	0.2	2.6	0.3	7.7
1960	0.0160	13.2	1.5	0.2	2.9	0.3	8.3
1961	0.0200	14.4	1.7	0.2	3.2	0.5	8.9
1962	0.0221	16.1	1.8	0.2	3.5	0.7	9.8
1963	0.0242	18.3	2.0	0.3	4.0	1.0	10.9
1964	0.0319	20.2	2.2	0.3	4.5	1.1	11.8
1965	0.0368	22.8	2.5	0.3	5.2	1.2	13.0
1966	0.0406	26.9	3.0	0.3	6.7	1.4	15.0
1967	0.0433	31.9	3.4	0.4	8.0	1.9	18.0
1968	0.0475	39.2	3.8	0.4	9.8	2.7	22.1
1969	0.0512	48.6	4.3	0.5	11.9	3.8	27.6
1970	0.0644	57.5	5.2	0.6	13.2	4.4	33.5
1971	0.0674	66.6	6.2	0.6	14.4	4.9	40.0
1972	0.0749	75.7	7.2	0.7	15.1	5.5	46.6
1973	0.0874	87.4	8.1	0.8	17.0	6.2	54.9
1974	0.1226	100.8	9.8	1.0	19.1	6.6	63.7
1975	0.1486	115.1	10.5	1.1	22.0	7.3	73.8
1976	0.1550	133.7	11.4	1.3	26.4	7.9	86.2
1977	0.1672	159.1	12.7	1.7	32.9	9.5	101.9
1978	0.1916	194.4	14.3	2.1	41.9	11.6	124.1
1979	0.2324	232.2	16.4	2.4	51.3	14.5	147.1
1980	0.3064	262.8	17.7	2.8	57.0	17.2	167.7
1981	0.3455	290.9	18.7	3.1	62.0	20.2	186.4
1982	0.3648	321.8	19.7	3.5	67.1	22.9	208.2
1983	0.3807	358.6	21.0	3.8	72.1	26.2	235.0
1984	0.3866	399.6	22.4	4.2	79.9	29.0	263.5
1985	0.4050	441.8	23.7	4.7	89.6	31.7	291.8
1986	0.4119	490.2	25.5	5.1	102.4	33.7	323.2
1987	0.4219	549.0	28.0	5.4	121.4	35.7	358.0
1988	0.4498	616.1	30.3	5.7	142.6	37.1	400.0
1989	0.4684	695.7	35.5	6.1	166.5	39.6	447.5
1990	0.5222	798.1	39.7	6.3	194.5	42.1	514.9
1991	0.5799	915.0	44.2	6.5	222.7	46.7	594.3
1992	0.6210	1,028.1	48.5	6.7	245.5	52.9	673.9
1993	0.6413	1,148.1	52.6	6.9	265.6	58.6	763.8
1994	0.6672	1,284.0	56.9	7.0	293.2	65.3	861.0
1995	0.7073	1,438.8	61.4	7.0	327.6	72.8	969.3
1996	0.7390	1,604.0	67.2	7.0	365.4	81.4	1,082.3
1997	0.7801	1,758.6	70.0	6.9	402.9	87.7	1,190.2
1998	0.8380	1,857.1	71.2	6.9	414.4	92.9	1,270.8
1999	0.8253	1,966.5	73.3	6.8	434.1	100.7	1,350.5
2000	0.8445	2,094.5	76.2	6.7	464.9	108.0	1,437.6
2001	0.8730	2,217.6	78.6	6.6	488.7	115.3	1,527.2
2002	0.8962	2,350.6	80.5	6.5	517.2	121.8	1,623.2
2003	0.9379	2,487.7	81.9	6.5	548.8	127.4	1,721.8
2004	0.9855	2,624.0	82.3	6.4	584.4	131.5	1,817.7
2005	1.0000	2,758.9	82.9	6.3	624.1	136.1	1,907.9
2006	1.0095	2,896.5	83.6	6.3	666.8	140.8	1,997.3
2007	1.0338	3,038.9	84.0	6.2	713.2	146.1	2,087.5
2008	1.1400	3,169.8	83.9	6.1	758.1	150.4	2,169.4
2009	1.1856	3,292.4	84.0	6.0	792.4	155.8	2,252.2
2010	1.2019	3,424.8	83.9	5.9	847.6	159.5	2,326.4

자료: 차명수, 『기아와 기적의 기원』(해남, 2014).
주: 영구 재고법에 의한 추계로서 부문별 자본스톡 추계의 합계와 일치하지 않는다.

표 P163-199 김광석 · 홍성덕의 비농업 부문별 총유형고정자산 실질, 1965-1989

	합계	식료품	음료품	연초제조업	섬유사 · 직물	편조업	직물제품 · 융단	의복제조업	가죽 및 가죽 제품	나무 및 나무 제품
	P163	P164	P165	P166	P167	P168	P169	P170	P171	P172
	남한, 십억 원, 1980년 가격									
1965	2,947	343	182	130	490	55	14	44	10	180
1966	3,073	350	185	136	529	56	16	46	10	188
1967	3,323	360	189	140	582	61	19	48	11	204
1968	3,669	379	191	142	627	67	21	52	12	225
1969	4,289	426	195	146	741	71	25	69	15	250
1970	4,782	484	203	152	811	90	29	86	21	291
1971	5,531	565	234	177	905	102	32	111	29	317
1972	6,470	676	247	185	912	106	37	145	42	340
1973	7,601	803	267	198	1,005	112	43	204	57	369
1974	9,191	929	292	215	1,262	117	49	299	94	401
1975	11,205	1,063	309	250	1,514	121	67	416	181	427
1976	14,014	1,244	338	262	1,789	129	83	631	333	465
1977	17,444	1,444	355	280	2,057	138	151	869	534	495
1978	20,637	1,605	434	293	2,574	165	197	873	615	557
1979	25,672	1,868	659	312	3,232	207	252	879	692	641
1980	29,922	2,086	752	349	3,745	244	296	876	766	671
1981	34,633	2,314	881	360	4,312	282	359	886	865	695
1982	39,459	2,586	982	361	4,891	326	433	892	976	720
1983	44,664	2,991	1,114	385	5,570	379	515	903	1,104	746
1984	51,614	3,373	1,289	398	6,506	440	603	920	1,242	781
1985	59,435	3,800	1,473	398	7,392	522	713	940	1,399	805
1986	70,251	4,380	1,664	395	8,503	655	910	968	1,625	842
1987	85,011	4,977	1,957	400	10,201	814	1,294	997	1,911	877
1988	92,089	5,372	2,026	406	10,818	851	1,331	1,079	1,981	925
1989	99,898	5,848	2,129	417	11,395	893	1,424	1,183	2,052	1,023

	종이 · 종이제품	인쇄 · 출판	산업용화학물	기타화학제품	석유	기타석유 · 석화	고무	기타플라스틱	도기 · 자기	유리 · 유리제품
	P173	P174	P175	P176	P177	P178	P179	P180	P181	P182
	남한, 십억 원, 1980년 가격									
1965	103	118	432	37	85	36	55	14	4	7
1966	111	123	436	42	89	37	58	15	4	9
1967	126	127	441	48	97	39	65	16	4	10
1968	132	129	462	53	117	41	71	18	5	10
1969	150	150	491	69	162	56	71	26	8	18
1970	162	171	486	85	183	76	72	35	10	35
1971	179	192	495	105	261	102	76	42	11	50
1972	196	223	545	125	379	131	82	53	14	55
1973	220	258	607	157	409	174	93	79	17	59
1974	252	293	667	201	407	234	108	157	20	70
1975	278	361	704	284	430	316	117	196	27	92
1976	314	408	711	396	427	438	125	263	41	109
1977	384	468	740	539	434	589	142	352	54	135
1978	446	516	952	614	484	547	210	383	65	156
1979	543	576	1,153	697	547	513	323	429	80	196
1980	648	609	1,680	797	728	476	385	462	92	216
1981	727	647	2,188	896	904	446	447	511	101	261
1982	850	705	2,533	995	993	416	535	534	113	269
1983	977	762	2,915	1,165	1,130	396	598	601	123	316
1984	1,124	885	3,440	1,361	1,228	371	668	727	141	339
1985	1,345	977	3,971	1,589	1,526	353	778	815	164	392
1986	1,617	1,041	4,733	1,831	1,708	336	889	945	186	445
1987	1,927	1,127	5,613	2,349	1,858	320	1,102	1,082	215	468
1988	2,097	1,234	6,102	2,542	2,123	340	1,301	1,324	228	600
1989	2,426	1,332	7,020	2,818	2,780	372	1,602	1,406	247	648

표 P163-199 계속

	기타 비금속 광물	철강	비철 금속	조립 금속 제품	기관 · 터빈	산업 금속 가공 기계	사무 · 기타 기계	전기 산업용 기계	음향 · 통신 장비	가정용 전기 기기	기타 전기 기구	선박	철도	자동차	비행기 · 기타	의료 · 광학	기타 제조업
	P183	P184	P185	P186	P187	P188	P189	P190	P191	P192	P193	P194	P195	P196	P197	P198	P199
	남한, 십억 원, 1980년 가격																
1965	154	95	17	47	7	40	24	13	9	2	9	45	30	68	5	9	32
1966	160	98	20	51	7	41	24	13	10	2	11	49	31	70	5	10	34
1967	202	124	24	55	7	44	26	15	11	2	13	52	34	74	6	11	36
1968	332	134	26	60	8	46	28	16	14	3	18	57	35	84	6	11	38
1969	422	155	61	78	9	51	35	21	29	4	22	61	33	103	7	13	46
1970	444	182	71	95	9	56	43	28	38	6	24	66	33	119	10	14	63
1971	472	266	86	114	9	63	53	30	53	8	29	87	43	134	11	15	73
1972	527	512	106	136	9	70	67	35	74	9	35	95	42	143	13	16	87
1973	593	701	134	178	10	79	87	42	113	13	45	127	41	172	15	18	101
1974	657	834	175	249	10	91	113	50	170	31	57	280	40	212	19	21	113
1975	754	1,018	224	314	11	118	174	59	389	36	78	387	38	276	22	28	127
1976	882	1,542	268	389	12	179	295	94	455	74	117	522	62	385	31	45	159
1977	1,018	2,067	367	528	13	301	534	148	526	95	162	658	62	450	110	55	192
1978	1,260	2,451	434	657	15	421	683	187	668	113	210	767	69	594	113	73	235
1979	1,639	3,636	478	861	21	687	793	226	872	136	267	860	64	836	117	102	277
1980	2,113	4,070	702	954	26	807	904	251	1,084	156	305	954	66	1,017	202	129	304
1981	2,562	4,735	788	1,059	56	914	1,217	283	1,358	160	337	1,171	70	1,135	212	149	344
1982	3,075	5,473	852	1,276	85	1,087	1,398	318	1,635	163	375	1,512	75	1,255	213	167	392
1983	3,689	5,865	916	1,483	118	1,288	1,582	362	2,038	184	425	1,661	72	1,438	213	195	447
1984	4,530	6,165	988	1,664	270	1,523	1,881	412	2,948	227	493	1,962	67	1,676	216	236	518
1985	5,717	6,409	1,082	1,870	353	1,816	2,276	483	3,863	283	545	2,169	65	2,074	214	276	589
1986	6,994	6,907	1,211	2,090	425	2,175	2,923	570	5,412	348	643	2,383	59	3,155	240	345	700
1987	8,448	8,911	1,371	2,430	542	2,662	3,559	745	6,843	678	759	2,521	54	4,496	255	410	840
1988	8,682	9,603	1,530	2,713	580	2,807	3,780	826	7,766	755	888	2,553	59	5,195	280	479	911
1989	9,006	10,211	1,647	2,033	589	3,001	4,079	908	8,972	806	982	2,761	65	5,984	303	552	987

자료: 김광석 · 홍성덕, 『製造業의 總要素生産性動向과 그 決定要因』(한국개발연구원, 1992).

표 P200-236 김광석 · 홍성덕의 비농업 부문별 순유형고정자산 실질, 1965-1989

	합계	식료품	음료품	연초제조업	섬유사 · 직물	편조업	직물제품 · 융단	의복제조업	가죽 및 가죽제품	나무 및 나무제품
	P200	P201	P202	P203	P204	P205	P206	P207	P208	P209
	남한, 십억 원, 1980년 가격									
1965	1,627	186	80	53	262	31	8	29	6	62
1966	1,696	190	81	55	283	32	9	30	6	65
1967	1,834	195	83	57	311	34	11	31	7	70
1968	2,033	205	83	58	334	38	12	34	7	76
1969	2,395	227	87	64	397	40	14	44	10	88
1970	2,676	255	93	71	439	50	16	55	13	104
1971	3,108	293	108	89	489	56	18	69	18	117
1972	3,667	345	116	98	496	59	21	89	25	129
1973	4,337	403	128	109	549	63	25	123	34	144
1974	5,268	460	142	123	693	67	28	178	54	162
1975	6,437	520	153	147	829	71	38	243	101	177
1976	8,096	602	170	158	989	77	48	363	183	197
1977	10,077	688	182	171	1,139	82	84	492	290	215
1978	11,603	757	214	183	1,362	93	104	486	332	237
1979	14,090	871	311	198	1,630	111	127	481	371	267
1980	15,962	963	342	226	1,815	126	143	472	407	275
1981	17,980	1,057	384	237	2,003	140	167	470	456	283
1982	19,903	1,169	411	242	2,176	154	193	466	509	289
1983	21,785	1,337	445	262	2,367	170	220	466	570	297
1984	24,386	1,495	490	276	2,631	187	245	467	635	307
1985	27,117	1,671	532	279	2,844	209	276	471	709	312
1986	31,028	1,910	569	278	3,105	248	334	478	816	321
1987	36,338	2,150	633	284	3,522	291	451	486	948	330
1988	39,369	2,312	656	289	3,727	304	463	524	983	347
1989	43,068	2,508	690	299	3,911	317	493	570	1,016	382

	종이 · 종이제품	인쇄 · 출판	산업용화학물	기타화학제품	석유	기타석유 · 석화	고무	기타플라스틱	도기 · 자기	유리 · 유리제품
	P210	P211	P212	P213	P214	P215	P216	P217	P218	P219
	남한, 십억 원, 1980년 가격									
1965	47	51	284	27	51	21	31	9	3	5
1966	51	53	287	30	53	21	33	10	3	5
1967	58	55	291	34	58	23	36	11	3	6
1968	60	56	305	38	70	24	39	12	3	7
1969	71	65	323	47	94	32	38	17	5	12
1970	79	74	318	55	106	44	37	22	6	22
1971	91	83	323	65	150	58	37	27	7	31
1972	102	96	350	73	215	74	38	33	8	34
1973	118	110	388	87	232	97	41	49	10	38
1974	139	123	426	104	231	129	46	96	12	45
1975	157	151	446	139	241	172	47	118	15	58
1976	182	168	449	180	241	237	47	156	22	69
1977	226	190	469	229	245	316	50	203	29	85
1978	255	208	576	266	259	284	75	217	33	95
1979	300	233	667	305	276	258	116	237	41	115
1980	347	245	918	353	350	232	142	249	46	122
1981	376	260	1,134	402	408	210	169	269	49	143
1982	424	281	1,246	452	422	189	209	276	54	143
1983	469	302	1,357	537	457	173	239	303	58	163
1984	519	355	1,510	635	462	156	274	357	66	169
1985	597	392	1,639	752	521	143	328	390	75	188
1986	691	415	1,826	875	525	130	386	442	83	206
1987	790	445	2,021	1,127	522	119	487	490	94	210
1988	858	488	2,192	1,217	577	127	572	596	100	263
1989	989	525	2,535	1,343	730	138	701	640	107	282

표 P200-236 계속

	기타 비금속 광물	철강	비철 금속	조립 금속 제품	기관·터빈	산업금속 가공기계	사무·기타 기계	전기 산업용 기계	음향·통신장비	가정용 전기기기	기타 전기기구	선박	철도	자동차	비행기·기타	의료·광학	기타 제조업
	P220	P221	P222	P223	P224	P225	P226	P227	P228	P229	P230	P231	P232	P233	P234	P235	P236
	남한, 십억 원, 1980년 가격																
1965	94	64	12	30	4	22	13	9	7	1	6	26	18	40	3	7	24
1966	98	66	14	32	4	23	13	10	7	1	8	29	18	41	3	7	25
1967	122	83	16	35	4	25	14	11	8	2	9	31	20	43	3	8	27
1968	201	90	18	38	5	25	16	12	11	2	13	33	21	49	3	8	28
1969	253	106	40	48	5	29	20	15	21	3	16	36	20	62	4	9	34
1970	266	126	46	59	5	32	24	19	27	4	17	39	20	73	6	9	46
1971	283	189	54	69	5	36	30	20	36	6	19	52	26	84	6	10	53
1972	315	364	65	81	5	41	39	23	50	6	23	57	26	91	7	10	62
1973	353	504	80	105	6	47	51	28	74	9	29	77	25	110	9	11	71
1974	392	610	101	145	6	54	67	33	110	19	37	171	25	137	11	13	78
1975	449	752	126	179	7	72	104	39	263	22	50	232	24	180	12	16	87
1976	525	1,148	147	218	7	110	179	60	297	48	74	314	39	249	17	25	107
1977	605	1,561	196	292	8	183	329	92	332	60	101	387	39	294	56	29	127
1978	716	1,762	227	357	9	250	407	115	416	70	128	445	43	377	58	38	152
1979	888	2,468	244	458	12	391	458	138	538	84	161	495	39	514	60	53	174
1980	1,092	2,638	349	499	14	445	505	153	659	96	183	552	39	608	104	67	187
1981	1,264	2,921	382	546	29	488	661	171	824	97	201	686	41	661	109	78	206
1982	1,444	3,224	402	640	43	559	733	190	977	98	222	887	44	711	109	87	228
1983	1,645	3,277	421	723	57	639	800	214	1,199	110	249	964	41	792	109	101	253
1984	1,915	3,261	442	801	125	728	919	241	1,708	133	287	1,135	37	899	111	122	285
1985	2,287	3,198	471	888	157	835	1,066	280	2,213	166	315	1,235	35	1,078	109	143	314
1986	2,636	3,237	511	976	182	958	1,308	328	3,055	205	367	1,332	31	1,596	122	179	363
1987	3,014	3,920	565	1,123	222	1,127	1,533	423	3,822	386	429	1,384	28	2,199	128	211	423
1988	3,089	4,226	630	1,252	239	1,186	1,622	467	4,327	428	499	1,400	30	2,536	141	245	457
1989	3,193	4,494	677	1,392	242	1,267	1,747	511	4,986	458	551	1,499	33	2,912	154	281	494

자료: 김광석·홍성덕, 『製造業의 總要素生産性動向과 그 決定要因』(한국개발연구원, 1992).

3. 인적 자본

표 P237-242 인적자본지수, 평균 수학 연수, 문해율, 1910-2010

	인적자본지수	평균 수학 연수			문해율	
		Godo(2011)	Barro and Lee(2013)	차명수(2017)	남성	여성
	P237	P238	P239	P240	P241	P242
	남한, 1911=1	남북한, 년		남한, 년	남한, %	
1910			1.20	0.03	34.09	3.61
1911	1.00			0.03	34.61	3.76
1912	1.00			0.04	35.12	3.91
1913	1.00			0.04	35.62	4.06
1914	1.00			0.05	36.12	4.21
1915	1.00		1.64	0.05	36.62	4.36
1916	1.00			0.06	37.26	4.59
1917	1.00			0.07	37.90	4.82
1918	1.00			0.07	38.54	5.06
1919	1.00			0.08	39.19	5.29
1920	1.00	0.64	2.19	0.09	39.83	5.54
1921	1.00	0.64		0.10	40.74	5.92
1922	1.00	0.66		0.12	41.64	6.30
1923	1.00	0.68		0.13	42.53	6.68
1924	1.00	0.69		0.15	43.42	7.07
1925	1.01	0.71	2.73	0.16	44.29	7.47
1926	1.01	0.73		0.18	45.38	8.00
1927	1.01	0.75		0.20	46.45	8.55
1928	1.02	0.76		0.22	47.51	9.09
1929	1.02	0.78		0.24	48.56	9.64
1930	1.02	0.81	3.27	0.26	49.60	10.20
1931	1.03	0.84		0.29	50.71	10.90
1932	1.04	0.87		0.31	51.80	11.61
1933	1.04	0.90		0.34	52.89	12.33
1934	1.05	0.93		0.37	53.97	13.06
1935	1.05	0.96	3.87	0.39	55.04	13.81
1936	1.06	0.99		0.43	56.15	14.70
1937	1.06	1.01		0.47	57.27	15.61
1938	1.07	1.05		0.50	58.40	16.54
1939	1.08	1.09		0.54	59.52	17.49
1940	1.08	1.12	4.43	0.58	60.65	18.46
1941	1.09	1.17		0.64	61.98	19.74
1942	1.11	1.22		0.70	63.32	21.04
1943	1.12			0.76	64.66	22.38
1944				0.82	66.00	23.74
1945			4.86	0.89	67.34	25.11
	남한, 1911=1	남한, 년	남한, 년	남한, 년	남한, %	남한, %
1946				0.96	68.77	26.62
1947				1.04	70.29	28.28
1948				1.13	71.91	30.11
1949				1.24	73.63	32.16
1950			5.53			
1951						
1952						
1953						
1954						
1955	2.10	2.32	6.31	2.57	82.37	52.35
1956	2.15	2.51		2.81	83.67	54.94
1957	2.19	2.70		3.04	84.87	57.37
1958	2.23	2.88		3.25	85.98	59.64
1959	2.27	3.05		3.45	87.00	61.77
1960	2.31	3.21	5.79	3.64	87.95	63.76
1961	2.34	3.34		3.83	88.55	65.06
1962	2.36	3.48		4.03	89.14	66.35
1963	2.38	3.62		4.23	89.74	67.64
1964	2.41	3.76		4.44	90.34	68.94

표 P237-242 계속

	인적자본지수	평균 수학 연수			문해율	
		Godo(2011)	Barro and Lee(2013)	차명수(2014)	남성	여성
	P237	P238	P239	P240	P241	P242
	남한, 1911=1	남한, 년			남한, %	
1965	2.43	3.90	6.88	4.65	90.93	70.24
1966	2.46	4.04		4.87	91.52	71.54
1967	2.48	4.20		5.09	92.63	74.57
1968	2.50	4.35		5.28	93.57	77.18
1969	2.52	4.51		5.44	94.37	79.44
1970	2.53	4.70	7.72	5.59	95.07	81.42
1971	2.54	4.91		5.74	95.48	82.77
1972	2.55	5.12		5.87	95.86	84.02
1973	2.56	5.33		6.00	96.21	85.18
1974	2.57	5.55		6.12	96.53	86.26
1975	2.57	5.75	8.53	6.24	96.82	87.27
1976	2.61	5.98		6.43	97.11	87.99
1977	2.63	6.19		6.62	97.38	88.66
1978	2.66	6.40		6.80	97.63	89.29
1979	2.69	6.61		6.96	97.86	89.89
1980	2.71	6.82	9.53	7.12	98.07	90.44
1981	2.76	7.04		7.32	98.26	90.98
1982	2.79	7.27		7.52	98.44	91.47
1983	2.82	7.48		7.70	98.60	91.94
1984	2.85	7.68		7.88	98.75	92.38
1985	2.88	7.88	10.34	8.04	98.89	92.80
1986	2.93	8.09		8.24	98.99	93.18
1987	2.97	8.30		8.44	99.08	93.55
1988	3.01	8.51		8.62	99.17	93.89
1989	3.05	8.69		8.79	99.25	94.21
1990	3.07	8.88	11.16	8.96	99.32	94.52
1991	3.09	9.05		9.13	99.39	94.78
1992	3.11	9.21		9.30	99.45	95.03
1993	3.13	9.38		9.47	99.50	95.26
1994	3.15	9.53		9.63	99.56	95.50
1995	3.17	9.67	11.76	9.79	99.61	95.72
1996	3.18	9.82		9.90	99.64	95.82
1997	3.19	9.99		9.99	99.67	95.93
1998	3.20	10.16		10.09	99.70	96.03
1999	3.21	10.33		10.19	99.72	96.13
2000	3.22	10.50	12.28	10.28	99.75	96.23
2001	3.23			10.42	99.78	96.42
2002	3.25			10.55	99.81	96.61
2003	3.26			10.68	99.84	96.79
2004	3.28			10.81	99.87	96.96
2005	3.29		12.62	10.94	99.89	97.13
2006	3.30			11.00	99.91	97.25
2007	3.31			11.06	99.93	97.37
2008	3.31			11.12	99.95	97.48
2009	3.32			11.17	99.97	97.58
2010	3.32		13.26	11.23	99.99	97.69

자료: 인적자본지수와 문해율은 차명수, 『기아와 기적의 기원: 한국경제사, 1700-2010』(해남, 2014); 평균수학연수는 Godo, Y. "Estimation of Average Year s of Schooling for Japan, Korea, and the United States," PRIMECED discussion paper, no. 9, Institute of Economic Research, Hitotsubashi University, 2011; Barro-Lee Educational Attainment Dataset, barrolee.co.; 차명수, 『기아와 기적의 기원: 한국경제사, 1700-2010』(해남, 2014).

표 P243-250 교수준별 성별 성인인구비율, 1910-2010

	남				여			
	무학자	초졸	중고졸	대졸	무학자	초졸	중고졸	대졸
	P243	P244	P245	P246	P247	P248	P249	P250
	남한, %							
1910	99.17	0.75	0.07	0.00	99.94	0.06	0.00	0.00
1911	99.04	0.87	0.09	0.01	99.93	0.07	0.00	0.00
1912	98.92	0.98	0.10	0.01	99.92	0.08	0.01	0.00
1913	98.79	1.09	0.11	0.01	99.90	0.09	0.01	0.00
1914	98.66	1.20	0.13	0.01	99.89	0.10	0.01	0.00
1915	98.54	1.31	0.14	0.01	99.88	0.11	0.01	0.00
1916	98.35	1.48	0.16	0.01	99.86	0.13	0.01	0.00
1917	98.16	1.65	0.17	0.02	99.83	0.15	0.01	0.00
1918	97.97	1.82	0.19	0.02	99.81	0.17	0.01	0.00
1919	97.77	2.00	0.21	0.02	99.78	0.20	0.02	0.00
1920	97.58	2.17	0.23	0.02	99.76	0.22	0.02	0.00
1921	97.20	2.51	0.26	0.03	99.71	0.26	0.02	0.00
1922	96.83	2.84	0.30	0.03	99.66	0.31	0.03	0.00
1923	96.45	3.18	0.34	0.03	99.61	0.35	0.03	0.00
1924	96.08	3.51	0.37	0.04	99.56	0.40	0.04	0.00
1925	95.70	3.85	0.41	0.04	99.51	0.44	0.04	0.01
1926	95.17	4.32	0.46	0.05	99.43	0.51	0.05	0.01
1927	94.64	4.80	0.51	0.05	99.35	0.59	0.06	0.01
1928	94.11	5.28	0.56	0.06	99.26	0.66	0.07	0.01
1929	93.58	5.76	0.61	0.06	99.17	0.74	0.08	0.01
1930	93.04	6.24	0.66	0.07	99.09	0.82	0.09	0.01
1931	92.42	6.79	0.72	0.07	98.96	0.94	0.10	0.01
1932	91.79	7.34	0.79	0.08	98.82	1.05	0.12	0.01
1933	91.15	7.89	0.87	0.09	98.69	1.17	0.13	0.01
1934	90.52	8.44	0.94	0.10	98.55	1.30	0.15	0.01
1935	89.87	9.00	1.02	0.11	98.40	1.42	0.16	0.01
1936	89.07	9.68	1.13	0.12	98.18	1.61	0.19	0.02
1937	88.26	10.36	1.24	0.14	97.96	1.81	0.22	0.02
1938	87.42	11.06	1.37	0.15	97.73	2.01	0.24	0.02
1939	86.56	11.77	1.50	0.17	97.49	2.22	0.27	0.02
1940	85.69	12.49	1.63	0.19	97.24	2.44	0.30	0.02
1941	84.48	13.52	1.79	0.21	96.82	2.80	0.35	0.03
1942	83.24	14.57	1.95	0.24	96.39	3.18	0.40	0.03
1943	81.97	15.64	2.12	0.27	95.93	3.58	0.45	0.04
1944	80.67	16.72	2.30	0.30	95.46	4.00	0.51	0.04
1945	79.26	17.92	2.48	0.34	94.91	4.49	0.55	0.05
1946	77.72	19.21	2.68	0.39	94.30	5.05	0.60	0.05
1947	76.04	20.61	2.90	0.45	93.60	5.68	0.66	0.06
1948	74.21	22.14	3.14	0.51	92.79	6.42	0.72	0.07
1949	72.19	23.81	3.42	0.58	91.87	7.26	0.80	0.08
1955	48.99	44.91	4.37	1.73	74.33	24.19	1.24	0.25
1956	46.02	46.67	5.14	2.17	70.95	27.29	1.46	0.30
1957	43.27	48.31	5.84	2.57	67.77	30.20	1.68	0.35
1958	40.72	49.83	6.50	2.95	64.79	32.94	1.88	0.40
1959	38.33	51.25	7.12	3.30	61.97	35.52	2.07	0.44
1960	36.10	52.58	7.69	3.63	59.31	37.96	2.25	0.48
1961	34.87	51.42	9.70	4.02	57.77	38.62	3.03	0.59
1962	33.60	50.22	11.77	4.41	56.19	39.29	3.82	0.69
1963	32.30	49.00	13.89	4.82	54.58	39.98	4.64	0.80
1964	30.96	47.73	16.08	5.24	52.93	40.69	5.47	0.91
1965	29.57	46.43	18.33	5.67	51.24	41.41	6.32	1.03
1966	28.15	45.09	20.65	6.11	49.52	42.15	7.19	1.14
1967	24.95	49.23	19.67	6.15	44.71	46.78	7.23	1.28
1968	22.20	52.79	18.83	6.18	40.55	50.79	7.27	1.39
1969	19.81	55.88	18.09	6.21	36.93	54.28	7.30	1.49
1970	17.72	58.59	17.45	6.24	33.73	57.36	7.33	1.58
1971	16.58	59.12	17.98	6.31	31.63	58.53	8.15	1.69
1972	15.53	59.62	18.48	6.38	29.67	59.62	8.92	1.79

표 P243-250 계속

	남				여			
	무학자	초졸	중고졸	대졸	무학자	초졸	중고졸	대졸
	P243	P244	P245	P246	P247	P248	P249	P250
	남한, %							
1973	14.54	60.08	18.94	6.45	27.83	60.65	9.64	1.89
1974	13.62	60.51	19.37	6.51	26.10	61.61	10.31	1.98
1975	12.75	60.91	19.77	6.57	24.47	62.52	10.95	2.07
1976	11.88	59.31	21.74	7.06	23.35	61.99	12.35	2.31
1977	11.05	57.81	23.61	7.53	22.30	61.50	13.67	2.53
1978	10.28	56.39	25.36	7.97	21.31	61.03	14.91	2.74
1979	9.54	55.04	27.03	8.39	20.37	60.59	16.09	2.94
1980	8.84	53.77	28.60	8.79	19.49	60.18	17.20	3.13
1981	8.20	51.98	30.39	9.42	18.63	58.81	19.03	3.52
1982	7.59	50.30	32.09	10.02	17.83	57.53	20.76	3.89
1983	7.02	48.70	33.70	10.59	17.06	56.31	22.39	4.24
1984	6.47	47.18	35.22	11.12	16.34	55.15	23.94	4.57
1985	5.96	45.75	36.66	11.63	15.65	54.05	25.41	4.88
1986	5.61	43.81	38.08	12.50	15.01	52.19	27.27	5.53
1987	5.28	41.98	39.42	13.31	14.40	50.42	29.03	6.14
1988	4.97	40.25	40.69	14.09	13.82	48.74	30.71	6.73
1989	4.68	38.61	41.89	14.82	13.27	47.14	32.30	7.28
1990	4.40	37.05	43.04	15.52	12.75	45.62	33.82	7.81
1991	4.17	35.58	43.54	16.71	12.32	44.01	34.85	8.82
1992	3.95	34.16	44.02	17.87	11.90	42.44	35.85	9.80
1993	3.73	32.76	44.50	19.01	11.50	40.91	36.83	10.76
1994	3.51	31.41	44.97	20.11	11.10	39.42	37.79	11.69
1995	3.30	30.08	45.42	21.20	10.71	37.97	38.72	12.60
1996	3.24	29.28	45.51	21.97	10.61	36.86	38.99	13.54
1997	3.18	28.50	45.59	22.73	10.50	35.78	39.26	14.46
1998	3.12	27.74	45.68	23.47	10.40	34.72	39.52	15.36
1999	3.06	26.99	45.76	24.20	10.30	33.68	39.78	16.23
2000	3.00	26.26	45.84	24.90	10.21	32.68	40.03	17.09
2001	2.87	25.46	45.39	26.29	9.84	31.81	39.79	18.57
2002	2.75	24.67	44.94	27.64	9.48	30.96	39.55	20.01
2003	2.62	23.89	44.51	28.98	9.13	30.12	39.32	21.43
2004	2.50	23.13	44.08	30.29	8.78	29.31	39.09	22.82
2005	2.38	22.38	43.66	31.58	8.44	28.51	38.87	24.18
2006	2.30	22.22	43.18	32.30	8.24	28.22	38.55	24.99
2007	2.22	22.07	42.71	33.00	8.04	27.93	38.24	25.78
2008	2.15	21.92	42.26	33.68	7.85	27.66	37.94	26.55
2009	2.07	21.77	41.81	34.34	7.66	27.39	37.64	27.31
2010	2.00	21.63	41.37	34.99	7.48	27.12	37.35	28.05

자료: 차명수, 『기아와 기적의 기원: 한국경제사, 1700-2010』(해남, 2014).
주: 성인은 15세 이상 인구를 가리킨다.

Q. 과학기술

홍제환

국가경제의 성장률은 두 가지 변수에 의해서 결정된다. 하나는 생산요소인 노동과 자본의 투입량 증가율이며, 다른 하나는 생산성 증가율이다. 그리고 생산성 증가율을 결정짓는 가장 중요한 요소는 기술발전 속도이다. 따라서 기술발전 속도를 높이는 일은 경제성장 수준과 직결되는 국가적으로 매우 중요한 과제라고 할 수 있다.

기술발전 속도 향상이라는 과제는 경제개발 초기보다는 경제개발이 어느 정도 이루어져 중진국 단계에 접어든 이후에 그 중요성이 더욱 커진다. 경제발전에 성공한 국가들의 경험을 살펴보면, 경제개발 초기에는 선진국의 사양산업과 그에 필요한 기술을 이전 받아, 저임금 노동력을 활용하여 제품을 생산 · 수출함으로써 빠른 경제성장을 달성하였다. 이 단계에서는 기존 기술을 모방하여 사용하는 것만으로도 충분하기에, 국가적 차원에서 기술혁신에 나설 필요성을 절감하지는 못한다.

그러나 경제가 성장하여 중진국 단계에 접어듦에 따라 기술혁신의 필요성은 증대된다. 이제 저임금이라는 비교우위를 상실하게 되는 만큼, 기술을 모방하는 데에 그쳐서는 안 되며, 새로운 기술을 개발함으로써 기술 측면에서 경쟁력을 확보해야 하는 상황에 놓이게 되는 것이다. 그리고 이 단계에서 얼마나 효과적으로 대응하느냐에 따라, 즉 얼마나 기술발전 속도를 높이느냐에 따라 각국의 경제성장 경로는 나뉘어졌다. 일례로, 한국 · 대만 등은 중진국 단계를 넘어서 선진국에 근접한 수준으로 경제발전을 이루어 간 반면, 아르헨티나 · 칠레 등은 중진국 함정(middle income trap)에 빠져 경제발전을 진척시키지 못한 채 장기간에 걸쳐 제자리걸음을 해오고 있는데, 이러한 차이를 낳은 주요 요인 중 하나로 과학기술 부문에의 적극적인 투자 여부가 거론되기도 한다(이근 2014).

본 장에서는 이처럼 한국 경제가 지난 반 세기 동안 저개발 수준을 벗어나 중진국 함정마저 극복하고 선진국 대열에까지 성공적으로 안착하는 데에 중요한 역할을 한 과학기술 부문의 발전 양상에 관한 장기 통계를 살펴보고자 하며, 연구개발 투자(Q1-26), 연구개발 인력(Q27-90), 연구개발 성과(Q91-205)로 나누어 통계를 제시한다.

본 연구에서 활용된 자료는 다음과 같다. 먼저 연구개발 투자 및 인력에 관한 통계는 국가과학기술지식정보서비스(NTIS), 『과학기술연감』, 『과학기술연구개발활동조사』 등을 통해서 확인하였으며, 모두 1960년대 중반 이후의 상황에 대해서만 파악 가능하다. 연구개발 성과와 관련해서는 기술무역 통계의 경우 『과학기술연감』, 『기술무역통계조사보고서』로부터 파악하였으며, 지식재산권 관련 정보는 1973년부터 1998년까지 간행된 『특허청연보』, 1999년 이후 간행되고 있는 『지식재산통계연보』, 그리고 국가통계포털 등으로부터 확보하였다.

1. 연구개발 투자

연구개발 투자에 관한 통계는 재원별, 연구개발주체별, 비목별, 연구단계별 등으로 나누어 살펴볼 수 있는데, 이하에서는 이 중 몇 가지 지표를 중심으로 연구개발 투자의 추이에 대해 논의한다.

우선 총연구개발비부터 보면, 1963년 12억 원에 불과하였으나 이후 빠르게 증가하여 1977년 1,000억 원, 1996년 10조 원을 넘어섰으며, 2015년 현재 약 66조 원에 이르고 있다(Q1). 그런데 이는 명목금액 기준이어서 우리나라 연구개발 투자가 얼마나 증가해 왔는가를 보여 주는 데에는 한계가

그림 Q-a 재원별 연구개발비 및 국내총생산 대비 연구개발비 비중 추이(%)

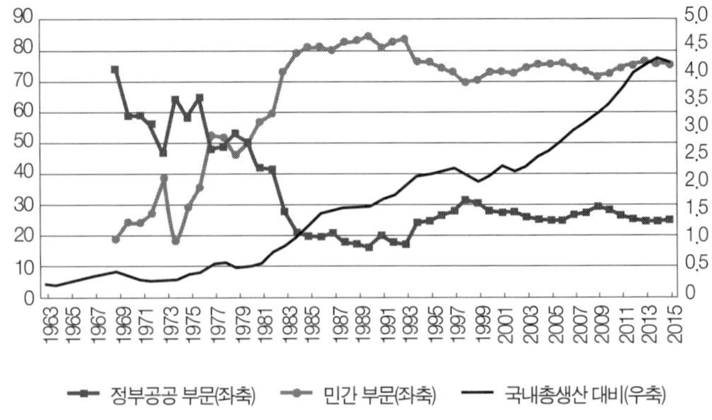

자료: Q1-5.

있다. 따라서 연구개발 투자의 활성화 수준을 나타내는 다른 지표가 필요한데, 국내총생산 대비 연구개발비 비중이 많이 활용된다. Q5는 이를 정리해 놓은 것으로, 그림 Q-a에도 제시되어 있다.

그림 Q-a에서 국내총생산 대비 연구개발비 비중의 추이를 보면, 1960년대 초반에는 0.2% 내외에 불과했으며, 1983년까지 1% 미만에 머물렀다. 그러다 1984년 처음으로 1%대에 진입한 뒤 1980년대를 거치면서 빠르게 상승, 1994년에는 2%대에 진입했다. 이후 국내총생산 대비 연구개발비 비중은 완만한 상승세를 보이다가 2007년 3%대에 진입한 이후 다시 빠르게 상승, 5년 만인 2012년부터 4%대를 기록하고 있다.[1]

1980년대 이후 나타난 이와 같은 국내총생산 대비 연구개발비 비중의 가파른 증가세는 국제적으로 볼 때, 상당히 예외적인 현상이다. 2000년 한국의 국내총생산 대비 연구개발비 비중은 2.18%로, 미국(2.62%), 일본(3.00%), 독일(2.47%), 프랑스(2.15%), 영국(1.79%)과 비교해 다소 낮은 수준이었다. 그런데 2013년의 상황을 보면, 한국의 국내총생산 대비 연구개발비 비중은 4.15%로 그 사이 급등한 반면, 미국(2.73%), 일본(3.47%), 독일(2.85%), 프랑스(2.23%), 영국(1.63%) 등은 소폭 변동하는 데에 그치고 있어, 한국이 주요 선진국들에 비해서도 월등히 높아진 것으로 나타나고 있다.

이와 같이 1980년대 이후 이루어진 연구개발 투자의 급격한 팽창을 주도한 것은 민간 부문이었다. 그림 Q-a에는 재원별 연구개발비 비중도 제시되어 있는데,[2] 1970년대 중반까지는 정부 · 공공 부문의 비중이 60%를 상회하고 있었다. 민간 부문의 역량이 충분히 갖추어지지 못한 경제개발 초기였던 만큼 정부 · 공공 부문이 연구개발 투자를 주도했던 것이다. 이러한 양상은 1970년대 후반 급격히 바뀌었고, 1977년 처음으로 민간 부문의 비중이 정부 · 공공 부문의 비중을 앞섰다. 이후 격차는 급격히 벌어져, 1980년대 중반 이후에는 민간 부문이 연구개발 투자의 80% 가까이를 차지하게 되었다. 1980년대를 거치면서 민간 부문 주도로 연구개발 투자가 이루어지는 구조가 확립된 것이다. 이후 1990년대를 거치면서 정부 · 공공 부문의 비중이 다소 상승하였으며, 최근에는 정부 · 공공 부문이 25% 내외, 민간 부문이 75% 내외의 비중을 차지하는 상황이 지속되고 있다.

그림 Q-a에 제시되지는 않았지만, 연구개발 주체별로 보더라도 1980년대 초반부터 민간(기업)이 연구개발을 주도해 왔음이 명확히 드러난다(Q6-8). 연구개발 주체 측면에서도 경제개발 초기에는 공공 부문의 역할이 컸다. 공공연구기관의 비중은 1960년대 후반에는 80%를 차지할 만큼 압도적이었으며, 1970년대에도 50%를 상회했다. 기업체의 비중이 공공연구기관의 비중을 처음 넘어선 것은 1982년의 일이다. 그 이후 기업체의 비중은 꾸준히 상승, 최근에는 78% 내외를 기록하고 있으며, 이와 반대로 공공연구기관의 비중은 지속적으로 하락, 2014년에는 12.8%를 차지하는 데에 그치고 있다.[3]

민간 기업들이 연구개발 투자에 적극적인 태도를 견지해 왔음은 그림 Q-b를 통해서도 확인할 수 있다. 그림 Q-b는 1984년 이후 제조업 부문 기업체의 매출액 대비 연구개발비 비중 추이를 제시해 놓은 것이다. 1984년 1.3%에 그치던 매출액 대비 연구개발비 비중은 1990년경 2%를 넘어섰으며, 이후에도 경제위기에 직면했던 1990년대 후반과 2000년대 후반 일시적 하락기를 제외하면, 대부분의 기간 동안 상승해 왔다. 그 결과 2013년 현재 매출액 대비 연구개발비 비중은 3.41%로 1983년에 비해 2.6배가량 높아졌다.

1 2007년부터 조사 대상에 인문 · 사회과학 부문이 포함되긴 했지만, 전체적인 추이에 큰 영향을 미치지는 않았을 것으로 판단된다.

2 정부 · 공공 부문과 민간 부문 외에 외국 부문도 있으나, 그 비중이 거의 대부분 1% 미만에 그치고 있어 생략하였다.

3 참고로 대학은 1980년대 이후 10% 내외의 비중을 차지하고 있다.

그림 Q-b 제조업 기업체 매출액 대비 연구개발비 비중 추이(%)

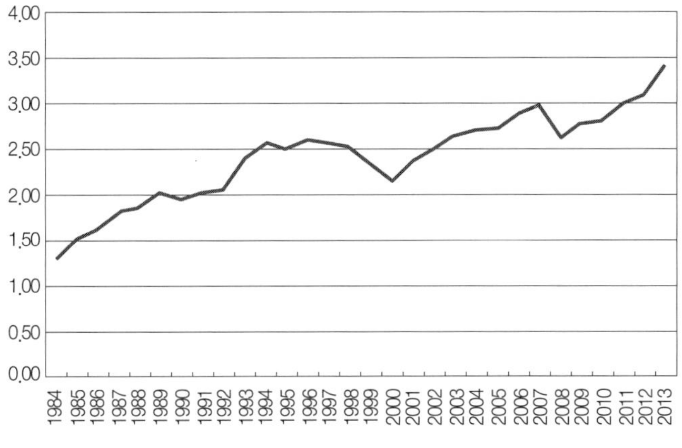

자료: 과학기술처, 『과학기술연구개발활동조사보고서』 각년도판.
주: 관련 통계는 본 연구의 통계표에는 수록되어 있지 않다.

그림 Q-c 연구개발단계별 연구비 비중 추이(%)

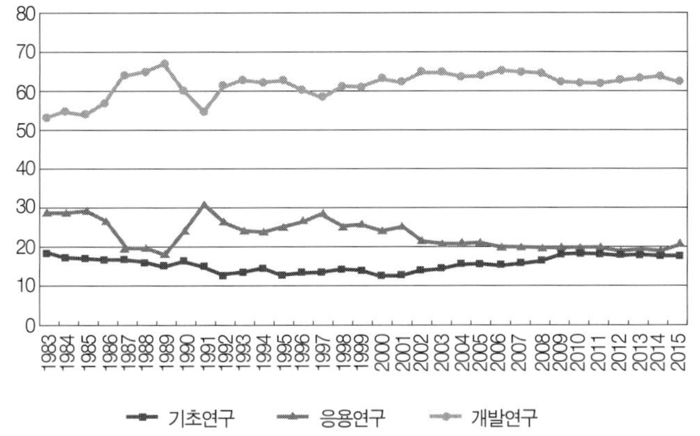

자료: Q11-26.

연구개발비는 주로 어떠한 연구에 사용되었을까. 그림 Q-c는 1983년부터 2015년까지의 연구개발단계별 연구비 비중의 추이를 제시해 놓은 것이다. 연구개발 단계는 크게 기초연구, 응용연구, 개발연구의 세 단계로 구분되는데,[4] 1983년부터 최근까지 각 단계별 비중은 크게 바뀌지 않았다. 매년 연구비의 60%가량이 개발연구에 사용되었으며, 기초연구, 응용연구에 투여되는 연구비의 비중은 각각 10-20%와 20-30% 사이를 오가고 있다. 2014년 구성을 보면, 기초연구에 17.6%, 응용연구에 18.9%, 개발연구에 63.4%의 연구비가 사용되었다.

우리나라의 연구개발단계별 연구비 구성은 미국과 흡사하다. 2012년 현재 미국의 연구개발단계별 연구비 구성은 기초연구 16.5%, 응용연구 19.2%, 개발연구 64.3%였다. 2014년 우리나라의 구성과 매우 흡사하다. 일본의 경우에는 우리나라에 비해 기초연구의 비중이 상대적으로 낮으며, 프랑스는 기초 및 응용연구의 비중이 높은 대신, 개발연구의 비중은 35%로 낮다. 영국의 경우 기초연구 비중은 한국과 비슷한데, 응용연구 비중이 47%로 높고, 개발연구 비중은 37.5%로 낮다.

우리나라의 연구개발단계별 연구비 구성에서 주목할 부분은 2000년대 들어와 기초연구 부문의 비중이 증가하고 있다는 점이다. 그림에서 확인되는 바와 같이, 2000년 이전에는 기초연구개발비의 비중이 다소 감소하는 추세를 보이고 있었는데, 2000-2001년 12.6%를 저점으로 상승, 최근에는 18% 내외를 차지하고 있다. 이는 앞서 소개한 국가들에서 기초연구비의 비중이 장기간에 걸쳐 일정 수준에서 정체되는 양상을 보이고 있는 것과 대조적인 현상이다.

2. 연구개발 인력

1980년대부터 이루어진 연구개발 투자의 증가와 맞물려 연구개발 인력 규모도 빠르게 증가해 왔다. Q27-42에는 연구기관 및 연구원수의 추이에 관한 통계가 제시되어 있으며, 그림 Q-d는 이 중 연구개발주체별 연구원수 추이를 제시한 것이다. 먼저 연구기관수의 추이부터 보면, 1966년에는 100여 개에 불과하였으나 꾸준히 증가하여 1983년 1,000개를 넘어서고, 2007년에는 10,000개를 돌파하였으며, 2015년 현재 35,000개를 상회하고 있다. 이러한 연구기관의 급증을 주도해 온 것 역시 기업이었다. 1966년 22개에 불과하던 기업체 연구기관수는 2015년 현재 34,000여 개로 연구기관의 대부분을 차지하고 있다.

이제 그림 Q-d의 연구원수를 살펴보자. 여기서 연구원

4 기초연구란 특정한 응용 또는 사용을 목표로 하지 않고, 새로운 과학적 지식을 획득하기 위하여 행해지는 실험적 또는 이론적 연구를 말한다. 응용연구는 기초연구 결과 얻어진 지식을 이용, 특정한 실용적인 목적하에 새로운 과학적 지식을 획득하기 위하여 행해지는 독창적 연구를 의미한다. 마지막으로 개발연구란 기초연구 · 응용연구 등을 통해 획득한 지식을 활용하여 새로운 재료, 제품과 장치를 생산하거나 새로운 공정, 시스템 또는 서비스를 설치하는 등의 체계적 활동을 지칭한다.

그림 Q-d 연구개발주체별 연구원수 추이(명)

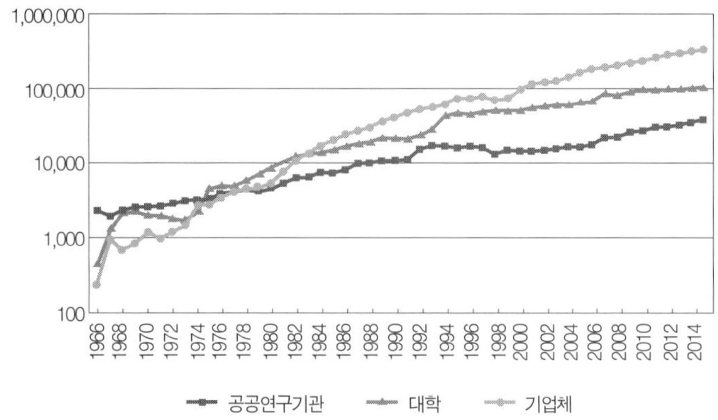

자료: Q27-42.
주: 여기 제시된 연구원수는 Headcount 기준임.

그림 Q-e 연구개발주체별 박사 연구원 비율 추이(%)

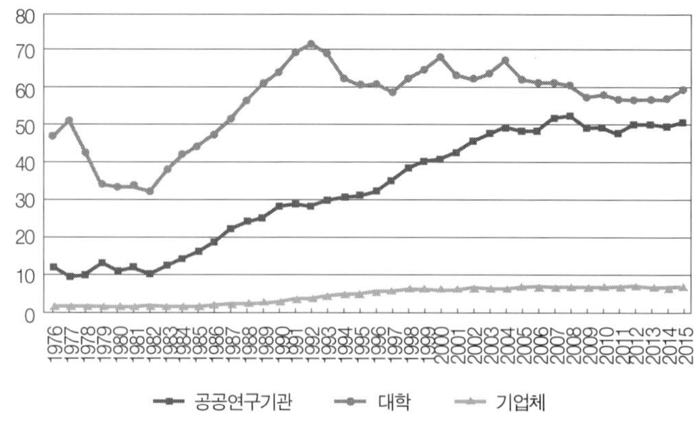

자료: Q43-62.

이란 학사 이상 학위 소지자 또는 동등 학위 이상의 전문지식을 지닌 인력으로서 연구개발 과제를 수행하고 있는 사람을 지칭한다. Q27-42에서는 연구원수를 FTE와 Headcount(총연구원수)로 구분해 제시해 놓았는데, FTE란 상근상당인력(Full-Time Equivalent)을 가리키며, 일정 기간 동안 상근으로 근무하는 한 사람을 표시하는 측정 단위이다. 이는 겸직연구개발 인력수를 상근상당 연구개발 인력수로 환산하고 여기에 상근연구 개발인력수를 합하여 산출한다.[5] 그림에는 총연구원수를 제시해 놓았는데, 연구원수의 추이에서도 기업체 부문이 1980년대 중반 이후 연구개발을 주도해 왔음이 여실히 드러난다. 기업체 부문의 연구원수는 1970년대까지는 가장 적었으나, 1980년대 초반 공공 부문 및 대학의 연구원수를 앞지르기 시작했으며, 2013년 현재 전체 연구원 중에서 인원수로는 68.7%, FTE 기준으로는 78.7%를 차지하고 있다.

연구개발 인력과 관련해서는 학위별·전공별·성별 연구원수에 대한 통계도 제시해 두었다(Q43-90). 이 중에서 하나 주목할 것은 학위별 연구원수에 관한 통계이다. 이 통계는 연구원수를 박사, 석사, 학사 등으로 구분하여 제시하고 있어, 연구원의 질적 수준을 나타내는 지표로 활용할 수 있다. 그림 Q-e는 그 추이를 나타낸 것인데 공공연구기관 및 대학 부문에 비해 기업체의 박사 연구원 비중은 크게 낮으며, 양자 사이의 격차가 확대되어 왔음을 확인할 수 있다. 그리하여 2015년 현재 연구원 중 박사의 비율은 공공연구기관 50.3%, 대학 59.1%인 반면, 기업체는 6.8%에 불과하다. 이는 기업체의 연구개발 투자가 양적 측면에서는 크게 팽창해 왔으나 질적 측면, 특히 인적자본의 질적 제고라는 측면에서는 보다 개선될 필요가 있음을 시사하고 있다.

3. 연구개발 성과

연구개발 투자 규모의 팽창은 연구개발 성과의 증대로 이어졌고, 이는 전술한 바와 같이 우리나라가 중진국 함정을 극복하는 데에 매우 중요한 역할을 했다. 여기서는 그러한 연구개발 성과의 변화를 보여 주는 주요 지표에 대해 살펴보고자 한다.

먼저 살펴볼 지표는 기술무역 통계이다. 과학기술 수준이 낮은 경제개발 초기 단계에서는 주로 기술을 도입한다. 하지만 과학기술 수준이 어느 정도 향상되면 기술 수출에도 나서게 되어, 기술 도입과 기술 수출 사이의 갭을 줄여나가게 되고, 더 나아가서는 기술 수출이 기술 도입 규모를 상회하는, 즉 기술무역수지가 적자에서 흑자로 전환되는 상황이 도래하는 것을 상정해 볼 수 있을 것이다.

그림 Q-f는 기술도입액 및 기술수출액의 추이를 제시해 놓은 것으로, 우리나라의 기술무역이 앞서 상정한 흐름을

5 따라서 겸직 인력이 많을수록 FTE와 Headcount의 격차는 커지게 되는데 대학에서 그러한 경향이 두드러져, 2013년 대학의 총연구원수(Headcount)는 9만 7,319명인 반면, 상근상당인력은 4만 1,784명에 불과하다. 이는 연구와 학업을 병행하는 인력이 많은 대학의 특성이 반영된 결과로 판단된다.

그림 Q-f 기술도입액 및 기술수출액 추이(백만 달러)

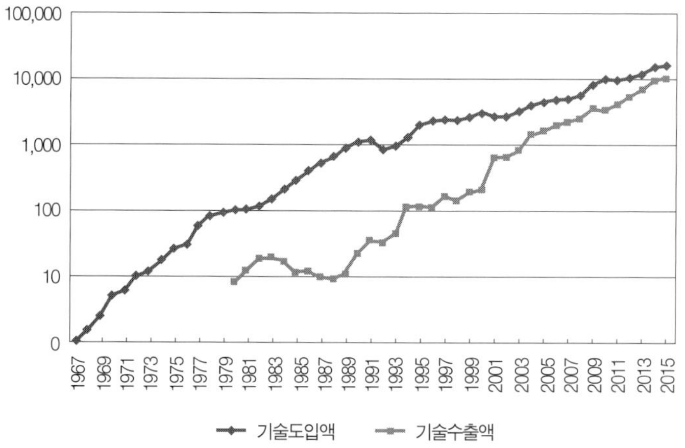

자료: Q91-106.

그림 Q-g 산업별 기술도입액 비중 추이(%)

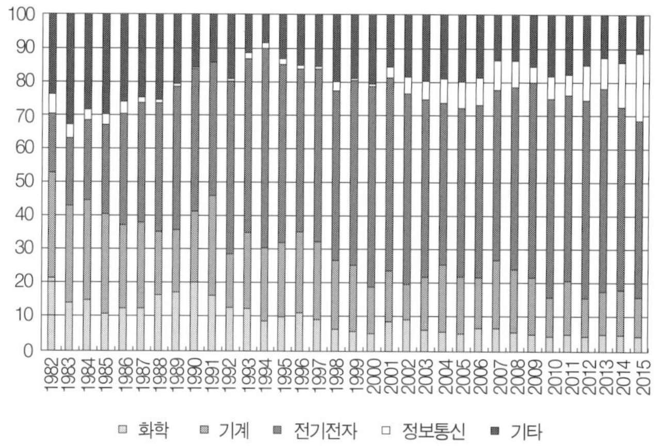

자료: Q107-128.

따라 변모하고 있음이 잘 드러나고 있다. 그림을 보면 두 가지 특징을 확인할 수 있다. 첫째, 기술도입액과 기술수출액이 모두 꾸준히 증가하는 양상을 보여 왔다. 연구개발 투자가 축적되어 과학기술 수준이 향상되고 기술 수출이 활발히 이루어지게 되더라도, 기술 도입 규모는 감소하기는커녕 지속적으로 증가하는 양상이 나타나고 있다. 둘째, 기술도입액 대비 기술수출액의 비율은 상승하는 추세를 보여 왔다. 그림에 제시하지는 않았지만, 2000년까지는 이 비율은 10%에도 미치지 못했다. 그러나 2001년 기술 수출이 전년 대비 3배 이상으로 급증하면서 기술도입액 대비 기술수출액의 비율은 23.4%로 상승했고, 2000년대 말 일시적 하락을 제외하면 꾸준히 상승, 2015년에는 63.4%에 이르고 있다. 그리고 지금과 같은 추세가 지속된다면, 머지않아 기술무역수지가 흑자를 이루게 될 것으로 전망된다.

그림 Q-g는 산업별 기술도입액 비중의 추이를 제시해 놓은 것이다. 그림을 보면, 기술 도입은 주로 4개 산업, 즉 화학, 기계, 전기전자, 정보통신 산업에 집중되어 온 것으로 나타나고 있다. 다만 이 4개 사업 내에서도 상이한 양상이 나타나고 있다. 화학 및 기계 산업의 경우, 기술도입액 비중은 갈수록 감소하는 양상이 나타나고 있는 반면, 정보통신 산업의 기술도입액이 차지하는 비중은 2000년대 들어와 증가하고 있다. 가장 큰 비중을 차지하는 전기전자산업의 경우, 1990년대 이후 지속적으로 전체 기술도입액의 절반 이상을 차지하고 있다.

그림 Q-h 산업별 기술수출액 비중 추이(%)

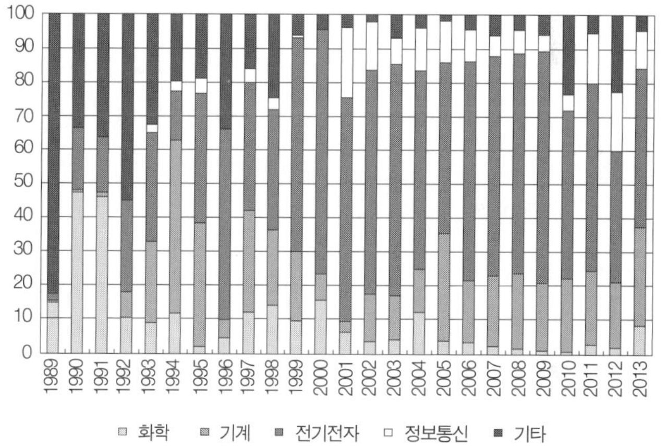

자료: Q107-128.

한편, 그림 Q-h는 산업별 기술수출액 비중의 추이를 제시해 놓은 것인데, 기술도입액의 추세와 비슷한 양상이 나타나고 있다. 즉, 수출 면에서도 1990년대 후반부터 전기전자산업의 비중이 압도적으로 높아진 것으로 나타나고 있으며, 2000년대 들어와 정보통신산업의 기술 수출 비중이 증가하고 있는 반면, 화학산업은 1990년대 초반부터 비중이 크게 감소한 것으로 나타나고 있다. 기술도입액의 추세와 다소 상이한 부분은 기계산업의 기술수출액은 2000년대 이후에도 10-20%대의 비중을 꾸준히 유지하고 있다는 점이다.

연구개발 성과와 관련하여 두 번째로 제시해 놓은 것은 지식재산권 통계이다. 지식재산권은 특허, 실용신안, 디자

그림 Q-i 연도별 특허 및 실용신안 출원건수(천 건)

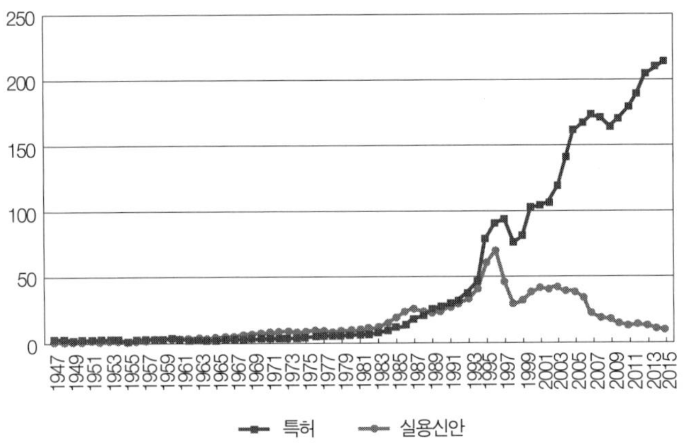

자료: Q129-136.

그림 Q-j 주요 산업 부문 특허 출원건수(건)

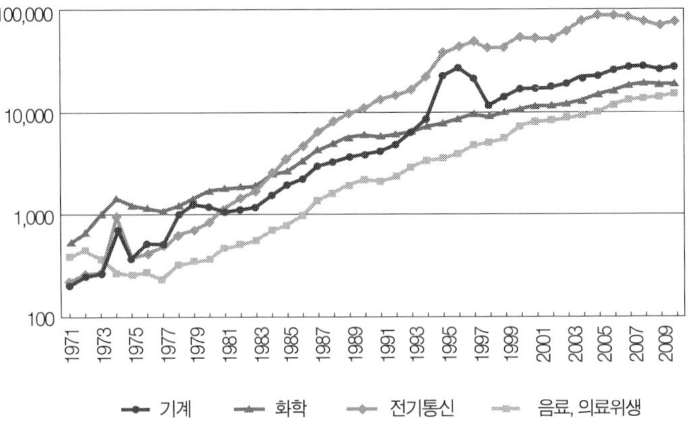

자료: Q137-159.

인, 상표로 구성되는데, 이 중에서 특허와 실용신안이 핵심을 이룬다. 지식재산권제도가 우리나라에서 처음 시행된 것은 일제시대의 일이다. 당시 조선에서는 칙령 제335호에 의거, 일본의 특허법, 의장법, 실용신안법, 상표법, 저작권법이 의용(依用)되었다(특허청 2007).[6] 하지만 당시와 관련된 통계는 파악하기 어려워 지식재산권에 대해서도 해방 이후의 상황만을 제시하였다.

주지하듯이, 특허제도는 정부가 발명의 창작자에게 기술을 공개하는 대신, 발명의 제조, 사용, 판매에 대한 독점권을 일정 기간 보장해줌으로써 발명 및 기술발전을 장려하는 제도이다. 그런데 특허제도만 존재할 경우에는 발명성(inventiveness)이 높지 않은, 이른바 소발명(small invention)은 제대로 보호받지 못한다는 문제가 발생한다. 이는 특히 과학기술 발전 수준이 낮은 경제개발 초기 단계에서 문제가 되는데, 왜냐하면 사람들이 대발명의 성공 확률이 낮다는 점을 고려하여 아예 기술개발을 포기하게 만드는 유인으로 작용할 수 있기 때문이다. 이에 따라 우리나라에서는 경제발전 초기부터 소발명을 보호하기 위한 실용신안제도를 마련, 소발명을 장려해 왔다.

Q129-136에는 1947년부터 2015년까지의 연도별 지식재산권 출원 및 등록건수 통계가 제시되어 있다. 그림 Q-i는 이 중에서 지식재산권 제도의 발전 정도를 나타내는 대표적인 지표인 특허 및 실용신안 출원건수를 제시해 놓은 것이다. 그림을 보면 1980년대 후반까지는 실용신안 출원건수가 특허 출원건수를 상회하고 있었음이 확인된다. 앞서 언급했듯이, 경제발전 초기에는 대발명이 쉽지 않은 만큼 소발명을 보호해 주는 실용신안제도의 역할이 상대적으로 컸다고 할 수 있겠다.

특허 출원건수가 실용신안 출원건수를 처음 추월한 것은 1989년의 일이다. 당시 2만 3,000여 건이던 특허 출원건수는 이후 전반적으로 가파른 증가세를 보여 2000년에는 10만 건, 2013년에는 20만 건을 넘어섰다. 반면 실용신안 출원건수는 1996년까지는 특허 출원에 준하는 수준의 증가세를 보였으나, 이후 가파른 감소세를 보였고 2014년 이후에는 1만 건 미만에 불과한 상황이다. 정리하면, 1980년대 초반 이후 연구개발 투자가 급증함에 따라 기술혁신의 수준이 점차 높아져 특허 출원이 급증한 반면, 경제개발 초기 실용신안제도가 가졌던 역할과 의의는 1990년대 후반부터 급격히 감소하는 양상이 나타나고 있다고 하겠다.

특허 출원건수의 급증과 관련해 주목할 점은 이를 내국인이 주도해 갔다는 점이다. 내외국인의 지식재산권 출원 및 등록건수(Q183-198)에 관한 통계 중에서 특허 출원건수를 보면, 1974년 처음으로 외국인의 출원건수가 내국인 출원건수를 앞서기 시작하였고, 1970년대 말부터 1980년대 중반까지는 외국인의 출원건수가 전체 출원건수의 75% 내외를 차지하기도 했다. 그러다가 1980년대 말부터 외국인 출원건수가 정체 양상을 보이는 사이 내국인의 출원건수가 빠르게

6 한국에서 최초로 실시된 특허제도는 1908년 공포 · 시행된 한국특허령(칙령 제196호)으로, 당시 통감부는 일본의 특허법, 의장법, 상표법 등 공업소유권에 관한 법령을 조선에서 의용하기 위해 이 칙령을 제정하였다.

증가했고, 1992년부터 외국인 출원건수를 앞지르기 시작했다. 이후 내국인의 출원건수는 빠른 증가세를 보여 왔으며, 2015년 현재 16만 7,000여 건에 이르고 있다. 이는 같은 해 외국인 출원건수 4만 6,000여 건의 3.6배에 달한다.

Q137-182에는 1971년 이후 산업별 특허 · 실용신안의 출원 및 등록건수가 제시되어 있다. 그림 Q-j는 이 중에서 출원건수가 가장 많은 4개 산업 부문의 연도별 특허 출원건수를 제시해 놓은 것이다.[7] 그림을 보면, 특허 출원건수의 증가를 주도해 온 산업은 전기 · 통신 부문임을 알 수 있다. 그림에서 확인하기는 어렵지만, 1970년대에는 화학 부문의 비중이 가장 높았으며, 1970년대 초반에는 전기 · 통신, 후반에는 기계 부문이 그 뒤를 잇고 있었다. 전기 · 통신 부문 출원건수의 증가세가 두드러지기 시작한 것은 1980년대 들어선 이후의 일이다. 1980년에도 전기 · 통신 부문 출원건수는 전체 출원건수의 16.5%인 837건에 불과했으나, 이후 빠르게 증가하여 1985년 가장 큰 비중을 차지하게 되었으며, 1997년부터 2006년까지는 전체 출원건수의 절반 이상을 차지하기도 했다. 이후 출원건수가 감소세를 보이면서 비중이 다소 줄어들긴 했지만 2010년에도 전기 · 통신 부문 출원건수는 7만 7,389건으로 전체의 45.5%를 차지하고 있었다. 1980년 상황과 비교해 보면, 30년 사이 전기 · 통신 부문 출원건수는 92.5배나 증가한 것이다.

끝으로 해외 특허출원과 관련하여 대표적인 통계인 PCT 국제출원 관련 통계(Q199-205)를 살펴보자. 여기서 PCT 국제출원제도란 출원인이 자국 특허청(수리관청)에 출원하고자 하는 국가를 지정하여 PCT 국제출원서를 제출하면, 출원서 제출일을 지정국 특허청(지정관청)에서 출원일로 인정받을 수 있도록 한 제도를 말한다. 즉, 출원인이 해외 특허출원을 보다 용이하게 할 수 있도록 하기 위해 마련한 제도라고 볼 수 있는데, 우리나라는 여기에 1984년 가입하였다. 통계를 보면, 가입 초기에는 활용 수준이 낮았던 것으로 보이며, 2000년대 들어와서 출원건수가 빠르게 증가하여 2015년에는 14,000여 건에 이르고 있다.[8]

7 통계는 2010년까지만 제시되어 있는데, 이는 2012년 6월 산업 부문별 특허분류표가 개정되어 위와 같은 분류 방식의 통계가 더 이상 작성되지 않기 때문이다.

8 참고로 표의 지정관청 관련 통계는 해외에서 우리나라 특허청을 지정관청으로 하여 해외 국제출원을 신청한 건수를 나타내고 있다.

참고문헌

국가과학기술지식정보서비스(ntis.go.kr).

국가통계포털(kosis.kr).

과학기술처, 『과학기술연구개발활동조사』, 각년도판.

미래창조과학부, 『기술무역통계조사보고서』, 각년도판.

이 근(2014), 『경제추격론의 재창조』, 도서출판 오름.

특허청, 『특허청연보』, 각년도판.

______, 『지식재산통계연보』, 각년도판.

Q. 과학기술

홍제환

1. 연구개발 투자

표 Q1-5 재원별 연구개발비, 1963-2015

	합계	정부공공부문	민간부문	외국부문	GDP 대비 연구개발비 비중
	Q1	Q2	Q3	Q4	Q5
	남한, 억 원				남한, %
1963	12				0.23
1964	14				0.19
1965	21				0.25
1966	32				0.30
1967	48				0.37
1968	67				0.40
1969	98	72	18	8	0.44
1970	127	74	30	23	0.38
1971	125	73	30	22	0.31
1972	143	80	38	25	0.28
1973	180	84	69	28	0.28
1974	280	178	50	51	0.29
1975	493	285	142	66	0.41
1976	609	392	214	3	0.42
1977	1,083	513	566	5	0.58
1978	1,524	737	780	7	0.61
1979	1,740	913	792	35	0.54
1980	2,117	1,055	1,024	38	0.54
1981	2,931	1,217	1,652	62	0.59
1982	4,577	1,879	2,687	10	0.80
1983	6,217	1,696	4,510	11	0.92
1984	8,339	1,716	6,557	66	1.07
1985	11,552	2,229	9,303	20	1.32
1986	15,233	2,894	12,326	13	1.50
1987	18,780	3,820	14,950	10	1.56
1988	23,474	4,158	19,312	4	1.63
1989	27,051	4,618	22,422	11	1.65
1990	32,105	5,108	26,989	8	1.62
1991	41,584	8,085	33,426	74	1.74
1992	49,890	8,569	41,105	216	1.83
1993	61,530	10,266	51,140	124	1.98
1994	78,947	18,802	60,115	31	2.16
1995	94,406	22,891	71,501	13	2.20
1996	108,781	28,506	80,138	136	2.26
1997	121,858	33,448	88,292	118	2.30
1998	113,366	34,911	78,371	84	2.16
1999	119,218	35,744	83,400	73	2.07
2000	138,485	38,169	100,234	82	2.18
2001	161,105	43,615	116,733	757	2.34
2002	173,251	47,400	125,088	763	2.27
2003	190,687	48,762	141,136	789	2.35
2004	221,853	54,461	166,309	1,084	2.53
2005	241,554	58,772	181,068	1,714	2.63
2006	273,457	66,321	206,313	823	2.83
2007	313,014	81,775	230,542	697	3.00
2008	344,981	92,493	251,427	1,061	3.12
2009	379,285	108,889	269,612	783	3.29
2010	438,548	122,702	314,896	950	3.47
2011	498,904	130,033	367,753	1,118	3.74
2012	554,501	138,221	414,378	1,902	4.03
2013	593,009	142,417	448,792	1,800	4.15
2014	637,341	152,750	480,083	4,508	4.29
2015	659,594	162,935	491,700	4,959	4.23

자료: 장진규, 「연구개발과 기술도입의 경제효과 및 상호관계 분석」(과학기술정책관리연구소 연구보고서, 1994), p. 11; 과학기술처, 『과학기술연감』(1976); 국가과학기술지식정보서비스, 「재원별 연구개발비 및 GDP 대비 연구개발비 비중」(http://www.ntis.go.kr).

주: 1) 2007년부터는 조사대상이 변경되어 인문·사회과학부문이 포함되어 있다. 2) 정부공공재원: 정부재원+공공재원. 3) 정부재원: 중앙정부+지방자치단체+국공립연구소+출연기관+국공립대학. 4) 공공재원: 사립대학+기타 비영리법인. 5) 민간재원: 정부투자기관+민간기업+개인 등. 6) 외국재원: 외국정부+국제기구+외국기업 등.

표 Q6-10 연구개발 주체별 비목별 연구개발비, 1966-2015

	주체별			비목별	
	공공연구기관	대학	기업체	경상비	자본적 지출
	Q6	Q7	Q8	Q9	Q10
	남한, 억 원				
1966	28	3	3		
1967	40	1	7		
1968	56	4	7		
1969	60	3	35		
1970	89	4	13		
1971	56	6	43		
1972	58	3	55		
1973	118	4	34		
1974	219	6	5		
1975	281	22	123		
1976	438	20	151		
1977	611	55	417		
1978	781	205	538	979	545
1979	982	165	593	1,281	460
1980	1,045	259	814	1,626	491
1981	1,453	272	1,207	2,079	853
1982	1,861	666	2,050	3,401	1,176
1983	1,806	643	3,758	3,986	2,232
1984	2,041	871	5,383	5,275	3,064
1985	2,853	1,188	7,510	6,423	5,129
1986	3,373	1,643	10,217	8,966	6,267
1987	4,555	1,981	12,244	10,986	7,793
1988	4,813	2,328	16,333	14,220	9,255
1989	4,776	2,292	19,983	16,886	10,165
1990	5,917	2,443	23,745	21,168	10,937
1991	9,042	2,887	29,656	28,849	12,736
1992	10,604	3,029	36,258	35,933	13,957
1993	13,106	4,447	43,977	43,026	18,507
1994	15,406	6,089	57,453	55,620	23,328
1995	17,667	7,709	69,030	71,616	22,790
1996	18,956	10,188	79,636	82,334	26,447
1997	20,689	12,716	88,453	94,273	27,585
1998	20,995	12,651	79,721	87,754	25,612
1999	19,792	14,314	85,112	91,725	27,492
2000	20,320	15,619	102,547	109,415	29,070
2001	21,602	16,768	122,736	132,494	28,611
2002	25,526	17,971	129,754	145,911	27,339
2003	26,264	19,327	145,097	164,620	26,067
2004	29,646	22,009	170,198	193,994	27,860
2005	31,929	23,983	185,642	210,845	30,709
2006	34,971	27,219	211,268	234,671	38,786
2007	41,024	33,341	238,649	272,415	40,598
2008	46,532	38,447	260,001	308,212	36,769
2009	55,584	42,043	281,659	343,243	36,042
2010	63,061	47,455	328,032	395,789	42,759
2011	66,733	50,338	381,833	446,458	52,447
2012	69,503	52,769	432,229	497,484	57,018
2013	72,607	54,803	465,599	537,447	55,562
2014	81,127	57,670	498,545	580,441	56,900
2015	88,241	59,989	511,364	595,061	64,533

자료: 과학기술처, 『과학기술연감』(1976); 국가과학기술지식정보서비스, 「주체별 연구개발비 및 비목별 연구개발비」(http://www.ntis.go.kr).

주: 1) 1966년 각 항목의 합계와 연구개발비 총액이 일치하지 않는다.
2) 2007년부터는 조사대상이 변경되어 인문·사회과학부문이 포함되어 있다.
3) 경상비: 인건비와 기타 경상비를 합한 금액.
4) 자본적 지출: 기계, 기구, 장치, 컴퓨터소프트웨어, 토지, 건물 및 기타 자본적 지출을 합한 금액.

표 Q11-26 연구단계 및 연구개발 주체별 연구개발비, 1983-2015

	합계				공공연구기관			
	소계	기초연구	응용연구	개발연구	소계	기초연구	응용연구	개발연구
	Q11	Q12	Q13	Q14	Q15	Q16	Q17	Q18
	남한, 억 원							
1983	6,217	1,130	1,794	3,294	1,817	333	682	802
1984	8,339	1,417	2,393	4,529	2,085	391	743	951
1985	11,552	1,947	3,371	6,234	2,853	465	1,202	1,186
1986	15,233	2,535	4,070	8,628	3,373	688	948	1,738
1987	18,780	3,123	3,681	11,975	4,555	906	1,265	2,385
1988	23,474	3,653	4,651	15,170	4,813	950	1,771	2,092
1989	27,051	4,045	4,923	18,083	4,776	1,067	1,972	1,738
1990	32,105	5,148	7,711	19,246	5,917	1,388	2,194	2,335
1991	41,584	6,170	12,780	22,635	9,042	1,794	4,887	2,361
1992	49,890	6,286	13,133	30,471	10,604	1,759	4,694	4,150
1993	61,530	8,093	14,972	38,465	13,106	2,099	4,359	6,647
1994	78,947	11,319	18,808	48,820	15,406	2,345	4,390	8,672
1995	94,406	11,768	23,621	59,017	17,667	2,499	5,876	9,292
1996	108,781	14,390	29,273	65,118	18,956	3,402	5,614	9,941
1997	121,858	16,165	34,706	70,988	20,689	4,193	7,162	9,334
1998	113,366	15,854	28,485	69,028	20,995	5,615	7,412	7,968
1999	119,218	16,255	30,652	72,311	19,792	4,941	7,564	7,286
2000	138,485	17,461	33,701	87,323	20,320	4,544	6,722	9,053
2001	161,105	20,250	40,759	100,096	21,602	4,383	8,944	8,275
2002	173,251	23,732	37,636	111,882	25,526	5,262	10,157	10,108
2003	190,687	27,586	39,740	123,361	26,264	5,255	9,730	11,279
2004	221,853	33,994	47,122	140,738	29,646	6,161	11,520	11,965
2005	241,554	37,068	50,341	154,144	31,929	6,845	11,584	13,500
2006	273,457	41,433	54,301	177,723	34,971	7,167	12,524	15,279
2007	313,014	49,187	62,108	201,719	41,024	9,952	15,034	16,038
2008	344,981	55,371	67,739	221,871	46,532	10,531	15,107	20,894
2009	379,285	68,491	75,743	235,051	55,584	14,464	16,030	25,090
2010	438,548	79,910	87,427	271,212	63,061	17,631	17,945	27,485
2011	498,904	90,132	101,165	307,607	66,733	20,728	18,562	27,443
2012	554,501	101,533	105,727	347,242	69,503	23,728	16,908	28,867
2013	593,009	106,658	113,159	373,193	72,607	23,939	16,746	31,922
2014	637,341	112,426	120,585	404,330	81,127	25,301	17,327	38,499
2015	659,595	113,617	137,450	408,528	88,241	28,797	18,724	40,720

자료: 통계청, 「연구개발활동조사」(http://kosis.kr).

주: 1) 2007년부터는 조사대상이 변경되어 인문·사회과학부문이 포함되어 있다.

2) 기초연구: 특수한 응용 또는 사업을 직접적 목표로 하지 않고, 자연현상 및 관찰 가능한 사물에 대한 새로운 지식을 획득하기 위하여 최초로 행해지는 이론적 또는 실험적 연구.

3) 응용연구: 기초연구의 결과 얻어진 지식을 이용하여 주로 실질적인 목표하에 새로운 과학적 지식을 획득하기 위한 연구.

4) 개발연구: 기초·응용연구 및 실제 경험으로부터 얻어진 지식을 이용하여 새로운 제품 및 장치를 생산하거나, 이미 생산 또는 설치된 것을 실질적으로 개선하기 위한 연구.

표 Q11-26 계속

	대학				기업체			
	소계	기초연구	응용연구	개발연구	소계	기초연구	응용연구	개발연구
	Q19	Q20	Q21	Q22	Q23	Q24	Q25	Q26
	남한, 억 원							
1983	643	423	173	46	3,758	374	938	2,446
1984	871	466	307	97	5,383	560	1,343	3,480
1985	1,188	775	334	79	7,510	707	1,835	4,968
1986	1,643	1,092	456	95	10,217	755	2,666	6,796
1987	1,981	1,528	355	97	12,244	689	2,062	9,493
1988	2,328	1,694	474	160	16,333	1,009	2,405	12,918
1989	2,292	1,789	343	160	19,982	1,190	2,608	16,185
1990	2,443	1,489	630	324	23,745	2,272	4,887	16,587
1991	2,887	2,069	553	264	29,656	2,306	7,340	20,010
1992	3,029	1,850	672	506	36,258	2,677	7,767	25,815
1993	4,447	2,343	949	1,155	43,977	3,651	9,663	30,663
1994	6,089	3,327	1,539	1,222	57,453	5,647	12,879	38,926
1995	7,709	3,729	2,056	1,924	69,030	5,540	15,689	47,800
1996	10,188	4,521	2,709	2,958	79,636	6,468	20,950	52,218
1997	12,716	4,802	4,010	3,905	88,453	7,170	23,534	57,749
1998	12,651	5,073	4,275	3,303	79,721	5,166	16,797	57,758
1999	14,314	4,914	4,794	4,606	85,112	6,399	18,293	60,419
2000	15,619	6,616	4,757	4,246	102,547	6,301	22,222	74,023
2001	16,768	6,798	4,985	4,985	122,736	9,069	26,831	86,836
2002	17,971	6,661	5,962	5,348	129,754	11,809	21,517	96,427
2003	19,327	6,956	6,341	6,029	145,097	15,375	23,669	106,053
2004	22,009	7,368	7,610	7,031	170,198	20,465	27,992	121,741
2005	23,983	8,338	8,252	7,393	185,642	21,885	30,506	133,251
2006	27,219	9,092	8,768	9,359	211,268	25,173	33,009	153,086
2007	33,341	13,695	8,739	10,907	238,649	25,540	38,336	174,774
2008	38,447	14,192	12,020	12,236	260,001	30,647	40,612	188,741
2009	42,043	15,232	12,453	14,357	281,659	38,794	47,260	195,604
2010	47,455	16,771	14,981	15,702	328,032	45,509	54,500	228,024
2011	50,338	18,607	16,622	15,109	381,833	50,797	65,982	265,054
2012	52,769	21,126	15,458	16,186	432,229	56,679	73,361	302,188
2013	54,803	21,876	16,900	16,028	465,599	60,843	79,513	325,243
2014	57,670	21,712	18,465	17,493	498,545	65,413	84,793	348,339
2015	59,989	21,195	19,840	18,954	511,364	63,624	98,886	348,854

2. 연구개발 인력

표 Q27-42 연구수행기관 및 연구원, 1966-2015

	합계				공공연구기관			
	기관수	연구개발비	연구원수		기관수	연구개발비	연구원수	
			FTE	Headcount			FTE	Headcount
	Q27	Q28	Q29	Q30	Q31	Q32	Q33	Q34
	남한, 개	남한, 억 원	남한, 명		남한, 개	남한, 억 원	남한, 명	
1966	108	32		2,962	68	28		2,286
1967	223	48		4,061	74	40		1,792
1968	273	67		5,024	96	56		2,183
1969	280	98		5,337	96	84		2,413
1970	297	105		5,628	105	89		2,458
1971	305	107		5,320	106	88		2,477
1972	319	120		5,599	120	95		2,703
1973	368	156		6,065	127	118		2,949
1974	456	382		7,590	113	219		2,894
1975	553	427		10,275	104	281		3,086
1976	567	609		11,661	118	438		3,592
1977	626	1,083		12,771	132	611		4,039
1978	647	1,524		14,749	136	781		4,724
1979	641	1,740		15,711	125	982		4,256
1980	647	2,117		18,434	124	1,045		4,598
1981	662	2,931		20,718	133	1,453		5,065
1982	860	4,577		28,448	120	1,861		6,129
1983	1,061	6,217	30,309	32,117	114	1,806	6,140	6,308
1984	1,143	8,339	34,857	37,103	123	2,041	6,790	6,961
1985	1,291	11,552	39,043	41,473	119	2,802	6,945	7,154
1986	1,682	15,233	43,694	47,042	120	3,332	7,386	7,653
1987	1,865	18,780	48,463	52,783	165	4,555	8,078	9,184
1988	2,019	23,474	52,299	56,545	164	4,813	9,127	9,581
1989	2,078	27,051	61,335	66,220	169	4,776	9,300	10,204
1990	2,106	32,105	65,468	70,503	168	5,917	9,687	10,434
1991	2,352	41,584	72,607	76,252	188	9,042	9,808	10,529
1992	3,106	49,890	82,891	88,764	212	10,604	13,140	14,434
1993	3,318	61,530	90,328	98,764	210	13,106	14,794	16,068
1994	2,640	78,947	71,386	117,446	217	15,406	13,610	15,465
1995	2,587	94,406	100,456	128,315	178	17,667	13,843	15,007
1996	2,856	108,781	99,433	132,023	163	18,956	13,732	15,503
1997	2,962	121,858	102,660	138,438	184	20,689	13,216	15,185
1998	2,869	113,366	92,541	129,767	183	20,995	10,952	12,587
1999	3,059	119,218	100,210	134,568	169	19,792	13,013	13,986
2000	4,635	138,485	108,370	159,973	173	20,320	12,802	13,913
2001	6,801	161,105	136,337	178,937	188	21,602	13,086	13,921
2002	7,210	173,251	141,917	189,888	163	25,526	12,774	14,094
2003	7,127	190,687	151,254	198,171	169	26,264	13,447	14,395
2004	7,254	221,853	156,220	209,979	159	29,646	14,848	15,722
2005	7,761	241,554	179,812	234,702	137	31,929	14,690	15,501
2006	9,443	273,457	199,990	256,598	139	34,971	16,098	16,771
2007	11,200	313,014	221,928	289,098	188	41,024	18,224	20,342
2008	12,822	344,981	236,137	300,050	228	46,532	18,462	20,950
2009	15,237	379,285	244,077	323,175	252	55,584	21,084	24,318
2010	16,550	438,548	264,118	345,912	261	63,061	22,775	26,235
2011	20,372	498,904	288,901	375,176	268	66,733	24,544	28,800
2012	23,533	554,501	315,589	401,724	272	69,503	24,723	28,822
2013	25,882	593,009	321,842	410,333	326	72,607	26,612	31,140
2014	30,111	637,341	345,463	437,447	348	81,127	28,888	33,322
2015	35,379	659,594	356,447	453,262	372	88,241	31,445	35,550

자료: 과학기술처, 『과학기술연감』(1976-1996); 과학기술처, 『과학기술연구활동조사보고』(1976-1996); 통계청, 「연구개발활동조사」(http://kosis.kr).

주: 1) 1976년 『과학기술연감』에 제시된 1966년 대학과 기업체의 연구비는 동일하게 320,711천 원이며, 전체 합계와 각 부문을 합산한 결과가 불일치(2억 4,700만 원 차이)하는 것으로 보아, 둘 중 하나는 잘못 기재된 것으로 판단되나 자료 제약으로 인해 구체적인 사항은 파악할 수 없다.

2) 1983-1986년의 경우, 소계와 각 부문별 통계의 합계가 일치하지 않는데, 이는 총계에만 의료기관이 포함되어 있기 때문이다.

3) 2007년부터는 조사대상이 변경되어 인문·사회과학부문이 포함되어 있다.

4) 연구원: 학사 이상 학위소지자 또는 동등학위 이상의 전문지식을 가지고 있는 인력으로서 연구개발 과제를 수행하고 있는 사람을 말한다.

5) 상근상당인력(Full-Time Equivalent: FTE): 일정 기간 동안 상근으로 근무하는 사람을 표시하는 측정단위로서 겸직연구개발 인력수를 상근상당 연구개발 인력수로 환산하고 여기에 상근연구개발 인력수를 합하여 산출된다.

표 Q27-42 계속

	대학				기업체			
	기관수	연구개발비	연구원수		기관수	연구개발비	연구원수	
			FTE	Headcount			FTE	Headcount
	Q35	Q36	Q37	Q38	Q39	Q40	Q41	Q42
	남한, 개	남한, 억 원	남한, 명		남한, 개	남한, 억 원	남한, 명	
1966	18	3		456	22	3		220
1967	51	1		1,349	98	7		920
1968	77	4		2,204	100	7		637
1969	80	3		2,142	104	10		782
1970	85	4		2,011	107	13		1,159
1971	81	6		1,918	118	13		925
1972	66	3		1,747	133	21		1,149
1973	74	4		1,711	167	34		1,405
1974	101	65		2,144	242	98		2,552
1975	146	22		4,534	303	123		2,655
1976	171	20		4,811	278	151		3,258
1977	183	55		4,836	311	417		3,896
1978	220	205		5,721	291	538		4,304
1979	211	165		7,050	305	593		4,405
1980	202	251		8,695	321	814		5,141
1981	206	272		8,488	323	1,207		7,165
1982	186	666		12,360	554	2,050		9,959
1983	216	643	12,807	13,137	723	3,758	11,285	12,586
1984	218	871	13,421	13,696	782	5,383	14,277	15,914
1985	217	1,188	14,617	14,935	928	7,510	17,305	18,996
1986	214	1,643	15,212	16,035	1,321	10,217	20,807	22,915
1987	222	1,981	16,828	17,495	1,478	12,244	23,557	26,104
1988	222	2,328	16,527	18,665	1,633	16,333	26,645	28,299
1989	220	2,292	18,954	20,849	1,689	19,983	33,081	35,167
1990	220	2,443	19,098	21,332	1,718	23,745	36,687	38,737
1991	221	2,887	20,082	20,680	1,943	29,656	42,717	45,043
1992	237	3,029	21,787	23,256	2,657	36,258	49,964	51,074
1993	244	4,447	24,328	28,618	2,864	43,977	51,206	54,078
1994	244	6,089	17,365	42,700	2,179	57,453	55,812	59,281
1995	257	7,709	19,406	44,683	2,152	69,030	65,220	68,625
1996	258	10,188	19,483	45,327	2,435	79,636	66,218	71,193
1997	271	12,716	19,573	48,588	2,507	88,453	69,871	74,665
1998	267	12,651	21,525	51,162	2,419	79,721	60,064	66,018
1999	285	14,314	21,723	50,151	2,605	85,112	65,474	70,431
2000	268	15,619	23,674	51,727	4,194	102,547	71,894	94,333
2001	276	16,768	23,083	53,717	6,337	122,736	100,169	111,299
2002	304	17,971	24,953	57,634	6,743	129,754	104,191	118,160
2003	310	19,327	26,419	59,746	6,648	145,097	111,388	124,030
2004	293	22,009	25,522	59,957	6,802	170,198	115,850	134,300
2005	256	23,983	27,416	64,895	7,368	185,642	137,706	154,306
2006	268	27,219	28,386	65,923	9,036	211,268	155,506	173,904
2007	322	33,341	37,415	83,123	10,690	238,649	166,289	185,633
2008	338	38,447	34,773	82,077	12,256	260,001	182,901	197,023
2009	359	42,043	38,163	88,554	14,626	281,659	184,830	210,303
2010	352	47,455	39,265	93,509	15,937	328,032	202,079	226,168
2011	350	50,338	40,844	95,750	19,754	381,833	223,513	250,626
2012	344	52,769	43,826	96,916	22,917	432,229	247,041	275,986
2013	371	54,803	41,784	97,319	25,185	465,599	253,447	281,874
2014	371	57,670	41,938	99,317	29,392	498,545	274,638	304,808
2015	365	59,989	40,866	99,870	34,642	511,364	284,136	317,842

표 Q43-62 학위별 연구원수, 1976-2015

	합계					공공연구기관				
	소계	박사	석사	학사	기타	소계	박사	석사	학사	기타
	Q43	Q44	Q45	Q46	Q47	Q48	Q49	Q50	Q51	Q52
	남한, 명									
1976	11,661	2,700	2,903	5,616	442	3,592	416	692	2,250	234
1977	12,771	2,882	3,010	6,312	567	4,039	375	865	2,465	334
1978	14,749	2,881	3,771	7,404	693	4,724	445	932	2,880	467
1979	15,711	2,966	4,310	7,901	534	4,256	534	1,087	2,349	286
1980	18,434	3,417	4,777	10,240	-	4,598	484	1,147	2,967	-
1981	20,718	3,503	6,003	10,016	1,196	5,065	593	1,398	2,838	236
1982	28,448	4,702	9,529	11,981	2,236	6,129	598	1,828	2,772	931
1983	32,117	5,860	11,081	13,406	1,770	6,394	780	2,278	2,592	744
1984	37,103	6,970	12,293	15,925	1,915	7,493	1,043	2,806	2,869	775
1985	41,473	8,005	13,902	18,040	1,526	7,542	1,190	3,143	2,688	521
1986	47,042	9,406	15,491	20,552	1,593	8,092	1,476	3,603	2,591	422
1987	52,783	11,455	16,943	23,088	1,297	9,184	2,012	4,162	2,686	324
1988	56,545	13,419	17,374	24,240	1,512	9,581	2,287	4,280	2,653	361
1989	66,220	16,229	19,520	28,953	1,518	10,204	2,534	4,729	2,570	371
1990	70,503	17,662	20,459	30,710	1,672	10,434	2,933	4,847	2,397	257
1991	76,252	18,836	21,310	34,167	1,939	10,529	3,021	4,903	2,315	290
1992	88,764	22,484	25,717	36,962	3,601	14,434	4,023	6,718	3,502	191
1993	98,764	26,813	29,205	38,950	3,796	16,068	4,737	7,356	3,723	252
1994	117,446	33,998	38,725	40,893	3,830	15,465	4,725	7,083	3,409	248
1995	128,315	35,105	44,178	44,991	4,041	15,007	4,659	7,222	2,903	223
1996	132,023	36,106	46,537	45,084	4,296	15,503	4,938	7,548	2,826	191
1997	138,438	37,859	49,999	45,828	4,752	15,185	5,248	7,232	2,539	166
1998	129,767	40,607	44,077	40,034	5,049	12,587	4,825	5,904	1,720	138
1999	134,568	42,134	46,231	40,340	5,863	13,986	5,614	6,610	1,562	200
2000	159,973	46,146	51,130	54,026	8,671	13,913	5,654	6,505	1,619	135
2001	178,937	46,704	57,936	64,156	10,141	13,921	5,881	6,403	1,455	182
2002	189,888	49,667	64,121	67,612	8,488	14,094	6,426	6,409	1,124	135
2003	198,171	52,595	67,695	69,892	7,989	14,395	6,814	6,195	1,255	131
2004	209,979	56,572	68,261	77,854	7,292	15,722	7,731	6,339	1,496	156
2005	234,702	57,942	78,579	87,829	10,352	15,501	7,452	6,364	1,451	234
2006	256,598	60,013	83,380	101,422	11,783	16,771	8,083	6,887	1,579	222
2007	289,098	73,506	93,050	109,653	12,889	20,342	10,498	7,871	1,792	181
2008	300,050	73,444	94,418	117,840	14,348	20,950	10,881	7,738	2,132	199
2009	323,175	76,480	103,664	126,286	16,745	24,318	11,953	9,445	2,632	288
2010	345,912	81,442	109,224	138,285	16,961	26,235	12,818	10,132	3,011	274
2011	375,176	84,674	116,131	154,733	19,638	28,800	13,743	11,023	3,455	579
2012	401,724	87,642	122,948	169,162	21,972	28,822	14,316	11,306	2,907	293
2013	410,333	88,988	123,106	175,545	22,694	31,140	15,478	12,206	3,174	282
2014	437,447	92,155	129,409	190,415	25,468	33,322	16,449	12,796	3,677	400
2015	453,262	98,578	129,264	199,019	26,401	35,550	17,886	13,458	3,832	374

자료: 과학기술처, 『과학기술연구활동조사보고』(1985); 통계청, 「연구개발활동조사」(http://kosis.kr).

주: 1) 1976년 공공연구기관 통계의 경우, 학위별 연구원수의 합계(3,529명)와 총연구원수(3,592명)가 일치하지 않는다.

2) 2007년부터는 조사대상이 변경되어 인문·사회과학부문이 포함되어 있다.

3) 연구원: 학사 이상 학위소지자 또는 동등학위 이상의 전문지식을 가지고 있는 자로서 연구개발과제를 직접 수행하고 있는 사람. 대학의 경우, 전임강사 이상의 교직원, 박사과정 대학원생과 부속연구소 등 연구개발 활동부서에서 종사하고 있는 학사 이상의 학위소유자 또는 동등학위 이상의 전문지식을 가지고 있는 자로서 연구개발과제를 직접 수행하고 있는 사람을 말한다.

표 Q43-62 계속

	대학					기업체				
	소계	박사	석사	학사	기타	소계	박사	석사	학사	기타
	Q53	Q54	Q55	Q56	Q57	Q58	Q59	Q60	Q61	Q62
	남한, 명									
1976	4,811	2,259	2,018	520	14	3,258	25	193	2,846	194
1977	4,836	2,459	1,964	384	29	3,896	48	181	3,463	204
1978	5,694	2,399	2,580	712	3	4,304	37	259	3,812	196
1979	7,050	2,385	2,877	1,692	96	4,405	47	346	3,860	152
1980	8,695	2,877	3,204	2,614	-	5,141	56	426	4,659	-
1981	8,488	2,831	3,993	1,493	171	7,165	79	612	5,685	789
1982	12,360	3,955	6,568	1,532	305	9,959	149	1,133	7,677	1,000
1983	13,137	4,925	6,942	1,076	194	12,586	155	1,861	9,738	832
1984	13,696	5,709	6,836	990	161	15,914	218	2,651	12,066	979
1985	14,935	6,564	7,165	1,072	134	18,996	251	3,594	14,280	871
1986	16,035	7,556	7,444	944	91	22,915	374	4,444	17,017	1,080
1987	17,495	8,976	7,550	900	69	26,104	467	5,231	19,502	904
1988	18,665	10,522	6,985	1,039	119	28,299	610	6,109	548	1,032
1989	20,849	12,678	6,967	1,051	63	35,167	927	7,824	25,332	1,084
1990	21,332	13,590	6,790	899	53	38,737	1,139	8,822	27,414	1,362
1991	20,680	14,320	5,743	587	30	45,043	1,495	10,664	31,265	1,619
1992	23,256	16,581	5,995	621	59	51,074	1,880	13,004	32,839	3,351
1993	28,618	19,750	7,772	1,065	31	54,078	2,326	14,077	34,162	3,513
1994	42,700	26,475	15,050	1,105	70	59,281	2,798	16,592	36,379	3,512
1995	44,683	27,073	16,506	897	207	68,625	3,373	20,450	41,191	3,611
1996	45,327	27,434	17,183	658	52	71,193	3,734	21,806	41,600	4,053
1997	48,588	28,529	19,299	714	46	74,665	4,082	23,468	42,575	4,540
1998	51,162	31,740	16,906	2,482	34	66,018	4,042	21,267	35,832	4,877
1999	50,151	32,367	16,325	906	553	70,431	4,153	23,296	37,872	5,110
2000	51,727	35,141	15,459	813	314	94,333	5,351	29,166	51,594	8,222
2001	53,717	33,891	18,245	1,264	317	111,299	6,932	33,288	61,437	9,642
2002	57,634	35,917	20,116	1,239	362	118,160	7,324	37,596	65,249	7,991
2003	59,746	37,928	20,470	966	382	124,030	7,853	41,030	67,671	7,476
2004	59,957	40,318	17,874	986	779	134,300	8,523	44,048	75,372	6,357
2005	64,895	40,229	22,620	1,240	806	154,306	10,261	49,595	85,138	9,312
2006	65,923	40,256	22,878	1,835	954	173,904	11,674	53,615	98,008	10,607
2007	83,123	50,689	29,291	2,237	906	185,633	12,319	55,888	105,624	11,802
2008	82,077	49,544	28,394	2,730	1,409	197,023	13,019	58,286	112,978	12,740
2009	88,554	50,566	32,973	2,304	2,711	210,303	13,961	61,246	121,350	13,746
2010	93,509	53,947	34,164	4,374	1,024	226,168	14,677	64,928	130,900	15,663
2011	95,750	54,287	37,034	3,115	1,314	250,626	16,644	68,074	148,163	17,745
2012	96,916	54,705	36,568	4,226	1,417	275,986	18,621	75,074	162,029	20,262
2013	97,319	55,153	35,273	5,536	1,357	281,874	18,357	75,627	166,835	21,055
2014	99,317	56,492	36,845	4,495	1,485	304,808	19,214	79,768	182,243	23,583
2015	99,870	59,060	35,141	5,202	467	317,842	21,632	80,665	189,985	25,560

표 Q63-78 전공분야별 연구원수, 1976-2015

	합계								박사							
	소계	이학	공학	농학	의·약·보건학	기타	인문학	사회과학	소계	이학	공학	농학	의·약·보건학	기타	인문학	사회과학
	Q63	Q64	Q65	Q66	Q67	Q68	Q69	Q70	Q71	Q72	Q73	Q74	Q75	Q76	Q77	Q78
	남한, 명															
1976	11,661	1,929	4,772	2,739	1,522	699										
1977	12,771	2,001	5,635	2,880	1,558	697										
1978	14,749	2,562	7,204	2,915	1,109	959										
1979	15,711	2,957	7,411	2,675	2,216	452										
1980	18,434	2,892	8,951	3,025	2,766	800										
1981	20,718	3,621	10,481	3,135	2,717	764										
1982	28,448	4,360	14,689	3,918	3,674	1,807										
1983	32,117	4,877	17,744	3,719	4,065	1,712			5,860	1,359	1,741	899	1,735	126		
1984	37,103	5,542	20,810	3,643	5,418	1,690			6,970	1,682	1,899	981	2,284	124		
1985	41,473	6,158	23,878	3,853	5,650	1,934			8,005	1,990	2,251	1,086	2,594	84		
1986	47,042	6,999	28,160	3,919	5,753	2,211			9,406	2,354	2,874	1,180	2,845	153		
1987	52,783	7,672	31,808	4,183	6,906	2,214			11,455	2,841	3,562	1,357	3,509	186		
1988	56,545	8,665	34,153	4,415	6,673	2,639			13,419	3,691	4,432	1,576	3,342	378		
1989	66,220	9,449	41,962	4,729	7,869	2,211			16,229	3,836	5,874	1,907	4,200	412		
1990	70,503	10,088	45,751	4,663	7,766	2,235			17,662	4,373	6,776	2,059	4,155	299		
1991	76,252	11,041	51,748	4,897	7,002	1,564			18,836	4,764	7,578	2,084	4,082	328		
1992	88,764	12,583	60,168	5,617	8,317	2,079			22,484	5,541	9,307	2,264	4,935	437		
1993	98,764	14,378	64,629	7,424	9,504	2,829			26,813	6,577	11,333	2,726	5,587	590		
1994	117,446	18,629	74,809	6,391	10,784	2,996			33,998	8,092	13,993	2,713	6,356	659		
1995	128,315	23,383	78,936	6,705	10,343	8,948			35,105	8,707	14,748	3,186	5,991	2,473		
1996	132,023	23,483	84,358	6,855	11,854	5,473			36,106	8,688	15,732	3,175	6,999	1,512		
1997	138,438	24,539	88,433	6,407	12,489	6,570			37,859	9,170	16,727	3,048	7,649	1,265		
1998	129,767	21,548	81,748	5,553	10,548	10,370			40,607	8,449	17,846	2,590	6,910	4,812		
1999	134,568	22,679	88,239	6,790	11,538	5,322			42,134	10,149	21,333	3,099	6,780	773		
2000	159,973	27,040	109,060	7,264	12,255	4,354			46,146	9,663	22,825	3,529	7,857	2,272		
2001	178,937	30,088	118,949	6,080	12,487	11,333			46,704	10,139	22,796	3,031	7,067	3,671		
2002	189,888	32,778	128,930	6,040	13,096	9,044			49,667	10,845	24,640	3,010	7,642	3,530		
2003	198,171	29,242	139,457	6,247	14,080	9,145			52,595	10,549	26,763	3,437	8,367	3,479		
2004	209,979	30,965	150,628	6,219	14,451	7,716			56,572	11,531	29,813	3,555	9,116	2,557		
2005	234,702	33,248	169,145	6,813	15,143	10,353			57,942	11,619	30,636	3,641	9,038	3,008		
2006	256,598	35,239	184,897	7,132	17,391	11,939			60,013	11,715	31,784	3,803	9,848	2,863		
2007	289,098	35,443	195,841	7,326	16,576		14,430	19,482	73,506	11,196	30,904	3,739	9,393		6,989	11,285
2008	300,050	35,760	205,478	6,853	17,247		15,457	19,255	73,444	10,905	31,400	3,503	9,104		7,111	11,421
2009	323,175	41,687	217,911	8,713	17,227		16,372	21,265	76,480	12,210	31,990	4,193	9,031		7,205	11,851
2010	345,912	46,023	231,913	9,202	18,926		17,568	22,280	81,442	13,337	33,780	4,248	10,021		7,462	12,594
2011	375,176	48,544	253,445	9,841	20,473		19,633	23,240	84,674	13,532	35,728	4,435	10,663		7,850	12,466
2012	401,724	53,654	273,839	9,912	19,945		20,413	23,961	87,642	14,573	37,793	4,329	9,836		7,971	13,140
2013	410,333	51,494	279,388	10,102	23,292		20,834	25,223	88,988	14,245	38,287	4,383	10,619		7,843	13,611
2014	437,447	54,772	298,436	10,662	23,522		22,870	27,185	92,155	14,621	39,333	4,729	10,961		8,046	14,465
2015	453,262	57,976	308,230	11,045	24,066		23,996	27,949	98,578	16,599	42,168	5,053	12,136		8,030	14,592

자료: 과학기술처, 『과학기술연구활동조사보고』(1985); 통계청, 「연구개발활동조사」(http://kosis.kr).

주: 1) '기타'는 과학기술 분야 연구개발에 종사한 인문학, 사회과학 및 기타(산업디자인학 등) 전공자를 말한다.

2) 2007년부터는 조사대상이 변경되어 인문·사회과학부문이 포함되어 있다.

3) 합계는 학사, 석사, 박사 모두를 포함한다.

표 Q79-90 성별 연구원수, 1983-2015

	합계			공공연구기관			대학			기업체		
	소계	남	여	소계	남	여	소계	남	여	소계	남	여
	Q79	Q80	Q81	Q82	Q83	Q84	Q85	Q86	Q87	Q88	Q89	Q90
	남한, 명											
1983	32,117	30,301	1,816	6,394	6,110	284	13,137	11,804	1,333	12,586	12,387	199
1984	37,103	34,937	2,166	7,493	7,114	379	13,696	12,256	1,440	15,914	15,567	347
1985	41,473	38,996	2,477	7,542	7,181	361	14,935	13,244	1,691	18,996	18,571	425
1986	47,042	44,299	2,743	8,092	7,735	357	16,035	14,234	1,801	22,915	22,403	512
1987	52,783	49,411	3,372	9,184	8,593	591	17,495	15,424	2,071	26,104	25,394	710
1988	56,545	52,875	3,670	9,581	8,986	595	18,665	16,421	2,244	28,299	27,468	831
1989	66,220	62,053	4,167	10,204	9,512	692	20,849	18,534	2,315	35,167	34,007	1,160
1990	70,503	66,314	4,189	10,434	9,737	697	21,332	19,100	2,232	38,737	37,477	1,260
1991	76,252	71,939	4,313	10,529	9,808	721	20,680	18,477	2,203	45,043	43,654	1,389
1992	88,764	83,000	5,764	14,434	13,439	995	23,256	20,618	2,638	51,074	48,943	2,131
1993	98,764	92,174	6,590	16,068	14,863	1,205	28,618	25,330	3,288	54,078	51,981	2,097
1994	117,446	108,394	9,052	15,465	14,175	1,290	42,700	37,546	5,154	59,281	56,673	2,608
1995	128,315	118,080	10,235	15,007	13,750	1,257	44,683	39,061	5,622	68,625	65,269	3,356
1996	132,023	120,857	11,166	15,503	13,862	1,641	45,327	39,810	5,517	71,193	67,185	4,008
1997	138,438	125,893	12,545	15,185	13,492	1,693	48,588	41,891	6,697	74,665	70,510	4,155
1998	129,767	117,450	12,317	12,587	11,290	1,297	51,162	43,881	7,281	66,018	62,279	3,739
1999	134,568	121,559	13,009	13,986	12,502	1,484	50,151	42,978	7,173	70,431	66,079	4,352
2000	159,973	143,588	16,385	13,913	12,452	1,461	51,727	44,144	7,583	94,333	86,992	7,341
2001	178,937	159,007	19,930	13,921	12,438	1,483	53,717	45,476	8,241	111,299	101,093	10,206
2002	189,888	167,831	22,057	14,094	12,522	1,572	57,634	48,379	9,255	118,160	106,930	11,230
2003	198,171	175,558	22,613	14,395	12,785	1,610	59,746	49,983	9,763	124,030	112,790	11,240
2004	209,979	184,781	25,198	15,722	13,522	2,200	59,957	49,854	10,103	134,300	121,405	12,895
2005	234,702	204,528	30,174	15,501	13,536	1,965	64,895	52,670	12,225	154,306	138,322	15,984
2006	256,598	222,916	33,682	16,771	14,122	2,649	65,923	52,879	13,044	173,904	155,915	17,989
2007	289,098	246,121	42,977	20,342	16,646	3,696	83,123	63,963	19,160	185,633	165,512	20,121
2008	300,050	253,373	46,677	20,950	16,946	4,004	82,077	61,539	20,538	197,023	174,888	22,135
2009	323,175	272,102	51,073	24,318	19,387	4,931	88,554	66,447	22,107	210,303	186,268	24,035
2010	345,912	288,250	57,662	26,235	20,372	5,863	93,509	68,605	24,904	226,168	199,273	26,895
2011	375,176	310,109	65,067	28,800	21,887	6,913	95,750	69,568	26,182	250,626	218,654	31,972
2012	401,724	330,727	70,997	28,822	22,158	6,664	96,916	68,978	27,938	275,986	239,591	36,395
2013	410,333	335,716	74,617	31,140	23,559	7,581	97,319	69,092	28,227	281,874	243,065	38,809
2014	437,447	356,543	80,904	33,322	24,869	8,453	99,317	70,153	29,164	304,808	261,521	43,287
2015	453,262	367,610	85,652	35,550	26,519	9,031	99,870	70,433	29,437	317,842	270,658	47,184

자료: 과학기술처, 『과학기술연구활동조사보고』(1985); 통계청, 「연구개발활동조사」(http://kosis.kr).

주: 2007년부터는 조사대상이 변경되어 인문·사회과학부문이 포함되어 있다.

3. 연구개발 성과

표 Q91-106 국가별 기술무역 추이, 1962-2015

	기술도입								기술수출							
	합계	미국	일본	독일	프랑스	중국	영국	기타	합계	중국	미국	일본	독일	영국	프랑스	기타
	Q91	Q92	Q93	Q94	Q95	Q96	Q97	Q98	Q99	Q100	Q101	Q102	Q103	Q104	Q105	Q106
	남한, 백만 달러															
1962-1966	1															
1967	1															
1968	2															
1969	3															
1970	5															
1971	6															
1972	10															
1973	12	4	6	1	-			1								
1974	18	4	10	2	0			2								
1975	27	4	17	2	1			3								
1976	30	6	21	0	0			3								
1977	58	17	25	3	0			12								
1978	85	24	28	3	1			29								
1979	94	34	23	3	4			29	2							
1980	107	36	28	3	6			35	8							
1981	107	48	35	3	3			18	12							
1982	116	59	29	3	4			20	18							
1983	150	81	37	4	3			25	19							
1984	213	116	53	12	4			29	17							
1985	296	155	75	12	8			47	11							
1986	411	192	130	19	17			54	12							
1987	524	240	181	19	25			59	9							
1988	676	330	215	22	48			61	9							
1989	889	416	274	53	40			106	11							
1990	1,087	514	341	59	30			142	22							
1991	1,184	622	373	60	49			79	35							
1992	851	453	206	27	56			49	33							
1993	946	419	353	53	33			89	45							
1994	1,277	695	399	37	26			119	111							
1995	1,947	962	695	79	31		36	145	112	18	-	4	8	-		82
1996	2,297	1,160	724	95	48		60	210	108	9	6	2	21	-	1	69
1997	2,415	1,469	505	106	70		66	199	163	45	11	-	5	5	1	96
1998	2,387	1,331	509	122	128	1	84	212	141	31	14	1	-	10	-	85
1999	2,686	1,621	516	102	83	2	110	252	193	95	17	-	8	3	-	70
2000	3,063	1,819	527	101	153	7	79	377	201	80	11	1	6	27	-	76
2001	2,643	1,484	392	120	57	6	82	502	619	186	197	32	11	-	0	192
2002	2,721	1,609	403	133	76	5	93	403	638	182	96	33	5	12	1	310
2003	3,236	1,838	468	153	120	8	133	517	816	262	115	52	4	12	1	370
2004	4,147	2,424	479	148	240	22	165	670	1,416	377	230	67	148	4	1	589
2005	4,525	2,734	584	144	204	16	168	676	1,625	719	285	63	2	0	0	556
2006	4,838	3,016	515	170	236	19	172	711	1,897	666	516	58	4	2	0	650
2007	5,103	3,050	602	176	208	29	152	887	2,178	797	547	59	6	3	1	766
2008	5,670	3,414	716	176	189	35	238	902	2,530	774	331	181	4	3	120	1,117
2009	8,438	4,762	1,214	456	310	78	346	1,273	3,582	1,099	1,176	62	15	4	120	1,107
2010	10,234	5,874	1,257	414	286	71	381	1,951	3,345	801	1,496	46	4	4	136	858
2011	9,900	5,391	1,244	538	216	218	398	1,894	4,032	1,445	921	198	38	3	138	1,289
2012	11,052	6,527	1,148	456	257	226	421	2,017	5,311	1,998	986	389	6	4	0	1,927
2013	12,038	7,527	913	553	356	215	398	2,077	6,846	3,417	628	153	17	5	1,275	1,350
2014	15,540	7,376	1,317	755	2	513	773	4,804	9,765	2,949	1,965	693	140	538	22	3,458
2015	16,409	7,977	957	623	340	555	833	5,124	10,408	2,077	1,704	836	255	552	263	4,721

자료: 과학기술처, 『과학기술연감』(1978, 1983); 국가과학기술지식정보서비스, 「기술무역현황」(http://www.ntis.go.kr).

주: 1) 기술무역이란 기술지식 및 기술서비스와 관련된 국가 간의 상업적인 거래를 뜻한다.

2) 2009년부터 한국은행 국제수지 통계산출기준 변경에 따라 '해외연구 및 개발서비스' 및 '건축 · 엔지니어링 및 기타 기술서비스' 항목이 기술서비스 항목에 편입되었다.

표 Q107-128 산업별 기술무역 추이, 1962-2015

	기술도입										
	합계	농림수산	섬유	화학	소재	기계	전기전자	건설	정보통신	서비스업	기타
	Q107	Q108	Q109	Q110	Q111	Q112	Q113	Q114	Q115	Q116	Q117
	남한, 백만 달러										
1962-1976	114	4	9	34	25	20	13	3	5		1
1977-1981	451	15	18	148	43	101	48	43	19		18
1982	116	2	2	25	7	36	20	13	7		3
1983	150	3	4	21	12	43	31	23	6		8
1984	213	4	5	33	12	62	50	34	8		6
1985	296	4	4	33	13	86	80	54	8		13
1986	411	6	7	52	23	103	134	64	14		8
1987	524	5	8	65	19	131	190	77	7		21
1988	676	7	8	112	13	127	260	116	5		29
1989	889	12	13	152	36	167	381	89	8		32
1990	1,087	14	15	217	24	233	461	84	7		33
1991	1,184	18	25	187	25	358	471	70	1		27
1992	851	12	24	111	34	131	440	76	11		13
1993	946	12	26	119	29	209	492	25	22		12
1994	1,277	18	29	109	20	276	766	22	20		19
1995	1,947	28	49	198	32	422	1,038	98	29		53
1996	2,297	45	51	282	23	536	1,091	107	44		119
1997	2,415	50	36	219	41	553	1,251	94	19		153
1998	2,387	32	19	163	66	466	1,216	150	62		213
1999	2,686	46	9	154	63	516	1,492	101	12		293
2000	3,063	75	9	159	54	416	1,839	101	18		392
2001	2,643	57	54	220	87	397	1,526	86	90	74	51
2002	2,721	61	83	244	83	291	1,548	70	128	200	14
2003	3,236	50	105	204	76	493	1,722	80	179	230	99
2004	4,147	49	64	222	103	818	2,007	38	315	439	93
2005	4,525	86	83	230	127	743	2,290	31	367	529	40
2006	4,838	85	89	331	100	717	2,490	27	400	509	92
2007	5,103	58	84	369	180	999	2,597	28	462	242	84
2008	5,670	83	64	316	290	1,045	3,076	30	464		302
2009	8,438	81	75	372	480	1,456	4,931	110	406		527
2010	10,234	84	66	396	821	1,198	6,059	72	740		799
2011	9,900	210	220	495	443	1,561	5,431	187	655		698
2012	11,052	117	93	486	227	1,250	6,496	367	1,181		835
2013	12,038	158	53	616	255	1,461	7,273	367	1,158		697
2014	15,540	257	346	727	312	2,034	8,463	380	2,141		879
2015	16,409	260	347	619	216	1,984	8,648	272	3,316		748

	기술수출										
	합계	농림수산	섬유	화학	소재	기계	전기전자	건설	정보통신	서비스업	기타
	Q118	Q119	Q120	Q121	Q122	Q123	Q124	Q125	Q126	Q127	Q128
	남한, 백만 달러										
1979	2	-	-	-	2	-	-	-	-		1
1980-1989	123	1	1	18	15	1	2	0	-		85
1990	22	1	2	10	0	0	4	-	-		3
1991	35	2	1	16	0	0	6	4	-		5
1992	33	1	1	3	1	3	9	6	-		9
1993	45	1	2	4	1	11	15	3	1		7
1994	111	5	1	13	1	59	13	8	4		7
1995	112	8	2	3	4	41	42	6	6		0
1996	108	0	10	5	27	6	61	-	-		-
1997	163	5	2	20	11	49	61	6	6		2
1998	141	4	1	21	2	31	50	27	5		0
1999	193	2	2	18	6	40	122	0	2		1
2000	201	0	1	32	6	16	145	-	-		1
2001	619	0	2	37	17	26	406	2	129		1
2002	638	0	4	20	0	92	419	6	95		2
2003	816	12	2	35	23	106	558	0	64	17	0
2004	1,416	2	2	175	30	178	831	0	176	22	0

표 Q107-128 계속

	기술수출										
	합계	농림수산	섬유	화학	소재	기계	전기전자	건설	정보통신	서비스업	기타
	Q118	Q119	Q120	Q121	Q122	Q123	Q124	Q125	Q126	Q127	Q128
	남한, 백만 달러										
2005	1,625	1	0	57	9	530	807	0	199	20	1
2006	1,897	18	-	57	6	360	1,212	8	182	54	-
2007	2,178	3	0	48	6	459	1,408	35	132	85	2
2008	2,530	5	0	35	9	571	1,644	26	167		73
2009	3,582	4	40	30	35	718	2,453	89	172		41
2010	3,345	12	20	7	2	748	1,663	31	153		710
2011	4,032	3	0	122	1	865	2,247	71	587		134
2012	5,311	111	5	105	13	1,030	2,029	947	958		114
2013	6,846	7	96	572	9	2,005	3,201	77	750		130
2014	9,765	46	183	322	21	1,499	4,095	251	2,814		533
2015	10,408	61	167	680	29	1,315	4,000	259	3,431		466

자료: 국가과학기술지식정보서비스, 「기술무역현황」(http://www.ntis.go.kr).

주: 원자료에는 1976년 기술도입액이 1억 1,360만 달러, 1981년 기술도입액이 4억 5,140만 달러로 되어 있는데, 앞의 국가별 기술무역통계와 비교해 보면, 각각 1962-1976년 기술도입액, 1977-1981년 기술도입액과 일치하고 있어, 기간을 수정하여 표기하였다.

표 Q129-136 지식재산권 출원 및 등록 건수, 1947-2015

	출원				등록			
	특허	실용신안	디자인	상표	특허	실용신안	디자인	상표
	Q129	Q130	Q131	Q132	Q133	Q134	Q135	Q136
	남한, 건							
1947	236	237	23	-				
1948	169	166	38	-	4	2	5	-
1949	233	229	46	-	7	10	10	-
1950	126	123	30	599	5	6	7	-
1951	30	29	3	40	-	1	-	-
1952	91	69	19	151	21	14	-	138
1953	76	152	62	229	8	20	14	150
1954	132	175	76	375	29	31	70	393
1955	156	281	216	465	52	73	174	419
1956	287	494	179	1,087	81	135	108	739
1957	469	758	276	1,469	58	123	132	701
1958	555	1,105	358	1,439	119	177	143	963
1959	703	1,395	362	1,307	191	303	183	1,032
1960	611	1,207	329	1,209	219	285	174	815
1961	858	1,683	470	1,665	188	245	199	968
1962	782	1,793	570	1,890	99	233	185	1,221
1963	771	1,790	729	1,295	223	493	386	1,045
1964	908	2,244	804	1,845	213	480	318	1,178
1965	1,018	2,849	825	2,053	288	556	264	1,506
1966	1,060	3,252	1,338	2,752	256	600	727	2,145
1967	1,177	3,594	1,919	3,228	428	819	979	2,165
1968	1,463	5,129	3,277	6,619	359	828	1,315	2,712
1969	1,701	5,573	4,536	9,111	317	918	1,688	2,180
1970	1,846	6,167	4,522	5,124	266	864	1,657	2,585
1971	1,906	6,810	5,348	5,816	229	1,141	2,324	4,724
1972	1,995	7,747	5,991	6,878	218	1,145	2,235	3,830
1973	2,398	7,561	6,333	9,562	199	999	2,443	4,681
1974	4,455	6,833	6,220	9,053	322	1,174	3,090	5,955
1975	2,914	7,290	6,707	9,476	442	1,046	1,589	2,950
1976	3,261	8,378	6,018	11,037	479	1,115	1,462	4,419
1977	3,139	7,601	5,520	9,415	274	577	1,859	3,989
1978	4,015	6,645	6,265	12,040	427	999	3,158	7,504
1979	4,722	7,957	8,371	13,789	1,419	1,781	3,592	7,206
1980	5,070	8,558	10,075	13,558	1,632	1,753	4,071	7,845
1981	5,303	9,064	10,394	15,755	1,808	1,691	3,731	6,769
1982	5,924	10,669	11,902	19,537	2,609	2,514	4,751	7,793
1983	6,394	11,485	13,947	23,982	2,433	2,079	6,367	11,022

표 Q129-136 계속

	출원				등록			
	특허	실용신안	디자인	상표	특허	실용신안	디자인	상표
	Q129	Q130	Q131	Q132	Q133	Q134	Q135	Q136
	남한, 건							
1984	8,633	14,765	15,870	24,764	2,365	2,360	7,109	11,674
1985	10,587	18,548	18,949	26,069	2,268	2,327	8,250	14,453
1986	12,759	22,401	18,731	28,031	1,894	2,758	8,660	15,086
1987	17,062	24,773	20,231	30,762	2,330	3,419	11,552	14,708
1988	20,051	22,677	18,162	34,681	2,174	3,108	10,502	17,272
1989	23,315	21,530	18,196	39,832	3,972	5,311	12,561	22,263
1990	25,820	22,654	18,769	46,826	7,762	8,846	13,927	23,790
1991	28,132	25,895	20,097	46,612	8,690	8,370	13,723	23,876
1992	31,073	28,665	22,948	45,124	10,502	7,870	13,635	30,298
1993	36,491	32,218	27,568	59,593	11,446	7,592	13,133	30,392
1994	45,712	39,806	29,033	72,581	11,683	7,817	13,695	25,409
1995	78,499	59,866	29,978	71,852	12,512	8,149	16,986	29,811
1996	90,326	68,822	29,859	85,062	16,516	9,191	20,192	26,464
1997	92,734	45,809	28,491	87,065	24,579	13,713	24,633	42,484
1998	75,188	28,896	23,732	57,393	52,900	25,717	24,931	59,611
1999	80,642	30,650	32,404	87,332	62,635	32,868	19,636	32,968
2000	102,010	37,163	33,841	110,073	34,956	41,745	18,845	30,849
2001	104,612	40,804	36,867	107,137	34,675	43,842	18,650	33,683
2002	106,136	39,193	37,587	107,876	45,298	39,957	27,235	40,588
2003	118,652	40,825	37,607	108,917	44,165	37,272	28,380	46,023
2004	140,115	37,753	41,184	108,464	49,068	34,182	31,021	51,104
2005	160,921	37,175	45,222	115,889	73,512	32,716	33,993	57,873
2006	166,189	32,908	51,039	122,384	120,790	29,736	34,206	65,825
2007	172,469	21,084	54,362	132,288	123,705	2,795	40,745	60,361
2008	170,632	17,405	56,750	127,910	83,523	4,975	39,858	65,583
2009	163,523	17,144	57,903	126,420	56,732	3,949	32,091	53,155
2010	170,101	13,661	57,187	121,125	68,843	4,301	33,697	53,136
2011	178,924	11,854	56,524	123,814	94,720	5,853	42,185	71,255
2012	188,915	12,424	63,135	132,522	113,467	6,353	46,146	77,903
2013	204,589	10,968	66,940	147,667	127,330	5,959	47,308	100,094
2014	210,292	9,184	64,345	150,226	129,786	4,955	54,010	99,791
2015	213,694	8,711	67,326	172,512	101,873	3,253	54,551	114,747

자료: 특허청, 「지식재산권통계」(www.kipo.go.kr).

주: 1) 상표출원건수에는 2010년 7월 28일 상표법시행령 발효 이전까지는 갱신등록출원이 포함되어 있다.

2) 등록건수는 서류철 기준(등록번호 1개를 1건으로 집계)이다.

3) 등록건수의 경우, 상표존속 기간 갱신등록은 제외되었다.

4) 출원건수에는 마드리드 국제상표 출원 현황은 포함되어 있지 않으나, 등록건수에는 마드리드 국제상표 등록이 포함되어 있다.

5) 디자인 및 상표의 출원건수는 출원서 기준이다.

표 Q137-159 산업부문별 특허 출원 및 등록 건수, 1971-2010

	출원											
	합계	기계	화학일반	섬유	전기통신	토목건설	채광금속	음료·의료위생	사무용품·인쇄	농림수산	잡화	기타
	Q137	Q138	Q139	Q140	Q141	Q142	Q143	Q144	Q145	Q146	Q147	Q148
	남한, 건											
1971	1,906	198	540	128	214	102	93	374	54	55	148	
1972	1,995	248	649	155	257	118	69	437	53	9	-	
1973	2,398	257	1,013	173	271	97	108	350	57	21	51	
1974	4,455	653	1,431	449	971	147	274	254	71	55	150	
1975	2,914	351	1,222	202	380	119	119	241	67	82	131	
1976	3,261	500	1,163	296	410	144	171	263	95	98	121	
1977	3,139	487	1,062	223	494	189	144	221	71	111	137	
1978	4,015	974	1,196	201	615	162	171	314	94	87	201	
1979	4,722	1,225	1,400	225	699	176	241	346	105	72	233	
1980	5,070	1,144	1,702	216	837	201	241	356	82	103	188	
1981	5,303	1,031	1,742	193	1,111	171	292	454	1	149	159	
1982	5,924	1,077	1,852	219	1,405	201	352	497	-	132	189	
1983	6,394	1,138	1,921	267	1,628	247	320	539	44	98	192	
1984	8,633	1,495	2,464	334	2,452	250	470	686	98	95	289	
1985	10,587	1,888	2,626	338	3,577	288	587	764	120	96	303	
1986	12,759	2,134	3,292	380	4,634	291	579	934	103	112	300	
1987	17,062	2,862	4,257	487	6,332	384	691	1,316	213	156	29	
1988	20,051	3,158	4,848	578	8,002	392	779	1,557	215	135	387	
1989	23,315	3,522	5,656	659	9,486	419	892	1,874	239	150	418	
1990	25,820	3,662	6,013	718	10,853	519	954	2,087	403	132	479	
1991	28,132	4,002	5,710	719	13,361	426	890	2,013	372	183	456	
1992	31,073	4,651	5,910	886	14,458	539	1,069	2,294	421	234	611	
1993	36,491	6,082	6,422	1,181	16,684	633	1,358	2,790	366	243	732	
1994	45,712	8,175	7,233	1,417	21,741	838	1,506	3,254	306	335	907	
1995	78,499	22,007	7,787	1,521	38,343	1,441	1,887	3,435	430	355	1,293	
1996	90,326	26,146	8,489	1,409	44,057	1,651	2,218	3,842	691	473	1,350	
1997	92,734	20,606	9,395	1,864	48,989	1,577	2,630	4,595	926	534	1,618	
1998	75,188	11,254	9,112	1,637	41,420	1,507	2,442	4,875	955	590	1,396	
1999	80,642	13,532	9,934	1,363	41,390	2,628	2,827	5,446	711	907	1,904	
2000	102,010	16,464	10,745	1,517	55,010	3,348	3,589	7,038	576	982	2,474	267
2001	104,612	16,541	11,438	1,778	53,634	3,679	4,150	7,755	657	1,045	2,751	1,184
2002	106,136	17,150	11,455	2,167	53,507	3,950	3,624	8,069	807	1,064	3,087	1,256
2003	118,652	18,505	11,953	2,286	62,697	4,487	3,224	8,521	788	1,140	3,392	1,659
2004	140,115	20,844	12,777	2,687	77,956	5,436	2,941	9,044	972	1,175	3,905	2,378
2005	160,921	21,948	15,052	2,821	90,528	7,757	3,488	9,936	1,046	1,421	4,600	2,324
2006	166,189	24,662	16,226	2,385	88,837	8,424	4,088	11,254	1,040	1,625	4,748	2,900
2007	172,469	27,220	18,317	2,638	84,833	9,204	4,999	12,975	1,158	1,937	5,738	3,450
2008	170,632	27,132	18,985	2,603	79,050	9,543	4,826	13,319	1,210	2,023	6,162	5,779
2009	163,523	26,002	18,717	2,696	73,337	10,309	4,948	13,737	1,012	2,307	6,234	4,224
2010	170,101	27,212	18,888	2,402	77,389	9,740	6,004	14,581	931	2,486	6,094	4,374

자료: 특허청, 『특허청연보』(1978-1998); 특허청, 『지식재산통계연보』(1999-2010); 통계청, 「지식재산권통계」(http://kosis.kr); 특허청, 「지식재산권통계」(www.kipo.go.kr).

주: 1) 2012년 6월 산업부문별 특허분류표가 개정되어 위와 같은 분류방식의 통계는 2010년까지 제공되고 있다.

2) 등록건수의 경우, 1976년은 각 산업부문별 건수를 합하면 476건으로 총계 479건과 일치하지 않는다.

3) 1986년까지 '농림수산'은 '식산기구'로 표기되었다.

표 Q137-159 계속

	등록										
	합계	기계	화학일반	섬유	전기통신	토목건설	채광금속	음료·의료위생	사무용품·인쇄	농림수산	잡화
	Q149	Q150	Q151	Q152	Q153	Q154	Q155	Q156	Q157	Q158	Q159
	남한, 건										
1973	199	23	88	13	19	34	9	13	-	-	-
1974	322	29	159	13	35	35	31	18	2	-	-
1975	442	27	199	25	79	39	8	56	3	2	4
1976	479	46	266	30	74	18	14	22	2	2	2
1977	274	19	181	9	21	4	7	23	5	3	2
1978	427	37	262	16	65	6	5	33	2	1	-
1979	1,419	181	669	58	243	33	70	122	19	8	16
1980	1,632	208	685	174	214	58	105	98	25	17	48
1981	1,808	210	871	138	194	62	134	122	20	19	38
1982	2,609	420	850	177	282	46	188	106	36	438	66
1983	2,433	288	814	74	807	61	77	170	30	36	76
1984	2,365	356	840	185	541	62	80	148	29	26	98
1985	2,268	379	893	111	469	32	190	103	11	16	64
1986	1,894	238	596	138	499	45	104	189	25	9	51
1987	2,330	364	844	193	469	71	81	173	32	31	72
1988	2,174	324	561	176	617	34	117	229	28	32	56
1989	3,972	884	927	185	1,104	51	282	369	52	37	81
1990	7,762	987	1,747	197	3,407	154	523	507	82	72	86
1991	8,690	1,084	1,723	276	4,015	198	532	555	73	87	147
1992	10,502	1,232	2,259	328	4,969	198	617	551	82	65	201
1993	11,446	1,862	1,909	425	5,402	244	582	621	99	50	252
1994	11,683	1,546	1,782	329	6,303	234	535	599	110	61	184
1995	12,512	1,948	2,014	522	6,104	306	606	554	137	92	229
1996	16,516	2,644	3,178	513	7,324	411	936	900	142	121	347
1997	24,579	4,297	3,508	862	12,031	610	809	1,373	322	189	578
1998	52,900	10,868	7,210	1,108	26,743	1,393	1,222	2,669	501	319	867
1999	62,635	12,716	6,977	1,471	33,117	1,706	1,954	2,544	725	424	1,001
2000	34,956	5,783	3,442	613	20,917	746	998	1,527	187	219	524
2001	34,675	6,671	3,644	630	18,705	947	1,234	1,700	257	310	577
2002	45,298	7,998	5,710	803	22,626	1,451	2,014	2,723	480	576	917
2003	44,165	9,140	4,807	818	21,148	2,091	1,619	2,721	467	467	887
2004	49,068	8,439	5,681	1,044	23,889	2,442	1,849	3,461	456	602	1,205
2005	73,512	13,398	9,349	1,561	34,662	3,502	2,673	4,938	645	797	1,987
2006	120,790	18,164	13,554	2,022	65,527	6,265	3,558	6,782	858	1,034	3,026
2007	123,705	16,766	12,506	2,104	68,877	7,316	3,662	7,165	755	1,273	3,281
2008	83,523	12,898	9,608	1,116	43,193	3,894	3,119	6,068	404	981	2,242
2009	56,732	8,661	6,243	738	28,837	3,397	1,957	4,131	313	783	1,672
2010	68,843	9,999	7,480	912	35,311	4,737	2,680	4,444	345	956	1,979

표 Q160-182 산업부문별 실용신안 출원 및 등록 건수, 1971-2010

	출원											
	합계	기계	화학일반	섬유	전기통신	토목건설	채광금속	음료·의료위생	사무용품·인쇄	농림수산	잡화	기타
	Q160	Q161	Q162	Q163	Q164	Q165	Q166	Q167	Q168	Q169	Q170	Q171
	남한, 건											
1971	7,327	2,348	527	514	1,613	1,034	308	102	169	195	517	
1972	7,747	2,533	560	571	1,871	1,296	364	129	351	72	-	
1973	7,561	2,287	360	494	1,146	918	155	355	445	475	926	
1974	6,833	1,869	246	504	1,118	775	59	299	296	320	1,347	
1975	7,290	1,440	235	487	871	809	55	384	377	502	2,130	
1976	8,378	1,680	273	566	917	782	48	491	456	645	2,520	
1977	7,601	1,361	209	511	1,025	927	69	426	414	542	2,117	
1978	6,645	1,582	220	333	804	705	81	229	579	409	1,703	
1979	7,957	2,012	204	407	1,051	927	92	212	628	519	1,905	
1980	8,558	1,915	248	395	939	1,195	86	242	750	555	2,233	
1981	9,064	2,763	278	384	1,372	830	121	412	-	971	1,933	
1982	10,669	3,333	289	441	1,813	1,009	127	538	-	1,001	2,118	
1983	11,485	3,268	289	496	2,424	1,006	173	495	399	669	2,266	
1984	14,765	4,295	342	607	3,682	1,155	213	586	536	681	2,668	
1985	18,548	5,337	442	667	5,276	1,414	300	623	537	858	3,084	
1986	22,401	5,982	569	745	8,326	1,224	292	636	546	799	3,282	
1987	24,773	6,899	586	922	9,510	1,373	321	591	693	815	3,063	
1988	22,677	6,414	493	782	9,256	1,119	260	559	542	727	2,525	
1989	21,530	6,147	497	730	8,380	1,317	273	561	527	704	2,394	
1990	22,654	6,562	557	762	8,327	1,435	326	635	658	762	2,630	
1991	25,895	7,683	699	912	9,574	1,340	349	853	801	824	2,860	
1992	28,665	8,955	767	1,113	9,318	1,866	458	1,087	772	973	3,356	
1993	32,218	10,722	1,056	1,311	9,602	2,162	576	1,460	687	1,095	3,547	
1994	39,806	15,775	1,014	1,574	11,273	2,401	832	1,349	625	1,175	3,788	
1995	59,866	32,314	896	1,651	15,258	2,603	1,020	1,107	616	973	3,428	
1996	68,822	38,487	1,090	1,711	16,350	3,115	1,323	1,185	782	1,080	3,699	
1997	45,809	19,452	1,125	1,511	13,831	2,351	1,062	1,037	789	1,128	3,523	
1998	28,896	9,218	780	1,002	8,388	2,162	832	1,135	681	1,161	3,537	
1999	30,650	8,638	1,067	963	6,427	3,443	799	1,600	759	1,629	5,325	
2000	37,163	9,503	1,430	1,183	8,047	5,111	727	2,094	830	1,867	6,271	100
2001	40,804	9,750	1,531	1,233	8,381	6,239	613	2,310	905	1,939	7,287	616
2002	39,193	9,029	1,501	1,310	8,061	5,748	563	2,426	879	1,771	7,250	655
2003	40,825	9,300	1,618	1,314	8,120	6,410	658	2,447	793	1,806	7,586	773
2004	37,753	8,632	1,515	1,124	7,435	6,133	572	2,137	861	1,665	6,775	904
2005	37,175	8,861	1,443	1,088	7,256	5,812	532	2,047	794	1,684	6,804	854
2006	32,908	7,684	1,206	1,002	6,670	4,854	442	1,870	794	1,391	6,169	826
2007	21,084	5,085	608	665	4,135	2,689	377	1,126	532	936	4,234	697
2008	17,405	4,172	407	542	3,608	2,184	266	839	485	723	3,473	706
2009	17,144	4,152	389	492	3,291	2,145	213	902	433	806	3,614	707
2010	13,661	3,292	304	407	2,715	1,638	183	764	285	685	2,906	482

자료: 특허청, 『특허청연보』(1978-1998); 특허청, 『지식재산통계연보』(1999-2010); 통계청, 「지식재산권통계」(http://kosis.kr); 특허청, 「지식재산권통계」(www.kipo.go.kr).

주: 1) 2012년 6월 산업부문별 특허분류표가 개정되어 위와 같은 분류방식의 통계는 2010년까지 제공되고 있다.

2) 1986년까지 '농림수산'은 '식산기구'로 표기되었다.

표 Q160-182 계속

	등록										
	합계	기계	화학일반	섬유	전기통신	토목건설	채광금속	음료 · 의료위생	사무용품 · 인쇄	농림수산	잡화
	Q172	Q173	Q174	Q175	Q176	Q177	Q178	Q179	Q180	Q181	Q182
	남한, 건										
1973	999	296	110	50	182	206	71	30	21	19	14
1974	1,174	530	61	57	239	201	24	20	25	17	-
1975	1,046	330	48	67	209	207	13	23	41	28	80
1976	1,115	286	40	41	160	146	15	42	70	65	250
1977	577	181	25	16	102	50	15	26	16	44	102
1978	999	337	24	55	328	145	35	23	31	21	-
1979	1,781	439	53	71	353	236	29	51	117	59	373
1980	1,753	389	48	179	365	210	30	51	110	92	279
1981	1,691	432	54	75	327	220	42	37	120	83	301
1982	2,514	492	324	278	289	157	68	41	97	477	291
1983	2,079	578	63	84	628	170	38	71	61	123	263
1984	2,360	609	48	171	578	176	47	64	58	121	488
1985	2,327	657	119	145	639	120	45	62	90	59	391
1986	2,757	683	99	193	898	180	37	118	80	57	412
1987	3,419	954	56	140	992	283	50	132	118	192	502
1988	3,108	835	69	152	1,012	148	66	102	76	227	421
1989	5,311	1,560	159	198	1,886	227	108	180	218	238	537
1990	8,846	2,334	228	220	3,689	454	248	243	224	390	816
1991	8,370	2,079	158	250	3,562	541	191	239	156	355	839
1992	7,870	2,137	183	224	3,259	582	171	134	150	259	771
1993	7,592	1,802	166	230	3,226	617	161	218	154	277	741
1994	7,817	1,559	159	193	3,816	524	176	207	158	237	788
1995	8,149	2,298	277	354	2,976	508	353	196	164	249	774
1996	9,191	2,818	291	304	2,771	723	316	378	154	382	1,054
1997	13,713	5,295	337	419	4,091	1,035	392	331	216	458	1,139
1998	25,717	10,051	520	1,041	8,669	1,914	489	545	310	689	1,489
1999	32,868	12,408	773	1,222	8,927	2,838	794	858	562	1,099	3,387
2000	41,745	11,936	1,449	1,358	9,842	4,998	1,117	1,935	827	1,991	6,292
2001	43,842	11,777	1,658	1,280	9,315	6,035	1,006	2,322	924	2,225	7,300
2002	39,957	9,927	1,438	1,249	8,508	6,065	859	2,197	880	1,808	7,026
2003	37,272	8,648	1,502	1,251	7,919	5,932	757	2,220	682	1,652	6,709
2004	34,182	8,151	1,326	1,035	6,999	5,933	558	1,869	697	1,558	6,056
2005	32,716	7,816	1,380	925	6,584	5,444	521	1,819	708	1,510	6,009
2006	29,736	7,160	1,163	869	6,336	4,853	442	1,671	596	1,254	5,392
2007	2,795	690	85	108	430	501	48	110	52	129	642
2008	4,975	1,337	179	159	907	614	99	335	86	255	1,004
2009	3,949	991	126	101	967	536	74	209	44	231	670
2010	4,301	1,025	112	104	1,102	575	103	231	66	228	755

표 Q183-198 내외국인별 지식재산권 출원 및 등록 건수, 1947-2015

	내국인								외국인							
	특허		실용신안		디자인		상표		특허		실용신안		디자인		상표	
	출원	등록	출원	등록	출원	등록	출원	등록	출원	등록	출원	등록	출원	등록	출원	등록
	Q183	Q184	Q185	Q186	Q187	Q188	Q189	Q190	Q191	Q192	Q193	Q194	Q195	Q196	Q197	Q198
	남한, 건															
1947	236	-	237	-	23	-	-	-								
1948	169	4	166	2	38	5	-	-								
1949	233	7	229	10	46	10	-	-								
1950	126	5	123	6	30	7	599	-								
1951	30	-	29	1	3	-	40	-								
1952	91	21	69	14	19	-	151	138								
1953	68	8	152	20	62	14	221	150	8	-	-	-	-	-	8	-
1954	127	29	175	31	76	70	225	241	5	-	-	-	-	-	150	152
1955	144	44	281	73	216	174	271	236	12	8	-	-	-	-	194	183
1956	275	78	494	135	179	108	869	561	12	3	-	-	-	-	218	178
1957	443	56	758	123	276	132	1,201	480	26	2	-	-	-	-	268	221
1958	510	110	1,105	177	358	148	1,129	640	45	9	-	-	-	-	310	323
1959	634	132	1,395	303	361	188	1,072	786	69	59	-	-	1	-	235	246
1960	545	174	1,207	285	328	172	916	549	66	45	-	-	1	2	293	266
1961	800	118	1,683	245	465	196	1,363	740	58	70	-	-	5	3	302	228
1962	714	68	1,791	233	565	185	1,554	997	68	31	2	-	5	-	336	224
1963	670	134	1,788	493	726	383	992	729	101	89	2	-	3	3	303	316
1964	744	147	2,244	479	801	318	1,435	801	164	66	-	1	3	-	410	377
1965	858	175	2,818	554	824	264	1,547	1,087	160	113	31	2	1	-	506	419
1966	883	191	3,237	600	1,328	715	1,869	1,374	177	65	15	-	10	12	883	771
1967	855	272	3,585	811	1,901	973	2,085	1,266	322	156	9	8	18	6	1,143	899
1968	1,086	207	5,114	820	3,237	1,389	2,704	1,639	377	152	15	8	40	28	3,915	1,073
1969	1,154	200	5,562	909	4,509	1,670	3,014	1,349	547	117	11	9	27	18	6,097	831
1970	1,207	190	6,143	857	4,499	1,654	3,105	1,622	639	76	24	7	23	3	2,019	963
1971	1,283	192	6,789	1,141	5,320	2,283	3,910	2,333	623	37	21	-	28	41	1,906	2,391
1972	1,377	213	7,736	1,145	5,980	2,229	4,804	1,848	618	5	11	-	11	6	2,074	1,982
1973	1,622	188	7,536	999	6,313	2,436	6,210	2,622	776	11	25	-	20	7	3,352	4,386
1974	1,093	227	5,817	1,155	6,193	3,071	6,265	1,578	3,362	95	1,016	19	27	19	2,788	4,377
1975	1,326	212	7,052	1,032	6,674	1,583	7,232	1,460	1,588	230	238	14	33	6	2,244	1,490
1976	1,436	191	8,117	1,106	5,995	1,451	8,381	2,958	1,825	288	261	9	23	11	2,656	1,461
1977	1,177	104	7,199	577	5,404	1,847	6,682	2,618	1,962	170	402	-	116	12	2,733	1,371
1978	994	133	6,212	992	6,148	3,070	7,913	5,369	3,021	294	433	7	117	88	4,127	2,135
1979	1,034	258	7,215	1,556	8,132	3,522	9,123	4,686	3,688	1,161	742	225	239	70	4,666	2,520
1980	1,241	186	7,936	1,315	9,736	3,917	8,785	4,665	3,829	1,446	622	438	339	154	4,773	3,180
1981	1,319	232	8,519	1,300	9,946	3,542	9,292	3,966	3,984	1,576	545	391	448	189	6,463	2,803
1982	1,556	274	9,500	1,961	11,231	4,343	12,238	4,419	4,368	2,335	1,169	553	671	408	7,299	3,374
1983	1,599	245	10,345	1,225	13,173	5,760	15,617	7,239	4,795	2,188	1,140	854	744	607	8,365	3,783
1984	2,014	297	13,814	1,817	14,951	6,429	15,924	7,694	6,619	2,068	951	543	919	680	8,840	3,980
1985	2,703	349	17,615	1,873	18,113	7,597	18,962	9,304	7,884	1,919	933	454	836	653	7,107	5,149
1986	3,641	458	21,434	2,318	17,735	8,192	20,446	9,928	9,118	1,436	967	440	996	468	7,585	5,158
1987	4,871	596	23,684	2,985	18,902	10,726	22,175	9,862	12,191	1,734	1,089	434	1,329	826	8,587	4,846
1988	5,696	575	21,666	2,719	16,737	9,601	24,201	11,566	14,355	1,599	1,011	389	1,425	901	10,480	5,706
1989	7,021	1,181	20,655	4,813	16,509	11,243	26,918	14,573	16,294	2,791	875	498	1,687	1,318	12,914	7,690
1990	9,082	2,554	21,661	7,896	17,406	12,368	33,564	15,469	16,738	5,208	993	950	1,363	1,559	13,262	8,321
1991	13,253	2,553	25,125	7,459	18,813	12,319	33,468	15,882	14,879	6,137	770	911	1,284	1,404	13,144	7,994
1992	15,952	3,570	27,923	7,092	21,760	12,476	33,163	21,274	15,121	6,932	742	778	1,188	1,159	11,961	9,024
1993	21,459	4,545	31,505	6,814	26,200	12,079	46,559	21,109	15,032	6,901	713	778	1,368	1,054	13,034	9,283
1994	28,564	5,774	39,232	7,279	27,664	12,808	56,319	18,482	17,148	5,909	574	538	1,369	887	16,262	6,927
1995	59,236	6,575	59,362	7,713	28,382	15,867	55,218	22,294	19,263	5,937	504	436	1,596	1,119	16,634	7,517
1996	68,413	8,321	68,462	8,749	28,091	18,683	66,441	19,729	21,913	8,195	360	442	1,768	1,509	18,621	6,735
1997	67,346	14,497	45,450	13,255	26,675	22,865	66,222	30,880	25,388	10,082	359	458	1,816	1,768	20,843	11,604
1998	50,596	35,900	28,604	25,164	22,144	22,700	42,901	41,637	24,592	17,000	292	553	1,588	2,231	14,492	17,974
1999	55,970	43,314	30,344	32,494	30,871	18,167	71,262	23,290	24,672	19,321	306	374	1,533	1,469	16,070	9,678
2000	72,831	22,943	36,817	41,350	32,110	17,728	90,596	24,342	29,179	12,013	346	395	1,731	1,117	19,477	6,507
2001	73,714	21,833	40,389	43,372	35,074	17,373	86,408	26,872	30,898	12,842	415	470	1,793	1,277	20,729	6,811
2002	76,570	30,175	38,662	39,417	35,399	25,318	90,014	32,678	29,566	15,123	531	540	2,188	1,917	17,862	7,910
2003	90,313	30,525	40,174	36,597	34,994	25,680	92,368	37,718	28,339	13,640	651	675	2,613	2,700	16,549	8,305

표 Q183-198 계속

	내국인								외국인							
	특허		실용신안		디자인		상표		특허		실용신안		디자인		상표	
	출원	등록	출원	등록	출원	등록	출원	등록	출원	등록	출원	등록	출원	등록	출원	등록
	Q183	Q184	Q185	Q186	Q187	Q188	Q189	Q190	Q191	Q192	Q193	Q194	Q195	Q196	Q197	Q198
	남한, 건															
2004	105,250	35,284	37,167	33,629	38,041	28,311	91,935	41,673	34,865	13,784	586	553	3,143	2,710	16,529	9,431
2005	122,188	53,419	36,534	32,104	41,918	31,040	99,435	46,683	38,733	20,093	641	612	3,304	2,953	16,454	11,190
2006	125,476	89,303	32,193	29,031	48,018	31,503	105,544	52,827	40,713	31,487	715	705	3,021	2,703	16,840	12,998
2007	128,701	91,645	20,632	2,739	50,868	37,631	112,157	48,266	43,768	32,060	452	56	3,494	3,114	20,131	12,095
2008	127,114	61,115	16,971	4,875	52,786	36,645	107,487	50,927	43,518	22,408	434	100	3,964	3,213	20,423	14,656
2009	127,316	42,129	16,801	3,880	54,934	29,628	108,170	38,538	36,207	14,603	343	69	2,969	2,463	18,250	14,617
2010	131,805	51,404	13,193	4,199	53,601	31,523	106,896	41,712	38,296	17,439	468	102	3,586	2,174	14,229	11,424
2011	138,034	72,258	11,462	5,705	52,812	39,443	112,575	55,571	40,890	22,462	392	148	3,712	2,742	11,239	15,684
2012	148,136	84,061	11,899	6,151	59,487	42,628	120,341	61,505	40,779	29,406	525	202	3,648	3,518	12,181	16,398
2013	159,978	95,667	10,463	5,718	63,102	43,866	135,231	80,372	44,611	31,663	505	241	3,838	3,442	12,436	19,722
2014	164,073	97,294	8,754	4,682	60,795	49,856	138,045	80,645	46,219	32,492	430	273	3,550	4,154	22,618	19,146
2015	167,273	76,318	8,294	3,073	64,081	49,936	160,033	95,487	46,421	25,555	417	180	3,873	4,615	25,410	19,260

자료: 통계청, 「지식재산권통계」(http://kosis.kr); 특허청, 「지식재산권통계」(www.kipo.go.kr).

주: 디자인 및 상표의 출원건수는 출원서 기준이다.

표 Q199-205 PCT 국제출원 건수, 1984-2015

	한국 특허청을 수리관청으로 한 출원				한국 특허청을 지정관청으로 한 출원		
	소계	국어	영어	일본어	소계	특허	실용신안
	Q199	Q200	Q201	Q202	Q203	Q204	Q205
	남한, 건						
1984	10	-	6	4			
1985	23	-	11	12	419	418	1
1986	20	-	15	5	980	976	4
1987	15	-	12	3	1,277	1,272	5
1988	23	-	22	1	1,800	1,797	3
1989	13	-	12	1	2,523	2,522	1
1990	24	-	21	3	2,721	2,713	8
1991	36	-	30	6	2,042	2,028	14
1992	84	-	75	9	3,445	3,439	6
1993	127	-	117	10	4,147	4,134	13
1994	188	-	177	11	4,905	4,889	16
1995	189	-	182	7	6,084	6,074	10
1996	281	-	275	6	7,647	7,639	8
1997	288	-	280	8	10,032	10,019	13
1998	495	-	479	16	11,032	11,016	16
1999	855	57	780	18	12,649	12,639	10
2000	1,573	869	704	-	15,133	15,124	9
2001	2,314	1,476	837	1	16,690	16,686	4
2002	2,511	1,678	832	1	17,874	17,868	6
2003	2,942	1,767	1,173	2	16,981	16,974	7
2004	3,565	2,096	1,467	2	21,183	21,168	15
2005	4,690	2,880	1,809	1	24,482	24,473	9
2006	5,919	3,741	2,177	1	26,649	26,635	14
2007	7,063	4,592	2,471	-	29,045	29,023	22
2008	7,913	4,982	2,928	3	30,048	30,030	18
2009	8,026	5,800	2,226	-	25,683	25,660	23
2010	9,639	7,336	2,303	-	27,842	27,816	26
2011	10,412	8,394	2,018	-	29,158	29,124	34
2012	11,869	9,628	2,241	-	31,007	30,957	50
2013	12,439	10,227	2,209	3	31,729	31,683	46
2014	13,138	10,890	2,243	5	33,405	33,357	48
2015	14,594	12,522	2,070	2	37,226	37,170	56

자료: 특허청, 「지식재산권통계」(www.kipo.go.kr).

주: 1) 수리관청이란 PCT 조약에 따른 국제출원시 출원서류를 접수하는 특허청을 지칭한다.

2) 지정관청이란 PCT에 의한 국제출원시 국제조사 및 국제예비 심사를 할 수 있는 기관으로 출원인이 특허를 받고자 지정한 국가의 특허청을 지칭한다.

R. 기업조직

홍제환

각국이 근대적 경제성장을 이루어 가는 과정에서 가장 중추적인 역할을 수행해 온 경제 주체는 기업이다. 기업은 이윤 획득을 목적으로 자본, 노동을 비롯한 생산요소를 결합하여 상품 및 서비스를 생산 · 유통시키는데, 이러한 일련의 과정이 얼마나 효율적으로 이루어지느냐가 각국 경제성장의 성패를 결정짓는 주요 변수가 되어 왔다. 따라서 기업의 생산 과정이 보다 효율적으로 이루어지고, 그 과정에서 발생하는 비용이 최소화되도록 하고자 각국은 다양한 형태의 기업 관련 제도를 도입 · 발전시켜 왔다.

이러한 기업 관련 제도 중에서 가장 보편적으로, 또 가장 효과적으로 활용된 것으로 법인기업, 즉 회사제도를 꼽을 수 있다. 주식회사로 대표되는 회사라는 조직을 통해 개인이 조달하기 힘든 대규모의 자본을 조달하는 일이 가능해졌다. 또 유한책임제도의 도입으로 출자에 따른 부담이 제한되어 기업에 대한 투자가 촉진되었다. 뿐만 아니라 회사가 법인 형태로 존재함에 따라, 기업이 기업가 개인의 생사에 제한받지 않고 영속적으로 유지될 수 있게 되었다(홍제환 2013: 98). 이러한 특징을 지닌 회사제도는 광범위하게 활용되어 오면서 각국의 근대적 경제성장에 상당한 기여를 하였다.

우리나라의 경제성장 과정에서도 법인기업의 역할은 컸다. 고도성장을 이끈 기업들, 그리고 오늘날 한국을 대표하는 기업들이 모두 주식회사 형태를 취하고 있다는 점이 이를 단적으로 보여 준다. 하지만 그렇다고 해서 가장 원초적인 기업 형태라고 할 수 있는 개인기업이 자취를 감춘 것은 아니다. 개인기업은 자취를 감추기는커녕 빠르게 증가하여, 우리나라의 기업 중에서 개인기업이 차지하는 비중은 압도적으로 높으며, 여전히 경제의 중요한 부분을 차지하고 있다.

본 장에서는 개인기업과 법인기업 관련 통계를 살펴보면서, 우리나라의 기업조직 활용 과정에서 나타나는 특징에 대해서 확인해 보고자 한다. 아울러 경제성장 과정에서 중요한 역할을 수행해 왔고, 오늘날에도 경제에서 큰 비중을 차지하고 있어, 우리나라의 기업조직과 관련해 반드시 언급해야 할 특징적인 현상이라고 할 수 있는 기업집단에 관한 통계도 함께 살펴본다.

1. 개인기업

개인기업(sole proprietorship)이란 법인기업에 대비되는 개념으로서, 개인이 소유 · 경영하거나, 법인격을 갖추지 않은 채 2인 이상이 공동으로 경영하는 가장 단순한 형태의 기업조직을 가리킨다. 개인기업은 설립 및 운용이 용이하고, 소유주가 기업을 완벽하게 통제할 수 있으며, 세금 관련 행정 부담이 적고 낮은 세율을 적용받는다는 장점을 지니고 있어 영세한 규모의 기업에 적합하다. 반면, 소유주가 기업 활동에 대해 무한책임을 져야 하고 금융 제약이 상대적으로 크며, 기업의 지속성이 보장되지 않는다는 점에서 규모가 큰 기업에는 활용되기 곤란한 측면이 있다.

그런데 위에서 정의한 개인기업을 대상으로 작성되는 통계는 없다. 따라서는 개인기업과 유사한 조직(혹은 개인)을 대상으로 작성된 통계에 근거하여 그 추이를 짐작해 볼 수밖에 없다. 이를 위해 여기서는 국세청의 국세 통계와 통계청의 전국사업체조사 및 경제활동인구조사 자료를 활용한다. 따라서 이하에서 제시되는 통계는 세 자료 모두 포괄 범위가 개인기업과 상이하다는 점을 감안한 가운데 해석될 필요가 있다.

그림 R-a 자영업자의 산업별 구성(%)

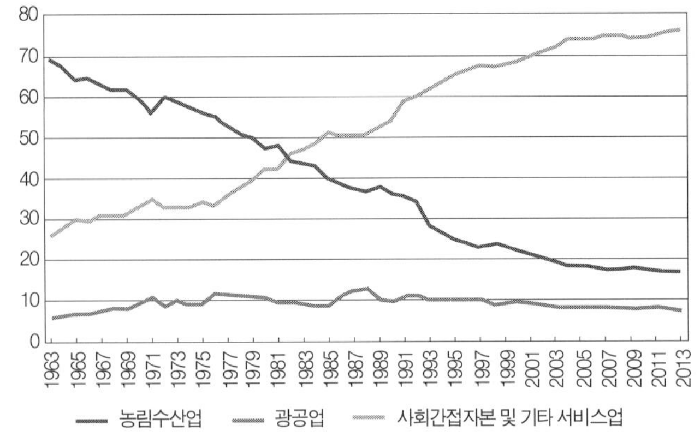

자료: R1-22.

먼저 경제활동인구조사를 통해 파악되는 자영업자 관련 통계부터 살펴본다. 경제활동인구조사에서는 종사상 지위별 취업자수 통계가 제공된다. 종사상 지위별 취업자는 크게 임금 근로자와 자영업자, 무급가족종사자로 나뉘는데, 이 중 자영업자 통계가 개인기업의 현황을 파악하는 지표로 활용될 수 있다.[1] 자영업자 통계는 자영업자는 개인기업과 매우 근사한 개념이라고 볼 수 있다는 점,[2] 관련 통계 중 이 통계가 가장 긴 시계열 정보를 제공해 주고 있다는 점에서 활용가치가 상대적으로 높다.

R1-22는 경제활동인구조사가 처음 실시된[3] 1963년부터 최근까지의 통계를 정리해 놓은 것이다. 자영업자수는 1963년 282만 명에서 꾸준히 증가하여 2000년대 초중반 620만 명에 육박하였다가 2000년대 후반부터 감소세를 보여, 2016년 현재 557만 명에 이르고 있다. 그림 R-a는 자영업자의 산업별 구성을 나타낸 것인데, 조사 초기에는 농림수산업의 비중이 압도적으로 높았으나, 이후 농림수산업의 비중은 빠르게 감소하고 사회간접자본 및 기타 서비스업의 비중이 증가하였으며, 최근에는 사회간접자본 및 기타 서비스업이 75%가량을 차지하고 있다. 반면 광공업의 비중은 10% 내외에서 큰 변화를 보이지 않고 있다.

개인기업과 관련해 두 번째로 살펴볼 자료는 『국세통계연보』의 부가가치세 통계에 수록되어 있는 각 연도별 개인사업자 현황이다. 이는 부가가치세 과세 기간에 신고한 개인사업자의 수를 보여 주는 것으로, R23-42에 정리되어 있다. 여기서 사업자란 "영리 목적과는 관계없이 사업상 독립적으로 재화 또는 용역을 공급하는 자"를 지칭한다. 이는 개인사업자 통계에 영리를 목적으로 하지 않는 자도 포함되어 있으며, 실제로는 하나의 기업인데 사업장이 2개 이상이어서 중복 반영된 경우도 있을 것임을 의미한다. 따라서 부가가치세 통계상의 개인사업자수는 개인기업수보다 많을 것으로 판단된다.

이 자료가 지닌 가장 큰 단점은 작성 기준이 몇 차례 변경되어 자료 활용에 제약이 크다는 점이다. 우선 1991년 이전에는 소액부징수[4]가 포함되지 않다가 1991년부터 이를 포함한 통계가 제공되어 이 해의 개인사업자수는 급증하고 있다.[5] 2006년에도 기준이 '과세 기간에 신고한 사업자수'에서 '해당연도 과세 기간 말 가동사업자'로 변경되어 큰 폭으로 증가하였다. 따라서 국세 통계상의 개인사업자수를 활용하여 개인기업의 장기 추세를 파악하는 데에는 한계가 있다고 판단된다.

마지막으로 전국사업체조사 자료로부터 파악할 수 있는 개인기업 관련 통계를 살펴본다. 『전국사업체조사보고서』에는 개인사업체에 관한 통계가 제시되어 있는데, 이를 활용하여 개인사업체수 및 개인사업체 종사자수를 정리해 놓은 것이 R43-60이다. 사업체수에 관한 조사는 1981년부터 1991년까지 5년 간격으로 실시되다가[6] 1993년부터 현재까지는 매년 이루어지고 있으며, 종사자 1인 이상의 모든 사업체가 조사 대상에 포함된다.

1 자영업자는 고용원이 없는 자영업자와 고용원이 있는 자영업자로 분류된다. 고용원이 없는 자영업자는 '자기 책임하에 독립적인 형태로 일이 수행되며 유급종사자 없이 자기 혼자, 또는 무급가족종사자와 함께 일을 하는 자'로 정의되며, 고용원이 있는 자영업자는 '한 사람 이상의 유급 고용원을 두고 사업을 경영하는 사람'으로 정의된다. 참고로 법인기업의 대표는 자영업자가 아닌 임금 근로자로 분류된다.

2 다만, 자영업자가 영리를 목적으로 한다는 것이 명확히 정의되어 있지 않다는 점에서 영리를 목적으로 하지 않는 자도 일부 포함되어 있을 것으로 보인다.

3 경제활동인구조사는 1962년 하반기부터 실시되었으나, 연간 통계가 처음 제시된 것은 1963년의 일이다.

4 징수할 세액이 어느 일정 금액에 미달할 경우 이를 징수하지 않는 것을 가리킨다.

5 이 해의 경우, 소액부징수 사업자수를 별도로 제시하고 있어 이를 제외한 개인사업자수를 파악할 수 있다. 하지만 1992년 이후에는 업태별 소액부징수 사업자수를 제공하지 않고 있다. 또 소액부징수 사업자수를 별도로 제시하는 것도 일정 기간 동안만 지속되고 있어 장기에 걸친 일관된 기준의 시계열 자료를 작성하는 데에는 한계가 있다.

6 이 당시에는 조사 명칭이 '총사업체조사'였다.

이를 살펴보기에 앞서, 먼저 사업체라는 개념에 대해 검토해 볼 필요가 있다. 여기서 사업체(establishment)란 영리 · 비영리를 불문하고 일정한 장소에서 재화의 생산, 판매, 서비스 제공 등의 경제 활동을 독립적으로 수행하는 모든 경영 단위를 지칭한다. 하나의 기업체[7]가 여러 장소에서 산업 활동을 할 경우 장소별로 각각 별개의 사업체로 파악되는 것이다. 따라서 '순수하게 개인이 소유 · 경영하거나, 법인격을 갖추지 않고 2인 이상이 공동으로 경영하는 사업체'로 정의되는 개인사업체 역시 개인기업과 개념적으로 완전히 일치하지는 않는다.

그런데 앞의 경제활동인구조사에서 파악되는 자영업자나 국세 통계상의 개인사업자와 비교해 볼 때, 개인사업체수는 훨씬 적다. 2014년을 비교해 보면, 자영업자는 565만 명, 개인사업자는 561만 명에 이르는 반면, 개인사업체는 381만 개에 불과하다. 앞의 두 통계와 180만 가까운 편차가 존재하고 있는 것이다.[8] 이와 관련해 주현 외(2013: 63)는 국세 통계상의 개인사업자는 '일정한 물리적 장소에서' 경제 활동을 하는 경우로 제한되지 않아, 부동산 임대소득만이 있는 개인 등도 사업자로 파악되기 때문이라고 언급하고 있다.[9] 사업체조사의 경우, 조사 대상에서 '개인이 경영하는 농림 · 어업사업체, 국방 및 가사서비스업, 국제기구 및 외국기관, 고정설비가 없거나 영업장소가 일정치 않은 간이 판매상은 제외'하고 있다는 점도 개인사업체수가 자영업자 및 개인사업자수에 비해 상대적으로 적은 이유 중 하나일 것이다.

한편, 사업체조사에서 파악되는 사업체 종사자수[10]와 관련해서는 최근 들어 흥미로운 변화가 관찰되고 있다. 전체 사업체 종사자수는 1981년 660만 명에서 2014년 1,990만 명으로 3.0배 증가한 가운데, 개인사업체 종사자수(R52-60)는 같은 기간 320만 명에서 766만 명으로 2.4배 증가한 반면, 회사법인 종사자수는 270만 명에서 872만 명으로 3.2배 늘어나면서 개인사업체 종사자수를 앞질렀다. 그림 R-b는 전체 종사자수 중에서 개인사업체 및 회사법인 종사자가 차지하는 비중의 추이를 보여 주고 있는데, 앞서 제시한 것처럼 개인사업체 종사자 비중이 우위를 차지하다가 2008년 역전되어 갈수록 격차가 벌어지고 있음을 보여 주고 있다.

그림 R-b 사업체 형태별 종사자수 비중 추이(%)

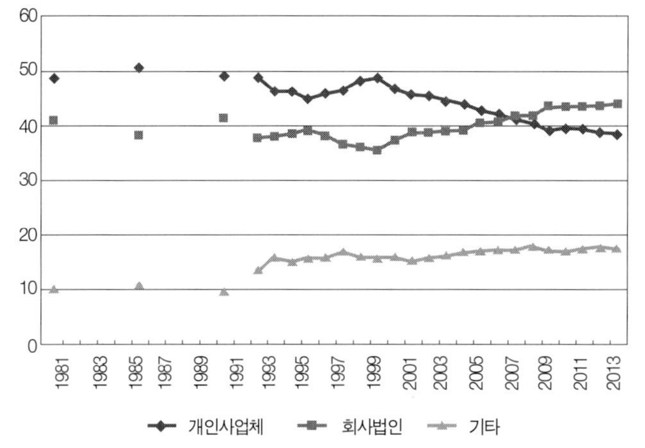

자료: R43-60; 국가통계포털(kosis.kr).
주: 기타에는 회사 이외의 법인과 비법인단체가 해당된다.

사업체조사 통계와 관련해 또 하나 언급할 점은 개인사업체가 양적으로 크게 증가한 가운데 영세성 문제는 개선되기는커녕 더 심화된 것으로 보인다는 점이다. 앞서 언급했듯이, 개인사업체 종사자수는 1981년 320만 명에서 2014년 766만 명으로 증가한 가운데 동 기간 개인사업체수는 118만 개에서 306만 개로 2.6배 증가했고, 그 결과 업체당 종사자수는 1981년 2.7명에서 2014년 2.5명으로 소폭 감소하였다.

2. 법인기업

법인기업은 회사를 가리킨다. 상법은 회사를 "상행위 및 기타 영리를 목적으로 하여 설립한 법인"으로 정의하며, 상법상 회사는 주식회사, 합명회사, 합자회사, 유한회사, 유한책임회사로 분류된다. 법인기업, 그 중에서도 특히 유한

---

7 기업체란 재화와 서비스를 생산하는 법적 · 제도적 최소 경영 단위로 정의된다.

8 그렇다고 해서 앞의 두 통계에서 자영업자와 개인사업자가 개념적으로 유사한 범주에 속한다고 이야기하기는 곤란하다. 둘의 차이가 4만 명에 불과한 것은 우연적인 측면이 강하다.

9 부가가치세 통계로부터 파악되는 개인사업자 중 부동산 임대업자는 2014년 현재 130만 여 명에 달한다. 1972년 통계에는 휴면법인의 포함 여부가 명시되어 있지 않으나, 1971년에 비해 회사수가 급격히 감소하고 있다는 점에서 1972년부터 휴면법인을 제외한 통계를 제공하고 있는 것으로 판단된다. 참고로 1967년 자료로부터는 휴면법인의 비율을 추정할 수 있는데, 31.6%로 나타나고 있다. 그러나 이후에는 이에 관한 통계가 제공되지 않고 있다.

10 여기서 종사자에는 상용근로자, 임시 및 일용근로자, 자영업자뿐만 아니라 무급가족종사자, 기타 종사자가 포함되며, 이 중 기타 종사자란 일한 실적에 따라 수수료 또는 봉사료 등을 사업체로부터 지급받는 자를 지칭한다.

책임, 법인격, 주식의 양도성 등을 특징으로 하는 주식회사는 개인기업이 지닌 단점을 극복하도록 함으로써, 각국의 근대적 경제성장 과정에서 중요한 역할을 해왔다. 회사라는 조직이 있었기에 대규모의 자본을 조달하는 일이 가능해졌고, 대기업들이 출현할 수 있었다. 그러하기에 혹자는 주식회사가 "근대사에 있어서 최고의 걸작품"이라 평하기까지 한다(존 미클스웨이트 외 2011: 21).

우리나라에 회사제도가 소개되고, '상회', '상회사' 등의 명칭을 지닌 조직이 출현하기 시작한 것은 1880년대의 일이다. 그러나 20세기로 접어든 직후까지도 이러한 조직의 대부분은 정부로부터 영업독점권을 취득하는 대신 수세를 담당하고 있었다는 점에서 오늘날의 회사와는 거리가 멀었다.

회사 관련 제도적 틀이 마련되고, 오늘날과 같은 형태를 지닌 회사들이 본격적으로 출현한 것은 일제에 의한 식민지배를 받게 된 이후의 일이었다. 조선에서도 일본 상법이 시행됨에 따라 일제가 채택하고 있던 회사제도가 조선에서도 그대로 시행된 것이다. 이렇게 도입된 회사제도는, 해방 이후 미국 회사제도의 영향을 받으며 변형되긴 했지만, 큰 틀에서 보면 오늘날의 회사제도를 규정하는 요소로서 여전히 작용하고 있다.

법인기업에 관한 통계는 앞서 본 개인기업과 달리 해방 이전에 대해서도 파악할 수 있다. 우선 『조선은행월보』[11]에 매월 회사 관련 각종 통계가 수록되어 있어 이를 활용하여 연도별 회사수(R61-76), 자본금(R103-136), 신설 및 해산 회사수(R158-168, R182-206)에 관한 통계를 작성할 수 있다. 그림 R-c는 『조선은행월보』에 수록되어 있는 1917년부터 1945년까지의 연도별 회사수 추이를 제시한 것인데, 1917년 248개에 불과했던 회사수는 1920년경부터 급증, 1931년 3,000개를 넘어섰으며, 해방 직전 시점에는 7,000개를 상회했다.[12]

그림에는 합명 · 합자 · 주식회사 등 기업 형태별 회사수도 제시되어 있는데,[13] 추이를 보면 합명회사의 경우 일

그림 R-c 기업형태별 회사수 추이, 1917-1945(개)

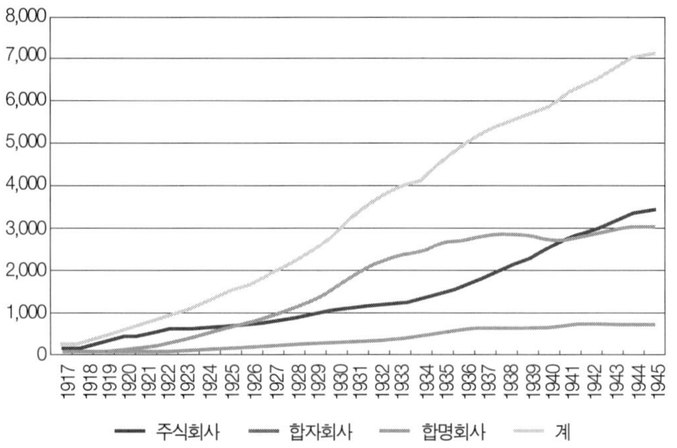

자료: R61-76.
주: 1945년 통계는 1945년 4월 현재 기준.

제시대 내내 비중이 가장 낮았던 것으로 나타나고 있으며, 합자회사는 1926년부터 1940년까지 회사 중에서 가장 큰 비중을 차지하였다.[14] 주식회사의 경우, 1930년대 초반까지는 완만한 증가세를 보이다가 1930년대 중반부터 급증, 1941년부터 합자회사수를 넘어서 가장 큰 비중을 차지하고 있다.

한편, 1940년부터 도입된 유한회사[15]에 관한 통계는 그림에 제시하지 않았는데, 이는 다른 자료들을 놓고 볼 때, 통계에 오류가 있다고 판단했기 때문이다. 유한회사는 도입 이후 수백 개가 존재했던 것으로 보임에도,[16] 이 자료에는 10개 미만만 있었던 것으로 제시되어 있다. 타 기관에서 작성한 통계와 비교해 볼 때, 합자회사수에 유한회사수도 대부분 포함되어 있을 가능성이 높다고 판단된다.

해방 이후 시기의 법인기업 관련 통계는 『국세통계연보』, 『법원통계연보』, 『사법연감』, 국가통계포털 등으로부

11 『조선은행월보』는 1925년 이후 『조선은행통계월보』로 명칭이 변경되었으나 통칭해서『조선은행월보』라 칭한다.

12 1910년대에는 조선총독부가 회사령을 시행, 회사 신설시 관의 허가를 받도록 하였던 까닭에 1910년대 회사 설립은 활발히 이루어지지 못하였다. 그러나 1910년대 중반부터 회사령의 개정이 이루어지면서 회사 설립에 대한 제한이 점차 완화되었고, 회사령이 폐지된 1920년 이후 신설 회사수는 급증하였다.

13 합명 · 합자회사는 인적 관계를 바탕으로 구성된다는 점에서 일반적으로 인적회사, 즉 개인의 신용을 기초로 성립하는 회사로 분류되며, 대규모 기업보다는 중소규모의 폐쇄적 기업에 적합한 형태이다. 차이가 있다면, 합명회사는 2인 이상의 무한책임사원으로만 구성되는 반면, 합자회사는 1인 이상의 무한책임사원과 1인 이상의 유한책임사원으로 구성된다는 점이다. 여기서 무한책임사원은 회사 채무에 대해 무한연대책임을 지며, 회사 경영에 직접 가담하는 사원을 말하며, 유한책임사원은 회사 채무에 대해서 출자액 한도 내에서만 연대책임을 지고, 경영에 직접 관여하지 않으며, 감시하는 역할만 수행하는 사원을 가리킨다.

14 당시 주식합자회사라는 기업 형태도 존재하였으나, 거의 활용되지 않았던 까닭에 여기서는 주식회사수에 합산하여 제시하였다.

15 유한회사는 유한책임사원만으로 구성된다는 점 등에서 있어서는 주식회사와 동일하나, 대규모 기업에 적합한 주식회사와 달리 중소규모의 기업경영에 적합하도록 여러 가지 제도적 요건을 완화하여 만든 새로운 기업 형태이다.

16 예를 들어, 당시 경성상업회의소 통계를 보면, 1942년 현재 유한회사가 276개 있었던 것으로 나타나고 있다.

그림 R-d 기업형태별 가동법인수 추이(개)

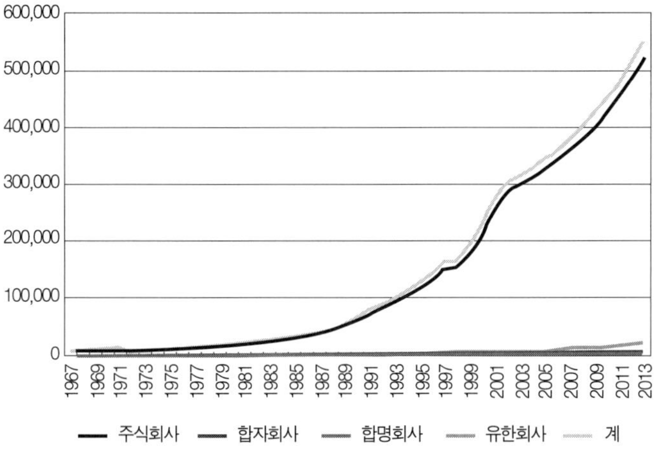

자료: R82-87.
주: 1967-1971년 통계에는 휴면법인수도 포함되어 있으며, 1972년 이후에는 가동법인수만 제시됨.

터 얻을 수 있다. 그런데 가장 기초가 되는 회사수에 관한 통계는 확보할 수 없으며,[17] 대신 국세청에서 제공하는 가동법인수 통계만 파악할 수 있다. 그림 R-d는 『국세통계연보』 각년도판, 국가통계포털에 수록되어 있는 가동법인수 통계(R82-87)를 이용하여 그린 것이다. 이 그림에서 주의할 부분은 1971년까지의 통계에는 가동법인뿐만 아니라 가동되지 않는 휴면법인도 포함되어 있다는 점이다. 1972년 갑자기 회사수가 감소하는 현상이 나타나고 있는 것은 이 해부터 휴면법인은 제외하고 가동법인의 수만 제시되고 있기 때문이다.

그림 R-d에서 나타나는 가장 두드러진 특징은 지난 반세기 동안 회사수가 매우 빠르게 증가해 왔다는 점이다. 1970년대 초반 1만 개를 조금 상회하던 가동법인수는 1993년 10만 개를 넘어섰으며, 2012년에는 50만 개를 돌파했다. 1970년대 초반부터 최근까지 회사수의 연평균 증가율을 구해 보면 10.4%에 이른다.

그림 R-d에서 확인되는 또 하나의 특징은 가동법인 대부분이 주식회사라는 점이다. 그림을 보면 전체 회사수를 나타내는 선과 주식회사수를 나타내는 선이 거의 겹치고 있는 반면, 합명 · 합자 · 유한회사수는 매우 적은 수준에서 크게 벗어나지 못하고 있다. 주식회사가 전체 회사에서 차지하는 비율은 1970년대 이미 90% 수준에 이르렀으며, 2000년대 들어서는 95% 선을 유지하고 있다. 이러한 까닭에 우리 사회에는 '회사=주식회사'라는 인식이 깊숙이 자리잡고 있다.

회사의 신설 및 해산에 관한 통계는 1900년대 초부터 최근까지 장기 추이를 살펴볼 수 있다. 다만 통계 자료는 해방 전후로 분리해서 제시해 놓았는데, 이는 해방 이전에 관해서는 두 기관의 통계(조선총독부, 조선은행)를 제공하기 위함이다. 해방 이전 통계는 기업 형태별 · 업종별로 제시되어 있다(R147-168, R182-206). 당시 신설회사수 추이를 보면, 1919년에 이르러서야 연간 100개 이상의 회사가 설립되고 있으며, 1930년대 들어서는 연간 500개 이상의 회사가 설립되었다. 연간 해산회사수는 1924년 처음으로 100개를 넘어섰고, 1931년부터 200개를 상회하기 시작했으며, 1930년대 후반에는 매년 500개에 육박하였다.

해방 이후의 신설 및 해산 회사수에 관한 통계(R169-181, R207-223)는 1959년부터 확인 가능한데, 이 해에는 1,276개의 회사가 신설되고, 178개의 회사가 해산하였다. 이후 신설되는 회사수는 완만한 증가세를 보여, 1979년에 이르러 처음으로 연간 5,000개를 넘어섰으며, 1989년 처음 1만 개를 돌파했다. 이후 신설회사수의 증가세는 빨라져, 3년 만인 1992년 2만 개, 또 그로부터 4년 후인 1996년 3만 개를 넘어섰다. 2000년대 들어와서는 주춤하며 신설회사수가 감소세를 보이기도 했으나, 2009년부터 다시 증가세로 전환, 2015년에는 9만 5,930개의 회사가 신설된 것으로 나타나고 있다. 반면 해산회사는 2015년에도 6,247개에 불과하며, 따라서 2015년 한 해에만도 거의 9만 개의 회사가 순증가한 것으로 나타나고 있다.

이러한 방식으로 2000년 이후 매년 순증가한 회사수를 합산해 보면 100만 개에 육박하며, 범위를 넓혀 1959년 이후 순증가한 회사수를 모두 합해 보면 132만 여 개에 달한다.[18] 이렇게 본다면 현재 우리나라의 총회사수는 1959년 이전에 있던 회사는 제외하더라도 130만 개를 상회하고 있을 것으로 보인다. 앞서 본 바와 같이 현재 가동법인은 50여 만 개에 불과하다는 점에서, 가동법인을 훨씬 웃도는 수의 회사들

17 회사 신설 및 해산 통계를 이용, 근사치는 파악할 수 있다. 이에 관해서는 뒤에서 논한다.

18 1960-1963년의 신설 및 해산회사수에 관한 통계는 확보하지 못하여, 본 합산에 이 시기 순증가 회사수는 누락되어 있다.

그림 R-e 신설회사의 기업형태별 비율 추이, 1920-2015(%)

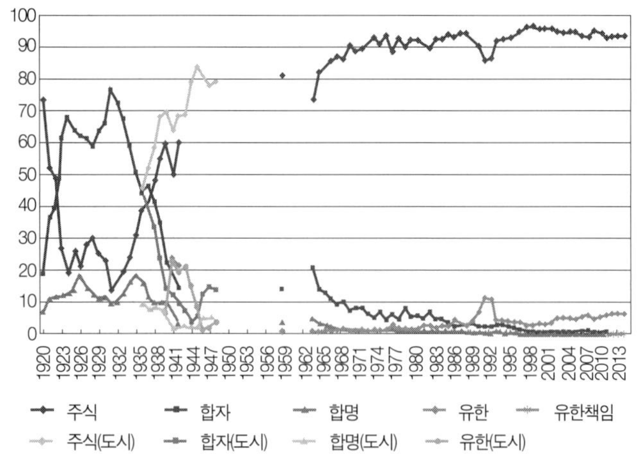

자료: R147-157, R169-181, R224-233.

이 휴면 상태에 있거나 명목상의 회사(dummy company) 형태로 존재하고 있을 것으로 짐작된다.

그림 R-e는 1920년부터 2015년까지 신설회사의 기업형태별 비율을 제시해 놓은 것이다. 여기서도 해방 전후 시기의 자료적 공백이 눈에 띄는데, 1949년 『경제연감』에 제시되어 있는 남한 지역 7대 도시의 1936-1948년 회사 통계(R77-81, R137-146, R224-233) 중 신설회사수에 관한 정보를 활용하여 일부나마 보완하였다. 그림에서 기업 형태명 뒤에 '(도시)'라고 붙은 항목은 이를 이용해 제시한 것인데, 해방 이전의 통계와 겹치는 부분을 보면 흐름이 매우 흡사한 것으로 나타나고 있어, 자료적 제약이 큰 1940년대의 추세를 이해하는 데에 도움을 주고 있다.

그림 R-e에서 나타나는 가장 두드러진 특징은 1920년대에는 신설회사 중 합자회사의 비중이 높았지만, 1930년대를 거치면서 주식회사의 비중이 급증했고, 해방을 전후한 시점에는 이미 주식회사의 비율이 80% 정도를 유지하고 있었다는 점이다. 앞서 회사수 추이를 통해 1960년대 후반부터 이미 주식회사 편중 현상이 확연히 나타나고 있었으며, 점차 그 정도가 심화되어 왔음을 확인한 바 있는데, 신설회사수를 기준으로 본다면 주식회사 편중 현상은 그보다 더 이른, 해방을 전후한 시점부터 오늘날까지 지속되고 있다고 할 수 있는 것이다.

법인기업과 관련해 또 하나 살펴볼 것은 회사 자본금 규모의 추이다. 해방 이후 자본금 규모의 장기적 추이를 보여 주는 통계는 파악할 수 없어, 해방 이전에 대한 통계만 제시하였는데(R103-126, R127-136), 그림 R-f는 당시 회사 불입자본금 총액과 국내총생산 대비 불입자본금 비중 등을 나타낸 것이다.

그림을 살펴보기에 앞서 먼저 불입자본금 개념에 대해 설명한다. 오늘날 우리나라 상법은 수권자본제도를 택하고 있다. 회사의 정관에 회사가 발행할 주식총수, 즉 수권자본을 기재하고 회사 설립시 이 중 일부를 발행하며, 잔여 주식은 필요시 이사회의 결의에 따라 수시로 발행할 수 있다. 발행된 주식은 전부 인수되며, 회사 설립시 주금(株金)은 모두 불입되어야 한다.

이와 달리 일제시대에는 확정자본제도를 택하고 있었다. 이 제도하에서는 주식회사 설립시 정관에 기재된 확정자본(이를 '공칭자본금'이라 했음)에 해당하는 주식이 모두 발행·인수되어야 했다. 그리고 주금의 분할불입이 허용되었다. 즉, 설립시 주주들은 주금의 일정 부분(1/4 이상)만을 불입하고, 이후 회사로부터 요청이 있을 경우 추가로 불입하는 것이 허용되었다.[19] 따라서 일제시대에는 자본금 통계가 공칭자본금과 불입자본금으로 나뉘어 작성되었는데, 여기서는 실제 납입이 이루어진 불입자본금을 중심으로 살펴본다.

그림 R-f에서 먼저 불입자본금 추이부터 보면,[20] 1920년 1억 8,000만 원에 불과했던 불입자본금은 1930년 3억 3,000만 원, 1940년에는 15억 8,000만 원으로 빠르게 증가했다. 특히, 1935년 이후의 빠른 증가세가 눈에 띈다. 그동안의 물가 상승 등을 감안하더라도 불입자본금은 1920년에서 1940년 사이 7.5배 증가하였다.

기업형태별로 불입자본금 규모를 보면 주식회사가 전 기간 내내 압도적 비중을 차지하고 있다. 주식회사의 비중은 90%대를 유지하다가 1925년 이후 합자회사의 비중이 증가함에 따라 80%대 초반으로까지 하락했으나, 1935년 이후 다시 상승, 1939년부터는 다시 90% 이상을 차지하고 있다. 주식회사는 대규모 자본조달에 적합한 회사인 반면, 합

19 확정자본제도에서 수권자본제도로의 전환은 우리나라 최초의 상법 제정 과정에서 이루어졌다.

20 합명·합자회사는 공칭자본금의 분할불입이 허용되지 않았으므로, 공칭자본금과 불입자본금이 일치한다.

그림 R-f 불입자본금의 추이 및 비중, 1917-1945(%, 백만 원)

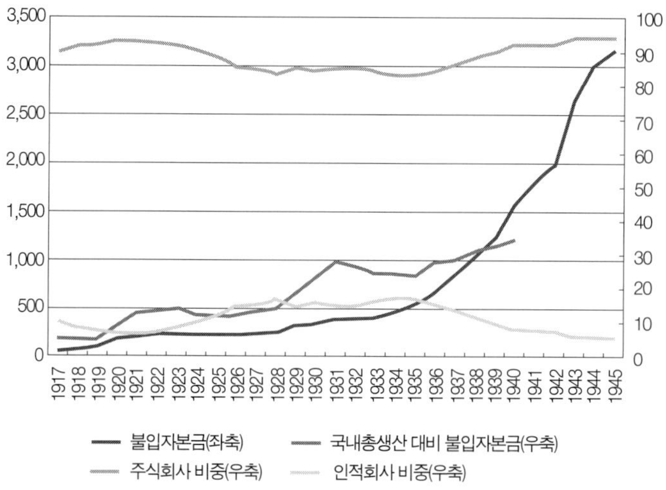

자료: R127-136.

주: 국내총생산에 대한 통계는 김낙년(2011)에서 인용. 국내총생산에 대한 통계가 1940년까지만 제시되어 있어, 국내총생산 대비 불입자본금 비율 역시 1940년까지만 산출하였다.

명·합자회사와 같은 인적회사는 소규모 자금조달에 적합한 기업 형태라는 점에서, 불입자본금에서 주식회사가 차지하는 비중이 압도적인 것은 자연스러운 현상이라고 하겠다.

한편, 당시 조선의 경제 규모와 불입자본금 규모를 비교해 봄으로써 회사제도의 성장 정도를 가늠해 볼 수도 있을 것이다. 그림의 '국내총생산 대비 불입자본금'은 이를 제시해 놓은 것인데, 1920년대 중반까지는 10%대 초반에서 정체 상태에 있다가 1930년경 빠른 상승세를 보였고, 다시 정체되어 있다가 1935년 이후 빠르게 증가, 1940년에는 34.5%에 이르고 있다. 이는 경제 규모의 증가 속도를 크게 웃도는 속도로 회사 불입자본금이 빠르게 증가하고 있었음을 의미한다.

3. 대규모 기업집단

공정거래위원회는 기업집단을 '동일인(법인 또는 자연인)이 사실상 사업 내용을 지배하는 회사의 집단'이라고 정의하고, 지분율 또는 지배력을 기준으로 기업집단의 범위를 판단하고 있다. 여기서 살펴볼 것은 이러한 기업집단 중에서도 공정거래위원회에서 경제적 집중 억제 정책을 펴기 위해 1987년부터 규제 대상으로 지정해 온 대규모 기업집단에 관한 통계이다. 물론 흔히 '재벌'로 불리는 대규모 기업집단이 존재한 것은 그보다 훨씬 전부터의 일이지만, 당시에는 이에 관한 일관된 기준의 통계가 작성된 바 없기 때문에, 1987년 이후로 검토 대상 범위를 제한한다.

공정거래위원회는 대규모 기업집단을 처음 지정한 이래 지정 기준을 수차례 변경하여 왔으며, 현재는 자산 규모 10조 원 이상 기업집단으로 규정하고 있다. 지정되는 기업집단의 수도 변경되어 왔는데, 여기서는 기준의 일관성을 유지할 수 있도록 각 연도별 자산총액 합계 순위 30위까지의 기업집단만을 대상으로 삼아 통계를 정리하였다. 또한 공정거래위원회는 2002년 이후에는 공기업도 포함하여 대규모 기업집단을 지정하고 있는데, 역시 기준을 동일하게 하기 위해 공기업은 제외하고 민간 기업집단만을 대상으로 삼았다. 관련 자료는 『공정거래백서』 각년도판과 공정거래위원회의 기업집단 정보포털(OPNI)로부터 확보하였다.

제시한 통계(R244-258)는 각년도별 30대 기업집단의 계열사수, 자산, 자본, 매출액, 당기순이익에 관한 통계로, 이를 다시 자산 1-5위, 1-10위, 1-30위로 나누어 제시하였다. 이처럼 세분해서 통계를 제시한 것은 30대 기업집단 간에도 경제력 규모에 상당한 편차가 존재하는 만큼, 대규모 기업집단 내에서의 '경제력 집중'에 대해서도 주목해 볼 필요가 있다고 판단되기 때문이다.

그림 R-g 대규모 기업집단의 평균 계열사수 추이(개)

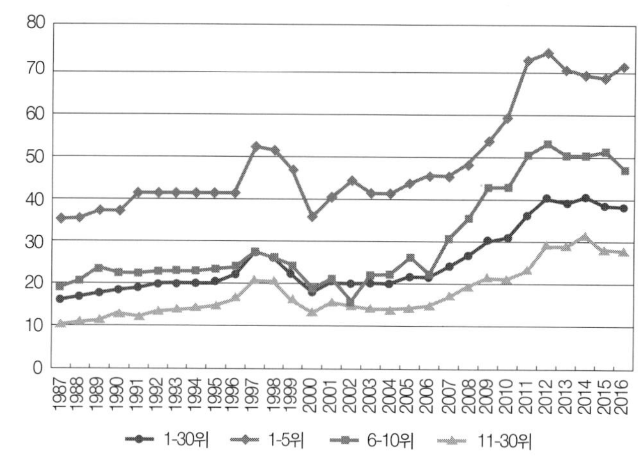

자료: R244-246.

그림 R-h 국내총생산 대비 대규모 기업집단 자산 비중 추이(%)

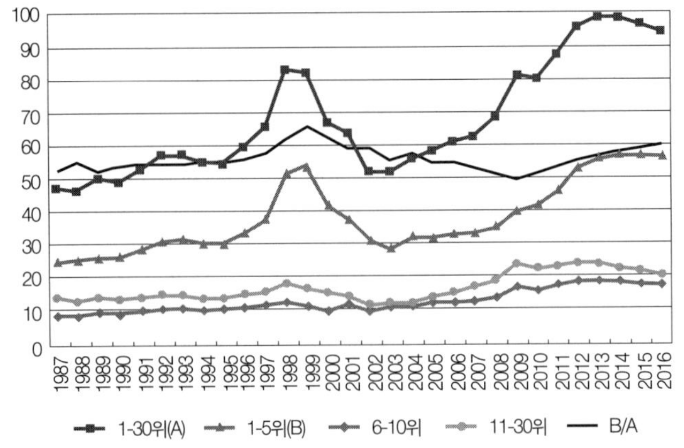

자료: R247-252; 국가통계포털(kosis.kr).

그림 R-g는 대규모 기업집단의 계열사수에 대한 통계(R244-246)를 이용하여 30대 기업집단의 평균 계열사수를 나타낸 것이다. 전체적으로 보면, 외환위기 직후 몇 년간 감소한 시기와 2012년 이후 정체된 시기를 제외하고는 계열사수는 증가하는 추세를 보여 왔다. 그리하여 30대 기업집단의 평균 계열사수는 1987년 16.4개에서 2016년 38.3개로 2.3배 증가하였다. 이를 자산순위별로 보면, 상위 1-5위 기업은 같은 기간 평균 35.2개에서 71.2개로 두 배가량 증가했고, 6-10위는 19.2개에서 47.0개, 11-30위는 11.1개에서 27.9개로 증가하였다. 자산순위가 낮은 기업집단의 증가율이 높긴 했지만, 자산순위가 높은 기업집단일수록 계열사수가 많아지는 경향은 크게 달라지지 않았다.

그림 R-h는 대규모 기업집단의 자산총액에 대한 통계(R247-249)를 이용하여 국내총생산 대비 대규모 기업집단 자산총액의 비율을 나타낸 것이다. 이는 우리나라 경제 규모를 기준으로 대규모 기업집단의 상대적 규모를 비교해 보기 위함이다. 이 역시 계열사수 추이와 마찬가지로 외환위기 이후 몇 년 간 감소하고, 최근 정체 내지 감소 경향을 보인 시기를 제외하고는 대체로 증가하는 추이를 보여 왔으며, 그 결과 국내총생산 대비 대규모 기업집단 자산 비율은 1987년 47%에서 2016년에는 94%로 두 배 증가했다. 우리나라 경제 규모에 비해 대규모 기업집단의 자산 규모가 훨씬 빠른 속도로 증가해 온 것이다.

그림 R-h에서 확인되는 특징 중 하나는 자산순위 1-5위 기업집단과 그 이하 순위의 기업집단 간의 격차가 외환위기 이후 감소하는 추세를 보이다가 2000년대 말부터 다시 갈수록 확대되는 양상을 보이고 있다는 점이다. 자산순위 1-5위 기업집단의 자산총액이 1-30위 기업집단 자산총액에서 차지하는 비율은 1999년 65.8%에 이르렀다가 하락세로 돌아섰으나 2009년 49.9%를 저점으로 2010년부터 다시 상승하기 시작, 2016년에는 60.0%에 이르고 있다. 2000년대 후반 이후 대규모 기업집단 내에서의 양극화 양상이 다시 강화되고 있는 것이다.

한편, 그림으로 제시하지는 않았지만, 자산순위 1-5위 기업집단의 매출액이 1-30위 기업집단의 매출액에서 차지하는 비중도 유사한 추이를 보여 왔다. 즉, 이 비율은 1987년 62.4%에서 상승, 1999년 74.7%에 이른 후 감소하여 2009년 55.2%로 저점을 찍은 후 다시 상승, 2016년에는 61.6%에 이르고 있다.

대규모 기업집단 내에서의 양극화 현상이 가장 극명하게 나타나는 것은 당기순이익이다. 당기순이익 통계(R256-258)는 2001년부터 파악되는데, 연도별로 평균 84.0%가 5대 기업집단에 집중된 것으로 나타나고 있다. 바꿔 말하면, 5대 기업집단 중 하나의 기업집단이 벌어들이는 당기순이익과 나머지 6-30위 기업집단 전체의 당기순이익 규모가 비슷한 것이다.

정리하면, 경제력 집중을 억제하기 위해 1987년부터 대규모 기업집단을 지정, 각종 규제 정책을 펼쳐 왔음에도, 경제에서 대규모 기업집단이 차지하는 비중과 위상은 약화되지는 않았으며, 기업집단 중에서도 5대 기업집단의 성장이 두드러져 대규모 기업집단 내에서의 양극화 경향도 강화되고 있는 것으로 보인다.

참고문헌

공정거래위원회, 『공정거래백서』, 각년도판.

국세청, 『국세 통계연보』, 각년도판.

국가통계포털(kosis.kr).

기업집단 정보포털(groupopni.ftc.go.kr).

김낙년 편(2011), 『한국의 장기통계』, 서울대학교출판문화원.

법원행정처, 『법원통계연보』, 각년도판.

_____, 『사법연감』, 각년도판.

조선은행, 『경제연감』, 1949년판.

_____, 『조선은행월보』, 각월호.

존 미클스웨이트 · 에이드리언 울드리지 저, 유경찬 역(2011), 『기업, 인류 최고의 발명품』, 을유문화사.

주현 · 김숙경 · 김종호(2013), 『개인기업의 실태 및 정책과제』, 산업연구원.

통계청, 『전국사업체조사보고서』, 각년도판.

홍제환(2013), 「식민지기 회사의 생존력, 1917-1944」, 『경제사학』 제54호, 97-129.

R. 기업조직

홍제환

1. 개인기업

표 R1-22 자영업자수의 연도별 추이, 1963-2016

	자영업자(전체)							
	전체 1	전체 2	농가 여부		산업별			
			농가	비농가	농림수산업	광공업	제조업	사회간접자본 및 기타서비스업
	R1	R2	R3	R4	R5	R6	R7	R8
	남한, 천 명							
1963	2,817	2,854	2,051	803	1,955	165		734
1964	2,848	2,887	2,033	854	1,916	182		789
1965	2,984	3,019	2,038	981	1,909	207		903
1966	3,009	3,047	2,093	954	1,946	208		893
1967	3,124	3,158	2,137	1,021	1,964	232		962
1968	3,184	3,216	2,149	1,067	1,974	254		988
1969	3,238	3,284	2,157	1,127	1,994	271		1,019
1970	3,286	3,331	2,081	1,250	1,948	302		1,081
1971	3,396	3,440	2,032	1,408	1,905	363		1,172
1972	3,554	3,617	2,203	1,414	2,139	313		1,165
1973	3,780	3,848	2,325	1,523	2,224	380		1,244
1974	4,007	4,010	2,426	1,584	2,312	380		1,318
1975	4,008	4,012	2,360	1,652	2,246	389		1,377
1976	4,258	4,263	2,507	1,756	2,350	495		1,418
1977	4,287	4,291	2,440	1,851	2,259	489		1,543
1978	4,445	4,448	2,426	2,022	2,266	498		1,684
1979	4,571	4,573	2,449	2,124	2,267	498		1,808
1980	4,651	4,651	2,377	2,273	2,201	501		1,950
1981	4,735	4,735	2,405	2,330	2,271	454		2,010
1982	4,910	4,910	2,270	2,640	2,171	480		2,260
1983	4,897	4,897	2,222	2,676	2,132	465		2,300
1984	4,578	4,578	1,973	2,606	1,955	399		2,225
1985	4,679	4,679	1,880	2,799	1,856	404		2,390
1986	4,868	4,868	1,872	2,996	1,881	543		2,445
1987	4,994	4,994	1,859	3,135	1,868	610		2,515
1988	5,093	5,093	1,854	3,239	1,867	651		2,576
1989	5,051	5,051			1,899	507	504	2,646
1990	5,068	5,068			1,832	487	482	2,746
1991	4,977	5,236			1,761	543	539	2,932
1992	5,171	5,421			1,745	576	573	3,101
1993	5,258	5,258			1,458	542	536	3,259
1994	5,376	5,376			1,414	547	542	3,415
1995	5,569	5,569			1,378	559	555	3,632
1996	5,710	5,710			1,350	569	566	3,791
1997	5,901	5,901			1,340	582	579	3,980
1998	5,616	5,616			1,338	503	501	3,776
1999	5,703	5,703			1,310	533	532	3,859
2000	5,864	5,864			1,291	559	557	4,015
2001	6,051	6,051			1,279	554	552	4,217
2002	6,190	6,190			1,253	549	547	4,388
2003	6,043	6,043			1,183	507	505	4,353
2004	6,110	6,110			1,116	488	487	4,506
2005	6,172	6,172			1,134	489	488	4,549
2006	6,135	6,135			1,106	481	480	4,547
2007	6,049	6,046			1,063	471	471	4,515
2008	5,970	5,970			1,048	471	470	4,452
2009	5,711	5,711			1,018	445	443	4,247
2010	5,592	5,592			974	452	450	4,167
2011	5,594	5,594			958	450	448	4,186
2012	5,718	5,718			952	436	435	4,330
2013	5,651	5,651			953	408	407	4,291
2014	5,652	5,652			919	404	403	4,329
2015	5,563	5,563			854	395	394	4,314
2016	5,570	5,570			825	410	410	4,335

자료: 통계청, 「경제활동인구조사」(http://kosis.kr); 통계청, 『경제활동인구연보』 각년도판.

주: 1) 자영업자(전체) 중 '전체 1'은 통계청에 제시되어 있는 수치이며, 그 외의 수치는 『경제활동인구연보』에 제시된 수치인데, '전체 1'과 '전체 2'가 일부 구간에서 일치하지 않고 있다. 이는 경제활동인구조사는 표본조사 형태로 이루어지기 때문에 추후 통계가 조정되는 데에 기인한 것이며, '전체 1'이 확정 통계라고 할 수 있다. 다만 조정시 하위항목까지 조정하지는 않기 때문에, 여기서는 하위항목도 제시하고자 '전체 1'과 함께 수정되기 이전의 합계인 '전체 2'도 제시한다.

2) '제조업'은 '광공업'에 포함되는 항목이다.

표 R1-22 계속

	남							여						
	전체	농가 여부		산업별				전체	농가 여부		산업별			
		농가	비농가	농림수산업	광공업	제조업	사회간접자본 및 기타서비스업		농가	비농가	농림수산업	광공업	제조업	사회간접자본 및 기타서비스업
	R9	R10	R11	R12	R13	R14	R15	R16	R17	R18	R19	R20	R21	R22
	남한, 천 명													
1963	2,261	1,736	525	1,659	133		469	593	315	278	296	32		265
1964	2,315	1,760	555	1,670	142		503	572	273	299	246	40		286
1965	2,410	1,764	646	1,667	161		582	609	274	335	242	46		321
1966	2,469	1,811	658	1,699	164		606	578	282	296	247	44		287
1967	2,541	1,826	715	1,709	172		660	617	311	306	255	60		302
1968	2,585	1,822	763	1,711	191		683	631	327	304	263	63		305
1969	2,687	1,851	836	1,764	201		722	597	306	291	230	70		297
1970	2,578	1,723	855	1,650	203		725	753	358	395	298	99		356
1971	2,672	1,689	983	1,638	223		811	768	343	425	267	140		361
1972	2,806	1,818	988	1,808	184		814	811	385	426	331	129		351
1973	2,897	1,869	1,028	1,883	190		824	951	456	495	341	190		420
1974	3,046	1,959	1,087	1,959	196		891	964	467	497	353	184		427
1975	3,042	1,892	1,150	1,892	201		949	970	468	502	354	188		428
1976	3,099	1,960	1,139	1,934	231		934	1,164	547	617	416	264		484
1977	3,175	1,927	1,248	1,895	244		1,036	1,116	513	603	364	245		507
1978	3,219	1,880	1,339	1,847	270		1,102	1,229	546	683	419	228		582
1979	3,297	1,877	1,420	1,830	302		1,165	1,276	572	704	437	196		643
1980	3,433	1,862	1,571	1,814	317		1,304	1,218	515	703	387	184		648
1981	3,513	1,895	1,619	1,859	294		1,361	1,222	510	711	413	161		649
1982	3,576	1,758	1,819	1,756	304		1,515	1,334	513	821	415	176		745
1983	3,558	1,737	1,823	1,725	315		1,518	1,339	486	853	407	150		782
1984	3,394	1,624	1,769	1,631	294		1,467	1,185	349	836	323	103		758
1985	3,440	1,536	1,904	1,548	317		1,575	1,240	344	896	339	86		815
1986	3,465	1,493	1,973	1,504	342		1,619	1,403	379	1,024	376	200		827
1987	3,509	1,468	2,041	1,485	361		1,663	1,485	391	1,094	384	249		852
1988	3,638	1,509	2,129	1,520	375		1,744	1,455	346	1,109	347	276		833
1989	3,678			1,528	385	381	1,765	1,373			371	122	122	881
1990	3,686			1,449	398	394	1,840	1,382			387	88	88	906
1991	3,809			1,396	444	441	1,968	1,427			365	99	99	964
1992	3,918			1,359	472	469	2,086	1,504			385	104	104	1,015
1993	3,823			1,130	449	444	2,244	1,435			328	93	92	1,014
1994	3,888			1,091	460	455	2,337	1,487			322	87	87	1,078
1995	3,969			1,052	465	462	2,451	1,600			326	94	94	1,181
1996	4,041			1,024	466	463	2,551	1,669			327	103	103	1,240
1997	4,142			999	488	485	2,655	1,759			340	94	94	1,325
1998	4,069			1,051	423	420	2,595	1,548			287	80	80	1,181
1999	4,066			1,015	442	441	2,610	1,636			295	91	91	1,250
2000	4,181			988	468	467	2,724	1,683			303	90	90	1,290
2001	4,298			975	456	454	2,867	1,753			304	98	98	1,351
2002	4,404			949	462	460	2,994	1,786			304	87	87	1,395
2003	4,424			912	439	437	3,073	1,618			271	68	68	1,279
2004	4,369			850	422	421	3,098	1,740			266	66	66	1,408
2005	4,366			858	422	422	3,086	1,807			276	67	67	1,463
2006	4,307			838	420	419	3,049	1,828			268	62	62	1,498
2007	4,228			800	406	106	3,022	1,821			263	65	65	1,493
2008	4,195			796	390	389	3,009	1,776			252	81	81	1,443
2009	4,059			793	376	375	2,890	1,652			226	69	69	1,358
2010	3,992			760	387	385	2,846	1,601			215	65	65	1,321
2011	4,014			743	382	381	2,888	1,580			215	68	68	1,298
2012	4,125			747	377	376	3,001	1,593			205	59	59	1,329
2013	4,057			754	349	348	2,954	1,594			199	59	59	1,337
2014	4,061			727	348	348	2,986	1,591			192	56	56	1,343
2015	3,974			676	341	339	2,958	1,589			178	55	55	1,356
2016	4,006			655	355	355	2,996	1,564			170	55	55	1,339

표 R23-42 개인사업자수의 연도별 추이, 1983-2016

	합계1	합계2	업태별							
			농림어업	광업	제조업	전기가스수도업	도매업	소매업	부동산매매업	건설업
	R23	R24	R25	R26	R27	R28	R29	R30	R31	R32
	남한, 명									
1983	1,131,147									
1984	1,180,516									
1985	1,225,630									
1986	1,293,875									
1987	1,366,994	1,370,417	15	1,289	134,646	4	80,691	420,346	121	39,694
1988	1,412,490	1,414,980	25	1,381	146,754	6	89,097	412,851	220	48,826
1989	1,507,672	1,512,261	36	1,383	162,135	9	101,361	428,358	425	60,825
1990	1,448,906	1,456,673	32	1,354	166,267	5	113,986	389,311	350	85,409
1991	1,576,338	1,582,718	30	1,347	181,051	5	128,034	397,798	381	111,029
1992	1,995,130	1,995,130	38	1,192	200,507	20	133,796	503,021	435	118,996
1993	2,135,731	2,136,730	42	1,019	215,691	39	151,455	531,027	416	127,644
1994	2,254,133	2,254,133	60	729	235,721	57	167,938	546,457	428	134,530
1995	2,376,175	2,376,225	74	631	241,293	51	182,925	565,212	704	146,024
1996	2,410,601	2,410,601	223	659	240,099	128	187,731	545,490	952	175,407
1997	2,739,783	2,737,783	297	655	253,717	168	211,416	580,022	1,327	198,986
1998	2,658,184	2,658,184	325	609	246,729	182	217,082	539,708	1,055	186,373
1999	2,766,482	2,766,482	358	551	264,634	216	237,720	551,002	1,050	183,259
2000	3,112,115	3,112,115	510	575	292,391	232	267,582	598,629	1,358	191,008
2001	3,387,831	3,387,831	673	534	305,266	215	280,797	650,308	2,030	195,562
2002	3,618,162	3,618,162	713	488	311,599	233	296,516	653,729	3,279	202,267
2003	3,635,511	3,635,511	749	449	310,881	229	300,156	618,090	3,966	211,370
2004	3,570,206	3,570,206	698	423	305,741	229	299,837	573,612	4,047	210,528
2005	3,721,214	3,721,214	767	389	311,843	218	314,956	585,917	4,560	217,008
2006	4,465,357	4,465,357	57,849	1,108	326,072	251	393,199	717,505	7,189	230,412
2007	4,526,730	4,526,730	56,421	1,033	321,934	428	379,635	684,368	7,936	232,158
2008	4,730,114	4,730,114	56,413	1,129	338,486	815	394,898	707,003	8,799	242,174
2009	4,890,242	4,890,242	54,889	1,287	344,837	1,412	412,645	739,109	8,752	251,760
2010	5,044,701	5,044,701	54,573	1,273	355,796	1,502	428,443	762,531	9,345	264,566
2011	5,177,911	5,177,911	54,797	1,267	365,683	1,840	437,406	778,704	9,987	276,020
2012	5,283,253	5,283,253	54,908	1,233	370,323	2,811	439,565	785,765	10,131	283,297
2013	5,379,731	5,379,731	55,796	1,211	375,304	5,679	442,514	784,485	10,517	290,220
2014	5,615,468	5,615,468	57,658	1,217	384,373	13,989	453,306	811,329	11,422	304,203
2015	5,904,201	5,904,201	60,299	1,226	395,514	18,163	464,118	841,189	12,655	323,626
2016	6,051,032	6,051,032	62,529	1,200	396,518	21,765	458,578	832,972	13,268	333,712

자료: 국세청, 『국세통계연보』 각년도판; 통계청, 「국세통계」(http:kosis.kr).

주: 1) 2005년까지는 각 과세기간에 신고한 사업자수이며, 2006년부터는 해당연도 과세기간 말 가동사업자이다.

2) 1986년까지는 업태별 사업자수가 개인과 법인을 합산한 결과만 제시되어 있어 업태별 개인사업자수를 산출하기 어렵다.

3) 1987-2004년의 업태별 사업자수는 『국세통계연보』 각년도판의 '업태별 부가가치세신고: 일반과세자(개인)'과 '업태별 부가가치세신고: 과세특례자' 항목의 인원을 합산하여 산출하였다.

4) 1991년까지는 『국세통계연보』에 제시되어 있는 개인사업자수 합계(합계1)와 업태별 개인사업자수의 합계가 일치하지 않아, 업태별 개인사업자수 총계를 별도(합계2)로 제시하였다.

5) 1992년 개인사업자수가 크게 증가한 것은 이 해의 통계부터 소액부징수자(세금 납부금액이 소액이어서 납부를 면제받는 개인사업자)가 포함되어 있기 때문이다.

6) 2006년부터 개인사업자 통계에 기존의 일반사업자, 간이사업자 외에 면세사업자가 합산되면서 개인사업자수가 큰 폭으로 증가하고 있다.

7) 신규는 과세기간 중에 신규 등록한 사업자수이며, 폐업은 과세기간 중에 실제 폐업한 사업자수이다.

표 R23-42 계속

	업태별								신규 및 폐업	
	음식업	숙박업	운수창고통신업	부동산임대업	대리중개도급업	서비스업	사회 및 개인 서비스업	미기재	신규	폐업
	R33	R34	R35	R36	R37	R38	R39	R40	R41	R42
	남한, 명									
1983										
1984										
1985										
1986										
1987	199,780	25,689	124,641	147,229			66,126	130,146		
1988	202,582	25,239	136,454	146,292			74,455	130,798		
1989	214,775	25,091	144,106	159,018			77,550	137,189		
1990	204,371	20,981	155,159	148,504			69,058	101,886		
1991	221,053	20,825	167,698	166,009			73,145	114,313	332,952	214,136
1992	285,620	24,991	196,766	248,071			95,451	186,226	399,197	263,820
1993	315,327	25,210	203,119	268,573			103,233	193,935	423,771	280,617
1994	345,853	24,929	214,778	277,055			118,308	187,290	495,053	335,222
1995	373,926	24,362	230,929	305,200			130,615	174,279	483,910	331,656
1996	393,857	24,632	238,138	312,583	32,951	257,751			457,228	338,340
1997	465,905	26,932	267,576	409,174	64,675	256,933			671,823	330,861
1998	439,116	25,683	264,397	420,202	60,303	256,420			548,241	625,718
1999	429,270	24,338	283,614	424,371	68,749	297,350			930,453	613,112
2000	520,199	27,596	324,549	449,855	83,326	354,305			942,404	687,294
2001	590,813	29,990	354,838	502,292	94,431	380,082			999,644	684,432
2002	604,868	31,915	377,245	647,207	103,506	384,597			1,166,907	768,309
2003	586,420	31,469	386,863	683,454	123,401	378,014			945,592	815,738
2004	550,989	30,143	390,910	712,929	122,671	367,449			827,526	699,292
2005	565,929	30,399	409,025	755,113	133,976	391,114			814,341	753,994
2006	587,540	31,294	455,134	865,035	107,776	684,993			945,344	757,744
2007	572,223	31,054	458,889	970,117	24,133	786,401			1,060,064	848,062
2008	581,691	31,972	469,987	1,052,175	28,173	816,399			1,011,736	794,131
2009	597,197	32,664	480,050	1,079,600	32,192	853,848			963,245	785,786
2010	611,805	34,051	489,159	1,104,410	36,874	890,373			988,058	805,506
2011	620,939	35,259	497,828	1,144,498	42,071	911,612			994,386	845,235
2012	627,980	36,440	503,434	1,195,132	46,367	925,867			956,409	833,195
2013	639,343	37,672	511,490	1,237,368	48,892	939,240			926,558	805,328
2014	666,251	39,781	523,010	1,306,791	53,387	988,751			1,015,619	761,328
2015	691,252	42,140	537,245	1,414,886	58,642	1,043,246			1,068,313	739,420
2016	693,114	43,737	541,495	1,506,150	61,426	1,084,568			1,100,726	839,602

표 R43-60 개인사업체 및 개인사업체 종사자수의 연도별 추이, 1981-2015

	개인사업체수								
	합계	광업	제조업	전기가스수도업	건설업	도소매음식숙박업	운수창고통신업	금융보험부동산	기타 서비스업
	R43	R44	R45	R46	R47	R48	R49	R50	R51
	남한, 개								
1981	1,184,107	2,158	178,497	24	7,694	791,446	7,143	38,252	158,893
1986	1,557,010	2,225	204,140	161	18,251	989,071	12,753	62,238	268,171
1991	1,962,958	2,108	272,026	67	40,165	1,184,328	15,519	76,365	372,380
1993	2,101,839	2,067	252,481		40,569	1,219,150	121,018	76,501	390,053
1994	2,277,992	1,960	266,678		45,302	1,312,558	139,609	85,986	425,899
1995	2,502,488	1,982	279,570		51,307	1,418,324	195,371	90,121	465,813
1996	2,522,394	1,847	276,652		51,690	1,435,073	195,077	86,283	475,772
1997	2,556,899	1,676	268,061		51,253	1,457,516	197,930	87,072	493,391
1998	2,493,895	1,499	244,878		45,616	1,415,392	200,023	86,788	499,699
1999	2,612,237	1,527	257,337		44,945	1,456,692	226,411	89,680	535,645
2000	2,674,780	1,493	267,782		45,488	1,465,808	253,419	86,850	553,940
2001	2,678,286	1,408	276,915	77	45,468	1,445,147	274,462	83,635	551,174
2002	2,716,022	1,308	273,627	152	44,262	1,453,729	292,096	88,216	562,632
2003	2,759,426	1,254	267,354	170	44,915	1,459,732	309,956	94,828	581,217
2004	2,755,061	1,206	267,456	153	45,277	1,439,040	315,133	95,181	591,615
2005	2,746,284	1,194	275,502	116	47,067	1,402,799	320,884	95,686	603,036
2006	2,743,216	1,150	265,477	137	48,446	1,396,945	330,118	97,184	603,759
2007	2,756,099	1,154	264,584	147	50,118	1,394,627	327,744	98,834	618,891
2008	2,748,159	1,073	253,912	41	51,391	1,383,523	328,194	98,914	631,111
2009	2,755,647	1,114	251,906	53	51,011	1,382,809	330,511	98,009	640,234
2010	2,793,311	1,129	256,230	32	51,954	1,396,743	334,167	96,916	656,140
2011	2,869,945	1,114	264,207	45	54,957	1,434,516	341,487	98,458	675,161
2012	2,951,756	1,139	274,352	81	59,077	1,474,511	351,773	97,733	693,090
2013	2,986,641	1,147	277,398	88	61,324	1,493,279	358,485	97,608	697,312
2014	3,056,869	1,172	291,619	113	66,946	1,523,714	364,906	101,858	706,541
2015	3,104,939	1,197	304,416	151	71,243	1,548,237	366,008	104,078	709,609

	개인사업체 종사자수								
	합계	광업	제조업	전기가스수도업	건설업	도소매음식숙박업	운수창고통신업	금융보험부동산	기타 서비스업
	R52	R53	R54	R55	R56	R57	R58	R59	R60
	남한, 명								
1981	3,219,246	30,399	1,045,256	87	46,177	1,625,017	35,635	113,623	323,052
1986	4,494,627	37,873	1,356,075	796	86,502	2,199,331	69,416	165,724	578,910
1991	5,587,140	26,208	1,593,301	683	191,051	2,628,338	90,775	220,152	836,632
1993	5,985,502	18,532	1,465,496		240,704	2,781,034	232,103	154,622	1,093,011
1994	5,833,678	14,614	1,391,364		212,059	2,767,609	231,961	155,974	1,060,097
1995	6,314,149	11,345	1,383,111		234,500	3,017,250	301,923	185,191	1,180,829
1996	6,298,175	9,777	1,322,961		235,738	3,097,793	285,449	156,593	1,189,864
1997	6,173,320	8,337	1,167,639		231,396	3,102,583	285,681	173,027	1,204,657
1998	5,755,775	7,346	1,018,526		160,800	2,935,567	285,686	176,823	1,171,027
1999	6,218,141	7,320	1,128,398		159,475	3,111,121	314,103	178,843	1,318,881
2000	6,645,245	6,736	1,171,737		215,148	3,292,762	348,089	177,817	1,432,956
2001	6,593,170	5,477	1,179,047	897	168,154	3,296,199	357,579	160,115	1,425,702
2002	6,666,452	4,924	1,137,962	1,728	149,494	3,369,783	367,883	167,591	1,467,087
2003	6,708,594	5,170	1,139,599	2,085	140,077	3,352,255	383,087	176,843	1,509,478
2004	6,593,282	4,610	1,106,675	1,977	131,122	3,254,294	384,400	174,783	1,535,421
2005	6,660,154	4,532	1,135,684	1,667	144,705	3,203,225	394,040	166,634	1,609,667
2006	6,588,433	4,049	1,073,060	1,954	145,574	3,177,698	420,529	167,195	1,598,374
2007	6,727,188	3,996	1,084,205	1,885	149,951	3,220,298	418,590	170,505	1,677,758
2008	6,710,813	3,513	1,030,477	399	161,021	3,201,025	415,935	168,247	1,730,196
2009	6,808,172	3,342	1,022,759	394	155,553	3,229,079	420,817	166,057	1,810,171
2010	6,900,142	3,525	1,051,945	113	156,034	3,211,649	424,093	160,118	1,892,665
2011	7,151,246	3,387	1,082,818	225	165,627	3,325,174	434,436	165,561	1,974,018
2012	7,329,869	3,667	1,084,508	328	167,866	3,419,892	441,635	164,530	2,047,443
2013	7,437,962	3,306	1,080,489	357	175,370	3,487,181	449,223	165,386	2,076,650
2014	7,658,156	3,463	1,131,365	494	196,976	3,572,272	459,936	173,926	2,119,724
2015	7,868,888	3,452	1,154,863	351	216,976	3,650,892	462,996	181,028	2,198,330

자료: 통계청, 「전국사업체조사」, 「총사업체통계조사」(http:kosis.kr); 통계청, 『총사업체통계조사보고서』(1981, 1986, 1991).

주: 1) 사업체란 영리, 비영리를 불문하고 일정한 물리적 장소에서 재화의 생산, 판매, 서비스 제공 등 경제활동을 독립적으로 수행하고 있는 모든 경영단위를 말함. 1개의 기업체가 여러 장소에서 산업활동을 할 경우 각 장소별로 별개의 사업체로 파악한다.

2) 개인사업체는 순수하게 개인이 사업을 경영하는 경우로 동업(공동경영)의 경우도 포함한다.

3) 조사대상에는 종사자 1인 이상의 모든 사업체가 해당한다. 단 개인이 경영하는 농림·어업사업체, 국방 및 가사서비스업, 국제기구 및 외국기관, 고정설비가 없거나 영업장소가 일정치 않은 간이판매상은 제외된다.

4) 건설업에는 건설업 외에 하수폐기물처리, 원료재생 및 환경복원업도 포함된다.

5) 운수창고통신업에는 운수업과 출판, 영상, 방송통신 및 정보서비스업이 포함된다.

6) 기타 서비스업에는 전문, 과학 및 기술서비스업, 사업시설관리 및 사업지원서비스업, 교육서비스업 등이 포함된다.

2. 법인기업

표 R61–76 업종 및 기업형태별 회사수, 1917–1945

	업종별												기업형태별			
	합계	농림업	수산업	광업	제조공업	가스 및 전기업	은행업	금융 및 신탁업	운수업	창고업	보험업	상업기타	주식회사	유한회사	합자회사	합명회사
	R61	R62	R63	R64	R65	R66	R67	R68	R69	R70	R71	R72	R73	R74	R75	R76
	남북한, 개															
1917	248	25	2	2	49	15	20	5	27	4	-	99	146		73	29
1918	268	28	1	3	66	14	17	5	27	5	-	102	166		72	30
1919	387	36	2	6	108	15	17	5	37	12	-	149	264		90	33
1920	571	45	6	8	140	20	23	13	69	17	-	230	405		119	47
1921	728	62	15	8	161	19	22	33	72	19	1	316	485		180	63
1922	893	78	22	8	186	20	22	66	94	19	2	376	567		248	78
1923	1,091	82	21	9	207	26	20	84	105	18	2	517	606		386	99
1924	1,270	86	21	11	252	31	19	95	110	21	2	622	621		521	128
1925	1,493	103	21	16	295	40	18	106	127	20	2	745	680		664	149
1926	1,663	116	21	15	332	47	18	117	142	20	2	833	718		770	175
1927	1,939	130	21	22	383	47	18	124	190	24	2	978	793		932	214
1928	2,181	141	24	22	476	50	16	131	224	25	2	1,070	865		1,081	235
1929	2,505	160	29	27	565	53	18	144	274	30	2	1,203	970		1,299	236
1930	2,917	181	32	31	657	57	17	158	316	34	2	1,432	1,064		1,588	265
1931	3,384	193	33	35	795	59	16	167	342	35	2	1,707	1,126		1,947	311
1932	3,686	204	36	43	870	57	16	177	349	34	2	1,898	1,176		2,168	342
1933	3,942	214	36	53	913	56	14	186	372	34	2	2,062	1,220		2,346	376
1934	4,165	224	35	74	948	51	12	191	399	32	2	2,197	1,286		2,447	432
1935	4,602	247	38	90	1,026	54	11	195	440	37	2	2,462	1,445		2,644	513
1936	5,282	279	59	126	1,212	21	10	196	482	35	2	2,860	1,601		2,734	624
1937	4,959	263	48	106	1,127	32	10	198	454	35	2	2,684	1,814		2,821	647
1938	5,495	281	72	146	1,323	20	9	191	508	33	2	2,910	2,018		2,827	650
1939	5,700	300	81	186	1,421	20	9	190	497	35	2	2,959	2,258		2,794	649
1940	5,893	309	91	205	1,541	20	9	186	465	37	2	3,028	2,554		2,691	648
1941	6,262	317	92	212	1,725	22	7	186	467	35	3	3,196	2,802		2,752	708
1942	6,494	324	94	218	1,880	22	6	183	440	35	3	3,289	2,933		2,857	704
1943	6,779	342	95	230	2,082	19	6	186	440	35	3	3,341	3,133		2,950	696
1944	7,080	387	97	284	2,326	18	5	192	380	36	3	3,352	3,365	7	3,020	688
1945	7,148	406	98	299	2,354	18	5	192	383	36	3	3,354	3,438	9	3,015	686

자료: 『조선은행월보』 각년도 12월호(단, 1924년 자료는 1925년 12월호, 1944년 자료는 1946년 7월호, 1945년 자료는 1946년 11월호에서 인용).

주: 1) 『조선은행월보』는 1925년부터 『조선은행통계월보』로 명칭 수정되어 발간되었다.
2) 각년도 말 기준. 단 1945년은 4월 현재 기준이다.
3) 1917-1920년의 경우, 업종 분류 방식이 일부 상이하여 위의 분류 방식에 맞추어 조정하였다.
4) 1923년까지는 조선 내에 본점을 둔 회사에 관한 통계이다. 1924년부터는 통계에 조선에 본점을 둔 회사만을 대상으로 한다는 점이 명시되어 있지는 않으나, 자본금 규모 등을 고려할 때 조선에 지점만 둔 회사는 제외된 것으로 판단된다.
5) 1944-1945년 유한회사수는 과소추계되어 있는 것으로 판단된다.
6) 주식합자회사수는 주식회사수에 포함되어 있다.

표 R77–81 남한지역 7대 도시의 기업형태별 회사수, 1936–1948

	합계	주식	합자	합명	유한
	R77	R78	R79	R80	R81
	남한, 개				
1936	1,977	763	1,011	201	
1937	2,151	892	1,043	214	
1938	2,274	1,014	1,039	219	
1939	2,469	1,208	1,024	235	
1940	2,663	1,413	983	243	24
1941	2,956	1,636	971	242	107
1942	3,187	1,800	983	244	160
1943	3,438	1,990	976	247	225
1944	3,714	2,202	979	252	281
1945	3,970	2,448	977	256	289
1946	4,498	2,921	998	286	293
1947	5,012	3,285	1,118	308	301
1948	5,378	3,575	1,169	323	311

자료: 조선은행조사부, 『경제연감』(1949).

주: 1) 7대 도시에는 서울, 인천, 부산, 대구, 광주, 대전, 군산이 포함된다.
2) 원자료에는 1936-1939년 유한회사수가 2개로 되어 있으나, 유한회사 형태는 1940년 도입되었으므로 본 표에는 반영하지 않았다.

표 R82-87 기업형태별 가동법인수, 1967-2015

	합계	주식회사	합자회사	합명회사	유한회사	기타
	R82	R83	R84	R85	R86	R87
	남한, 개					
1967	11,467	8,484	1,039	269	80	1,595
1968	12,305	9,321	1,081	279	98	1,526
1969	13,301	9,943	1,207	292	130	1,729
1970	14,207	10,567	1,257	281	134	1,968
1971	15,594	11,885	1,313	274	143	1,979
1972	10,317	8,352	920	166	106	773
1973	11,926	9,651	889	141	117	1,128
1974	13,339	10,840	893	147	120	1,339
1975	14,868	12,093	1,027	158	138	1,452
1976	16,199	13,268	1,046	169	157	1,559
1977	18,698	14,718	1,107	219	235	2,419
1978	20,684	16,450	1,139	229	316	2,550
1979	23,542	18,518	1,365	260	387	3,012
1980	26,612	20,388	1,489	268	429	4,038
1981	28,808	22,072	1,555	283	490	4,408
1982	35,424	23,730	1,705	351	626	9,012
1983	38,740	26,418	1,938	369	748	9,267
1984	40,678	28,335	2,096	384	785	9,078
1985	42,719	30,174	2,166	367	829	9,183
1986	45,844	32,989	2,213	372	909	9,361
1987	50,723	37,527	2,230	371	1,153	9,442
1988	56,615	42,904	2,331	366	1,358	9,656
1989	65,224	50,868	2,493	383	1,603	9,877
1990	76,658	61,354	2,664	393	2,154	10,093
1991	90,553	73,614	2,938	407	3,094	10,500
1992	102,136	83,623	3,212	432	4,161	10,708
1993	112,262	93,377	3,434	499	3,863	11,089
1994	125,413	104,893	3,807	738	4,206	11,769
1995	142,084	119,496	4,428	793	5,031	12,336
1996	160,071	135,709	4,797	939	5,806	12,820
1997	179,316	153,602	5,030	963	6,242	13,479
1998	181,835	155,462	4,956	996	6,656	13,765
1999	206,354	179,019	5,114	1,025	6,893	14,303
2000	242,652	214,248	5,008	1,020	7,697	14,679
2001	286,352	258,668	4,115	850	8,749	13,970
2002	317,154	289,386	4,027	874	9,428	13,439
2003	330,187	300,860	3,897	826	10,029	14,575
2004	341,866	311,205	3,797	781	10,827	15,256
2005	360,821	329,111	3,806	741	12,091	15,072
2006	372,393	340,006	3,789	767	12,601	15,230
2007	393,700	359,353	3,758	805	13,514	16,270
2008	416,117	379,408	3,774	829	14,613	17,493
2009	440,514	401,026	3,834	853	16,225	18,576
2010	467,401	425,410	3,797	851	17,272	20,071
2011	499,599	454,520	3,851	838	18,854	21,536
2012	538,134	489,258	3,897	851	21,044	23,084
2013	576,138	522,562	3,825	865	23,212	25,674
2014	623,411	564,114	3,819	883	25,650	28,945
2015	673,374	610,063	3,737	898	28,419	30,257

자료: 국세청, 『국세통계연보』(1967-1986); 통계청, 「법인수」(http:kosis.kr).

주: 1) 1967-1972년 통계에는 가동법인 이외에 휴면법인도 포함되어 있다.

2) 기타에는 비영리법인 및 외국법인, 기타법인 등이 포함되어 있다.

표 R88-102 업종별 가동법인수, 1975-2015

	합계	농업·임·어업	광업	제조업	전기·가스·수도업	건설업	도매업	소매업	음식·숙박업	운수·창고·통신업	금융·보험업	부동산업	서비스업	보건업	기타 업종
	R88	R89	R90	R91	R92	R93	R94	R95	R96	R97	R98	R99	R100	R101	R102
	남한, 개														
1975	14,868	166	161	5,319	1	1,368	1,804	209	76	566	356	926	2,614	39	1,263
1976	16,199	169	157	5,881	2	1,462	1,854	312	89	660	345	1,088	2,820	49	1,311
1977	18,698	187	177	6,505	2	1,575	2,275	426	99	1,075	445	1,145	2,751	66	1,970
1978	20,684	204	185	7,165	2	1,913	2,576	508	126	1,581	457	1,180	2,831	79	1,877
1979	23,542	198	194	7,639	4	2,296	2,958	532	139	2,226	677	1,296	3,026	77	2,280
1980	26,612	223	203	8,007	3	2,832	3,534	597	148	2,480	1,066	1,492	3,316	88	2,623
1981	28,808	207	199	8,516	3	3,052	4,026	637	171	2,760	1,396	1,603	3,550	100	2,588
1982	35,424	290	232	9,146	9	3,484	4,516	691	180	2,967	6,823	1,746	4,031	123	1,186
1983	38,740	308	253	9,676	19	4,701	4,849	753	201	3,252	6,970	1,913	4,564	141	1,140
1984	40,678	286	275	10,129	17	5,479	5,194	721	203	3,466	7,038	1,976	4,850	165	879
1985	42,719	274	278	10,882	25	5,918	5,465	727	215	3,636	7,153	2,046	5,201	164	735
1986	45,844	284	307	12,396	26	6,293	6,036	852	238	3,678	7,050	2,122	5,593	194	773
1987	50,723	301	336	14,988	31	6,635	7,056	947	291	3,745	6,992	2,270	6,252	201	678
1988	56,615	318	355	17,897	34	7,067	8,460	1,065	353	3,814	7,015	2,285	7,039	200	713
1989	65,224	344	375	20,847	39	8,915	10,385	1,163	442	3,908	6,945	2,415	8,443	196	807
1990	76,658	398	450	24,073	35	11,311	13,213	1,490	477	4,100	6,920	2,630	10,447	219	875
1991	90,553	424	567	27,486	46	14,951	16,953	1,769	536	4,276	7,052	2,707	12,763	234	1,149
1992	102,136	395	630	29,577	45	19,415	19,547	2,310	538	4,603	7,176	2,715	13,744	244	1,197
1993	112,262	430	812	33,244	53	20,487	22,564	2,259	595	4,848	7,203	2,872	15,117	274	1,504
1994	125,413	533	896	36,675	51	24,108	25,115	2,493	695	5,121	7,248	3,068	16,983	289	2,138
1995	142,084	780	957	41,086	52	27,855	29,336	2,856	735	5,719	7,270	3,223	19,257	332	2,626
1996	160,071	793	977	45,748	71	31,233	33,894	3,125	870	6,228	7,476	3,461	22,770	382	3,043
1997	179,316	890	1,000	49,985	87	34,912	39,022	3,471	1,017	6,813	7,642	3,731	26,729	396	3,621
1998	181,835	913	979	50,104	122	34,198	39,093	3,565	1,095	6,933	7,531	3,872	28,655	425	4,350
1999	206,354	1,159	1,100	57,288	148	38,918	43,433	4,508	1,416	7,565	7,820	4,276	32,433	463	5,827
2000	242,652	1,185	1,104	68,314	157	45,516	50,484	5,495	1,673	9,144	7,341	4,496	43,170	485	4,088
2001	286,352	2,605	1,074	76,677	169	55,724	57,030	6,585	1,791	18,394	6,918	5,841	48,705	621	4,218
2002	317,154	2,831	1,058	83,183	178	61,273	65,903	7,239	1,987	19,912	10,219	7,104	52,374	671	3,222
2003	330,187	2,527	1,032	84,812	199	64,741	69,059	7,197	2,002	20,347	10,590	7,737	54,967	702	4,275
2004	341,866	2,594	1,019	86,428	234	66,688	71,744	7,027	2,013	20,650	9,935	8,983	59,656	724	4,171
2005	360,821	2,608	1,001	88,475	257	70,158	76,726	7,038	2,057	21,595	10,987	10,266	64,731	756	4,166
2006	372,393	2,783	949	88,551	311	71,195	79,802	6,533	2,319	22,700	11,530	11,719	69,809	816	3,376
2007	393,700	3,003	983	91,576	652	74,311	83,809	6,898	2,567	24,116	12,019	13,321	77,599	910	1,936
2008	416,117	3,358	1,023	96,385	965	75,885	88,546	7,285	2,761	25,459	12,342	14,703	83,359	1,052	2,994
2009	440,514	3,876	1,038	101,884	1,223	77,977	93,804	7,948	2,995	26,281	13,065	15,573	89,378	1,175	4,297
2010	467,401	9,044	1,044	106,432	1,282	80,400	98,836	10,268	3,327	27,791	13,839	17,428	93,996	1,330	2,384
2011	499,599	10,648	1,031	113,836	1,364	81,883	105,357	12,141	3,721	29,099	14,492	20,665	102,454	1,488	1,420
2012	538,134	12,377	1,043	123,055	1,518	83,658	113,542	14,630	4,424	29,473	15,491	23,982	111,605	1,640	1,696
2013	576,138	13,831	1,040	131,172	1,808	85,196	121,523	17,257	5,156	30,862	16,389	26,957	121,482	1,791	1,674
2014	623,411	15,710	1,013	140,787	2,549	88,013	131,056	20,172	6,094	32,168	17,297	31,367	133,408	1,875	1,902
2015	673,374	16,780	996	148,684	3,041	92,033	141,088	24,226	6,713	33,640	19,005	36,266	146,589	1,880	2,433

자료: 통계청, 「법인수」(http:kosis.kr).

주: 1) 업태분류는 법인의 신청, 정정 등에 의한 사업자등록(세적)상의 주업종을 기준으로 한다.
2) 연도 말 현재 가동법인 기준이다.
3) 가동법인에는 주식, 합명, 합자, 유한회사 외에 비영리법인, 외국법인도 포함되어 있다.

표 R103-126 업종별 법인기업 자본금, 1917-1945

	합계		농림업		수산업		광업		제조공업		가스 및 전기업	
	공칭자본금	불입자본금	공칭자본금	불입자본금	공칭자본금	불입자본금	공칭자본금	불입자본금	공칭자본금	불입자본금	공칭자본금	불입자본금
	R103	R104	R105	R106	R107	R108	R109	R110	R111	R112	R113	R114
	남북한, 千 圓											
1917		47,112		2,444		16		175		6,106		1,252
1918		70,078		3,964		5		2,175		7,885		1,371
1919	189,918	99,743	11,032	5,223	42	11	3,914	2,564	35,334	12,228	2,880	1,869
1920	421,570	179,893	22,764	9,936	1,007	271	8,164	6,814	44,926	17,255	13,980	5,456
1921	460,565	199,902	36,750	19,938	2,034	1,035	8,164	7,064	49,123	19,758	14,780	5,938
1922	504,949	230,568	44,237	23,099	10,774	3,267	8,164	7,064	50,117	23,841	15,030	6,091
1923	505,683	235,977	43,694	23,656	10,949	3,712	8,264	7,089	49,681	24,837	16,280	6,593
1924	486,725	224,908	43,119	23,653	13,794	5,209	8,514	7,339	51,139	26,413	18,925	7,574
1925	490,654	231,788	45,396	24,892	14,784	6,206	9,629	7,667	52,985	26,661	20,025	8,326
1926	483,095	217,153	53,139	29,140	13,077	5,012	8,479	6,517	51,587	24,449	42,035	13,906
1927	544,144	244,898	68,194	39,892	12,206	4,771	25,699	10,897	65,318	29,131	48,487	14,440
1928	561,674	251,277	70,163	41,402	13,119	5,399	25,949	8,582	66,985	29,844	51,127	15,489
1929	680,804	311,607	71,346	42,470	13,452	5,618	27,315	10,335	172,774	58,785	52,132	32,362
1930	702,133	331,075	72,680	43,493	14,308	5,989	24,079	12,584	197,301	68,317	31,294	27,185
1931	745,788	380,854	75,807	44,700	14,584	6,191	26,969	15,471	229,959	105,747	31,149	27,632
1932	767,072	396,992	75,337	43,985	14,691	6,302	30,936	17,592	236,909	109,665	31,069	28,204
1933	723,395	397,873	75,779	44,450	14,462	6,198	39,946	24,527	147,062	88,220	51,049	33,914
1934	788,500	445,230	77,803	46,178	14,341	6,315	56,651	37,048	158,374	96,933	73,049	41,550
1935	950,948	527,049	83,918	52,309	14,417	6,652	89,153	57,994	223,449	118,462	94,802	49,951
1936	1,440,416	853,989	146,203	80,790	23,301	12,635	135,187	107,866	329,015	185,695	217,404	133,618
1937	1,147,346	663,570	117,552	73,327	16,423	8,043	115,598	81,644	265,581	139,090	116,609	74,202
1938	1,679,408	1,022,022	147,218	79,037	29,934	13,376	196,731	154,580	392,042	222,640	270,954	189,128
1939	1,906,453	1,211,879	148,310	81,461	31,003	14,769	261,462	196,722	442,877	279,542	295,784	221,555
1940	2,225,533	1,579,073	159,882	87,684	35,300	19,381	322,218	275,945	543,934	384,972	398,874	337,527
1941	2,529,347	1,815,223	164,527	92,574	36,376	20,703	380,268	312,165	661,263	486,775	481,961	374,727
1942	2,896,524	1,997,879	167,026	99,453	37,113	22,400	381,618	324,935	649,530	487,448	798,361	483,707
1943	3,423,704	2,661,201	171,078	103,920	37,563	24,271	437,474	379,942	802,378	645,581	1,064,991	880,556
1944	3,935,327	3,029,991	179,801	114,983	45,457	31,979	544,553	435,513	1,204,924	873,723	964,991	868,056
1945	4,005,896	3,171,460	183,405	123,253	45,652	32,028	573,488	505,331	1,222,237	912,604	964,991	874,365

자료: 『조선은행월보』 각년도 12월호(단, 1924년 자료는 1925년 12월호, 1944년 자료는 1946년 7월호, 1945년 자료는 1946년 11월호에서 인용).

注: 1) 『조선은행월보』는 1925년부터 『조선은행통계월보』로 명칭 수정되어 발간되었다.

2) 1919년 공칭자본금은 1920년 12월 자료에서 인용하였다.

3) 각년도 말 기준이다(단 1945년은 4월 현재 기준).

4) 1917-1920년의 경우, 업종 분류 방식이 일부 상이하여 위의 분류 방식에 맞추어 조정하였다.

5) 1917-1918년의 경우, 공칭자본금은 제시되어 있지 않다.

6) 1923년까지는 조선 내에 본점을 둔 회사에 관한 통계이다. 1924년부터는 통계에 조선에 본점을 둔 회사만을 대상으로 한다는 점이 명시되어 있지는 않으나, 자본금 규모 등을 고려할 때 조선에 지점만 둔 회사는 제외된 것으로 판단된다.

표 R103-126 계속

	은행업		금융 및 신탁업		운수업		창고업		보험업		상업 기타	
	공칭자본금	불입자본금	공칭자본금	불입자본금	공칭자본금	불입자본금	공칭자본금	불입자본금	공칭자본금	불입자본금	공칭자본금	불입자본금
	R115	R116	R117	R118	R119	R120	R121	R122	R123	R124	R125	R126
	남북한, 千 圓											
1917		20,435		131		10,250		194				6,109
1918		34,988		131		10,796		324				8,439
1919	63,950	45,032	680	222	33,014	14,448	4,100	1,316			34,972	16,830
1920	143,350	79,950	3,590	971	113,148	28,867	6,810	1,985			63,831	28,388
1921	144,350	80,200	14,755	4,423	113,412	30,383	7,138	2,115	500	125	69,560	28,923
1922	144,350	81,550	38,719	11,594	105,438	37,518	6,438	2,060	5,500	1,375	76,182	33,110
1923	143,475	81,175	33,671	9,706	106,054	38,581	6,318	2,030	5,500	1,375	81,798	37,224
1924	143,475	81,700	27,304	9,852	89,306	21,435	6,802	2,198	5,500	1,375	78,848	38,162
1925	142,275	81,400	23,556	9,412	90,950	23,129	6,490	2,111	5,500	1,375	79,064	40,610
1926	102,275	56,525	22,458	9,324	93,325	25,356	6,490	2,111	5,500	1,375	84,729	43,439
1927	102,275	56,800	23,149	9,628	95,571	27,146	6,770	2,168	5,500	1,375	90,975	48,652
1928	98,525	54,781	23,295	10,023	99,084	28,291	7,120	2,269	5,500	1,375	100,809	53,823
1929	103,475	61,581	24,457	10,526	100,941	30,202	7,220	2,294	5,500	1,375	102,193	56,060
1930	101,475	61,081	26,385	11,187	105,756	33,268	7,470	2,371	5,500	1,375	115,884	64,225
1931	101,475	61,081	29,424	12,351	108,170	37,042	7,490	2,376	5,500	1,375	115,260	66,888
1932	101,475	61,081	28,614	12,210	111,579	41,487	7,018	2,159	5,500	1,375	123,943	72,932
1933	101,475	61,081	37,310	13,450	112,938	42,893	6,531	2,190	5,500	1,375	131,341	79,575
1934	100,775	60,641	34,471	12,625	114,525	43,868	6,343	2,554	5,500	1,375	146,668	96,142
1935	99,275	59,891	34,846	14,004	120,879	49,244	11,205	3,779	5,500	1,375	173,505	113,388
1936	99,175	72,731	42,346	22,088	169,692	67,356	10,877	3,818	5,500	1,375	261,717	166,017
1937	99,175	65,981	36,149	19,787	152,280	57,868	10,197	3,546	5,500	1,375	212,281	138,707
1938	97,175	71,931	47,009	23,124	200,206	82,353	10,702	3,770	5,500	1,375	281,940	180,709
1939	127,175	79,431	50,457	25,370	231,222	111,575	11,207	3,947	5,500	1,375	301,455	196,134
1940	127,175	91,931	51,146	27,157	235,594	132,796	11,714	5,236	5,500	1,375	334,197	215,068
1941	126,175	99,081	49,039	26,808	253,473	159,075	11,809	6,418	5,503	1,378	358,953	235,521
1942	124,175	107,206	50,192	27,284	254,559	161,949	11,794	7,613	5,503	1,378	416,653	274,506
1943	124,175	107,206	50,365	27,504	274,469	183,627	11,794	7,680	5,503	1,378	443,914	299,536
1944	164,175	117,216	51,566	28,942	299,838	217,020	31,920	27,804	5,503	1,378	442,599	313,377
1945	164,175	117,216	51,566	29,442	315,068	227,675	31,920	27,804	5,503	1,378	447,891	320,363

표 R127-136 기업형태별 법인기업 자본금, 1917-1945

	합계		주식회사		유한회사		합자회사		합명회사	
	공칭자본금	불입자본금	공칭자본금	불입자본금	공칭자본금	불입자본금	공칭자본금	불입자본금	공칭자본금	불입자본금
	R127	R128	R129	R130	R131	R132	R133	R134	R135	R136
	남북한, 千 圓									
1917		47,112		42,329				2,612		2,171
1918		70,068		64,304				3,117		2,647
1919	189,918	99,743	181,851	91,932			5,204	4,969	2,862	2,842
1920	421,570	179,893	409,296	167,849			6,836	6,617	5,438	5,426
1921	460,565	199,902	446,259	186,020			9,328	8,937	4,978	4,944
1922	504,949	230,568	487,862	213,893			11,110	10,733	5,976	5,942
1923	505,683	235,977	485,811	216,516			13,239	12,861	6,633	6,599
1924	486,725	224,908	464,390	202,935			14,761	14,433	7,574	7,540
1925	490,654	231,788	463,364	204,860			16,806	16,478	10,484	10,450
1926	483,095	217,153	451,046	185,466			17,909	17,581	14,140	14,106
1927	544,144	244,898	506,710	207,825			22,228	21,901	15,205	15,171
1928	561,674	251,277	519,874	209,839			25,794	25,466	16,006	15,972
1929	680,804	311,607	634,713	265,834			29,948	29,665	16,143	16,108
1930	702,133	331,075	649,249	279,851			36,422	34,796	16,462	16,428
1931	745,788	380,854	687,810	324,537			40,753	39,127	17,224	17,190
1932	767,072	396,992	706,568	338,147			43,131	41,505	17,374	17,339
1933	723,395	397,873	658,101	334,240			46,803	45,177	18,490	18,459
1934	788,500	445,230	710,768	369,157			51,770	50,145	25,962	25,928
1935	950,948	527,049	861,655	439,416			56,916	55,290	32,378	32,343
1936	1,147,346	663,570	1,042,134	560,018			67,474	65,849	37,738	37,703
1937	1,440,416	853,989	1,322,124	737,357			76,401	74,775	41,891	41,857
1938	1,679,408	1,022,022	1,562,012	904,626			78,592	78,592	38,805	38,805
1939	1,906,453	1,211,879	1,784,351	1,089,778			81,968	81,968	40,134	40,134
1940	2,225,533	1,579,073	2,097,588	1,451,179			85,990	85,938	41,955	41,955
1941	2,529,347	1,815,223	2,390,620	1,676,728			91,898	91,667	46,829	46,829
1942	2,896,524	1,997,879	2,747,830	1,849,939			100,651	99,935	48,043	48,005
1943	3,423,704	2,661,211	3,261,610	2,499,872			113,131	112,414	48,963	48,925
1944	3,935,327	3,029,991	3,759,567	2,854,986	950	950	124,591	123,874	50,219	50,181
1945	4,005,896	3,171,460	3,829,268	2,995,739	1,466	1,371	125,028	124,246	50,134	50,104

자료: 『조선은행월보』 각년도 12월호(단, 1924년 자료는 1925년 12월호, 1944년 자료는 1946년 7월호, 1945년 자료는 1946년 11월호에서 인용).

주: 1) 『조선은행월보』는 1925년부터 『조선은행통계월보』로 명칭 수정되어 발간되었다.

2) 1919년 공칭자본금은 1920년 12월 자료에서 인용하였다.

3) 각년도 말 기준이다(단 1945년은 4월 현재 기준).

4) 1917-1918년의 경우, 공칭자본금은 제시되어 있지 않다.

5) 1923년까지는 조선 내에 본점을 둔 회사에 관한 통계이다. 1924년부터는 통계에 조선에 본점을 둔 회사만을 대상으로 한다는 점이 명시되어 있지는 않으나, 자본금 규모 등을 고려할 때 조선에 지점만 둔 회사는 제외된 것으로 판단된다.

6) 1944-1945년 유한회사수는 과소추계되어 있는 것으로 판단된다.

7) 유한회사는 1940년부터 도입되었으나, 1943년까지는 관련 통계가 제시되지 않다.

8) 주식합자회사의 자본금은 주식회사 자본금에 포함되어 있다.

표 R137-146 남한지역 7대 도시의 기업형태별 자본금, 1936-1948

	합계		주식회사		유한회사		합자회사		합명회사	
	공칭자본금	불입자본금	공칭자본금	불입자본금	공칭자본금	불입자본금	공칭자본금	불입자본금	공칭자본금	불입자본금
	R137	R138	R139	R140	R141	R142	R143	R144	R145	R146
	남북한, 千 圓									
1936	2,148,106	1,478,829	1,709,905	1,040,736			427,023	426,915	11,081	11,081
1937	2,362,428	1,567,407	1,922,716	1,127,804			428,230	428,121	11,386	11,386
1938	2,712,750	1,748,579	2,271,268	1,307,356			429,846	429,588	11,539	11,539
1939	2,970,338	1,903,453	2,522,527	1,455,801			435,424	435,266	12,290	12,290
1940	3,448,351	2,211,969	2,995,546	1,759,323	1,721	1,721	436,132	435,974	14,952	14,952
1941	3,753,479	2,409,430	3,290,645	1,946,755	10,946	10,946	436,988	436,829	14,900	14,900
1942	4,136,253	2,595,769	3,667,741	2,127,416	13,176	13,175	438,680	438,521	16,656	16,656
1943	5,032,861	3,343,113	4,579,906	2,890,380	17,798	17,735	417,986	417,828	17,171	17,171
1944	5,930,282	4,198,155	5,470,516	3,738,548	22,314	22,314	418,716	418,557	18,736	18,736
1945	6,014,652	4,276,375	5,550,717	3,812,499	23,891	23,991	419,808	419,649	20,236	20,236
1946	8,383,324	5,134,719	7,805,474	4,600,923	26,230	26,365	468,173	467,585	83,446	39,846
1947	11,877,504	6,488,685	11,121,334	5,773,205	44,100	44,235	621,065	580,240	91,005	91,005
1948	16,835,587	8,340,927	15,836,554	7,383,610	76,960	77,095	813,279	772,204	108,793	108,018

자료: 조선은행조사부, 『경제연감』(1949).

주: 1) 7대 도시: 서울, 인천, 부산, 대구, 광주, 대전, 군산.

2) 7대 도시 각각에 대해 제시되어 있는 공칭 및 불입자본금을 합산하여 통계를 작성하였다.

3) 1936-1939년의 유한회사에 대해서도 공칭 및 불입자본금이 제시되어 있으나(96,000원), 유한회사가 1940년 도입되었다는 점을 고려하여 표에 제시하지 않았다.

표 R147-157 기업형태별 신설 및 해산회사수, 1908-1942

	신설회사					해산회사					순증가
	소계	주식	합자	합명	유한	소계	주식	합자	합명	유한	
	R147	R148	R149	R150	R151	R152	R153	R154	R155	R156	R157
	남북한, 개										
1908	24	12	5	7		7	5	1	1		17
1909	22	7	11	4		8	5	2	1		14
1911	47	31	10	6		22	6	9	7		25
1912	28	10	12	6		14	5	6	3		14
1913	34	19	10	5		12	4	6	2		22
1914	26	15	9	2		12	5	7			14
1915	15	10	4	1		9	2	4	3		6
1916	15	6	5	4		12	5	4	3		3
1917	37	21	10	6		10	6	4			27
1918	52	37	10	4		23	12	9	2		29
1919	140	107	29	4		17	7	10			123
1920	222	163	43	16		38	22	14	2		184
1921	195	102	71	22		36	21	7	8		159
1922	231	114	90	27		67	35	24	8		164
1923	298	80	182	36		91	35	44	12		207
1924	312	60	211	40		133	51	68	11		179
1925	333	88	212	46		110	27	70	25		223
1926	281	60	175	52		111	24	82	17		170
1927	395	112	242	57		120	43	82	29		275
1928	441	134	260	55		199	39	100	31		242
1929	524	133	334	57		188	37	115	36		336
1930	540	124	357	59		178	39	118	21		362
1931	666	94	509	63		233	43	156	34		433
1932	576	105	415	56		294	58	204	32		282
1933	537	106	362	69		318	67	218	33		219
1934	543	132	320	91		316	57	221	38		227
1935	737	227	374	136		293	53	197	43		444
1936	765	300	340	125		385	80	257	48		380
1937	730	303	340	87		435	86	279	70		295
1938	632	306	261	65		428	90	269	69		204
1939	677	372	237	68		470	109	291	70		207
1940	640	384	142	65	49	486	123	287	76		154
1941	733	365	140	54	174	337	107	188	37	5	396
1942	397	239	58	14	86	208	102	68	26	12	189

자료: 조선총독부, 『조선총독부통계연보』, 각년도판.

주: 1) 각년도별 신설 및 해산등기 건수를 기준으로 작성한 통계이다.
2) 1910년도의 통계는 누락되어 있다.
3) 1942년 신설회사수에서 해산회사수를 뺀 '순증가'와 1942년 전체 회사수에서 1941년 전체회사수를 뺀 값은 일치하지 않는다.
4) 주식회사수에는 주식합자회사수도 포함되어 있다.
5) 유한회사는 1940년 도입되었다.

표 R158-168 기업형태별 신설 및 해산회사수, 1919-1945

	신설회사					해산회사					순증가
	소계	주식	합자	합명	유한	소계	주식	합자	합명	유한	
	R158	R159	R160	R161	R162	R163	R164	R165	R166	R167	R168
	남북한, 개										
1919	141	106	30	5		22	8	12	2		119
1920	222	163	43	16		38	22	14	2		184
1921	192	103	69	20		35	23	8	4		157
1922	239	121	90	28		74	39	22	13		165
1923	283	76	176	31		85	37	38	10		198
1924	312					133					179
1925	333					110					223
1926	281					111					170
1927	395					120					275
1928	441					199					242
1929	502	135	315	52		176	29	97	50		326
1930	588	136	401	51		176	43	110	23		412
1931	654	100	486	68		187	37	128	22		467
1932	563	109	397	57		261	59	176	26		302
1933	554	99	397	58		298	55	219	24		256
1934	508	127	286	95		283	60	185	38		225
1935	714	227	354	133		277	68	157	52		437
1936	719	270	295	154		362	114	205	43		357
1937	794	324	374	96		471	111	287	73		323
1938	648	304	272	72		435	100	266	69		213
1939	609	326	222	61		403	86	255	62		206
1940	639	417	163	59		447	121	266	60		192
1941	661	340	224	97		292	92	163	37		369
1942	463	264	179	20		209	109	74	26		254
1943	469	290	167	12		184	90	74	20		285
1944	606	420	166	12	8	305	188	96	20	1	301
1945	92	81	3		8	24	8	8	2	6	68

자료: 『조선은행월보』 각년도 12월호(단, 1924년 자료는 1925년 12월호, 1944년 자료는 1946년 7월호, 1945년 자료는 1946년 11월호에서 인용).

주: 1) 『조선은행월보』는 1925년부터 『조선은행통계월보』로 명칭 수정되어 발간되었다.
2) 1919년 공칭자본금은 1920년 12월 자료에서 인용하였다.
3) 1924-1928년의 경우, 기업형태별 신설 및 해산회사수 통계는 제시되어 있지 않다.
4) 각년도 말 기준이다(단 1945년은 4월 현재 기준).
5) 1942년 신설회사수에서 해산회사수를 뺀 '순증가'와 1942년 전체 회사수에서 1941년 전체 회사수를 뺀 값은 일치하지 않는다.
6) 1946년 11월호에는 1945년의 해산한 유한회사수가 2로 되어 있으나, 합계 및 『조선경제통계월보』 1946년 10월호에 수록된 1945년 3월까지의 통계를 참고하여 수정하였다.
7) 1944-1945년 유한회사의 신설 및 해산회사수는 과소보고된 것으로 판단된다.
8) 주식회사수에는 주식합자회사수도 포함되어 있다.

표 R169-181 기업형태별 신설 및 해산회사수, 1959-2015

	신설회사						해산회사						순증가
	소계	주식	합자	합명	유한	유한책임	소계	주식	합자	합명	유한	유한책임	
	R169	R170	R171	R172	R173	R174	R175	R176	R177	R178	R179	R180	R181
	남한, 개												
1959	1,276	1,035	179	48	14		178	114	47	15	2		1,098
1964	1,187	873	246	57	11		319	246	50	21	2		868
1965	1,807	1,487	253	58	9		337	271	50	13	3		1,470
1966	2,151	1,798	277	56	20		355	248	84	20	3		1,796
1967	1,925	1,654	211	49	11		296	222	53	19	2		1,629
1968	2,094	1,827	196	41	30		261	215	30	15	1		1,833
1969	2,558	2,212	254	52	40		250	195	35	19	1		2,308
1970	3,079	2,784	227	43	25		333	270	44	17	2		2,746
1971	2,738	2,439	228	40	31		328	288	21	16	3		2,410
1972	2,391	2,141	196	24	30		242	205	27	7	3		2,149
1973	3,814	3,490	239	41	44		277	227	39	8	3		3,537
1974	2,475	2,303	127	25	20		211	150	31	20	10		2,264
1975	2,928	2,665	201	34	28		3,161	2,374	640	123	24		-233
1976	3,146	2,943	136	23	44		973	727	192	38	16		2,173
1977	3,523	3,114	224	71	114		934	592	203	127	12		2,589
1978	4,430	4,102	204	38	86		503	339	134	29	1		3,927
1979	5,154	4,621	406	41	86		371	320	39	6	6		4,783
1980	4,269	3,941	228	36	64		400	355	24	4	17		3,869
1981	4,821	4,448	257	37	79		634	594	30	7	3		4,187
1982	6,276	5,719	314	75	168		464	425	29	5	5		5,812
1983	5,571	4,997	378	48	148		452	408	22	5	17		5,119
1984	5,717	5,291	265	41	120		477	425	32	6	14		5,240
1985	4,809	4,432	229	20	128		639	582	37	8	12		4,170
1986	6,192	5,808	214	27	143		622	565	37	7	13		5,570
1987	7,936	7,388	199	35	314		844	781	32	9	22		7,092
1988	9,366	8,835	244	30	257		685	640	25	4	16		8,681
1989	12,387	11,717	306	23	341		665	625	23	4	13		11,722
1990	14,175	13,004	457	59	655		730	698	17	2	13		13,445
1991	19,072	17,237	480	57	1,298		850	782	30	3	35		18,222
1992	20,143	17,319	478	78	2,268		859	799	18	5	37		19,284
1993	20,007	17,286	463	101	2,157		851	781	31	5	34		19,156
1994	28,164	25,869	771	206	1,318		473	408	31	5	29		27,691
1995	28,658	26,405	841	204	1,208		2,450	2,337	43	25	45		26,208
1996	31,259	28,996	739	209	1,315		919	855	41	1	22		30,340
1997	34,457	32,398	667	169	1,223		1,258	1,171	41	4	42		33,199
1998	30,951	29,401	384	67	1,099		1,026	924	56	13	33		29,925
1999	49,143	47,339	398	48	1,358		1,126	1,013	62	5	46		48,017
2000	61,195	59,122	334	53	1,686		1,454	1,305	76	8	65		59,741
2001	61,927	59,378	386	82	2,081		2,815	2,599	85	16	115		59,112
2002	61,638	59,440	277	51	1,870		4,306	3,941	117	31	217		57,332
2003	53,343	51,176	231	30	1,906		4,465	4,016	83	38	328		48,878
2004	49,190	46,641	174	20	2,355		4,523	3,945	50	40	488		44,667
2005	53,280	50,356	234	23	2,667		4,226	3,646	66	12	502		49,054
2006	50,976	48,246	263	26	2,441		2,585	2,214	81	12	278		48,391
2007	53,965	51,190	312	29	2,434		2,342	2,079	55	10	198		51,623
2008	51,492	48,178	455	40	2,819		2,673	2,257	66	45	305		48,819
2009	58,348	54,325	550	58	3,415		3,844	3,329	53	7	455		54,504
2010	62,717	59,671	160	51	2,835		4,339	3,585	77	21	656		58,378
2011	68,166	64,359	239	16	3,552		4,285	3,554	43	12	676		63,881
2012	75,956	70,994	413	14	4,503	32	4,850	4,050	84	15	701	-	71,106
2013	77,275	72,091	247	12	4,820	105	5,410	4,452	109	8	841	-	71,865
2014	86,624	81,043	155	7	5,334	85	5,882	4,580	103	5	1,194	-	80,742
2015	95,930	89,528	127	8	6,113	154	6,247	5,001	125	17	1,099	5	89,683

자료: 법원행정처, 『사법연감』(1960, 1976-2016); 법원행정처, 『법원통계연보』(1964-1974).

주: 1) 김두얼(2014), 「식민지조선의회사수」, 『경제사학』 제56호에서는 1964년 『법원통계연보』에 수록된 1954-1963년의 신설 및 해산회사수를 인용, 제시하고 있으나, 이 통계에는 신설 및 해산회사뿐만 아니라 상호, 지배인 등기 등 다른 항목도 포함된 것으로 판단됨에 따라 본 표에는 이를 제시하지 않았다.

2) 유한책임회사는 2012년 도입되었다.

3) 외국회사의 등기 건수는 제외되어 있다.

표 R182-206 업종별 신설 및 해산회사수, 1929-1945

	신설회사											
	소계	농림업	수산업	광업	제조공업	가스 및 전기업	은행업	금융 및 신탁업	운수업	창고업	보험업	상업 기타
	R182	R183	R184	R185	R186	R187	R188	R189	R190	R191	R192	R193
	남북한, 개											
1929	502	21	6	5	128	5	2	21	68	6	-	240
1930	588	31	5	6	129	10	-	18	81	4	-	304
1931	654	17	4	4	185	3	-	14	57	2	-	368
1932	563	19	4	11	130	1	-	19	45	2	-	332
1933	554	18	4	11	130	2	-	18	50	2	-	319
1934	508	19	7	25	86	2	1	15	52	1	-	300
1935	715	29	7	18	151	2	-	20	60	6	-	422
1936	719	23	16	22	177	2	-	18	50	3	-	408
1937	794	27	19	31	175	1	-	18	64	4	-	455
1938	648	15	27	26	195	2	-	15	56		-	312
1939	609	24	12	44	242	1	-	15	33	3	-	235
1940	639	24	12	31	222	1	-	4	36	2	-	307
1941	661	20	10	12	246	2	-	7	35	1	1	327
1942	463	15	5	14	215	1	-	6	13	1	-	193
1943	469	22	5	16	243	1	-	11	25		-	146
1944	606	55	7	64	309	-	1	8	28	1	-	133
1945	92	19	1	17	40	-	-	-	3		-	12

	해산회사												순증가
	소계	농림업	수산업	광업	제조공업	가스 및 전기업	은행업	금융 및 신탁업	운수업	창고업	보험업	상업 기타	
	R194	R195	R196	R197	R198	R199	R200	R201	R202	R203	R204	R205	R206
	남북한, 개												
1929	176	2	1	-	39	2	-	8	18	1	-	105	326
1930	176	10		2	37	6	1	4	39	-	-	77	412
1931	187	5	3	-	47	1	1	5	31	1	-	93	467
1932	261	8	1	3	55	3		9	38	3	-	141	302
1933	298	8	4	1	87	3	2	9	27	2	-	155	256
1934	283	9	8	4	51	7	2	10	25	3	-	164	225
1935	277	6	4	3	73	2	1	16	20	1	-	151	438
1936	362	7	6	6	76	24	1	15	36	5	-	186	357
1937	471	11	8	11	90	12	-	20	36	4	-	279	323
1938	435	13	14	6	84	3	1	20	30	2	-	262	213
1939	403	5	3	4	144	1	-	16	44	-	-	186	206
1940	447	15	2	12	102	1	-	8	68	1	-	238	192
1941	292	12	9	5	62	-	2	7	33	3	-	159	369
1942	209	9	3	8	42	1	1	9	39	1	-	96	254
1943	184	4	4	4	41	4	-	7	26	-	-	94	285
1944	305	10	5	10	65	1	2	2	88	-	-	122	301
1945	17	-	-	2	8	-	-	-	-	-	-	7	75

자료: 『조선은행월보』 각년도 12월호(단, 1944년 자료는 1946년 7월호, 1945년 자료는 1946년 11월호에서 인용).

주: 1) 각년도 말 기준이다(단 1945년은 4월 현재 기준).
2) 1935년 업종별 신설회사 수의 합계는 714로 원자료의 합계 715와 상이하다.
3) 1945년 업종별 해산회사 수의 합계는 20으로 원자료의 합계 17과 상이하다.

표 R207-216 업종별 신설 법인기업체수, 1955-1969

	합계	농업·임업 및 어업	광업 및 채석업	제조업	건설업	전기·가스·수도 및 위생사업	상업·금융업 및 부동산업	운수보관 및 통신업	서비스업	구분할 수 없는 것
	R207	R208	R209	R210	R211	R212	R213	R214	R215	R216
	남한, 개									
1955	972	26	42	333	115	-	349	74	31	2
1956	1,183	31	41	373	160	-	429	100	49	
1957	1,196	39	28	304	289	1	373	127	35	
1958	1,047	33	37	231	293	4	344	66	39	
1959	1,129	37	30	278	190	4	464	75	49	
1960	897	22	31	206	161	4	369	69	35	
1961	1,054	49	53	240	162	14	358	111	67	
1962	1,177	70	67	374	93	19	352	111	91	
1963	760	49	24	248	42	43	250	46	58	
1964	946	71	50	289	35	15	391	45	50	
1965	1,425	75	72	385	100	39	609	76	69	
1966	1,660	69	96	601	99	41	529	151	74	
1967	1,571	60	94	661	121	30	381	147	77	
1968	1,832	73	48	644	105	6	622	201	133	
1969	2,314	114	78	737	86	10	893	293	103	

자료: 내무부통계국, 『대한민국통계연감』(1957-1960); 경제기획원조사통계국, 『한국통계연감』(1961-1970).
주: 일부 연도의 경우, 업종별 신설 법인수를 합산한 값과 원문에 제시된 합계 사이에 오차가 존재한다.

표 R217-223 업종별 신설 법인기업체수, 2003-2016

	합계	농·임·어업 및 광업	제조업	전기·가스·증기·수도업	건설업	서비스업	기타
	R217	R218	R219	R220	R221	R222	R223
	남한, 개						
2003	52,739	365	12,445	548	7,979	31,283	119
2004	48,585	528	11,078	582	6,541	29,730	126
2005	52,587	356	9,435	1,029	7,718	34,025	24
2006	50,512	465	8,548	916	6,664	33,910	9
2007	53,483	435	10,396	869	7,330	34,424	29
2008	50,855	749	10,128	738	6,001	33,232	7
2009	56,830	1,087	14,047	373	6,978	34,345	
2010	60,312	1,077	14,818	234	6,790	37,393	
2011	65,110	1,768	15,557	299	6,593	40,893	
2012	74,162	2,067	17,733	391	6,996	46,975	
2013	75,574	1,637	18,721	711	7,069	47,436	
2014	84,697	2,593	19,509	1,363	8,145	53,087	
2015	93,768	3,161	20,155	967	9,742	59,743	
2016	96,155	2,391	19,037	1,488	9,825	63,414	

자료: 통계청, 『한국통계연감』(2004-2014); 중소벤처기업부, 「신설법인동향」(http://www.mss.go.kr).
주: 신설법인은 법원(상업등기소)에 설립등기를 마친 상법상의 주식, 유한, 합명, 합자회사를 가리킨다.

표 R224-233 남한지역 7대 도시 신설 및 해산회사수, 1936-1948

	신설회사					해산회사				
	소계	주식	합자	합명	유한	소계	주식	합자	합명	유한
	R224	R225	R226	R227	R228	R229	R230	R231	R232	R233
	남한, 개									
1936	411	188	184	39		125	36	76	13	
1937	304	158	123	23		130	29	91	10	
1938	266	155	89	22		143	33	93	17	
1939	346	236	84	26		151	42	99	10	
1940	357	250	50	34	23	163	45	91	26	1
1941	433	276	53	8	96	140	53	65	9	13
1942	285	195	27	7	56	53	30	15	5	3
1943	345	238	25	10	72	95	49	32	7	7
1944	432	341	16	9	66	106	79	13	4	10
1945	287	241	16	60	24	81	19	18	2	16
1946	611	496	77	30	8	33	7	6	-	4
1947	480	375	71	25	9	16	11	1	3	1
1948	379	300	53	15	11	14	10	2	1	1

자료: 조선은행조사부, 『경제연감』(1949).
주: 1) 7대 도시: 서울, 인천, 부산, 대구, 광주, 대전, 군산.
2) 7대 도시 각각에 대해 제시되어 있는 신설 및 해산회사수를 합산하여 통계를 작성하였다.

표 R234-243 서울의 신설 및 해산회사수, 1905-1948

	신설회사					해산회사				
	소계	주식	합자	합명	유한	소계	주식	합자	합명	유한
	R234	R235	R236	R237	R238	R239	R240	R241	R242	R243
	개									
1905	2	2	-	-		1	1	-	-	
1906	2	2	-	-		-	-	-	-	
1907	9	9	-	-		-	-	-	-	
1908	8	5	2	1		-	-	-	-	
1909	9	6	3	-		-	-	-	-	
1910	14	1	11	2		2	1	1	-	
1911	21	15	3	3		9	1	8	-	
1912	7	4	2	1		1	1	-	-	
1913	9	6	3	-		3	-	3	-	
1914	6	5	1	-		1	-	1	-	
1915	2	2	-	-		4	1	3	-	
1916	1	1	-	-		7	3	4	-	
1917	11	6	2	3		2	2	-	-	
1918	14	12	2	-		3	1	2	-	
1919	52	44	8	-		5	3	2	-	
1920	80	57	20	3		18	10	7	1	
1921	66	41	17	8		8	3	2	3	
1922	74	39	31	4		19	8	10	1	
1923	170	43	120	7		34	11	21	2	
1924	136	17	110	9		55	16	38	1	
1925	145	20	108	17		48	5	33	10	
1926	119	21	83	15		47	7	35	5	
1927	129	24	85	20			-	-	-	
1928	135	26	95	14		74	6	62	6	
1929	159	30	114	15		83	9	61	13	
1930	156	32	113	11		59	9	42	8	
1931	194	33	147	14		66	7	54	5	
1932	153	34	107	12		78	13	59	6	
1933	113	33	74	6		68	7	58	3	
1934	136	39	72	25		69	14	49	6	
1935	195	77	87	31		63	10	48	5	
1936	261	113	119	29		99	28	62	9	
1937	242	117	104	21		90	16	66	8	
1938	191	114	61	16		96	20	62	14	
1939	268	180	67	21		124	29	88	7	
1940	260	172	42	32	14	147	34	87	25	1
1941	316	203	43	6	64	103	34	57	9	3
1942	226	157	24	7	38	43	22	13	5	3
1943	264	185	20	8	51	77	33	30	7	7
1944	337	270	12	8	47	91	64	13	4	10
1945	210	184	8	5	13	52	28	11	2	11
1946	407	334	56	16	1	21	17	4	-	-
1947	295	238	36	15	6	7	7	-	-	-
1948	276	223	35	10	8	7	7	-	-	-

자료: 조선은행조사부, 『경제연감』(1949).

注: 1) 1945년 신설된 합명회사수가 59로 되어 있으나, 합계, 추이 등을 고려하여 5로 수정하였다.

2) 1945년 해산된 주식회사수는 2로 되어 있으나, 합계, 추이 등을 고려하여 28로 수정하였다.

3) 1946년 해산된 주식회사수는 1로 되어 있으나, 합계, 추이 등을 고려하여 17로 수정하였다.

3. 기업집단

표 R244-246 30대 기업집단의 계열사수, 1987-2016

	1-5위	1-10위	1-30위
	R244	R245	R246
	남한, 개		
1987	176	272	493
1988	177	281	504
1989	187	304	535
1990	186	299	557
1991	207	320	570
1992	206	320	590
1993	208	323	604
1994	208	324	616
1995	207	324	623
1996	206	328	669
1997	262	400	819
1998	257	389	804
1999	234	356	686
2000	180	275	544
2001	203	310	624
2002	222	301	604
2003	208	320	610
2004	207	319	600
2005	219	351	644
2006	228	340	645
2007	227	380	730
2008	241	419	806
2009	269	483	913
2010	297	512	936
2011	364	617	1,087
2012	373	638	1,220
2013	352	603	1,185
2014	346	597	1,222
2015	343	598	1,162
2016	356	591	1,148

자료: 공정거래위원회 기업집단정보포털(http://groupopni.ftc.go.kr).

주: 1) 공정거래위원회는 2002년 이후에는 공기업도 포함하여 대규모 기업집단을 지정하고 있으나, 여기서는 공기업은 제외하였다.

2) 상호출자제한기업집단으로 지정된 기업집단 중 상위 30개를 대상으로 산출한 값이다.

3) 직전 사업연도 종료일 현재 기준이다.

표 R247-252 30대 기업집단의 자산 및 자본, 1987-2016

	자산			자본		
	1-5위	1-10위	1-30위	1-5위	1-10위	1-30위
	R247	R248	R249	R250	R251	R252
	남한, 십억 원					
1987	29,819	40,165	56,633	5,754	8,167	10,407
1988	36,604	48,487	66,526	6,895	10,400	13,830
1989	43,023	58,986	81,742	10,404	15,124	19,925
1990	52,386	70,412	96,692	14,118	20,195	26,803
1991	68,576	92,452	125,283	17,804	24,478	33,000
1992	84,869	115,584	156,278	21,146	29,008	37,983
1993	97,709	132,899	178,466			
1994	110,879	150,030	199,477	29,689	39,289	50,105
1995	129,936	175,244	233,445	37,948	46,648	57,735
1996	161,713	215,563	286,924	43,851	56,370	70,542
1997	202,006	265,800	348,364	48,881	61,813	75,183
1998	273,090	340,076	435,318	50,357	60,430	75,592
1999	310,870	377,811	472,757	74,047	88,214	101,997
2000	264,563	326,209	422,797			
2001	258,985	341,316	437,866	103,172	138,816	167,236
2002	236,451	307,965	396,537	110,354	140,132	173,634
2003	233,586	322,591	420,928	128,058	167,624	204,676
2004	281,286	382,775	487,691	141,937	188,189	230,632
2005	292,499	406,981	533,805	167,922	208,171	254,588
2006	320,360	437,859	586,635	186,144	244,991	309,625
2007	348,258	478,682	654,725	209,385	276,894	351,879
2008	391,249	544,594	754,118	240,281	316,586	408,283
2009	465,071	660,582	931,733	267,169	350,077	455,986
2010	527,330	728,809	1,011,017	314,310	400,056	516,755
2011	622,600	858,771	1,164,403	375,424	493,455	627,784
2012	730,919	990,453	1,317,794	450,464	573,047	708,210
2013	803,290	1,070,005	1,410,367	500,018	631,427	777,127
2014	851,286	1,128,163	1,460,260	541,322	678,125	831,640
2015	896,940	1,173,799	1,510,485	579,671	716,282	875,877
2016	927,901	1,213,647	1,545,888	603,314	745,810	906,456

자료: 공정거래위원회 기업집단정보포털(http://groupopni.ftc.go.kr).

주: 1) 공정거래위원회는 2002년 이후에는 공기업도 포함하여 대규모 기업집단을 지정하고 있으나, 여기서는 공기업은 제외하였다.

2) 상호출자제한기업집단으로 지정된 기업집단 중 상위 30개를 대상으로 산출한 값이다.

표 R253-258 30대 기업집단의 매출액 및 당기순이익, 1987-2016

	매출액			당기순이익		
	1-5위	1-10위	1-30위	1-5위	1-10위	1-30위
	R253	R254	R255	R256	R257	R258
	남한, 십억 원					
1987	44,803	57,358	71,848	290	470	393
1988	53,653	68,546	84,694	475	742	908
1989	59,589	76,137	95,134	729	1,160	1,465
1990	65,397	83,956	104,972	951	1,340	1,531
1991	78,847	102,256	127,406	939	1,255	1,418
1992	102,932	127,177	159,322	776	969	1,138
1994	147,197	175,469	212,167	1,449	1,601	1,615
1995	163,615	201,826	248,019	3,144	3,517	3,593
1996	213,784	262,330	319,996	6,161	6,371	6,315
1997	258,465	318,072	373,992	1,212	636	360
1998	308,012	364,979	441,485	-841	-2,298	-4,383
1999	358,049	414,759	479,331	-12,508	-15,897	-22,119
2000	317,127	374,219	445,482			
2001	367,854	426,399	510,105	5,374	7,109	3,285
2002	320,159	404,143	489,198	10,212	9,977	7,773
2003	356,085	437,747	548,103	20,783	23,668	41,525
2004	315,878	399,704	498,201	18,817	23,688	25,455
2005	352,051	443,598	560,662	28,722	34,292	39,473
2006	372,543	479,832	629,387	25,570	34,201	43,160
2007	393,877	507,486	673,112	24,966	33,701	42,945
2008	418,586	549,250	742,744	28,983	40,069	48,201
2009	518,742	680,477	939,620	28,153	32,637	33,354
2010	544,098	697,327	941,786	39,119	42,218	46,252
2011	650,858	874,082	1,133,976	51,039	66,549	80,151
2012	751,502	1,018,960	1,323,541	43,606	52,905	65,096
2013	800,664	1,070,944	1,387,053	51,714	59,098	62,132
2014	830,851	1,088,929	1,376,944	47,490	49,512	51,697
2015	816,646	1,071,045	1,350,891	43,895	41,117	41,569
2016	763,660	1,001,558	1,239,021	49,620	51,268	52,584

자료: 공정거래위원회 기업집단정보포털(http://groupopni.ftc.go.kr).

주: 1) 공정거래위원회는 2002년 이후에는 공기업도 포함하여 대규모 기업집단을 지정하고 있으나, 여기서는 공기업은 제외하였다.

2) 상호출자제한기업집단으로 지정된 기업집단 중 상위 30개를 대상으로 산출한 값이다.

3) 1987년 1-30위 매출액 및 당기순이익 총액에는 29위 기업이 포함되지 않았다.

S. 화폐와 금융제도

배영목 · 이헌창 · 이명휘

화폐는 계산의 단위, 교환의 매개 및 가치저장의 기능을 담당함으로써 국민경제의 근간을 이루는 교환, 생산, 소비 및 노동의 분업에서 중심적인 역할을 수행하고 있다. 일부 경제 주체는 금융시장에서 직접 부족한 자금을 조달하고 남는 자금을 운용하지만 대부분의 경제 주체는 거래비용을 낮추고 위험을 줄이고자 금융기관을 통해 금융거래를 한다. 이 장은 화폐가 얼마나 사용되고 어떻게 발전되어 왔으며 금융거래가 금융기관과 금융시장을 통해 얼마나 어떻게 이루어지면서 발전해 왔는가를 파악하는 것을 목적으로 작성되었다.

개항 전 화폐경제는 기복을 가지면서 완만히 성장하였는데, 개항 이후 일본인 은행을 비롯한 외국인 은행의 진출이나 설립과 한국인 은행의 설립을 계기로 하여 은행을 기반으로 하는 금융과 새로운 화폐의 역사가 시작된다. 식민지화 과정에서 한국의 화폐제도는 일본의 화폐제도 일부로 편입되면서 주화 중심에서 지폐(은행권) 중심으로 전환되고 여러 유형의 근대적 금융기관이 신설 · 확장되어 금융은 은행을 중심으로 발전되어 갔다. 광복 이후 한국의 화폐제도와 금융제도가 일본으로부터 분리되고 재편되어 자립적으로 발전하지만 그 재편 과정은 1960년대 말에서 일단 완결된다. 특히, 은행을 중심으로 하는 금융제도는 자본시장과 단기 금융시장의 발전과 대외개방으로 변화하면서 확장되었으나 그 취약점은 1997 · 1998년 외환 · 금융위기로 드러난다. 한국의 금융제도가 외환위기 이후의 금융 구조조정과 새로운 금융 환경에 적응한 결과로 현재와 같은 틀을 가지게 되었다.

이 장은 통화 · 금융 제도의 변화와 그와 관련되는 역사적 통계를 조선시대, 식민지 시대, 광복 이후 세 시기로 구분하여 제시하지만 시계열이 더 길게 확장될 수 있도록 재구성하여 제시한다. 이 통계는 화폐와 신용, 중앙은행과 통화 정책, 금융기관, 금융시장과 이자율, 자금순환 등과 관련된 주요 통계와 관련 지표들로 구성된다. 이 장의 통계표는 화폐제도와 금융제도의 각 부분별 개요를 쉽게 파악할 수 있도록 개황을 알려주는 통계부터 제시하고 연이어 중요한 개별적인 통계를 제시한다. 그리고 중요성이 낮은 통계는 온라인으로만 제공될 부표로 제시하지만 필요시 인용한다.

1. 화폐와 신용

고려시대 국가가 주조한 은병(銀甁)과 원나라 지폐가 제한적으로 사용되었으나, 16세기 이전은 삼베, 이어서 무명을 중심으로 하는 물품화폐 시대였다. 임진왜란 때에 명나라가 가져온 은화와 17세기 일본에서 유입된 은화는 금속화폐 시대를 열었다. 은화는 칭량화폐이며 청나라 은화의 계산 단위는 1냥(兩)=10전(錢)=37.3g이었다. 1609년 일본과의 국교가 정상화된 후 은화 수입은 17세기에는 증가하는 추세였다가 18세기 전반에 격감하였다. 이들 은화는 대부분 중국 비단 등의 결제물로서 유출되었고, 그 일부는 조선에서 화폐로 기능하였다. 17세기 초 개성에서는 자생적으로 동전이 유통되었고 1651-1656년 동전 통용책으로 동전이 평안 · 황해도에서 사용되었다. 상평통보가 1678년 이후 동전 주화의 통용책으로 빠르게 보급되어 17세기 말에는 전국적으로 통용되고 화폐의 주종을 이루었다. 일본에서 수입된 동은 동전 주화제도의 정착에 이바지하였다. 이리하여 포화(布貨)가 주종을 이룬 비금속상품화폐 시대는 17세기에 금속화폐 시대로 전환하였다. 상평통보 1개=닢[葉]은 1푼[文]이고, 10푼이 1전, 10전이 1냥이었다. 냥-전은 한자문화권 전체에서 금속화폐의 가치를 측정하는 단위였다. 상평통보 1개의 무게는 원료인 동 시세에 따라 변하여 4.5-9.4g에 걸쳐 있었다. 동전과 국제통화인 은화의 교환 비율도 간헐적으로 발견된다(S1-9).

1867년 1월부터 명목가치가 상평통보의 100배이나 소재가치는 그 5-6배에 불과한 당백전(當百錢)이 1,600만 냥 정도 주조되어 통용되었으나, 물가의 폭등으로 1868년 10월에 사용은 금지되었다. 조선 국가는 당백전 통용의 중단으로 초래된 거액의 재정적 손실을 보전할 목적으로 중국 동전인 청전(淸錢)을 1867년 5월부터 수입, 사용하였다. 명목가치가 소재가치의 절반에 불과한 중국 동전은 인플레이션을 초래한다는 이유로 1874년 1월에 통용이 금지되었는데, 당시 경사(京司)에 있는 청전은 300만 냥 이상이었다.

개항 이후에는 외국 화폐의 유통이 합법화되었다. 화폐의 주조를 전담하는 전환국(典圜局)이 1883년 설립되어 다양한 동전, 은화, 그리고 금화를 주조하였고, 1901년 전환국 안에 지폐소를 설치하였다. 조선 국가는 1894년 5냥 은을 본위로 하는 신식 화폐제도를 시행하였으며, 중국에서 사용된 멕시코 은화의 단위인 원(元)을 차용하여 5냥을 1원(元)으로 헤아렸다. 조선 국가는 1901년 금본위 화폐제도를 도입하면서 순금 2푼(0.75g)짜리 화폐를 1원(圜)=100전으로 정하였다. 그런데 금은본위제 도입에 필요한 은화와 금화의 공급은 소량에 그치고 말았다. 조선 국가는 1883-1891년간 당오전, 1892년 이후 백동화를 다량 공급하였으나, 소재가치가 명목가치에 크게 미달하여 그 실질가치가 하락하였다. 개항기 조선 국가가 다양한 화폐를 공급하고 일본 등 외국 화폐도 통용됨으로써 통화량이 크게 늘었다(S10-19, S20-27, S28-37).

일본이 러일전쟁 이후 조선을 자국 통화권으로 편입하기 위해 화폐정리사업을 추진하면서 구백동화 10냥=구2원(元)=신화폐 1원(圜)=1엔(圓)의 비율로 교환하여 회수하였고, 엽전 통용을 한시적으로 허용하였다. 일본의 제일은행 조선지점이 발행하는 제일은행권이 1902년부터 유통되어 새로 도입된 화폐 단위 원(圓)은 일본의 엔과 1:1의 등가관계를 가지게 된다. (구)한국은행이 1909년 설립됨에 따라 제일은행권이 (구)한국은행권으로 교체되었다. 이 은행이 조선은행으로 재편됨에 따라 1911년부터는 조선은행권이 화폐(현금통화 currency)를 대표하게 되었다(S38-44). 특히, 조선은행은 조선 외 지역에서도 조선은행권을 발행하였다.

조선은행권이 일본은행권과 1:1로 교환되는 통화여서, 조선은행은 일본은행권과의 태환을 유지하기 위해 정화 준비를 해야 했다. 이와는 별도로, 조선은행은 보증한도를 기준으로 각종 유가증권을 준비로 은행권을 발행하였으며 이를 초과하는 은행권을 발행하려면 조선총독(1924년 이후에는 일본 대장대신)의 허가를 받아야 했다. 1941년에는 정화준비제도가 사라지고 최고발행한도가 도입되었지만 그 한도는 일본 정부가 필요할 때마다 조정하였다(S45-56). 조선은행은 정화준비 외 은행권 발행을 통해 식민지 경영에 필요한 재원을 현지에서 조달하였다.

(구)한국은행이 설립될 당시에 발행한 화폐의 단위는 원(圜)이었으나, 그 명칭을 바꾼 조선은행이 1911년부터 사용한 화폐의 단위는 원(圓)이었다. 그것은 일본의 화폐 단위인 원(圓, 약자로 円)과 가치를 같이하였다. 일본인은 '圓'을 '엔'으로 읽으나, 조선인은 한자 발음 그대로 '원'으로 말하고 썼다. 1953년 제1차 통화개혁 때 화폐 단위 명칭이 환(圜)으로 변하고 1962년 제2차 통화개혁 때 환은 지금의 원으로 변경되었다.

대한민국의 중앙은행으로서 한국은행이 1950년에 설립됨에 따라 조선은행이 청산되고 조선은행권은 한국은행권으로 교체되었다. 한국전쟁 중에 실시된 적성통화 배제를 위한 화폐교환과 인플레이션 수습을 위한 1953년 제1차 통화개혁의 결과로 한국은행권이 유일한 현금통화가 된다. 제1차 통화개혁에서 화폐 단위가 圓(원)에서 圜(환)으로 변경되면서 100:1의 명목절하가 시행되고, 1962년의 제2 통화개혁에서는 화폐 단위가 圜(환)에서 원으로 변경되고 10:1의 명목절하가 이루어진다. 따라서 통화 · 금융 통계에서는 구 1,000圓=신 1원의 산식이 적용된다. 한국은행은 1959년부터 다시 주화를 발행하기 시작하여 은행권과 주화가 지금까지 병용되고 있다(S57-60).

현대적 의미에서 통화량이란 민간이 보유하고 있는 현금통화와 예금통화를 말하지만, 광의로는 유동성이 매우 큰 금융기관의 부채가 추가될 수도 있다. 은행이 존재하지 않는 시대에는 통화량이 국가와 민간이 주조 · 유통한(보유한) 주화(금속화폐)의 명목잔액으로만 정의되나 은행이 존재하는 시대에는 은행의 통화성 부채인 은행권은 물론이고

예금까지 포함하여 정의할 수 있다. 통화의 범위는 나라와 시대에 따라 다를 수 있으므로 당시의 통화량 지표를 최대한 활용하되, 필요에 따라 통화의 범위를 재정의하여 추계한다.

은행권은 1903년 일본 제일은행권이 개항장에서 유통되면서 처음 등장하였고 1905년 화폐정리사업 때 법화로 인정되었다. 그 이후로 은행의 요구불예금과 저축성예금의 통계가 정비되고 있으므로 현대적 의미에서 통화량 추계는 1906년부터 시도한다. 이 시기부터 한국은행이 설립되기 이전까지 현금통화(화폐발행고)는 제일은행 조선지점, 구한국은행, 조선은행으로 이어지는 식민지 중앙은행의 은행권이 중심을 이루지만 조선 국가가 발행한 주화, 조선에 유입된 일본은행권, 일본의 각종 주화 등도 포함된다(S38-44). 한국은행이 설립된 이후의 화폐발행액에는 한국은행권과 주화가 포함된다(S57-60). 장기적으로 인플레이션 진행과 경제 규모의 증가 등으로 은행권과 주화가 지속적으로 고액화되면서 화폐발행액이 급속히 증가하였다(부S2-6, 부S7-22, 부S23-31).

통화발행 체계와 상관없이 은행의 예금 이외에는 통화성 대체자산이 거의 없는 시대에 적용 가능한 통화지표는 현금통화와 요구불예금으로 구성되는 통화(M1), 현금통화와 총예금으로 구성되는 총통화(M2)이다. 한국은행이 설립하기 이전에 이러한 방식으로 통화량을 추계한 것이 통화1, 통화2, 총통화1, 총통화2이다(S61-66). 한국은행은 설립 이후 화폐발행액 이외에도 주요 통화지표를 작성하여 발표하였다. 한국은행이 현대적 의미의 통화량을 정의하기 위해 가장 먼저 발표한 것이 통화량 M1(통화M1과 다름)이다. 한국은행이 통화 정책에서 장기간 활용한 지표는 구M1 통화와 구M2 총통화이고 현재까지 활용하고 있는 통화량 지표는 협의통화 신M1, 광의통화 신M2이다. 유동성이 큰 금융자산까지 포함하여 통화 대신 유동성으로 정의한 통화지표도 있다(S67-78).

고려시대부터 주화는 법화로 인정되었으나, 1905년 이후 은행권의 보급이 점차 확대되었다. 그림 S-a를 보면, 화폐정리사업이 진행된 시기에 중심 통화가 금속화폐에서 지폐(은행권)로 급속히 전환되었다. 또한 현대적 의미에서 통화에 속하는 예금은 상업은행이 개항장에 등장함으로써 나타났다. 한국인도 일본인과 같이 은행을 설립하고 널리 이용

그림 S-a 통화 구성의 장기 추이(%)

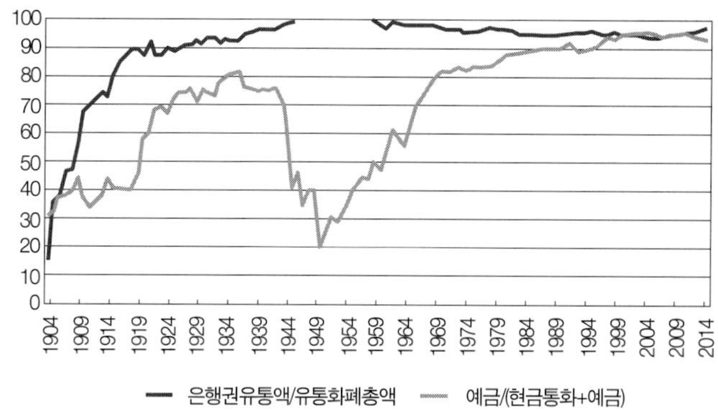

자료: S43, S57-59, S62, S64, S66-67, S79, S80-82.
주: 유통화폐총액은 조선(한국) 내 주화발행액+은행권 발행액+기타화폐유통액; 예금은 조선(한국) 내 금융기관의 예금총액(1960년 이후는 예금취급기관 예금액).

그림 S-b 통화 증가율의 장기 추이(%)

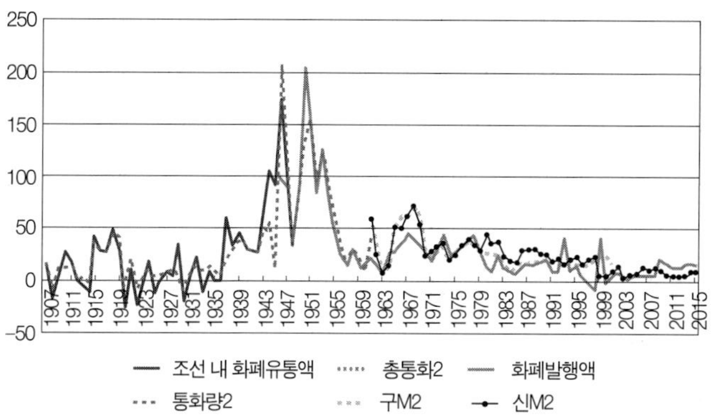

자료: S64, S66-67, S69, S71, S75.

하여 은행의 예금통화가 현금통화의 역할을 대신함에 따라 총통화에서의 비중이 점차로 증가하였다. 일제 말부터 한국전쟁까지 경제적 혼란기에는 현금통화의 과도한 공급과 예금통화의 기피로 예금통화의 비중이 일시적으로 급감하였지만 1950년대 중반부터 그 비중은 증가하는 추세가 나타난다(그림 S-a). 이에 따라 한국의 화폐제도에서는 예금을 취급하는 금융기관이 더 중요해졌다.

그림 S-b에서 현금통화에 해당하는 화폐발행액의 증가율 추이를 보면, 증가율이 50% 이상으로 매우 크고 변동 폭도 매우 큰 시기는 일제 말부터 한국전쟁기까지 정치 · 경제적 격변기이다. 점차 그 변동 폭은 줄어들고는 있다. 예금통화를 추가한 총통화 증가율의 추이는 화폐발행액 증가율 추이와 크게 다르지 않으나 현금통화의 비중이 줄어든 1980

년대 이후에는 두 증가율 추이 간에는 유사성이 거의 없다. 총통화 증가율은 1950년대 후반부터 안정되기 시작하였고, 1960년대 초반에는 다소 높아졌으나 1960년 중반 이후에는 하락 추세를 보인다. 재정안정 계획에 따른 통화량 관리가 시작된 1950년대 통화량의 과도한 증가 추세가 사라졌다고 할 수 있다. 그리고 비은행금융기관의 발전에 따라 금융기관 간의 구분이 모호해지고 금융시장의 발전에 따라 통화성 자산에 대한 대체자산 등이 등장하여 총통화의 구성 비율이 크게 변하였다. 그에 따라 전통적인 의미의 총통화는 통화지표로서의 의의가 점차 줄어들었고 유동성 지표가 새로 등장하였지만, 그 지표조차도 표적변수로서 의의가 줄어들었다(S79-89).

한국은행은 출범 이후 전비 지원, 금융기관 대출규제를 실시하면서 만성적인 재정적자로 인한 통화 남발과 그로 인한 인플레이션의 수습에 주력하다 1957년 재정안정 계획을 시행하면서 통화량 관리에 들어 갔고, 순국내자산(1966-1969), 국내신용(1970-1982), 순국내신용(1983-1986) 등을 기준으로 IMF와 협의하여 통화량을 관리하였다. 한국은행은 1976년부터는 구M1, 1979년부터는 구M2를 중심 통화지표로 이용하는 통화량 목표제를 본격적으로 시행하였으나 필요에 따라 통화량 지표를 조정하여 사용하였다. 한국은행이 외환위기 직후인 1998년부터 물가안정목표제를 시행하면서 중간 목표를 통화량에서 이자율로 단계적으로 전환함에 따라 콜금리 목표의 설정과 운용이 통화 정책의 핵심이 되었다. 2008년에 콜금리에서 한국은행 기준금리로 그 표적이 변경되었다.

지급결제수단으로서의 어음은 18세기 이후 사용이 확산되었다. 중소기업의 지급수단으로서의 어음의 중요성은 상당히 크기 때문에(판매대금의 50% 이상), 어음의 부도율은 금융불안 또는 경제위기의 선행지표로서 관측되고 있다. 어음 통계는 현재 『경제통계연보』에 '교환 및 부도'라는 항목으로 기록되며, 전국과 지방(대도시)으로 나뉘어 월별까지 게재되어 있다. 어음 교환에 대한 자료는 식민지기부터 일관된 통계가 있으나, 부도에 관련된 통계는 그렇지 못하다. 『조선총독부통계연보』에 1909년부터 '수형(手形)조합교환고'라는 항목이 기재되어 있고 1959년까지 '수형'이란 일본어로 기록되어 있다. '어음'이라는 이름으로 모든 통계가 통일된 것은 1961년부터이다. 식민지기부터 정부수립 이전까지는(1926-1948) 어음교환고(手形交換高)에 수표, 송금환어음, 약속 · 환어음, 정부예금수표, 우편환증서 및 잡증서가 포함되어 있다. 1960년대와 1970년대에는 당좌수표, 자기앞수표, 송금수표, 약속 · 환어음, 국고수표, 우편환증서 및 기타 증서가 포함되어 있다. 연속적이지는 않지만 월별 · 지역별 교환고가 기재되어 있으나, 전국 합계가 불분명한 경우도 있다. 1970년대까지는 어음에 포함되는 증서의 범위가 식민지기와 거의 일치한다. 그 이후에는 약속어음과 수표만이 기재되어 있는데, 경제연보의 통계표에는 연속적으로 기재되어 있다.

어음의 발행과 교환 제도는 1905년 약속수형조례(約束手形條例)와 수형조합조례를 통해 정비되었고, 『조선총독부통계연보』 등에는 '수형조합교환고'(手形組合交換高)라는 명칭으로 각 지역 조합에서 교환된 어음의 수량과 금액이 기록되어 있다. 식민지기의 어음 교환은 수표를 포함하여 송금환, 약속어음, 우편증서 등으로 구분하여 종류별로 수록하였다(S90-103). 1960-2015년은 한국은행 경제통계시스템을 이용하여, 교환 및 부도고를 수록하였는데, 1983년까지는 11개 도시의 합계, 1983년부터는 전국의 합계이다(S104-112, S113 -121).

금융불안의 선행지표로 활용되고 있는 어음 부도율을 그림 S-c에서 살펴보면, 그 비율이 1950년대에는 0.5 이상, 1960년대는 0.4, 1970-1980년대에는 0.1 수준으로 하락하다가, 1990년대에는 상승하여 1997년 0.5까지 이른 후 낮아졌다.

개항 이후 은행이 설립되면서 당좌수표, 자기앞수표 등이 사용되었고, 최근에는 금융기관 간의 각종 결제망에 의

그림 S-c 어음 부도율(%)

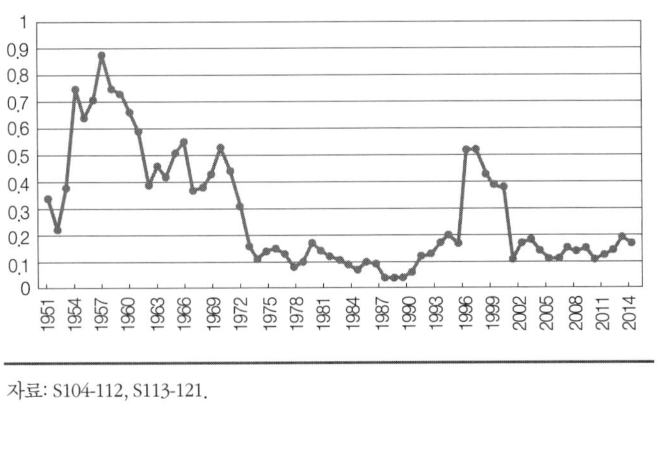

자료: S104-112, S113-121.

거한 계좌이체, 체크카드, 신용카드 등이 광범위하게 이용되고 있다. 특히, 어음과 당좌수표, 그리고 현대의 신용카드는 결제 기간을 연장하고 신용을 창출하는 수단으로서 소비 및 투자 자금을 확대하고 통화량의 부족분을 보충하는 역할을 해왔다. 현재 현금, 수표 어음 등의 장표 비중은 크게 줄어들고 신용카드나 체크카드에 의한 결제가 새로 나타나 증가하고 있으나 결제의 대부분은 전자결제, 즉 계좌이체 방식으로 이루어지고 있다(S122-129).

2. 중앙은행과 통화 정책

일본의 제일은행 조선지점이 화폐정리사업을 담당하고 이 은행권이 법화로 인정됨에 따라 중앙은행으로 부상하였다. 이 은행의 업무를 계승하여 한국은행이 1909년 설립되었으나, 조선총독이 감독하는 조선은행이 1911년 다시 설립되어 한국은행을 대체하였다. 조선은행은 조선뿐 아니라 만주 · 중국 · 일본 등에 지점을 두고 활동하였고, 상업은행 업무를 함께 수행하였으며(부S44-59), 은행권 발행과 대출을 통해 식민지 정책을 지원하였다. 또한 조선은행은 예금, 은행권 발행 이외에도 일본의 금융기관 또는 금융시장으로부터 차입한 자금을 이용하여 대출 또는 유가증권 인수를 통해 조선과 기타 지역의 소요자금을 공급하였는데, 초기에는 대출에 주력하였으나 일제 말에는 유가증권도 대량 인수하였다(S130-141).

1950년 6월에 출범한 한국은행은 조선은행과 달리 상업은행 업무를 배제하고 미국식 중앙은행제도를 모방하여 금융통화위원회 제도를 도입하고 통화신용정책기관으로 출범하였다. 이 은행은 발권은행으로서 은행권과 주화 등의 현금통화를 독점적으로 발행하고, 은행의 은행으로서 은행의 법정준비금을 예치하고 은행에 대한 대출을 담당하면서 은행 간 결제를 처리하고 국고은행으로서 정부에 대한 대출, 국공채인수, 정부예금을 취급하였다(S142-156). 이 은행은 대외결제은행으로서 외화자산과 외화부채를 관리하고 환율 정책에도 관여하였다. 특히, 한국은행은 선진국의 중앙은행과 달리 통화관리를 위해 통화안정계정을 가지고 통화안정증권도 발행하였지만 1980년대 초반까지는 주로 여수신제도에 의존하여 통화 정책을 수행하였다. 한국은행이 현재까지 이용하는 정책수단은 지급준비제도, 여수신제도, 공개시장조작 등이다.

한국은행법에 의거하여 1950년 도입된 지급준비제도는 예금종류별로 필요지급준비율을 적용하는 것이다. 이 제도는 예금자보호보다는 통화량 통제를 위한 보조 수단으로 이용되었다. 1990년대 이후 공개시장조작이 주요 정책 수단이 됨에 따라 지급준비제도는 그 역할이 축소되었으나 금리 정책의 효과를 높이기 위한 보조 수단으로 계속 활용되고 있다(S157-176). 지급준비금은 예금취급 금융기관의 시재금과 한국은행 예치금으로 구성되는데, 실제 지급준비금은 필요지준과 초과지준으로 구분할 수 있다(S177-182).

한국은행의 여수신제도는 통화조절 수단으로서 활용되면서 정책금융 창구로도 활용되었다. 한국은행은 상업어음할인 등과 같은 재할인 방식뿐 아니라 대정부 대출, 금융기관 대출, 기타 어음 대출 등 다양한 방식으로 대출하였다. 상업어음할인 대출이나 기타 어음 대출은 시장금리를 어느 정도 반영하였지만 정책 대출, 대정부 대출, 대금융기관 대출에는 파격적으로 낮은 금리가 적용되었다(S183-199). 2004년부터는 정부 대출에 대해서도 시장금리가 적용되었다(S201). 정부와 한국은행은 1980년대 후반까지 한국은행 이외의 금융기관의 예대금리를 주요 정책 수단으로 활용하였기 때문에 이 시기의 예대금리도 통화 정책 수단의 일부이었다고 할 수 있다. 한국은행은 1994년 정책대출제도를 총액한도 대출로 통폐합하고 2000년에는 금융시장의 안정을 위해 유동성 조절 대출을 도입하였다. 그 결과, 한국은행은 주로 금융기관 유동성 조절을 위해 대출하고 나머지 대출은 점차 축소하거나 폐지하였다(S204-212).

공개시장조작은 1961년 통화안정계정을 도입하는 방식으로 시작되었으나 1970년부터 국공채와 통화안정증권 등을 이용하여 금융기관을 상대로 실시되면서 그 틀이 정착되었다. 이 정책 수단은 1980년대 경상수지 흑자로 인해 급증한 통화량을 환수하기 위해 본격적으로 활용되었다. 공개시장조작은 통화량의 목표치를 달성하기 위해 본원통화(S213-220)를 조절하는 수단이었지만 물가안정목표제 도입 이후에는 콜금리나 한국은행 기준금리가 금리를 목표치에 달성하기 위한 수단으로 이용되면서 금리조절이 가장 중요한 통화 정책 수단이 되었다(S200).

3. 금융기관

1) 개항기부터 식민지기까지

근대적 은행은 1878년 일본인 보통은행인 제일은행이 부산에 지점을 설치함으로써 등장하였다. 여러 일본인 은행 지점이 개항장과 개시장에 개설됨으로써 확산되었다. 일본인 보통은행은 개항장 일본인의 상업금융을 담당하는 금융기관으로서 한국인과 유리되어 있었다(S221-224, S226-229). 갑오개혁 이후 조선 국가의 국립은행 설립 시도는 좌절되었다. 대신에 민간은행으로 1896년 조선은행이 설립되었고, 이후 한성은행, 대한천일은행(조선상업은행의 전신) 등 다른 한국인 은행도 설립되었으나 화폐정리사업 당시에는 한성은행, 대한천일은행만 잔존하였다(S225, S230). 화폐정리사업과 외획 폐지 등으로 인해 발생한 신용 경색을 계기로 농공은행, 금융조합이 신설되었다. 1910년대에는 각 지역에서 많은 보통은행(민간일반은행)이 한국인, 일본인 또는 합작에 의해 설립되었다. 1920년대 이후 조선에 본점을 둔 보통은행은 상호간에 정리 · 합병되어 일제 말에는 두 은행만 남았다(S239-242). 보통은행은 조선은행과 금융적으로 밀착되어 상업금융을 중심으로 영업을 확장하였다. 화폐정리사업 과정에 설립된 농공은행은 9개 지역에서 설립되었지만 6개 은행으로 통합되었다. 대형 식민지 개발 금융기관의 필요성에 따라 조선식산은행이 농공은행을 대신하여 1918년 설립되어 1920년대부터는 식민지 조선에서 가장 영향력이 큰 은행으로 발전하였다. 식산은행에서 저축부가 분리되어 조선저축은행도 설립되었다. 금융조합은 식산은행 금융적 지원하에 점차 확장하여 보통은행을 압도하는 금융기관으로 변신하였다(S248-261).

조선은행은 중앙은행과 상업은행 업무를 겸업하는 은행으로서 조선 내에서는 물론 조선 외에서도 예금과 대출을 확대하여 성장하였다. 이 은행의 조선 내 대출에서 비중은 보통은행이나 금융조합보다 더 낮았으나 일제 말 은행권 발행의 급격한 증가로 급증하였다(S-d). 농공은행, 1918년부터 식산은행은 예금은 물론 채권을 발행하여 조달한 자

그림 S-d 광복 이전 은행별 대출 비중(%)

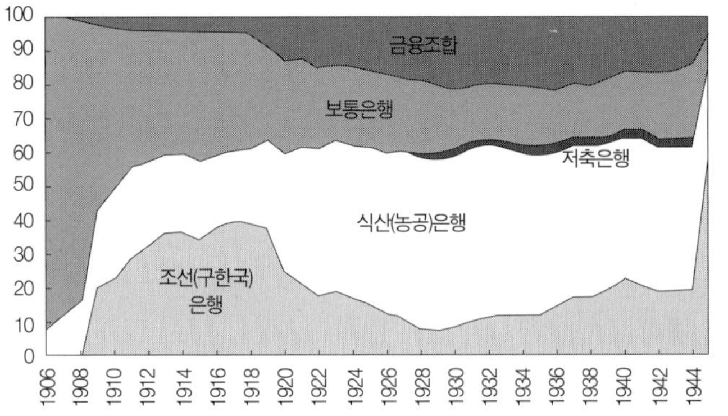

자료: S256-260.

금으로 대출과 투자 업무를 수행하였다(S262-269). 보통은행은 예금과 조선은행 차입 등을 통해 조달한 자금으로 할인대부, 당좌대월, 어음대부 등을 수행하던 전형적인 상업은행이었다(부S60-67). 금융조합은 정부보조금을 대부하는 기관으로 출발하였으나 보조금보다는 예금과 차입금으로 조달한 자금을 대출하는 은행으로 점차 전환하였다(S270-277). 1922년 조선무진업령에 따라 일본인 간 자금 융통을 담당하던 무진조직이 무진회사로 전환되어 영업을 확대하였다. 일제 말 이 회사들은 합병을 통해 단일회사가 되었다가 광복 이후에는 조선상호은행으로 전환되었다(부S68-73). 1931년 조선신탁업령에 따라 설립된 신탁회사는 금전 신탁과 부동산 신탁으로 조달한 자금으로 대출, 유가증권, 부동산 등으로 운용하면서 영업을 확대하였다. 이 회사들도 일제 말 합병을 통해 단일 회사가 되었다가 광복 이후 조선신탁은행으로 전환하였다(부S74-81). 보험업은 개항기에 국내에 진출한 외국계 보험회사의 대리점으로 시작하여, 식민지기에는 일본 보험회사의 지점망을 중심으로 보험모집망이 전국적으로 확대되었다. 그 가운데 1921년 조선생명, 1922년 조선화재의 조선본점회사가 설립되었다. 우편국은 부족한 금융시설을 보완하기 위해 저축과 송금 업무를 취급하고 간이보험까지 취급하였다.

2) 광복 이후부터 1980년대까지

8 · 15광복 직후 한국의 금융기관은 식민지 시대의 금융제도를 유지하거나 재편함으로써 그 기능을 유지하고 있었다. 그러나 광복 이후의 극심한 인플레이션과 그에 따른

예금, 채권, 주식의 실질가치 폭락은 금융제도나 금융시장의 발전을 저해하고 있었다. 대한민국의 금융제도의 근간이 되는 한국은행법은 한국전쟁 직전에 시행되었지만 은행법은 휴전이 이루어진 1954년에야 시행되었다. 개발금융기관의 역할을 담당하였던 식산은행이 청산되고 대신하여 한국산업은행이 1954년 설립되었다(S365-373). 금융조합은 광복 이후에도 농업 금융의 중심 기관으로서 기능을 제대로 수행하지 못했기 때문에 농업 금융의 기능을 강화할 목적으로 일반은행과 같은 농업은행이 1956년 설립되어 금융조합의 업무를 계승하였다(S374-383). 광복 후 국유화된 상업은행의 민영화도 진행되었다. 결과적으로 각종 식민지 정책을 수행하기 위해 설립된 다기화된 식민지기의 금융제도가 청산되고 한국은행, 특수은행 및 일반은행을 중심으로 하는 단순한 금융제도가 정착되었다. 이 은행들은 전쟁 중에서 전비를 조달하는 것에 주력하였고, 전후에는 인플레이션을 수습하면서 경제 재건에 필요한 자금을 제공하는 것에 주력함으로써 상업은행의 고유 업무보다는 개발금융을 지원하는 금융기관으로 변모하게 되었다. 이 시기 은행법의 적용을 받는 일반은행으로서는 시중은행이 있었다(부S82-90). 그와 달리 개별 특수은행법의 적용을 받는 산업은행(S365-374), 금융조합(농업은행)(S375-383) 등은 정책금융을 담당하였다. 그런데 산업은행은 산업은행법의 적용을 받지만 예금보다는 채권 발행을 주요 자금조달 수단으로 하여 비은행금융기관으로 분류되어 왔기 때문에, 당시의 기준대로 은행 통계에서 제외하였다. 이러한 기준으로 정리된 일반은행과 특수은행의 대차대조표 주요 항목을 통해 당시의 은행 활동을 파악할 수가 있다.

새로이 정비된 금융제도도 5 · 16 이후 큰 변화를 보였다. 정부가 한국은행법을 개정하여 일반은행을 소유 · 경영면에서 통제하고 개별적인 특수은행법에 근거한 특수은행(농업협동조합 1961; 중소기업은행 1962; 국민은행 1963; 외환은행 1967; 주택은행 1969)을 각종 정책적 필요에 따라 설립함으로써 예금은행 중에서 특수은행의 비중이 크게 증가하였다(S317-323). 일반은행에 속하는 지방은행이 각 시 · 도 단위로 설립되어 은행의 지방화도 시작되었다(S315, S325, S336, 부S118-126). 1967년부터 외국은행의 지점 설치를 통한 국내 진출이 시작되었다(S316, S326, S336, 부S100-108). 보험업법(1962)이 경제개발계획에 필요한 내자동원을 확충하기 위해 제정되었으며, 관련 법령(보험모집단속법, 외국보험사업자에 관한 법률)도 제정되었다.

부실차관기업 증가에 따른 기업재무 구조 악화 및 국제수지 악화를 배경으로 1972년 사채 동결조치가 있었다. 이를 계기로 사금융의 제도금융화와 금융 구조의 다원화를 목적으로 사금융양성화 3법(1972)과 종합금융회사법(1975) 등이 제정되어 투자금융회사, 상호신용금고, 신용협동조합, 종합금융회사 등의 비은행 금융기관이 설립되어 금융제도가 다양화되었다. 그 결과로 산업은행, 은행신탁, 보험회사 이외에도 저축기관으로 불리는 상호신용금고(이후 상호저축은행), 신용협동조합, 새마을금고, 상호금융(단위농협) 등과 투자기관으로 불리는 투자금융, 종합금융, 증권금융, 투자신탁 등의 비은행금융기관의 역할이 증대되었다(S418-452). 정부는 1977년에는 보험관계법을 총망라하여 보험업법으로 통합하였고 보험금 지급절차를 개선하고 약관을 간소화하며 생명보험료에 대한 소득공제제도를 도입함으로써, 정체되어 있던 보험업의 발전을 유도하였다. 또한 정부는 개발금융의 필요성에 따라 비은행금융기관인 수출입은행(1975)도 설립하였다(부S198-206).

1970년대 말부터 국제수지 악화에 따른 외채위기와 중화학공업화 실패에 따른 부실기업 증가로 국가 주도의 성장 금융 체제는 중화학공업화와 함께 비판의 대상이 되었다. 1980년대에 접어들어 정부는 경제 정책에서 성장보다 안정을 중시하게 되고, 그에 맞추어 금융기관 경영의 자율화를 추진하였고, 정부 소유의 시중은행을 단계적으로 민영화하고 은행 경영에 대한 간섭을 줄이기 시작하였다. 뿐만 아니라 정부는 금융기관의 경쟁을 촉진하기 위해 금융기관 진입장벽을 낮추었다. 그 결과, 시중은행, 투자금융회사, 상호신용금고, 투자신탁회사의 설립이 증가하였고, 금융기관의 업종 전환도 활발히 진행되었고, 금융기관의 업무도 다양화되어 경쟁이 강화되었다. 소득수준의 향상과 고령화 등의 영향으로 보험에 대한 수요가 증대하면서, 국내 생명보험회사가 대거 신설되었고, 1986년 이후에는 외국계 생명보험회사의 국내 지점 설치와 합작, 현지법인 설립도 허용되었다.

3) 1990년대 이후

한국은 경상수지 흑자국으로의 전환을 계기로 미국 등의 금융 선진국으로부터 국내 금융시장에 대한 강력한 개방 요구에 직면하였다. 정부는 1990년대에 접어들어 금융시장 개방 요구를 단계적으로 수용하면서 금융산업의 경쟁력을 높이기 위해 금융규제 완화와 금융 개방을 병행하는 금융 자유화를 추진하였다. 정부는 또 금융기관의 자금 운용에 대한 규제도 대폭 줄였다. 이러한 금융의 자유화에 따라 은행 및 비은행 금융기관의 설립이 증가하였다. 시중은행이 중심인 일반은행은 1960년대 이후 다양화되면서 1990년대 중반까지 설립과 확장을 거듭한 반면에 1990년대 일부 특수은행의 일반은행화 등으로 특수은행은 상대적으로 위축되고 있었다(S317-323, S327-333, S337-343). 반면에 비은행금융기관은 개발금융기관의 신설과 확장, 저축금융기관의 신설과 확장, 투자기관의 신설과 확장 등으로 위축되지 않고 성장세를 보였다(S418-429). 그림 S-e에서 보듯이 1960년대 후반에는 현재 은행들이 대부분 설립되었고 그 이후 각 은행의 자산 비중도 큰 변동을 보이지는 않는다.

1990년대에 접어들어 본격화된 금융 자유화가 소기의 성과를 거두지 못한 가운데 한국은 1997년부터 금융 · 외환위기에 직면하였다. 한국의 외환위기는 정부가 1997년 말 외환준비가 고갈됨에 따라 IMF에 구제금융을 신청함으로써 표면화되었다. 한국은 IMF의 금융지원에 대한 반대급부로 IMF 프로그램에 의거한 긴축 정책과 구조조정 정책을 받아들였고, 금융 부문도 이를 계기로 크게 변하였다. 부실금융기관 등이 퇴출, 인수 및 합병, 국유화 등 다양한 방식으로 정리되었다. 은행은 33개에서 19개로 줄었는데, 중소시중은행과 지방은행이 주로 퇴출되었다(S483). 산업은행은 2002년부터 특수은행에 포함되어 특수은행은 산업은행, 중소기업은행, 농협중앙회(농업은행), 수협중앙회 등으로 구성되었다(S344-364). 종합금융회사 대부분이 퇴출되고, 일부는 다른 금융기관으로 전환하였고, 상호저축은행 등 지역밀착형 서민금융기관도 크게 줄어들었으나 여신전문 금융기관과 보험회사의 비중은 크게 증가하였다(S453-503). 부실 보험사에 대한 퇴출 · 합병 등 구조조정이 단행되어 생명보험회사수는 크게 줄었고, 보증보험도 정비되었다. 금융 자유화가 적극 추진되어 외환시장 및 증권시장이 거의 완전히 개방하게 되었다. 금융기관의 건전성을 높이기 위해 금융감독 체제가 정비되고 기업 및 금융기관의 회계제도 및 공시제도가 강화되었다. 정부는 건전한 금융자본을 육성하고 책임 경영을 강화하고자 은행법을 개정하고 금융지주회사법을 제정하면서 금융기관 소유에 대한 각종 제한을 완화하여 금융지주회사가 탄생하였다.

일반은행은 금융 구조조정의 결과로 회사수와 인력은 줄었으나 자산, 예금, 대출 등에서 성장을 지속하고 있고, 2002년 이후 산업은행의 특수은행 편입으로 특수은행의 비중은 도리어 커지고 있으나 그림 S-e에서 보듯이 시중은행을 중심으로 하는 은행 시스템이 유지되고 있다(S347-350). 비은행금융기관 중에서 종합금융이 쇠퇴하고 수출입은행만 남은 개발금융기관과 저축금융기관도 위축되었으나, 신용카드 이용의 증가와 신용카드회사의 성장으로 여신금융회사가 급팽창하고 보험회사도 성장세를 유지하고 있다(S453-482). 생명보험사는 중소형 보험사의 인수 · 합병을 통한 구조조정이 지속되어 보험사의 수가 감소하고(S489) 손해보험사는 자동차보험사업 규제의 철폐와 외국계의 진출로 보험사의 수가 증가하고 있다(S523-532).

그림 S-e 1950년대 이후 은행별 자산의 비중(%)

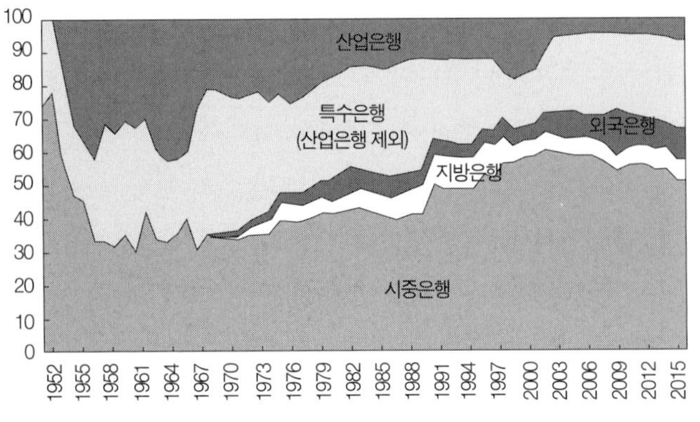

자료: S314-323, S344-350, S365.

주: 한국산업은행은 2002년부터 특수은행으로 분류되나 기준 통일을 위해 특수은행 범위에서 제외하여 제시.

4. 이자율

개항기 이전 이식행위가 금기시되지는 않았으나, '원금을 초과하는 이자'는 부도덕한 것으로 규제되고 있었다.

그림 S-f 은행 이자율, 1878-1944(연리, %)

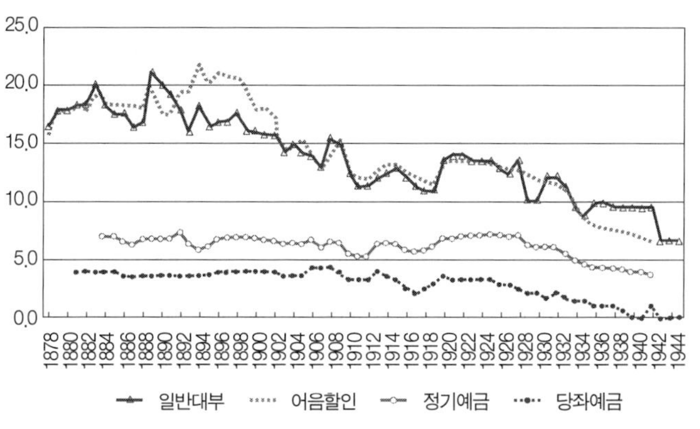

자료: S587-596, S597-608, S609-622.
주: 보통은행 기준임.

그림 S-g 이자제한법의 변화, 1962-2015(연리, %)

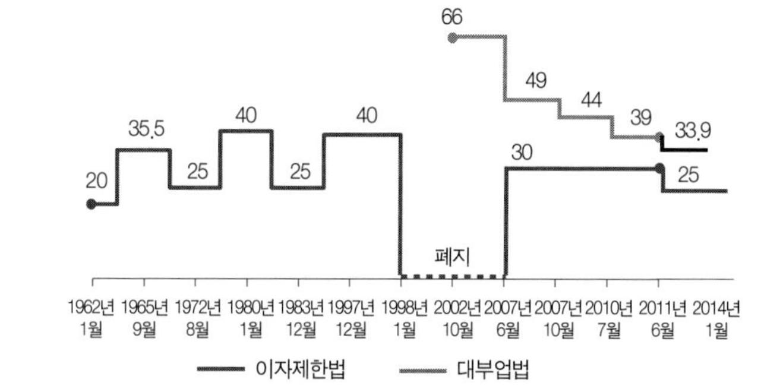

자료: 국가법령정보센터, 연혁법령 참조.
주: 2013-2015년 대부업 이자율은 33.9%.

그림 S-h 예금은행의 이자율, 1950-2015(연리, %)

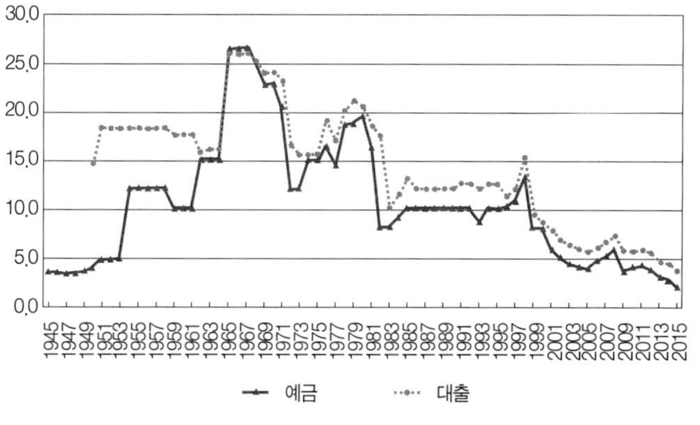

자료: S641-650, S651-662, S663-676, S677-692, S693-706, S707-722, S723-731.
주: 예금 이자율은 정기예금 1년 이상, 대출 이자율은 일반은행의 일반자금(1950-1962), 기타 어음(1962-1990), 프라임레이트 연동 대출(1991-1995), 대출 평균(1996-2015)을 적용.

농촌에서 춘궁기에 곡물을 대여하고 추수기에 상환하는 장리(長利)는 현물부채로서, 연리로 환산하면 50% 이상이었고, 상인들 사이에는 월 5-10%의 이자율이 통용되고 있었다. 이처럼 전통사회의 이자율은 지역 간 격차도 크고 대차관계와 상환조건도 불명료하고 복잡하였다.

개항 이후 은행이 설립되면서부터 분명하고 표준적인 기간 구조와 담보조건을 갖춘 이자율이 공표되었다. 1878-1906년, 대출 이자율은 연리 14-21%, 어음 할인율은 연리 15-22%, 정기예금 이자율은 연리 6-7%로 대체적인 하락 추세가 나타났으나(S587-596), 대부업의 이자는 고율이 지속되었다. 1906년 '이식규례'로 이자율의 상한선을 연리 40%로 규제하고, 원금 이상의 이자를 금지하였으나 실효성은 없었다.

식민지기에도 은행 이자율은 대출 이자율과 어음 할인율이 6% 내외, 예금 이자율이 3%대로 이전보다는 하락하는 추세였으나, 대금업을 비롯한 전통 신용조직의 이자율은 고금리가 유지되었다(S597-608, S609-622, S623-640).

1950년 한국은행이 설립된 이후 1991년까지 금융기관의 여수신금리는 법적으로 최고율을 규정, 관리하는 정책금리였다. 물가상승률 이하에서 은행 이자율이 규제되었기 때문에, 저축자금은 은행으로 유입되기 어려웠고, 은행은 다양한 자금 수요를 충족시키지 못했다. 민간의 자금 융통은 주로 비제도권 금융시장을 통하여 이루어졌고, 시장금리는 은행금리에 비하여 2배 이상 높게 형성되었다. 법적으로 고리대를 규제하기 위한 이자제한법이 수차례 제정·개정되었으나, 이중적인 금리 구조는 해소되지 못하였다(S-g).

시장금리와 은행금리의 격차를 해소하기 위하여 1965-1971년에는 은행금리를 2배 가까이 인상하는 고금리 정책이 실시되었다. 이 정책의 영향으로 국내 저축성예금이 증대하고 해외 저축이 유입되었지만, 사금융시장은 여전히 번성하였다. 이에 1972년에는 기업의 사채를 동결시키는 강력한 규제조치가 실시되어 다시 저금리 정책으로 회귀하였다. 1980년대 이후 공금리는 낮은 물가상승률에 영향을 받아 점차 하락하였다. 1988년까지의 금융기관 금리는 정책목표하에 관리되었기 때문에, 정부의 금리 변경 발표에 따라 금융상품이 설계되고 자금이 배분되었다. 금리 변경이 1년에 3차례 이상 이루어졌으며, 예금의 경우에도 기간과 상품이 정부조치에 의하여 나타나고 사라졌다. 1988년부터 금리가 단계별로 자유화되었고, 1991년부터 전면 자유화가 추진된다. 그 결과, 1996년부터는 자금 수요와 저축자금의 특성과 만기 구조를 따라 금융상품이 다양화되고 시장의 수급을 반영하여 금리도 수시로 변동하였다. 콜금리를 비롯한 다양한 시장금리상품이 등장하고 선물 옵션시장이 성장함에 따라 시장금리의 변동성은 커지고 금융기관 금리는 대체로 하락하였다.

그림 S-h를 보면, 1954년에 비하여 2015년에는 정기예금 이자율이 12%에서 1.7%, 대출 이자율이 18%에서 3.7%로 하락하고 있다. 1980년대 이전까지는 당시의 높은 물가상승률을 반영하여 이자율이 대체로 10% 이상이었으나, 1990년 이후에는 금융위기 시기를 제외하고 대체로 하락세가 이어지고 있다.

5. 증권시장

개항 이후 은행제도의 도입으로 간접금융시장은 지속적으로 성장하였지만, 직접금융시장의 형성은 지체되었다. 2015년 현재 직접 금융시장의 규모는 3,000조 원을 상회하고, 회사채시장이 주도하는 자본시장의 비중이 큰 구조를 가지고 있으나, 이러한 구조가 정착된 것은 1990년대 이후이다.

근대적 자본증권이 발행되고 유통되었던 것은 개항 이후였다. 조선인은 개항기에 주식회사의 설립 과정에서 발기인으로 참여하면서 주식을 접하였으며 식민지기에는 상법이 도입되면서 주식제도를 경험하였다. 주식의 초보적인 거래가 산발적이나마 나타났으며 주가를 정하고 공표하는 실질적인 거래소가 1910년부터 출현하였다. 식민지기 주식거래는 허가받은 공인시장이 1920년에 등장하고, 1932년부터는 거래소(조선취인소)로 공인되었다. 식민지기의 주식거래는 청산거래 방식으로 증거금만으로 매매가 가능한 시장이었기 때문에 투기성이 강하였고 발행시장과 연결되지 못하였다. 1930년대 중반부터 주식의 공모와 초기적 자본시장의 면모가 나타나기 시작하였지만 제도화된 발행시장으로 성장하지는 못하였다.

해방 이후 1950년대까지는 은행의 자금 중개가 위축되었고, 금융시장은 자금 수요에 대응할 금융상품을 공급하지 못하였다. 직접금융시장의 자생적 출현이 없는 상태에

그림 S-i 증권시장을 통한 자금조달 구성(%)

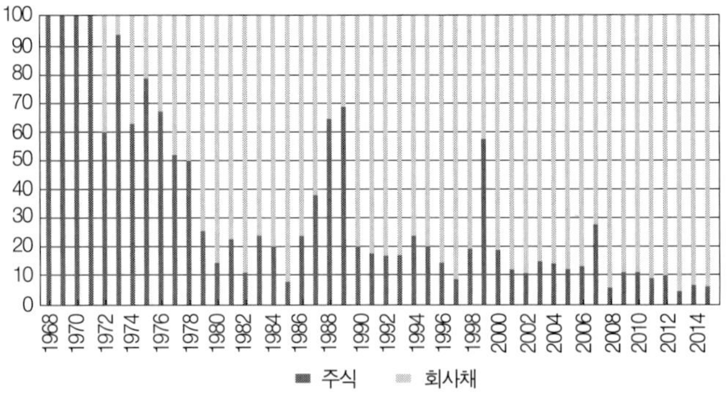

자료: S821-834.

서, 증권거래가 시작되었는데 기업의 자금조달과는 무관한 지가증권과 건국국채를 주종목으로 하였다. 1956년 설립된 대한증권거래소에서는 주로 국채의 청산거래를 하였으며, 자본시장에 대한 법제가 정비되지 않았기 때문에 혼란기의 투기장에서 벗어나지 못하였다. 1962년에는 증권거래법이 제정되어 주식시장의 법률적 토대가 마련되었고, 1968년 자본시장육성법, 1972년 기업공개촉진법의 제정 등 발행시장을 형성시키기 위한 야심찬 정책이 추진되었고, 그 결과로 주식발행 규모가 급격히 팽창하였다(S821-834). 1956년 15사에서 1968년 34사, 1972년에는 66사로 상장회사가 증가하였고, 주식을 통한 자금조달 규모는 같은 기간 20배까지 확대되었다. 국채의 유통을 담당하던 채권시장은 1963년부터 회사채 발행의 영향으로 기업의 자금조달을 부분적으로나마 중개하였다. 회사채의 발행은 늘어났으나, 전환사채를 발행하고 이를 금융기관이 전액 인수하는 조건이었기 때문에 회사채 시장이 실질적인 자본조달 기능을 하지는 못하였다. 1972년 이후에서야 자본시장 육성책의 영향으로 회사채가 기업자금조달의 주요 경로로 발전하였다(그림 S-i).

저금리 정책이 실시된 1972년 이후 1980년까지 저축성 예금의 실질금리가 낮았고, 주식의 실질수익률이 상승하여 자본시장의 성장에 유리한 환경이 조성되었다. 1980년대 중반에는 호황을 맞아, 기업공개에 대한 불안감이 해소되어 기업공개와 유상증자가 급증하고 저축자금이 대거 주식투자로 유입되었다(S-j). 시중은행과 공기업의 민영화가 국민주의 이름으로 추진되면서 1987년에는 국민주의 개발, 보급 계획이 발표되자 1989년까지 주식투자 인구는 폭발적으로

그림 S-j 주식 유통시장의 추이(십억 원, 사)

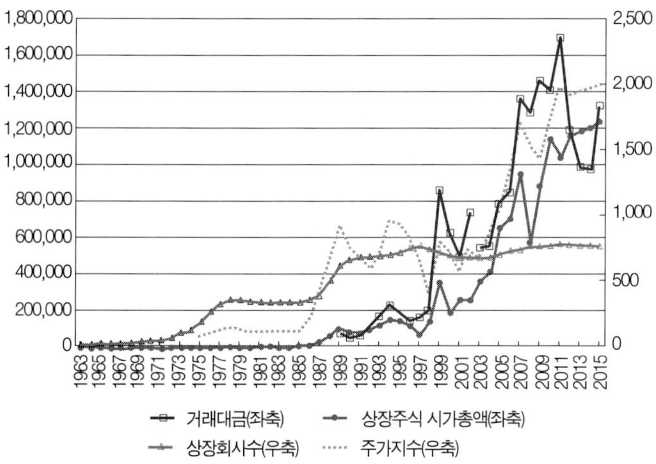

자료: S865-879.

그림 S-k 금융 연관 비율의 추이

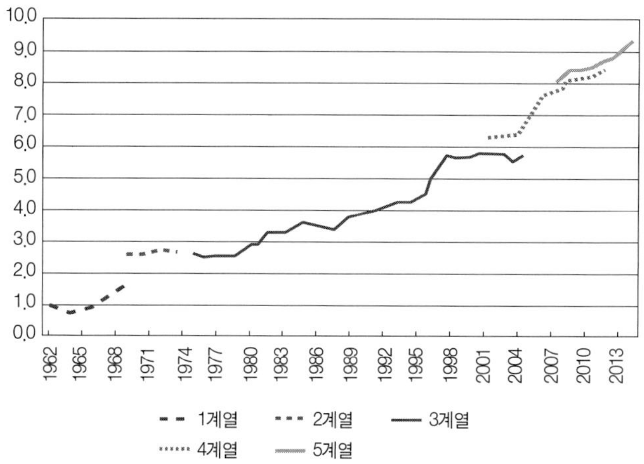

자료: 한국은행(http://ecos.bok.or), 경제통계시스템, 자금순환계정.

증가하였다. 1996년 이후 OECD 가입조건으로 제시된 자본시장 개방계획이 단계별로 추진되고 상장주식 투자한도까지 폐지되자 주식투자가 크게 증가하였다.

6. 자금순환

자금순환표는 국민경제의 생산, 지출, 분배 등 실물거래의 순환 과정에서 발생하는 금융거래, 즉 자금의 조달과 운용 과정을 제도부문별로 보여 준다. 자금순환 통계에는 일정 기간(분기 또는 1년) 동안 각 제도 부문의 자금의 조달과 운용을 나타내는 금융거래표, 그리고 특정 시점에 각 제도 부문이 보유한 금융자산과 금융부채 규모를 나타내는 금융자산부채잔액표가 있고 금융거래 이외에 의한 변동을 나타내는 유량지표인 거래 외 증감표가 있다.

자금순환표는 행에는 금융거래 형태가 제시되고 열에는 제도 부문이 제시되는 일종의 행렬이다. 그런데 제도 부문이나 금융거래의 분류 방식이 달라지면 자금순환표의 단절이 있기 때문에 여러 계열의 자금순환표가 제시되고 있다. 현재 자금순환표는 1계열 1953년 SNA 기준(1962-1970), 2계열 1968년 SNA 기준(1969-1974), 3계열 1968년 SNA 기준(1969-1974), 4계열 1993년 SNA 기준(2002-2013), 5계열 2008년 SNA 기준(2008-2015) 등 5개 계열이 있다.

제도 부문은 1계열에서는 금융 부문, 정부 부문, 기업 부문, 개인 부문, 국외 부문으로 구분되었으나 3계열에서 개인 대신 가계 및 비영리단체 부문을 도입하고, 4계열부터 정부 대신 일반정부, 기업 대신 비금융법인 부문으로 구분하였다. 이러한 제도 부문 분류기준이 점차 세분화되고 분류기준의 차이가 없는 것은 아니지만 여기에서 제시된 통계는 최초의 분류기준에 따라 장기 시계열을 만든 것이다. 이 시계열 중에서 부문별 자금순환표는 자금 운용조달은 본표에서 제시하고 자산부채잔액은 부표로 제시한다(S921-931, 부S686-696). 이 중에서 금융거래 유형은 금융의 발전에 따라 세분화되어 그대로 제시하기에는 너무 종류가 많아 장기 시계열 분석을 위해서는 각 계열을 서로 비교할 수 있도록 금융거래의 유형을 줄여 18개 유형을 구분하여 재집계하여 제시하여 장기 시계열 분석이 가능하도록 하였다. 금융거래별 자금순환표의 자산부채잔액은 본표에서 제시하고 자금 조달운용은 부표에서 제시한다(S932-952, 부S686-696).

금융 부문은 실물 부문의 성장, 즉 경제성장에 따라 금융거래의 증가로 자연적으로 성장하지만 금융 중개의 확산 등 금융 부문 자체의 변화에 의해서도 성장할 수 있다. 그에 따라 금융 연관 비율(금융자산총액/명목GDP)이 증가 추이를 보이는 것이 보통이다. 금융 연관 비율의 장기 추이는, 절대치는 계열별로 차이가 있으나 5개의 자금순환표 계열을 이용하여 파악할 수 있다(S-k). 이 추이를 보면, 1970년대에는 금융 억압으로, 1997년 외환위기 이후에는 금융 부문의 구조조정으로 실물 부문의 성장에 비해 금융 부문의 성장이

그림 S-1 금융자산부채 잔액의 구성 비율 추이(%)

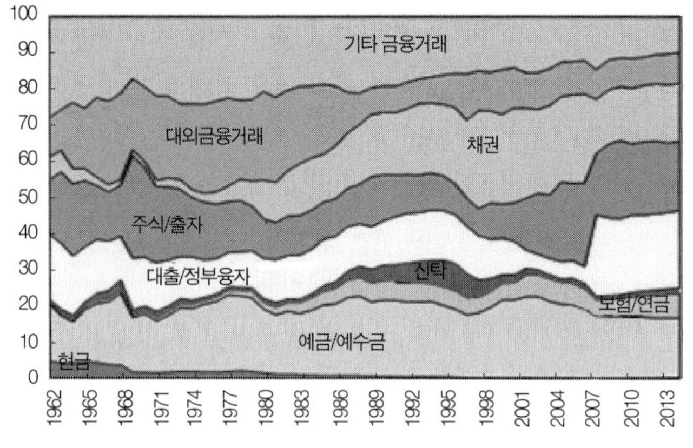

자료: S932-952.
주: 각 비율은 해당 자산 잔액의 합계에서 차지하는 비중임. 최근 계열 자료부터 이용하여 연도별 구성비를 구함.

정체되고 있다.

한국의 금융 부문은 식민지 시대 이래 은행의 설립과 확장으로 인해 성장하였기 때문에 예금과 대출의 비중이 높았지만, 1960년대 이후 질적으로도 변하고 있음을 그림 S-1에서 살펴볼 수 있다. 그림 S-1에서 간접금융의 비중은 예금 · 예수금, 대출 · 정부융자, 신탁 및 보험연금의 합으로 파악할 수 있고, 직접금융의 비중은 채권과 주식 · 출자의 합으로 파악할 수 있다. 1960년대 이후 적극적인 자본도입의 결과로 대외금융거래로 인한 자산부채의 비중이 높아졌다가 1980년대 후반 경상수지 흑자로 그 비중이 낮아졌다. 채권시장의 비중은 1970년대 적극적인 자본시장 육성책 등으로 인해 높아지고 외환위기 이후 다시 낮아지고 있으나 여전히 높은 편이다. 주식시장과 출자금시장은 큰 성과를 보이지 않다가 외환위기 이후 급격히 성장하여 그 비중이 채권시장보다 더 커졌다. 최근에는 투자형 지분시장이 커지면서 그 비중이 더 높아지게 된 것으로 보인다. 한국은 전통적으로 은행을 중심으로 하는 간접금융에 절대적으로 의존하는 간접금융 체제였다. 하지만 1970년대 후반부터 채권시장이 먼저 성장하고 외환위기 이후에는 주식 · 출자시장이 급성장하여 직접금융도 금융 부문의 성장에 크게 기여하였고 그 역할도 간접금융에 비견될 정도로 중요해졌다고 할 수 있다.

7. 자료의 수집과 정비

개항 이전 통화 추계는 별도의 공식 통계가 없기 때문에 田代和生(1981), 이헌창(1999)의 연구 결과에 의존하고 있다. 1883년 화폐주조기관인 전환국이 별도로 설립되었지만 통감부가 통계연보를 발표할 때까지는 공식적으로 발간되는 통계 자료가 없기 때문에, 개항기의 통화 통계는 甲賀宣政(1914), 오두환(1991), 도면회(2006) 등의 연구 결과에 의존하였다. 개항기 한국인 은행 통계는 『한국상업은행70년사』, 『조흥은행 80년사』 자료를 이용하고 개항기 금융 현황은 1878년부터 1905년까지 예금과 대출의 잔액을 기준으로 제시되었다.

러일전쟁 이후 일본이 화폐정리사업을 통해 화폐발행권을 장악하고 금융기관도 설립한 이후로 통화와 금융의 통계가 정비되어 공식 통계로 매년 발간되었다. 일차로 『통감부통계연보』에 수록되고 1912년부터 『조선총독부통계연보』에 수록되었다. 1923년부터 조선경제협회가, 이후 조선총독부 재무국이 발간한 『조선금융사항참고서』는 이 시기의 통화 · 금융 부문의 대표적인 공식 통계이다. 이 통계는 1906년 이후 조선에서 통화 · 금융 통계를 커버하고 있어 이 통계를 기준으로 통화 · 금융 통계를 작성하였는데, 1939년 이후는 발간되지 않았다. 1940년부터 1948년까지의 통계 자료는 조선은행이 발간한 『조선경제연보』(1948년판)과 『경제연감』(1949년판)을 이용할 수 있는데, 두 통계집 간의 차이가 없어 『경제연감』(1949년판)을 사용하였다. 특히, 이 통계는 『조선금융사항참고서』에 수록된 통계수치와 일치하였다. 이에 따라 통화 · 금융 시계열 자료는 1938년까지는 『조선금융사항참고서』에 의존하고 1939년부터 1948년까지는 『경제연감』(1949년판)에 의존하였으나 이에 수록되지 않은 보험 등에 관련되는 자료는 다른 자료에 의존하였다. 그 결과 통화와 금융의 통계는 남북 분단 문제만 유의하면 1905년부터 1948년은 큰 단절없이 이어질 수 있게 되었다. 그러나 현대적 의미에서 이 시기의 통화량은 새롭게 추계되어야 알 수 있기 때문에 이 통계는 배영목(2016)의 연구방법을 원용하여 재정리하였다.

통화 · 금융의 중추기관인 한국은행이 1950년 설립된 이후에는 이 기관이 조선은행에 이어 경제 통계의 중심 기관으로서 1955년부터 1960년까지 『경제연감』에, 1961년 이후부터 발간된 『경제통계연보』에 주요 통화 · 금융 관련 통계의 대부분을 수록하였다. 한국은행이 온라인으로 제공하는 경제통계시스템에도 주요 통화 금융 통계가 수록되어 있으나 현재 통계와 연계될 수 있는 통계는 길어야 1960년대 초반까지이다. 1997년 설립된 금융감독원은 금융기관과 관련된 통계를 총괄하여 작성하여 『은행경영통계』와 『금융통계월보』로 발표하거나 금융 통계정보시스템을 통해 온라인으로 제공하고 있다. 이에 따라 한국은행은 금융기관 통계 중에서 통화 정책이나 통화 공급과 관련되는 예금취급기관을 중심으로 작성 · 발표함에 따라 한국은행의 통계와 금융감독원 통계 간에 괴리가 발생하게 되었고, 한국은행 시계열의 대부분이 사라지게 되었다. 이 시기의 통화 · 금융 통계는 한국은행이 발간한 『경제통계연보』를 기준 통계로 사용하되 더 자세한 통계가 필요한 경우 『경제연감』을 이용하였다. 한국은행이 작성하는 금융기관 통계 중에서 상당 부분은 2000년대 이후에 종결되고 있으므로 이 부분은 모두 금융감독원이 발표한 『금융통계월보』나 금융 통계정보시스템의 자료를 이용하여 새로운 계열로 최근까지 제시하였다. 특히, 같은 출처의 자료라 하더라도 연도판에 따라 통계치(값)가 서로 다른 경우에는 오류가 점차 수정되었다고 보고 최근 판의 값을 수록하였다.

화폐와 신용, 그리고 통화 정책과 관련된 통계는 한국은행이 발간한 『경제연감』 및 『경제통계연보』에 의거하여 작성되었다. 그러나 통화량 지표의 정의나 범위가 달라지고 있기 때문에 화폐발행액 등은 하나의 시계열로 정리되었지만 협의의 통화 또는 통화(M1), 광의의 통화 또는 총통화(M2) 등은 여러 계열로 되어 함께 관찰해야만 추이를 파악할 수 있고, 최근에 작성된 지표는 시계열 자체가 길지 않은 경우도 있다. 지급 수단이나 신용과 관련되는 어음거래액 등은 종류별로 구분하기에는 너무 복잡하여 장기 시계열이 가능한 일부 계열만 수록하였다. 통화 정책 관련 자료는 한국은행 자료에 의거하여 시계열로 정리하였다. 금융기관의 관련 자료는 여러 가지가 있으나 다른 역사 통계에서도 주로 대차대조표 주요 항목별로 정리한 자료만 제시하고 있기 때문에 이러한 자료를 은행금융기관과 비은행금융기관으로 구분하여 수록하되 각 금융기관의 점포, 대출, 예금 등 금융기관 시계열 자료를 제시하여 금융기관의 추이를 한꺼번에 파악할 수 있도록 하였다. 그리고 개별 금융기관이라고 하더라도 중요한 금융기관의 대차대조표 주요 항목을 제시하되, 기타 개별 금융기관 현황은 부표에서 확인할 수 있도록 하였다. 금융기관 경영 자료는 금융감독원이 설립된 이후로 통계 작성기준이 달라지고 있고 정리된 수치도 차이가 있기 때문에 한국은행 시계열과 금융감독원 시계열 두 개의 시계열을 각각 그대로 제시하였다. 특히, 한국산업은행은 한국은행 통계에서는 2001년까지 특수은행 분류에서 제외되어 있으나 금융감독원 통계에서 특수은행에 포함시키고 있다는 점에 유의해야 한다. 하지만 두 계열 간 차이가 크지 않아 금융기관의 전체 또는 개별 통계의 변화나 추이를 파악하는 것에는 큰 문제가 없을 것이다.

이자율과 관련된 통계는 근대적 금융기관이 영업을 시작한 1878년 이후의 이자율을 수록하였다. 개항기 이자율은 1908년과 1909년에 탁지부가 발간한 『한국금융사항참고서』의 조선지점 · 본점은행의 이자율 평균값과 가장 긴 시계열을 확보할 수 있는 제일은행 부산지점의 금리를 같이 제시하였다. 식민지기의 이자율은 『조선금융사항참고서』, 『조선총독부통계연보』 및 『조선은행월보』를 대조하고, 평균값을 여수신금리로 나누어 제시하였다. 1906년 농공은행 설립 이후부터 1945년까지는 금융기관별로 제시하되, 대출금리는 일반대부와 어음할인으로, 예금금리는 당좌, 정기 및 저축예금으로 구분하였다. 조선은행과 식산은행은 조선에서 가장 영향력이 큰 리딩 뱅크로서 이자율의 기준을 제시하였으므로, 각각 표준금리표와 대부인가 이자율, 그리고 협정금리를 수록하여 금융기관의 금리차를 알 수 있도록 하였다. 해방 이후 이자율은 1948년부터 1988년까지 규제금리가 적용된 시기에는 금리 변경 발표일자를 기준으로 수록하였다. 금리자유화가 전면화된 1991년 이후에는 상품별로 이자율의 변화를 금융감독원의 여수신 이자율 자료와 한국은행의 금융 통계를 활용하였다.

증권시장과 관련된 통계는 식민지기에는 1920년 '경성주식현물취인시장' 설립 이후의 거래량을 『조선은행통계월보』와 『경취연혁지』 및 『조선취인소년보』에 의거하여 수록하였다. 해방 이후에는 거래소의 조직 변화에 따라 대한증권거래소(1956-1962), 한국증권거래소(1963-2004), 한국증권

선물거래소(2005-) 통계 구성이 변화하였다. 각 기관이 발행한 社史와 협회보를 참고로 하였으며, 1968년 이후에는 『증권통계연보』를 따라 발행시장 관련 통계를 기록하였다.

자금순환 통계는 한국은행 경제통계시스템이 전체 자료를 제공하고 있지만 부문별과 종류별의 변화만을 파악할 수 있도록 재분류한 것만을 수록하였다. 종류별 통계에서 자산잔액과 부채잔액이 동일하기 때문에 하나만 수록하였다. 그런데 지면의 제약으로 부문별 통계에서 자산·부채잔액 통계와 금융거래 종류별 통계는 본표에서 제외하였다.

참고문헌

경성주식현물취인시장(1923), 『경성주식현물취인시장연혁지』.

국사편찬위원회 편(2006), 『화폐와 경제활동의 이중주』, 두산동아.

금융감독원, 『금융 통계월보』, 2006-2016.

______, 『은행경영통계』, 2006-2016.

______, 금융 통계정보시스템(http://fisis.fss.or.kr).

김대현(2012. 6), 「한국의 지역 간 금융시장 통합, 1876-1942」, 『경제분석』 18(2), 53-80.

김재호·박기주(2004), 「농촌이자율의 장기변동, 1742~1953」, 이영훈 편, 『수량경제사로 다시 본 조선후기』, 서울대학교출판부, 110-145.

남조선 과도정부, 「조선통계연감(1940-1943)」.

농상무성(1906), 『한국토지농산조사보고』.

대한제국 관보, 「법률 제5호 이식규례」, 1906. 9. 28.

도면회(2006), 「개항기의 신식 화폐」, 국사편찬위원회 편, 『화폐와 경제활동의 이중주』, 두산동아, 105-157.

배영목(1987), 「일제하 식민지 화폐제도의 형성과 전개」, 『경제사학』 11, 81-185.

______(2002), 『한국금융사』, 도서출판 개신.

______(2010), 「우리나라 통화개혁의 비교 연구」, 『경제학연구』 58(1), 113-141.

______(2016), 「통화량과 통화구성의 장기 추이, 1905-2014」, 『경제사학』 58(1), 187-217.

보험개발원, 『보험통계연감』, 1998-2016.

생명보험협회(1975), 『생명보험협회50년사부록(1955-1973)』,

______(2015), 『생명보험통계연보』.

서길수(1988), 「개항후 대차관계 및 이자에 관한 연구(3): 관부식리의 고리화와 외국자본의 식리활동을 중심으로」, 『경제사학』 12(1), 1-58.

오두환(1991), 『한국근대화폐사』, 한국연구원.

이영훈 편(2004), 『수량경제사로 다시 본 조선후기』 서울대학교출판부.

이영훈·배영목·박원암·김석진·연강흠(2004), 『한국의 은행 100년사』, 도서출판 산하.

이영훈·박기주·이명휘·최상오(2005), 『한국의 유가증권 100년사』, 증권예탁원.

이영훈·조영준(2005), 「19世紀 末~20世紀 初 서울 金融市場의 特質: 南大門 一帶의 '日收' 金融을 中心으로」, 『경제논집』 44(3-4), 343-364.

이헌창(1999), 「1678-1865년간 貨幣量과 貨幣價値의 推移」, 『經濟史學』 27, 3-45.

조선은행연구회(1987), 『朝鮮銀行史』.

______(1948), 『조선경제연보』.

______(1949), 『경제연감』.

조선은행 조사부, 『조선은행통계월보』, 1931, 1934, 1944 각월호.

조선총독부, 『조선총독부통계연보』, 1910, 1912-1942.

조선총독부 재무국, 『조선금융사항참고서』, 1923, 1939.

______(1942), 『조선금융연보』.

조선취인소(1935), 『조선취인소사』.

______, 『조선취인소연보』, 1932-1943.

조흥은행(1977), 『조흥은행80년사』.

탁지부 이재국, 『한국금융사항참고서』, 1908-1909.

통감부(1906), 『제1-3차통감부통계연보』, 1908-1910.

한국거래소(2016), 『한국거래소 60년사』.

______, KRX통계(http://marketdata.krx.co.kr).

한국보험공사(1977), 『보험통계연감』.

한국상업은행(1969), 『한국상업은행 70년사』.

한국은행(2008), 『우리나라 통화지표의 해설』.

______(2011), 『한국의 금융제도』.

______(2012), 『한국의 통화 정책』.

______(2015), 『우리나라 화폐』.

______, 『경제연감』, 1955-1960.

______, 『경제통계연보』, 각년도.

______, 경제통계시스템(http://ecos.bok.or).

한국은행 경제통계국(2002), 『새 통화지표의 편제결과』.

한국증권거래소(1968), 『한국증권거래소 10년사』.

______, 『증권통계연보』, 1965, 1967, 1969, 1979, 1990, 1991, 2002, 2003.

甲賀宣政(1914), 「近世朝鮮貨幣及典圜局の沿革」, 『朝鮮總督府月報』, 4(12), 9-38.

高嶋雅明(1978), 『朝鮮における植民地金融史の研究』, 大原新生社.

田代和生(1973), 「對馬藩の朝鮮輸出銅調達について−幕府の銅統制策と日鮮銅貿易の衰退」, 「對馬藩朝鮮輸出銅調達−幕府銅統制策日鮮銅貿易衰退」, 『朝鮮學報』 66, 141-207.

______(1981), 『近世日朝通交貿易史の研究』, 創文社.

S. 화폐와 금융제도

배영목 · 이헌창 · 이명휘

1. 화폐와 신용

표 S1-9 조선시대 동전 주조량 및 은·동 수입량, 1678-1880

	동전 주조량 누계	동전 유통량	은 시재고	동전 시재고	일본은 수입량	일본동 수입량			은전/동전 교환비율
						사무역	공무역 정액	수입한도	
	S1	S2	S3	S4	S5	S6	S7	S8	S9
	남북한, 만 냥				남북한, 貫	남북한, 천 斤			남북한
1678	30	30					29.4		4.0
1679	55	60					29.4		4.0
1680	60	70					29.4		8.0
1681	80	95					29.4		
1682	100	120					29.4		2.5
1683	120	145					29.4		
1684	140	170			2,076	169.7	29.4		
1685	160	195			2,048	91.1	29.4		
1686	180	220			2,888	315.0	29.4		
1687	200	245			2,068	264.2	29.4		
1688	220	270			2,501	188.6	29.4		
1689	230	285			2,000	281.7	29.4		
1690	240	300			2,250	588.0	29.4		
1691	260	325			2,746	437.7	29.4		
1692	280	350			2,441	421.9	29.4		
1693	300	375			2,288	681.4	29.4		
1694	320	400			2,590	692.4	29.4		
1695	350	440			2,460	372.3	29.4		
1696	410	505			2,454	628.3	29.4		
1697	450	550			2,618	1,436.0	29.4		
1698	450	550			1,432	26.5	29.4		
1699	450	545			2,002	0.6	29.4		5.0
1700	450	540			1,573	1.1	29.4		5.0
1701	450	535			3,283	4.5	29.4		
1702	450	532			2,219	24.7	29.4		
1703	450	529			958	0.3	27.9		
1704	450	526			1,430	5.3	27.9		
1705	450	523			1,129	5.4	27.9		
1706	450	520			1,351	55.2	27.9		
1707	450	519			972	3.4	27.9		
1708	450	519			1,129	4.0	27.9		
1709	450	518			969	56.8	27.9		
1710	450	518			638	72.2	27.9		
1711	450	517			620		27.9		
1712	450	517			525		27.9		
1713	450	516			950		27.9	100	
1714	450	516			1,956		27.9	100	
1715	450	515			1,580		27.9	100	
1716	450	515			1,410		27.9	100	1.5
1717	450	514			1,360		27.9	100	1.5
1718	450	514			980		27.9	100	1.5
1719	450	514			580		27.9	200	
1720	450	513			765		27.9		
1721	450	513			1,133		27.9	30	
1722	450	513			1,630		27.9		
1723	450	512			1,490		27.9	170	
1724	450	512			700		27.9	100	
1725	450	512			410		27.9	100	
1726	450	511			700		27.9	100	
1727	450	511			1,280		27.9	240	
1728	450	511			1,100		27.9	100	
1729	450	510			1,350		27.9	100	
1730	450	510			1,450		27.9	100	
1731	457	510			1,590		27.9	100	2.0
1732	475	535			1,010		27.9	100	2.5
1733	475	532			700		27.9	100	

표 S1-9 계속

	동전 주조량 누계	동전 유통량	은 시재고	동전 시재고	일본은 수입량	일본동 수입량			은전/동전 교환비율
						사무역	공무역 정액	수입한도	
	S1	S2	S3	S4	S5	S6	S7	S8	S9
	남북한, 만 냥				남북한, 貫	남북한, 천 斤			남북한
1734	475	530			770		27.9	30	
1735	475	528			950		27.9	45	
1736	475	527			430		27.9	85	
1737	475	527			485		27.9	100	
1738	475	527			770		27.9	100	
1739	475	527			595		27.9	100	
1740	475	527			910		27.9	100	
1741	475	527			750		27.9	100	
1742	493	545			450		27.9	100	
1743	518	570			110		27.9	100	
1744	518	565			500		27.9	23	2.0
1745	518	560			250		27.9	23	
1746	518	557			260		27.9	23	
1747	518	557			270		27.9	23	
1748	518	557			100		27.9	23	
1749	518	557			310		27.9	23	
1750	538	577			196		27.9	23	
1751	588	607			110		27.9	100	
1752	619	655			10		27.9	100	
1753	619	650					27.9	100	
1754	619	645					27.9	100	
1755	619	640					27.9	100	
1756	619	637					27.9	100	
1757	629	635					27.9	100	
1758	639	655					27.9	100	
1759	639	653					27.9	100	
1760	639	651					27.9	100	
1761	639	649					27.9	100	
1762	639	649					27.9	100	
1763	649	649					27.9	100	
1764	669	669					27.9	100	
1765	679	689					27.9	100	
1766	679	686					27.9	100	
1767	679	683					27.9	40	
1768	679	681					27.9	55	3.0
1769	679	680					27.9	52	
1770	679	680					27.9	165	3.0
1771	679	680					27.9	72	
1772	699	680					27.9	21	
1773	729	710					27.9	171	
1774	759	740					27.9	139	
1775	778	777					27.9	131	
1776	778	772	48.7	104.2			27.9	38	
1777	778	767					27.9	87	
1778	813	762	45.5	139.7			27.9	100	
1779	828	807	45.3	159.7			27.9	100	
1780	828	802	44.1	127.6			27.9	100	
1781	828	797	43.2	128.2			27.9	100	
1782	828	795	43.4	136.3			27.9	100	
1783	828	795	43.4	145.7			27.9	100	
1784	828	795	42.6	105.8			27.9	100	
1785	838	795	41.5	121.8			27.9	100	
1786	858	795	40.9	96.2			27.9	100	
1787	888	815	41.0	138.0			27.9	100	
1788	908	835	41.6	130.0			27.9	70	
1789	918	885	41.9	104.5			27.9	12	
1790	918	880	31.9	87.5			27.9	37	
1791	928	875	42.0	84.8			27.9	80	

표 S1-9 계속

	동전 주조량 누계	동전 유통량	은 시재고	동전 시재고	일본은 수입량	일본동 수입량			은전/동전 교환비율
						사무역	공무역 정액	수입한도	
	S1	S2	S3	S4	S5	S6	S7	S8	S9
	남북한, 만 냥				남북한, 貫	남북한, 천 斤			남북한
1792	928	880	41.9	100.5			27.9	70	
1793	936	877	41.9	114.4			27.9	23	
1794	943	890	42.3	80.3			27.9	100	
1795	958	888	38.4	65.2			27.9	100	
1796	958	900	38.5	66.2			27.9	100	
1797	958	897	41.4	131.1			27.9	100	
1798	968	905	42.2	157.8			27.9	100	
1799	968	903	41.5	167.1			27.9	100	
1800	968	901	39.9	137.5			27.9	100	
1801	968	901	40.4	104.7			27.9	100	
1802	968	901	38.6	60.7			27.9	100	4.0
1803	968	901	38.1	78.0			27.9	100	
1804	968	901	47.2	114.0			27.9	100	
1805	968	900	36.3	83.6			27.9	100	
1806	968	900	29.2	110.7			27.9	100	
1807	998	900	44.6	144.5			27.9	100	
1808	998	900	45.3	132.7			27.9	100	
1809	998	930	45.3	156.8			26.9	100	
1810	998	928	44.6	159.9			26.9	100	
1811	998	925	37.4	92.8			26.9	100	
1812	998	922	46.0	120.0			26.9	100	3.0
1813	1,024	921	47.4	79.5			26.9	100	
1814	1,037	960	45.9	114.9			26.9	100	
1815	1,037	958	34.7	61.8			26.9	100	
1816	1,065	955	40.1	72.7			26.9	100	
1817	1,095	962	36.7	85.7			26.9	100	
1818	1,095	1,010	41.2	102.7			26.9	100	
1819	1,095	1,007	43.2	100.7			26.9	100	
1820	1,095	1,004	40.4	68.2			26.9	150	
1821	1,095	1,001	40.2	63.3			26.9	150	2.7
1822	1,095	1,000	42.2	75.1			26.9	150	
1823	1,102	1,000	41.6	75.1			26.9	150	
1824	1,122	1,000	39.6	74.1			26.9	150	
1825	1,132	1,036	39.9	96.5			26.9	150	
1826	1,132	1,034	40.0	117.5			26.9	150	
1827	1,132	1,031	39.2	109.4			26.9	200	
1828	1,152	1,029	31.0	75.8			26.9	150	
1829	1,202	1,070	37.1	86.4			26.9	150	
1830	1,225	1,102	34.9	66.5			26.9	150	
1831	1,275	1,101	30.7	63.3			26.9	150	
1832	1,283	1,178	35.2	88.9			26.9	150	
1833	1,283	1,177	33.0	56.9			26.9	150	
1834	1,283	1,175	34.3	54.1			26.9	150	
1835	1,283	1,173	30.1	48.7			26.9	150	
1836	1,283	1,172	29.6	53.2			26.9	161	
1837	1,283	1,171	22.6	36.9			26.9	161	
1838	1,283	1,170	20.5	32.9			26.9	161	
1839	1,283	1,170	22.0	48.8			26.9	161	
1840	1,283	1,170	22.4	49.7			26.9	161	
1841	1,308	1,170	22.2	76.3			26.9	161	
1842	1,333	1,220	23.7	110.9			26.9	161	
1843	1,333	1,219	22.2	111.8			26.9	161	
1844	1,333	1,218	21.1	83.1			26.9	161	
1845	1,333	1,217	22.3	83.3			26.9	150	
1846	1,333	1,216	20.4	63.3			26.9	150	4.0
1847	1,333	1,216	20.4	73.5			26.9	150	
1848	1,333	1,216	20.9	64.1			26.9	161	
1849	1,333	1,215	18.9	55.5			26.9	161	

표 S1-9 계속

	동전 주조량 누계	동전 유통량	은 시재고	동전 시재고	일본은 수입량	일본동 수입량			은전/동전 교환비율
						사무역	공무역 정액	수입한도	
	S1	S2	S3	S4	S5	S6	S7	S8	S9
	남북한, 만 냥				남북한, 貫	남북한, 천 斤			남북한
1850	1,333	1,215	18.6	44.6			26.9	161	
1851	1,333	1,215	19.9	47.8			26.9	161	
1852	1,350	1,215	19.5	34.9			26.9	161	4.7
1853	1,390	1,215	19.4	43.7			26.9	161	
1854	1,440	1,295	25.4	50.0			26.9	161	
1855	1,490	1,372	17.4	50.3			26.9	211	
1856	1,536	1,370	25.8	48.6			26.9	211	
1857	1,582	1,460	25.8	56.6			26.9	211	
1858	1,582	1,458	25.3	45.6			26.9	211	6.7
1859	1,582	1,456	24.3	25.7			26.9	211	
1860	1,582	1,455	24.7	23.2			26.9	211	5.7
1861			21.6	27.3			26.9	211	
1862			21.6	36.0			26.9	211	6.4
1863			21.5	46.0			26.9	211	
1864			8.8	35.3			26.9	211	7.0
1865			9.3	41.1			26.9	211	
1866			8.1	99.5			26.9	211	
1867			8.4	780.5					5.5
1868			8.3	25.6					
1869			5.4	31.7					
1870			4.8	35.9					
1871			8.6	75.0					
1872			10.9	65.7					
1873			15.5	163.5					
1874			11.7	13.9					
1875			12.2	24.3					
1876			10.8	16.5					9.0
1877			10.6	14.1					
1878			9.8	29.4					8.8
1879			6.5	14.5					
1880			6.3	14.2					

자료: 이헌창, 「1678-1865년간 貨幣量과 貨幣價値의 推移」, 『經濟史學』 27(1), 1999, pp. 3-45; 田代和生, 『近世日朝通交貿易史の研究』(創文社, 1981), pp. 256, 325; 田代和生, 「對馬藩の朝鮮輸出銅調達について: 幕府の銅統制策と日鮮銅貿易の衰退」, 『朝鮮學報』 66, 1973, pp. 141-207.

주: 1) 동전 주조량 누계, 동전 유통량 및 은전·동전 교환비율은 李憲昶(1999), 1841년 이후 은전·동전 교환비율은 『平安兵營所在府旬管銀錢木布穀期丑條會計成冊』(규장각, 16806)을 따른다.

2) 京各司·各營의 時在銀·錢量은 『朝鮮王朝實錄』과 『日省錄』을 따른다.

3) 대마번으로부터 은과 동의 수입은 田代和生(1973, 1981)을 따른다.

4) 銅錢 1개=1文=4.5-9.4g, 동전 1兩=10錢=100文. 은화 1량=4돈 3分, 1貫=1000돈=3.75kg이다.

표 S10-19 개항기 유통화폐량, 1877-1905

	한국화폐				외국화폐					유통화폐량
	엽전	당오전	백동화	적동화	洋銀	圓銀	일본지폐	일본보조화폐	제일은행권	
	S10	S11	S12	S13	S14	S15	S16	S17	S18	S19
	남북한, 만관 문				남북한, 만 엔					
1877	640									
1879	800									
1884		5								
1889		300								
1891	200	770			0.3(경인)	5(경인)	9(경성)	0.1(경인)		
1892										
1893	800						30(경인)			
1894										
1895	1,400									1,700
1897						300	300			
1898	500		200			80	80			900
1899	700		110	20		50	150	3		900
1901	500		180	20		10	225	25		1,150
1902	600		700	20		53	87	13	63	1,500
1905	650		1,150			130			607	2,537

자료: 오두환, 『한국근대화폐사』(한국연구원, 1991), pp. 94, 203; 도면회, 「개항기의 신식 화폐」, 국사편찬위원회 편, 『화폐와 경제활동의 이중주』(두산동아, 2006).

표 S20-27 개항기 전환국의 신식화폐 주조액, 1892-1904

	합계	5냥 은화	반원 은화	1냥 은화	백동화	백동취화	적동화	황동화
	S20	S21	S22	S23	S24	S25	S26	S27
	남북한, 천 원							
1892	235	19.9	-	70.4	52	-	91.7	0.9
1893	-	-	-	-	-	-	-	-
1894	36	-	-	-	-	-	35.6	-
1895	342	-	-	-	160.9	-	176.5	4.2
1896	319	-	-	-	35	-	284.4	-
1897	46	-	-	-	17	-	28.4	-
1898	633	-	-	35.8	349	-	248	-
1899	1,379	-	-	63.0	1,282	-	34	-
1900	2,030	-	-	-	2,030	-	-	-
1901	3,084	-	209.7	-	2,874	-	-	-
1902	3,694	-	705.6	-	2,886	87	15	-
1903	3,702	-	-	-	3,610	34	58	-
1904	3,463	-	-	-	3,448	5	10	-
1892-1904	18,961	19.9	915.3	169.2	16,744	126	982	5.1

표 S28-37 개항기 화폐주조액, 1905-1910

	합계	10전 은화	반원 은화	20전 은화	5전 백동화	1전 청동화	반전 청동화	20원 금화	10원 금화	5원 금화
	S28	S29	S30	S31	S32	S33	S34	S35	S36	S37
	남북한, 만 엔									
1905	245	-	90	50	100	3	2	-	-	-
1906	120	20	20	20	30	10	10	5	5	-
1907	297	47	50	50	50	10	5	80	-	5
1908	216	40	70	40	-	8	8	50	-	-
1909	150	25	-	40	20	10	5	50	-	-
1910	114	70	-	40	-	4	-	-	-	-

자료: 甲賀宣政, 「近世朝鮮貨幣及典圜局の沿革」, 『朝鮮總督府月報』 4권 12호, 1914, pp. 37-38.
주: 자료에 제시된 합계와 필자가 계산한 합계의 값이 다른 경우 계산한 수치에 따르며, 반올림한 값이다.

표 S38-44 구한국정부 및 조선은행의 화폐발행액, 1906-1949

	구한국주화				조선은행권		기타 화폐
	합계	엽전	구화	신화	합계	조선내 발행액	
	S38	S39	S40	S41	S42	S43	S44
	남북한, 만 圓						
1906	1,357	726	427	205	922	922	103
1907	1,369	612	355	401	1,281	1,281	96
1908	1,107	582	204	322	1,039	1,039	43
1909	969	373	129	468	1,344	1,335	43
1910	919	242	50	627	2,016	2,016	55
1911	702	157	50	495	2,501	2,501	352
1912	559	110	49	400	2,555	2,555	454
1913	417	66	48	302	2,569	2,569	445
1914	318	38	48	232	2,185	2,185	496
1915	272	21	48	203	3,439	3,439	546
1916	252	13	48	191	4,663	4,663	549
1917	250	12	48	191	6,736	6,091	622
1918	250	12	48	190	11,552	9,318	841
1919	250	12	48	191	16,360	12,148	1,072
1920	250	12	48	191	11,403	8,520	1,039
1921	11.6	11.6	-	-	13,636	10,128	887
1922	11.4	11.4	-	-	10,054	7,122	1,024
1923	11.1	11.1	-	-	10,023	7,076	1,018
1924	10.4	10.4	-	-	12,912	8,756	929
1925	10.4	10.4	-	-	12,054	7,488	932
1926	8.5	8.5	-	-	11,094	7,539	884
1927	6.3	6.3	-	-	12,453	8,335	832
1928	4.6	4.6	-	-	13,244	8,707	848
1929	3.4	3.4	-	-	11,870	11,870	963
1930	1.6	1.6	-	-	9,062	9,062	811
1931					10,091	10,091	721
1932					12,462	12,462	800
1933					14,818	10,731	855
1934					19,246	11,707	903
1935					22,078	11,776	921
1936					21,065	11,762	963
1937					27,950	19,320	1,051
1938					32,198	25,549	1,233
1939					44,399	37,421	1,425
1940					58,053	48,615	1,787
1941					74,161	62,107	2,264
1942					90,865	77,141	2,776
1943					146,678	125,599	2,891
1944					313,569	262,465	3,185
1945					876,334	502,277	3,350
1946					1,771,062	1,397,006	
1947					3,338,816	2,964,760	
1948					4,344,411	3,970,354	
1949					7,510,500	7,136,443	

자료: 1938년까지는 조선총독부 재무국, 『조선금융사항참고서』(1939); 1939년 이후 조선은행 조사부, 『경제연감』(1949).

注: 1) 엽전의 유통추정액은 엽전발행 추정액에서 엽전회수액을 제외한 액수이다.

2) 구화는 화폐정리사업 이전에 주조 발행된 화폐 중 엽전을 제외한 추정한 액수이다.

3) 신화는 화폐정리사업 이후 광무5년(1901) 화폐조례에 의해 발행된 화폐액이다.

4) 조선내 발행액은 조선은행 전체 은행권 발행고에서 조선 외에서의 발행액(조선경제연감, 1949)을 제외한 값이다.

5) 기타 화폐 발행액은 일본은행권, 금은화, 일본 보조지폐, 일본 보조화폐의 유입액, 소액수표(小切手) 발행액의 합이고 1946년부터는 화폐량 집계에서 제외한다.

6) 1945-1949년까지의 조선은행권 발행고는 조선 외에서 발행된 것을 합하여 남북한 통계에 포함한다.

표 S45-56 조선은행 은행권 발행준비 내역, 1907-1945

	정화준비						보증준비					한도초과 발행액
	합계	금화	금지금	은화, 은지금	일본은행권	일은예치금	합계	공채	정부증권	기타증권	상업어음	
	S45	S46	S47	S48	S49	S50	S51	S52	S53	S54	S55	S56
	남북한, 천 圓											
1907	4,582	161	786	-	3,635	-	8,223	3,290	4,000	933	-	-
1908	3,504	1,015	404	-	2,085	-	6,881	1,950	3,000	1,125	806	-
1909	5,046	1,521	-	-	3,525	-	8,393	2,393	6,000	-	-	-
1910	7,025	2,022	-	-	5,003	-	13,139	4,552	7,616	971	-	-
1911	8,837	1,979	2,000	-	4,853	-	16,170	8,437	4,711	2,163	859	-
1912	8,767	1,978	1,704	-	5,085	-	16,784	6,891	9,211	63	619	-
1913	8,923	1,978	1,464	-	3,486	-	16,771	6,305	7,500	-	2,966	-
1914	7,435	1,453	976	-	5,024	-	14,397	5,911	7,500	-	986	-
1915	11,600	1,457	781	-	9,362	-	22,787	8,511	7,500	-	6,776	-
1916	16,627	1,464	781	-	14,382	-	30,000	6,591	7,500	3,787	12,122	-
1917	28,787	1,491	2,746	-	24,550	-	38,577	4,915	7,500	10,129	16,033	8,577
1918	47,921	1,490	2,746	-	43,685	-	67,602	27	5,500	10,660	51,415	17,602
1919	65,869	1,495	24,731	-	39,643	-	97,731	3,995	5,500	7,600	80,636	47,731
1920	64,102	18,641	6,668	-	38,793	-	49,932	3,378	5,500	7,300	33,754	-
1921	48,634	18,646	4,013	-	25,975	-	87,726	3,081	10,500	11,000	63,145	37,726
1922	35,080	11,238	3,031	-	20,811	-	65,464	2,950	-	2,700	59,814	15,464
1923	36,744	6,112	3,035	-	27,597	-	73,489	2,380	-	2,400	68,709	23,489
1924	43,839	6,112	1,309	-	36,418	-	85,278	1,988	-	2,100	81,190	35,278
1925	41,658	6,112	2,968	-	32,578	-	78,882	3,478	-	1,800	73,604	28,882
1926	38,135	6,112	3,959	-	28,064	-	72,801	1,155	-	1,500	70,146	22,801
1927	57,330	1,528	3,959	10,114	41,729	-	67,197	-	-	1,200	65,997	17,197
1928	82,507	1,528	3,952	3,827	73,200	-	49,937	-	-	-	49,937	-
1929	61,227	1,528	3,952	5,294	50,453	-	57,474	-	-	-	57,474	7,474
1930	41,117	1,549	8,284	8,878	22,406	-	49,498	-	-	-	49,498	-
1931	34,183	1,565	5,555	8,541	18,522	-	66,726	-	-	-	66,726	16,726
1932	74,789	1,565	4,271	16,414	52,539	-	49,833	-	-	-	49,833	-
1933	98,753	1,565	4,383	18,476	74,329	-	49,422	-	-	-	49,422	-
1934	113,799	1,565	4,097	18,976	89,161	-	78,658	-	-	-	78,658	28,658
1935	172,518	1,565	5,018	7,250	158,685	-	48,258	-	-	-	48,258	-
1936	123,269	1,565	5,556	6,927	109,221	-	87,385	-	-	-	87,385	37,385
1937	168,786	-	2,551	3,949	162,286	-	110,716	-	-	-	110,716	10,716
1938	200,299	-	1,131	3,360	195,808	-	121,679	-	-	-	121,679	21,679
1939	235,176	-	2,760	3,080	229,336	-	208,811	-	-	-	110,811	48,811
1940	290,454	-	8,971	2,772	278,711	-	290,134	-	-	-	192,134	130,134
1941	255,755	-	4,748	2,436	36,871	211,700	485,852	-	-	-	485,852	-
1942	311,079	-	3,097	2,100	51,382	254,500	597,567	-	-	-	597,567	-
1943	231,476	-	2,619	1,764	53,993	173,100	1,235,301	-	-	-	1,235,301	485,301
1944	16,000	-	550	1,400	14,050	-	3,119,692	-	-	-	3,119,692	2,369,692
1945	4,500	-	3,000	1,036	464	-	8,758,841	-	-	-	3,861,641	-

자료: 조선은행 조사부, 『경제연감』(1949).

주: 1) 1908년까지 제일은행 한국총지점, 1909-1910년까지는 구한국은행, 1911년 이후는 조선은행의 은행권 발행액이다.

2) 1941년 최고발행한도제가 실시됨에 따라 정화준비 발행제도는 사실상 형해화된다.

3) 보증준비 발행한도는 1905년 1천만 원, 1909년 2천만 원, 1911년 3천만 원, 1918년 5천만 원, 1937년 1억 원, 1941년 6억 3천만 원, 1942년 7억 5천만 원.

표 S57-60 한국은행 화폐발행액, 1950-2015

	한국은행권	주화	총화폐발행 연말잔액	총화폐발행 월평균잔액
	S57	S58	S59	S60
	남한, 십억 원			
1950	0.23	-	0.23	
1951	0.56	-	0.56	
1952	1.01	-	1.01	
1953	2.31	-	2.31	
1954	4.17	-	4.17	
1955	6.2	-	6.2	
1956	7.9	-	7.9	
1957	9.0	-	9.0	
1958	11.6	-	11.6	
1959	13.2	0.04	13.2	
1960	14.5	0.2	14.6	12.5
1961	17.5	0.6	18.1	14.4
1962	20.6	0.1	20.7	18.4
1963	21.6	0.2	21.9	18.9
1964	27.6	0.3	27.9	22.9
1965	34.8	0.4	35.2	28.9
1966	46.0	0.5	46.5	37.7
1967	67.3	0.8	68.1	54.7
1968	94.5	1.2	95.7	75.9
1969	128	2	130	101
1970	155	3	159	128
1971	181	6	187	152
1972	237	8	245	183
1973	343	11	354	264
1974	436	18	455	336
1975	539	22	561	430
1976	708	28	736	555
1977	999	35	1,034	756
1978	1,446	46	1,492	1,112
1979	1,762	55	1,818	1,459
1980	1,977	62	2,039	1,717
1981	2,131	74	2,205	1,954
1982	2,694	99	2,793	2,220
1983	2,954	146	3,099	2,565
1984	3,234	159	3,393	2,759
1985	3,398	172	3,569	2,917
1986	3,793	208	4,002	3,184
1987	4,580	263	4,843	3,697
1988	5,303	326	5,630	4,477
1989	6,424	370	6,794	5,289
1990	7,793	435	8,228	6,394
1991	8,588	431	9,102	7,547
1992	9,235	490	9,808	8,353
1993	13,237	560	13,884	10,849
1994	14,375	628	15,089	12,971
1995	16,523	714	17,324	14,589
1996	17,029	791	17,907	15,853
1997	16,840	860	17,786	16,146
1998	15,055	792	15,934	14,813
1999	21,570	915	22,573	15,686
2000	20,316	1,020	21,425	17,967
2001	21,122	1,123	22,336	19,778
2002	22,834	1,247	24,174	22,376
2003	23,114	1,283	24,491	23,319
2004	23,429	1,360	24,882	23,969
2005	24,552	1,487	26,136	25,027
2006	26,184	1,563	27,843	26,733
2007	27,541	1,683	29,322	28,119
2008	28,915	1,743	30,758	29,333
2009	35,415	1,830	37,346	32,658
2010	41,281	1,922	43,307	39,762
2011	46,558	1,992	48,658	45,733
2012	52,176	2,047	54,334	51,194
2013	61,135	2,115	63,366	58,917
2014	72,644	2,180	74,945	68,684
2015	84,362	2,269	86,757	80,819

자료: 한국은행, 『경제연감』(1959); 『경제통계연보』, 각년도; 『우리나라 화폐』(2015).
주: 화폐발행잔액에는 기념주화가 포함된다.

표 S61-66 조선의 통화량 추정치, 1906-1948

	통화량 지표				현금통화량	
	통화1	통화2	총통화1	총통화2	화폐유통 총액	조선내 화폐유통액
	S61	S62	S63	S64	S65	S66
	남북한, 천 圓					
1906	29,930	29,930	37,713	37,713	23,828	23,828
1907	34,309	34,309	43,986	43,986	27,449	27,449
1908	28,971	28,971	36,086	36,086	21,890	21,890
1909	34,831	34,831	41,974	41,974	23,560	23,466
1910	40,915	40,915	47,756	47,756	29,901	29,901
1911	46,888	46,888	54,138	54,138	35,539	35,539
1912	47,328	47,328	55,907	55,907	35,674	35,674
1913	46,771	46,771	56,447	56,447	34,305	34,305
1914	42,853	42,853	53,157	53,225	29,983	29,983
1915	60,277	60,277	70,767	70,964	42,561	42,561
1916	75,695	75,695	90,934	91,255	54,638	54,638
1917	94,107	94,107	115,725	116,298	76,082	69,628
1918	144,339	144,339	170,917	172,941	126,431	104,083
1919	187,518	187,518	242,139	248,734	176,814	134,689
1920	146,802	146,802	219,623	229,721	126,919	98,081
1921	175,859	175,859	262,038	278,953	145,342	110,260
1922	148,439	148,439	236,324	258,989	110,896	81,567
1923	155,226	155,226	233,311	263,121	110,527	81,054
1924	171,218	171,218	258,285	296,009	138,512	96,950
1925	156,098	156,098	255,520	301,636	129,961	84,298
1926	158,824	158,824	277,403	330,383	119,859	84,310
1927	171,455	171,455	292,046	353,518	132,911	91,737
1928	160,888	160,888	327,318	398,621	140,965	95,590
1929	198,683	198,683	364,779	441,670	128,368	128,368
1930	163,348	165,675	315,695	395,823	98,745	98,745
1931	176,269	178,886	339,915	428,690	108,123	108,123
1932	209,754	212,851	389,277	493,029	132,622	132,622
1933	202,349	205,635	409,928	534,212	156,724	115,861
1934	232,722	236,684	465,656	605,074	201,487	126,095
1935	246,895	251,317	531,426	684,843	229,991	126,976
1936	262,459	267,273	542,788	705,143	220,288	127,258
1937	365,858	371,695	666,173	854,336	290,013	203,714
1938	480,920	488,047	892,133	1,121,169	334,305	267,817
1939	732,899	745,671	1,256,348	1,564,962	458,240	388,467
1940	980,456	992,045	1,643,906	2,076,048	598,399	504,011
1941	1,205,033	1,221,857	2,030,415	2,616,629	764,242	643,704
1942	1,434,536	1,453,260	2,630,511	3,384,442	936,404	799,170
1943	2,151,020	2,192,887	3,847,188	4,993,195	1,495,684	1,284,898
1944	4,020,242	4,071,181	6,001,850	7,753,726	3,167,537	2,656,494
1945	6,750,405		7,871,903	8,525,577	8,796,836	5,056,268
1946	20,484,703	20,856,982	24,312,129	26,252,221	17,710,623	13,970,055
1947	42,045,293	43,344,652	50,294,787	55,346,612	33,388,164	29,647,596
1948	59,092,959	61,308,840	70,296,711	77,811,653	43,444,111	39,703,543

자료: 배영목, 「통화량과 통화구성의 장기추이, 1905-2014」, 『경제사학』 40(2), 2016, pp. 197-198; 1938년까지는 조선총독부 재무국, 『조선금융사항참고서』(1939); 1939년 이후 조선은행 조사부, 『경제연감』(1949).

주: 1) 통화1=조선내 화폐유통액+전은행(조선은행 포함)의 조선내 요구불예금.
2) 통화2=조선내 화폐유통액+전금융기관(금융조합 포함)의 조선내 요구불예금.
3) 1945년 통화2는 금융조합 요구불예금 자료 부재로 추정이 불가능하다.
4) 총통화1=조선내 화폐유통액+전은행(조선은행 포함)의 조선내 총예금액.
5) 총통화2=조선내 화폐유통액+전금융기관(금융조합 포함)의 조선내 총예금액.
6) 화폐유통총액은 구한국정부 화폐발행액, 조선은행 은행권 발행액, 일본화폐 각종 유입액의 합이다.
7) 조선내 화폐유통액은 화폐유통총액에서 조선은행의 조선외 은행권 발행액을 제외한 값이다.

표 S67-78 한국의 통화량 지표, 1945-2015

	화폐발행액	통화량1	통화량2	통화	총통화	본원통화	협의통화	(신)M1-MMF	광의통화	금융기관 유동성	광의유동성	예금은행 총예금
	S67	S68	S69	S70	S71	S72	S73	S74	S75	S76	S77	S78
	남한, 십억 원											
1945	0.01	0.01										
1946	0.02	0.02										
1947	0.03	0.05	0.05									
1948	0.0	0.1	0.1									
1949	0.1	0.1	0.1									
1950	0.2	0.3	0.3									
1951	0.6	0.7	0.7									
1952	1	1	1									
1953	2	3	3									
1954	4	6	6									
1955	6	9	10									
1956	8	12	14	12								
1957	9	15	16	15								
1958	12	19	21	19								
1959	13	23	26	23								
1960	15	25	28	23	26	17	23	23	25			14
1961	18	34	40	36	41	25	36	36	40			25
1962	21	41	54	39	52	30	40	40	50			39
1963	22	41	55	42	55	28	42	42	54			39
1964	28	49	63	49	64	33	49	49	62			43
1965	35	65	96	66	97	48	67	67	94			79
1966	46	84	156	85	157	80	86	86	142			121
1967	68	120	251	123	254	111	124	124	229			206
1968	96	150	410	178	437	156	180	180	394			373
1969	130	218	669	252	705	216	255	255	610			619
1970	159	306	883	308	898	300	335	335	762			790
1971	187	361	1,070	358	1,085	288	387	387	985	1,278		978
1972	245	509	1,421	519	1,452	428	541	541	1,316	1,684		1,324
1973	354			730	1,981	624	756	756	1,791	2,391		1,761
1974	455			946	2,457	775	959	959	2,175	3,041		2,129
1975	561			1,182	3,150	1,077	1,202	1,202	2,723	3,903		2,812
1976	736			1,544	4,205	1,438	1,595	1,595	3,680	5,294		3,760
1977	1,034			2,173	5,874	2,072	2,313	2,313	5,156	7,516		5,456
1978	1,492			2,714	7,929	2,802	3,208	3,208	6,982	10,211		7,765
1979	1,818			3,275	9,878	3,468	3,949	3,949	9,059	13,379		9,783
1980	2,039			3,807	12,535	3,244	4,779	4,779	13,087	17,962		12,422
1981	2,205			3,982	15,671	2,802	5,898	5,898	17,814	23,481		17,034
1982	2,793			5,799	19,904	3,825	9,603	9,603	24,414	31,257		21,189
1983	3,099			6,783	22,938	4,095	11,168	11,168	30,007	38,032		23,908
1984	3,393			6,821	24,706	4,248	11,803	11,803	35,704	45,726		27,925
1985	3,569			7,558	28,565	4,319	14,497	14,497	42,162	55,450		31,023
1986	4,002			8,809	33,833	5,017	19,469	19,469	54,620	71,594		35,926
1987	4,843			10,107	40,280	7,469	24,544	24,544	71,161	93,638		45,720
1988	5,630			12,151	48,939	9,728	29,745	29,745	92,387	120,359		57,485
1989	6,794			14,329	58,638	12,819	35,677	35,677	116,204	153,927		66,918
1990	8,228			15,905	68,708	13,811	44,132	44,132	145,604	198,124		84,054
1991	9,102			21,752	83,746	16,322	54,205	54,205	174,030	244,837		98,508
1992	9,808			24,586	96,259	18,107	64,765	64,765	211,469	298,277		107,247
1993	13,884			29,041	112,219	23,080	75,894	75,894	248,271	354,933		115,732
1994	15,089			32,511	133,179	25,204	87,460	87,460	300,658	442,663		135,190
1995	17,324			38,873	153,945	29,305	101,666	101,666	370,600	527,017	572,594	154,136
1996	17,907			39,542	178,312	25,722	114,775	109,977	432,316	614,962	672,883	181,721
1997	17,786			35,036	203,532	22,519	128,931	117,467	517,307	700,285	766,135	198,197
1998	15,934			35,583	258,538	20,703	121,731	111,547	639,664	787,627	854,653	251,795
1999	22,573			44,375	329,317	28,487	170,659	154,038	672,544	850,828	924,782	323,411
2000	21,425			46,997	413,049	28,238	196,715	176,610	707,699	911,642	1,038,962	404,661
2001	22,336			53,506	467,577	32,827	246,721	218,042	764,979	1,017,715	1,178,179	455,631
2002	24,174					37,987	283,581	243,394	872,076	1,155,740	1,336,291	512,419
2003	24,491					40,749	298,953	264,271	898,069	1,209,751	1,411,096	548,098

표 S67-78 계속

	화폐발행액	통화량1	통화량2	통화	총통화	본원통화	협의통화	(신)M1-MMF	광의통화	금융기관유동성	광의유동성	예금은행 총예금
	S67	S68	S69	S70	S71	S72	S73	S74	S75	S76	S77	S78
	남한, 십억 원											
2004	24,882					38,792	321,728	267,160	954,723	1,295,822	1,517,011	540,726
2005	26,136					43,249	332,345	301,751	1,021,449	1,391,560	1,654,005	561,946
2006	27,843					51,870	371,088	330,319	1,149,262	1,538,300	1,830,671	592,721
2007	29,322					56,399	316,383	316,383	1,273,612	1,691,565	2,037,174	593,171
2008	30,758					64,846	330,624	330,624	1,425,888	1,845,199	2,243,277	675,205
2009	37,346					67,779	389,395	389,395	1,566,850	2,018,785	2,486,672	751,273
2010	43,307					74,546	427,792	427,792	1,660,530	2,137,198	2,665,004	873,891
2011	48,658					80,056	442,078	442,078	1,751,458	2,277,679	2,889,658	947,801
2012	54,334					88,342	470,011	470,011	1,835,642	2,456,121	3,121,879	990,273
2013	63,366					104,262	515,643	515,643	1,920,795	2,615,094	3,350,483	1,009,685
2014	74,945					116,794	585,823	585,823	2,077,234	2,841,785	3,635,489	1,080,543
2015	86,757					131,439	708,453	708,453	2,247,375	3,098,949	3,946,828	1,163,727

자료: 한국은행, 『경제연감』(1959); 『경제통계연보』, 각년도; 한국은행, 「통화량」(http://ecos.bok.or); 배영목, 「통화량과 통화구성의 장기추이, 1905-2014」, 『경제사학』 40(2), 2016, pp. 200-201.

주: 1) 통화량1=민간보유현금+민간 및 지방자치단체의 당좌예금과 기타 요구불예금-전 금융기관 보유 미청산수표(배영목, 2016).
2) 통화량2=통화1+민간 및 지방자치단체의 저축성예금(배영목, 2016).
3) 통화((구M1)=민간보유 현금통화+통화금융기관의 요구불예금.
4) 총통화(구M2)=통화(구M1)+통화금융기관의 저축성예금 및 거주자외화예금.
5) 본원통화=민간보유 현금통화+한국은행의대예금취급기관(통화금융기관)의 예치금 등 부채(통화안정증권은 제외).
6) 협의통화(신M1)=현금통화+요구불예금 및 수시입출식 저축성예금(MMF).
7) (신) M1-MMF=협의통화(신M1)-MMF.
8) 광의의 통화(신M2)=신M1+기간물예적금부금+시장형금융상품+실적형배당상품+금융채+기타 2년 미만 금융상품.
9) 금융기관 유동성(Lf)=신M2+예금취급기관 2년 이상 유동성+증권금융예수금등+생보계약준비금 등.
10) 광의유동성(L)=금융기관 유동성(Lf)+정부기업 발행 유동성 상품+기업어음(CP).
11) 연말잔액 기준이다.

표 S79-89 통화성 자산의 추이, 1950-2015

	현금통화	요구불예금	수시입출식예금	저축성예금			금전신탁 (2년 미만)	수익증권	CD	MMF	기타자산
				소계	정기예적금	기타예금					
	S79	S80	S81	S82	S83	S84	S85	S86	S87	S88	S89
	남한, 십억 원										
1950	0.22	0.06		0.01	-	0.01					
1951	0.54	0.18		0.08	0.01	0.07					
1952	1.0	0.4		0.2	0.0	0.2					
1953	2.2	0.8		0.5	0.1	0.5					
1954	4.0	1.7		1.2	0.1	1.1					
1955	5.9	3.3		2.1	0.2	1.9					
1956	7.3	5.0		3.2	0.4	2.8					
1957	8.6	5.7		4.0	0.9	3.1					
1958	11.1	7.9		5.2	1.3	3.9					
1959	12.4	8.9		7.8	2.3	5.5					
1960	14.0	10.8		9.0	2.2	6.7					
1961	16.6	19.3		5.4	3.8	1.6	0.1				
1962	17.9	26.9		12.2	8.9	3.3	2.3				
1963	18.1	26.2		21.8	8.6	13.2	5.0				
1964	25	29		15	9	6	6				
1965	31	48		31	23	7	8				0
1966	42	51		70	57	13	16				0
1967	56	77		129	108	21	30				0
1968	80	118		256	219	36	52				0
1969	110	168		452	394	58	67				0
1970	130	213		576	494	82	79				0
1971	159	269		709	617	91.6	132				0
1972	213	412		912	781	131	165				1
1973	301	539		1,221	1,037	184	188				32
1974	396	657		1,472	1,289	183	195				80
1975	488	869		1,944	1,735	209	189				121
1976	651	1,147		2,613	2,255	359	252	49			230

표 S79-89 계속

	현금통화	요구불예금	수시입출식예금	저축성예금			금전신탁 (2년 미만)	수익증권	CD	MMF	기타자산
				소계	정기예적금	기타예금					
	S79	S80	S81	S82	S83	S84	S85	S86	S87	S88	S89
	남한, 십억 원										
1977	931	1,868		3,588	2,853	735	356	109			324
1978	1,307	2,633	339.3	5,132	3,784	1,348	430	193			475
1979	1,545	3,251	505.1	6,531	4,901	1,631	589	315			633
1980	1,802	3,845	697	8,577	6,334	2,243	1,043	519			801
1981	1,958	5,534	1,606	11,500	8,025	3,475	1,449	1,142			976
1982	2,508	7,530	3,278	13,660	8,706	4,954	1,583	2,479			1,650
1983	2,668	8,235	3,893	15,673	9,294	6,379	1,722	3,345			2,242
1984	2,844	10,618	4,428	17,307	9,618	7,689	2,184	4,093	621		3,942
1985	2,980	10,777	6,633	20,246	9,623	10,623	3,805	5,718	927		4,315
1986	3,460	11,335	10,174	24,591	10,493	14,099	4,876	8,251	1,049		5,255
1987	4,125	16,020	13,797	29,700	11,805	17,895	7,860	10,363	1,464		6,870
1988	4,801	20,970	16,696	36,515	15,173	21,342	11,779	14,445	1,416		8,339
1989	5,597	23,140	19,854	43,778	20,252	23,527	19,135	18,526	1,433		8,830
1990	6,346	31,620	26,101	52,434	24,019	28,415	25,306	22,132	5,760		10,615
1991	7,303	37,620	30,658	60,888	27,010	33,879	32,442	24,514	8,627		10,085
1992	7,814	36,519	37,117	70,727	28,543	42,185	43,871	30,982	8,299		12,287
1993	11,238	33,240	43,665	82,492	31,668	50,824	55,771	40,483	9,619		12,653
1994	11,449	35,065	51,396	100,125	41,147	58,978	71,057	48,247	14,172		19,273
1995	14,034	39,699	58,393	114,437	46,550	67,887	101,972	52,938	17,114		22,618
1996	14,486	44,338	65,182	137,383	53,148	84,235	122,935	53,696	20,142	4,798	26,800
1997	14,227	35,344	75,796	162,854	64,561	98,293	138,531	58,642	14,428	11,464	47,708
1998	12,162	37,663	69,093	214,131	129,525	84,607	101,562	135,553	5,139	10,184	33,949
1999	18,030	42,120	101,619	281,292	165,212	116,080	74,982	123,304	3,860	16,621	29,655
2000	16,170	44,056	121,701	360,605	223,148	137,457	46,926	79,026	3,046	20,104	44,377
2001	17,079	49,828	154,847	405,803	234,482	171,321	48,381	74,646	4,985	28,679	41,402
2002	18,228	55,437	169,501	456,983	272,022	184,961	47,784	85,243	8,035	40,186	47,712
2003	17,348	58,479	187,486	489,620	289,256	200,364	33,659	67,973	18,785	34,682	45,678
2004	19,207	58,060	183,985	482,666	288,538	194,129	26,794	83,742	21,136	54,568	40,882
2005	20,412	70,931	208,035	491,015	278,685	212,330	28,295	84,059	34,608	59,285	44,746
2006	21,636	78,262	224,907	514,458	295,608	218,851	49,835	111,637	41,233	54,802	50,919
2007	22,040	76,937	211,213	516,234	310,952	205,282	64,069	181,136	70,239	43,861	50,993
2008	23,437	75,728	221,825	599,477	384,820	214,657	66,445	188,404	82,882	51,235	41,451
2009	29,206	84,953	261,161	666,319	422,132	244,187	75,999	159,106	91,304	54,281	64,197
2010	34,949	88,106	288,719	785,785	524,822	260,963	75,908	142,047	35,943	54,886	60,137
2011	39,609	96,138	293,895	851,664	588,260	263,403	93,500	151,593	26,935	40,887	54,573
2012	44,174	100,933	313,160	889,341	607,875	281,466	123,837	150,357	20,337	45,764	51,227
2013	53,316	111,406	336,336	898,280	597,492	300,788	147,172	152,463	21,542	44,233	53,000
2014	64,439	122,815	378,752	957,728	616,435	341,293	172,807	161,094	15,100	58,061	53,655
2015	76,343	155,419	450,231	1,008,309	605,728	402,581	185,912	173,553	30,353	58,174	59,126

자료: 한국은행, 『경제연감』(1959); 『경제통계연보』, 각년도; 한국은행, 「통화량」(http://ecos.bok.or); 배영목, 「통화량과 통화구성의 장기추이, 1905-2014」, 『경제사학』 40(2), 2016, pp. 209-211.

주: 1) 1950년대 이후부터 통화량의 구성요소의 장기적 추이를 파악하기 위하여 장기시계열이 있는 주요 통화성 자산을 제시. 통화성 자산에는 구M2에는 포함되어 있지 않고 신M2에만 포함되어 있는 새로운 통화성자산과 신M2에서 제외된 2년 이상의 예금통화가 포함된다.

2) 현금통화는 민간보유 화폐발행액이다.

3) 요구불예금과 저축성예금은 한국은행을 제외한 모든 은행의 예금을 합계한 값이다. 저축성예금에는 2년 이상의 예금도 포함한다.

4) 추가된 기타자산에는 발행어음, 신탁형 증권저축, CMA, 환매조건부매도(RPs), 매출어음 등이 포함되나 금융채는 제외한다.

표 S90-103 종류별 어음교환, 1910-1944

	합계		수표(小切手)		송금환		환 약속어음		정부예금수표		우편환증서		기타증서	
	S90	S91	S92	S93	S94	S95	S96	S97	S98	S99	S100	S101	S102	S103
	매	천 圓	매	천 圓	매	천 圓	매	천 圓	매	천 圓	매	천 圓	매	천 圓
	남북한													
1910	59,416	20,489	41,196	14,127	1,882	1,554	55	53	7,521	2,888	8,034	561	748	1,304
1911	247,924	72,555	184,815	54,832	9,836	4,140	547	267	16,576	6,994	21,742	2,524	14,348	3,794
1912	331,939	98,488	237,455	71,504	21,327	6,868	1,182	677	22,007	10,128	31,353	4,350	18,835	4,958
1913	407,426	101,280	259,455	69,697	25,494	8,793	5,274	2,398	26,265	10,052	67,242	5,142	27,206	5,330
1914	434,098	90,833	264,454	58,615	26,078	8,192	5,274	2,398	26,265	10,052	78,514	5,421	33,613	6,159
1915	468,656	98,634	277,277	64,752	28,250	8,693	5,026	2,263	30,073	10,012	78,514	5,421	33,613	6,611
1916	569,034	132,927	344,902	88,914	30,649	10,707	5,953	2,873	30,073	10,012	113,758	8,289	43,322	9,460
1917	690,637	202,905	438,090	144,205	36,676	15,078	22,558	6,591	32,222	14,576	89,670	6,299	38,359	11,759
1918	996,232	412,673	654,265	294,306	44,923	29,319	15,264	14,596	38,434	25,594	198,103	20,582	45,243	28,273
1919	1,342,145	962,408	926,820	694,569	57,718	74,311	46,911	64,512	39,452	38,712	252,649	31,930	18,595	58,371
1920	1,410,179	849,296	955,890	527,738	62,586	67,310	61,246	72,487	42,584	50,841	249,956	40,412	37,917	90,505
1921	1,760,636	852,053	1,259,961	558,338	79,390	65,754	62,667	42,645	54,682	53,840	260,150	43,476	43,786	87,997
1922	2,055,711	935,863	1,484,315	600,570	88,680	74,408	74,038	47,144	65,977	55,222	292,583	54,421	50,118	106,096
1923	2,007,281	846,031	1,440,840	537,549	99,732	83,109	70,357	45,312	67,574	46,309	287,394	56,179	41,384	77,573
1924	2,009,089	939,110	1,475,565	606,549	110,050	87,044	87,431	46,756	72,038	54,646	313,482	64,146	40,524	79,864
1925	2,115,044	975,208	1,484,077	604,617	109,663	92,776	78,745	44,330	72,715	67,700	329,596	75,319	40,248	90,463
1926	2,323,232	1,091,768	1,617,821	675,816	123,699	106,926	94,594	54,970	82,045	83,043	360,945	80,334	44,128	90,939
1927	2,303,664	1,070,905	1,595,655	659,803	126,569	109,323	93,017	53,243	78,937	83,492	361,102	76,334	48,384	88,701
1928	2,431,287	1,181,060	1,672,247	707,529	141,992	120,690	113,708	66,132	82,349	106,199	376,443	105,258	44,548	75,249
1929	2,475,406	1,228,235	1,642,994	699,828	150,963	123,312	167,773	84,994	86,462	91,175	379,136	115,495	48,078	113,430
1930	2,277,405	1,001,224	1,496,315	566,773	83,545	69,564	213,206	105,491	85,618	87,404	355,220	98,085	43,501	73,903
1931	2,084,650	833,019	1,375,871	465,223	74,685	58,222	195,816	83,977	78,930	86,712	318,265	81,630	41,083	57,252
1932	2,132,875	885,756	1,403,818	504,253	78,884	60,701	194,221	81,702	78,577	83,252	328,488	79,560	48,887	76,285
1933	2,289,908	1,089,997	1,485,994	615,666	80,034	66,929	226,380	105,444	82,817	104,195	363,059	99,317	51,624	98,444
1934	2,567,960	1,384,851	1,673,478	801,842	82,716	80,777	275,323	142,877	82,846	127,931	402,443	119,166	51,154	112,230
1935	2,862,396	1,613,524	1,856,717	924,056	90,465	90,984	341,660	186,999	84,636	145,061	433,931	134,564	54,987	131,860
1936	3,074,840	1,782,369	1,976,992	1,089,138	90,870	98,007	377,712	220,898	90,352	65,809	470,271	155,115	68,643	153,402
1937	3,012,339	1,961,472	1,853,606	1,163,284	91,711	108,634	364,748	255,514	98,424	84,748	491,446	179,928	112,404	169,364
1938	2,991,630	2,342,820	1,822,518	1,389,621	93,074	125,557	359,275	320,400	98,336	115,387	525,252	211,830	93,175	180,025
1939	3,397,423	3,401,301	2,121,540	2,118,636	116,390	175,533	369,591	458,045	101,405	144,440	600,964	264,766	87,534	239,881
1940	3,511,239	4,477,417	2,224,865	2,892,393	138,545	247,774	289,264	569,432	109,308	197,725	665,804	305,694	83,453	264,399
1941	3,535,702	5,184,774	2,256,584	3,504,801	141,734	267,155	246,847	556,671	127,869	244,847	685,357	371,034	77,311	330,266
1942	3,646,498	6,512,485	2,292,054	4,462,546	148,317	341,547	238,502	678,917	134,516	276,176	759,360	442,351	73,749	310,948
1943	3,463,708	7,762,740	2,140,391	5,449,700	145,410	416,311	147,328	601,010	131,491	428,205	827,253	513,050	71,835	354,464
1944		9,508,683		6,554,359		546,982		520,611		539,822		586,007		700,902

자료: 1938년까지는 조선총독부 재무국, 『조선금융사항참고서』(1939); 1939년 이후 조선은행 조사부, 『경제연감』(1949).

주: 어음교환소의 교환액이다.

표 S104-112 어음의 교환 및 부도, 1945-1960

	교환매수	교환액	1매당 평균 교환액	1일 평균 교환매수	1일 평균 교환액	부도매수	부도액	부도율	
								매수기준	금액기준
	S104	S105	S106	S107	S108	S109	S110	S111	S112
	남한, 매	남한, 백만 원	남한, 백 원	남한, 천 매	남한, 백만 원	남한, 매	남한, 백만 원	남한, %	
1945. 9-12	8,881	0.4	0.4	0.3	0.0	34	0	0.38	0.30
1946	46,398	2.7	0.6	1.8	0.1	324	0	0.70	0.22
1947	76,806	9.3	1	3.0	0.4	839	0	1.09	0.18
1948	97,809	20.6	2	3.8	0.8	1,281	0.1	1.30	0.16
1949	133,647	39.9	3	5.3	1.6	1,751	0.2	1.31	0.22
1950	94,999	40.8	4	3.7	1.6	1,474	0.3	1.55	0.63
1951	48,836	240	49	2.0	10	307	0.8	0.63	0.34
1952	171,257	1,369	80	7.0	53	949	3.1	0.55	0.22
1953	142,764	2,137	150	6.0	83	1,300	8.1	0.91	0.38
1954	242,223	5,203	215	9.5	204	3,803	38.8	1.57	0.75
1955	314,692	10,742	341	12.3	421	4,179	68.3	1.32	0.64
1956	397,957	18,787	472	16.0	754	7,328	132.7	1.84	0.71
1957	373,019	20,126	540	14.8	802	5,501	156.9	1.47	0.88
1958	410,408	22,656	552	16.3	900	6,116	170.6	1.49	0.75
1959	476,473	29,342	616	19.0	1,166	6,588	213.8	1.38	0.73
1960	511,584	39,667	775	20.0	1,571	7,955	260.8	1.55	0.66

자료: 한국은행, 『경제통계연보』, 각년도.
注: 10개 도시 12개월 평균값이다.

표 S113-121 어음의 교환 및 부도, 1961-2015

	교환매수	교환액	1장당 평균 교환액	1일 평균 교환매수	1일 평균 교환액	부도매수	부도액	부도율	
								매수 기준	금액 기준
	S113	S114	S115	S116	S117	S118	S119	S120	S121
	남한, 천 매	남한, 십억 원	남한, 천 원	남한, 천 매	남한, 십억 원	남한, 천 매	남한, 십억 원	남한, %	
1961	5,314	515	97	18	2	86	3	1.62	0.59
1962	5,524	630	114	18	2	56	3	1.01	0.39
1963	5,964	909	152	20	3	56	4	0.94	0.46
1964	6,684	1,339	200	22	4	47	6	0.70	0.42
1965	7,938	1,534	194	26	5	52	8	0.66	0.51
1966	10,038	2,059	205	33	7	74	11	0.73	0.55
1967	12,314	3,243	263	42	11	65	12	0.53	0.37
1968	15,230	4,592	302	50	15	91	18	0.60	0.38
1969	20,373	7,363	361	69	25	136	32	0.67	0.43
1970	27,446	8,408	306	91	28	160	45	0.58	0.53
1971	31,318	9,998	319	104	33	142	44	0.45	0.44
1972	34,216	11,078	324	115	37	94	35	0.27	0.31
1973	31,705	15,719	496	106	53	57	25	0.18	0.16
1974	27,470	22,842	832	92	76	43	26	0.16	0.11
1975	32,274	34,285	1,062	109	115	61	47	0.19	0.14
1976	45,682	52,896	1,158	152	176	89	82	0.19	0.15
1977	65,333	81,983	1,254	217	272	99	109	0.15	0.13
1978	71,749	163,090	2,273	242	549	80	135	0.11	0.08
1979	89,635	282,113	3,147	304	956	115	293	0.13	0.10
1980	108,374	325,812	3,006	366	1,101	200	552	0.18	0.17
1981	143,509	455,650	3,175	485	1,539	202	631	0.14	0.14
1982	205,775	678,795	3,299	684	2,255	235	816	0.11	0.12
1983	254,926	947,751	3,718	847	3,149	309	1,013	0.12	0.11
1984	250,698	1,104,127	4,404	841	3,705	269	945	0.11	0.09
1985	271,309	1,304,373	4,808	910	4,377	248	935	0.09	0.07
1986	301,989	1,083,165	3,587	1,020	3,659	278	1,057	0.09	0.10
1987	367,476	1,542,107	4,196	1,237	5,192	321	1,314	0.09	0.09
1988	486,471	2,825,784	5,809	1,622	9,419	304	1,105	0.06	0.04
1989	612,830	3,201,781	5,225	2,092	10,928	284	1,141	0.05	0.04
1990	779,369	4,227,123	5,424	2,642	14,329	360	1,579	0.05	0.04
1991	997,115	6,056,273	6,074	3,369	20,460	461	3,741	0.05	0.06
1992	1,179,531	5,715,351	4,845	3,971	19,244	700	7,040	0.06	0.12
1993	838,596	5,429,692	6,475	2,805	18,160	639	6,868	0.08	0.13
1994	898,623	5,781,761	6,434	3,016	19,402	992	9,870	0.11	0.17
1995	1,010,470	6,416,338	6,350	3,414	21,677	1,138	12,985	0.11	0.20

표 S113-121 계속

	교환매수	교환액	1장당 평균 교환액	1일 평균 교환매수	1일 평균 교환액	부도매수	부도액	부도율	
								매수 기준	금액 기준
	S113	S114	S115	S116	S117	S118	S119	S120	S121
	남한, 천 매	남한, 십억 원	남한, 천 원	남한, 천 매	남한, 십억 원	남한, 천 매	남한, 십억 원	남한, %	
1996	1,146,624	7,435,701	6,485	3,861	25,036	994	12,458	0.09	0.17
1997	1,222,192	7,391,659	6,049	4,143	25,060	1,250	38,398	0.10	0.52
1998	1,012,466	7,505,827	7,413	3,398	25,187	1,399	38,934	0.14	0.52
1999	1,027,172	9,677,298	9,421	3,447	32,474	396	42,074	0.04	0.43
2000	1,091,810	6,790,061	6,219	3,701	23,017	403	26,663	0.04	0.39
2001	1,094,536	5,804,002	5,303	3,673	19,477	345	22,157	0.03	0.38
2002	1,098,274	5,919,787	5,390	4,053	21,844	292	6,733	0.03	0.11
2003	976,378	5,200,218	5,326	3,937	20,969	331	8,737	0.03	0.17
2004	870,558	3,665,035	4,210	3,455	14,544	268	6,414	0.03	0.18
2005	816,126	3,576,901	4,379	3,273	14,301	226	5,011	0.03	0.14
2006	805,077	3,718,469	4,619	3,246	14,994	191	4,051	0.02	0.11
2007	799,671	4,360,723	5,472	3,244	17,674	176	4,861	0.02	0.11
2008	740,234	5,121,638	6,942	2,992	20,644	176	7,638	0.02	0.15
2009	641,266	5,399,803	8,421	2,532	21,259	147	7,579	0.02	0.14
2010	512,155	5,811,846	11,348	2,032	23,063	114	8,480	0.02	0.15
2011	413,777	5,301,061	12,811	1,662	21,289	94	5,688	0.02	0.11
2012	306,060	4,341,082	14,184	1,229	17,434	92	5,169	0.03	0.12
2013	239,322	3,771,402	15,759	965	15,207	64	5,238	0.03	0.14
2014	202,689	3,178,251	15,680	824	12,920	57	6,023	0.03	0.19
2015	164,809	2,774,318	16,834	659	11,097	51	4,636	0.03	0.17

자료: 한국은행, 『경제통계연보』, 각년도.

주: 1) 1972년 8월 이후는 8·3조치에 따른 지급수단 신고분 제외한다.

2) 11개 도시(서울, 대구, 목포, 청주, 대전, 광주, 춘천, 인천, 제주, 부산, 전주)의 어음교환소의 합계이다.

3) 1983년도부터는 전국의 어음교환소의 합계이다.

표 S122-129 지불수단별 결제, 1991-2015

	어음수표		계좌이체		카드		신용카드	
	S122	S123	S124	S125	S126	S127	S128	S129
	남한, 백만 건	남한, 조 원	남한, 백만 건	남한, 조 원	남한, 백만 건	남한, 조 원	남한, 백만 건	남한, 조 원
1991	997	6,056	247	44	69	11	69	11
1992	1,180	5,715	315	66	79	13	79	13
1993	839	5,430	391	105	107	21	107	21
1994	899	5,782	500	221	152	32	152	32
1995	1,010	6,416	660	5,814	210	41	210	41
1996	1,147	7,436	874	8,093	239	48	239	48
1997	1,222	7,392	1,029	10,783	266	52	266	52
1998	1,012	7,506	1,086	16,516	282	47	282	47
1999	1,027	9,677	1,197	22,290	377	60	377	60
2000	1,092	6,791	1,512	21,871	652	136	652	136
2001	1,095	5,810	1,945	25,512	1,009	230	1,009	230
2002	1,099	5,929	2,306	26,258	2,234	619	2,234	619
2003	977	5,224	2,427	26,667	2,197	482	2,196	481
2004	872	3,700	2,565	31,244	2,356	355	2,272	353
2005	821	3,606	2,800	35,228	2,878	369	2,668	361
2006	1,153	5,830	3,109	38,073	3,476	384	3,130	371
2007	1,194	6,740	3,510	44,512	4,017	423	3,483	403
2008	1,104	7,853	3,689	51,472	4,912	484	4,147	456
2009	932	8,144	3,769	55,524	5,960	504	4,880	466
2010	752	8,590	4,079	61,418	7,299	548	5,815	494
2011	613	8,266	4,406	64,038	8,547	612	6,593	541
2012	461	7,292	4,821	69,632	10,070	648	7,480	562
2013	365	6,442	5,140	71,767	11,632	668	8,154	571
2014	311	6,006	5,400	75,472	13,289	697	8,857	582
2015	254	5,682	5,725	85,631	15,250	749	9,818	614

자료: 한국은행, 「지급결제/어음교환 및 부도」(http://ecos.bok.or).

2. 중앙은행과 통화정책

표 S130-141 조선은행 대차대조표, 1909-1944

	자산						부채 및 자본					
	합계	현금, 지금은	예치금	대출액	유가증권	기타자산	은행권 발행액	예금	차용금	기타부채	자본금 적립금	당기 순이익
	S130	S131	S132	S133	S134	S135	S136	S137	S138	S139	S140	S141
	남북한, 천 圓											
1909	40,376	6,465	6	16,465	150	17,290	13,710	14,256	2,408	2	10,000	0
1910	43,684	8,101	333	16,581	1,856	16,813	20,809	10,960	1,866	4	10,006	39
1911	46,417	10,118	1,018	22,316	5,549	7,416	25,580	6,978	3,700	3	10,021	135
1912	55,105	10,088	1,588	32,899	5,342	5,188	25,923	14,169	4,736	7	10,065	205
1913	62,155	10,613	1,057	38,051	7,149	5,285	25,729	20,801	4,816	423	10,139	247
1914	57,799	8,987	1,071	37,553	7,383	2,805	21,886	17,598	7,041	614	10,247	413
1915	70,144	13,411	2,747	43,434	7,591	2,961	34,447	18,588	5,287	985	10,390	447
1916	98,955	18,873	3,430	63,607	10,078	2,967	46,986	33,033	7,084	752	10,535	565
1917	224,055	30,742	3,707	132,889	15,537	8,286	68,582	88,413	11,455	33,004	21,702	899
1918	413,061	57,553	29,235	290,259	16,720	19,294	117,697	218,960	16,430	15,942	42,372	1,660
1919	590,067	75,924	7,119	426,920	21,911	58,193	165,767	194,300	97,295	85,366	44,876	2,463
1920	507,038	70,309	6,526	319,270	27,579	83,354	115,612	171,734	75,624	52,790	87,721	3,557
1921	600,701	54,124	3,872	399,335	40,914	102,456	137,611	193,439	102,191	74,426	89,510	3,524
1922	565,001	40,963	3,342	338,749	54,275	127,672	101,658	175,118	120,942	74,309	90,637	2,337
1923	660,207	43,288	8,428	433,485	60,154	114,852	110,750	163,149	190,285	103,709	91,159	1,155
1924	644,225	49,826	5,448	434,859	72,647	81,445	129,564	204,623	146,487	70,370	91,542	1,639
1925	547,008	48,803	7,518	370,853	62,345	57,489	120,898	132,736	194,847	56,900	40,996	631
1926	560,511	44,481	6,847	373,204	79,312	56,667	111,278	135,870	221,262	50,373	40,953	775
1927	527,395	66,267	6,286	317,462	94,537	42,843	124,863	197,712	135,373	27,608	41,141	698
1928	559,939	86,972	5,097	320,786	109,534	37,550	132,778	149,919	202,725	32,337	41,330	850
1929	559,231	66,517	9,868	329,717	114,070	39,059	119,033	103,948	223,624	69,454	42,234	938
1930	512,604	44,990	5,620	322,724	106,459	32,811	90,946	97,785	215,275	64,688	43,008	902
1931	532,252	42,151	7,239	357,820	91,801	33,241	101,239	111,462	209,343	65,509	43,786	913
1932	633,301	81,673	6,572	418,237	93,341	33,478	125,209	193,932	205,702	62,959	44,575	924
1933	717,100	107,884	4,682	429,537	138,664	36,333	149,373	215,105	237,841	68,489	45,366	926
1934	835,628	122,271	7,050	504,377	160,634	41,296	193,298	228,193	288,587	78,458	46,171	921
1935	876,670	180,848	11,820	507,004	140,736	36,262	221,801	292,122	231,812	83,023	46,975	937
1936	999,023	134,666	9,634	584,291	225,943	44,489	211,251	411,142	231,707	96,213	47,777	933
1937	976,170	176,101	5,227	532,902	221,527	40,413	281,507	293,943	262,343	88,869	48,582	926
1938	1,173,230	210,887	13,321	626,911	282,488	39,623	324,493	539,653	168,906	89,540	49,484	1,154
1939	1,664,206	249,998	23,286	844,840	502,430	43,652	445,282	881,656	187,794	97,318	50,637	1,519
1940	2,053,356	303,368	35,772	1,085,884	594,661	33,671	581,478	1,073,968	230,642	112,547	51,987	2,734
1941	2,659,573	63,689	237,154	1,270,883	1,056,305	31,542	742,521	1,611,830	105,800	140,376	54,847	4,199
1942	3,533,474	88,457	282,979	1,549,952	1,572,851	39,235	909,554	2,306,559	106,164	146,558	58,553	6,086
1943(9)	4,514,823	104,112	240,350	2,328,391	1,794,232	47,738	996,862	3,263,603	29,415	158,498	63,270	3,175
1944(9)	11,716,058	340,270	617,514	7,813,304	2,903,243	41,727	2,256,963	8,353,599	662,949	367,706	67,171	7,670

자료: 조선은행연구회, 『조선은행사』(1987), 부록 자료 8 각기 대차대조표.

주: 1) 1943년, 1944년 이외는 각년 말 기준. 1909-1910년까지는 (구)한국은행의 대차대조표에 의거하여 재집계한 값이다.

2) 현금 지금은은 지금은, 외국화폐, 현금보유고(일본은행권 보유고)의 합이다.

3) 대출액은 정부대상금, 어음대부, 증서대부, 정기대부, 통지대부, 당좌대월, 환당좌대월, 할인어음, 하환어음, 콜론, 기타대부의 합이다.

4) 기타자산은 토지 건물 집기, 신축비, 창립비, 미납자본금 등을 포함한다.

5) 은행권에는 은행권, 仕払어음(소액수표)을 포함한다.

6) 예금에는 예금 이외에 신탁금도 포함한다.

7) 차용금에는 정부대하금(보조금), 차입금, 재할인어음, 콜머니, 타점차입금 등이 포함된다.

8) 자본금은 공칭자본권(수권자본금)=불입(납입)자본금+미불입자본금을 말한다.

표 S142-156 한국은행 대차대조표, 1950-2015

	자산							부채 및 자본							
	합계	대출금	정부기관	유가증권		기타자산	국외자산	화폐 발행액	예금		통안증권 발행	통화안정 계정	기타부채	국외부채	자본계정
				소계	국채				금융기관	중앙정부					
	S142	S143	S144	S145	S146	S147	S148	S149	S150	S151	S152	S153	S154	S155	S156
	남한, 십억 원														
1950	0.53	0.04	0.38	0.00	0.00	0.02	0.08	0.23	0.01	0.16	-	-	0.04	0.08	0.00
1951	1.33	0.10	0.90	0.00	0.00	0.04	0.29	0.56	0.05	0.41	-	-	-0.02	0.33	0.00
1952	2.63	0.41	1.33	0.00	0.00	0.05	0.84	1.01	0.15	0.60	-	-	0.16	0.70	0.00
1953	6.65	1.23	2.58	0.01	0.01	0.3	2.53	2.31	0.32	1.25	-	-	0.29	2.46	0.00
1954	10.3	1.1	6.0	0.7	0.7	0.2	2.3	4.2	0.6	2.9	-	-	0.2	2.4	0.0
1955	18.8	1.7	9.3	1.8	1.8	0.5	5.6	6.2	1.5	3.9	-	-	1.2	6.0	0.0
1956	31.2	3.5	17.4	3.6	3.6	0.9	5.8	7.9	2.6	14.7	-	-	-0.6	6.6	0.0
1957	43.1	4.8	24.1	5.9	5.9	1.6	6.7	9.0	2.7	24.3	-	-	0.5	6.5	0.0
1958	44.3	2.8	25.0	5.3	5.3	3.0	8.2	11.6	2.5	22.2	-	-	1.4	6.5	0.0
1959	42.4	1.9	24.3	5.3	5.3	2.6	8.4	13.2	2.9	18.7	-	-	0.2	7.4	0.0
1960	48.6	5.4	23.5	5.3	5.3	3.0	11.5	14.6	3.0	21.0	-	-	0.7	8.2	1.03
1961	70.3	2.9	26.3	8.4	8.4	3.2	29.5	18.1	7.1	20.5	-	-	6.3	16.4	2.02
1962	69.3	1.5	30.1	11.8	11.8	4.2	21.7	20.7	9.3	17.0	-	-	15.2	4.5	2.5
1963	69.8	5.0	30.7	13.0	13.0	4.2	16.9	21.9	6.0	14.9	-	-	17.8	8.1	1.1
1964	95.2	8.1	31.8	12.9	12.9	9.5	32.8	27.9	4.7	19.9	-	-	30.4	11.1	1.2
1965	115	7	46	13	13	12	37	35	13	25	-	-	31	9	1
1966	162	6	50	13	13	30	64	46	34	29	5	-	40	6	2
1967	166	12	54	13	13	87	1	68	41	33	7	8	5	3	1
1968	230	19	55	13	13	142	1	96	60	33	6	9	17	6	3
1969	319	35	70	12	12	201	1	130	86	36	22	1	30	6	8
1970	391	90	99	12	12	178	12	159	141	43	0	-	25	7	17
1971	410	112	100	11	11	172	16	187	101	38	21	-	39	7	16
1972	838	179	223	237	34	157	42	245	183	88	39	-	247	27	10
1973	1,170	280	282	214	11	343	50	354	270	104	53	-	351	27	11
1974	1,491	667	428	204	11	114	79	455	321	154	1	-	318	196	46
1975	2,174	686	876	198	11	282	132	561	516	217	27	-	514	292	47
1976	2,901	686	1,006	150	0	309	750	736	702	398	114	-	499	357	95
1977	4,035	707	1,306	121	10	780	1,122	1,034	1,038	711	55	-	735	335	128
1978	4,859	1,179	1,476	224	11	827	1,154	1,492	1,310	914	426	-	229	297	190
1979	5,778	1,886	1,321	328	11	972	1,273	1,818	1,651	903	532	-	334	192	349
1980	7,085	2,445	1,646	12	11	1,192	1,790	2,039	1,205	781	530	-	1,020	672	838
1981	8,570	3,371	2,372	11	11	959	1,858	2,205	596	570	1,660	-	1,368	1,166	1,004
1982	9,766	4,139	2,768	10	10	483	2,367	2,793	1,032	627	927	-	2,301	1,233	853
1983	11,342	5,196	3,213	50	10	666	2,218	3,099	996	765	3,360	-	893	1,514	715
1984	13,713	7,053	3,212	0	0	759	2,689	3,393	856	1,121	4,459	-	1,574	1,827	485
1985	16,260	9,071	3,206	0	0	1,000	2,983	3,570	750	1,187	1,900	-	6,918	1,694	242
1986	18,562	9,587	3,196	16	5	2,358	3,405	4,002	1,053	1,447	4,285	-	5,703	1,940	132
1987	25,750	10,213	3,299	32	20	8,765	3,441	4,843	2,686	3,408	9,007	-	4,692	1,069	45
1988	36,652	9,155	2,800	1,029	1,021	14,590	9,078	5,630	4,182	5,766	16,297	-	4,042	641	94
1989	40,406	9,721	1,957	2,068	2,062	15,906	10,756	6,794	6,109	7,276	18,003	-	1,433	404	389
1990	43,666	11,035	1,435	2,154	2,154	17,831	11,212	8,228	5,667	7,424	15,612	-	5,150	607	978
1991	46,391	12,981	1,575	2,787	2,787	17,963	11,086	9,102	7,303	5,770	13,862	-	8,161	651	1,542
1992	56,043	16,429	1,575	4,655	4,655	18,993	14,391	9,808	8,383	4,525	20,635	-	10,426	861	1,404
1993	63,089	15,918	1,575	4,069	4,069	24,116	17,412	13,884	9,282	5,059	24,441	-	8,345	1,017	1,062
1994	66,491	13,455	1,558	2,719	2,719	27,151	21,607	15,089	10,201	6,477	25,340	-	7,131	1,304	948
1995	70,070	11,079	1,538	2,069	2,069	29,317	26,068	17,324	12,068	6,917	25,825	-	6,034	649	1,254
1996	69,743	6,738	1,138	2,087	2,087	31,002	28,778	17,907	7,902	6,684	25,030	-	10,056	630	1,535
1997	112,420	12,817	1,158	7,859	5,859	60,754	29,833	17,786	4,819	5,410	23,471	-	43,269	14,592	3,073
1998	127,865	13,934	1,588	13,556	5,286	32,287	66,501	15,934	4,856	5,917	45,673	-	26,731	23,374	5,381
1999	130,256	8,674	1,528	7,430	5,430	24,519	88,106	22,573	6,001	9,126	51,489	-	24,073	9,813	7,180
2000	156,034	7,656	1,149	6,496	4,496	16,421	124,313	21,425	6,902	10,608	66,378	-	35,529	9,095	6,097
2001	172,442	10,715	1,330	6,193	4,193	8,588	145,617	22,336	10,582	7,347	79,121	-	34,902	8,905	9,249
2002	179,543	7,591	1,690	5,321	3,321	6,870	158,071	24,174	13,907	11,178	84,278	-	25,519	12,093	8,393
2003	219,721	9,455	2,680	4,266	3,266	6,715	196,606	24,491	16,352	5,482	105,497	-	49,676	10,299	7,925
2004	253,034	9,009	830	2,759	2,759	9,768	230,667	24,882	14,003	1,196	142,773	-	41,739	22,624	5,818
2005	271,259	9,372	830	5,397	5,254	23,587	232,074	26,136	17,212	1,481	155,235	-	48,827	18,538	3,830
2006	303,005	9,368	1,007	8,039	7,896	32,180	252,412	27,843	24,128	2,530	158,390	-	58,312	29,787	2,015

표 S142-156 계속

	자산							부채 및 자본							
	합계	대출금	정부기관	유가증권		기타자산	국외자산	화폐 발행액	예금		통안증권 발행	통화안정 계정	기타부채	국외부채	자본계정
				소계	국채				금융기관	중앙정부					
	S142	S143	S144	S145	S146	S147	S148	S149	S150	S151	S152	S153	S154	S155	S156
	남한, 십억 원														
2007	323,460	6,409	1,117	10,778	10,636	23,959	281,197	29,322	27,180	16,255	150,340	-	64,226	34,584	1,553
2008	312,340	21,122	1,117	11,391	11,248	14,106	264,604	30,758	31,119	5,281	126,937	-	81,051	32,298	4,896
2009	364,033	13,102	1,117	12,670	12,670	8,976	328,167	37,346	29,951	4,820	149,170	-	115,568	20,970	6,208
2010	383,188	10,730	1,117	13,640	13,640	8,690	349,012	43,307	31,236	6,230	163,538	1,000	108,950	20,368	8,558
2011	456,341	7,893	1,117	14,405	14,405	6,513	426,413	48,658	31,491	7,359	164,792	4,000	112,496	77,916	9,630
2012	446,491	7,809	5,117	15,598	15,598	7,900	410,067	54,334	34,010	5,972	163,087	4,000	104,654	68,856	11,578
2013	458,481	9,185	3,117	15,261	15,261	12,853	418,065	63,366	40,892	4,280	163,654	8,000	100,413	67,794	10,082
2014	485,799	14,163	4,117	16,867	16,867	15,143	435,509	74,945	41,397	3,776	181,515	12,500	95,894	65,154	10,619
2015	488,898	18,732	1,280	16,118	16,178	6,124	446,644	86,757	47,179	3,754	184,367	10,000	91,432	53,462	11,946

자료: 한국은행, 『경제통계연보』, 각년도.

주: 1) '정부기관'은 한국은행의 정부기관 대출금이다.

2) 유가증권의 '소계'는 한국은행이 보유한 유가증권의 총액이다.

표 S157-162 금융기관 지급준비율, 1950-1955

	공금예금	정부대행기관 예금	동업자 예금	정기예금	기타예금	예금총액
	S157	S158	S159	S160	S161	S162
	남한, %					
1950. 6.14						10.0
1952. 4. 1	15.0	15.0	15.0	10.0	12.0	
1952. 6. 1	20.0	20.0	20.0	10.0	15.0	
1952.10.12	25.0	25.0	25.0	10.0	20.0	
1953. 3.31						10.0
1953. 3. 1						12.0
1953.10.16	30.0			10.0	20.0	
1954. 1. 1	30.0			10.0	15.0	
1955. 8. 1	30.0			10.0	20.0	
1955.10. 1	30.0			10.0	25.0	

자료: 한국은행, 『경제연감』(1959).

표 S163-164 금융기관 지급준비율, 1957-1968

	요구불예금	저축성예금
	S163	S164
	남한, %	
1957. 4. 1	20.0	10.0
1961. 7. 1	14.0	10.0
1962. 6. 1	10.0	10.0
1962. 8. 1	14.0	10.0
1962. 9. 1	20.0	10.0
1964. 1. 1	15.0	10.0
1964. 3. 1	20.0	10.0
1964. 6. 1	12.0	10.0
1965. 7. 6	16.0	10.0
1965.12. 1	20.0	10(12)
1966. 2. 1	35.0	15(20)
1967.11.16	35.0	18(25)
1968. 1. 1	32.0	18(18)

자료: 한국은행, 『경제연감』(1959); 1960년 이후는 『경제통계연보』, 각년도.

주: 1965-1968년의 저축성예금은 1년 이상, 괄호 내는 1년 미만이다.

표 S165-170 금융기관 지급준비율, 1968-1982

	요구불예금			저축성예금		
	원화	농협	외화	원화	농협	외화
	S165	S166	S167	S168	S169	S170
	남한, %					
1968.10. 1	32.0	25.0	15.0	18.0	15.0	10.0
1971. 1. 1	26.0	20.0	15.0	16.0	13.0	10.0
1971.11. 1	18.0	15.0	15.0	12.0	10.0	10.0
1972.12.16	19.0	16.0	15.0	14.0	12.0	10.0
1973. 5.16	22.0	19.0	15.0	18.0	16.0	10.0
1974. 8. 1	19.0	16.0	15.0	15.0	13.0	10.0
1975. 1. 1	21.0	18.0	15.0	17.0	15.0	10.0
1975. 3. 1	23.0	20.0	15.0	19.0	14.0	10.0
1975. 7. 1	24.0	21.0	15.0	17.0	15.0	10.0
1976. 4.16	24.0	17.0	15.0	17.0	12.0	10.0
1978. 1. 1	24.0	17.0	15.0	17.0	12.0	10.0
1978. 2.23	25.0	19.0	15.0	18.0	14.0	10.0
1978. 3.23	26.0	21.0	15.0	19.0	16.0	10.0
1978. 4.23	27.0	22.0	15.0	20.0	17.0	10.0
1978. 9. 8	27.0	22.0	7.0	20.0	17.0	5.0
1979.11.23	27.0	22.0	1.0	20.0	17.0	1.0
1980. 1. 8	20.0	15.0	1.0	11.0	8.0	1.0
1980. 9.23	14.0	10.0	1.0	10.0	7.0	1.0
1981. 7. 8	5.5		1.0	5.5		1.0
1981.11.23	3.5		1.0	3.5		1.0
1982. 5.23	5.5		1.0	5.5		1.0

자료: 한국은행, 『경제통계연보』, 각년도.

표 S171-176 금융기관 지급준비율, 1984-2006

	요구불예금			저축성예금		
	원화	외화	목적부 예금	원화	기타저축성예금	외화
	S171	S172	S173	S174	S175	S176
	남한, %					
1984. 9. 8	4.5	1.0	2.0		4.5	1.0
1985. 7.23	4.5	1.0 (20.5)	2.0		4.5	1.0 (20.0)
1987. 2.20	4.5	1.0 (4.5)	2.0		4.5	1.0 (4.5)
1987.11.23	7.0	1.0 (4.5)	2.0		7.0	1.0 (4.5)
1988.12.23	10.0	1.0 (4.5)	3.0	7.0	10.0	1.0 (4.5)
1989. 5. 8	10.0 (30.0)	1.0 (4.5)	3.0	7.0	10.0 (30.0)	1.0 (4.5)
1990. 2. 8	11.5	1.0 (4.5)	3.0	8.0	11.5	1.0 (4.5)
1990. 3. 8	11.5	1.0 (11.5)	3.0	8.0	11.5	1.0 (11.5)
1996. 4.23	9.0	1.0 (9.0)	3.0	6.0	9.0	1.0 (9.0)
1996.11. 8	5.0	1.0 (7.0)	2.0	4.0	7.0	1.0 (7.0)
1997. 2.23	5.0	1.0 (7.0)	1.0	2.0	5.0	1.0 (7.0)
2000. 4. 8	5.0	1.0 (5.0)	1.0	2.0	5.0	1.0 (2.0)
2006.12.23	7.0	1.0 (7.0)	0.0	2.0	7.0	1.0 (2.0)

자료: 한국은행, 『경제연감』(1959), 1961년 이후는 『경제통계연보』, 각년도.

주: 1) 1997년부터의 목적부예금은 장기주택마련저축, 근로자우대저축가계장기저축 등 특정목적이 예시된 저축성예금이다.

2) ( )는 예금평잔 증가액에 대해 적용되는 비율이다.

3) 1988-1996년의 요구불예금의 원화는 2년 이상 정기예적금, 1997년 이후는 정기예적금, 부금, CD이다.

4) 1997년 이후의 기타저축성예금에 대한 지급준비율은 수시입출식예금을 대상으로 한 것이다.

표 S177-182 예금취급기관 지급준비금, 1954-2015

	예금총액	보유형태별			보유내용별	
		소계	현금	한은예치금	필요지준액	초과지준액
	S177	S178	S179	S180	S181	S182
	남한, 십억 원					
1954	1.80	0.42	0.06	0.37	0.28	0.14
1955	3.52	0.93	0.12	0.81	0.66	0.26
1956	6.35	1.74	0.23	1.51	1.51	0.23
1957	7.75	1.73	0.29	1.45	1.52	0.21
1958	9.98	2.02	0.33	1.69	1.82	0.21
1959	14.37	2.80	0.44	2.37	2.55	0.26
1960	14.85	2.64	0.45	2.19	2.40	0.24
1961	18.1	3.4	0.6	2.8	2.6	0.8
1962	31.7	7.4	0.9	6.4	4.7	2.7
1963	36.3	6.4	1.2	5.1	5.5	0.8
1964	37.0	5.2	1.1	4.1	4.6	0.6
1965	48.9	6.5	1.0	5.5	6.0	0.5
1966	91.4	21.3	1.9	19.4	20.7	0.6
1967	158.5	37.9	3.2	34.7	35.8	2.1
1968	265.7	60.4	5.5	55.0	59.6	0.8
1969	478.6	100.4	9.5	90.9	101.0	-0.6
1970	645.5	136.1	12.2	123.8	135.2	0.9
1971	827	142	13	129	141	1
1972	1,033	140	12	128	138	2
1973	1,432	254	19	236	252	2
1974	1,778	315	25	289	312	3
1975	2,273	416	31	385	414	2
1976	2,962	548	45	503	546	1
1977	4,106	754	67	687	754	3
1978	5,764	1,188	100	1,088	1,184	4.3
1979	7,503	1,571	145	1,426	1,563	8.3
1980	9,486	1,119	174	945	1,111	7.8
1981	12,338	912	174	738	905	6.9
1982	16,126	753	156	597	751	1.2
1983	19,491	1,031	199	831	1,026	4.7
1984	21,554	1,061	212	849	1,056	5.0
1985	23,670	1,022	217	805	1,018	4.0
1986	27,667	1,148	241	907	1,144	4.2
1987	32,883	1,516	288	1,228	1,511	5.2
1988	42,108	2,847	406	2,441	2,840	7.0
1989	48,442	4,738	562	4,176	4,734	3.9
1990	57,508	6,124	808	5,316	6,113	11.0
1991	70,018	7,295	1,026	6,270	7,286	8.9
1992	80,490	8,105	1,144	6,961	8,097	8.1
1993	93,133	9,107	1,450	7,657	9,092	15.1
1994	107,809	10,316	1,781	8,535	10,295	20.7
1995	125,841	11,938	2,131	9,807	11,920	18.3
1996	149,077	11,235	2,304	8,931	11,220	15.7
1997	203,379	6,638	1,623	5,016	6,622	16.8
1998	232,413	6,614	1,777	4,837	6,587	27.8
1999	197,613	8,655	2,259	6,396	8,626	29.5
2000	378,236	11,198	2,887	8,310	11,172	26.2
2001	438,487	12,972	3,262	9,710	12,944	28.0
2002	503,465	15,263	3,941	11,322	15,222	40.7
2003	553,772	16,764	4,224	12,540	16,717	46.8
2004	585,830	17,655	4,264	13,391	17,604	51.0
2005	603,478	18,251	4,372	13,878	18,203	47.8
2006	634,686	19,736	4,605	15,132	19,676	60.6
2007	692,022	25,683	5,156	20,527	25,591	91.6
2008	783,348	27,910	5,295	22,615	27,849	61.7
2009	869,282	31,754	5,552	26,202	31,698	55.0
2010	938,012	34,163	6,298	27,865	34,144	19.6
2011	995,976	36,571	6,897	29,674	36,554	17.1
2012	1,050,409	38,365	7,390	30,975	38,340	25.4
2013	1,078,882	40,378	7,660	32,718	40,363	15.1
2014	1,126,519	43,048	7,890	35,158	43,027	21.6
2015	1,200,178	48,247	7,891	40,356	48,217	29.5

자료: 한국은행, 『경제연감』; 1961년 이후는 『경제통계연보』, 각년도.

주: 예금총액은 지불준비금 적용 대상의 예금이다.

표 S183-192 한국은행 주요 대출금리(연리), 1950-1979

	대정부대출	일반은행대부 및 할인					농협대부			기타어음
		일반은행대부	상업어음재할인	무역금융대부	원조물자대부	교환결제자금	농사자금	미곡담보대부	농림자금	
	S183	S184	S185	S186	S187	S188	S189	S190	S191	S192
	남한, %									
1950. 6. 9	2.0	1.7	1.6							
1951. 4. 1	2.0	2.0	1.6							
1951. 6. 1	2.0	2.0	1.6	3.5						
1952. 1.31	2.0	2.0	1.6	3.5		4.0				
1952. 4. 1	2.0	2.0	1.8	3.5		4.0				
1954. 6. 3	2.0	2.0	1.8	3.5	1.8	4.0				
1955. 8. 4	2.0	2.0	1.8	1.8	1.8	4.0				
1956. 5. 1	2.0	2.0	1.8	1.8	1.8	4.0	1.5			
1957.10.29	2.0	2.0	1.8	1.8	1.8	4.0	1.5	1.0		
1959.11. 5	2.0	2.8	2.0	2.0	2.0	5.0	1.5	1.0	2.0	
1960. 6.16	2.0	3.8	2.8	2.8	2.8		1.5	1.0	2.8	
1960.10. 4	2.0	3.8	2.8	2.8	2.8	5.0	1.5	0.7	2.8	
1960.12. 1	2.0	3.8	2.8	2.8	2.8	5.0	1.5	0.7	2.8	
1961.11.16	2.0	3.8	2.8	2.8	2.8	5.0	1.5	1.0	2.8	
1961.11.29	2.0	3.8	2.8	2.8	2.8	5.0	1.2	1.0	2.8	
1962. 7. 3	2.0	3.6	10.2	8.4	2.8	5.0	1.2	1.0	2.8	13.9
1962.12. 1	2.0	3.6	10.2	5.48	2.8	5.0	1.2	1.0	2.8	13.1
1963. 5.17	2.0		10.22	4.38			4.4	3.7		13.1
1964. 3.16	2.0		10.5~11.5	10.5						13.5~16.0
1964. 6. 8	2.0		10.5~11.5	3.5			5.5	4.5		12.5~16.0
1965.11.16	2.0		21.0	3.5			8.0	4.0		23.0
1965.12. 1	2.0		28.0	3.5			8.0	4.0		28.0
1968. 3. 1	2.0		21.0	3.5			8.0	4.0		28.0
1968.10. 1	2.0		23.0	3.5			8.0	4.0		28.0
1969. 6. 1	2.0		22.0	3.5			8.0	4.0		26.0
1969. 9. 4	2.0		22.0	3.5			8.0	4.0		26.0
1970. 4. 1	2.0		21.0	3.5			8.0	4.0		26.0
1970. 6.18	2.0		21.0	3.5			8.0	4.0		26.0
1970.12. 3	2.0		19.0	3.5			8.0	4.0		26.0
1971. 6.28	2.0		16.0	3.5			8.0	4.0		24.0
1972. 1.17	2.0		13.0	3.5			8.0	4.0		16.0
1972. 8. 3	2.0		11.0	3.5			6.0	4.0		14.0
1975.10. 1	2.0		14.0	3.5			6.0	4.0		14.0
1976. 7. 1	2.0		14.0	3.5			6.0	4.0		19.0
1976. 7.31	2.0		14.0	3.5			6.0			19.0
1977. 7. 1	2.0		10.0~15.5	3.5			6.0			15.0
1977.11. 1	2.0		10.0~15.0	3.5			6.0			15.0
1978. 1. 4	2.0		10.0~15.5	3.5			6.0			15.0
1978. 3. 3	2.0		10.0~15.0	3.5			6.0			15.0
1978. 6.13	2.0		15.0	3.5			8.0			15.5~23.1
1979. 5.10	2.0			3.5			8.0			15.5~21.0

자료: 한국은행, 『경제통계연보』, 각년도.
注: 1964년 3월 농협대부 일시 폐지로 자료가 없다.

표 S193-199 한국은행 주요 대출금리(연리), 1980-2000

	대정부대출	상업어음재할인	담보대출				기타어음
			수출어음	농업어음	수산어음	축산어음	
	S193	S194	S195	S196	S197	S198	S199
	남한, %						
1980. 1.12	5.0		10.0	10.0	10.0		18.0~27.0
1980. 2.21	5.0		10.0	10.0	10.0		21.0~27.0
1980. 6. 5	5.0		10.0	10.0	10.0		20.0~26.0
1980. 9.16	5.0		10.0	10.0	10.0		18.0~24.0
1980.11. 8	5.0		10.0	10.0	10.0		16.0~22.0
1981.11. 9	5.0	15.0~14.5	10.0	10.0	10.0		12.0~21.0
1981.11.30	5.0	13.0~12.5	10.0	10.0	10.0		12.0~20.0

표 S193-199 계속

	대정부대출	상업어음재할인	담보대출				기타어음
			수출어음	농업어음	수산어음	축산어음	
	S193	S194	S195	S196	S197	S198	S199
	남한, %						
1981.12.29	5.0	11.0~10.5	10.0	10.0	10.0		11.0~19.0
1982. 1.14	5.0	7.0~6.5	5.0	5.0	5.0		5.0~18.0
1982. 3.29	5.0	5.5~5.0	5.0	5.0	5.0		5.0~18.0
1982. 5. 7	5.0	5.0	5.0	5.0	5.0		5.0~18.0
1982. 6.28	5.0	5.0	5.0	5.0	5.0		5.0~12.5
1983. 2.24	5.0	5.0	5.0	5.0	5.0		5.0~r+1
1985. 7. 1	5.0	5.0	5.0	3.0	3.0		3.0~r+1
1986. 5. 1	5.0	5.0	5.0	3.0	3.0		3.0~15.0
1986. 7.10	5.0	7.0	7.0	3.0	3.0	5.0	3.0~15.0
1988. 9. 2	5.0	8.0	8.0	3.0	3.0	5.0	3.0~15.0
1989.11.14	5.0	7.0	7.0	3.0	3.0	5.0	3.0~15.0
1993. 1.26	5.0	5.0	6.0	3.0	3.0	5.0	3.0~15.0
1993. 3.26	5.0	5.0	5.0	3.0	3.0	5.0	3.0~r+2
1994. 3.15	5.0	5.0		3.0	3.0	5.0	3.0~r+2
1994. 4.23	5.0	5.0		3.0	3.0	5.0	3.0~r+2
1998. 9. 1	5.0	3.0		3.0	3.0	5.0	3.0~r+2
1999. 1. 1	5.0	3.0					3.0~r+2
2000. 8. 1	5.0	3.0					3.0~r+2
2000. 9.30	5.0	3.0					5.0~r+2

자료: 한국은행, 『경제통계연보』, 각년도.

주: 1) 상업어음재할인은 1994년 3월 이후 총액한도대출에 통합된다.

2) 기타어음 금리에서 r은 전반월 일일 콜금리 평균값이다. r+1은 콜금리에 1%를 가산하여 적용하는 금리를 말한다.

표 S200-203 한국은행 주요 금리(연리), 1999-2015

	기준금리	정부 대출금리	유동성조절 대출금리	총액한도 대출금리
	S200	S201	S202	S203
	남한 , %			
1999. 5. 6	4.75	5.00		3.00
2000. 2.10	5.00	5.00		3.00
2000. 8. 1	5.00	5.00	4.50	3.00
2000. 9.30	5.00	5.00	4.50	3.00
2000.10. 5	5.25	5.00	4.50	3.00
2001. 2. 8	5.00	5.00	4.50	3.00
2001. 7. 5	4.75	5.00	4.50	3.00
2001. 8. 9	4.50	5.00	4.25	3.00
2001. 9.19	4.00	5.00	3.75	2.50
2002. 5. 7	4.25	5.00	3.75	2.50
2003. 5.13	4.00	5.00	3.75	2.50
2003. 7.10	3.75	5.00	3.75	2.50
2004. 8.12	3.50	5.00	3.75	2.25
2004.10.01	3.50	T+0.01%p		2.25
2004.11.11	3.25	T+0.01%p	3.00	2.00
2005.10.11	3.50	T+0.01%p	3.25	2.00
2005.12. 8	3.75	T+0.01%p	3.50	2.00
2006. 2. 9	4.00	T+0.01%p	3.75	2.25
2006. 6. 8	4.25	T+0.01%p	4.00	2.50
2006. 8.10	4.50	T+0.01%p	4.25	2.75
2007. 7.12	4.75	T+0.01%p		3.00
2007. 8. 9	5.00	T+0.01%p		3.25
2008. 8. 7	5.25	T+0.01%p		3.50
2008.10. 9	5.00	T+0.01%p		3.25
2008.10. 9	4.25	T+0.01%p		2.50
2008.11. 7	4.00	T+0.01%p		2.25
2008.12.11	3.00	T+0.01%p		1.75
2009. 1. 9	2.50	T+0.01%p		1.50
2009. 2.12	2.00	T+0.01%p		1.25
2010. 7. 9	2.25	T+0.01%p		1.25
2010.11.16	2.50	T+0.01%p		1.25
2011. 1.13	2.75	T+0.01%p		1.25
2011. 3.10	3.00	T+0.01%p		1.50
2011. 6.10	3.25	T+0.01%p		1.50
2012. 7.12	3.00	T+0.01%p		1.50
2012.10.11	2.75	T+0.01%p		1.25
2013. 4.11	2.75	T+0.01%p		0.5~1.25
2013. 5. 9	2.50	T+0.01%p		0.5~1.25
2014. 5.14	2.25	T+0.01%p		0.5~1.25
2014.10.15	2.00	T+0.01%p		0.5~1.25
2015. 3.12	1.75	T+0.01%p		0.5~1.25
2015. 4. 1	1.75	T+0.01%p		0.5~0.75
2015. 6.11	1.50	T+0.01%p		0.5~0.75

자료: 한국은행,『경제통계연보』(2009; 2016).

주: 1) 기준금리는 2008년 2월까지는 콜금리 목표, 2008년 3월부터는 기준금리이다.

2) T는 직전 분기말 월 중 91일물 통화안정증권 일평균 유통수익률이다.

3) 총액한도대출은 2013년 2월 금융중개지원대출로 명칭이 변경되었다.

표 S204-212 한국은행 용도별 대출액, 1964-2015

	원화대출	금융중개지원 대출	일반자금	상업어음할인	무역금융	농업자금	수산자금	비료인수자금	기타대출
	S204	S205	S206	S207	S208	S209	S210	S211	S212
					남한, 십억 원				
1964	10		2.8	0.4		3.2		2.1	1.7
1965	19		0.0	-		4.0		12.3	3.1
1966	25		0.3	-		2.1		18.5	3.7
1967	32		-	-	5.4	3.9		20.1	2.7
1968	47		-	1.2	12.0	2.2	0.2	27.9	3.3
1969	67		-	2.0	26.0	-	0.3	32	7.0
1970	120		24.4	15.9	41.2	-	0.5	30	7.8
1971	144		5.8	23.0	33.2	4.4	1.7	32	43.5
1972	213		33.9	38.6	97.2	2.5	2.0	34	5.1
1973	323		8.0	44.2	213.5	7.3	1.7	43	5.3
1974	687		214	90.4	300	49	3	20	10
1975	796		167	102.3	371	26	6	110	14
1976	796		127	73.2	451	-	16	110	18
1977	917		131	75.2	450	-	26	210	24
1978	1,419		170	81.7	774	-	28	240	124
1979	2,126		633	168	1,001	-	35	240	49
1980	2,715		451	297	1,533	71	50	270	43
1981	3,741		792	593	1,713	66	62	370	145
1982	4,609		1,299	960	1,750	22	79	470	29
1983	5,766		2,258	955	1,718	48	94	570	122
1984	7,623		3,976	1,063	1,782	41	102	570	88
1985	9,641		5,463	1,321	2,039	67	107	570	74
1986	10,157		6,116	1,292	1,927	77	116	570	59
1987	10,783		7,144	1,620	1,132.	89	157	570	70
1988	9,725		6,417	1,862	527	93	198	570	62
1989	10,291		5,921	2,588	639	344	188	570	41
1990	11,605		5,968	3,820	892	74	224	570	58
1991	13,551		6,093	5,479	986	104	243	570	77
1992	16,999		6,138	5,873	1,031	162	229	570	2,996
1993	16,481		6,570	5,178	1,055	163	249	570	2,696
1994	14,025	8,632	3,055	-	-	167	217	570	1,384
1995	11,649	9,068	1,343	-	-	437	167	570	64
1996	7,108	5,673	879	-	-	41	107	370	40
1997	13,187	4,266	6,435	-	-	46	51	370	2,019
1998	14,304	6,362	6,489	-	-	-	-	370	1,083
1999	9,044	7,597	77	-	-	-	-	370	1,000
2000	8,026	7,360	26	-	-	-	-	370	270
2001	11,085	10,710	5	-	-	-	-	370	-
2002	7,961	7,591	-	-	-	-	-	370	-
2003	9,825	9,455	-	-	-	-	-	370	-
2004	9,009	9,009	-	-	-	-	-	-	-
2005	9,372	9,372	-	-	-	-	-	-	-
2006	9,368	9,368	-	-	-	-	-	-	-
2007	6,409	6,409	-	-	-	-	-	-	-
2008	8,106	8,106	-	-	-	-	-	-	-
2009	13,102	9,806	-	-	-	-	-	-	3,297
2010	10,730	7,936	-	-	-	-	-	-	2,794
2011	7,893	7,400	-	-	-	-	-	-	494
2012	7,809	7,315	-	-	-	-	-	-	494
2013	9,184	8,690	-	-	-	-	-	-	494
2014	14,162	10,703	-	-	-	-	-	-	3,459
2015	18,730	15,298	-	-	-	-	-	-	3,431

자료: 한국은행, 『경제통계연보』(1972); 한국은행, 「예금, 대출금」(http://ecos.bok.or).

주: 1970년까지 무역금융은 수출금융과 수입금융의 단순 합계이다.

표 S213-220 한국은행 본원통화, 1950-2015

	본원통화1			본원통화2				
	합계	현금통화	예금기관 부채	본원통화 추계액	민간보유 현금	금융기관 현금	통화금융기관 예치금	비통화금융기관 예치금
	S213	S214	S215	S216	S217	S218	S219	S220
	남한, 십억 원							
1950	0.200			0.2461	0.2228	0.0064	0.0049	0.0120
1951	0.610			0.6104	0.5393	0.0186	0.0465	0.0060
1952	1.20			1.177	0.974	0.040	0.154	0.009
1953	2.6			2.65	2.23	0.08	0.32	0.01
1954	4.8			4.77	4.00	0.17	0.59	0.01
1955	7.8			7.77	5.88	0.36	1.52	0.00
1956	10.4			10.44	7.33	0.52	2.59	0.01
1957	11.7			11.72	8.60	0.36	2.74	0.01
1958	14.1			14.14	11.11	0.53	2.46	0.05
1959	16.2			16.17	12.36	0.86	2.94	0.02
1960	16.8			17.62	13.90	0.70	3.01	0.01
1961	25.4			26.8	16.7	1.4	7.3	1.4
1962	29.8			31.3	17.5	3.2	9.3	1.3
1963	27.9			28.9	18.3	3.6	6.0	1.0
1964	32.7			33.9	24.9	3.0	4.7	1.3
1965	48.4			50.4	31.6	3.6	13.1	2.1
1966	80.2			81.7	42.9	3.6	33.3	1.9
1967	110.9			109.8	57.7	10.4	41.3	0.4
1968	156.2			160.3	81.9	13.8	60.4	4.2
1969	216			220	111	19	86	4
1970	300			304	134	25	141	4
1971	288			290	162	25	101	2
1972	428			428	218	27	171	12
1973	624			624	311	42	268	2
1974	775			775	411	44	312	8
1975	1,077			1,077	507	54	503	13
1976	1,438			1,438	677	60	695	6
1977	2,072			2,072	953	81	1,033	5
1978	2,802			2,802	1,364	127	1,269	41
1979	3,468			3,468	1,604	214	1,607	44
1980	3,244			3,244	1,856	182	1,140	65
1981	2,802			2,802	2,025	180	554	42
1982	3,825			3,825	2,574	219	979	54
1983	4,095			4,095	2,874	225	908	88
1984	4,248			4,248	3,109	283	844	11
1985	4,319			4,319	3,286	284	735	15
1986	5,017			5,055	3,717	285	1,026	27
1987	7,469			7,530	4,503	340	2,680	7
1988	9,728			9,812	5,217	413	4,147	36
1989	12,819			12,902	6,223	570	6,061	48
1990	13,811			13,895	7,095	1,133	5,598	69
1991	16,322			16,405	7,997	1,106	7,201	102
1992	18,107			18,191	8,664	1,144	8,265	118
1993	23,080			23,166	12,195	1,688	9,180	103
1994	25,204			25,290	13,213	1,876	10,083	118
1995	29,305			29,392	15,147	2,177	11,928	140
1996	25,722			25,809	15,540	2,368	7,815	87
1997	22,519			22,606	15,534	2,252	4,531	289
1998	20,703			20,790	13,758	2,177	4,379	477
1999	28,487			28,575	19,563	3,011	5,935	67
2000	28,238			28,327	17,725	3,700	6,728	174
2001	32,827			32,918	18,793	3,543	10,517	65
2002	37,987	18,228	19,759	38,081	19,948	4,226	13,683	224
2003	40,749	17,348	23,401	40,843	20,194	4,297	16,140	211
2004	38,792	19,207	19,585	38,881	20,619	4,264	13,776	223
2005	43,249	20,412	22,837	43,347	21,764	4,372	16,942	269
2006	51,870	21,636	30,233	51,971	23,239	4,605	23,916	212
2007	56,399	22,040	34,360	56,502	24,166	5,156	26,474	706

표 S213-220 계속

	본원통화1			본원통화2				
	합계	현금통화	예금기관 부채	본원통화 추계치	민간보유 현금	금융기관 현금	통화금융기관 예치금	비통화금융기관 예치금
	S213	S214	S215	S216	S217	S218	S219	S220
	남한, 십억 원							
2008	64,846	23,437	41,409	61,878	25,463	5,295	30,577	542
2009	67,779	29,206	38,573	67,298	31,795	5,552	29,304	647
2010	74,545	34,949	39,597	74,543	37,009	6,298	31,145	91
2011	80,056	39,609	40,447	80,149	41,761	6,897	31,226	265
2012	88,342	44,174	44,168	88,344	46,944	7,390	33,255	754
2013	104,262	53,316	50,946	104,257	55,706	7,660	39,243	1,649
2014	116,794	64,439	52,355	116,342	67,055	7,890	40,743	654
2015	131,439	76,343	55,095	129,914	78,598	7,891	42,400	1,025

자료: 한국은행, 『경제통계연보』, 각년도; 2002년 이후는 한국은행, 「통화 및 유동성 지표/본원통화」(http://ecos.bok.or).

주: 1) 2001년 이전의 본원통화1은 화폐발행액+예금취급기관 지급준비금 예금이다.

2) 2001년 이후의 본원통화 추계치는 민간보유현금, 금융기관 보유 현금, 통화금융기관의 지준예치금, 비통화금융기관 예치금의 합이다.

3. 금융기관

표 S221-230 개항기 보통은행의 예금 및 대출 1878-1905

	예금					대출				
	일본인 은행				한국인 은행	일본인 은행				한국인 은행
	합계	第一銀行	第十八銀行	第五十八銀行	(대한천일은행)	합계	第一銀行	第十八銀行	第五十八銀行	(대한천일은행)
	S221	S222	S223	S224	S225	S226	S227	S228	S229	S230
	남북한, 圓									
1878	4,090	4,090				17,865	17,865			
1882	21,071	21,071				43,233	43,233			
1886	114,802	114,802				229,020	229,020			
1890	212,165	211,165	1,000			421,261	367,361	53,900		
1892	276,216	263,687	4,249	8,280		557,825	423,676	50,454	83,695	
1894	1,125,961	1,030,689	57,875	37,397		722,795	505,107	129,007	88,681	
1896	1,700,614	1,557,329	86,808	56,477		1,066,894	665,802	227,655	173,437	
1898	2,513,161	2,252,650	164,967	95,544		1,567,545	804,196	554,605	208,744	
1900	2,701,542	2,327,116	167,570	206,856	95,011	2,533,408	1,399,507	567,053	566,848	81,970
1901					89,718					130,339
1902	4,419,204	3,885,246	250,433	283,525	418,581	3,860,170	1,945,175	1,167,379	747,616	421,911
1903	5,450,243	4,683,075	314,084	453,084	408,198	4,215,256	2,146,740	1,130,940	937,576	707,463
1904	9,190,408	7,451,277	899,051	840,080	689,008	5,090,056	2,521,845	1,450,766	1,117,445	708,747
1905	10,073,611	8,416,476	950,622	706,513	370,272	6,914,805	3,488,020	1,851,096	1,575,689	981,334

자료: 일본인 은행은 高嶋雅明, 『朝鮮における植民地金融史の研究』, p. 224; 한국인 은행은 한국상업은행, 『한국상업은행70년사』(1969), p. 34; 1902년 이후는 통감부, 『통감부통계연보』.

표 S231-247 조선의 금융기관별 조직 현황, 1906-1944

	조선은행		농공은행		조선식산은행		조선저축은행		보통은행				금융조합		무진회사		신탁회사
	지점출장소		은행수	지점 출장소	지점출장소		지점 출장소	대리점	본점		지점출장소		본소	조합원수	회사수	지점 출장소	회사수
	조선내	조선외			조선내	조선외			조선내	조선외	조선내	조선외					
	S231	S232	S233	S234	S235	S236	S237	S238	S239	S240	S241	S242	S243	S244	S245	S246	S247
	남북한, 개													남북한, 명	남북한, 개		
1906			8	10					3	3	2	24					
1907			9	20					4	4	2	28	10	5,616			
1908			6	22					4	5	5	29	43	16,128			
1909	12	1	6	26					4	5	4	17	97	30,297			
1910	12	2	6	27					4	4	4	16	120	39,051			
1911	12	2	6	30					4	7	4	16	153	51,762			
1912	12	2	6	36					7	10	4	16	189	67,798			
1913	12	6	6	36					11	12	4	16	209	80,573			
1914	12	6	6	37					11	13	4	15	227	59,722			
1915	12	6	6	37					11	14	4	15	240	65,886			
1916	12	12	6	39					12	20	3	14	250	94,680			
1917	12	15	6	41					13	24	3	14	260	120,216			
1918	10	22			46	-			15	30	3	15	278	140,246			
1919	10	25			50	-			15	36	3	15	393	218,607			
1920	10	25			52	-			21	44	3	15	400	244,374			
1921	10	25			52	-			20	49	3	15	433	285,484			
1922	10	25			52	-			20	56	4	16	461	331,765	6		
1923	10	25			52	-			18	58	5	17	475	336,220	16		
1924	10	25			52	-			17	57	5	17	509	375,148	24	4	
1925	10	24			52	1			16	57	5	17	521	410,299	27	4	
1926	10	19			52	1			16	59	5	17	547	446,576	28	3	
1927	10	20			52	1			16	61	4	16	575	489,720	30	3	
1928	10	20			52	1			14	65	4	16	597	530,407	31	3	
1929	10	20			52	1	-	57	14	73	4	16	621	588,560	32	3	
1930	10	21			52	1	-	57	13	76	4	16	644	671,844	32	4	
1931	10	20			52	1	2	55	12	82	4	16	663	726,321	33	6	
1932	10	20			52	1	2	55	12	86	4	16	674	831,805	34	6	5
1933	11	20			52	1	4	53	8	90	4	16	685	1,003,646	34	7	5
1934	10	21			54	1	4	55	8	93	4	16	692	1,178,769	34	7	2
1935	12	21			54	1	5	54	7	95	4	15	698	1,363,392	31	9	1
1936	12	21			58	1	8	54	7	100	3	6	709	1,501,350	28	12	1
1937	13	13			58	1	10	52	7	102	3	6	719	1,635,760	23	20	1
1938	13	14			60	1	11	53	6	105	3	6	723	1,749,046	18	32	1
1939							12	53	6	120			728	1,982,022	10		1
1940							13	53	6	121			722	2,170,301	6		1
1941							13	53	4	123			722	2,351,402	5		1
1942							20	53	3	127			626	2,515,691	1		1
1943							20	53	2	131			613	2,719,110	1		1
1944							15	53	2	116			613	2,864,543	1		1

자료: 1938년까지 조선총독부 재무국, 『조선금융사항참고서』(1939); 그 이후 조선은행, 『경제연감』(1949).

표 S248-261 조선의 금융기관별 예금 및 대출, 1906-1948

	예금액								대출액					
	조선은행 조선내 예금	농공은행, 식산은행	저축은행	보통은행	금융조합	동양척식	우편국 저금	송금저금	조선은행 조선내 대출	농공은행, 식산은행	저축은행	보통은행	금융조합	동양척식
	S248	S249	S250	S251	S252	S253	S254	S255	S256	S257	S258	S259	S260	S261
	남북한, 천 圓													
1906		163		13,691	-		835			919		10,610		
1907		511		16,025	-		1,159			2,203		15,320	16	
1908		752		13,444	-		1,675			2,682		13,539	213	
1909	7,320	1,650		9,538	-		2,331	25	3,629	4,116		9,818	489	202
1910	4,970	3,205		9,679	-		3,206	186	5,359	6,344		11,287	779	379
1911	4,955	4,100		9,544	-		4,365	242	9,143	8,509		13,038	1,182	796
1912	5,639	4,469		10,123	-		5,083	247	13,914	10,456		16,681	1,702	2,080
1913	6,355	4,599		11,186	-		5,682	296	18,346	11,583		18,545	2,090	3,814
1914	6,908	4,718		11,546	68		6,359	371	18,127	11,554		17,830	2,147	5,209
1915	8,361	6,456		13,388	197		8,045	562	16,997	11,462		18,881	2,127	5,853
1916	9,868	8,017		18,411	321		10,188	772	22,303	12,713		21,048	2,818	5,818
1917	13,107	9,734		23,254	573		12,003	1,083	33,252	17,686		29,093	3,761	8,196
1918	14,015	15,245		37,572	2,024		14,362	1,592	52,162	29,839		44,968	6,930	15,689
1919	20,242	34,883		52,323	6,595	1,630	14,925	2,073	103,922	71,055		78,385	23,007	28,006
1920	29,104	38,014		54,422	10,098	339	17,093	1,902	61,058	85,986		67,477	31,382	32,253
1921	18,912	59,515		73,348	16,915	85	17,573	2,400	70,239	131,183		85,893	39,719	40,731
1922	28,620	55,764		70,370	22,665	82	19,875	2,076	61,915	151,616		83,196	51,345	40,064
1923	31,321	47,852		73,082	29,810	51	21,040	2,317	73,126	172,069		88,323	53,125	41,060
1924	25,855	52,970		82,508	37,724	249	21,029	2,253	68,387	182,198		93,429	58,220	42,422
1925	21,436	59,208		90,576	46,116	252	21,531	2,365	65,587	197,093		97,489	66,358	45,456
1926	24,805	65,677		102,609	52,980	488	22,466	2,425	56,440	213,725		105,013	76,082	49,658
1927	29,124	68,132		103,052	61,472	2,046	26,962	2,894	51,249	233,959		101,214	85,177	61,261
1928	32,763	81,764		117,201	71,303	2,059	30,805	3,549	38,821	253,111		107,183	91,381	67,010
1929	30,205	67,510	21352	117,344	76,891	2,196	36,286	3,541	39,496	266,680	6,010	108,277	104,931	74,155
1930	30,228	52,624	24522	109,576	80,128	2,538	38,852	3,853	48,328	298,494	6,381	104,359	123,368	82,496
1931	33,057	65,589	26244	106,902	88,775	3,933	41,432	3,616	65,221	312,359	5,651	105,735	123,843	89,290
1932	40,995	73,587	28340	112,733	103,752	3,913	40,939	4,487	74,337	338,338	7,023	109,934	127,832	89,590
1933	51,013	84,777	30139	128,138	124,284	4,325	44,807	4,932	81,841	335,393	8,520	116,000	133,897	85,381
1934	55,537	105,320	34163	144,541	139,418	4,809	52,631	5,489	90,032	360,917	11,938	139,848	150,107	84,409
1935	73,605	127,786	43714	159,345	153,417	5,588	54,820	6,250	105,397	412,334	19,525	157,570	179,325	86,547
1936	71,854	130,502	54726	158,448	162,355	9,747	60,422	6,774	156,581	488,221	26,052	174,977	228,464	94,365
1937	99,699	131,419	58555	172,786	188,163	9,984	68,303	8,707	207,860	527,866	26,524	195,658	232,177	100,514
1938	137,189	191,125	68028	227,974	229,036	7,724			225,778	580,488	26,935	210,148	257,915	108,417
1939	184,117	254,606	89793	339,364	308,614				361,277	789,284	35,124	320,765	330,174	
1940	240,999	333,560	127937	446,837	432,142				513,570	948,256	45,570	391,554	364,141	
1941	262,941	410,693	164805	557,374	586,214			24,957	520,113	1,105,523	53,235	438,071	408,762	
1942	310,229	560,396	214111	746,605	753,931		176,905	31,718	560,249	1,248,824	64,328	572,435	498,762	
1943	508,214	809,193	296367	948,516	1,146,007		222,819	40,609	650,695	1,449,398	80,224	677,653	549,540	
1944	508,840	1,056,471	366084	1,383,961	1,751,876		313,520	112,578	756,772	1,647,736	83,089	864,387	527,819	
1945	876,823	666,933	85,602	1,186,277	635,674		737,665	123,037	4,827,782	1,819,036	24,096	698,381	325,688	
1946	2,003,971	2,773,273	768,394	4,798,436	1,940,092		800,682	55,721	17,322,007	2,779,691	652,254	2,682,902	883,319	
1947	3,742,151	5,140,687	1,590,288	10,174,065	5,051,825		823,216	118,474	49,940,888	7,423,567	2,129,102	11,500,976	2,174,281	
1948	4,078,819	6,878,873	2,820,791	16,814,685	7,514,942		946,129	99,751	52,849,000	7,876,617	3,071,751	15,628,180	4,463,233	

자료: 1938년까지 조선총독부 재무국, 『조선금융사항참고서』(1939); 1938년 이후는 조선은행, 『경제연감』(1949).

注: 1) 1945년 이후는 남한 지점의 합계이다.

2) 조선은행 조선내 예금은 1938년까지 조선금융사항참고서 조선내 각점 합계, 1939년은 경제연감(1949)의 조선은행 예금 합계이다.

3) 조선은행 조선내 대출은 1938년까지 조선금융사항참고서 조선내 각점 합계 정부대상금, 별도 대출 등은 조선내와 관계없는 대출로 제외, 조선은행 조선내 대출은 1939년 이후 경제연감(1949) 조선은행 대출 합계, 1945년 이후 정부대상금은 조선은행 대출에 합산한다.

4) 농공은행/식산은행의 대출은 1918년 이전은 농공은행 분이고 1918년부터는 조선식산은행 분이다.

표 S262-269 농공은행/조선식산은행 주요 계정, 1906-1948

	자산				부채 및 자본			
	대출	유가증권	현금예치금	토지 건물	예금	차용금	채권발행액	자본계정
	S262	S263	S264	S265	S266	S267	S268	S269
	남북한, 천 圓							
1906	919				163		450	520
1907	2,203				511		450	656
1908	2,682				752		750	747
1909	4,116				1,650		1,050	752
1910	6,344				3,205	215	1,010	781
1911	8,509				4,100	731	1,970	1,125
1912	10,456				4,469	1,115	1,780	1,921
1913	11,583		764	970	4,599	1,877	2,990	2,160
1914	11,554	203	711	1,158	4,718	1,700	2,910	2,104
1915	11,462	204	1,341	1,261	6,456	4,314	2,319	1,987
1916	12,713	579	1,325	1,298	8,017	2,910	1,739	2,111
1917	17,686	684	2,988	1,256	9,734	8,366	3,000	2,188
1918	29,839	1,372	1,217	1,022	15,245	10,136	3,000	4,992
1919	71,055	562	5,067	1,346	34,883	18,254	17,500	9,083
1920	85,986	581	11,208	2,585	38,014	18,200	33,450	17,167
1921	131,183	2,041	2,365	3,303	59,515	13,059	49,550	17,698
1922	151,616	1,077	3,945	4,171	55,764	4,965	82,550	18,683
1923	172,069	2,319	3,012	5,123	47,852	17,562	100,250	18,938
1924	182,198	3,497	4,247	6,773	52,970	9,228	118,800	19,714
1925	197,093	6,741	9,345	8,212	59,208	4,910	135,976	20,376
1926	213,725	8,238	6,552	8,806	65,677	7,558	144,837	21,411
1927	233,959	11,570	7,791	8,143	68,132	5,188	173,445	22,371
1928	253,111	15,947	8,272	8,672	81,764	4,734	177,223	23,477
1929	266,680	16,126	7,047	8,577	67,510	4,623	199,685	29,836
1930	298,494	13,133	4,988	9,083	52,624	3,312	242,158	31,106
1931	312,359	19,055	5,388	8,107	65,589	3,304	247,558	32,142
1932	338,338	21,583	8,850	6,333	73,587	18,153	260,992	33,179
1933	335,393	23,932	9,185	6,538	84,777	25,619	253,482	34,244
1934	360,917	27,818	7,901	6,366	105,320	41,401	244,955	35,310
1935	412,334	28,545	8,344	6,435	127,786	25,156	278,674	41,588
1936	488,221	36,505	7,633	6,445	130,502	30,663	326,230	43,233
1937	527,866	43,065	8,297	6,488	131,419	73,719	344,656	49,811
1938	580,488	68,638	12,048	6,922	191,125	37,660	389,572	51,671
1939	789,284	70,377	11,738	6,309	254,606	110,703	440,328	56,491
1940	948,256	84,702	20,491	6,301	333,560	60,399	577,019	66,741
1941	1,105,523	135,331	27,608	6,214	410,693	86,028	645,933	76,991
1942	1,248,824	260,905		6,785	560,396	105,600	765,687	85,041
1943	1,449,398	351,572		6,938	809,193	32,000	867,656	85,041
1944	1,647,736	501,008		7,161	1,056,471	199,382	926,217	87,341
1945	1,819,036	522,402	111,713		666,933	1,228,867	1,052,601	88,491
1946	2,779,691	522,402	1,253,486		2,773,273		1,009,869	88,491
1947	7,423,567	522,402	659,071		5,140,687	2,652,628	999,303	88,491
1948	7,876,617	522,402	777,310	605,521	6,878,873	1,385,000	999,303	52,500

자료: 1938년까지 조선총독부 재무국, 『조선금융사항참고서』(1939); 1939년 이후 조선은행, 『경제연감』(1949).

주: 1) 1945년 이후에는 남한의 각점 합계이다.

2) '자본계정'은 1917년까지는 각 농공은행 합계이고 1918년 이후는 조선식산은행 조선내 각점 합계이다.

3) 예금 대출은 조선내 각점 예금 대출의 합계이다. 단 인수채권은 제외한다.

4) 자본계정은 출자금, 적립금, 순익금의 합이다.

표 S270-277 조선금융조합 주요 계정, 1907-1948

	자산				부채 및 자본			
	대출	현금	예치금	소유물	예금	차입금	정부보조	자본계정
	S270	S271	S272	S273	S274	S275	S276	S277
	남북한, 천 圓							
1907	16				-		100	-
1908	213				-		430	17
1909	489				-		970	43
1910	779				-		1,200	162
1911	1,182				-		1,543	274
1912	1,702				-	2	1,928	392
1913	2,090				-	32	2,147	489
1914	2,147				68	39	2,334	612
1915	2,127				197	38	2,467	770
1916	2,818				321	31	2,570	1,027
1917	3,761				573	103	2,679	1,331
1918	6,930				2,024	1,513	2,696	1,727
1919	23,007				6,595	13,337	2,894	2,854
1920	31,382				10,098	19,474	2,907	4,111
1921	39,719				16,915	23,372	3,105	5,945
1922	51,345				22,665	28,872	3,215	7,890
1923	53,125				29,810	29,478	3,228	9,874
1924	58,220				37,724	30,256	3,354	11,995
1925	66,358				46,116	30,523	3,400	14,407
1926	76,082				52,980	33,771	3,417	16,574
1927	85,177				61,472	38,182	3,542	18,428
1928	91,381				71,303	39,021	3,662	20,294
1929	104,931	2,768	39,499	5,785	76,891	46,837	3,777	22,180
1930	123,368	3,033	39,729	6,230	80,128	61,269	3,857	23,364
1931	123,843	2,954	45,665	6,933	88,775	58,524	3,970	24,052
1932	127,832	3,040	55,363	7,746	103,752	56,491	4,027	25,025
1933	133,897	3,192	71,210	7,984	124,284	56,541	4,092	28,134
1934	150,107	3,110	76,912	7,856	139,418	60,126	4,132	30,118
1935	179,325	3,527	85,728	6,370	153,417	82,137	4,162	32,905
1936	228,464	4,040	80,240	8,099	162,355	112,660	4,217	36,139
1937	232,177	4,466	99,089	8,625	188,163	114,641	4,235	40,191
1938	257,915	5,115	120,120	9,478	229,036	111,660	4,259	44,111
1939	330,174	7,241	147,896	9,779	308,614	128,434	4,262	38,482
1940	364,141	14,349	234,275	10,124	432,142	123,102	4,262	49,800
1941	408,762	16,832	338,883	12,241	586,214	108,049	4,262	56,548
1942	498,762	14,767	418,733	13,519	753,931	105,363	4,262	63,973
1943	549,540	17,013	783,830	14,527	1,146,007	115,453	4,262	69,703
1944	527,819	40,253	1,412,535	14,857	1,751,876	114,716	4,262	82,994
1945	325,688	94,965	355,900	9,673	635,674	109,177	2,720	56,729
1946	883,319	621,781	995,577	37,513	1,940,092	152,498	2,747	55,991
1947	2,174,281	1,041,286	2,156,489	118,060	5,051,825	317,443	2,747	80,157
1948	4,463,233	1,286,297	2,770,797	144,378	7,514,942	993,781	2,747	255,252

자료: 1938년까지 조선총독부재무국, 『조선금융사항참고서』(1939); 1939년 이후 조선은행, 『경제연감』(1949).

注: 1) 1945년 이후는 남한의 각점 합계이다.

2) 자본계정은 출자금, 적립금, 순익금의 합계이다.

표 S278-286 일반은행 대차대조표, 1952-2004

	자산					부채 및 자본			
	합계	대출	유가증권	현금, 예치금	기타자산	예금, 양도성예금	차입금	기타부채	자본계정
	S278	S279	S280	S281	S282	S283	S284	S285	S286
	남한, 십억 원								
1952	0.93	0.58	0.02	0.22	0.12	0.51	0.33	0.10	0.0002
1953	2.17	1.54	0.06	0.46	0.11	1.05	1.00	0.13	0.0015
1954	3.06	1.88	0.11	0.83	0.24	2.11	0.87	0.08	0.0016
1955	5.14	3.08	0.17	1.60	0.29	3.69	1.34	0.09	0.0092
1956	8.94	5.46	0.33	2.80	0.35	5.75	2.74	0.35	0.10
1957	9.16	5.94	0.42	2.28	0.51	6.43	1.90	0.76	0.07
1958	12.94	7.63	0.65	3.43	1.23	9.39	1.74	0.88	0.92
1959	14.62	9.30	0.70	2.91	1.72	10.85	1.76	0.71	1.30
1960	20.3	11.5	1.0	5.5	2.3	14.1	3.6	0.9	1.6
1961	22.4	12.8	1.5	5.7	2.4	19.3	0.2	0.9	2.1
1962	41.2	20.9	0.6	13.3	6.5	29.1	1.5	5.4	5.2
1963	40.9	22.8	0.7	9.8	7.6	26.4	3.4	5.8	5.4
1964	49.0	23.1	1.2	15.5	9.1	28.3	4.5	10.7	5.5
1965	79.7	37.6	1.5	28.7	11.9	56.2	2.9	14.2	6.4
1966	117.6	58.1	5.9	38.1	15.6	84.3	4.0	24.4	4.9
1967	195.3	108.9	12.5	43.7	30.3	139.1	9.4	46.2	0.6
1968	350.2	194.2	11.7	97.0	47.4	254.9	16.4	77.8	1.1
1969	509.8	335.9	12.8	120.8	40.3	419.7	29.2	59.3	1.5
1970	729	452	3	165	109	526	107	94	2
1971	908	582	37	125	165	661	121	106	20
1972	1,409	760	71	363	216	922	187	279	21
1973	1,899	1,032	103	516	248	1,218	249	410	23
1974	2,723	1,627	109	570	417	1,456	724	535	8
1975	3,854	2,057	149	951	697	2,188	792	840	34
1976	4,840	2,609	242	1,157	832	2,760	784	1,269	27
1977	6,414	3,345	392	1,558	1,120	3,916	846	1,607	47
1978	9,061	5,044	423	2,159	1,435	5,433	1,497	2,078	54
1979	11,955	6,846	553	2,627	1,929	6,757	2,695	2,326	177
1980	16,238	9,323	1,115	2,801	2,999	8,556	3,259	4,225	198
1981	21,089	11,794	1,669	3,965	3,660	11,513	4,307	5,057	211
1982	26,062	14,190	2,077	4,917	4,879	13,684	6,591	5,520	267
1983	30,016	16,171	2,563	4,551	6,730	15,021	7,652	7,073	270
1984	36,293	18,613	2,660	7,167	7,853	18,144	9,290	8,633	227
1985	41,371	22,530	2,573	7,698	8,571	19,720	11,203	10,217	231
1986	45,487	25,550	3,393	7,316	9,229	22,978	10,209	12,073	227
1987	54,061	27,208	4,042	12,578	10,234	30,307	9,405	14,166	183
1988	62,646	29,581	4,434	17,779	10,853	38,936	7,854	15,166	690
1989	75,075	38,929	6,703	16,844	12,599	43,013	8,198	20,297	3,568
1990	110,306	52,722	11,361	25,332	20,890	65,555	12,407	29,015	3,329
1991	129,353	64,418	13,683	26,712	24,540	76,339	15,844	33,641	3,529
1992	141,980	71,271	15,751	24,958	30,000	81,961	19,194	37,278	3,547
1993	153,506	74,963	22,829	22,367	33,347	92,545	18,146	38,902	3,913
1994	185,023	90,708	25,389	24,816	44,111	112,312	18,547	49,700	4,465
1995	241,948	116,335	35,740	31,536	58,338	150,006	21,483	65,516	4,944
1996	288,195	137,368	43,604	34,502	72,721	172,621	22,066	88,226	5,282
1997	417,825	187,569	66,254	38,340	125,661	242,333	23,767	146,265	5,459
1998	427,603	175,573	111,303	29,447	111,280	253,755	27,254	142,391	4,203
1999	488,277	204,951	137,622	33,554	112,150	303,517	22,340	157,931	4,488
2000	566,968	251,501	145,814	35,397	134,255	363,350	19,496	180,505	3,617
2001	606,707	282,734	155,886	29,293	138,794	398,775	21,417	179,650	6,866
2002	705,699	383,781	155,911	26,564	139,443	448,311	25,034	223,470	8,884
2003	791,879	435,227	160,466	30,135	166,051	486,291	30,834	266,095	8,659
2004	821,867	448,098	165,513	24,254	184,002	478,074	27,374	204,833	111,586

자료: 한국은행, 『경제연감』; 1961년 이후는 『경제통계연보』, 각년도.

주: 1) 자산계정에서는 지급보증 대충, 부채계정에서는 지급보증을 양 계정에서 제외한다.

2) 고정자산은 기타자산에 포함, 양도성예금증서는 1984년부터 예금에 포함한다.

표 S287-295 특수은행 대차대조표, 1952-2004

	자산					부채 및 자본			
	합계	대출	유가증권	현금, 예치금	기타자산	예금, 양도성예금	차입금	기타부채	자본계정
	S287	S288	S289	S290	S291	S292	S293	S294	S295
	남한, 십억 원								
1952	0.32	0.07	-	0.07	0.17	0.09	0.06	0.17	0.001
1953	0.59	0.26	-	0.18	0.14	0.20	0.20	0.18	0.002
1954	1.27	0.38	-	0.35	0.54	0.50	0.18	0.59	0.002
1955	2.22	0.72	-	0.69	0.81	0.33	0.31	1.57	0.002
1956	3.44	1.79	0.06	0.79	0.81	1.51	0.79	1.12	0.01
1957	6.56	4.98	0.10	0.5	0.93	1.65	4.06	0.75	0.01
1958	13.4	8.3	0.10	0.7	4.4	2.1	7.2	4.1	0.03
1959	15.1	9.0	0.08	0.8	5.3	2.9	7.6	4.7	0.03
1960	19.5	12.8	0.10	1.4	5.2	3.0	10.8	5.7	0.03
1961	27.2	20.0	0.13	2.4	4.7	5.7	14.2	6.3	1.1
1962	29.3	22.3	0.08	4.1	2.8	10.1	15.9	1.1	2.1
1963	35.1	26.2	0.08	4.6	4.1	12.7	18.7	1.4	2.3
1964	42.3	29.9	0.08	4.2	8.1	14.9	22.2	1.2	4.1
1965	55.0	34.6	0.06	9.3	11.0	24.3	22.8	4.4	3.6
1966	77.4	44.8	0.05	20.1	12.4	44.3	24.9	4.4	3.8
1967	332	98	0.25	35	198	142	32	136	21
1968	577	167	2.2	56	351	249	40	265	23
1969	920	261	19	84	556	387	72	423	38
1970	1,192	372	8	108	705	504	104	543	41
1971	1,458	495	21	135	808	551	123	738	46
1972	1,739	541	27	181	989	651	147	878	63
1973	2,264	683	45	257	1,278	981	189	1,025	69
1974	2,655	995	22	234	1,403	757	328	1,493	77
1975	3,200	1,191	31	308	1,671	924	358	1,780	137
1976	3,962	1,462	44	391	2,065	1,340	374	2,083	165
1977	5,736	1,871	109	967	2,789	2,327	413	2,728	267
1978	8,318	2,664	639	976	4,039	3,163	527	4,162	466
1979	10,512	3,855	730	1,251	4,676	4,008	716	5,241	546
1980	15,446	5,478	945	1,171	7,853	5,091	1,124	8,586	645
1981	19,234	6,990	1,501	1,382	9,361	6,477	1,711	10,326	720
1982	22,444	8,995	1,441	2,576	9,432	8,375	1,937	11,352	780
1983	25,144	11,113	2,812	1,895	9,324	9,823	2,344	12,153	824
1984	28,483	12,509	3,151	3,126	9,698	11,562	2,803	13,174	944
1985	32,676	14,573	2,019	5,888	10,197	13,562	3,386	14,601	1,128
1986	36,004	17,248	2,625	5,987	10,144	16,403	4,132	14,239	1,230
1987	40,765	21,429	3,488	5,604	10,245	22,622	5,216	11,703	1,225
1988	46,063	24,928	4,031	6,030	11,074	27,864	6,322	10,582	1,295
1989	53,324	30,096	3,880	7,104	12,243	32,975	7,439	11,502	1,408
1990	49,033	29,584	3,031	7,001	9,417	34,479	6,797	6,988	770
1991	58,872	35,354	4,318	8,580	10,621	41,614	8,113	8,274	872
1992	70,706	41,831	5,967	8,977	13,931	47,589	9,527	12,630	960
1993	80,701	50,596	7,101	9,061	13,943	53,950	10,648	14,990	1,114
1994	92,995	58,665	9,664	9,177	15,490	60,691	12,157	18,408	1,739
1995	90,829	53,797	9,349	8,746	18,938	50,481	13,388	25,577	1,383
1996	109,622	62,825	12,419	8,339	26,039	59,838	14,006	33,909	1,868
1997	90,197	51,436	12,074	5,528	21,160	40,278	15,514	33,808	597
1998	107,639	53,989	23,788	7,673	22,189	51,601	18,568	35,934	1,537
1999	120,263	63,699	25,340	8,705	22,519	62,037	19,118	37,408	1,700
2000	139,509	74,542	35,445	7,622	21,901	79,930	19,364	37,023	3,193
2001	155,871	82,830	46,339	6,920	19,782	92,654	19,497	40,567	3,154
2002	274,872	132,331	79,329	9,500	53,713	111,592	23,043	129,600	10,637
2003	299,829	150,710	85,346	6,473	57,300	122,644	22,422	143,047	11,716
2004	309,731	160,976	88,614	6,872	53,270	133,292	22,343	139,088	15,008

자료: 한국은행, 『경제연감』; 1961년 이후는 『경제통계연보』, 각년도.

注: 1950년대까지는 산업은행을 제외한 금융조합(1956년부터 농업은행, 1961년부터는 농협), 중소기업은행, 산업은행은 특수은행에서 제외한다.

표 S296-304 일반은행 대차대조표, 1999-2015

	자산					부채 및 자본			
	합계	대출	유가증권	현금예치금	기타자산	예(수)금 및 예금	차입금	기타부채	자본계정
	S296	S297	S298	S299	S300	S301	S302	S303	S304
	남한, 십억 원								
1999	480,988	265,151	132,939	45,872	37,026	293,662	71,137	91,506	24,683
2000	562,792	322,583	140,944	42,708	56,557	360,753	88,155	88,284	25,600
2001	605,104	363,742	152,907	32,722	55,733	403,088	77,021	95,438	29,558
2002	691,124	446,354	151,962	30,812	61,999	454,396	79,400	124,447	32,881
2003	772,199	505,275	155,612	34,528	76,785	494,136	87,917	154,904	35,242
2004	803,596	518,296	157,723	28,735	98,842	485,183	87,352	188,984	42,076
2005	843,973	552,506	179,565	39,555	72,347	517,449	100,979	171,469	54,076
2006	965,764	641,269	196,149	44,006	84,340	560,402	117,233	224,858	63,271
2007	1,091,695	721,066	55,595	50,098	264,936	592,609	273,933	220,163	4,990
2008	1,448,234	828,666	223,441	68,541	327,627	692,719	299,272	377,294	78,948
2009	1,306,924	828,260	234,188	65,202	179,274	738,388	245,005	234,559	88,972
2010	1,302,779	845,542	231,280	61,745	164,217	784,267	212,113	214,036	92,365
2011	1,358,633	892,883	233,421	64,226	168,102	844,615	203,248	205,567	105,204
2012	1,384,595	902,971	230,719	62,517	188,387	862,166	185,464	227,023	109,941
2013	1,380,595	933,695	212,824	70,925	163,152	895,039	180,805	191,513	113,239
2014	1,489,958	997,450	218,548	86,262	187,699	966,310	186,263	222,635	114,750
2015	1,587,553	1,067,048	228,543	82,258	209,704	1,031,106	187,617	355,776	13,055

자료: 금융감독원, 『금융통계월보』.

주: 1) 본 대차대조표 각 수치는 외국은행 지점을 포함하여 재집계한 것이다.

2) 대출에는 대손충당금(-)을 포함하고, 고정자산은 기타자산에 포함하고, 양도성예금증서(CD)는 예금에 포함한다.

표 S305-313 특수은행 대차대조표, 1999-2015

	자산					부채 및 자본			
	합계	대출	유가증권	현금예치금	기타자산	예(수)금및예금	차입금	기타부채	자본계정
	S305	S306	S307	S308	S309	S310	S311	S312	S313
	남한, 십억 원								
1999	208,397	123,611	50,602	18,025	16,158	68,086	109,505	19,612	11,194
2000	231,844	142,280	56,575	13,825	19,165	88,132	112,321	23,506	7,886
2001	252,673	148,279	73,651	10,259	20,484	103,424	113,292	23,111	12,845
2002	273,549	165,793	75,369	11,430	20,956	111,876	124,245	24,022	13,406
2003	302,514	183,651	80,598	8,524	29,742	123,552	128,387	36,001	14,575
2004	311,290	193,148	83,513	7,755	26,873	134,425	124,789	33,589	18,487
2005	343,275	219,550	95,796	8,000	19,929	146,458	143,923	27,371	25,524
2006	388,270	251,322	102,837	12,460	21,650	153,765	173,470	32,241	28,794
2007	443,954	290,077	111,729	14,572	27,575	165,157	208,096	39,452	31,249
2008	538,355	360,639	112,283	13,736	51,697	191,818	252,791	64,694	29,052
2009	516,755	374,382	89,350	15,284	37,738	199,005	240,002	45,947	31,801
2010	526,412	385,003	85,882	20,055	35,473	211,639	234,209	46,121	34,443
2011	575,696	423,900	95,217	17,191	39,388	238,739	247,189	50,424	39,345
2012	605,166	442,344	98,026	20,770	44,027	265,528	234,955	50,126	54,557
2013	622,757	467,868	96,194	29,085	29,611	270,502	262,097	35,393	54,764
2014	730,206	543,204	128,032	28,088	30,881	290,908	331,086	42,622	65,591
2015	785,340	580,072	136,174	33,361	35,733	321,141	348,724	47,167	68,308

자료: 금융감독원, 『금융통계월보』.

주: 1) 산업은행이 예금은행으로 재편되어 이 특수은행 통계에 포함되었다.

2) 차입금은 채권발행액을 포함한다.

표 S314-323 은행금융기관 은행별 총자산, 1961-2004

	일반은행			특수은행						
	시중은행	지방은행	외국은행 지점	농협	중소기업	국민은행	수협	외환	주택	축협
	S314	S315	S316	S317	S318	S319	S320	S321	S322	S323
	남한, 십억 원									
1961	22.4			19.4	4.0					
1962	44.4			21.0	5.8	3.0				
1963	44.6			26.2	7.5	4.0	0.7			
1964	58.9			46.7	8.5	5.3	0.8			
1965	89.1			63.6	12.1	8.4	2.0			
1966	158			79.5	18	15	2			
1967	242	1	2	108	27	24	7			
1968	458	10	5	197	41	39	10	402	15	
1969	714	22	10	166	62	66	18	633	25	
1970	971	41	15	197	84	88	24	795	36	
1971	1,221	66	27	229	106	112	27	968	50	
1972	1,580	126	53	272	139	145	33	1,119	69	
1973	2,067	231	96	332	185	186	37	1,471	99	
1974	2,798	393	120	453	225	222	51	1,600	130	
1975	4,112	661	260	608	288	266	61	1,927	168	
1976	5,770	877	359	815	351	374	90	2,213	235	
1977	7,777	1,150	628	1,126	484	594	129	3,219	401	
1978	11,121	1,524	982	1,590	738	871	170	4,592	624	
1979	14,723	1,917	1,532	1,974	1,050	1,182	228	5,527	839	
1980	20,892	2,379	3,258	2,578	1,429	1,507	311	8,791	1,181	
1981	26,458	3,128	4,053	3,251	1,992	2,034	353	10,924	1,062	
1982	31,338	4,129	4,918	3,714	2,477	2,790	431	11,919	1,699	
1983	33,858	5,141	3,912	4,274	3,063	3,418	481		2,431	259
1984	36,924	6,152	4,790	4,281	3,590	3,901	543		2,763	322
1985	41,094	7,032	5,527	4,926	4,243	4,520	615		2,881	379
1986	42,860	7,797	6,168	5,477	5,079	5,457	716		3,490	431
1987	48,447	9,717	6,409	7,479	6,179	6,552	948		4,434	479
1988	55,971	10,930	6,071	9,305	7,258	7,593	1,117		5,855	681
1989	64,301	14,331	6,466	11,658	8,841	8,937	1,260		7,778	768
1990	100,837	19,703	7,333	14,566	10,708	10,855	1,473		10,366	1,063
1991	119,614	24,942	9,956	17,212	12,656	12,864	1,869		12,805	1,439
1992	136,987	26,705	10,437	19,741	14,583	15,149	2,167		16,932	2,135
1993	151,049	29,329	10,069	22,038	17,287	18,091	2,537		17,945	2,805
1994	176,316	36,105	11,865	24,703	20,515	21,076	3,079		20,928	3,696
1995	225,053	44,210	13,829	34,160	23,973		3,401		24,800	4,499
1996	264,034	52,831	18,139	42,602	28,956		4,439		28,077	5,552
1997	378,983	58,730	33,476	45,393	32,699		5,514			6,590
1998	393,143	42,339	25,479	53,296	38,753		7,331			8,259
1999	441,444	43,577	28,195				8,644			8,743
2000	505,887	45,522	38,510				7,663			
2001	508,318	48,963	43,472							
2002	585,471	55,058	55,464							
2003	642,181	59,947	76,343							
2004	658,283	65,108	80,295							

자료: 한국은행, 『경제통계연보』, 각년도.

注: 산업은행, 수출입은행, 장기신용은행은 비은행금융기관으로 분류되어 제외한다.

표 S324-333 은행금융기관 은행별 대출, 1961-2004

	일반은행			특수은행						
	시중은행	지방은행	외국은행 지점	농협	중소기업	국민은행	수협	외환	주택	축협
	S324	S325	S326	S327	S328	S329	S330	S331	S332	S333
	남한, 십억 원									
1961	12.8			17.1	2.8					
1962	20.9			18.6	4.5	0.9				
1963	22.8			19.7	5.9	0.9	0.4			
1964	23.1			23.1	6.5	1.0	0.6			
1965	37.6			23.3	8.4	1.4	1.6			
1966	58			24.0	11	3	2			
1967	108	1	0	31.1	18	15	6.1			
1968	187	5	1	49	26	24	8.7	55	13	
1969	316	12	5	84	39	38	13	78	21	
1970	415	22	10	105	53	53	18	118	28	
1971	518	37	18	123	69	68	21	178	39	
1972	648	59	29	148	85	95	23	139	55	
1973	830	104	51	164	122	120	26	189	75	
1974	1,249	201	70	252	158	160	34	299	99	
1975	1,502	298	131	284	189	192	43	358	132	
1976	2,043	383	184	361	231	253	69	375	179	
1977	2,480	456	409	461	301	334	90	440	249	
1978	3,734	625	685	641	427	434	114	621	365	
1979	5,084	793	1,002	870	645	567	147	1,092	549	
1980	6,496	1,009	1,953	1,171	971	839	195	1,518	814	
1981	8,169	1,336	2,236	1,447	1,434	1,199	244	1,928	711	
1982	9,898	1,663	2,684	1,721	1,759	1,980	306	2,321	1,197	
1983	11,250	1,956	2,966	2,095	2,124	2,373	368		1,671	257
1984	12,545	2,445	3,623	2,452	2,362	2,634	440		2,004	316
1985	15,382	2,915	4,233	2,843	2,728	2,892	517		2,319	337
1986	17,674	3,216	4,659	3,271	3,363	3,102	605		2,656	359
1987	18,527	3,714	4,967	4,422	3,966	3,491	697		3,104	379
1988	20,566	4,359	4,655	5,433	4,776	4,095	817		3,701	454
1989	28,180	6,077	4,673	6,722	5,739	4,871	940		5,191	555
1990	39,277	8,515	4,930	8,093	6,693	5,641	1,111		6,911	742
1991	47,630	10,349	6,440	9,212	7,806	6,797	1,252		8,717	1,024
1992	53,944	11,046	6,279	10,399	8,942	8,089	1,422		10,943	1,479
1993	57,294	12,456	5,213	11,992	10,617	10,411	1,654		13,158	2,060
1994	69,841	14,895	5,972	13,598	12,388	12,053	1,851		15,009	2,869
1995	92,336	17,868	6,131	16,205	13,941		2,160		17,035	3,481
1996	108,433	20,665	8,270	19,910	16,275		2,483		18,531	4,317
1997	150,807	23,439	13,324	24,272	17,753		2,987			4,990
1998	149,131	16,294	10,149	25,745	18,405		3,479			5,385
1999	179,023	17,821	8,106				3,719			5,404
2000	221,658	19,695	10,149				3,757			
2001	252,132	22,041	8,661							
2002	346,245	28,711	8,825							
2003	391,526	32,878	10,824							
2004	402,920	36,775	8,403							

자료: 한국은행, 『경제통계연보』, 각년도.

注: 산업은행, 수출입은행, 장기신용은행은 비은행금융기관으로 분류되어 제외한다.

표 S334-343 은행금융기관 은행별 예금, 1961-2004

	일반은행			특수은행						
	시중은행	지방은행	외국은행 지점	농협	중소기업	국민은행	수협	외환	주택	축협
	S334	S335	S336	S337	S338	S339	S340	S341	S342	S343
	남한, 십억 원									
1961	19.3			3.5	2.2					
1962	29.1			4.3	3.2	1.8				
1963	26.4			5.7	3.6	1.8	0.1			
1964	28.3			6.5	3.8	2.4	0.1			
1965	56.2			10.6	6.0	4.1	0.2			
1966	84			21	9	13	0.1			
1967	138	0.9	0.7	28	16	22	0.5			
1968	244	6.8	2.2	47	26	36	0.8	137	4	
1969	394	17.4	3.9	76	40	60	3.1	200	11	
1970	478	40	6	96	58	80	5.7	248	18	
1971	578	63	8	109	71	101	5.5	242	24	
1972	773	103	14	133	88	128	6.6	271	33	
1973	993	161	19	170	114	167	10	479	45	
1974	1,154	230	27	217	130	201	15	143	55	
1975	1,739	518	49	260	158	240	22	182	67	
1976	2,279	468	78	430	204	342	36	270	97	
1977	3,215	653	96	596	311	545	55	638	195	
1978	4,516	855	106	855	482	798	83	611	315	
1979	5,613	1,111	108	1,007	686	1,052	97	729	411	
1980	7,098	1,327	200	1,174	841	1,328	126	1,036	603	
1981	9,548	1,720	300	1,501	1,119	1,777	170	1,185	778	
1982	11,022	2,210	542	1,807	1,358	2,476	215	1,410	1,154	
1983	11,957	2,605	524	1,910	1,655	2,981	2,222		2,051	8
1984	14,358	3,255	631	2,282	1,858	3,342	242		2,274	25
1985	15,455	3,720	623	2,724	2,150	3,782	272		2,393	66
1986	17,801	4,611	641	3,276	2,718	4,454	324		2,806	84
1987	23,707	5,911	741	4,592	3,282	5,436	431		3,670	138
1988	31,248	7,075	670	5,428	4,044	6,393	488		4,897	259
1989	33,267	8,935	834	7,056	4,691	7,525	572		6,383	290
1990	51,063	12,876	1,637	9,272	5,083	8,958	681		8,495	419
1991	58,577	15,576	2,269	10,953	5,768	10,552	803		10,417	581
1992	63,874	16,471	1,672	11,940	6,474	12,108	893		12,089	728
1993	73,394	17,690	1,526	13,346	6,782	13,721	1,027		13,662	859
1994	90,130	20,708	1,622	14,839	7,568	15,499	1,259		15,242	665
1995	123,593	25,200	1,512	16,504	8,502		1,322		16,840	659
1996	141,916	29,896	1,765	20,531	9,393		1,580		18,517	829
1997	209,416	30,333	3,766	21,972	9,888		1,666			962
1998	222,155	26,961	5,048	28,797	13,417		2,721			2,336
1999	268,970	29,481	5,322				3,562			2,813
2000	322,676	31,683	9,268				3,351			
2001	351,945	36,067	11,091							
2002	396,807	41,534	10,624							
2003	429,026	45,560	12,341							
2004	422,956	48,023	7,789							

자료: 한국은행, 『경제통계연보』, 각년도.

注: 산업은행, 수출입은행, 장기신용은행은 비은행금융기관으로 분류되어 제외한다.

표 S344-350 은행금융기관 은행별 총자산, 1999-2015

	일반은행			특수은행			
	시중은행	지방은행	외국은행 지점	농협은행	중소기업은행	수협중앙회	산업은행
	S344	S345	S346	S347	S348	S349	S350
	남한, 십억 원						
1999	411,893	40,545	28,550	60,072	40,883	8,629	75,663
2000	473,304	43,255	46,233	81,524	49,557	7,505	81,309
2001	509,586	48,561	46,957	95,509	55,177	8,929	82,003
2002	582,337	54,208	54,579	109,508	65,036	9,605	78,792
2003	638,313	58,968	74,918	119,598	71,584	10,787	89,264
2004	654,443	64,101	85,051	120,839	74,495	11,558	92,227
2005	703,228	71,596	69,148	132,523	85,519	13,566	96,511
2006	791,655	82,142	91,967	147,313	103,436	15,549	104,523
2007	872,655	93,195	125,845	160,588	119,304	17,806	122,616
2008	1,077,470	100,626	270,138	183,122	141,781	19,857	157,613
2009	1,021,362	104,830	180,732	182,750	150,917	18,727	122,333
2010	1,026,069	115,126	161,585	181,343	165,482	19,692	113,205
2011	1,080,581	126,241	151,887	191,365	179,946	21,377	127,874
2012	1,086,084	135,550	162,961	194,756	190,762	22,062	142,998
2013	1,091,775	145,097	134,723	192,534	203,681	22,001	143,607
2014	1,143,929	152,691	193,338	208,577	207,930	22,792	217,833
2015	1,211,644	166,917	208,993	228,717	225,961	24,311	224,461

자료: 금융감독원, 금융통계정보시스템(http://fisis.fss.or.kr).

주: 1) 산업은행은 2002년부터 은행금융기관으로 재분류되어 이 통계에 포함된다.

2) 농협중앙회는 2012년 농협은행으로 개칭된다.

표 S351-357 은행금융기관 은행별 대출, 1999-2015

	일반은행			특수은행			
	시중은행	지방은행	외국은행 지점	농협은행	중소기업은행	수협중앙회	산업은행
	S351	S352	S353	S354	S355	S356	S357
	남한, 십억 원						
1999	230,122	21,268	13,761	35,428	25,218	4,190	43,483
2000	282,815	22,380	17,387	48,750	31,153	3,936	49,900
2001	320,768	26,646	16,328	53,009	35,117	4,165	47,181
2002	398,474	31,456	16,424	60,622	46,385	5,072	44,912
2003	450,963	35,533	18,778	68,802	51,741	6,366	47,449
2004	463,430	40,161	14,705	75,107	55,173	7,333	45,845
2005	492,509	44,651	15,346	84,477	64,358	9,278	49,825
2006	569,390	53,440	18,439	96,698	77,997	11,492	50,736
2007	636,424	62,488	22,153	110,272	89,268	13,408	57,029
2008	733,015	68,487	27,164	132,898	105,094	14,698	76,063
2009	723,406	71,686	33,168	132,150	116,279	14,822	74,784
2010	736,794	76,650	32,098	131,946	127,352	15,980	69,817
2011	775,777	87,514	29,592	141,261	138,804	17,378	80,339
2012	775,648	96,577	30,747	144,077	143,470	17,984	90,954
2013	794,919	105,423	33,352	152,904	149,500	18,059	96,235
2014	837,108	114,621	45,721	168,645	160,672	18,484	134,244
2015	895,025	125,681	46,342	181,085	175,845	19,790	136,717

자료: 금융감독원, 금융통계정보시스템(http://fisis.fss.or.kr).

주: 1) 산업은행은 은행금융기관으로 재분류되어 이 통계에 포함된다.

2) 농협중앙회는 2012년 농협은행으로 개칭된다.

표 S358-364 은행금융기관 은행별 예금, 1999-2015

	일반은행			특수은행			
	시중은행	지방은행	외국은행 지점	농협은행	중소기업은행	수협중앙회	산업은행
	S358	S359	S360	S361	S362	S363	S364
	남한, 십억 원						
1999	259,181	28,640	5,840	35,577	17,468	4,802	6,896
2000	319,316	31,087	10,351	50,272	25,594	3,743	8,522
2001	356,021	35,661	11,406	59,633	28,944	4,363	10,483
2002	402,118	40,879	11,399	65,782	32,144	5,205	8,745
2003	435,797	44,932	13,406	72,419	34,215	6,201	10,716
2004	429,257	47,357	8,569	81,624	37,118	6,750	8,933
2005	457,727	52,543	7,179	87,439	40,117	7,580	11,322
2006	495,517	57,433	7,452	98,206	37,005	8,629	9,925
2007	520,806	61,924	9,889	108,336	36,864	10,336	9,621
2008	618,401	65,055	9,264	123,495	40,259	11,296	16,769
2009	661,711	68,427	8,249	124,082	50,712	10,276	13,936
2010	699,141	75,750	9,376	123,243	58,287	11,178	18,930
2011	745,510	88,088	11,016	135,674	65,752	12,091	25,222
2012	753,907	97,537	10,722	140,161	74,728	11,987	38,652
2013	768,088	106,729	20,222	142,239	78,456	12,080	37,727
2014	813,976	115,808	36,527	158,536	82,418	12,348	37,606
2015	872,697	127,547	30,862	175,567	91,938	13,701	39,935

자료: 금융감독원, 금융통계정보시스템(http://fisis.fss.or.kr).

주: 1) 산업은행은 은행금융기관으로 재분류되어 이 통계에 포함된다.

2) 농협중앙회는 2012년 농협은행으로 개칭된다.

표 S365-374 한국산업은행 대차대조표, 1954-2001

	자산					부채 및 자본				
	합계	대출	유가증권	현금예치금	기타자산	예금	차입금	채권발행	기타부채	자본계정
	S365	S366	S367	S368	S369	S370	S371	S372	S373	S374
	남한, 십억 원									
1954	0.995	0.736	0.005	0.037	0.22	0.06	0.73	0.20	0.00	0.004
1955	3.407	2.751	0.011	0.334	0.31	0.25	2.66	0.40	0.09	0.012
1956	7.098	5.392	0.033	0.919	0.75	0.50	5.38	0.80	0.38	0.046
1957	11.23	9.21	0.051	1.55	0.42	0.65	9.25	0.80	0.43	0.089
1958	11.90	10.54	0.049	0.84	0.47	0.23	9.02	1.60	0.73	0.32
1959	15.32	14.13	0.040	0.62	0.53	0.73	11.97	1.60	0.69	0.34
1960	17.10	15.85	0.094	0.60	0.55	0.42	13.55	2.04	0.81	0.28
1961	23.90	20.26	0.07	2.99	0.58	0.37	19.09	2.04	2.01	0.39
1962	30.91	24.32	0.04	2.52	4.03	0.85	14.86	0.40	13.9	0.94
1963	50.12	27.62	0.04	1.86	20.60	0.50	18.28	0.38	19.9	11.10
1964	74.82	31.74	0.03	1.65	41.41	0.51	21.98	0.31	40.0	12.06
1965	104.51	38.79	0.02	2.60	63.10	1.73	24.58	0.27	63.8	14.17
1966	156.20	46.64	0.02	2.22	107.32	2.92	31.79	0.21	103.7	17.58
1967	205.98	52.42	0.01	1.59	151.95	2.83	37.21	0.15	143.8	21.95
1968	269.78	66.43	0.03	5.05	198.27	15.33	44.05	0.09	182.3	27.99
1969	442.64	96.10	0.28	5.09	341.17	20.03	62.18	16.36	306.9	37.18
1970	635.1	129.0	0.0	10.1	496.0	30.5	82.5	28.1	432.5	61.5
1971	853.6	157.5	0.4	10.0	685.7	26.6	103.9	26.4	629.8	66.9
1972	1,010.4	239.1	0.4	49.2	721.6	19.7	124.8	51.4	689.1	125.4
1973	1,261.9	318.5	0.1	42.9	900.4	21.5	140.2	81.7	889.0	129.4
1974	1,922.3	425.7	7.7	50.3	1,438.6	13.8	241.2	87.8	1,436.9	142.6
1975	2,328.5	577.8	7.0	60.9	1,682.8	28.8	357.7	67.3	1,638.2	236.5
1976	3,636.2	739.9	73.1	70.1	2,753.1	37.8	515.7	114.6	2,638.4	329.7
1977	4,728	1,008	290	75	3,355	82	683	176	3,422	365
1978	5,928	1,444	306	152	4,027	96	1,077	235	4,072	449
1979	6,624	2,138	434	156	3,896	95	1,813	299	3,935	480
1980	8,850	3,105	521	182	5,042	136	2,534	510	5,052	618
1981	9,714	3,825	906	120	4,863	90	3,484	610	4,870	660
1982	10,073	4,670	753	199	4,451	120	4,128	786	4,354	685
1983	10,789	5,327	1,210	151	4,100	182	4,962	900	3,964	781
1984	12,266	5,883	1,332	341	4,710	195	5,577	1,160	4,566	767
1985	14,991	6,914	966	1,429	5,682	199	6,810	1,711	5,485	786
1986	15,379	7,498	1,069	1,055	5,756	489	6,237	2,229	5,599	825
1987	15,347	8,672	1,503	179	4,993	403	4,139	2,688	7,270	846
1988	16,378	9,305	2,048	293	4,732	425	3,484	2,896	8,556	1,017
1989	17,525	10,616	2,092	625	4,192	607	3,202	3,404	8,994	1,318
1990	23,341	12,738	2,544	439	7,620	846	3,517	4,612	12,991	1,375
1991	29,212	15,690	3,121	548	9,854	860	3,877	7,974	15,115	1,386
1992	32,258	17,740	3,549	370	10,599	921	4,028	10,412	15,466	1,431
1993	35,937	20,057	4,043	353	11,483	962	4,016	13,921	15,555	1,482
1994	42,481	22,399	4,793	550	14,739	1,074	4,173	16,617	18,999	1,617
1995	47,844	25,437	5,274	1,052	16,081	1,205	4,434	19,639	20,828	1,737
1996	58,539	29,873	6,433	1,087	21,147	1,432	5,536	23,764	25,730	2,077
1997	106,154	40,548	9,499	5,176	50,931	2,751	13,277	34,782	52,427	2,917
1998	124,662	41,550	21,101	4,929	57,081	7,972	16,989	36,096	59,293	4,312
1999	122,293	38,335	22,512	5,704	55,742	6,216	16,641	34,666	62,556	2,214
2000	130,380	41,568	20,412	4,513	63,887	7,801	18,399	35,251	62,931	5,998
2001	79,009	32,918	31,022	1,613	13,456	8,469	16,791	34,317	13,438	5,993

자료: 한국은행, 『경제연감』; 1961년 이후는 『경제통계연보』, 각년도.

주: 자산계정에서는 지급보증 대충, 부채계정에서는 지급보증으로 양 계정에서 제외한다.

표 S375-383 금융조합/농업은행/농협중앙회 대차대조표, 1950-1998

	자산					부채 및 자본			
	합계	대출	유가증권	현금예치금	기타자산	예금	차입금	기타부채	자본계정
	S375	S376	S377	S378	S379	S380	S381	S382	S383
	남한, 십억 원								
1950	0.066	0.012	-	0.023	0.032	0.013	0.008	0.04	0.001
1951	0.106	0.032	-	0.030	0.044	0.036	0.015	0.05	0.001
1952	0.316	0.071	-	0.071	0.174	0.086	0.058	0.17	0.002
1953	0.59	0.26	-	0.18	0.14	0.20	0.20	0.18	0.003
1954	1.27	0.38	-	0.35	0.54	0.50	0.18	0.59	0.005
1955	2.22	0.72	-	0.69	0.81	0.33	0.31	1.57	0.006
1956	3.44	1.79	0.06	0.79	0.81	1.51	0.79	1.12	0.008
1957	6.46	4.98	0.10	0.45	0.93	1.65	4.06	0.75	0.008
1958	13.4	8.3	0.10	0.7	4.4	2.1	7.2	4.1	0.03
1959	15.1	9.0	0.08	0.8	5.3	2.9	7.6	4.7	0.03
1960	19.5	12.8	0.10	1.4	5.2	3.0	10.8	5.7	0.03
1961	19.4	17.1	0.13	1.5	0.7	3.5	12.9	2.6	0.4
1962	21.0	18.6	0.07	2.4	0.1	4.3	14.7	1.2	0.9
1963	26.2	19.7	0.07	3.1	3.3	5.7	18.6	0.5	1.5
1964	46.7	23.1	0.06	2.2	21.4	6.5	21.1	17.5	1.7
1965	63.6	23.3	0.05	4.9	35.4	11	31	20.1	1.9
1966	79.5	24.0	0.04	10	45.4	21	38	18.4	2.0
1967	108.3	31.1	0.04	13	64.1	28	43	37	
1968	197	49	0.04	11	138	47	54	96	
1969	166	84	3.8	16	62	76	80	11	
1970	197	105	0.1	23	69	96	89	12	
1971	229	123	0.1	18	88	109	96	24	
1972	272	148	0.2	28	95	133	107	32	
1973	332	164	0.2	41	126	170	128	34	
1974	453	252	0.3	34	166	217	194	41	
1975	608	284	0.3	45	280	260	280	69	
1976	815	361	0.3	103	351	430	287	98	
1977	1,126	461	10	248	408	596	417	114	
1978	1,590	641	188	195	567	855	523	212	
1979	1,974	870	228	267	609	1,007	656	311	
1980	2,578	1,171	208	242	957	1,174	899	505	
1981	3,251	1,447	216	146	1,442	1,501	1,126	625	
1982	3,714	1,721	168	381	1,444	1,807	1,339	568	
1983	4,274	2,095	25	306	1,848	1,910	1,653	711	
1984	4,281	2,452	101	538	1,191	2,282	1,190	810	
1985	4,926	2,843	93	654	1,337	2,724	1,391	811	
1986	5,477	3,271	409	498	1,300	3,276	1,669	533	
1987	7,479	4,422	697	975	1,387	4,592	2,426	461	
1988	9,305	5,433	808	1,328	1,735	5,428	3,376	501	
1989	11,658	6,722	654	1,468	2,814	7,056	3,912	689	
1990	14,566	8,093	731	1,785	3,958	9,272	4,184	1,110	
1991	17,212	9,212	1,332	2,220	4,448	10,953	4,738	1,522	
1992	19,741	10,399	2,420	2,271	4,650	11,940	5,258	2,543	
1993	22,038	11,992	2,660	2,695	4,691	13,346	5,577	3,114	
1994	24,703	13,598	3,070	2,450	5,585	14,839	6,377	3,487	
1995	34,160	16,205	4,023	3,971	9,961	16,504	7,920	9,736	
1996	42,602	19,910	5,414	3,858	13,419	20,531	9,162	12,909	
1997	45,393	24,272	7,255	3,645	10,220	21,972	10,957	12,464	
1998	53,296	25,745	12,937	3,790	10,824	28,797	12,671	11,828	

자료: 한국은행, 『경제연감』; 1961년 이후는 『경제통계연보』, 각년도.

주: 1) 1956년부터는 농업은행 1961년부터는 농협중앙회이다.

2) 자산계정에서는 지급보증 대충, 부채계정에서는 지급보증으로 양 계정에서 제외한다.

3) 대출은 외화대출이 포함된다.

표 S384-392 한국산업은행 대차대조표, 1999-2015

	자산					부채 및 자본			
	합계	대출	유가증권	현금예치금	기타자산	예금	차입금 (채권발행)	기타부채	자본계정
	S384	S385	S386	S387	S388	S389	S390	S391	S392
	남한, 십억 원								
1999	75,663	43,483	22,637	5,989	3,554	6,896	58,790 (38,305)	3,738	6,239
2000	81,309	49,900	19,329	5,182	6,899	8,522	61,963 (38,516)	7,026	3,798
2001	82,003	47,181	25,308	2,673	6,841	10,483	57,914 (36,637)	6,673	6,933
2002	78,792	44,912	26,378	1,981	5,521	8,745	58,090 (33,665)	5,016	6,941
2003	89,264	47,449	28,022	1,779	12,014	10,716	59,414 (36,941)	11,731	7,403
2004	92,227	45,845	33,241	1,192	11,949	8,933	61,689 (40,149)	11,342	10,263
2005	96,511	49,825	39,435	1,866	5,385	11,322	64,018 (43,235)	6,426	14,745
2006	104,523	50,736	46,182	1,448	6,158	9,925	71,264 (47,120)	6,828	16,506
2007	122,616	57,029	53,984	2,894	8,709	9,621	84,333 (56,333)	10,075	18,587
2008	157,613	76,063	53,396	4,437	23,717	16,769	101,460 (69,861)	23,669	15,715
2009	122,333	74,784	31,662	2,965	12,922	13,936	80,688 (50,874)	12,598	15,111
2010	113,205	69,817	28,199	4,363	10,827	18,930	66,808 (43,291)	11,239	16,228
2011	127,874	80,339	34,033	1,966	11,536	25,222	74,031 (48,250)	10,963	17,658
2012	142,998	90,954	32,772	2,696	16,576	38,652	69,754 (47,813)	16,373	18,219
2013	143,607	96,235	31,862	5,710	9,800	37,727	79,824 (56,649)	9,710	16,346
2014	217,833	134,244	66,409	5,975	11,205	37,606	141,246 (117,772)	13,568	25,413
2015	224,461	136,717	70,073	4,879	12,791	39,935	142,917 (118,557)	16,353	25,256

자료: 금융감독원, 금융통계정보시스템(http://fisis.fss.or.kr).

주: 1) 특수은행 은행계정만 집계된다.

2) 차입금에는 채권발행액이 포함되어 있다.

표 S393-401 농협은행(구농협중앙회) 대차대조표, 1999-2015

	자산					부채 및 자본			
	합계	대출	유가증권	현금예치금	기타자산	예금	차입금	기타부채	자본계정
	S393	S394	S395	S396	S397	S398	S399	S400	S401
	남한, 십억 원								
1999	60,072	35,428	11,890	4,785	7,970	35,577	17,410	7,085	-
2000	81,524	48,750	20,984	4,196	7,594	50,272	22,677	8,570	5
2001	95,509	53,009	29,886	4,019	8,595	59,633	26,802	9,059	15
2002	109,508	60,622	32,003	7,505	9,378	65,782	32,981	10,729	16
2003	119,598	68,802	36,458	4,047	10,291	72,419	32,952	14,080	147
2004	120,839	75,107	32,692	4,194	8,846	81,624	26,163	12,790	262
2005	132,523	84,477	34,697	3,440	9,909	87,439	30,726	13,786	572
2006	147,313	96,698	32,347	7,915	10,353	98,206	31,680	16,479	948
2007	160,588	110,272	31,238	7,197	11,881	108,336	31,543	20,416	293
2008	183,122	132,898	29,841	4,919	15,464	123,495	35,926	23,760	-59
2009	182,750	132,150	27,758	7,179	15,663	124,082	36,360	22,100	208
2010	181,343	131,946	27,297	7,101	15,000	123,243	34,976	22,771	352
2011	191,365	141,261	27,898	5,625	16,581	135,674	29,753	25,757	182
2012	194,756	144,077	26,338	9,248	15,093	140,161	23,367	18,176	13,052
2013	192,534	152,904	23,411	9,051	7,169	142,239	26,241	10,093	13,961
2014	208,577	168,645	21,109	9,987	8,835	158,536	24,045	12,052	13,944
2015	228,717	181,085	22,909	14,654	10,068	175,567	26,193	12,823	14,135

자료: 금융감독원, 금융통계정보시스템(http://fisis.fss.or.kr).

주: 특수은행 은행계정만 집계된다. 2012년부터 농협중앙회로부터 농협은행으로 개칭된다.

표 S402-409 은행신탁 주요계정, 1960-2004

	자산				수탁			
	합계	대출	유가증권	기타자산	소계	금전신탁	유가증권	증권신탁
	S402	S403	S404	S405	S406	S407	S408	S409
	남한, 십억 원							
1960	0.0080	0.0033	-	0.0047	0.006	0.006	-	
1961	0.140	0.037	0.047	0.056	0.127	0.124	0.003	
1962	2.509	1.304	0.569	0.636	2.450	2.298	0.113	
1963	5.41	4.17	0.94	0.30	5.10	4.97	0.09	
1964	5.95	4.76	0.92	0.28	5.74	5.60	0.11	
1965	8.22	6.02	0.77	1.44	7.9	7.60	0.14	
1966	17.0	10.5	0.7	5.7	16.0	15.5	0.23	
1967	31.9	14.2	0.9	16.7	30.5	30.0	0.25	
1968	55.2	24.4	1.7	29.0	52.4	51.7	0.61	
1969	71.8	47.4	4.1	20.2	67	67.2	0.28	
1970	87	68	5.5	13	79	79	0.11	
1971	139	108	7.9	23	125	125	0.23	
1972	202	115	16	71	158	158	0.04	
1973	226	123	45	58	183	183	0.05	
1974	235	114	37	84	191	191	0.1	
1975	244	114	49	82	187	186	0.2	
1976	347	182	79	87	251	251	0.4	
1977	606	300	210	96	355	355	0.4	
1978	869	380	392	97	429	429	0.4	
1979	1,230	508	676	45	708	588	121	
1980	2,088	900	1,105	84	1,205	1,043	163	
1981	3,395	1,184	2,136	75	3,142	1,448	271	1,423
1982	4,757	1,163	3,271	323	4,434	1,581		2,852
1983	5,741	1,231	4,056	455	5,500	1,721		3,779
1984	6,993	1,604	5,014	374	6,707	2,236		4,471
1985	10,302	2,758	6,754	790	9,783	3,928		5,855
1986	14,135	3,578	9,896	661	13,434	5,096		8,338
1987	20,090	4,511	14,818	761	19,115	8,741		10,374
1988	29,964	5,216	23,647	1,101	28,285	13,453		14,832
1989	24,073	7,808	13,678	2,587	41,535	22,119		19,416
1990	31,503	11,282	16,692	3,529	54,423	29,175		25,248
1991	39,812	15,888	18,730	5,193	64,548	36,619		27,929
1992	57,632	23,935	25,407	8,291	88,693	53,022		35,670
1993	83,705	26,766	46,437	10,502	120,616	71,319		49,297
1994	118,459	37,556	69,955	10,948	152,194	93,415		58,780
1995	161,374	44,374	102,495	14,505	191,198	124,891		66,307
1996	194,259	54,572	125,922	13,765	226,488	151,093		75,395
1997	218,180	61,171	141,952	15,058	262,639	171,456		91,183
1998	179,470	46,664	106,770	26,037	339,827	138,941		200,887
1999	139,194	31,049	88,181	19,964	300,859	111,360		189,500
2000	94,497	16,794	66,595	11,108	210,686	77,594		133,092
2001	109,677	6,589	74,160	28,929	81,330	81,330		
2002	129,057	6,038	68,024	54,994	73,713	73,713		
2003	135,277	5,051	52,101	78,125	58,135	58,135		
2004	111,389	4,277	43,421	63,691	47,899	47,899		

자료: 한국은행, 『경제통계연보』, 각년도.

주: 1) 수탁 소계는 금전신탁, 유가증권, 증권신탁의 합계이다.

2) 증권신탁은 은행신탁계정 대차대조표 계정에서 제외한다.

표 S410-417 은행신탁 주요계정, 1996-2015

	자산				부채			
	합계	대출	유가증권	기타자산	금전신탁	재산신탁	차입금	기타부채와 자본계정
	S410	S411	S412	S413	S414	S415	S416	S417
	남한, 십억 원							
1996	162,493	49,194	105,975	7,324	148,466	1,199	-	12,829
1997	188,154	55,154	124,522	8,478	171,162	587	-	16,405
1998	152,106	39,524	97,263	15,319	133,910	23,100	3,319	-8,223
1999	144,117	29,029	95,741	19,347	119,880	488	3,460	20,289
2000	90,604	15,874	70,472	4,258	77,763	1,948	7,460	3,433
2001	110,262	28,766	73,630	7,867	81,278	24,045	1,716	3,223
2002	134,584	55,662	71,573	7,349	73,678	57,119	601	3,187
2003	134,739	63,334	55,767	15,639	58,130	73,132	167	3,311
2004	111,403	51,396	46,472	13,535	47,899	60,577	34	2,892
2005	112,508	46,433	46,201	19,874	48,448	61,284	1	2,775
2006	130,291	47,356	51,648	31,287	63,289	64,548	-	2,455
2007	153,048	40,765	58,274	54,009	73,553	76,981	-	2,514
2008	149,033	37,368	47,630	64,035	72,593	74,399	-	2,040
2009	152,861	45,800	46,528	60,532	68,030	82,481	-	2,350
2010	167,225	50,652	47,939	68,633	80,766	84,012	-	2,447
2011	184,329	49,788	50,115	84,427	99,017	82,979	-	2,333
2012	205,118	56,858	41,697	106,564	109,544	92,851	-	2,723
2013	248,475	79,342	45,422	123,711	130,315	114,846	3	3,311
2014	264,090	84,313	50,426	129,351	143,126	117,344	-	3,620
2015	291,878	85,400	60,527	145,951	166,707	121,022	-	4,150

자료: 금융감독원, 금융통계정보시스템(http://fisis.fss.or.kr).
주: 1998년 음(-)의 값은 자본(자산)손실이 반영된 결과로 추정된다.

표 S418-429 비은행 금융기관 총자산, 1972-2004

	개발금융기관			저축기관				투자(신탁)금융기관				
	산업은행	수출입 은행	장기신용 은행	상호저축 은행	신용협동 조합	새마을 금고	상호금융	투자금융	종합금융	투자신탁	증권금융	은행신탁
	S418	S419	S420	S421	S422	S423	S424	S425	S426	S427	S428	S429
	남한, 십억 원											
1972	1,010							2				115
1973	1,262			42				59				123
1974	1,922			55				145				114
1975	2,329	30		64				221		51		114
1976	3,636	81		85				346	12	108		182
1977	4,728	181		130	49		320	472	69	181	42	300
1978	5,928	239		218	86		499	685	209	327	91	380
1979	6,624	324		361	129		649	931	337	468	94	508
1980	8,850	556		534	206		891	1,214	579	701	131	900
1981	9,714	1,320	605	800	324		1,253	1,611	817	1,480	155	1,184
1982	10,073	2,106	790	1,211	473		1,760	2,150	1,105	2,977	196	1,163
1983	10,789	2,923	964	1,888	588		1,894	2,920	1,369	3,772	224	1,231
1984	12,266	4,041	1,134	2,530	711	1,093	2,248	4,870	1,767	4,518	234	1,604
1985	14,991	5,186	1,381	3,429	842	1,309	2,825	4,762	2,049	6,006	286	2,758
1986	15,379	3,954	1,763	4,691	1,048	1,923	3,967	5,624	2,482	8,661	301	3,578
1987	15,347	2,783	2,148	5,631	1,411	2,739	5,703	7,943	2,866	11,048	555	4,511
1988	16,378	2,359	2,585	6,483	1,885	3,701	8,118	11,357	3,557	15,611	550	5,216
1989	17,525	2,214	3,961	8,392	2,525	4,941	9,989	12,618	4,218	24,110	865	7,808
1990	23,341	2,723	6,455	11,472	3,597	7,167	13,839	18,447	5,209	30,649	3,128	11,282
1991	29,212	3,819	10,132	15,496	5,064	9,614	18,397	22,193	29,143	34,129	3,984	15,888
1992	32,258	3,626	10,208	19,591	6,727	11,936	23,721	20,765	29,350	42,499	4,181	23,935
1993	35,937	4,439	11,478	23,400	8,503	14,363	28,706	23,170	33,114	59,091	5,168	26,766
1994	42,481	5,228	13,775	29,200	10,741	17,241	34,468	22,746	38,595	66,525	6,722	37,556
1995	47,844	6,688	16,012	32,612	13,217	20,729	41,964	24,563	45,908	75,912	8,345	44,374
1996	58,539	8,882	16,116	36,261	16,657	25,635	52,367		52,487	82,166	7,737	54,572
1997	106,154	21,453	21,472	36,048	19,336	29,845	61,764		77,850	102,353	6,426	61,171
1998	124,662	21,455		31,631	20,801	33,108	75,041		58,442	214,980	9,816	46,664

표 S418-429 계속

	개발금융기관			저축기관				투자(신탁)금융기관				
	산업은행	수출입은행	장기신용은행	상호저축은행	신용협동조합	새마을금고	상호금융	투자금융	종합금융	투자신탁	증권금융	은행신탁
	S418	S419	S420	S421	S422	S423	S424	S425	S426	S427	S428	S429
	남한, 십억 원											
1999	122,293	20,345		28,503	20,068	35,450	80,425		38,167	212,817	21,221	31,049
2000	130,380	19,469		24,196	20,959	37,061	87,045		21,273	146,717	15,466	16,794
2001	79,009	11,539		24,230	23,365	40,126	95,940		13,796	159,490	21,320	6,589
2002		11,120		27,095	20,994	42,230	105,912		12,018	187,874	19,651	6,038
2003		11,792		32,189	20,113	44,662	115,462		9,730	160,048	19,410	5,051
2004		12,577		38,622	22,767	48,783	126,838		10,294	183,907	15,371	4,277

자료: 한국은행, 『경제통계연보』, 각년도.

注: 1) 투자금융, 종합금융의 발행어음은 제외한다.

2) 한국산업은행은 2002년부터 예금은행으로 전환되었고, 새마을금고는 1983년 설립되었다.

3) 장기산용은행은 1997년 설립되어 1998년 국민은행에 합병되었다. 투자금융회사는 1991년부터 업종을 전환하여 1996년에 소멸되었다.

표 S430-440 비은행 금융기관 여신, 1972-2004

	개발금융기관			저축기관			투자(신탁)금융기관				
	산업은행	수출입은행	장기신용은행	상호저축은행	신용협동조합	새마을금고	상호금융	투자금융	종합금융	증권금융	은행신탁
	S430	S431	S432	S433	S434	S435	S436	S437	S438	S439	S440
	남한, 십억 원										
1972	239							2			115
1973	318			35				54			123
1974	426			48				130			114
1975	578	30		54				193			114
1976	740	56		76				293	10		182
1977	1,008	121		120	40		241	354	41	33	300
1978	1,444	165		202	64		371	533	128	59	380
1979	2,138	226		335	103		332	765	200	71	508
1980	3,105	511		479	167		565	873	323	99	900
1981	3,825	948	511	704	259		993	1,307	421	109	1,184
1982	4,670	1,564	631	1,049	380		1,445	1,665	460	126	1,163
1983	5,327	2,055	738	1,608	477		1,563	2,286	536	176	1,231
1984	5,883	2,607	806	2,105	559	782	1,907	3,970	800	186	1,604
1985	6,914	3,350	962	2,895	657	984	2,131	3,721	854	250	2,758
1986	7,498	2,542	1,317	3,922	787	1,278	2,902	4,174	992	215	3,578
1987	8,672	2,004	1,631	4,689	1,051	1,806	4,012	5,278	950	446	4,511
1988	9,305	1,715	1,917	5,316	1,413	2,498	5,602	7,065	805	249	5,216
1989	10,616	1,960	2,384	6,899	1,908	3,345	7,585	8,591	930	734	7,808
1990	12,738	2,367	3,290	9,581	2,687	4,760	10,374	10,528	1,452	1,282	11,282
1991	15,690	2,931	4,085	12,787	3,803	6,422	14,167	11,437	13,232	1,620	15,888
1992	17,740	2,498	4,919	15,287	4,850	7,538	17,720	11,057	13,289	2,076	23,935
1993	20,057	3,261	5,906	18,348	5,909	8,595	21,626	12,508	15,378	2,149	26,766
1994	22,399	4,076	4,571	22,813	7,419	9,977	26,499	14,062	19,971	2,797	37,556
1995	25,437	5,315	8,457	25,754	8,957	11,492	30,471	13,585	21,712	7,024	44,374
1996	29,873	7,142	9,133	28,116	10,658	13,664	36,899		21,972	7,518	54,572
1997	40,548	11,632	10,876	28,137	12,678	16,425	45,684		25,192	6,007	61,171
1998	41,550	11,202		21,879	11,168	15,700	46,224		14,062	9,067	46,664
1999	38,335	9,148		18,649	10,127	14,908	47,501		10,824	15,514	31,049
2000	41,568	7,436		15,701	1,022	14,820	52,515		7,092	6,952	16,794
2001	32,918	8,235		15,963	10,599	16,669	56,030		5,808	8,438	6,589
2002		8,515		19,246	10,740	19,614	62,761		5,854	6,824	6,038
2003		7,893		24,337	11,064	23,978	74,159		5,584	4,074	5,051
2004		8,576		30,166	12,265	24,784	85,343		6,245	1,753	4,277

자료: 한국은행, 『경제통계연보』, 각년도.

注: 표 S418-429와 동일하다.

표 S441-452 비은행 금융기관 수신, 1972-2004

	개발금융기관		저축기관					투자신탁금융기관				
	산업은행	장기신용은행	상호저축은행	신용협동조합	새마을금고	상호금융	우체국 예저금	투자금융	종합금융	투자신탁	증권금융	은행신탁
	S441	S442	S443	S444	S445	S446	S447	S448	S449	S450	S451	S452
	남한, 십억 원											
1972	20						24	1				168
1973	22		31				32	48				192
1974	14		44				40	189				204
1975	29		44				47	181		108		212
1976	38		55				62	290	9	142		304
1977	82		85	19		311	35	386	50	202	0	554
1978	96		139	44		462	30	543	138	286	10	806
1979	95		226	72		613	41	711	184	408	5	1,157
1980	136		280	122		862	85	902	228	612	17	1,922
1981	90	14	365	212		1,200	93	1,055	341	1,235	28	3,142
1982	120	17	539	315		1,622	282	1,443	526	2,572	66	4,440
1983	182	22	711	391		1,798	330	1,837	668	3,415	50	5,500
1984	195	29	805	470	693	2,246	361	3,378	793	4,150	29	6,707
1985	199	29	947	557	921	2,814	209	3,239	870	5,302	24	9,783
1986	489	52	1,190	715	1,365	3,842	245	3,774	1,024	7,618	5	13,434
1987	403	328	1,418	1,002	2,044	5,660	708	5,217	1,224	10,033	75	19,115
1988	425	501	4,504	1,363	2,821	7,783	1,163	7,091	1,391	13,854	1	28,285
1989	607	614	6,203	1,831	3,803	9,977	1,221	7,511	1,173	19,599	51	41,535
1990	846	928	8,503	2,658	5,652	13,824	1,365	8,844	1,209	23,867	918	54,423
1991	860	1,421	11,594	3,827	7,501	18,318	1,889	7,890	8,456	26,159	1,130	64,548
1992	921	1,506	14,909	5,139	9,216	23,667	2,786	10,120	8,451	35,391	2,000	88,693
1993	962	1,546	18,351	6,517	11,022	28,607	3,064	10,651	7,913	46,639	2,320	120,616
1994	1,074	1,674	22,682	8,254	13,111	34,366	4,116	12,019	17,778	58,877	5,207	152,194
1995	1,205	1,681	25,682	10,199	15,616	40,533	4,381	11,295	18,531	65,994	4,258	191,198
1996	1,432	1,515	28,606	13,028	19,423	50,192	5,267		20,285	70,272	2,782	226,488
1997	2,751	2,177	27,237	14,841	22,262	58,509	5,841		34,320	85,703	556	262,639
1998	7,972		25,625	16,867	27,032	71,100	10,637		31,934	199,433	971	339,827
1999	6,216		22,635	16,534	28,889	75,719	14,512		21,544	194,345	13,045	300,859
2000	7,801		18,803	17,045	30,616	84,081	21,457		12,265	128,656	7,555	210,686
2001	8,469		20,008	19,377	34,045	91,523	25,270		9,231	149,121	12,254	81,330
2002			22,555	16,860	35,792	101,656	28,461		8,755	177,460	11,125	73,713
2003			26,944	16,353	38,000	111,195	30,101		8,018	148,261	12,682	58,135
2004			32,641	18,884	41,899	122,423	32,069		8,252	174,649	12,638	47,899

자료: 한국은행, 『경제통계연보』, 각년도.

주: 표 S418-429와 동일하다.

표 S453-462 비은행 금융기관 총자산, 1996-2015

	종합금융	상호저축은행	신용협동조합	여신전문금융회사		생명보험	손해보험	증권회사	선물회사	자산운용
				소계	신용카드					
	S453	S454	S455	S456	S457	S458	S459	S460	S461	S462
	남한, 십억 원									
1996	52,487	36,324	16,621	-	-	79,981	15,436	27,848	-	-
1997	77,850	36,121	19,272	68,255	12,118	92,387	19,459	23,868	-	-
1998	58,442	32,136	20,975	64,245	15,220	92,298	22,215	34,734	-	-
1999	38,167	25,938	19,776	54,827	20,398	106,105	26,654	60,681	277	-
2000	21,273	21,351	20,469	62,351	35,411	120,509	29,031	52,171	526	1,273
2001	3,939	22,528	22,624	76,122	47,602	137,962	33,256	58,945	579	1,387
2002	3,091	25,461	19,674	101,704	69,123	163,296	35,254	50,476	526	1,530
2003	820	30,098	19,556	66,524	35,069	183,238	37,933	48,369	621	1,565
2004	796	35,929	22,186	53,913	29,299	209,908	42,750	52,361	915	1,636
2005	1,051	41,660	23,961	57,959	29,487	234,766	49,019	73,060	1,177	1,622
2006	1,197	50,807	26,290	67,827	31,928	265,781	55,799	92,852	1,327	2,062
2007	1,794	58,035	27,439	89,714	39,261	297,339	63,828	126,904	1,972	2,500
2008	2,488	68,962	30,862	101,627	42,722	320,408	71,527	140,643	2,799	3,017
2009	3,526	83,597	39,730	104,074	44,434	361,432	82,999	163,956	2,480	3,355
2010	1,752	86,814	47,783	120,776	54,458	408,495	99,009	199,805	1,794	3,670
2011	1,277	68,706	49,603	158,763	81,735	442,652	123,358	233,781	2,280	3,889
2012	1,413	49,020	55,340	164,907	82,393	547,810	151,789	259,910	2,653	3,983
2013	860	38,929	56,702	174,068	86,463	597,480	170,556	270,532	2,247	4,177
2014	1,102	37,860	60,523	185,536	92,220	662,075	200,308	313,549	2,596	4,807
2015	1,189	43,862	65,820	203,274	96,977	724,901	226,061	344,472	3,830	5,207

자료: 금융감독원, 『금융통계월보』; 한국은행, 『경제통계연보』, 각년도.

주: 1) 여신전문금융회사는 신용카드사, 리스사, 할부금융사, 신기술금융사.

2) 자산운용회사는 신탁계정만 포함.

표 S463-472 비은행 금융기관 여신, 1993-2015

	상호저축은행	신용협동조합	새마을금고	상호금융	여신전문회사	종합금융회사	자산운용회사	신탁회사	증권금융	생명보험
	S463	S464	S465	S466	S467	S468	S469	S470	S471	S472
	남한, 십억 원									
1993	18,488	5,909	8,609	21,114		15,717	3,355	39,604	4,999	24,994
1994	23,023	7,447	10,184	26,127		20,196	2,097	59,989	4,056	29,271
1995	25,848	8,994	11,577	31,550		22,079	2,771	83,354	7,082	32,340
1996	28,375	10,710	13,739	38,500		22,312	3,834	107,317	7,591	39,514
1997	28,212	12,716	16,425	46,533		26,376	8,013	123,915	6,099	45,483
1998	22,019	11,501	15,740	46,310		15,182	38,682	79,557	9,180	36,691
1999	18,876	12,070	14,908	47,695	50,359	11,675	27,495	49,487	15,650	37,828
2000	15,777	11,730	14,820	52,823	59,157	7,867	15,558	30,746	7,088	41,616
2001	16,186	12,001	16,693	57,124	64,697	6,341	21,137	23,279	8,528	41,494
2002	19,366	10,781	19,660	63,957	80,262	8,531	19,957	23,404	6,908	45,265
2003	24,468	11,066	24,019	75,356	52,683	5,698	11,396	18,453	4,145	47,780
2004	30,343	12,272	24,817	85,496	38,507	7,179	11,617	12,316	1,806	45,876
2005	35,573	13,547	25,121	95,210	44,997	9,182	10,109	13,040	3,366	46,933
2006	42,713	15,254	26,060	103,133	54,919	14,070	14,957	20,065	1,735	49,944
2007	47,138	17,576	29,254	116,209	70,749	22,234	20,952	29,193	2,425	56,027
2008	54,738	20,298	34,180	131,599	75,773	21,529	27,923	25,006	3,413	63,856
2009	64,535	22,915	38,324	137,562	81,571	19,451	25,327	23,214	4,989	65,647
2010	64,746	27,553	45,033	144,920	95,698	17,041	21,431	25,735	6,233	68,204
2011	50,238	30,823	52,880	157,172	141,432	16,742	30,088	35,352		72,090
2012	32,276	32,143	56,817	161,634	148,958	14,913	40,272	48,863		81,725
2013	29,093	33,789	61,198	168,692	155,616	10,299	38,198	55,132		90,907
2014	30,028	37,945	68,100	182,285	167,543	10,180	41,877	45,481		99,807
2015	35,584	43,582	74,832	197,023	182,803	10,646	41,311	45,584		108,074

자료: 금융감독원, 『금융통계월보』; 한국은행, 『경제통계연보』, 각년도.

주: 1) 여신은 원화대출금, 외화대출금, 매입어음의 합계이다.

2) 여신전문금융회사는 신용카드사, 리스사, 할부금융사, 신기술금융사를 포함한다.

3) 자산운용회사는 신탁계정만 포함한다.

4) 우체국보험은 생명보험에 포함된다.

표 S473-482 비은행 금융기관 수신, 1993-2015

	상호저축은행	신용협동조합	새마을금고	상호금융	우체국예금	종합금융회사	자산운용회사	신탁회사	증권금융	생명보험
	S473	S474	S475	S476	S477	S478	S479	S480	S481	S482
	남한, 십억 원									
1993	18,423	6,517	11,022	28,607	3,064	12,904	46,790	77,184	4,930	49,113
1994	22,697	8,254	13,111	34,366	4,116	16,963	55,805	107,300	6,495	56,602
1995	25,682	10,199	15,616	40,533	4,381	17,644	61,860	146,697	7,980	68,611
1996	28,606	13,028	19,423	50,192	5,272	19,417	69,417	177,847	7,339	83,424
1997	27,237	14,841	22,262	58,509	5,841	32,842	85,028	199,103	4,969	96,984
1998	25,625	16,867	27,032	71,100	10,637	31,049	200,439	158,818	7,464	96,654
1999	22,635	16,534	28,889	75,719	14,612	20,283	188,886	120,182	18,878	107,051
2000	18,803	17,045	30,616	84,081	21,457	12,064	141,046	77,698	10,565	120,538
2001	20,008	19,377	34,045	91,523	25,270	9,185	154,883	81,330	16,571	132,315
2002	22,555	16,860	35,792	101,656	28,461	8,749	169,756	73,713	15,403	153,340
2003	26,944	16,353	38,000	111,195	30,101	8,018	141,591	58,135	16,491	168,042
2004	32,641	18,884	41,899	122,423	32,069	8,252	186,209	47,899	13,323	188,119
2005	37,289	20,487	45,844	136,527	35,182	10,268	194,604	48,514	18,736	196,530
2006	44,513	22,585	51,125	154,058	37,972	16,990	223,331	73,646	14,137	215,615
2007	50,416	22,585	51,125	154,058	37,923	23,250	283,136	94,050	17,461	234,622
2008	60,898	26,503	56,163	170,255	45,305	23,786	346,809	98,106	23,801	250,491
2009	73,276	34,797	68,166	193,028	41,883	21,716	319,032	117,799	26,877	273,810
2010	76,793	41,888	79,877	212,452	48,659	21,789	302,826	137,850	33,533	301,547
2011	63,011	43,337	79,138	226,494		14,688	286,919	167,939		334,008
2012	42,813	48,825	92,131	242,725		12,951	304,944	210,455		418,048
2013	33,120	50,226	97,928	252,681		9,475	323,531	248,322		465,326
2014	32,387	53,639	106,056	266,617		11,067	370,547	286,933		505,434
2015	37,647	58,332	112,024	283,664		11,600	425,504	321,126		550,432

자료: 금융감독원, 『금융통계월보』, 2001년 3월, 2016년 3월호; 한국은행, 『경제통계연보』, 각년도.

주: 1) 자산운용회사는 신탁계정만 포함한다.

2) 우체국보험은 생명보험에 포함된다.

표 S483-504 금융기관 회사수 및 임직원수, 1996-2015

	회사수										
	은행	종합금융회사	상호저축은행	신용협동조합	여신전문회사	금융사신용카드	생명보험회사	손해보험회사	증권회사	선물회사	자산운용사
	S483	S484	S485	S486	S487	S488	S489	S490	S491	S492	S493
	남한, 개										
1996	25	30	236	1,671			33	17	53		
1997	26	30	231	1,666	68	8	33	17	58		24
1998	20	14	211	1,592	57	7	29	16	53		22
1999	23	10	186	1,442	54	7	29	16	58	15	31
2000	22	10	147	1,317	53	7	23	17	64	14	40
2001	20	3	122	1,268	53	8	22	22	61	14	42
2002	19	3	116	1,233	57	9	23	23	60	14	44
2003	19	2	114	1,086	50	8	23	25	59	14	45
2004	19	2	113	1,066	45	6	23	27	57	14	47
2005	19	2	111	1,051	47	6	23	28	54	14	46
2006	18	2	110	1,024	50	6	22	29	54	14	49
2007	18	2	108	1,007	54	5	22	28	54	14	51
2008	18	2	106	994	56	5	22	30	61	14	63
2009	18	2	105	982	58	6	22	30	62	11	69
2010	18	1	105	962	63	6	23	30	62	9	80
2011	18	1	98	965	64	7	23	30	62	7	82
2012	18	1	93	949	65	7	24	31	61	7	84
2013	18	1	89	942	67	8	25	31	62	7	84
2014	18	1	80	920	73	8	25	31	58	7	86
2015	17	1	79	910	78	8	25	31	56	6	93

	임직원수									
	은행	종합금융회사	상호저축은행	신용협동조합	여신전문회사	금융사 신용카드	생명보험회사	손해보험회사	증권회사	선물회사
	S494	S495	S496	S497	S498	S499	S500	S501	S502	S503
	남한, 명									
1996	129,882		10,272	29,364			55,190	29,951	28,391	
1997	128,503	1,510	9,975	30,122			51,962	31,342	25,515	
1998	94,690	1,251	7,971	27,775			39,187	25,996	24,460	
1999	120,019	943	6,610	24,164	15,583	11,981	36,946	24,799	30,253	511
2000	119,980	588	5,781	23,433	18,178	14,812	33,118	23,608	33,858	584
2001	116,396	285	5,464	22,483	31,498	19,463	29,282	21,536	36,715	671
2002	118,650	258	6,607	19,834	41,708	25,397	26,585	20,768	36,273	542
2003	126,144	159	6,293	19,045	33,801	21,768	25,616	20,951	33,353	587
2004	125,480	146	6,060	18,716	24,028	16,917	26,015	21,755	30,703	629
2005	124,755	145	6,418	18,448	24,279	16,310	25,807	25,648	29,817	655
2006	130,990	159	7,079	18,284	26,032	16,190	26,604	26,097	31,666	647
2007	135,383	158	7,728	18,194	26,670	15,594	27,105	26,935	36,693	714
2008	139,840	170	7,748	17,275	25,424	14,218	28,137	28,456	39,509	799
2009	137,049	175	8,066	17,782	26,697	14,660	26,541	27,271	41,326	670
2010	132,339	115	8,867	17,215	24,425	15,382	26,481	29,446	42,935	619
2011	133,483	108	8,049	18,202	23,667	14,434	27,340	31,521	44,055	593
2012	137,593	98	7,928	18,263	25,658	14,821	29,717	32,438	42,802	555
2013	135,258	79	7,337	17,966	25,704	15,033	30,380	33,479	40,245	539
2014	135,281	76	7,971	17,616	27,192	15,184	28,111	33,047	36,561	482
2015	133,620	99	8,451	17,440	26,395	13,901	27,309	32,373	36,118	428

자료: 금융감독원, 『금융통계월보』.

주: 여신전문금융회사는 신용카드사, 리스사, 할부금융사, 신기술금융사를 포함한다.

표 S505-515 보험회사 개황, 1910-1943

	생명보험회사						손해보험회사				
	회사수	신규계약		연말 현재 계약고		보험료 수입	회사수	신규계약		연말현재 계약건	보험료 수입
		건수	금액	건수	금액			건수	금액		
	S505	S506	S507	S508	S509	S510	S511	S512	S513	S514	S515
	남북한, 개	남북한, 건	남북한, 千 圓	남북한, 건	남북한, 千 圓		남북한, 개	남북한, 건	남북한, 千 圓	남북한, 건	남북한, 千 圓
1910	11	14,152	3,759		-	191	12	6,749	17,888		147
1911	11	6,005	4,527		-	240	14	16,654	23,307		152
1913	20	10,859	9,229	25,947	20,821	681	20	27,673	47,716	19,425	180
1914	23	9,726	8,116	30,884	24,598	819	24	65,637	81,604	14,180	286
1915	24	9,002	8,049	30,995	23,965	836	33	70,059	98,181	13,825	403
1916	30	8,833	7,410	30,388	23,556	807	38	73,334	107,660	16,632	348
1917	29	11,936	10,949	37,342	31,202	1,052	26	85,168	160,392	19,462	427
1918	33	13,861	13,423	46,511	41,290	1,869	41	71,789	192,315	25,007	595
1919	30	12,812	14,494	51,447	47,670	1,564	39	85,252	259,398	30,169	1,022
1920	35	16,245	18,913	54,078	50,781	1,789	58	72,077	379,045	29,169	1,194
1921	39	15,124	20,176	59,782	62,830	1,978	60	121,753	335,149	55,146	1,199
1922	39	16,190	18,539	60,327	66,009	3,198	68	87,241	203,711	65,092	9,137
1923	39	16,767	19,616	64,800	139,220	2,518	79	155,775	383,140	49,988	1,982
1924	38	33,388	47,279	138,715	135,265	2,573	53	169,114	528,139	45,584	2,203
1925	40	25,854	39,352	119,516	106,799	4,103	58	247,112	830,962	127,730	4,812
1926	40	23,428	36,570	89,380	115,739	5,267	58	233,833	756,812	145,211	5,010
1927	44	26,506	42,035	100,381	145,019	5,872	62	284,567	981,411	178,072	7,019
1928	43	33,938	46,196	109,035	158,462	6,608	61	295,252	1,106,346	186,818	7,125
1929	45	33,662	59,548	109,745	180,503	5,579	67	259,106	762,834	192,339	3,420
1930	32	36,021	66,906	140,290	214,548	8,313	44	337,474	926,473	202,172	3,045
1931	32	36,463	63,604	156,033	240,327	8,140	44	436,654	1,117,563	224,466	3,292
1932	32	39,054	64,449	169,371	262,237	9,001	45	500,012	1,338,546	233,220	4,047
1933	31	55,142	85,918	195,744	298,997	10,911	46	519,943	1,531,891	236,173	4,284
1934	30	69,311	112,805	230,162	356,454	12,697	45	577,201	1,830,846	233,186	4,821
1935	37	89,874	147,092	282,940	445,098	15,748	55	728,981	1,169,847	361,970	3,359
1936		98,848	163,639	346,453	159,359	17,579		546,474	1,279,011	298,731	3,829
1937		100,810	168,705	391,079	601,760	20,303		577,541	1,443,373	349,437	4,362
1938		163,562	236,446	480,686	727,426	25,234		676,817	1,768,457	395,995	5,287
1939		245,284	306,519	626,554	926,089	34,643		1,283,893	4,896,920	794,405	14,315
1940		291,770	371,572	750,492	1,137,957	40,953		2,069,125	3,329,902	1,644,114	9,716
1941		244,473	382,529	788,111	1,294,370	41,953		2,600,872	6,157,346	1,507,388	18,476
1942		223,201	485,199	871,499	1,664,854	56,820		3,740,450	9,842,835	3,070,418	24,951
1943		281,585	690,952	1,072,321	2,215,483	92,474		7,486,477	6,506,469	8,468,870	16,439

자료: 조선총독부, 『조선총독부통계연보』, 각년도; 대한손해보험협회, 『조선보험통계연보(1910-1943)』(1987).
주: 손해보험은 화재보험, 해상보험, 운송보험, 신용보험 합계이다.

표 S516-522 생명보험 사업개황, 1946-1948

	신규계약			계약잔고			회사수
	건수	금액	보험료	건수	금액	보험료	
	S516	S517	S518	S519	S520	S521	S522
	남한, 건	남한, 원		남한, 건	남한, 원		남한, 사
1946	863	18,593	1,244	90,678	158,514	6,087	3
1947	15,781	533,771	25,571	58,466	623,479	27,383	4
1948	20,682	1,293,359	64,393	56,039	1,735,789	80,984	4

자료: 조선은행 조사부, 『경제연감』(1949).
주: 1) 1946년의 신규계약은 8-12월의 누계, 계약잔고는 각년도의 12월분이다.
2) 조선생명, 대한생명, 협동생명, 고려생명보험회사의 합계이다.

표 S523-532 생명보험 사업개황, 1955-2015

	계약			수지					자산	
	신규계약	효력상실, 해약	보유계약	수입보험료	투자수입	지급보험금	사업비	준비금충당액	총자산	운용자산
	S523	S524	S525	S526	S527	S528	S529	S530	S531	S532
	남한, 십억 원									
1955	0.004	0.003	0.042	0.002	0.0001	0.0003	0.001	-	0.002	0.001
1956	0.108	0.004	0.144	0.004	0.0003	0.001	0.003	-	0.004	0.003
1957	2.07	0.09	2.12	0.03	0.0003	0.002	0.02	-	0.03	0.01
1958	8.5	1.9	8.3	0.3	0.001	0.02	0.13	-	0.16	0.11
1959	5.5	3.8	9.9	0.4	0.01	0.06	0.18	-	0.50	0.32
1960	2.2	3.1	8.5	0.4	0.01	0.16	0.14	-	0.66	0.56
1961	7.9	3.4	12.2	0.4	0.01	0.30	0.18	0.06	0.76	0.58
1962	24.5	4.6	31.2	1.2	0.05	0.22	0.48	0.49	1.70	1.43
1963	12.6	7.4	34.1	1.5	0.05	0.49	0.53	0.74	2.66	2.34
1964	15.1	3.3	41.8	1.6	0.2	0.7	0.6	0.7	3.3	2.9
1965	29.6	8.7	58.1	2.6	0.2	0.9	0.9	1.5	4.6	4.1
1966	40.7	8.4	82.6	3.5	0.4	1.4	1.3	1.6	6.3	5.7
1967	75.1	26.1	119.4	5.4	0.7	2.1	2.2	2.8	9.9	8.3
1968	98.3	29.6	168.3	8.1	1.1	3.6	3.1	5.0	14.5	12.6
1969	133	46	233	11	2	5	4	5	21	19
1970	126	68	264	15	2	7	5	6	27	23
1971	123	62	309	14	2	8	5	4	32	28
1972	283	135	422	27	3	13	9	8	40	35
1973	404	201	593	43	3	21	13	14	57	51
1974	724	369	892	56	6	22	18	23	80	73
1975	791	543	1,126	66	8	30	21	26	105	98
1976	987	620	1,432	86	14	43	23	35	145	133
1977	1,925	772	2,489	140	19	61	40	68	213	198
1978	3,428	1,352	4,387	244	42	80	64	140	355	333
1979	4,912	2,709	6,342	480	83	153	99	306	667	637
1980	10,038	4,532	11,338	604	160	310	145	291	989	948
1981	17,721	8,048	19,881	923	216	448	226	450	1,469	1,408
1982	42,558	17,224	46,047	1,685	217	619	368	870	2,488	2,396
1983	46,946	44,272	47,290	2,319	297	999	406	1,153	3,685	3,555
1984	45,014	36,163	55,673	3,085	458	1,473	445	1,556	5,314	5,103
1985	69,129	43,316	79,644	3,987	687	2,490	552	1,545	6,922	6,696
1986	97,959	61,629	113,767	5,556	952	3,458	654	2,281	9,133	8,800
1987	98,224	72,553	135,285	7,294	1,533	4,823	830	3,016	12,247	11,810
1988	127,435	77,381	183,032	9,379	2,164	5,723	1,058	4,514	17,067	16,501
1989	188,208	100,134	269,989	11,866	2,421	7,221	1,408	5,404	22,643	21,805
1990	238,886	148,436	361,724	16,044	3,123	9,094	1,871	7,817	31,002	29,611
1991	310,673	194,779	480,070	19,377	3,963	12,835	2,475	7,607	38,826	36,651
1992	383,051	280,394	588,839	22,641	4,720	17,588	3,069	6,214	45,155	42,302
1993	453,317	314,651	735,727	24,053	4,905	19,783	3,611	4,833	50,200	46,762
1994	584,810	375,005	956,944	27,749	5,575	19,945	5,109	7,261	57,681	53,917
1995	672,926	453,182	1,198,737	35,288	6,530	22,404	6,419	11,796	69,677	65,484
1996	253,669	181,902	505,751	38,163	7,584	24,545	6,833	13,012	83,289	78,738
1997	281,102	221,474	566,382	48,956	9,096	41,176	7,175	7,204	90,921	86,181
1998	289,135	251,536	610,331	46,390	10,046	45,654	6,534	-1,437	92,298	82,879
1999	260,563	178,577	701,933	41,695	10,607	37,801	6,231	4,113	110,295	95,131
2000	297,704	159,622	821,807	46,671	8,315	37,385	7,120	7,893	120,730	99,813
2001	355,108	163,391	1,007,215	41,584	9,235	30,188	7,822	11,724	143,034	116,498
2002	322,794	196,965	1,121,498	44,091	10,570	26,054	8,514	18,862	164,193	132,610
2003	307,958	229,836	1,190,771	45,755	11,871	28,050	8,614	16,582	187,362	152,023
2004	325,541	214,953	1,295,367	47,324	12,982	28,245	10,318	18,863	211,610	168,530
2005	361,984	195,626	1,422,623	47,781	12,520	30,410	10,989	17,206	239,362	186,098
2006	352,401	192,282	1,527,863	66,455	11,131	35,146	12,084	21,673	273,131	206,859
2007	390,107	196,770	1,644,337	75,096	12,489	44,877	13,881	17,447	305,400	226,716
2008	392,435	252,749	1,689,467	73,561	11,119	47,544	13,715	14,992	328,332	244,996
2009	390,551	234,066	1,731,603	76,957	13,763	47,379	12,796	23,514	372,525	275,439
2010	349,283	217,599	1,793,211	83,007	16,734	53,709	13,465	30,988	416,652	310,554
2011	364,128	220,604	1,893,759	87,836	16,717	51,695	14,566	32,822	458,204	346,742
2012	414,592	240,301	2,112,349	115,309	19,266	56,591	16,103	53,416	569,837	445,905
2013	282,788	172,019	2,183,819	77,237	15,076	41,900	11,427	29,554	597,480	467,374
2014	389,489	228,687	2,304,878	110,575	21,564	62,251	15,512	43,271	662,075	523,088
2015	395,249	232,010	2,404,224	117,214	21,412	66,972	15,603	46,950	724,901	573,450

자료: 생명보험협회, 『생명보험협회 50년사 부록통계(1955-1973)』; 『생명보험통계연보』(2016).

표 S533-538 손해보험 사업개황, 1946-1948

	회사수	신규계약건수	보험금액	보험료	이재(罹災)건수	지불보험금
	S533	S534	S535	S536	S537	S538
	남한, 사	남한, 건	남한, 천 원		남한, 건	남한, 원
1946	4	6,798	980	14	32	1,106
1947	5	8,808	2,647	91	42	2,342
1948	7	16,430	4,475	81	23	3,968

자료: 한국은행, 『경제연감』(1949).
주: 신규계약은 각년도 12월분이다.

표 S539-552 화재보험 사업개황, 1951-1958

	회사수	불입자본금	미경과 보험료	신계약건수	신계약금액	현재 계약건수	현재 계약금액	수입	지출	자산운용				
										대출금	유가증권	동산 및 부동산	기타자산	현금 및 예치금
	S539	S540	S541	S542	S543	S544	S545	S546	S547	S548	S549	S550	S551	S552
	남한, 사	남한, 백만 원		남한, 건	남한, 백만 원	남한, 건	남한, 백만 원							
1951	7	1.8		44,202	236.9	39,670	159	4	2.8	0.02	0.03	0.17	1.5	2.4
1952	8	3.4	7.3	95,618	1,299	72,685	432	18.9	14.7	0.1	0.1	2.8	5.4	3.8
1953	9	4.7	25.2	156,099	2,875	180,263	1,685	54.4	45.8	-	1.3	3.9	20.6	7.2
1954	9	8.4	46.6	293,992	5,861	236,255	3,570	112	77.5	-	1.5	6.5	33.4	33
1955	9	19	104	283,617	13,920	243,992	7,244	235	146	-	20	14	73	71.4
1956	11	29	164	127,365	22,249	78,349	10,431	328	221	-	41	33	130	121
1957	11	57	222	136,218	29,163	85,643	13,745	421	320	-	81	39	216	158
1958	11	55	237	481,197	29,743	70,772	18,838	462	341	-	165	95	207	194

자료: 한국은행, 『경제통계연보』(1960).

표 S553-563 손해보험 사업개황, 1956-1979

	수입보험료				지급보험금				정미사업비	정미보험 손해율	정미사업 비율
	원보험료	수재보험료	출재보험료	정미보험료	원보험금	수재보험금	출재보험금	정미보험금			
	S553	S554	S555	S556	S557	S558	S559	S560	S561	S562	S563
	남한, 백만 원									남한, %	
1956	312	80	109	282	16	2	3	14	155		
1957	399	102	132	369	21	4	7.5	18	226		
1958	447	86	117	415	27	4	6.9	24	248		
1959	468	111	141	438	38	4	9	33	243		
1960	510	128	173	466	33	3	6.9	29	253		
1961	466	142	187	410	55	9	17	47	214		
1962	601	176	261	517	119	13	65	67	281		
1963	864	439	578	723	180	49	82	147	375		
1964	1,288	742	963	1,066	530	277	427	379	361		
1965	2,065	1,087	1,421	1,730	633	199	294	538	555		
1966	4,544	2,164	3,455	3,253	1,024	521	723	822	802		
1967	6,115	2,659	4,705	4,069	2,366	145	1,172	1,339	1,250	32.9	30.7
1968	8,444	4,145	6,245	6,344	3,669	1,457	2,488	2,638	2,303	41.6	36.3
1969	11,442	6,673	9,097	9,018	5,123	3,255	5,174	3,474	3,364	38.5	37.3
1970	14,300	9,301	12,087	11,515	6,386	4,151	5,410	5,127	3,986	44.5	34.2
1971	14,742	12,087	14,319	12,510	6,232	4,753	5,497	5,488	3,928	43.9	31.4
1972	23,031	24,236	26,701	19,381	12,299	9,352	9,212	11,215	4,920	57.9	25.4
1973	35,423	37,652	41,484	31,292	22,209	18,002	24,910	14,335	7,585	45.8	24.2
1974	51,522	51,606	58,779	43,157	30,284	30,729	33,657	26,190	9,244	60.7	21.4
1975	74,298	75,092	85,605	61,689	30,519	41,479	41,261	29,695	14,516	48.1	23.5
1976	99,098	99,631	111,900	83,813	41,598	55,106	56,402	38,622	20,052	46.1	23.9
1977	129,601	139,297	142,417	122,368	60,321	80,261	81,352	56,601	30,353	46.3	24.8
1978	202,797	194,048	191,439	200,195	87,453	110,023	108,539	89,365	47,882	44.6	23.9
1979	297,089	242,782	240,843	289,685	167,551	168,376	166,753	161,721	67,424	55.8	23.3

자료: 대한손해재보험공사, 『보험연감』(1963, 1966); 한국보험공사, 『보험통계연감』(1978, 1980).

표 S564-574 손해보험 회사계정, 1959-1979

	자산						부채와 자본				
	합계	유가증권	대부금	부동산	현금 · 예금	기타	보험계약준비금	자본금	적립금	이익금	기타
	S564	S565	S566	S567	S568	S569	S570	S571	S572	S573	S574
	남한, 백만 원										
1959		185		94	275			117			
1960	1,208	244	1	129	279	555	736	121	30	154	166
1961	1,380	280	4	151	421	525	749	190	46	110	278
1962	2,056	485	11	330	535	695	865	299	107	28	757
1963	2,532	609	4	424	523	972	819	1,146	39	8	520
1964	2,619	635	34	550	561	839	1,346	1,236	51	-359	345
1965	3,311	622	34	528	941	1,186	2,017	1,235	63	-537	532
1966	6,166	928	160	680	1,800	2,598	3,497	1,436	75	-72	1,260
1967	9,281	1,790	178	1,073	3,368	2,872	4,474	1,679	347	732	2,049
1968	12,690	3,968	13	1,657	3,742	3,310	6,233	2,477	736	1,231	2,013
1969	18,170	5,622	46	2,733	3,951	5,818	8,666	4,408	1,142	758	3,196
1970	23,761	6,733	1	3,906	5,021	8,100	11,361	5,727	1,078	970	4,625
1971	33,451	6,984	64	5,608	6,773	14,022	17,070	6,570	721	94	8,996
1972	40,930	9,624	539	6,039	8,111	16,617	19,618	6,600	736	921	13,055
1973	59,520	18,866	1,905	8,277	7,854	22,618	28,394	8,667	978	1,172	20,309
1974	76,367	24,772	2,607	8,965	7,685	32,338	34,243	10,444	1,159	2,284	28,237
1975	101,334	39,563	4,599	11,359	11,592	34,221	51,137	13,515	2,095	2,271	32,316
1976	141,783	65,257	9,927	10,415	11,849	44,335	76,418	15,112	3,133	4,497	42,623
1977	220,160	85,087	21,227	16,739	15,234	81,873	113,905	16,689	9,002	6,102	74,462
1978	321,388	125,113	29,028	22,470	15,893	128,884	178,401	17,545	11,408	4,902	109,132
1979	440,588	165,407	44,559	29,711	18,506	182,405	245,525	19,815	11,393	6,233	157,622

자료: 한국은행, 『경제통계연보』(1966, 1971, 1981).

표 S575-586 손해보험 사업개황, 1980-2015

	원수보험료	원수보험금	경과보험료	발생손해액	사업제경비	순사업비	자산운용수익	당기순이익	운용자산	총자산	보험계약 준비금	자본금
	S575	S576	S577	S578	S579	S580	S581	S582	S583	S584	S585	S586
	남한, 십억 원											
1980	388	285	348	294	78	90	60	8	346	608	325	25
1981	495	306	464	380	103	122	79	13	448	773	408	26
1982	633	384	554	456	131	148	66	-3	561	919	491	27
1983	766	516	674	585	163	186	63	-44	633	1,043	616	36
1984	874	585	761	616	173	192	72	-16	706	1,111	657	39
1985	1,017	605	852	715	196	216	83	-37	805	1,236	807	43
1986	1,195	681	983	782	229	258	121	-14	1,021	1,484	1,055	64
1987	1,535	914	1,235	985	283	329	188	23	1,512	1,956	1,417	101
1988	1,922	1,062	1,594	1,221	382	453	281	58	2,177	2,660	1,905	140
1989	2,639	1,510	2,132	1,697	522	633	354	67	3,028	3,642	2,574	215
1990	3,590	2,086	3,077	2,455	679	822	364	45	3,922	4,836	3,466	236
1991	4,730	2,941	4,050	3,394	859	1,040	490	-9	4,734	5,865	4,435	236
1992	5,781	3,828	5,193	4,690	1,005	1,232	569	-151	5,501	6,794	5,354	269
1993	6,780	4,289	6,287	5,843	1,152	1,434	704	-181	6,527	7,973	6,353	348
1994	8,313	5,036	7,534	6,517	1,469	1,784	791	-99	7,818	9,585	7,559	420
1995	10,924	5,648	9,839	7,957	2,006	2,341	891	133	10,448	12,711	10,305	421
1996	13,466	6,331	12,361	9,899	2,836	3,390	1,186	56	13,356	16,228	13,486	436
1997	16,318	7,684	15,058	13,145	3,212	3,852	1,601	-992	16,338	19,944	17,398	441
1998	14,254	7,317	13,866	12,418	2,823	3,391	1,987	-1,595	18,148	22,430	20,533	360
1999	14,452	10,666	13,765	15,012	2,884	3,572	2,519	-3,448	21,039	26,486	22,399	2,435
2000	16,478	11,507	15,013	12,378	2,977	3,817	1,746	-817	22,136	28,049	25,410	5,301
2001	18,222	13,842	16,248	13,146	3,143	4,230	2,224	250	26,851	32,494	22,161	10,979
2002	20,175	8,203	18,288	13,458	3,394	4,700	2,096	298	29,158	35,181	24,878	11,204
2003	20,887	9,704	19,275	14,952	3,522	4,775	2,297	567	32,271	38,610	26,888	11,167
2004	22,661	9,522	20,623	16,030	3,563	4,791	2,523	1,109	35,869	43,200	30,540	11,239
2005	24,958	10,103	22,946	17,847	4,217	5,351	2,626	1,162	40,158	48,963	34,547	2,134
2006	29,586	11,485	27,413	21,705	5,028	6,377	2,856	1,068	46,244	57,043	42,664	2,656
2007	33,982	12,502	32,253	24,867	5,843	7,402	3,630	1,660	53,445	66,015	51,723	2,880
2008	37,495	14,584	36,682	28,300	7,171	8,967	4,169	1,315	59,228	73,995	53,435	3,114
2009	43,832	17,082	42,475	33,312	7,812	9,614	4,255	1,548	68,460	86,122	59,442	3,203
2010	52,245	19,618	50,470	40,741	8,455	10,449	4,738	2,041	81,739	102,215	75,779	3,211
2011	61,408	20,247	59,935	50,289	9,026	10,301	5,580	2,442	100,867	129,882	100,519	2,228
2012	68,549	22,167	66,973	56,185	10,750	12,244	6,438	2,390	123,032	156,461	121,785	2,112
2013	53,709	17,818	52,601	44,494	8,251	9,484	5,276	1,493	135,957	170,554	128,694	2,267
2014	76,577	25,453	74,770	63,804	10,982	12,719	7,532	2,332	162,138	200,305	150,177	2,342
2015	79,985	27,384	77,816	65,961	11,759	13,720	9,027	2,705	183,362	226,059	168,956	2,524

자료: 보험개발원, 『보험통계연감』(2016).

4. 이자율

표 S587-596 개항기 은행 연평균 이자율, 1878-1905

	대부					예금				
	일반대부		당좌대월	어음할인		정기예금		당좌예금		소구예금
	전국평균	제일은행	제일은행	전국평균	제일은행	전국평균	제일은행	전국평균	제일은행	제일은행
	S587	S588	S589	S590	S591	S592	S593	S594	S595	S596
	남북한, %									
1878	16.4	16.4		15.7	15.7					
1879	17.9	17.9	12.0	17.9	17.9					
1880	17.9	17.9	12.0	17.9	17.9					
1881	18.3	18.3	15.0	18.3	18.3			4.0	4.0	
1882	18.3	18.3	15.0	17.5	17.5			4.0	4.0	
1883	20.1	18.3	15.0	19.3	18.3			4.0	4.0	
1884	18.3	18.3	12.0	18.3	16.4	7.0		4.0	4.0	
1885	17.5	16.4	14.6	18.3	16.4	7.0		4.0	4.0	
1886	17.5	16.4	14.6	18.3	16.4	6.5	7.0	3.7	4.0	
1887	16.4	14.6	13.9	18.3	14.6	6.3	6.5	3.7	4.0	
1888	16.8	15.3	14.6	17.9	15.3	6.8	6.5	3.7	3.7	
1889	21.2	23.7	18.3	20.1	23.7	6.8	6.5	3.7	3.7	2.9
1890	20.1	20.1	18.3	17.5	18.3	6.8	6.5	3.7	3.7	2.9
1891	19.3	20.1	17.5	17.5	19.2	6.8	6.5	3.7	3.7	2.9
1892	17.9	18.3	16.4	19.3	19.2	7.3	6.5	3.7	3.7	2.9
1893	16.1	16.4	15.3	19.3	12.8	6.3	6.5	3.7	3.7	2.6
1894	18.3	18.3	18.3	21.9	18.3	5.8	6.5	3.7	4.4	2.6
1895	16.4	16.8	16.4	20.1	16.8	6.1	6.5	3.7	4.4	2.6
1896	16.8	17.2	18.3	21.2	16.8	6.8	6.8	4.0	4.4	5.8
1897	16.8	18.3	18.3	20.8	18.3	6.9	6.8	4.0	4.4	5.8
1898	17.5	18.3	15.7	20.8	18.3	6.9	7.0	4.0	4.4	6.6
1899	16.1	16.4	14.6	19.3	16.4	6.9	6.5	4.0	4.4	5.5
1900	16.1	16.4	14.6	17.9	15.7	6.8	7.0	4.0	4.4	5.5
1901	15.7	16.4	14.6	17.9	16.4	6.7	7.0	4.0	4.4	5.5
1902	15.7	14.6	13.9	17.2	14.6	6.6	7.0	4.0	4.0	4.4
1903	14.2	13.1	13.9	13.9	13.1	6.3	6.0	3.7	4.0	4.4
1904	15.0	12.0	13.9	15.0	12.0	6.4		3.7	4.0	
1905	14.2	11.7	12.0	15.3	12.0	6.3		3.7	3.7	

자료: 탁지부 이재국, 『한국금융사항참고서』(1909).

주: 1) 日步 錢厘를 연리로 환산하였다.

2) 전국 평균은 조선내 본지점 출장소를 가진 금융기관의 보통이자율(12월)이다.

3) 제일은행은 부산지점의 12월 금리를 기준으로 한다.

표 S597-608 금융기관 연평균 대출금리, 1906-1945

	일반대부								어음할인			
	전국평균	조선은행	농공, 식산은행	보통은행	금융조합	금융조합(단기)	금융조합(장기)	저축은행	전국평균	조선은행	농공, 식산은행	보통은행
	S597	S598	S599	S600	S601	S602	S603	S604	S605	S606	S607	S608
	남북한, %											
1906	16.1		21.9	13.9					14.6		16.4	13.5
1907	17.2		21.2	12.8					13.5		14.2	12.8
1908	17.5		19.0	15.3					16.1		17.2	14.2
1909	16.8	11.0	18.6	15.0					16.4		17.5	15.3
1910	12.8	11.0	15.0	12.4					12.8	11.0	15.0	12.8
1911	11.7	10.2	13.1	11.3					11.7	10.2	13.1	12.0
1912	11.7	10.2	13.5	11.3					12.0	10.6	13.1	12.0
1913	12.0	10.2	13.5	12.0					12.4	11.0	13.5	12.8
1914	12.0	10.2	13.5	12.4					12.4	10.6	13.9	13.1
1915	12.4	10.6	13.5	12.8		11.0~18.3	9.8		12.8	11.3	13.5	13.1
1916	12.0	10.6	13.1	12.0		11.0~18.3	10.8		12.4	10.6	13.1	12.8
1917	11.3	9.9	12.4	11.3	10.0	11.0~16.4	9.5~10.0		11.7	9.9	12.8	12.0
1918	10.2	9.1	11.7	11.0	10.0	12.8~16.4	9.5~10.0		11.0	9.5	11.7	11.7
1919	12.4	9.5	11.0	11.0	12.0	12.8~18.3	9.5~12.0		10.6	9.9	11.3	11.3
1920	12.8	12.0	12.4	13.5	15.0	12.8~18.3	14.0~15.0		12.8	12.0	12.8	13.5
1921	12.8	11.3	12.8	13.9	15.0	12.8~18.3	14.0~15.0		12.4	11.0	12.8	13.5
1922	12.4	11.7	12.8	13.9	15.0	12.8~18.3	14.0~15.0		12.4	11.3	12.8	13.5
1923	12.4	11.3	12.8	13.5	15.0	12.8~18.3	14.0~15.0		12.8	11.3	13.1	13.5
1924	12.4	11.3	12.8	13.5	15.0	18.3	15.0		12.8	11.3	13.1	13.5
1925		11.0	12.8	13.5	13.5	17.5	13.5			11.0	13.1	13.5
1926		10.6	12.8	12.8	12.5	15.7	12.5			11.0	12.8	13.1
1927		9.9	12.0	12.4	12.5	16.1	11.0			9.5	12.0	12.8
1928		8.4	11.3	13.5	11.0	15.3	10.5			8.8	12.0	12.8
1929		9.1	11.3	10.2	11.0	13.1~15.3	10.5	10.2		9.1	11.0	12.4
1930		8.8	9.5	10.2	10.5	12.4~14.6	9.6	10.2		8.0	8.8	11.7
1931		8.8	9.1	12.1	10.5	12.4~14.6	9.2	12.0		8.0	9.1	11.7
1932		8.8	10.2	12.1	10.5	12.4~14.6	9.2	12.0		8.8	10.2	11.7
1933		8.8	10.2	11.3	9.6	11.0~14.6	9.0	11.3		8.4	9.9	11.0
1934		7.7	9.1	9.5	9.2	8.8~13.1	9.0	10.6		8.0	9.1	9.5
1935		7.3	8.8	8.8	9.2	8.8~13.1	9.0	10.2		7.3	8.8	8.4
1936		6.9	8.0	9.9	9.0	9.1~11.7	9.0	9.9		6.9	8.0	8.0
1937		6.6	7.7	9.9	9.0	10.2~11.7	9.0	9.9		6.6	7.7	7.7
1938		6.6	7.7	9.5	9.0	10.2~11.7	9.0	9.5		6.6	8.0	7.7
1939		5.8	7.7	9.5	8.8	11.0	9.0	9.5		6.2	8.0	7.3
1940		6.2	6.2	9.5	8.8	11.0	9.0	9.5		5.8	6.2	6.9
1941		5.8	6.2	9.5	8.8	11.0	9.0	9.5		5.5	6.2	6.9
1942		5.5	5.5	9.5	8.8	11.0	9.0	9.1		3.7	5.5	6.6
1943		5.5	5.5	6.6	8.8	11.0	9.0	6.6		3.7	5.5	
1944		5.5	5.5	6.6	8.8	11.0	9.0	6.6		3.7	5.5	
1945		5.5	5.5	6.6	8.8	11.0	9.0	6.6		3.7	5.5	

자료: 조선총독부 재무국, 『조선금융사항참고서』(1923, 1926, 1939); 조선은행 조사부, 『조선경제연보』(1948); 『경제연감』(1949).

주: 1) 전국 평균은 보통금리의 연중 평균값이다.

2) 1906-1917년은 농공은행, 1918년부터는 식산은행의 이자율이다.

3) 금융조합의 단기이자율은 도시조합의 당좌대월 및 어음할인을 포함한다.

표 S609-622 금융기관 예금 연평균 이자율, 1906-1945

	당좌예금					정기예금					저축예금			
											저축은행			
	전국평균	조선은행	농공, 식산은행	보통은행	금융조합	전국평균	조선은행	농공, 식산은행	보통은행	금융조합	보통저금	거치저금	정기적금	금융조합
	S609	S610	S611	S612	S613	S614	S615	S616	S617	S618	S619	S620	S621	S622
	남북한, %													
1906	4.4		4.4	4.4		6.9		7.0	6.7					
1907	4.4		4.0	4.4		6.1		6.2	6.0					
1908	4.4		4.0	4.4		6.5		6.4	6.5					
1909	4.0		4.0	4.0		6.6		6.6	6.4					
1910	3.3	2.6	4.0	3.3		5.3	4.7	6.1	5.5					
1911	3.3	2.6	3.7	3.3		5.1	4.5	5.5	5.2					
1912	3.3	2.9	3.3	3.3		5.3	5.5	5.5	5.2					
1913	3.7	3.3	4.0	4.0		6.2	6.0	6.1	6.3					
1914	3.7	3.3	4.0	3.7		6.2	6.0	6.3	6.4					
1915	3.7	2.9	3.7	3.3		6.1	5.7	6.2	6.3	6.5				6.5
1916	2.6	1.8	2.9	2.6		5.5	5.1	5.7	5.8	6.5				6.5
1917	2.2	1.8	2.9	2.2		5.5	5.0	5.6	5.7	6.5				6.5
1918	2.6	1.8	2.6	2.6	5.5	5.5	5.1	5.7	5.7	7.0				7.0
1919	2.6	2.2	2.6	2.9	4.4	5.9	5.5	6.0	6.0	7.5				6.6
1920	3.3	3.3	3.7	3.7	5.5	6.7	6.7	6.7	6.8	8.5				7.3
1921	2.9	2.9	2.6	3.3	5.5	6.4	6.1	6.4	6.8	8.5				7.3
1922	2.9	2.6	2.6	3.3	5.5	6.6	6.3	6.5	7.0	8.5				7.3
1923	2.9	2.6	2.6	3.3	5.5	6.7	6.5	6.7	7.1	8.5				7.3
1924	2.9	2.6	2.6	3.3	5.5	6.7	6.5	6.7	7.1	8.5				8.0
1925		2.6	2.6	3.3	3.7		6.5	6.6	7.2	8.0				5.5
1926		2.6	2.6	2.9	3.3		6.5	6.8	7.1	8.0				6.2
1927		2.2	2.2	2.9	3.3		6.2	6.7	6.9	7.5				6.2
1928		1.8	2.2	2.6	2.6		5.8	6.5	7.0	7.0				5.8
1929		1.5	1.8	2.2	2.6		5.1	5.5	6.2	7.0	4.5	5.8	4.3	5.8
1930		1.5	1.5	2.2	2.6		5.0	5.0	6.1	7.0	4.5	5.8	4.3	6.6
1931		1.1	1.5	1.8	2.6		4.8	4.8	6.0	7.0	4.6	5.8	4.3	5.8
1932		1.5	1.8	2.2	2.6		5.0	5.4	6.1	7.0	4.6	5.8	4.3	5.8
1933		1.1	1.5	1.8	2.2		4.5	4.9	5.5	5.8	3.9	5.1	4.6	5.8
1934		1.1	1.1	1.5	1.8		4.1	4.4	4.9	4.6	3.5	4.6	3.9	5.8
1935		1.1	1.1	1.5	1.5		4.0	4.2	4.6	4.6	3.4	4.3	3.5	5.8
1936		0.7	1.1	1.1	1.1		3.6	3.8	4.3	4.3	3.2	3.9	2.9	3.7
1937		0.7	0.7	1.1	1.1		3.6	3.8	4.2	4.3	2.5	3.9	2.5	3.3
1938		0.7	0.7	1.1	1.1		3.6	3.8	4.2	4.3	2.5	3.9	2.5	3.3
1939		0.7	0.7	0.7			3.6	3.6	4.1	4.3	2.2	3.7	2.6	2.9
1940		0.7	0.7	0.0			3.6	3.6	3.9	4.3	2.2	3.6	2.6	2.9
1941		0.7	0.7	0.0			3.5	3.5	3.9	4.3	2.2	3.6	2.6	2.9
1942		0.7	0.7	1.1			3.4	3.4	3.7		3.0	3.3	2.6	
1943		0.7	0.7				3.4	3.4			3.0	3.3	2.6	
1944		0.4	0.4				3.4	3.4			3.0	3.3	2.8	
1945							3.4	3.4			2.4	3.3	2.8	

자료: 1907-1909년은 조선총독부, 『조선총독부통계연보』(1910); 이후는 조선총독부재무국; 『조선금융사항참고서』(1923, 1939); 조선은행조사부, 『조선경제연보』(1948), 『경제연감』(1949).

주: 1) 1906-1907년은 농공은행, 1918년 이후는 식산은행의 이자율이다.
2) 정기예금 금리는 6개월 기한 내이다.

표 S623-640 개인대금업자 평균금리(연리), 1911-1943

	일본인 간			조선인 간			외국인 간			조선인 대 일본인			조선인 대 외국인			시장대부		
	최고	최저	보통	최고	최저	보통	최고	최저	보통	최고	최저	보통	최고	최저	보통	최고	최저	보통
	S623	S624	S625	S626	S627	S628	S629	S630	S631	S632	S633	S634	S635	S636	S637	S638	S639	S640
	남북한, %																	
1911	48	22	31	60	25	38	49	19	30	56	28	37	54	24	38			
1912	44	23	31	52	24	34	42	24	32	50	26	35	49	27	34			
1913	78	15	30	94	18	35	55	15	30	83	18	35	66	22	32			
1914	73	17	32	93	18	37	59	17	29	77	19	35	71	22	35			
1915	63	14	29	82	17	39	55	16	29	80	18	35	64	24	35			
1916	39	19	27	49	22	31	42	21	30	46	23	31	51	28	36	83	44	60
1917	37	18	26	46	21	30	35	18	25	45	21	30	40	22	30	78	40	54
1918	36	17	25	42	20	28	34	20	25	41	20	28	41	23	32	83	49	60
1919	38	19	26	47	22	30	33	15	22	46	24	30	43	22	30	79	41	58
1920	44	22	31	47	24	32	40	24	30	47	25	33	50	26	34	89	51	66
1921	42	20	30	45	22	32	39	19	28	46	23	33	51	24	37	85	43	55
1922	42	21	30	49	22	34	39	21	29	47	24	33	42	24	31	93	50	65
1923	38	19	27	46	22	31	39	21	28	45	24	31	43	24	31	90	48	64
1924	39	19	27	46	23	32	40	20	29	44	24	32	44	23	32	86	47	63
1925	38	18	26	44	21	31	35	20	27	43	23	31	44	26	32	79	42	60
1926	37	18	26	44	22	30	36	19	26	43	22	30	43	24	30	74	45	55
1927	37	18	26	45	21	31	41	19	27	43	22	29	44	24	30	73	41	52
1928	36	17	25	44	21	30	36	19	26	43	21	30	44	24	31	77	42	59
1929	35	17	25	43	21	30	38	18	25	41	20	29	43	22	30	84	44	57
1930	33	16	24	42	20	28	36	17	23	39	20	28	42	22	29	82	45	57
1931	33	17	23	42	20	29	38	19	25	40	21	28	45	21	29	79	45	58
1932	33	16	23	42	21	29	35	18	24	39	20	28	43	20	30	86	49	62
1933	32	16	23	41	20	28	32	17	22	37	19	27	40	20	28	84	49	63
1934	30	15	22	39	18	27	30	16	22	34	17	24	38	18	24	109	62	81
1935	30	14	21	39	18	26	30	16	22	34	16	24	35	18	24	88	52	66
1936	29	13	20	37	17	25	30	15	22	33	15	23	33	15	23	64	33	44
1937	29	13	19	39	16	25	34	16	24	34	16	23	36	17	24	62	34	45
1938	29	13	20	36	16	25	32	17	25	33	15	23	35	18	25	60	33	43
1939	29	13	20	36	16	24	33	17	25	36	17	25	35	19	25	64	36	48
1940	29	13	20	34	15	24	33	17	27	33	16	23	35	21	24	62	33	42
1941	29	14	20	33	16	23	37	22	28	31	15	22	40	23	27	57	32	40
1942	31	14	22	37	17	25	38	20	27	34	15	24	45	22	31	55	31	41
1943	29	12	20	32	15	22	35	15	25	30	14	21	36	16	25	50	27	36

자료: 조선총독부 재무국, 『조선금융사항참고서』(1939), 남조선 과도정부, 『조선통계연감』(1940-1943).

주: 1) 市場貸는 10엔, 기타는 100엔에 대한 월리(分厘)이다.

2) 월리 *10으로 환산하는 내규를 따른다(연리로 환산).

표 S641-650 은행 예금금리(연리), 1945-1961

	정기예금			당좌예금	특별 당좌예금	저축예금	통지예금	별단예금	정기적금	보통예금
	3개월	6개월	1년 이상							
	S641	S642	S643	S644	S645	S646	S647	S648	S649	S650
	남한, %									
1945.11. 1		3.4		0.36	2.20		2.6	2.6		
1946. 2. 1		3.4		0.36	2.16		2.6	2.6		
1946. 6. 1		3.2			1.8		2.2	2.2		1.8
1949. 7. 1		3.5			1.8		2.2	2.2		1.8
1950. 7. 1	3.2	3.5	3.8		1.8		2.2	2.2		1.8
1951. 4. 1	3.6	3.8	4.1		1.8		2.2	1.8		1.8
1951.10. 1	4.1	4.4	4.8		1.8		2.2	1.8		1.8
1954. 5.16	8.0	10.0	12.0				3.7	1.8		1.8
1955. 8. 4	8.0	10.0	12.0				3.7	1.8		1.8
1959. 2.16	8.0	10.0	12.0			3.6	3.7	1.8	4.0~6.0	1.8
1959. 7.15	6.0	8.0	10.0			3.6	3.7	1.1	4.0~6.0	1.8
1960. 1. 1	6.0	8.0	10.0			3.6	3.7	1.1	4.0~6.0	1.8
1961. 7.10	9.0	12.0	15.0			3.6	3.7	1.1	4.0~6.0	1.8

자료: 한국은행, 『경제연감』(1955); 『경제통계연보』(1964).

주: 1) 1946-1949년은 대한금융단 협정이자율, 1950년 7월 1일부터는 금융통화위원회 결정 최고이자율이다.

2) 일변을 연리로 환산한다(1변 1리는 연리 0.365%).

3) 당좌예금은 1946년 6월 1일 이후 무이자이다.

표 S651-662 은행 예금금리(연리), 1962-1979

	저축예금									요구불예금		
	정기예금				외화정기예금	농어민예금	저축예금	정기적금	통지예금	보통예금	어린이예금 및 가계당좌예금	복지예금
	3개월	6개월	1년 이상	2년 이상								
	S651	S652	S653	S654	S655	S656	S657	S658	S659	S660	S661	S662
	남한, %											
1962. 2. 1	9.0	12.0	15.0					10.0	3.7	1.8		
1964. 3.16	9.0	12.0	15.0					10.0	3.7	1.8		
1965. 9.30	18.0	24.0	26.4	30.0			16.8	30.0	5.0	1.8		
1968. 4. 1	15.6	20.4	26.4	27.6		14.4	25.2	28.0	5.0	1.8		
1968.10. 1	14.4	19.2	25.2		7.0	12.0	22.8	25.0	5.0	1.8		
1969. 6. 1	12.0	16.8	22.8		8.0	12.0	22.8	23.0	5.0	1.8		
1971. 4. 1	12.0	16.8	22.8		11.0	12.0	21.0	23.0	5.0	1.8		3.6
1971. 6.28	10.2	14.4	20.4	21.3	11.0	10.0	17.4	21.0	5.0	1.8	8.7	3.6
1972. 1.17	8.4	11.4	16.8	17.4	11.0	8.4	12.6	17.0	5.0	1.8	7.2	3.6
1972. 8. 3	6.0	8.4	12.0	12.6	8.0	6.0	12.6	12.0	3.65	1.8	5.4	3.6
1973. 5. 1	6.0	8.4	12.0	12.6	9.0	6.0	12.6	12.0	3.65	1.8	5.4	3.6
1974. 1.24	12.0	13.2	15.0	15.0	11.0	6.0	12.6	13.2	3.65	1.8	5.4	3.6
1974. 9. 1	15.0	13.2	15.0	15.0	15.0	6.0	12.6	13.2	3.65	1.8	5.4	3.6
1974.12. 9	12.6	15.0	15.0	15.0	15.0			13.2	3.65	1.8	5.4	3.6
1975. 4. 1	12.6	15.0	15.0	15.0	15.0			13.2	6.0	1.8		3.6
1975. 7. 1	12.6	13.8	15.0	15.0	15.0			13.2	6.0	1.8		3.6
1976. 8. 2	15.0	15.6	16.2	15.0	15.0			14.2	6.0	1.8		3.6
1977. 4.22	15.0	15.6	16.2	15.0	15.0		15.0	14.2	10	1.8		3.6
1977. 6.16	15.0	15.6	16.2	15.0	15.0		15.0	14.2	10	1.8	6.0	3.6
1977.10. 4	13.2	13.8	14.4	15.0	15.0		13.2	14.2	10	1.8	6.0	3.6
1978. 1. 6	13.2	13.8	14.4	15.0	15.0		13.2	14.2	10	1.8	6.0	3.6
1978. 6.13	15.0	17.1	18.6	15.0			12.6	15.2	10	1.8	6.0	3.6
1979. 4.20	15.0	17.1	18.6	15.0			12.6	18.2	10	1.8	6.0	3.6
1979. 9. 7	15.0	17.1	18.6	15.0			12.6	18.2	10	1.8	6.0	3.6

자료: 한국은행, 『경제통계연보』(1975, 1978, 1981).

주: 1) 저축예금은 1968-1974년의 국민저축조합예금이다.

2) 1971-1975년은 어린이예금, 1978년 이후는 가계당좌예금이다.

3) 보통예금은 1.8%, 별단예금은 1.0%로 유지된다.

표 S663-676 은행 예금금리(연리), 1980-1989

	저축성 예금												요구불예금	
	정기예금		저축예금 평균	정기적금		상호부금				목돈마련저축			가계종합 예금	보통예금
	3개월-1년	1년 이상		1년	2년-3년	1년	2년	3년	4-5년	1년	2년	3-5년		
	S663	S664	S665	S666	S667	S668	S669	S670	S671	S672	S673	S674	S675	S676
	남한, %													
1980. 1.12	19.2~21.3	24.0	12.6	25.0	25.0									1.8
1980. 4.18	19.2~21.3	24.0	12.6	20.6	22.6~25.0									1.8
1980. 9.16	17.2~19.3	21.9	12.6	17.6	19.6~22.0									1.8
1980.11. 8	14.8~16.9	19.5	12.3	15.1	17.1~19.5	15.1	17.1	19.5	21.0~22.0					1.8
1981. 2.20	14.8~16.9	19.5	14.4	15.1	17.1~19.5	15.1	17.1	19.5	21.0~22.0	27.4	30.3	33.5~36.5	14.4	1.8
1981. 7. 1	14.8~16.9	19.5	14.4	15.1	17.1~19.5	15.1	17.1	19.5	21.0~22.0	27.4	30.3	33.5~36.5	14.4	1.8
1981.11. 9	14.8~15.8	18.6	14.4	14.1	16.1~18.5	14.1	16.1	18.5	20.0~21.0	27.4	30.3	33.5~36.5	14.4	1.8
1981.11.30	14.8~15.2	17.4	14.4	12.9	14.9~17.3	14.1	14.9	17.3	18.8~19.8	27.4	30.3	33.5~36.5	14.4	1.8
1981.12.29	14.4~14.6	16.2	14.4	13.8	14.4~16.2	14.1	14.9	17.3	18.8~19.8	27.4	30.3	33.5~36.5	14.4	1.8
1982. 1.14	14.4~14.6	15.0	14.4	13.8	14.4~15.0	13.8	14.4	15.0	15.9~16.5	27.4	30.3	33.5~36.5	14.4	1.8
1982. 3.29	12.0~12.2	12.6	12.0	11.4	12.0~12.6	11.4	12.0	12.6	13.5~14.1	27.4	30.3	33.5~36.5	12.0	1.8
1982. 5. 6	12.0~12.6	12.6	12.0	11.4	12.0~12.6	11.4	12.0	12.6	13.5~14.1	27.4	30.3	33.5~36.5	8.0	1.8
1982. 6.28	7.6	8.0	8.0	7.6	8.0	7.6	7.8	8.0	8.2~8.4	27.4	30.3	33.5~36.5	6.0	1.8
1983. 4. 1	7.6	8.0	8.0	7.6	8.0	7.6	8.8	9.0	9.2~9.4	19.6	25.4	27.5~29.1	6.0	1.8
1984. 1.23	6.0	9.0	6.0	9.0	9.0	8.6	9.8	10.0	10.2~10.4	19.6	21.4	22.9~23.9	6.0	1.8
1984.11. 5	6.0	10.0	6.0	10.0	10.0	9.6	9.8	10.0	10.2~10.4	19.6	21.4	22.9~23.9	6.0	1.0
1985. 4.19	6.0	10.0	6.0	10.0	10.0	10.0	10.0	10.0	11.0	19.6	21.4	22.9~23.9	6.0	1.0
1985. 9.12	6.0	10.0	6.0	10.0	10.0	10.0	10.0	10.0	11.0	14.0	17.2	18.2~18.9	6.0	1.0
1988.12. 5	6.0	10.0	4.0	10.0	10.0	10.0	10.0	10.0	11.0	14.0	17.2	18.2~18.10	4.0	1.0
1989. 6. 1	6.0	10.0	5.0	10.0	10.0	10.0	10.0	10.0	11.0	14.0	17.2	15.5~16.5	4.0	1.0

자료: 한국은행, 『경제통계연보』(1985, 1991).

주: 1) 정기예금, 정기저금 및 상호부금 등의 기간별 금리는 1984년 7월 23일 이전은 금융단협정, 그 이후는 한국은행총재지침 최고이자율이다.

2) 1982년 6월 28일 이후부터 정기예금의 기간 변경, 1988년 12월 5일 이후 2년 이하 정기예금부터 자유화하였다.

3) 가계의 1년 이상 정기예금은 우대금리를 적용하여 1980-1981년 20-24%를 적용한다.

표 S677-692 저축성 상품의 수신금리(연리), 1990-1995

	가계당좌예금	저축예금	자유저축예금			기업자유예금	
			3개월 미만	3-6개월 미만	6개월 이상	7-89일	90일 이상
	S677	S678	S679	S680	S681	S682	S683
	남한, %						
1990	4.0	5.0	5.0	8.0	11.0	4.0	5.0
1991	4.0	5.0	5.0	8.0	11.0	4.0	5.0
1992	4.0	5.0	5.0	8.0	11.0	4.0	5.0
1993	1.0	3.0	3.0	6.0	9.0	2.0	4.0
1994	1.0	3.0	3.0	6.0	9.0	2.0	4.0
1995	1.0	3.0	3.0	6.0~7.25	9.0~10.0	2.0	4.0~7.0

	정기예금					정기적금	상호부금	목돈마련저축	근로자장기저축
	3개월 미만	3개월-1년 미만	1-2년 미만	2-3년 미만	3-5년				
	S684	S685	S686	S687	S688	S689	S690	S691	S692
	남한, %								
1990	4.0	6.0	10.0	12.0		10.0	12.5	15.5	
1991	4.0	6.0	10.0	12.0	13.0	10.0	12.5	15.5	12.5
1992	4.0	6.0	10.0	12.0	13.0	10.0	12.5	15.5	12.5
1993	2.0	5.0	8.5	10.5~11.5	11.0~11.5	8.5~10.0	11.0~12.0	14.0	11.0~12.0
1994	2.0	5.0	8.5~10.0	10.5~11.5	11.0~11.5	8.5~10.0	11.0~12.0	14.0	11.0~12.0
1995	2.0~8.5	5.0~9.0	7.5~10.0	9.0~11.0	9.5~12.0	8.5~12.0	10.5~12.0	8.0~10.0	10.5~12.0

자료: 한국은행, 『경제통계연보』(1993, 1996).

주: 정기적금은 3년 미만, 상호부금은 3-4년 미만, 목돈마련저축은 3년, 근로자 장기저축은 3년 만기를 적용한다.

표 S693-706 상품별 수신금리(연리), 1990-1995

	양도성 예금증서	금융채(3년)	표지어음(60일-180일)	금전신탁				어음관리 구좌(180일)
				기업금전(1년)	가계금전(1년)	불특정(3년 이상)	개발신탁(2년)	
	S693	S694	S695	S696	S697	S698	S699	S700
	남한, %							
1990	13.0	11.5		12.6	13.1	10.9	12.1	14.3
1991	14.0	13.1		12.8	13.7	13.0	12.1	15.0
1992	12.0	13.1		12.8	14.2	13.0	12.1	15.5
1993	10.0~12.5	11.5		11.1	13.1	10.8~12.1	10.6~11.3	11.9
1994	9.5~12.5	13.3	9.5~13.0	11.5	12.7	10.8~13.4	10.5~10.6	12.9
1995	9.5~11.4	10.8	7.0~11.4	11.12~12.63	12.28~13.46	10.93~13.24	10.0~12.0	13.3

	기업어음		수익증권		정기부금 예수금(2년 이상)	정기예탁금(3년)
	무담보부(91-180일)	거액(60-270일)	단기공사채형(90일)	장기공사채형(1년)		
	S701	S702	S703	S704	S705	S706
	남한, %					
1990	11.9	12.5~13.5	12.1	14.4		
1991	11.9	14.4~16.4	12.8	15.8	15.5	14.0
1992	11.9	14.0	13.8	15.6	15.5	14.0
1993	9.0	12.0~12.1	9.8	13.9	14.0	12.0~13.5
1994	9.0	14.2~14.5	8.7	12.7	13.5	11.5~14.4
1995	9.0	12.2	10.6~13.0	12.9~14.2	13.6	12.4

자료: 한국은행, 『경제통계연보』(1993, 1996).

표 S707-731 예금은행 저축성예금의 수신금리(연리), 1996-2015

	저축성 수신	순수 저축성 예금														
		평균	정기예금									정기적금		상호부금		주택부금
			평균	6개월 미만	6개월-1년	1-2년	1년	2-3년	3-4년	4-5년	5년 이상	평균	3-4년	평균	3-4년	
	S707	S708	S709	S710	S711	S712	S713	S714	S715	S716	S717	S718	S719	S720	S721	S722
	남한, %															
1996	10.79	9.57	9.00	7.07	9.19	10.02		10.33	10.69	10.45	10.52	10.10	10.56	11.00	11.39	
1997	11.32	10.89	10.59	10.32	10.75	10.64		10.58	11.08	10.62	10.85	10.17	10.42	11.56	10.49	
1998	13.30	13.38	13.39	13.42	13.72	13.28		11.93	10.89	9.59	10.78	11.47	10.93	13.49	10.65	
1999	6.90	7.12	7.05	6.53	7.50	7.94		8.19	8.46	7.11	7.81	8.55	9.65	8.52	8.93	
2000	7.01	7.09	7.08	6.42	7.48	7.94		7.84	7.92	7.49	7.88	7.73	8.55	8.05	8.52	8.63
2001	5.43	5.47	5.46	5.21	5.61	5.79		5.98	6.15	5.88	6.09	6.00	6.66	5.97	6.50	6.53
2002	4.73	4.71	4.71	4.38	4.85	4.95		5.22	5.09	5.17	5.20	5.10	5.67	4.91	5.40	5.34
2003	4.15	4.15	4.15	3.89	4.25	4.25		4.48	4.40	4.69	4.40	4.42	4.94	4.28	4.57	4.36
2004	3.75	3.75	3.75	3.37	3.79	3.87		4.07	3.91	4.40	3.87	3.90	4.35	3.81	4.06	3.71
2005	3.62	3.56	3.57	3.17	3.60	3.72		3.99	3.63	3.64	3.22	3.39	3.70	3.36	3.50	3.29
2006	4.41	4.35	4.36	3.80	4.38	4.50		4.85	4.75	4.41	3.98	3.80	4.09	3.83	4.03	3.58
2007	5.07	5.01	5.01	4.50	5.01	5.17		5.25	5.16	4.40	4.47	4.14	4.39	4.15	4.31	3.82
2008	5.71	5.67	5.67	5.00	5.69	5.87		6.22	6.03	5.38	5.22	4.83	5.10	4.61	4.80	4.16
2009	3.26	3.23	3.23	2.69	3.33	3.48		4.20	4.34	4.43	3.80	3.30	3.90	3.29	3.62	3.08
2010	3.19	3.19	3.18	2.78	3.26	3.86		4.19	4.11	4.05	4.59	3.46	4.35	3.30	3.75	3.17
2011	3.69	3.69	3.69	3.39	3.72	4.15		4.30	4.17	3.99	4.31	3.72	4.31	3.52	4.07	3.19
2012	3.43	3.43	3.43	3.25	3.42	3.70	3.71	3.75	3.83	3.57	3.92	3.65	4.15	3.47	4.09	3.24
2013	2.73	2.71	2.70	2.54	2.72	2.89	2.89	2.98	3.12	3.03	3.20	3.06	3.44	3.01	3.38	3.16
2014	2.43	2.42	2.42	2.29	2.46	2.54	2.53	2.62	2.75	2.71	2.83	2.66	3.14	2.58	2.90	2.87
2015	1.74	1.72	1.72	1.61	1.75	1.81	1.81	1.85	1.92	1.91	1.99	1.99	2.62	1.86	2.16	2.33

	시장형 금융상품								금융채 제외 저축성 수신
	평균	양도성 예금증서	CDS (91일)	환매조건부채권매도	환매조건부채권매도 (91-180일)	표지어음	표지어음 (91-120일)	금융채	
	S723	S724	S725	S726	S727	S728	S729	S730	S731
	남한, %								
1996	11.12	11.22	12.31	10.81		11.01	11.97	10.30	10.80
1997	11.46	11.54	11.84	11.24	11.89	11.66	11.74	10.71	11.34
1998	13.09	13.24	13.62	12.95	13.14	13.36	13.71	11.85	13.31
1999	6.33	6.49	6.56	6.06	6.64	6.46	6.98	7.09	6.90

표 S707-731 계속

	시장형 금융상품								금융채 제외 저축성 수신
	평균	양도성 예금증서	CDS (91일)	환매조건부채권매도	환매조건부채권매도 (91-180일)	표지어음	표지어음 (91-120일)	금융채	
	S723	S724	S725	S726	S727	S728	S729	S730	S731
	남한, %								
2000	6.73	6.88	6.92	6.45	6.85	6.67	6.99	7.81	7.00
2001	5.30	5.23	5.19	5.29	5.47	5.22	5.35	5.65	5.43
2002	4.81	4.79	4.68	4.49	4.46	4.78	4.57	5.39	4.70
2003	4.16	4.22	4.19	3.90	3.88	4.21	3.98	4.55	4.13
2004	3.74	3.78	3.70	3.46	3.44	3.74	3.58	4.03	3.72
2005	3.70	3.72	3.58	3.35	3.34	3.57	3.35	4.14	3.56
2006	4.48	4.52	4.41	4.04	4.07	4.29	4.07	4.87	4.34
2007	5.14	5.19	5.09	4.70	4.72	4.92	4.66	5.46	5.01
2008	5.77	5.76	5.52	5.34	5.53	5.43	5.26	6.19	5.66
2009	3.29	3.25	3.15	2.78	3.19	3.13	3.07	3.88	3.21
2010	3.21	3.07	2.93	2.85	3.15	2.83	2.88	3.61	3.16
2011	3.69	3.67	3.57	3.37	3.66	3.42	3.33	3.93	3.67
2012	3.44	3.45	3.38	3.28	3.50	3.25	3.23	3.52	3.42
2013	2.82	2.75	2.72	2.64	2.76	2.59	2.54	2.92	2.71
2014	2.49	2.46	2.46	2.22	2.45	2.31	2.24	2.57	2.42
2015	1.81	1.75	1.75	1.68	1.73	1.54	1.49	1.87	1.72

자료: 한국은행, 「금리」(http://ecos.bok.or.kr).

주: 1) 신규취급액 기준, 가중평균 금리이다.

2) '저축성수신'은 저축성수신금리 전체의 평균이며 금융채를 포함한 것이다.

표 S732-743 금융기관 대출금리(연리), 1947-1962

	일반은행									농협		
	정부계획에 의한 수집자금	정부보증	원조물자 인수자금	무역금융	일반자금	상업어음 할인	콜론	당좌대월	연체대부	농사자금	농림자금	양곡자금
	S732	S733	S734	S735	S736	S737	S738	S739	S740	S741	S742	S743
	남한, %											
1947.10.10		5.48										
1948. 3.10		5.48										
1949. 2.10		6.21										
1949. 7. 1		6.21										
1950. 7. 1	9.86	6.21		9.86	14.60	14.24		14.97	20.0			
1951. 4. 1	12.78	8.03		12.78	18.25	17.52		18.98	20.0			
1951.10.10	12.78	10.22		16.43	18.25	17.52		18.98	20.0			
1952. 4. 1	12.78	10.22		16.40	18.30	17.52		19.00	20.0			
1952.12.10	12.78	10.22		16.43	18.25	17.52		18.98	20.0			
1953. 5.16	12.78	10.22		16.43	18.25	17.52		18.98	20.0			
1954. 6. 3	12.78	10.22	13.87	13.87	18.25	17.52		18.98	20.0			
1955. 8. 4	12.78		13.87	13.87	18.25	17.52		18.98	20.0			
1957.10.20	12.78		13.87	13.87	18.25	17.52		18.98	20.0			
1959. 7.15	12.78		13.87	13.87	17.52	13.90	13.87	18.30	20.0	16.43	17.52	12.78
1960.10.25			13.87	13.87	17.52	13.90	13.87	18.30	20.0	16.43	17.52	12.78
1962. 4. 1			13.87	12.78	16.43	13.90	13.87	18.30	20.0	16.43	17.52	16.43
1962. 7. 3			13.87	10.95	16.43	13.90	13.87	18.30	20.0	16.43	17.52	16.43
1962.12. 1			13.87	9.13	15.70	13.90	13.87	18.30	20.0	16.43	17.52	16.43

자료: 한국은행, 『경제통계연보』(1964).

표 S744-760 일반은행 대출금리(연리), 1962-1986

	군납어음	농수산물 수출준비	외화표시 공급어음	원조물자 인수어음	수출 및 수입어음	기타 어음	상업어음할인	당좌대월	적금담보대출
	S744	S745	S746	S747	S748	S749	S750	S751	S752
					남한, %				
1962. 7. 3	16.43		10.95	13.87	10.95	15.7	13.87	18.25	
1962.12. 1	13.87		9.13	13.87	9.13	15.7	13.87	18.25	
1963. 5.17	13.87		8.03	13.87	8.03	16.0	13.87	18.50	
1964. 3.16	14.0		8.0	14.0	8.0	16.0	14.0	18.5	
1964.12.29	14.0		8.0	14.0	8.0	16.0	14.0	18.5	
1965. 9.30	26.0		7.0	26.0	6.5	26.0	24.0	26.0	20.0
1967. 1.13	26.0		7.0	26.0	6.5	26.0	24.0	26.0	20.0
1967. 6.29	26.0		6.0	25.2	6.0	26.0	24.0	28.0	20.0
1968.10. 1	26.0		6.0	25.2	6.0	25.2	26.0	28.0	20.0
1968.12. 1	26.0		6.0	25.2	6.0	25.2	26.0	28.0	20.0
1969. 6. 1	24.0		6.0	24.0	6.0	24.0	24.6	26.0	18.8
1969. 6.30	24.0		6.0	24.0	6.0	24.0	24.6	26.0	18.8
1970. 4. 1			6.0	24.0	6.0	24.0	24.0	26.0	18.8
1970. 6.18		24.0	6.0	24.0	6.0	24.0	24.0	24.0	18.8
1971. 6.28		22.0	6.0		6.0	22.0~23.0	22.0	22.0	16.8
1972. 1.17		19.0	6.0		6.0	19.0~20.0	19.0	22.0	14.5
1972. 8. 3		15.5	6.0		6.0	15.5~16.5	15.5	17.5	12.0
1972.10. 2		15.5	6.0		6.0	15.5~16.5	15.5	17.5	12.0
1973. 2. 9		15.5	6.0		6.0	15.5	15.5	17.5	12.0
1973. 5.14		15.5	7.0		7.0	15.5	15.5	17.5	13.5
1974. 1.24		15.5	9.0		9.0	15.5	15.5	17.5	13.5
1974.11.12		9.0	9.0		9.0	15.5	15.5	17.5	13.5
1974.12. 7		9.0	9.0		9.0	15.5	15.5	17.5	13.5
1975. 4.17		7.0	7.0		7.0	15.5	15.5	18.0	15.0
1975.10. 1		7.0	7.0		7.0	15.5	19.0	19.0	15.0
1975.11. 1		7.0	7.0		7.0	15.5	19.0	17.5	15.0
1976. 8. 2		8.0	8.0		8.0	17.0~19.0	17.0	18.0~19.0	15.0
1977. 7. 1		8.0	8.0		8.0	16.0~18.0	15.0	17.0~18.0	15.0
1977.10. 4		8.0	8.0		8.0	15.0~17.0	15.0	17.0~18.0	15.0
1978. 6.13		9.0	9.0		9.0	18.5~20.5	18.5	20.5~21.0	16.0
1978.12. 7		9.0	9.0		9.0	18.5~20.5	18.5	20.5~21.0	16.0
1979. 9. 7		9.0	9.0		9.0	18.5~21.0	18.5	21.5~21.0	18.5~19.0
1980. 1.12		15.0	15.0		15.0	24.5~27.0	24.5	27.5~21.0	24.5~25.0
1980. 6. 6		15.0	15.0		15.0	23.5~26.0	23.5	26.5~21.0	23.5~24.0
1980. 9.16		15.0	15.0		15.0	21.5~24.0	23.5	21.0	23.5~24.0
1980.11. 8		15.0	15.0		15.0	20.5	19.5	18.0~21.5	18.0
1981. 4. 4		15.0	15.0		15.0	21.5	16.5	23.5	
1981.11. 9		15.0	15.0		15.0	19.5	16.5	21.5	
1981.11.30		15.0	15.0		15.0	19.5	16.5	20.5	
1981.12.29		15.0	15.0		15.0	16.5~18.5	16.5	19.5	
1982. 1.14		12.0	12.0		12.0	15.5~17.5	15.5	18.5	
1982. 3.29		11.0	11.0		11.0	13.5~15.5	13.5	16.5	
1982. 6.28		10.0	10.0		10.0	10.0	10.0	15.5	
1984. 1.23		10.0	10.0		10.0	10.0~10.5	10.0	14.0	
1984.11. 5		10.0	10.0		10.0	10.5~11.5	10.0	10.0	
1985. 4.19					10.0	10.0~13.5	10.0	10.0	
1985.10.11					10.0	10.0~13.0	10.0	10.0	
1986. 3.24					10.0	10.0~12.0	10.0	10.0	

자료: 한국은행, 『경제통계연보』(1964, 1975, 1985, 1990).

주: 1) 1988년 12월 5일부터 금리자유화가 시행되었다.

2) 상업어음할인은 A등급 우량대출을 기준으로 한다.

3) 투자기금은 기획조선, 농수산, 일반 투자기금 대출 등이다.

표 S744-760 계속

	적금대출	연체어음	콜론	CD대출, 외상채권대출	새생활예금 선대금융	기계공업 육성자금	수출산업 설비금융	투자기금
	S753	S754	S755	S756	S757	S758	S759	S760
				남한, %				
1962. 7. 3		20.0	13.9					
1962.12. 1		20.0	13.9					
1963. 5.17		20.0	13.9					
1964. 3.16		20.0	21.0					
1964.12.29		20.0	21.0					
1965. 9.30	26.0	36.5	22.0		14.0			
1967. 1.13	26.0	36.5	22.0		14.0			
1967. 6.29	26.0	36.5	22.0		14.0	12.0		
1968.10. 1	25.2	36.5	22.0		14.0	12.0		
1968.12. 1	25.2	36.5	22.0					
1969. 6. 1	24.0	36.5	21.0		11.6	12.0		
1969. 6.30	24.0	36.5	21.0					
1970. 4. 1	24.0	36.5	21.0		11.6	12.0		
1970. 6.18	22.0	36.5	21.0		11.6	12.0		
1971. 6.28	19.0	31.2	19.0		10.7	12.0		
1972. 1.17	15.5	25.0	19.0		9.2	12.0		
1972. 8. 3	15.5	25.0	15.0		7.8	10.0		
1972.10. 2	15.5	25.0	15.0		7.8	10.0		
1973. 2. 9	15.5	25.0	15.0		7.8	10.0	12.0	
1973. 5.14	15.5	25.0	15.0		7.8	10.0	12.0	
1974. 1.24	15.5	25.0	15.0		7.8	10.0	12.0	9.0
1974.11.12	15.5	25.0	15.0		7.8	10.0	12.0	9.0
1974.12. 7	15.5	25.0	15.0		7.8	10.0	12.0	12.0
1975. 4.17	15.5	25.0	15.0		7.8	10.0	12.0	12.0
1975.10. 1	17.0	25.0	15.0		7.8	12.0	12.0	12.0
1975.11. 1	17.0	25.0	15.0		7.8	12.0	12.0	12.0
1976. 8. 2	17.0	25.0	20.0		7.8	13.0	14.0	14.0
1977. 7. 1	17.0	25.0	20.0			13.0	14.0	14.0
1977.10. 4	16.0	25.0	20.0			13.0	14.0	14.0
1978. 6.13	19.0	25.0	20.0			13.0	14.0	14.0
1978.12. 7	19.0	25.0	22.0			13.0	14.0	14.0
1979. 9. 7	19.0	25.0	19.0			20.0	14.0	14.0
1980. 1.12	24.5	30.0	19.0			20.0		16.0~20.0
1980. 6. 6	23.5	29.0	25.0			20.0		14.0~19.5
1980. 9.16	21.5	29.0	24.0			18.0		14.0~19.5
1980.11. 8	17.5	27.0	20.0			17.0		14.0~17.5
1981. 4. 4	17.5	27.0	20.0			17.0		14.0~16.5
1981.11. 9	16.5	26.0	19.0			17.0		13.5
1981.11.30	15.5	26.0	18.0			17.0		13.5
1981.12.29	15.5	25.0	17.0			16.0		13.5
1982. 1.14	155.0	24.0	16.0			15.0		13.5
1982. 3.29	13.5	22.0	16.0			13.5		13.5
1982. 6.28	10.0	18.0				13.5		10.0~11.5
1984. 1.23	10.0	19.0				13.5		10.0~11.5
1984.11. 5	10.0	19.0		12.0		10.0		10.0~11.5
1985. 4.19	10.0	19.0		12.0		10.0		10.0~11.5
1985.10.11	10.0	19.0		12.8		10.0		10.0~11.5
1986. 3.24	10.0	19.0		12.5		10.0		10.0~11.5

표 S761-777 금융기관 대출금리(연리), 1991-1995

	은행 금융기관								
	시중은행			지방은행			특수은행		
	프라임레이트 연동대출	당좌대출	연체대출	프라임레이트 연동대출	당좌대출	연체대출	프라임레이트 연동대출	당좌대출	연체대출
	S761	S762	S763	S764	S765	S766	S767	S768	S769
	남한, %								
1991	10.0~12.5	12.0~15.0	21.0	10.0~13.0	12.0~15.5	21.0	10.5~12.5	12.0~15.0	21.0
1992	10.0~12.5	10.25~14.75	21.0	10.0~13.0	11.25~15.0	21.0	10.5~12.5	11.0~14.25	21.0
1993	8.5~12.0	9.5~13.0	17.0~18.0	9.0~12.0	10.0~13.5	18.0~20.0	9.0~11.5	10.0~12.75	17.0~19.0
1994	8.5~12.5	10.0~14.0	17.0~18.0	9.0~12.5	10.25~14.50	18.0~19.0	9.0~11.5	10.0~13.5	17.0~19.0
1995	9.0~12.5	12.8~15.5	18.0~19.0	9.25~12.50	12.5~15.0	18.0~19.0	9.0~11.5	11.7~14.8	18.0~19.0

	비통화 금융기관							
	신탁계정		투자금융회사	생명보험회사		상호신용금고		신협
	기업대출	가계대출	할인어음	약관대출	담보대출	부금급부	할인어음	일반대출
	S770	S771	S772	S773	S774	S775	S776	S777
	남한, %							
1991	12.12~14.14	13.79~14.09		13.74~13.76	13.11~15.07	17.73~17.79	17.78~18.26	14.66
1992	12.12~14.14	13.79~14.09	13.05~14.32	13.84~13.86	13.08~15.21	17.89~17.90	17.64~18.09	14.63~14.75
1993	10.12~13.46	12.16~12.96	12.58~13.12	11.88~11.93	11.00~14.33	16.42	16.48~16.97	13.12~13.40
1994	10.13~13.66	12.12~13.40	14.54~16.08	11.95~11.98	11.24~14.71	16.43~16.51	16.39~17.07	13.51~13.82
1995	10.31~14.50	12.73~14.54	12.68~13.19	12.36~12.40	11.98~15.19	16.7~17.15	16.06~17.31	13.94~14.31

자료: 한국은행, 『경제통계연보』(1996).

주: 1991-1995년 단계적 금리자유화, 1995년 7월부터 전면 금리자유화가 실시되었다.

표 S778-793 예금은행 대출금리(연리), 1996-2015

	대출평균 (A+B+C)	기업대출(A)							가계대출(B)		담보별 가계대출					공공 및 기타부문 대출(C)
		기업대출	대기업	중소기업	운전 자금	시설자금	상업어음 할인	기업일반 자금 대출	가계대출	소액(500 만 원 미만)	주택담 보대출	예적금 담보대출	보증대출	일반 신용대출	집단대출	
	S778	S779	S780	S781	S782	S783	S784	S785	S786	S787	S788	S789	S790	S791	S792	S793
	남한, %															
1996	11.21	10.98	11.42	10.88	10.99	10.28	10.65	11.66	12.26							10.15
1997	11.83	11.75	12.19	11.63	11.77	10.09	11.81	12.13	12.30							9.61
1998	15.18	15.20	16.13	14.89	15.24	14.32	15.32	15.33	15.21							12.24
1999	9.40	8.91	9.49	8.75	8.98	9.76	8.02	9.71	10.85							8.76
2000	8.55	8.18	8.75	7.95	8.15	9.34	7.41	8.91	9.88							8.24
2001	7.70	7.49	7.69	7.38	7.46	8.25	7.01	7.90	8.20	10.15	6.31	7.21	7.62			7.35
2002	6.70	6.50	6.17	6.56	6.44	7.16	6.45	6.86	6.92	9.60	6.67	6.98	7.18			6.34
2003	6.24	6.17	5.98	6.21	6.13	6.89	6.34	6.50	6.50	8.03	6.21	6.45	6.54			5.62
2004	5.90	5.92	5.72	5.97	5.89	6.60	6.25	6.24	5.88	6.25	5.86	5.93	5.90			5.51
2005	5.59	5.65	5.20	5.76	5.64	6.07	6.19	5.90	5.49	5.99	5.39	5.53	5.66	6.32	4.94	4.91
2006	5.99	6.08	5.56	6.20	6.06	6.40	6.60	6.32	5.80	6.27	5.64	5.64	5.59	6.89	5.43	5.42
2007	6.55	6.60	6.09	6.72	6.59	6.75	7.11	6.75	6.48	6.57	6.34	6.11	6.10	7.46	5.88	5.65
2008	7.17	7.17	6.79	7.31	7.16	7.36	7.69	7.38	7.19	7.28	7.00	6.84	7.03	8.44	6.48	6.70
2009	5.65	5.65	5.61	5.65	5.61	6.11	6.01	5.76	5.73	6.85	5.54	6.07	5.67	7.09	5.01	5.21
2010	5.51	5.56	5.25	5.68	5.54	5.84	6.30	5.61	5.38	6.55	5.00	5.36	5.38	7.19	4.83	5.10
2011	5.76	5.86	5.50	6.00	5.87	5.74	6.61	5.83	5.47	6.67	4.92	5.38	5.47	7.82	4.96	5.20
2012	5.40	5.49	5.18	5.66	5.52	5.22	6.27	5.37	5.22	6.60	4.63	5.11	5.24	7.43	4.77	4.56
2013	4.64	4.74	4.46	4.92	4.78	4.48	5.66	4.64	4.35	5.95	3.86	4.54	4.31	6.28	3.94	4.31
2014	4.26	4.39	4.10	4.60	4.42	4.20	5.37	4.29	3.87	5.17	3.55	4.05	3.76	5.45	3.57	4.10
2015	3.53	3.69	3.40	3.87	3.74	3.45	4.74	3.61	3.22	4.43	3.03	3.49	3.07	4.55	3.03	3.26

자료: 한국은행, 「금리」(http://ecos.bok.or.kr).

주: 1) 당좌대출, 마이너스통장대출 제외(2000년 9월 이후)한다.

2) 신규자금 기준 가중평균금리이다.

표 S794-800 콜금리, 1991-2015

	무담보 콜금리 (1일물)					담보콜금리	
	전체	1일물	은행 간 직거래	중개거래	기타	전체	1일물
	S794	S795	S796	S797	S798	S799	S800
	남한, %						
1991	17.07	16.63	16.27	16.98			
1992	14.38	14.26	14.20	14.32			
1993	12.07	11.98	11.65	12.11			
1994	12.29	12.28	11.93	12.51			
1995	12.44	12.38	12.06	12.55			
1996	12.36	12.35	12.12	12.45			
1997	13.27	13.20	13.35	13.14	13.71		
1998	14.85	14.85	14.50	14.90	14.91		
1999	5.00	4.98	4.88	4.99	4.92		
2000	5.16	5.13	4.99	5.14	5.06		
2001	4.69	4.68	4.55	4.70	4.64		
2002	4.20	4.18	4.16	4.19	4.17		
2003	4.00	3.98	4.00	3.98	3.96	4.00	3.87
2004	3.64	3.62	3.66	3.62	3.62	3.66	3.59
2005	3.33	3.32	3.35	3.32		3.40	3.41
2006	4.19	4.18	4.14	4.19		4.30	4.30
2007	4.77	4.77	4.65	4.77		4.86	4.86
2008	4.78	4.78	4.77	4.78		5.04	5.05
2009	1.98	1.98	1.92	1.98		2.40	2.42
2010	2.16	2.16	2.03	2.16		2.42	2.43
2011	3.09	3.09	3.01	3.09		3.23	3.23
2012	3.08	3.08	3.02	3.08		3.18	3.18
2013	2.59	2.59	2.56	2.59		2.68	2.68
2014	2.34	2.34	2.32	2.34		2.53	2.53
2015	1.65	1.65	1.58	1.65			

자료: 한국은행, 「금리」(http://ecos.bok.or.kr/).

표 S801-817 국고채 및 기타 수익률, 1987-2015

	CD유통수익률 (91일)	CP유통수익률 (91일)	국고채권 수익률						
			국민주택채권 1종(5년)	1년물	3년물	5년물	10년물	20년물	30년물
	S801	S802	S803	S804	S805	S806	S807	S808	S809
	남한, %								
1987			11.91						
1988			12.37						
1989			14.38						
1990			15.03						
1991	18.54		16.46						
1992	16.41		15.08						
1993	12.96		12.07						
1994	13.29	15.67	12.29						
1995	14.05	14.55	12.40		13.39	12.54			
1996	12.63	13.08	10.89		11.84	11.59			
1997	13.38	14.86	11.70		12.26	12.17			
1998	15.22	16.55	12.80		12.94	13.18			
1999	6.81	7.25	8.72		7.69	8.59			
2000	7.08	7.44	8.50	7.69	8.30	8.67	7.76		
2001	5.32	5.60	6.66	5.45	5.68	6.21	6.86		
2002	4.81	4.93	6.47	5.19	5.78	6.26	6.59		
2003	4.31	4.62	4.93	4.42	4.55	4.76	5.05		
2004	3.79	3.97	4.45	3.92	4.11	4.35	4.73		
2005	3.65	3.81	4.66	3.97	4.27	4.52	4.95		
2006	4.48	4.65	5.07	4.68	4.83	4.96	5.15	5.37	
2007	5.16	5.40	5.42	5.19	5.23	5.28	5.35	5.44	
2008	5.49	6.28	5.79	5.12	5.27	5.36	5.57	5.60	
2009	2.63	3.18	5.10	2.91	4.04	4.64	5.17	5.39	
2010	2.67	2.87	4.59	2.95	3.72	4.31	4.77	4.98	
2011	3.44	3.59	4.11	3.42	3.62	3.90	4.20	4.34	
2012	3.30	3.39	3.43	3.12	3.13	3.24	3.45	3.53	3.13
2013	2.72	2.81	3.16	2.66	2.79	3.00	3.28	3.46	3.57
2014	2.49	2.60	2.98	2.44	2.59	2.84	3.18	3.38	3.46
2015	1.77	1.87	2.11	1.70	1.79	1.97	2.30	2.48	2.55

	통화안정증권 수익률			산업금융채권 수익률		회사채 수익률		금융채 수익률
	91물	1년물	2년물	1년	3년	장외3년, AA- 등급	장외3년, BBB-	
	S810	S811	S812	S813	S814	S815	S816	S817
	남한, %							
1987		12.86			12.41	12.62		
1988		14.95			13.04	14.18		
1989		15.24			14.73	15.17		
1990		15.58			16.16	16.48		
1991		17.68		18.37	18.61	18.89		
1992		15.78		15.90	16.03	16.21		
1993		12.39		12.75	12.64	12.63		
1994		12.34		13.13	12.98	12.92		
1995		13.47		14.00	13.83	13.79		
1996		12.11		12.24	12.07	11.87		
1997		12.77		13.28	12.98	13.39		
1998		12.38		14.33	14.04	15.10		
1999		7.42	8.14	7.53	8.35	8.86		
2000		7.81	8.24	7.92	8.69	9.35	11.74	
2001		5.45	5.74	5.55	6.35	7.05	11.38	5.55
2002		5.19	5.72	5.29	6.11	6.56	10.44	5.29
2003		4.42	4.59	4.53	4.83	5.43	8.88	4.53
2004		3.92	4.09	3.98	4.27	4.73	9.16	3.98
2005		3.97	4.24	4.06	4.44	4.68	8.71	4.06
2006	4.59	4.67	4.83	4.75	4.98	5.17	8.19	4.75
2007	5.00	5.21	5.33	5.33	5.50	5.70	8.40	5.34
2008	4.96	5.33	5.47	5.92	6.19	7.02	9.86	5.92
2009	2.12	2.98	3.84	3.37	4.77	5.81	11.76	3.37
2010	2.36	3.03	3.67	3.27	4.24	4.66	10.68	3.27
2011	3.30	3.55	3.71	3.65	4.01	4.41	10.38	3.65
2012	3.13	3.14	3.16	3.23	3.45	3.77	9.34	3.23
2013	2.60	2.66	2.75	2.72	2.44	3.19	8.84	2.72
2014	2.39	2.45	2.53	2.49	0.00	2.98	8.71	2.49
2015	1.67	1.70	1.76	1.77		2.08	8.00	1.77

자료: 한국은행, 「금리」(http://ecos.bok.or.kr/).

5. 증권시장

표 S818-820 증권시장을 통한 자금조달, 1956-1967

	합계	유상증자	무상증자
	S818	S819	S820
	남한, 백만 원		
1956	17	17	-
1957	10	10	-
1958	10	10	-
1959	200	5	195
1960	1,072	264	808
1961	775	91	684
1962	4,151	3,089	1,062
1963	7,316	608	6,708
1964	5,131	369	4,762
1965	121	100	21
1966	387	379	8
1967	17,577	1,301	16,276

자료: 한국증권거래소, 『한국증권거래소10년사』(1968), p. 77; 『증권통계연보』(1969).

표 S821-834 증권시장을 통한 자금조달, 1968-2015

	합계		주식										회사채	
			소계		공모						유상증자			
					소계		모집		매출					
	S821	S822	S823	S824	S825	S826	S827	S828	S829	S830	S831	S832	S833	S834
	건	십억 원	건	십억 원	건	십억 원	건	십억 원	건	십억 원	건	십억 원	건	십억 원
	남한													
1968	12	20.5	12	20.5	2	0.2	2	0.2	-	-	10	20	-	-
1969	20	8.4	20	8.4	12	2.2	12	2.2	-	-	8	6	-	-
1970	22	7.2	22	7.2	9	2.1	9	2.1	-	-	13	5	-	-
1971	11	2.9	11	2.9	4	0.9	4	0.9	-	-	7	2	-	-
1972	73	24.7	38	14.8	7	1.1	6	1.0	1	0.1	31	14	35	9.93
1973	111	54.5	99	51.1	47	21.5	35	17.8	12	3.7	52	30	12	3.45
1974	139	74.3	80	46.4	19	14.3	12	9.2	7	5.1	61	32	59	27.9
1975	197	156.3	130	123	62	39.9	48	27.3	14	12.6	68	83	67	33.5
1976	280	262.2	168	176	87	74.0	56	40.6	31	33.4	81	102	112	86.3
1977	342	362.5	146	186	49	44.1	34	31.1	15	13.0	97	142	196	176
1978	487	653.1	181	327	33	41.5	23	23.8	10	17.7	148	285	306	326
1979	483	841.4	103	217	5	4.9	5	4.9	-	-	98	212	380	625
1980	518	1,135	53	171	1	0.3	1	0.3	-	-	52	171	465	964
1981	541	1,342	83	306	2	3.0	2	3.0	-	-	81	303	458	1,036
1982	801	2,367	67	274	-	-	-	-	-	-	67	274	734	2,093
1983	754	1,889	105	463	3	30.8	2	20.8	1	10.0	102	432	649	1,427
1984	993	2,283	121	479	14	81.4	13	81.2	1	0.2	107	398	872	1,804
1985	1,167	3,471	71	295	11	35.1	10	33.9	1	1.2	60	260	1,096	3,177
1986	1,026	3,570	126	841	16	43.1	12	33.4	4	10	110	798	900	2,729
1987	1,241	5,088	222	1,899	44	243.8	40	198	4	46	178	1,655	1,019	3,190
1988	1,473	12,014	410	7,770	112	1,049	98	554	14	495	298	6,721	1,063	4,244
1989	1,626	22,122	409	15,163	135	3,545	119	1,962	16	1,582	274	11,125	1,217	6,959
1990	1,981	14,001	205	2,918	36	336	33	316	3	20	169	2,582	1,776	11,084
1991	2,951	15,405	158	2,687	22	507	22	507	-	-	136	2,180	2,793	12,718
1992	2,545	13,505	159	2,350	26	639	19	318	7	321	133	1,711	2,386	11,155
1993	2,892	18,859	210	3,259	39	470	35	356	4	114	171	2,789	2,682	15,600
1994	2,912	26,298	198	6,248	37	869	36	855	1	14	161	5,379	2,714	20,050
1995	3,042	29,865	219	6,267	56	683	52	605	4	78	163	5,584	2,823	23,598
1996	3,416	35,191	210	5,286	64	1,634	64	1,634	-	-	146	3,652	3,206	29,905
1997	2,455	37,731	209	3,409	99	731	66	628	33	103	110	2,678	2,246	34,322
1998	1,238	70,253	141	14,253	19	801	18	799	1	2	122	13,452	1,097	56,000
1999	1,289	71,785	486	41,114	146	5,267	143	5,198	3	69	340	35,847	803	30,671
2000	1,401	73,011	515	14,349	263	3,985	262	3,982	1	3	252	10,364	886	58,663
2001	1,668	99,363	423	12,168	208	5,811	208	5,811	-	-	215	6,357	1,245	87,195
2002	1,963	87,421	383	9,899	156	3,168	152	2,533	4	635	227	6,731	1,580	77,522

표 S821-834 계속

	합계		주식										회사채	
			소계		공모						유상증자			
					소계		모집		매출					
	S821	S822	S823	S824	S825	S826	S827	S828	S829	S830	S831	S832	S833	S834
	건	십억 원	건	십억 원	건	십억 원	건	십억 원	건	십억 원	건	십억 원	건	십억 원
	남한													
2003	2,112	72,909	415	11,152	104	2,871	103	2,835	1	36	311	8,281	1,697	61,758
2004	1,772	58,743	271	8,365	69	2,788	67	2,702	2	86	202	5,577	1,501	50,379
2005	1,807	54,815	356	6,712	77	1,287	76	1,267	1	20	279	5,425	1,451	48,103
2006	1,535	48,101	313	6,423	60	1,706	60	1,706	-	-	253	4,717	1,250	41,678
2007	1,591	62,503	403	17,243	66	2,288	66	2,288	-	-	337	14,955	1,188	45,260
2008	1,629	57,838	269	5,080	42	717	42	717	-	-	227	4,363	1,373	52,759
2009	2,305	95,824	377	11,616	61	1,674	61	1,674	-	-	316	9,942	1,928	84,208
2010	2,145	93,913	254	10,339	96	4,304	96	4,304	-	-	158	6,035	1,891	83,574
2011	1,856	114,559	164	12,902	67	2,439	67	2,439	-	-	97	10,463	1,692	101,658
2012	1,988	104,195	87	2,364	25	466	25	466	-	-	62	1,897	1,901	101,831
2013	2,491	95,529	105	5,202	39	1,096	39	1,096	-	-	66	4,106	2,386	90,327
2014	2,852	100,454	157	8,417	82	4,404	70	1,753	12	2,651	75	4,013	2,695	92,037
2015	3,105	105,749	208	9,329	147	4,474	116	3,156	31	1,318	61	4,855	2,897	96,414

자료: 한국증권거래소, 『증권통계연보』(1979, 1987, 2004); 2005년 이후는 금융감독원, 금융통계정보시스템, 「자본시장」(http://fiss.fss.or.kr).

표 S835-852 기업규모별 회사채 발행, 1980-2015

	대기업								중소기업								자산담보부	
	합계		상장법인				비상장법인		합계		상장법인				비상장법인			
			유가증권시장		코스닥시장						유가증권시장		코스닥시장					
	S835	S836	S837	S838	S839	S840	S841	S842	S843	S844	S845	S846	S847	S848	S849	S850	S851	S852
	건	십억 원	건	십억 원	건	십억 원	건	십억 원	건	십억 원	건	십억 원	건	십억 원	건	십억 원	건	십억 원
	남한																	
1980		922		814				108		41		5.7				35		
1981		1,010		841				169		26		4.4				21		
1982		2,049		1,552				497		87		11.7				76		
1983		1,200		812				388		226		16.5				209		
1984		1,436		1,078				358		367		26				341		
1985		2,715		1,788				926		462		42				419		
1986		2,185		1,364				821		542		59				483		
1987		2,728		1,546				1,182		461		44				417		
1988		3,674		2,331				1,343		569		81				488		
1989	551	5,713	341	4,539			210	1,174	666	1,245	117	371			549	874		
1990	687	8,343	452	6,385			235	1,958	1,089	2,739	285	982			804	1,757		
1991	1,342	9,151	974	7,016			368	2,135	1,455	3,588	201	503			1,254	3,085		
1992	1,427	9,370	956	7,371			471	1,999	955	1,765	119	325			836	1,440		
1993	1,587	13,100	1,094	10,213			493	2,887	1,094	2,497	138	449			956	2,048		
1994	1,757	17,449	1,263	14,370			494	3,079	953	2,583	156	692			797	1,891		
1995	1,919	20,940	1,426	17,576			493	3,364	900	2,640	142	573			758	2,067		
1996	2,183	26,523	1,579	20,201			604	6,322	1,023	3,380	193	902			830	2,478		
1997	1,753	32,348	1,304	26,057			449	6,290	493	1,973	107	603			386	1,370		
1998	979	55,293	735	43,780			244	11,513	118	707	51	443			67	264		
1999	588	24,938	412	18,702			176	6,236	147	1,287	63	685			84	602	68	4,445
2000	298	17,274	226	13,708			72	3,565	43	399	18	196			25	203	545	40,994
2001	519	45,962	265	31,289			254	14,672	67	1,613	12	201			55	1,412	659	39,619
2002	847	46,377	303	21,261			544	25,115	88	2,117	12	323			76	1,794	651	29,026
2003	780	33,920	285	18,624			495	15,295	21	163	4	14			17	149	896	27,673
2004	713	33,970	287	18,870			426	15,107	16	219	4	80			12	139	772	16,190
2005	695	30,945	308	19,542	28	1,123	359	10,280	20	335	3	20	9	35	8	28	736	16,822
2006	593	27,323	244	16,942	17	70	332	9,677	25	417	5	93	12	10	8	224	632	13,938
2007	681	34,645	310	19,817	32	830	339	13,997	66	764	9	100	51	453	6	210	441	9,750
2008	1,137	64,103	494	32,297	22	796	620	31,010	61	1,655	20	759	23	140	18	756	434	8,356
2009	1,408	94,672	443	41,103	13	457	952	53,111	59	1,129	15	340	35	359	9	430	816	19,139
2010	1,649	101,014	510	43,087	14	560	1,125	57,367	38	782	7	128	17	216	14	438	506	11,123
2011	1,746	115,949	545	52,308	32	1,355	1,169	63,286	35	947	3	196	9	89	23	662	407	12,598
2012	1,448	109,856	534	46,546	50	1,831	864	61,479	23	389	2	23	8	67	13	299	620	18,447

표 S835-852 계속

	대기업								중소기업								자산담보부	
	합계		상장법인				비상장법인		합계		상장법인				비상장법인			
			유가증권시장		코스닥시장						유가증권시장		코스닥시장					
	S835	S836	S837	S838	S839	S840	S841	S842	S843	S844	S845	S846	S847	S848	S849	S850	S851	S852
	건	십억 원	건	십억 원	건	십억 원	건	십억 원	건	십억 원	건	십억 원	건	십억 원	건	십억 원	건	십억 원
	남한																	
2013	1,490	95,728	381	31,237	24	705	1,085	63,786	8	69	0	0	5	24	3	45	1,126	20,497
2014	1,569	97,898	400	30,289	35	1,057	1,134	66,551	3	38	0	0	2	18	1	20	1,286	18,236
2015	1,809	103,387	541	39,516	41	1,152	1,227	62,719	6	247	1	12	2	35	3	200	1,293	19,467

자료: 금융감독원, 『금융통계월보』(2006년, 2016년 12월호); 증권감독원, 『자본시장연보』(1983, 1993).
주: 2005년도 중소기업의 합계금액은 기타부분을 포함한 것이다.

표 S853-864 주식거래고, 1920-1942

	합계			장기거래			단기거래			실물거래		주당 평균가격
	주식수		거래금액	주식수		거래금액	주식수		거래금액	매매주식수	거래금액	
	매매	수도		매매	수도		매매	수도				
	S853	S854	S855	S856	S857	S858	S859	S860	S861	S862	S863	S864
	천 주	천 圓	천 圓	천 주	천 圓	천 圓	천 주	천 圓	천 圓	천 주	천 圓	圓
	남북한											
1920	184		4,090	184		4,090						
1921	3,737		259,136	2,800		170,077	937		89,059			
1922	2,693	492	145,168	944	492	46,767	1,749		98,401			
1923	1,530	349	74,842	500	349	16,464	1,030		58,377			
1924	929	230	51,070	71	64	964	858	166	50,106			
1925	733	213	45,323	49	47	912	684	166	44,412			
1926	1,020	209	78,359	26	17	765	995	192	77,594			
1927	737	158	65,382	15	14	592	721	144	64,791			
1928	702	86	81,131	12	16	284	690	69	80,847			
1929	479		48,401	8		209	471		48,192			
1930	394		27,582	7		144	387		27,438			
1931	544		52,761	10		179	534		52,582			
1932	1,019	256	89,532	11	10	229	1,007	246	89,269	1	34	89
1933	1,543	319	181,671	2	1	48	1,541	318	181,623	0	1	112
1934	1,976	316	221,117	2	2	53	1,851	314	217,596	123	3,468	118
1935	2,709	402	306,616	6	1	317	2,641	401	304,930	62	1,369	115
1936	2,897	407	309,612	17	16	803	2,814	390	307,116	66	1,693	109
1937	4,488	567	659,058	52	45	2,492	4,351	521	653,831	85	2,735	150
1938	5,123	618	616,260	177	150	8,071	4,867	467	605,881	79	2,309	149
1939	6,155	637	774,496	227	227	11,596	5,708	411	756,640	220	6,260	133
1940	8,838	837	930,865	204	197	13,845	7,719	640	883,101	915	33,919	114
1941	8,494	720	805,419	138	148	9,181	7,075	572	749,852	1,281	46,386	106
1942	11,691	859	1,110,512	208	142	16,027	9,012	717	979,491	2,471	114,994	109

자료: 1920-1931년은 경성주식현물취인시장, 『경성주식현물취인시장 연혁지-통계편』(1923); 조선은행, 『조선은행통계월보』(1934년 각월호); 1932-1942년은 조선취인소, 『조선취인소사』(1935), 『조선취인소년보』, 각년도.

표 S865-879 주식거래상황(유가증권시장), 1956-2015

	상장회사수	상장종목수	상장주식수	주식투자인구	거래주식수	거래대금	상장주식 시가총액	거래원수
	S865	S866	S867	S868	S869	S870	S871	S872
	남한, 사	남한, 종목	남한, 백만 주	남한, 천 명	남한, 백만 주	남한, 십억 원	남한, 십억 원	남한, 사
1956	15				1,441	0.39		
1957	15				2,114	0.41		
1958	15				1,291	0.18		
1959	12				8,715	0.76		
1960	12				2,701	0.28		
1961	14				3,142	0.44		
1962	16				148,251	98		
1963	15	17	32	15	57,654	26	10	40
1964	17	20	27	14	317	27	17	36
1965	17	18	29	15	43	9	15	35
1966	24	30	43	32	49	11	20	26
1967	24	31	59	33	72	25	38	25
1968	34	48	115	40	76	20	64	27
1969	42	55	141	54	98	42	87	29
1970	48	63	159	76	79	43	98	28
1971	50	62	170	82	50	34	109	28
1972	66	97	210	103	84	71	246	27
1973	104	200	305	200	121	161	426	30
1974	128	221	488	200	157	179	533	30
1975	189	356	825	291	311	334	916	28
1976	274	516	1,583	568	592	629	1,436	28
1977	323	540	2,117	395	1,272	1,375	2,351	27
1978	356	594	2,959	963	1,368	1,742	2,893	27
1979	355	495	3,507	872	1,561	1,328	2,609	27
1980	352	437	3,876	753	1,645	1,134	2,527	27
1981	343	451	4,048	696	3,075	2,534	2,959	27
1982	334	416	4,705	682	2,872	1,973	3,001	27
1983	328	422	5,444	709	2,751	1,753	3,490	25
1984	336	455	7,407	724	4,350	3,118	5,149	25
1985	342	414	7,955	772	5,564	3,621	6,570	25
1986	355	485	9,410	1,411	9,273	9,598	11,994	25
1987	389	603	1,519	3,102	5,943	20,494	26,172	25
1988	502	970	2,511	8,541	3,038	58,121	64,544	25
1989	626	1,284	4,242	19,014	3,398	81,200	95,477	25
1990	669	1,115	4,796	2,418	3,162	53,455	79,020	25
1991	686	1,013	5,102	2,150	4,094	62,565	73,118	31
1992	688	1,014	5,413	1,741	7,064	90,624	84,712	32
1993	693	1,045	5,760	1,486	10,398	169,918	112,665	32
1994	699	1,089	6,881	1,708	10,911	229,772	151,217	32
1995	721	1,122	7,609	1,548	7,656	142,914	141,151	33
1996	760	1,143	8,598	1,465	7,785	142,642	117,370	38
1997	776	958	9,031	1,329	12,125	162,282	70,989	38
1998	748	925	11,444	1,915	28,533	192,845	137,798	42
1999	725	916	17,326	2,951	69,359	866,923	349,504	40
2000	704	902	19,639	2,701	73,785	627,133	188,041	51
2001	689	884	19,578	3,256	116,417	491,365	255,850	51
2002	683	861	26,463	3,094	209,168	742,150	258,681	52
2003	684	879	23,662	3,239	133,876	547,609	355,363	52
2004	683	890	23,427	3,102	92,851	555,795	412,588	52
2005	702	918	23,236	2,848	116,440	786,258	655,075	52
2006	731	963	24,961	2,832	68,937	848,490	704,588	52
2007	745	1,023	28,238	3,394	89,506	1,362,877	951,905	52
2008	763	1,038	29,072	3,771	88,149	1,287,165	576,928	52
2009	770	1,028	31,377	3,795	122,871	1,466,275	887,935	52
2010	777	1,029	33,706	3,864	95,596	1,410,562	1,141,885	52
2011	791	1,031	35,403	4,373	87,732	1,702,060	1,041,999	52
2012	784	1,005	35,823	4,115	120,647	1,196,263	1,154,294	52
2013	777	1,009	35,217	4,149	81,096	986,375	1,185,974	52
2014	773	1,061	36,142		68,130	975,977	1,192,253	52
2015	770	1,152	38,278		112,903	1,327,230	1,242,832	52

표 S865-879 계속

	5,000원당 시가	상장주식회전율	상장자본금	시가총액 회전율	주가지수	배당수익률(단순평균)	주가수익비율(PER)
	S873	S874	S875	S876	S877	S878	S879
	남한, 원	남한, %	남한, 십억 원	남한, %	남한, 1980.01.04=100	남한, %	남한, 배
1956							
1957							
1958							
1959							
1960							
1961							
1962							
1963	2,950	1071.2	17	223.2			
1964	3,840	967.9	22	363.6			
1965	3,140	149.5	23	64.9			
1966	3,010	125.4	32	57.2			
1967	4,170	131.7	46	73.5			
1968	3,330	95.7	97	48.2			
1969	3,610	80.3	120	55.0			
1970	3,646	52.0	134	45.7		16.9	5.2
1971	3,845	30.4	141	36.7		18.4	5.6
1972	7,055	43.4	174	38.8		13.9	12.1
1973	8,470	53.0	252	44.5		7.5	15.6
1974	6,986	39.3	381	38.1		13.7	5.8
1975	7,180	50.7	643	48.3	80	13.7	5.3
1976	6,350	50.6	1,153	53.7	98	12.7	6.6
1977	7,800	70.6	1,492	78.0	113	14.2	5.9
1978	7,380	56.3	1,914	66.4	144	12.9	5.9
1979	6,100	47.5	2,202	52.5	120	17.8	3.8
1980	5,220	43.9	2,421	44.4	109	17.8	2.6
1981	6,170	79.2	2,410	85.7	127	13.2	3.1
1982	5,750	65.5	2,811	66.1	122	10.5	3.4
1983	5,570	56.3	3,239	53.9	122	6.9	4.6
1984	5,640	69.2	4,336	74.3	132	5.1	5.0
1985	5,950	72.3	4,665	66.1	139	5.3	5.9
1986	9,440	110.8	5,650	106.8	228	4.3	9.4
1987	15,139	129.9	7,591	105.2	417	2.6	11.4
1988	20,940	154.1	12,560	139.8	692	2.4	11.6
1989	24,512	111.9	21,212	106.9	919	2.0	14.4
1990	17,460	68.6	23,982	64.7	746	2.2	13.3
1991	15,546	82.4	25,510	79.4	658	2.6	11.7
1992	13,890	133.4	27,065	121.8	586	2.2	11.4
1993	16,617	186.6	28,801	182.0	728	1.6	14.1
1994	21,370	174.0	34,403	171.6	966	1.2	18.0
1995	18,550	105.1	38,047	100.6	935	1.2	17.9
1996	13,650	97.3	42,992	102.3	833	1.3	19.4
1997	7,861	137.3	45,154	138.9	654	1.5	19.3
1998	12,558	274.8	54,866	217.2	406	1.9	15.1
1999	22,378	467.1	78,090	349.7	807	0.7	34.6
2000	11,070	387.5	84,930	233.1	734	1.8	15.3
2001	15,458	599.8	82,755	220.7	573	2.2	29.3
2002	11,781	881.1	109,787	248.9	757	1.5	15.6
2003	20,204	571.9	87,942	193.2	680	2.1	10.1
2004	24,123	397.0	85,518	148.3	833	2.1	15.8
2005	40,644	503.9	80,587	154.4	1,074	1.7	11.0
2006	42,473	286.2	82,946	128.7	1,352	1.7	11.4
2007	55,610	344.4	85,589	156.7	1,712	1.4	16.8
2008	32,172	296.7	89,662	172.6	1,529	2.6	9.0
2009	48,013	408.7	92,468	199.6	1,429	1.2	23.7
2010	58,016	292.1	98,412	146.3	1,765	1.1	17.8
2011	50,614	254.1	102,935	152.3	1,983	1.5	10.9
2012	55,557	338.5	103,884	107.4	1,930	1.3	12.9
2013	57,375	230.7	103,352		1,961	1.1	15.0
2014	57,653	192.6	103,400		1,982	1.1	15.3
2015	59,997	307.2	103,575		2,012	1.3	15.1

자료: 한국증권거래소, 『증권통계연보』(1969, 1979, 1990, 2002); 한국거래소, 『KRX 상장주식총괄』(2016).

주: 1) 1956년-1969년까지의 거래주식수와 거래대금은 청산거래와 실물거래의 합산한다.

2) 시가총액회전율, 상장주식회전율의 1996-2015년은 KRX 상장주식총괄의 '유가증권시장'이다.

3) 1989년 이전의 주주수는 주주명부상 주주수를 단순집계하였다. 1990년 이후 주주수는 주주명부상 동일주주 합산, 중복 제거한다.

4) 1963-1967년까지의 5,000원당 시가는 '500원당 주가×10'으로 환산한다.

표 S880-890 코스닥 주식거래 상황, 1997-2015

	회사수	종목수	상장주식수	상장자본금	상장주식 시가총액	거래량	거래대금	5,000원당 시가	코스닥지수	상장주식회전율	주식투자인구
	S880	S881	S882	S883	S884	S885	S886	S887	S888	S889	S890
	사	종목	백만 주	십억 원	십억 원	백만 주	십억 원	원	1996.7=1,000	%	천 명
	남한										
1997	359	408	719	3493	7,068	47	1,166	10,117	972.5	7	
1998	331	350	1,167	5407	7,892	206	1,607	7,297	751.8	23	
1999	453	474	4,089	13061	98,704	8,674	106,808	37,784	2,561.4	335	1,141
2000	604	615	7,048	15,128	29,015	51,050	578,490	9,590	525.8	848	1,574
2001	721	732	8,414	14,735	51,818	94,393	425,180	17,583	722.1	1,278	1,692
2002	843	856	10,518	14,616	37,403	78,182	294,092	12,795	443.6	819	1,775
2003	879	894	12,130	13,448	37,375	100,835	266,383	13,896	448.7	895	1,595
2004	890	907	12,176	12,325	31,149	71,441	155,696	12,636	380.3	587	1,384
2005	918	931	14,051	12,878	70,898	148,890	446,378	27,582	701.8	1,191	1,476
2006	963	975	16,602	13,029	72,137	134,051	427,505	27,684	606.2	879	1,623
2007	1,023	1,034	19,555	14,291	99,980	151,252	500,748	34,944	704.2	857	2,156
2008	1,038	1,049	22,374	13,218	46,186	125,464	308,979	17,642	332.1	603	1,946
2009	1,028	1,036	23,695	13,335	86,103	196,771	530,961	32,283	513.6	885	2,093
2010	1,029	1,035	23,371	13,524	97,972	161,403	483,091	36,221	510.7	687	2,096
2011	1,031	1,036	21,440	12,973	105,994	134,765	558,007	40,850	500.2	599	2,382
2012	1,005	1,010	21,012	12,694	109,122	146,478	528,028	42,980	496.3	687	2,359
2013	1,009	1,014	21,335	12,848	119,293	97,591	450,369	46,424	500.0	467	2,373
2014	1,061	1,065	22,787	13,454	143,088	86,862	482,731	53,175	543.0	399	
2015	1,152	1,154	24,913	12,632	201,631	149,905	873,782	79,808	682.9	634	

자료: 한국거래소, 『KRXMarket』(2017. 가을); 『KRX상장주식총괄』(2016).
주: 5,000원당 시가는 시가총액/상장자본금×5,000.

표 S891-901 한국거래소 상장주식 총괄, 1996-2015

	회사수	종목수	상장주식수	주식투자인구	거래주수	거래대금	상장주식 시가총액	상장자본금	상장주식회전율	시가총액회전율	5,000원당 시가
	S891	S892	S893	S894	S895	S896	S897	S898	S899	S900	S901
	사	종목	백만 주	천 명	백만 주	십억 원	십억 원	십억 원	%	%	원
	남한										
1996	760	1,143	8,598	1,465	7,785	142,642	117,370	42,992	97.3	102.3	13,650
1997	1,135	1,366	9,750	1,329	12,172	163,448	78,057	48,647	125.7	130.4	8,023
1998	1,079	1,275	12,611	1,915	28,738	194,452	145,691	60,273	255.8	204.3	12,086
1999	1,178	1,390	21,416	3,355	78,033	973,732	448,208	91,152	460.0	353.3	24,586
2000	1,308	1,517	26,688	3,304	124,835	1,205,623	217,057	100,058	496.1	362.5	10,847
2001	1,410	1,616	27,992	3,888	210,810	916,545	307,668	97,491	785.4	344.4	15,779
2002	1,526	1,717	36,981	3,974	287,349	1,036,242	296,084	124,403	865.1	293.8	11,900
2003	1,563	1,750	35,792	3,937	234,711	813,883	332,737	101,390	678.8	252.7	19,368
2004	1,573	1,751	35,603	3,763	164,291	711,491	443,737	97,844	462.1	174.2	22,676
2005	1,620	1,789	37,287	3,537	265,329	1,232,636	725,972	93,464	745.4	221.0	38,837
2006	1,694	1,860	41,562	3,613	202,987	1,275,994	776,725	95,975	515.7	175.2	40,465
2007	1,769	1,941	47,800	4,141	240,758	1,863,625	1,051,898	85,589	552.0	195.2	52,656
2008	1,803	1,977	51,471	4,627	213,613	1,596,144	623,114	89,662	423.0	194.3	30,282
2009	1,798	1,961	55,072	4,665	319,642	1,997,236	974,039	105,803	610.8	247.5	46,031
2010	1,806	1,962	57,077	4,787	256,998	1,893,653	1,239,858	111,936	457.7	180.2	55,383
2011	1,822	1,974	56,843	5,284	222,497	2,260,067	1,147,993	115,909	390.3	186.1	49,521
2012	1,789	1,940	56,835	5,015	267,124	1,724,292	1,263,416	116,579	468.8	141.1	54,187
2013	1,831	1,977	56,736	5,076	178,694	1,436,793	1,306,190	116,292	318.6	113.8	56,160
2014	1,905	2,035	59,225		155,004	1,458,804	1,336,766	117,005	270.3	110.4	57,124
2015	2,030	2,149	63,671		262,845	2,201,464	1,448,410	116,445	432.3	151.7	62,193

자료: 한국거래소, 『KRX통계』(2016).
주: 1997년 이후 유가증권시장과 코스닥의 합산, 2013년부터는 유가증권, 코스닥시장, 코넥스시장의 합산이다.

표 S902-907 채권거래고, 1956-1964

	국채거래고			약정대금		
	합계	당일결제거래	청산거래	합계	당일결제거래	청산거래
	S902	S903	S904	S905	S906	S907
	남한, 백만 원					
1956	908	299	609	299	102	197
1957	6,092	1,273	4,819	2,000	381	1,619
1958	4,600	1,320	3,280	1,482	394	1,088
1959	4,567	1,340	3,227	2,116	597	1,519
1960	2,830	1,009	1,821	1,330	431	899
1961	1,521	841	680	910	475	435
1962	1,152	1,104	48	821	777	44
1963	1,684	1,684		1,104	1,104	
1964	1,051	1,051		708	708	

자료: 한국증권거래소, 『증권통계연보』(1965).

표 S908-920 상장채권 총괄, 1963-2015

	합계				국공채				회사채				
	종목수	상장잔액	거래량	거래대금	종목수	상장잔액 (액면)	거래량 (액면)	거래대금	회사수	종목수	상장잔액	거래량	거래대금
	S908	S909	S910	S911	S912	S913	S914	S915	S916	S917	S918	S919	S920
	남한, 종목	남한, 십억 원			남한, 종목	남한, 십억 원			남한, 사	남한, 종목	남한, 십억 원		
1963	16	5.98	1.68	1.10	16	5.98	1.68	1.10					
1964	16	4.80	1.05	0.71	16	4.80	1.05	0.71					
1965	14	3.56	0.21	0.17	14	3.56	0.21	0.17					
1966	12	2.28	0.12	0.09	12	2.28	0.12	0.09					
1967	8	1.36	0.05	0.04	8	1.36	0.05	0.04					
1968	6	0.74	0.03	0.03	6	0.74	0.03	0.03					
1969	26	17.5	0.4	0.3	26	17.5	0.4	0.3					
1970	35	27	4.2	3.6	35	26.7	4.2	3.6					
1971	55	44	11.1	7.3	55	44.1	11.1	7.3					
1972	96	69	10.2	8.7	80	64.1	10.1	8.6	12	16	4.7	0.12	0.13
1973	146	126	9.2	7.9	128	120	9.0	7.7	14	18	5.3	0.21	0.22
1974	251	192	4.5	3.4	197	169	4.3	3.2	42	54	22.4	0.20	0.20
1975	344	220	17	14	234	168	16	13	71	110	52.2	0.65	0.62
1976	434	399	44	37	254	280	37	30	105	180	118	6.67	6.67
1977	546	572	136	131	253	340	120	14	165	293	232	16	16
1978	793	968	246	239	240	430	201	195	278	553	539	45	44
1979	1,009	1,542	547	523	217	540	211	195	356	792	1,001	336	328
1980	1,234	2,545	911	890	230	895	267	246	434	1,004	1,649	643	644
1981	1,431	3,900	1,425	1,411	274	1,535	523	476	457	1,157	2,366	902	935
1982	1,645	5,800	6,283	6,248	401	2,497	3,059	3,081	519	1,244	3,304	3,224	3,166
1983	2,307	7,397	3,457	3,348	627	3,026	1,294	1,322	734	1,680	4,371	2,163	2,026
1984	3,534	9,480	2,393	2,252	916	4,194	974	899	1,065	2,618	5,287	1,420	1,353
1985	3,728	12,001	3,779	3,578	979	4,738	781	660	1,213	2,749	7,263	2,998	2,918
1986	4,408	17,113	3,222	3,167	1305	8,638	1,070	1,001	1,354	3,103	8,474	2,152	2,166
1987	5,167	25,007	7,595	7,238	1856	15,034	5,655	5,327	1,457	3,311	9,973	1,941	1,912
1988	5,089	33,680	8,994	8,545	1717	22,159	7,359	7,001	1,467	3,372	11,521	1,635	1,545
1989	5,694	43,490	5,392	5,149	2072	28,095	4,590	4,378	1,504	3,622	15,395	802	771
1990	6,891	51,117	3,411	3,250	2648	29,049	2,588	2,455	1,603	4,243	22,068	823	795
1991	8,358	61,491	2,240	2,098	2831	32,250	1,493	1,394	1,862	5,527	29,241	747	704
1992	9,439	65,143	635	605	2943	32,447	478	453	2,070	6,496	32,697	157	152
1993	10,559	78,933	6.05	5.55	3082	41,359	4.25	3.78	2,234	7,477	37,574	1.80	1.77
1994	11,302	102,497	1,021	1,169	3712	56,620	22.5	24	2,068	7,590	45,876	998	1,145
1995	12,721	125,998	1,353	1,430	4671	69,542	266	254	2,024	8,050	56,456	1,087	1,176
1996	14,570	175,540	1,318	1,378	5,808	102,419	257	192	1,977	8,762	73,120	1,061	1,186
1997	15,887	224,117	3,876	4,045	7,717	138,092	313	237	1,827	8,170	86,024	3,563	3,807
1998	13,590	334,034	15,039	15,489	7,090	214,600	7,035	6,520	1,512	6,500	119,435	8,004	8,969
1999	9,755	364,419	289,025	293,607	5,701	253,298	279,528	281,922	1,078	4,054	111,121	9,497	11,685
2000	7,466	424,684	26,878	27,170	5,030	296,806	23,407	23,521	727	2,436	127,878	3,471	3,648
2001	7,891	504,730	13,815	14,226	5,585	363,506	11,844	12,214	742	2,306	141,224	1,971	2,013
2002	8,563	563,944	47,897	47,174	6,303	422,630	45,949	46,063	682	2,260	141,314	1,947	1,111
2003	8,950	607,295	212,183	214,902	6,528	471,151	211,182	214,010	681	2,422	136,143	1,000	892
2004	8,714	661,351	377,483	384,109	6,273	546,131	376,368	383,122	673	2,441	115,490	1,115	987
2005	8,402	721,790	365,372	362,759	5,968	614,488	363,531	360,824	787	2,434	107,301	1,842	1,935
2006	8,227	779,732	295,450	294,933	3,727	593,484	293,699	293,064	808	4,500	186,248	1,751	1,869
2007	8,599	830,668	355,828	351,395	3,987	621,830	352,833	348,128	833	4,612	208,838	2,995	3,267
2008	9,303	865,588	376,373	374,007	4,517	636,726	373,269	370,780	851	4,786	228,862	3,104	3,227
2009	9,528	1,014,479	504,382	510,194	4,489	750,342	499,623	505,507	781	5,039	264,136	4,759	4,687
2010	9,528	1,116,978	584,268	585,206	4,587	846,480	579,316	580,152	672	4,941	270,498	4,952	5,054
2011	9,797	1,202,715	815,152	824,827	4,513	900,894	808,835	818,433	619	5,284	301,821	6,317	6,393
2012	10,247	1,292,472	1,351,281	1,376,365	4,619	960,929	1,344,056	1,369,118	582	5,628	331,543	7,225	7,247
2013	11,255	1,396,117	1,312,827	1,321,989	5,020	1,050,351	1,306,006	1,315,358	588	6,235	345,765	6,821	6,631
2014	11,850	1,457,833	1,373,214	1,394,893	5,172	1,108,634	1,368,241	1,389,911	611	6,678	349,199	4,973	4,982
2015	12,364	1,557,486	1,762,425	1,792,233	5,341	1,200,181	1,759,137	1,788,944	601	7,023	357,305	3,288	3,289

자료: 한국증권거래소, 『증권통계연보』(1983, 1991, 2002); 한국거래소, 『KRX통계』(2016).

6. 자금순환

표 S921-931 부문별 자금순환(자금운용/원천), 1963-2015

	합계	금융부문		정부부문		기업부문		개인부문		국외부문	
	운용/원천	운용	원천	운용	원천	운용	원천	운용	원천	운용	원천
	S921	S922	S923	S924	S925	S926	S927	S928	S929	S930	S931
	남한, 십억 원										
	1953 SNA 기준(1962-1970)										
1963	56.1	12.1	16.7	12.7	5.0	4.3	36.2	13.0	3.1	14.0	-4.8
1964	58.3	23.2	22.2	14.0	4.5	-0.5	26.9	16.1	4.5	5.6	0.2
1965	116.2	45.7	46.1	12.7	7.3	15.6	48.4	37.5	9.3	4.7	5.2
1966	248.7	84.5	77.3	23.7	11.1	22.4	107.9	64.0	25.2	54.1	27.3
1967	465.3	143.9	158.2	43.2	35.4	78.5	198.7	120.7	42.9	79.0	30.1
1968	702.0	245.3	270.1	26.4	5.6	109.6	321.8	185.7	89.9	135.0	14.5
1969	1,128.7	383.5	403.7	64.2	94.9	208.8	412.8	265.1	170.3	207.1	47.1
1970	1,000.0	387.4	322.8	110.8	76.2	96.5	471.0	192.7	115.9	212.6	14.2
	1968 SNA 기준(1969-1974)										
1970	1,369	445	461	110	95	265	693	330	95	221	26
1971	1,558	357	421	76	102	389	930	444	104	293	2
1972	2,283	991	915	239	256	410	954	421	71	222	88
1973	3,390	1,233	1,175	139	127	703	1,802	1,049	135	266	151
1974	4,635	1,966	1,906	286	244	779	2,203	900	385	704	-103
	1968 SNA 기준(1975-2005)										
1975	6,696	2,379	2,328	482	540	1,414	3,284	1,171	266	1,251	278
1976	8,309	3,276	3,101	558	498	1,742	3,455	1,637	427	1,095	827
1977	11,327	4,700	4,510	666	658	2,083	4,668	2,760	382	1,118	1,109
1978	15,239	6,346	6,256	715	538	3,608	6,963	3,443	1,032	1,127	451
1979	18,592	7,761	7,211	505	488	4,070	8,925	3,374	1,254	2,882	714
1980	24,864	9,490	9,119	1,229	1,158	5,872	11,808	4,020	1,929	4,254	850
1981	32,264	13,078	12,664	1,724	1,916	6,729	13,517	7,045	3,899	3,688	267
1982	37,750	16,105	16,752	1,763	1,944	7,645	14,416	8,561	3,850	3,676	788
1983	32,446	14,303	14,158	1,970	1,360	6,781	12,958	6,924	3,458	2,468	512
1984	37,109	18,118	17,672	1,707	593	6,179	13,841	8,764	4,479	2,341	525
1985	42,250	20,693	19,744	1,417	724	6,847	15,242	10,306	5,069	2,986	1,471
1986	43,916	20,537	20,816	1,891	611	9,129	15,295	14,297	5,558	-1,938	1,636
1987	62,407	34,758	35,167	4,213	41	11,161	18,648	20,097	7,336	-7,823	1,215
1988	92,299	51,923	51,127	6,029	-469	12,422	21,253	23,376	11,951	-1,451	8,437
1989	123,390	64,826	63,987	5,783	414	21,538	38,815	31,449	16,510	-206	3,664
1990	141,538	69,529	69,501	7,360	561	21,385	50,778	38,634	18,953	4,631	1,745
1991	164,509	82,873	82,240	4,376	478	25,917	58,115	43,680	21,752	7,663	1,923
1992	172,346	91,747	90,517	4,242	996	23,840	55,173	44,292	19,943	8,225	5,718
1993	183,730	91,653	90,364	7,073	-34	29,356	66,005	47,875	19,786	7,773	7,609
1994	257,518	122,529	120,644	11,059	1,278	39,829	89,079	65,949	33,287	18,152	13,230
1995	296,655	138,521	141,576	18,881	4,103	41,130	100,261	69,518	30,019	28,604	20,696
1996	334,219	149,275	152,361	20,135	3,984	49,951	118,491	76,169	38,845	38,689	20,539
1997	387,542	207,462	211,682	25,223	8,765	54,134	118,045	85,857	46,400	14,867	2,650
1998	309,898	226,139	239,105	35,682	29,109	-1,187	28,018	54,274	-30,188	-5,010	43,854
1999	264,491	132,415	135,360	33,282	19,662	23,998	52,995	65,888	23,067	8,909	33,408
2000	265,359	106,069	117,764	40,209	10,504	27,815	65,759	68,770	36,307	22,496	35,025
2001	352,674	200,488	209,558	41,045	12,784	30,994	50,645	82,887	69,385	-2,740	10,302
2002	449,558	246,360	236,225	39,770	7,043	50,636	83,318	99,004	103,690	13,787	19,282
2003	268,101	128,058	101,821	18,981	19,732	43,389	76,625	45,012	24,778	32,661	45,144
2004	307,604	115,785	101,154	62,803	44,056	39,235	65,794	55,849	29,093	33,933	67,508
2005	410,625	173,605	159,871	71,221	54,759	60,943	98,167	83,252	58,714	21,605	39,114
	1993 SNA 기준(2002-2013)										
2003	263,288	126,928	94,771	15,451	11,911	46,775	85,455	45,855	25,168	28,280	45,983
2004	295,175	101,745	96,571	62,570	34,392	35,867	65,235	64,927	30,344	30,068	68,634
2005	430,542	184,361	182,843	70,510	37,683	59,223	107,565	91,488	61,921	24,961	40,530
2006	702,586	356,001	346,242	65,751	35,660	108,486	182,035	122,121	78,005	50,228	60,645
2007	754,580	386,018	380,150	69,779	26,326	111,382	184,322	119,997	76,486	67,406	87,298
2008	415,887	254,971	238,886	37,980	7,352	130,429	230,373	125,916	68,839	- 133,408	-129,562
2009	422,567	177,343	150,366	42,105	51,873	95,528	152,302	145,380	61,758	-37,788	6,269
2010	463,407	219,431	204,232	52,254	39,628	60,634	117,124	141,808	81,521	-10,720	20,901

표 S921-931 계속

	합계	금융부문		정부부문		기업부문		개인부문		국외부문	
	운용/원천	운용	원천	운용	원천	운용	원천	운용	원천	운용	원천
	S921	S922	S923	S924	S925	S926	S927	S928	S929	S930	S931
	남한, 십억 원										
	1993 SNA 기준(2002-2013)										
2011	556,754	293,278	264,745	56,907	33,618	74,348	151,283	138,679	83,775	-6,459	23,333
2012	588,423	331,641	321,064	54,866	31,678	76,529	136,354	134,569	51,155	-9,181	48,174
2013	542,110	279,098	263,865	52,625	35,847	71,593	111,320	147,179	60,152	-8,385	70,926
	2008 SNA 기준										
2009	756,510	319,387	300,613	61,963	77,128	160,177	220,286	144,978	59,498	70,005	99,986
2010	647,544	300,503	286,088	60,942	48,629	87,419	145,571	147,367	88,073	51,315	79,184
2011	668,591	311,891	288,237	72,853	59,868	75,756	149,054	158,547	95,811	49,545	75,622
2012	686,993	413,256	385,854	56,983	43,059	66,343	116,782	124,222	54,697	26,129	86,540
2013	629,578	290,044	276,579	69,570	49,921	93,510	121,507	150,743	63,446	25,712	118,125
2014	801,116	434,169	418,813	72,552	53,511	92,132	120,128	169,962	78,304	32,301	130,360
2015	866,273	471,370	455,997	85,319	65,201	100,184	111,635	222,979	128,735	-13,580	104,706

자료: 한국은행, 「자금순환」(http://ecos.bok.or).

주: 1993 SNA, 2008 SNA에서 정부부문(일반정부)은 중앙정부, 지방정부 및 사회보장기구를 포함한다.

표 S932-952 자금순환 금융거래 종류별 금융자산(부채) 잔액, 1962-2015

	합계	현금통화	예금	보험연금	신탁	기타 예수금	주식 및 출자			투자펀드 지분	채권
							소계	주식	출자		
	S932	S933	S934	S935	S936	S937	S938	S939	S940	S941	S942
	남한, 십억 원										
	1953 SNA 기준(1962-1970)										
1962	374.9	17.6	51.8	1.7	2.3	-	50.0	35.4	14.6		20.9
1963	452.7	18.3	52.3	2.6	5.0	-	79.0	61.2	17.8		23.5
1964	585.7	24.9	59.4	3.6	5.5	-	104.2	84.2	20.0		22.7
1965	719.1	31.6	92.8	5.5	7.5	-	116.7	94.9	21.8		21.1
1966	991.2	42.9	142.9	8.1	15.0	-	131.1	106.8	24.3		20.3
1967	1,553.2	57.6	229.1	12.0	29.5	-	182.0	130.5	51.5		26.0
1968	2,342.6	81.9	387.0	18.8	51.3	-	274.5	216.3	58.2		31.5
1969	3,610.3	111.3	629.6	26.9	67.1	-	423.1	335.6	87.5		56.4
1970	4,814.8	133.7	804.9	36.9	78.8	-	536.9	433.2	103.7		103.9
	1968 SNA 기준(1969-1974)										
1969	5,700.0	111.3	722.9	37.1	62.1	22.1	1,403.2	335.6	1,067.6		76.5
1970	7,162.5	133.7	951.2	56.1	74.7	35.2	1,523.3	433.2	1,090.1		104.3
1971	9,074.6	162.1	1,070.1	80.2	121.5	35.4	1,631.7	518.0	1,113.7		140.6
1972	11,670.2	217.7	1,517.4	102.3	154.2	40.4	2,005.7	788.2	1,217.5		241.3
1973	15,112.5	311.4	2,065.6	135.6	176.6	167.0	2,376.3	1,040.6	1,335.7		332.5
1974	20,727.1	410.5	2,592.1	187.2	185.1	300.1	2,733.5	1,301.6	1,431.9		367.0
	1968 SNA 기준(1975-2005)										
1975	27,471	507	3,686	228	183	489	3,582	1,664	1,918		546
1976	35,931	677	4,966	347	250	784	4,482	2,287	2,195		1,000
1977	47,312	953	7,196	520	353	1,140	5,571	2,970	2,601		1,669
1978	62,662	1,364	8,841	765	426	1,772	7,295	4,159	3,136		2,996
1979	81,241	1,604	10,982	1,198	584	2,329	8,176	5,088	3,088		4,519
1980	113,679	1,856	13,075	1,699	1,037	3,175	10,209	6,384	3,825		9,800
1981	146,649	2,025	15,500	2,513	1,442	3,955	12,229	7,548	4,681		13,252
1982	189,440	2,574	20,864	3,669	1,572	5,994	17,006	8,161	8,845		19,335
1983	224,920	2,874	22,589	5,496	1,706	8,146	20,066	10,464	9,602		26,280
1984	264,331	3,079	26,075	7,301	2,218	12,091	23,067	12,464	10,602		30,598
1985	312,152	3,286	35,502	9,577	3,844	13,575	25,930	13,654	12,276		33,382
1986	355,709	3,679	39,921	12,366	4,961	17,036	30,040	15,782	14,258		41,882
1987	416,163	4,443	49,883	16,263	8,311	22,673	35,873	19,791	16,082		51,527
1988	494,206	5,133	61,167	20,838	12,647	28,528	44,157	26,732	17,425		67,283
1989	625,589	6,140	69,695	26,529	19,969	36,322	71,662	55,521	16,142		88,582
1990	770,441	7,011	85,498	34,646	27,240	49,394	80,801	63,357	17,444		110,770
1991	940,358	7,913	103,886	43,892	33,336	61,283	90,102	70,053	20,049		135,177
1992	1,114,621	8,581	120,282	51,537	48,705	73,485	99,967	77,740	22,227		170,378
1993	1,303,188	12,109	136,390	58,540	64,908	90,827	114,584	90,048	24,536		218,741
1994	1,562,133	13,127	161,958	65,103	84,466	115,243	137,190	109,963	27,227		258,020
1995	1,851,793	15,061	185,569	81,629	116,329	129,790	153,776	122,726	31,050		314,810
1996	2,202,326	15,453	216,610	98,554	142,950	143,815	164,406	135,240	29,166		400,712
1997	2,791,059	15,448	255,448	114,841	161,453	169,820	186,845	152,949	33,896		526,451
1998	3,017,617	13,670	288,646	116,849	127,379	198,227	204,560	168,576	35,984		725,426
1999	3,267,313	19,475	357,388	127,254	103,023	207,555	293,183	242,332	50,851		738,566
2000	3,592,478	17,636	463,122	144,139	74,625	213,748	298,668	253,869	44,798		775,869
2001	4,003,716	18,702	522,941	161,934	77,772	234,910	371,601	316,648	54,953		915,521
2002	4,385,654	19,863	585,851	189,135	68,652	246,334	366,987	308,377	58,611		992,191
2003	4,671,460	20,111	637,866	205,541	53,307	264,976	404,115	339,959	64,156		995,259
2004	4,881,626	20,772	630,904	226,361	44,287	284,461	418,612	345,598	73,015		1,085,797
2005	5,299,155	21,959	674,325	243,576	46,675	316,737	483,210	397,512	85,697		1,182,239
	1993 SNA 기준(2002-2013)										
2002	4,804,221	24,080	843,939	231,746	73,713	36,251	560,223	485,699	74,524		974,443
2003	5,206,690	24,397	916,313	252,949	58,135	38,583	712,638	632,909	79,729		983,447
2004	5,524,703	24,789	930,723	281,604	47,899	32,502	801,966	710,196	91,770		1,118,329
2005	6,199,003	26,037	1,005,365	306,826	48,514	43,502	1,128,127	1,017,313	110,814		1,208,027
2006	6,933,694	27,742	1,121,547	345,772	73,646	32,804	1,219,614	1,098,274	121,340		1,392,655
2007	8,014,135	29,219	1,209,318	391,797	94,050	39,738	1,528,317	1,394,762	133,554		1,614,650
2008	8,612,059	30,652	1,412,904	424,176	98,106	47,389	1,149,028	1,005,497	143,530		1,678,132
2009	9,490,100	37,239	1,486,285	476,596	117,799	58,209	1,580,336	1,419,300	161,036		1,863,206

표 S932-952 계속

	합계	현금통화	예금	보험연금	신탁	기타 예수금	주식 및 출자			투자펀드 지분	채권
							소계	주식	출자		
	S932	S933	S934	S935	S936	S937	S938	S939	S940	S941	S942
	남한, 십억 원										
	1993 SNA 기준(2002-2013)										
2010	10,328,549	43,197	1,598,105	534,712	137,850	72,307	1,881,896	1,705,976	175,920		1,996,692
2011	10,915,599	48,543	1,698,935	591,387	167,939	85,812	1,842,096	1,649,304	192,792		2,086,171
2012	11,651,625	54,216	1,767,942	680,386	210,455	93,723	2,021,196	1,821,103	200,094		2,290,950
2013	12,248,379	63,242	1,827,964	763,896	248,322	92,538	2,094,670	1,885,558	209,112		2,436,318
	2008 SNA 기준										
2008	8,888,050	30,652	1,435,600	425,893	88,811	111,324	1,236,177			290,845	1,348,439
2009	9,799,721	37,239	1,563,223	481,235	104,500	139,132	1,709,130			319,004	1,488,556
2010	10,693,478	43,197	1,681,806	548,088	115,591	177,350	2,031,800			318,652	1,612,464
2011	11,283,993	48,543	1,785,636	624,517	137,243	192,415	1,980,507			278,824	1,765,768
2012	12,049,931	54,216	1,854,436	725,519	169,741	230,972	2,182,530			308,632	1,929,341
2013	12,647,271	63,242	1,912,780	820,438	191,987	232,324	2,269,357			329,843	2,050,277
2014	13,546,584	74,815	2,036,999	920,289	214,587	260,651	2,289,480			372,366	2,235,372
2015	14,588,562	86,618	2,174,834	1,021,266	235,008	297,209	2,457,911			412,788	2,402,777

	금융기관 대출	기타 대출	정부융자	기업신용성 거래신용	외환보유액	직접투자	기타 대외 채권채무	금SDR	파생 금융상품	기타자산부채
	S943	S944	S945	S946	S947	S948	S949	S950	S951	S952
	남한, 십억 원									
	1953 SNA 기준(1962-1970)									
1962	44.4	27.7	31.2	13.0	21.9		13.6			78.8
1963	52.0	36.5	36.2	16.2	17.1		27.7			86.3
1964	61.2	44.6	41.1	23.3	33.7		61.3			100.2
1965	80.3	53.5	43.3	32.5	33.5		72.4			128.4
1966	112.9	77.1	53.8	44.4	64.9		127.1			150.7
1967	220.6	113.1	67.9	73.3	96.3		209.3			236.5
1968	385.2	150.1	85.6	144.8	110.1		354.0			267.8
1969	637.0	229.8	124.6	221.0	168.3		601.6			313.6
1970	876.9	316.0	174.3	263.4	189.1		842.5			457.5
	1968 SNA 기준(1969-1974)									
1969	738.5	157.9	553.6	317.3	165.5		804.5			527.5
1970	1,018.6	206.8	621.7	368.6	185.8		1,074.2			808.3
1971	1,296.3	282.5	759.6	456.9	203.7		1,598.4			1,235.6
1972	1,725.9	394.7	860.1	520.2	282.8		1,956.8			1,650.7
1973	2,378.2	551.2	920.7	622.8	417.3		2,229.9			2,427.4
1974	4,012.2	767.9	1,228.5	849.4	496.6		3,449.4			3,147.6
	1968 SNA 기준(1975-2005)									
1975	5,120	1,026	1,264	1,223	718	-	4,757			4,143
1976	6,250	1,534	1,361	1,684	1,431	-	5,966			5,201
1977	7,705	2,255	1,495	2,293	2,081	-	7,542			6,538
1978	11,153	3,324	1,722	3,229	2,359	-	8,830			8,586
1979	15,352	4,692	2,069	5,003	2,736	-	11,975			10,024
1980	20,982	7,148	3,078	7,582	4,316	713	17,502			11,508
1981	27,409	10,037	4,072	10,120	4,805	862	22,256			16,174
1982	34,204	13,584	4,956	12,953	5,206	1,086	27,977			18,461
1983	41,452	16,468	5,816	15,533	5,472	1,311	32,038			19,672
1984	50,456	20,147	6,265	18,182	6,304	1,498	34,581			22,470
1985	59,042	25,194	7,268	21,196	6,870	2,346	39,355			25,786
1986	67,115	28,600	7,627	23,978	6,826	3,723	36,920			31,036
1987	77,191	33,835	7,836	27,531	7,259	4,320	26,378			42,842
1988	84,709	40,013	8,285	29,948	8,446	4,864	22,074			56,115
1989	105,481	51,566	9,820	33,648	10,339	5,998	21,717			68,121
1990	126,694	67,383	11,829	38,294	10,596	7,641	28,140			84,507
1991	152,311	90,797	14,092	44,307	10,423	10,145	36,721			105,974
1992	173,324	114,144	16,060	50,272	13,498	12,002	43,089			119,298
1993	191,445	133,703	16,967	57,668	16,347	13,861	45,849			131,248
1994	222,425	167,915	19,190	66,004	20,222	16,107	60,498			154,668
1995	247,273	198,683	22,643	74,104	25,315	19,948	85,772			181,090

표 S932-952 계속

	금융기관 대출	기타 대출	정부융자	기업신용성 거래신용	외환보유액	직접투자	기타 대외 채권채무	금SDR	파생 금융상품	기타자산부채
	S943	S944	S945	S946	S947	S948	S949	S950	S951	S952
	남한, 십억 원									
	1968 SNA 기준(1975-2005)									
1996	281,039	232,528	27,607	83,394	28,028	27,644	124,643			214,943
1997	338,341	282,148	43,235	98,812	28,826	56,663	228,815			283,914
1998	316,630	274,317	54,292	89,020	62,775	60,620	173,032			312,172
1999	347,613	257,138	60,624	95,373	84,745	72,987	155,360			347,028
2000	443,473	242,135	74,543	100,776	121,096	98,262	169,760			354,628
2001	493,382	244,004	82,864	104,668	136,261	111,329	144,778			383,050
2002	635,337	255,309	85,561	109,995	145,661	106,789	130,243			447,746
2003	675,723	278,041	78,499	113,217	185,996	114,883	136,023			507,903
2004	693,870	278,357	108,859	117,180	207,710	113,264	127,263			523,930
2005	757,097	302,499	144,230	121,322	213,051	118,685	125,217			548,333
	1993 SNA 기준(2002-2013)									
2002	873,624	102,869	96,522	193,036	145,646	100,105	140,721	97	11,282	395,925
2003	950,625	96,374	88,890	205,469	185,971	109,067	141,386	110	14,734	427,601
2004	969,692	84,538	122,862	214,648	207,676	125,185	132,183	110	41,656	388,343
2005	1,061,165	92,407	156,926	230,774	213,007	145,429	127,082	119	28,258	377,440
2006	1,207,596	96,266	185,706	239,649	222,014	153,347	153,440	119	39,469	422,305
2007	1,389,846	107,603	200,554	252,847	245,885	184,575	191,923	134	54,383	479,298
2008	1,613,443	113,115	209,275	278,459	252,835	242,182	256,198	345	271,392	534,427
2009	1,632,254	139,199	221,413	306,590	310,796	278,091	240,082	8,835	177,412	555,759
2010	1,724,703	160,606	239,752	336,361	327,948	315,921	235,557	8,340	143,262	571,341
2011	1,859,243	175,913	258,050	340,873	346,900	351,982	270,818	10,718	137,666	642,552
2012	1,886,829	200,914	276,027	354,235	342,411	383,421	247,134	11,763	141,719	688,305
2013	1,975,597	224,854	296,910	352,914	356,876	407,765	265,384	12,650	117,104	711,375
	2008 SNA 기준									
2008	1,628,445	73,395	341,781	380,040		242,288	508,384	345	403,240	522,801
2009	1,675,675	89,301	383,943	448,468		283,975	549,809	8,835	179,058	552,687
2010	1,769,760	98,117	432,947	496,416		318,359	561,903	8,340	145,049	587,310
2011	1,893,260	103,170	474,477	558,476		354,745	614,827	10,718	137,078	609,223
2012	1,933,392	136,306	523,402	567,348		386,401	583,250	11,763	144,305	642,802
2013	2,033,463	149,514	552,630	568,689		442,880	621,285	12,650	119,415	642,662
2014	2,180,716	153,208	606,168	582,015		489,071	703,329	12,704	147,318	683,247
2015	2,352,800	191,270	667,797	565,525		528,266	767,621	13,327	161,032	727,633

자료: 한국은행, 「자금순환」(http://ecos.bok.or).

T. 정부 재정과 고용

김재호

1. 재정 통계의 연혁

국가를 운영하기 위한 자원의 획득과 사용을 재정이라고 하면 재정 통계의 역사는 고대국가의 성립부터 시작된다. 비교적 조기에 중앙집권적인 국가가 성립하였기 때문에 일찍부터 재정 통계가 작성되었다. 7세기 말(또는 8세기 중엽)에 작성되었다고 알려진 신라 촌락문서는 국가가 토지와 인구부터 소와 말, 뽕나무에 이르기까지 세밀히 조사하였음을 알려준다. 대표적으로 조선왕조(1392-1910)는 초기부터 전국의 토지와 인구를 조사하여 양안(量案)과 호적(戸籍)을 작성하였으며, 각종 물자의 수취와 용도를 규정한 공안(貢案)과 횡간(橫看)을 재정 운영에 활용하였다.

재정 통계의 역사가 오래되었지만 재정 운영에 금속화폐가 거의 이용되지 않고 관청과 궁궐에서 필요한 재화와 서비스를 대부분 현물로 수취하여 사용하였기 때문에 재정 통계의 작성에 심각한 장애가 있었다. 17세기 이후 대동법의 시행과 동전(상평통보)의 발행으로 국가의 현물 수취가 쌀과 포목, 나아가 동전의 수취로 바뀜에 따라 재정 운영에 대한 수량적 파악이 용이하게 되었다. 18세기 이후 『부역실총(賦役實摠)』, 『탁지정례(度支定例)』, 『만기요람(萬機要覽)』, 『육전조례(六典條例)』 등의 재정서가 편찬되었으며 이를 활용한 재정 통계도 작성되었다(김옥근 1984; 김재호 2007; 김재호 2008; 김재호 2013; 이헌창 2010; 송양섭 외 2013).

이와 같이 18세기에 이르면 재정 정보에 대한 수량적 파악이 상당히 진전되었음은 틀림없지만, 여전히 현물 중심의 틀을 벗어나지 못하여 다수의 재정기관이 분산적으로 운영되고 동전의 사용도 제한되었다. 무엇보다 국가의 총수입과 총지출을 단일한 회계 단위로 집계하는 것이 불가능하였으며 장기간 고정되어 경직적이었다. 또한 국가의 관심이 중앙재정에 집중되었고 지방재정에 관해서는 중앙에 대한 상납 외에는 대부분 관행에 맡겨두었기 때문에 지방재정에 대한 파악은 지체되었다.

현재와 같이 매년 국가재정의 총수입과 총지출을 집계하여 예산을 세우게 된 것은 갑오개혁(1894-1895)에서 비롯되었다. 1895년에 재정 운영에 관한 기본법이라고 할 수 있는 「회계법」이 제정되었으며 최초로 동년 4월 이후에 대한 세입 · 세출 총예산이 편성되었다. 이후 매년 예산이 편성되었는데 무엇보다 갑오개혁으로 조세의 금납화가 이루어져 모든 조세를 동전과 신식화폐(백동화)로 수취하고 분산적이었던 재정기관을 탁지부로 일원화함으로써 가능하게 된 일이었다.

예산제도의 수립은 획기적이었지만 재정 운영이 예산을 잘 지켰다고 보기는 어렵다. 특히, 1897년의 대한제국 성립 이후 황실재정이 예산제도의 범위 밖에서 확대되어 갔다. 지방재정도 예산제도에 제대로 통합되지 않았다. 러일전쟁(1904-1905) 이후에는 일본인 재정고문에 의해 대한제국의 재정이 장악되고 1908년 황실재산이 국유화되어 황실재정의 독자적인 운용이 불가능해지는 등 재정제도상의 근본적인 변화가 일어났다.

갑오개혁 이후 대한제국의 멸망(1910)에 이르기까지의 재정 통계로는 중앙정부의 세입 · 세출 예산서와 조세수입 실적을 기록한 『각세실입일람표(各稅實入一覽表)』가 대표적인 자료이다. 황실재정을 담당하였던 궁내부와 내장원(內藏院), 그리고 궁방에서 작성한 자료들도 다수 남아 있다. 러일전쟁 이후에는 재정고문부와 탁지부에 의해 재정 자료의 수집과 재정 통계의 작성이 활발하게 이루어졌다. 그 결과물로서 『한국재정정리보고(韓國財政整理報告)』, 『한국재정시설강요(韓國財政施設綱要)』, 『탁지부통계연보(度支部統計年

報)』 등이 간행되었다. 1906년 통감부 설치 이후에는 『통감부통계연보(統監府統計年報)』가 4차까지 발간되었다. 이상의 자료를 이용하여 정부와 황실의 재정 운영과 관련된 통계의 정리와 분석도 이루어졌다(김대준 2004(1974); 김재호 2014a; 이윤상 1986; 이윤상 1996a; 이윤상 1996b; 조영준 2016). 지방재정은 전국 단위로 집계된 통계는 찾기 어렵지만 김태웅(2012)에 의해 지방재정제도의 변화 과정이 정리되었다.

1910년 8월 대한제국이 일본제국에 병합되고 조선총독부가 설치됨으로써 대한제국의 재정은 통감부의 재정과 함께 조선총독부의 재정에 통합되었다. 조선총독부의 재정은 일본제국의 지배하에 있었지만 일본 정부의 일반회계와는 별도로 '조선총독부특별회계'로서 운용되었다. 조선총독부의 관할하에 도지방비, 부, 학교비, 학교조합, 면 등의 지방재정 회계가 설치되었다. 조선총독부특별회계는 일본제국의회의 협찬을 받아 예산을 편성하고 일본제국의회에 결산을 보고하도록 되어 있었지만 지방재정에 관해서는 전적으로 조선총독부의 관할하에서 운영되었다.

식민지 시기의 기본적인 재정 통계는 『조선총독부통계연보』로부터 얻을 수 있다. 중앙재정에 해당되는 '조선총독부특별회계'와 '조선철도용품자금특별회계' 등의 기타 특별회계, 그리고 지방재정에 해당하는 도(道)지방비, 부(府), 면, 학교비, 학교조합, 그리고 부로부터 교육재정을 독립시킨 '부 제1특별경제'와 '부 제2특별경제'에 관한 세입 · 세출 자료가 수록되어 있다. 좀 더 상세한 재정 자료로는 『조선총독부특별회계세입세출결정계산서(朝鮮總督府特別會計歲入歲出決定計算書)』, 『지방재정요람(地方財政要覽)』 등이 있다.

재정 통계는 세입세출 예산 · 결산서와 같은 '행정 통계'(업무 통계)와 이를 가공하여 재정수지를 파악하고 경제적 효과를 분석하기 위해 작성한 '경제 통계(분석 통계)'로 구분된다. 경제 통계는 다시 재정분석에 이용하기 위한 '재정분석 통계'와 국민계정을 작성하기 위한 '국민계정 통계'로 나눌 수 있다. 이러한 세 가지 재정 통계 중에서 식민지 시기부터 해방 후 1950년대까지는 행정 통계만 작성되었다. 식민지 시기의 행정 통계는 일본 대장성(大藏省)의 『명치대정재정사(明治大正財政史)』(제18권 外地財政上, 1939)와 『소화재정사(昭和財政史)』(旧外地財政編, 1961)에 부분적으로 정리되어 수록되었다. 우명동(1986, 1987)은 조선총독부특별회계의 세입 및 세출 결산내역을 성질별로 분류하였으며, 김옥근(1994)은 중앙재정과 지방재정의 세입 · 세출 자료를 기간별로 정리하였다. 식민지 시기의 재정 통계는 대부분 1942년과 1943년을 끝으로 단절되었다. 전쟁으로 인해 대외비로서 공개되지 않았고 재정 통계를 정리할 시간도 없었기 때문이다. 1945년 해방 이후에도 한국전쟁(1950-1953) 직후까지는 재정 통계에 많은 부분이 공백으로 남아 있다.

해방 직후 미군정은 총독부 관료기구를 바탕으로 삼아 점차 통치기구를 '한국화'하는 한편, 필요에 대응하여 법령을 제정하였지만, 식민지 시기의 재정 관련 법령은 대부분 그대로 유지하였다. 1948년 정부수립 이후에는 제헌헌법의 '재정' 조항에 의하여 정부에서 예산을 편성하여 국회에서 심의 · 의결하게 되었다는 점에서 재정제도상의 근본적인 변화가 있었다. 기존의 재정 관련 법령도 1950년 한국전쟁 전까지 새로운 법률로 대체해 나갔다. 1950년 「한국은행법」이 제정되어 중앙은행으로서 한국은행이 설립되고 한국은행권이 발행되었다(김재호 2014b). 1951년에는 예산제도를 비롯한 재정 운영을 위한 기본법으로서 「재정법」이 제정되었다. 해방 직후부터 정부수립 초기까지의 재정 통계는 조선은행조사부에서 발간한 『조선경제연보』(1948)와 『경제연감』(1949), 그리고 산업은행조사부에서 편찬한 『한국산업경제10년사』(1955)에 간략히 정리되어 있다. 참고로 정부수립 초기의 재정 통계에서 1956년이 결락되어 있는 것은 정부수립 이후에도 1953년까지는 회계연도가 식민지기 시기와 동일하게 4월부터 익년 3월까지였지만, 1954 회계연도가 4월부터 익년 6월까지로, 1955 회계연도가 7월부터 익년 12월까지로 변경되었기 때문이다(T1-15 주 참조).

정부수립 이후 현재에 이르기까지 재정 관련 행정 통계는 재무부(현 기획재정부)에서 작성한 『결산개요』가 기본 자료이다. 조세에 관해서는 『국세통계연보』가 있다. 지방재정에 관해서는 내무부(현 행정안전부)에서 작성한 『지방재정연감』, 『지방세통계연보』 등을 이용할 수 있다. 지방교육재정에 관해서는 『문교(교육)통계연보』가 기본 자료이다. 이러한 행정 통계는 기초 자료이지만 그대로는 재정 운영의 성과를 파악하기 곤란하고 국제적으로 비교하기도 어렵다. 특히, 국민계정상의 '일반정부'(general government)의 범위와 차이가 있다는 문제가 있다.

1955년 예산의 재분류를 위한 '아시아 · 극동 경제위원회'(Economic Commission for Asia and the Far East: ECAFE) 제1차 전문가 회의를 계기로 재정 통계의 개선을 위한 연구와 검토가 시작되었다. 1961년 『대한민국정부결산관계통계자료』가 작성되어, 1948년부터 1960년까지의 일반회계결산총계표, 일반회계결산순계표, 특별회계와 국채 및 차입금에 관한 사항이 수록되었다. 특히 1959년, 1960년도의 세출결산에 관하여 '기능별 분류'가 시도되었다(재무부, 1979).

1961년 「예산회계법」의 제정 이후 중앙정부의 예산 업무는 경제기획원에서, 결산 업무는 재무부가 주관하게 되었다. 지방정부의 재정 통계는 1968년 「지방재정법」에 의해 내무부에서 관장하였다. 1961년 재무부는 『결산관련통계자료』를 발간하여 재정 통계를 분류하고 1959년도 이후에 대해 '기능적 분류'를 시도하였다(고영선 2002: 59-60). 「예산회계법」은 필요한 경우에는 경상계정과 자본계정으로 계정을 구분하고 세출 항목을 기능별 · 성질별로 작성하도록 하여 경제적 분석에 용이하게 하였다.

IMF에서 1972년 『재정통계편람』(Draft Manual on Government Finance Statistics)과 1974년 『재정통계요람』(A Manual on Government Finance Statistics: GFS)을 발간한 후에 1976년부터 재무부, 경제기획원, 한국은행 합동으로 IMF 방식의 재정 통계 작성을 검토하기 시작하였다. 1977년 IMF 조사단의 방한과 권고에 의하여 1979년 9월부터 통합재정수지 개념에 입각한 재정 통계를 작성하기 시작하였다. 이러한 노력의 결과로 재부무에서 발간한 『한국의 재정통계』(1979, 1980)에 1970년도부터 개편된 재정 통계가 수록되었다. IMF 『재정통계요람』은 1986년에 일부 개정되어 최근까지 재정 통계의 작성에 적용되었다. 『한국의 재정통계』는 1995년도부터 『한국통합재정수지』로 개편되어 현재까지 발간되고 있다.

이상의 과정을 거쳐 재정 통계는 1970년대부터 『결산개요』와 같은 행정 통계 외에 IMF 방식에 따른 '경제 통계'로서 통합재정 통계가 작성되었다. 기존 행정 통계와의 차이는 예산 밖에 있었던 기금을 포함한 점이다. 또한 공공 부문을 중앙정부(일반회계, 기타특별회계, 기금)와 공기업(기업특별회계, 기금)으로 구분하고 차입과 원금상환 등의 보전재원 항목을 분리하여 재정수지를 계산할 수 있도록 작성하였다. 중앙재정에 대해서만 작성되었는데, 2005년도부터 중앙재정, 지방정부, 지방교육특별회계까지 포괄한 통합재정이 작성되기 시작하였다(발표된 자료를 2009년도 『한국통합재정수지』에 2005년도부터 소급하여 수록). 이와 별도로 2005년도부터는 국가재정운용계획을 수립하기 위하여 예산에 관하여 총수입 · 총지출을 작성하였으며, 2010년도부터는 결산에 관해서도 작성하게 되었다. 통합재정과 다른 점은 융자와 기업특별회계 및 기금을 총계로 작성한다는 점이다(통합재정에서는 수지만 산입). 2009년도부터는 『한국통합재정수지』와 별도로 『국가결산보고서』(대한민국 정부)가 발간되어 기금별 결산내역도 수록하게 되었다.

최근에는 재정 당국에서 작성하는 재정 통계를 한국은행의 일반정부 통계와 일치시키기 위한 변화가 진행되었다. 기존 1986년 『재정통계요람』(GFS)에 따른 재정 통계는 금융 활동을 제외한 재정 기능과 직접 관련된 거래만 포함하고 현금주의 회계기준에 따랐는데, 2001년 『재정통계요람』은 일반정부 부문이 수행하는 모든 활동을 포함하도록 하였다. 회계기준이 발생주의로 바뀌었으며 금융 활동과 비영리공공기관이 추가되었다. 이에 따른 개편이 추진되어 2010년도 『한국통합재정수지』부터는 기존 1986년 『재정통계요람』에 따른 통합재정 시계열과 함께 2001년 『재정통계요람』에 따른 일반정부 재정수지를 함께 수록하기 시작하였다.

이와 함께 한국개발연구원(KDI)을 중심으로 재정 통계의 정리가 여러 차례 시도되었다. 1983년 『재정통계자료집』을 발간한 이후에 1991년, 1994년, 1996년에도 거의 같은 체제로 자료집을 편찬하였다. 가장 대표적인 성과는 『한국재정40년사』(한국개발연구원, 1991)로서 제4권과 제5권 통계편에 정부수립 이후 1987년도까지의 재정 통계가 집성되어 있다. 최근 『한국경제60년사』(한국개발연구원, 2010) 제I권은 정부수립 이후 재정 정책과 조세 정책을 고찰하는 가운데 1970년대 이후의 주요한 재정 통계를 수록하였다.『한국세제사』(한국조세연구원, 2012)는 정부수립 이후 조세 관련 통계를 전자 자료로 수록하였다.

재정 통계는 주로 재무부(현 기획재정부)와 같은 재정 당국이 작성하였지만, 한국은행에서도 국민계정의 작성에 필요한 재정 통계를 작성하였다. 우리나라의 국민계정은 1957

년에 한국은행이 공식 편제기관이 되면서 체계적으로 작성되기 시작되었다. 1958년에 UN의 1953년 『국민계정체계』(1953 System of National Accounts: SNA)에 따라 1953-1957년도 산업별 국민총생산과 국민총생산에 대한 지출을 명목, 실질 가격기준으로 작성하였다. 1959년에는 분배국민소득, 일반정부수지표, 대외거래표가 추가로 작성되었다(한국은행, 『국민계정해설』). 1968년도 『국민소득연보』에는 1953-1967년도의 일반정부수지와 중앙정부수지, 일반정부의 소비지출과 부가가치가 수록되었다. 1978년부터는 1968년 『국민계정체계』(1968 SNA)에 따라서 국민계정 개편을 추진하여 『신국민계정』(한국은행, 1986)에 1980-1985년의 신 계열이 수록되었다. 재정 관련 통계로는 정부서비스 생산자 부가가치, 정부소비지출(목적별), 정부의 투입 및 산출(목적별), 일반정부의 지출(목적별), 일반정부 소득지출거래, 일반정부 자본조달거래 등이 작성되었다. 『국민계정체계』(SNA)는 1993년에 대폭 개정되고 2008년에 소폭 개정되었는데 한국은행은 2010년부터 2008년 『국민계정체계』(2008 SNA) 이행 계획을 수립하여 2014년에 이행을 완료하였다. 재정 통계와 관련된 가장 큰 변화는 일반정부(중앙정부, 지방정부, 사회보장기금)와 공기업(비금융공기업 및 금융공기업)을 포괄하는 공공 부문 계정을 신규로 작성하게 된 것이다(한국은행, 2015).

식민지 시기에 대해서는 개별 연구자에 의해 국민소득 추계에 필요한 재정 통계의 작성이 시도되었다. 溝口敏行(1975)은 정부지출을 정부소비, 정부의 자본형성, 공기업을 위한 경영지출, 다른 정부 및 민간에의 이전지출로 구분하여, 국내총지출(GDE)의 추계를 위한 재정 통계를 정비하였다. 溝口敏行 · 梅村又次(1988)는 기본적인 재정 통계를 정리하고 GDE 추계를 위하여 정부소비와 정부 자본형성, 이전 등을 추계하였다. 선행 연구로서 의의가 크지만, 총독부특별회계에 포함되어 있는 공기업 부분(철도, 전매, 체신 등)의 경상지출만 분리하였다는 점, 부가가치를 추계하지 않고 정부소비만 추계하였다는 점, 정부소비의 추계에 정부의 상품 및 비상품 판매를 차감하지 않은 점 등의 문제를 안고 있다. 김재호(2006)는 『조선총독부통계연보』에 비해 상세한 정보를 담고 있는 『조선총독부특별회계세입세출결정계산서』를 이용하였다. 국내총생산(GDP) 추계에 이용할 수 있도록 정부세출을 정부서비스 생산자와 공기업으로 구분하고, 정부서비스 생산자의 세출액을 1) 피용자보수, 2) 중간소비, 3) 고정자본형성, 4) 이전, 5) 기타로 구분하였다. 이러한 기초 자료를 이용하여 식민지 시기의 정부에 의한 사회간접자본(SOC)의 투자와 스톡에 대한 추계도 시도되었다(김재호 2009).

마지막으로, 정부 고용에 대해서는 식민지 시기는 『조선총독부통계연보』의 '관공리 · 은급'(官公吏 · 恩給)에 수록되어 있다. 다만 경찰의 경우에는 1919년에 헌병경찰제도가 보통경찰제도로 바뀌면서 경찰 업무가 도(道)로 이관되어 『조선총독부통계연보』의 '경찰'에 수록되었다. 병합 직전의 사정은 『통감부통계연보』에서, 지방공무원은 『지방재정요람』에서도 확인할 수 있다. 해방 이후는 『대한민국통계연감』(한국통계연감)에 기관별 공무원 정원이 수록되어 있다. 김재호(2016)는 이러한 자료를 이용하여 식민지 시기 이후 최근까지 공무원의 총수와 구성에 관한 시계열을 정리하였다.

2. 용어와 개념

앞에서 재정 통계에는 행정 통계(업무 통계), 재정분석 통계, 국민계정 통계가 있다고 하였다. 행정 통계는 세입 · 세출 예결산 자료를 그대로 따른 것이며, 기타는 행정 통계를 목적에 따라 재분류한 것이다. 일반적으로 행정 통계는 정부 활동 전반을 포괄하는 '일반회계'와 특수한 목적에 따른 활동을 위한 '특별회계'로 구분되어 있다. 정부의 소관 부처의 업무에 활용하기는 용이하지만 그대로 합산한 '총계'는 실제의 재정 규모를 부풀리게 되고 재정수지를 파악하기 어렵다는 문제가 있다. 행정 통계의 세입과 세출에는 '보전수입'(차입 및 전년도 이입)과 '보전지출'(원금상환, 차년도 이월), 그리고 부처 간이나 회계 간 '내부거래'가 포함되어 있기 때문이다. 총계에서 보전재원과 내부거래를 차감한 '순계'를 작성할 필요가 있다.

해방 이후에는 통합재정수지를 작성한 이후에는 재정 당국에서 회계별로 순계를 작성하여 발표하고 있지만, 식민지 시기에 대해서는 총계만 발표하였기 때문에 순계를 추계할 필요가 있다. 식민지 시기의 총재정(조선총독부특별회계+기타특별회계+지방재정)의 순계는, 중앙정부(총독부특별회계+기타특별회계) 세출총계와 지방재정 세출총계에서 각기 보전지출(차입금의 원금상환과 이월금)을 차감하여 중앙재정 순계와 지방재정 순계를 구한 다음에 지방재정의 내부거래와 중앙재정과 지방재정 간의 내부거래를 차감하여 구하였다(T16-32). 정부수립 이후에 대해서는 총재정(중앙정부의 일반회계와 특별회계, 지방재정의 일반회계와 특별회계, 지방교육특별회계)의 순계는 재정 당국에서 작성한 중앙정부 통합재정의 일반회계 순계와 특별회계 순계에 새로 추계한 지방교육비특별회계 순계를 더한 다음 중앙정부, 지방정부, 지방교육재정 간 내부거래를 차감하여 구하였다(T33-53).

이상의 방법으로 구한 총재정 규모는 행정 자료인 세출자료로부터 직접 추계한 것이지만, 정부수립 이후에는 앞에서 언급한 바와 같이 대개 1970년 이후부터 재무부나 기획재정부와 같은 재정 당국에서 중앙재정에 대하여 통합재정 규모를 추계하여 발표하였다(T54-62, T154-170). 문제는 행정 통계나 통합재정의 범위가 국민계정에서 파악하는 '일반정부'와 일치하지 않는다는 점이다(T171-181).

일반정부는 "개별 또는 집합 소비를 위한 비시장 재화 및 서비스를 생산하고 소득 및 부를 재분배하는 제도 부문"을 의미한다(한국은행 2015: 45). 국제 비교나 국민계정 작성에는 일반정부가 사용되기 때문에 재정 통계로부터 일반정부에 해당하는 부분과 재화와 서비스를 판매하여 수익을 얻는 공기업(정부기업)을 구분할 필요가 있다. 해방 이후에 대해서는 양곡관리, 전매사업, 교통사업, 통신사업, 조달, 책임운영기관 특별회계를 기업특별회계로 구분한 재정 통계가 작성되어 있지만(T87-96), 식민지 시기의 총독부특별회계에는 현재의 기업특별회계에 해당하는 부분이 포함되어 있기 때문에 총독부특별회계를 일반정부에 해당하는 '정부서비스 생산자'와 기업특별회계에 해당하는 '공기업'으로 분할하였다(T63-80).

그런데 최근 2014년에 국민계정 작성방법을 2008년 『국민계정체계』(2008 SNA)로 이행하면서 일반정부의 범위에 기업특별회계가 들어가게 되었다. 이로 인하여 기존에 통합재정에서 기업특별회계를 구분하여 파악하였던 의미는 약해지게 되었다. 이는 근년에 정부기업(협의의 공기업)으로 정부가 직접 운영하던 철도와 체신 부문 등이 정부조직에서 분리됨으로써 기업특별회계에서 제외되었기 때문에 기업특별회계와 기타특별회계를 구분하는 의미가 거의 사라졌기 때문이다. 또한 재정 통계에서도 기존의 통합재정 계열 외에 일반정부 계열을 별도로 작성하여 국민계정의 일반정부와 일치시켰다(한국은행 2015: 137).[1] 이와 같이 최근에 일반정부의 추계방법이 변경되었지만 본 통계집에서는 기존 재정 통계와 같이 총독부특별회계에 포함되어 있는 철도, 체신, 전매를 공기업으로 구분하였다(T63-80). 이로부터 해방 이후의 통합재정과 일반정부에 근접하는 식민지 시기의 재정 규모 시계열을 추계하여 제시하였다(T1-15).

한편, 정부의 활동을 분석하기 위해서도 행정 통계의 세출 항목을 재분류할 필요가 있다. '경제적 분류'와 '기능적 분류'가 대표적이다. '경제적 분류'는 재정 활동의 성과를 분석하고 국민계정의 추계에 이용하기 용이하도록 분류한 것이다. 앞에서 언급한 바와 같이 경제적 분류가 시작된 것은 1960년대 이후였으며 일반정부에 대해서는 1970년 이후에 대하여 경제적 분류가 이루어져 있다(T107-119). 최근에는 발생주의에 입각한 복식회계 방법까지 도입되었다. 식민지 시기는 1970년대 이후와 같은 상세한 분류는 곤란하여 피용자보수, 중간소비, 고정자본형성, 이전, 기타로 단순하게 분류하였다(김낙년 편 2012: 175-181; T63-80). 이로부터 식민지 시기의 정부 부문의 국민계정 작성에 필요한 부가가치(피용자보수+고정자본소모), 산출(부가가치+중간소비), 최종소비지출(총산출-'상품 및 비상품판매')을 추계하였다(T97-106).

'기능적 분류'는 정부가 어떠한 역할을 하는지를 파악하기 위하여 세출액을 재분류한 것이다. 총독부특별회계와 해방 후 중앙정부 일반회계에 대해서 재무부(기획재정부)의 『결산개요』와 『한국통합재정수지』의 기능적 분류를 준용하였다. 크게는 일반, 국방, 교육, 사회, 경제, 지방재정교부금, 채무상환 및 기타로 분류하였다(T129-136). 이를 다시 세

1 2014년 이후 통합재정과 일반정부의 차이는 통합재정에는 금융성 기금과 공공비영리단체가 제외되어 있는 반면에 일반정부에는 포함되어 있는 것이다. 2014년도의 예를 들면 1986년 GFS를 준용한 통합재정에는 1) 중앙재정으로서 일반회계(1개), 기타특별회계(13개), 기금(사업성 기금 54개), 기업특별회계(5개), 2) 지방재정으로서 일반회계(243개), 기타특별회계(1,899개), 기금(2,378개), 공기업특별회계(직영 공기업회계 254개), 그리고 3) 지방교육재정으로서 교육특별회계(17개)를 포괄하고 있다. 2001년 GFS를 적용하여 작성한 일반정부에는 위의 통합재정에 중앙재정에 금융성 기금(9개), 외평기금(1개), 비영리공공기관(186개)이 추가되었으며, 지방재정에 비영리공공기관(91개 공사 · 공단)이 추가되었다(『한국통합재정수지』, 2014).

분하여 공공행정, 공공질서 및 안전, 국방, 교육, 보건, 사회보장 및 복지, 주택 및 지역개발, 오락 · 문화 · 종교, 연료 및 에너지, 농림 · 수산 · 수렵, 광업 · 제조업 · 건설업, 운송 및 통신, 기타 경제사업, 지방재정교부, 채무상환 및 기타로 분류하였다(T137-153). 중앙재정에 관해서는 1896년부터 현재까지 일관된 기준으로 분류하였지만, 지방재정에 대해서는 일관된 기준의 적용이 곤란하여 식민지 시기는 행정 통계의 분류 방식으로 제시하였다(T195-212). 해방 후 지방재정은 일반행정비, 사회개발비, 경제개발비, 민방위비, 기타 경비로 구분하였다(T213-219). 이와 같이 해방 전후의 자료 사정이 달라 중앙재정과 지방재정을 통합한 총재정의 기능적 분류는 아직 이루어지지 못하였다. 다만 1970년 이후 일반정부의 기능적 분류를 이용할 수 있다(T171-181).

세입(수입)은 해방 후 재정 통계의 분류에 따라서 조세, 전매익금, 세외수입, 국공채 및 차입금, 예탁금 및 이자, 원조 및 차관, 이월금으로 구분하여 정리하였다(T220-236). 식민지 시기에 일본 본국 정부의 일반회계로부터 재정보조 목적으로 조선총독부특별회계에 지급되었던 '보충금'은 원조로 간주하였다. 해방 후 지방자치단체 세입은 교부세, 교부금, 양여금, 보조금 등의 의존재원이 큰 비중을 차지하였다(T248-266). 교부세와 교부금은 중앙정부에서 사용목적을 지정하지 않고 지급하는 것이며, 양여금은 주로 도로 건설을 위하여 지급된 것이다. 보조금은 사용목적을 지정하여 지급하였다. 지방교육비특별회계는 지방교육청 산하 초중등 교육을 위해서 설치된 특별회계로서 대부분 중앙정부와 지방자치단체로부터 지원을 받아서 운영되었다(T267-278). 세입 중에는 조세가 가장 기본적인 재원이라고 할 수 있는데 국세와 지방세를 합한 총조세 부담액의 GDP에 대한 비율이 조세부담률이며, 총조세 부담액에 사회부담금을 더하여 구한 국민부담액의 GDP에 대한 비율이 국민부담률이다(T279-294).

재정 운영의 성과와 건전성을 알려주는 가장 기본적인 지표가 재정수지이다. 해방 이후에는 1950년대부터 중앙정부 일반회계의 재정수지, 1970년대부터 중앙정부와 비금융공기업을 합한 공공부문 통합재정수지가 작성되었다(T311-331). 식민지 시기는 조선총독부특별회계의 결산 자료로부터 재정수지를 추계하였다(T295-310). 세입순계에서 세출순계를 차감하면 재정수지가 계산되는데, 이와 별도로 일본 정부로부터의 유입(보충금, 일반회계 수입금, 대장성예금부특별회계 수입금, 금자금특별회계 수입금)을 차감한 재정수지도 구하여 조선총독부 재정이 일본 정부에 의존하는 정도를 파악할 수 있게 하였다. '관리재정수지'는 공공부문 통합재정수지에서 사회보장성 기금수지를 차감하고 공적자금 상환(2003-2006)을 가산하여 구한 것이다. 재정 상태의 평가에는 재정수지 외에 정부 채무도 중요한 지표가 된다(T332-360). 재정적자는 국공채 발행이나 차입을 불가피하게 만들기 때문이다.

마지막으로 정부 고용에 관해서는 공무원 정원을 소속에 따라서 국가공무원과 지방공무원으로 구분하고, 서비스 내용에 따라 분류하였다(T361-379). 교육공무원은 식민지 시기의 경우 학교비, 학교조합, 부 제1특별경제, 부 제2특별경제에 소속된 관공리는 모두 지방공무원으로 집계하였으며, 해방 이후에는 국공립 초중등학교 및 대학에 소속된 교육공무원은 국가공무원으로 집계하였다(일부 지방직 교육공무원은 제외). 서비스별 분류는 앞에서 살펴본 세출의 '기능적 분류'를 원용하였다. 식민지 시기의 관공리는 모두 공무원으로 간주하여 직급별 · 민족별로 구분하였다(T380-409).

3. 간략한 재정사: 장기 추이

이하에서는 정부의 재정과 고용의 장기적 변화를 개관하고자 한다. 수록한 통계를 모두 이용한 상세한 분석은 본 통계집의 범위를 벗어나기 때문에 기본적이라고 판단되는 재정 통계의 장기간의 추이를 살피는 것으로 그친다. 정부재정의 규모, 지출, 수입, 수지, 그리고 정부 고용의 순서로 장기적인 추이를 그래프로 제시하고 간략하게 설명하는 방식을 택하였다. 살펴볼 재정 통계 시계열은 거의 전부 1911년부터 2015년까지이다. 근대적 재정 통계는 1896년 이후부터 수록하였지만 GDP 추계가 1911-1940년, 1953년 이후에 대해 이루어져 있다는 점을 고려하였다.

재정 규모의 추이는 GDP에 대한 비율을 통해 확인하였다. 앞에서 언급한 바와 같이 정부재정의 규모는 작성목적과 포괄 범위에 따라서 다양하다. 100년이 넘는 장기간이기 때문에 일관된 기준으로 비교하는 것은 쉽지 않지만 현재의 기준에 맞추어 식민지 시기의 세출 통계를 재분류하였다. 또한 지방재정까지 포괄한 전체 재정 규모는 앞에서 언급하였듯이 최근에 작성되기 시작하였기 때문에 행정 통계를 그대로 합한 총계와 총계에서 보전지출과 내부거래를 차감한 순계를 추계하여 제시하였다.

정부세출(지출)의 용도도 행정 통계에 의해서는 장기간의 비교가 곤란하기 때문에 현재의 재정 통계와 비교가 가능하도록 정부의 세출(지출)을 '경제적 분류'와 '기능적 분류'의 기준에 맞추어 재분류하였다. 세출에 관해서 살핀 후에 이를 뒷받침한 세입(수입)의 구성과 변화를 확인하였다. 세출과 세입을 살핀 후에 세입순계에서 세출순계를 차감한 재정수지의 변화와 정부채무의 추이를 통해 재정의 건전성을 평가하였다. 마지막으로 정부 고용의 변화를 공무원의 규모와 구성을 중심으로 간략하게 조감하고자 한다.

조선왕조 전 기간에 걸쳐 재정 규모의 추이를 살펴볼 수 있는 재정 통계는 존재하지 않는다. 조선왕조에서 작성한 호구 통계와 과세면적의 추이를 통해서 간접적으로 살필 수 있을 뿐이다. 조선시대의 호구총수는 15세기의 빠른 증가, 임진왜란(1592-1598) 이후 격감, 17세기의 급속한 증가, 18세기의 정체, 19세기의 감소라는 추이를 보이고 있다. 토지면적은 15세기 전반에 170만 결까지 증가하였지만, 임진왜란으로 30만 결(과세면적)까지 격감하였다. 전쟁이 끝난 후 빠르게 회복되었지만 조선전기의 수준을 회복하지는 못하였다(T410-411).

앞에서 언급하였듯이 대동법 시행 이후 작성된 재정서를 이용하여 정부재정의 규모가 추산되었다(T412-416). 이를 종합하면 18세기 후반 조선왕조의 정부재정 규모는 쌀로 환산하여 대략 중앙 150만 석, 지방 250만 석, 합계 400만 석으로 GDP의 5% 정도였다. 중앙재정 규모는 공식적으로는 공재정 100만 석(정부재정 90만 석과 왕실 공재정 10만 석)과 왕실 사재정 15만 석에서 정부재정에서 왕실에 지급한 5만 석을 제외한 110만 석 정도였다(이헌창 2010: 표 14-1).

조선왕조 재정 운영의 특이한 점은 경제 규모에 비하여 매우 많은 곡물(환곡)을 저장하여 매년 봄에 농민에게 빌려주고 가을에 이자와 함께 회수하였다는 점이다. 18세기에는 각종 곡물 1,000만 석(쌀로 환산하여 600만 석 정도)을 축적하

그림 T-a 재정 규모의 GDP에 대한 비율, 1911-2015(%)

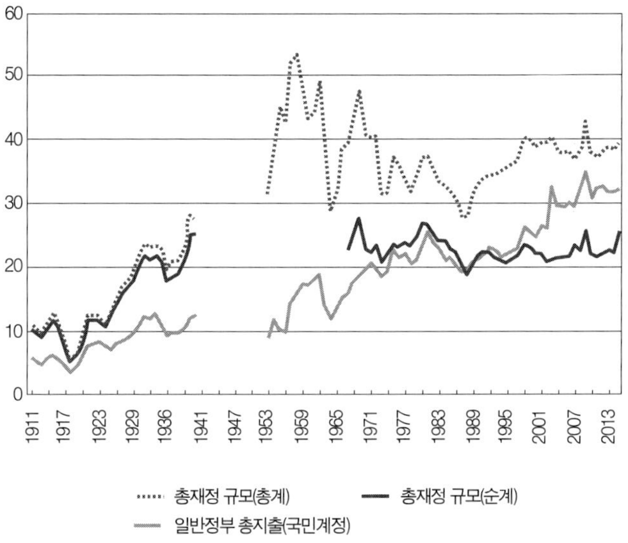

자료: T1-15.
주: 추계방법은 본문과 표 T1-15의 주를 참조; 총재정 규모의 추계에 일관성을 위하여 기금은 제외하였다(기금은 T58, T62).

여 70%를 빌려주었다(T417-419). 이자는 10분 1이었으므로 매년 40만 석 정도가 정부의 재정수입에 포함되었다고 추산된다. 19세기는 '19세기 위기'라고 일컬을 정도로 경제적으로 어려운 시기였다. 재정 상황도 악화되었다. 중앙정부의 재고가 지속적으로 감소하였으며 정부가 상인들에게 구입하고 지불하지 않은 채무가 누적되었다. 특히, 개항 이후 재정지출의 증대로 재정 운영은 더욱 어렵게 되었다. 갑오개혁에 의한 재정개혁이 시도되었지만 소기의 성과를 거두지 못하고 중단되었다. 대한제국의 수립 이후에는 제어되지 않는 왕권에 의해서 황실재정이 국가재정을 지배하는 새로운 문제가 중첩되었다(김재호 2014a).

정부재정의 규모를 비교적 정확하게 추산할 수 있는 것은 식민지 시기부터이다. 1895년부터 중앙정부 세출을 알 수 있지만 1910년까지는 결산 자료가 아니라 대부분 예산 자료뿐이다(T129-136). GDP 추계는 1911년부터 이루어져 있기 때문에 그 이전에 대해서는 정부재정의 규모를 해석하기도 어렵다. 식민지 시기부터 현재까지 총재정 규모의 총계와 순계, 일반정부의 총지출의 GDP에 대한 비율을 살펴보면 그림 T-a와 같다.

장기간에 걸쳐 국민경제에서 차지하는 정부재정의 비중이 크게 증가하였다. 1세기 동안에 정부의 역할이나 경제

에서 차지하는 위상이 크게 변하였음을 추측할 수 있다. 우선 정부 고유의 활동에 해당하는 일반정부의 지출이 가장 일관되게 증가하였다. GDP에 대한 비율을 기준으로 1911년 6.0%에서 2015년 32.3%로 크게 증가하였다. 후술하듯이 식민지 시기에는 일반 공공행정 및 치안, 경제 관련 지출이 증가하였고, 해방 이후에는 국방과 교육 등의 사회 서비스 관련 지출이 빠른 속도로 증가하였기 때문이다. 1990년대 이후 일반정부 비율이 높아진 것은 사회보장제도와 비영리공공기관의 지출이 증대한 것이 주요인이었다.

한편, 일반정부와 총재정 규모(총계와 순계)의 추이 간에 상당한 차이가 있다는 점에 주목할 필요가 있다. GDP에 대하여 총재정 규모의 비율이 급증하는 시기는 1920년대와 1937년 이후, 그리고 1950년대였다. 3.1운동 이후 총독부 재정의 '자립'을 포기한 것과 중일전쟁과 한국전쟁의 영향이 컸다고 할 수 있다. 해방 이후 총재정 규모의 비율이 급증한 것은 국방비와 전후 복구를 위한 정부지출이 증가한 영향도 있지만 일본과의 관계 단절 및 남북 분단으로 인하여 경제 활동이 위축되어 GDP가 급감하였기 때문이었다. 이로 인하여 경제개발 계획이 시행되었던 1960년대와 1970년대에는 오히려 급속한 경제성장으로 인하여 GDP에 대한 재정 규모의 비율이 감소하였다. 기복이 있지만 대체로 1980년대 말까지 감소한 다음 증대하기 시작하였는데 민주화에 따른 정치적인 변화와 관련이 있을 것이다.

이러한 총재정 규모와 일반정부의 차이는 앞에서 설명한 바와 같이 양자의 포괄 범위가 다르기 때문에 생긴 것이다. 철도와 전매 등의 공기업(기업특별회계)의 지출이 일반정부에서는 정부 본연의 활동이 아니라고 간주되어 제외되어 있다. 식민지 시기와 해방 후 1960년대까지는 양자의 차이가 크지만 이후 차이가 줄어들고 1990년대에 들어오면 일반정부가 총재정 규모(순계)를 초과하였다.[2] 총재정 규모에서 귀속재산(일본인 재산) 불하와 민영화로 기업특별회계 부분이 줄어드는 대신 총재정 규모 계산에는 빠져 있는 사회보장제도와 비영리공공기관이 일반정부에 포함되어 그 지출

그림 T-b 지방재정의 비중, 1911-2015(%)

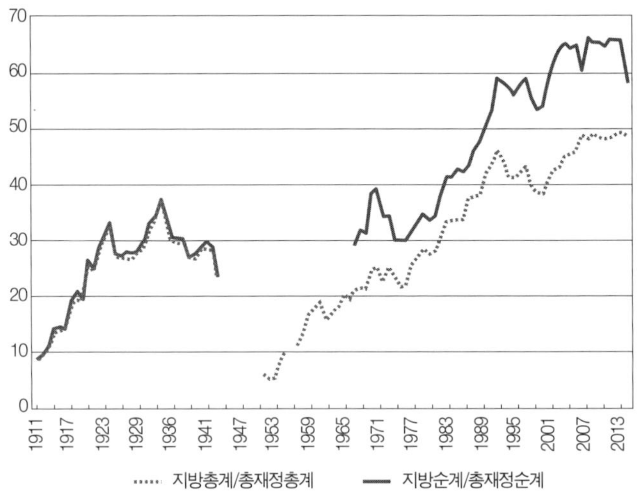

자료: T16-53.
주: 지방재정 순계 비율은 식민지 시기는 지방재정순계(T28)/총재정순계(T32), 해방 이후는 [지방재정순계(T45)+지방교육특별회계순계(T48)]/총재정순계(T53)로 구하였다.

이 빠르게 증가하였기 때문이다. 이러한 점에서 일반정부만으로 정부 활동을 파악하는 경우 식민지 시기나 해방 후 1960년대까지는 정부의 역할을 지나치게 저평가할 우려가 있다. 아울러 해방 이후에 총재정 규모의 총계와 순계 간의 차이가 크게 벌어진 것은 내부거래에 해당하는 중앙정부의 지방재정에 대한 지원이 증가하였기 때문이다. 이점도 주목되는 변화이다.

지방재정이 전체 재정에서 차지하는 비중은 그림 T-b에서 보듯이 기복이 있지만 장기적으로 상승하였다. 식민지 초기에 지방재정의 비율은 총계 비율은 8.6%, 순계 비율은 8.8%로서 10%에도 미치지 못하는 매우 낮은 수준이었지만, 점차 지방재정 단위의 수입이 확충되고 지방교육재정과 국고지원의 증대로 인하여 빠른 속도로 상승하였다. 1933년에 37.4%의 정점에 이른 후 점차 하락하였다. 해방 직후는 추계가 곤란하지만 1951년에 총계기준으로 6.3%에 불과하였다. 장기적으로는 꾸준히 상승하여 1990년부터 순계기준으로 전체 재정의 절반을 넘게 되었으며 2008년에는 최고 66.1%에 달하게 되었다. 무엇보다 1991년 지방의회가 구성되고 1995년 지방자치단체장 선거가 실시되어 지방자치제도가 본격적으로 시행된 영향이라고 판단된다. 한편, 1970년대의 중화학공업화 시기와 1990년 말 IMF 외환위기를 전후한 시기에 지방재정이 감소하고 있는 것은 국가재정의 운영이

2 1988년 이후 총재정 규모(순계) 계산에는 통합재정수지의 특별회계 순계를 이용하였다. 이로 인하여 기업특별회계의 순익이 계상됨으로써 약간 과소집계되었다. 특별회계 지출에서 기업특별회계가 차지하는 비중은 1988-2015년간 평균 16.3%이다(T87-96).

그림 T-c 정부 부문 총고정자본형성의 GDP에 대한 비율, 1911-2015(%)

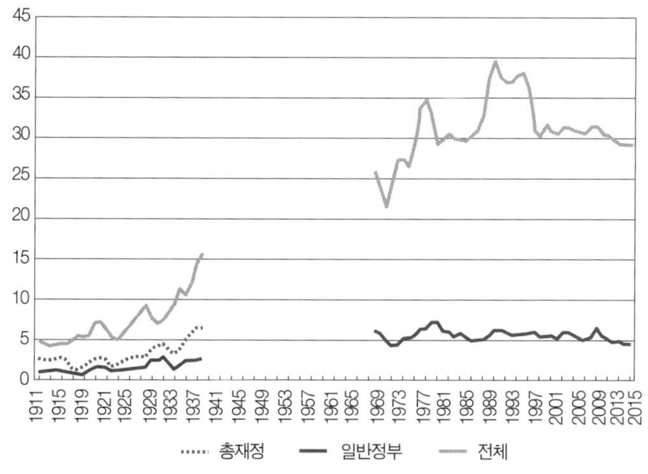

자료: T66, T105, T106, T120-122; 김낙년 편(2012: 484), 표 1-10.
주: 전체는 국민경제, 식민지 시기 총재정은 총독부와 지방재정, 일반정부는 식민지 시기는 정부서비스 생산자, 해방 이후는 일반정부를 의미함.

중앙재정 위주로 이루어지고 지방재정이 자체 수입보다 중앙정부로부터의 지원에 크게 의존하고 있기 때문일 것이다.

이러한 장기간에 걸친 재정 규모의 증대와 지방재정 비중의 상승은 재정지출의 용도와 정부 역할의 변화를 수반하였다. 먼저 정부지출의 '경제적 분류' 중에서 전체 경제에 미치는 영향이 크다고 판단되는 고정자본형성에 관해서만 살펴보면 그림 T-c와 같다. 식민지 시기는 비교가 가능한 1970년대에 비하여 낮은 수준이었지만, GDP에 대한 전체 총고정자본형성의 비율은 식민지 시기 동안 가속적으로 증가하였다. 또한 고정자본형성에서 정부 부문이 차지하는 비중도 식민지 시기가 높았다. 특히, 일반정부에서 제외되어 있는 철도를 비롯한 공기업까지 포함시켜 정부의 범위를 확대하면 식민지 초기와 1930년 초에는 총고정자본형성의 절반을 초과하였을 정도로 정부의 비중이 컸다. 1933년에는 최고 61.1%를 차지하였을 정도였다.

재정지출의 목적도 시기에 따라 크게 변하였다. 그림 T-d에서 보듯이 중앙정부 일반회계에서 차지하는 지출의 기능별 구성이 크게 변화하였다. 병합 이전에는 국방의 비중이 최고 41.0%까지 차지하였는데 식민지로 전락한 이후에는 완전히 사라졌다. 식민지 시기 말기에는 조선주둔군에 대한 보조금이나 일본 본국 재정으로 이전되는 전비 관련 부담으로 인하여 급격히 증대하였다. 해방 직후에는 다시

그림 T-d 중앙정부 일반회계 지출의 용도, 1896-2015(%)

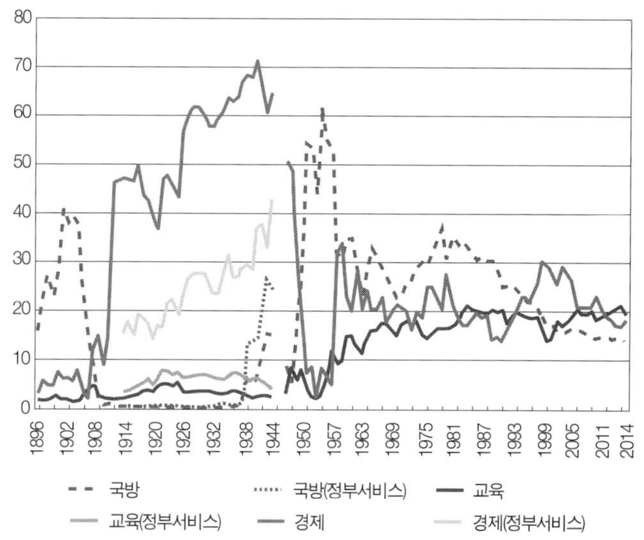

자료: T129-136, 부표 T115-129.
주: 기능별 분류에 따름. 식민지 시기의 조선총독부특별회계에는 해방 이후 기업특별회계에 속하는 공기업(정부기업)이 포함되어 있음. '정부서비스'는 조선총독부특별회계에서 공기업 부분을 제외한 '정부서비스 생산자'를 의미하며 해방 이후의 일반회계에 해당함.

낮아졌다가 한국전쟁의 발발로 급격히 상승하였지만 1970년대 후반 이후 현재까지 지속적으로 감소하고 있는 중이다.

경제 관련 지출의 비중은 식민지 시기에 빠르게 상승하여 매우 높은 수준에 이르렀다. 조선총독부특별회계에 차지하는 철도와 전매 등의 공기업(관업)에 해당하는 부분이 증대한 것이 가장 큰 이유였지만, 이러한 공기업 부분을 제외한 총독부 지출('정부서비스 생산자')에서도 경제 관련 지출의 비중이 매우 높았으며 지속적으로 증가하였다. 교육에 대한 지출은 식민지 시기에 다소 비중이 증가하였지만 경제 관련 지출에 순위가 밀렸으며 해방 직후에도 국방비의 압박으로 낮은 수준이었다. 한국전쟁이 휴전된 이후 1950년대 중반부터 교육 관련 지출의 비중이 빠른 속도로 상승하였다. 이와 같이 해방 이후 국방과 교육 관련 지출이 증대한 것이 식민지 시기와 뚜렷한 차이였다. 그림에는 나타나 있지 않지만 일반회계에서 차지하는 교육을 제외한 사회 관련 지출의 비중이 1960년대, 그리고 2000년대 이후 빠른 속도로 비중이 증가한 것도 새로운 변화였다(T133).

지방재정을 포함한 총재정의 지출 구성은 일관된 기준으로 파악하기는 어렵다. 다만 1970년 이후 일반정부 총지

그림 T-e 일반정부 총지출의 용도, 1970-2015(%)

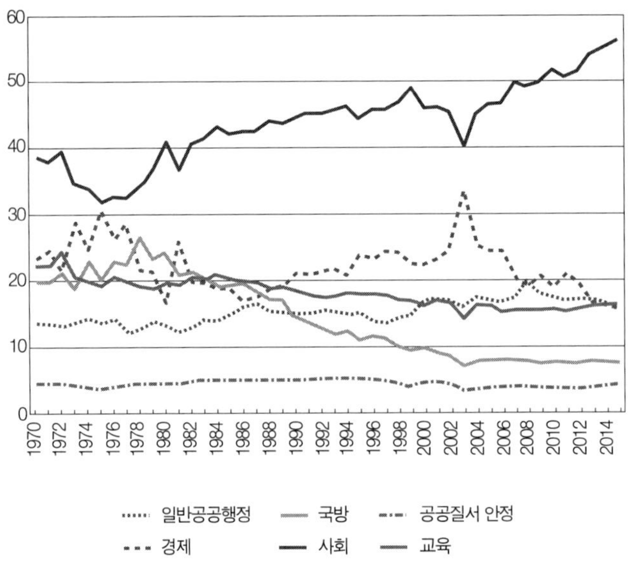

자료: T171-181.
주: 일반정부 총지출의 기능적 분류에 따름. 사회에는 환경보호, 주택 및 지역개발, 보건, 오락 문화 및 종교, 교육, 사회보호가 포함됨. 교육은 사회 지출에 포함되어 있지만 별도로 표시함.

출의 구성을 살펴보면 그림 T-e와 같다.

무엇보다 1970년 이후 일반정부 지출 중에서 '사회' 관련 지출의 비중이 가능 큰 비중을 차지하고 있으며 1975년의 31.9%에서 2015년에 최고 56.2%까지 꾸준히 상승하였다. '사회'에는 환경보호, 주택 및 지역개발, 보건, 오락 문화 및 종교, 교육, 사회보호에 대한 지출이 포함되어 있는데 교육의 비중은 1972년의 24.4%에서 2003년에 최저 14.3%까지 꾸준히 감소하였던 것에 반하여 기타 사회 관련 지출이 증가하였다. 복지국가로의 이행과 관련하여 주목되는 현상이라고 할 수 있다.

지금까지 세출(지출)을 중심으로 살펴보았다면, 이하는 세입(수입)의 추이를 살펴볼 차례이다. 그림 T-f에서 보듯이 GDP에 대한 총조세수입의 비율, 즉 조세부담률은 식민지 시기부터 현재까지 지속적으로 상승하였다. 1911년에는 3.2%에 불과하였는데 1940년 8.0%까지 상승하였다. 해방 이후에도 꾸준히 높아져서 2015년에 18.5%에 이르렀다. 여기에 1970년대 말부터 사회부담금이 증가하기 시작하여 1990년대 이후 국민부담률이 빠르게 증가하였다(2015년 26.8%). 식민지 시기에는 조세부담률이 낮았을 뿐만 아니라 전체 재정 규모에 비하여 조세수입의 크기가 작았다(총재정지출

그림 T-f 재정수입의 구성과 조세부담, 1911-2015(%)

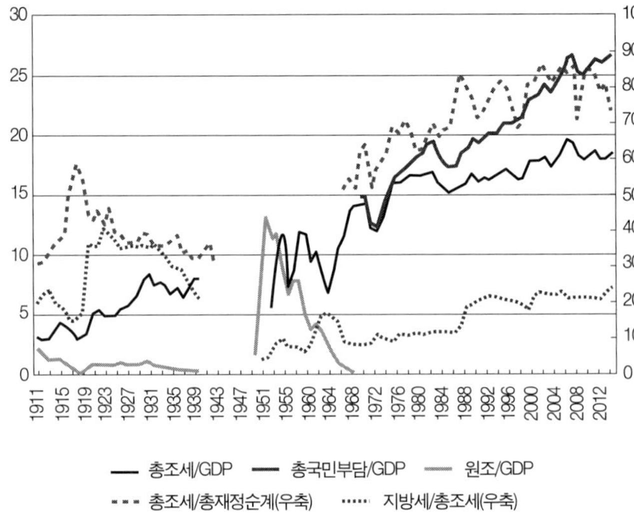

자료: T1, T32, T53, T233, T279-294.
주: 식민지 시기의 원조는 보충금.

순계 대비 총조세수입의 비율은 1911년 31.3%, 1918년 최고 58.8%, 1943년 30.0%). 세외수입 특히 철도와 전매사업 등의 소위 '관업수입'이 컸기 때문이었다(T220-236). 조세수입의 비중이 높아진 것이 식민지 시기와 큰 차이이다(총재정지출순계 대비 총조세수입의 비율은 1967년 51.6%, 2003년 86.0%). 재정수입 중에 무상원조도 상당한 비중을 차지하였는데, 특히 1950년대에 극단적으로 높아서 원조수입(대충자금)이 조세수입보다 더 컸을 정도였다(GDP 대비 원조수입의 비율은 1952년 최고 13.2%). 총조세수입 중에서 지방세가 차지하는 비율이 해방 이후가 식민지 시기보다 낮았다는 사실은 해방 이후의 재정 운영이 식민지 시기보다 더 중앙집중적이었음을 시사한다. 다만 지방자치제도가 시행되기 시작하는 1990년대 초부터 총조세수입 중에서 지방세의 비중이 높아진 것은 새로운 변화이다.

재정 운영의 건전성을 판단하는 가장 기본적인 지표는 재정수지이다. 지방재정까지 포괄한 일반정부 통합재정수지는 최근에 작성되기 시작했기 때문에 중앙정부의 재정수지를 살펴보면 그림 T-g와 같다. 식민지 시기에는 보충금 등의 일본 본국 정부로부터의 지원을 받았지만 수지균형을 달성한 것은 1917-1918년뿐이었다(T295-310). 해방 이후에는 1950년대 후반부터 1960년대에 중앙정부 수지가 흑자였지만 막대한 원조로 인한 것이었다(T311-331). 이러한 점에서 적

그림 T-g 중앙정부 재정수지/GDP, 1911-1940, 1954-2015(%)

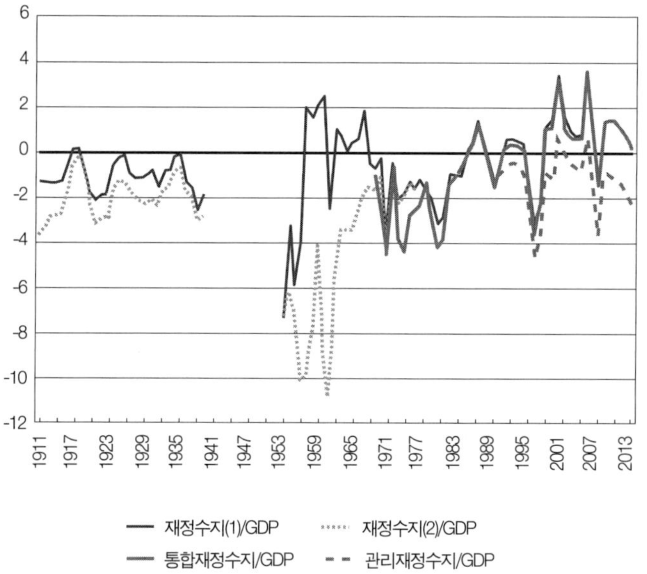

자료: T295-331.

주: 재정수지(1)=세입순계-세출순계. 1911-1943년의 재정수지(2)=재정수지(1)-일본 정부로부터의 유입[보충금+일반회계수입금(受入金)+대장성예금부특별회계수입금+금(金)자금특별회계수입금]. 1954-2015년의 재정수지(2)=재정수지(1)-무상원조. 관리재정수지=통합재정수지-사회보장성기금수지+공적자금상환.

그림 T-h 인구 1천 명당 공무원수의 변화, 1913-2013(명)

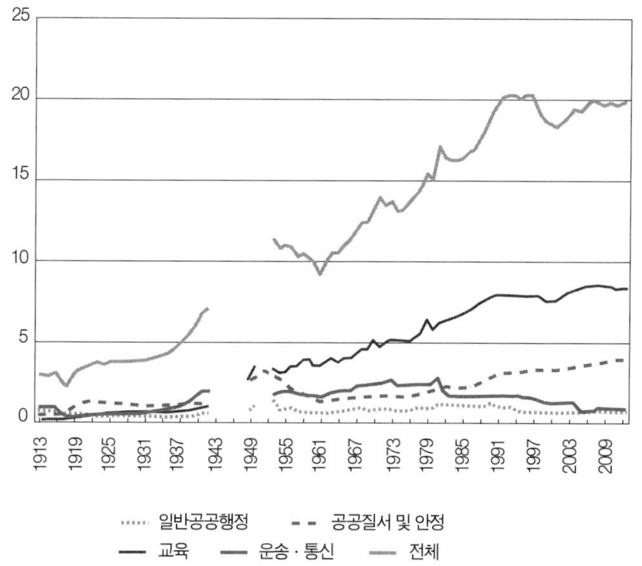

자료: 김재호(2016), T261-379; 인구는 김낙년(2012: 518-521); KOSIS.

어도 1960년대까지는 재정의 해외 의존도가 식민지 시기보다 컸다고 말할 수 있다. 중앙정부의 재정수지가 실질적으로 흑자를 달성하게 된 것은 1980년 후반 이후였다. 이때부터 재정 운영이 건전해졌다고 할 수 있지만 사회보장성 기금수지의 흑자를 차감한 관리재정수지는 적자를 기록하는 해가 많았다는 점을 간과해서는 안 될 것이다. 미래에 지출될 수입으로 인하여 재정의 건전성을 과장할 우려가 있기 때문이다.

이와 같이 장기간 재정수지 적자를 면하기 어려웠기 때문에 정부의 채무가 누적될 수밖에 없었다. 식민지 시기부터 중앙정부(총독부)의 국공채 및 차입금이 급속히 누적되었다(T332-350). 해방 이후에는 일본 정부에 대한 채무가 소멸되었기 때문에 GDP나 세입 규모에 대비한 채무의 비율이 식민지 말기에 비하여 낮아졌지만 지속적으로 증가하여 1980년대 초에 최고 수준에 이르렀다. 이후에는 급속히 하락하였는데 1997년의 외환위기의 충격으로 다시 빠르게 상승하였다(T351-360). 2015년 현재 GDP와 중앙정부 세입에 대한 중앙정부 채무의 비율은 각각 37.3%와 228.8%에 이르고 있다.

마지막으로, 정부 고용의 장기적 추이를 공무원 정원을 통해서 살펴보면 그림 T-h와 같다(T361-379). 식민지 병합 이전의 공무원수는 정확하게 파악하기 어렵다. 개항하기 전 19세기 중엽 중앙관서에 소속된 관원, 서리, 하인[徒隷]이 대략 1만 명이었다(김재호 2007). 갑오개혁 시기에 중앙재정과 지방재정의 규모가 동일한 수준이라고 추측하고 있었으므로 지방에도 중앙과 비슷한 숫자가 고용되어 있었을 것이다. 러일전쟁 이후에 특히 1908년 황실재산의 국유화에 수반하여 궁내부와 궁방 등 황실 관련 인원의 대대적인 감축이 있었다. 식민지 시기 초기에는 지방행정제도의 개편으로 인한 변동이 있었다. 비공식적으로 고용된 인원이 많았는데 지방제도 개편에 수반하여 상당한 감축이 있었을 것이다. 식민지 시기 동안 공무원수는 꾸준히 증가하였다. 특히, 1930년대에 급속히 증가하였다. 전체 공무원 중에 조선인이 차지하는 비율은 시간이 흐름에 따라서 U형을 그리면서 변화하였다. 1913년에 42.6%에서 1930년 최저 37.9%까지 낮아졌다가 다시 증가하여 1942년 최고 48.9%를 차지하였다(면직원 제외). 면직원을 포함하면 조선인의 비율은 더 높았다(T380-394).

인구 1,000명에 대한 공무원수를 기준으로 삼으면 식민지 시기에 비하여 해방 이후에 공무원 밀도가 크게 증가하였다. 해방 직후 관료제도가 혼란하게 된 가운데 자원을 확

그림 T-i 공무원의 기능별 구성, 1913-2013(%)

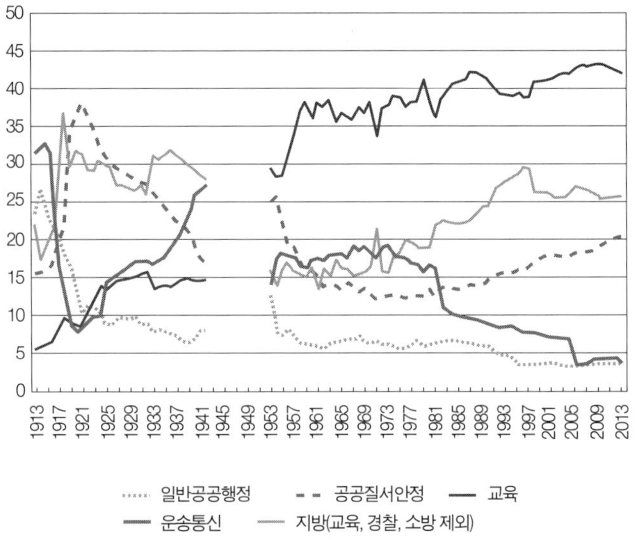

자료: 김재호(2016), T361-379.
주: 지방 공무원은 전체 지방공무원에서 교육, 경찰, 소방 관련 공무원을 제외한 숫자임.

보하고 있는 정부에 새로운 인원이 대거 유입되었다(김재호 2016). 정부수립부터 급격히 증가한 공무원을 감축하는 것이 중요한 과제가 되었다. 공무원 밀도는 1950년대에 감소하였으며 1960년대 경제개발 시기부터 반전하여 1980년대까지 지속적으로 증가하였다. 1990년대 이후 대체로 정체하고 있는데 1997년 말 IMF 외환위기의 영향이 컸다.

공무원의 구성에도 그림 T-i에 보듯이 큰 변화가 있었다. 식민지 시기에는 경찰과 철도 관련 공무원이 많았기 때문에 공공질서 및 안전, 운송통신 분야 공무원의 비중이 높았다. 해방 이후에는 교육공무원의 비중이 높은 것이 두드러진 변화이다. 또한 지방공무원(교육, 경찰, 소방 관련은 제외)의 비중이 식민지 시기가 해방 이후보다 높았다는 점도 주목된다. 운송통신 분야 공무원수는 해방 이후 지속적으로 감소하였는데, 특히 1980년대 이후 급감하였다. 1980년대 이후에는 앞에서 언급한 바와 같이 기업특별회계로 관리되던 체신부의 통신 부문(1981), 전매청(1987), 철도청(2005) 등의 정부기업이 민영화되거나 공공기관(공사)으로 바뀌면서 정부조직에서 분리되었기 때문이다. 공공기관 직원은 공무원이 아니지만 정부의 투자나 출자, 재정지원에 의해서 설립되고 운영된다는 점에 공무원과 유사한 성격을 지니고 있다는 점에 유의할 필요가 있다. 참고로 2013년의 공공기관 직원 정원은 27.1만 명이었는데 전체 공무원 99.9만 명의 27.2%에 해당하는 규모이다(김재호 2016: 233).

참고문헌

고영선(2002), 『우리나라의 재정통계』, 한국개발연구원.

김낙년 편(2012), 『한국의 장기통계: 국민계정 2011-2010』, 서울대학교출판문화원.

김대준(2004), 『고종시대의 국가재정 연구』, 태학사.

김옥근(1984), 『朝鮮王朝財政史硏究』 I, 일조각.

_____(1994), 『日帝下 朝鮮財政史論攷』, 일조각.

김재호(2006), 「정부부문」, 『한국의 경제성장 1910-1945』, 서울대학교출판부.

_____(2007), 「조선후기 중앙재정의 운영: 『六典條例』의 분석을 중심으로」, 『경제사학』 43.

_____(2008), 「조선후기 중앙재정과 동전: 『賦役實摠』을 중심으로」, 『경제사학』 44.

_____(2009), 「식민지기의 재정지출과 사회간접자본의 형성」, 『경제사학』 46.

_____(2013), 「조선후기 군사재정의 수량적 기초: 규모, 구성, 원천」, 『조선시대사학보』 66.

_____(2014a), 「근대적 재정국가의 수립과 재정능력, 1894-1910, 『경제사학』 57.

_____(2014b), 「대한민국 정부수립의 경제적 기초와 근대적 재정제도의 성립」, 김용직 편, 『대한민국 정부수립과 국가체제 구축』, 대한민국역사박물관.

_____(2016), 「정부 고용의 장기적 변화, 1910-2013」, 『경제사학』 61.

김태웅(2012), 『한국근대 지방재정 연구』, 아카넷.

송양섭 외(2013), 『통계로 보는 조선후기 국가경제: 18-19세기 재정자료의 기초적 분석』, 성균관대학교 출판부.

우명동(1986), 「日帝下의 우리나라 財政分析(其一)」, 『誠信硏究論文集』 24.

_____(1987), 「日帝下의 우리나라 財政分析(其二)」, 『誠信硏究論文集』 25.

이윤상(1986), 「日帝에 의한 植民地財政의 形成過程 - 1894-1910년의 稅入構造와 徵稅機構를 중심으로」, 『한국사론』 14.

_____(1996a), 「대한제국기 內藏院의 皇室財源 운영」, 『한국문화』 17, 서울대 한국문화연구소.

_____(1996b), 「통감부시기 황실재정의 운영」, 『한국문화』 18, 서

울대 한국문화연구소.
이헌창 편(2010), 『조선후기 재정과 시장』, 서울대학교출판문화원.
재경회 · 예우회 편(2011), 『한국의 재정 60년: 건전재정의 길』, 매일경제신문사.
재무부(1979), 『한국의 재정통계』.
조영준(2016), 『조선 후기 왕실재정과 서울상업』, 소명출판.
한국개발연구원(2001), 『재정통계의 선진화 방향』.
한국경제 60년사 편찬위원회(2010), 『한국경제 60년사』 I, 한국개발연구원(KDI).
한국재정 40년사 편찬위원회(1991), 『한국재정 40년사』 1-7, 한국개발연구원(KDI).
한국은행(1986), 『신국민계정해설』.
______(2000), 『국민계정해설 』.
______(2015), 『우리나라의 국민계정체계』.
한국조세연구원(2012), 『한국세제사』.
溝口敏行(1975), 『台湾 · 朝鮮の経済成長』, 岩波書店.
溝口敏行 · 梅村又次(1988), 『旧日本植民地経済統計』, 東洋経済新報社.
大藏省(1939), 『明治大正財政史』 外地財政編.
______(1961), 『昭和財政史』 舊外地財政編.

T. 정부 재정과 고용

金載昊

1. 재정규모
   - 표 T1-15 각종 재정규모, 1911-2015
   - 표 T16-32 총재정규모(총계 및 순계), 1911-1943
   - 표 T33-53 총재정규모(총계 및 순계), 1946-2015
   - 표 T54-62 공공부문 통합재정규모(중앙재정), 1962-2015
2. 지출
   - 표 T63-80 총독부 세출의 경제적 분류, 1911-1943
   - 표 T81-86 중앙정부 특별회계 세출, 1907-1943
   - 표 T87-96 중앙정부 특별회계 세출, 1948-2015
   - 표 T97-106 정부서비스 생산자의 산출, 소비, 부가가치, 고정자본형성, 1911-1943
   - 표 T107-119 일반정부 지출의 경제적 분류, 1970-2015
   - 표 T120-128 경제주체별 총자본형성, 1970-2015
   - 표 T129-136 중앙정부 일반회계 세출의 기능적 분류(대분류), 1896-2015
   - 표 T137-153 중앙정부 일반회계 세출의 기능적 분류(세분류), 1896-1943
   - 표 T154-170 통합재정 세출 및 순융자의 기능적 분류(중앙정부), 1972-2014
   - 표 T171-181 일반정부 총지출의 기능적 분류, 1970-2015
   - 표 T182-194 지방재정 세출의 경제적 분류, 1911-1943
   - 표 T195-212 지방재정 세출의 기능적 분류, 1910-1941
   - 표 T213-219 지방자치단체 일반회계 세출의 기능적 분류, 1951-2015
3. 수입
   - 표 T220-236 중앙정부 일반회계 세입, 1896-2015
   - 표 T237-247 지방재정 세입, 1910-1943
   - 표 T248-257 지방자치단체 일반회계 세입의 성질별 분류, 1951-2015
   - 표 T258-266 지방자치단체 의존재원, 1967-2014
   - 표 T267-278 지방교육비 특별회계 재원, 1962-2015
   - 표 T279-294 총조세부담, 1896-2015
4. 재정수지
   - 표 T295-310 총독부 재정수지, 1911-1943
   - 표 T311-331 중앙정부 재정수지, 1954-2015
   - 표 T332-350 중앙정부 채무, 1905-1943
   - 표 T351-360 중앙정부 채무(국가채무), 1948-2015
5. 정부고용
   - 표 T361-379 서비스별 공무원, 1910-2013
   - 표 T380-394 직급별 민족별 공무원, 1913-1942
   - 표 T395-409 민족별 서비스별 공무원(면직원 제외), 1913-1942
6. 기타
   - 표 T410-411 조선시대의 경지면적, 1392-1807
   - 표 T412-416 조선후기 중앙재정 수입의 구성, 1760-1893
   - 표 T417-419 조선후기 곡물저장(환곡)

1. 재정규모

표 T1-15 각종 재정규모, 1911-2015

	GDP	총재정		일반재정(중앙)	통합재정(중앙)	일반정부(통합재정)	공공부문(중앙)	일반정부(국민계정)
		총계	순계					
	T1	T2	T3	T4	T5	T6	T7	T8
	남북한, 백만 圓							
1911	515.2	55.8	53.1		27.7		49.7	31.1
1912	629.9	64.0	60.1		30.5		56.2	34.4
1913	699.9	66.9	62.7		28.5		55.1	33.6
1914	631.0	71.4	66.8		30.4		56.8	37.2
1915	570.7	73.3	67.8		29.4		56.8	36.6
1916	665.7	73.8	69.7		30.6		58.8	37.7
1917	900.4	66.1	62.3		30.3		49.1	39.2
1918	1,420.2	81.3	74.6		36.3		57.7	47.8
1919	1,839.3	116.9	110.3		59.9		88.6	75.7
1920	1,966.3	167.2	157.6		85.9		117.2	119.3
1921	1,583.9	198.7	188.1		84.4		141.5	122.0
1922	1,728.7	217.6	204.7		92.8		146.0	140.8
1923	1,710.3	211.4	200.2		88.4		134.7	141.6
1924	1,814.2	202.6	190.9		81.7		124.2	135.4
1925	1,892.0	250.1	235.6		81.6		168.0	135.0
1926	1,834.3	276.7	260.7		87.9		187.1	146.5
1927	1,860.4	311.6	290.2		94.1		211.6	156.8
1928	1,767.0	318.0	295.3		97.4		215.4	160.0
1929	1,710.8	332.9	305.8		103.3		222.0	168.6
1930	1,418.3	310.6	283.1		94.2		198.8	158.8
1931	1,366.1	324.5	297.2		90.1		197.6	169.2
1932	1,512.5	347.1	320.6		90.3		208.3	181.6
1933	1,647.9	387.1	357.6		98.5		223.1	210.3
1934	1,843.5	422.8	380.6		116.3		262.5	212.0
1935	2,229.6	440.9	397.9		116.6		281.7	209.3
1936	2,361.7	498.0	440.8		129.4		321.0	228.1
1937	3,015.8	631.9	572.7		156.3		416.1	291.4
1938	3,270.8	750.6	685.7		194.9		521.1	336.6
1939	3,716.2	1,045.4	935.0		273.5		735.5	447.9
1940	4,587.8	1,270.6	1,147.2		333.5		872.6	579.2
1941		1,467.7	1,300.8		463.7		1,005.3	725.3
1942		1,762.9	1,590.1		618.0		1,220.9	948.3
1943		2,511.7	2,286.0		884.2		1,876.1	1,248.4
	남한, 십억 원							
1951		2.0		0.6				
1952		7.3		2.2				
1953	47.7	17.7		6.1				4.3
1954	66.3	39.5		14.2	8.4			7.9
1955	114.2	97.2		28.1	12.9			11.6
1956	151.5				18.6			15.2
1957	198.4	103.6		35.0	30.0			28.9
1958	207.6	111.4		41.1	42.9			33.1
1959	220.8	109.3		40.0	45.8			39.0
1960	249.8	109.1		42.0	39.5			43.0
1961	301.7	132.5		57.2	63.7			54.9
1962	365.8	181.8		88.4	72.3			68.6
1963	518.5	201.3		72.8	69.7			74.6
1964	739.6	214.1		75.2	72.7			88.4
1965	831.3	266.1		93.5	91.5			110.2
1966	1,065.9	414.7		140.9	180.9			163.1
1967	1,313.3	519.0	296.9	180.9	236.0			205.6
1968	1,692.3	727.2	420.7	262.1	336.4			297.9
1969	2,211.9	1,058.4	610.5	370.5	482.1			415.8
1970	2,794.8	1,147.3	641.5	441.3	468.7		683.6	557.8
1971	3,433.3	1,391.1	766.6	546.4	548.5		861.9	714.0
1972	4,259.8	1,739.9	997.0	701.1	746.2		999.0	847.6
1973	5,513.5	1,748.5	1,142.6	651.6	721.2		1,171.8	1,025.4

표 T1-15 계속

	GDP	총재정		일반재정(중앙)	통합재정(중앙)	일반정부(통합재정)	공공부문(중앙)	일반정부(국민계정)
		총계	순계					
	T1	T2	T3	T4	T5	T6	T7	T8
	남한, 십억 원							
1974	7,879.9	2,517.9	1,725.9	1,018.9	1,203.0		1,962.9	1,512.9
1975	10,505.1	3,918.0	2,489.0	1,550.2	1,765.3		2,800.7	2,413.1
1976	14,413.2	5,226.2	3,341.8	2,170.5	2,518.9		3,776.5	3,099.6
1977	18,520.3	6,169.5	4,445.8		3,274.4		4,651.9	4,084.4
1978	25,023.1	7,997.5	5,811.3		4,408.0		6,559.6	5,136.7
1979	32,218.9	11,157.3	7,960.9		5,990.0		8,669.3	6,846.1
1980	39,471.3	14,736.8	10,560.7		7,682.0		11,331.5	9,081.5
1981	49,324.0	18,533.4	13,086.0		10,189.8		15,011.5	12,638.6
1982	56,858.6	20,185.9	14,400.7		11,639.2		15,546.9	13,559.8
1983	67,509.2	22,675.2	16,364.9		12,200.1		16,092.4	15,453.3
1984	77,855.6	25,677.9	18,803.8		13,444.6		17,704.8	16,477.2
1985	87,239.6	27,970.0	19,906.9		14,867.0		18,926.1	18,782.6
1986	101,840.2	31,368.7	22,518.4		15,926.7		20,110.6	20,831.6
1987	120,204.9	33,598.4	24,714.3		18,180.1		21,754.1	23,344.2
1988	144,073.4	40,295.0	26,913.3		20,881.4		25,361.4	28,259.5
1989	163,518.0	52,508.4	32,888.3		25,677.2		30,584.4	34,007.9
1990	197,712.3	65,935.3	43,071.0		33,296.1		39,374.6	42,316.1
1991	238,877.2	81,632.5	53,655.8		40,311.5		47,446.8	53,210.2
1992	273,267.4	94,174.1	61,036.5		44,993.4		45,469.6	63,234.8
1993	310,073.7	107,328.8	66,129.2		49,046.7		50,734.9	70,770.4
1994	366,054.2	128,941.6	76,160.0		59,045.2		60,356.7	79,022.6
1995	428,927.1	152,037.4	88,244.2		69,804.2		71,578.7	94,235.3
1996	481,140.8	175,310.1	102,760.9		82,424.2		84,429.3	108,234.3
1997	530,347.1	194,510.6	115,900.8		97,726.9		100,327.1	123,372.7
1998	524,476.8	211,659.6	123,883.8		112,435.0		115,430.2	138,282.5
1999	576,872.8	231,868.0	133,755.8		118,176.9		120,987.7	148,116.2
2000	635,184.6	246,869.7	140,396.5		126,785.8		129,284.1	156,968.6
2001	688,164.9	274,122.9	151,632.0		132,245.2		136,765.4	181,738.5
2002	761,938.9	300,934.2	158,428.1		131,056.6		136,921.9	198,646.9
2003	810,915.3	329,602.1	171,869.1		157,028.0		164,303.1	264,116.5
2004	876,033.1	334,254.8	187,419.2		168,328.0		173,537.9	259,550.5
2005	919,797.3	351,270.9	197,732.4		183,566.0	242,544	187,945.9	271,192.0
2006	966,054.6	371,627.9	208,759.9		200,537.0	260,800	205,927.6	290,891.9
2007	1,043,257.8	383,750.6	244,190.7		203,908.0	268,320	209,810.3	309,583.5
2008	1,104,492.2	429,528.5	247,556.2		232,176.0	297,287	238,833.6	353,493.9
2009	1,151,707.8	495,183.7	294,003.8		264,883.0	352,670	272,872.6	401,766.7
2010	1,265,308.0	478,805.6	278,256.5		251,156.0	326,519	254,231.0	392,264.1
2011	1,332,681.0	497,683.7	287,687.5		270,655.0	342,821	273,694.1	431,075.5
2012	1,377,456.7	531,665.8	303,813.0			364,118	292,977.2	450,811.9
2013	1,429,445.4	559,686.5	324,648.6			383,598	300,237.6	453,991.4
2014	1,486,079.3	573,761.9	329,674.7			389,165	312,394.1	475,250.1
2015	1,564,123.9	621,109.8	398,149.0			417,766	339,351.0	504,628.4

	총재정		일반재정(중앙)	통합재정(중앙)	일반정부(통합재정)	공공부문(중앙)	일반정부(국민계정)
	총계	순계					
	T9	T10	T11	T12	T13	T14	T15
	남북한, GDP에 대한 비율(%)						
1911	10.8	10.3		5.4		9.6	6.0
1912	10.2	9.5		4.9		8.9	5.5
1913	9.6	9.0		4.1		7.9	4.8
1914	11.3	10.6		4.8		9.0	5.9
1915	12.8	11.9		5.1		10.0	6.4
1916	11.1	10.5		4.6		8.8	5.7
1917	7.3	6.9		3.4		5.5	4.3
1918	5.7	5.3		2.6		4.1	3.4
1919	6.4	6.0		3.3		4.8	4.1
1920	8.5	8.0		4.4		6.0	6.1
1921	12.5	11.9		5.3		8.9	7.7
1922	12.6	11.8		5.4		8.4	8.1

표 T1-15 계속

	총재정		일반재정(중앙)	통합재정(중앙)	일반정부(통합재정)	공공부문(중앙)	일반정부(국민계정)
	총계	순계					
	T9	T10	T11	T12	T13	T14	T15
	남북한, GDP에 대한 비율(%)						
1923	12.4	11.7		5.2		7.9	8.3
1924	11.2	10.5		4.5		6.8	7.5
1925	13.2	12.5		4.3		8.9	7.1
1926	15.1	14.2		4.8		10.2	8.0
1927	16.8	15.6		5.1		11.4	8.4
1928	18.0	16.7		5.5		12.2	9.1
1929	19.5	17.9		6.0		13.0	9.9
1930	21.9	20.0		6.6		14.0	11.2
1931	23.8	21.8		6.6		14.5	12.4
1932	22.9	21.2		6.0		13.8	12.0
1933	23.5	21.7		6.0		13.5	12.8
1934	22.9	20.6		6.3		14.2	11.5
1935	19.8	17.8		5.2		12.6	9.4
1936	21.1	18.7		5.5		13.6	9.7
1937	21.0	19.0		5.2		13.8	9.7
1938	22.9	21.0		6.0		15.9	10.3
1939	28.1	25.2		7.4		19.8	12.1
1940	27.7	25.0		7.3		19.0	12.6
1941							
1942							
1943							
	남한, GDP에 대한 비율(%)						
1951							
1952							
1953	31.7		10.7				8.9
1954	36.5		13.0	12.7			11.8
1955	45.6		14.4	11.3			10.2
1956	42.8		12.4	12.3			10.0
1957	52.2		17.6	15.1			14.5
1958	53.7		19.8	20.7			16.0
1959	49.5		18.1	20.7			17.6
1960	43.7		16.8	15.8			17.2
1961	43.9		18.9	21.1			18.2
1962	49.7		24.2	19.8			18.8
1963	38.8		14.0	13.4			14.4
1964	29.0		10.2	9.8			12.0
1965	32.0		11.3	11.0			13.3
1966	38.9		13.2	17.0			15.3
1967	39.5	22.6	13.8	18.0			15.7
1968	43.0	24.9	15.5	19.9			17.6
1969	47.8	27.6	16.8	21.8			18.8
1970	41.1	23.0	15.8	16.8		24.5	20.0
1971	40.5	22.3	15.9	16.0		25.1	20.8
1972	40.8	23.4	16.5	17.5		23.5	19.9
1973	31.7	20.7	11.8	13.1		21.3	18.6
1974	32.0	21.9	12.9	15.3		24.9	19.2
1975	37.3	23.7	14.8	16.8		26.7	23.0
1976	36.3	23.2	15.1	17.5		26.2	21.5
1977	33.3	24.0		17.7		25.1	22.1
1978	32.0	23.2		17.6		26.2	20.5
1979	34.6	24.7		18.6		26.9	21.2
1980	37.3	26.8		19.5		28.7	23.0
1981	37.6	26.5		20.7		30.4	25.6
1982	35.5	25.3		20.5		27.3	23.8
1983	33.6	24.2		18.1		23.8	22.9
1984	33.0	24.2		17.3		22.7	21.2
1985	32.1	22.8		17.0		21.7	21.5
1986	30.8	22.1		15.6		19.7	20.5

표 T1-15 계속

	총재정		일반재정(중앙)	통합재정(중앙)	일반정부(통합재정)	공공부문(중앙)	일반정부(국민계정)
	총계	순계					
	T9	T10	T11	T12	T13	T14	T15
	남한, GDP에 대한 비율(%)						
1987	28.0	20.6		15.1		18.1	19.4
1988	28.0	18.7		14.5		17.6	19.6
1989	32.1	20.1		15.7		18.7	20.8
1990	33.3	21.8		16.8		19.9	21.4
1991	34.2	22.5		16.9		19.9	22.3
1992	34.5	22.3		16.5		16.6	23.1
1993	34.6	21.3		15.8		16.4	22.8
1994	35.2	20.8		16.1		16.5	21.6
1995	35.4	20.6		16.3		16.7	22.0
1996	36.4	21.4		17.1		17.5	22.5
1997	36.7	21.9		18.4		18.9	23.3
1998	40.4	23.6		21.4		22.0	26.4
1999	40.2	23.2		20.5		21.0	25.7
2000	38.9	22.1		20.0		20.4	24.7
2001	39.8	22.0		19.2		19.9	26.4
2002	39.5	20.8		17.2		18.0	26.1
2003	40.6	21.2		19.4		20.3	32.6
2004	38.2	21.4		19.2		19.8	29.6
2005	38.2	21.5		20.0	26.4	20.4	29.5
2006	38.5	21.6		20.8	27.0	21.3	30.1
2007	36.8	23.4		19.5	25.7	20.1	29.7
2008	38.9	22.4		21.0	26.9	21.6	32.0
2009	43.0	25.5		23.0	30.6	23.7	34.9
2010	37.8	22.0		19.8	25.8	20.1	31.0
2011	37.3	21.6		20.3	25.7	20.5	32.3
2012	38.6	22.1			26.4	21.3	32.7
2013	39.2	22.7			26.8	21.0	31.8
2014	38.6	22.2			26.2	21.0	32.0
2015	39.9	25.5			26.8	21.8	32.3

자료: T16-80, T107, T154; 『조선총독부통계연보』, 각년도; 『조선총독부세입세출결정계산서』, 각년도; 『결산개요』, 각년도; 『한국통합재정수지』, 각년도; 『지방재정연감』, 각년도; 『교육통계연보』, 각년도; 『문교관계통계자료집』(1979), 『한국재정40년사』 4(한국개발연구원 1991), p. 62; 『한국지방행정사』(1987); 한국은행(http:/ecos.bok.or.kr).

注: 1) 재정규모는 세출결산액 기준이다. 이하 동일하다.

2) 총재정규모(T2, T3)는 중앙재정과 지방재정 전체(총계는 T16과 T33, 순계는 T32와 T53)이다. 일반재정(T4)은 중앙재정의 일반회계와 일반회계의 성격에 가까운 특별회계의 합계이다(『한국재정40년사』 4, p. 62). 통합재정(중앙)(T5)은 중앙정부 총지출 및 순융자이다(『결산개요』).

일반정부(통합재정)(T6)은 재정당국에서 추계한 중앙재정, 지방재정, 지방교육재정을 포함한 일반정부 지출 및 순융자이다(『한국통합재정수지』). 공공부문(T7)은 중앙재정에 해당하는 중앙정부(일반회계+특별회계+기금+세입세출외)와 비금융공기업(기업회계+기금)의 합계(『결산개요』)이다.

일반정부(국민계정)(T8)는 한국은행에서 추계한 일반정부 총지출이다(http:/ecos.bok.or.kr). 단 1953-1969년은 『한국경제60년사』 1(한국개발연구원 2010), p. 569를 이용한다.

3) 식민지 시기는 해방 이후의 계열에 대해 다음과 같이 대응한다.

해방 이후(1948-2015)	식민지 시기(1911-1943)
통합재정 중앙정부 총지출 및 순융자	총독부세출-공기업=정부서비스생산자-총독부보전지출
공공부문(중앙정부+비금융공기업)	총독부특별회계+기타특별회계-총독부보전지출
일반정부 총지출(국민계정)	총독부 정부서비스 생산자-총독부보전지출+지방재정순계-내부거래

4) 회계연도의 변경으로 인하여 1956 회계연도는 존재하지 않기 때문에 총계(T2), 일반재정(T4)의 GDP에 대한 비율 계산에는 다음과 같은 방법으로 조정한 숫자를 이용하였다. 그러나 이하 재정통계에서는 특별한 경우가 아니면 조정하지 않고 원자료에 따랐다.

회계연도	총계원액	회계기간	기간	이월	이월액	조정액
1952	7			3개월 이월	2	5.5
1953	18	4월-익년 3월	12개월	3개월 이월	4	15.1
1954	39	4월-익년 6월	15개월	6개월 이월	20	24.2
1955	97	7월부터-익년 12월	18개월	12개월 이월	65	52.1
1956						64.8

표 T16-32 총재정규모(총계 및 순계), 1911-1943

	총계							보전지출		
	합계	중앙재정					지방재정	합계	총독부	지방재정
		합계	총독부특별회계			기타 특별회계				
			합계	정부서비스 생산자	공기업					
	T16	T17	T18	T19	T20	T21	T22	T23	T24	T25
	남북한, 백만 圓									
1911	55.8	51.0	46.2	29.0	17.1	4.87	4.80	1.46	1.35	0.12
1912	64.0	58.2	51.8	32.5	19.2	6.40	5.80	2.14	2.00	0.14
1913	66.9	59.7	53.5	33.2	20.3	6.29	7.20	2.27	2.09	0.18
1914	71.4	61.5	55.1	35.2	19.9	6.42	9.85	1.76	1.51	0.25
1915	73.3	63.1	56.9	35.6	21.2	6.20	10.2	2.76	2.50	0.26
1916	73.8	63.5	57.6	35.3	22.2	5.95	10.3	1.26	1.01	0.26
1917	66.1	53.8	51.2	35.0	16.2	2.67	12.3	0.71	0.40	0.31
1918	81.3	65.3	64.1	44.0	20.1	1.26	16.0	2.53	2.13	0.40
1919	116.9	94.6	93.0	66.0	27.1	1.62	22.2	0.71	0.15	0.56
1920	167.2	124.4	122.2	93.1	29.2	2.14	42.8	1.31	0.24	1.07
1921	198.7	150.8	148.4	93.6	54.8	2.34	48.0	1.46	0.26	1.20
1922	217.6	157.7	155.1	104.5	50.7	2.63	59.9	2.61	1.11	1.50
1923	211.4	147.4	144.8	101.1	43.7	2.64	63.9	1.98	0.39	1.60
1924	202.6	137.5	134.8	95.0	39.8	2.66	65.1	1.98	0.32	1.66
1925	250.1	182.6	171.8	96.2	75.6	10.8	67.5	2.88	0.35	2.53
1926	276.7	202.2	189.5	103.1	86.4	12.8	74.4	3.48	0.09	3.39
1927	311.6	228.3	210.9	110.8	100.0	17.5	83.3	3.69	0.80	2.89
1928	318.0	233.0	217.7	115.0	102.7	15.3	85.1	3.64	0.24	3.40
1929	332.9	240.6	224.7	121.9	102.9	15.9	92.3	6.48	0.13	6.35
1930	310.6	222.1	208.7	117.5	91.2	13.4	88.5	7.54	3.63	3.91
1931	324.5	222.1	207.8	114.6	93.2	14.3	102.4	8.21	4.08	4.13
1932	347.1	230.9	214.5	113.0	101.5	16.4	116.1	7.43	1.66	5.77
1933	387.1	247.4	229.2	122.9	106.4	18.2	139.7	7.71	1.59	6.13
1934	422.8	287.5	268.3	141.3	127.1	19.2	135.3	10.3	2.67	7.64
1935	440.9	308.7	284.0	143.6	140.4	24.7	132.2	14.0	3.52	10.5
1936	498.0	352.0	324.5	160.4	164.0	27.6	146.0	22.2	9.89	12.4
1937	631.9	445.8	407.0	186.0	221.0	38.8	186.2	21.7	8.14	13.6
1938	750.6	550.9	500.5	224.7	275.9	50.3	199.8	21.4	6.86	14.6
1939	1,045.4	767.7	680.1	305.7	374.4	87.7	277.7	27.3	7.07	20.3
1940	1,270.6	909.7	813.5	370.6	442.9	96.1	361.0	34.4	8.05	26.3
1941	1,467.7	1,048.8	931.8	507.1	424.7	116.9	419.0	40.1	9.53	30.6
1942	1,762.9	1,271.2	1,155.8	668.3	487.5	115.4	491.7	47.3	11.4	35.9
1943	2,511.7	1,934.9	1,532.0	943.0	589.0	402.9	576.9	55.1	13.0	42.1

자료: 『조선총독부통계연보』, 각년도; 『조선총독부 특별회계세입세출결정계산서』, 각년도; 『지방재정요람』, 각년도; 김낙년 편, 『한국의 장기통계』(서울대학교출판문화원, 2012), p. 582.

注: 1) 순계1(T26)=T16-T23, T27=T17-T24, T28=T22-T25, 순계2(T32)=T26-T29.

2) 총재정규모는 세출결산액 기준이며 중앙재정순계(T27)는 총독부특별회계와 기타특별회계 간의 내부거래는 소액이기 때문에 무시하고 총독부의 보전지출(T24)만 차감하였다.

3) 총계(T16)는 김낙년 편, 『한국의 장기통계』(서울대학교출판문화원, 2012), p. 582, 표 II-40의 '정부부문'에서 본국정부로부터의 '군사비이입'을 차감하였다.

4) 중앙재정 공기업(T20)에는 공기업(전매, 철도, 체신)과 부속기업(평양광업소, 인쇄소, 역둔토)이 포함(김낙년 편, 『한국의 장기통계』, p. 173)되어 있다.

5) 보전지출(T23)은 차입금 원금 상환액이다. 이월금은 원자료의 총독부세출결산에서 제외되어 있다. 총독부는 원금과 이자를 분할하여 원금상환만 보전지출로 차감하였으나 지방재정의 경우 원금과 이자 구분이 곤란하여 합산하여 차감하였다.

6) 1911년의 내부거래의 중앙재정과 지방재정 배분은 1912년의 비율(2.7%)을 적용하여 추산하였다.

7) 1911-1923년의 지방재정 보전지출은 1924년의 비율(2.5%)을 적용하여 추산하였으며 1938년 이후 지방재정 보전지출은 1937년의 지방재정 총액에 대한 비율(7.3%)을 적용하였다.

8) 중앙재정과 지방재정 간의 내부거래는 총독부의 지방재정에 대한 보조금으로서 지방재정 세입으로부터 파악하였다. 지방재정 단위 간의 내부거래는 도지방비의 지방재정 단위에 대한 보조금이다.

표 T16-32 계속

	순계1			내부거래			순계2
	합계	중앙재정	지방재정	합계	총독부와 지방재정	지방재정내부	
	T26	T27	T28	T29	T30	T31	T32
	남북한, 백만 圓						
1911	54.4	49.7	4.68	1.25	0.95	0.29	53.1
1912	61.8	56.2	5.65	1.75	1.34	0.41	60.1
1913	64.7	57.6	7.02	1.96	1.52	0.44	62.7
1914	69.6	60.0	9.61	2.85	2.32	0.54	66.8
1915	70.5	60.6	9.95	2.75	2.19	0.56	67.8
1916	72.5	62.5	10.0	2.85	2.17	0.68	69.7
1917	65.4	53.4	12.0	3.12	2.18	0.94	62.3
1918	78.8	63.2	15.6	4.16	3.00	1.16	74.6
1919	116.2	94.5	21.7	5.90	4.60	1.30	110.3
1920	165.9	124.1	41.8	8.28	5.87	2.42	157.6
1921	197.3	150.5	46.8	9.16	5.62	3.54	188.1
1922	215.0	156.6	58.4	10.29	6.45	3.84	204.7
1923	209.4	147.0	62.4	9.15	5.92	3.23	200.2
1924	200.6	137.1	63.4	9.69	6.04	3.65	190.9
1925	247.2	182.2	65.0	11.6	8.47	3.16	235.6
1926	273.2	202.1	71.1	12.5	8.96	3.51	260.7
1927	307.9	227.5	80.4	17.8	9.93	7.85	290.2
1928	314.4	232.7	81.7	19.1	11.2	7.90	295.3
1929	326.5	240.5	86.0	20.6	12.2	8.41	305.8
1930	303.1	218.5	84.6	20.0	11.3	8.71	283.1
1931	316.3	218.0	98.2	19.1	10.0	9.07	297.2
1932	339.6	229.3	110.4	19.0	10.0	9.06	320.6
1933	379.4	245.8	133.6	21.8	12.4	9.40	357.6
1934	412.5	284.9	127.7	32.0	21.6	10.4	380.6
1935	426.8	305.2	121.7	28.9	16.9	12.0	397.9
1936	475.8	342.1	133.7	35.0	22.4	12.6	440.8
1937	610.2	437.6	172.6	37.5	24.1	13.5	572.7
1938	729.2	544.0	185.2	43.5	29.7	13.8	685.7
1939	1,018.1	760.7	257.4	83.0	66.3	16.7	935.0
1940	1,236.2	901.6	334.6	89.0	67.9	21.1	1,147.2
1941	1,427.6	1,039.2	388.4	126.8	102.6	24.2	1,300.8
1942	1,715.6	1,259.8	455.8	125.5	94.2	31.3	1,590.1
1943	2,456.6	1,921.9	534.7	170.6	131.1	39.5	2,286.0

표 T33-53 총재정규모(총계 및 순계), 1946-2015

	총계							
	합계	중앙정부			지방정부			지방교육비
		합계	일반회계	특별회계	합계	일반회계	특별회계	특별회계
	T33	T34	T35	T36	T37	T38	T39	T40
	남한, 십억 원							
1946		0.01	0.01					
1947		0.02	0.02					
1948		0.03	0.03	0.002				0.002
1949		0.22	0.09	0.12				0.01
1950		0.50	0.24	0.26				0.01
1951	2.00	1.87	0.58	1.29	0.11	0.11		0.02
1952	7.33	6.95	2.16	4.78	0.34	0.34		0.04
1953	17.7	16.8	2.99	13.8	0.80	0.80		0.15
1954	39.5	36.0	6.40	29.6	2.91	2.91		0.58
1955	97.2	86.7	13.9	72.8	7.92	7.92		2.54
1957	103.6	91.9	14.2	77.7	8.52	8.52		3.22
1958	111.4	96.4	27.8	68.6	10.6	10.6		4.34
1959	109.3	90.8	30.9	59.8	12.7	12.7		5.88
1960	109.1	89.2	35.2	54.0	13.7	13.7		6.24
1961	132.5	107.4	50.9	56.5	17.8	16.1	1.66	7.41
1962	181.8	153.4	73.3	80.1	16.5	13.7	2.80	11.9
1963	201.3	166.5	60.0	106.5	22.6	19.4	3.22	12.3
1964	214.1	175.3	62.9	112.4	25.2	21.6	3.65	13.7
1965	266.1	211.9	81.8	130.1	33.8	28.5	5.30	20.4
1966	414.7	333.8	125.2	208.6	55.2	45.5	9.73	25.6
1967	519.0	410.4	167.2	243.2	75.7	61.5	14.3	32.9
1968	727.2	570.3	242.8	327.5	112.2	76.5	35.7	44.6
1969	1,058.4	832.0	328.2	503.8	166.2	122.3	43.9	60.2
1970	1,147.3	862.8	404.0	458.8	204.6	145.4	59.2	79.9
1971	1,391.1	1,041.2	491.9	549.3	246.7	179.6	67.1	103.1
1972	1,739.9	1,346.3	602.1	744.1	269.8	208.6	61.3	123.8
1973	1,748.5	1,304.2	570.0	734.2	313.3	235.5	77.8	130.9
1974	2,517.9	1,918.4	929.3	989.1	431.5	324.9	106.5	168.1
1975	3,918.0	3,060.7	1,374.4	1,686.3	617.6	475.6	142.0	239.7
1976	5,226.2	4,088.2	2,019.2	2,068.9	758.9	588.2	170.7	379.2
1977	6,169.5	4,561.5	2,739.9	1,821.6	1,109.8	861.9	247.9	498.2
1978	7,997.5	5,820.7	3,538.7	2,282.0	1,533.0	1,140.8	392.2	643.8
1979	11,157.3	7,980.8	5,053.2	2,927.5	2,311.9	1,729.9	582.0	864.6
1980	14,737	10,694	6,486	4,208	2,885	1,616	1,269	1,158
1981	18,533	13,366	7,908	5,458	3,629	2,809	820	1,538
1982	20,186	13,958	9,179	4,779	4,308	3,093	1,216	1,919
1983	22,675	15,158	10,181	4,977	5,294	3,570	1,724	2,224
1984	25,678	17,027	11,072	5,955	6,217	4,409	1,808	2,434
1985	27,970	18,466	12,406	6,060	6,785	4,626	2,159	2,719
1986	31,369	20,754	13,796	6,958	7,604	5,142	2,462	3,010
1987	33,598	20,950	15,794	5,156	9,352	6,729	2,623	3,296
1988	40,295	25,072	18,025	7,047	11,554	8,604	2,950	3,669
1989	52,508	32,602	21,653	10,949	15,636	11,692	3,944	4,270
1990	65,935	38,483	27,437	11,046	21,768	15,321	6,447	5,685
1991	81,633	45,997	31,284	14,714	28,562	19,348	9,214	7,073
1992	94,174	50,452	33,362	17,090	34,455	22,041	12,414	9,267
1993	107,329	59,572	37,268	22,304	38,057	24,220	13,836	9,700
1994	128,942	75,284	42,795	32,489	42,483	30,340	12,143	11,175
1995	152,037	89,631	51,498	38,132	49,782	35,792	13,991	12,624
1996	175,310	102,040	58,481	43,559	58,049	42,935	15,115	15,221
1997	194,511	110,529	63,962	46,567	66,626	50,532	16,094	17,355
1998	211,660	127,458	73,226	54,232	67,469	51,521	15,949	16,732
1999	231,868	142,181	80,510	61,671	71,435	54,497	16,938	18,253
2000	246,870	152,252	87,464	64,788	74,986	57,815	17,172	19,632
2001	274,123	161,739	98,669	63,070	89,921	70,100	19,820	22,463
2002	300,934	173,284	108,918	64,366	100,856	80,315	20,541	26,794
2003	329,602	188,004	117,223	70,781	112,580	92,981	19,599	29,018

표 T33-53 계속

	총계							
	합계	중앙정부			지방정부			지방교육비 특별회계
		합계	일반회계	특별회계	합계	일반회계	특별회계	
	T33	T34	T35	T36	T37	T38	T39	T40
	남한, 십억 원							
2004	334,255	183,194	118,236	64,958	119,503	96,764	22,739	31,557
2005	351,271	192,400	134,208	58,192	126,173	101,925	24,248	32,698
2006	371,628	200,879	144,836	56,043	137,790	110,948	26,842	32,960
2007	383,751	196,905	154,331	42,574	150,789	120,286	30,503	36,057
2008	429,529	222,894	175,470	47,424	166,802	136,625	30,177	39,833
2009	495,184	252,182	199,876	52,306	200,265	164,545	35,720	42,736
2010	478,806	248,653	97,137	51,516	86,500	154,177	32,323	43,652
2011	497,684	258,946	207,447	51,499	191,924	159,270	32,653	46,814
2012	531,666	274,761	220,688	54,073	206,471	171,368	35,103	50,434
2013	559,687	286,405	229,544	56,861	219,986	184,041	35,945	53,296
2014	573,762	291,511	236,361	55,151	225,461	189,298	36,163	56,789
2015	621,110	319,391	257,882	61,509	245,121	207,188	37,933	56,598

	순계1								내부거래				
	합계	중앙정부 순계			지방정부 순계			지방교육비 특별회계 순계	합계	중앙정부→ 지방교육비 특별회계 (국고부담)	지방정부→ 지방교육비 특별회계 (전입금)	지방자치단체 의존재원 (순계)	순계2
		합계	일반회계	특별회계	합계	일반회계	특별회계						
	T41	T42	T43	T44	T45	T46	T47	T48	T49	T50	T51	T52	T53
	남한, 십억 원												
1946													
1947													
1948		0.03	0.03	0.001									
1949		0.18	0.08	0.10									
1950		0.46	0.24	0.23									
1951		1.44	0.35	1.09									
1952		5.09	1.30	3.79									
1953		11.9	1.34	10.5									
1954		21.7	3.40	18.3									
1955		45.4	9.21	36.2									
1957		54.3	9.69	44.6									
1958		59.9	27.7	32.2									
1959		58.4	30.9	27.5									
1960		71.5	34.9	36.6									
1961		79.7	45.9	33.8									
1962		119.9	68.2	51.7						9.36			
1963		111.0	49.4	61.6						9.33			
1964		120.8	55.1	65.7				13.5		10.7	0.38		
1965		154.1	68.2	85.9				20.3		13.0	0.44		
1966	297.0	231.0	94.7	136.3	40.4	32.3	8.09	25.6		22.2	0.55		
1967	377.2	291.3	126.9	164.3	53.1	41.2	11.8	32.8	80.2	28.1	0.76	51.4	296.9
1968	536.9	402.9	187.7	215.2	89.5	57.2	32.3	44.5	116.3	39.1	1.02	76.1	420.7
1969	768.2	578.0	251.0	327.0	130.0	91.2	38.8	60.1	157.7	51.4	1.38	104.8	610.5
1970	844.4	597.7	319.5	278.2	167.2	126.3	40.9	79.6	203.0	67.4	2.06	133.6	641.5
1971	1,030.5	732.0	393.6	338.4	196.4	146.8	49.6	102.1	263.9	84.6	3.03	176.2	766.6
1972	1,304.2	963.1	492.2	470.9	219.5	159.9	59.6	121.6	307.2	100.4	3.22	203.6	997.0
1973	1,351.4	958.1	506.4	451.7	264.8	190.1	74.7	128.5	208.8	99.1	3.85	105.9	1,142.6
1974	1,942.7	1,424.0	758.8	665.2	351.6	250.1	101.6	167.0	216.8	100.0	4.30	112.4	1,725.9
1975	2,859.1	2,116.6	1,091.0	1,025.6	505.6	370.4	135.2	236.9	370.1	163.8	6.36	200.0	2,489.0
1976	3,882.6	2,880.1	1,562.1	1,318.0	628.3	460.7	167.6	374.3	540.8	291.1	9.48	240.2	3,341.8
1977	5,111.6	3,717.8	2,739.9	977.8	895.6	663.5	232.2	498.2	665.8	366.7	11.6	287.5	4,445.8
1978	6,684.9	4,755.3	3,376.4	1,378.9	1,287.5	911.4	376.1	642.1	873.6	477.3	14.8	381.5	5,811.3
1979	9,231.3	6,466.5	4,748.7	1,717.9	1,903.6	1,357.0	546.6	861.2	1,270.4	653.5	20.5	596.5	7,960.9
1980	12,181	8,648	6,132	2,516	2,375	1,720	655	1,158	1,620	845	26	749	10,561
1981	15,137	10,685	7,429	3,256	2,950	2,186	763	1,503	2,051	1,114	28	908	13,086
1982	17,009	11,519	8,825	2,694	3,598	2,471	1,127	1,892	2,608	1,474	32	1,101	14,401
1983	19,344	12,603	9,812	2,791	4,538	2,932	1,605	2,204	2,979	1,629	48	1,301	16,365
1984	22,062	14,320	10,487	3,834	5,334	3,630	1,705	2,407	3,258	1,713	45	1,500	18,804

표 T33-53 계속

	순계1								내부거래				
	합계	중앙정부 순계			지방정부 순계			지방교육비 특별회계 순계	합계	중앙정부→ 지방교육비 특별회계 (국고부담)	지방정부→ 지방교육비 특별회계 (전입금)	지방자치단체 의존재원 (순계)	순계2
		합계	일반회계	특별회계	합계	일반회계	특별회계						
	T41	T42	T43	T44	T45	T46	T47	T48	T49	T50	T51	T52	T53
	남한, 십억 원												
1985	23,478	15,000	11,612	3,388	5,805	3,776	2,029	2,673	3,571	1,949	55	1,566	19,907
1986	26,704	17,233	13,123	4,110	6,535	4,247	2,288	2,936	4,185	2,215	64	1,906	22,518
1987	29,822	19,157	15,071	4,086	7,470	5,030	2,440	3,195	5,108	2,445	72	2,591	24,714
1988	32,657	20,209	16,265	3,944	8,839	6,143	2,696	3,609	5,744	2,840	86	2,817	26,913
1989	40,262	24,664	18,999	5,665	11,339	7,897	3,443	4,259	7,374	3,147	312	3,915	32,888
1990	52,159	30,363	22,898	7,465	16,166	10,327	5,839	5,629	9,088	3,797	335	4,955	43,071
1991	65,945	37,022	26,233	10,789	21,850	13,852	7,998	7,073	12,289	5,488	386	6,415	53,656
1992	75,151	39,224	28,742	10,482	26,660	15,927	10,733	9,267	14,114	6,788	420	6,906	61,036
1993	82,363	43,790	31,782	12,008	28,875	16,970	11,905	9,698	16,234	7,811	420	8,003	66,129
1994	95,296	51,586	34,423	17,163	32,536	21,902	10,634	11,173	19,136	8,861	625	9,649	76,160
1995	110,851	61,564	38,819	22,745	36,664	24,816	11,848	12,623	22,607	10,269	684	11,654	88,244
1996	130,549	70,938	44,809	26,129	44,445	31,250	13,195	15,166	27,788	12,699	1,062	14,027	102,761
1997	147,781	79,469	49,498	29,972	50,959	37,407	13,552	17,353	31,881	15,344	1,100	15,437	115,901
1998	158,479	90,157	55,320	34,837	51,605	38,077	13,529	16,717	34,595	15,416	1,193	17,986	123,884
1999	167,360	96,004	54,269	41,735	53,979	39,758	14,221	17,377	33,605	13,036	1,056	19,512	133,756
2000	178,075	102,500	62,334	40,166	56,108	41,957	14,151	19,467	37,678	14,514	1,113	22,051	140,397
2001	200,089	110,501	72,348	38,153	67,505	51,542	15,963	22,083	48,457	15,729	4,572	28,156	151,632
2002	212,775	114,038	76,443	37,595	72,884	54,792	18,092	25,853	54,347	16,621	4,854	32,872	158,428
2003	229,519	119,068	89,154	29,914	82,186	65,027	17,159	28,265	57,650	18,670	5,276	33,704	171,869
2004	246,595	124,611	93,170	31,440	91,159	71,795	19,365	30,825	59,176	21,252	6,103	31,821	187,419
2005	262,331	135,131	106,574	28,557	95,584	74,636	20,948	31,616	64,599	21,568	6,059	36,971	197,732
2006	280,953	145,732	113,722	32,010	103,304	79,739	23,565	31,918	72,194	23,445	5,884	42,864	208,760
2007	302,651	155,208	123,248	31,960	113,001	86,881	26,119	34,442	58,460	25,497	6,326	26,638	244,191
2008	340,511	176,843	139,389	37,455	124,998	98,396	26,602	38,670	92,955	28,964	7,088	56,903	247,556
2009	392,865	201,231	158,762	42,468	149,659	118,464	31,195	41,975	98,861	30,602	7,428	60,831	294,004
2010	375,216	193,958	156,239	37,720	138,571	110,122	28,449	42,687	96,960	29,140	7,587	60,232	278,257
2011	393,207	206,890	168,383	38,507	141,233	112,559	28,674	45,083	105,520	33,379	7,916	64,225	287,688
2012	419,221	219,436	178,302	41,134	150,261	119,537	30,724	49,524	115,408	36,713	8,383	70,311	303,813
2013	444,914	231,964	191,631	40,333	160,611	129,736	30,875	52,339	120,266	39,190	8,663	72,413	324,649
2014	452,974	237,076	197,379	39,697	162,066	130,451	31,615	53,832	123,299	39,749	8,433	75,116	329,675
2015	481,965	251,118	205,968	45,151	175,334	141,879	33,455	55,513	83,816	38,161	9,636	36,019	398,149

자료: 1946-1947년은 『조선경제연보』(1948년판), I-265-266.
1948년 이후는 『한국재정40년사』 4(한국개발연구원, 1991); 『결산개요』; 『한국통합재정수지』; 『지방재정연감』; 『교육통계연보』; 통계청 KOSIS; 한국은행 ECOS.
1962-1963년은 『문교관계통계자료집』 입법참고자료 제213호(대한민국국회도서관, 1979).
지방재정 총계(1951-1962)는 일반회계(『한국지방행정사』, 1987).

주: 1) 순계2(T53)=순계1(T41)-내부거래(T49).
2) 중앙정부 순계는 1948-1987년은 『한국재정40년사』 4(한국개발연구원, 1991)에 따랐다. 그 이후는 통합재정규모의 일반회계(T56)와 특별회계(T57+T61)를 이용하였다. 기금은 제외되었다. 『결산개요』의 중앙정부 일반회계 순계 및 특별회계의 순계와 달리 통합재정규모에는 회계단위 간 내부거래와 보전지출(차입원금상환 등)이 차감되었다.
3) 1964-2015년의 지방교육비특별회계는 세출결산액이다. 지방교육비특별회계 세출 순계는 세출결산에 채무상환, 예비비등 기타경비를 차감하여 구하였다.
4) 1969년의 지방의존 재원은 전후년의 평균으로 추산하였다.
5) 1946-1947년은 예산액이다.
6) '지방정부'는 법적으로는 '지방자치단체'이지만 중앙정부(central government)에 대응하는 재정단위라는 일반적인 의미로 사용한다(local government).
7) 1956년이 없는 것은 회계연도가 없기 때문이다(표 T1-15의 주 4를 참조).

표 T54-62 공공부문 통합재정규모(중앙재정), 1962-2015

	합계	중앙정부					비금융공기업		
		합계	일반회계	기타특별회계	기금	세입세출외	합계	기업회계	기금
	T54	T55	T56	T57	T58	T59	T60	T61	T62
	남한, 십억 원								
1962	119.9	91.8	68.2	23.6			28.1		
1963	111.0	73.8	49.4	24.4			37.2		
1964	120.8	76.3	55.1	21.2			44.5		
1965	154.1	95.1	68.2	26.9			59.0		
1966	231.0	147.2	94.7	52.5			83.8		
1967	291.2	199.4	126.9	72.5			91.8		
1968	402.9	282.9	187.7	95.2			120.0		
1969	578.0	413.9	251.0	162.9			164.1		
1970	683.6	468.7	284.8	158.6	10.8	14.5	214.9	107.3	107.7
1971	861.9	548.5	367.0	168.7	4.90	7.87	313.5	139.1	174.4
1972	999.0	746.1	446.1	230.5	11.7	57.9	252.9	185.1	67.7
1973	1,171.8	721.3	461.7	195.3	2.7	61.7	450.5	209.8	240.7
1974	1,962.9	1,202.9	695.4	341.0	69.8	96.8	759.9	307.6	452.3
1975	2,800.7	1,765.3	996.2	524.4	132.3	112.4	1,035.4	446.0	589.4
1976	3,776.5	2,518.8	1,442.1	690.1	209.3	177.4	1,257.7	611.2	646.5
1977	4,651.9	3,274.4	2,570.1	273.9	260.3	170.2	1,377.4	703.1	674.4
1978	6,559.6	4,408.0	3,300.4	346.1	433.6	328.0	2,151.5	939.5	1,212.0
1979	8,669.3	5,990.0	4,707.1	426.8	600.7	255.3	2,679.4	1,148.2	1,531.1
1980	11,331.5	7,682.0	5,967.8	626.2	713.4	374.6	3,649.4	1,753.3	1,896.1
1981	15,011.5	10,189.8	7,228.5	769.1	1,525.1	667.1	4,821.7	2,221.5	2,600.2
1982	15,546.9	11,639.2	8,552.4	844.3	1,575.3	667.2	3,907.6	1,469.1	2,438.5
1983	16,092.4	12,200.1	9,526.3	803.4	1,309.1	561.3	3,892.3	1,530.4	2,362.0
1984	17,704.8	13,444.6	10,335.4	881.1	1,593.2	634.9	4,260.2	1,619.9	2,640.3
1985	18,926.1	14,867.0	11,488.9	1,104.3	1,400.7	873.2	4,059.1	1,716.5	2,342.6
1986	20,110.6	15,926.8	12,856.5	1,347.2	1,239.1	483.9	4,183.9	1,817.5	2,366.3
1987	21,754.1	18,180.1	14,713.7	1,280.0	1,452.4	733.9	3,574.0	1,244.9	2,329.2
1988	25,361.4	20,881.4	16,265.0	2,447.8	1,797.3	371.4	4,480.0	1,496.4	2,983.6
1989	30,584.4	25,677.2	18,998.7	4,049.1	2,262.2	367.2	4,907.2	1,616.1	3,291.1
1990	39,374.6	33,296.1	22,898.4	5,563.0	4,103.9	730.8	6,078.5	1,901.8	4,176.7
1991	47,446.8	40,311.5	26,233.0	8,352.0	5,228.8	497.8	7,135.3	2,436.6	4,698.7
1992	45,469.6	43,955.5	28,742.2	9,461.5	5,240.9	511.0	1,514.0	1,020.8	493.2
1993	50,734.9	48,755.5	31,782.4	10,977.3	5,807.5	188.3	1,979.4	1,030.5	948.8
1994	60,356.7	59,045.2	34,422.7	15,851.8	8,195.6	575.0	1,311.5	1,311.5	
1995	71,578.7	69,804.2	38,818.8	20,970.4	8,969.3	1,045.6	1,774.5	1,774.5	
1996	84,429.3	82,424.1	44,808.9	24,123.6	13,048.9	442.7	2,005.1	2,005.1	
1997	100,327.1	97,726.9	49,497.9	27,371.3	13,309.0	7,548.6	2,600.2	2,600.2	
1998	115,430.2	112,435.0	55,320.0	31,841.7	19,116.3	6,157.1	2,995.2	2,995.2	
1999	120,987.7	118,176.9	54,269.2	38,924.0	23,432.1	1,551.6	2,810.8	2,810.8	
2000	129,284.1	126,785.9	62,333.7	37,668.1	26,486.8	297.2	2,498.3	2,498.3	
2001	136,765.4	132,245.2	72,347.8	33,633.3	25,995.6	268.5	4,520.2	4,520.2	
2002	136,921.9	131,056.6	76,443.2	31,729.2	22,670.9	213.2	5,865.4	5,865.4	
2003	164,303.1	157,028.0	89,154.2	22,638.7	45,133.0	102.0	7,275.1	7,275.1	
2004	173,537.9	168,731.2	93,170.4	26,633.8	48,926.8	0.17	4,806.6	4,806.6	
2005	187,945.9	184,955.1	106,574.0	25,566.5	52,814.6		2,990.8	2,990.8	
2006	205,927.6	202,880.3	113,722.0	28,962.7	60,195.7		3,047.2	3,047.2	
2007	209,810.3	207,134.0	123,247.6	29,283.9	54,602.4		2,676.3	2,676.3	
2008	238,833.6	236,127.4	139,388.6	34,748.6	56,576.8	5,413.4	2,706.1	2,706.1	
2009	272,872.6	269,325.3	158,762.3	38,921.0	71,257.2	384.7	3,547.3	3,547.3	
2010	254,231.0	251,156.2	156,238.7	34,645.0	59,429.1	843.4	3,074.8	3,074.8	
2011	273,694.1	270,655.1	168,383.5	35,468.0	65,176.4	1,627.2	3,039.0	3,039.0	
2012	292,977.2	289,083.7	178,301.7	37,240.8	71,294.1	2,247.0	3,893.5	3,893.5	
2013	300,237.6	296,556.6	191,630.8	36,652.5	67,938.6	334.7	3,681.0	3,681.0	
2014	312,394.1	308,980.3	197,379.3	36,282.7	75,137.5	180.7	3,413.9	3,413.9	
2015	339,351.0	336,244.0	205,967.7	42,043.8	88,042.5	190.1	3,107.0	3,107.0	

자료: 1962-1969년은 『주요경제지표』(경제기획원, 1980); 1970년 이후는 『결산개요』, 각년도, '연차별통합재정규모'.

주: 1) 원자료에는 1970-1978년도는 공공부문에 지방재정이 포함되어 있으나 일관성을 위해서 제외하였다.

2) 『주요경제지표』의 계열(1962-1969년)과 『결산개요』의 계열(1970년 이후)에 차이가 있다. 1970년 이후에는 중앙정부에 세입세출외, 비금융공기업에 기금이 추가되었다.

2. 지출

표 T63-80 총독부 세출의 경제적 분류, 1911-1943

	총독부						정부서비스 생산자					
	합계	피용자보수	중간소비	고정자본형성	이전	기타	합계	피용자보수	중간소비	고정자본형성	이전	기타
	T63	T64	T65	T66	T67	T68	T69	T70	T71	T72	T73	T74
	남북한, 백만 圓											
1911	46.2	14.8	10.8	10.9	3.00	6.68	29.0	10.6	6.15	4.58	3.00	4.71
1912	51.8	16.6	12.1	12.3	3.36	7.49	32.5	11.9	6.89	5.13	3.36	5.28
1913	53.5	16.7	12.2	13.7	3.21	7.65	33.2	12.0	7.09	5.75	3.21	5.10
1914	55.1	17.9	12.9	12.9	3.78	7.65	35.2	12.8	7.30	5.83	3.78	5.51
1915	56.9	18.4	13.6	12.5	3.77	8.63	35.6	13.2	7.64	4.78	3.77	6.28
1916	57.6	19.0	15.1	12.1	3.53	7.89	35.3	13.5	8.55	4.59	3.53	5.13
1917	51.2	17.1	12.7	11.3	3.49	6.55	35.0	13.1	8.14	5.15	3.49	5.16
1918	64.1	19.3	13.0	16.5	4.53	10.7	44.0	16.0	8.41	5.41	4.52	9.64
1919	93.0	31.9	20.4	24.7	6.28	9.65	66.0	28.1	15.0	8.83	6.26	7.85
1920	122.2	45.2	26.6	30.9	11.4	8.01	93.1	39.2	20.5	15.3	11.4	6.79
1921	148.4	52.5	40.2	33.5	10.5	11.7	93.6	38.8	20.6	14.3	10.1	9.82
1922	155.1	51.4	38.0	36.3	16.9	12.6	104.5	40.9	22.9	13.0	16.8	10.9
1923	144.8	51.1	35.0	28.2	15.1	15.4	101.1	40.7	20.4	11.4	15.0	13.5
1924	134.8	51.5	34.8	18.9	14.6	15.0	95.0	40.6	18.6	7.73	14.5	13.5
1925	171.8	54.7	45.3	20.0	20.7	31.1	96.2	36.0	17.8	8.33	19.4	14.7
1926	189.5	56.8	52.8	26.1	21.0	32.7	103.1	37.1	20.5	9.81	20.4	15.2
1927	210.9	59.3	58.3	31.4	22.9	38.9	110.8	38.4	21.9	11.5	22.3	16.8
1928	217.7	61.8	62.7	31.6	23.6	38.0	115.0	39.7	23.6	11.5	22.5	17.6
1929	224.7	64.6	62.6	29.1	28.3	40.2	121.9	41.2	24.5	10.4	27.1	18.6
1930	208.7	63.3	56.0	23.2	25.2	40.9	117.5	40.3	22.0	9.15	22.6	23.4
1931	207.8	62.6	52.1	22.0	29.6	41.6	114.6	38.3	19.1	7.18	25.4	24.6
1932	214.5	61.5	53.3	27.3	26.8	45.6	113.0	38.1	19.6	7.05	25.5	22.7
1933	229.2	63.4	58.0	29.1	29.4	49.2	122.9	39.1	21.6	8.42	29.1	24.6
1934	268.3	66.4	68.9	32.2	42.2	58.7	141.3	40.3	24.2	9.49	41.9	25.4
1935	284.0	69.5	76.6	38.6	37.7	61.5	143.6	41.5	27.6	9.76	37.3	27.3
1936	324.5	74.0	84.4	50.4	43.9	71.8	160.4	43.2	29.5	13.3	43.3	31.2
1937	407.0	83.5	103.7	81.9	54.9	83.0	186.0	47.4	32.8	21.5	54.2	30.2
1938	500.5	93.2	119.8	111.9	78.1	97.6	224.7	51.1	37.7	27.3	77.3	31.3
1939	680.1	106.4	149.8	152.7	136.4	134.8	305.7	55.1	44.6	36.7	135.4	33.9
1940	813.5	134.9	187.5	170.4	171.3	149.4	370.6	66.3	54.6	42.1	169.2	38.3
1941	931.8	168.8	211.9	172.9	282.6	95.5	507.1	83.5	62.6	36.8	280.6	43.6
1942	1,155.8	198.1	255.1	160.0	411.8	130.7	668.3	98.5	67.3	31.9	409.1	61.6
1943	1,532.0	238.5	334.4	197.2	497.5	264.4	943.0	117.1	97.5	36.6	494.2	197.6

자료: 『조선총독부특별회계세입세출결정계산서』, 각년도; 『조선총독부통계연보』, 각년도; 김낙년 편, 『한국의 장기통계』(서울대학교출판문화원, 2012), p. 592, 표 II-46.

주: 1) 총독부는 조선총독부특별회계를 의미한다.

2) 조선총독부특별회계를 지출의 성격을 기준으로 정부고유의 업무와 관련된 정부서비스 생산자와 철도, 체신, 전매 등의 상품판매와 관련된 공기업으로 구분하였다.

표 T63-80 계속

	공기업					
	합계	피용자보수	중간소비	고정자본형성	이전	기타
	T75	T76	T77	T78	T79	T80
	남북한, 백만 圓					
1911	17.1	4.18	4.65	6.35		1.97
1912	19.2	4.69	5.21	7.12		2.21
1913	20.3	4.65	5.13	7.94		2.55
1914	19.9	5.12	5.57	7.09		2.14
1915	21.2	5.24	5.96	7.70		2.35
1916	22.2	5.45	6.54	7.49		2.76
1917	16.2	4.08	4.52	6.17		1.39
1918	20.1	3.32	4.56	11.1	0.01	1.03
1919	27.1	3.87	5.46	15.9	0.02	1.80
1920	29.2	6.06	6.17	15.7	0.03	1.22
1921	54.8	13.7	19.7	19.2	0.42	1.87
1922	50.7	10.5	15.1	23.3	0.06	1.70
1923	43.7	10.4	14.6	16.8	0.06	1.92
1924	39.8	10.8	16.2	11.1	0.08	1.53
1925	75.6	18.7	27.5	11.6	1.38	16.3
1926	86.4	19.7	32.3	16.3	0.60	17.5
1927	100.0	20.9	36.4	19.9	0.68	22.2
1928	102.7	22.1	39.0	20.1	1.06	20.4
1929	102.9	23.4	38.1	18.7	1.19	21.6
1930	91.2	23.0	34.0	14.1	2.64	17.5
1931	93.2	24.3	33.0	14.8	4.13	17.0
1932	101.5	23.4	33.6	20.3	1.36	22.9
1933	106.4	24.3	36.4	20.7	0.30	24.6
1934	127.1	26.1	44.7	22.7	0.33	33.3
1935	140.4	28.0	49.0	28.8	0.36	34.2
1936	164.0	30.7	54.9	37.1	0.66	40.6
1937	221.0	36.1	70.9	60.4	0.75	52.9
1938	275.9	42.2	82.1	84.6	0.80	66.2
1939	374.4	51.3	105.2	116.0	1.05	100.9
1940	442.9	68.6	132.9	128.3	2.05	111.1
1941	424.7	85.3	149.3	136.2	2.00	51.9
1942	487.5	99.6	187.9	128.2	2.70	69.1
1943	589.0	121.4	236.9	160.6	3.34	66.8

표 T81-86 중앙정부 특별회계 세출, 1907-1943

	합계	조선철도용품자금	조선간이생명보험	조선삼림	조선의원 및 제생원	식량관리
	T81	T82	T83	T84	T85	T86
	남북한, 백만 圓					
1907	4.09	3.60		0.49		
1908	4.23	3.49		0.74		
1909	3.23	2.10		1.13		
1910	4.52	3.34		1.18		
1911	4.87	3.78		1.09		
1912	6.40	4.41		1.27	0.72	
1913	6.29	4.23		0.98	1.07	
1914	6.42	4.45		1.05	0.91	
1915	6.20	4.33		0.88	0.98	
1916	5.95	4.88			1.06	
1917	2.67	1.60			1.07	
1918	1.26				1.26	
1919	1.62				1.62	
1920	2.14				2.14	
1921	2.34				2.34	
1922	2.63				2.63	
1923	2.64				2.64	
1924	2.66				2.66	
1925	10.8	10.8				
1926	12.8	12.8				
1927	17.5	17.5				
1928	15.3	15.3				
1929	15.9	15.6	0.25			
1930	13.4	12.6	0.79			
1931	14.3	13.1	1.26			
1932	16.4	14.5	1.99			
1933	18.2	15.6	2.55			
1934	19.2	16.1	3.08			
1935	24.7	20.8	3.94			
1936	27.6	22.8	4.79			
1937	38.8	32.9	5.89			
1938	50.3	42.8	7.56			
1939	87.7	75.7	12.0			
1940	96.1	81.2	14.9			
1941	116.9	96.9	20.0			
1942	115.4	89.2	26.2			
1943	402.9	82.8	32.9			287.1

자료: 『조선총독부통계연보』; 『조선총독부특별회계세입세출결정계산서』.

주: 1) 조선총독부특별회계를 해방 이후의 중앙정부 일반회계로 간주하고 기타특별회계를 중앙정부 특별회계로 간주하였다.

2) 조선철도용품특별회계에서 1918-1924년의 결락은 조선철도가 만주철도주식회사에 위탁되었기 때문이다.

표 T87-96 중앙정부 특별회계 세출, 1948-2015

	합계	기업특별회계								기타특별회계
		합계	양곡관리	전매사업	교통사업(철도사업)	통신사업(우편사업)	조달	간이생명보험	책임운영기관	
	T87	T88	T89	T90	T91	T92	T93	T94	T95	T96
	남한, 십억 원									
1948	0.002									0.002
1949	0.12	0.07		0.03	0.03	0.003		0.0002		0.06
1950	0.26	0.19	0.11	0.03	0.05	0.01		0.0002		0.07
1951	1.29	0.60	0.31	0.18	0.09	0.01		0.001		0.69
1952	4.78	1.85	0.95	0.62	0.24	0.04		0.001		2.93
1953	13.8	3.80	2.22	0.96	0.52	0.10		0.004		10.0
1954	29.6	6.88	3.40	1.81	1.39	0.27		0.01		22.7
1955	72.8	17.0	7.51	4.92	3.61	0.95		0.03		55.8
1957	77.7	18.9	9.05	4.95	3.77	1.14		0.03		58.8
1958	68.6	20.3	7.70	5.55	5.54	1.43		0.04		48.4
1959	59.8	20.4	5.92	6.28	6.24	1.89		0.07		39.4
1960	54.0	20.6	4.99	6.63	6.59	2.29		0.08		33.4
1961	56.5	24.2	7.20	7.70	6.00	2.60	0.60	0.10		32.3
1962	80.1	28.6	11.0	5.40	7.20	3.10	1.80	0.20		51.6
1963	106.5	54.5	13.8	17.4	15.0	5.80	2.30	0.30		52.0
1964	112.4	64.5	17.9	20.1	13.3	9.70	3.10	0.40		47.9
1965	130.1	73.5	16.0	24.5	17.3	10.8	4.30	0.60		56.6
1966	208.6	116.4	28.3	33.5	27.2	21.4	4.90	1.10		92.2
1967	243.2	131.9	27.3	43.6	33.1	25.7	0.30	1.80		111.4
1968	327.5	176.9	34.5	62.4	43.7	33.6	0.20	2.40		150.6
1969	503.8	252.4	76.0	83.7	45.8	42.3	0.50	4.10		251.4
1970	458.8	202.3	1.30	101.6	43.3	50.4	0.70	5.00		256.5
1971	549.3	253.4	1.40	131.7	53.1	59.4	0.90	6.90		296.0
1972	744.1	317.8	2.00	161.5	66.7	77.4	0.90	9.30		426.3
1973	734.2	376.4	2.60	207.7	64.3	89.1	1.10	11.5		357.9
1974	989.1	541.0	2.40	276.3	104.2	141.1	1.80	15.2		448.1
1975	1,686.3	858.3	3.00	448.0	156.6	229.7	2.90	18.1		828.0
1976	2,068.9	1,079.1	3.90	562.1	202.0	301.0	3.10	7.10		989.8
1977	1,821.6	1,316.4	4.70	686.9	243.3	377.1	4.40			505.2
1978	2,282.0	1,710.3	6.50	908.0	283.5	506.2	6.10			571.7
1979	2,927.5	2,125.9	7.40	1,112.0	389.9	604.2	12.5			801.7
1980	4,208.0	3,133.3	8.60	1,503.8	488.1	1,112.3	20.4			1,074.7
1981	5,458.4	4,037.8	10.9	1,918.8	540.4	1,546.7	21.0			1,420.7
1982	4,779.3	3,118.5	11.8	2,175.2	665.5	244.6	21.5			1,660.7
1983	4,977.1	3,301.6	11.8	2,316.3	689.8	257.1	26.6			1,675.5
1984	5,954.8	3,460.2	11.5	2,332.6	781.3	311.8	23.1			2,494.6
1985	6,060.0	3,574.8	12.0	2,356.7	850.7	338.7	16.7			2,485.1
1986	6,957.7	4,121.8	12.6	2,720.8	910.9	459.0	18.4			2,836.0
1987	5,155.9	2,110.6	16.8	573.9	981.7	518.4	19.8			3,045.3
1988	7,046.9	1,710.0	16.0		1,042.5	627.3	24.3			5,336.9
1989	10,949.3	1,870.8	17.2		1,144.3	684.1	25.2			9,078.5
1990	11,046.1	2,107.2	19.2		1,263.7	795.4	28.9			8,938.9
1991	14,713.7	2,665.9	22.4		1,649.6	954.2	39.7			12,047.8
1992	17,089.8	3,155.0	25.3		1,951.1	1,120.9	57.7			13,934.8
1993	22,303.8	3,475.7	26.2		2,074.5	1,289.6	85.4			18,828.1
1994	32,489.1	6,426.3	2,716.1		2,020.2	1,579.5	110.5			26,062.8
1995	38,132.4	5,984.3	1,727.5		2,318.8	1,852.5	85.4			32,148.2
1996	43,559.0	6,504.5	1,473.4		2,747.4	2,171.1	112.6			37,054.5
1997	46,567.3	7,752.0	1,483.9		3,435.9	2,709.8	122.3			38,815.4
1998	54,232.4	7,834.2	1,283.7		3,357.6	3,073.1	119.9			46,398.2
1999	61,670.6	8,204.3	1,248.3		3,345.6	3,473.2	137.2			53,466.3
2000	64,787.5	8,868.6	1,139.7		3,874.0	3,413.9	198.1		243.0	55,918.9
2001	63,070.2	10,284.5	1,124.1		4,594.1	3,948.7	127.1		490.4	52,785.7
2002	64,365.8	11,455.6	1,272.6		5,253.2	4,231.6	137.2		561.0	52,910.2
2003	70,780.8	12,764.2	1,578.7		6,196.6	4,231.7	115.3		642.0	58,016.6
2004	64,958.2	11,203.5	1,470.3		4,697.7	4,224.4	142.0		669.1	53,754.7
2005	58,192.1	6,758.0	1,147.6			4,839.0	130.3		641.1	51,434.2
2006	56,042.6	6,957.4	1,282.2			4,890.4	212.7		572.0	49,085.2

표 T87-96 계속

	합계	기업특별회계								기타특별회계
		합계	양곡관리	전매사업	교통사업(철도사업)	통신사업(우편사업)	조달	간이생명보험	책임운영기관	
	T87	T88	T89	T90	T91	T92	T93	T94	T95	T96
	남한, 십억 원									
2007	42,573.8	7,165.5	1,248.5			2,941.0	200.0		2,775.9	35,408.3
2008	47,424.0	7,431.0	1,243.8			3,063.4	215.0		2,908.9	39,993.0
2009	52,306.5	8,050.9	1,344.8			3,170.0	292.7		3,243.4	44,255.6
2010	51,516.3	7,888.2	1,197.6			3,276.9	335.6		3,078.1	43,628.1
2011	51,498.8	8,104.7	1,379.3			3,502.1	350.7		2,872.6	43,394.1
2012	54,073.3	8,795.0	1,421.5			3,527.1	251.6		3,594.8	45,278.3
2013	56,860.7	8,907.7	1,416.8			3,567.1	292.9		3,631.0	47,953.0
2014	55,150.7	8,587.5	1,483.5			3,702.1	259.3		3,142.6	46,563.1
2015	61,509.1	8,655.9	1,443.7			3,787.6	337.3		3,087.3	52,853.2

자료: 1948-1987년은 『한국재정40년사』 4(한국개발연구원, 1991); 『결산개요』, 각년도.
주: 우체국연금보험은 기타특별회계에 속한다. 통신사업은 우정부문과 정보통신부문의 합계이다.

표 T97-106 정부서비스 생산자의 산출, 소비, 부가가치, 고정자본형성, 1911-1943

	산출		최종소비지출		부가가치				고정자본형성	
					군사비 이입 포함		군사비 이입 제외		정부서비스 생산자	정부부문
	당해년 가격	1935년 가격	당해년 가격	1935년 가격	당해년 가격	1935년 가격	당해년 가격	1935년 가격	당해년 가격	당해년 가격
	T97	T98	T99	T100	T101	T102	T103	T104	T105	T106
	남북한, 백만 圓									
1911	30.1	57.4	29.4	56.1	18.9	38.5	13.7	28.0	4.97	13.5
1912	32.2	58.6	31.5	57.4	20.6	42.1	15.8	32.3	5.64	15.3
1913	32.8	58.9	32.0	57.5	21.4	43.3	17.0	34.4	6.42	16.8
1914	33.3	63.5	32.6	62.2	21.9	45.6	18.2	37.8	7.01	16.6
1915	34.3	66.9	33.3	65.0	22.5	45.5	18.8	37.9	6.02	16.0
1916	37.4	70.5	35.1	66.3	23.8	49.4	19.2	39.8	5.65	15.6
1917	39.2	67.2	35.8	61.4	24.6	51.2	19.0	39.5	6.44	13.4
1918	45.2	61.3	40.5	55.0	29.3	51.7	23.4	41.2	7.56	18.7
1919	72.0	74.8	65.6	68.1	47.1	64.9	38.6	53.3	11.8	27.8
1920	103.5	81.7	97.2	76.7	69.1	62.3	59.6	53.7	22.3	38.0
1921	113.1	99.8	106.4	93.9	75.2	70.5	62.1	58.2	22.4	41.6
1922	118.2	104.0	110.2	97.0	78.2	73.7	67.8	63.9	25.6	48.9
1923	116.7	104.7	105.9	94.9	78.9	75.3	69.7	66.4	23.2	40.0
1924	113.2	100.7	101.3	90.1	78.5	76.0	70.3	68.1	19.0	30.1
1925	110.0	95.4	93.9	81.4	74.8	70.8	66.4	62.9	19.3	36.1
1926	116.6	104.8	99.3	89.2	77.8	74.9	69.5	66.8	21.5	44.1
1927	122.2	110.3	102.0	92.1	80.9	75.8	72.7	68.1	23.9	52.4
1928	127.0	114.5	105.9	95.5	83.8	77.3	75.3	69.5	24.1	51.5
1929	134.0	123.3	113.7	104.6	87.7	80.4	77.8	71.3	23.8	50.1
1930	130.5	133.9	111.2	114.1	87.0	83.8	77.1	74.2	20.7	40.8
1931	121.1	133.3	100.0	110.1	81.3	83.6	73.3	75.4	32.3	53.4
1932	125.0	135.2	103.1	111.4	82.3	83.6	74.8	75.9	36.1	63.5
1933	135.6	143.9	112.4	119.3	85.6	87.4	76.8	78.4	45.1	73.5
1934	137.5	142.2	111.0	114.8	94.0	95.4	84.4	85.6	38.5	69.0
1935	150.9	150.9	121.2	121.2	102.8	102.8	91.3	91.3	31.8	70.9
1936	162.7	158.7	130.0	126.8	109.5	108.7	95.7	94.9	42.1	90.5
1937	213.8	193.0	174.8	157.8	136.7	129.7	104.5	99.1	72.9	149.6
1938	236.3	202.8	193.2	165.7	152.3	139.0	117.2	107.0	77.0	182.7
1939	258.8	192.9	201.4	150.2	164.5	134.8	127.8	104.6	87.2	240.7
1940	313.2	220.2	254.5	179.0	196.5	151.9	148.1	114.5	117.8	286.0
1941	491.2		426.3		303.0	208.9	184.1	127.0	118.0	302.1
1942	566.6		487.6		358.8	238.7	231.0	153.7	142.1	314.3
1943	631.1		539.1		395.6		272.6			

자료: 김낙년 편, 『한국의 장기통계』(서울대학교출판문화원, 2012), pp. 583-584, 587. 표 II-41, 표 II-43.
주: 1) 정부서비스 생산자는 정부 지출 중에서 공기업 및 부속기업을 제외한 본래의 정부지출로서 해방 이후의 일반정부와 유사한 개념이다.
2) 군사비 이입은 일본정부 세출의 조선에서의 지출이다.

표 T107-119 일반정부 지출의 경제적 분류, 1970-2015

	합계	피용자보수	생산 및 수입세	중간소비	보조금	재산소득	사회보장 현물수혜	사회수혜금	기타 경상이전	자본이전	총고정자본 형성	재고증감 및 귀중품 순취득	비생산 비금융자산의 순취득
	T107	T108	T109	T110	T111	T112	T113	T114	T115	T116	T117	T118	T119
	남한, 십억 원												
1970	557.8	200.6	0.3	125.1	6.4	4.2	0.9	15.0	11.0	15.7	171.0	4.6	3.0
1971	714.0	243.6	0.4	170.0	9.6	7.2	1.3	21.6	15.2	19.7	194.1	29.1	2.3
1972	847.6	297.6	0.4	218.8	14.0	11.1	1.6	38.8	18.6	27.8	205.9	10.3	2.8
1973	1,025.4	322.5	0.4	248.4	19.5	21.0	2.1	42.2	42.7	27.8	226.7	71.5	0.6
1974	1,512.9	431.5	0.6	422.6	44.9	24.2	3.3	60.1	138.8	52.7	331.7	4.4	-1.9
1975	2,413.1	629.8	0.6	692.8	84.9	37.5	5.3	81.4	98.2	48.4	546.5	210.2	-22.4
1976	3,099.6	984.2	0.6	792.7	32.0	55.6	6.2	103.9	177.4	64.2	731.6	170.9	-19.8
1977	4,084.4	1,276.3	0.6	949.2	32.5	79.2	15.4	156.1	246.0	85.9	1,006.4	253.6	-16.8
1978	5,136.7	1,613.9	0.8	1,131.9	42.1	119.0	29.3	198.1	322.0	123.5	1,556.4	55.7	-56.1
1979	6,846.1	2,074.2	1.2	1,401.2	104.3	142.3	63.2	311.8	368.7	310.7	2,023.8	73.0	-28.4
1980	9,081.5	2,777.8	1.4	2,127.0	150.4	217.3	178.6	504.8	314.6	315.4	2,812.8	-318.4	-0.4
1981	12,638.6	3,457.0	1.5	2,752.7	152.2	307.1	240.3	661.9	380.5	311.6	3,487.6	853.2	33.1
1982	13,559.8	4,176.3	1.6	2,842.2	131.3	502.4	362.4	920.3	426.5	528.1	3,368.7	315.6	-15.5
1983	15,453.3	4,696.4	2.0	3,267.9	98.4	590.7	482.1	980.7	570.5	584.5	3,927.5	239.1	13.4
1984	16,477.2	5,086.1	2.0	3,506.1	118.0	712.9	603.6	1,039.3	682.6	590.5	4,243.3	-120.8	13.7
1985	18,782.6	5,749.5	1.9	4,087.9	85.9	724.8	715.8	1,186.2	640.4	631.6	4,998.0	-5.4	-34.0
1986	20,831.6	6,428.9	1.9	4,640.4	109.8	930.3	713.2	1,346.4	725.8	792.0	5,358.3	-123.4	-92.0
1987	23,344.2	7,387.9	2.2	5,151.4	111.2	975.3	815.6	1,614.8	712.2	931.5	5,891.6	85.4	-334.8
1988	28,259.5	8,640.0	2.3	6,064.6	57.4	1,007.0	1,151.4	2,057.7	811.9	970.8	7,111.7	521.4	-136.7
1989	34,007.9	10,665.4	4.0	6,921.4	140.9	1,054.3	1,564.7	2,358.0	1,181.0	1,100.9	8,099.0	867.0	51.3
1990	42,316.1	12,902.0	4.2	7,778.6	188.2	1,421.3	2,351.2	2,874.0	1,798.8	1,450.1	10,501.1	695.7	351.0
1991	53,210.2	15,722.1	6.2	9,010.9	230.2	2,094.3	2,489.1	4,176.9	2,643.1	1,462.0	14,427.9	198.7	748.8
1992	63,234.8	18,497.1	8.6	10,488.5	233.0	2,597.9	2,958.9	5,090.1	3,594.1	1,702.5	16,818.3	4.4	1,241.7
1993	70,770.4	20,874.6	9.3	10,647.8	391.7	3,052.8	3,374.5	5,949.7	4,561.3	2,786.3	18,412.1	-344.0	1,054.2
1994	79,022.6	23,921.8	11.0	11,777.4	437.4	3,147.4	3,849.8	6,947.8	5,468.8	3,249.2	20,980.4	-1,443.9	675.5
1995	94,235.3	27,279.6	17.7	13,463.5	455.9	3,537.2	4,845.9	7,517.7	7,927.9	4,479.6	24,059.6	-240.6	891.3
1996	108,234.3	31,140.9	19.6	16,224.9	823.5	3,125.9	6,124.2	8,541.5	6,975.9	5,930.2	27,019.6	-419.1	2,727.1
1997	123,372.7	33,933.0	18.8	17,294.2	822.1	3,269.9	7,038.6	9,763.3	8,715.0	7,368.4	30,790.0	602.7	3,756.7
1998	138,282.5	35,019.2	11.7	19,384.4	667.4	5,622.2	8,319.1	13,661.3	10,408.7	8,688.2	30,938.1	352.3	5,209.8
1999	148,116.2	36,523.8	9.1	21,097.1	628.4	7,614.0	9,871.8	19,051.9	10,666.8	7,558.4	30,882.3	-237.2	4,449.8
2000	156,968.6	38,882.3	11.3	23,005.1	772.2	10,180.3	11,518.6	13,171.3	12,852.2	7,674.5	34,415.1	469.5	4,016.1
2001	181,738.5	42,984.9	12.1	26,082.1	985.3	10,994.6	15,916.4	13,842.7	19,924.0	9,804.0	37,778.0	586.9	2,827.4
2002	198,646.9	47,245.9	13.4	28,903.7	1,373.5	10,751.7	16,762.9	15,253.5	24,026.6	11,818.9	39,086.6	-209.8	3,620.2
2003	264,116.5	51,900.9	13.8	31,353.9	1,823.9	16,598.7	18,114.1	19,146.1	22,930.3	51,144.6	46,175.0	-660.2	5,575.5
2004	259,550.5	56,956.7	14.9	34,276.4	2,493.7	18,852.0	20,202.9	22,241.6	25,339.6	20,566.7	49,602.9	142.4	8,860.8
2005	271,192.0	62,462.5	13.0	36,124.4	2,538.6	17,102.7	22,950.7	26,393.7	26,085.6	20,783.3	49,519.3	-73.4	7,291.6
2006	290,891.9	66,232.4	15.8	39,432.5	2,948.9	17,910.1	27,026.6	30,189.6	28,051.2	21,916.8	49,267.1	201.7	7,699.1
2007	309,583.5	70,949.4	16.1	43,650.8	3,660.7	20,583.2	30,178.9	35,766.4	31,163.1	12,026.5	51,941.1	-405.2	10,052.4
2008	353,493.9	76,250.6	17.1	49,137.7	3,570.9	32,166.5	33,112.8	41,525.6	38,774.9	11,191.5	57,958.9	-219.9	10,007.3
2009	401,766.7	80,323.1	18.3	51,882.6	3,311.9	30,319.5	38,113.4	46,182.2	43,556.6	18,205.5	74,181.8	439.3	15,232.4
2010	392,264.1	81,105.8	23.8	54,156.9	3,632.0	25,033.5	43,225.3	51,468.9	41,637.5	15,517.8	65,341.6	-114.3	11,235.3
2011	431,075.5	84,563.7	23.8	57,508.8	3,714.7	27,875.3	45,739.1	56,986.9	46,960.8	33,256.5	65,069.7	-293.2	9,669.4
2012	450,811.9	88,769.2	22.9	60,101.9	4,164.3	29,825.8	47,700.3	62,663.8	52,892.4	28,833.9	64,800.3	-39.7	11,077.0
2013	453,991.4	94,205.1	103.3	61,961.1	4,203.4	25,622.5	50,504.6	67,384.6	56,344.3	16,320.6	66,082.5	-23.6	11,283.1
2014	475,250.1	99,643.5	81.4	62,424.9	4,630.6	26,584.8	54,675.6	75,431.3	59,372.2	18,830.2	63,260.2	902.1	9,413.3
2015	505,139.4	104,576.4	152.5	65,001.0	4,928.7	25,225.0	58,734.3	84,895.9	64,076.6	20,354.2	66,426.1	598.8	10,169.9

자료: 한국은행, 「국민계정」(http:/ecos.bok.or.kr).

표 T120-128 경제주체별 총자본형성, 1970-2015

	총고정자본형성			재고증감 및 귀중품 순취득			총자본형성		
	합계	민간	정부	합계	민간	정부	합계	민간	정부
	T120	T121	T122	T123	T124	T125	T126	T127	T128
	남한, 십억 원								
1970	722.8	551.3	171.5	13.3	8.7	4.6	736.1	560.0	176.1
1971	802.6	607.9	194.7	74.9	45.8	29.1	877.5	653.7	223.8
1972	914.8	708.1	206.7	-3.0	-13.2	10.3	911.8	694.9	216.9
1973	1,343.2	1,115.6	227.6	83.3	11.8	71.5	1,426.5	1,127.4	299.1
1974	2,147.8	1,814.6	333.1	415.8	411.4	4.4	2,563.6	2,226.1	337.5
1975	2,865.8	2,317.3	548.5	176.4	-33.8	210.2	3,042.2	2,283.5	758.7
1976	3,810.8	3,076.8	734.0	160.9	-10.0	170.9	3,971.7	3,066.8	905.0
1977	5,442.2	4,432.8	1,009.4	230.8	-22.8	253.6	5,672.9	4,410.0	1,263.0
1978	8,422.0	6,861.4	1,560.6	219.1	163.4	55.7	8,641.1	7,024.8	1,616.3
1979	11,153.8	9,124.0	2,029.8	1,132.0	1,059.0	73.0	12,285.9	10,183.0	2,102.8
1980	13,030.6	10,208.5	2,822.2	569.5	887.9	-318.4	13,600.1	11,096.3	2,503.8
1981	14,389.0	10,889.3	3,499.8	1,614.4	761.2	853.2	16,003.5	11,650.5	4,353.0
1982	16,975.8	13,592.6	3,383.1	1,337.6	1,022.1	315.6	18,313.4	14,614.7	3,698.7
1983	20,553.0	16,608.8	3,944.2	1,578.2	1,339.1	239.1	22,131.2	17,947.9	4,183.3
1984	23,271.6	19,009.3	4,262.3	1,835.4	1,956.2	-120.8	25,107.1	20,965.6	4,141.5
1985	25,890.6	20,870.4	5,020.2	2,519.9	2,525.2	-5.4	28,410.4	23,395.6	5,014.8
1986	30,112.9	24,729.5	5,383.4	2,906.0	3,029.3	-123.4	33,018.8	27,758.8	5,260.0
1987	36,583.7	30,663.2	5,920.6	3,191.7	3,106.4	85.4	39,775.5	33,769.6	6,005.9
1988	44,495.0	37,348.4	7,146.6	5,504.5	4,983.0	521.4	49,999.5	42,331.5	7,668.0
1989	53,961.5	45,821.5	8,140.0	6,697.5	5,830.5	867.0	60,659.0	51,652.0	9,007.0
1990	74,593.7	64,041.7	10,552.0	3,732.1	3,036.4	695.7	78,325.7	67,078.1	11,247.6
1991	94,127.8	79,637.5	14,490.3	4,705.4	4,506.7	198.7	98,833.2	84,144.2	14,689.0
1992	102,363.8	85,471.3	16,892.5	2,803.8	2,799.4	4.4	105,167.5	88,270.7	16,896.8
1993	114,318.8	95,821.6	18,497.2	1,895.5	2,239.4	-344.0	116,214.2	98,061.0	18,153.2
1994	135,021.3	113,942.8	21,078.5	6,052.9	7,496.7	-1,443.9	141,074.1	121,439.5	19,634.6
1995	161,491.7	137,317.9	24,173.8	5,804.0	6,044.6	-240.6	167,295.7	143,362.4	23,933.3
1996	182,668.3	155,502.1	27,166.2	8,253.0	8,672.0	-419.1	190,921.3	164,174.1	26,747.2
1997	191,129.9	160,128.2	31,001.7	7,350.8	6,748.1	602.7	198,480.7	166,876.2	31,604.4
1998	162,537.8	131,378.3	31,159.5	-16,933.1	-17,285.4	352.3	145,604.7	114,092.9	31,511.8
1999	173,805.4	142,723.6	31,081.8	4,542.3	4,779.5	-237.2	178,347.7	147,503.1	30,844.6
2000	200,825.2	166,197.8	34,627.4	8,415.5	7,946.0	469.5	209,240.7	174,143.8	35,096.9
2001	211,085.4	173,042.9	38,042.5	6,096.6	5,509.7	586.9	217,182.0	178,552.6	38,629.4
2002	231,518.6	192,140.4	39,378.2	4,222.2	4,432.0	-209.8	235,740.7	196,572.4	39,168.4
2003	253,412.5	206,933.7	46,478.8	6,201.2	6,861.4	-660.2	259,613.8	213,795.1	45,818.7
2004	273,319.8	223,364.4	49,955.4	8,036.3	7,894.0	142.4	281,356.2	231,258.4	50,097.8
2005	283,858.8	233,961.7	49,897.1	11,976.2	12,049.7	-73.4	295,835.0	246,011.4	49,823.6
2006	296,969.7	247,296.3	49,673.3	18,936.8	18,735.2	201.7	315,906.5	266,031.5	49,875.0
2007	318,338.8	265,922.4	52,416.4	21,549.7	21,954.8	-405.2	339,888.5	287,877.2	52,011.2
2008	346,612.1	288,107.3	58,504.8	18,074.7	18,294.7	-219.9	364,686.8	306,402.0	58,284.8
2009	360,697.2	285,865.4	74,831.7	-32,856.0	-33,295.3	439.3	327,841.2	252,570.2	75,271.0
2010	385,923.6	319,875.1	66,048.5	19,264.4	19,378.7	-114.3	405,188.0	339,253.8	65,934.2
2011	403,045.3	337,307.4	65,737.9	36,190.8	36,484.0	-293.2	439,236.1	373,791.4	65,444.7
2012	407,306.9	341,785.1	65,521.8	19,721.6	19,761.3	-39.7	427,028.5	361,546.4	65,482.1
2013	418,288.6	351,448.2	66,840.3	-2,288.2	-2,264.6	-23.6	416,000.3	349,183.6	66,816.7
2014	433,265.5	369,109.8	64,155.7	1,812.6	910.4	902.1	435,078.1	370,020.3	65,057.8
2015	453,289.6	384,698.5	68,591.1	-9,274.7	-9,188.4	-86.3	444,014.9	375,510.1	68,504.8

자료: 한국은행, 「국민계정」(http:/ecos.bok.or.kr).

주: 총자본형성=총고정자본형성+재고증감 및 귀중품 순취득.

표 T129-136 중앙정부 일반회계 세출의 기능적 분류(대분류), 1896-2015

	합계	일반	국방	교육	사회	경제	지방재정교부금	채무상환 및 기타
	T129	T130	T131	T132	T133	T134	T135	T136
				남북한, 백만 圓				
1896	3.16	1.82	0.51	0.07	0.01	0.10		0.65
1897	2.10	1.17	0.49	0.04	0.02	0.13		0.26
1898	2.26	1.27	0.63	0.04	0.00	0.11		0.21
1899	3.24	1.42	0.75	0.07	0.01	0.15		0.85
1900	3.08	1.57	0.89	0.08	0.01	0.23		0.30
1901	4.54	1.77	1.86	0.09	0.01	0.28		0.53
1902	3.79	1.69	1.45	0.08	0.02	0.25		0.30
1903	5.38	1.87	2.12	0.08	0.02	0.30		1.00
1904	7.11	2.01	2.67	0.10	0.02	0.56		1.74
1905	9.56	2.72	2.39	0.18	0.03	0.29		3.95
1906	7.97	3.52	1.25	0.33	0.04	0.17		2.66
1907	15.0	7.58	1.50	0.78	1.21	1.81	0.11	2.06
1908	19.1	12.4	0.28	0.54	1.73	2.91		1.27
1909	28.2	19.1	0.14	0.66	1.82	2.55		3.85
1910a	27.1	16.1		0.75	1.91	4.73		3.65
1910b	18.3	9.9	0.18	0.32	3.52	2.91		1.42
1911	46.2	19.2	0.37	0.84	2.04	21.5		2.23
1912	51.8	20.8	0.37	1.02	2.23	24.3		3.07
1913	53.5	19.7	0.13	1.15	1.93	25.4	0.19	5.02
1914	55.1	20.4	0.13	1.32	2.17	26.1	0.27	4.76
1915	56.9	20.0	0.13	1.42	2.18	26.6	0.27	6.29
1916	57.6	19.7	0.13	1.71	2.05	28.9	0.27	4.77
1917	51.2	19.7	0.13	1.80	1.82	22.6	0.28	4.83
1918	64.1	22.2	0.15	2.57	2.51	27.3	0.29	9.10
1919	93.0	39.3	0.34	3.31	6.09	36.4	0.28	7.38
1920	122.2	57.6	0.40	5.59	7.26	45.1	0.33	5.96
1921	148.4	55.0	0.47	7.63	5.34	70.1	0.53	9.29
1922	155.1	56.0	0.81	7.99	6.16	74.4	0.63	9.12
1923	144.8	52.5	0.34	6.84	5.30	66.2	0.51	13.1
1924	134.8	50.3	0.37	7.25	4.48	58.3	0.71	13.4
1925	171.8	46.5	0.29	5.92	5.35	98.5	0.53	14.7
1926	189.5	47.1	0.27	6.83	5.19	114.2	0.63	15.2
1927	210.9	49.6	0.26	7.36	5.46	130.6	0.78	16.8
1928	217.7	50.5	0.26	8.19	6.15	134.3	0.65	17.6
1929	224.7	54.3	0.24	8.30	6.26	136.3	0.73	18.6
1930	208.7	50.2	0.49	8.12	4.40	121.5	0.59	23.4
1931	207.8	46.9	0.37	7.23	7.55	120.5	0.65	24.6
1932	214.5	46.5	0.81	6.91	8.78	128.1	0.61	22.7
1933	229.2	45.7	1.56	7.03	9.83	140.2	0.44	24.4
1934	268.3	47.7	1.07	8.84	13.5	171.5	0.67	25.1
1935	284.0	49.8	0.88	10.8	15.2	179.2	0.80	27.1
1936	324.5	54.3	0.95	11.7	17.9	207.7	0.88	31.2
1937	407.0	67.8	3.50	12.5	17.4	274.5	0.81	30.5
1938	500.5	61.9	29.5	14.5	21.2	342.5	0.99	30.0
1939	680.1	65.8	43.0	16.6	57.4	462.6	1.11	33.6
1940	813.5	77.3	53.1	22.4	33.9	579.9	8.65	38.4
1941	931.8	98.8	100.4	28.2	35.2	618.7	12.8	37.7
1942	1,155.8	107.3	178.7	32.9	53.4	702.6	18.3	62.7
1943	1,532.0	138.5	231.3	37.9	43.8	993.7	29.8	57.0
				남한, 백만 원				
1946	11.8	3.41	1.03	0.39	0.42	6.00		0.56
1947	19.4	4.19	1.00	1.66	0.83	9.49		2.27
1948	30.0	12.3	5.52	1.75	0.95	9.55		
1949	91.1	22.4	24.0	7.44	2.50	18.1	0.10	16.6
1950	243.0	43.9	132.4	11.8	16.5	18.6	6.20	13.6
1951	617.8	139.3	329.8	15.9	19.4	54.9	39.6	18.9
1952	2,150.7	461.7	946.3	47.1	64.1	48.5	137.0	446.1
1953	5,269.4	843.2	3,260.5	138.1	196.0	456.5	246.5	128.8
1954	10,852.2	2,028.1	5,991.8	641.0	468.3	730.0	751.7	241.4

표 T129-136 계속

	합계	일반	국방	교육	사회	경제	지방재정교부금	채무상환 및 기타
	T129	T130	T131	T132	T133	T134	T135	T136
	남한, 백만 원							
1955	20,159	3,203	10,638	2,467	1,010	990	1,298	555
1957	35,003	4,291	11,246	3,212	2,416	10,976	1,353	1,509
1958	41,097	5,099	12,732	4,019	2,098	13,958	1,817	1,374
1959	40,022	4,600	13,919	6,036	2,672	9,327	2,447	1,021
1960	41,995	6,078	14,707	6,363	3,245	8,365	2,187	1,050
1961	57,153	7,135	16,599	7,395	5,133	16,692	2,024	2,175
1962	88,393	7,978	20,474	10,211	7,720	17,902	1,818	22,290
1963	72,839	8,835	20,479	10,742	10,239	17,800	2,164	2,580
1964	75,180	9,362	24,926	12,108	8,140	15,430	2,168	3,046
1965	93,535	12,837	29,874	15,334	9,393	19,217	3,182	3,698
1966	140,942	16,796	40,542	25,219	12,741	32,633	8,325	4,686
1967	180,932	24,518	49,553	31,829	18,556	32,099	18,910	5,467
1968	262,064	31,998	64,708	42,842	36,057	52,636	27,632	6,191
1969	370,532	42,759	84,482	56,366	57,479	79,580	42,216	7,650
1970	441,329	51,568	102,335	78,223	57,352	91,778	54,146	5,927
1971	546,408	52,259	142,237	99,111	21,712	109,630	70,038	51,421
1972	701,143	114,971	181,574	119,770	22,542	115,413	83,603	63,270
1973	651,586	66,715	191,032	119,439	31,609	131,684	84,035	27,072
	남한, 십억 원							
1974		89.8	307.2	156.1	54.5	189.3	94.0	128.0
1975	1,550.2	131.2	457.8	226.0	80.7	392.0	136.9	125.5
1976	2,170.5	219.3	703.8	339.2	112.1	546.4	151.4	98.4
1977	2,739.9	301.5	949.6	455.0	125.6	623.4	183.4	101.4
1978	3,538.7	359.2	1,307.6	590.5	201.0	725.1	246.9	108.3
1979	5,053.2	471.9	1,556.2	836.5	308.6	1,405.4	336.3	138.4
1980	6,486.1	629.2	2,308.4	1,096.9	467.7	1,397.4	410.0	176.5
1981	7,907.8	903.0	2,675.5	1,408.4	525.6	1,493.7	520.0	381.5
1982	9,178.9	1,004.9	3,171.2	1,859.9	619.0	1,607.8	700.9	215.2
1983	10,180.8	1,101.6	3,357.5	2,150.0	663.7	1,752.6	858.8	296.6
1984	11,072.1	1,118.9	3,510.1	2,265.4	706.2	2,081.8	1,020.0	369.7
1985	12,406.4	1,254.1	3,802.5	2,493.1	843.3	2,499.5	1,008.5	505.4
1986	13,796.5	1,388.2	4,327.8	2,766.0	1,087.3	2,620.1	1,295.9	311.1
1987	15,794.5	1,570.0	4,801.0	3,125.6	1,298.1	3,070.7	1,609.6	319.4
1988	18,025.0	1,791.8	5,540.0	3,692.9	1,410.3	2,629.0	1,720.8	1,240.1
1989	21,653.1	2,231.3	6,165.3	4,336.1	1,937.4	3,228.9	2,186.9	1,567.2
1990	27,436.7	2,801.8	6,856.2	5,586.0	2,450.3	3,867.7	2,764.7	3,110.0
1991	31,283.5	3,499.6	7,961.0	5,549.4	3,179.2	5,136.3	3,452.4	2,505.6
1992	33,362.5	4,174.2	8,625.0	6,462.7	3,235.0	6,211.5	3,927.7	726.3
1993	37,268.0	4,454.4	9,158.2	7,397.2	3,416.6	7,696.0	4,367.5	778.0
1994	42,794.7	4,760.7	10,127.9	8,241.3	3,859.5	9,875.3	4,770.1	1,159.8
1995	51,498.1	5,453.0	11,367.6	9,738.0	4,163.2	11,506.9	5,484.2	3,785.1
1996	58,480.8	6,282.4	12,945.0	11,029.8	5,021.1	13,122.9	6,377.7	3,701.9
1997	63,962.1	6,821.8	13,653.2	12,067.9	5,899.3	16,281.4	6,798.7	2,439.8
1998	73,226.0	7,304.8	14,162.0	12,131.0	7,204.0	22,190.9	7,039.2	3,194.2
1999	80,509.9	7,811.5	13,915.5	11,417.9	9,200.3	23,499.0	6,710.8	7,954.9
2000	87,464.5	8,164.4	15,479.2	12,704.3	10,599.6	23,879.3	8,266.5	8,371.1
2001	98,668.5	9,190.2	16,171.3	17,868.6	13,606.1	25,493.0	12,289.0	4,050.4
2002	108,918.3	10,138.8	17,400.1	18,726.3	13,846.4	31,995.8	12,259.4	4,551.5
2003	117,222.9	12,693.4	18,491.4	20,749.7	15,331.7	32,499.3	14,802.2	2,655.2
2004	118,236.2	11,908.9	19,995.1	22,112.7	16,580.0	30,752.9	14,389.3	2,497.4
2005	134,207.7	14,742.8	21,975.9	27,466.9	17,897.2	28,248.8	20,017.5	3,858.5
2006	144,836.0	17,208.3	23,428.1	28,456.8	19,690.6	30,114.6	21,405.1	4,532.5
2007	154,330.9	17,312.4	24,017.8	30,395.1	21,968.2	32,341.9	24,720.5	3,574.9
2008	175,469.5	18,269.5	26,769.7	35,764.6	25,860.3	36,954.6	28,263.4	3,587.3
2009	199,876.0	21,503.4	29,139.6	36,655.8	32,753.2	46,369.9	28,489.4	4,964.8
2010	197,137.1	20,211.7	29,247.7	37,420.4	32,502.2	40,684.2	27,776.4	9,294.6
2011	207,446.9	23,405.2	31,623.6	40,790.9	34,325.2	39,833.8	30,694.7	6,773.5
2012	220,687.8	26,463.2	32,577.5	44,906.6	35,472.1	40,309.8	33,682.1	7,276.5
2013	229,544.3	22,537.7	34,223.1	47,775.6	40,694.3	39,218.9	37,395.0	7,699.7

표 T129-136 계속

	합계	일반	국방	교육	사회	경제	지방재정교부금	채무상환 및 기타
	T129	T130	T131	T132	T133	T134	T135	T136
	남한, 십억 원							
2014	236,360.7	23,515.0	35,132.6	49,987.4	45,013.5	40,958.5	37,411.2	4,342.4
2015	257,881.6	27,263.0	36,694.8	50,119.6	51,067.4	47,355.4	36,019.4	9,362.0

자료: 1896-1910a년은 김대준, 『고종시대의 국가재정연구』(태학사, 2004), pp. 102-251의 세출자료를 이용하여 추산하였다.
1910-1943년은 『조선총독부세출결정계산서』, 각년도와 『조선총독부통계연보』, 각년도.
1946-1947년은 『조선경제연보』(1948년판), I-265-266.
1948년도는 『한국재정40년사』1(한국개발연구원,1991), p. 17.
1949-1954년은 『경제연감』(1956), 통계편 재정, pp. 108-125; 1949-1954년의 일반회계에는 국방비, 전란수습비 및 국채금특별회계 포함되어 있다.
1955년은 『경제연감』(1958), 재정, pp. 78-95.
1957년 이후는 『결산개요』, 각년도.

주: 1) 1910b-1943년의 일반회계는 조선총독부특별회계.
2) 1896-1906년과 1910a는 예산액이며 1910b는 1910년 10월 이후의 세출액. 회계연도는 1896-1910a는 1-12월; 1910b는 10월-익년 3월; 1911-1953년은 4월-익년 3월; 1957년 이후는 1-12월; 1953-1956년에 대해서는 표 T1-15의 주를 참조하라.
3) 1910b-1911년은 권업비, 수선비, 영선비, 보조비를 1913-1915년 세출액의 비율에 의하여 분류하여 추산하였다.
4) 1946-1948년은 예산액이며 이후는 결산액이다.
5) 2006-2015년은 분류기준이 변경되어 일반=일반공공행정-지방행정지원-상환지출로 추산하였다.
6) 예비비는 채무상환 및 기타에 포함시켰다.
7) 1949-1976년은 일반재정에 대한 분류이다. 1953-1955년의 일반재정은 『한국재정40년사』와 『경제연감』 간에 다소 차이가 있다.

표 T137-153 중앙정부 일반회계 세출의 기능적 분류(세분류), 1896-1943

	합계	황실	공공행정	공공질서 및 안전	국방	교육	보건	사회보장 및 복지	주택 및 지역개발
	T137	T138	T139	T140	T141	T142	T143	T144	T145
	남북한, 백만 圓								
1896	3.16	0.29	1.42	0.11	0.51	0.07	0.01	0.001	
1897	2.10	0.33	0.73	0.11	0.49	0.04			0.02
1898	2.26	0.32	0.83	0.13	0.63	0.04	0.002		
1899	3.24	0.33	0.95	0.14	0.75	0.07	0.00	0.001	
1900	3.08	0.33	1.06	0.18	0.89	0.08	0.01	0.002	0.005
1901	4.54	0.45	1.07	0.24	1.86	0.09	0.01	0.003	0.005
1902	3.79	0.45	0.98	0.27	1.45	0.08	0.01	0.003	0.01
1903	5.38	0.50	1.06	0.30	2.12	0.08	0.01	0.003	0.01
1904	7.11	0.75	0.91	0.36	2.67	0.10	0.01	0.003	0.01
1905	9.56	0.84	1.54	0.34	2.39	0.18	0.01	0.003	0.01
1906	7.97	1.30	1.92	0.30	1.25	0.33	0.02	0.003	0.01
1907	15.0	1.55	4.38	1.66	1.50	0.78	0.43	0.03	0.75
1908	19.1	1.50	7.09	3.81	0.28	0.54	0.30	0.18	1.25
1909	28.2	1.68	12.6	4.87	0.14	0.66	0.50	0.02	1.30
1910a	27.1	1.87	10.7	3.56		0.75	0.43	0.01	1.47
1910b	18.3		6.2	3.76	0.18	0.32	0.34	0.02	3.15
1911	46.2		12.5	6.67	0.37	0.84	0.67	1.03	0.32
1912	51.8		13.8	6.95	0.37	1.02	0.56	0.76	0.89
1913	53.5		12.6	7.05	0.13	1.15	0.67	0.08	1.11
1914	55.1		13.4	6.99	0.13	1.32	0.72	0.08	1.34
1915	56.9		13.0	7.03	0.13	1.42	0.92	0.04	1.16
1916	57.6		12.5	7.17	0.13	1.71	1.01	0.09	0.94
1917	51.2		12.2	7.47	0.13	1.80	0.80	0.07	0.93
1918	64.1		14.0	8.16	0.15	2.57	1.06	0.07	1.34
1919	93.0		19.9	19.3	0.34	3.31	2.92	1.56	1.50
1920	122.2		25.3	32.3	0.40	5.59	4.33	1.39	1.28
1921	148.4		31.7	23.3	0.47	7.63	3.32	0.10	1.60
1922	155.1		33.6	22.4	0.81	7.99	3.61	0.43	1.83
1923	144.8		31.0	21.5	0.34	6.84	3.17	0.35	1.54
1924	134.8		29.0	21.3	0.37	7.25	2.34	0.46	1.30
1925	171.8		26.5	19.9	0.29	5.92	3.24	0.39	1.27
1926	189.5		26.9	20.2	0.27	6.83	3.18	0.20	1.58
1927	210.9		28.9	20.8	0.26	7.36	3.36	0.21	1.68
1928	217.7		28.9	21.6	0.26	8.19	3.05	1.32	1.32
1929	224.7		32.3	22.0	0.24	8.30	3.31	1.59	1.12
1930	208.7		28.6	21.6	0.49	8.12	3.09	0.09	1.00
1931	207.8		26.1	20.8	0.37	7.23	2.78	3.14	1.39
1932	214.5		25.5	21.0	0.81	6.91	2.97	3.73	1.89
1933	229.2		24.4	21.4	1.56	7.03	3.11	3.90	2.63
1934	268.3		25.1	22.6	1.07	8.84	3.20	6.92	3.11
1935	284.0		26.4	23.4	0.88	10.8	3.38	7.96	3.54
1936	324.5		29.7	24.6	0.95	11.7	3.30	10.83	3.36
1937	407.0		39.7	28.0	3.50	12.5	3.76	7.98	5.22
1938	500.5		32.4	29.5	29.5	14.5	4.39	9.34	7.01
1939	680.1		33.6	32.1	43.0	16.6	4.90	42.35	9.53
1940	813.5		42.0	35.3	53.1	22.4	6.69	17.50	9.09
1941	931.8		54.9	43.9	100.4	28.2	9.44	11.50	13.56
1942	1,155.8		76.9	30.4	178.7	32.9	10.1	26.90	15.77
1943	1,532.0		86.3	52.2	231.3	37.9	9.17	15.91	18.13

자료: 1896-1910a년은 김대준, 『고종시대의 국가재정연구』(태학사, 2004), pp. 102-251의 세출자료를 이용하여 계산하였다.
1910b-1943년은 『조선총독부세출결정계산서』, 각년도; 『조선총독부통계연보』 각년도.

주: 1) 1910b-1943년의 일반회계는 조선총독부특별회계를 의미한다.
2) '황실'은 정부예산에서 지급하는 황실비와 궁내부 지출 중에서 순수 황실비에 속한 비용이다.

표 T137-153 계속

	오락문화종교	연료 및 에너지	농림수산수렵	광업제조업건설업	운송 및 통신	기타 경제사업	지방재정교부	채무상환 및 기타
	T146	T147	T148	T149	T150	T151	T152	T153
	남북한, 백만 圓							
1896	0.0005		0.09		0.01			0.65
1897			0.08		0.05			0.26
1898			0.09		0.02			0.21
1899	0.001		0.13		0.02			0.85
1900	0.001		0.03	0.001	0.18	0.02		0.30
1901	0.001		0.04	0.001	0.24			0.53
1902	0.001		0.02	0.001	0.23			0.30
1903	0.001		0.02	0.01	0.27			1.00
1904	0.001		0.03	0.01	0.53	0.002		1.74
1905	0.001		0.03	0.00	0.26			3.95
1906	0.001		0.11	0.06	0.01			2.66
1907	0.000		0.54	0.24	0.48	0.54	0.11	2.06
1908			1.01	0.59	1.31	0.00		1.27
1909			0.97	0.49	1.02	0.06		3.85
1910a			1.77	0.67	2.13	0.17		3.65
1910b	0.004		0.26	1.37	1.15	0.13		1.42
1911	0.02		0.56	1.75	18.8	0.39		2.23
1912	0.02		0.62	1.45	21.7	0.58		3.07
1913	0.08	0.02	0.65	2.36	21.6	0.79	0.19	5.02
1914	0.02	0.01	0.87	2.97	20.5	1.68	0.27	4.76
1915	0.05		0.87	3.11	21.6	0.97	0.27	6.29
1916	0.02		2.17	3.67	22.8	0.33	0.27	4.77
1917	0.03		2.36	4.12	15.8	0.33	0.28	4.83
1918	0.04		2.58	6.03	17.6	1.01	0.29	9.10
1919	0.11		3.78	6.61	24.9	1.03	0.28	7.38
1920	0.25		7.62	6.11	30.7	0.67	0.33	5.96
1921	0.32		7.08	26.5	35.5	1.10	0.53	9.29
1922	0.29	0.04	11.9	18.0	43.1	1.31	0.63	9.12
1923	0.23	0.05	10.8	17.3	36.7	1.36	0.51	13.1
1924	0.38	0.02	9.0	18.7	29.6	1.04	0.71	13.4
1925	0.45	0.26	11.1	15.2	71.1	0.92	0.53	14.7
1926	0.23	0.30	15.4	19.2	78.3	1.05	0.63	15.2
1927	0.21	0.34	17.2	22.5	89.3	1.29	0.78	16.8
1928	0.46	0.34	17.4	24.3	91.0	1.35	0.65	17.6
1929	0.24	0.28	18.6	23.8	91.2	2.46	0.73	18.6
1930	0.21	0.20	18.6	21.6	79.9	1.26	0.59	23.4
1931	0.23	0.17	16.3	22.4	80.4	1.16	0.65	24.6
1932	0.18	0.10	15.2	22.4	88.8	1.68	0.61	22.7
1933	0.18	0.11	20.0	24.3	94.4	1.40	0.44	24.4
1934	0.29	0.12	29.0	30.0	111.0	1.46	0.67	25.1
1935	0.37	0.12	25.5	32.5	118.9	2.17	0.80	27.1
1936	0.38	0.24	26.0	33.9	145.7	1.84	0.88	31.2
1937	0.47	0.41	28.7	36.6	206.1	2.57	0.81	30.5
1938	0.45	8.59	28.3	43.0	259.3	3.28	0.99	30.0
1939	0.61	16.6	33.0	51.1	355.6	6.28	1.11	33.6
1940	0.57	17.8	47.0	75.6	427.6	11.8	8.65	38.4
1941	0.70	9.29	68.5	99.3	401.3	40.3	12.8	37.7
1942	0.55	4.35	77.9	113.8	438.8	67.8	18.3	62.7
1943	0.55	16.3	270.5	162.3	523.4	21.3	29.8	57.0

표 T154-170 통합재정 세출 및 순융자의 기능적 분류(중앙정부), 1972-2014

	합계	일반공공행정	공공질서 및 안전	국방	교육	보건	사회보장 및 복지	주택건설 및 지역사회 개발	오락문화종교
	T154	T155	T156	T157	T158	T159	T160	T161	T162
	남한, 십억 원								
1972	746.2	89.7		194.2	120.3	9.0	37.3	7.3	9.8
1973	721.2	85.9		202.5	119.9	9.4	42.6	14.0	8.1
1974	1,203.0	132.3		321.0	154.7	13.1	61.8	16.2	11.2
1975	1,765.3	230.6		465.2	224.5	16.4	85.5	20.0	13.6
1976	2,518.9	235.7		770.5	349.4	25.7	107.9	28.2	20.1
1977	3,274.4	296.9		1,008.3	470.4	48.7	143.9	47.0	25.4
1978	4,408.0	419.1		1,438.1	605.0	68.3	189.4	54.9	37.0
1979	5,990.0	317.5	230.0	1,597.4	863.0	56.8	283.0	105.5	38.9
1980	7,682.0	305.0	350.5	2,349.1	1,124.4	78.3	437.9	191.1	53.9
1981	10,189.8	435.1	472.6	2,849.0	1,465.6	103.4	496.5	763.8	56.8
1982	11,639.2	495.0	581.6	3,180.0	1,980.5	140.6	991.5	383.4	77.9
1983	12,200.1	578.1	658.8	3,402.5	2,188.6	180.4	568.9	589.1	103.5
1984	13,444.6	526.6	681.4	3,573.4	2,258.1	172.9	670.0	1,061.5	110.7
1985	14,867.0	659.8	740.9	3,957.9	2,462.3	191.9	779.0	718.5	147.3
1986	15,926.7	738.7	858.7	4,375.7	2,712.5	232.3	967.7	615.2	168.3
1987	18,180.1	848.6	854.0	4,632.2	3,113.7	400.8	1,132.9	663.4	408.9
1988	20,881.4	934.0	950.7	5,266.3	3,695.8	432.2	1,504.5	884.6	128.9
1989	25,677.2	1,144.8	1,130.8	5,925.1	4,402.2	475.2	2,046.5	2,047.3	169.2
1990	33,296.1	1,390.0	1,433.9	6,673.2	5,648.8	568.6	2,691.2	3,379.0	164.9
1991	40,311.5	1,722.9	1,840.0	7,899.6	5,608.8	716.2	3,438.2	3,709.3	209.6
1992	44,993.4	1,917.9	2,479.2	8,703.5	6,491.9	422.9	4,166.7	3,232.3	246.8
1993	49,046.7	1,961.6	2,724.3	9,040.7	9,645.1	438.3	4,576.8	3,047.5	279.9
1994	60,125.4	2,340.4	3,405.0	10,055.5	10,971.7	366.4	5,931.7	4,288.9	428.3
1995	71,051.8	3,002.0	3,930.5	11,124.6	12,765.3	512.1	6,361.7	5,690.5	423.0
1996	83,841.0	3,374.9	4,472.0	12,553.0	14,435.3	682.0	7,884.2	7,077.4	533.8
1997	99,149.9	4,249.2	4,789.3	13,159.5	16,248.8	777.1	9,631.4	6,676.7	679.0
1998	112,435.0	4,993.6	5,381.1	13,620.6	16,730.1	957.3	12,252.2	7,047.5	787.7
1999	118,176.9	4,379.6	5,860.7	13,199.1	17,689.2	1,052.4	14,703.5	9,597.1	894.0
2000	126,785.8	6,652.6	5,793.7	14,396.8	19,372.8	939.5	19,342.8	6,773.3	1,048.1
2001	158,129.6	22,126.0	6,330.9	15,721.0	22,924.1	836.1	18,414.3	12,199.3	1,329.4
2002	131,056.6	8,234.2	7,060.9	15,259.9	21,572.6	498.1	21,231.4	2,482.7	1,850.6
2003	157,028	9,233	8,831	17,156	24,045	1,538	26,033	8,693	1,731
2004	168,731	8,093	8,777	18,472	25,580	1,567	29,761	11,679	1,909
2005	184,955	8,373	9,210	20,200	27,491	2,102	32,986	13,748	2,183
2006	202,880	9,284	10,640	21,390	28,567	2,183	36,968	14,604	2,387
2007	207,134	11,494	10,846	22,397	30,403	1,986	41,602	14,344	1,900
2008	236,127	11,627	10,783	25,182	35,790	2,189	47,648	14,063	2,166
2009	269,325	15,379	12,030	27,719	38,894	2,821	53,998	16,965	2,540
2010	251,156	13,512	12,373	27,772	37,676	2,972	56,350	12,330	2,913
2011	270,655	14,298	13,546	30,134	40,988	2,641	60,107	12,758	3,189
2012	289,084	16,017	15,194	30,765	45,093	2,617	66,114	15,844	3,428
2013	296,557	18,765	14,987	32,370	48,263	3,057	72,806	12,705	3,929
2014	308,980	16,652	15,687	33,300	50,310	3,028	79,196	13,464	3,991

자료: 『한국의 재정통계』, 각년도; 『한국통합재정수지』, 각년도.

주: 1) 공공부문 통합재정(T54-62)에서 비금융공기업이 제외된 중앙정부에 대한 분류이다. 1995년 이후의 분류기준에 맞추어 분류하였다.

2) 1972-1978년에는 '공공질서 및 안전'이 '일반공공행정'에 포함되어 있다.

3) 통합재정에는 세출에서 보전재원과 내부거래가 제외되어 있으며, 융자와 기금은 지출 총액이 아닌 수지이다. 기타에 오차가 포함되어 있다.

표 T154-170 계속

	경제사업						기타	
	합계	연료 및 에너지	농림수산수렵	광업제조업건설업	운송 및 통신	기타 경제사업	합계	(지방정부이전)
	T163	T164	T165	T166	T167	T168	T169	T170
	남한, 십억 원							
1972	184.9						93.7	67.3
1973	145.0						93.8	71.9
1974	386.4						106.3	81.4
1975	549.7						159.8	117.7
1976	736.8						244.6	151.4
1977	880.7						353.1	183.4
1978	1,154.9	208.0	217.1	317.4	223.0	189.4	441.3	246.9
1979	1,905.2	265.2	598.3	355.1	357.5	329.1	592.7	336.3
1980	1,996.7	163.7	451.8	565.5	515.4	300.3	795.1	410.0
1981	2,519.4	324.1	922.2	404.1	583.7	285.3	1,027.6	520.0
1982	2,513.7	214.7	637.3	524.0	838.0	299.7	1,295.0	700.9
1983	2,430.4	110.2	627.4	449.5	746.5	496.8	1,499.8	858.8
1984	2,565.0	95.6	1,038.9	263.5	659.3	507.7	1,825.0	1,020.0
1985	3,250.9	113.9	1,234.7	360.1	951.5	590.7	1,958.5	1,008.5
1986	2,885.5	122.0	1,148.9	427.0	750.6	437.0	2,372.1	1,295.9
1987	3,212.1	136.1	1,436.6	315.1	873.6	450.7	2,913.5	1,609.7
1988	4,054.3	58.8	2,347.9	191.0	779.0	677.6	3,030.1	1,698.7
1989	4,853.4	-506.9	2,752.8	324.2	1,390.5	892.8	3,482.7	2,186.9
1990	6,784.1	206.2	3,410.3	680.0	2,024.5	463.1	4,562.4	2,764.6
1991	8,332.7	241.0	3,754.8	146.0	2,280.9	1,910.0	6,834.2	5,319.2
1992	8,427.3	203.2	3,938.7	143.6	2,805.0	1,336.8	8,904.9	6,885.3
1993	9,744.9	-460.1	4,245.1	1,324.0	3,522.3	1,113.6	7,587.6	5,652.5
1994	13,520.8	91.7	6,742.3	2,087.5	3,214.7	1,384.6	8,816.7	6,669.5
1995	17,676.3	527.3	7,986.5	1,911.2	6,065.2	1,186.1	9,565.8	2,537.3
1996	21,964.8	1,174.3	8,563.9	2,718.6	6,480.7	3,027.3	10,863.6	2,832.4
1997	24,333.4	1,434.2	8,038.6	3,249.5	10,278.2	1,332.9	18,605.5	3,256.8
1998	30,245.0	2,454.4	9,189.4	4,496.6	11,692.7	2,411.9	20,419.9	10,877.6
1999	32,506.8	1,869.0	8,604.5	6,303.2	11,658.8	4,071.3	18,294.5	10,937.1
2000	31,953.7	834.0	7,878.6	3,269.2	12,581.0	7,390.9	20,512.5	12,065.8
2001	41,793.2	2,359.1	9,300.1	6,406.7	14,308.9	9,418.4	16,455.3	16,453.7
2002	29,623.6	2,047.3	7,077.5	4,617.4	12,077.6	3,803.8	23,242.6	16,486.5
2003	29,893	2,661	7,913	4,210	14,042	1,067	29,875	17,893
2004	31,103	2,292	7,745	4,691	14,737	1,638	31,790	15,259
2005	34,220	2,671	8,592	4,442	15,926	2,589	34,442	19,183
2006	36,178	3,337	10,715	4,342	15,759	2,025	40,679	20,232
2007	37,605	2,834	10,145	3,801	16,685	4,140	34,557	24,682
2008	43,981	5,638	11,432	2,651	17,948	6,312	42,698	27,285
2009	54,432	3,779	11,897	9,042	19,954	9,760	44,547	28,519
2010	47,607	4,306	11,902	2,375	16,451	12,573	37,651	27,444
2011	48,546	3,976	13,631	2,106	15,497	13,336	44,448	30,287
2012	48,802	4,065	13,149	2,510	17,425	11,653	45,210	33,177
2013	48,909	3,526	12,908	3,655	17,527	11,293	40,766	34,696
2014	47,541	3,022	11,497	3,010	18,428	11,584	45,811	35,895

표 T171-181 일반정부 총지출의 기능적 분류, 1970-2015

	합계	일반공공행정	국방	공공질서 및 안전	경제업무	환경보호	주택 및 지역개발	보건	오락 문화 및 종교	교육	사회보호
	T171	T172	T173	T174	T175	T176	T177	T178	T179	T180	T181
	남한, 십억 원										
1970	557.8	75.1	110.9	25.3	130.2	8.5	39.8	7.6	5.8	124.9	29.7
1971	714.0	96.6	141.5	30.2	175.8	13.1	49.5	8.7	6.9	160.1	31.5
1972	847.6	110.4	179.7	38.4	181.5	15.2	47.2	11.3	7.9	206.4	49.5
1973	1,025.4	139.9	193.0	40.3	295.2	18.4	50.8	12.4	8.7	213.1	53.5
1974	1,512.9	217.1	348.9	61.4	372.1	22.7	79.4	21.6	14.0	297.7	78.0
1975	2,413.1	329.4	487.7	85.8	741.2	31.5	126.2	28.0	19.9	461.2	102.4
1976	3,099.6	435.5	710.4	126.5	816.0	32.5	145.6	42.1	26.9	639.8	124.3
1977	4,084.4	499.1	915.1	176.8	1,173.7	41.6	181.8	66.6	39.9	814.2	175.6
1978	5,136.7	660.0	1,366.5	230.2	1,123.2	63.3	316.0	108.6	66.4	974.9	227.5
1979	6,846.1	952.7	1,587.7	305.8	1,460.0	81.7	483.6	175.0	79.9	1,297.3	422.4
1980	9,081.5	1,205.0	2,218.0	419.4	1,515.7	147.2	688.8	332.8	94.4	1,795.7	664.6
1981	12,638.6	1,540.3	2,630.8	552.4	3,284.8	172.2	596.6	434.1	106.8	2,482.2	838.5
1982	13,559.8	1,772.8	2,903.5	658.3	2,682.9	191.0	645.2	566.2	129.6	2,795.0	1,215.3
1983	15,453.3	2,196.0	3,035.3	760.8	3,063.2	251.3	762.6	690.8	201.2	3,117.6	1,374.6
1984	16,477.2	2,283.0	3,142.9	817.5	3,096.9	313.4	803.6	833.5	222.1	3,438.0	1,526.3
1985	18,782.6	2,784.2	3,617.0	906.7	3,550.3	349.4	864.7	954.8	320.5	3,801.5	1,633.5
1986	20,831.6	3,376.3	4,095.1	1,014.4	3,476.9	515.1	970.3	987.3	381.9	4,144.2	1,869.9
1987	23,344.2	3,854.8	4,332.5	1,152.5	4,034.5	597.7	994.1	1,113.2	397.1	4,592.6	2,275.2
1988	28,259.5	4,340.1	4,813.5	1,377.7	5,244.0	781.2	1,414.8	1,556.8	498.0	5,302.5	2,930.9
1989	34,007.9	5,129.3	5,789.2	1,675.8	6,497.9	896.9	1,460.6	2,092.2	448.4	6,468.2	3,549.3
1990	42,316.1	6,340.2	6,120.0	2,062.8	8,855.2	1,254.8	1,651.7	2,972.6	706.8	7,854.0	4,497.9
1991	53,210.2	7,941.1	7,284.6	2,732.1	11,091.0	1,568.6	2,516.7	3,290.2	846.8	9,654.8	6,284.2
1992	63,234.8	9,697.1	8,065.0	3,391.9	13,404.0	1,903.2	3,338.0	3,771.1	1,032.7	11,143.6	7,488.3
1993	70,770.4	10,910.4	8,315.1	3,712.7	15,294.1	2,276.2	3,802.3	4,293.9	1,137.0	12,412.5	8,616.1
1994	79,022.6	11,854.7	9,895.6	4,211.3	16,368.5	2,455.1	3,836.5	4,820.7	1,312.1	14,345.2	9,923.0
1995	94,235.3	14,332.2	10,441.6	4,881.8	22,483.0	2,877.8	4,299.8	5,949.4	1,423.3	16,777.2	10,769.2
1996	108,234.3	15,148.3	12,501.4	5,543.2	25,341.2	3,167.1	5,795.4	7,335.3	1,737.2	19,540.5	12,124.6
1997	123,372.7	16,779.9	13,827.0	5,946.4	30,175.0	3,461.8	6,894.4	8,287.7	2,196.7	21,934.4	13,869.3
1998	138,282.5	19,856.5	13,727.6	6,162.5	33,408.9	3,522.4	8,130.5	9,477.4	2,467.5	23,585.7	17,943.3
1999	148,116.2	21,693.5	13,955.0	6,157.7	33,110.2	3,856.7	7,030.0	10,979.2	2,976.7	25,089.8	23,267.6
2000	156,968.6	26,553.7	15,334.6	7,517.7	35,157.8	4,482.7	7,160.0	13,055.0	3,413.9	25,584.2	18,709.2
2001	181,738.5	31,227.7	16,410.2	7,773.0	42,249.3	4,597.3	6,401.8	17,551.1	3,380.0	31,068.3	21,079.7
2002	198,646.9	33,708.7	16,682.0	8,821.1	48,610.6	5,905.6	6,640.6	18,418.2	3,949.8	33,113.7	22,796.5
2003	264,116.5	41,426.0	18,701.3	8,819.2	88,614.6	6,338.2	9,157.0	20,201.6	5,740.7	37,808.4	27,309.5
2004	259,550.5	45,869.0	20,338.4	9,870.6	65,378.1	6,710.9	10,804.6	22,041.2	5,669.3	42,574.9	30,293.7
2005	271,192.0	46,309.9	21,734.4	10,699.2	66,407.7	7,176.5	9,423.7	24,862.0	6,233.0	44,035.1	34,310.4
2006	290,891.9	48,386.8	23,233.9	11,761.4	70,640.9	8,330.3	10,059.6	28,964.5	6,748.4	43,899.0	38,867.0
2007	309,583.5	54,367.7	24,419.8	12,860.7	62,503.1	9,311.2	11,367.6	32,572.2	7,116.4	48,070.2	46,994.7
2008	353,493.9	70,383.3	27,515.5	13,620.3	67,392.4	10,702.7	11,854.9	35,560.1	7,558.6	55,334.3	53,571.7
2009	401,766.7	72,774.7	30,225.4	14,503.7	83,406.6	12,251.3	16,551.4	41,435.5	8,915.7	62,181.8	59,520.5
2010	392,264.1	69,010.8	30,327.6	14,650.5	74,103.9	9,971.7	13,303.6	46,647.3	8,193.9	61,789.5	64,265.3
2011	431,075.5	73,692.5	32,761.1	15,535.8	90,220.3	10,317.7	13,137.8	49,297.4	8,522.8	66,542.2	71,047.9
2012	450,811.9	77,701.6	33,603.4	17,039.4	88,636.0	10,671.7	13,184.1	51,559.7	9,103.2	71,515.8	77,797.1
2013	453,991.4	77,495.0	35,368.8	18,239.9	76,061.0	10,764.0	13,533.8	55,159.4	9,821.5	73,840.2	83,707.7
2014	475,250.1	78,793.6	37,081.6	18,984.1	76,716.6	11,779.2	12,455.8	59,435.4	10,203.5	77,563.4	92,236.8
2015	505,139.4	79,616.7	38,649.6	20,750.7	82,014.4	12,105.0	12,823.2	64,417.3	11,524.3	81,625.0	101,613.1

자료: 한국은행, 「국민계정」(http:/ecos.bok.or.kr).

표 T182-194 지방재정 세출의 경제적 분류, 1911-1943

	세출								경제적 분류				
	합계	도	면	부	학교비	학교조합	부제1부	부제2부	피용자보수	중간소비	고정자본형성	이전	기타
	T182	T183	T184	T185	T186	T187	T188	T189	T190	T191	T192	T193	T194
	남북한, 백만 圓												
1911	4.80	1.45	3.35						2.26	1.41	0.39	0.72	0.03
1912	5.80	2.34	2.52		0.94				2.95	1.49	0.51	0.76	0.09
1913	7.20	2.40	3.20		1.06	0.55			3.85	1.58	0.67	0.80	0.30
1914	9.85	2.51	2.86	2.15	1.13	1.20			4.25	1.92	1.18	0.94	1.56
1915	10.2	2.84	2.86	1.96	1.23	1.32			4.41	2.08	1.24	1.02	1.45
1916	10.3	2.94	2.82	1.83	1.33	1.36			4.44	2.13	1.06	1.03	1.60
1917	12.3	4.43	2.82	1.93	1.50	1.60			4.72	2.73	1.29	1.59	1.95
1918	16.0	5.61	4.46	1.95	2.12	1.86			5.89	3.65	2.15	2.06	2.26
1919	22.2	8.14	6.09	2.39	3.21	2.39			8.12	5.00	3.01	2.98	3.10
1920	42.8	14.6	11.9	3.75	8.16	4.35			16.6	9.39	7.03	5.44	4.33
1921	48.0	15.1	14.0	4.21	10.2	4.42			19.3	9.81	8.07	6.02	4.75
1922	59.9	17.8	16.7	6.46	13.3	5.58			22.7	12.2	12.6	7.26	5.16
1923	63.9	18.8	18.5	7.98	13.3	5.33			24.5	13.7	11.8	7.74	6.18
1924	65.1	18.5	19.5	8.47	13.2	5.45			25.3	13.5	11.2	7.93	7.15
1925	67.5	23.2	17.9	8.10	13.2	5.08			26.2	14.3	10.9	8.89	7.21
1926	74.4	24.5	19.4	10.9	13.8	5.75			28.0	15.3	11.7	9.07	10.4
1927	83.3	31.2	20.3	10.9	15.0	5.93			29.7	16.8	12.4	13.7	10.7
1928	85.1	31.1	21.8	11.6	14.5	6.08			30.9	17.0	12.6	13.8	10.9
1929	92.3	33.6	21.7	16.3	14.7	6.06			31.7	18.1	13.3	14.1	15.1
1930	88.5	33.5	21.6	12.0	15.3	6.07			31.9	17.6	11.5	14.8	12.6
1931	102.4	45.2	22.8	13.4	13.1	3.14	3.16	1.63	30.4	18.3	25.1	13.7	14.8
1932	116.1	57.8	23.4	13.1	13.7	3.08	3.33	1.71	32.0	21.2	29.1	15.1	18.8
1933	139.7	77.8	23.9	15.1	14.2	3.23	3.47	1.95	32.8	25.5	36.7	18.7	26.0
1934	135.3	70.5	24.6	15.0	15.9	3.41	3.54	2.30	38.7	16.2	29.0	23.5	27.9
1935	132.2	61.0	25.8	17.3	17.5	3.81	4.21	2.62	44.0	16.1	22.1	19.2	30.8
1936	146.0	66.9	28.2	20.2	18.9	3.75	4.81	3.32	46.4	17.6	28.8	21.4	31.7
1937	186.2	79.1	30.5	38.3	23.7	4.16	5.13	5.19	50.5	22.7	51.4	22.2	39.3
1938	199.8	88.8	31.4	36.1	28.5	4.22	4.87	5.95	58.8	23.1	49.7	24.4	43.8
1939	277.7	143.6	34.3	48.6	34.0	4.32	5.50	7.31	64.6	25.5	50.5	32.0	105.1
1940	361.0	166.9	43.6	87.9	40.8	4.62	6.45	10.8	72.4	29.2	75.7	39.6	144.1
1941	419.0	198.4	56.0	86.9	51.6	5.40	8.60	12.1	89.0	33.3	81.3	72.5	142.9
1942	491.7	222.3	75.8	101.9	59.6	5.99	9.93	16.2	118.0	43.4	110.2	66.9	153.2
1943	576.9	260.2	99.1	102.7	72.0	7.00	12.6	23.2	138.4	47.6	121.6	90.4	178.8

자료: 『조선총독부통계연보』, 각년도; 『지방재정요람』, 각년도; 김낙년 편, 『한국의 장기통계』(서울대학교출판문화원, 2012), pp. 594-595, 표 II-47.
주: 1911년의 면의 세출액은 추정치이다.

표 T195-212 지방재정 세출의 기능적 분류, 1910-1941

	합계	사무비	회의비	경비비	위생비	교육비	사회사업 및 지방개량비	토목비	권업비
	T195	T196	T197	T198	T199	T200	T201	T202	T203
	남북한, 백만 圓								
1910	2.01	0.24			0.05	0.25	0.004	0.36	0.10
1914	9.16	2.81			0.73	2.65	0.01	0.92	0.76
1920	42.6	9.70	0.13	0.08	2.52	11.3	0.13	6.09	4.64
1925	66.1	12.9	0.04	0.17	4.93	20.1	0.91	7.29	6.93
1930	86.7	14.7	0.05	0.24	6.45	28.3	0.63	10.3	8.74
1931	98.0	14.9	0.04	0.26	6.56	27.6	0.56	21.5	10.6
1932	118.3	14.8	0.04	0.26	7.14	28.7	1.37	30.6	13.0
1933	140.4	15.1	0.19	0.28	7.57	29.4	2.22	31.4	15.8
1934	137.6	16.1	0.19	0.31	6.82	31.5	2.02	23.2	19.7
1935	132.9	16.8	0.21	0.31	7.37	34.1	1.75	17.4	14.0
1936	145.7	18.8	0.22	0.41	8.85	36.3	3.45	17.4	15.6
1937	176.9	20.8	0.24	0.44	9.17	28.1	1.33	30.2	12.1
1938	205.3	22.3	0.30	1.43	11.1	31.8	2.10	35.8	15.1
1939	285.2	25.4	0.37	1.95	11.6	36.4	1.98	44.6	16.5
1940	361.2	28.6	0.45	4.03	17.2	41.5	3.03	80.8	20.0
1941	399.9	37.1	0.48	5.66	20.5	50.5	2.56	82.9	24.8

	수산비(授産費)	신영비(新營費)	보조비	기채비	대부금	재산비	예비비	기타 제비	특별회계
	T204	T205	T206	T207	T208	T209	T210	T211	T212
	남북한, 백만 圓								
1910				0.16				0.84	
1914		0.16		0.23		0.01		0.87	
1920		3.15		0.37		0.48		4.01	
1925		2.70		1.53		1.47		6.19	0.87
1930		1.94		4.32		1.76		9.03	0.22
1931		1.91		3.53		2.12		8.26	0.20
1932		1.97		6.92		2.13		11.3	0.25
1933		2.49		21.4		2.57		11.7	0.24
1934	1.04	4.42		12.8	5.86	2.78		10.6	0.26
1935	0.97	5.61		14.3	4.18	2.65		12.9	0.27
1936	0.88	7.76		13.2	2.83	2.78		16.9	0.30
1937	0.71	11.0	19.4	17.7	3.20	2.84		17.9	1.61
1938	0.77	14.3	20.5	25.7	2.11	3.16		14.1	4.67
1939	0.80	18.3	29.0	26.7	3.96	3.45		57.9	6.28
1940	0.88	35.0	35.6	30.9	2.13	3.88	2.20	45.2	9.76
1941	1.02	44.2	43.8	33.9	2.36	4.29	4.47	31.1	10.2

자료: 『지방재정요람』(1941).

주: 1) 1940, 1941년은 예산, 기타는 결산이다.
2) 『조선총독부통계연보』의 세출액과 다소 차이가 있다.
3) 특별회계는 은급특별회계, 아동장학자금특별회계, 임시은사금특별회계이다.
4) 결락된 연도는 자료에 따랐다.

표 T213-219 지방자치단체 일반회계 세출의 기능적 분류, 1951-2015

	총계	순계					
		합계	일반행정비	사회개발비	경제개발비	민방위비	기타 경비
	T213	T214	T215	T216	T217	T218	T219
	남한, 십억 원						
1951	0.10		0.04	0.003	0.03		0.03
1952	0.32		0.14	0.01	0.05		0.12
1953	0.75		0.26	0.03	0.15		0.31
1954	2.53		0.75	0.09	0.54		1.16
1955	7.40		2.20	0.20	1.40		3.60
1957	8.30		2.60	0.20	1.60		3.90
1958	10.0		2.70	0.30	1.60		5.40
1959	12.1		3.00	0.40	1.70		7.00
1960	13.2		3.80	0.60	1.70		7.10
1961	15.1		2.90	0.80	2.90		8.50
1962	12.7		3.60	1.00	4.00		4.10
1963	17.5		4.90	2.20	7.60		2.80
1964	19.9		6.40	2.60	8.50		2.40
1965	26.9		8.30	3.80	11.6		3.20
1966	43.8		11.9	5.00	18.8		8.10
1967	59.9		16.0	6.90	26.6		10.4
1968	73.6		17.2	12.3	38.3		5.80
1969	119.2		24.2	11.9	71.2		11.9
1970	141.2	114.2	31.8	13.0	64.2		5.17
1971	177.3	146.8	41.7	16.0	83.7		5.42
1972	208.6	159.9	47.7	19.5	85.5		7.20
1973	235.5	190.1	56.3	22.4	93.7		17.6
1974	324.9	250.1	75.6	38.8	117.7		18.0
1975	475.6	370.4	113.6	60.8	183.0	1.17	11.8
1976	588.2	460.7	158.3	64.7	219.9	9.10	8.6
1977	861.9	663.5	235.9	76.0	324.7	12.6	14.4
1978	1,140.8	911.4	308.1	119.4	439.5	17.3	27.2
1979	1,729.9	1,357.0	417.8	199.1	620.9	26.1	93.1
1980	2,197.1	1,720.3	584.0	237.4	797.9	38.6	62.3
1981	2,809.2	2,186.2	720.7	301.1	1,055.1	39.7	69.6
1982	3,092.7	2,471.2	898.9	343.1	1,045.1	38.9	145.2
1983	3,569.9	2,932.4	1,066.3	396.9	1,146.9	48.4	273.9
1984	4,448.9	3,629.8	1,145.9	436.2	1,535.3	62.7	449.7
1985	4,626.2	3,775.6	1,271.3	462.6	1,723.8	80.7	237.3
1986	5,142.0	4,247.0	1,103.1	792.5	1,759.1	119.4	472.9
1987	6,728.9	5,030.1	1,305.7	928.2	2,201.5	159.6	435.2
1988	8,604.3	6,143.0	1,595.9	1,142.2	2,839.2	177.8	387.8
1989	11,691.6	7,896.6	2,149.8	1,484.3	3,378.5	236.5	647.5
1990	15,320.7	10,327.3	2,630.4	2,158.8	4,971.4	301.2	265.4
1991	19,348.3	13,852.4	3,387.4	2,680.5	7,068.8	387.5	328.2
1992	22,040.8	15,926.6	4,142.5	3,304.0	7,661.1	479.0	340.0
1993	24,220.4	16,969.6	4,384.7	4,096.5	7,678.2	494.1	316.0
1994	30,340.5	21,902.1	6,369.2	4,760.3	9,730.3	464.1	578.3
1995	35,791.8	24,815.9	7,207.7	5,100.6	11,402.0	632.9	472.7
1996	42,934.6	31,250.0	8,327.8	9,848.5	11,685.0	844.1	544.5
1997	50,532.1	37,407.0	8,984.7	12,649.8	14,104.8	1,129.5	538.3
1998	51,520.5	38,076.9	8,910.4	13,098.7	13,926.4	1,035.5	1,106.0
1999	54,496.7	39,758.5	8,889.8	13,572.9	15,272.7	1,025.4	997.7
2000	57,814.6	41,956.9	9,479.5	15,438.5	15,100.0	1,072.5	866.4
2001	70,100.5	51,542.1	11,309.3	20,571.2	17,076.1	1,279.4	1,306.1
2002	80,315.2	54,791.9	12,329.2	22,539.0	17,379.2	1,451.1	1,093.4
2003	92,980.6	65,027.0	13,438.0	25,305.8	23,214.8	1,709.7	1,358.7
2004	96,764.0	71,794.6	15,279.4	28,111.3	25,058.1	1,851.8	1,494.0
2005	101,925.4	74,635.6	16,570.7	31,361.4	23,283.3	2,001.4	1,418.8
2006	110,947.9	79,738.5	17,862.8	34,073.6	24,510.8	2,149.5	1,141.9
2007	120,286.3	86,881.4	19,046.3	37,307.5	26,428.1	2,286.8	1,812.7
2008	136,625.0	98,395.6	8,969.6	38,539.9	32,928.3	2,210.0	15,747.7
2009	164,545.0	118,463.8	9,116.5	47,458.3	42,258.7	2,604.4	17,025.8

표 T213-219 계속

	총계	순계					
		합계	일반행정비	사회개발비	경제개발비	민방위비	기타 경비
	T213	T214	T215	T216	T217	T218	T219
	남한, 십억 원						
2010	154,177.4	110,122.2	9,923.4	45,718.9	34,271.6	2,620.5	17,587.7
2011	159,270.5	112,559.0	10,432.6	47,703.7	33,219.4	2,814.7	18,388.6
2012	171,367.8	119,537.4	10,171.7	51,235.0	34,801.4	3,683.1	19,646.2
2013	184,040.8	129,736.5	12,557.2	56,885.7	36,282.9	3,415.4	20,595.3
2014	189,298.0	130,451.2	10,429.4	60,967.5	34,259.5	2,886.0	21,908.8
2015	207,187.8	141,878.9	11,710.3	67,833.5	36,050.3	3,353.4	22,931.5

자료: 1951-1969년은 『한국재정40년사』 4(한국개발연구원, 1991), p. 528; 이후는 『지방재정연감』, 각년도.

주: 1) 1951-1969년은 총계, 1970-2015년은 순계의 분류이다.

2) 기간에 따라서 분류방법이 변화하므로 다음과 같이 조정하였다.
일반행정비(일반적경비, 일반행정비, 의회비).
사회개발비(사회복리비, 교육, 문화 및 관광, 환경보호, 사회복지, 보건).
경제개발비(산업경제비, 공익사업비, 농림해양수산, 산업 중소기업, 수송 및 교통, 국토 및 지역개발, 과학기술).
민방위비(민방위운영비, 공공질서 및 안전).
기타 경비(제지출금, 기타 경비).

3) 2008년부터 분류기준이 크게 변경되었다(특히 일반행정비와 기타 경비의 분류기준이 크게 변경).

4) 기타 경비에 오차가 포함되어 있다.

3. 수입

표 T220-236 중앙정부 일반회계 세입, 1896-2015

	합계	조세						
		합계	내국세	관세	방위세	교통세	교육세	종합부동산세
	T220	T221	T222	T223	T224	T225	T226	T227
	남북한, 백만 圓							
1896	1.21	1.19	0.98	0.21				
1897	2.43	2.41	1.99	0.42				
1898	1.76	1.73	1.49	0.24				
1899	2.13	2.10	2.10					
1900	2.95	2.92	2.90	0.02				
1901	3.29	3.28	3.27	0.01				
1902	2.93	2.82	2.80	0.03				
1903	3.53	3.49	3.46	0.03				
1904	5.60	5.52	5.49	0.03				
1905	3.09	3.09	3.09					
1906	6.77	6.56	6.56					
1907	10.0	9.89	7.49	2.40				
1908	11.6	10.0	6.73	3.27				
1909	18.7	8.19	5.77	2.41				
1910	22.3	9.06	6.99	2.07				
1911	52.3	13.3	10.1	3.19				
1912	62.1	14.7	11.1	3.63				
1913	63.1	15.6	10.7	4.89				
1914	62.0	18.5	14.6	3.98				
1915	62.7	19.6	15.1	4.49				
1916	68.2	21.7	16.6	5.10				
1917	74.9	26.9	19.5	7.36				
1918	100.1	35.1	24.6	10.5				
1919	125.8	48.2	32.5	15.7				
1920	146.3	43.7	33.9	9.81				
1921	175.1	47.6	34.2	13.4				
1922	169.4	52.1	38.1	14.0				
1923	152.7	43.8	36.5	7.25				
1924	143.0	47.5	39.1	8.33				
1925	184.9	49.4	39.2	10.2				
1926	211.7	53.7	41.5	12.3				
1927	234.2	54.5	44.5	10.0				
1928	238.2	56.0	45.6	10.5				
1929	240.6	57.4	46.6	10.8				
1930	218.2	53.7	45.1	8.56				
1931	215.0	51.1	43.5	7.59				
1932	220.3	52.9	44.8	8.12				
1933	252.1	64.2	52.9	11.3				
1934	300.9	72.8	60.0	12.9				
1935	330.2	83.4	70.0	13.4				
1936	384.5	96.3	79.3	17.0				
1937	470.7	106.2	93.1	13.1				
1938	590.3	136.9	119.8	17.1				
1939	800.7	179.0	161.0	18.0				
1940	995.3	234.5	218.7	15.7				
1941	1,085.4	274.2	266.2	8.04				
1942	1,312.8	373.1	370.5	2.53				
1943	1,878.6	550.8	544.0	6.82				
	남한, 십억 원							
1946	0.01	0.001						
1947	0.02	0.004						
1948	0.03	0.01	0.01	0.0004				
1949	0.09	0.02	0.01	0.002				
1950	0.25	0.04	0.04	0.003				
1951	0.65	0.40	0.35	0.05				
1952	2.21	0.98	0.83	0.15				

표 T220-236 계속

	합계	조세						
		합계	내국세	관세	방위세	교통세	교육세	종합부동산세
	T220	T221	T222	T223	T224	T225	T226	T227
	남한, 십억 원							
1953	6.68	2.10	1.75	0.35				
1954	14.9	5.20	4.20	1.00				
1955	32.4	11.1	8.81	2.25				
1957	42.5	11.7	9.36	2.38				
1958	47.7	14.7	11.7	2.97				
1959	45.5	22.1	18.5	3.56				
1960	48.5	25.0	19.8	5.15				
1961	61.4	23.2	17.9	5.31				
1962	93.2	28.2	21.5	6.75				
1963	75.9	31.1	24.7	6.39				
1964	79.4	37.4	29.2	8.23				
1965	105.5	54.6	42.1	12.6				
1966	153.8	87.6	70.0	17.6				
1967	199.0	129.2	103.8	25.4				
1968	275.7	194.3	156.4	37.9				
1969	376.0	262.8	218.1	44.7				
1970	445.9	334.7	283.8	50.9				
1971	551.5	407.7	355.5	52.2				
1972	706.9	433.4	374.3	59.1				
1973	697.6	521.5	439.1	82.4				
1974	1,046.4	844.7	718.0	126.7				
1975	1,630.2	1,255.5	1,012.3	181.0	62.2			
1976	2,378.2	1,914.7	1,370.5	275.5	268.7			
1977	2,990.8	2,402.7	1,675.2	385.9	341.6			
1978	4,040.5	3,372.3	2,252.5	646.4	473.3			
1979	5,507.3	4,401.7	3,037.5	732.3	631.9			
1980	6,635.2	5,297.7	3,675.8	766.1	855.8			
1981	8,174.4	6,577.9	4,595.8	890.6	1,091.5			
1982	9,525.9	7,636.4	5,250.7	1,012.6	1,175.3		197.9	
1983	10,753.3	9,220.7	6,188.4	1,463.2	1,306.0		263.1	
1984	11,828.9	10,053.7	6,697.4	1,594.0	1,477.6		284.8	
1985	13,008.9	11,047.4	7,496.9	1,566.1	1,663.2		321.1	
1986	14,699.3	12,622.3	8,464.0	1,942.6	1,843.4		372.4	
1987	17,883.9	15,439.4	10,012.0	2,696.5	2,319.6		411.3	
1988	22,040.8	18,537.1	12,540.2	2,573.6	2,911.1		512.3	
1989	25,590.9	21,232.6	15,208.4	2,117.6	3,483.2		423.4	
1990	31,304.6	26,847.4	19,130.2	2,765.4	4,430.6		521.3	
1991	32,928.7	28,209.4	23,510.9	3,435.5	1,263.0			
1992	34,534.1	32,172.1	28,856.0	3,153.2	162.9			
1993	38,583.7	35,866.1	32,858.9	2,885.9	121.3			
1994	44,935.8	42,708.0	36,725.2	3,448.9	76.7	2,457.2		
1995	52,928.0	50,431.5	42,363.4	4,633.2	63.1	3,371.8		
1996	60,275.8	57,058.1	46,910.4	5,309.5	14.3	4,824.0		
1997	65,959.1	60,909.2	49,572.9	5,797.6	-8.46	5,547.1		
1998	74,641.3	58,837.6	48,496.2	3,836.0	1.42	6,504.0		
1999	84,280.6	65,067.0	53,122.4	4,687.3	1.65	7,255.7		
2000	92,602.2	81,984.6	67,784.2	5,799.7	-2.94	8,403.6		
2001	102,008.4	86,418.8	70,210.3	5,923.4	-0.93	10,286.1		
2002	113,380.0	94,285.8	79,550.5	6,601.3	0.81	8,133.2		
2003	119,675.5	104,925.7	89,495.7	6,847.3	2.26	8,580.4		
2004	119,646.0	108,170.4	92,681.0	6,796.5	57.1	8,635.9		
2005	136,459.2	122,391.6	101,826.8	6,317.7	-8.55	10,287.8	3,526.6	441.3
2006	147,866.8	132,675.4	111,470.3	6,858.4	0.84	9,593.8	3,424.5	1,327.5
2007	171,172.1	155,390.2	130,240.2	7,410.8	0.33	11,463.5	3,861.2	2,414.3
2008	181,585.8	160,720.0	133,725.2	8,775.7	0.32	11,909.3	4,179.6	2,129.9
2009	204,947.5	157,928.7	133,706.0	9,169.1	0.20	10,092.0	3,754.2	1,207.1
2010	205,233.5	170,938.7	140,627.9	10,666.3	0.48	13,970.1	4,645.0	1,028.9
2011	214,860.4	184,957.1	157,072.5	10,990.1	0.24	11,546.0	4,246.4	1,101.9

표 T220-236 계속

	합계	조세						
		합계	내국세	관세	방위세	교통세	교육세	종합부동산세
	T220	T221	T222	T223	T224	T225	T226	T227
	남한, 십억 원							
2012	223,703.4	196,164.7	166,772.4	9,815.7	0.36	13,809.1	4,635.9	1,131.1
2013	232,392.9	195,384.2	165,898.8	10,561.6	-59.2	13,247.8	4,510.9	1,224.3
2014	239,225.6	199,335.4	171,259.9	8,721.0	0.25	13,440.3	4,606.8	1,307.2
2015	261,938.3	210,832.7	182,012.9	8,495.4	0.18	14,054.6	4,870.6	1,399.0

자료: 1896-1909년은 이윤상, 「日帝에 의한 植民地財政의 形成過程」, 『한국사론』 14(1986).
1910년은 『총독부통계연보』, 각년도; 1911-1943년은 『조선총독부세입세출결정계산서』, 각년도, 수입제액(收入濟額).
1946-1947년은 『한국산업경제10년사』(산업은행조사부, 1955), p. 360.
1948-2015년은 『한국재정40년사』 4, 표 3-3; 『결산개요』, 각년도.

注: 1) 1910-1943년은 '조선총독부특별회계'를 중앙정부 일반회계로 간주하였다.
2) 1896-1909년은 실수입. 1896-1904년은 2元=1圓으로 환산하였다.
3) 1910년은 1910년 10월 1일 이후 세입액. 총액과 내역합은 일치하지 않는다. 내역을 모두 알 수 없다. 1910년도의 보충금은 1910년 10월 이후 1911년 3월까지의 보충금(김옥근, 『일제하 조선재정사논고』, 일조각, 1994, pp. 10, 27).
4) 1946-1947년의 전매익금은 관업관유재산수입 내에서 전매이다. 세외수입은 전매를 제외한 관업관유재산수입(운수, 체신, 관업제수입, 관유재산수입)+잡수입.
5) 1911-1943년의 '원조 및 차관'은 '보충금'이다.
6) 인지수입은 내국세에 포함되어 있다.
7) 1910, 1932, 1933, 2010년은 원자료에 내역과 합계가 일치하지 않는다.
8) 조세총부담 계열과 차이가 있다(교육세, 농어촌특별세). 본 표는 일반회계 세입으로 귀속되는 부분만 산입되어 있다.

표 T220-236 계속

	전매익금	세외수입	공채 및 차입금	예탁금 및 이자	원조 및 차관				이월금
					합계	원조	파월경비지원	차관	
	T228	T229	T230	T231	T232	T233	T234	T235	T236
	남북한, 백만 圓								
1896		0.01							
1897		0.02							
1898		0.03							
1899		0.03							
1900		0.03							
1901		0.01							
1902		0.11							
1903		0.04							
1904		0.08							
1905		0.004							
1906		0.21							
1907		0.12							
1908		1.33							0.32
1909		2.93	4.00		1.00				2.60
1910		4.20	7.30		2.89	2.89			0.18
1911		12.5	10.0		12.4	12.4			4.16
1912		14.1	14.9		12.4	12.4			6.11
1913	0.26	15.8	11.1		10.0	10.0			10.3
1914	0.67	16.6	7.64		9.00	9.00			9.64
1915	0.85	18.4	8.95		8.00	8.00			6.95
1916	0.80	22.2	10.6		7.00	7.00			5.85
1917	1.50	18.0	12.8		5.00	5.00			10.6
1918	1.92	23.3	13.1		3.00	3.00			23.7
1919	1.98	25.2	14.4						36.0
1920	1.14	31.3	27.4		10.0	10.0			32.8
1921	4.82	46.3	37.2		15.0	15.0			24.1
1922	7.16	46.6	21.1		15.6	15.6			26.7
1923	6.08	47.0	26.6		15.0	15.0			14.2
1924	7.16	54.6	10.9		15.0	15.0			7.95
1925	9.47	90.4	10.9		16.6	16.6			8.20
1926	12.7	99.0	13.4		19.8	19.8			13.1
1927	14.4	109.4	18.4		15.4	15.4			22.2
1928	13.2	112.3	17.8		15.5	15.5			23.4
1929	15.7	96.1	16.2	19.2	15.4	15.4			20.5
1930	17.6	87.6	12.5	15.5	15.5	15.5			15.8
1931	23.9	86.7	13.2	15.1	15.5	15.5			9.49
1932	17.9	88.0	23.0	19.4	12.9	12.9			7.17
1933	20.0	98.8	32.6	21.8	12.9	12.9			5.81
1934	18.9	116.0	27.9	29.6	12.8	12.8			22.8
1935	21.0	129.4	20.9	30.1	12.8	12.8			32.6
1936	24.9	142.4	26.1	35.6	12.9	12.9			46.3
1937	30.7	166.0	51.0	43.9	12.9	12.9			60.0
1938	38.0	194.0	86.3	58.5	12.9	12.9			63.7
1939	50.5	246.6	134.0	87.9	12.9	12.9			89.7
1940	55.5	310.4	156.9	102.7	14.7	14.7			120.6
1941	74.0	344.9	149.1	48.5	12.9	12.9			181.7
1942	98.5	452.4	166.7	55.6	13.0	13.0			153.6
1943		734.8	366.5	56.6	13.0	13.0			157.0
	남한, 십억 원								
1946	0.01	0.001	0.004						
1947	0.01	0.004	0.004						
1948	0.01	0.01	0.01						
1949	0.02	0.01	0.05		0.0002	0.0002			
1950	0.02	0.02	0.15		0.01	0.01			
1951	0.09	0.13	0.04						
1952	0.29	0.52	0.12		0.31	0.31			
1953	0.40	0.67	2.72		0.80	0.80			
1954	0.59	0.72	3.95		4.47	4.47			

표 T220-236 계속

	전매익금	세외수입	공채 및 차입금	예탁금 및 이자	원조 및 차관				이월금
					합계	원조	파월경비지원	차관	
	T228	T229	T230	T231	T232	T233	T234	T235	T236
	남한, 십억 원								
1955	1.00	1.94	3.33		15.1	15.1			
1957	1.62	1.21	5.44		22.5	22.5			
1958	2.12	1.47	4.88		24.6	24.6			
1959	2.27	0.92	1.35		18.9	18.9			
1960	2.30	2.43	1.99		16.8	16.8			
1961	2.65	7.17	4.28		24.1	24.1			
1962	4.23	10.3	20.6	1.09	28.7	28.7			
1963	4.83	9.18	3.20	1.33	26.3	26.3			
1964	4.53	7.60		1.82	28.0	28.0			
1965	3.60	8.88		2.28	36.1	36.1			
1966	7.50	11.0		9.20	38.4	38.4			
1967	10.0	12.5		9.27	38.0	35.2	2.80		
1968	16.4	18.7		12.9	33.4	30.7	2.76		
1969	24.3	20.3		44.8	23.9	21.9	2.03		
1970	30.1	21.7		35.6	23.7	17.7	6.00		
1971	45.4	26.4		51.1	20.9	12.2	8.76		
1972	42.9	23.7	95.0	100.2	11.7	4.40	7.30		
1973	57.0	55.8	5.00	53.3	4.95		2.87	2.08	
1974	69.0	52.6	45.7	30.1	4.28			4.28	
1975	135.5	92.8	20.8	112.7	13.0			13.0	
1976	178.0	152.0	6.00	81.5	46.0			46.0	
1977	220.0	270.4		23.1	74.6			74.6	
1978	280.0	298.6		7.50	82.2			82.2	
1979	360.0	646.8		8.30	90.6			90.6	
1980	510.0	638.3	100.0	0.002	89.1			89.1	
1981	680.0	427.4	411.4	0.002	77.7			77.7	
1982	760.0	660.7	350.0	25.6	93.2			93.2	
1983	830.0	604.2	30.0	11.6	56.8			56.8	
1984	846.0	886.7			42.5			42.5	
1985	829.0	1,076.5			56.0			56.0	
1986	984.0	1,020.1			72.9			72.9	
1987	904.3	1,457.0			83.2			83.2	
1988	947.0	2,504.9	0.003		51.7			51.7	
1989	1.54	4,331.5	0.001		25.4			25.4	
1990		4,384.3			72.9			72.9	
1991		4,635.3			83.9			83.9	
1992		2,285.3			76.7			76.7	
1993		2,651.2			66.5			66.5	
1994		2,183.4			44.5			44.5	
1995		2,447.9			48.6			48.6	
1996		3,129.0			88.7			88.7	
1997		4,420.6	560.7		68.5			68.5	
1998		15,456.3	264.7		82.8			82.8	
1999		15,869.0	3,300.9		43.7			43.7	
2000		10,563.8	39.8		14.0			14.0	
2001		11,875.4	3,712.9		1.32			1.32	
2002		12,353.4	6,740.3		0.57			0.57	
2003		13,399.8	1,349.4		0.54			0.54	
2004		10,889.3	586.3						
2005		13,947.3	120.3						
2006		14,421.4	769.9						
2007		15,680.7	101.2						
2008		20,795.2	70.6						
2009		46,956.5	62.2						
2010		34,153.9	130.9						
2011		29,812.0	91.2						
2012		27,475.5	63.3						
2013		36,286.2	722.5						
2014		39,083.6	806.6						
2015		51,098.3	7.34						

표 T237-247 지방재정 세입, 1910-1943

	지방재정								향교재산	수리조합	거류민단
	합계	도지방비	면	부	학교비	학교조합	부제1부	부제2부			
	T237	T238	T239	T240	T241	T242	T243	T244	T245	T246	T247
	남북한, 백만 圓										
1910		1.31									2.15
1911		2.22									3.39
1912	6.81	2.79	2.56		0.91	0.55			0.15		2.28
1913	8.09	2.70	3.20		1.00	1.20			0.18	0.37	2.04
1914	10.4	2.93	2.86	2.15	1.11	1.32			0.20	0.41	
1915	10.7	3.37	2.86	1.96	1.15	1.36			0.18	0.79	
1916	10.9	3.35	2.82	1.83	1.26	1.60			0.16	1.11	
1917	13.0	4.97	2.82	1.93	1.37	1.86			0.17	2.01	
1918	17.2	6.60	4.43	1.95	1.84	2.39			0.20	1.26	
1919	25.5	10.1	6.09	2.39	2.51	4.35			0.27	1.17	
1920	45.0	16.7	11.9	3.78	8.14	4.42			0.32	1.45	
1921	52.2	18.1	14.0	4.21	10.4	5.58			0.36	8.41	
1922	62.8	21.1	16.7	6.46	13.3	5.33			0.49	8.00	
1923	67.2	21.4	18.5	7.98	13.9	5.45			0.42	12.8	
1924	68.2	20.9	19.5	8.47	13.9	5.45			0.44	12.1	
1925	70.7	26.3	17.9	8.10	13.3	5.08			0.51	10.7	
1926	75.3	27.3	19.4	8.77	14.0	5.75			0.56	14.6	
1927	85.5	33.9	20.3	10.9	14.4	5.93			0.60	20.1	
1928	88.5	34.5	21.8	11.6	14.5	6.08			0.55	22.6	
1929	96.0	37.0	21.7	16.3	14.9	6.06			0.55	26.5	
1930	91.3	36.8	21.6	12.0	15.3	5.57			0.51	27.4	
1931	111.6	53.7	22.8	13.4	13.8	3.14	3.16	1.63	0.45	25.1	
1932	122.7	63.9	23.4	13.1	14.2	3.08	3.33	1.71	0.44	20.6	
1933	146.8	84.6	23.9	15.1	14.5	3.23	3.47	1.95	0.46	16.6	
1934	150.3	85.3	24.6	15.0	16.2	3.41	3.54	2.30	0.50	16.2	
1935	143.5	71.7	25.8	17.3	18.1	3.81	4.21	2.62	0.56	17.1	
1936	157.1	77.4	28.2	20.2	19.5	3.75	4.81	3.32	0.64	16.8	
1937	198.5	91.0	30.5	38.3	24.2	4.16	5.13	5.19		16.8	
1938	214.7	102.8	31.4	36.1	29.3	4.22	4.87	5.95		17.2	
1939	304.9	169.4	34.3	48.6	35.5	4.32	5.50	7.30			
1940	396.8	202.7	43.6	87.9	40.8	4.62	6.45	10.77			
1941	463.0	242.4	56.0	86.9	51.6	5.40	8.60	12.09			
1942	491.4	222.3	75.8	101.9	59.3	5.99	9.93	16.18			
1943	576.9	260.2	99.1	102.7	72.0	7.00	12.64	23.24			

자료: 『조선총독부통계연보』, 각년도.

주: 1) 도지방비는 결산액, 기타는 예산액. 거류민단 1910-1913년 결산액이다.

2) 향교재산, 수리조합, 거류민단은 지방재정 합계에서 제외하였다.

표 T248-257 지방자치단체 일반회계 세입의 성질별 분류, 1951-2015

	총계	순계								지방채
		합계	지방세	세외수입	의존재원					
					합계	교부세	교부금	양여금	보조금	
	T248	T249	T250	T251	T252	T253	T254	T255	T256	T257
	남한, 십억 원									
1951	0.11		0.02	0.04	0.04	0.01			0.03	
1952	0.34		0.06	0.13	0.15	0.04			0.11	
1953	0.80		0.16	0.22	0.42	0.10			0.32	
1954	2.90		0.60	0.60	1.70	0.20			1.50	
1955	7.90		1.40	1.50	5.00	0.30			4.70	
1957	8.50		1.20	2.20	5.10	0.40			4.70	
1958	10.6		1.50	2.60	6.50	0.60			5.90	
1959	12.7		2.10	2.60	8.00	2.60			5.40	
1960	13.7		2.10	2.40	9.20	3.10			6.10	
1961	14.5		2.20	2.20	10.10	2.40			7.70	
1962	13.7		5.20	2.30	6.20	2.20			4.00	
1963	19.4		7.40	2.90	9.10	3.30			5.80	
1964	21.6		8.80	3.50	9.30	3.90			5.40	
1965	28.5		11.4	4.10	13.0	5.00			8.00	
1966	45.5		16.2	5.70	23.6	14.8			8.80	
1967	62.1		14.1	8.00	40.0	24.0			16.0	
1968	78.2		19.4	11.0	47.8	26.6			21.2	
1969	122.4		26.6	25.1	70.7	36.9			33.8	
1970	145.4	126.3	33.2	21.3	71.8	51.1			20.7	
1971	179.6	156.8	39.8	25.4	91.6	70.0			21.6	
1972	215.1	176.4	46.6	30.9	98.9	67.3			31.7	
1973	248.9	217.1	74.0	38.2	104.8	71.6	0.2		33.0	
1974	344.9	271.8	107.9	51.9	112.0	81.4	0.2		30.5	
1975	517.0	430.4	158.6	71.7	200.0	117.8			82.2	
1976	660.8	568.0	227.0	103.2	237.8	151.5			86.3	
1977	960.1	816.5	336.3	193.0	287.2	183.4			103.8	
1978	1,261.7	1,085.6	445.7	262.6	377.3	246.9			130.4	
1979	1,907.6	1,593.6	599.0	405.0	589.5	336.3			253.2	
1980	2,339.7	1,945.4	767.8	440.7	737.0	410.0			326.9	
1981	2,964.0	2,457.6	914.4	663.6	879.6	520.0			359.6	
1982	3,376.7	2,902.1	1,119.2	745.8	1,037.2	700.9			336.3	
1983	4,014.8	3,516.7	1,397.2	890.5	1,229.1	858.8			370.3	
1984	4,759.5	4,093.9	1,508.4	1,147.4	1,438.1	1,020.0			418.2	
1985	4,953.1	4,217.3	1,654.6	1,082.9	1,479.7	1,006.1			473.6	
1986	5,554.8	4,757.1	1,809.8	1,133.0	1,814.3	1,295.9			518.4	
1987	7,571.7	6,042.1	2,192.3	1,268.6	2,581.2	1,609.7			971.5	
1988	9,933.1	7,891.8	3,098.9	1,991.4	2,801.4	1,720.8			1,080.6	
1989	14,494.6	11,407.8	4,960.8	2,365.3	3,812.3	2,186.9			1,625.4	269.4
1990	19,385.0	15,491.0	6,378.6	3,979.6	4,806.5	2,764.7	53.8		1,988.0	326.3
1991	24,244.0	19,903.8	8,035.1	5,571.6	5,797.0	3,452.4		557.0	1,787.6	500.1
1992	26,428.5	22,078.7	9,462.2	6,658.1	5,314.4	3,925.1		53.4	1,335.9	643.9
1993	29,080.0	23,700.3	11,025.8	5,993.5	6,216.2	4,412.4		60.3	1,743.5	464.8
1994	37,203.8	30,280.0	13,227.8	7,738.0	8,854.6	4,821.4		1,696.1	2,337.1	459.6
1995	45,610.8	36,667.4	15,316.9	9,032.5	12,318.0	5,671.3	1,557.6	1,870.1	3,219.0	
1996	54,965.1	44,995.3	17,394.7	13,888.7	12,966.6	6,372.7	151.2	2,574.4	3,868.4	745.3
1997	62,017.6	50,765.0	18,497.7	16,691.7	14,239.4	6,785.7	244.2	2,876.4	4,333.2	1,336.1
1998	62,702.4	50,989.3	17,148.3	15,443.1	16,386.3	7,036.3	295.0	2,879.5	6,175.4	2,011.6
1999	66,944.0	53,772.6	18,568.5	15,759.3	17,716.1	6,535.4	383.3	2,906.1	7,891.3	1,728.6
2000	71,431.4	57,653.2	20,361.4	16,653.7	19,815.8	8,245.0	204.4	3,713.4	7,652.9	822.3
2001	87,084.4	71,460.7	26,639.7	18,337.6	25,668.8	12,210.0	140.1	4,628.1	8,690.6	814.7
2002	106,268.9	84,508.2	31,583.6	22,118.2	30,233.3	12,050.6	418.7	4,021.8	13,742.2	573.2
2003	120,443.2	96,504.0	33,062.0	31,926.4	30,960.0	13,370.3	1,593.1	4,280.9	11,715.7	555.6
2004	119,072.6	97,231.0	34,159.4	33,507.0	28,978.9	14,228.8	200.7	3,775.3	10,774.1	585.6
2005	122,922.7	99,714.2	35,976.9	29,104.7	33,816.1	20,018.3			13,797.8	816.6
2006	135,577.1	109,090.4	41,281.8	28,255.0	38,807.1	21,734.7			17,072.5	746.5
2007	146,975.1	118,242.8	43,531.6	31,973.4	41,955.9	25,229.4			16,726.5	781.9
2008	165,782.5	133,040.0	45,835.1	34,689.2	51,205.9	31,081.3			20,124.6	1,309.8

표 T248-257 계속

	총계	순계								
		합계	지방세	세외수입	의존재원					지방채
					합계	교부세	교부금	양여금	보조금	
	T248	T249	T250	T251	T252	T253	T254	T255	T256	T257
	남한, 십억 원									
2009	184,488.4	144,920.6	45,056.5	38,854.2	54,961.0	28,429.9			26,531.1	6,048.9
2010	172,426.7	135,025.0	50,079.9	28,401.9	54,805.6	28,191.6			26,614.0	1,737.5
2011	180,041.5	140,706.8	52,298.6	26,556.3	58,684.2	31,926.0			26,758.2	3,167.7
2012	194,304.2	151,264.3	53,938.1	31,960.4	64,286.6	35,182.1	3.57		29,101.0	1,079.3
2013	208,055.3	161,801.2	53,778.9	37,187.8	66,242.5	35,547.6			30,694.9	4,592.1
2014	218,117.9	168,252.6	61,722.5	36,564.8	68,960.9	35,895.2			33,065.8	1,004.4
2015	241,996.8	186,081.1	70,977.8	41,026.1	72,894.5	34,969.1			37,925.4	1,182.7

자료: 1951-1969년은 『한국재정40년사』 4(한국개발연구원, 1991); 1970-2015년은 『지방재정연감』, 각년도.

주: 1) 1951-1969년은 총계, 1970-2015년은 순계의 분류이다.

2) 세외수입에는 경상수입으로 재산임대수입, 사용료, 수수료, 사업장수입, 징수교부금, 이자수입. 임시수입으로 재산매각대, 이월금, 기부금, 지방채, 융자금, 융자금회수, 전입금, 부담금, 잡수입, 과년도수입이 포함되어 있다.

3) 내역합계와 총계 사이에 사소한 차이가 있는 경우가 있으나 자료에 제시된 합계를 이용하였다.

4) 2014년과 2015년의 세외수입이 급감한 것은 보전수입 및 내부거래를 별도 항목으로 집계했기 때문이다.

5) 1989년, 1991년의 의존재원은 지방채를 분리한 후에 조정하였다.

6) 교부금은 지방교부금, 증액교부금, 재정보전금으로 구성되어 있다.

7) 2014-2015년은 보전거래 등 및 내부거래가 별도 항목으로 분리되었으나 일관성을 위해서 세외수입에 포함시켰다.

표 T258-266 지방자치단체 의존재원, 1967-2014

	총계	순계							
		합계	지방교부세	지방양여금	증액교부금	보조금			
						합계	국고보조금	시도비보조금	부담금
	T258	T259	T260	T261	T262	T263	T264	T265	T266
	남한, 십억 원								
1967	89.6	51.4	16.5		25.0	9.78			
1968	114.1	76.1	27.2		34.0	14.9			
1970	202.1	133.6	55.3		52.9	25.4			
1971	255.6	176.2	75.3		72.7	28.3			
1972	309.2	203.6	67.3		92.9	43.4			
1973	137.6	105.9	71.6		0.23	35.1			
1974	185.3	112.4	81.4		0.49	30.6			
1975	283.6	200.0	117.8			82.2			
1976	324.2	240.2	151.5			88.8			
1977	415.9	287.5	183.4			104.1			
1978	549.1	381.5	246.9			134.6			
1979	878.5	596.5	336.3			260.2			
1980	1,106.8	749.1	410.0			339.1	338.7	0.34	
1981	1,375.9	908.5	520.0			388.5	388.4		0.02
1982	1,527.4	1,101.4	700.9			400.5			
1983	1,752.0	1,301.4	858.8			442.6			
1984	2,099.9	1,499.6	1,020.0			479.6			
1985	2,225.4	1,566.4	1,006.1			560.3			
1986	2,642.3	1,906.4	1,295.9			610.5			
1987	3,939.3	2,591.2	1,609.7			981.5			
1988	4,565.6	2,817.5	1,720.8			1,096.6			
1989	6,553.0	3,915.1	2,186.9			1,728.2			
1990	8,494.7	4,955.3	2,764.7		53.8	2,136.8			
1991	10,257.8	6,415.5	3,452.4	557.0		2,406.1			
1992	11,332.8	6,906.1	3,925.1	1,230.6		1,750.4			
1993	12,803.1	8,002.6	4,412.4	1,421.1		2,169.1			
1994	15,429.2	9,649.3	4,821.4	1,696.1		3,131.8			
1995	19,043.9	11,653.9	5,674.6	1,870.1		4,109.2			
1996	17,156.9	14,027.5	6,372.7	2,574.4	151.2	4,929.2	4,929.2		
1997	19,018.3	15,437.3	6,785.7	2,877.2	228.9	5,545.6	5,545.6		
1998	23,072.2	17,985.6	7,039.5	2,885.5	295.0	7,765.6	7,765.6		
1999	25,886.2	19,512.4	6,535.4	2,906.1	383.3	9,687.5	9,687.5		
2000	28,790.5	22,051.3	8,245.0	3,713.4	204.4	9,888.5	9,888.5		
2001	36,415.3	28,156.1	12,210.0	4,628.1	140.1	11,178.0	11,178.0		
2002	43,942.8	32,872.0	12,060.4	4,190.1	418.7	16,202.9	16,202.9		
2003	43,894.9	33,704.3	13,397.3	4,412.0	1,640.4	14,254.5	14,254.5		
2004	40,555.0	31,820.6	14,234.5	3,848.9	240.7	13,496.4	13,496.4		
2005	47,962.7	36,970.9	20,025.3			16,945.7	16,945.7		
2006	56,197.2	42,864.1	21,744.1			21,120.0	21,120.0		
2007	60,725.4	26,637.7	25,239.4			1,398.3	1,398.3		
2008	73,200.4	56,902.8	31,094.3			25,808.5	25,808.5		
2009	82,439.9	60,831.0	28,451.2			32,379.8	32,379.8		
2010	81,422.1	60,232.3	28,199.0			32,033.3	32,033.3		
2011	86,569.6	64,225.4	31,937.7			32,287.7	32,287.7		
2012	94,576.0	70,310.9	35,206.3			35,104.6	35,104.6		
2013	97,357.1	72,412.9	35,575.0			36,837.9	36,837.9		
2014	103,370.8	75,116.2	35,921.1			39,195.2	39,195.2		

자료: 『지방재정연감』, 각년도.

주: 1) 결산액. 1967-1974년의 조정교부금, 증액교부금은 '교부금'으로 분류되어 있다.

2) 1996-2000년은 예외적으로 지방교부세=법정교부세+증액교부금으로 편제되어 있다.

3) 지방자치단체 일반회계 세입 성질별 분류, 1951-2015에서의 의존재원과 차이가 있다.

4) 1973년 원자료 합계와 내역에 차이가 있다.

표 T267-278 지방교육비 특별회계 재원, 1962-2015

	세입		재원									
	총계	순계	합계	국고부담						지방부담		
				합계	교부금	교부세	지방교육양여금	교육환경개선지원금	보조금	합계	자체수입 등	전입금
	T267	T268	T269	T270	T271	T272	T273	T274	T275	T276	T277	T278
	남한, 십억 원											
1962			11.9	9.36						2.54		
1963			12.3	9.33						2.93		
1964	13.7	13.6	13.3	10.7	8.90	0.55			1.25	2.57	2.19	0.38
1965	20.4	20.4	16.3	13.0	10.4	0.59			2.05	3.30	2.86	0.44
1966	26.5	26.0	26.5	22.2	19.7	0.91			1.58	4.25	3.70	0.55
1967	33.5	32.6	33.5	28.1	25.0	0.99			2.10	5.32	4.56	0.76
1968	45.7	45.1	45.7	39.1	34.0	2.17			3.02	6.57	5.55	1.02
1969	61.7	60.4	61.7	51.4	44.9	3.00			3.60	10.2	8.85	1.38
1970	80.9	79.0	81.0	67.4	58.4	4.12			4.79	13.6	11.6	2.06
1971	104.6	101.8	104.6	84.6	72.7	5.30			6.65	20.0	17.0	3.03
1972	128.4	124.8	128.4	100.4	92.9				7.49	28.0	24.8	3.22
1973	134.7	129.6	154.7	99.1	97.7				1.36	55.6	51.8	3.85
1974	171.6	165.4	134.3	100.0	100.0				0.0003	34.2	29.9	4.30
1975	245.2	237.1	220.1	163.8	163.4				0.43	56.3	49.9	6.36
1976	387.2	381.5	391.8	291.1	289.6				1.50	100.8	91.3	9.48
1977	513.2	503.7	456.3	366.7	362.0				4.70	89.6	78.0	11.6
1978	669.1	650.9	626.2	477.3	468.1				9.25	148.9	134.1	14.8
1979	905.0	879.8	823.0	653.5	643.7				9.81	169.5	149.0	20.5
1980	1,224.4	1,149.4	1,074.2	845.3	833.7				11.60	228.9	203.2	25.6
1981	1,558.0	1,473.4	1,432.2	1,114.3	1,102.7				11.62	317.9	289.7	28.2
1982	1,976.0	1,925.0	1,981.5	1,474.4	1,465.5				8.95	507.1	474.7	32.4
1983	2,286.8	2,205.0	2,242.1	1,629.3	1,629.1				0.27	612.7	564.3	48.4
1984	2,499.3	2,392.8	2,366.5	1,713.3	1,709.6				3.68	653.3	607.9	45.4
1985	2,772.4	2,635.8	2,644.9	1,949.4	1,948.6				0.78	695.5	640.5	55.0
1986	3,037.2	2,885.6	2,956.1	2,215.1	2,212.5				2.55	741.0	677.0	64.0
1987	3,335.6	3,250.7	3,226.7	2,445.2	2,442.4				2.84	781.5	709.9	71.6
1988	3,794.0	3,744.8	3,706.0	2,840.0	2,836.0				4.00	866.0	779.7	86.3
1989	4,620.9	4,452.8	4,320.3	3,146.6	3,136.9				9.72	1,173.7	861.9	311.8
1990	6,313.1	5,982.0	5,023.5	3,797.1	3,792.7				4.35	1,226.4	891.1	335.3
1991	7,798.4	7,367.4	6,660.5	5,487.7	4,046.6		1,438.2		2.82	1,172.8	786.7	386.1
1992	9,416.9	8,656.8	7,977.9	6,787.9	5,001.6		1,770.4		15.9	1,190.1	769.6	420.5
1993	10,765.1	10,012.1	9,345.5	7,811.5	5,434.1		2,377.3			1,534.1	1,114.0	420.0
1994	12,213.9	11,287.1	10,675.2	8,861.0	6,285.3		2,566.1		9.62	1,814.2	1,188.7	625.5
1995	14,046.8	13,077.5	12,251.4	10,269.4	7,209.0		2,987.0		73.4	1,982.1	1,298.4	683.7
1996	16,687.8	15,404.6	15,302.0	12,698.5	8,480.1		4,113.6		104.8	2,603.5	1,541.7	1,061.8
1997	18,872.9	17,436.4	18,048.4	15,343.7	9,960.9		5,271.8		111.1	2,704.7	1,605.1	1,099.6
1998	18,740.6	17,225.9	18,122.1	15,416.3	9,024.0		5,518.6	700.0	173.6	2,705.7	1,512.3	1,193.4
1999	20,197.2	16,764.0	15,658.2	13,036.0	7,661.7		4,617.9	693.5	62.8	2,622.3	1,566.0	1,056.2
2000	22,440.2	18,657.7	19,318.1	14,513.8	8,571.4		5,161.8	700.0	80.6	4,804.3	3,691.1	1,113.2
2001	26,377.9	23,483.6	22,202.6	15,728.8	11,977.9		3,624.4		126.5	6,473.8	1,902.0	4,571.8
2002	30,489.7	26,115.3	23,416.2	16,620.9	12,762.2		3,718.4		140.3	6,795.2	1,941.3	4,854.0
2003	32,366.8	28,604.8	25,854.1	18,670.3	14,453.2		4,108.2		108.9	7,183.8	1,908.3	5,275.5
2004	33,143.5	29,218.8	29,057.8	21,252.2	16,868.3		4,238.6		145.3	7,805.7	1,702.8	6,102.9
2005	34,479.4	31,077.8	30,637.0	21,568.4	17,495.4		3,977.2		95.8	9,068.6	3,009.3	6,059.3
2006	34,741.3	32,623.1	31,148.4	23,445.5	23,285.9				159.6	7,702.9	1,819.0	5,884.0
2007	34,741.3	32,463.9	33,624.1	25,496.9	25,123.1				373.8	8,127.2	1,801.4	6,325.8
2008	45,495.5	42,866.6	37,852.4	28,964.5	28,957.1				7.3	8,888.0	1,800.4	7,087.5
2009	48,020.5	40,490.9	40,003.1	30,601.9	30,599.4				2.5	9,401.2	1,972.9	7,428.3
2010	48,331.6	41,974.7	41,095.4	29,140.2	29,131.5				8.7	11,955.2	4,367.8	7,587.4
2011	51,703.0	46,435.6	43,921.5	33,378.5	33,343.6				35.0	10,542.9	2,627.4	7,915.6
2012	54,934.1	50,067.2	47,703.4	36,713.4	36,701.5				11.9	10,990.0	2,606.6	8,383.5
2013	57,293.0	51,915.4	51,449.6	39,190.0	39,172.8				17.2	12,259.6	3,596.8	8,662.8
2014	60,516.4	52,755.0	52,902.8	39,749.5	39,743.3				6.12	13,153.3	4,720.1	8,433.3
2015	62,360.5	52,575.8	54,334.1	38,160.7	38,138.0				22.7	16,173.4	6,537.6	9,635.8

자료: 『교육통계연보』, 각년도; 1962-1963년은 『문교관계통계자료집』 입법참고자료 제213호(1979).

注: 1) 총계와 순계는 결산액, 재원은 예산액이다.

2) 자체수입 등=자체수입+지방교육채+주민부담금 등 기타.

3) 세입순계=세입총계-보전수입-이월금. 세출순계=세입총계-보전지출-이월금.

표 T279-294 총조세부담, 1896-2015

	총조세부담											국민부담				
		국세														
	합계	합계	내국세	관세	방위세	교통세(교통 에너지 환경세)	교육세	농어촌 특별세	종합 부동산세	전매익금	지방세	합계	(사회 부담금)	GDP	조세 부담률	국민 부담률
	T279	T280	T281	T282	T283	T284	T285	T286	T287	T288	T289	T290	T291	T292	T293	T294
	남북한, 백만 圓														%	
1896	1.19	1.19	0.98	0.21												
1897	2.41	2.41	1.99	0.42												
1898	1.73	1.73	1.49	0.24												
1899	2.10	2.10	2.10													
1900	2.92	2.92	2.90	0.02												
1901	3.28	3.28	3.27	0.01												
1902	2.82	2.82	2.80	0.03												
1903	3.49	3.49	3.46	0.03												
1904	5.52	5.52	5.49	0.03												
1905	3.09	3.09	3.09													
1906	6.52	6.52	6.52													
1907	9.77	9.77	7.37	2.40												
1908	9.89	9.89	6.63	3.27												
1909	7.94	7.94	5.53	2.41												
1910	10.8	9.06	6.99	2.07							1.76					
1911	16.6	13.3	10.1	3.19							3.32			515.2	3.23	
1912	18.8	14.7	11.1	3.63							4.17			629.9	2.99	
1913	20.8	15.9	10.7	4.89						0.26	4.91			699.9	2.97	
1914	24.0	19.2	14.6	3.98						0.67	4.80			631.0	3.81	
1915	25.4	20.4	15.1	4.49						0.85	4.98			570.7	4.45	
1916	27.5	22.5	16.6	5.10						0.80	4.92			665.7	4.12	
1917	33.4	28.4	19.5	7.36						1.50	5.02			900.4	3.71	
1918	43.9	37.0	24.6	10.5						1.92	6.88			1,420.2	3.09	
1919	60.7	50.2	32.5	15.7						1.98	10.6			1,839.3	3.30	
1920	70.9	44.9	33.9	9.81						1.14	26.1			1,966.3	3.61	
1921	81.6	52.5	34.2	13.4						4.82	29.2			1,583.9	5.15	
1922	92.5	59.3	38.1	14.0						7.16	33.2			1,728.7	5.35	
1923	84.3	49.9	36.5	7.25						6.08	34.5			1,710.3	4.93	
1924	89.9	54.6	39.1	8.33						7.16	35.3			1,814.2	4.96	
1925	93.4	58.8	39.2	10.2						9.47	34.6			1,892.0	4.93	
1926	102.3	66.5	41.5	12.3						12.7	35.8			1,834.3	5.58	
1927	106.6	68.8	44.5	10.0						14.4	37.8			1,860.4	5.73	
1928	107.8	69.2	45.6	10.5						13.2	38.6			1,767.0	6.10	
1929	113.0	73.1	46.6	10.8						15.7	39.9			1,710.8	6.61	
1930	111.9	71.3	45.1	8.56						17.6	40.6			1,418.3	7.89	
1931	115.7	75.0	43.5	7.59						23.9	40.8			1,366.1	8.47	
1932	112.0	70.8	44.8	8.12						17.9	41.2			1,512.5	7.40	
1933	127.6	84.2	52.9	11.3						20.0	43.4			1,647.9	7.74	
1934	136.5	91.7	60.0	12.9						18.9	44.9			1,843.5	7.41	
1935	150.0	104.4	70.0	13.4						21.0	45.6			2,229.6	6.73	
1936	171.8	121.2	79.3	17.0						24.9	50.6			2,361.7	7.27	
1937	193.2	136.9	93.1	13.1						30.7	56.3			3,015.8	6.41	
1938	237.3	174.8	119.8	17.1						38.0	62.5			3,270.8	7.26	
1939	297.8	229.5	161.0	18.0						50.5	68.3			3,716.2	8.01	
1940	368.2	290.0	218.7	15.7						55.5	78.3			4,587.8	8.03	
1941	443.4	348.2	266.2	8.04						74.0	95.2					
1942	584.4	471.6	370.5	2.53						98.5	112.9					
1943	686.7	550.8	544.0	6.82							136.0					
	남한, 십억 원														%	
1948		0.06	0.06	0.0004												
1949	0.03	0.03	0.01	0.001						0.02	0.003					
1950	0.06	0.06	0.04	0.003						0.02						
1951	0.50	0.48	0.35	0.05						0.09	0.02					
1952	1.33	1.27	0.83	0.15						0.29	0.06					
1953	2.66	2.50	1.75	0.35						0.40	0.16			47.7	5.56	

표 T279-294 계속

	총조세부담											국민부담		GDP	조세부담률	국민부담률
	합계	국세									지방세	합계	(사회부담금)			
		합계	내국세	관세	방위세	교통세(교통 에너지 환경세)	교육세	농어촌 특별세	종합 부동산세	전매익금						
	T279	T280	T281	T282	T283	T284	T285	T286	T287	T288	T289	T290	T291	T292	T293	T294
	남한, 십억 원														%	
1954	6.38	5.78	4.20	1.00						0.59	0.59			66.3	9.62	
1955	13.4	12.1	8.81	2.25						1.00	1.39			114.2	11.8	
1957	14.5	13.4	9.36	2.38						1.62	1.18			198.4	7.33	
1958	18.2	16.8	11.7	2.97						2.12	1.46			207.6	8.79	
1959	26.4	24.4	18.5	3.56						2.27	2.00			220.8	11.9	
1960	29.1	27.3	19.8	5.15						2.30	1.85			249.8	11.7	
1961	28.2	25.9	17.9	5.31						2.65	2.32			301.7	9.34	
1962	37.7	32.5	21.4	6.85						4.23	5.21			365.8	10.3	
1963	43.3	35.9	24.4	6.71						4.83	7.35			518.5	8.34	
1964	50.7	42.0	28.9	8.51						4.53	8.73			739.6	6.85	
1965	69.6	58.2	41.8	12.8						3.60	11.4			831.3	8.37	
1966	111.3	95.1	69.6	18.0						7.50	16.2			1,065.9	10.4	
1967	153.3	139.2	103.8	25.4						10.0	14.1			1,313.3	11.7	
1968	230.0	210.7	156.4	37.9						16.4	19.4			1,692.3	13.6	
1969	313.7	287.1	218.1	44.7						24.3	26.6			2,211.9	14.2	
1970	398.1	364.8	283.8	50.9						30.1	33.2	414	8.1	2,794.8	14.2	14.8
1971	492.9	453.1	355.5	52.2						45.4	39.8	509	9.7	3,433.3	14.4	14.8
1972	523.0	476.3	374.3	59.1						42.9	46.6	542	12.1	4,259.8	12.3	12.7
1973	652.6	578.5	439.1	82.4						57.0	74.1	681	15.1	5,513.5	11.8	12.3
1974	1,021.7	913.7	718.0	126.7						69.0	108.0	1,091	18.8	7,879.9	13.0	13.9
1975	1,549.8	1,391.0	1,012.3	181.0	62.2					135.5	158.8	1,593	30.8	10,505.1	14.8	15.2
1976	2,313.3	2,092.7	1,370.5	275.5	268.7					178.0	220.6	2,375	46.6	14,413.2	16.0	16.5
1977	2,959.0	2,622.7	1,675.2	385.9	341.6					220.0	336.3	3,087	79.6	18,520.3	16.0	16.7
1978	4,098.0	3,652.3	2,252.5	646.4	473.3					280.0	445.7	4,259	125.6	25,023.1	16.4	17.0
1979	5,360.7	4,761.7	3,037.5	732.3	631.9					360.0	599.0	5,665	183.2	32,218.9	16.6	17.6
1980	6,575.4	5,807.7	3,675.8	766.1	855.8					510.0	767.7	7,181	451.8	39,471.3	16.7	18.2
1981	8,172.3	7,257.9	4,595.8	890.6	1,091.5					680.0	914.4	9,098	649.0	49,324.0	16.6	18.4
1982	9,515.6	8,396.4	5,250.7	1,012.6	1,175.3		197.9			760.0	1,119.2	10,958	1,076.7	56,858.6	16.7	19.3
1983	11,447.9	10,050.7	6,188.4	1,463.2	1,306.0		263.1			830.0	1,397.2	13,108	1,341.3	67,509.2	17.0	19.4
1984	12,408.1	10,899.7	6,697.4	1,594.0	1,477.6		284.8			846.0	1,508.4	14,240	1,506.6	77,855.6	15.9	18.3
1985	13,531.1	11,876.4	7,496.9	1,566.1	1,663.2		321.1			829.0	1,654.6	15,422	1,657.2	87,239.6	15.5	17.7
1986	15,416.1	13,606.3	8,464.0	1,942.6	1,843.4		372.4			984.0	1,809.8	17,716	1,936.8	101,840.2	15.1	17.4
1987	18,536.0	16,343.7	10,012.0	2,696.5	2,319.6		411.3			904.3	2,192.3	20,920	2,230.2	120,204.9	15.4	17.4
1988	22,584.2	19,484.2	12,540.2	2,573.6	2,911.1		512.3			947.0	3,100.0	26,263	3,301.4	144,073.4	15.7	18.2
1989	26,194.9	21,234.1	15,208.4	2,117.6	3,483.2		423.4			1.54	4,960.8	30,853	4,152.5	163,518.0	16.0	18.9
1990	33,214.8	26,847.4	19,130.2	2,765.4	4,430.6		521.3				6,367.4	38,772	5,321.5	197,712.3	16.8	19.6
1991	38,349.7	30,314.6	24,089.2	3,435.5	1,263.0		1,526.9				8,035.1	45,986	6,578.3	238,877.2	16.1	19.3
1992	44,680.6	35,218.4	30,080.1	3,153.2	162.9		1,822.3				9,462.2	53,751	7,967.4	273,267.4	16.4	19.7
1993	50,286.7	39,260.6	34,174.6	2,885.9	121.3		2,078.9				11,026.1	62,556	10,506.2	310,073.7	16.2	20.2
1994	60,492.7	47,261.7	38,449.0	3,448.9	76.7	2,457.2	2,539.6	290.4			13,230.9	73,587	11,593.0	366,054.2	16.5	20.1
1995	72,090.5	56,774.5	44,382.0	4,633.2	63.1	3,371.8	2,993.1	1,331.3			15,316.0	87,681	13,335.1	428,927.1	16.8	20.4
1996	82,354.9	64,960.2	49,202.3	5,309.5	14.3	4,824.0	4,124.2	1,486.0			17,394.7	101,096	16,635.7	481,140.8	17.1	21.0
1997	88,333.4	69,927.7	52,153.1	5,797.6	-8.46	5,547.1	5,398.5	1,039.8			18,405.7	110,805	18,911.4	530,347.1	16.7	20.9
1998	84,947.5	67,797.7	51,237.8	3,836.0	1.42	6,504.0	5,203.1	1,015.4			17,149.7	110,546	22,027.8	524,476.8	16.2	21.1
1999	94,244.1	75,658.0	56,393.1	4,687.3	1.65	7,255.7	5,296.9	2,023.4			18,586.1	123,263	26,292.4	576,872.8	16.3	21.4
2000	113,535.3	92,934.7	71,106.1	5,799.7	-2.94	8,403.6	5,798.3	1,829.9			20,600.6	145,016	29,009.9	635,184.6	17.9	22.8
2001	122,457.7	95,792.8	74,027.3	5,923.4	-0.93	10,534.9	3,782.5	1,525.6			26,664.9	159,088	34,784.9	688,164.9	17.8	23.1
2002	135,493.5	103,967.8	82,225.9	6,601.3	0.81	9,479.3	3,531.6	2,128.9			31,525.7	177,258	39,807.3	761,938.9	17.8	23.3
2003	147,797.2	114,664.2	92,231.2	6,847.3	2.26	10,000.5	3,651.3	1,931.7			33,132.9	196,111	45,484.1	810,915.3	18.2	24.2
2004	151,997.5	117,795.7	95,276.4	6,796.5	57.1	10,065.1	3,529.5	2,071.1			34,201.7	205,721	50,159.8	876,033.1	17.4	23.5
2005	163,443.1	127,465.7	104,427.9	6,317.7	-8.55	10,287.8	3,526.6	2,473.0	441.3		35,977.4	223,098	55,984.0	919,797.3	17.8	24.3
2006	179,337.9	138,044.2	113,879.5	6,858.4	0.84	9,593.8	3,424.5	2,959.7	1,327.5		41,293.7	243,358	61,024.1	966,054.6	18.6	25.2
2007	204,983.4	161,459.1	132,508.1	7,410.8	0.33	11,463.5	3,861.2	3,800.9	2,414.3		43,524.3	275,211	66,964.0	1,043,257.8	19.6	26.4
2008	212,785.7	167,306.0	136,556.3	8,775.7	0.32	11,909.3	4,179.6	3,754.9	2,129.9		45,479.7	293,211	73,585.1	1,104,492.2	19.3	26.5
2009	209,709.4	164,541.6	136,476.9	9,169.1	0.20	10,092.0	3,754.2	3,842.0	1,207.1		45,167.8	289,939	79,051.9	1,151,707.8	18.2	25.2

표 T279-294 계속

	총조세부담											국민부담		GDP	조세부담률	국민부담률
	합계	국세									지방세	합계	(사회부담금)			
		합계	내국세	관세	방위세	교통세(교통 에너지 환경세)	교육세	농어촌특별세	종합부동산세	전매익금						
	T279	T280	T281	T282	T283	T284	T285	T286	T287	T288	T289	T290	T291	T292	T293	T294
	남한, 십억 원														%	
2010	226,878.2	177,718.4	143,506.1	10,666.3	0.48	13,970.1	4,645.0	3,901.4	1,028.9		49,159.8	315,502	64,695.5	1,265,308.0	17.9	24.9
2011	244,681.4	192,381.2	159,601.8	10,990.1	0.24	11,546.0	4,246.4	4,894.9	1,101.9		52,300.1	342,464	93,176.6	1,332,681.0	18.4	25.7
2012	256,953.0	203,014.9	169,771.3	9,815.7	0.36	13,809.1	4,635.9	3,851.3	1,131.1		53,938.1	362,416	103,766.7	1,377,456.7	18.7	26.3
2013	255,685.3	201,906.5	168,845.8	10,561.6	-59.2	13,247.8	4,510.9	3,575.3	1,224.3		53,778.9	370,981	110,804.5	1,429,445.4	17.9	26.0
2014	267,244.8	205,519.8	174,111.9	8,721.0	0.25	13,440.3	4,606.8	3,332.4	1,307.2		61,725.0	390,617	120,092.8	1,486,079.3	18.0	26.3
2015	288,862.9	217,885.1	185,240.3	8,495.4	0.18	14,054.6	4,870.6	3,824.9	1,399.0		70,977.8	419,662	128,469.9	1,564,123.9	18.5	26.8

자료: 1896-1909년은 이윤상, 「日帝에 의한 植民地財政의 形成過程」(『한국사론』 14, 1986), pp. 229, 338-339.
『조선총독부통계연보』, 각년도; 『국세통계연보』, 각년도; 『지방세통계연감』, 각년도; 『결산개요』, 각년도.
1948-1952년은 『한국재정40년사』 4(한국개발연구원, 1991), pp. 374-375; 1951-1952년의 지방세는 『한국재정40년사』 4(한국개발원, 1991), p. 626.
국민부담과 사회부담금은 한국은행, 「국민계정」(http:/ecos.bok.or.kr), 2017. 10. 23.

주: 1) 1896-1909년은 조세실수입액이다.
2) 지방세는 『지방세통계연감』에 따른다. 『국세통계연보』의 숫자와 약간 차이가 있다.
3) 1896-1904년은 2元=1圓으로 환산하였다.
4) 관세에는 톤세가 포함되어 있다.
5) 갑오개혁 이후 해관세를 항세로 칭한다. 국고에 산입된 부문만을 계상하였다. 1905-1906년은 전혀 국고에 산입되지 않는다. 김순덕, 「1876~1905년 關稅政策과 關稅의 운용」(『한국사론』 15, 1986), p. 339.
6) 지방세에서 지방교부세는 제외되었다.
7) 전매익금은 국세에 포함시켰다.
8) 1966-1967년의 내국세는 『국세통계연보』의 내국세 내역과 합계가 차이가 있다.
9) 국민부담=총조세부담+사회부담금이어야 하지만 출처가 달라서 일치하지 않는다. 국민부담금은 일반정부의 생산 및 수입세, 경상세, 자본세, 사회부담금의 합계이다.
10) 1943년의 국세 합계에는 전매익금이 누락되어 있다.
11) 조세부담률=총조세부담/GDP, 국민부담률=국민부담/GDP. 한국은행 일반정부 조세수입을 이용한 것과 사소한 차이가 있다.

4. 재정수지

표 T295-310 총독부 재정수지, 1911-1943

	총세입	보전수입	일본정부재정 유입			세입순계	총세출	보전지출	세출순계
			합계	보충금	기타				
	T295	T296	T297	T298	T299	T300	T301	T302	T303
	남북한, 백만 圓								
1911	52.3	14.2	12.4	12.4		38.1	46.2	1.35	44.8
1912	62.1	21.0	12.4	12.4		41.1	51.8	2.00	49.8
1913	63.1	21.4	10.0	10.0		41.6	53.5	2.09	51.4
1914	62.0	17.3	9.00	9.00		44.8	55.1	1.51	53.6
1915	62.7	15.9	8.00	8.00		46.8	56.9	2.50	54.4
1916	68.2	16.4	7.00	7.00		51.8	57.6	1.01	56.6
1917	74.9	23.5	5.00	5.00		51.4	51.2	0.40	50.8
1918	100.1	36.8	3.65	3.00	0.65	63.3	64.1	2.13	61.9
1919	125.8	50.5	0.65		0.65	75.3	93.0	0.15	92.9
1920	146.3	60.1	10.4	10.0	0.43	86.2	122.2	0.24	122.0
1921	175.1	61.3	15.4	15.0	0.43	113.8	148.4	0.26	148.2
1922	169.4	47.8	16.8	15.6	1.23	121.5	155.1	1.11	154.0
1923	152.7	40.8	16.2	15.0	1.23	111.9	144.8	0.39	144.4
1924	143.0	18.8	19.3	15.0	4.28	124.2	134.8	0.32	134.5
1925	184.9	19.1	17.6	16.6	1.08	165.8	171.8	0.35	171.4
1926	211.7	26.5	20.8	19.8	1.08	185.2	189.5	0.09	189.4
1927	234.2	40.6	16.5	15.4	1.08	193.6	210.9	0.80	210.1
1928	238.2	41.2	16.5	15.5	1.08	196.9	217.7	0.24	217.5
1929	240.6	36.7	16.8	15.4	1.36	203.9	224.7	0.13	224.6
1930	218.2	28.3	16.8	15.5	1.36	189.9	208.7	3.63	205.1
1931	215.0	22.7	16.6	15.5	1.14	192.3	207.8	4.08	203.7
1932	220.3	30.2	13.5	12.9	0.56	190.1	214.5	1.66	212.8
1933	252.1	38.5	13.4	12.9	0.56	213.6	229.2	1.59	227.6
1934	300.9	50.8	13.4	12.8	0.56	250.2	268.3	2.67	265.7
1935	330.2	53.5	13.4	12.8	0.56	276.7	284.0	3.52	280.4
1936	384.5	72.4	13.5	12.9	0.56	312.1	324.5	9.89	314.6
1937	470.7	111.0	13.5	12.9	0.56	359.7	407.0	8.14	398.9
1938	590.3	150.0	13.5	12.9	0.56	440.3	500.5	6.86	493.7
1939	800.7	223.8	16.4	12.9	3.53	576.9	680.1	7.07	673.0
1940	995.3	277.5	32.6	14.7	17.9	717.7	813.5	8.05	805.5
1941	1,085.4	330.9	32.9	12.9	19.9	754.5	931.8	9.53	922.3
1942	1,312.8	320.3	24.0	13.0	11.0	992.6	1,155.8	11.4	1,144.4
1943	1,878.6	523.6	25.0	13.0	12.1	1,355.1	1,532.0	13.0	1,519.0

자료: 『조선총독부특별회계세입세출결정계산서』, 각년도; 『조선총독부통계연보』, 각년도.

주: 1) 보전수입=공채+차입금+이월금. 보전지출=차입원금상환. 원자료의 세출액에는 이월금이 제외되어 있다.

2) 세입순계=총세입-보전수입.

3) 세출순계=총세출-보전지출.

4) 재정수지1=세입순계-세출순계. 재정수지2=재정수지1-일본 정부 재정 유입. 일본 정부 유입 중의 '기타'는 일반회계수입금, 대장성예금부 특별회계수입금, 금자금특별회계수입금.

5) 1911, 1912년의 보전지출은 일반회계조입금(繰入金). 『조선총독부통계연보』(1913).

표 T295-310 계속

	재정수지1	재정수지2	GDP	GDP에 대한 비율		순세입에 대한 비율	
				재정수지1	재정수지2	재정수지1	재정수지2
	T304	T305	T306	T307	T308	T309	T310
	남북한, 백만 圓			%			
1911	-6.70	-19.1	515	-1.30	-3.70	-17.6	-50.0
1912	-8.67	-21.0	630	-1.38	-3.34	-21.1	-51.1
1913	-9.72	-19.7	700	-1.39	-2.82	-23.3	-47.3
1914	-8.82	-17.8	631	-1.40	-2.82	-19.7	-39.8
1915	-7.54	-15.5	571	-1.32	-2.72	-16.1	-33.2
1916	-4.79	-11.8	666	-0.72	-1.77	-9.26	-22.8
1917	0.66	-4.3	900	0.07	-0.48	1.29	-8.43
1918	1.35	-2.3	1,420	0.09	-0.16	2.13	-3.64
1919	-17.6	-18.2	1,839	-0.95	-0.99	-23.3	-24.2
1920	-35.8	-46.2	1,966	-1.82	-2.35	-41.5	-53.6
1921	-34.4	-49.8	1,584	-2.17	-3.14	-30.2	-43.7
1922	-32.5	-49.3	1,729	-1.88	-2.85	-26.7	-40.6
1923	-32.5	-48.8	1,710	-1.90	-2.85	-29.1	-43.6
1924	-10.3	-29.6	1,814	-0.57	-1.63	-8.29	-23.8
1925	-5.58	-23.2	1,892	-0.30	-1.23	-3.37	-14.0
1926	-4.19	-25.0	1,834	-0.23	-1.36	-2.26	-13.5
1927	-16.4	-32.9	1,860	-0.88	-1.77	-8.48	-17.0
1928	-20.5	-37.0	1,767	-1.16	-2.10	-10.4	-18.8
1929	-20.7	-37.5	1,711	-1.21	-2.19	-10.2	-18.4
1930	-15.2	-32.1	1,418	-1.07	-2.26	-8.02	-16.9
1931	-11.4	-28.1	1,366	-0.84	-2.05	-5.95	-14.6
1932	-22.7	-36.2	1,512	-1.50	-2.39	-12.0	-19.1
1933	-14.0	-27.4	1,648	-0.85	-1.66	-6.56	-12.8
1934	-15.5	-28.9	1,844	-0.84	-1.57	-6.20	-11.6
1935	-3.74	-17.1	2,230	-0.17	-0.77	-1.35	-6.19
1936	-2.47	-15.9	2,362	-0.10	-0.68	-0.8	-5.11
1937	-39.2	-52.7	3,016	-1.30	-1.75	-10.9	-14.6
1938	-53.4	-66.9	3,271	-1.63	-2.04	-12.1	-15.2
1939	-96.1	-112.5	3,716	-2.58	-3.03	-16.7	-19.5
1940	-87.7	-120.3	4,588	-1.91	-2.62	-12.2	-16.8
1941	-167.7	-200.6					
1942	-151.8	-175.8					
1943	-163.9	-188.9					

표 T311-331 중앙정부 재정수지, 1954-2015

	중앙정부 재정수지				공공부문 통합재정수지			사회보장성기금수지		
	수입	지출 및 순융자	수지	재정수지-원조	수입	지출 및 순융자	수지	수입	지출	수지
	T311	T312	T313	T314	T315	T316	T317	T318	T319	T320
	남한, 십억 원									
1954	3.5	8.4	-4.9	-4.6						
1955	9.2	12.9	-3.7	-7.0						
1956	9.6	18.6	-9.0	-11.0						
1957	20.4	28.2	-7.8	-20.1						
1958	36.8	32.7	4.1	-20.6						
1959	40.4	37.2	3.2	-17.3						
1960	39.0	33.7	5.3	-10.2						
1961	55.2	47.7	7.5	-27.6						
1962	62.3	71.7	-9.4	-39.8						
1963	64.8	59.7	5.1	-26.8						
1964	68.8	63.7	5.1	-25.1						
1965	89.3	89.3	0.0	-28.6						
1966	164.8	160.1	4.7	-36.9						
1967	214.6	207.8	6.8	-32.3						
1968	318.3	288.2	30.1	-29.9						
1969	405.8	416.9	-11.1	-33.5						
1970	447.0	468.7	-21.7	-49.7	487.6	515.4	-27.8			
1971	538.1	548.5	-10.4	-34.6	565.7	642.1	-76.4			
1972	585.1	746.2	-161.1	-188.1	654.0	846.5	-192.5			
1973	694.5	721.2	-26.7	-42.4	757.7	844.7	-87.0			
1974	1,038.7	1,203.0	-164.3	-177.2	1,117.7	1,418.6	-300.9			
1975	1,563.6	1,765.3	-201.7	-216.2	1,692.5	2,158.6	-466.1			
1976	2,326.6	2,518.9	-192.3	-194.0	2,511.4	2,909.7	-398.3			
1977	2,958.4	3,274.4	-316.0		3,184.9	3,660.5	-475.6			
1978	4,107.7	4,408.0	-300.3		4,385.2	5,001.0	-615.8			
1979	5,445.3	5,989.9	-544.6		5,769.8	6,210.1	-440.3			
1980	6,833.2	7,682.0	-848.8		7,280.8	8,454.5	-1,173.7			
1981	8,604.8	10,189.8	-1,585.0		9,246.7	11,357.6	-2,110.9			
1982	9,983.2	11,639.2	-1,656.0		10,074.3	12,296.4	-2,222.1			
1983	11,537.5	12,200.1	-662.6		11,595.5	12,546.1	-950.6			
1984	12,603.3	13,444.6	-841.3		13,039.6	13,962.5	-922.9			
1985	13,922.0	14,867.0	-945.0		14,504.8	15,218.1	-713.3			
1986	15,840.4	15,926.7	-86.3		15,855.6	15,920.5	-64.9			
1987	18,657.9	18,180.1	477.8		18,881.7	18,622.0	259.7			
1988	22,890.0	20,881.4	2,008.6		23,100.9	21,458.2	1,642.7			
1989	25,962.2	25,677.2	285.0		26,187.4	26,206.5	- 19.1			
1990	32,089.3	33,296.1	-1,206.8		32,457.2	34,035.4	-1,578.2			
1991	36,817.5	40,311.5	-3,494.0		37,486.0	41,508.0	-4,022.0			
1992	43,805.6	44,993.4	-1,187.8		43,766.7	45,469.6	-1,702.9			1,200
1993	50,750.9	49,046.7	1,704.2		51,547.8	50,734.9	812.9			2,700
1994	61,102.0	59,045.2	2,056.8		61,741.0	60,356.7	1,384.3			2,800
1995	71,920.1	69,804.2	2,115.9		72,820.3	71,578.7	1,241.6			3,400
1996	84,186.7	82,424.2	1,762.5		85,528.3	84,429.3	1,099.0			5,400
1997	91,979.4	97,726.9	-5,747.5		93,367.8	100,327.1	-6,959.3			5,700
1998	95,482.1	112,435.0	-16,952.9		96,672.9	115,430.2	-18,757.3			6,000
1999	105,854.6	118,176.9	-12,322.3		107,922.6	120,987.7	-13,065.1			7,300
2000	134,048.0	126,785.8	7,262.2		135,810.7	129,284.1	6,526.6			12,500
2001	142,213.7	132,245.2	9,968.5		144,033.4	136,765.4	7,268.0	24,300	5,800	15,500
2002	156,877.8	131,056.6	25,821.2		158,712.3	136,046.7	22,665.6	24,300	6,700	17,600
2003	169,611.0	157,028.0	12,583.0		171,944	164,303	7,641	27,605	7,983	19,622
2004	176,530.0	168,328.0	8,202.0		178,760	173,135	5,625	31,101	9,919	21,182
2005	189,811.0	183,566.0	6,245.0		191,446	186,557	4,889	35,184	11,548	23,636
2006	207,517.0	200,537.0	6,980.0		209,573	203,585	5,988	40,061	13,630	26,430
2007	241,547.0	203,908.0	37,639.0		243,633	206,584	37,049	45,905	15,659	30,246
2008	248,501.0	232,176.0	16,325.0		250,713	234,883	15,830	44,911	17,400	27,510
2009	247,992.0	264,883.0	-16,891.0		250,810	268,431	- 17,621	45,868	20,238	25,630
2010	268,153.0	251,156.0	16,997.0		270,923	254,231	16,692	50,670	20,963	29,707
2011	289,920.0	270,655.0	19,265.0		292,323	273,694	18,629	54,583	22,500	32,083

표 T311-331 계속

	중앙정부 재정수지				공공부문 통합재정수지			사회보장성기금수지		
	수입	지출 및 순융자	수지	재정수지-원조	수입	지출 및 순융자	수지	수입	지출	수지
	T311	T312	T313	T314	T315	T316	T317	T318	T319	T320
	남한, 십억 원									
2012					311,456	292,977	18,479	60,570	24,647	35,923
2013					314,438	300,238	14,200	62,128	26,805	35,323
2014					320,895	312,394	8,501	66,274	28,244	38,030
2015					339,186	339,351	-165	69,129	31,342	37,787

	공적자금 상환	관리재정수지	GDP	GDP에 대한 비율				중앙정부수입에 대한 비율			
				중앙정부수지		통합재정수지	관리재정수지	중앙정부수지		통합재정수지	관리재정수지
				수지	원조차감			수지	원조차감		
	T321	T322	T323	T324	T325	T326	T327	T328	T329	T330	T331
	남한, 십억 원			%							
1954			66.3	-7.39	-6.94			-140.0	-131.4		
1955			114.2	-3.24	-6.13			-40.2	-76.1		
1956			151.5	-5.94	-7.26			-93.8	-114.6		
1957			198.4	-3.93	-10.1			-38.2	-98.5		
1958			207.6	1.98	-9.92			11.1	-56.0		
1959			220.8	1.45	-7.84			7.92	-42.8		
1960			249.8	2.12	-4.08			13.6	-26.2		
1961			301.7	2.49	-9.15			13.6	-50.0		
1962			365.8	-2.57	-10.9			-15.1	-63.9		
1963			518.5	0.98	-5.17			7.87	-41.4		
1964			739.6	0.69	-3.39			7.41	-36.5		
1965			831.3	0.00	-3.44			0.00	-32.0		
1966			1,065.9	0.44	-3.46			2.85	-22.4		
1967			1,313.3	0.52	-2.46			3.17	-15.1		
1968			1,692.3	1.78	-1.77			9.46	-9.39		
1969			2,211.9	-0.50	-1.51			-2.74	-8.26		
1970			2,794.8	-0.78	-1.78	-0.99		-4.85	-11.1	-5.70	
1971			3,433.3	-0.30	-1.01	-2.23		-1.93	-6.43	-13.5	
1972			4,259.8	-3.78	-4.42	-4.52		-27.5	-32.1	-29.4	
1973			5,513.5	-0.48	-0.77	-1.58		-3.84	-6.11	-11.5	
1974			7,879.9	-2.09	-2.25	-3.82		-15.8	-17.1	-26.9	
1975			10,505.1	-1.92	-2.06	-4.44		-12.9	-13.8	-27.5	
1976			14,413.2	-1.33	-1.35	-2.76		-8.3	-8.34	-15.9	
1977			18,520.3	-1.71		-2.57		-10.7		-14.9	
1978			25,023.1	-1.20		-2.46		-7.31		-14.0	
1979			32,218.9	-1.69		-1.37		-10.0		-7.63	
1980			39,471.3	-2.15		-2.97		-12.4		-16.1	
1981			49,324.0	-3.21		-4.28		-18.4		-22.8	
1982			56,858.6	-2.91		-3.91		-16.6		-22.1	
1983			67,509.2	-0.98		-1.41		-5.74		-8.20	
1984			77,855.6	-1.08		-1.19		-6.68		-7.08	
1985			87,239.6	-1.08		-0.82		-6.79		-4.92	
1986			101,840.2	-0.08		-0.06		-0.54		-0.41	
1987			120,204.9	0.40		0.22		2.56		1.38	
1988			144,073.4	1.39		1.14		8.78		7.11	
1989			163,518.0	0.17		-0.01		1.10		-0.07	
1990			197,712.3	-0.61		-0.80		-3.76		-4.86	
1991			238,877.2	-1.46		-1.68		-9.49		-10.7	
1992		-2,902.9	273,267.4	-0.43		-0.62	-1.06	-2.71		-3.89	-6.63
1993		-1,887.1	310,073.7	0.55		0.26	-0.61	3.36		1.58	-3.66
1994		-1,415.7	366,054.2	0.56		0.38	-0.39	3.37		2.24	-2.29
1995		-2,158.4	428,927.1	0.49		0.29	-0.50	2.94		1.71	-2.96
1996		-4,301.0	481,140.8	0.37		0.23	-0.89	2.09		1.28	-5.03
1997		-12,659.3	530,347.1	-1.08		-1.31	-2.39	-6.25		-7.45	-13.6
1998		-24,757.3	524,476.8	-3.23		-3.58	-4.72	-17.8		-19.4	-25.6
1999		-20,365.1	576,872.8	-2.14		-2.26	-3.53	-11.6		-12.1	-18.9
2000		-5,973.4	635,184.6	1.14		1.03	-0.94	5.42		4.81	-4.40
2001		-8,232.0	688,164.9	1.45		1.06	-1.20	7.01		5.05	-5.72

표 T311-331 계속

	공적자금상환	관리재정수지	GDP	GDP에 대한 비율				중앙정부수입에 대한 비율			
				중앙정부수지		통합재정수지	관리재정수지	중앙정부수지		통합재정수지	관리재정수지
				수지	원조차감			수지	원조차감		
	T321	T322	T323	T324	T325	T326	T327	T328	T329	T330	T331
	남한, 십억 원			%							
2002		5,065.6	761,938.9	3.39		2.97	0.66	16.5		14.3	3.19
2003	13,000	1,019	810,915.3	1.55		0.94	0.13	7.42		4.44	0.59
2004	12,000	-3,557	876,033.1	0.94		0.64	-0.41	4.65		3.15	-1.99
2005	12,000	-6,747	919,797.3	0.68		0.53	-0.73	3.29		2.55	-3.52
2006	12,000	-8,442	966,054.6	0.72		0.62	-0.87	3.36		2.86	-4.03
2007		6,803	1,043,257.8	3.61		3.55	0.65	15.6		15.2	2.79
2008		-11,680	1,104,492.2	1.48		1.43	-1.06	6.57		6.31	-4.66
2009		-43,251	1,151,707.8	-1.47		-1.53	-3.76	-6.81		-7.03	-17.2
2010		-13,015	1,265,308.0	1.34		1.32	-1.03	6.34		6.16	-4.80
2011		-13,454	1,332,681.0	1.45		1.40	-1.01	6.64		6.37	-4.60
2012		-17,444	1,377,456.7			1.34	-1.27			5.93	-5.60
2013		-21,123	1,429,445.4			0.99	-1.48			4.52	-6.72
2014		-29,529	1,486,079.3			0.57	-1.99			2.65	-9.20
2015		-37,952	1,564,123.9			-0.01	-2.43			-0.05	-11.2

자료: 1954-1969년은 『한국재정40년사』 4(한국개발연구원, 1991), 표 9-1.
1970-1989년은 『한국의 재정통계』, 각년도; 『한국통합재정수지』, 각년도.
1990-2015년은 통계청, 「통합재정수지」(http:/kosis.kr).

주: 1) 공공부문 통합재정수지=중앙정부수지+공기업수지, 기금수지는 성질에 따라서 중앙정부수지와 공기업수지에 포함되어 있다. 관리재정수지(T322)=통합재정수지(T317)-사회보장성기금수지(T318)+공적자금상환(T321).
2) 1954-1969년의 원조는 세입조치된 대충자금(이월금 제외), 대충자금예금증감 및 파월경비지원수입으로 구성되어 있다.
3) 무상원조는 『한국재정40년사』 4(한국개발연구원, 1991)에서는 총수입에서 제외하여 재정수지를 계산하고 보전재원에 기재하였으나 『결산개요』의 형식을 따라 총수입에 포함시켰다.
4) 2003년 이후 중앙정부 통합재정수지는 이전의 공공부문(중앙정부+비금융공기업) 통합재정수지 계열에 해당한다. 기업특별회계가 포함되어 있다.
5) 2012년부터는 기존의 중앙정부 통합재정수지는 작성되지 않고 기존의 공공부문 통합재정수지를 중앙정부 통합재정수지라고 명칭을 바꾸어 작성하기 시작하였다.
6) 통계청 KOSIS에 제시된 1990년 이후 중앙정부 통합재정수지는 『한국의 재정통계』와 『한국통합재정수지』에 수록된 공공부문(중앙정부+비금융공기업) 통합재정수지계열과 동일하다.
7) 1997-2002년의 관리재정수지는 『한국통합재정수지』(2012), pp. 21-24.
8) 공적자금상환은 2003년부터 시작되었다.
9) 중앙정부 수지에 1956년이 결락되지 않은 것은 원자료가 IMF 자료이기 때문이다.

표 T332-350 중앙정부 채무, 1905-1943

	합계	국채	공채				자금채				
			합계	공채	起業공채	導掌賜金공채	합계	금융자금채	起業자금채	일본정부자금채	화폐정리자금채
	T332	T333	T334	T335	T336	T337	T338	T339	T340	T341	T342
	남북한, 백만 圓										
1905	9.45	2.00					6.83	1.50			5.33
1906	15.1	2.00					12.4	1.50	5.0		5.88
1907	15.6	2.00					12.3	1.50	5.0		5.83
1908	40.8	2.00	1.00		1.00		37.8	1.50	18.0	9.03	9.28
1909	44.1	1.00	1.00		1.00		42.1	1.50	18.0	11.7	11.0
1910	21.2		1.12		1.00	0.12	18.0		18.0		
1911	31.2		1.12		1.00	0.12	18.0		18.0		
1912	46.0		1.05	1.05			18.0		18.0		
1913	56.5	30.0	1.05	1.05			18.0		18.0		
1914	62.7	30.0	1.05	1.05			16.5		16.5		
1915	69.1	30.0	1.05	1.05			13.0		13.0		
1916	78.7	30.0	1.05	1.05			13.0		13.0		
1917	93.7	45.0	1.05	1.05			13.0		13.0		
1918	104.9	58.2	1.05	1.05			13.0		13.0		
1919	119.4	27.7	1.05	1.05			13.0		13.0		
1920	327.9	230.8	5.79	5.79			25.9		25.9		
1921	222.4	168.5	7.76	7.76			13.0		13.0		
1922	222.4	169.0	7.76	7.76			13.0		13.0		
1923	227.1	152.8	8.65	8.65			13.0		13.0		
1924	260.2	204.1	8.65	8.65			13.0		13.0		
1925	283.6	215.8	11.6	11.6			13.0		13.0		
1926	298.6	216.6	26.6	26.6			13.0		13.0		
1927	326.0	235.7	34.1	34.1			13.0		13.0		
1928	353.3	241.4	55.7	55.7			13.0		13.0		
1929	377.1	242.0	76.5	76.5			13.0		13.0		
1930	388.2	230.5	101.6	101.6			10.5		10.5		
1931	407.0	238.5	110.1	110.1			13.0		13.0		
1932	431.9	263.0	110.7	110.7			13.0		13.0		
1933	473.0	344.2	118.2	118.2							
1934	498.8	371.2	118.2	118.2							
1935	516.7	392.6	116.5	116.5							
1936	549.7	424.4	121.8	121.8							
1937	593.6	476.4	115.9	115.9							
1938	674.8	564.4	109.6	109.6							
1939	804.0	700.4	102.7	102.7							
1940	964.1	700.4	263.2	263.2							
1941	1,106.6	1,012.4	93.9	93.9							
1942	1,265.3	1,182.4	82.7	82.7							
1943	1,636.5	1,556.4	80.1	80.1							

자료: 『조선통감부통계연보』, 각년도; 『조선총독부통계연보』, 각년도, '조선총독부특별회계소속국채'.
주: 국채는 '국고증권'.

표 T332-350 계속

	차입금						GDP	채무/GDP
	합계	귀족보호차입금	사업비자금차입금	특별회계 일시차입금	한해구제차입금	국고금借越		
	T343	T344	T345	T346	T347	T348	T349	T350
	남북한, 백만 圓							%
1905	0.62					0.62		
1906	0.70					0.70		
1907	1.26					1.26		
1908								
1909								
1910	2.09			2.09				
1911	12.1		10.0	2.09			515	6.05
1912	27.0		24.9	2.09			630	7.30
1913	7.50		7.5				700	8.07
1914	15.1		15.1				631	9.93
1915	25.1		25.1				571	12.1
1916	34.7		34.7				666	11.8
1917	34.7		34.7				900	10.4
1918	32.7		32.7				1,420	7.39
1919	77.7		77.7				1,839	6.49
1920	65.3		65.3				1,966	16.7
1921	33.2		33.2				1,584	14.0
1922	32.7		32.7				1,729	12.9
1923	52.7		52.7				1,710	13.3
1924	34.5		34.5				1,814	14.3
1925	43.2		34.5		8.75		1,892	15.0
1926	42.4		33.7		8.75		1,834	16.3
1927	43.2		34.5		8.75		1,860	17.5
1928	43.2		34.5		8.75		1,767	20.0
1929	45.7	2.50	34.5		8.75		1,711	22.0
1930	45.5	2.32	34.5		8.75		1,418	27.4
1931	45.4	2.14	34.5		8.75		1,366	29.8
1932	45.2	1.96	34.5		8.75		1,512	28.6
1933	10.5	1.78			8.75		1,648	28.7
1934	9.35	1.60			7.75		1,844	27.1
1935	7.67	1.42			6.25		2,230	23.2
1936	3.54	1.24			2.30		2,362	23.3
1937	1.36	1.06			0.30		3,016	19.7
1938	0.88	0.88					3,271	20.6
1939	0.88	0.88					3,716	21.6
1940	0.52	0.52					4,588	21.0
1941	0.34	0.34						
1942	0.16	0.16						
1943								

표 T351-360 중앙정부 채무(국가채무), 1948-2015

	합계	순국가채무						정부보증채무	GDP	국가채무/GDP
		합계	차입금			국채	국고채무부담행위			
			합계	국내차입금	해외차입금					
	T351	T352	T353	T354	T355	T356	T357	T358	T359	T360
	남한, 십억 원									%
1948			0.05	0.05						
1949			0.11	0.11						
1950			0.26	0.26		0.01				
1951			0.26	0.26		0.05				
1952			0.04	0.04		0.16		0.02		
1953	3.78	3.43	3.06	3.06		0.35	0.02	0.34	48	7.92
1954	6.77	6.14	5.47	5.47		0.66	0.01	0.63	66	10.2
1955	13.6	11.7	6.20	6.20		5.52		1.89	114	11.9
1957	20.8	17.4	8.01	8.01		9.07	0.34	3.36	198	10.5
1958	25.7	20.7	10.4	10.4		9.94	0.36	4.94	208	12.4
1959	27.9	23.9	13.3	13.3		10.1	0.46	3.99	221	12.6
1960	41.6	33.5	21.9	21.9		10.7	0.90	8.05	250	16.6
1961	51.5	40.6	25.2	25.2		13.6	1.85	10.9	302	17.1
1962	63.4	48.0	27.8	27.8		17.5	2.66	15.4	366	17.3
1963	88.5	53.5	32.9	28.1	4.84	19.3	1.27	35.0	518	17.1
1964	121.5	67.3	45.8	32.3	13.5	18.3	3.23	54.2	740	16.4
1965	152.0	72.2	44.9	29.6	15.3	16.9	10.3	79.8	831	18.3
1966	217.3	94.5	66.3	31.1	35.2	15.6	12.6	122.8	1,066	20.4
1967	279.2	129.9	97.8	37.4	60.4	14.5	17.6	149.3	1,313	21.3
1968	317.0	159.8	115.0	32.4	82.6	16.8	27.9	157.3	1,692	18.7
1969	400.6	236.8	166.5	55.4	111.2	31.4	38.9	163.8	2,212	18.1
1970	506.4	343.6	265.3	60.0	205.4	37.5	40.7	162.9	2,795	18.1
1971	685.3	490.2	402.5	58.7	343.8	47.6	40.1	195.0	3,433	20.0
1972	1,025.9	782.3	661.4	181.2	480.3	72.5	48.5	243.5	4,260	24.1
1973	1,254.9	976.3	846.5	233.1	613.5	75.3	54.5	278.6	5,514	22.8
1974	1,750.5	1,467.7	1,296.8	423.2	873.6	66.9	104.0	282.8	7,880	22.2
1975	2,720.5	2,344.6	1,877.9	713.8	1,164.1	199.9	266.9	375.9	10,505	25.9
1976	3,424.5	3,004.5	2,277.0	854.2	1,422.8	376.9	350.5	420.0	14,413	23.8
1977	4,688.0	3,750.1	2,704.9	977.3	1,727.6	635.1	410.0	937.9	18,520	25.3
1978	5,911.2	4,710.8	3,292.6	1,144.5	2,148.1	912.0	506.2	1,200.4	25,023	23.6
1979	6,699.5	5,222.2	3,395.6	1,024.9	2,370.7	1,271.9	554.7	1,477.3	32,219	20.8
1980	9,834.4	7,452.7	5,212.8	1,374.0	3,838.9	1,595.5	644.4	2,381.8	39,471	24.9
1981	12,896.3	9,531.8	6,510.1	2,001.7	4,508.4	2,111.1	910.6	3,364.4	49,324	26.1
1982	16,418.8	12,031.7	7,627.6	2,297.8	5,329.8	3,540.5	863.5	4,387.1	56,859	28.9
1983	18,655.5	13,258.5	8,592.3	2,617.5	5,974.9	3,827.0	839.2	5,397.0	67,509	27.6
1984	19,672.2	13,383.7	8,965.3	2,591.4	6,373.9	3,667.5	751.0	6,288.5	77,856	25.3
1985	21,523.3	14,276.0	9,977.0	2,648.7	7,328.4	3,249.5	1,049.4	7,247.4	87,240	24.7
1986	22,802.4	15,027.6	10,247.1	2,430.4	7,816.7	3,418.5	1,362.1	7,774.8	101,840	22.4
1987	25,578.0	18,885.7	10,895.8	3,040.8	7,855.1	6,494.9	1,495.0	6,692.2	120,205	21.3
1988	25,179.0	18,927.1	9,378.6	3,409.3	5,969.4	7,838.8	1,709.6	6,251.9	144,073	17.5
1989	27,321.0	21,093.1	8,327.8	3,220.8	5,107.0	10,688.7	2,076.6	6,228.0	163,518	16.7
1990	31,733.3	24,545.2	8,312.7	2,753.4	5,559.3	13,742.2	2,490.3	7,188.1	197,712	16.1
1991	37,524.0	27,681.1	7,754.0	2,053.7	5,700.4	17,083.1	2,844.0	9,842.9	238,877	15.7
1992	44,661.9	30,974.1	7,788.7	2,267.6	5,521.1	19,948.1	3,237.3	13,687.8	273,267	16.3
1993	44,612.1	32,846.3	8,172.8	2,679.0	5,493.9	20,825.2	3,848.2	11,765.8	310,074	14.4
1994	47,756.1	34,431.9	8,485.8	2,819.6	5,666.2	21,979.8	3,966.3	13,324.2	366,054	13.0
1995	50,654.9	35,626.0	8,242.2	3,000.6	5,241.6	23,294.7	4,089.1	15,028.9	428,927	11.8
1996	44,439.7	36,827.6	8,029.5	2,978.9	5,050.6	25,657.4	3,140.8	7,612.1	481,141	9.2
1997	63,492.8	50,453.9	18,491.5	3,169.9	15,321.6	28,554.3	3,408.1	13,038.9	530,347	12.0
1998	143,390.7	71,437.3	21,760.2	2,975.5	18,784.7	46,648.3	3,028.8	71,953.3	524,477	27.3
1999	171,219.2	89,714.6	21,386.2	2,443.3	18,942.9	65,806.0	2,522.4	81,504.6	576,873	29.7
2000	175,507.0	100,941.6	21,906.6	1,900.7	20,005.9	76,325.2	2,709.8	74,565.4	635,185	27.6
2001	219,885.3	113,115.7	22,536.1	2,104.0	20,432.1	87,757.5	2,822.1	106,769.6	688,165	32.0
2002	229,101.1	126,629.7	20,735.5	2,295.5	18,440.0	103,131.4	2,762.8	102,471.4	761,939	30.1
2003	239,414.9	158,824.7	15,750.1	3,170.0	12,580.1	140,633.2	2,441.4	80,590.2	810,915	29.5
2004	262,136.3	196,086.5	10,655.0	2,040.0	8,615.0	182,931.5	2,500.0	66,049.8	876,033	29.9
2005	293,743.8	238,765.9	7,625.3	2,055.0	5,570.3	229,001.8	2,138.8	54,977.9	919,797	31.9

표 T351-360 계속

	합계	순국가채무						정부보증채무	GDP	국가채무/GDP
		합계	차입금			국채	국고채무부담행위			
			합계	국내차입금	해외차입금					
	T351	T352	T353	T354	T355	T356	T357	T358	T359	T360
	남한, 십억 원									%
2006	309,723.8	273,213.7	6,436.1	2,157.2	4,278.9	264,317.4	2,460.2	36,510.1	966,055	32.1
2007	322,164.7	289,101.8	5,724.2	2,167.2	3,557.0	280,465.5	2,912.1	33,062.9	1,043,258	30.9
2008	324,629.0	296,516.1	3,857.2	1,457.0	2,400.2	289,425.4	3,233.6	28,112.8	1,104,492	29.4
2009	375,937.3	346,118.9	5,430.3	2,772.0	2,658.3	337,496.0	3,192.6	29,818.4	1,151,708	32.6
2010	408,647.6	373,847.6	3,538.2	1,672.2	1,866.0	367,176.2	3,133.2	34,800.0	1,265,308	32.3
2011	438,789.6	402,838.9	2,450.6	1,277.2	1,173.4	397,084.1	3,304.2	35,950.7	1,332,681	32.9
2012	457,916.3	425,132.7	2,333.3	1,767.2	566.1	420,005.0	2,794.5	32,783.6	1,377,457	33.2
2013	497,023.3	464,044.8	1,863.4	1,717.2	146.2	459,457.3	2,724.0	32,978.5	1,429,445	34.8
2014	532,207.1	503,048.7	2,589.6	2,537.2	52.4	498,056.1	2,403.1	29,158.4	1,486,079	35.8
2015	583,621.4	557,227.5	3,273.7	3,240.1	33.6	551,524.6	2,429.3	26,393.8	1,564,124	37.3

자료: 1948-1987년은 『한국재정40년사』 4(한국개발연구원, 1991), pp. 619-621.
1988년 이후는 『국가채무에 관한 총계산서』, 『국가채무관리보고서』(기획재정부), 각년도.

주: 1) 1948-1952년은 시계열이 불완전하다. 누락된 항목이 있어 합계와 내역이 일치하지 않는다.
2) 1989년 이후 『국가채무에 관한 총계산서』에는 정부차관이 해외차입금으로서 차입금에 포함되어 있지만 일관성을 위해서 국채에 포함시켰다.
3) 1980년의 합계와 내역 불일치는 자료에 따랐다.

5. 정부고용

표 T361-379 서비스별 공무원, 1910-2013

	합계	일반					사회			
		합계	일반공공행정	입법선거	국방	공공질서안전	합계	교육	보건사회보장 복지문화	주택 및 지역개발
	T361	T362	T363	T364	T365	T366	T367	T368	T369	T370
	남북한, 천 명									
1910										
1911										
1912										
1913	51.2	20.0	12.0			7.99	3.21	2.76	0.45	
1914	50.6	21.5	13.5			7.96	3.46	2.98	0.48	
1915	51.4	20.4	12.3			8.16	3.65	3.17	0.49	
1916	55.0	21.0	12.1			8.98	4.05	3.58	0.46	
1917	45.6	18.5	9.55			8.98	4.07	3.77	0.30	
1918	41.3	16.6	7.48			9.15	4.14	3.94	0.21	
1919	53.7	27.5	8.77			18.7	4.84	4.72	0.12	
1920	60.6	30.3	8.29			22.0	5.30	5.18	0.11	
1921	64.6	31.2	6.64			24.6	5.59	5.46	0.13	
1922	68.0	32.7	7.83			24.9	7.14	6.99	0.16	
1923	71.2	32.7	7.98			24.8	8.70	8.54	0.16	
1924	68.9	29.4	7.21			22.2	9.85	9.69	0.17	
1925	72.5	28.9	6.49			22.4	9.83	9.67	0.16	
1926	74.6	28.9	6.51			22.3	10.6	10.4	0.17	
1927	75.8	29.6	7.31			22.3	11.3	11.1	0.21	
1928	78.3	30.3	7.49			22.8	11.7	11.6	0.05	
1929	80.4	30.6	7.60			23.0	12.1	12.0	0.05	
1930	82.3	31.1	8.09			23.0	12.4	12.4	0.05	
1931	83.8	30.6	7.46			23.1	13.1	13.0	0.05	
1932	86.6	31.5	7.79			23.7	13.6	13.6	0.05	
1933	90.9	30.9	7.11			23.8	12.3	12.2	0.05	
1934	95.0	31.7	7.74			24.0	13.4	13.3	0.13	
1935	100.2	32.1	7.89			24.3	14.2	14.1	0.13	
1936	107.5	33.1	8.16			24.9	15.1	14.9	0.14	
1937	116.3	34.6	8.43			26.1	16.8	16.6	0.16	
1938	123.5	35.4	8.03		0.01	27.4	18.1	17.9	0.16	
1939	135.5	37.3	8.63		0.01	28.7	20.1	20.0	0.18	
1940	150.0	39.2	10.1		0.04	29.1	21.8	21.6	0.20	
1941	169.2	42.9	13.5		0.05	29.4	24.7	24.3	0.44	
1942	177.5	44.4	14.2		0.12	30.1	26.1	25.8	0.28	
1943										
	남한, 천 명									
1949		70.1	16.2	0.41	1.27	52.2	55.4	53.6	1.78	
1950		82.7	23.0	0.21	2.56	57.0	72.5	70.8	1.74	
1951		63.4				63.4				
1952		63.4				63.4				
1953	231.2	88.1	29.5	0.40	0.15	58.0	69.6	68.3	1.33	
1954	224.9	75.9	17.5	0.69	0.19	57.5	65.8	63.8	2.07	
1955	236.1	72.2	17.3	0.70	0.25	53.9	69.3	67.2	2.10	
1956	239.5	66.2	19.6	0.87	0.28	45.4	76.7	74.6	2.10	
1957	233.9	62.1	16.7	0.82	0.33	44.2	80.3	78.2	2.05	
1958	244.5	57.9	15.4	0.90	0.33	41.3	93.1	90.5	2.58	
1959	246.9	57.2	15.4	0.66	0.52	40.6	97.0	94.5	2.43	
1960	248.7	55.8	15.1	0.78	0.70	39.3	92.5	89.5	3.08	
1961	235.5	52.1	14.1	1.63	0.65	35.8	94.5	90.0	4.50	
1962	266.8	55.6	14.9	3.02	0.98	36.7	104.6	99.6	5.02	
1963	288.0	60.7	17.9	0.63	1.19	40.9	115.1	110.6	4.50	
1964	295.0	62.4	18.4	1.24	1.23	41.5	109.7	105.4	4.22	
1965	315.0	66.3	20.8	1.17	1.78	42.5	120.2	115.9	4.28	
1966	329.8	73.3	22.9	1.33	1.61	47.5	123.3	118.9	4.39	
1967	355.9	78.3	23.9	1.44	3.09	49.8	131.4	126.8	4.63	
1968	383.9	81.5	27.8	1.30	1.83	50.5	148.7	143.6	5.10	

표 T361-379 계속

	합계	일반					사회			
		합계	일반공공행정	입법선거	국방	공공질서안전	합계	교육	보건사회보장 복지문화	주택 및 지역개발
	T361	T362	T363	T364	T365	T366	T367	T368	T369	T370
	남한, 천 명									
1969	393.4	81.4	24.7	1.36	2.14	53.2	149.0	143.5	5.50	
1970	428.3	83.9	26.3	1.67	2.29	53.7	168.7	163.4	5.24	
1971	460.0	92.0	30.1	2.82	2.85	56.1	159.7	154.9	4.80	
1972	450.3	88.8	27.9	1.87	2.53	56.6	175.9	168.9	7.03	
1973	468.3	92.3	28.7	1.90	3.78	57.9	183.1	176.2	6.88	
1974	456.8	87.9	26.3	1.65	2.49	57.5	182.2	177.9	4.34	
1975	467.1	88.6	26.0	1.62	2.71	58.3	185.5	181.3	4.16	
1976	487.8	90.8	27.1	1.63	2.75	59.3	187.8	183.3	4.56	
1977	508.9	99.4	31.5	1.44	2.84	63.6	197.8	193.1	4.74	
1978	540.7	108.0	36.4	1.77	3.00	66.8	210.5	205.3	5.22	
1979	582.1	109.8	33.6	1.53	3.16	71.5	244.1	239.1	5.01	
1980	574.8	118.1	35.4	1.36	3.14	78.2	224.2	218.6	5.58	
1981	665.9	132.4	42.6	2.01	5.09	82.7	247.3	241.1	6.24	
1982	647.9	139.3	42.9	2.75	5.09	88.5	256.8	250.2	6.64	
1983	650.9	139.8	42.7	2.73	5.05	89.3	265.2	258.3	6.83	
1984	657.2	138.6	43.2	2.76	5.01	87.6	273.1	266.2	6.86	
1985	670.6	141.7	43.6	2.83	5.06	90.2	280.6	273.7	6.82	
1986	691.7	146.2	43.7	2.86	4.93	94.7	291.6	284.2	7.34	
1987	705.1	152.2	44.4	3.22	5.05	99.5	304.9	297.3	7.61	
1988	737.2	155.3	44.7	4.01	5.16	101.4	317.7	309.8	7.92	
1989	781.3	164.4	45.5	4.20	5.29	109.4	333.3	325.2	8.11	
1990	818.1	180.1	48.9	4.57	5.41	121.2	343.8	334.7	9.11	
1991	854.1	182.3	42.8	4.71	5.70	129.1	351.3	341.7	9.59	
1992	886.2	188.8	40.6	4.88	5.76	137.6	357.1	347.3	9.78	
1993	899.8	192.5	43.5	4.92	5.76	138.3	360.9	351.2	9.69	
1994	907.6	192.7	41.5	4.91	5.71	140.6	363.7	353.9	9.87	
1995	905.4	185.7	31.4	4.96	5.65	143.6	366.4	356.4	10.0	
1996	925.8	189.7	31.9	5.03	5.71	147.0	368.3	358.1	10.2	
1997	934.2	194.1	31.5	5.06	5.59	151.9	371.7	361.5	10.2	
1998	888.5	194.6	31.5	5.21	5.22	152.6	371.7	362.2	9.46	
1999	872.9	194.9	31.1	5.08	4.71	154.0	364.5	356.1	8.45	
2000	869.7	194.8	30.1	5.08	4.78	154.8	365.0	356.1	8.89	
2001	868.1	196.8	32.4	3.21	4.81	156.3	367.2	358.2	9.04	
2002	890.0	200.0	30.5	5.27	5.09	159.1	380.9	371.5	9.42	
2003	915.9	203.6	30.7	5.16	5.15	162.6	394.7	385.1	9.57	
2004	936.4	208.2	31.1	5.51	5.24	166.3	402.7	392.7	10.0	
2005	931.0	213.9	31.5	5.51	5.44	171.4	410.7	399.8	10.9	
2006	957.2	219.7	32.6	5.73	6.28	175.1	424.7	413.2	11.5	
2007	975.0	226.9	35.9	6.06	6.67	178.3	429.1	417.2	11.9	
2008	974.8	228.7	35.4	6.12	6.54	180.6	433.6	421.2	12.2	0.15
2009	970.7	234.6	35.4	6.10	6.55	186.6	431.4	418.9	12.3	0.15
2010	979.6	240.9	35.5	6.53	6.59	192.3	432.8	420.8	11.8	0.15
2011	981.9	243.5	35.7	6.63	6.71	194.4	430.7	418.7	11.9	0.15
2012	990.4	246.7	35.9	6.69	6.82	197.3	431.9	419.6	12.2	0.15
2013	998.9	251.0	36.0	6.71	6.71	201.6	433.0	420.3	12.5	0.26

자료: 『조선총독부통계연보』; 『대한민국통계연감』; 김재호, 「정부고용의 장기적 변화, 1910-2013」(『경제사학』 61, 2016).

주: '지방'은 지방공무원 전체가 아니라 교육, 경찰소방 공무원을 제외한 지방공무원수를 의미한다.

표 T361-379 계속

	경제						지방	전체	
	합계	광업제조업건설업	농림수산수렵	연료 및 에너지	운송통신	경제일반 및 기타		국가공무원	지방공무원
	T371	T372	T373	T374	T375	T376	T377	T378	T379
	남북한, 천 명								
1910								15.1	
1911								17.0	
1912								21.8	
1913	16.8	0.13	0.49		16.1		11.3	36.8	14.4
1914	16.9	0.15	0.57		16.2		8.68	38.5	12.0
1915	17.6	0.18	0.64		16.8		9.71	38.2	13.2
1916	18.2	0.19	0.74		17.3		11.8	39.4	15.6
1917	8.95	0.23	0.78		7.94		14.0	27.9	17.7
1918	5.36	0.07	0.56		4.73		15.2	22.2	19.1
1919	5.42	0.07	0.66		4.69		15.9	33.2	20.4
1920	5.73	0.08	0.90		4.75		19.3	36.5	24.1
1921	7.50	0.91	1.06		5.53		20.2	39.3	25.3
1922	8.34	0.93	1.14		6.26		19.9	41.8	26.2
1923	9.03	0.88	1.12		7.03		20.7	42.6	28.5
1924	8.58	0.89	0.95		6.74		21.0	39.0	29.9
1925	12.1	0.94	0.87		10.3		21.6	41.5	31.0
1926	13.2	1.02	1.23		11.0		21.9	42.5	32.0
1927	14.2	1.17	1.28		11.7		20.7	44.5	31.4
1928	14.9	1.22	1.38		12.3		21.4	46.0	32.3
1929	16.0	1.30	1.36		13.3		21.7	47.4	32.9
1930	16.8	1.42	1.35		14.0		21.9	48.8	33.4
1931	17.4	1.90	1.22		14.3		22.7	48.9	34.9
1932	18.9	2.14	1.84		14.9		22.6	51.3	35.3
1933	19.5	2.28	1.95		15.2		28.2	51.5	39.4
1934	20.8	2.25	2.36		16.2		29.0	53.8	41.2
1935	22.5	2.33	2.68		17.5		31.4	56.0	44.3
1936	25.2	2.38	2.82		20.0		34.2	59.6	47.9
1937	28.9	2.44	3.26		23.2		36.1	65.0	51.3
1938	32.4	2.50	3.57		26.4		37.6	69.2	54.3
1939	37.6	2.62	3.71		31.3		40.5	76.2	59.3
1940	45.3	2.62	4.17		38.6		43.7	85.9	64.1
1941	52.9	2.81	5.07		45.1		48.6	97.7	71.5
1942	57.0	2.87	5.39		48.7		50.0	103.2	74.3
1943								108.6	
	남한, 천 명								
1949	62.8	10.5	4.39		47.3	0.61		188.3	
1950	70.8	12.4	4.83		53.0	0.60		226.1	
1951									
1952									
1953	36.5	2.18	1.49		32.4	0.48	37.0	194.3	37.0
1954	52.6	10.3	2.23		39.5	0.54	30.6	194.3	30.6
1955	56.6	9.91	2.80		43.3	0.55	38.1	198.0	38.1
1956	55.8	9.87	1.63		43.0	1.37	40.8	198.7	40.8
1957	54.9	10.4	1.92		41.6	0.94	36.6	197.3	36.6
1958	56.3	11.1	3.44		40.4	1.35	37.2	207.3	37.2
1959	55.8	10.8	2.83	0.24	40.4	1.50	36.9	210.0	36.9
1960	59.6	11.2	3.66	0.19	43.3	1.23	40.8	207.9	40.8
1961	57.4	11.3	3.29	0.19	41.4	1.18	31.4	204.0	31.4
1962	63.5	13.6	2.99	0.20	46.1	0.56	43.1	223.7	43.1
1963	69.1	13.4	3.12	0.24	51.6	0.68	43.2	244.8	43.2
1964	71.8	13.9	3.43	0.32	53.0	1.08	51.2	243.8	51.2
1965	77.9	15.6	3.65	0.25	57.2	1.17	50.6	264.7	50.3
1966	79.7	16.0	3.92	0.30	57.7	1.72	53.4	275.7	54.0
1967	92.2	16.2	5.20	0.36	68.1	2.31	54.1	301.6	54.3
1968	94.7	17.0	4.82	0.38	70.2	2.25	59.0	326.2	57.7
1969	101.3	16.8	6.10	0.39	75.6	2.41	61.7	332.2	61.2
1970	104.4	18.2	6.13	0.42	77.2	2.40	71.3	359.6	68.7

표 T361-379 계속

	경제						지방	전체	
	합계	광업제조업건설업	농림수산수렵	연료 및 에너지	운송통신	경제일반 및 기타		국가공무원	지방공무원
	T371	T372	T373	T374	T375	T376	T377	T378	T379
	남한, 천 명								
1971	110.1	19.4	6.39	0.74	80.0	3.70	98.2	363.2	96.8
1972	115.3	18.5	7.11	0.52	85.7	3.38	70.3	381.3	69.0
1973	119.9	18.0	8.81		89.8	3.27	73.0	395.5	72.8
1974	105.8	16.5	5.92		81.2	2.21	80.8	376.4	80.4
1975	108.1	16.6	6.12		83.2	2.22	84.9	382.0	85.2
1976	112.5	16.8	7.20		86.0	2.50	96.7	394.8	93.0
1977	112.0	16.2	6.49		86.2	3.10	99.7	411.4	97.5
1978	120.1	16.8	8.57	0.31	90.5	3.95	102.0	408.8	131.9
1979	119.3	16.1	8.14	0.31	91.0	3.88	108.9	474.5	107.7
1980	124.3	16.8	7.77	0.36	95.1	4.29	108.3	462.4	112.4
1981	141.1	17.3	11.4	0.40	106.9	5.03	145.1	480.2	185.7
1982	105.8	17.2	11.4	0.40	71.8	5.01	146.0	458.8	189.1
1983	101.1	17.3	11.4	0.40	67.0	4.95	144.9	460.8	190.1
1984	100.4	17.1	11.4	0.39	66.4	5.01	145.2	464.4	192.8
1985	100.2	17.1	11.5	0.39	66.2	5.02	148.2	472.6	198.1
1986	100.1	17.1	11.5	0.39	66.1	5.02	153.9	485.8	205.9
1987	87.9	4.07	11.6	0.39	66.4	5.35	160.1	488.6	216.5
1988	90.9	4.07	11.7	0.41	69.4	5.39	173.3	505.1	232.1
1989	92.7	4.21	11.8	0.41	70.6	5.72	191.0	529.2	252.1
1990	93.6	4.47	11.8	0.41	72.6	4.29	200.6	553.7	264.4
1991	94.8	4.55	12.6	0.44	72.7	4.50	225.6	567.4	286.7
1992	96.9	4.57	12.7	0.46	74.4	4.74	243.4	579.9	306.3
1993	96.8	4.94	12.7		74.4	4.71	249.6	583.4	316.4
1994	95.4	1.79	12.5		77.2	3.93	255.8	582.6	325.0
1995	94.8	5.98	11.0		73.7	4.23	258.5	574.1	331.3
1996	95.7	5.73	13.5		72.0	4.45	272.1	576.6	349.2
1997	95.1	5.60	13.4		71.4	4.72	273.4	578.6	355.7
1998	88.9	5.37	11.9		67.3	4.32	233.4	572.9	315.5
1999	84.4	4.92	11.1		64.2	4.12	229.1	567.8	305.1
2000	80.6	4.92	11.0		60.2	4.53	229.3	563.7	306.0
2001	80.1	4.99	11.1		59.5	4.55	224.1	566.1	302.0
2002	80.9	5.05	11.2		60.0	4.69	228.2	581.3	308.7
2003	83.4	5.05	11.3		62.2	4.85	234.2	598.8	317.1
2004	84.0	5.15	11.4		62.2	5.20	241.5	609.3	327.1
2005	56.3	5.65	11.5		33.1	5.95	250.2	592.6	338.5
2006	57.8	5.91	11.9		33.2	6.83	254.9	611.2	346.0
2007	59.9	6.03	12.0		33.4	8.41	259.1	626.6	348.4
2008	57.5	0.65	8.85		40.1	7.94	255.0	627.9	346.9
2009	56.9	0.68	8.34		39.9	7.96	247.8	632.3	338.4
2010	56.9	0.69	8.31		39.9	8.00	249.0	636.4	343.2
2011	57.3	0.70	8.38	0.08	40.0	8.19	250.4	636.2	345.8
2012	58.0	1.18	8.39	0.10	40.1	8.22	253.9	639.8	350.6
2013	58.5	2.49	10.4	0.10	37.4	8.09	256.5	640.1	358.8

표 T380-394 직급별 민족별 공무원, 1913-1942

	전체						
	합계	칙임관	주임관	판임관	이원(吏員)	촉탁+고원	면리원
	T380	T381	T382	T383	T384	T385	T386
	남북한, 명						
1913	47,499	89	1,066	13,939		25,581	6,824
1914	48,060	90	1,048	14,613		26,899	5,410
1915	48,878	89	1,059	15,474		25,906	6,350
1916	52,522	86	1,073	14,373		28,873	8,117
1917	43,063	85	956	13,067		19,435	9,520
1918	38,767	88	1,036	13,464		12,694	11,485
1919	51,157	84	1,108	27,534		10,529	11,902
1920	58,001	91	1,121	31,098		10,564	15,127
1921	62,043	102	1,285	34,269		10,957	15,430
1922	65,534	92	1,432	36,809		11,699	15,502
1923	68,644	94	1,497	38,427	464	12,651	15,511
1924	66,345	81	1,419	36,713	510	11,812	15,810
1925	69,972	92	1,524	38,576	514	13,804	15,462
1926	72,087	104	1,638	39,436	558	14,895	15,456
1927	73,328	105	1,727	40,866	672	16,131	13,827
1928	75,785	83	1,854	42,129	747	16,641	14,331
1929	77,908	82	1,876	43,039	813	17,592	14,506
1930	79,784	82	1,907	43,908	867	18,492	14,528
1931	81,332	107	1,860	44,152	959	19,851	14,403
1932	84,137	104	1,898	45,749	1,188	20,754	14,444
1933	88,493	112	1,955	45,676	2,416	23,828	14,506
1934	92,578	119	1,976	47,707	2,730	25,265	14,781
1935	97,853	122	2,028	49,675	3,176	26,943	15,909
1936	105,096	127	2,131	52,520	3,689	29,338	17,291
1937	113,925	142	2,340	56,436	4,319	33,247	17,441
1938	121,181	142	2,515	60,082	5,004	35,802	17,636
1939	133,120	148	2,645	64,605	5,278	41,422	19,022
1940	147,674	152	2,868	68,407	6,119	49,997	20,131
1941	166,862	166	3,114	73,351	7,039	60,807	22,385
1942	175,146	172	3,271	74,201	7,504	66,546	23,452

자료: 『조선총독부통계연보』, 각년도.

주: 1) 공무원은 '관공리'.

2) 조선인 총수에는 면리원은 제외되어 있다. 면리원의 민족구분은 불명하다.

표 T380-394 계속

	조선인							
	합계	칙임관	주임관	판임관	이원(吏員)	촉탁	고원	용원
	T387	T388	T389	T390	T391	T392	T393	T394
	남북한, 명							
1913	17,318	43	340	5,002		394	4,816	6,723
1914	19,573	45	337	5,262		355	5,698	7,876
1915	18,945	42	346	5,948		455	5,714	6,440
1916	19,478	41	344	4,447		578	6,131	7,937
1917	14,939	42	287	3,880		853	4,951	4,926
1918	11,044	43	326	4,108		598	5,969	
1919	15,558	39	335	11,093		696	3,395	
1920	16,803	47	327	12,390		872	3,167	
1921	18,876	38	359	13,449		1,015	4,015	
1922	19,963	40	370	14,193		552	4,808	
1923	20,853	40	368	14,481	198	884	4,882	
1924	20,032	39	344	13,860	238	824	4,727	
1925	20,759	41	343	14,391	263	754	4,967	
1926	21,794	42	343	14,998	313	717	5,381	
1927	23,028	40	349	15,637	387	768	5,847	
1928	23,678	18	368	16,183	463	571	6,075	
1929	24,241	15	342	16,461	513	485	6,425	
1930	24,762	14	363	16,595	498	447	6,845	
1931	25,986	40	339	17,139	535	488	7,445	
1932	27,343	33	341	17,969	601	537	7,862	
1933	29,779	34	343	17,823	1,158	702	9,719	
1934	31,372	36	348	18,512	1,348	1,080	10,048	
1935	33,007	35	353	19,111	1,531	1,168	10,809	
1936	35,361	36	359	20,161	1,909	1,279	11,617	
1937	39,170	40	377	21,583	2,239	1,509	13,422	
1938	42,611	35	388	22,405	2,728	1,629	15,426	
1939	48,846	36	396	23,509	3,531	2,040	19,334	
1940	56,591	34	420	24,375	3,590	2,804	25,368	
1941	67,628	38	451	25,785	4,501	5,127	31,726	
1942	74,107	39	451	27,286	4,928	6,240	35,163	

표 T395-409 민족별 서비스별 공무원(면직원 제외), 1913-1942

	합계	조선인					일본인					외국인			
		합계	일반	사회	경제	지방	합계	일반	사회	경제	지방	합계	일반	사회	경제
	T395	T396	T397	T398	T399	T400	T401	T402	T403	T404	T405	T406	T407	T408	T409
	남북한, 명														
1913	40,678	17,318	10,269	1,297	5,632	120	23,360	9,747	1,909	11,126	578				
1914	42,650	19,573	11,978	1,306	6,120	169	23,077	9,509	2,156	10,822	590				
1915	42,528	18,945	10,847	1,431	6,452	215	23,583	9,584	2,222	11,142	635				
1916	44,405	19,478	10,908	1,525	6,732	313	24,927	10,141	2,521	11,448	817				
1917	33,543	14,939	9,215	1,641	3,419	664	18,604	9,311	2,428	5,532	1,333				
1918	27,310	11,046	8,428	1,580	782	256	16,264	8,204	2,561	4,578	921				
1919	39,256	15,558	12,450	1,706	1,066	336	23,697	15,018	3,129	4,353	1,197	1		1	
1920	42,923	16,821	13,245	2,284	904	388	26,100	17,030	3,012	4,822	1,236	2	1	1	
1921	46,617	18,876	13,782	2,747	1,706	641	27,737	17,453	2,840	5,792	1,652	4	1	3	
1922	50,036	19,963	14,470	3,268	1,961	264	30,069	18,237	3,871	6,377	1,584	4	1	3	
1923	53,138	20,853	14,054	4,244	2,046	509	32,280	18,689	4,454	6,981	2,156	5	2	3	
1924	50,542	20,032	12,543	4,876	2,089	524	30,503	16,880	4,971	6,487	2,165	7	2	5	
1925	54,516	20,758	12,522	5,276	2,264	696	33,753	16,406	4,550	9,878	2,919	5	2	2	1
1926	56,631	21,794	12,690	5,716	2,583	805	34,837	16,165	4,879	10,624	3,169				
1927	59,506	23,028	13,060	6,145	2,842	981	36,478	16,577	5,204	11,336	3,361				
1928	61,454	23,678	13,234	6,256	3,107	1,081	37,776	17,049	5,397	11,809	3,521				
1929	63,402	24,241	13,246	6,430	3,384	1,181	39,161	17,378	5,624	12,593	3,566				
1930	65,256	24,762	13,258	6,609	3,685	1,210	40,494	17,863	5,832	13,126	3,673				
1931	66,929	25,986	13,438	6,979	4,092	1,477	40,943	17,129	6,101	13,340	4,373				
1932	69,693	27,343	13,880	7,202	4,780	1,481	42,350	17,578	6,436	14,078	4,258				
1933	73,987	29,779	13,656	6,812	5,059	4,252	44,208	17,285	5,466	14,423	7,034				
1934	77,797	31,372	13,870	7,388	5,550	4,564	46,425	17,856	6,010	15,288	7,271				
1935	81,944	33,007	13,969	7,782	6,118	5,138	48,937	18,172	6,463	16,367	7,935				
1936	87,805	35,361	14,236	8,174	7,018	5,933	52,444	18,829	6,895	18,139	8,581				
1937	96,484	39,170	15,091	9,013	8,470	6,596	57,314	19,466	7,743	20,461	9,644				
1938	103,545	42,611	15,493	9,383	10,236	7,499	60,934	19,914	8,676	22,203	10,141				
1939	114,110	48,175	16,521	10,109	13,114	8,431	65,923	20,791	10,015	24,465	10,652	12	1	8	3
1940	127,552	56,591	17,707	10,652	17,951	10,281	70,952	21,459	11,128	27,379	10,986	9	1	5	3
1941	144,487	67,628	19,458	12,957	22,533	12,680	76,849	23,469	11,763	30,411	11,206	10		5	5
1942	151,698	74,107	20,523	15,115	24,875	13,594	77,587	23,902	10,986	32,122	10,577	4		4	

자료: 『조선총독부통계연보』, 각년도; 김재호, 「정부고용의 장기적 변화, 1910-2013」(『경제사학』 61, 2016).

주: '지방' 서비스는 지방공무원 중에서 교육, 경찰 공무원을 제외한 숫자이다.

6. 기타

표 T410-411 조선시대의 경지면적, 1392-1807

	등록면적	과세면적	비고
	T410	T411	
	남북한, 結		
1392	798,128		6도(양계 제외)
1406	1,260,000		경기 제외
1432	1,712,311		
16세기 말	1,510,194		임진왜란(1592-1598) 직전
1601		300,000	
1611		541,000	
1634	1,246,310		평안도 제외
1719	1,395,333		
1769	1,411,948	800,843	
1807	1,456,592	810,518	

자료: 이헌창, 『한국경제통사』(해남, 2014), p. 56.
주: 등록면적은 원장부결(元帳付結), 과세면적은 실결(實結)이다.

표 T412-416 조선후기 중앙재정 수입의 구성, 1760-1893

	동전	미곡류	두류	포목	합계	비고
	T412	T413	T414	T415	T416	
	냥	쌀 환산 석	석	필	쌀 환산 석	
1760년경	704,707	238,566	31,382	188,595	477,837	전세, 대동, 균역 상납액
1794년경	1,324,188	493,942	78,513	450,350	978,176	경사 상납액
1807	1,351,266	344,183	52,446	375,150	799,129	호조 선혜청 균역청 병조 5군영
1864	2,387,472	351,116	69,480	342,637	1,000,696	합계에 은 포함
1880	2,463,732	317,668	74,546	372,414	987,124	합계에 은 제외
1891-1893	3,254,980	313,538	43,980	305,160	672,796	3개년 평균

자료: 김재호, 「조선후기 중앙재정과 동전」(『경제사학』 44, 2008), p. 10.
주: 1) 쌀 환산에 사용된 가격은 쌀1석=동전5냥, 포목 1필=동전 2냥, 두류 1석=동전 2.5냥.
2) 1891-1893년은 물가상승을 반영하여 쌀1석=동전15냥으로 환산하였다. 쌀1석=동전5냥으로 환산하면 합계 1,158,886석으로 추산된다.

표 T417-419 조선후기 곡물저장(환곡)

	환곡 총량		분급량
	각종 곡물	쌀 환산	쌀 환산
	T417	T418	T419
	만 석		
18세기 초	500		
1760	930		
1769	1,010		
1776	1,050		
1788	990		
1797	938	554	396
1807	1,000	581	402
1828	800		
1862	800	507	410

자료: 이헌창, 「조선후기 사회와 일본 근세사회의 상품유통의 비교연구」(『재정정책논집』, 1999), p. 67.

U. 사법

김두얼

1. 서론

국민의 생명과 재산을 보호하는 활동은 국가가 담당해야 할 가장 기본적인 임무이다. 흔히 이러한 업무를 대외적으로 수행하는 것을 국방, 대내적으로 수행하는 것을 광의의 사법(司法)이라고 지칭한다. 사법제도는 경제성장의 기초를 제공하는 뿌리이다. 경제 주체의 생명과 재산이 잘 보호될수록 질서 있고 자유로운 경제 활동을 통해 경제 발전이 촉진되기 때문이다.[1]

광의의 사법제도는 재산권 획정 그리고 재산권 보호와 관련된 영역으로 나누어 볼 수 있다. 재산권 획정이란 법을 제정하고 구체적 의미를 드러내는 활동으로, 입법부, 행정부, 법원 모두의 역할이다. 하지만 통상적으로 사법의 영역에서는 법원만을 포함하는 것이 일반적이다. 한편, 법으로 규정한 재산권을 강제하는 물리력이 필요한데, 이러한 능력을 보유하고 역할을 수행하는 것이 경찰, 검찰, 교정시설 등이다.

사법제도는 이 제도를 움직이는 인력들의 활동을 통해 작동한다. 따라서 사법 분야 종사 인력에 대한 이해는 제도만큼 중요하다. 사법인력은 크게 두 집단으로 나눌 수 있다. 하나는 판사, 검사, 경찰 등 국가 사법기관에 종사하는 인력이다. 다른 하나는 법조전문인력이다. 법은 일반인들이 쉽게 이해하기 어려운 영역이기 때문에, 세계 어느 나라에서나 변호사 등과 같은 법조전문인력들이 민간 영역에서 사법 관련 업무를 수행한다.

현실에 존재하고 작동하는 사법제도 그리고 이것이 경제성장에 기여하는 메커니즘을 이해하는 작업은 사법제도 및 사법인력과 관련된 통계를 체계적으로 파악하는 것에서 출발한다고 볼 수 있다. 본 장에서는 우리나라의 제도적 특성을 감안해서 이상의 내용을 법원, 치안, 그리고 사법인력이라는 세 가지 범주로 나눈 뒤 관련 통계들을 개괄하고 몇 가지 중요한 장기 추세를 살펴보기로 한다.

1 Coase(1960; 1992); Acemoglu and Robinson, 최완규 옮김(2012).

2. 자료

여느 전근대 국가들처럼 조선 역시 법률을 제정하고 재판을 통해 분쟁을 해결하였으며 범죄를 예방하고 범법자를 처벌하였다.[2] 하지만 현재 대한민국의 법과 사법절차는 조선시대의 제도가 이어져 온 것이 아니다. 오늘날 우리나라의 법과 사법제도의 원형은 식민지기에 조선총독부가 도입한 것이며, 이것이 해방 이후 사회, 경제 발전 속에서 진화해 온 결과이다.[3] 관련 자료 역시 1910년 이후에 체계적으로 작성되었다.

1) 법원

조선총독부가 식민지 조선을 지배하면서 가장 먼저 시작한 업무 중 하나가 사법제도를 수립하는 것이었기 때문에, 사법제도 및 사법인력과 관련된 통계는 초기부터 『통감부통계연보』 그리고 『조선총독부통계연보』에 비교적 상세하게 제시되어 있다. 법원 업무의 경우, '사법'편에 법원 업무 관련 통계를 제시하였다.

2 최근 들어 심재우(2009) 등처럼 조선시대의 소송들에 대한 통계적 분석이 시도되고 있으나, 전체적인 규모가 얼마나 되는지는 아직 체계적으로 파악되지는 않고 있다.

3 식민지기와 해방 이후 법원의 역사에 대한 포괄적 소개로는 문준영(2010); 법원행정처(1995); 사법발전재단(2009)을 참조.

해방 이후 대법원은 1954년부터 『법원통계연보』를 간행하였는데, 1976년부터는 사법 통계와 아울러 법원 관련 주요 업무 및 행사 등을 담은 『사법연감』으로 확대하여 오늘날까지 발간하고 있다. 초기의 『법원통계연보』는 『조선총독부통계연보』와 유사한 내용과 형식을 취하고 있었는데, 우리나라 경제가 발전하고 법원이 보다 체계화되면서 점차 새로운 내용을 담고 보다 내용을 풍부하게 하는 방향으로 양적으로나 질적으로 발전해 나아갔다. 단, 법과 법원 제도 뿐 아니라 업무 관련 통계의 연속성 때문에 사법 분야와 관련해서는 1910년부터 현재까지 비교적 연속성이 높은 장기 통계를 확보할 수 있다.

2) 치안

형사사법에 있어서도 조선총독부는 식민지 조선에 그 이전 시대와는 완전히 다른 새로운 체계를 도입하였다. 식민지 지배의 기초는 자신들이 가져온 법을 조선인들이 지키도록 하는 것이었기 때문에, 경찰, 검찰과 관련된 활동은 법원과 함께 식민 지배의 가장 중요한 부분을 차지하였다.[4] 그리고 『조선총독부통계연보』에 '경찰', '범죄' 장을 통해 범죄 발생 관련 통계를 제시하였다.

해방 이후에는 대검찰청의 『범죄분석』과 『검찰연감』, 그리고 경찰청의 『범죄통계』 등이 범죄 관련 통계를 제시하였다. 아울러 『사법연감』에는 형사소송 사건수가 제시되어 있다. 범죄 통계들은 범죄 사건 관련 자료로부터 작성되었기 때문에 다소의 차이는 있지만 기본적으로는 동일한 자료라고 할 수 있다. 단, 통계의 내용이나 자료의 시계열 등을 고려하여 본서에서는 『범죄분석』의 통계를 기본으로 삼았다.[5]

교정시설 및 수용인원과 관련된 통계는 식민지기의 경우 『조선총독부통계연보』의 '감옥', 해방 이후에는 법무부가 발간하는 『법무연감』에 기본적인 정보가 수록되어 있다.

4 문준영(2010).
5 이 자료의 특성들에 대해서는 김두얼 · 전수민(2014) 참조. 한편, 형사정책연구원에서는 이 통계집들에 수록된 정보들을 모두 전산화하는 작업을 진행 중이며, 일부 정보는 공개되어 있다.

3) 사법인력

사법인력은 크게 보면 국가 사법기관 종사자와 민간 영역의 법조전문인력으로 나누어 볼 수 있다. 국가 사법기관은 대법원, 대검찰청, 경찰청, 교정청을 들 수 있는데, 해당 인력에 대한 정보는 식민지기의 경우는 『조선총독부통계연보』, 해방 이후에는 『사법연감』, 『법무연감』, 『경찰통계연보』에 제시되어 있다.

민간 영역의 법조전문인력은 매우 다양하지만, 현재 우리나라에서 가장 대표적인 영역은 변호사 그리고 법무사이다.[6] 변호사 인력 규모와 관련된 정보는 식민지기의 경우는 『조선총독부통계연보』, 해방 이후에는 총무처의 『총무처연보』, 행정자치부의 『통계연감』, 법무부의 『법무연감』과 대한변호사회 웹사이트에 제시되어 있다. 법무사 관련 인력 정보는 주무 관청인 대법원이 발간하는 『사법연감』 그리고 대한법무사회 관련 자료에서 확보할 수 있다.

3. 법원

1) 법원의 업무

법원의 기본 업무는 재산권 획정이다. 어떤 재산이 누구에게 속하는지 불분명할 때 다툼이 발생하게 되는데, 법원은 재산권이 누구에게 속하는지 판단하여 다툼을 해결하는 일을 담당한다. 그리고 어떤 사람이 타인의 생명이나 재산을 침해할 경우, 피해가 얼마인지를 판단하고 보상이 이루어질 수 있도록 한다.

법원 업무를 세는 기본 단위는 '사건'이다. 우리나라의 법원이 처리하는 사건은 소송사건(訴訟事件)과 비송사건(非訟事件)으로 구성되어 있다. 소송사건이란 재산권과 관련된 다툼이 발생할 경우 재산권이 소송당사자 중 누구에게 귀속되어 있는지를 판사가 판결하는 업무와 관련된 사건들을 지칭한다. 비송사건이란 사실상 소송 이외에 법원이 처리하는 모든 사건들을 지칭하는데, 등기나 도산 업무 등이 대표적이다.[7]

6 넓게 보면 변리사, 노무사 등도 포함할 수 있다.
7 비송사건이 정확히 무엇인지를 기술하는 정의는 찾기 어렵다. 가장 손쉬운 것은 '비송사건절차법'에 따라 처리되는 사건이라는, 다분히 순환론적 정의

표 U-a 법원 사건수(2015년 접수기준, 건)

사건 종류	소송사건			비송사건	합계
	본안사건	본안외사건	계		
민사	1,078,878	3,366,391	4,445,269		4,445,269
형사	363,652	1,277,465	1,641,117		1,641,117
가사	54,016	105,604	159,620		159,620
소년	0	71,754	71,754		71,754
행정	28,177	14,344	42,521		42,521
특허	1,118	369	1,487		1,487
선거	5	12	17		17
등기				13,744,046	13,744,046
가족관계등록				308,665	308,665
공탁				195,355	195,355
합계	1,525,846	4,835,939	6,361,785	14,248,066	20,609,851

자료: 『사법연감』, 2016.
주: 형사본안외 사건은 인신보호, 성매매매관련보호, 감치과태료 사건을 포함한 것이다.

소송사건은 다시 본안사건과 본안외사건으로 나뉘어진다. 본안사건은 흔히 소송이라고 부르는 것으로 판사가 분쟁당사자의 다툼에 대해 판결을 하는 것이다. 본안외사건은 본안사건의 진행과 관련해서 이루어지는 여러 가지 부수적 업무들로, 민사소송에서의 가처분이나 형사사건에서의 영장심사 등이 여기에 해당한다.

2015년 대한민국 법원은 총 2,000만 건의 사건을 처리하였다(U-a). 이 가운데 비송사건이 1,400만 건이며, 소송사건 가운데 본안외사건이 480만 건 정도이다. 본안사건은 전체 사건 가운데 7.4%인 150만 건을 차지한다.

이처럼 사건 건수는 비송사건, 본안외사건, 본안사건 순이지만, 법원 업무의 중요도나 업무 부담이라는 차원에서 보면 본안사건의 비중이 가장 크다. 비송사건의 경우 96%가 등기인데, 판사가 실제로 관여하는 일은 거의 없는 행정 업무이다.[8] 본안외사건은 대부분 본안사건의 진행과 수반하거나 본안사건을 전제하여 발생한다. 따라서 법원을 통해 해결되는 분쟁을 파악하는 것은 본안사건을 중심으로 발생 건수나 사건 종류 등을 살펴보는 것이 적절하다.[9] 아울러 법원이 이러한 분쟁을 적절하게 처리하고 있는지를 파악하려면 소송 처리에 대한 분쟁당사자들의 반응 그리고 소송처리에 걸리는 시간 등을 파악해야 한다.

2) 소송 또는 본안사건수

우리나라는 소송에 대해 3심제를 원칙으로 하고 있으며, 2015년 현재 1심, 항소심, 상고심은 기본적으로 지방법원, 고등법원, 대법원이 담당한다.[10] 표 U-b는 2015년 기준으로 심급별 사건수를 제시한 것인데, 1심 사건이 전체 본안사건의 96%를 차지한다.

사건 종류 차원에서 보면 본안사건은 크게 민사사건과 형사사건으로 구분해 볼 수 있다. 민사사건은 개인과 개인 간에 발생하는 다툼이나 손해배상 문제를 다룬다. 형사사건은 국가가 법을 위반한 사람에 대하여 재판을 통해 죄의 유무를 결정하는 재판이다. 그림 U-c는 1910년부터 2015년까지 100여 년 동안 1심 민사사건과 형사사건의 장기 추이를 보여 준다. 이 그림에서 주목할 점은 민사사건과 형사사건 수가 1980년경을 기점으로 역전되었고 이후 민사사건은 11배나 증가하였다는 사실이다.[11]

민사사건의 경우 사건수만 증가한 것이 아니라 사건의 난이도도 함께 높아져 왔다. 사건의 난이도를 반영하는 중요한 지표 중 하나가 소송가액인데, 민사사건의 소송가액은 꾸준히 증가해 왔다(U45-83). 형사사건의 경우 소송가액과 같은 지표는 없지만, 점차 사건의 고도화 추세는 진행되고 있는 것으로 파악되고 있다.

본안사건 증가와 관련해서 추가로 언급할 사항은 도산사건이다. 우리나라에 처음 파산법이 도입된 것은 식민지기였다. 하지만 20세기 말까지도 파산은 '망했다'는 뜻으로

를 따르는 것이다.

8 토지 등의 재산에 대해 등록과 등기를 구분하는 제도는 세계적으로 매우 드문 형태이다. 심지어 우리나라 제도의 모태가 되었다고 할 수 있는 일본의 경우도 1960년대가 되면 등기 업무를 법원에서 분리하였다.

9 분쟁이 실제로 얼마나 발생하고 있는지를 파악하는 것은 매우 어려운 일이다. 현실에서 가능한 것은 이러한 분쟁들 가운데 분쟁 해결을 담당하는 제도들을 통해 해결을 시도하거나 해결이 이루어진 사건들을 파악하는 것이다. 법원은 이러한 제도 가운데 가장 대표적인 제도이다. 하지만 법원 이외에도 분쟁을 해결하는 다양한 제도들이 존재하는데 흔히 이들을 법원외 분쟁해결제도(Alternative Dispute Resolution: ADR)라고 부른다. 우리나라에는 수많은 ADR들이 존재하는데, 이러한 제도들의 효과성은 매우 낮은 편이다(김두얼, 2011). 이런 이유 때문에 본 장에서는 법원에 한정해서 분쟁해결제도를 살펴보기로 한다.

10 항소심 가운데 지방법원 지원의 1심 사건은 해당 지방법원에서 항소심을 담당한다.

11 식민지기 초기에는 모든 사건을 민사와 형사로 구분하였다. 하지만 사건의 수가 많아지고 내용이 복잡해지면서 가사, 행정, 특허, 소년보호 등 여러 가지 사건들을 별도로 분리하였다. 그림 U-c는 이렇게 분리된 사건들을 배제하고 매년도에 민사와 형사 사건으로 분류된 사건들만을 제시한 것이다.

표 U-b 법원별 소송사건수(본안사건+본안외사건) (2015년 접수기준, 건)

사건 종류	지방법원			고등법원	대법원	합계
	1심	항소심	계			
민사	4,347,536	54,918	4,402,454	24,628	18,187	4,445,269
형사	1,499,987	72,376	1,572,363	35,038	33,716	1,641,117
가사	154,319	3,484	157,803	928	889	159,620
소년	70,834	806	71,640	0	114	71,754
행정	29,596		29,596	9,185	3,740	42,521
특허				1,223	264	1,487
선거				4	13	17
합계	6,102,272	131,584	6,233,856	71,006	56,923	6,361,785

자료: 『사법연감』, 2016.

이해될 뿐, 파산사건은 연 100건 미만으로 거의 발생하지 않았다. 하지만 1997년 외환위기를 기점으로 해서 개인파산은 급속도로 증가하였다. 현재 개인회생과 파산 신청은 연 10만 건 수준으로 이루어지고 있다(U104-112).[12]

3) 항소율과 사건처리 기간[13]

법원은 사건들을 공정하고 신속하게 처리해야 한다. 공정성은 판결이 공평무사해야 한다는 것으로, 사법부의 존재 이유와 직결된 근본목표라고 볼 수 있다. 사건처리의 신속성 역시 중요한데, 아무리 공정한 판결이라도 지나치게 지연될 경우 인권적 측면에서나 경제적 측면에서 많은 손실을 야기할 수 있기 때문이다. 그런데 공정성이나 신속성 같은 정책목표를 추구한다는 것, 그리고 각각에 얼마만큼의 비중을 두고 있는지 여부는 정책 당국이 각각을 위해 투여하는 자원의 양에 의해 현실화된다. 정책 당국이 활용할 수 있는 자원이 유한함을 고려할 때 자원의 확보와 배분 문제는 정책목표와 분리해서 볼 수 없는 핵심요소이다.

이처럼 공정성, 신속성 및 비용이라는 세 요소가 사법 정책을 수립하고 집행함에 있어서 고려해야 할 가장 기본적인 사항인데, 이 셋을 동시에 개선하는 방향으로 정책을 추구하는 것이 매우 어렵다. 예를 들어, 공정성을 해치지 않으면서도 보다 신속하게 판결을 내리기 위해서는 판사 증원이 절대적이기 때문에 보다 많은 비용을 치르는 것은 불가피하다. 혹은 정부의 예산제약 때문에 판사수를 늘리는 것이 매우 어려운 상황에서 사건수의 급격한 증가와 같은 외적 변화가 발생할 경우, 판결의 공정성을 유지하려면 필연적으로 소송지연이 발생하게 된다.

그림 U-c 인구 10만 명당 1심 본안사건: 민사와 형사(건)

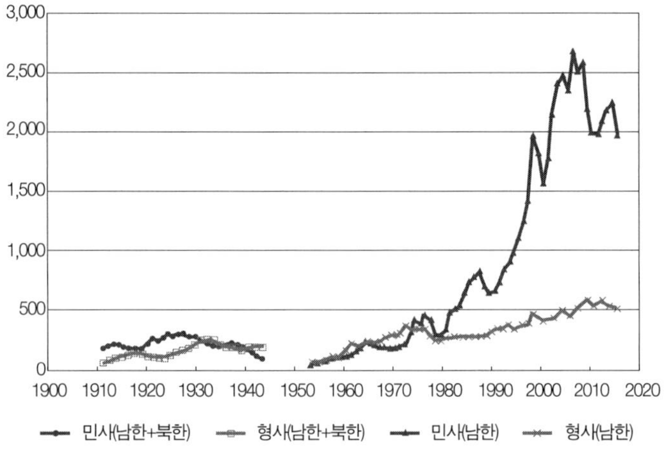

자료: 민, 형사 사건은 U1-17; 인구는 B3-6, B9.

이처럼 사법 정책 당국이 고려해야 하는 세 가지 주요 고려요소 간에 상충관계가 존재하기 때문에 이들을 동시에 개선하는 것이 불가능한 현상을 삼각난제(三角難題, Trilemma)로 개념화해 볼 수 있다. 세 요소 간의 상호 상충관계는 원천적인 해소가 불가능하다. 따라서 사법 정책 담당자의 가장 중요한 임무는 대내외적 환경 변화하에서 사회의 바람직한 발전방향에 조응하도록 삼각난제를 관리하는 것이다.

법원 관련 통계를 파악함에 있어서도 삼각난제는 중요한 기준을 제공한다. 사건의 증가라는 외생적 요인에 대해 판사인력을 어떻게 충원하고 그 결과 공정성과 신속성이 어떻게 변화해 왔는지를 파악하는 것이 통계의 중요한 내용이 될 것이다.

판결의 공정성을 측정하는 것은 쉽지 않지만, 항소율은 하나의 지표가 될 수 있다(U18-33). 사건처리 기간은 법원이 얼마나 사건이 신속하게 처리되는지를 보여 준다(U34-44). 우리나라의 경우, 1980년 이후 30여 년 동안 급격한 사건의 증가가 발생하였다. 법원은 판사인력을 늘려서 이에 대응하였으나, 사건 증가 그리고 종류의 확대 및 복잡성 증가 등에 대응하기에는 충분하지 못하였다. 그 결과 판사들의 업무 부담이 크게 증가하였는데, 항소율을 기준으로 볼 때 법원

12 김두얼 외(2013); Choi and Kim(2015).
13 본 절 내용의 상당 부분은 김두얼(2015)을 수정 · 보완하여 수록한 것이다.

판결의 질이 하락하였다는 증거는 보이지 않는다. 단 소송 처리 기간은 꾸준히 상승하여 지난 30년 동안 두 배가량 높아졌다.[14]

4. 치안

범죄에 대한 고전적 정의는 '타인의 생명과 재산에 대해 의도적으로 피해를 가하는 행위'이다. 그러나 현대사회로 올수록 정부가 범죄로 규정하고 형벌을 가하는 행위는 계속 확대되어 왔으며, 그 결과 오늘날에는 범죄가 무엇인지 엄밀하게 정의하기가 매우 어렵다.[15]

2015년 우리나라에서 발생한 범죄는 202만 건이다(U-d). 범죄는 형법상 범죄로 규정된 형법범 그리고 그 외의 법에 범죄로 규정된 특별법범으로 크게 나누어 볼 수 있다. 2015년을 기준으로 볼 때, 형법범과 특별법범은 각각 105만 건과 97만 건이다. 단, 특별법범 가운데는 교통범죄가 60만 건으로 전체 특별법범의 62%를 차지하고 있다. 교통 관련 범죄는 성격상 범죄라고 볼 수 있는가 여부에 대해 많은 논란이 있다. 따라서 특별법범 가운데 교통범죄를 제외한 특별법범과 형법범을 합한 것으로 볼 경우, 2015년에 우리나라에서 발생한 범죄는 142만 건 정도로 볼 수 있다.[16]

1910년부터 2015년까지의 기간을 되돌아볼 때, 범죄는 꾸준히 증가해 왔지만, 1970년대 말을 기점으로 증가 속도가 크게 높아졌다(U113-131 및 U-e). 그 결과 1970년대 말 30만 건 수준이던 것이 2000년대 초에는 200만 건을 넘어섰는데, 2000년대 들어서서는 이러한 상승 추세가 멈추고 200만 건 수준을 유지되는 양상을 보여 주고 있다.

검거된 용의자 가운데 유죄 판결을 받은 사람들은 법이 정한 처벌을 받는다. 교정시설은 범죄자를 사회로부터 격리시킴으로써 추가적인 범죄발생을 예방할 뿐 아니라, 범죄자들이 출소 이후 다시 범죄를 저지르지 않고 사회에 복귀할 수 있도록 교화하는 것을 목적으로 한다.

14 판사 업무 부담과 항소율, 소송 기간 등의 관계에 대해서는 김두얼(2011, 2015); Kim and Min(2017) 등을 참조.

15 김일중(2012).

16 범죄 통계의 범위와 관련된 포괄적 논의로는 김두얼 · 전수민(2014)을 참조.

표 U-d 범죄 발생건수(2015년, 건)

범죄		건수
형법범	재산범죄	622,126
	강력범죄(흉악)	35,139
	강력범죄(폭력)	248,707
	기타	141,789
	계	1,047,761
특별법범	교통범죄 이외	375,497
	교통범죄	597,473
	계	972,970
총계		2,020,731

자료: 『범죄분석』, 2016.

그림 U-e 인구 10만 명당 범죄건수(건)

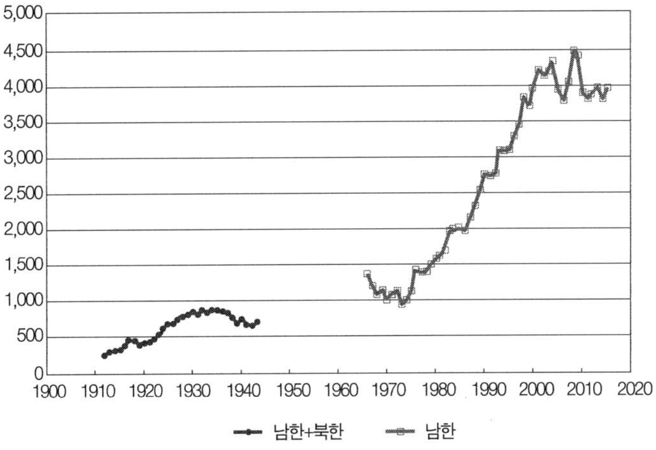

자료: 범죄건수는 U113-131; 인구는 B3-6, B9.

교정시설 수용인원은 식민지 초기 1만 명 수준에서 1943년에는 2만 5,000명으로 2.5배 증가하였다(U132-U147 및 U-f). 해방 이후에도 수용인원은 빠르게 증가하였는데, 1950년대 후반 2만 명 수준이던 것이 1990년대 말에는 7만 명에 육박하였다. 이후 2010년까지 5만 명 수준으로 줄어들었지만, 2010년대에 들어서는 다시 증가하는 추세를 보이고 있다. 단, 인구 증가를 반영해서 보면, 지난 100여 년 동안 인구 10만 명당 60-80명 수준을 유지하고 있다(U-f).

수용인원과 관련해서 주목할 만한 특징은 수용자 중 재범자의 비중이 높아져 가고 있으며(U169-180), 범죄자의 평균 연령이 꾸준히 상승하고 있다는 점이다(U181-197). 이러한 두 가지 현상을 결합해서 본다면, 교정시설이 교화 활동을 적절하게 수행하지 못하여 출소자들이 다시 범죄를 저지르고 있다고 해석해 볼 수 있다.[17]

그림 U-f 인구 10만 명당 교정시설 수용인원(명)

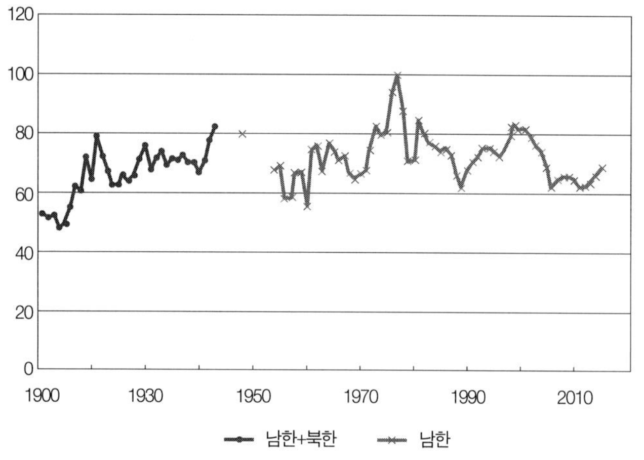

자료: 수용인원은 U132-147; 인구는 B3-6, B9.

5. 사법인력

사법인력은 크게 보면 국가 사법기관 종사자와 민간 영역의 법조전문인력으로 나누어 볼 수 있다. 국가 사법기관은 대법원, 대검찰청, 경찰청, 교정청을 들 수 있는데, 2015년에 이 기관들에서 근무하는 인력은 대략 16만 명이다(U-g). 사법 관련 업무의 체계화와 업무 범위의 확대 등으로 인해 해방 이후 현재까지 이 기관들에 종사하는 인력은 꾸준히 증가해 왔으며, 이러한 추세는 앞으로도 지속될 것으로 예상된다(U198-243).

민간 영역의 법조전문인력은 매우 다양하지만, 현재 우리나라에서 가장 대표적인 영역은 변호사 그리고 법무사이다.[18] 멀리는 조선시대 혹은 대한제국기에도 법조전문인력이 존재하였지만, 오늘날 우리나라의 변호사와 법무사 제도는 사법제도와 마찬가지로 식민지기에 본격적으로 체계화되고 이후 진화하였다.

2015년 현재 우리나라에서 활동하는 변호사와 법무사 인력 규모는 각각 2만 명, 7,000명 정도이다(U-h). 변호사와 법무사 자격제도는 각각 법무부와 대법원이 관리해 왔으

17 김두얼(2011).
18 넓게 보면 변리사, 노무사 등도 포함할 수 있다.

표 U-g 주요 사법기관 및 종사자수(2015년 기준, 명)

	인원수	비고
대법원	16,734	현원. 판사 2,803명, 직원 13,931명
대검찰청	9,720	현원. 검사 1,884명, 직원 7,836명
경찰청	113,077	정원
교정청	15,636	현원
합계	155,167	

자료: 『사법연감』, 『법무연감』, 『경찰통계연보』.

표 U-h 법조전문인력 규모: 변호사와 법무사(2015년 기준, 명)

	변호사	법무사	합계
등록인원	20,531	6,516	27,047

자료: 『법무연감』, 『사법연감』.

그림 U-i 인구 10만 명당 변호사 및 법무사 자격자수와 변호사 자격취득자수(명)

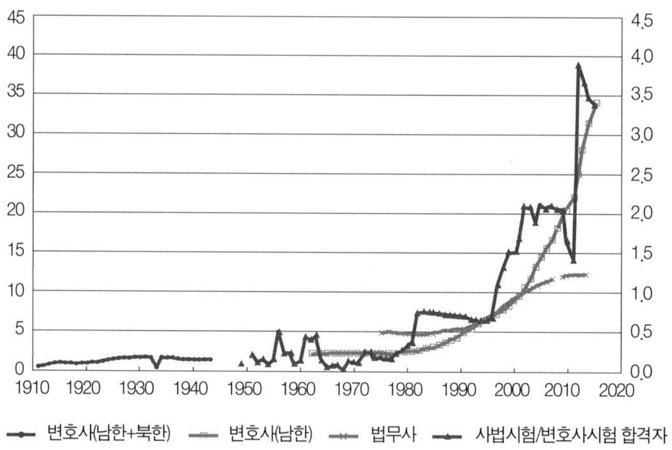

자료: 변호사, 법무사 관련은 U244-253; 인구는 B3-6, B9.

며, 자격시험 등을 통해 매년 몇 명에게 자격을 부여할지를 엄격하게 통제하였다.[19] 그 결과 자격사 규모는 기본적으로 선발 인원에 의해 결정되어 왔다(U244-253 및 U-i).

6. 결론

국민의 생명과 재산을 보호하고 사회 질서를 유지하는

19 법조 관련 자격사제도에 대해서는 김두얼 (2011; 2016) 등을 참조.

활동은 정부의 가장 기본적인 업무이다. 때문에 사법 통계는 비교적 이른 시기부터 체계적으로 집계되고 발표되어 왔다. 이러한 통계들이 보여 주는 두드러진 양상은 1980년을 전후로 한 시기부터 2000년대 초까지 20여 년 기간 동안 관련 업무, 즉 분쟁이나 범죄 발생 등이 크게 증가해 왔으며, 이와 관련해서 정부의 사법인력 및 관련 예산 역시 빠른 속도로 확대되었다는 사실이다. 이러한 추세는 우리 경제가 점차 복잡해지면서 분쟁이 늘어나고 규모가 늘어난 결과를 반영한 것으로 볼 수 있다. 최근 들어 소송이나 범죄 건수의 증가세는 다소 완화되었으나, 질적 측면에서 보다 복잡한 사건들이 증가하고 있기 때문에 정부의 업무 부담은 여전히 증가하는 추세에 있는 것으로 판단된다.

재산권의 보호 그리고 분쟁의 원활한 해결은 경제 주체들의 자유로운 경제 활동을 촉진하는 제도적 기반이다. 그런 의미에서 사법제도를 발전시키기 위한 노력은 향후 지속되어야 하며, 이를 체계적으로 수행하기 위해 통계 정보를 관리하고 이를 연구하는 작업 역시 보다 확대될 필요가 있다.

참고문헌

김두얼(2011), 『경제성장과 사법 정책: 법원정책, 형사정책, 법조인력정책의 실증분석』, 도서출판 해남.

______(2015), 「법원정책의 삼각난제와 한국의 법원정책」, 『저스티스』 146(3), 385-415.

______(2016), 「법학전문대학원의 현재와 미래: 외부자의 시각」, 『법경제학연구』 13(1), 187-218.

김두얼 · 전수민(2014), 「한국의 범죄발생현황 분석」, 『경제발전연구』 20(1), 25-72.

김두얼 · 김성용 · 김영일 · 민희철 · 홍제환(2013), 『경제적 성과분석을 통한 개인파산 및 개인회생절차의 적정한 운영방안』, 법원행정처 연구용역보고서.

김일중(2012), 「범죄와 형벌에 관한 법경제학적 일고」, 『법경제학연구』 9(1), 123-155.

문준영(2010), 『법원과 검찰의 탄생: 사법의 역사로 읽는 대한민국』, 역사비평사.

법원행정처(1995), 『법원사』.

______(2016), 『사법연감』.

사법발전재단(2009), 『역사속의 사법부』.

심재우(2009), 『조선후기 국가권력과 범죄통제: 『심리록』 연구』, 태학사.

Acemoglue, Daron and James Robinson(2012), *Why Nations Fail*(최완규 옮김, 『국가는 왜 실패하는가』, 시공사, 2012).

Choi, Joonkyu and Duol Kim(2015), "Personal Bankruptcy and Rehabilitation in Korea," working paper presented at the KDI International Conference on Household Debt from an International Perspective: Issues and Policy Directions.

Coase, Ronald(1960), "The Problem of Social Costs," *Journal of Law and Economics* 3, 1-44.

______(1992), "The Institutional Structure of Production," *American Economic Review* 82(4), 713-719.

Kim, Duol and Heechul Min(2017), "Appeal Rate and Caseload: Evidence from Civil Litigation in Korea," *European Journal of Law and Economics* 44(2), 339-360.

U. 사법

김두얼

1. 법원
   - 표 U1-6 1심소송(본안사건), 접수기준, 1910-1943
   - 표 U7-17 1심소송(본안사건), 접수기준, 1953-2015
   - 표 U18-21 2심(항소) 및 3심(상고)사건, 접수기준, 1910-1943
   - 표 U22-33 2심(항소) 및 3심(상고)사건, 접수기준, 1953-2015
   - 표 U34-36 1심본안사건 평균처리기간, 1911-1942
   - 표 U37-44 1심본안사건 평균처리기간, 1980-2015
   - 표 U45-54 민사소송 총소송가액 및 소송가액별 사건수, 1911-1942
   - 표 U55-63 민사소송 총소송가액 및 소송가액별 사건수, 1960-1974
   - 표 U64-73 민사소송 총소송가액 및 소송가액별 사건수, 1975-1990
   - 표 U74-83 민사소송 총소송가액 및 소송가액별 사건수, 1991-2015
   - 표 U84-93 1심 민사본안사건 종류별 사건수, 1911-1943
   - 표 U94-103 1심 민사본안사건 종류별 사건수, 1960-2015
   - 표 U104 개인파산, 1910-1938
   - 표 U105-112 도산, 접수기준, 1976-2015
2. 치안
   - 표 U113-121 범죄 발생건수, 검거건수 및 검거인원, 1912-2015
   - 표 U122-131 주요범죄 건수, 접수기준, 1924-2015
   - 표 U132-140 교정시설 수용인원, 1910-1943
   - 표 U141-147 교정시설 수용인원, 1948-2015
   - 표 U148-158 수형자 형명 및 형기, 1912-1943
   - 표 U159-168 수형자 형명 및 형기, 1979-2015
   - 표 U169-172 신수형자 재범 여부, 1910-1943
   - 표 U173-180 범죄자 재범 여부, 1995-2015
   - 표 U181-188 연령대별 신수형자, 1910-1942
   - 표 U189-197 범행 연령대별 인원, 1992-2015
3. 사법인력
   - 표 U198-205 판사 및 검사, 1910-1943
   - 표 U206-211 판사 및 검사, 1960-2015
   - 표 U212-228 경찰인력 및 경찰관서, 1910-1941
   - 표 U229-235 경찰인력 및 경찰관서, 1960-2015
   - 표 U236-238 교정인력, 1909-1943
   - 표 U239-243 교정인력 및 시설, 1988-2015
   - 표 U244-246 변호사, 1910-1943
   - 표 U247-253 변호사 및 법무사, 1948-2015

1. 법원

표 U1-6 1심소송(본안사건), 접수기준, 1910-1943

	민사			형사		
	합계	합의	단독	합계	합의	단독
	U1	U2	U3	U4	U5	U6
	남북한, 건					
1910	24,366					
1911	29,638			9,443		
1912	34,741			12,269	1,434	10,835
1913	35,327	1,402	33,925	15,423	1,332	14,091
1914	35,261	1,328	33,933	16,317	1,330	14,987
1915	34,375	1,285	33,090	18,347	1,475	16,872
1916	32,403	1,352	31,051	21,853	1,452	20,401
1917	32,602	1,523	31,079	26,783	1,469	25,314
1918	32,317	1,918	30,399	27,411	1,272	26,139
1919	32,463			22,981		
1920	40,117			19,960		
1921	49,048	4,164	44,884	20,486	2,067	18,419
1922	45,311	3,882	41,429	20,442	1,509	18,933
1923	51,607	4,044	47,563	17,899	1,096	16,803
1924	56,992	4,561	52,431	21,566	1,116	20,450
1925	55,949	4,466	51,483	26,923	1,156	25,767
1926	58,758	4,604	54,154	31,295	1,167	30,128
1927	61,308	4,579	56,729	34,268	1,196	33,072
1928	58,218	4,271	53,947	35,344	1,265	34,079
1929	55,580	4,083	51,497	42,084	1,417	40,667
1930	52,715	3,633	49,082	47,419	1,528	45,891
1931	53,420	3,429	49,991	54,888	1,417	53,471
1932	48,957	3,191	45,766	56,432	1,356	55,076
1933	45,315	3,330	41,985	57,151	1,386	55,765
1934	43,833			47,665		
1935	46,667			47,323		
1936	47,910			44,358		
1937	52,246			44,867		
1938	50,861			43,702		
1939	46,430			37,869		
1940	42,376			44,271		
1941	35,355			48,504		
1942	27,409			46,182		
1943	24,063			50,295		

자료: 조선총독부, 『조선총독부통계연보』, 각년도.

표 U7-17 1심소송(본안사건), 접수기준, 1953-2015

	민사				가사			행정	형사		
	합계	합의	단독	소액	합계	합의	단독		합계	합의	단독
	U7	U8	U9	U10	U11	U12	U13	U14	U15	U16	U17
	남한, 건										
1953	7,230								14,734		
1954	8,337								13,431		
1955	12,401								11,237		
1956	16,538								10,928		
1957	19,926								25,555		
1958	21,627								18,753		
1959	26,929								21,421		
1960	25,112	5,737	19,375						39,525		
1961	31,403	7,763	23,640						57,629		
1962	42,191	8,118	34,073						53,577		
1963	48,736	8,443	40,293		756				52,906		
1964	63,324	11,054	52,270		1,972				63,377		
1965	62,426	13,089	49,337		2,394				67,017	2,835	64,182
1966	56,886	11,694	45,192		2,954				66,543	2,944	63,599
1967	55,302	11,565	43,737		3,291				69,259	4,923	64,336
1968	56,155	15,005	41,150		3,885				82,100	5,006	77,094
1969	55,395	12,703	42,692		4,747				91,382	6,068	85,314
1970	58,134	13,987	44,147		3,525				95,835	9,220	86,615
1971	61,197	16,508	44,689		5,457				96,773	9,856	86,917
1972	67,393	18,463	48,930		5,551				122,244	12,303	109,941
1973	102,390	16,499	65,487	20,404	6,544				117,327	9,444	107,883
1974	137,829	18,750	69,175	49,904	7,163				104,062	8,122	95,940
1975	135,781	23,310	68,413	44,058	8,853				120,772	10,699	110,073
1976	157,995	16,941	84,786	56,268	10,086				120,769	11,913	108,856
1977	149,401	19,349	79,344	50,708	10,133				101,323	9,671	91,652
1978	105,393	21,646	52,666	31,081	11,291				89,736	8,908	80,828
1979	106,666	26,289	53,039	27,338	14,246				91,674	9,577	82,097
1980	120,330	28,184	53,309	38,837	17,091				101,491	11,293	90,198
1981	183,634	36,673	48,903	98,058	19,327				105,354	16,767	86,365
1982	197,945	43,190	49,924	104,831	21,879				108,870	17,115	89,975
1983	206,485	39,069	51,471	115,945	24,556				107,164	16,418	89,314
1984	258,036	30,273	59,271	168,492	29,035				108,826	17,407	90,214

표 U7-17 계속

	민사				가사			행정	형사		
	합계	합의	단독	소액	합계	합의	단독		합계	합의	단독
	U7	U8	U9	U10	U11	U12	U13	U14	U15	U16	U17
	남한, 건										
1985	297,999	33,850	62,906	201,243	31,433				109,523	18,328	90,242
1986	320,922	37,384	70,156	213,382	31,639				115,848	19,334	95,673
1987	335,263	36,407	66,812	232,044	33,267				114,263	18,413	95,123
1988	290,448	31,017	58,280	201,151	32,477				120,167	19,594	99,810
1989	271,123	35,820	62,567	172,736	32,652				130,515	22,689	107,177
1990	279,948	43,776	64,416	171,756	32,078				142,412	26,555	115,131
1991	308,806	44,009	73,005	191,792	32,995	4,097	28,898		147,691	26,115	120,901
1992	362,633	37,445	111,234	213,954	34,296	3,473	30,823		146,373	25,442	120,256
1993	392,057	31,140	121,744	239,173	36,296	3,779	32,517		166,426	35,022	130,813
1994	431,999	36,724	105,774	289,501	38,379	4,808	33,571		150,534	29,686	120,298
1995	494,421	41,237	124,008	329,176	37,407	5,018	32,389		165,226	18,706	145,975
1996	563,740	46,799	150,651	366,290	41,156	6,169	34,987		173,469	17,678	155,318
1997	646,271	51,744	175,928	418,599	44,674	7,734	36,940		175,771	19,109	156,056
1998	915,448	48,048	170,614	696,786	44,477	3,158	41,319	7,422	216,850	24,019	192,200
1999	842,777	43,872	170,220	628,685	47,071	2,582	44,489	8,833	196,037	19,711	175,663
2000	729,743	40,115	163,900	525,728	49,060	2,964	46,096	9,259	192,269	20,289	171,365
2001	838,473	29,054	176,872	632,547	54,557	3,526	51,031	11,696	199,189	17,933	180,573
2002	1,015,894	29,660	190,811	795,423	52,389	3,364	49,025	11,241	209,142	21,423	187,083
2003	1,151,072	33,852	210,927	906,293	50,689	3,176	47,513	11,363	213,519	17,123	195,770
2004	1,190,231	37,729	218,029	934,473	45,449	2,839	42,610	12,298	238,749	19,056	219,302
2005	1,121,889	42,529	210,890	868,470	42,855	2,775	40,080	13,555	216,761	14,099	202,361
2006	1,288,987	41,595	279,804	967,588	46,584	2,982	43,602	14,397	228,005	19,114	208,582
2007	1,213,805	45,021	267,296	901,488	51,148	3,245	47,903	14,713	250,499	16,292	233,880
2008	1,259,031	49,050	265,269	944,712	52,120	2,831	49,289	15,388	275,268	20,352	254,603
2009	1,074,236	55,168	238,848	780,220	55,791	3,315	52,476	16,661	287,842	18,700	268,765
2010	981,188	52,611	241,128	687,449	53,032	3,087	49,945	17,434	263,756	20,896	242,529
2011	985,533	55,374	239,920	690,239	54,458	3,691	50,767	16,924	278,166	19,267	258,477
2012	1,044,928	58,125	246,961	739,842	53,562	4,070	49,492	16,942	293,053	30,932	261,775
2013	1,095,915	60,708	262,372	772,835	51,621	3,578	48,043	17,777	270,842	19,957	250,512
2014	1,136,935	61,564	277,156	798,215	51,402	3,761	47,641	17,630	269,077	21,423	247,400
2015	1,006,592	41,589	262,730	702,273	50,679	3,986	46,693	18,271	259,673	19,547	239,877

자료: 법원행정처, 『법원통계연보』, 각년도; 법원행정처, 『사법연감』, 각년도.

주: 1) 가사소송은 민사소송에 포함되어 있다가 1963년부터 분리되어 보고되었다.

2) 행정소송은 2심에서 시작하다가 1998년부터 1심에서 시작하게 되었다.

표 U18-21 2심(항소) 및 3심(상고)사건, 접수기준, 1910-1943

	2심		3심	
	민사	형사	민사	형사
	U18	U19	U20	U21
	남북한, 건			
1910	1,507	920	206	163
1911	2,133	1,047	244	173
1912	2,227	1,048	227	165
1913	2,852	1,319	360	137
1914	2,691	1,322	556	143
1915	2,119	1,495	311	148
1916	2,093	1,792	329	167
1917	2,087	2,131	340	170
1918	2,228	1,929	394	152
1919	2,301	2,982	397	1,057
1920	2,416	2,343	372	156
1921	3,055	3,329	493	272
1922	3,117	2,585	451	199
1923	3,120	2,107	388	182
1924	3,449	1,766	392	173
1925	3,646	1,568	463	177
1926	3,969	1,531	646	159
1927	3,746	1,491	558	138
1928	3,990	1,549	517	151
1929	4,258	1,872	589	159
1930	3,926	2,122	979	187
1931	3,097	1,874	694	170
1932	2,758	1,800	685	165
1933	2,797	1,689	653	179
1934	2,475	1,655	694	177
1935	2,688	1,738	661	202
1936	2,744	1,630	757	217
1937	2,684	1,781	727	226
1938	2,916	1,502	866	197
1939	2,604	1,291	704	179
1940	2,653	1,173	783	132
1941	2,607	1,482	703	169
1942	2,072	1,481	710	199
1943	1,834		484	

자료: 조선총독부, 『조선총독부통계연보』, 각년도.

표 U22-33 2심(항소) 및 3심(상고)사건, 접수기준, 1953-2015

	2심(항소)						3심(상고)					
	민사	가사	행정	특허	선거	형사	민사	가사	행정	특허	선거	형사
	U22	U23	U24	U25	U26	U27	U28	U29	U30	U31	U32	U33
	남한, 건											
1953						2,445						
1954	1,101		283			1,899	389		283			244
1955	1,590		326			2,642	563		326			389
1956	1,916		343			2,322	681		343			399
1957	2,178		312			3,165	893		312			476
1958	2,653		266			3,764	915		266			600
1959	3,275		249			4,700	1,017		249			1,086
1960	3,817		247			5,301	934		247			996
1961	5,149		340			8,700	1,776		340			883
1962	5,933		508			7,833	1,853		508			1,187
1963	5,669		409			5,433	2,212		409			1,134
1964	6,918		391			5,248	2,019		391			817
1965	8,288	198	531			9,464	2,686	69	217			1,469
1966	9,038	199	488			11,166	2,733	41	211			2,039
1967	8,265	184	985			11,194	3,011	38	213			1,905
1968	7,432	156	684			12,849	2,622	49	289			2,365
1969	7,742	144	470			18,300	2,468	37	187			3,086
1970	7,535	204	664			20,225	3,178	41	243			3,281
1971	7,213	146	725			19,221	2,990	41	276			3,005
1972	7,088	156	864			25,660	2,750	33	305			3,452
1973	7,013	152	617			29,969	2,071	35	326			4,282
1974	8,215	219	546			27,826	2,301	34	378			4,916
1975	8,035	217	647			31,319	2,380	35	298			4,333
1976	9,350	293	1,186			45,576	3,071	64	367			5,250
1977	8,356	291	937			34,555	2,548	44	385			4,830
1978	8,443	303	940			31,936	2,566	57	522			3,897
1979	8,921	373	1,093			33,080	2,362	84	553			3,835
1980	10,546	416	1,218			37,157	3,328	110	746			4,134
1981	12,682	447	1,127			36,189	1,438	92	515			4,124
1982	14,344	449	1,582			33,943	965	74	655			4,605
1983	14,241	516	1,756			31,266	909	54	854			4,001
1984	16,030	582	1,882			32,296	855	116	936			3,645
1985	17,272	705	1,913			31,724	906	100	1,153			3,357
1986	17,657	618	2,118			35,661	1,065	142	1,115			3,358
1987	18,191	655	2,106			34,797	1,585	105	1,392			3,093
1988	18,038	649	1,732			32,373	1,557	110	1,424			3,032
1989	18,566	726	2,362			34,686	1,158	127	1,078			2,931
1990	19,338	760	3,116			39,204	2,870	117	1,324			3,764
1991	21,462	715	3,958			41,967	4,801	86	1,583			4,207
1992	24,350	697	5,019			40,970	5,744	110	2,298			4,064
1993	24,265	850	5,444			44,284	6,336	135	2,689			4,432
1994	23,596	826	6,336			37,322	6,265	184	1,893			4,150
1995	23,886	972	6,630			42,114	5,758	143	2,134			3,792
1996	24,484	1,055	8,384			43,268	5,704	182	2,302			4,067
1997	26,776	1,081	9,653			46,645	5,931	175	2,549			3,968
1998	30,627	1,114	2,410	1,134		59,337	6,516	196	2,033	313		5,384
1999	36,439	1,170	2,757	997		60,179	7,424	232	1,264	325		6,784
2000	34,370	1,230	2,777	866	1	57,158	7,438	183	1,098	393	29	7,214
2001	34,278	1,297	3,368	728	-	59,091	8,586	251	1,156	355	-	8,449
2002	31,391	1,518	3,456	844	8	61,064	7,587	242	1,329	308	2	9,013
2003	33,511	1,422	3,503	749	-	60,473	7,143	291	1,564	300	9	9,903
2004	35,778	1,436	4,026	878	1	62,023	7,357	259	1,534	363	9	10,827
2005	39,557	1,345	4,350	1,115	-	56,362	7,837	264	1,760	366	2	12,332
2006	41,244	1,373	4,775	1,192	8	55,109	8,859	289	2,109	416	-	11,243
2007	43,971	1,532	4,916	1,432	-	61,925	9,278	285	2,730	523	2	13,546
2008	45,827	1,834	5,560	1,449	3	68,366	9,975	348	2,441	544	11	14,704
2009	48,597	2,075	5,965	983	1	70,205	10,704	434	2,476	468	-	18,235
2010	49,274	2,101	6,657	978	9	71,020	11,006	442	2,991	367	8	21,566
2011	51,930	2,469	6,414	1,257	3	69,056	11,500	445	3,356	409	6	21,504
2012	53,235	2,609	6,041	1,153	1	66,178	12,607	522	2,998	430	7	19,173
2013	56,177	2,749	6,084	1,044	1	67,025	12,303	537	2,854	344	4	20,062
2014	57,722	2,690	6,431	955	14	76,698	13,016	566	2,954	288	10	20,773
2015	58,421	2,779	6,813	878	-	79,689	13,865	558	3,093	240	5	24,043

자료: 법원행정처, 『법원통계연보』, 각년도; 법원행정처, 『사법연감』, 각년도.

주: 행정소송은 2심에서 시작하다가 1998년부터 1심에서 시작하게 되었다.

표 U34-36 1심본안사건 평균처리기간, 1911-1942

	민사	형사	
		합의	단독
	U34	U35	U36
	남북한, 월		
1911	1.1		
1912	1.1		
1913	1.0		
1914	1.0	0.7	0.3
1915	0.8	0.6	0.3
1916	0.8	0.6	0.2
1917	0.8	0.6	0.2
1918	0.9	0.6	0.2
1919	1.0	1.4	0.4
1920	1.3	1.1	0.4
1921	1.3	1.1	0.4
1922	1.2	1.2	0.3
1923	1.1	1.6	0.4
1924	1.2	1.5	0.3
1925	1.5	1.5	0.3
1926	1.5	1.8	0.3
1927	1.6	1.5	0.3
1928	1.7	1.6	0.3
1929	1.7	1.9	0.2
1930	1.3	1.9	0.2
1931	0.9		
1932	1.0		
1933	1.0		
1934	1.0		
1935	1.1		
1936	1.1		
1937	1.1		
1938	1.1		
1939	1.2		
1940	1.5		
1941	1.6		
1942	1.5		

자료: 조선총독부, 『조선총독부통계연보』, 각년도.

표 U37-44 1심본안사건 평균처리기간, 1980-2015

	민사			가사		행정	형사	
	합의	단독	소액	합의	단독		합의	단독
	U37	U38	U39	U40	U41	U42	U43	U44
	남한, 월							
1980	4.2	2.3	1.9				3.0	2.8
1981	3.9	2.2	1.9				2.9	2.8
1982	3.5	2.0	1.6				3.4	3.4
1983	3.9	1.8	1.5				2.9	2.7
1984	4.5	1.8	1.6				2.6	2.7
1985	4.6	1.8	1.5				2.8	2.5
1986	4.7	3.1	1.5				2.8	2.6
1987	4.9	3.2	1.6				2.9	2.6
1988	5.1	3.3	1.7				3.0	2.6
1989	5.4	3.5	1.9				3.2	2.8
1990	6.1	3.8	2.0				3.3	3.0
1991	6.4	4.1	2.1	5.0	3.1		3.5	3.2
1992	6.4	4.0	2.0	4.8	3.6		3.2	2.9
1993	6.3	3.7	2.0	5.0	3.5		3.1	2.8
1994	5.7	3.7	2.2	5.3	3.8		3.2	2.9
1995	6.3	4.4	3.2	5.2	3.7		3.1	2.7
1996	6.3	4.9	3.4	4.4	3.5		3.1	2.8
1997	6.1	4.9	3.6	4.0	3.8		3.0	2.9
1998	6.4	4.8	2.6	3.5	4.4	3.1	3.0	2.9
1999	6.9	4.8	2.5	4.7	3.5	5.2	3.1	3.5
2000	7.2	5.1	2.7	4.7	3.8	7.7	3.0	3.7
2001	8.0	5.6	2.6	5.6	4.4	7.2	3.0	3.9
2002	8.5	6.1	3.1	6.1	4.7	7.8	2.9	3.8
2003	9.3	6.0	3.0	7.4	5.0	8.4	3.0	3.5
2004	9.2	6.0	2.9	7.2	5.1	8.3	2.7	3.2
2005	9.0	6.0	3.1	6.9	5.3	7.9	3.1	3.1
2006	8.9	5.4	3.7	7.3	5.5	8.2	2.7	3.0
2007	9.3	6.0	3.7	7.7	6.0	8.4	3.5	3.4
2008	8.6	5.7	3.9	8.0	6.0	8.9	3.6	3.5
2009	7.9	5.9	4.0	7.8	5.6	8.4	3.6	3.4
2010	8.0	5.8	4.1	7.8	5.7	7.9	3.6	3.6
2011	8.2	5.6	4.2	8.4	5.5	8.4	4.0	3.2
2012	8.2	5.5	4.4	7.7	5.5	8.4	3.2	3.1
2013	8.6	5.5	4.2	9.1	5.6	8.8	4.5	3.4
2014	8.8	5.6	3.8	9.1	5.6	9.1	4.9	3.8
2015	9.8	6.1	4.1	9.0	5.7	9.4	4.9	3.9

자료: 법원행정처, 『사법연감』, 각년도.

주: 해당 자료에는 '1개월 미만', '3개월 미만' 등 처리기간별 사건수가 제시되어 있으며, 본 표는 각 구간별 사건수에 가중치를 부여해서 계산한 결과이다.

표 U45-54 민사소송 총소송가액 및 소송가액별 사건수, 1911-1942

	총소송가액	소송가액별 사건수								
		5원까지	10원까지	50원까지	100원까지	500원까지	1천 원까지	5천 원까지	1만 원까지	1만 원 이상
	U45	U46	U47	U48	U49	U50	U51	U52	U53	U54
	남북한, 천 圓	남북한, 건								
1911	6,069	1,714	3,712	13,401	5,817	4,308	620	511	83	56
1912	8,644	1,413	3,813	14,787	7,018	5,369	1,002	731	111	83
1913	6,656	1,139	3,076	13,467	6,866	5,390	897	671	84	56
1914	9,155	1,128	3,068	13,020	6,791	5,898	1,070	925	136	98
1915	9,295	1,233	3,670	15,458	7,402	6,519	1,310	984	133	90
1916	10,490	1,520	3,850	14,899	6,911	5,493	1,068	869	135	80
1917	8,272	1,352	3,507	14,797	7,125	6,000	1,110	940	125	73
1918	11,944	841	2,731	13,618	7,574	7,122	1,495	1,244	193	121
1919	19,371	399	1,596	11,260	7,685	9,149	2,391	2,059	376	246
1920	28,797	270	1,294	11,385	9,554	12,536	3,889	3,018	577	382
1921	29,559	366	1,686	14,558	11,638	15,508	4,377	3,577	556	330
1922	29,807	474	1,485	13,566	11,044	14,263	4,043	3,191	506	307
1923	28,360	454	1,920	15,957	12,776	15,972	4,250	3,040	467	279
1924	28,728	515	2,061	18,404	14,622	17,067	4,303	3,111	463	287
1925	29,508	459	2,155	17,524	14,621	17,228	4,048	3,139	466	318
1926	29,877	552	2,030	18,422	16,138	17,823	4,226	3,350	505	323
1927	30,079	407	2,182	19,385	16,777	18,584	4,371	3,212	432	262
1928	27,275	432	2,185	19,066	15,933	17,490	4,023	2,871	443	282
1929	27,554	485	2,078	18,292	15,458	16,721	3,801	2,856	448	288
1930	29,045	417	1,970	17,340	14,208	16,208	3,913	2,797	411	356
1931	24,884	592	2,293	17,902	13,837	15,924	3,586	2,411	394	272
1932	22,653	528	2,197	17,012	12,935	13,631	3,213	2,307	338	239
1933	20,891	516	2,127	15,983	11,944	12,381	2,965	2,276	341	232
1934	21,674	523	2,058	15,562	11,885	11,412	2,800	2,169	364	229
1935	23,796	467	2,109	15,473	12,430	13,051	3,279	2,503	436	268
1936	28,978	371	1,764	15,033	12,572	14,197	3,638	2,983	517	336
1937	29,913	461	1,935	16,228	13,645	15,497	3,852	3,192	526	321
1938	44,824	364	1,719	15,021	13,455	15,595	4,107	3,500	499	383
1939	44,134	228	1,316	12,683	11,939	14,358	4,270	3,725	606	533
1940	48,886	165	924	9,913	10,415	13,768	4,454	4,712	804	657
1941	46,202	74	529	6,746	8,119	12,423	4,597	4,747	768	662
1942	58,236	64	266	3,755	5,852	9,725	4,319	4,686	859	662

자료: 조선총독부, 『조선총독부통계연보』, 각년도.

표 U55-63 민사소송 총소송가액 및 소송가액별 사건수, 1960-1974

	총소송가액	소송가액별 사건수							
		1만 원까지	5만 원까지	10만 원까지	50만 원까지	100만 원까지	500만 원까지	500만 원 초과	비재산권상청구
	U55	U56	U57	U58	U59	U60	U61	U62	U63
	남한, 천 원	남한, 건							
1960		8,132	10,734	2,394	3,138	402			25,112
1961		8,518	12,645	3,607	5,458	712			31,403
1962		12,231	17,706	4,114	7,029	599			42,191
1963		14,042	20,756	5,558	7,035	532			48,736
1964			24,357	8,152	9,149	1,163			63,324
1965			40,705	8,632	9,866	1,968	1,083	172	62,426
1966			29,918	10,031	12,101	3,256	1,375	205	56,886
1967			26,523	9,626	14,317	3,366	1,281	189	55,302
1968			24,484	9,002	15,242	4,982	2,141	301	56,152
1969			21,334	8,920	15,219	6,387	3,027	508	55,395
1970			17,713	10,990	18,766	4,365	4,620	1,584	58,038
1971			15,846	11,984	21,006	5,751	5,481	1,129	61,197
1972			14,392	12,801	26,210	6,147	6,518	1,325	67,393
1973			18,296	15,663	30,716	7,316	7,810	2,185	81,986
1974			16,890	16,092	34,587	8,354	9,444	2,558	87,925

자료: 법원행정처, 『법원통계연보』, 각년도.

표 U64-73 민사소송 총소송가액 및 소송가액별 사건수, 1975-1990

	총소송가액	소송가액별 사건수								
		10만 원까지	50만 원까지	100만 원까지	500만 원까지	1천만 원까지	5천만 원까지	1억 원까지	1억 원 초과	비재산권상청구
	U64	U65	U66	U67	U68	U69	U70	U71	U72	U73
	남한, 십억 원	남한, 건								
1975		29,351	37,013	10,073	12,822	1,251	851	124		238
1976		31,100	42,214	10,309	15,152	1,565	1,028	149		210
1977		25,729	37,678	14,586	16,619	2,070	1,472	185		354
1978	190	15,063	24,946	10,135	17,707	3,571	2,169	326		395
1979	272	9,805	26,425	12,301	21,520	4,568	3,645	492		572
1980	493	11,806	39,276	17,596	38,298	6,559	5,636	861		298
1981	592	13,463	55,825	38,536	56,401	10,120	7,822	987		480
1982	686	11,952	58,378	44,751	58,970	14,725	7,229	1,101	373	466
1983	907	10,986	54,109	41,064	71,740	16,392	9,273	1,461	686	774
1984	1,354	9,650	62,547	61,329	87,306	20,462	13,017	2,336	976	413
1985	1,594	11,217	69,720	68,726	105,487	23,476	13,909	2,794	1,170	500
1986	1,752	11,267	75,889	78,273	109,643	25,783	15,335	2,912	1,057	763
1987	1,828	15,813	81,932	69,882	116,993	27,379	17,949	3,092	1,378	845
1988	2,170	11,103	58,517	53,412	111,863	25,871	22,047	4,697	1,699	1,239
1989	2,281	11,590	50,314	42,738	103,150	26,486	25,748	6,838	2,285	1,974
1990	3,726		55,853	42,279	106,783	20,639	43,104	6,109	3,308	1,873

자료: 법원행정처, 『사법연감』, 각년도.

표 U74-83 민사소송 총소송가액 및 소송가액별 사건수, 1991-2015

	총소송가액	소송가액별 사건수								
		100만 원까지	500만 원까지	1천만 원까지	5천만 원까지	1억 원까지	5억 원까지	10억 원까지	10억 원 초과	비재산권상청구
	U74	U75	U76	U77	U78	U79	U80	U81	U82	U83
	남한, 십억 원	남한, 건								
1991	4,406	95,404	126,126	27,735	46,465	6,872	4,783	243	147	1,031
1992	7,456	98,821	145,459	37,027	61,221	10,880	7,590	419	249	967
1993	8,247	87,174	163,042	48,012	71,495	11,791	8,449	699	365	1,030
1994	10,014			324,002	80,904	14,258	10,095	992	502	1,246
1995	11,539			349,825	110,356	17,480	13,680	1,162	638	1,280
1996	13,359			391,918	135,172	17,743	15,619	1,385	718	1,185
1997	15,683			445,432	155,125	22,411	19,598	1,807	1,085	813
1998	25,485			540,362	304,005	49,448	17,502	1,985	1,215	931
1999	25,544			489,812	292,542	33,168	21,806	2,273	2,005	1,171
2000	22,453			412,951	260,179	31,090	20,528	2,429	1,849	717

표 U74-83 계속

	총소송가액	소송가액별 사건수								
		100만 원까지	500만 원까지	1천만 원까지	5천만 원까지	1억 원까지	5억 원까지	10억 원까지	10억 원 초과	비재산권상청구
	U74	U75	U76	U77	U78	U79	U80	U81	U82	U83
	남한, 십억 원	남한, 건								
2001	24,682			538,754	236,991	31,791	24,888	3,127	2,374	548
2002	26,718			675,034	274,074	31,532	28,184	3,779	2,741	550
2003	38,342			757,052	314,765	38,285	33,026	4,256	3,062	626
2004	45,561			777,695	331,309	37,976	35,102	4,430	3,264	455
2005	40,232			747,908	288,641	40,936	35,987	4,492	3,219	706
2006	48,800			815,898	386,855	41,566	36,160	4,776	3,290	442
2007	44,527			763,654	359,546	40,803	40,410	5,337	3,768	287
2008	43,502			789,581	374,152	42,007	42,970	5,774	4,322	225
2009	50,341			681,740	287,308	46,086	47,325	6,478	4,924	375
2010	68,747			586,623	291,620	45,189	46,603	6,211	4,467	475
2011	65,006			599,142	279,634	46,461	48,644	6,224	4,919	509
2012	61,046			650,263	280,713	49,134	52,146	6,476	5,206	993
2013	51,918			682,691	291,695	52,924	54,809	6,725	5,289	1,782
2014	51,596			698,925	313,582	56,413	53,255	6,492	4,765	3,503
2015	54,507			629,042	260,199	52,244	50,812	6,005	4,549	3,741

자료: 법원행정처, 『사법연감』, 각년도.

표 U84-93 1심 민사본안사건 종류별 사건수, 1911-1943

	인사	토지	건물	차지차가	소작관계	금전	미곡	물품	증권	기타
	U84	U85	U86	U87	U88	U89	U90	U91	U92	U93
	남북한, 건									
1911	180	4,198	499			18,992	1,513	440	249	2,001
1912	16	6,535	687			21,147	2,068	526	335	2,385
1913	414	6,871	642			22,414	1,677	595	251	2,463
1914	358	5,293	577			23,120	1,156	623	201	2,105
1915	398	4,275	539			25,516	1,032	541	130	1,944
1916	582	3,981	684			22,807	1,605	643	137	2,014
1917										
1918	747	4,945	694			20,229	3,423	956	71	1,752
1919	690	5,860	856			18,984	3,189	1,085	76	1,723
1920	775	5,587	1,228			35,997	1,893	911	76	2,581
1922	879	5,533	1,379			31,501	2,285	838	54	2,842
1923	1,001	5,750	1,640			36,064	2,262	896	98	3,896
1924	1,432	7,493	2,106			38,330	2,843	888	53	3,847
1925	1,469	8,133	1,454	922	924	35,246	2,723	773	52	4,253
1926	1,519	9,272	1,642	760	646	36,570	2,500	699	91	5,059
1927	1,535	10,378	1,751	817	872	37,766	2,016	676	90	5,407
1928	1,566	10,085	1,834	783	668	36,149	1,591	705	233	4,604
1929	1,455	9,383	1,567	764	617	35,302	1,580	526	213	4,173
1930	1,248	7,999	1,308	887	565	34,616	1,381	611	175	3,925
1931	1,185	7,153	1,232	1,207	509	36,295	1,012	810	110	3,907
1932	1,080	7,392	1,101	1,436	690	31,170	1,398	851	85	3,754
1933	1,274	8,123	1,195	1,066	613	27,108	1,420	708	172	3,636
1934	1,398	8,767	1,150	1,031	517	24,914	1,356	672	271	3,757
1935	1,501	10,893	1,275	900	777	25,062	1,996	577	201	3,485
1936	1,587	12,110	1,616	578	670	25,733	1,257	441	186	3,732
1937	1,575	13,167	1,697	468	872	29,527	1,559	522	229	2,630
1938	1,744	12,173	1,726	605	1,058	29,018	1,351	590	235	2,361
1939	1,824	12,891	1,655	382	658	25,019	1,201	557	119	2,124
1940	1,699	13,810	1,130	800	524	20,889	1,117	510	78	1,819
1941	1,567	8,609	1,025	321	624	20,224	1,024	476	93	1,392
1942	1,509	6,182	1,095	220	387	15,740	630	365	27	1,254
1943	1,501	5,538	1,018	204	347	13,392	492	368	30	1,173

자료: 조선총독부, 『조선총독부통계연보』, 각년도.

표 U94-103 1심 민사본안사건 종류별 사건수, 1960-2015

	부동산소유권	회사 증권 관련	구상금 대여금 등	물품 매매 공사 대금	어음수표 약정금	임금	전세 임대차	보증채무 채무부존재	손해배상	기타
	U94	U95	U96	U97	U98	U99	U100	U101	U102	U103
					남한, 건					
1960	9,463	49	7,794	1,715	2,643		311			3,076
1961	7,503	69	10,396	2,552	3,481		337			4,632
1962	10,990	62	12,989	3,332	4,015		664			5,160
1963	21,266	42	14,116	4,200	5,055		359			5,675
1964	27,837	52	14,608	4,972	6,202		387			4,728
1965	28,470	46	14,764	5,110	7,152		355			6,529
1966	20,896	43	15,042	5,538	9,457		440			5,470
1967	18,275	79	15,443	4,666	10,618		289			5,932
1968	17,803	177	16,279	5,713	10,221		254			5,708
1969	17,159	102	15,955	8,117	10,779		561			2,722
1970	20,479	43	13,578	6,608	8,948		393		5,060	3,025
1971	21,570	6	13,702	7,898	9,191		758		4,529	3,543
1972	22,214	18	17,147	7,267	11,131		731		5,600	3,285
1973	32,209	14	20,484	9,254	10,911		731		5,089	3,294
1974	36,062	12	26,183	7,176	8,282		1,031		5,554	3,715
1975	41,101	502	21,287	9,211	8,561		1,384		5,826	3,851
1976	40,513	172	26,695	11,938	10,456		1,503		6,919	3,531
1977	39,328	246	24,617	12,030	10,721		1,402		7,133	3,216
1978	32,197	346	23,807	12,016	9,627		1,501		9,847	3,233
1979	21,123	207	24,842	10,375	10,226		902		8,888	2,765
1980	26,334	243	42,632	16,774	17,990		1,716		10,779	3,862
1981	33,357	283	70,116	28,537	27,266		3,331		15,888	4,856
1982	33,646	348	80,728	29,934	29,339		3,524		15,728	4,698
1983	25,659	187	91,278	34,483	32,174		2,870		14,206	5,628
1984	27,344	830	115,621	48,991	37,351		4,191		17,635	6,073
1985	28,475	1,040	132,927	57,961	42,554		6,320		21,713	7,009
1986	30,349	760	147,139	69,598	37,257		5,165		23,282	7,372
1987	32,880	360	143,010	79,139	39,821		5,601		27,071	7,381
1988	34,258	359	120,358	68,566	34,145		4,708		23,819	4,235
1989	39,193	269	105,591	62,180	28,925		4,322		26,066	4,577
1990	41,696	509	113,618	62,822	25,846		3,265		26,214	5,978
1991	41,501	253	128,461	68,466	31,206		3,959		28,444	6,516
1992	44,226	284	145,680	79,883	45,885		6,104		32,567	8,004
1993	43,326	688	154,975	89,390	45,908		7,308		35,314	15,148
1994	45,550	504	170,123	98,904	57,072		11,209		37,655	10,982
1995	30,939	2,054	46,596	22,689	17,481		6,557		28,452	10,477
1996	35,514	293	69,937	22,438	18,691		6,834		29,728	14,015
1997	31,293	144	91,037	19,681	24,153		6,677		28,571	26,116
1998	23,679	2,064	81,738	19,579	17,057		20,672	8,151	23,668	22,054
1999	26,969	456	83,116	15,130	9,680		21,508	8,085	20,156	28,992
2000	28,620	398	76,145	14,842	8,078		13,543	12,347	20,369	29,673
2001	39,440	3,106	68,936	15,244	6,046	2,282	7,374	4,570	21,316	37,612
2002	41,712	2,828	87,853	15,466	4,386	1,626	5,108	3,223	22,192	36,077
2003	46,347	3,037	98,459	17,949	5,131	1,952	6,119	2,883	23,774	39,128
2004	46,596	3,372	96,279	19,885	4,677	1,860	8,848	3,073	23,778	47,410
2005	48,255	3,493	82,892	20,310	4,023	2,067	10,764	3,072	23,227	55,316
2006	50,864	4,141	148,680	18,956	3,767	2,941	8,156	2,342	23,831	57,721
2007	52,790	4,526	135,824	16,978	3,598	2,936	5,559	1,894	22,669	65,543
2008	52,373	5,246	130,005	21,257	3,757	3,370	5,148	2,460	22,663	68,040
2009	56,299	6,481	93,631	29,252	3,810	4,977	7,743	3,368	25,960	62,495
2010	53,599	11,348	98,367	34,494	2,961	4,588	7,015	9,606	25,559	46,202
2011	54,107	11,497	95,923	35,652	2,682	4,959	5,712	8,897	26,625	49,240
2012	52,902	12,860	96,660	37,325	2,114	4,901	6,478	9,526	29,268	53,052
2013	54,103	13,018	101,405	36,205	1,663	5,378	7,506	9,544	30,109	64,149
2014	52,671	13,686	115,109	34,998	1,399	5,117	7,012	9,360	28,455	70,913
2015	53,860	12,746	81,755	33,976	1,296	5,397	5,537	8,232	28,841	72,652

자료: 법원행정처, 『법원통계연보』, 각년도; 법원행정처, 『사법연감』, 각년도.

표 U104 개인파산, 1910-1938

	개인파산
	U104
	남북한, 건
1910	2
1911	1
1912	3
1913	5
1914	14
1915	16
1916	7
1917	8
1918	6
1919	4
1920	23
1921	17
1922	13
1923	42
1924	34
1925	27
1926	22
1927	21
1928	15
1929	36
1930	42
1931	44
1932	46
1933	31
1934	22
1935	40
1936	32
1937	52
1938	29

자료: 조선총독부, 『조선총독부통계연보』, 각년도.

표 U105-112 도산, 접수기준, 1976-2015

	합계	법인					개인	
		회사정리	화의	파산	회생		파산	회생
					합의	단독		
	U105	U106	U107	U108	U109	U110	U111	U112
	남한, 건							
1976	3						3	
1977	7						7	
1978	2						2	
1979	3						3	
1980	8						8	
1981	47	39					8	
1982	68	57	2				9	
1983	65	47	0				18	
1984	66	52	2				12	
1985	53	40	2				11	
1986	52	26	0				26	
1987	50	30	0				20	
1988	47	26	0				21	
1989	66	27	2				37	
1990	42	15	0				27	
1991	80	64	0				16	
1992	101	87	0				14	
1993	71	45	0				26	
1994	86	68	0				18	
1995	104	79	13				12	
1996	79	52	9				18	
1997	492	132	322				38	
1998	1,343	148	728				467	
1999	910	37	140				733	
2000	571	32	78				461	
2001	924	31	51				842	
2002	1,500	28	29				1,443	
2003	4,245	38	48				4,159	
2004	12,595	35	81				12,479	
2005	87,647	22	53	129			38,902	48,541
2006	180,227			132	76	41	123,823	56,155
2007	205,802			132	116	99	154,039	51,416
2008	167,290			191	366	216	118,643	47,874
2009	166,940			226	669	523	110,917	54,605
2010	133,177			253	630	597	84,725	46,972
2011	136,627			312	712	678	69,754	65,171
2012	153,840			396	803	727	61,546	90,368
2013	164,993			461	835	829	56,983	105,885
2014	168,426			540	872	840	55,467	110,707
2015	156,328			587	925	855	53,865	100,096

자료: 법원행정처, 『사법연감』, 각년도.

주: 해방 이후의 경우, 2005년 통합도산법 제정 이후 제도변화로 인해 회사정리와 화의가 없어지고 파산과 회생이 시행되었다.

2. 치안

표 U113-121 범죄 발생건수, 검거건수 및 검거인원, 1912-2015

	발생건수			검거건수			검거인원		
	합계	형법범	특별법범	합계	형법범	특별법범	합계	형법범	특별법범
	U113	U114	U115	U116	U117	U118	U119	U120	U121
	남북한, 건						남북한, 명		
1912	43,297			32,782			37,609		
1913	51,543			39,345			43,404		
1914	55,568			43,407			47,191		
1915	59,080			47,849			52,477		
1916	70,147			58,407			65,675		
1917	83,051			69,298			79,620		
1918	84,725			71,481			82,903		
1919	74,289			60,906			83,962		
1920	80,568			65,458			87,409		
1921	82,901	75,884	7,017	73,909	66,640	7,269	96,490	81,771	14,719
1922	89,735	83,524	6,211	77,676	71,454	6,222	97,187	87,928	9,259
1923	100,603			88,053			108,135		
1924	120,106	109,629	10,477	104,786	94,306	10,480	121,410	108,337	13,073
1925	133,330	121,981	11,349	121,557	110,179	11,378	135,649	121,808	13,841
1926	136,982	122,036	14,946	124,662	109,653	15,009	139,886	121,594	18,292
1927	148,342	129,512	18,830	137,975	118,857	19,118	158,068	135,549	22,519
1928	159,056	131,407	27,649	153,738	126,046	27,692	172,218	140,071	32,147
1929	167,806	140,433	27,373	159,895	132,607	27,288	176,669	143,876	32,793
1930	178,013	147,165	30,848	169,095	138,439	30,656	187,531	148,752	38,779
1931	175,273	140,598	34,675	164,963	130,374	34,589	192,119	147,038	45,081
1932	187,608	149,098	38,510	170,187	132,025	38,162	205,477	151,907	53,570
1933	186,520	143,480	43,040	176,795	133,684	43,111	192,955	138,220	54,735
1934	195,025	140,562	54,463	186,754	132,230	54,524	202,630	136,575	66,055
1935	199,720	145,097	54,623	188,170	133,582	54,588	206,214	140,176	66,038
1936	197,404	147,262	50,142	181,267	131,159	50,108	193,129	133,885	59,244
1937	196,721	153,028	43,693	175,320	131,765	43,555	184,645	132,856	51,789
1938	183,058	145,561	37,497	167,165	129,714	37,451	165,350	121,307	44,043
1939	167,914	143,578	24,336	144,802	120,462	24,340	141,124	110,194	30,930
1940	181,195	144,109	37,086	147,068	109,690	37,378	154,141	104,098	50,043
1941	164,785	124,877	39,908	132,195	92,306	39,889	142,145	86,339	55,806
1942	168,938	126,283	42,655	134,754	92,432	42,322	133,611	79,869	53,742
1943	178,994	137,543	41,451	138,400	97,039	41,361	130,263	76,323	53,940
	남한, 건						남한, 명		
1966	399,820	221,117	178,703	286,583	176,179	110,404	385,873	249,731	136,142
1967	361,582	202,498	159,084	264,833	169,805	95,028	369,003	242,851	126,152
1968	333,098	192,847	140,251	259,362	154,026	105,336	391,551	238,404	153,147
1969	352,070	176,193	175,877	332,851	137,794	195,057	419,122	189,227	229,895
1970	325,776	178,673	147,103	280,827	142,878	137,949	214,699	209,654	5,045
1971	351,574	189,607	161,967	293,279	151,773	141,506	395,467	205,552	189,915
1972	369,839	190,926	178,913	330,890	167,482	163,408	342,274	229,544	112,730
1973	323,363	184,021	139,342	298,157	163,366	134,791	398,431	217,923	180,508
1974	343,435	201,995	141,440	299,475	168,621	130,854	405,544	227,445	178,099
1975	393,595	227,627	165,968	343,527	187,971	155,556	471,320	251,204	220,116
1976	511,335	259,241	252,094	458,014	223,175	234,839	617,680	307,772	309,908
1977	509,785	272,516	237,269	451,730	224,191	227,539	603,934	300,863	303,071
1978	518,112	271,661	246,451	443,518	219,153	224,365	594,662	295,982	298,680
1979	562,763	270,163	292,600	499,033	225,463	273,570	659,922	304,926	354,996
1980	603,779	305,162	298,617	541,232	264,437	276,795	706,959	344,449	362,510
1981	634,152	362,042	272,110	558,202	302,656	255,546	716,958	405,101	311,857
1982	664,125	288,036	376,089	582,191	223,563	358,628	792,005	324,024	467,981
1983	792,008	285,846	506,162	663,504	220,095	443,409	866,851	314,467	552,384
1984	808,516	282,792	525,724	699,200	220,658	478,542	894,287	310,135	584,152
1985	814,801	271,621	543,180	698,813	208,595	490,218	891,542	289,342	602,200
1986	814,234	254,332	559,902	710,028	199,320	510,708	908,337	278,238	630,099
1987	894,447	262,927	631,520	829,873	209,066	620,807	1,059,047	296,552	762,495
1988	972,641	239,660	732,981	860,281	180,359	679,922	1,118,605	266,772	851,833

표 U113-121 계속

	발생건수			검거건수			검거인원		
	합계	형법범	특별법범	합계	형법범	특별법범	합계	형법범	특별법범
	U113	U114	U115	U116	U117	U118	U119	U120	U121
	남한, 건						남한, 명		
1989	1,078,074	242,332	835,742	953,297	169,117	784,180	1,183,421	241,297	942,124
1990	1,175,178	240,588	934,590	1,051,652	174,223	877,429	1,331,086	263,683	1,067,403
1991	1,185,648	241,667	943,981	1,133,746	185,251	948,495	1,422,025	280,843	1,141,182
1992	1,210,786	258,206	952,580	1,137,502	205,282	932,220	1,454,682	312,218	1,142,464
1993	1,359,094	287,451	1,071,643	1,298,637	263,922	1,034,715	1,658,992	404,016	1,254,976
1994	1,375,564	325,343	1,050,221	1,248,552	264,074	984,478	1,585,877	383,308	1,202,569
1995	1,399,085	361,175	1,037,910	1,269,375	292,734	976,641	1,599,930	410,397	1,189,533
1996	1,494,646	404,965	1,089,681	1,358,982	330,653	1,028,329	1,681,321	440,533	1,240,788
1997	1,588,613	397,580	1,191,033	1,452,097	316,758	1,135,339	1,802,720	434,669	1,368,051
1998	1,765,887	452,260	1,313,627	1,632,678	375,144	1,257,534	2,010,814	526,489	1,484,325
1999	1,732,522	462,253	1,270,269	1,651,896	410,226	1,241,670	2,081,797	571,211	1,510,586
2000	1,867,882	523,609	1,344,273	1,664,441	378,781	1,285,660	2,126,258	547,125	1,579,133
2001	1,985,980	553,673	1,432,307	1,763,346	393,858	1,369,488	2,234,283	568,149	1,666,134
2002	1,977,665	797,395	1,180,270	1,826,852	680,354	1,146,498	2,267,557	1,034,358	1,233,199
2003	2,004,329	857,488	1,146,841	1,776,049	681,488	1,094,561	2,184,975	1,014,131	1,170,844
2004	2,080,901	826,886	1,254,015	1,862,234	667,503	1,194,731	1,565,365	725,726	839,639
2005	1,893,896	825,840	1,068,056	1,624,522	634,244	990,278	1,897,093	856,072	1,041,021
2006	1,829,211	828,021	1,001,190	1,569,547	640,296	929,251	1,813,816	341,934	1,471,882
2007	1,965,977	845,311	1,120,666	1,720,000	667,959	1,052,041	2,099,447	958,804	1,140,643
2008	2,189,452	897,536	1,291,916	1,914,469	709,117	1,205,352	2,322,822	1,014,392	1,308,430
2009	2,168,185	993,136	1,175,049	1,933,566	836,099	1,097,467	2,393,844	1,162,426	1,231,418
2010	1,917,300	939,171	978,129	1,620,942	710,146	910,796	1,769,121	820,074	949,047
2011	1,902,720	997,263	905,457	1,496,334	678,817	817,517	1,583,841	740,372	843,469
2012	1,944,906	1,038,609	906,297	1,496,304	684,832	811,472	1,983,697	1,035,335	948,362
2013	2,006,682	1,057,855	948,827	1,543,930	696,449	847,481	1,996,629	1,027,127	969,502
2014	1,933,835	1,016,209	917,626	1,518,792	705,861	812,931	1,879,548	949,859	929,689
2015	2,020,731	1,047,761	972,970	1,638,549	784,441	854,108	1,948,966	993,932	955,034

자료: 조선총독부, 『조선총독부통계연보』, 각년도; 대검찰청, 『범죄분석』, 각년도.

표 U122-131 주요범죄 건수, 접수기준, 1924-2015

	살인	강도	방화	강간 성폭력	폭행	상해	협박	공갈	약취와 유인	체포와 감금
	U122	U123	U124	U125	U126	U127	U128	U129	U130	U131
	남북한, 건(검거)									
1924	551	1,555	420			11,933	532	751	1,418	330
1925	539	1,642	371			13,204	666	911	1,718	355
1926	575	1,514	270			14,580	603	930	1,847	384
1927	610	1,663	323			15,371	777	1,029	1,873	383
1928	638	1,653	391			16,769	901	989	2,018	421
1929	726	1,270	520			16,916	825	1,086	2,060	437
1930	608	1,393	350			17,074	868	1,085	2,066	426
1931	624	1,012	488			14,277	565	838	1,524	215
1932	537	993	367			13,742	495	882	1,523	191
1933	512	671	303			13,683	409	787	1,536	173
1934	535	656	258			14,444	391	710	1,694	179
1935	489	624	286			15,123	421	633	1,458	163
1936	496	548	257			14,541	375	606	1,396	135
1937	444	511	238			14,450	349	587	1,081	126
1938	424	381	213			13,572	339	485	1,026	134
1939	382	372	224			12,703	237	445	1,090	107
1940	345	344	164			9,767	228	353	890	81
1941	350	311	154			9,047	213	342	622	74
1942	320	330	219			6,861	207	398	466	57
1943	333	374	102			4,920	147	519	313	47
	남한, 건(발생)									
1967	818	1,097	355	1,225	16,492	12,881	589	1,763	246	116
1968	500	946	220	1,350	15,947	12,110	667	1,743	230	91
1969	570	805	230	1,369	12,887	10,118	534	1,549	159	123

표 U122-131 계속

	살인	강도	방화	강간 성폭행	폭행	상해	협박	공갈	약취와 유인	체포와 감금
	U122	U123	U124	U125	U126	U127	U128	U129	U130	U131
	남한, 건(발생)									
1970	561	916	271	1,649	12,086	9,130	465	1,531	191	104
1971	620	1,067	331	2,022	11,005	8,979	550	1,333	212	133
1972	609	955	411	2,058	10,914	7,330	538	1,136	244	125
1973	438	819	275	1,994	9,489	7,102	452	954	271	89
1974	550	1,246	304	2,172	10,484	8,237	508	1,086	260	79
1975	566	1,588	335	2,797	11,894	9,378	550	1,263	281	104
1976	556	1,380	318	3,087	12,237	10,227	538	1,322	240	96
1977	506	1,210	343	3,244	12,684	10,982	465	1,314	229	89
1978	485	1,021	330	3,207	11,720	10,493	385	1,111	263	102
1979	458	1,315	361	3,621	11,000	10,033	414	1,092	228	110
1980	536	2,374	372	3,977	11,322	10,506	441	1,317	250	113
1981	625	2,504	428	4,568	13,115	12,789	661	1,504	277	159
1982	538	2,274	492	5,459	11,853	15,462	713	1,308	275	175
1983	518	2,498	464	5,244	10,568	16,134	630	1,346	292	132
1984	581	2,834	504	5,482	9,679	17,269	607	1,371	236	160
1985	600	3,135	476	5,453	8,189	17,546	636	1,438	281	157
1986	617	2,645	546	5,002	7,414	17,685	582	972	236	124
1987	674	2,979	535	5,110	7,932	18,400	587	1,268	251	143
1988	601	3,446	593	4,658	7,032	18,986	550	1,009	349	155
1989	578	4,085	647	5,102	6,505	18,724	532	909	462	150
1990	666	4,195	1,060	5,519	6,522	19,002	539	1,257	348	144
1991	630	2,766	1,048	5,175	6,144	19,483	543	736	281	148
1992	615	2,549	1,064	5,447	5,604	19,195	602	859	225	124
1993	806	2,876	906	7,051	5,867	22,050	652	1,075	280	174
1994	705	4,469	715	6,169	5,987	24,413	818	1,101	170	201
1995	646	3,414	618	4,912	5,453	22,698	740	1,473	127	169
1996	690	3,586	721	5,688	5,548	23,692	780	1,355	155	214
1997	789	4,282	776	5,665	5,357	23,131	851	1,367	246	265
1998	966	5,407	1,157	6,016	7,985	25,850	882	1,259	202	251
1999	984	4,712	1,107	6,410	12,201	30,836	1,199	1,477	175	266
2000	964	5,349	1,278	6,982	16,836	33,002	1,554	1,830	305	375
2001	1,064	5,546	1,375	6,911	17,224	32,598	2,096	2,495	330	379
2002	983	5,953	1,388	9,435	16,094	29,373	2,100	1,774	240	420
2003	1,011	7,327	1,713	10,365	18,721	30,955	2,093	2,461	401	359
2004	1,082	5,762	1,590	11,105	17,382	31,701	2,333	2,271	377	435
2005	1,091	5,266	1,827	11,757	19,463	31,238	2,499	1,967	149	378
2006	1,064	4,684	1,685	13,573	64,235	79,542	2,920	2,876	171	615
2007	1,124	4,470	1,694	13,634	97,598	93,178	3,243	3,328	170	739
2008	1,120	4,827	1,946	15,094	107,947	86,924	3,778	4,449	263	836
2009	1,390	6,379	1,866	16,156	115,524	82,686	4,152	6,554	485	879
2010	1,262	4,395	1,886	19,939	109,580	70,785	3,315	5,233	225	764
2011	1,221	4,021	1,972	22,034	123,304	67,719	3,676	5,353	272	856
2012	1,029	2,643	1,897	21,346	128,110	63,242	4,666	6,882	212	923
2013	966	2,013	1,744	26,919	126,520	56,653	4,823	4,456	194	970
2014	938	1,618	1,707	29,863	146,625	65,840	9,205	7,162	206	1,265
2015	958	1,472	1,646	31,063	161,636	62,700	14,107	5,356	195	1,383

자료: 조선총독부, 『조선총독부통계연보』, 각년도; 대검찰청, 『범죄분석』, 각년도.

주: 식민지기는 검거건수이고 해방 이후는 발생건수이다.

표 U132-140 교정시설 수용인원, 1910-1943

	수형자			형사피고인			노역장유치자		
	합계	남	여	합계	남	여	합계	남	여
	U132	U133	U134	U135	U136	U137	U138	U139	U140
	남북한, 명								
1910	6,390	6,246	144						
1911	8,888	8,471	417	687	647	40	2	2	-
1912	8,780	8,387	393	784	750	34	16	12	4
1913	9,077	8,630	447	766	742	24	21	20	1
1914	8,550	8,046	504	883	858	25	39	35	4
1915	8,852	8,322	530	914	860	54	32	30	2
1916	9,980	9,364	616	854	811	43	33	28	5
1917	11,320	10,617	703	896	846	50	49	45	4
1918	11,131	10,417	714	877	837	40	19	16	3
1919	13,388	12,796	592						
1920	12,045	11,528	517						
1921	14,908	14,318	590	1,655	1,582	73	132	131	1
1922	13,774	13,218	556	1,058	1,003	55	259	256	3
1923	12,912	12,084	828	863	828	35	248	241	7
1924	12,137	11,168	969	1,005	969	36	301	292	9
1925	12,268	11,281	987	1,034	987	47	438	425	13
1926	13,099	11,954	1,145	1,204	1,145	59	374	360	14
1927	12,931	11,599	1,332	1,389	1,332	57	398	385	13
1928	13,472	11,815	1,657	1,717	1,657	60	536	513	23
1929	14,839	12,840	1,999	2,049	1,999	50	557	522	35
1930	16,017	14,195	1,822	1,875	1,822	53	696	651	45
1931	14,595	14,193	402	2,042	1,976	66	722	666	56
1932	15,674	15,279	395	2,574	2,491	83	616	565	51
1933	16,412	15,987	425	1,999	1,929	70	679	631	48
1934	15,684	15,219	465	1,665	1,584	81	590	542	48
1935	16,423	15,933	490	1,486	1,422	64	505	463	42
1936	16,523	16,032	491	1,610	1,554	56	407	368	39
1937	17,058	16,576	482	1,915	1,829	86	367	331	36
1938	16,808	16,315	493	2,146	2,059	87	356	327	29
1939	16,926	16,442	484	2,190	2,099	91	256	238	18
1940	16,312	15,865	447	2,725	2,600	125	204	187	17
1941	17,519	17,097	422	2,284	2,169	115	389	362	27
1942	19,572	19,009	563	2,710	2,572	138	413	380	33
1943	20,929	20,243	686	2,226	2,106	120	360	305	55

자료: 조선총독부, 『조선총독부통계연보』, 각년도.

표 U141-147 교정시설 수용인원, 1948-2015

	수형자			미결수용자			노역장유치자
	합계	남	여	합계	남	여	합계
	U141	U142	U143	U144	U145	U146	U147
	남한, 명						
1948	15,806			3,999			77
1954	14,136			2,471			19
1955	14,809			2,245			37
1956	12,919			2,224			16
1957	13,358			2,761			15
1958	15,614			3,719			40
1959	16,151			3,248			38
1960	13,971			5,421			14
1961	19,229						42
1962	20,064						71
1963	18,398						40
1964	21,503						50
1965	21,184						55
1966	20,969						57
1967	21,840						59
1968	20,682						54
1969	20,363						70
1970	21,514						84
1971	22,307						134
1972	25,005						219
1973	28,216						213
1974	27,626						183
1975	28,449						197
1976	33,743						224
1977	36,376						229
1978	32,418						233
1979	26,620	25,939	681	18,293	17,339	954	195
1980	27,256	26,431	825	19,538	18,041	1,497	321
1981	32,694	31,620	1,074	19,862	18,680	1,182	354
1982	31,632	30,664	968	19,850	18,622	1,228	395
1983	30,715	29,596	1,119	19,111	17,853	1,258	355
1984	30,681	29,570	1,111	20,080	18,691	1,389	420
1985	30,094	29,036	1,058	22,264	20,602	1,662	394
1986	30,790	29,755	1,035	21,943	20,473	1,470	377
1987	30,386	29,483	903	19,528	18,436	1,092	308
1988	28,012	27,202	810	20,138	19,113	1,025	232
1989	26,223	25,551	672	23,504	22,401	1,103	172
1990	29,013	28,322	691	25,976	24,542	1,434	130
1991	30,532	29,745	787	22,964	21,654	1,310	127
1992	31,499	30,607	892	21,701	20,357	1,344	219
1993	33,294	32,289	1,005	23,115	21,650	1,465	398
1994	33,706	32,681	1,025	25,056	23,316	1,740	545
1995	33,335	32,185	1,150	25,980	23,876	2,104	486
1996	32,939	31,792	1,147	25,192	23,057	2,135	395
1997	34,553	33,381	1,172	28,609	26,459	2,150	379
1998	36,811	35,400	1,411	33,225	30,388	2,837	1,520
1999	38,737	37,218	1,519	25,904	24,063	1,841	1,114
2000	38,224	36,874	1,350	23,122	21,521	1,601	1,607
2001	38,521	37,162	1,359	23,400	21,649	1,751	1,436
2002	37,646	36,145	1,501	20,918	19,139	1,779	1,062
2003	36,332	34,630	1,702	21,004	19,083	1,921	1,234
2004	35,627	33,813	1,814	19,169	17,529	1,640	1,937
2005	32,969	31,442	1,527	14,342	13,280	1,062	2,177
2006	30,145	28,809	1,336	15,506	14,507	999	1,982
2007	31,478	30,043	1,435	14,169	13,178	991	1,797
2008	32,197	30,723	1,474	15,769	14,709	1,060	2,036
2009	32,297	30,759	1,538	15,931	14,866	1,065	2,430
2010	31,981	30,534	1,447	13,700	12,772	928	2,045
2011	31,198	29,694	1,504	13,840	12,915	925	1,824
2012	31,434	29,863	1,571	15,274	14,263	1,011	1,854
2013	32,137	30,525	1,612	16,687	15,376	1,311	2,097
2014	33,444	31,661	1,783	18,316	17,008	1,308	2,024
2015	35,098	33,182	1,916	19,569	18,026	1,543	1,976

자료: 법무부(1988), 『법무부사』; 법무부, 『법무연감』, 각년도.

표 U148-158 수형자 형명 및 형기, 1912-1943

	합계	징역						금고	구류	태형	사형
		1년 미만	5년 미만	10년 미만	15년 미만	15년 이상	무기				
	U148	U149	U150	U151	U152	U153	U154	U155	U156	U157	U158
	남북한, 명										
1912	8,780	2,300	3,026	1,801	1,323	22	299	8	1	2,219	73
1913	9,127	2,963	3,151	1,335	1,323	238	105	11	1	2,682	54
1914	8,550	2,814	2,753	1,945	790	162	54	32	-	3,481	54
1915	8,852	2,881	2,669	2,608	407	197	64	17	9	4,352	49
1916	9,980	3,260	3,080	2,593	708	242	69	13	15	6,782	53
1917	11,320	3,941	3,341	2,477	1,092	300	92	7	70	8,693	39
1918	10,713	3,506	3,454	2,222	1,112	308	104	7	-	8,646	47
1919	13,388	4,381	5,345	2,151	1,060	326	112	9	4	7,310	11
1920	12,045	3,990	3,994	2,447	1,131	332	122	12	17	1,514	36
1921	14,908	4,538	5,493	3,006	1,272	366	165	21	47	1	45
1922	13,774	3,777	5,117	2,094	1,357	385	183	16	35		39
1923	12,598	2,797	4,966	2,840	1,368	368	200	24	35		27
1924	11,519	2,394	5,375	2,593	628	303	107	44	75		11
1925	11,634	2,356	5,722	2,388	610	313	121	53	71		18
1926	12,385	2,506	6,125	2,600	558	314	139	72	71		16
1927	11,964	2,620	6,315	1,964	435	291	127	94	118		25
1928	12,004	3,151	6,079	1,783	434	235	131	66	125		24
1929	13,280	3,121	7,205	1,993	432	245	135	80	69		27
1930	14,644	2,907	8,451	2,318	416	236	145	134	37		11
1931	14,595	2,715	8,280	2,522	431	239	166	85	157		13
1932	15,674	2,812	9,086	2,714	473	236	177	64	112		18
1933	16,412	2,713	9,677	2,874	523	240	196	102	87		22
1934	15,684	2,949	9,558	2,210	453	221	154	102	37		16
1935	16,423	3,201	10,116	2,256	422	223	165	30	10		14
1936	16,523	3,377	10,058	2,178	436	248	193	27	6		33
1937	17,058	3,389	10,329	2,379	436	249	210	63	3		22
1938	16,808	3,203	10,307	2,340	412	248	208	89	1		29
1939	16,926	3,269	10,418	2,328	403	252	202	54	-		23
1940	16,312	3,757	10,099	1,772	259	214	152	46	13		11
1941	17,519	3,658	11,211	1,918	272	192	153	113	2		9
1942	19,572	3,942	12,491	2,387	314	181	156	98	3		30
1943	20,933	4,568	12,894	2,700	374	162	165	66	4		10

자료: 조선총독부, 『조선총독부통계연보』, 각년도.

주: 합계는 징역, 금고, 구류를 합한 값이다. 태형과 사형은 신수형자 통계를 제시하였다.

표 U159-168 수형자 형명 및 형기, 1979-2015

	합계	징역							금고	사형
		1년 미만	1년 이상	3년 이상	5년 이상	10년 이상	20년 이상	무기		
	U159	U160	U161	U162	U163	U164	U165	U166	U167	U168
	남한, 명									
1979	26,620	5,710	11,003	4,627	2,343	878	143	981	935	-
1980	27,256	5,047	11,502	5,146	2,495	998	98	1,035	935	9
1981	32,694	5,642	12,698	7,410	3,773	1,184	64	1,057	866	-
1982	51,632	26,694	11,128	7,166	3,572	1,408	51	1,072	541	23
1983	30,715	6,533	10,733	5,944	3,918	1,930	45	1,120	492	9
1984	30,681	5,507	11,007	5,352	4,414	2,847	194	967	393	-
1985	30,094	4,905	10,505	4,837	4,755	3,621	145	1,023	303	11
1986	30,790	4,765	10,449	4,742	5,099	4,195	130	1,081	329	13
1987	30,386	4,882	9,949	4,437	5,053	4,492	89	1,126	358	5
1988	28,012	3,602	9,029	4,274	4,755	4,852	275	889	336	-
1989	26,223	3,919	8,759	4,146	5,967	2,046	184	940	262	7
1990	29,013	3,744	10,475	5,158	5,982	2,136	155	999	364	14
1991	30,532	3,616	10,926	5,901	6,300	2,358	168	1,021	242	9
1992	31,499	3,307	10,752	6,401	6,993	2,435	158	1,074	379	9
1993	33,294	4,424	11,458	6,101	7,114	2,501	249	1,048	399	-
1994	33,706	3,948	11,761	6,255	7,281	2,741	227	1,105	388	15
1995	33,335	4,206	11,187	6,526	6,898	2,757	272	1,118	371	19
1996	32,939	4,380	11,111	6,625	6,339	2,758	214	1,164	348	-
1997	34,373	4,658	11,733	6,980	6,230	2,922	240	1,204	406	23
1998	36,811	5,585	13,454	7,385	5,977	2,733	453	999	225	-
1999	38,737	6,934	14,045	7,789	5,819	2,662	283	1,026	179	-
2000	38,224	6,622	13,246	8,021	5,945	2,809	440	951	190	-
2001	38,521	6,543	13,526	7,594	6,179	2,980	489	1,041	169	-
2002	37,646	6,239	13,932	6,536	6,190	3,094	443	1,098	114	-
2003	36,332	7,447	12,651	5,775	5,427	3,249	655	996	132	-
2004	35,568	7,266	13,073	5,648	4,541	3,313	567	1,059	101	-
2005	32,969	6,343	11,938	5,378	4,250	3,281	675	1,013	91	-
2006	30,145	5,346	10,212	5,180	4,186	3,415	670	1,067	69	-
2007	31,478	6,269	10,599	5,316	4,052	3,438	639	1,105	60	-
2008	32,197	7,298	10,219	5,503	3,943	3,419	600	1,145	70	-
2009	32,297	6,379	10,861	5,980	3,953	3,347	550	1,180	47	-
2010	31,981	5,430	10,673	6,458	4,197	3,396	529	1,226	72	-
2011	31,198	5,421	9,666	6,610	4,335	3,344	513	1,264	45	-
2012	31,376	5,322	9,829	6,493	4,601	3,317	462	1,268	84	-
2013	32,137	5,078	10,344	6,613	4,912	3,299	550	1,288	53	-
2014	33,390	5,312	10,896	6,866	5,088	3,335	507	1,326	60	-
2015	35,098	5,724	12,001	6,870	5,216	3,283	600	1,337	67	-

자료: 법무부, 『법무연감』, 각년도.

사형집행: 법무부, 2009년 법제사법위원회 위원 요구자료, p. 76(http://likms.assembly.go.kr/inspection/reqdoc/2009/pdf/000611399.PDF).

주: "사형"은 사형집행수이다.

표 U169-172 신수형자 재범 여부, 1910-1943

	초범	재범	3-5범	6범 이상
	U169	U170	U171	U172
	남북한, 명			
1910	6,379	416	73	8
1911	7,789	611	143	13
1912	9,807	904	187	16
1913	11,108	1,309	357	10
1914	11,926	1,743	637	21
1915	13,423	1,706	770	22
1916	15,850	2,160	1,029	32
1917	17,457	2,671	1,147	22
1918	16,289	2,633	1,349	46
1919	19,038	1,854	1,128	20
1920	11,743	1,756	925	40
1921	12,545	1,689	829	35
1922	9,442	1,400	810	43
1923	6,752	1,276	899	51
1924	6,512	1,303	1,147	84
1925	6,833	1,439	1,143	108
1926	7,488	1,465	1,256	143
1927	7,242	1,861	1,638	195
1928	8,112	1,826	1,743	248
1929	8,009	1,963	2,043	353
1930	8,723	1,765	1,832	371
1931	7,592	1,616	1,763	399
1932	8,226	1,848	2,033	484
1933	7,694	1,798	1,900	470
1934	7,558	2,135	2,173	513
1935	7,454	1,805	2,021	477
1936	7,408	1,779	1,882	391
1937	7,860	1,995	2,033	503
1938	7,470	1,849	1,837	436
1939	7,894	1,883	1,781	418
1940	9,311	1,801	1,977	446
1941	10,251	1,515	1,491	392
1942	11,581	1,476	1,434	361
1943	13,082	2,055	1,657	428

자료: 조선총독부, 『조선총독부통계연보』, 각년도.

표 U173-180 범죄자 재범 여부, 1995-2015

	전과 없음	전과1범	전과2범	전과3범	전과4범	전과5범	전과6범 이상	미상
	U173	U174	U175	U176	U177	U178	U179	U180
	남한, 명							
1995	780,378	272,130	160,510	102,782	67,818	46,736	117,169	256,882
1996	777,251	289,484	175,213	115,326	76,259	53,227	135,556	300,233
1997	773,626	300,444	185,696	122,902	83,034	57,752	152,805	309,995
1998	788,833	337,571	216,956	147,718	100,930	70,770	194,123	339,664
1999	784,222	352,710	230,006	162,478	114,989	81,216	238,957	342,246
2000	730,058	338,412	226,228	158,731	114,671	82,833	258,849	331,853
2001	718,221	348,481	235,250	167,409	121,522	89,633	293,107	347,957
2002	681,194	336,968	227,179	164,047	120,021	89,211	305,098	373,312
2003	674,217	335,529	227,170	161,714	116,048	85,066	285,133	412,068
2004	777,582	330,550	224,636	160,379	114,760	83,467	282,626	310,095
2005	651,772	253,658	175,219	128,056	92,927	69,761	249,386	344,792
2006	644,542	228,041	159,309	117,630	86,262	65,457	246,301	385,187
2007	652,666	236,851	164,173	122,237	88,789	67,811	264,869	392,466
2008	785,895	288,334	200,345	148,451	108,205	81,717	327,054	532,896
2009	798,326	276,980	191,827	143,614	105,103	80,568	332,161	590,658
2010	510,981	219,315	152,513	113,290	82,916	64,032	280,659	530,625
2011	441,952	197,841	136,729	102,246	74,670	57,381	260,053	636,769
2012	451,710	209,365	141,796	106,471	78,611	60,743	286,388	782,653
2013	426,343	205,878	143,901	105,536	78,783	62,305	300,001	824,503
2014	411,192	195,701	136,751	99,471	74,802	58,337	287,182	616,112
2015	416,301	195,253	135,757	98,909	75,009	59,094	295,455	673,188

자료: 대검찰청, 『범죄분석』, 각년도.

표 U181-188 연령대별 신수형자, 1910-1942

	합계	18세 미만	18-19세	20-29세	30-39세	40-49세	50-59세	60세 이상
	U181	U182	U183	U184	U185	U186	U187	U188
	남북한, 명							
1910	6,876	231	364	2,882	2,118	851	335	95
1911	8,556	380	509	3,618	2,363	1,113	458	115
1912	10,914	529	595	4,723	3,036	1,380	508	143
1913	12,784	483	608	5,343	3,655	1,751	735	209
1914	14,327	505	724	5,924	4,201	1,957	800	216
1915	15,921	515	753	6,346	4,820	2,267	979	241
1916	19,071	617	967	7,891	5,775	2,550	1,012	259
1917	21,362	826	1,060	8,760	6,635	2,721	1,093	267
1918	20,231	859	1,358	7,943	6,128	2,709	997	237
1919	21,480	979	752	9,203	6,393	2,679	1,170	304
1920	14,406	486	649	6,240	4,472	1,748	615	196
1921	14,934	447	510	6,335	4,728	2,048	705	161
1922	11,501	398	308	4,953	3,780	1,488	463	111
1923	9,026	241	353	3,786	3,029	1,191	358	68
1924	9,022	299	310	3,752	3,123	1,143	313	82
1925	9,634	331	416	3,787	3,432	1,282	318	68
1926	10,400	405	470	4,110	3,646	1,341	342	86
1927	10,990	442	527	4,337	3,768	1,490	361	65
1928	12,029	540	622	4,415	4,150	1,775	440	87
1929	12,377	678	613	4,826	4,062	1,670	443	85
1930	12,693	804	768	5,016	3,756	1,776	482	91
1931	11,377	575	639	4,593	3,444	1,559	483	84
1932	12,586	736	780	5,325	3,583	1,608	467	87
1933	11,866	661	706	5,311	3,188	1,452	459	89
1934	12,379	718	684	5,532	3,296	1,564	476	109
1935	11,757	756	675	5,289	2,945	1,521	458	113
1936	11,460	757	704	5,053	2,959	1,418	465	104
1937	12,391	881	689	5,555	3,092	1,608	462	104
1938	11,592	853	648	5,120	2,908	1,487	472	104
1939	11,976	877	712	5,248	3,067	1,491	466	115
1940	13,686	1,154	930	5,941	3,425	1,633	491	112
1941	13,946	920	830	5,822	3,863	1,830	550	131
1942	15,185	918	999	5,802	3,841	2,426	944	255

자료: 조선총독부, 『조선총독부통계연보』, 각년도.

표 U189-197 범행 연령대별 인원, 1992-2015

	합계	18세 이하	19-20세	21-30세	31-40세	41-50세	51-60세	61-70세	71세 이상
	U189	U190	U191	U192	U193	U194	U195	U196	U197
	남한, 명								
1992	1,542,035	73,823	46,780	491,412	540,409	262,041	99,327	28,243	
1993	2,139,452	85,782	48,258	519,429	1,022,744	308,180	123,004	32,055	
1994	1,607,471	85,718	41,558	466,540	577,182	288,856	118,291	24,107	5,219
1995	1,701,032	102,244	38,963	471,471	606,604	320,817	128,399	26,976	5,558
1996	1,769,699	114,088	40,869	468,166	624,995	354,051	133,038	28,906	5,586
1997	1,755,936	125,048	42,871	452,593	607,013	365,599	128,601	28,985	5,226
1998	1,943,081	120,259	48,037	465,324	668,735	444,248	154,631	35,942	5,905
1999	2,046,085	111,488	53,849	464,752	687,874	494,260	181,311	45,086	7,465
2000	1,982,791	112,442	55,893	448,542	641,816	492,029	177,698	46,347	8,024
2001	2,051,677	99,196	59,810	474,323	649,527	528,503	183,799	48,553	7,966
2002	2,012,208	86,280	56,574	473,192	616,969	540,556	181,110	49,816	7,711
2003	1,962,249	73,212	46,392	447,566	594,117	556,081	185,122	52,207	7,552
2004	1,981,787	54,422	35,841	427,876	593,478	597,211	206,016	58,651	8,292
2005	1,702,722	53,630	25,860	329,942	491,969	529,670	196,881	57,810	16,960
2006	1,655,059	57,375	22,749	305,805	460,643	513,821	212,343	60,640	21,683
2007	1,723,918	74,991	24,076	326,726	461,599	524,810	227,688	61,565	22,463
2008	2,179,934	116,347	33,079	419,288	562,355	640,388	297,403	81,507	29,567
2009	2,206,392	113,022	34,515	420,285	552,332	636,552	323,178	91,126	35,382
2010	1,833,411	89,776	31,313	320,778	427,570	538,511	310,293	88,543	26,627
2011	1,795,109	83,068	34,501	284,715	402,534	521,221	347,294	97,494	24,282
2012	1,956,882	107,490	38,549	305,841	417,412	547,475	399,936	110,903	29,276
2013	1,971,632	91,633	38,987	313,678	422,793	540,960	413,624	117,354	32,603
2014	1,851,150	77,594	36,642	269,955	381,442	501,527	418,590	127,282	38,118
2015	1,948,966	71,035	43,386	281,590	376,218	496,000	435,511	140,884	44,335

자료: 대검찰청, 『범죄분석』, 각년도.
주: 71세 이상 구간은 1994년부터 신설되었다.

3. 사법인력

표 U198-205 판사 및 검사, 1910-1943

	판사				검사			
	칙임	주임			칙임	주임		
		합계	내지인	조선인		합계	내지인	조선인
	U198	U199	U200	U201	U202	U203	U204	U205
	남북한, 명							
1910	8	246	175	71	6	54	48	6
1911	9	240	178	62	7	53	49	4
1912	7	192	154	38	6	51	48	3
1913	8	182	157	25	5	53	48	5
1914	6	185	153	32	5	53	48	5
1915	6	188	156	32	5	56	49	7
1916	7	186	153	33	5	57	48	9
1917	7	187	153	34	6	56	47	9
1918	7	188	153	35	8	61	51	10
1919	9	177	143	34	8	62	52	10
1920	7	184	144	40	5	66	55	11
1921	10	183	146	37	7	69	59	10
1922	10	181	143	38	7	72	62	10
1923	10	193	156	37	7	76	66	10
1924	6	177	144	33	7	68	59	9
1925	6	177	144	33	7	68	59	9
1926	7	176	143	33	7	70	61	9
1927	8	178	145	33	7	75	66	9
1928	8	178	145	33	7	80	71	9
1929	8	182	149	33	7	80	71	9
1930	8	188	150	38	7	79	72	7
1931	7	190	151	39	7	80	73	7
1932	8	246	175	71	6	54	48	6
1933	7	183	143	40	7	77	70	7
1934	8	185	144	41	6	80	73	7
1935	8	184	146	38	7	81	74	7
1936	8	196	157	39	7	86	79	7
1937	10	214	169	45	9	98	87	11
1938	10	215			9	100		
1939	11	217			8	103		
1940	10	222			9	118		
1941	10	232			9	121		
1942	10	236			9	126		
1943	12	256			10	135		

자료: 조선총독부, 『조선총독부통계연보』, 각년도.

표 U206-211 판사 및 검사, 1960-2015

	법원			검찰		
	합계	판사	일반	합계	검사	일반
	U206	U207	U208	U209	U210	U211
	남한, 명					
1960	2,113	291	1,822			
1961	1,739	248	1,491			
1962	1,926	272	1,654			
1963	2,201	300	1,901			
1964	2,276	324	1,952			
1965	2,414	372	2,042			
1966	2,475	382	2,093			
1967	2,747	384	2,363			
1968	2,818	396	2,422			
1969		375				
1970		390				
1971		386				
1972		414				
1973		451				
1974		491				
1975	3,865	517	3,348			
1976	3,992	515	3,477			
1977	4,165	539	3,626			
1978	4,749	546	4,203			
1979	4,995	546	4,449			
1980	5,299	562	4,737			
1981	6,224	566	5,658			
1982	6,388	619	5,769			
1983	6,700	677	6,023			
1984	7,309	705	6,604			
1985	7,252	770	6,482			
1986	7,719	824	6,895			
1987	7,888	851	7,037			
1988	8,225	912	7,313	4,720	668	4,052
1989	8,632	983	7,649	4,916	653	4,263
1990	8,922	1,027	7,895	5,826	698	5,128
1991	9,014	1,047	7,967	6,503	739	5,764
1992	9,257	1,088	8,169	6,616	800	5,816
1993	9,356	1,114	8,242	6,895	852	6,043
1994	9,538	1,169	8,369	7,030	852	6,178
1995	9,972	1,211	8,761	7,332	884	6,448
1996	10,437	1,292	9,145	7,529	941	6,588
1997	10,997	1,362	9,635	7,426	989	6,437
1998	11,457	1,420	10,037	7,474	1,028	6,446
1999	11,834	1,477	10,357	7,382	1,059	6,323
2000	12,132	1,568	10,564	7,730	1,111	6,619
2001	12,415	1,467	10,948	7,963	1,187	6,776
2002	12,901	1,579	11,322	8,111	1,266	6,845
2003	13,493	1,699	11,794	8,321	1,327	6,994
2004	13,884	2,047	11,837	8,512	1,385	7,127
2005	14,274	2,118	12,156	8,711	1,407	7,304
2006	14,847	2,181	12,666	8,878	1,458	7,420
2007	15,134	2,250	12,884	9,002	1,525	7,477
2008	15,560	2,308	13,252	9,204	1,576	7,628
2009	15,973	2,397	13,576	9,230	1,602	7,628
2010	16,343	2,491	13,852	9,404	1,776	7,628
2011	16,739	2,565	14,174	9,488	1,808	7,680
2012	16,932	2,693	14,239	9,593	1,769	7,824
2013	17,000	2,739	14,261	9,711	1,768	7,943
2014	16,728	2,720	13,966	9,689	1,887	7,802
2015	16,734	2,803	13,931	9,759	1,923	7,836

자료: 법원행정처, 『법원통계연보』, 각년도; 법원행정처, 『사법연감』, 각년도; 대검찰청, 『검찰연감』, 각년도.

표 U212-228 경찰인력 및 경찰관서, 1910-1941

	헌병			헌병대						경찰			경찰관서				
	합계	헌병	보조원	사령부	본부	분견소	분대	출장소	파견소	합계	일본인	조선인	경찰부	경찰서	경찰관 주재소	경찰관 파출소	경찰관 출장소
	U212	U213	U214	U215	U216	U217	U218	U219	U220	U221	U222	U223	U224	U225	U226	U227	U228
	남북한, 명			남북한, 개소						남북한, 명			남북한, 개소				
1910	2,019	1,007	1,012							5,694	2,266	3,428	14	107	269	91	
1911	7,749	3,296	4,453	1	13	54	78	379	410	6,007	2,305	3,702	14	106	456	102	
1912	7,769	3,296	4,473	1	13	57	78	413	394	5,397	2,319	3,078	14	106	464	109	
1913	7,830	3,342	4,488	1	13	107	78	443	327	5,736	2,339	3,397	14	106	498	113	
1914	7,921	3,332	4,589	1	13	99	78	501	317	5,661	2,421	3,240	14	105	508	112	
1915	7,929	3,302	4,627	1	13	99	78	528	316	5,572	2,344	3,228	14	100	522	102	
1916	8,041	3,384	4,657	1	13	96	77	551	318	5,621	2,349	3,272	14	99	515	103	
1917	8,132	3,395	4,737	1	13	98	78	592	288	5,435	2,245	3,190	14	99	529	104	
1918	7,978	3,377	4,601	1	13	98	78	43	877	5,402	2,131	3,271	14	99	532	106	
1919										15,392	8,294	7,098	13	251	2,354	143	
1920										18,376	10,515	7,861	13	251	2,354	143	
1921										20,750	12,168	8,582	13	251	2,366	156	174
1922										20,771	12,189	8,582	13	251	2,373	160	162
1923										20,647	12,168	8,479	13	251	2,426	173	186
1924										18,458	11,125	7,333	13	250	2,410	159	167
1925										18,458	11,125	7,333	13	250	2,301	162	155
1926										18,462	11,129	7,333	13	250	2,303	164	133
1927										18,462	11,129	7,333	13	250	2,306	166	144
1928										18,670	11,307	7,363	13	250	2,302	171	179
1929										18,811	11,398	7,413	13	250	2,311	188	164
1930										18,811	11,398	7,413	13	250	2,320	186	134
1931										18,769	10,601	8,168	13	251	2,336	187	143
1932										19,328	11,166	8,162	13	251	2,331	197	156
1933										19,328	11,166	8,162	13	251	2,334	197	176
1934										19,326	11,149	8,177	13	252	2,336	207	221
1935										19,409	11,232	8,177	13	252	2,318	212	181
1936										19,724	11,462	8,262	13	252	2,323	221	184
1937										20,642	12,161	8,481	13	254	2,332	242	197
1938										21,782	12,985	8,797	13	254	2,376	282	200
1939										23,064	14,261	8,803	13	254	2,382	296	214
1940										23,267	14,623	8,644	13	255	2,389	302	209
1941										23,269	14,624	8,645	13	256	2,392	318	233

자료: 조선총독부, 『조선총독부통계연보』, 각년도.

주: 1910-1918년 기간에는 헌병이 경찰 활동을 담당하였기 때문에 헌병 인력을 제시하였다.

표 U229-235 경찰인력 및 경찰관서, 1960-2015

	경찰	경찰관서					
		지방청	경찰서	지서	지구대	파출소	출장소
	U229	U230	U231	U232	U233	U234	U235
	남한, 명	남한, 개소					
1960	33,035						
1961	30,835						
1962	29,910						
1963	33,879						
1964	33,882						
1965	34,572						
1966	39,352						
1967	40,622						
1968	40,621	11		1,374		799	116
1969	42,498	11		1,375		803	122
1970	43,003	11		1,372		822	128
1971	43,516	11		1,388		830	130
1972	43,516	11		1,394		860	125
1973	43,516	11		1,394		893	124
1974	44,024	11		1,394		896	125
1975	44,044	11		1,486		937	
1976	44,740	11		1,489		957	
1977	45,860	11		1,496		1,020	
1978	47,963	11		1,498		1,096	
1979	49,964	11		1,497		1,170	
1980	56,003	11		1,498		1,569	
1981	56,357	11		1,488		1,629	
1982	61,051	12		1,488		1,628	9
1983	61,052	12		1,488		1,632	9
1984	58,267	12		1,490		1,635	9
1985	59,907	12		1,477		1,658	9
1986	63,471	12		1,476		1,674	9
1987	66,169	13		1,476		1,689	9
1988	66,820	13		1,469		1,711	10
1989	70,551	13		1,450		1,760	10
1990	80,026	13		1,452		1,861	10
1991	84,931	13		1,305		2,054	10
1992	89,092	13		1,301		2,088	10
1993	90,108	13		1,301		2,088	10
1994	90,558	13		1,301		2,103	10
1995	90,639	13				3,404	10
1996	87,419	13				3,422	10
1997	89,629	13				3,422	10
1998	90,515	13				3,219	
1999	90,623	14				3,226	
2000	90,670	14				2,914	
2001	90,819	14				2,930	
2002	91,592	14				2,944	
2003	92,165	14				2,945	
2004	93,271	14	233		871	199	
2005	95,336	14	234		872	220	
2006	95,613	14	235		826	528	
2007	96,324	16	238		826	544	
2008	97,732	16	241		816	580	
2009	99,554	16	244		773	760	
2010	101,108	16	248		423	1,517	
2011	101,239	16	249		428	1,517	
2012	102,386	16	249		428	1,519	
2013	105,357	16	250		512	1,436	
2014	109,364	16	250		515	1,438	
2015	113,077	16	251		514	1,463	

자료: 경찰청, 『경찰백서』, 각년도; 경찰청, 『경찰통계연보』, 각년도.
주: 경찰에서 의경 및 일반직은 제외하였다.

표 U236-238 교정인력, 1909-1943

	교정인력		
	합계	일본인	조선인
	U236	U237	U238
	남북한, 명		
1909	682	422	260
1910	847	535	312
1911	1,063	683	380
1912	1,323	850	473
1913	1,496	973	523
1914	1,499	951	548
1915	1,545	983	562
1916	1,536	972	564
1917	1,524	977	547
1918	1,643	1,004	639
1921	2,519	1,578	941
1923	2,468	1,492	976
1924	2,186	1,318	868
1925	2,208	1,341	867
1926	2,221	1,329	892
1927	2,232	1,327	905
1928	2,273	1,346	927
1929	2,338	1,404	934
1930	2,396	1,439	957
1931	2,446	1,422	1,024
1932	2,460	1,417	1,043
1933	4,076	2,574	1,502
1934	2,646	1,545	1,101
1935	2,749	1,593	1,156
1936	2,783	1,595	1,188
1937	2,918	1,556	1,362
1938	3,042	1,578	1,464
1939	2,953	1,462	1,491
1940	2,918	1,487	1,431
1941	2,950	1,405	1,545
1942	3,005	1,467	1,538
1943	3,401	1,473	1,928

자료: 조선총독부, 『조선총독부통계연보』, 각년도.

표 U239-243 교정인력 및 시설, 1988-2015

	교정인력	시설			
		교도소	구치소	보호·보안 감호소	지소
	U239	U240	U241	U242	U243
	남한, 명	남한, 개			
1988	8,412	28	4	3	1
1989	10,369	29	4	2	2
1990	10,412	30	5	2	1
1991	11,243	30	5	2	1
1992	11,868	30	5	2	2
1993	11,778	30	5	2	2
1994	11,757	30	6	2	2
1995	11,922	30	6	2	2
1996	12,196	30	7	2	3
1997	12,168	30	7	2	4
1998	11,818	30	7	2	4
1999	11,839	30	8	2	4
2000	12,246	30	8	2	4
2001	12,168	30	8	2	4
2002	12,277	30	8	2	5
2003	12,256	30	10	2	5
2004	12,358	31	10	1	5
2005	12,478	33	10		4
2006	13,376	33	10		4
2007	13,882	33	10		4
2008	13,979	33	10		4
2009	13,979	36	11		3
2010	14,756	36	11		3
2011	14,976	36	11		3
2012	15,251	36	11		3
2013	15,476	38	11		3
2014	15,472	38	11		3
2015	15,636	38	11		

자료: 법무부, 『법무연감』, 각년도.

주: 보호·보안 감호소: 1988년은 보안감호소 1개를 포함하였다. 1989년부터는 보호감호소뿐이며 보안감호소는 없다.

표 U244-246 변호사, 1910-1943

	변호사		
	합계	일본인	조선인
	U244	U245	U246
	남북한, 명		
1910	81	30	51
1911	96	37	59
1912	123	50	73
1913	151	60	91
1914	168	71	97
1915	162	68	94
1916	166	72	94
1917	168	74	94
1918	169	74	95
1919	187	90	97
1920	202	97	105
1921	203	101	102
1922	230	110	120
1923	270	121	149
1924	289	135	154
1925	309	143	166
1926	325	150	175
1927	340	153	187
1928	340	151	189
1929	350	154	196
1930	363	154	209
1931	366	156	210
1932	81	30	51
1933	372	165	207
1934	378	169	209
1935	389	172	217
1936	351	145	206
1937	345	145	200
1938	343	147	196
1939	352	147	205
1940	354	153	201
1941	358	150	208
1942	361	147	214
1943	442	139	303

자료: 조선총독부, 『조선총독부통계연보』, 각년도.

표 U247-253 변호사 및 법무사, 1948-2015

	변호사						법무사
	변호사자격 시험				개업변호사	법무법인	
	사법시험		변호사시험				
	출원자	합격자	출원자	합격자			
	U247	U248	U249	U250	U251	U252	U253
	남한, 명						
1948							
1949	625	16					
1950							
1951	457	39					
1952	258	21					
1953	1,553	28					
1954	1,141	17					
1955	1,999	30					
1956	2,855	108					
1957	3,414	51					
1958	3,047	50					
1959	3,416	24					
1960	5,557	31					
1961	4,450	110					
1962	6,861	106			581		
1963	8,962	122			594		
1964	7,021	32			635		
1965	2,141	16			662		
1966	1,858	19			679		
1967	4,141	88			687		
1968	2,070	37			679		
1969	2,363	34			702		
1970	4,857	82			719		
1971	2,629	81			748		
1972	3,215	80			745		
1973	3,614	60			785		
1974	3,311	60			812		
1975	3,344	59			809		1,707
1976	3,625	60			819		1,767
1977	4,011	80			811		1,783
1978	4,153	100			832		1,774

표 U247-253 계속

	변호사						법무사
	변호사자격 시험				개업변호사	법무법인	
	사법시험		변호사시험				
	출원자	합격자	출원자	합격자			
	U247	U248	U249	U250	U251	U252	U253
	남한, 명						
1979	4,506	120			890		1,779
1980	4,868	141			940		1,815
1981	6,173	289			1,013		1,826
1982	7,386	300			1,058		1,829
1983	8,450	300			1,166	3	1,860
1984	12,221	303			1,179	7	1,899
1985	12,449	298			1,320	8	1,910
1986	14,303	300			1,414	15	2,022
1987	14,963	300			1,521	21	2,117
1988	14,245	300			1,666	21	2,196
1989	14,201	300			1,803	22	2,266
1990	15,041	298			1,984	24	2,318
1991	16,311	287			2,258	29	2,359
1992	17,131	288			2,450	35	2,457
1993	18,991	288			2,684	44	2,658
1994	19,736	290			2,851	58	2,871
1995	20,737	308			3,079	78	3,159
1996	22,771	502			3,188	94	3,365
1997	20,551	604			3,364	118	3,523
1998	20,755	700			3,521	142	3,721
1999	22,964	709			3,887	156	4,123
2000	23,249	801			4,228	185	4,420
2001		991			4,618	211	4,573
2002	30,024	998			5,073	236	4,820
2003	30,146	906			5,586	259	5,043
2004	18,894	1,009			6,299	288	5,218
2005	21,585	1,001			6,997	318	5,357
2006	21,210	994			7,603	356	5,493
2007	23,444	1,011			8,143	404	5,648
2008	23,656	1,005			8,895	434	5,810
2009	23,430	997			9,612	461	5,925
2010	23,244	814			10,263	481	6,020
2011	19,536	707			10,976	516	6,120
2012	14,035	506	1,698	1,451	12,532	637	6,179
2013	10,089	306	2,095	1,538	14,242	731	6,233
2014	7,428	204	2,432	1,550	15,954	848	6,317
2015	6,182	153	2,704	1,565	17,424	926	6,516

자료: 총무처, 『총무처연보』, 각년도; 행정자치부, 『통계연보』, 각년도; 법무부, 『범무연감』, 각년도; 법원행정처, 『사법연감』, 각년도.

주: 사법시험은 1963년까지는 고등고시 사법과로 시행되었으며, 2000년까지는 총무처, 행정자치부 등이 관장하였다. 2000년 이후로는 법무부가 관장하였다. 법무사는 대법원이 관장한다.

V. 대외무역과 환율

김낙년 · 박기주

한국은 다른 나라에 뒤진 1876년에 개항하였지만, 그 이후 대외거래는 매우 빠르게 성장하였다. 외국으로부터 상품의 유입이 크게 늘어났을 뿐만 아니라 국내에서도 수출산업이 빠르게 발전하였다. 이와 함께 해외의 선진적인 기술과 제도에 관한 정보도 밀려 들어왔다. 이러한 대외 접촉의 확대는 한국인들의 학습을 자극하고 선진국과의 격차를 줄일(catch up) 수 있는 기회를 제공하였다. 한국은 전통사회로부터 비교적 단기간에 근대사회로 변모했는데, 거기에는 대외거래가 주도적인 역할을 한 것으로 볼 수 있다.

한국은 주지하는 바와 같이 일본의 식민지 지배로부터 해방된 후 남한과 북한으로 분단되었다. 북한은 거의 폐쇄적인 경제 체제를 유지하고 있는 반면, 남한은 개방 체제를 지향하여 현재에는 다른 주요 국가들에 비해 대외거래의 의존도가 매우 높은 나라가 되었다. 두 체제의 경제적 성과는 극단적으로 차이가 벌어졌는데, 그것은 경제성장에서 개방과 대외거래의 역할이 얼마나 중요한지를 단적으로 보여 주는 사례가 되고 있다.

이하에서 1절은 대외거래가 어떻게 전개되어 왔는가를 국제수지에 초점을 맞추어 보이고자 한다. 2절에서는 재화와 서비스의 수출입 실태를 보다 구체적으로 살펴보고, 3절에서는 환율의 추이에 대해서도 언급한다. 4절에서는 이러한 대외거래에 관한 각 시기의 자료 상황을 언급하고 이를 일관된 장기 통계로 정비하기 위해 어떠한 조정이 이루어졌는지를 설명하고자 한다.

1. 대외거래와 국제수지

조선시대에는 청국에 대한 조공과 그에 부수해서 이루어지는 소규모의 교역을 제외하면 대외무역은 보잘 것이 없었다. 1876년 일본이 강요한 강화도 조약으로 개항이 이루어졌고, 1882년에는 청국과 통상조약(朝淸商民水陸貿易章程)이, 그 후 미국과 영국 등 서구 열강과의 통상조약이 잇따라 맺어졌다. 이들 조약에 의해 부산, 원산, 인천 등에 개항장이 설치되고, 거기에 외국 상인의 거류지가 들어섰다. 관세는 개항 당시 무관세였다가 5% 정도의 낮은 협정관세가 부과되었다.

개항기 무역은 쌀이나 콩과 같은 농산물이나 쇠가죽과 같은 원재료를 수출하고 면직물을 비롯한 공산품을 수입하였다. 일본과 청국이 무역을 거의 독점하다시피 하였고, 그들 상인이 무역을 주도하였다. 이 시기에 수입된 면직물은 영국산 제품이 나가사키(長崎)나 상하이(上海)를 경유하여 재수입된 경우가 많았다. 다만 청국으로부터의 수입은 이러한 중계무역의 성격이 지속되었지만, 일본의 경우는 1890년경부터 자국산 제품 중심으로 바뀌어 갔다(堀 · 木越 2009).

표 V-a는 거의 10년 간격으로 국제수지의 추이를 보이고 있다. 개항기는 자료의 제약으로 상품수지만을 제시하였는데, 이 시기 상품수지 적자가 지속되었다. 거기에는 재화와 금은의 무역이 포함되어 있는데, 재화로 한정해 보면 무역수지 적자가 훨씬 더 커진다. 이 적자의 상당 부분을 금은 무역의 흑자로 메우고 있었음을 알 수 있다(V141-154). 이 시기 상품수지 적자가 어느 정도의 규모인지를 가늠하기 위해 GNI(국민총소득)[1] 대비 비율도 함께 제시하였다. 그림

---

1 국민총소득(GNI)은 1911년부터 이용 가능하기 때문에 그 이전 시기는 매우 거친 가정으로 개략적인 수치를 구해 보았다. 즉, 개항기에 연평균 경제성장률이 1%이고, 물가상승률이 수출 및 수입 단가지수(V262-263)의 연평균 상승률(1.7%)과 동일하였다는 가정으로 1911년의 명목 GNI(N2)를 이전 시기로 연장하였다. 이 명목성장률(즉, 2.7%)의 가정을 2배(또는 1/2배) 등으로 바꾸어 보아도 그림 V-b의 개항기 양상은 크게 달라지지 않는다.

표 V-a 한국의 국제수지(기간별 평균), 1880-2015

	상품수지	서비스수지	본원소득수지	이전소득수지	경상수지	경상수지/GNI
	남북한, 백만 圓					%
1880-1889	0.3					0.1
1980-1999	1.9					0.6
1900-1910	12.4					2.9
1911-1919	23.5	0.1	6.7	17.6	12.7	1.5
1920-1929	15.2	5.3	35.2	37.2	18.5	1.1
1930-1939	53.3	5.4	65.2	40.0	83.9	3.9
	남한, 10억 원					%
1953-1959	12.8	0.3	1.3	9.9	1.9	1.3
1960-1969	102.5	4.2	19.4	28.8	50.1	5.4
1970-1979	695.6	11.3	17.7	69.8	654.8	5.3
1980-1989	731.8	838.3	1,114.0	724.2	1,180.2	1.3
1990-1999	6,584.1	411.0	2,436.6	908.4	4,644.9	1.2
2000-2009	31,540.6	13,472.5	3,406.3	2,658.7	12,003.3	1.3
2010-2015	87,683.8	28,209.1	7,067.0	5,487.3	61,054.5	4.3

자료: 1939년 이전의 경상수지는 V1-13; 1953년 이후는 N49-80; GNI는 N2.
주: 1) 1910-1939년의 이전소득 수지는 정부에 한정된 것이며 민간의 이전소득은 포함되지 않았다.
2) 1910년 이전의 경상수지/GNI는 상품수지/GNI이다.

V-b에 따르면 그 적자의 비율은 개항 이후 서서히 커지고 있었지만, 특히 러일전쟁(1904-1905)을 계기로 하여 급격히 늘어났음을 알 수 있다.

일본의 조선 합병(1910)은 제도 면에서 조선을 일본 경제에 통합하는 결과를 가져왔다. 먼저 관세 통합이 이루어졌다. 그림 V-c는 관세수입을 수입액으로 나누어 구한 평균 관세율을 보여 주는데, 개항기 5%의 수준을 유지하다가 일본에 대한 관세율이 1920년에 더욱 떨어진 것을 알 수 있다. 합병 당시 기존의 관세를 10년간 존속하도록 유예한 후 외국과의 무역에서는 일본의 관세율을 적용하고, 두 지역 간에는 관세를 없애기로 하였다. 다만 식민지 정부의 관세수입 격감을 완화하기 위해 일부 품목의 관세를 남겨 두었지만, 그것도 점차 폐지되어 갔다. 일본의 민법이나 상법과 같은 법 제도도 일부 예외를 제외하면 거의 그대로 조선에 확대 시행되었다(김낙년 2003). 조선의 화폐도 후술하듯이 일본의 화폐와 연계(peg)되어 등가 교환되는 제도가 시행되었다. 이러한 경제제도의 통합은 두 지역 간에 물자와 자금의 이동을 비약적으로 늘렸다.

이를 국제수지 면에서 보면 개항기에 나타났던 상품수지의 적자 기조는 식민지기에도 이어졌다. 본원소득수지의 적자도 크게 확대되었는데, 그것은 주로 일본으로부터 투자와 과실송금의 증가에 기인한 것이다. 이에 대해 이전소득수지는 흑자를 보였는데, 일본이 부담한 행정비용과 조선총독부에 지급한 보조금 등이 반영되어 있다. 이들을 합

그림 V-b 경상수지 및 상품수지의 GNI 대비 비율(%)

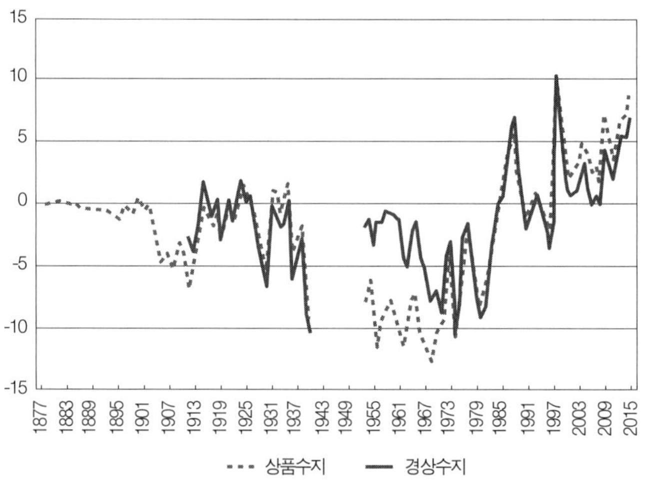

자료: N2, N50, N65, N79.
주: 1910년 이전의 GNI는 가정으로 연장한 것이다.

한 경상수지의 적자 규모는 1910-1920년대에는 GNI 대비 1% 대였지만, 1930년대는 4%에 가까운 수준으로 높아졌다. 1930년대에 전개된 식민지 공업화와 그를 위한 일본으로부터 대규모 자본유입이 이 경상수지 적자를 메우고 있었다(김낙년 2003).

해방 후에는 일본제국의 지역통합 체제는 해체되고, 한국과 일본과의 경제관계가 국교정상화(1965) 때까지 단절되었다. 그와 함께 남북한이 분단되고, 한국전쟁(1950-1953)을 거치면서 상호 대립되는 경제 체제가 들어섰다. 독립국가의 수립은 독자적인 산업 정책을 가능하게 하였는데, 국내시장 보호를 위해 관세율을 크게 올렸다(V-c). 이것은 신생독립국에 일반적으로 나타났지만, 한국의 경우 높은 보호관세가 오래 지속되지 않고 빠르게 떨어져 개방 체제로 복귀하였다는 점이 주목된다.

해방 후 이러한 체제 이행과 정치적 혼란으로 인해 무역은 붕괴되다시피 하였다. 미국과 UN으로부터의 원조(V114-120)가 한국 경제의 부흥에 큰 역할을 하였다. 특히, 1950년대에 상품수지 적자가 GNI의 10%까지 확대되었지만, 경상수지 적자가 1%대에 머물 수 있었던 것(V-b와 V-a)은 해외 원조의 덕분이었다.

고도성장을 구가했던 1960년대에서 1980년대 전반까지는 상품수지 적자 기조가 더욱 확대되었고, 그것이 경상수지 적자를 대부분 규정하였다. 높은 투자를 반영하는 자본재와 원자재 수입의 증가, 두 차례의 오일쇼크로 나타난 원유가격의 급등이 영향을 미쳤다. 1960-1970년대 경상수지 적자 규모는 GNI의 5%를 넘어섰는데, 그만큼 해외로부터 차관이나 직접투자 등의 형태로 자본유입이 많았음을 뜻한다.

1980년대 후반에는 이른바 3저호황에 힘입어 수출이 급등한 반면 원유가격 안정 등으로 수입액의 증가는 크지 않아 상품 및 경상수지가 처음으로 흑자로 전환하였다. 외환위기(1997) 직전에는 다시 경상수지 적자가 누적되기도 하였지만, 그 이후에는 흑자 구조가 정착하였고, 2010년 이후에는 그 규모가 GNI 대비 4.4%에 이를 정도로 커졌음을 알 수 있다. 그 내역(V221-252)을 보면, 상품수지의 흑자가 확대되는 가운데 서비스수지의 적자가 크게 늘어났다. 서비스수지에서 건설수지는 큰 규모의 흑자가 지속되었지만, 여행수지, 사업수지, 지식재산권 수지, 가공수지 등에서 적자가 크게

그림 V-c 평균 관세율의 추이(%)

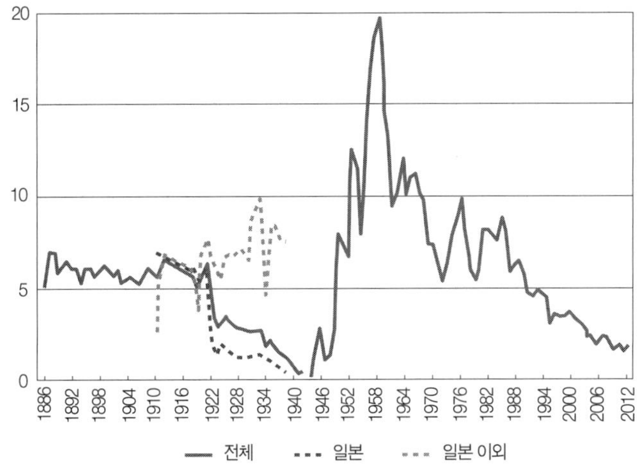

자료: V259-261.
주: 평균 관세율은 관세수입을 전체 수입액으로 나누어 구한 것이다.

늘어났기 때문이다. 본원소득수지에서는 투자소득이 중요한데, 그것은 2010년 이후 처음으로 흑자로 전환하였다. 경상수지 흑자가 누적되면서 해외 투자와 그로 인한 수익이 그만큼 늘어났기 때문이다. 이전소득수지는 2000년대 이후 흑자에서 적자로 전환되었다. 정부의 ODA 원조(V121-140)가 늘어난 것도 있지만, 1년 이상 국내에 거주한 외국인 근로자의 해외 송금이 해외에 거주한 한국인 근로자의 국내 송금보다 더 커졌기 때문이다.

경상수지 흑자의 정착으로 해외 자산의 매입이 크게 늘어났다. V28-39는 새로운 국제수지 매뉴얼(BPM6)[2]에 따라 작성된 순해외자산과 순해외부채(즉, 외국인에 의한 국내자산의 순매입)의 내역을 보여 준다. 해외자산이 직접투자나 증권투자 또는 준비자산 등으로 분산되어 있다고 한다면, 외국인이 매입한 국내자산은 증권투자 중심으로 이루어졌다.

그런데 이들 항목이 매년 거래되는 유량(flow)을 보여 준다고 한다면, 국제투자대조표(V40-59)는 연말시점에서 파악된 저량 또는 잔액(stock or position)을 보여 준다. 거기에 나오는 대외 금융자산과 부채는 거래요인 이외에도 가격이나 환율 변동과 같이 비거래요인에 의한 자산평가의 변동도 반영되어 있다. 그에 따르면 대외 금융자산과 함께 대외 금

2 IMF, *Balance of Payments and International Investment Position Manuel*, 6th edition, 2010.

융부채도 빠르게 늘어났음을 알 수 있다. 대외 금융부채가 늘어난 것은 1990년대까지는 외화를 조달하기 위한 것이 많았지만, 그 이후에는 자본시장 개방으로 인해 외국인 투자가 크게 늘어났기 때문이다. 대외 금융자산에서 금융부채를 뺀 순대외금융자산(V59)은 줄곧 (-)로 나타나 자산보다 부채가 많은 나라였지만, 2014년 이후 처음으로 자산이 더 많은 나라로 전환하게 되었다.

2. 무역

재화와 서비스 무역은 V141-347에 걸쳐 제시되어 있다. 먼저 V141-154는 개항 이후 현재까지의 재화와 금은의 수출입 금액을 제시하였다. 각 시기마다 통계의 작성 주체가 다르고 조사기준도 바뀌었기 때문에 원자료를 가지고서는 일관된 비교가 어렵다. V141-154에서는 해방 전(남북한)과 해방 후(남한)의 coverage 차이를 조정하지 못했지만, 그 외에는 가능한 한 일관된 비교가 가능하도록 조정한 결과를 제시하였다(구체적인 조정 내용에 관해서는 4절 참조). 이들 수출입의 각 품목에 대해 표준국제무역분류(SITC) 또는 성질별 코드를 부여하여 유별 통계를 만들었다(V155-188). 수출입 품목의 가액과 수량 통계로부터 단가를 구해 수출입의 단가지수나 물량지수 등을 구하였다(V262-295). 무역을 주도한 품목을 보기 위해 수출입의 상위 품목이 어떻게 변천되어 왔는지를 보였다(V328-347). 무역 대상국도 어떻게 달라졌는지(V296-327)도 제시하였다.

아래에는 이들 장기 통계로부터 얻을 수 있는 한국 무역의 주요한 특징을 몇 가지 예시해 보고자 한다. 그림 V-d는 수출과 수입의 규모를 GNI 대비 비율로 제시하였다. 이로부터 수출 또는 수입 의존도가 개항 이후 꾸준히 상승하여 해방 전에 30%로까지 높아졌고, 해방 후 정치적 격변으로 무역이 붕괴되다시피 한 후 다시 급속히 높아져 40% 전후의 수준으로까지 높아졌다. 그림에는 북한의 수치도 제시하였는데, 현재에도 식민지기 초기의 수준을 벗어나지 못했음을 알 수 있다.

한국의 무역의존도가 높은 것은 소규모 개방 체제이면서 비교우위가 있는 산업으로 특화하였기 때문이지만, 이

그림 V-d 수출과 수입의 GNI 대비 비율(%)

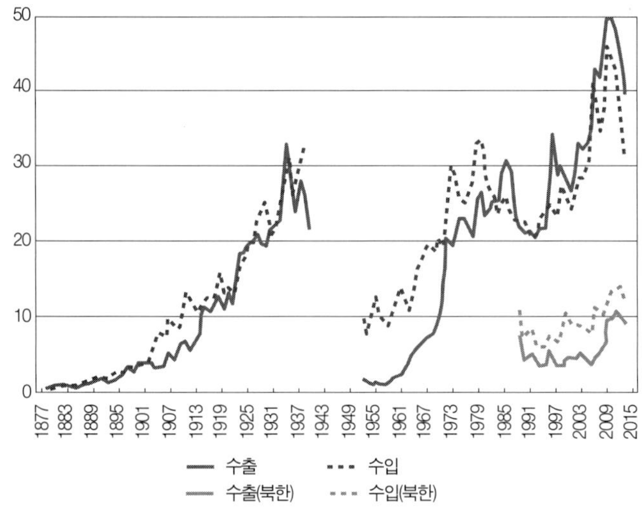

자료: N2, N50, N65. 북한은 V144, V147.
주: 1910년 이전의 GNI는 각주 1)의 방법으로 추정하였다.

비율이 빠르게 상승한 것이 주목된다. 수출을 담당하는 주력 품목이 시기에 따라 교체되어 왔는데, 그 배후에 산업 구조가 지속적으로 고도화되어 왔음을 반영한다.

이를 보이기 위해 그림 V-e의 수출입의 유별 구성비의 변천을 제시하였다. 그에 따르면, 개항기에는 쌀이나 콩과 같은 농산물과 쇠가죽과 같은 원재료를 수출하고, 면직물을 비롯한 공산품을 수입하는 구조였다. 식민지기에 들어와서도 그 구조는 지속되었지만, 기계 등의 수입과 공산품의 수출이 나타나기 시작하였다. 이것은 1930년대에 본격화된 식민지 공업화를 반영하고 있다. 해방 후 무역 구성의 일시적인 후퇴가 나타났지만, 1960-1970년대에는 직물 의류 등의 재료별 제품이 그 후에는 전기기계, 선박, 차량 등의 중화학공업 제품이 수출을 주도하였다. 수입에서는 자본형성에 투입되는 기계류와 석유와 원재료 중심의 구조가 지속되어 왔다.

한편, 수출입의 동향을 물량과 가격요인으로 나누어 볼 수 있는데, V262-267은 수출입의 품목별 단가를 이용하여 물가지수와 물량지수를 제시하였다.[3] 이를 이용하면 교역조

3 품목별 수출입 가액을 수량으로 나누어 구한 단가를 이용하는 방법은 단가가 있는 모든 품목을 지수에 반영할 수 있다는 장점이 있지만, 품질의 동질성이 유지되지 않을 경우 문제가 된다. IT 제품과 같이 품질의 변화가 빠른 경우 특히 그러하다. 한국은행은 1971년 이후에는 수출과 수입의 품목별 가격을 직접 조사하여 물가지수를 구하고 있다. 1970년 이전은 단가를 이용하여

그림 V-e 수출과 수입의 유별 구성비(%)

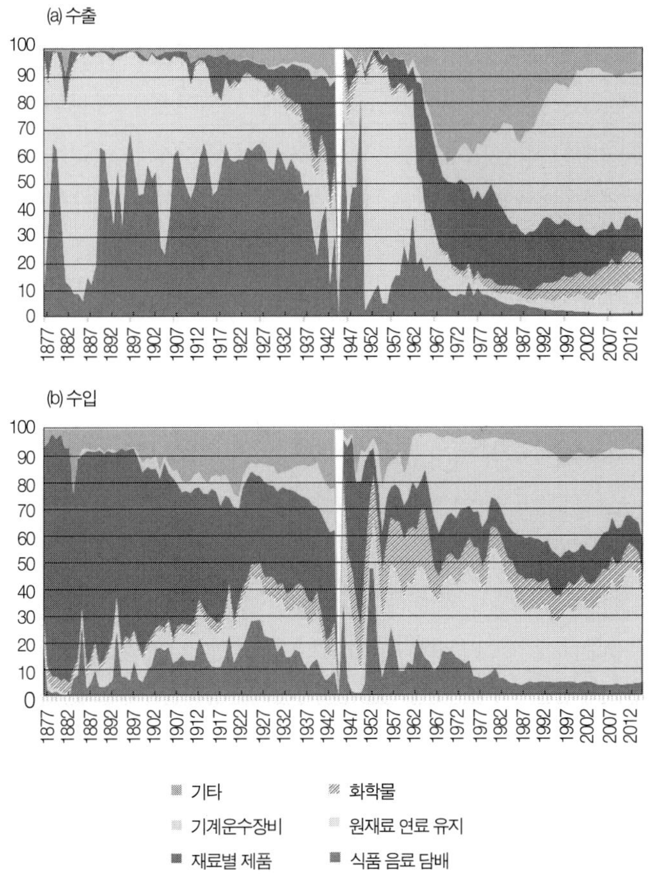

자료: V155-176.

그림 V-f 교역조건의 추이(해방 전은 1935년=100, 해방 후는 2010년=100)

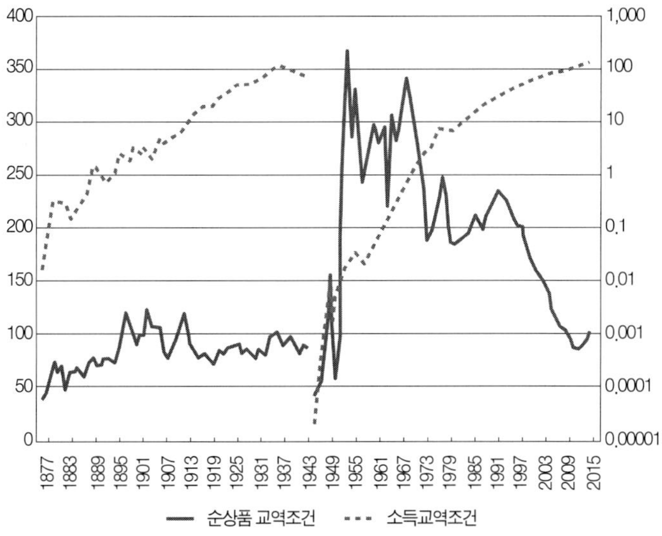

자료: V262-267.
주: 1) 순상품교역조건은 왼쪽 눈금이고, 소득교역조건은 오른쪽 눈금(로그눈금)이다.
2) 순상품교역조건=수출물가지수/수입물가지수.
소득교역조건=순상품교역조건×수출물량지수.

건의 추이를 볼 수 있다(V-f). 먼저 순상품교역조건을 보면, 개항기에는 대체로 개선되는 추이를 보였는데, 그것은 예컨대 쌀 한 단위를 수출해서 더 많은 면직물을 수입할 수 있었다는 뜻이다. 식민지기에 들어와 순상품교역조건은 정체되었다. 그런데 해방 후가 되면 순상품교역조건이 1954년까지 급등한 것을 제외하면 1960년대까지 뚜렷한 추세를 보이지 않다가 그 후부터 지속적으로 악화되어 왔음을 알 수 있다. 1970년대에는 두 차례의 오일쇼크로 수입 원유가격의 급등이 큰 영향을 미쳤지만, 1990년대 이후에는 IT 제품 등 수출을 주도하는 제품의 가격이 수입품에 비해 상대적으로 크게 하락한 것을 반영하고 있다.

그렇지만 수출가격의 상대적 하락은 수출 물량을 더 빨리 늘리는 효과를 가질 수 있다. 이를 고려한 것이 소득교역조건인데, 순상품교역조건에 수출 물량지수를 곱해서 구한다. 이것은 수출해서 번 돈으로 얼마나 많은 물량을 수입할 수 있는가를 측정한다. 소득교역조건은 개항 이후 현재까지 거의 모든 시기에 걸쳐서 급속히 상승하였다. 즉, 순상품교역조건이 개선된 시기는 물론이지만 악화된 시기에도 한국은 무역을 통한 이득을 지속적으로 향유해 온 것을 알 수 있다.

3. 환율

환율은 다른 나라의 통화로 측정한 자국통화의 가격이며, 두 통화의 교환 비율이 된다. 예컨대, 0.001달러/원이나 0.1엔/원과 같이 1원에 대응하는 외국통화의 단위수로 나타낼 수 있지만, 관행에 따라 1,000원/달러나 10원/엔과 같이 외국통화 1단위에 대응하는 자국통화 단위수로 표시한다.

조선시대는 화폐로서 동전인 엽전이 주조되어 유통되었다. 개항(1876)으로 외국화폐의 유통이 허용되자 일본의 은화가 유입되었다. 이들과 한국화폐 간에 교환 비율(한전비

Fisher 연쇄지수의 방법으로 수출입 물가지수를 구했으며, 그것을 한국은행의 물가지수와 연결하였다. 수출입 물량지수는 무역액을 단가지수로 나누어 구한다.

가)이 형성되어 그에 따라 무역거래와 환전이 이루어졌다. 1984년에는 은본위 화폐제도, 1901년에는 금본위 화폐제도의 도입이 시도되었지만, 본위 화폐를 제대로 공급하지 못한 채 보조화폐인 당오전이나 백동화가 다량 발행되었다. 당오전과 백동화의 소재가치가 액면가에 크게 미치지 못한 채 남발되었기 때문에 일본 은화와의 환율(V350-351)은 크게 상승하였다. 이에 대해 소재가치와 액면가의 차이가 거의 없는 엽전의 환율(V348-349)은 비교적 안정적으로 추이하였다.

러일전쟁 이후 조선을 사실상 지배하게 된 일본은 화폐정리사업을 추진하여 백동화를 비롯한 구래의 화폐를 환수하고 신 화폐로 교환하였다. 그리고 조선에 진출한 일본의 제일은행이 1902년부터 제일은행권을 발행하였고, 화폐정리사업 이후에는 사실상 법화로 통용되었다. 제일은행은 사실상 식민지 중앙은행이 되었고, 합병 후 조선은행으로 개편되고 조선은행권을 발행하였다. 이들 식민지의 円系 통화발행제도는 일본은행권과 자유롭게 교환하도록 규정하고 있으며, 조선의 대일 환율(V352)은 1905년 이후 1:1로 고정되어 있었다. 이 시기 미국과의 교역은 미미하였지만 대미 환율(V353)도 제시하였는데, 일본의 대미 환율과 동일한 것으로 보았다.

해방 후에는 식민지 통화제도가 해체되고, 정부의 외환규제가 강화되면서 복수환율제도가 시행되었다(김낙년 2002). 정부 간 외환 거래에 적용되는 환율을 협정환율이라고 할 수 있는데, 거기에는 대충자금 환율[4]과 UN군의 원화 조달에 적용되는 환율을 들 수 있다(V354-357). 이에 대해 민간 보유의 외환 거래에서 형성되는 시장환율이 존재하였다. 이 시기 재화나 서비스의 수출로 외환을 취득한 자는 모두 한국은행의 자기 명의의 계정에 예치하고, 이를 수입 대금으로 사용하거나 타인의 계정으로 양도할 수 있었다. 외환의 양도가 허용되었을 때에는 시장환율이 형성되었는데, 취득 외환의 원천(예컨대, 대일수출이냐 그 외 지역에 대한 수출이냐)에 따라 그 처분에 제한을 두었기 때문에 이를 반영하여 시장환율도 복수로 존재하였다(V358-360). 1961년에는 외환 증서의 양도를 더 이상 허용하지 않으면서 민간의 수출 달러 거래에서 형성된 다양한 시장환율도 사라지게 되었다. 이것은 단일환율제도로 이행하게 되었음을 뜻한다. 다만 정부의 규제로부터 벗어난 곳에서 암시장이 존속하는 것을 막을 수는 없었는데, V361-362는 거기에서 형성된 달러 시세의 추정치이다.

그런데 이들 공정환율과 시장환율 간에는 상당히 큰 차이가 있으며 어느 환율을 적용하느냐에 따라 원화의 달러 환산금액에 큰 차이가 생긴다. 이 점을 감안하여 달러의 환율을 여러 가지로 제시하였다. 공정환율과 암시장 환율(V363-364)은 시행 일자별로 파악된 것(V354, V361)을 연평균 값으로 환산한 것이다. 한국은행의 대미 환율(평균)은 1964년부터 발표되고 있다(V366). 그 이전 시기에 관해서는 1953년 이후 한국은행이 발표한 원화와 달러 표시 GDP로부터 대미 환율을 구할 수 있으며 그것도 함께 제시하였다(V365). 미국 이외의 나라의 경우 주요 국가를 선정하여 환율을 제시하였다(V367-374).

4. 자료의 수집과 정비

개항 이후 우리나라 무역 통계를 작성한 기관이 여러 차례 바뀌었고, 작성기준도 변해 왔다. 표 V-g는 이를 정리한 것이다. 이하에서는 이들 자료가 갖고 있는 한계나 문제점, 그리고 가능한 한 일관성 있는 장기 통계를 만들기 위해 어떠한 보완이 이루어졌는지를 개항기, 식민지기, 해방 후로 나누어 간략히 설명하기로 한다.[5]

1) 개항기

1876년 2월부터 개항장 무역이 시작되었으나 개항장에 해관이 설치(1884)되기 전까지는 조선에서 무역 통계를 작성하는 기관이 없었다. 이 시기의 개항장 무역은 일본이 거의 독점하고 있었기 때문에 자료 [1], [2](이 숫자는 V-g의 해당 자료를 가리킨다, 이하 동일)의 일본 측의 무역 통계로부터 파악할 수 있다. 다만 이들 자료를 조선의 입장에서 이용할 경우 일

4 원조 달러를 배정받은 자는 한국은행에 그에 대응하는 원화 자금을 예치해야 하는데, 그때 적용되는 환율을 말하며 한국 정부와 원조 당국이 협의하여 결정하였다.

5 이에 관한 보다 상세한 설명은 박기주 · 김낙년(2009); 堀 · 木越(2009)를 참조.

본의 대 조선 수출(수입)은 조선의 대 일본 수입(수출)이 된다. 그런데 1882년 9월 청국과 통상조약이 체결된 이후 대청 무역은 이 자료로 파악되지 않는다. 1884년의 경우는 개항장 주재 일본영사의 보고 자료인 [3]을 이용하여 보완하였다.

조선해관의 설치 이후 조선의 무역 통계(자료 [4])가 작성되기 시작하였다. 당시 청국은 조선에 차관을 제공하는 대가로 해관의 운영권을 장악하고 있었기 때문에 그 통계는 청국의 해관 통계서의 부록으로 수록되었다. 청국과 조선 해관의 세무책임자가 모두 서양인이어서 이 자료는 영문으로 발간되었다. 청일전쟁(1894) 이후 이 자료에는 조선 무역 통계가 더 이상 실리지 않게 되었다. 그렇지만 조선해관은 통계를 계속 작성하고 있었던 것으로 보인다. 예컨대, 러시아 대장성이 발간한 자료 [5]에는 1883-1997년의 무역 통계가 제시되어 있는데, 그것은 [4]와 연속하는 자료임을 알 수 있다. 1898-1900년은 자료 [6], [7], [8]로 접근할 수 있다. [6]과 [7]은 각각 일본의 고베(神戸)세관과 요코하마(橫濱)세관이 조선의 사정을 파악하기 위해 파견한 직원의 조사보고서이며, 자료 [8]은 조선 주재 영국영사의 연차 보고서에 실린 것이다. 이들 자료는 모두 조선해관이 작성한 통계에 의거한 것으로 생각된다. 1901-1907년의 자료 [9]는 일본이 한국을 병합한 후 조선총독부가 조선해관의 통계를 수집하여 작성한 것인데, 개항장별 통계를 포함한 보다 상세한 정보를 제공하고 있다.

이들 개항기 통계는 이후 통계와의 일관성이라는 점에서 몇 가지 문제점을 안고 있다. 먼저, 해관에서 파악한 자료이기 때문에 대륙과의 접경에서 이루어진 육로 무역이 제외되어 있다. 그 규모는 크지 않았을 것으로 생각되지만 무역액이 그만큼 과소하게 잡혔다. 둘째, 수출과 수입 금액이 모두 조선의 시장가격으로 평가된 것으로 보인다. 1908년 이후부터 현행의 방식과 같이 수출은 본선인도가격(f.o.b.), 수입은 보험료 운임 포함 가격(c.i.f.) 기준으로 변경되었다. 수출과 수입 금액을 모두 조선의 시장가격으로 평가할 경우 수출의 경우 f.o.b. 가격에 비해 선적할 때까지의 비용이 반영되지 않게 되고, 수입액의 경우는 거꾸로 c.i.f. 가격에 비해 국내에 유통될 때까지의 비용(수입세와 유통마진 등)이 추가된다. 堀 · 木越(2009)에 따르면 개항기 무역액을 현행 기준으로 바꾸면 수출은 12.7% 늘고, 수입은 13% 정도 줄어들 것으로 추정하고 있다. 셋째, 무역 대상국 통계에서도 수입은 원생산지, 수출은 최종 목적지로 파악하는 현행의 기준이 적용된 것은 1908년부터이다. 그 이전은 화물이 발송된 직전 항구와 화물이 향하는 항구를 기준으로 무역 대상국을 파악하였다. 따라서 1907년 이전의 수입 대상국을 보여 주는 V296-305는 영국산 면제품이 나가사키(또는 상하이)를 경유하여 조선으로 들어온 경우 이를 영국이 아니라 일본(또는 청국)으로부터의 수입으로 파악하게 된다. 재화의 수출입 통계를 정비한 V141-154에서는 개항기 통계를 1908년 이후 통계와 연결할 때 자료의 제약 때문에 이상의 단절을 조정하지 못했다. 이 점은 이 시기 무역 통계를 이용할 때 유의해야 할 점이다.

한편, 이 시기 무역금액을 표시하는 화폐는 모두 圓으로 통일하였다. 1884년까지의 자료([1]-[3])는 지폐 圓으로 되어 있는데, 당시 일본에서는 지폐의 남발로 인해 그것과 은화 圓과의 괴리가 생겼다. 여기서는 양자의 교환 비율을 이용하여 지폐 圓을 은화 圓으로 환산하였다.[6] 조선해관의 통계([4])는 Mexican 달러로 표시되어 있다. 19세기 중엽 이후 신대륙에서 유입된 은화인 Mexican 달러가 중국을 비롯한 동아시아의 무역통화로서 통용되고 있었는데, 청국에 의해 해관 통계가 작성되면서 조선의 무역금액도 거기에 따른 것으로 생각된다. 자료 [5]에서도 1895년까지 Mexican 달러, 그 후는 圓으로 표시되어 있다. 은화 圓과 Mexican 달러 간에도 미미한 차이가 있었지만,[7] 사실상 동일한 가치를 갖는 것으로 인식되고 있었다. 1900년 자료의 파운드는 당시의 환율을 이용하여 圓으로 환산하였다.

그리고 개항기에는 이상의 자료에 의해 무역수지를 추정할 수는 있지만, 그 외의 서비스나 소득 또는 이전 수지(V4-13)는 자료의 제약으로 추정하기 어렵다.

2) 식민지기

러일전쟁을 계기로 조선에 대한 사실상의 지배를 국제

6 지폐 圓과 은화 圓 간의 교환 비율은 明治財政史編纂會(1905: 429-436)에 의거하였다.

7 Mexican 달러와 은화 圓은 각각 순은 24.43657g과 24.26071g으로 미미한 차이가 있었다(露國大藏省 1905: 128).

표 V-g 시기별 무역통계 자료

번호	자료명	작성기관	대상 시기	화폐	품목수	기타
1	朝鮮舊貿易八箇年對照表	일본 대장성 관세국	1876–1883년 수출입 1884년 1월 수출	지폐 圓	수출25–35 수입52–67	개항장 무역
2	大日本外國貿易年表 1884	일본 대장성	1884년 2–12월 수출	지폐 圓	수출45	
3	通商彙編	일본 외무성	1884년 수입	지폐 圓	수입152	
4	朝鮮海關年報 (中國海關年報 附錄)	Imperial Maritime Customs	1885–1893년 수출입	Mexican $	수출38–77 수입59–97	
5	한국지	러시아 대장성	1894–1897년 수출입	Mexican $, 圓	수출31–35 수입105–109	
6	宮尾說關監視官韓國出張復命書	神戶稅關	1898년 수출입	圓	수출35 수입115	
7	韓國出張報告書	橫濱稅關	1899년 수출입	圓	수출33 수입110	
8	Diplomatic and Consular Reports	Foreign Office & Board of Trade	1900년 수출입	파운드	수출41 수입98	
9	朝鮮輸出入品七年對照表	조선총독부	1901–1907년 수출입	圓	수출52–57 수입185–190	
10	朝鮮貿易年表	조선총독부	1908–1941년 수출입	圓	수출65–686 수입291–577	이후 세관
	朝鮮貿易年表(非公開品)					
11	朝鮮貿易月表	조선총독부	1942–1944년 3월 대일무역에 한정	圓		
12	대한민국3년대조표	재무부 세관국	1946–1948년 수출입	圓	수출46–94 수입223–482	원조에 의한 수입이 누락
13	무역연보	재무부 세관국	1949–1951년 수출입	圓	수출104–119 수입545–705	
14	무역연보	재무부 세관국	1952년 수출입	圓	수출146 수입1056	
15	경제연감(1956년)	한국은행	1953–1954년 수출입 (중요품 한정)	환	수출26–27 수입42–43	
16	경제통계연보(1960, 1963년)	한국은행	1955–1963년 수출입	미국 $	수출51–67 수입240–307	
17	무역통계연보/Comtrade	관세청/ UN	1963–현재	미국 $		

적으로 승인 받은 일본은 1908년에 조선 정부 내에 관세국을 설치하고 세관 업무를 관리하게 되었다. 이때부터 조선총독부가 매년 발간한 자료 [10]은 1941년까지 일관성 있는 무역 통계를 제시하고 있다. 다만 중일전쟁(1937) 이후에는 일부 품목이 보안상의 이유로 공표되지 않았지만, 그것을 따로 정리하여 수록한 자료 [10(非公開品)]을 이용하여 보완하였다. 또한 1942년부터는 대일무역에 한하여 1944년 3월까지의 통계를 수록한 자료 [11]을 이용할 수 있다. 다만 일본 이외 지역과의 무역은 총액만 알 수 있을 뿐 그 상세는 알 수 없다.

그런데 식민지기 무역 통계에는 몇 가지 조정이 필요한 부분이 있다. 첫째, 일본과 만주(및 중국) 간의 무역이 조선세관을 통과한 경우 조선의 무역(이를 당시 중계무역이라고 함)으로 잡히는 문제가 있다.[8] 그것은 그만큼 조선의 무역을 과대평가한다. 堀 · 김 · 박(2006)은 자료 [10]과 만주 및 중국 측의 무역 자료를 이용하여 중계무역의 규모를 추계하였다. 둘째, 무역액의 과소 신고 문제가 있다. 조선과 일본 간의 무역은 통상의 외국무역에 비해 통관절차가 덜 엄격하게 시행되었기 때문에 이입세가 폐지(1920)될 때까지 무역액이 과

8 일본의 대 만주(및 중국) 무역에는 조선세관을 경유하지 않고 지리적으로만 조선을 경유하는 통과무역도 있었는데, 그것은 조선의 무역 통계에 포함되지 않았다.

소 신고되었을 가능성이 있다. 실제로 堀 · 김 · 박(2006)은 조선의 대일 수입액과 일본의 대 조선 수출액 통계를 비교하여 과소 신고의 규모를 추정한 바 있다. V149-150의 1910-1943년은 원자료의 수치에서 이들 중계무역을 빼고 과소 신고 추정치를 더한 조정 결과를 제시하였다. 이 시기 금은 무역은 1936년까지 알 수 있고 그 이후는 공표되지 않았다. 1937-1944년의 금은 수지(V151-152)는 조선에서 생산된 금이 모두 일본으로 수출되었다는 가정으로 추정된 것이다.

한편, 무역 이외의 국제수지에 관한 정보는 무역 통계에 비하면 열악하다. 조선총독부 理財課가 무역외수지에 관해 매년 조사하고 있었지만 공표하지 않는 경우가 많았다. 山本(1972; 1992)는 1926-1934년의 무역외수지표를 발굴하고 그 전후 시기는 가정에 의존하여 1910-1939년의 국제수지를 추계한 바 있다. 김낙년(2004; 2012)은 山本 추계를 몇 가지 점에서 개선하였다. 먼저 1910-1925년과 1938-1940년의 무역외수지표뿐만 아니라 1941-1944년간의 국내 자금조사 자료를 추가로 이용하여 추계 기간을 1944년까지 연장하였다. 그리고 무역외수지표의 각 항목을 다른 공간된 자료와 비교하여 그 신뢰성을 검토하였다.[9] 이 시기 국제수지 중에서 서비스수지, 소득수지, 이전수지(V189-200)와 국제수지표(V1-13)의 각 항목은 김낙년(2004; 2012)에 의거하였다.

3) 해방 후

해방 후 무역 통계의 작성 체제가 정비된 것은 재무부 세관국(나중의 관세청)이 『무역통계연보』를 발간한 1964년 이후라 할 수 있다. 그 이전인 1946-1952년의 무역에 관해서는 등사본의 형태로 남아 있는 자료 [12]-[14]에 의해 상세한 정보를 얻을 수 있다. 이들 자료는 민간의 무역 이외에 정부 무역도 포함하고 있지만, 당시 수입에서 큰 비중을 차지하고 있던 원조 자금에 의한 수입이 빠져 있다. 1953-1954년은 자료 [15]에 의거하였는데, 민간 무역의 주요 품목만을 수록하고 있는 등 자료상의 제약이 가장 크다. 1955-1963년은 한국은행이 발간한 자료 [16]을 이용하였다. 이는 앞 시기 자료와 달리 원조 자금에 의한 수입을 포함하고 있으며 무역 금액도 달러로 표시되어 있다. 1963년 이후 현재까지는 UN의 Comtrade 통계인 자료 [17]를 이용하였다. 이것은 관세청의 자료에 의거한 것이지만, 다른 나라와 비교할 수 있도록 공통의 무역 분류 코드가 부여되어 있고 품목별 상세 정보를 제공하여 이용에 편리하다.[10]

1946-1954년의 무역 금액은 圓(또는 환)[11] 표시로 되어 있지만(V141-143, V145-146), 이를 당시의 공정환율을 이용하여 달러 금액으로 바꾸었다. 그리고 거기서 누락된 원조 자금에 의한 수입액을 더하여 이후 시기와 연결할 수 있도록 조정하였다(V148-150, V153-154). 1976년 이후는 Comtrade 자료를 이용하여 재화와 금은 무역을 분리하여 제시하였다(V151-152).

북한의 수출입 금액에 관한 정보는 1990년 이후 얻을 수 있는데, 한국과 비교할 수 있도록 제시하였다(V144, V147).

한편, 상품수지 이외의 서비스수지, 소득수지, 이전수지에 관해서는 한국은행이 1950년부터 작성한 국제수지표를 이용할 수 있다(V1-13, V201-220). 국제수지표는 IMF의 편제기준을 따르고 있으며, 수차례 기준이 개정되어 왔다. 1980년 이후 통계(V14-39, V221-252)는 현행기준(BPM6)에 따라 작성된 것이며, 그 이전 통계(V1-13)와 비교하면 통계 분류 체계의 변화를 포함하여 단절이 있음에 유의할 필요가 있다.[12] 1980년 이후의 국제수지표에는 경상수지 이외에도 금융계정을 두어 순해외자산과 해외 부채의 내역(V28-39)을 보여 주고 있다. 그 이전 시기는 경상수지 적자의 규모에 대응하여 해외 부채가 늘어났음을 알 수 있지만, 자료의 제약으로 그 구체적인 내역을 제시하지 못했다.

이 국제수지표의 금융계정과 긴밀한 관계를 가지고 있는 국제투자대조표(IIP)도 함께 작성되고 있다(V40-59). 국제

9 예컨대, 재정에 관해서는 『朝鮮總督府特別會計歲入歲出決定計算書』, 금융에 관해서는 『朝鮮金融事項參考書』나 조선은행을 비롯한 각 금융기관이 발행한 자료를 이용하였다. 이들 자료에서 파악된 수치와 무역외수지표의 해당 항목의 수치가 대체로 근접하였음을 확인하였다.

10 관세청의 무역 통계는 한국무역협회(http://www.kita.net/)에서 얻을 수 있으며, UN의 Comtrade(https://comtrade.un.org/)는 1962년 이후 품목별 상세 통계를 제공하고 있다. 다만 두 자료의 무역 총액을 비교해 보면 미미한 차이가 발견된다.

11 화폐 개혁과 화폐 단위의 변화에 대해서는 S장의 해설을 참조.

12 예컨대, A국이 생산한 원자재를 B국으로 보내 가공한 후 다시 A국으로 들여오는 임가공 무역의 경우 이전에는 이를 각각 수출과 수입으로 보았다. 그렇지만 현행과 같이 소유권 변동의 기준에 따를 경우 그것은 국제수지 거래 대상이 되지 않으며 B국에 지급된 임가공료를 서비스수지의 지급으로 계상한다. 그 외에도 해외 장기 건설공사의 경우 직접투자로 계상했던 것을 건설서비스의 수출로 바꾸었고, 여러 해에 걸쳐 진행되는 선박 수출의 경우 이전의 인도기준에서 건조 진행기준으로 변경되었다.

수지표가 매년 유량(flow)의 거래표라고 한다면, 후자는 연말 시점에서 파악되는 대외 금융자산이나 부채의 잔액표(stock)에 해당한다. 거기에는 거래 이외에 가격이나 환율 변동과 같은 비거래요인에 의한 변동도 반영된다. 이를 통해 대외 금융자산과 부채 중 어느 쪽이 얼마나 더 많은지, 대외 지급 부담에 대한 대응능력이 어떠한지를 알 수 있다. 현재 1994년부터 통계가 제공되고 있다.

이러한 금융계정 중에서 직접투자에 관해서는 보다 상세한 정보를 얻을 수 있다. 외국인 투자(V60-88)가 어느 나라에서 왔고, 어느 업종에 투자되었는지를, 그리고 한국의 해외 투자(V89-113)가 어느 나라의 어느 업종을 향하고 있는지를 알 수 있다. 다만 이들은 국제수지표의 직접투자(V35와 V29)와 비교할 때 주의할 필요가 있다. 국제수지표의 직접투자는 도착기준인 반면 이들은 신고기준으로 작성되어 있고, 국제수지표에서는 투자의 회수를 차감한 순투자인데 반해 이들은 粗(gross)투자이다.

참고문헌

앞의 표 V-g의 문헌 리스트는 여기서 생략.

堀和生・木越義則(2009),「開港期朝鮮貿易の基礎的研究」, 낙성대 경제연구소 워킹페이퍼 WP2009-4.

堀和生・김낙년・박기주,「무역과 대외수지」, 김낙년 편(2012),『한국의 장기통계: 국민계정 1911-2010』, 서울대출판문화원.

김낙년(2002),「1950년대 외환배정과 경제적 지대」,『경제사학』 33, 93-122.

______(2004),「식민지기 조선의 '국제수지' 추계」,『경제사학』 37, 3-50.

______(2004),『일제하 한국경제』, 도서출판 해남.

김낙년 편(2012),『한국의 장기통계: 국민계정 1911-2010』, 서울대출판문화원.

박기주・김낙년(2009),「한국의 장기 무역통계와 무역지수(1877-1963)」,『경제학연구』 57(3), 131-170.

재무부 세관국,『무역통계연보』.

한국무역협회(http://www.kita.net/).

露國大藏省(1905), 日本農商務省 역,『韓國誌』.

明治財政史 編纂會(1905),『明治財政史』 제11권, 429-436.

山本有造(1972),「植民地下朝鮮・台湾の域外収支(朝鮮編)」,『人文学報』, 35.

______(1992),『日本植民地経済史研究』, 名古屋大学出版会.

朝鮮總督府,『朝鮮總督府特別會計歲入歲出決定計算書』.

______,『朝鮮金融事項參考書』.

IMF, *Balance of Payments and International Investment Position Manuel*, 6th edition, 2010.

UN, Comtrade(https://comtrade.un.org/).

V. 대외무역과 환율

김낙년 · 박기주

1. 국제수지

표 V1-13 국제수지, 1877-1941, 1950-1979

	상품수지			서비스수지			소득수지			경상이전수지			경상수지
	수출	수입	수지	수입	지급	수지	급료 및 임금	투자소득	합계	정부	기타	합계	
	V1	V2	V3	V4	V5	V6	V7	V8	V9	V10	V11	V12	V13
	남북한, 백만 圓												
1877	0.07	0.12	-0.06										
1878	0.19	0.22	-0.03										
1879	0.57	0.47	0.10										
1880	0.97	0.66	0.31										
1881	1.32	1.15	0.17										
1882	1.40	1.09	0.31										
1883	1.57	1.75	-0.18										
1884	0.96	0.84	0.12										
1885	0.87	1.69	-0.82										
1886	1.82	2.63	-0.81										
1887	2.26	2.96	-0.69										
1888	2.39	3.24	-0.84										
1889	2.55	3.60	-1.05										
1890	4.44	5.26	-0.82										
1891	4.21	5.88	-1.67										
1892	3.60	5.11	-1.51										
1893	2.81	4.39	-1.58										
1894	3.82	6.73	-2.91										
1895	5.08	9.91	-4.82										
1896	6.54	7.40	-0.86										
1897	11.36	11.99	-0.63										
1898	9.67	12.51	-2.84										
1899	9.56	10.58	-1.01										
1900	13.87	11.54	2.33										
1901	13.89	16.29	-2.39										
1902	14.21	13.98	0.22										
1903	15.41	19.21	-3.80										
1904	12.64	27.93	-15.29										
1905	13.55	35.03	-21.48										
1906	15.16	31.97	-16.81										
1907	23.70	44.31	-20.61										
1908	19.14	44.55	-25.41										
1909	23.32	37.94	-14.62										
1910	30.98	49.18	-18.20										
1911	32.83	66.66	-33.82	1.27	1.04	0.23	-0.85	-1.53	-2.38	22.19			-13.79
1912	32.99	74.77	-41.77	1.54	1.26	0.29	-0.99	-2.72	-3.71	21.57			-23.63
1913	42.73	75.79	-33.06	1.98	2.14	-0.16	-1.09	-3.87	-4.95	18.50			-19.67
1914	46.03	65.48	-19.45	2.02	2.35	-0.32	-1.09	-4.54	-5.63	16.38			-9.03
1915	63.45	63.03	0.42	2.22	2.51	-0.29	-1.00	-5.32	-6.33	15.32			9.11
1916	73.16	81.59	-8.43	3.28	2.71	0.57	-0.87	-5.55	-6.41	16.13			1.86
1917	93.79	111.33	-17.54	3.81	3.61	0.19	-0.96	-6.16	-7.12	15.97			-8.50
1918	165.99	166.61	-0.62	5.44	5.70	-0.26	-1.44	-8.57	-10.01	15.32			4.43
1919	227.75	285.18	-57.43	6.96	7.68	-0.72	-2.67	-11.30	-13.97	17.04			-55.08
1920	207.13	255.07	-47.94	7.23	7.77	-0.54	-3.46	-17.38	-20.84	29.24			-40.08
1921	202.92	214.49	-11.57	7.22	7.93	-0.71	-3.10	-21.23	-24.33	41.46			4.85
1922	195.69	223.50	-27.82	7.93	16.01	-8.08	-3.24	-24.64	-27.88	37.97			-25.80
1923	243.63	230.50	13.14	7.67	9.96	-2.29	-3.18	-30.03	-33.21	35.63			13.27
1924	325.21	297.64	27.57	14.39	11.28	3.11	-2.90	-32.40	-35.30	37.62			33.00
1925	334.82	324.26	10.56	12.18	14.83	-2.64	-2.79	-38.32	-41.12	37.21			4.00
1926	352.87	349.60	3.27	9.84	10.45	-0.61	-2.98	-30.37	-33.35	40.27			9.59
1927	357.60	371.04	-13.44	10.40	33.56	-23.16	-2.76	-36.42	-39.18	35.82			-39.96
1928	360.89	399.38	-38.49	11.09	21.95	-10.86	-2.62	-41.94	-44.56	36.54			-57.37
1929	324.89	391.72	-66.83	13.12	19.95	-6.84	-1.95	-50.36	-52.31	39.77			-86.20
1930	266.49	347.85	-81.36	13.64	21.30	-7.66	-1.58	-42.35	-43.93	40.31			-92.64
1931	281.28	268.13	13.15	23.04	19.97	3.06	-2.23	-47.36	-49.59	34.24			0.86

표 V1-13 계속

	상품수지			서비스수지			소득수지			경상이전수지			경상수지
	수출	수입	수지	수입	지급	수지	급료 및 임금	투자소득	합계	정부	기타	합계	
	V1	V2	V3	V4	V5	V6	V7	V8	V9	V10	V11	V12	V13
	남북한, 백만 圓												
1932	322.08	308.46	13.61	14.59	22.25	-7.67	-2.31	-54.20	-56.51	30.21			-20.35
1933	360.06	370.24	-10.18	16.87	26.27	-9.40	-0.40	-43.79	-44.19	32.81			-30.96
1934	473.99	484.38	-10.39	22.40	27.35	-4.95	-1.69	-47.02	-48.71	32.34			-31.72
1935	710.62	674.09	36.52	27.02	30.33	-3.31	-1.17	-73.18	-74.35	34.87			-6.26
1936	607.15	709.62	-102.47	31.64	37.18	-5.54	-0.64	-72.99	-73.63	37.41			-144.23
1937	698.15	780.14	-81.99	36.56	45.49	-8.94	-0.08	-82.70	-82.78	62.56			-111.14
1938	894.07	951.79	-57.72	48.07	57.20	-9.13	0.52	-79.27	-78.74	51.71			-93.88
1939	950.95	1,202.89	-251.93	81.13	82.03	-0.90	1.32	-100.67	-99.35	43.11			-309.07
1940	970.44	1,440.90	-470.46	88.45	79.14	9.31	2.37	-84.73	-82.37	71.31			-472.20
1941	1,023.05	1,445.33	-422.28	89.65	81.07	8.57	3.92	-138.18	-134.26	159.40			-388.57
	남한, 백만 달러												
1950	25.3	79.9	-54.6	19.6	2.7	16.9		0.2		58.7	1.9	60.6	23.1
1951	15.6	129.5	-113.9	59.0	3.7	55.3		0.2		106.5	4.7	111.2	52.8
1952	27.8	214.2	-186.4	86.4	3.7	82.7		0.2		161.3	3.4	164.7	61.2
1953	39.7	345.4	-305.7	50.0	6.9	43.1		0.5		194.2	0.1	194.3	-67.8
1954	25.1	243.3	-218.2	35.0	8.1	26.9		1.4		144.4	12.1	156.5	-33.4
1955	17.7	327.6	-309.9	51.3	9.7	41.6		1.6		213.5	16.9	230.4	-36.3
1956	25.3	380.1	-354.8	37.7	13.9	23.8		1.7		329.6	22.8	352.4	23.1
1957	19.5	390.4	-370.9	56.7	75.8	-19.1		2.5		355.8	29.1	384.9	- 2.6
1958	17.3	343.7	-326.4	72.2	59.8	12.4		2.8		322.6	26.3	348.9	37.7
1959	19.8	273.4	-253.6	80.1	57.5	22.6		3.5		226.7	17.2	243.9	16.4
1960	32.9	305.4	-272.5	79.5	73.6	5.9		4.3		256.1	19.6	275.7	13.4
1961	40.9	283.1	-242.2	100.1	60.7	39.4		4.4		206.9	24.6	231.5	33.1
1962	54.8	390.1	-335.3	103.2	64.8	38.4		4.9		200.0	36.5	236.5	-55.5
1963	86.8	497.0	-410.2	85.3	80.6	4.7		2.7		207.5	52.0	259.5	-143.3
1964	120.0	364.9	-244.9	87.2	65.4	21.8		2.1		141.0	53.9	194.9	-26.1
1965	175.6	420.3	-244.7	110.5	65.8	44.7		1.4		134.6	68.7	203.3	4.7
1966	250.4	679.9	-429.5	198.7	92.8	105.9		0.6		122.0	97.6	219.6	-103.4
1967	334.7	908.9	-574.2	298.1	139.2	158.9		- 1.8		134.5	90.7	225.2	-191.9
1968	486.3	1,322.0	-835.7	381.6	206.9	174.7		- 5.4		120.6	105.5	226.1	-440.3
1969	658.3	1,650.0	-991.7	454.5	252.6	201.9		- 4.6		103.9	140.3	244.2	-550.2
1970	882.2	1,804.2	-922.0	458.8	302.5	156.3		-37.0		85.1	95.1	180.2	-622.5
1971	1,132.3	2,178.2	-1,045.9	454.9	336.5	118.4		-90.6		64.0	106.6	170.6	-847.5
1972	1,676.5	2,250.4	-573.9	529.4	356.2	173.2		-140.3		50.6	119.2	169.8	-371.2
1973	3,271.3	3,837.3	-566.0	808.9	569.3	239.6		-172.5		35.0	155.1	190.1	-308.8
1974	4,515.1	6,451.9	-1,936.8	754.9	821.5	-66.6		-241.7		68.6	153.8	222.4	-2,022.7
1975	5,003.0	6,674.4	-1,671.4	832.3	870.4	-38.1		-404.1		67.5	159.2	226.7	-1,886.9
1976	7,814.6	8,405.1	-590.5	1,573.5	1,198.5	375.0		-446.8		152.9	195.8	348.7	-313.6
1977	10,046.5	10,523.1	-476.6	2,886.8	2,027.0	859.8		-593.8				222.9	12.3
1978	12,710.6	14,491.4	-1,780.8	4,164.3	3,198.1	966.2		-742.2				471.6	-1,085.2
1979	14,704.5	19,100.0	-4,395.5	4,494.7	3,508.0	986.7		-1,181.3				439.0	-4,151.1

자료: 1877-1910년은 V153-154에서 가져온 것이다. 1911-1941년은 김낙년 편, 『한국의 장기통계: 국민계정 1911-2010』(서울대출판문화원, 2012), pp. 496-499; 1950-1959년은 한국은행, 『한국의 국제수지』(1970), pp. 248-252; 1960년 이후는 한국은행, 『경제통계연보』, 각년도.

주: 1) 1911-1941년에는 정부의 이전수지(V10)는 추계되었지만, 민간의 이전수지(V11)가 추계되지 않아 빠져 있다.

2) 1950-1979년에는 소득수지에 포함되어야 할 급료 및 임금(V7)은 서비스수지에 포함되어 있다.

표 V14-39 국제수지, 1980-2015

	상품수지			서비스수지			본원소득수지			이전소득수지			경상수지	자본수지
	수출	수입	수지	수입	지급	수지	급료 및 임금	투자소득	합계	정부	기타	합계		
	V14	V15	V16	V17	V18	V19	V20	V21	V22	V23	V24	V25	V26	V27
	남한, 백만 달러													
1980	15,015	21,579	-6,563	5,026	3,740	1,286	140	-2,127	-1,987	50	370	420	-6,845	-
1981	18,015	24,216	-6,202	6,147	4,110	2,037	187	-2,977	-2,790	79	453	532	-6,422	-
1982	16,687	23,051	-6,364	7,175	3,990	3,185	250	-3,170	-2,920	52	506	557	-5,542	-
1983	19,001	23,383	-4,382	6,862	3,992	2,871	307	-2,917	-2,610	26	589	615	-3,506	-
1984	22,346	24,632	-2,286	6,952	4,038	2,915	338	-3,323	-2,985	24	576	600	-1,756	-
1985	20,772	23,025	-2,254	5,948	3,619	2,330	352	-3,314	-2,962	23	784	806	-2,079	-
1986	31,160	29,028	2,132	6,400	4,094	2,306	463	-3,404	-2,941	10	1,255	1,266	2,762	-
1987	43,708	37,730	5,978	8,560	4,792	3,767	419	-3,006	-2,586	18	1,650	1,669	8,828	-
1988	56,353	46,637	9,716	9,359	6,215	3,144	465	-2,240	-1,775	42	1,928	1,970	13,055	-
1989	57,862	55,057	2,804	9,869	8,579	1,290	546	-1,404	-858	40	878	918	4,155	-
1990	59,861	63,142	-3,280	10,817	10,346	471	516	-1,043	-527	-10	942	932	-2,404	-
1991	67,401	74,114	-6,713	11,225	12,274	-1,050	550	-1,132	-582	-178	918	740	-7,605	-
1992	73,489	74,448	-959	11,805	13,681	-1,876	553	-1,054	-501	-25	930	905	-2,432	-
1993	80,790	77,758	3,031	14,121	15,192	-1,071	709	-1,410	-701	-143	910	767	2,026	-
1994	91,980	95,512	-3,531	18,100	18,729	-630	689	-1,806	-1,117	-229	1,043	814	-4,464	-
1995	119,578	126,096	-6,518	24,504	25,988	-1,484	641	-2,681	-2,040	-496	787	291	-9,752	-
1996	124,427	141,126	-16,699	25,050	29,812	-4,762	565	-2,667	-2,102	-374	106	-268	-23,831	-
1997	132,367	138,584	-6,217	28,352	29,712	-1,360	700	-3,753	-3,053	-419	764	345	-10,285	-
1998	127,539	87,993	39,546	27,518	24,738	2,780	404	-5,491	-5,087	-436	3,254	2,819	40,057	442
1999	136,031	110,776	25,254	28,320	27,384	936	485	-5,900	-5,415	-361	1,194	833	21,608	56
2000	169,524	153,893	15,631	32,667	33,640	-973	531	-4,531	-4,000	-509	295	-214	10,444	38
2001	146,417	136,578	9,839	30,886	33,256	-2,369	497	-4,005	-3,508	-591	-670	-1,261	2,700	-64
2002	160,952	146,048	14,905	31,128	37,067	-5,939	527	-2,686	-2,159	-692	-1,422	-2,114	4,693	-9
2003	194,908	172,431	22,477	35,901	40,862	-4,961	635	-3,109	-2,474	-855	-2,310	-3,165	11,877	-48
2004	256,050	216,772	39,278	45,466	50,628	-5,163	587	-1,920	-1,333	-908	-2,130	-3,038	29,743	10
2005	285,254	252,942	32,313	50,730	59,861	-9,130	626	-7,895	-7,269	-1,025	-2,233	-3,258	12,655	-1
2006	329,103	303,928	25,174	57,213	70,426	-13,214	544	-4,553	-4,010	-1,063	-3,319	-4,382	3,569	-69
2007	382,789	349,951	32,838	71,651	84,898	-13,247	506	-3,914	-3,409	-1,149	-3,239	-4,387	11,795	6
2008	432,894	420,697	12,198	91,333	97,876	-6,543	189	-1,387	-1,198	-1,168	-99	-1,267	3,190	26
2009	363,901	316,087	47,814	72,752	82,342	-9,590	-53	-2,383	-2,436	-1,304	-891	-2,195	33,593	-70
2010	463,770	415,854	47,915	83,260	97,499	-14,238	-367	857	490	-1,271	-4,046	-5,317	28,850	-63
2011	587,100	558,010	29,090	90,900	103,179	-12,279	-431	6,992	6,561	-1,249	-3,467	-4,716	18,656	-112
2012	603,509	554,103	49,406	103,533	108,747	-5,214	-439	12,556	12,117	-1,987	-3,488	-5,474	50,835	-42
2013	618,157	535,376	82,781	103,739	110,238	-6,499	-448	9,504	9,056	-1,571	-2,618	-4,189	81,148	-27
2014	613,021	524,135	88,885	112,106	115,784	-3,679	-452	4,602	4,151	-1,224	-3,761	-4,985	84,373	-9
2015	542,881	420,612	122,269	97,731	112,647	-14,917	-68	3,640	3,572	-1,404	-3,581	-4,985	105,940	-60

자료: 한국은행, 「국제수지」(http://ecos.bok.or.kr).

주: 1) V14-26은 1979년 이전 계열인 V1-13과 대응한다. 다만 1980년 이후는 IMF의 국제수지 매뉴얼(BPM6)에 따르고 있으며, 그 이전시기와 다소 단절이 있다.

2) 국제수지의 상품 수출입(V1-2, V14-15)은 관세청의 통계(V153-154)와 차이가 있다. 국제수지의 경우 소유권 변동의 원칙에 따라 거주자와 비거주자 간의 모든 수출입 거래를 계상하고 있지만, 관세청의 수출입 통계는 통관 기준으로 작성되기 때문이다. 그리고 국제수지 통계는 수출입 모두 f.o.b. 기준인 반면, 관세청 통계는 수출은 f.o.b., 수입은 c.i.f. 기준으로 되어 있다.

표 V14-39 계속

	순해외자산						순해외부채					오차 및 누락
	합계	직접투자	증권투자	파생금융상품	기타투자	준비자산	합계	직접투자	증권투자	파생금융상품	기타투자	
	V28	V29	V30	V31	V32	V33	V34	V35	V36	V37	V38	V39
	남한, 백만 달러											
1980	1,066	43	-		160	863	7,343	47	134		7,163	568
1981	466	61	-		86	319	5,412	155	24		5,232	1,477
1982	769	184	-		492	93	5,291	121	-15		5,185	1,020
1983	67	169	-		-28	-74	3,690	184	546		2,960	-117
1984	968	91	-		2	875	2,576	223	836		1,517	148
1985	634	608	-		67	-41	4,536	355	1,737		2,444	-1,823
1986	1,510	1,269	-		287	-46	-1,596	683	-333		-1,945	343
1987	1,975	544	-	-	544	886	-9,341	839	-297	-	-9,883	2,488
1988	11,772	726	473	-	1,716	8,857	-2,005	1,293	-607	-	-2,691	722
1989	5,448	730	709	-	820	3,190	-138	1,390	-2	-	-1,525	1,432
1990	3,027	1,133	500	-366	2,945	-1,186	6,556	1,046	662	-444	5,293	-1,126
1991	3,585	1,591	-198	-519	3,854	-1,143	10,792	1,455	2,906	-568	6,998	398
1992	9,294	1,376	-76	-773	5,060	3,708	10,878	1,002	5,875	-921	4,924	848
1993	10,402	1,444	986	-448	5,413	3,008	9,930	832	11,088	-535	-1,455	-1,554
1994	16,620	2,590	2,481	-452	7,355	4,646	22,917	1,137	8,713	-565	13,632	-1,834
1995	26,295	3,869	2,907	-623	13,097	7,045	37,812	2,487	14,619	-744	21,450	-1,766
1996	25,069	4,953	6,413	-414	12,728	1,389	48,536	2,783	21,514	-331	24,571	363
1997	2,537	4,411	- 1,076	-932	12,055	-11,922	20,322	3,301	13,308	-1,021	4,734	-7,500
1998	31,899	4,220	1,999	-412	-4,883	30,975	-2,071	5,989	775	-1,066	-7,768	-6,529
1999	27,164	3,967	- 1,282	-401	1,897	22,983	8,793	10,726	7,908	-915	-8,927	-3,294
2000	31,801	4,842	520	-532	3,199	23,771	22,181	11,509	12,697	-711	-1,315	-863
2001	9,303	2,744	5,521	-463	-6,074	7,576	654	6,522	12,227	-586	-17,510	6,014
2002	18,655	3,437	5,032	-1,288	-325	11,799	12,424	5,475	5,378	-926	2,497	1,548
2003	41,338	5,019	5,403	-1,813	6,880	25,849	24,740	7,010	22,690	-1,194	-3,767	4,768
2004	62,762	7,196	11,776	-4,380	9,460	38,711	28,429	13,294	18,375	-2,360	-880	4,579
2005	44,987	8,330	17,632	-6,957	6,176	19,806	26,216	13,643	14,114	-5,167	3,626	6,117
2006	67,518	12,769	31,286	-8,933	10,283	22,113	54,972	9,162	7,900	-8,449	46,359	9,045
2007	98,503	22,074	56,444	-12,109	16,966	15,128	81,009	8,827	29,366	-6,665	49,481	5,694
2008	-141,959	19,633	-23,481	-95,183	13,518	-56,446	-135,367	11,188	-25,902	-109,552	-11,100	-9,808
2009	5,587	17,436	- 1,401	-74,846	-4,268	68,666	-21,579	9,022	49,787	-77,939	-2,448	-6,358
2010	18,774	28,280	1,265	-49,483	11,742	26,971	-4,416	9,497	43,630	-48,654	-8,889	-5,597
2011	26,408	29,705	4,138	-43,554	22,166	13,953	2,093	9,773	17,281	-44,585	19,624	5,772
2012	45,042	30,632	26,080	-33,454	8,600	13,185	-6,541	9,496	32,827	-30,827	-18,037	789
2013	79,451	28,360	27,494	-29,796	37,097	16,296	-653	12,767	18,150	-25,385	-6,184	-1,017
2014	88,379	28,039	39,817	-35,773	38,410	17,886	-955	9,274	9,208	-31,946	12,509	4,970
2015	45,673	23,760	41,879	-48,035	16,017	12,053	-60,626	4,104	-7,651	-49,827	-7,253	420

표 V40-59 국제투자대조표, 1994-2015

	대외금융자산 A										대외금융부채 B									순대외 금융자산 A-B
					기타투자										기타투자					
	합계	직접 투자	증권 투자	파생금융 상품	소계	무역 신용	대출	현금 및 예금	기타 자산	준비 자산	소계	직접 투자	증권 투자	파생 금융 상품	합계	무역 신용	차입	현금 및 예금	기타 부채	
	V40	V41	V42	V43	V44	V45	V46	V47	V48	V49	V50	V51	V52	V53	V54	V55	V56	V57	V58	V59
	남한, 10억 달러																			
1994	74.5	9.7	4.8	-	37.6	3.4	9.6	5.5	18.1	22.3	111.7	14.8	34.9	-	61.9	0.8	58.9	0.7	0.7	-37.2
1995	99.8	13.3	7.3	-	49.8	3.8	13.8	7.7	23.6	29.4	146.0	18.2	47.9	-	79.8	1.0	75.8	1.5	0.8	-46.2
1996	122.0	17.6	14.5	-	60.5	3.9	18.1	9.4	28.4	29.4	185.6	25.7	59.0	-	100.9	1.1	97.0	1.2	0.9	-63.6
1997	117.8	19.5	12.1	-	77.2	3.9	30.2	9.2	33.4	8.9	182.3	14.2	60.2	-	107.9	1.0	104.8	0.9	0.7	-64.6
1998	140.4	19.1	9.3	-	63.5	3.4	27.5	8.3	22.8	48.5	192.6	22.2	65.7	-	104.7	0.7	100.3	2.3	0.8	-52.2
1999	158.9	19.2	8.0	-	57.6	4.8	21.4	8.4	20.5	74.1	244.6	41.9	107.1	-	95.6	1.0	89.0	3.5	1.5	-85.7
2000	182.7	21.5	5.5	-	59.4	4.7	24.3	6.9	21.2	96.2	219.2	43.7	80.3	-	95.1	1.2	85.5	4.3	3.6	-36.5
2001	178.8	20.0	7.9	0.4	47.6	3.7	20.5	3.7	17.5	102.8	236.6	53.2	106.4	0.4	76.6	1.0	67.3	4.2	3.6	-57.8
2002	203.6	20.7	11.6	0.9	49.0	4.7	17.5	3.8	20.6	121.4	264.8	62.7	116.2	0.9	85.0	1.2	73.2	5.7	4.3	-61.2
2003	255.9	25.0	19.5	0.8	55.3	7.6	21.2	4.6	19.8	155.4	319.1	66.1	165.0	0.9	87.1	1.5	73.8	6.4	4.9	-63.2
2004	329.6	32.2	33.1	1.1	64.2	8.6	23.9	4.1	25.1	199.1	390.0	87.8	210.3	0.9	91.0	3.7	74.0	7.7	5.0	-60.4
2005	370.2	38.7	52.1	1.0	68.0	11.3	23.2	4.1	26.3	210.4	514.1	104.9	310.5	1.3	97.4	7.7	75.6	9.0	4.4	-143.9
2006	466.7	49.2	97.8	1.4	79.4	14.0	25.5	5.6	29.4	239.0	621.9	115.8	352.4	2.4	151.4	11.9	122.8	11.9	4.1	-155.2
2007	595.0	74.8	158.6	2.3	97.0	16.8	35.9	7.7	31.4	262.2	782.4	122.0	456.7	4.9	198.9	14.0	162.9	16.1	5.3	-187.4
2008	537.2	98.0	75.1	56.0	106.9	16.7	44.8	11.8	29.2	201.2	606.6	94.7	252.2	75.3	184.4	8.9	141.0	27.1	6.8	-69.3
2009	630.4	121.3	101.1	28.7	109.3	20.6	44.7	10.9	28.0	270.0	730.3	121.9	391.6	32.6	184.2	11.3	144.6	17.7	6.2	-99.9
2010	697.1	144.0	112.2	27.6	121.7	24.2	50.4	12.2	30.2	291.6	828.2	135.5	489.1	27.4	176.2	14.0	134.2	17.2	6.6	-131.1
2011	759.5	172.4	103.4	26.7	150.5	32.4	64.1	16.0	33.3	306.4	840.6	135.2	477.0	29.1	199.3	17.2	144.3	26.8	6.2	-81.0
2012	861.0	202.9	137.7	31.7	161.8	34.1	71.4	17.4	33.3	327.0	955.4	157.9	578.1	30.9	188.5	17.1	134.1	24.9	7.5	-94.4
2013	967.5	238.8	168.8	23.6	189.9	27.5	94.1	28.7	33.6	346.5	1,004.8	180.9	615.6	26.4	181.9	11.7	129.8	26.2	9.2	-37.2
2014	1,078.5	260.5	204.8	30.6	219.0	28.7	102.1	43.1	38.9	363.6	994.3	179.4	591.0	35.8	188.0	11.0	137.1	25.4	9.8	84.2
2015	1,144.0	285.9	235.5	29.5	225.2	25.4	109.0	52.0	36.4	368.0	939.5	179.5	550.7	37.8	171.4	6.4	132.8	17.8	11.0	204.5

자료: 한국은행, 「국제투자대조표」(http://ecos.bok.or.kr).

주: 여기서 대외금융자산 및 부채의 항목은 국제수지표의 해당 항목(V28-38)과 개념 및 포괄범위가 일치하지만, 다음과 같은 차이가 있다. 먼저 국제수지표의 수치는 매년의 유량을 나타내는 거래표(flow,transation)이지만 여기서는 연말시점에서 파악된 저량 또는 잔액표(stock,position)이다. 그리고 국제수지표는 거래에 의한 것을 보여 주지만, 여기서는 가격이나 환율의 변동과 같은 비거래요인에 의한 것도 포함한다.

표 V60-70 한국에 대한 외국인 직접투자(투자 지역별), 1962-2015

	전체	아메리카	(미국)	아시아	(일본)	유럽	(독일)	(영국)	(네덜란드)	중동	아프리카
	V60	V61	V62	V63	V64	V65	V66	V67	V68	V69	V70
	백만 달러										
1962	3.6	3.6	3.6	-	-	-	-	-	-	-	-
1963	5.7	5.1	5.1	0.6	-	-	-	-	-	-	-
1964	0.7	0.4	0.2	-	-	0.2	0.2	-	-	-	-
1965	21.8	10.7	10.7	0.5	0.5	10.6	-	10.5	-	-	-
1966	15.6	5.4	5.4	10.2	7.8	0.0	0.0	-	-	-	-
1967	28.3	17.7	14.9	10.0	9.8	0.6	0.6	-	-	-	-
1968	25.6	12.0	8.5	12.0	11.2	0.5	0.1	0.1	-	0.4	-
1969	48.6	21.2	14.8	22.2	21.3	5.2	0.0	-	5.2	-	-
1970	75.9	51.3	45.2	21.9	21.3	2.4	1.2	0.1	0.9	-	-
1971	40.2	12.1	12.0	27.1	26.1	1.1	0.6	-	-	-	-
1972	122.0	38.6	33.1	78.6	77.0	4.1	3.8	-	-	-	-
1973	318.2	16.7	16.6	298.3	294.3	2.8	0.2	0.1	-	-	-
1974	152.8	47.5	35.9	99.9	94.8	3.5	0.7	-	1.2	-	-
1975	207.3	53.2	34.9	112.2	111.8	21.6	0.7	-	19.6	17.0	-
1976	79.2	14.6	14.4	52.0	49.2	6.8	3.9	2.6	-	-	-
1977	83.6	19.6	19.6	44.6	40.1	11.8	0.5	4.7	1.1	6.7	-
1978	149.4	40.6	39.2	79.4	76.0	25.1	6.8	2.7	-	-	-
1979	191.3	48.9	46.7	111.5	104.5	23.4	5.2	8.0	2.5	4.2	-
1980	143.1	78.2	70.6	43.0	42.5	16.3	8.6	2.3	1.8	-	-
1981	153.2	61.8	59.5	71.7	37.7	18.7	3.5	-	1.3	-	-
1982	189.0	106.4	101.0	67.8	40.3	14.2	3.9	1.8	5.1	-	-
1983	269.4	66.1	54.1	175.6	168.1	24.5	2.5	0.8	9.5	0.2	-
1984	422.3	195.7	193.3	169.1	164.9	49.9	3.6	4.1	-	-	-
1985	532.2	108.6	108.0	378.7	364.3	39.8	11.3	12.3	0.5	2.8	-
1986	358.1	129.1	125.1	163.1	142.0	63.4	5.8	15.4	4.4	-	-
1987	1,063.9	266.9	249.1	570.9	497.5	216.5	47.5	48.3	45.9	0.8	-
1988	1,283.8	289.0	284.4	712.7	697.3	243.0	74.0	21.8	48.9	3.5	5.0
1989	1,090.3	320.7	319.4	525.3	466.0	216.9	48.9	46.1	19.5	1.3	-
1990	802.6	335.7	317.8	257.0	235.5	207.0	62.3	44.8	36.3	-	-
1991	1,397.4	312.2	296.6	249.6	227.3	824.4	67.9	18.8	598.9	3.3	-
1992	894.5	433.5	379.2	170.5	155.2	282.2	120.5	23.7	43.8	4.3	0.1
1993	1,044.6	343.8	340.7	391.9	286.4	307.4	35.9	70.8	131.2	0.1	-
1994	1,318.3	323.5	311.0	569.0	428.4	408.5	60.2	25.0	67.3	10.7	-
1995	1,970.4	688.1	665.3	797.6	424.7	475.2	44.6	87.5	169.4	1.6	0.1
1996	3,205.8	925.5	875.4	1,220.3	257.1	1,058.4	95.0	79.0	204.9	1.1	-
1997	6,971.1	3,417.5	3,188.9	1,137.3	265.6	2,410.3	398.1	258.9	830.8	3.2	1.0
1998	8,858.5	3,774.0	2,970.3	2,020.0	509.6	2,965.4	785.2	60.7	1,323.2	19.8	0.4
1999	15,544.6	4,203.2	3,738.6	4,775.6	1,762.4	6,413.4	959.5	479.4	3,321.8	19.1	116.6
2000	15,265.3	6,042.1	2,921.3	4,717.9	2,452.4	4,478.9	1,627.0	86.5	1,775.2	3.0	5.8
2001	11,288.2	5,582.5	3,882.5	2,346.1	776.3	3,109.0	459.4	433.1	1,233.5	226.2	8.7
2002	9,095.3	4,852.2	4,490.6	2,270.3	1,404.3	1,869.7	283.7	115.4	450.5	2.1	100.7
2003	6,470.6	1,946.7	1,242.2	1,383.5	542.6	3,101.7	370.0	870.5	161.6	14.5	24.1
2004	12,796.3	5,189.5	4,707.0	4,304.9	2,263.3	3,224.0	487.0	652.8	1,309.1	66.0	11.9
2005	11,566.0	3,107.9	2,689.8	3,514.2	1,881.3	4,874.4	704.8	2,316.5	1,140.9	37.2	32.2
2006	11,247.4	1,942.6	1,705.5	4,008.8	2,111.0	5,238.4	483.9	706.6	791.7	44.2	13.4
2007	10,515.6	3,190.3	2,328.8	2,335.5	990.3	4,630.6	438.9	363.9	1,965.4	83.6	275.7
2008	11,711.9	1,923.0	1,328.2	3,263.1	1,423.9	6,483.3	685.4	1,232.7	1,228.1	26.8	15.6
2009	11,484.1	2,166.9	1,486.4	3,704.4	1,934.3	5,363.7	569.8	1,952.9	1,897.7	238.4	9.6
2010	13,073.1	2,680.9	1,974.5	6,899.9	2,084.3	3,290.3	268.3	649.0	1,184.8	171.4	29.6
2011	13,673.1	3,748.6	2,371.8	4,398.1	2,289.1	5,393.0	1,471.0	918.6	1,011.0	92.4	40.7
2012	16,285.9	4,409.9	3,674.1	8,848.2	4,541.6	2,957.5	407.9	360.8	634.6	52.2	15.4
2013	14,548.3	4,551.9	3,525.5	5,008.4	2,689.7	4,883.6	360.0	115.9	618.0	77.9	24.5
2014	19,003.1	5,016.9	3,609.1	6,787.8	2,487.6	6,689.6	224.9	432.4	2,380.4	225.0	283.0
2015	20,910.4	8,445.6	5,478.5	8,356.6	1,665.1	2,700.3	535.8	259.3	475.7	1,381.7	25.8

자료: 산업통상자원부, 「외국인투자통계」(http://www.motie.go.kr/motie/py/sa/investstatse/investstats.jsp).

주: 이 통계는 신고기준으로 집계된 粗(gross) 투자금액이다. 이에 대해 국제수지표의 외국인 직접투자(V35)는 도착기준으로 작성되었고, 투자의 회수를 공제한 순(net)투자라는 점에서 차이가 있다.

표 V71-88 한국에 대한 외국인 직접투자(투자 업종별), 1962-2015

	합계	농축 수산 광업	제조업								서비스업							전기 가스 수도 건설
			합계	식품	화공	비금속 광물	금속	기계 장비	전기 전자	운송용 기계	합계	도소매	음식·숙박	금융 보험	부동산 임대	사업서비스업	문화 오락	
	V71	V72	V73	V74	V75	V76	V77	V78	V79	V80	V81	V82	V83	V84	V85	V86	V87	V88
	백만 달러																	
1962	3.6	-	3.6	-	-	-	-	-	-	3.0	-	-	-	-	-	-	-	-
1963	5.7	-	5.7	-	5.0	-	-	-	-	-	-	-	-	-	-	-	-	-
1964	0.7	0.0	0.6	-	-	0.2	-	-	-	0.2	-	-	-	-	-	-	-	-
1965	21.8	0.0	10.8	-	10.0	-	-	-	0.4	-	11.0	-	0.5	-	-	10.5	-	-
1966	15.6	0.4	11.7	0.1	4.0	-	0.0	0.2	6.3	-	3.6	3.3	-	0.1	-	0.0	-	-
1967	28.3	-	21.4	-	3.5	6.1	-	1.1	7.6	-	6.8	0.4	3.3	1.0	-	0.2	-	-
1968	25.6	0.2	19.3	0.6	2.5	4.0	1.8	0.6	2.1	0.7	2.4	-	0.0	1.9	-	0.0	-	3.8
1969	48.6	-	45.0	0.1	22.3	0.1	1.8	4.5	11.9	-	3.5	1.2	-	-	-	0.3	-	0.1
1970	75.9	0.7	62.1	0.4	28.1	5.5	0.5	10.7	9.3	0.2	7.4	0.7	1.2	0.4	-	3.0	-	5.7
1971	40.2	0.2	29.1	0.9	4.9	3.6	2.9	0.4	4.3	2.8	9.7	3.6	2.8	-	-	0.1	-	1.2
1972	122.0	1.8	109.6	3.2	10.4	2.2	4.8	4.2	43.0	3.5	10.5	4.7	0.1	1.3	-	0.3	0.2	0.1
1973	318.2	2.6	197.9	2.1	18.7	11.7	7.9	7.9	42.5	5.6	101.6	8.0	74.4	1.0	1.4	0.2	0.8	16.1
1974	152.8	1.3	128.1	1.3	37.9	7.2	7.6	6.4	21.0	10.0	21.7	4.2	9.1	3.6	-	2.1	0.1	1.7
1975	207.3	0.7	169.9	0.7	152.5	1.5	1.0	0.7	6.2	0.4	34.8	7.1	23.8	0.6	-	2.1	-	1.9
1976	79.2	0.7	55.8	1.9	10.0	1.9	10.3	1.9	18.0	6.0	21.3	3.3	10.9	4.0	0.3	0.5	-	1.3
1977	83.6	0.5	38.8	3.4	10.5	5.1	2.6	3.1	8.7	1.8	40.4	3.4	11.2	17.5	0.2	2.1	-	3.9
1978	149.4	0.7	61.8	0.9	14.7	2.5	12.2	4.6	15.2	6.1	73.3	7.0	37.4	11.4	-	5.5	-	13.5
1979	191.3	0.7	97.7	17.1	14.2	10.0	13.1	9.9	22.7	6.0	69.1	8.2	6.4	50.2	-	3.4	-	23.8
1980	143.1	-	100.7	4.6	41.4	2.4	5.1	4.6	35.7	5.6	36.6	11.8	1.1	11.7	-	0.8	-	5.8
1981	153.2	1.2	128.3	10.6	54.5	1.6	6.2	2.4	40.8	1.6	9.1	1.5	2.4	3.1	-	0.2	-	14.6
1982	189.0	1.8	115.1	6.1	38.2	0.3	2.7	2.9	25.4	12.3	39.1	7.0	6.8	22.0	-	0.4	0.1	33.1
1983	269.4	1.5	104.7	8.2	8.6	0.3	1.4	1.1	53.8	11.4	147.5	0.2	140.7	4.6	-	1.3	-	15.7
1984	422.3	0.1	251.9	13.0	8.5	13.7	4.0	5.2	174.8	17.5	123.8	10.7	95.1	13.3	0.4	3.7	0.3	46.6
1985	532.2	0.9	174.9	17.8	31.0	14.2	2.4	4.2	24.7	42.3	345.6	9.3	311.2	18.4	-	2.6	3.5	10.8
1986	358.1	1.7	260.5	43.1	34.5	1.7	11.4	14.1	70.1	65.6	93.8	16.3	23.6	10.4	37.2	5.2	-	2.1
1987	1,063.9	0.7	660.8	49.3	166.8	14.7	18.0	53.8	199.3	84.4	400.2	102.8	204.1	16.9	48.0	16.9	3.7	2.1
1988	1,283.8	7.0	694.9	20.0	224.2	13.1	16.4	16.8	263.9	72.1	574.0	181.7	271.4	93.4	0.1	16.0	1.6	7.9
1989	1,090.3	1.6	564.4	35.2	103.5	12.5	21.4	29.7	127.6	171.4	512.5	161.5	52.5	201.9	55.6	30.8	2.3	11.7
1990	802.6	0.5	519.7	27.4	108.6	98.7	14.7	59.7	84.7	48.4	280.7	100.1	23.9	125.5	-	25.7	0.1	1.7
1991	1,397.4	1.2	949.3	68.2	580.7	2.4	9.2	46.1	86.0	67.5	441.9	184.6	46.8	180.4	-	22.8	-	4.9
1992	894.5	1.4	516.0	43.2	145.0	11.1	18.5	11.9	49.8	60.6	376.8	228.9	58.1	40.7	3.2	19.8	8.5	0.3
1993	1,044.6	-	392.2	83.3	77.4	6.6	17.2	49.6	73.9	30.4	588.9	349.2	60.1	36.5	-	88.6	11.4	63.5
1994	1,318.3	28.4	492.5	76.3	91.7	21.5	38.5	79.2	77.0	56.0	789.2	320.4	223.9	185.2	-	14.7	-	8.2
1995	1,970.4	1.6	1,041.4	54.4	194.7	21.5	87.7	92.2	238.3	140.4	863.5	349.0	93.3	312.3	0.6	88.9	3.0	64.0
1996	3,205.8	232.8	1,674.8	303.3	547.7	67.1	19.4	99.5	349.6	112.9	1,222.7	553.3	211.4	205.9	27.5	137.2	7.7	75.5
1997	6,971.1	4.1	2,507.8	883.0	341.7	17.4	45.2	107.3	315.0	392.4	4,361.8	2,965.8	666.8	341.2	1.2	152.3	26.0	97.4
1998	8,858.5	78.4	5,835.3	782.5	788.9	198.2	128.9	494.3	1,456.9	114.8	2,591.5	1,681.1	220.0	554.0	2.7	109.6	4.8	353.2
1999	15,544.6	8.3	8,368.7	304.2	1,372.2	600.1	677.8	624.1	3,846.2	779.6	6,783.8	1,725.6	477.3	2,580.4	307.3	430.1	590.0	383.9
2000	15,265.3	3.6	6,877.5	84.3	778.4	386.2	302.5	1,588.2	2,576.0	839.6	8,129.3	2,033.1	469.1	1,925.3	950.1	778.8	1,238.1	254.9
2001	11,288.2	6.8	2,911.3	624.2	515.4	241.4	47.3	84.3	896.5	144.9	7,231.5	1,490.4	436.8	1,769.3	554.5	292.2	2,495.1	1,138.6
2002	9,095.3	16.1	2,337.2	48.4	141.0	65.5	507.1	218.6	519.0	588.2	5,124.1	589.4	814.5	1,023.4	565.5	272.5	1,350.7	1,617.9
2003	6,470.6	5.8	1,699.2	42.3	689.7	41.4	151.0	240.8	298.8	120.9	4,132.4	945.0	211.0	1,649.8	338.3	278.6	24.2	633.2
2004	12,796.3	0.6	6,217.0	117.7	1,376.8	116.0	121.1	337.2	2,953.1	907.2	6,145.3	1,129.9	52.8	3,220.7	264.2	477.7	470.5	433.4
2005	11,566.0	3.0	3,078.0	327.3	277.8	375.5	28.8	126.4	1,042.9	706.1	8,301.5	807.7	307.0	3,919.5	959.2	963.6	309.1	183.5
2006	11,247.4	1.8	4,252.7	59.8	763.6	162.5	246.4	338.7	1,825.4	497.5	6,627.0	499.7	1,114.1	3,021.5	325.5	721.3	307.8	365.9
2007	10,515.6	3.2	2,692.3	7.9	508.6	48.8	238.9	304.4	938.3	565.4	7,613.1	1,827.8	422.5	2,292.7	976.5	1,108.6	365.6	207.0
2008	11,711.9	0.9	3,007.3	104.5	572.0	270.1	190.1	241.7	1,057.8	345.8	8,387.9	939.0	37.1	4,607.8	689.4	1,143.1	150.7	315.7
2009	11,484.1	15.8	3,724.9	96.8	203.7	325.6	403.3	177.8	1,797.9	625.5	7,594.6	2,204.0	176.2	1,251.6	1,419.8	1,947.0	54.8	148.8
2010	13,073.1	4.0	6,660.2	100.5	928.7	110.0	151.5	407.3	1,561.6	2,483.4	6,302.2	964.7	58.0	960.0	2,686.5	951.7	110.1	106.7
2011	13,673.1	56.2	5,657.5	187.0	1,831.4	146.3	681.7	502.7	1,746.0	323.8	7,269.4	1,743.0	126.6	1,741.9	1,474.2	1,290.8	469.3	690.0
2012	16,285.9	4.2	6,097.4	204.3	1,285.6	474.1	579.5	342.5	1,307.1	1,264.4	9,601.4	1,236.5	908.1	2,186.1	1,752.7	3,106.9	97.1	582.8
2013	14,548.3	6.2	4,647.9	133.1	866.5	976.3	57.0	393.0	524.2	1,090.7	9,848.0	657.1	937.1	2,925.2	2,550.4	2,513.5	81.3	46.2
2014	19,003.1	15.6	7,648.8	159.5	3,178.4	2,108.9	151.9	906.9	599.6	321.6	11,188.1	986.2	741.7	1,790.8	2,728.8	4,153.2	229.4	150.6
2015	20,910.4	6.0	4,564.4	226.1	1,717.3	35.3	77.8	527.1	1,183.9	266.6	14,731.1	1,180.7	655.5	6,068.1	2,777.9	2,021.9	1,194.3	1,608.9

자료: 통상산업자원부, 「외국인투자통계」(http://www.motie.go.kr/motie/py/sa/investstatse/investstats.jsp).

주: 이 통계는 신고 기준으로 집계된 粗(gross) 투자금액이다. 이에 대해 국제수지표의 외국인 직접투자(V35)는 도착 기준으로 작성되었고, 투자의 회수를 공제한 순(net)투자라는 점에서 차이가 있다.

표 V89-113 한국의 해외 직접투자, 1980-2015

	전체 지역					아시아					아메리카				
	합계	농림어업, 광업	제조업	전기가스 건설업	서비스업	합계	농림어업, 광업	제조업	전기가스 건설업	서비스업	합계	농림어업, 광업	제조업	전기가스 건설업	서비스업
	V89	V90	V91	V92	V93	V94	V95	V96	V97	V98	V99	V100	V101	V102	V103
	백만 달러														
1980	274	126	59	32	57	112	36	49	18	10	64	28	2	8	27
1981	323	232	34	10	47	45	0	33	9	3	35	0	1	1	34
1982	833	792	2	1	38	24	5	1	1	16	592	572	1	-	19
1983	143	33	41	3	67	52	24	24	2	1	82	2	16	0	64
1984	195	168	9	4	14	9	-	4	4	1	38	22	4	0	11
1985	219	194	8	2	15	137	129	5	1	2	29	14	1	2	13
1986	497	155	184	3	154	242	143	4	1	94	194	4	172	2	16
1987	367	225	86	4	52	171	163	6	0	2	160	59	76	4	20
1988	1,651	121	1,370	21	139	1,317	74	1,213	1	29	255	46	145	20	44
1989	977	170	485	12	311	279	50	197	2	30	536	58	260	5	214
1990	2,380	417	1,398	9	556	1,241	71	1,016	1	153	816	201	310	4	301
1991	2,001	471	792	11	728	942	275	380	1	286	657	14	372	10	261
1992	2,136	929	756	1	450	667	47	452	1	167	361	48	179	-	134
1993	2,210	131	1,172	130	777	1,370	31	968	110	262	507	17	121	20	348
1994	3,688	268	2,231	47	1,142	1,953	168	1,413	26	346	899	61	337	19	483
1995	5,331	188	3,547	146	1,451	2,664	60	2,062	89	453	1,832	39	1,184	41	569
1996	7,146	279	4,049	289	2,530	3,579	32	2,365	247	933	1,994	144	909	33	909
1997	6,150	702	3,089	129	2,230	2,980	276	1,549	97	1,058	1,779	159	922	8	689
1998	5,825	225	2,857	155	2,588	2,714	21	1,543	109	1,041	1,691	130	761	1	798
1999	4,703	403	2,286	88	1,926	1,799	71	1,073	58	596	2,210	169	1,027	13	1,000
2000	6,240	389	1,906	229	3,716	2,412	79	1,210	148	975	3,085	160	580	58	2,287
2001	6,585	161	4,799	56	1,568	1,974	43	1,539	43	349	2,213	107	1,416	13	677
2002	6,711	501	3,154	103	2,953	3,372	245	2,329	76	723	1,920	227	305	13	1,375
2003	6,523	1,034	3,368	68	2,053	4,506	770	2,955	35	747	1,425	110	230	26	1,059
2004	8,987	397	5,087	165	3,338	5,355	199	3,915	130	1,111	2,114	130	634	20	1,330
2005	9,808	962	5,087	521	3,238	6,161	554	3,822	352	1,433	2,303	197	689	108	1,309
2006	19,388	4,059	7,867	1,302	6,160	10,710	1,006	5,218	1,189	3,297	4,667	1,578	643	86	2,360
2007	30,429	3,337	9,424	2,174	15,494	18,663	1,665	7,199	1,712	8,087	6,309	912	1,071	139	4,187
2008	36,989	9,461	8,300	1,632	17,595	22,054	5,777	5,867	1,230	9,179	9,280	2,754	1,236	105	5,186
2009	31,009	11,992	5,554	1,628	11,834	12,665	4,314	3,382	911	4,058	9,922	5,276	1,015	237	3,394
2010	34,442	10,585	9,309	849	13,699	14,292	2,505	6,899	530	4,359	10,576	2,296	1,515	198	6,567
2011	45,738	21,009	11,144	1,599	11,986	14,504	2,091	7,763	578	4,071	21,666	13,383	1,773	368	6,142
2012	39,653	11,370	11,094	2,870	14,318	15,586	1,887	8,424	961	4,314	12,845	3,761	1,933	414	6,736
2013	35,635	8,092	10,043	1,471	16,029	12,283	402	7,188	954	3,740	13,601	4,575	1,742	375	6,910
2014	35,000	4,234	8,589	2,281	19,897	11,901	337	6,054	1,328	4,182	15,574	2,601	1,796	739	10,439
2015	40,234	5,147	9,243	3,630	22,213	18,125	2,736	6,133	2,878	6,379	17,590	1,323	2,319	514	13,434

자료: 한국수출입은행, 「외국인투자통계」(http://stats.koreaexim.go.kr/odisas.html).

주: 이 통계는 신고 기준으로 집계된 粗(gross) 투자 금액이다. 이에 대해 국제수지표의 해외 직접투자(V29)는 도착 기준으로 작성되었고, 투자의 회수를 공제한 순(net)투자라는 점에서 차이가 있다.

표 V89-113 계속

	유럽					기타 지역				
	합계	농림어업, 광업	제조업	전기가스 건설업	서비스업	합계	농림어업, 광업	제조업	전기가스 건설업	서비스업
	V104	V105	V106	V107	V108	V109	V110	V111	V112	V113
	백만 달러									
1980	58	54	-	-	4	38	8	9	7	15
1981	2	-	-	-	2	241	231	1	1	8
1982	3	0	-	-	2	215	214	1	0	0
1983	2	-	0	0	2	7	6	1	-	0
1984	1	-	-	-	1	147	146	1	0	0
1985	39	38	0	-	1	15	14	1	-	-
1986	6	-	6	-	1	55	8	2	-	44
1987	29	-	0	-	29	7	3	3	0	1
1988	16	-	8	-	8	64	0	5	1	58
1989	72	-	20	0	51	91	61	8	5	16
1990	140	29	64	0	47	183	116	7	4	55
1991	195	0	34	-	161	208	182	6	-	20
1992	259	2	122	-	135	849	831	3	0	14
1993	219	2	78	-	139	115	82	5	-	28
1994	645	20	402	0	223	190	19	79	2	90
1995	696	3	291	5	396	140	86	9	11	34
1996	1,357	75	720	2	560	216	27	54	7	128
1997	900	55	491	8	346	492	212	126	17	136
1998	1,045	29	390	1	625	376	45	163	44	124
1999	475	40	163	3	270	219	123	22	14	61
2000	356	25	68	-	263	387	125	48	24	191
2001	2,349	0	1,835	0	514	49	11	10	0	28
2002	1,321	1	484	0	836	99	29	37	14	19
2003	348	4	165	-	180	243	149	19	7	68
2004	1,360	13	504	1	843	158	55	34	15	55
2005	898	67	526	13	291	446	144	50	49	204
2006	2,965	658	1,964	9	334	1,046	818	41	18	169
2007	4,559	291	1,114	280	2,875	899	470	40	44	345
2008	4,544	301	1,146	202	2,895	1,111	630	51	96	334
2009	6,339	1,550	1,033	376	3,379	2,083	851	124	104	1,004
2010	8,170	4,746	696	116	2,612	1,405	1,038	200	5	161
2011	4,804	1,160	1,533	490	1,621	4,764	4,374	76	163	151
2012	6,104	1,052	710	1,444	2,898	5,119	4,671	27	51	370
2013	7,015	1,807	955	125	4,128	2,736	1,308	158	18	1,251
2014	5,836	567	489	159	4,621	1,689	728	250	55	656
2015	3,347	407	757	198	1,985	1,172	681	34	41	415

표 V114-120 한국의 외국원조 도입액

	합계	유엔 원조		미국 원조			
		CRIK	UNKRA	GARIOA	ECA/SEC	FOA/ICA/AID	PL480
	V114	V115	V116	V117	V118	V119	V120
	백만 달러						
1945	4.9			4.9			
1946	49.5			49.5			
1947	175.4			175.4			
1948	179.6			179.6			
1949	116.5			92.7	23.8		
1950	58.7	9.4			49.3		
1951	106.5	74.4	0.1		32.0		
1952	161.3	155.5	2.0		3.8		
1953	194.2	158.8	29.6			5.6	
1954	153.9	50.2	21.3			82.4	
1955	236.7	8.7	22.2			205.8	
1956	326.7	0.3	22.4			271.0	33.0
1957	382.9		14.1			323.3	45.5
1958	321.3		7.7			265.6	47.9
1959	222.2		2.5			208.3	11.4
1960	245.4		0.2			225.2	19.9
1961	199.2					154.3	44.9
1962	232.3					165.0	67.3
1963	216.4					119.7	96.8
1964	149.3					88.3	61.0
1965	131.4					71.9	59.5
1966	103.3					65.3	38.0
1967	97.0					52.6	44.4
1968	105.9					49.9	55.9
1969	107.3					32.4	74.8
1970	82.6					20.9	61.7
1971	51.2					17.6	33.7
1972	5.1					5.1	
1973	2.1					2.1	
1974	1.0					1.0	
1975	1.2					1.2	
1976	1.7					1.7	
1977	0.9					0.9	
1978	0.2					0.2	
1979	0.2					0.2	
1980	0.4					0.4	
1981	0.2					0.2	
1982	0.1					0.1	

자료: 한국은행, 『경제통계연보』, 각년도; 재무부 · 한국산업은행 편, 『한국외자도입30년사』(1993).

표 V121-140 한국의 공적개발원조(ODA), 2002-2015

	합계	양자간								
		합계	유무상별		원조 지역별					
			유상	무상	유럽	아프리카	아메리카	아시아	오세아니아	기타
	V121	V122	V123	V124	V125	V126	V127	V128	V129	V130
	백만 달러									
2002	278.8	206.8	140.1	66.7						
2003	365.9	245.2	99.7	145.5						
2004	423.3	330.8	118.7	212.1						
2005	752.3	463.3	145.3	318.0						
2006	455.3	376.1	117.1	259.0	31.1	47.8	25.8	227.5	1.2	42.8
2007	696.1	490.5	132.2	358.3	16.9	70.2	54.4	299.7	3.7	45.6
2008	802.3	539.2	170.6	368.7	14.0	104.1	68.7	281.2	2.2	69.1
2009	816.0	581.1	214.1	366.1	48.3	95.0	55.8	313.5	1.5	67.0
2010	1,173.8	900.6	326.7	573.9	40.8	139.9	64.5	587.3	5.6	62.6
2011	1,324.6	989.6	414.6	575.0	20.7	178.3	64.4	625.2	4.9	96.1
2012	1,597.5	1,183.2	468.3	714.9	16.6	261.0	76.1	679.9	3.4	146.2
2013	1,755.4	1,309.6	500.6	809.0	2.6	271.7	96.4	771.7	3.9	163.3
2014	1,856.7	1,395.8	512.1	883.6	10.0	332.7	109.1	738.0	6.5	199.5
2015	1,915.4	1,468.8	562.4	906.4	-4.4	358.8	114.1	774.5	8.8	217.1

	양자간									다자간
	원조 분야별									
	사회인프라	경제인프라	생산부문	다부문	물자원조	인도적 지원	원조국의 행정비용	기타	비배분	
	V131	V132	V133	V134	V135	V136	V137	V138	V139	V140
	백만 달러									
2002										72.0
2003										120.7
2004										92.5
2005										289.0
2006	120.3	64.6	43.3	6.0	0.2	24.4	25.3	88.7	3.3	79.2
2007	182.1	79.1	46.8	16.0	0.3	17.0	31.4	112.9	4.9	205.6
2008	187.9	125.0	79.2	24.0	1.6	23.7	31.5	62.2	4.2	263.1
2009	273.5	138.4	59.9	37.6	0.1	16.8	27.8	21.9	5.2	234.9
2010	387.5	185.5	63.0	119.0	0.0	16.8	38.4	78.2	12.3	273.2
2011	416.0	273.2	77.1	72.9	1.9	23.8	53.6	35.7	35.3	335.0
2012	558.2	260.8	95.7	115.6	2.0	16.4	59.4	49.2	26.0	414.3
2013	599.6	275.7	127.3	71.4	0.0	26.6	57.2	102.8	48.9	445.8
2014	648.8	253.8	142.3	70.5	1.1	72.9	56.6	88.9	60.8	461.0
2015	656.0	401.9	144.6	77.5	2.0	51.5	65.4	0.0	69.9	446.6

자료: 한국수출입은행, 「ODA 통계」(https://stats.koreaexim.go.kr/index.html); 통계청, 「공적개발원조실적통계」(http://kosis.kr/index/index.jsp).
주: 원조액은 순지출액(=총지출액-회수액) 기준이다.

2. 수출과 수입

표 V141-154 재화와 금은의 수출과 수입, 1877-2015

	원자료							조정결과						
	단위	재화수출	(재수출)		재화수입	(재수입)		단위	재화수출	재화수입	금은수출	금은수입	전체 수출	전체 수입
	V141	V142	V143	V144	V145	V146	V147	V148	V149	V150	V151	V152	V153	V154
								남북한						
1877	천 지폐 圓	59	-		127	-		천 圓	57	123	10	-	67	123
1878	천 지폐 圓	181	-		245	-		천 圓	165	223	24	-	189	223
1879	천 지폐 圓	612	-		567	-		천 圓	505	468	65	-	570	468
1880	천 지폐 圓	1,260	4		978	-		천 圓	853	662	117	-	970	662
1881	천 지폐 圓	1,372	-		1,945	-		천 圓	809	1,147	511	-	1,320	1,147
1882	천 지폐 圓	1,323	121		1,708	-		천 圓	842	1,087	558	5	1,400	1,092
1883	천 지폐 圓	1,058	45		2,214	2		천 圓	837	1,752	736	-	1,573	1,752
1884	천 지폐 圓	439	3		907	-		천 圓	403	833	559	8	963	841
1885	천 Mexican $	408	20		1,672	-		천 圓	408	1,672	461	14	869	1,686
1886	천 Mexican $	566	62		2,474	-		천 圓	566	2,474	1,253	158	1,819	2,632
1887	천 Mexican $	825	20		2,815	-		천 圓	825	2,815	1,439	142	2,264	2,957
1888	천 Mexican $	897	30		3,046	-		천 圓	897	3,046	1,496	189	2,394	3,235
1889	천 Mexican $	1,266	32		3,378	-		천 圓	1,266	3,378	1,281	218	2,547	3,596
1890	천 Mexican $	3,576	26		4,728	-		천 圓	3,576	4,728	866	530	4,442	5,258
1891	천 Mexican $	3,395	29		5,256	-		천 圓	3,395	5,256	819	627	4,214	5,884
1892	천 Mexican $	2,468	24		4,598	-		천 圓	2,468	4,598	1,135	515	3,603	5,114
1893	천 Mexican $	1,723	25		3,880	-		천 圓	1,723	3,880	1,087	506	2,810	4,386
1894	천 圓	2,404	92		5,834	-		천 圓	2,404	5,834	1,417	897	3,821	6,731
1895	천 圓	2,734	252		8,080	-		천 圓	2,734	8,080	2,347	1,825	5,081	9,906
1896	천 圓	4,867	138		6,539	-		천 圓	4,867	6,539	1,678	861	6,545	7,401
1897	천 圓	9,086	112		9,915	-		천 圓	9,086	9,915	2,273	2,071	11,359	11,986
1898	천 圓	5,813	104		11,815	-		천 圓	5,813	11,815	3,859	692	9,673	12,508
1899	천 圓	5,050	52		10,227	-		천 圓	5,050	10,227	4,513	351	9,563	10,578
1900	천 파운드	957	13		1,094	-		천 圓	9,569	10,940	4,300	602	13,869	11,542
1901	천 圓	8,543	81		14,777	-		천 圓	8,543	14,777	5,350	1,510	13,892	16,287
1902	천 圓	8,469	151		13,693	-		천 圓	8,469	13,693	5,739	292	14,208	13,985
1903	천 圓	9,669	192		18,411	-		천 圓	9,669	18,411	5,738	799	15,407	19,209
1904	천 圓	7,531	597		27,403	-		천 圓	7,531	27,403	5,112	527	12,643	27,929
1905	천 圓	7,917	1,012		32,972	-		천 圓	7,917	32,972	5,632	2,060	13,549	35,032
1906	천 圓	8,903	770		30,305	-		천 圓	8,903	30,305	6,258	1,670	15,161	31,975
1907	천 圓	16,984	504		41,612	-		천 圓	16,984	41,612	6,714	2,701	23,698	44,312
1908	천 圓	14,113	649		41,026	4		천 圓	14,113	41,026	5,026	3,524	19,139	44,549
1909	천 圓	16,249	849		36,649	3		천 圓	16,249	36,649	7,075	1,294	23,324	37,942
1910	천 圓	19,914	1,046		39,783	46		천 圓	21,777	47,305	9,200	1,876	30,976	49,181
1911	천 圓	18,857	1,037		54,088	5		천 圓	19,976	62,340	12,857	4,739	32,833	67,079
1912	천 圓	20,986	733		67,115	21		천 圓	22,870	73,821	10,124	1,473	32,994	75,293
1913	천 圓	30,879	996		71,580	43		천 圓	31,787	76,278	10,944	202	42,731	76,480
1914	천 圓	34,389	1,187		63,231	144		천 圓	35,203	65,855	10,825	312	46,028	66,167
1915	천 圓	49,492	1,432		59,199	40		천 圓	51,686	62,904	11,764	833	63,450	63,737
1916	천 圓	56,802	1,947		74,457	91		천 圓	57,035	80,699	16,121	1,671	73,155	82,370
1917	천 圓	83,775	3,342		102,887	50		천 圓	84,119	111,912	9,669	467	93,789	112,379
1918	천 圓	154,189	5,107		158,309	57		천 圓	159,964	167,792	6,024	371	165,987	168,163
1919	천 圓	219,666	6,041		280,786	185		천 圓	223,329	286,325	4,419	1,639	227,748	287,964
1920	천 圓	191,959	12,210		238,956	255		천 圓	183,282	239,039	23,843	19,292	207,125	258,331
1921	천 圓	218,277	4,701		232,382	1,622		천 圓	195,554	215,093	7,370	2,540	202,924	217,633
1922	천 圓	215,404	845		256,045	733		천 圓	191,498	229,476	4,189	1,150	195,687	230,626
1923	천 圓	261,666	3,653		265,791	758		천 圓	237,041	232,518	6,593	1,058	243,634	233,576
1924	천 圓	329,039	1,670		309,593	752		천 圓	319,475	299,536	5,737	1,591	325,212	301,127
1925	천 圓	341,631	2,437		340,012	956		천 圓	330,460	328,273	4,358	810	334,818	329,083
1926	천 圓	362,955	2,539		372,170	913		천 圓	345,420	353,920	7,452	469	352,871	354,389
1927	천 圓	358,925	3,330		383,417	972		천 圓	352,337	376,252	5,263	521	357,600	376,773
1928	천 圓	365,979	2,699		413,991	989		천 圓	357,222	404,978	3,670	538	360,892	405,516
1929	천 圓	345,664	2,919		423,094	1,163		천 圓	318,796	395,983	6,097	886	324,893	396,869
1930	천 圓	266,547	1,268		367,049	985		천 圓	239,691	339,953	26,804	11,731	266,494	351,685
1931	천 圓	261,799	403		270,466	1,318		천 圓	241,733	250,212	39,548	21,957	281,281	272,169
1932	천 圓	311,354	1,300		320,356	1,401		천 圓	293,760	302,604	28,315	10,605	322,075	313,208

표 V141-154 계속

	원자료							조정결과						
	단위	재화수출	(재수출)		재화수입	(재수입)		단위	재화수출	재화수입	금은수출	금은수입	전체 수출	전체 수입
	V141	V142	V143	V144	V145	V146	V147	V148	V149	V150	V151	V152	V153	V154
							남북한							
1933	천 圓	368,628	798		404,185	2,250		천 圓	335,667	371,037	24,395	3,848	360,062	374,885
1934	천 圓	465,367	1,139		519,150	2,421		천 圓	437,635	491,226	36,350	402	473,985	491,628
1935	천 圓	550,796	1,733		659,403	2,535		천 圓	500,024	608,401	210,593	73,218	710,617	681,619
1936	천 圓	593,313	2,055		762,417	2,093		천 圓	541,575	710,444	65,574	8,044	607,148	718,488
1937	천 圓	685,543	5,701		863,553	4,225		천 圓	612,417	790,178	85,735	-	698,152	790,178
1938	천 圓	879,608	2,213		1,055,928	3,012		천 圓	787,282	963,273	106,788	-	894,070	963,273
1939	천 圓	1,006,793	3,339		1,388,448	4,524		천 圓	838,561	1,219,863	112,393	-	950,955	1,219,863
1940	천 圓	947,809	4,784		1,536,368	2,594		천 圓	873,074	1,461,298	97,366	-	970,440	1,461,298
1941	천 圓	973,298	3,808		1,519,339	2,141		천 圓	924,557	1,470,477	98,495	-	1,023,052	1,470,477
1942	천 圓	944,722			1,491,155			천 圓	886,963	1,457,810	91,462	-	978,425	1,457,810
1943	천 圓	914,469			1,347,675			천 圓	835,492	1,305,914	64,078	-	899,570	1,305,914
1944	천 圓	919,608			955,895			천 圓	919,608	955,895	29,970	-	949,578	955,895
		남한		북한	남한		북한		남한					
1946	백만 圓	47	-		168	-		백만 $	4	61			4	61
1947	백만 圓	1,111	1		2,088	0		백만 $	27	217			27	217
1948	백만 圓	7,196	1		8,857	32		백만 $	22	199			22	199
1949	백만 圓	13,458	0		14,727	1		백만 $	14	133			14	133
1950	백만 圓	52,902	-		5,222	-		백만 $	29	62			29	62
1951	백만 圓	67,350	-		121,827	-		백만 $	16	127			16	127
1952	백만 圓	279,943	2		704,323	2		백만 $	28	214			28	214
1953	만 환	398,720	0		2,237,009	-		백만 $	40	345			40	345
1954	만 환	667,476	0		2,778,479	0		백만 $	24	243			24	243
1955	백만 $	18	-		341	-		백만 $	18	341			18	341
1956	백만 $	25	-		386	-		백만 $	25	386			25	386
1957	백만 $	22	-		442	-		백만 $	22	442			22	442
1958	백만 $	16	-		378	-		백만 $	16	378			16	378
1959	백만 $	20	-		304	-		백만 $	20	304			20	304
1960	백만 $	33	-		344	-		백만 $	33	344			33	344
1961	백만 $	41	-		316	-		백만 $	41	316			41	316
1962	백만 $	55	-		422	-		백만 $	55	422			55	422
1963	백만 $	87	0		560	-		백만 $	87	560			87	560
1964	백만 $	119	0		404	-		백만 $	119	404			119	404
1965	백만 $	175	-		450	-		백만 $	175	450			175	450
1966	백만 $	250	-		737	-		백만 $	250	737			250	737
1967	백만 $	320	-		996	-		백만 $	320	996			320	996
1968	백만 $	455	-		1,468	-		백만 $	455	1,468			455	1,468
1969	백만 $	628	6		1,823	-		백만 $	628	1,823			628	1,823
1970	백만 $	841	6		1,983	-		백만 $	841	1,983			841	1,983
1971	백만 $	1,075	8		2,394	-		백만 $	1,075	2,394			1,075	2,394
1972	백만 $	1,632	8		2,522	-		백만 $	1,632	2,522			1,632	2,522
1973	백만 $	3,235	10		4,240	-		백만 $	3,235	4,240			3,235	4,240
1974	백만 $	4,468	8		6,844	-		백만 $	4,468	6,844			4,468	6,844
1975	백만 $	5,091	10		7,271	-		백만 $	5,091	7,271			5,091	7,271
1976	백만 $	7,738	22		8,764	-		백만 $	7,738	8,759	0	5	7,738	8,764
1977	백만 $	10,047	30		10,803	-		백만 $	10,047	10,799	0	5	10,047	10,803
1978	백만 $	12,735	41		14,966	-		백만 $	12,735	14,960	0	6	12,735	14,966
1979	백만 $	15,151	100		20,296	-		백만 $	15,151	20,287	0	9	15,151	20,296
1980	백만 $	17,521	38		22,228	-		백만 $	17,516	22,214	5	14	17,521	22,228
1981	백만 $	21,300	50		26,028	-		백만 $	21,294	26,004	6	25	21,300	26,028
1982	백만 $	21,850	-		24,236	-		백만 $	21,847	24,222	3	14	21,850	24,236
1983	백만 $	24,437	-		26,174	-		백만 $	24,429	26,156	8	18	24,437	26,174
1984	백만 $	29,248	-		30,609	-		백만 $	29,245	30,586	3	22	29,248	30,609
1985	백만 $	30,283	-		31,119	-		백만 $	30,282	31,102	0	16	30,283	31,119
1986	백만 $	34,702	-		31,518	-		백만 $	34,690	31,453	12	65	34,702	31,518
1987	백만 $	47,172	-		40,925	-		백만 $	47,138	40,834	34	91	47,172	40,925
1988	백만 $	60,568	-		51,808	-		백만 $	60,503	51,709	64	98	60,568	51,808
1989	백만 $	62,357	-		61,456	-		백만 $	62,263	61,340	93	116	62,357	61,456
1990	백만 $	65,016	-	1,730	69,840	-	2,440	백만 $	64,837	69,581	178	258	65,016	69,840

표 V141-154 계속

	원자료							조정결과						
	단위	재화수출	(재수출)		재화수입	(재수입)		단위	재화수출	재화수입	금은수출	금은수입	전체 수출	전체 수입
	V141	V142	V143	V144	V145	V146	V147	V148	V149	V150	V151	V152	V153	V154
		남한		북한	남한		북한				남한			
1991	백만 $	71,870	-	950	81,520	-	1,640	백만 $	71,672	81,246	198	274	71,870	81,520
1992	백만 $	76,631	-	930	81,758	-	1,620	백만 $	76,395	81,396	237	362	76,631	81,758
1993	백만 $	82,232	-	990	83,794	-	1,660	백만 $	81,942	83,398	290	396	82,232	83,794
1994	백만 $	96,008	-	860	102,343	-	1,240	백만 $	95,440	101,629	567	713	96,008	102,343
1995	백만 $	125,056	-	740	135,113	-	1,320	백만 $	122,626	132,376	2,431	2,737	125,056	135,113
1996	백만 $	129,713	-	730	150,334	-	1,250	백만 $	124,402	144,724	5,310	5,610	129,713	150,334
1997	백만 $	136,151	-	900	144,614	-	1,270	백만 $	129,992	138,097	6,159	6,517	136,151	144,614
1998	백만 $	132,302	-	560	93,281	-	880	백만 $	125,608	88,769	6,695	4,512	132,302	93,281
1999	백만 $	143,685	-	510	119,751	-	960	백만 $	140,732	116,393	2,954	3,358	143,685	119,751
2000	백만 $	172,267	-	560	160,479	-	1,410	백만 $	170,741	158,234	1,527	2,245	172,267	160,479
2001	백만 $	150,431	-	650	141,097	-	1,620	백만 $	149,371	139,466	1,060	1,631	150,431	141,097
2002	백만 $	162,466	-	730	152,124	-	1,530	백만 $	161,529	150,386	938	1,738	162,466	152,124
2003	백만 $	193,817	-	780	178,826	-	1,610	백만 $	191,852	175,960	1,965	2,865	193,817	178,826
2004	백만 $	253,845	-	1,020	224,461	-	1,840	백만 $	250,867	220,970	2,978	3,491	253,845	224,461
2005	백만 $	284,418	-	1,000	261,236	-	2,000	백만 $	284,156	260,431	262	804	284,418	261,236
2006	백만 $	325,457	-	950	309,379	-	2,050	백만 $	324,631	308,565	826	815	325,457	309,379
2007	백만 $	371,477	-	920	356,842	-	2,020	백만 $	370,798	355,529	679	1,313	371,477	356,842
2008	백만 $	422,003	-	1,130	435,271	-	2,690	백만 $	420,733	433,986	1,271	1,284	422,003	435,271
2009	백만 $	363,531	-	1,060	323,082	-	2,350	백만 $	360,774	321,967	2,757	1,115	363,531	323,082
2010	백만 $	466,381	-	1,510	425,208	-	2,660	백만 $	463,470	423,659	2,911	1,549	466,381	425,208
2011	백만 $	555,209	-	2,790	524,405	-	3,570	백만 $	552,137	522,792	3,072	1,613	555,209	524,405
2012	백만 $	547,854	-	2,880	519,576	-	3,930	백만 $	544,838	518,109	3,016	1,467	547,854	519,576
2013	백만 $	559,619	-	3,220	515,573	-	4,130	백만 $	558,332	514,222	1,286	1,351	559,619	515,573
2014	백만 $	573,075	-	3,160	525,557	-	4,450	백만 $	572,024	524,257	1,051	1,300	573,075	525,557
2015	백만 $	526,897	-	2,700	436,536	-	3,560	백만 $	525,979	435,306	918	1,230	526,897	436,536

자료: 1962년 이전은 본문의 표 V-g의 자료; 1963년 이후는 UN, Comtrade(https://comtrade.un.org). 북한의 수출입액은 통계청, 「북한통계: 대외거래」(http://kosis.kr). 무역자료에 관한 보다 구체적인 해설은 박기주·김낙년, 「한국의 장기 무역통계와 무역지수(1877-1963)」, 『경제학연구』, 57(3), 2009, pp. 135-149를 참조.

주: 1) 1907년 이전은 해관에서 파악된 통계이므로 육로 무역이 규모는 크지 않지만 제외되어 있다. 1883년의 대청 수입 통계는 자료에서 빠져 있다.

2) 원자료의 무역금액이 지폐 圓, Mexican 달러, 파운드로 표시되어 있는 것은 圓으로 환산하였다.

3) 1908년 이후의 무역액은 수출은 본선인도가격(f.o.b.), 수입은 보험료 운임 포함 가격(c.i.f.) 기준으로 되어 있다. 그 이전은 조선의 시장가격 기준으로 되어 이후와 단절이 있다. 이를 f.o.b.와 c.i.f. 기준으로 바꿀 경우 수출액은 12.7% 정도 높아지고, 수입은 13% 정도 낮아질 것으로 추정된 바 있지만, 여기서는 조정하지 않고 그대로 두었다. 堀和生·木越義則, 「開港期朝鮮貿易の基礎的研究」, 낙성대경제연구소 워킹페이퍼 WP2009-4, 2009를 참조.

4) 1910-1943년의 무역액에는 일본과 중국 간의 중계무역 등이 포함되어 있어 이를 제외하였다. 1910-1922년에는 대일 무역의 과소 신고된 부분이 있으며 이를 추정하여 더하였다. 구체적인 조정 방법은 堀和生·김낙년·박기주, 「무역과 대외수지」(김낙년 편, 『한국의 장기통계: 국민계정 1911-2010』, 2012), pp. 240-259 참조.

5) 1937-1944년의 금은 무역(V151-152)은 공표되지 않았는데, 이 시기 조선에서 생산된 금이 모두 일본으로 수출되었다는 가정으로 추정한 것이다. 조선의 금 생산량과 조선은행의 금 매각 단가는 다음의 자료에서 얻을 수 있고, 양자를 곱해서 금 생산액을 구했다. 大蔵省管理局, 『日本人の海外活動に関する歴史的調査』(朝鮮編第7分册, 1947), pp. 91-92; 朝鮮銀行史研究会編, 『朝鮮銀行史』(東洋経済新報社, 1987), p. 396.

6) 1946-1954년의 무역액은 단위가 圓(또는 환)으로 되어 있지만, 이를 달러로 환산하였다. 이때 원조에 의한 수입이 빠져 있는데 이를 추가하였다. 1946-1951년은 『한국산업경제10년사』, pp. 1042-1044에, 1952-1954년은 『경제연감』, 1959, pp. Ⅲ-200에 각각 의거하였다.

7) 1963년 이후의 무역통계는 한국무역협회(http://www.kita.net)와 UN의 Comtrade(https://comtrade.un.org)의 두 가지 버전이 있는데, 전자는 V142, V145에 후자는 V153, V154에 각각 실었다. 양자는 미미하지만 차이가 있다. 후자의 경우 재화와 금은무역을 분리하여 제시하였다.

8) 재화수출(V142)과 재화수입(V145)에는 각각 재수출(V143)과 재수입(V146)이 포함되어 있다.

표 V155-165 수출의 SITC 분류별 구성, 1877-2015

	합계	식품 및 산동물	음료 및 담배	비식용 원재료	광물성 연료 등	유지	화화물	재료별 제조품	기계 운수장비	기타 제조품	달리 분류되지 않는 상품
	V155	V156	V157	V158	V159	V160	V161	V162	V163	V164	V165
						남북한, 천 圓					
1877	56.9	6.9	-	47.0	-	0.1	1.2	1.5	-	0.1	-
1878	165.1	54.3	-	88.2	-	-	4.2	17.6	-	0.8	-
1879	505.1	328.5	-	168.4	-	-	4.7	2.9	-	0.5	-
1880	850.5	533.0	-	306.1	-	0.1	2.4	3.5	-	5.4	-
1881	809.0	285.1	-	457.2	-	0.3	15.4	43.7	-	7.2	-
1882	765.4	100.4	-	488.1	-	0.3	12.3	87.3	-	77.1	-
1883	801.3	91.1	-	623.8	-	0.5	20.4	63.5	-	2.0	-
1884	400.7	34.0	0.0	345.3	-	0.5	2.3	16.0	-	2.6	-
1885	388.0	33.6	-	344.6	-	-	4.8	-	-	5.0	-
1886	504.2	30.5	-	461.8	-	-	4.0	0.6	-	7.3	-
1887	805.0	120.1	0.2	674.3	-	-	1.9	2.2	-	6.2	-
1888	867.1	102.8	0.5	740.3	-	-	2.0	15.4	-	6.1	-
1889	1,233.8	243.3	-	969.8	-	-	2.8	10.0	-	8.0	-
1890	3,550.5	2,254.8	-	1,255.6	-	-	0.6	27.6	-	11.9	-
1891	3,366.3	2,089.5	-	1,227.6	-	-	1.5	31.2	-	16.5	-
1892	2,443.7	1,170.8	-	1,204.3	-	-	1.7	45.6	-	21.4	-
1893	1,698.1	587.6	-	1,033.8	-	-	3.1	44.9	-	28.7	-
1894	2,311.2	1,296.4	-	945.7	-	-	3.7	39.6	-	25.8	-
1895	2,481.8	847.3	-	1,572.2	4.8	-	2.8	37.3	-	17.5	-
1896	4,728.7	2,723.4	-	1,927.4	4.8	-	5.5	42.1	-	25.5	-
1897	8,973.9	6,211.9	-	2,680.6	0.6	-	4.7	34.6	-	41.4	-
1898	5,709.5	3,154.0	3.7	2,481.6	0.5	-	5.5	20.0	-	44.2	-
1899	4,997.8	2,266.8	-	2,565.7	-	-	15.8	118.4	-	31.2	-
1900	9,439.9	4,343.4	-	4,683.5	-	8.9	-	173.1	-	231.0	-
1901	8,461.9	4,834.2	3.6	3,227.1	0.5	22.6	11.1	42.2	-	320.7	-
1902	8,317.1	4,303.1	20.0	3,810.9	1.0	29.9	13.0	78.0	-	61.3	-
1903	9,477.6	5,165.8	0.5	3,925.4	5.6	29.3	15.7	89.2	-	246.0	-
1904	6,933.5	1,788.1	10.8	4,837.1	7.2	16.8	5.8	135.5	-	132.3	-
1905	6,904.3	1,598.6	22.7	5,021.7	28.7	22.4	7.8	136.6	-	65.7	-
1906	8,132.8	2,958.6	1.6	4,705.1	46.0	20.9	25.6	279.8	-	95.4	-
1907	16,479.8	9,887.8	5.9	6,084.1	16.0	33.9	18.8	309.7	-	123.6	-
1908	13,463.9	8,421.8	19.5	4,517.8	45.3	34.3	39.7	284.3	-	77.4	23.8
1909	15,399.7	8,267.8	11.3	6,296.4	223.4	45.5	40.5	382.4	-	85.7	46.7
1910	18,868	9,040	8	8,328	362	78	67	780	-	131	74
1911	17,820	7,867	29	6,923	376	120	164	1,441	-	94	805
1912	20,253	10,103	56	8,189	334	128	277	284	-	117	765
1913	29,883	17,467	57	10,268	358	192	323	330	-	111	778
1914	33,202	21,221	396	9,363	458	169	154	417	-	240	783
1915	48,060	28,296	259	15,084	629	197	225	2,509	-	178	683
1916	54,855	24,261	633	19,661	469	279	384	7,808	-	248	1,112
1917	80,434	37,133	927	28,354	473	299	449	10,653	-	636	1,510
1918	149,082	80,464	2,758	35,467	580	293	757	25,399	-	1,502	1,863
1919	213,625	134,420	4,011	50,483	640	227	1,077	18,074	-	2,032	2,661
1920	179,749	102,405	3,563	46,013	1,210	213	1,302	17,934	-	3,322	3,787
1921	213,577	122,399	1,457	57,862	1,281	386	6,514	16,618	155	2,957	3,948
1922	214,559	125,140	1,055	57,678	1,134	507	1,030	18,446	335	5,543	3,691
1923	258,013	149,906	1,031	78,284	1,215	753	1,384	15,345	770	5,533	3,792
1924	327,369	207,216	927	86,072	1,475	1,145	2,135	16,339	1,226	6,055	4,780
1925	339,194	210,299	605	88,613	2,131	2,025	2,177	18,485	1,024	6,735	7,099
1926	360,416	230,169	782	83,169	2,260	2,942	1,834	20,381	1,113	7,472	10,294
1927	355,595	229,293	842	76,470	2,437	4,824	1,663	20,072	1,077	7,260	11,658
1928	363,280	224,576	607	83,962	2,908	5,313	1,882	23,249	1,616	9,802	9,364
1929	342,745	192,723	607	85,985	2,881	6,922	2,123	26,449	1,971	12,354	10,729
1930	265,279	143,709	1,477	67,438	2,359	3,737	4,486	22,646	1,701	9,862	7,866
1931	261,396	166,154	679	48,885	3,069	2,157	5,661	16,962	1,589	7,452	8,787
1932	310,054	182,274	899	57,716	3,852	3,625	14,901	27,917	2,584	9,913	6,372
1933	367,829	199,551	1,797	71,115	4,616	6,025	19,410	39,443	5,197	13,601	7,074
1934	464,229	273,866	1,268	68,945	6,446	7,232	19,527	60,372	2,921	15,966	7,685

표 V155-165 계속

	합계	식품 및 산동물	음료 및 담배	비식용 원재료	광물성 연료 등	유지	화학물	재료별 제조품	기계 운수장비	기타 제조품	달리 분류되지 않는 상품
	V155	V156	V157	V158	V159	V160	V161	V162	V163	V164	V165
						남북한, 천 圓					
1935	549,063	304,158	1,032	85,299	7,467	16,084	22,983	80,696	5,754	17,246	8,343
1936	591,258	318,669	1,792	94,748	7,772	20,105	28,094	83,798	6,739	20,403	9,138
1937	679,842	310,047	2,792	108,320	11,574	27,188	35,095	138,957	11,806	21,911	12,150
1938	877,394	412,151	5,009	122,096	22,398	19,491	46,530	180,968	21,945	35,535	11,272
1939	1,003,454	324,770	6,898	167,267	32,657	29,417	64,525	265,060	42,902	55,240	14,717
1940	943,025	208,243	6,650	200,074	39,507	38,847	62,607	287,306	28,184	49,601	22,006
1941	969,490	332,858	8,432	183,186	37,689	28,304	66,970	217,737	26,754	42,830	24,730
1942	752,287	313,103	442	83,907	17,856	9,717	37,339	209,237	16,000	16,435	48,249
1943	722,369	88,291	1,486	161,079	19,396	3,472	31,293	317,522	21,550	16,906	61,375
1944	384,550	120,156	541	75,373	4	415	20,930	121,524	5,252	5,998	34,357
						남한, 천 원					
1946	47.10	38	-	6	-	-	4	0	0	-	-
1947	1,110	385	-	432	-	-	104	146	35	9	-
1948	7,195	3,463	5	2,283	4	1	572	647	51	169	-
1949	13,458	6,517	-	5,008	9	119	556	302	213	734	-
1950	52,902	44,289	-	6,303	-	50	1,454	248	171	386	1
1951	67,350	1,419	-	57,116	-	771	921	1,519	1,823	3,781	-
1952	279,940	16,767	-	239,715	474	73	5,751	6,491	5,022	5,596	51
1953	396,396	34,926	13	332,766	10,120	578	10,586	6,215	2	1,190	-
1954	667,074	80,519	510	541,447	3	1,294	9,794	29,517	2,107	1,883	-
						남한, 백만 달러					
1955	18.0	0.9	0.0	15.0	0.5	0.0	0.5	0.4	0.2	0.5	-
1956	24.6	1.2	0.0	21.1	-	0.1	0.8	1.1	0.2	0.2	-
1957	22.2	2.5	0.1	15.8	0.0	0.0	0.6	2.5	0.1	0.7	-
1958	16.5	2.6	-	10.6	0.3	0.2	0.4	1.9	0.0	0.5	-
1959	19.8	2.9	0.1	13.1	0.7	0.2	0.3	1.8	0.0	0.7	-
1960	32.8	8.4	0.5	17.7	1.1	0.2	0.5	3.2	0.1	1.1	-
1961	40.9	8.1	0.2	22.9	2.2	0.1	0.6	3.0	0.9	3.0	-
1962	54.8	21.1	0.1	21.7	2.8	0.1	0.9	4.6	1.4	2.0	-
1963	86.8	16.6	0.3	27.7	2.6	0.1	0.9	28.1	4.1	6.4	0.1
1964	119.0	26.4	0.2	31.4	2.5	0.1	0.6	42.3	2.2	13.2	0.0
1965	175.1	28.3	0.9	37.0	1.9	0.1	0.4	66.4	5.5	34.5	0.1
1966	249.5	40.6	6.9	46.7	1.5	0.1	0.7	84.2	9.6	59.2	0.1
1967	320.2	38.1	7.0	58.0	1.8	0.1	2.4	101.4	14.2	97.2	0.1
1968	455.4	44.7	8.6	61.5	2.3	0.1	3.1	143.6	24.5	167.0	0.0
1969	622.5	50.6	14.8	73.0	4.8	0.1	9.8	173.8	53.2	242.4	0.0
1970	835.2	65.9	14.2	100.0	8.8	0.1	11.4	220.9	61.5	352.5	-
1971	1,067.6	70.0	15.3	94.9	11.3	0.1	14.8	328.4	87.4	445.4	0.0
1972	1,624.1	107.3	14.0	119.2	18.4	0.3	35.9	514.2	171.6	642.8	0.4
1973	3,225.0	248.9	22.9	196.1	36.5	0.6	47.4	1,102.9	395.9	1,169.9	3.8
1974	4,460.4	304.4	47.5	198.4	108.0	1.8	91.5	1,475.5	672.3	1,547.0	13.8
1975	5,081.0	608.3	67.6	150.5	110.8	0.9	68.5	1,484.6	702.1	1,882.7	5.0
1976	7,715.3	514.3	78.3	195.7	146.7	1.2	117.4	2,333.6	1,276.3	3,035.4	16.5
1977	10,016.3	952.8	108.4	299.9	119.0	4.5	223.8	3,019.5	1,740.7	3,545.0	2.9
1978	12,694.7	942.6	120.0	328.7	41.7	11.4	339.6	3,783.7	2,584.8	4,538.5	3.7
1979	15,051.5	1,093.9	118.0	360.8	29.5	26.7	511.0	4,815.2	3,097.2	4,994.7	4.4
1980	17,483.3	1,164.7	124.2	332.6	46.4	12.8	766.5	6,235.7	3,446.4	5,341.2	13.0
1981	21,249.7	1,334.6	119.3	284.1	183.2	14.8	657.7	7,216.5	4,709.8	6,672.1	57.6
1982	21,850.0	1,091.7	127.8	274.8	310.3	8.6	714.9	6,637.2	6,040.1	6,618.8	25.8
1983	24,436.9	1,102.8	122.4	292.1	559.7	4.1	721.0	6,943.1	7,869.4	6,806.9	15.5
1984	29,247.9	1,164.8	117.2	328.5	835.8	4.1	887.2	7,356.1	10,312.5	8,225.8	15.9
1985	30,282.7	1,145.1	105.6	307.8	953.2	3.7	981.7	7,046.3	11,023.6	8,708.9	6.7
1986	34,701.6	1,579.1	97.1	341.1	648.8	3.8	1,127.3	8,156.4	10,866.9	11,859.9	21.2
1987	47,171.8	2,089.0	91.1	458.6	759.4	4.4	1,389.8	10,151.3	15,669.7	16,555.4	3.3
1988	60,567.9	2,379.7	131.2	691.8	584.4	2.8	1,878.6	12,645.0	23,458.1	18,731.7	64.6
1989	62,356.6	2,213.1	113.6	902.2	686.6	1.6	2,049.1	13,734.6	23,590.3	18,971.6	93.8
1990	65,015.7	2,037.3	123.1	990.9	697.0	1.1	2,511.8	14,357.2	25,545.3	18,573.3	178.6
1991	71,870.0	2,157.8	116.6	989.5	1,508.6	1.6	3,190.3	16,078.9	29,978.3	17,650.4	197.9

표 V155-165 계속

	합계	식품 및 산동물	음료 및 담배	비식용 원재료	광물성 연료 등	유지	화학물	재료별 제조품	기계 운수장비	기타 제조품	달리 분류되지 않는 상품
	V155	V156	V157	V158	V159	V160	V161	V162	V163	V164	V165
	남한, 백만 달러										
1992	76,631.4	2,118.5	77.4	1,072.8	1,742.3	6.5	4,454.3	18,491.1	32,547.8	15,883.2	237.3
1993	82,232.1	2,060.3	72.3	1,160.4	1,851.7	5.5	4,921.3	20,685.8	36,950.4	14,234.0	290.5
1994	96,007.7	2,294.6	101.6	1,430.4	1,745.8	7.6	6,339.2	22,949.2	47,053.7	13,518.0	567.7
1995	125,056.5	2,655.7	147.2	1,790.0	2,471.9	21.0	8,944.2	27,568.1	65,645.6	13,381.7	2,431.1
1996	129,712.5	2,724.3	208.2	1,608.3	3,866.4	22.6	9,148.8	26,959.4	67,582.1	12,281.5	5,310.9
1997	136,151.0	2,656.0	212.6	1,779.9	5,349.0	37.9	10,667.6	29,097.0	68,109.5	12,081.7	6,159.8
1998	132,302.3	2,420.5	185.8	1,541.4	4,595.4	30.6	10,237.3	28,584.4	65,090.3	12,420.6	7,196.1
1999	143,685.4	2,608.8	192.6	1,557.9	5,810.9	15.5	10,756.7	27,915.7	77,953.7	13,918.8	2,954.7
2000	172,267.5	2,402.4	211.5	1,828.9	9,375.5	17.0	13,783.7	30,380.1	100,275.2	12,432.5	1,560.7
2001	150,430.9	2,205.3	261.9	1,585.8	8,009.7	17.2	12,523.8	26,789.5	86,694.3	11,243.9	1,099.4
2002	162,466.1	2,114.6	346.2	1,634.4	6,551.6	21.2	13,762.0	26,993.0	99,597.8	10,466.0	979.2
2003	193,817.3	2,164.5	446.7	2,000.6	6,902.0	23.3	16,935.6	30,129.6	121,142.2	12,063.4	2,009.5
2004	253,844.6	2,445.9	490.4	2,492.3	10,531.4	23.5	23,125.7	36,954.0	159,991.2	14,765.8	3,024.5
2005	284,418.2	2,468.1	520.8	2,839.4	15,709.4	19.0	27,745.2	41,023.2	173,491.6	20,292.0	309.3
2006	325,457.2	2,354.0	606.1	3,314.3	20,920.4	24.1	31,806.1	46,559.2	192,359.8	26,630.2	883.0
2007	371,477.1	2,635.3	682.1	4,188.8	24,630.9	30.2	37,540.1	52,041.3	216,735.9	32,232.4	760.0
2008	422,003.5	3,046.6	792.4	5,104.9	38,454.7	50.2	42,705.2	59,559.9	233,714.9	37,196.5	1,378.3
2009	363,531.1	3,247.2	831.3	3,989.1	23,786.0	31.1	37,412.3	48,114.5	206,371.2	36,869.6	2,878.8
2010	466,380.6	3,920.4	1,011.6	5,629.5	32,579.7	56.0	48,948.0	60,430.1	263,918.5	46,844.1	3,042.8
2011	555,208.9	4,860.0	1,216.1	8,222.2	53,086.9	87.9	60,704.0	76,748.8	300,094.4	46,982.1	3,206.5
2012	547,854.4	4,962.2	1,332.2	7,443.8	57,492.2	101.8	61,281.7	75,796.8	287,840.9	48,440.3	3,162.6
2013	559,618.6	4,870.8	1,253.8	6,706.9	54,112.6	73.1	66,160.9	71,686.6	305,646.4	47,682.4	1,425.0
2014	573,074.8	4,991.0	1,465.0	6,421.0	52,670.6	81.0	67,726.0	75,652.2	315,169.0	47,739.2	1,159.7
2015	526,897.2	4,716.4	1,635.7	5,484.6	33,179.8	88.2	58,916.9	67,223.7	310,652.9	43,986.3	1,012.8

자료: 1962년 이전은 본문의 표 V-g의 자료; 1963년 이후는 UN, Comtrade(https://comtrade.un.org).

주: 1) SITC(rev.3)의 대분류(1digit)에 의한 분류이다.

2) 1942-1944년은 일본과의 무역이며 다른 나라와의 무역이 제외되어 있다. 1946-1954년의 수입에는 원조가 제외되어 있다.

3) 재수출(V143)은 제외되어 있다.

표 V166-176 수입의 SITC 분류별 구성, 1877-2015

	합계	식품 및 산동물	음료 및 담배	비식용 원재료	광물성 연료 등	유지	화화물	재료별 제조품	기계 운수장비	기타 제조품	달리 분류되지 않는 상품
	V166	V167	V168	V169	V170	V171	V172	V173	V174	V175	V176
						남북한, 천 圓					
1877	122.5	24.5	1.4	8.1	0.0	0.2	6.0	74.1	-	8.1	-
1878	222.5	3.4	2.0	6.9	0.1	0.6	11.5	186.7	-	11.2	-
1879	467.8	2.8	3.8	7.0	0.4	0.2	20.5	426.4	-	6.6	-
1880	662.2	2.7	9.9	8.1	0.2	0.1	27.9	591.5	-	21.9	-
1881	1,146.7	9.0	0.5	5.2	2.2	0.5	51.4	1,058.9	1.8	17.1	-
1882	1,087.5	4.3	-	1.7	2.4	1.1	63.3	939.0	0.9	74.9	-
1883	1,749.9	8.7	0.8	2.0	1.7	0.8	69.0	1,548.7	0.4	117.9	-
1884	833.0	42.1	12.1	2.2	6.3	-	22.0	550.7	1.0	196.5	-
1885	1,671.6	120.8	11.2	27.3	35.6	-	41.5	1,250.6	-	184.6	-
1886	2,474.2	649.5	30.1	44.4	40.8	-	51.8	1,423.3	60.2	174.1	-
1887	2,815.4	46.9	29.3	93.2	42.1	-	104.3	2,271.5	32.0	196.2	-
1888	3,046.4	112.3	35.6	145.9	61.4	-	64.0	2,378.5	18.1	230.6	-
1889	3,377.8	284.6	45.0	183.3	105.2	-	71.9	2,411.1	16.1	260.6	-
1890	4,727.8	88.7	64.5	214.4	98.5	-	83.1	3,827.2	35.3	316.1	-
1891	5,256.5	95.7	73.7	319.2	132.8	-	89.8	4,083.0	10.3	452.1	-
1892	4,598.5	114.5	74.8	330.9	177.0	-	84.5	3,464.9	16.1	335.8	-
1893	3,880.2	150.8	79.9	342.5	216.5	-	85.0	2,665.8	65.3	274.4	-
1894	5,833.7	1,270.9	199.9	297.8	283.1	13.5	93.6	3,189.9	4.0	480.8	-
1895	8,080.4	331.1	265.9	380.7	239.4	17.4	209.0	6,077.3	7.7	552.0	-
1896	6,539.3	282.8	173.8	425.6	451.7	26.7	110.1	4,554.0	8.4	506.2	-
1897	9,914.9	347.3	235.2	743.7	628.8	36.4	143.1	7,079.4	6.9	694.0	-
1898	11,815.3	1,311.2	263.2	749.2	479.8	-	154.8	8,018.0	98.1	741.1	-
1899	10,227.3	353.9	276.1	498.9	638.6	-	150.9	7,121.3	205.0	982.7	-
1900	10,940.5	321.9	272.7	326.0	577.2	-	132.7	7,568.8	393.8	1,347.3	-
1901	14,777.2	983.6	407.7	511.9	708.5	12.1	368.6	9,726.0	485.0	1,573.9	-
1902	13,692.8	1,057.4	464.2	362.6	816.1	20.3	344.5	8,594.4	531.7	1,501.6	-
1903	18,410.7	2,531.4	646.5	454.2	715.6	32.5	338.0	11,026.7	902.4	1,763.6	-
1904	27,402.6	2,912.2	2,089.5	720.2	1,095.5	44.4	414.0	15,155.2	797.2	4,174.5	-
1905	32,971.9	3,163.2	2,496.5	844.8	1,265.6	85.2	681.4	20,577.2	644.4	3,213.7	-
1906	30,304.5	3,196.9	2,417.1	788.0	1,724.1	89.3	600.5	16,549.0	977.6	3,962.1	-
1907	41,611.5	2,682.8	2,494.3	993.8	1,932.6	76.4	778.2	25,028.4	1,147.1	6,477.9	-
1908	41,021.4	2,998.0	2,482.4	1,440.8	2,877.0	105.5	780.7	21,973.4	2,194.6	4,703.3	1,465.6
1909	36,646.3	3,116.7	2,484.8	1,376.1	1,878.9	120.0	1,020.2	18,074.5	1,519.2	5,097.0	1,958.8
1910	39,737	3,229	2,205	1,783	2,126	93	1,216	20,013	1,230	5,298	2,544
1911	54,083	4,836	2,290	2,296	2,873	201	1,803	26,954	2,567	6,035	4,228
1912	67,095	6,179	2,707	4,128	3,454	305	2,374	33,194	3,500	6,571	4,683
1913	71,537	13,066	2,712	3,800	3,951	311	2,395	30,031	3,893	6,814	4,564
1914	63,088	9,456	2,165	3,346	3,518	267	2,151	27,150	3,519	6,318	5,197
1915	59,160	5,862	2,062	3,685	3,675	239	2,327	26,997	2,405	6,371	5,537
1916	74,366	6,190	2,147	5,286	4,661	325	3,068	36,374	3,359	6,680	6,277
1917	102,837	8,695	2,347	5,696	6,897	446	4,357	50,116	6,783	7,674	9,825
1918	158,253	14,244	2,950	8,504	12,239	634	5,318	69,130	17,091	9,136	19,006
1919	280,601	36,834	4,995	15,953	24,220	1,268	5,965	121,811	22,120	15,060	32,375
1920	238,701	49,136	6,752	9,111	26,683	1,844	6,894	77,403	14,762	17,390	28,726
1921	230,760	21,769	6,623	13,774	14,172	1,698	6,865	98,557	11,897	17,946	37,459
1922	255,312	34,707	7,438	22,944	14,497	734	8,251	90,835	11,097	19,661	45,147
1923	265,033	43,928	4,940	31,353	16,493	964	9,315	100,374	10,860	27,265	19,541
1924	308,842	67,375	6,853	32,436	15,993	1,143	11,679	116,796	13,912	30,531	12,123
1925	339,056	88,435	7,142	37,706	17,489	1,402	14,889	119,321	11,028	30,946	10,697
1926	371,257	94,904	10,604	38,063	17,699	1,598	20,713	124,566	15,110	36,625	11,375
1927	382,445	99,067	10,228	37,609	22,858	1,542	19,658	125,176	17,171	37,057	12,079
1928	413,002	83,743	9,607	40,780	21,969	1,787	25,996	148,253	27,051	42,657	11,161
1929	421,930	84,933	8,003	38,016	25,119	1,779	31,278	146,155	29,476	44,928	12,243
1930	366,064	72,909	6,793	31,498	21,992	1,560	27,931	125,525	27,642	38,194	12,021
1931	269,148	39,274	5,024	26,710	20,143	1,492	18,803	95,235	17,463	34,171	10,833
1932	318,955	55,915	4,730	30,356	22,842	1,494	19,916	115,254	17,386	39,862	11,201
1933	401,936	54,072	4,401	40,922	26,117	1,489	27,312	157,697	27,576	50,959	11,390
1934	516,729	68,924	7,329	52,419	34,414	1,788	38,773	195,859	38,976	64,225	14,023

표 V166-176 계속

	합계	식품 및 산동물	음료 및 담배	비식용 원재료	광물성 연료 등	유지	화화물	재료별 제조품	기계 운수장비	기타 제조품	달리 분류되지 않는 상품
	V166	V167	V168	V169	V170	V171	V172	V173	V174	V175	V176
	남북한, 천 圓										
1935	656,868	103,463	10,118	63,749	43,094	2,658	48,235	232,954	62,259	76,213	14,125
1936	760,324	116,186	9,750	75,281	50,903	3,137	65,886	252,346	83,162	89,713	13,961
1937	859,327	97,485	8,962	113,270	53,007	9,483	63,933	295,187	104,030	97,581	16,389
1938	1,052,917	99,690	6,701	106,647	66,826	3,943	92,285	402,325	129,923	126,171	18,404
1939	1,383,924	165,424	6,191	132,025	85,152	4,559	93,723	505,707	205,138	166,129	19,877
1940	1,533,774	206,441	5,070	164,110	102,519	16,580	104,765	487,023	258,325	168,861	20,080
1941	1,517,198	135,777	4,900	133,735	95,660	6,350	99,053	565,824	226,751	225,005	24,144
1942	1,374,746	75,296	3,852	66,989	54,034	14,725	74,912	597,922	207,197	256,856	22,963
1943	1,135,699	76,618	2,696	46,300	43,073	9,702	70,546	448,466	183,316	234,957	20,025
1944	323,125	26,290	3,559	17,676	12,549	2,482	26,409	111,743	50,794	61,818	9,806
	남한, 천 원										
1946	168	58	4	50	0	17	9	23	4	2	1
1947	2,087	128	1	630	9	124	236	820	57	48	35
1948	8,826	138	1	1,983	232	330	1,447	4,458	105	65	67
1949	14,726	116	46	2,278	190	182	2,522	6,491	343	2,398	160
1950	5,222	49	10	318	32	3	891	2,894	618	323	83
1951	121,827	4,186	1,158	25,842	2,918	700	24,501	47,901	4,143	10,148	331
1952	704,321	307,267	29,044	24,157	7,657	1,063	142,707	134,576	19,263	28,926	9,662
1953	2,237,009	984,895	80,968	378,087	9,972	31,722	366,630	230,559	75,849	78,327	-
1954	2,778,477	331,775	151,312	813,815	33,333	43,146	421,135	399,071	379,015	205,875	-
	남한, 백만 달러										
1955	341.4	17.5	5.8	29.2	43.4	2.7	59.6	51.4	57.2	74.5	-
1956	386.1	44.0	10.1	45.9	44.8	2.5	74.3	67.1	42.6	54.9	-
1957	442.2	107.5	7.5	58.3	43.8	2.5	76.6	50.2	42.1	53.7	-
1958	378.2	64.7	4.1	69.2	37.6	3.8	67.6	53.1	36.5	41.5	-
1959	303.8	27.7	0.0	62.3	38.5	2.5	67.9	36.5	41.8	26.4	-
1960	343.5	31.9	0.0	68.6	23.4	2.6	75.3	44.3	39.5	58.0	-
1961	316.2	40.3	0.0	63.4	27.8	4.0	60.8	38.3	42.0	39.4	-
1962	421.8	48.9	0.1	89.8	30.9	3.9	93.6	73.2	69.4	11.9	-
1963	560.1	120.7	0.3	107.1	34.4	4.8	79.9	88.3	115.6	7.8	1.1
1964	404.3	68.2	0.1	97.1	28.6	3.9	84.2	46.1	69.5	5.3	1.2
1965	449.9	63.7	0.2	110.0	31.4	3.8	103.3	70.8	60.0	6.8	0.0
1966	736.6	92.5	0.3	153.9	42.8	5.5	134.2	125.2	171.7	10.5	0.0
1967	996.1	94.1	0.8	208.5	63.1	6.9	111.6	183.7	310.2	17.2	0.0
1968	1,467.8	167.6	1.4	270.4	77.9	8.3	128.0	242.2	533.2	38.9	0.0
1969	1,822.8	301.8	1.7	332.4	111.5	12.3	136.0	278.7	593.2	55.2	0.0
1970	1,983.3	319.4	1.6	404.5	136.2	15.2	163.5	305.9	589.5	47.3	0.0
1971	2,394.1	399.6	3.8	462.7	190.1	21.3	200.3	363.3	685.4	67.1	0.5
1972	2,522.0	357.6	7.9	454.4	219.8	20.3	222.7	396.1	761.7	81.4	0.0
1973	4,240.3	569.9	6.3	910.5	313.9	37.9	342.4	772.9	1,156.8	129.7	-
1974	6,844.3	818.7	10.7	1,249.9	1,056.9	57.4	628.5	1,000.2	1,848.6	173.4	-
1975	7,271.0	947.0	12.8	1,118.1	1,391.0	52.8	786.5	865.5	1,909.3	187.9	0.0
1976	8,764.5	627.3	30.4	1,549.2	1,753.4	62.6	859.8	1,161.6	2,386.1	334.0	0.0
1977	10,803.1	715.3	34.2	1,941.4	2,185.8	85.7	998.7	1,518.5	2,906.2	417.3	0.0
1978	14,965.9	931.4	51.7	2,395.0	2,460.2	103.7	1,290.3	2,224.7	4,945.4	563.5	0.0
1979	20,296.0	1,432.0	70.7	3,260.3	3,788.0	151.8	1,999.5	2,722.3	6,122.9	748.5	0.1
1980	22,228.2	1,788.6	84.9	3,634.4	6,659.6	118.5	1,813.6	2,435.7	4,974.7	717.7	0.6
1981	26,028.3	2,721.4	67.5	3,630.2	7,786.0	136.7	2,087.3	2,775.2	6,000.2	823.5	0.3
1982	24,236.1	1,562.4	10.3	3,370.2	7,606.4	137.3	2,069.2	2,606.2	6,004.3	790.8	79.0
1983	26,173.7	1,714.8	20.2	3,485.9	6,985.1	141.3	2,255.3	2,999.5	7,543.8	954.0	73.8
1984	30,608.6	1,627.3	21.2	3,957.0	7,339.5	173.7	2,732.7	3,761.4	9,796.8	1,124.4	74.6
1985	31,118.7	1,401.5	18.1	3,872.8	7,395.4	146.3	2,815.6	3,524.6	10,723.2	1,150.5	70.6
1986	31,518.0	1,425.0	23.0	4,312.6	5,072.5	124.0	3,550.5	4,531.2	10,869.0	1,576.4	33.7
1987	40,925.3	1,624.8	20.6	5,947.0	6,033.2	138.9	4,681.4	6,189.2	14,146.8	2,102.8	40.5
1988	51,807.1	2,298.8	87.2	7,753.6	5,986.3	174.7	6,271.8	7,970.4	18,243.0	2,879.1	142.2
1989	61,453.6	3,067.4	186.4	8,741.8	7,627.1	170.5	7,144.2	9,672.5	21,117.1	3,555.2	171.4
1990	69,832.8	3,246.7	188.2	8,652.9	11,023.2	185.3	7,430.4	10,581.1	23,958.3	4,241.1	325.8
1991	81,514.3	3,931.7	228.0	8,907.3	12,747.9	245.7	8,282.0	13,462.1	28,262.8	5,098.6	348.3

표 V166-176 계속

	합계	식품 및 산동물	음료 및 담배	비식용 원재료	광물성 연료 등	유지	화화물	재료별 제조품	기계 운수장비	기타 제조품	달리 분류되지 않는 상품
	V166	V167	V168	V169	V170	V171	V172	V173	V174	V175	V176
	남한, 백만 달러										
1992	81,752.5	4,096.8	243.4	8,321.4	14,636.1	269.2	7,661.1	11,898.6	28,982.8	5,208.7	434.3
1993	83,791.2	4,001.6	262.7	8,876.0	15,052.6	259.0	8,228.3	12,070.1	28,423.4	6,148.1	469.4
1994	102,339.1	4,763.4	348.6	9,404.5	15,414.5	323.5	9,763.0	15,936.7	37,422.8	8,164.9	797.2
1995	135,109.1	5,928.1	534.5	11,713.6	19,012.9	393.2	13,156.7	21,270.5	49,449.0	10,803.6	2,846.9
1996	150,331.4	7,265.6	664.8	10,965.9	24,283.5	369.5	13,256.6	20,959.8	54,709.9	12,137.9	5,717.9
1997	144,614.2	6,517.2	660.4	10,423.9	27,380.9	358.7	13,130.3	19,249.0	48,721.6	11,624.5	6,547.7
1998	93,280.2	4,604.1	300.1	7,274.6	18,195.1	304.7	9,256.4	11,111.6	31,215.7	6,479.4	4,538.3
1999	119,751.2	5,551.3	378.7	8,413.8	22,874.9	359.2	11,332.1	15,080.0	43,608.9	8,778.3	3,374.1
2000	160,479.3	6,496.7	529.2	9,912.2	38,076.6	286.0	13,517.5	18,290.9	59,078.9	12,021.5	2,269.9
2001	141,097.1	6,789.3	564.0	9,052.3	34,069.3	269.3	12,941.6	16,683.8	47,911.0	11,166.6	1,649.9
2002	152,124.4	7,620.7	693.9	9,178.5	32,431.2	339.3	14,156.3	19,241.6	53,313.4	13,358.6	1,790.9
2003	178,825.8	8,331.1	629.6	10,146.5	38,629.7	389.3	16,482.0	22,369.6	62,655.2	16,234.0	2,958.9
2004	224,460.9	9,280.4	553.0	13,535.3	50,278.5	543.5	20,654.5	30,825.2	75,361.6	19,852.9	3,575.9
2005	261,235.6	9,956.0	540.3	15,353.8	67,500.9	618.9	24,502.3	35,849.4	82,533.4	23,434.3	946.3
2006	309,379.5	11,357.9	589.4	19,664.5	86,706.7	629.2	27,573.0	42,313.9	92,717.6	26,684.0	1,143.3
2007	356,841.7	13,629.0	755.6	24,071.3	96,503.6	844.1	32,336.9	51,929.1	107,570.3	27,491.3	1,710.3
2008	435,270.5	16,405.5	859.2	28,272.1	142,514.8	1,226.8	36,526.6	64,983.5	114,631.3	28,554.5	1,296.3
2009	323,081.7	13,438.4	762.8	20,310.1	91,669.2	967.6	31,385.1	43,250.4	96,950.3	23,223.8	1,123.9
2010	425,208.0	16,335.1	859.8	30,632.2	122,596.2	1,194.0	40,960.6	56,142.6	123,390.8	31,523.5	1,573.2
2011	524,405.2	21,900.2	860.6	42,262.7	173,673.7	1,688.6	47,969.1	64,231.1	133,322.7	36,780.1	1,716.3
2012	519,575.6	21,368.9	927.7	38,266.8	186,189.8	1,599.6	47,090.6	56,827.4	127,884.2	37,885.4	1,535.1
2013	515,573.0	21,894.3	1,006.0	34,524.2	180,431.3	1,298.5	46,665.0	55,141.3	134,750.0	38,455.5	1,406.9
2014	525,557.0	23,325.7	1,058.3	34,441.8	175,718.0	1,446.7	47,194.8	58,039.0	141,752.2	41,218.7	1,361.7
2015	436,535.7	22,757.7	1,048.6	26,419.8	103,419.6	1,179.6	43,294.2	50,356.4	145,456.6	41,291.7	1,311.6

자료: 1962년 이전은 본문의 표 V-g의 자료; 1963년 이후는 UN, Comtrade(https://comtrade.un.org).

주: 1) SITC(rev.3)의 대분류(1digit)에 의한 분류이다.

2) 1942-1944년은 일본과의 무역이며 다른 나라와의 무역이 제외되어 있다. 1946-1954년의 수입에는 원조가 제외되어 있다.

3) 재수입(V146)은 제외되어 있다.

표 V177-188 수출 및 수입 품목의 성질별 구성, 1877-2015

	수출						수입					
	합계	농수축산물 및 가공품	내구소비재	비내구 소비재	원자재	자본재	합계	농수축산물 및 가공품	내구소비재	비내구 소비재	원자재	자본재
	V177	V178	V179	V180	V181	V182	V183	V184	V185	V186	V187	V188
	남북한, 천 圓											
1877	57	7	-	0	50	-	123	24	2	12	84	-
1878	165	54	-	2	109	-	223	2	0	16	203	-
1879	505	327	-	1	177	-	468	2	1	12	453	-
1880	851	532	-	6	313	-	662	2	1	34	625	-
1881	809	284	-	20	505	-	1,147	9	4	29	1,103	2
1882	765	99	-	87	579	-	1,087	4	1	85	996	1
1883	801	91	-	17	693	-	1,750	9	3	130	1,608	0
1884	401	34	-	5	362	-	833	39	0	215	577	1
1885	388	34	-	10	345	-	1,672	114	-	217	1,340	-
1886	504	31	-	12	462	-	2,474	638	-	248	1,528	60
1887	805	120	-	10	675	-	2,815	39	-	295	2,450	32
1888	867	88	-	22	758	-	3,046	102	5	334	2,587	18
1889	1,234	229	-	19	986	-	3,378	272	7	376	2,706	16
1890	3,550	2,252	-	39	1,260	-	4,728	64	14	522	4,092	35
1891	3,366	2,086	-	48	1,232	-	5,256	71	25	728	4,422	10
1892	2,444	1,164	-	68	1,212	-	4,598	89	14	558	3,921	16
1893	1,698	578	-	75	1,045	-	3,880	126	9	501	3,179	65
1894	2,311	1,283	-	69	959	-	5,834	1,192	10	873	3,756	4
1895	2,482	844	-	57	1,580	-	8,080	277	15	1,093	6,688	8
1896	4,729	2,711	-	69	1,948	-	6,539	216	13	923	5,379	8
1897	8,974	6,196	-	80	2,697	-	9,915	272	13	1,292	8,332	7
1898	5,709	3,134	-	73	2,503	-	11,815	1,193	15	1,478	9,031	98
1899	4,998	2,229	-	89	2,680	-	10,227	267	7	1,616	8,132	205
1900	9,440	4,193	-	272	4,975	-	10,940	236	-	2,262	8,049	394
1901	8,462	4,666	-	361	3,435	-	14,777	837	47	2,605	10,788	501
1902	8,317	4,113	-	125	4,078	-	13,693	873	62	2,663	9,552	543
1903	9,478	4,883	-	300	4,295	-	18,411	2,249	71	3,132	11,933	1,025
1904	6,934	1,760	-	238	4,935	-	27,403	2,527	105	7,520	16,410	840
1905	6,904	1,509	-	186	5,210	-	32,972	2,535	180	7,505	22,050	702
1906	8,133	2,498	-	235	5,399	-	30,305	2,421	192	8,506	18,135	1,050
1907	16,480	9,113	-	214	7,153	-	41,612	1,830	199	11,322	27,024	1,236
1908	13,464	7,705	-	202	5,557	-	41,021	2,063	366	11,509	24,748	2,335
1909	15,400	7,842	-	243	7,315	-	36,646	2,222	322	12,477	19,956	1,670
1910	18,868	8,406	-	869	9,593	-	39,737	2,304	347	13,319	22,325	1,441
1911	17,820	7,164	-	2,239	8,418	-	54,083	3,558	459	17,587	29,599	2,879
1912	20,253	9,896	-	1,078	9,279	-	67,095	4,524	628	20,575	37,606	3,761
1913	29,883	17,253	-	1,093	11,537	-	71,537	11,106	706	20,396	35,352	3,976
1914	33,202	20,733	-	1,582	10,887	-	63,088	7,867	677	20,092	30,839	3,613
1915	48,060	27,921	-	1,310	18,829	-	59,160	4,195	589	20,198	31,662	2,516
1916	54,855	23,789	-	2,444	28,622	-	74,366	4,135	635	23,404	42,795	3,397
1917	80,434	36,082	-	3,647	40,705	-	102,837	6,280	797	30,422	58,465	6,872
1918	149,082	78,142	68	7,175	63,697	-	158,253	10,682	965	48,984	80,348	17,274
1919	213,625	130,860	173	9,312	73,280	-	280,601	32,295	1,906	71,802	152,585	22,014
1920	179,749	97,380	500	11,486	70,383	-	238,701	44,306	1,996	73,247	104,166	14,987
1921	213,577	118,687	792	9,547	84,396	155	230,760	16,690	2,481	82,654	117,130	11,805
1922	214,559	121,049	966	12,232	79,977	335	255,312	29,533	2,895	94,013	117,996	10,875
1923	258,013	143,482	711	14,205	98,845	770	265,033	37,625	3,060	75,539	138,163	10,645
1924	327,369	196,472	345	19,494	109,832	1,226	308,842	58,659	3,863	79,147	153,745	13,428
1925	339,194	201,493	756	21,087	114,834	1,024	339,056	79,744	4,571	78,863	166,150	9,728
1926	360,416	223,723	662	22,913	112,005	1,113	371,257	86,087	5,214	92,308	174,150	13,497
1927	355,595	219,657	692	29,297	104,872	1,077	382,445	87,225	5,154	96,757	177,610	15,699
1928	363,280	213,761	569	30,554	116,780	1,616	413,002	70,549	5,473	106,150	204,901	25,930
1929	342,745	183,270	405	34,379	122,720	1,971	421,930	70,868	5,940	109,929	206,551	28,642
1930	265,279	135,783	110	29,503	98,183	1,701	366,064	61,732	4,913	95,950	176,319	27,150
1931	261,396	160,438	18	24,754	74,596	1,589	269,148	30,403	4,338	81,558	135,457	17,393
1932	310,054	175,400	45	26,603	105,423	2,584	318,955	44,065	4,818	94,051	158,888	17,133
1933	367,829	191,516	66	35,897	135,154	5,197	401,936	43,101	6,128	111,603	213,665	27,439

표 V177-188 계속

	수출						수입					
	합계	농수축산물 및 가공품	내구소비재	비내구 소비재	원자재	자본재	합계	농수축산물 및 가공품	내구소비재	비내구 소비재	원자재	자본재
	V177	V178	V179	V180	V181	V182	V183	V184	V185	V186	V187	V188
	남북한, 천 圓											
1934	464,229	265,247	145	43,397	151,794	3,646	516,729	56,747	8,184	141,260	272,355	38,183
1935	549,063	294,639	883	43,350	204,055	6,135	656,868	87,400	13,040	172,706	324,216	59,506
1936	591,258	307,228	718	56,634	219,548	7,130	760,324	97,456	15,587	200,198	367,768	79,314
1937	679,842	298,077	907	79,526	289,350	11,982	859,327	75,767	15,733	226,193	437,903	103,731
1938	877,394	396,563	2,268	104,803	351,141	22,619	1,052,917	73,383	19,042	296,827	535,412	128,252
1939	1,003,454	301,846	3,354	139,184	515,067	44,003	1,383,924	132,789	21,254	374,246	648,848	206,787
1940	943,025	185,217	2,961	144,294	583,050	27,502	1,533,774	172,546	23,136	390,428	683,920	263,744
1941	969,490	316,953	2,185	136,586	487,048	26,718	1,517,198	118,097	22,282	453,938	687,098	235,783
1942	752,287	301,137	716	272,211	162,223	16,000	1,374,746	62,153	22,364	456,941	613,204	220,084
1943	722,369	82,782	811	394,940	222,285	21,550	1,135,699	51,400	18,802	407,808	461,175	196,514
1944	384,550	119,450	202	163,089	96,557	5,252	323,125	18,459	8,139	120,184	121,573	54,769
	남한, 천 원											
1946	47	38	0	0	9	-	168	51	2	15	98	3
1947	1,110	385	0	48	641	37	2,087	102	9	550	1,377	49
1948	7,195	3,463	-	180	3,501	51	8,826	95	38	2,831	5,771	91
1949	13,458	6,517	2	827	5,900	212	14,726	93	103	4,495	9,739	296
1950	52,902	44,289	1	393	8,048	171	5,222	35	53	864	3,673	596
1951	67,350	1,419	-	3,805	60,303	1,823	121,827	270	1,834	33,620	83,008	3,095
1952	279,940	16,767	568	5,932	251,662	5,012	704,321	279,529	2,906	152,799	249,843	19,246
1953	396,396	34,926	-	1,203	360,265	2	2,237,009	860,003	-	434,604	866,553	75,849
1954	667,074	80,519	-	2,393	582,055	2,107	2,778,477	183,180	-	736,827	1,479,455	379,015
	남한, 백만 달러											
1955	18	1	-	0	16	0	341	10	1	97	175	58
1956	25	1	-	0	23	0	386	33	1	89	219	44
1957	22	2	-	1	19	0	442	99	3	80	218	43
1958	16	3	-	1	13	0	378	55	3	71	211	39
1959	20	3	-	1	16	0	304	20	3	42	196	43
1960	33	8	-	2	23	0	344	23	2	75	202	42
1961	41	6	-	3	31	1	316	32	2	55	183	44
1962	55	20	-	2	32	1	422	44	9	26	276	67
1963	87	12	0	9	62	4	560	116	4	26	298	117
1964	119	25	1	17	75	2	404	64	2	18	249	71
1965	175	27	2	42	100	4	450	59	2	22	304	62
1966	250	40	4	79	121	7	737	85	7	42	431	171
1967	320	37	3	126	142	12	996	84	11	60	531	311
1968	455	44	6	200	185	21	1,468	154	30	98	666	520
1969	623	49	7	280	237	49	1,823	278	45	130	798	572
1970	835	64	7	395	310	60	1,983	288	40	134	947	574
1971	1,068	69	12	505	400	82	2,394	359	39	168	1,151	678
1972	1,624	105	31	713	621	154	2,522	312	38	185	1,232	756
1973	3,225	234	91	1,350	1,206	344	4,240	486	63	289	2,262	1,140
1974	4,460	259	134	1,914	1,550	603	6,844	664	56	413	3,844	1,866
1975	5,081	482	129	2,346	1,471	653	7,271	739	44	497	4,037	1,954
1976	7,715	471	262	3,576	2,229	1,177	8,764	509	66	563	5,161	2,465
1977	10,016	912	356	4,530	2,652	1,567	10,803	571	77	669	6,460	3,026
1978	12,695	899	616	5,563	3,404	2,212	14,966	722	135	901	8,104	5,103
1979	15,052	1,037	819	6,232	4,418	2,546	20,296	1,187	156	1,212	11,386	6,355
1980	17,483	927	1,028	7,138	5,623	2,768	22,228	1,244	153	1,424	14,200	5,207
1981	21,250	1,081	1,286	8,847	6,195	3,841	26,028	2,230	163	1,485	15,895	6,255
1982	21,850	987	1,043	8,453	6,036	5,332	24,236	1,265	153	1,347	15,194	6,277
1983	24,437	994	1,427	8,979	6,207	6,830	26,174	1,424	190	1,466	15,239	7,854
1984	29,248	1,089	2,020	10,464	6,923	8,752	30,609	1,370	221	1,687	17,183	10,149
1985	30,283	1,067	2,197	10,963	6,774	9,282	31,119	1,231	202	1,596	16,952	11,138
1986	34,702	1,497	3,808	14,137	7,551	7,709	31,518	1,231	306	2,133	16,516	11,332
1987	47,172	1,991	6,609	19,172	9,393	10,007	40,925	1,412	594	2,645	21,686	14,587
1988	60,568	2,269	8,199	21,498	12,153	16,448	51,807	2,000	556	2,789	26,696	19,766
1989	62,357	2,067	6,484	21,845	13,646	18,315	61,454	2,674	656	3,424	31,639	23,059

표 V177-188 계속

	수출						수입					
	합계	농수축산물 및 가공품	내구소비재	비내구 소비재	원자재	자본재	합계	농수축산물 및 가공품	내구소비재	비내구 소비재	원자재	자본재
	V177	V178	V179	V180	V181	V182	V183	V184	V185	V186	V187	V188
	남한, 백만 달러											
1990	65,016	1,862	6,168	21,598	14,794	20,594	69,833	2,808	741	4,320	35,902	26,062
1991	71,870	2,005	6,615	20,955	17,623	24,671	81,514	3,553	708	5,271	41,153	30,829
1992	76,631	1,944	6,865	19,943	20,915	26,964	81,752	3,704	633	5,563	40,287	31,567
1993	82,232	1,884	8,311	19,197	22,774	30,067	83,791	3,594	698	5,975	41,957	31,567
1994	96,008	2,087	9,465	18,942	26,245	39,269	102,339	4,284	970	7,650	47,946	41,489
1995	125,056	2,410	12,526	20,669	34,279	55,173	135,109	5,338	1,434	9,722	63,845	54,771
1996	129,713	2,482	14,525	19,194	38,437	55,074	150,331	6,646	1,828	11,250	70,521	60,086
1997	136,151	2,425	13,903	19,748	43,292	56,783	144,614	5,930	1,642	10,653	72,569	53,820
1998	132,302	2,234	12,443	19,163	42,826	55,636	93,280	4,117	574	6,167	47,844	34,578
1999	143,685	2,447	14,286	20,755	38,516	67,681	119,751	5,171	866	8,147	57,525	48,043
2000	172,267	2,235	17,064	22,342	45,321	85,306	160,479	6,081	1,407	10,067	77,846	65,078
2001	150,431	2,033	16,851	20,283	39,433	71,832	141,097	6,289	1,542	10,723	69,982	52,561
2002	162,466	1,954	19,153	20,035	38,880	82,443	152,124	7,171	2,372	12,967	71,606	58,010
2003	193,817	2,002	24,353	21,117	46,331	100,015	178,826	7,870	2,762	14,404	84,838	68,952
2004	253,845	2,262	32,327	22,555	63,174	133,527	224,461	8,788	3,050	16,072	112,286	84,266
2005	284,418	2,246	34,744	22,770	73,820	150,838	261,236	9,353	3,952	18,548	136,445	92,938
2006	325,457	2,095	37,361	24,085	88,069	173,848	309,379	10,556	5,044	22,555	167,945	103,280
2007	371,477	2,394	40,872	25,343	102,299	200,569	356,842	12,905	6,152	27,433	194,986	115,366
2008	422,003	2,790	37,380	27,711	128,782	225,340	435,271	15,543	6,379	29,863	260,637	122,848
2009	363,531	2,985	28,106	26,372	98,049	208,018	323,082	12,513	4,928	26,538	174,963	104,140
2010	466,381	3,527	38,580	29,221	131,293	263,759	425,208	15,105	6,773	32,652	236,866	133,812
2011	555,209	4,384	48,567	35,030	178,058	289,170	524,405	20,348	7,957	37,506	313,715	144,879
2012	547,854	4,507	50,451	36,097	180,277	276,522	519,576	19,924	9,129	37,656	313,036	139,830
2013	559,619	4,445	53,143	36,814	174,997	290,219	515,573	20,532	10,650	40,014	300,313	144,064
2014	573,075	4,550	53,981	38,987	176,611	298,945	525,557	21,998	14,006	43,304	297,529	148,720
2015	526,897	4,323	49,395	40,036	137,943	295,200	436,536	21,596	16,370	42,623	205,571	150,376

자료: 1962년 이전은 본문의 표 V-g의 자료; 1963년 이후는 UN, Comtrade(https://comtrade.un.org).

주: 1) 1942-1944년은 일본과의 무역이며 다른 나라와의 무역이 제외되어 있다. 1946-1954년의 수입에는 원조가 제외되어 있다.

2) 수출과 수입에는 각각 재수출(V143)과 재수입(V146)이 제외되어 있다.

3) 관세청의 성질별 대분류(소비재, 원자재, 자본재)를 따랐으며, 소비재는 다시 농수축산물 및 가공품, 내구소비재, 비내구소비재로 나누었다.

표 V189-200 서비스 등의 수출입, 1911-1941

	운수		보험		여행		급료 및 임금		투자소득		경상이전	
	수입	지급	수입	지급	수입	지급	수입	지급	수입	지급	수입	지급
	V189	V190	V191	V192	V193	V194	V195	V196	V197	V198	V199	V200
	남북한, 백만 圓											
1911	0.3	0.5	-	-	0.9	0.6	0.2	1.0	0.3	1.8	22.2	-
1912	0.4	0.6	-	-	1.1	0.7	0.2	1.2	0.3	3.0	21.6	-
1913	0.5	0.7	0.2	0.7	1.3	0.8	0.2	1.3	0.4	4.2	18.5	-
1914	0.5	0.7	0.3	0.9	1.3	0.8	0.2	1.3	0.4	4.9	16.4	-
1915	0.5	0.7	0.4	1.0	1.3	0.8	0.3	1.3	0.4	5.7	15.3	-
1916	0.6	0.9	1.1	1.0	1.6	0.9	0.3	1.2	0.5	6.1	16.1	-
1917	0.9	1.3	0.7	1.2	2.3	1.1	0.3	1.3	0.8	7.0	16.0	-
1918	1.5	2.1	0.8	2.1	3.1	1.5	0.5	1.9	0.9	9.5	15.3	-
1919	2.4	3.3	0.5	2.2	4.0	2.2	0.7	3.4	1.2	12.5	17.0	-
1920	2.1	3.0	0.9	2.5	4.2	2.3	1.0	4.4	1.5	18.8	29.2	-
1921	2.1	3.0	1.8	2.7	3.3	2.3	1.0	4.1	2.2	23.5	41.5	-
1922	2.2	3.1	2.2	10.4	3.5	2.5	1.2	4.5	2.9	27.5	38.0	-
1923	2.5	3.5	1.6	3.7	3.6	2.7	1.3	4.5	3.2	33.3	35.6	-
1924	3.0	4.2	7.4	4.0	3.9	3.1	1.5	4.4	4.0	36.4	37.6	-
1925	3.2	4.5	4.6	7.0	4.3	3.3	1.6	4.4	3.6	42.0	37.2	-
1926	4.7	4.9	3.4	2.2	1.8	3.3	1.6	4.6	4.7	35.1	40.3	-
1927	5.0	4.9	3.3	25.1	2.1	3.5	2.0	4.8	2.2	38.6	35.8	-
1928	5.6	5.2	2.9	12.7	2.5	4.1	2.5	5.2	1.6	43.5	36.5	-
1929	6.5	8.6	4.1	7.9	2.5	3.5	2.9	4.9	3.5	53.9	39.8	-
1930	5.5	7.5	4.3	10.9	3.8	2.9	2.9	4.5	8.4	50.7	40.3	-
1931	6.1	7.3	13.7	10.5	3.2	2.1	2.5	4.7	8.8	56.2	37.0	2.7
1932	7.1	7.9	4.2	12.0	3.3	2.4	2.4	4.7	6.3	60.5	33.6	3.4
1933	7.2	9.1	5.3	13.7	4.3	3.5	3.0	3.4	18.0	61.8	36.2	3.4
1934	10.2	6.7	5.4	16.9	6.8	3.7	2.9	4.6	13.4	60.4	38.1	5.7
1935	11.4	10.4	6.7	15.4	8.9	4.6	3.7	4.9	7.4	80.6	41.8	6.9
1936	12.7	14.5	7.6	17.2	11.3	5.5	4.5	5.1	10.9	83.9	46.6	9.2
1937	14.2	19.2	8.3	19.9	14.0	6.5	5.3	5.4	11.2	93.9	81.2	18.6
1938	16.1	25.0	14.7	24.6	17.3	7.6	6.3	5.8	21.3	100.6	86.6	34.9
1939	27.8	32.3	25.3	40.8	28.0	9.0	7.5	6.1	16.1	116.7	92.5	49.3
1940	24.9	20.0	28.2	49.0	35.4	10.1	8.9	6.6	20.6	105.3	130.2	58.9
1941	24.9	19.8	26.7	48.5	38.0	12.8	11.8	7.9	24.7	162.8	262.9	103.5

자료: 김낙년 편, 『한국의 장기통계: 국민계정 1911-2010』(서울대출판문화원, 2012), pp. 496-499.

표 V201-220 서비스 등의 수출입, 1950-1995

	운수		보험		운임 및 보험		기타 운수		해외여행		투자수익		정부		기타 용역		이전(민간)		이전(공공)	
	수입	지급	수입	지급	수입	지급	수입	지급	수입	지급	수입	지급	수입	지급	수입	지급	수입	지급	수입	지급
	V201	V202	V203	V204	V205	V206	V207	V208	V209	V210	V211	V212	V213	V214	V215	V216	V217	V218	V219	V220
	남한, 백만 달러																			
1950	-	0.8	-	-					-	0.1	0.2	-	18.1	0.9	1.5	0.9	3.7	1.8	58.7	-
1951	-	1.0	-	-					-	0.2	0.2	-	57.1	1.5	1.9	1.0	7.1	2.4	106.5	-
1952	-	1.3	-	-					-	0.2	0.2	-	82.7	0.8	3.7	1.4	6.3	2.9	161.3	-
1953	0.4	2.4	-	-					0.1	0.7	0.5	-	48.4	2.4	1.1	1.4	9.6	9.5	194.2	-
1954	0.6	0.9	-	-					0.1	1.2	1.4	-	32.2	4.9	2.1	1.1	16.0	3.9	144.4	-
1955	0.8	0.4	-	-					0.4	1.7	1.6	-	48.8	6.1	1.3	1.5	21.2	4.3	218.4	4.9
1956	1.0	1.2	-	-					0.1	3.0	1.7	-	36.5	8.7	0.1	1.0	26.7	3.9	331.3	1.7
1957	7.7	56.7	0.1	0.5					0.2	2.9	2.5	-	48.1	14.3	0.6	1.4	30.8	1.7	358.5	2.7
1958	4.5	37.0	0.1	0.4					0.3	3.4	2.9	0.1	66.0	16.1	1.3	2.9	28.2	1.9	325.8	3.2
1959	4.7	32.3	0.1	0.4					0.4	3.9	3.7	0.2	72.9	17.1	2.0	3.8	18.0	0.8	231.5	4.8
1960					3.6	35.3	1.1	7.2	0.4	4.6	4.5	0.2	70.3	22.0	4.1	4.5	20.6	1.0	261.4	5.3
1961					3.9	27.0	1.2	5.9	1.4	2.4	4.6	0.2	88.7	21.8	4.9	3.6	26.9	2.3	209.7	2.8
1962					3.4	37.1	0.8	5.9	3.1	2.2	5.2	0.3	90.5	10.2	5.4	9.4	37.5	1.0	201.2	1.2
1963					2.8	43.9	2.0	5.8	2.7	2.3	3.4	0.7	72.1	17.5	5.7	11.1	57.4	5.4	208.9	1.4
1964					2.5	30.1	2.9	8.3	2.8	2.4	3.8	1.7	75.7	13.6	3.3	11.0	56.7	2.8	141.9	0.9
1965					4.5	32.4	3.4	10.7	7.7	1.7	3.7	2.3	88.1	12.8	6.8	8.2	74.0	5.3	136.2	1.6
1966					9.9	46.8	3.9	10.6	16.2	3.2	5.6	5.0	136.5	13.7	32.2	18.5	103.3	5.7	124.0	2.0
1967					10.7	63.0	6.4	8.6	16.3	8.4	10.1	11.9	208.9	19.2	55.8	40.0	101.9	11.2	136.5	2.0
1968					17.3	90.7	10.3	13.9	16.9	10.5	12.4	17.8	257.4	24.5	79.7	67.3	117.8	12.3	123.0	2.4
1969					31.3	116.5	13.1	16.8	16.2	11.0	37.9	42.5	299.1	24.8	94.8	83.5	170.4	30.1	106.3	2.4
1970					40.6	135.8	20.7	22.1	18.7	12.4	38.0	75.0	279.9	33.5	98.9	98.7	118.6	23.5	86.6	1.5
1971					44.7	166.8	29.8	32.6	31.2	14.8	28.8	119.4	247.8	36.9	101.4	85.4	129.4	22.8	65.0	1.0
1972					53.3	178.6	55.1	40.6	74.7	12.6	20.9	161.2	244.2	43.8	102.1	80.6	151.1	31.9	51.8	1.2
1973					58.4	306.0	96.4	84.1	264.1	17.1	40.5	213.0	185.3	44.5	204.7	117.6	217.8	62.7	35.1	0.1
1974					94.8	428.6	134.0	140.5	153.3	27.6	82.9	324.6	161.4	43.9	211.4	180.9	209.3	55.5	68.8	0.2
1975					131.4	326.5	154.8	201.9	140.6	30.7	48.3	452.4	156.9	71.2	248.6	240.1	224.0	64.8	70.5	3.0
1976					181.2	333.2	172.6	288.0	275.0	46.2	69.2	516.0	193.9	61.7	750.8	469.4	309.9	114.1	152.9	-
1977					303.7	365.3	254.0	514.1	370.0	102.7	140.2	734.0			1,959.1	1,044.9				
1978					394.1	515.5	289.4	672.6	408.1	208.0	285.8	1,028.0			3,072.7	1,802.0				
1979					568.1	764.9	495.5	884.4	326.0	405.3	331.5	1,512.8			3,105.1	1,453.4				
1980					956.9	941.9	666.0	1,380.5	369.3	349.6	552.5	2,655.4			2,818.6	1,421.8				
1981					1,309.1	545.5	784.1	1,629.0	447.6	439.0	712.8	3,650.5			3,344.5	1,852.5				
1982					1,423.2	478.6	988.3	1,532.5	502.3	632.2	680.9	3,831.3			3,881.6	1,555.9				
1983					1,478.2	427.5	944.5	1,434.4	596.2	555.4	581.2	3,420.9			3,578.6	1,775.1				
1984					1,577.0	528.1	851.0	1,316.6	673.5	576.3	719.1	3,948.4			3,495.7	1,824.5				
1985					1,324.5	522.2	757.9	1,345.9	784.3	605.9	793.9	3,977.4			3,003.8	1,659.1				
1986					1,463.9	669.8	708.9	1,555.7	1,547.5	613.0	812.4	4,020.2			3,519.0	1,820.5				
1987					1,796.2	803.9	904.2	1,953.2	2,212.5	617.6	765.4	3,552.7			4,331.7	2,105.2				
1988					2,079.0	987.7	964.4	2,148.2	3,115.7	1,204.5	1,028.5	3,048.2			4,064.3	2,596.1				
1989					2,183.6	1,142.8	1,341.4	2,618.8	3,311.0	2,356.0	1,680.0	2,944.5			4,125.6	3,368.7				
1990					2,278.9	1,357.7	1,542.7	3,211.0	3,161.1	2,768.0	2,445.0	3,399.7			4,840.9	3,982.8				
1991					2,849.5	1,528.7	1,733.7	4,047.5	2,855.7	3,213.6	2,587.3	3,588.7			5,503.2	4,746.4				
1992					3,090.5	1,327.3	2,010.1	4,798.3	2,689.5	3,212.5	2,554.8	3,697.7			5,665.3	5,588.7				
1993					3,747.6	1,353.8	2,456.3	5,502.9	2,964.4	3,533.3	2,011.5	3,344.9			7,073.4	6,485.1				
1994					5,059.9	1,638.9	3,123.6	6,303.5	3,339.6	4,512.5	2,123.1	3,789.8			8,905.0	8,295.7				
1995					6,362.4	2,315.1	4,301.4	8,397.2	5,150.4	6,340.7	3,002.8	5,400.4			11,047.3	11,051.3				

자료: 1950-1959년은 한국은행, 『한국의국제수지』(1970), pp. 248-252; 1960년 이후는 한국은행, 『경제통계연보』, 각년도.

주: 1) 1950-1959년, 1960-1976년, 1977-1995년간에는 통계양식에 단절이 있다.

2) 소득수지 중 투자수익(V211-212)은 제시되어 있는 반면 임금 및 급료 항목이 빠져 있는데, 그것은 기타 용역(V215-216) 속에 포함되어 있다. 정부 용역(V213-214)은 1977년 이후에는 기타 용역(V215-216)에 포함되어 있다.

표 V221-252 서비스 등의 수출입, 1980-2015

	서비스수지															
	가공서비스		운송		여행		건설		보험서비스		금융서비스		통신 컴퓨터 정보서비스		지식재산권 사용료	
	수입	지급	수입	지급	수입	지급	수입	지급	수입	지급	수입	지급	수입	지급	수입	지급
	V221	V222	V223	V224	V225	V226	V227	V228	V229	V230	V231	V232	V233	V234	V235	V236
	남한, 백만 달러															
1980	113.8	49.4	1,556.1	2,022.1	369	350	2,345	445	49	3	0	13	20	8	23	125
1981	172.4	77.6	2,019.2	1,854.4	448	439	2,911	553	- 40	2	1	19	24	14	4	92
1982	271.1	124.2	2,347.4	1,656.7	502	632	3,284	624	- 45	21	0	14	31	20	6	166
1983	441.6	126.3	2,355.5	1,639.8	596	555	2,531	481	- 25	4	4	15	51	18	7	176
1984	677.4	156.8	2,266	1,554.8	674	576	2,290	435	- 11	29	2	124	33	25	4	266
1985	791.5	181.1	1,878.4	1,573.2	784	606	1,319	250	- 20	57	2	47	40	19	3	326
1986	197.8	94.4	2,007.6	1,892	1,548	613	851	162	- 1	69	1	25	136	24	16	478
1987	305.6	116.4	2,514.3	2,290.8	2,213	618	1,344	255	42	27	0	19	170	34	10	580
1988	404.3	151.1	2,912.5	2,688.3	3,116	1,205	483	92	23	66	1	16	303	53	43	823
1989	480.9	148.5	3,218.4	3,315.7	3,311	2,356	320	61	27	29	0	6	147	70	23	1,129
1990	591.6	164.9	3,318	4,073.4	3,161	2,768	472	90	4	- 20	1	11	259	141	37	1,377
1991	624.4	133	3,997.5	4,989	2,856	3,214	410	78	- 17	- 13	2	41	234	173	61	1,609
1992	639.3	153.4	4,518.5	5,647.7	2,690	3,213	246	47	29	142	23	45	248	202	105	1,673
1993	451.1	85.4	5,575.9	6,408.4	2,964	3,533	521	99	23	97	62	102	250	238	130	1,451
1994	525.3	142.3	7,533.8	7,326	3,340	4,513	557	106	50	179	92	89	324	323	155	1,767
1995	751.3	208.6	9,469.6	9,952.8	5,150	6,341	716	136	- 20	255	105	130	368	454	299	2,468
1996	854.3	295.7	8,991.3	10,569.4	4,880	7,482	568	108	95	203	123	103	423	473	185	2,537
1997	1,169.1	359.6	11,234.6	10,756	4,731	6,988	671	127	- 2	162	159	74	426	552	253	2,530
1998	1,193.7	355.4	10,394.2	9,659.7	6,908	3,470	561	112	52	143	145	109	470	635	262	2,434
1999	1,510.5	523.9	11,606.4	10,401.7	6,841	4,881	498	98	48	-114	182	186	264	407	463	2,741
2000	1,596.2	717.8	13,828.1	11,503.4	6,834	7,132	933	187	68	146	276	191	257	323	702	3,300
2001	1,045.9	739.5	13,354.2	11,589.1	6,384	7,617	1,190	226	60	374	200	83	240	386	947	3,142
2002	998.4	731.4	13,420	11,918.2	5,936	10,465	2,184	431	37	571	293	70	193	261	880	3,126
2003	1,352.2	1,012.5	17,356.9	14,243.3	5,358	10,103	2,038	394	34	390	310	101	194	292	1,339	3,660
2004	1,581.6	1,877.6	22,773.5	18,225.9	6,069	12,350	2,659	490	139	461	485	127	227	352	1,917	4,598
2005	1,928.7	2,515.4	24,082.1	20,854.1	5,806	15,406	4,707	879	169	733	773	235	295	410	2,036	4,720
2006	2,120.5	3,484	26,026.8	23,832.1	5,725	18,809	7,003	1,308	274	854	1,350	670	725	1,243	2,115	4,777
2007	2,208.3	4,277.9	33,621.3	29,596.1	6,116	21,957	9,698	1,828	415	1,000	2,062	1,362	899	1,274	1,827	5,334
2008	2,267	5,406.8	44,941.7	37,367.5	9,751	19,056	13,686	2,608	466	744	2,151	1,740	946	1,386	2,434	5,823
2009	1,815.1	6,278.1	28,863.5	24,008.3	9,804	15,035	14,553	2,806	340	735	1,580	2,446	883	1,327	3,255	7,356
2010	2,277.6	7,020.7	39,215.7	30,486.5	10,328	18,766	11,977	2,302	515	882	1,646	1,914	1,031	1,442	3,188	9,183
2011	2,186.7	9,436.3	37,184.9	30,815.5	12,476	19,920	15,478	3,795	518	686	1,795	2,025	1,319	1,535	4,399	7,415
2012	2,567.1	9,219.7	41,669.9	31,492.5	13,429	20,645	19,709	3,363	490	794	1,838	2,274	1,518	1,516	3,903	8,617
2013	2,940.8	8,648.7	37,772.6	30,419.9	14,629	21,648	20,375	4,852	641	916	1,294	2,050	2,157	1,832	4,328	9,837
2014	3,047.6	8,691.6	38,316.7	32,128.5	17,836	23,192	19,358	4,070	802	742	1,431	1,765	2,994	2,027	5,167	10,546
2015	2,587.1	8,682.6	34,294.7	29,661.7	15,214	25,270	12,234	2,591	737	834	1,639	1,715	3,502	2,799	6,199	10,056

자료: 한국은행, 「국제수지」(http://ecos.bok.or.kr).

주: 1980년 이후는 IMF의 새로운 국제수지 매뉴얼(BPM6)에 따른 것이며, 그 이전 시기와 단절이 있다.

표 V221-252 계속

	서비스수지								본원소득 수지				이전소득 수지			
	유지보수서비스		기타 사업서비스		개인 문화 여가서비스		정부서비스		급료 및 임금		투자소득		일반정부 이전소득		기타 부문 이전소득	
	수입	지급	수입	지급	수입	지급	수입	지급	수입	지급	수입	지급	수입	지급	수입	지급
	V237	V238	V239	V240	V241	V242	V243	V244	V245	V246	V247	V248	V249	V250	V251	V252
	남한, 백만 달러															
1980	-	-	382	565	-	10	168	149	145	5	569	2,697	50	-	465	96
1981	-	-	420	859	-	2	188	199	195	8	726	3,704	80	1	517	64
1982	-	-	561	573	-	3	217	157	257	7	714	3,883	52	1	568	62
1983	-	-	662	836	-	2	239	139	314	7	620	3,537	26	-	630	41
1984	29	-	724	756	-	2	265	113	353	15	739	4,062	24	-	610	34
1985	35	-	842	432	-	2	273	127	367	15	786	4,099	24	2	813	30
1986	75	-	1,199	579	-	3	371	155	478	15	839	4,243	11	0	1,300	45
1987	108	-	1,389	687	-	2	464	163	445	26	769	3,775	20	1	1,683	33
1988	107	-	1,494	937	-	9	473	175	490	25	1,087	3,327	44	2	2,095	167
1989	123	-	1,700	1,247	-	8	518	209	567	21	1,798	3,202	48	8	1,713	834
1990	131	-	2,361	1,532	-	7	482	202	542	26	2,155	3,197	76	86	2,014	1,072
1991	192	27	2,542	1,752	-	8	324	264	604	54	2,148	3,279	51	229	2,277	1,359
1992	214	26	2,849	2,208	-	9	243	317	622	69	1,981	3,035	69	94	2,404	1,474
1993	210	3	3,462	2,816	-	6	471	351	799	90	1,630	3,040	101	244	2,210	1,300
1994	225	0	4,725	3,916	-	10	573	358	785	96	1,717	3,523	89	318	2,408	1,365
1995	229	19	6,742	5,598	-	15	694	412	774	132	2,677	5,358	90	586	2,833	2,045
1996	237	82	7,930	7,510	-	15	764	434	745	180	3,070	5,737	32	406	3,045	2,939
1997	240	16	8,603	7,662	4	21	862	465	706	6	3,031	6,784	47	466	3,836	3,071
1998	235	3	6,551	7,372	11	16	737	429	446	42	3,350	8,841	41	477	5,265	2,010
1999	127	29	5,999	7,764	18	60	763	407	527	42	3,855	9,754	60	420	4,304	3,111
2000	103	24	7,256	9,642	26	49	787	425	582	51	6,438	10,969	41	551	4,400	4,105
2001	37	31	6,419	8,577	57	37	952	454	566	69	6,767	10,772	50	641	4,427	5,097
2002	25	7	6,011	8,967	111	69	1,043	454	590	64	6,800	9,486	86	779	5,239	6,660
2003	17	6	6,665	10,132	34	77	1,203	453	732	97	7,128	10,237	63	918	5,799	8,108
2004	99	85	8,087	11,406	52	103	1,377	554	713	126	10,329	12,250	80	988	6,082	8,212
2005	19	36	9,393	13,199	105	141	1,418	733	745	119	11,262	19,157	171	1,196	6,081	8,314
2006	82	18	10,053	14,220	229	383	1,509	828	685	141	14,766	19,319	284	1,346	5,781	9,101
2007	77	29	12,833	16,728	275	502	1,620	1,009	692	186	20,258	24,172	232	1,381	6,377	9,616
2008	47	44	13,095	22,251	341	514	1,206	936	745	556	20,942	22,329	283	1,450	8,993	9,092
2009	27	31	10,137	21,154	380	471	1,115	696	594	647	14,777	17,160	99	1,403	7,803	8,694
2010	14	41	11,655	23,869	396	640	1,017	953	711	1,078	22,027	21,170	138	1,409	6,912	10,958
2011	231	28	13,598	25,778	521	608	1,195	1,137	751	1,183	26,685	19,693	251	1,500	8,181	11,648
2012	206	38	16,295	29,065	675	770	1,235	952	711	1,150	29,449	16,894	166	2,153	8,392	11,879
2013	2	19	17,660	28,124	731	815	1,208	1,078	721	1,169	29,387	19,884	250	1,821	8,529	11,147
2014	120	178	20,968	30,497	922	905	1,145	1,043	768	1,219	26,049	21,447	159	1,383	8,715	12,476
2015	321	352	19,060	28,682	888	665	1,056	1,339	851	918	23,014	19,374	287	1,691	8,557	12,138

표 V253-261 재화의 수입과 관세, 1886-2015

	수입액			수입에 대한 관세액			평균 관세율		
	전체	일본	일본 이외	전체	일본	일본 이외	전체	일본	일본 이외
	V253	V254	V255	V256	V257	V258	V259	V260	V261
	남북한, 천 圓						남북한, %		
1886	2,632			133			5.0		
1887	2,957			203			6.9		
1888	3,235			220			6.8		
1889	3,596			213			5.9		
1890	5,258			327			6.2		
1891	5,884			372			6.3		
1892	5,114			309			6.0		
1893	4,386			263			6.0		
1894	6,731			358			5.3		
1895	9,906			602			6.1		
1896	7,401			448			6.1		
1897	11,986			673			5.6		
1898	12,508			740			5.9		
1899	10,578			655			6.2		
1900	11,542			689			6.0		
1901	16,287			912			5.6		
1902	13,985			814			5.8		
1903	19,209			1,019			5.3		
1904	27,929			1,500			5.4		
1905	35,032			1,967			5.6		
1906	31,975			1,715			5.4		
1907	44,312			2,319			5.2		
1908	44,549			2,511			5.6		
1909	37,942			2,311			6.1		
1910	41,659	27,214	14,445	2,431			5.8		
1911	58,827	38,766	20,061	3,242	2,705	537	5.5	7.0	2.7
1912	68,588	42,092	26,496	4,449	2,607	1,842	6.5	6.2	7.0
1913	71,782	40,552	31,231	4,675	2,610	2,066	6.5	6.4	6.6
1914	63,544	39,167	24,377	4,042	2,463	1,579	6.4	6.3	6.5
1915	60,032	42,067	17,966	3,755	2,586	1,168	6.3	6.1	6.5
1916	76,128	52,782	23,346	4,575	3,186	1,389	6.0	6.0	5.9
1917	103,354	73,055	30,298	6,294	4,541	1,753	6.1	6.2	5.8
1918	158,680	117,596	41,084	8,811	6,516	2,295	5.6	5.5	5.6
1919	282,425	186,534	95,891	16,411	11,532	4,879	5.8	6.2	5.1
1920	258,248	144,579	113,670	12,222	8,095	4,127	4.7	5.6	3.6
1921	234,922	156,725	78,197	14,850	9,234	5,617	6.3	5.9	7.2
1922	257,194	161,171	96,023	16,350	9,105	7,245	6.4	5.6	7.5
1923	266,849	168,386	98,463	9,812	3,499	6,313	3.7	2.1	6.4
1924	311,185	213,390	97,795	8,928	2,801	6,127	2.9	1.3	6.3
1925	340,822	235,173	105,649	10,114	4,510	5,604	3.0	1.9	5.3
1926	372,639	248,475	124,164	12,753	4,448	8,305	3.4	1.8	6.7
1927	383,938	269,803	114,136	11,377	3,651	7,725	3.0	1.4	6.8
1928	414,529	296,267	118,262	11,894	3,994	7,900	2.9	1.3	6.7
1929	423,980	315,966	108,014	11,275	3,644	7,631	2.7	1.2	7.1
1930	378,780	278,331	100,449	10,285	3,342	6,942	2.7	1.2	6.9
1931	292,424	217,824	74,600	7,349	2,629	4,720	2.5	1.2	6.3
1932	330,961	268,521	62,440	8,542	3,122	5,420	2.6	1.2	8.7
1933	408,034	343,624	64,409	10,673	4,674	5,999	2.6	1.4	9.3
1934	519,552	439,958	79,594	13,322	5,356	7,966	2.6	1.2	10.0
1935	732,621	562,661	169,960	13,145	5,581	7,564	1.8	1.0	4.5
1936	770,462	648,741	121,720	15,964	5,848	10,116	2.1	0.9	8.3
1937	863,553	735,414	128,139	14,848	4,214	10,634	1.7	0.6	8.3
1938	1,055,928	921,346	134,583	16,041	5,838	10,203	1.5	0.6	7.6
1939	1,388,448	1,229,417	159,031	16,990	4,988	12,002	1.2	0.4	7.5
1940	1,536,368	1,335,716	200,652	15,485			1.0		
1941	1,519,339	1,360,994	158,345	9,549			0.6		
1942	1,491,155	1,374,746	116,409	3,768			0.3		
1943	1,347,675	1,135,699	211,976	5,207			0.4		

표 V253-261 계속

	수입액			수입에 대한 관세액			평균 관세율		
	전체	일본	일본 이외	전체	일본	일본 이외	전체	일본	일본 이외
	V253	V254	V255	V256	V257	V258	V259	V260	V261
	남북한, 천 圓						남북한, %		
1944	955,895	769,179	186,716						
	남한, 10억 원						남한, %		
1946	0.000911			0.000014			1.5		
1947	0.007526			0.000213			2.8		
1948	0.035275			0.000348			1.0		
1949	0.095669			0.001165			1.2		
1950	0.098581			0.002915			3.0		
1951	0.439			0.035			7.9		
1952	1.672			0.122			7.3		
1953	4.570			0.300			6.6		
1954	4.670			0.587			12.6		
1955	11.120			1.248			11.2		
1956	19.170			1.497			7.8		
1957	19.760			2.381			12.0		
1958	18.9			3.0			15.7		
1959	18.9			3.6			18.9		
1960	26.1			5.2			19.7		
1961	35.9			5.3			14.8		
1962	50.2			6.7			13.4		
1963	67.7			6.4			9.4		
1964	80.5			8.2			10.2		
1965	104.6			12.6			12.0		
1966	174.7			17.6			10.1		
1967	230.9			25.4			11.0		
1968	341.1			37.9			11.1		
1969	441.8			44.7			10.1		
1970	522.7			50.9			9.7		
1971	705.2			52.2			7.4		
1972	811.6			59.1			7.3		
1973	1,361.7			82.4			6.0		
1974	2,372.2			126.7			5.3		
1975	2,948.7			181.0			6.1		
1976	3,684.7			275.5			7.5		
1977	4,649.6			385.9			8.3		
1978	6,572.7			646.4			9.8		
1979	8,930.1			732.3			8.2		
1980	12,918.2			766.1			5.9		
1981	16,181.2			890.6			5.5		
1982	16,508.8			1,012.6			6.1		
1983	17,874.3			1,463.2			8.2		
1984	19,610.0			1,594.0			8.1		
1985	19,924.3			1,566.1			7.9		
1986	25,626.7			1,942.6			7.6		
1987	30,758.4			2,696.5			8.8		
1988	33,912.8			2,573.6			7.6		
1989	36,770.6			2,117.6			5.8		
1990	44,475.4			2,765.4			6.2		
1991	54,287.7			3,435.5			6.3		
1992	58,095.7			3,153.2			5.4		
1993	62,365.6			2,885.9			4.6		
1994	76,504.9			3,448.9			4.5		
1995	96,965.1			4,633.2			4.8		
1996	113,436.0			5,309.5			4.7		
1997	130,571.8			5,797.6			4.4		
1998	123,515.5			3,836.0			3.1		
1999	131,661.3			4,687.3			3.6		
2000	173,987.1			5,799.7			3.3		
2001	176,282.2			5,923.4			3.4		

표 V253-261 계속

	수입액			수입에 대한 관세액			평균 관세율		
	전체	일본	일본 이외	전체	일본	일본 이외	전체	일본	일본 이외
	V253	V254	V255	V256	V257	V258	V259	V260	V261
	남한, 10억 원						남한, %		
2002	182,084.2			6,601.3			3.6		
2003	205,203.5			6,847.3			3.3		
2004	247,582.3			7,455.3			3.0		
2005	258,493.7			7,682.7			3.0		
2006	289,461.2			6,858.0			2.4		
2007	323,630.9			7,411.0			2.3		
2008	453,707.1			8,776.0			1.9		
2009	397,129.0			9,169.0			2.3		
2010	480,813.4			10,666.0			2.2		
2011	618,071.4			10,990.0			1.8		
2012	624,343.8			9,816.0			1.6		
2013	588,410.5			10,562.0			1.8		
2014	556,152.2			8,721.0			1.6		
2015	480,497.5			8,495.0			1.8		

자료: 1886-1909년의 수입액은 재화와 금은의 수입 합계액(V154)으로 구했다. 1910-1944년은 재화의 경우 과소신고 등의 조정을 하기 전의 수입액(V145)과 금은수입(V152)의 합계로 구했다. 1946-1952년의 수입액(V145)에는 원조자금에 의한 수입액이 빠져 있기 때문에 거기에 달러 원조액(V114)에 공정환율(V363)을 곱해 구한 원조 수입액을 더해서 구했다. 1953년 이후의 원화 수입액은 한국은행, 「국외거래」(http://ecos.bok.or.kr)에서 가져왔다. 관세액의 경우 1886-1939년은 조선총독부, 『조선무역연표』, 1940-1943년은 조선총독부, 『조선총독부특별회계세입세출결정계산서』에 실려 있는 수입세와 이입세 통계를 이용하였다. 1946-1947년은 한국관세협회, 『한국관세사』(1969), p. 214의 수치를 이용하였다. 1948년 이후의 관세액은 T223을 가져왔다.

주: 1) 1940-1956년간의 관세액은 회계연도(4월부터 익년 3월까지) 기준이기 때문에 당해년(1-12월)의 수입액과 3개월 간의 괴리가 있다. 이를 조정하기 위해 직전 회계연도 관세액의 3/12을 이월 받고, 해당 회계연도 관세액의 3/12을 다음 해로 이월하는 방법을 취했다. 단 1954-1956년간은 회계연도의 시작이 4월에서 1월로 이행하는 과도기이며 당해년을 벗어나는 회계연도의 월수를 위의 방법으로 조정하였다.

2) 원조 수입에 대해서도 일반 수입과 마찬가지로 관세가 부과되었다. 다만 원조에는 정부의 수용 물자나 구호물자와 같이 과세되지 않은 경우도 포함되어 있기 때문에 이를 감안하면 평균 관세율이 다소 과소평가되어 있다고 할 수 있다.

표 V262-267 수출입 물가 및 물량 지수와 교역조건, 1877-2015

	수출물가지수	수입물가지수	수출물량지수	수입물량지수	순상품교역조건	소득교역조건
	V262	V263	V264	V265	V266	V267
	남북한, 1935년=100					
1877	25.48	65.18	0.04	0.03	39.09	0.02
1878	23.39	55.23	0.13	0.06	42.36	0.05
1879	28.34	46.78	0.32	0.15	60.58	0.20
1880	33.25	45.02	0.47	0.22	73.85	0.34
1881	30.99	47.75	0.48	0.37	64.90	0.31
1882	32.61	47.41	0.43	0.35	68.78	0.29
1883	23.71	48.66	0.62	0.55	48.73	0.30
1884	26.29	41.47	0.28	0.31	63.40	0.18
1885	26.65	42.08	0.27	0.60	63.35	0.17
1886	28.26	42.49	0.32	0.89	66.52	0.22
1887	27.06	43.79	0.54	0.98	61.79	0.33
1888	27.35	44.14	0.58	1.05	61.96	0.36
1889	33.18	44.59	0.68	1.15	74.42	0.50
1890	35.24	46.00	1.83	1.56	76.61	1.41
1891	32.11	44.90	1.91	1.78	71.53	1.37
1892	32.56	45.05	1.37	1.55	72.28	0.99
1893	35.20	45.49	0.88	1.30	77.40	0.68
1894	38.98	50.64	1.08	1.75	76.98	0.83
1895	40.26	54.07	1.12	2.28	74.46	0.84
1896	43.65	54.97	1.97	1.81	79.40	1.57
1897	51.75	55.77	3.16	2.71	92.79	2.93
1898	63.27	52.28	1.64	3.44	121.02	1.99
1899	60.09	55.46	1.51	2.81	108.34	1.64
1900	55.49	55.30	3.10	3.01	100.35	3.11
1901	52.89	57.91	2.91	3.88	91.34	2.66
1902	56.17	56.82	2.70	3.67	98.85	2.67
1903	55.88	56.25	3.09	4.98	99.35	3.07
1904	70.77	59.18	1.78	7.05	119.59	2.13
1905	65.23	61.13	1.93	8.21	106.71	2.06
1906	66.15	61.67	2.24	7.48	107.27	2.40
1907	64.96	61.87	4.62	10.24	105.00	4.85
1908	54.15	65.31	4.53	9.56	82.90	3.75
1909	48.98	62.24	5.73	8.96	78.69	4.51
1910	54.55	61.58	6.30	9.82	88.58	5.58
1911	57.94	61.14	5.60	13.47	94.76	5.31
1912	69.30	63.11	5.32	16.18	109.80	5.84
1913	79.82	66.91	6.82	16.28	119.30	8.13
1914	65.09	65.23	9.29	14.72	99.78	9.27
1915	54.98	63.26	15.92	14.24	86.91	13.84
1916	63.13	75.47	15.83	15.00	83.65	13.24
1917	79.37	101.06	18.46	15.49	78.54	14.50
1918	110.67	135.73	24.54	17.75	81.53	20.00
1919	133.01	166.51	29.25	25.66	79.88	23.37
1920	137.20	192.42	23.86	18.89	71.30	17.01
1921	100.57	135.34	38.68	25.96	74.31	28.74
1922	112.68	133.46	34.68	29.12	84.43	29.28
1923	110.40	135.31	42.56	29.82	81.59	34.73
1924	124.89	145.26	47.74	32.37	85.97	41.04
1925	133.51	151.48	46.27	34.07	88.13	40.78
1926	121.58	136.33	53.99	41.46	89.18	48.15
1927	109.79	122.68	58.99	47.46	89.49	52.79
1928	102.03	121.33	64.85	51.82	84.10	54.53
1929	99.91	116.73	62.48	55.03	85.59	53.48
1930	82.80	99.93	58.35	55.77	82.86	48.35
1931	61.39	78.59	77.55	52.13	78.11	60.57
1932	72.14	83.00	78.28	58.50	86.91	68.03
1933	78.55	96.43	85.28	63.46	81.46	69.47
1934	84.38	96.55	100.20	81.47	87.39	87.57
1935	100.00	100.00	100.00	100.00	100.00	100.00

표 V262-267 계속

	수출물가지수	수입물가지수	수출물량지수	수입물량지수	순상품교역조건	소득교역조건
	V262	V263	V264	V265	V266	V267
	남북한, 1935년=100					
1936	102.06	100.81	105.52	114.82	101.24	106.82
1937	110.56	116.68	111.99	112.12	94.75	106.12
1938	117.04	129.67	136.54	123.62	90.26	123.24
1939	146.00	158.35	125.20	133.05	92.20	115.43
1940	176.80	181.62	97.16	128.56	97.34	94.58
1941	172.26	187.13	102.51	123.43	92.05	94.37
1942	176.28	211.64	97.61	107.26	83.29	81.31
1943	198.75	223.25	83.81	91.90	89.03	74.61
1944	204.43	235.97	81.94	61.67	86.63	70.98
	남한, 2010년=100					
1946	0.42	1.00	0.000045	0.0003	41.98	0.00002
1947	1.02	1.95	0.000046	0.0021	52.45	0.00024
1948	2.00	2.98	0.0015	0.0058	67.19	0.0010
1949	2.77	2.84	0.0021	0.010	97.49	0.0020
1950	3.96	2.54	0.0057	0.003	155.88	0.0089
1951	7.74	13.30	0.0037	0.015	58.21	0.0022
1952	16.13	17.45	0.0074	0.067	92.40	0.0068
1953	31.34	12.64	0.0054	0.295	248.01	0.013
1954	44.36	12.11	0.0064	0.382	366.21	0.023
1955	47.50	16.61	0.0081	0.483	285.88	0.023
1956	49.40	14.97	0.011	0.607	330.08	0.035
1957	46.80	16.78	0.010	0.620	278.97	0.028
1958	37.13	15.27	0.009	0.582	243.18	0.023
1959	39.72	14.68	0.011	0.487	270.61	0.029
1960	42.26	14.22	0.017	0.568	297.26	0.050
1961	39.83	13.54	0.022	0.549	294.15	0.065
1962	40.64	14.53	0.029	0.683	279.72	0.081
1963	41.22	14.10	0.045	0.934	292.32	0.132
1964	44.02	19.94	0.058	0.477	220.72	0.128
1965	49.34	16.22	0.076	0.653	304.24	0.231
1966	53.27	18.92	0.100	0.916	281.58	0.283
1967	52.01	17.90	0.132	1.31	290.60	0.384
1968	58.01	17.77	0.168	1.94	326.38	0.549
1969	57.97	16.94	0.230	2.53	342.23	0.788
1970	58.66	18.86	0.305	2.47	310.98	0.949
1971	55.94	18.75	0.409	3.00	298.31	1.22
1972	55.09	19.97	0.632	2.97	275.83	1.74
1973	62.05	25.02	1.11	3.99	248.00	2.76
1974	66.44	35.18	1.44	4.58	188.87	2.72
1975	65.68	33.74	1.66	5.07	194.65	3.23
1976	74.10	34.73	2.23	5.93	213.37	4.76
1977	78.90	35.09	2.72	7.24	224.85	6.12
1978	90.16	36.58	3.02	9.62	246.50	7.44
1979	105.84	46.33	3.05	10.30	228.44	6.97
1980	110.80	59.08	3.38	8.85	187.54	6.34
1981	114.17	61.44	3.99	9.96	185.81	7.42
1982	109.92	58.32	4.26	9.77	188.48	8.03
1983	106.77	55.76	4.91	11.04	191.49	9.40
1984	108.69	55.79	5.77	12.90	194.83	11.24
1985	106.13	53.57	6.12	13.66	198.12	12.12
1986	105.72	50.00	7.04	14.82	211.44	14.88
1987	114.56	55.50	8.83	17.34	206.41	18.22
1988	130.06	63.38	10.78	18.40	200.03	21.56
1989	139.04	65.44	10.29	21.41	211.06	21.72
1990	140.31	63.45	10.40	24.98	218.13	22.69
1991	141.86	61.71	11.21	30.22	228.94	25.66
1992	141.35	60.09	12.03	30.67	233.31	28.07
1993	139.65	60.17	13.02	31.48	230.39	30.00
1994	142.39	62.17	15.02	36.57	224.02	33.65

표 V262-267 계속

	수출물가지수	수입물가지수	수출물량지수	수입물량지수	순상품교역조건	소득교역조건
	V262	V263	V264	V265	V266	V267
	남한, 2010년=100					
1995	150.11	68.04	18.26	44.86	218.10	39.83
1996	138.46	66.12	20.09	51.93	209.29	42.05
1997	128.17	63.50	23.03	52.89	202.83	46.71
1998	111.34	55.72	25.80	39.22	201.45	51.97
1999	107.06	56.16	30.12	49.35	186.31	56.12
2000	110.80	62.96	34.91	59.99	175.59	61.30
2001	93.33	57.08	35.21	58.48	165.84	58.39
2002	89.55	55.26	40.37	63.76	158.32	63.91
2003	91.97	59.04	47.28	70.91	153.01	72.34
2004	101.56	67.65	56.33	76.96	145.94	82.21
2005	106.08	77.82	59.87	78.30	134.54	80.55
2006	104.38	84.24	69.30	85.68	122.22	84.70
2007	105.01	90.49	78.34	90.85	113.15	88.64
2008	109.12	105.43	82.00	97.67	104.98	86.08
2009	93.14	86.31	81.96	85.84	105.00	86.06
2010	100.00	100.00	100.00	100.00	100.00	100.00
2011	104.64	116.47	113.88	105.52	89.15	101.52
2012	100.43	113.69	120.22	106.06	87.03	104.62
2013	98.95	108.42	125.99	110.64	89.56	112.84
2014	96.81	104.34	131.40	115.76	89.94	118.18
2015	85.45	82.26	134.66	119.42	99.95	134.59

자료: 1877-1970년은 본문의 표 V-g와 UN, Comtrade(https://comtrade.un.org)의 자료로부터 산출한 것이다, 1971년 이후는 한국은행 「무역지수 및 교역조건지수」, 「수출입 물가지수」(http://ecos.bok.or.kr).

주: 1) 1877-1970년의 수출 및 수입물가지수는 단가지수이고, 물량지수와 교역조건도 그로부터 도출하였다. 수출 또는 수입단가지수는 품목별단가와 가중치(즉, 수출 또는 수입금액)를 이용하여 Fisher 연쇄지수 방식으로 구하였다.

2) 1971-2015년 물가지수와 1988-2015년 물량지수 및 교역조건은 한국은행, 「무역지수 및 교역조건지수」에 의거한 것이다. 1971-1987년의 물량지수와 교역조건은 한국은행, 「수출입 물가지수」로부터 구한 것이다.

3) 수출 또는 수입 물량지수는 수출 또는 수입 금액지수를 물가지수(또는 단가지수)로 나누어 구했다.

4) 순상품교역조건=수출물가지수/수입물가지수. 소득교역조건=순상품교역조건×수출물량지수.

표 V268-276 수출의 SITC 분류별 단가지수, 1901-1944, 1955-2015

	식품 및 산동물	음료 및 담배	비식용 원재료	광물성 연료 등	유지	화화물	재료별 제조품	기계 운수장비	기타 제조품
	V268	V269	V270	V271	V272	V273	V274	V275	V276
					남북한, 1935년=100				
1901	30.4	37.9	62.0	61.4	18.9		158.6		
1902	37.2	37.0	55.5	50.2	18.8		145.0		
1903	39.9	9.3	50.1	50.0	18.4		162.5		
1904	40.3	39.1	75.6	59.6	19.8		187.1		
1905	40.5	48.3	67.5	70.3	20.1		192.2		
1906	46.4	40.7	63.9	71.8	21.0		207.7		
1907	42.3	33.0	68.2	70.9	19.6		208.8		
1908	39.8	38.9	54.2	58.8	21.3		189.3		
1909	36.3	31.2	48.3	45.1	22.6		167.8		
1910	36.2	28.8	61.8	45.1	20.6		161.2		
1911	42.5	30.1	59.5	39.4	21.4		195.6		
1912	57.9	31.7	62.7	35.4	24.5		203.4		
1913	68.8	38.9	69.8	35.3	29.1		190.6		
1914	51.3	51.8	66.6	35.2	34.4		184.0		
1915	40.9	33.7	63.1	35.2	35.7	78.4	194.1		
1916	47.2	54.7	71.5	35.1	42.3	79.8	212.3		
1917	63.7	59.0	84.8	35.3	56.4	99.5	240.4		
1918	101.4	71.4	103.6	43.8	62.1	119.0	249.6		
1919	137.1	101.8	135.5	65.8	65.8	117.0	137.0		306.3
1920	135.8	135.7	153.0	95.1	79.5	96.8	135.0		281.8
1921	100.0	109.4	111.1	89.7	76.0	86.9	91.2		344.2
1922	112.4	123.1	128.8	91.1	80.4	96.5	85.0		291.0
1923	105.5	101.8	140.5	95.2	74.1	68.8	77.9		213.0
1924	124.9	189.5	146.7	91.1	86.8	93.3	74.8		215.4
1925	135.0	103.6	154.6	90.6	99.4	111.3	75.5		210.8
1926	124.1	106.9	134.5	91.9	93.0	109.8	75.8		234.1
1927	111.5	118.2	121.2	90.6	92.2	87.2	74.1		231.0
1928	100.4	88.9	120.3	89.9	105.7	95.1	71.8		206.9
1929	98.3	46.6	118.6	90.3	104.7	102.5	69.7		177.7
1930	82.5	92.5	92.4	88.2	72.6	90.7	63.4		165.8
1931	60.0	83.2	68.3	88.1	52.2	73.9	52.6		109.5
1932	73.0	70.5	79.9	87.9	56.1	76.2	52.1		105.1
1933	76.1	94.9	88.2	89.1	78.9	94.2	70.0		103.4
1934	85.2	110.7	82.0	95.2	76.6	97.3	77.6		104.9
1935	100.0	100.0	100.0	100.0	100.0	100.0	100.0	100.0	100.0
1936	105.2	136.4	102.9	93.2	122.4	98.3	84.9	59.0	108.0
1937	111.5	121.5	112.6	103.8	124.6	101.7	101.4	54.9	118.0
1938	114.9	99.9	126.4	113.9	107.9	111.5	112.0	54.8	143.5
1939	137.5	103.5	164.5	137.5	153.5	121.6	153.1	61.6	176.7
1940	179.3	128.1	204.3	161.1	221.8	136.4	167.2	83.0	208.2
1941	196.7	139.9	218.9	187.4	231.2	144.1	130.1	43.9	233.8
1942	203.2	183.2	231.7	165.2	238.2	142.2	126.7		291.4
1943	240.1	371.2	243.7	171.4	260.4	155.2	128.4		331.8
1944	245.2	220.8	241.9	287.0	269.0	251.8	124.0		333.6
					남한, 2010년=100				
1955	12.5		8.7				42.8		
1956	12.5		9.4				27.8		
1957	14.3		8.7				24.0		
1958	13.7		6.4				22.0		
1959	12.6	11.9	7.3				20.9		
1960	12.9	12.3	8.1				17.3		
1961	13.1	11.9	7.0				20.3		
1962	13.4	12.1	7.2			5.7	19.9		
1963	12.9	10.0	7.7		46.2	21.6	19.0	42.3	26.1
1964	13.9	6.2	11.1		50.3	18.2	15.6	41.9	26.1
1965	12.2	10.1	13.0	2.5	53.9	13.8	20.9	44.5	28.1
1966	13.3	10.0	12.4	2.5	53.0	20.2	21.7	57.8	35.4
1967	10.9	9.4	13.3	2.7	56.6	21.7	22.7	52.0	32.7
1968	20.6	10.6	14.0	2.6	49.6	19.3	25.8	60.6	30.6

표 V268-276 계속

	식품 및 산동물	음료 및 담배	비식용 원재료	광물성 연료 등	유지	화화물	재료별 제조품	기계 운수장비	기타 제조품
	V268	V269	V270	V271	V272	V273	V274	V275	V276
	남한, 2010년=100								
1969	21.8	10.3	14.5	2.7	82.1	18.2	24.8	85.0	30.0
1970	25.1	11.2	15.3	2.7	93.5	16.2	24.9	63.3	31.0
1971	23.8	15.5	16.6	2.8	57.6	14.2	25.2	36.8	30.1
1972	23.5	15.1	16.4	2.6	60.1	15.9	24.5	41.1	32.0
1973	27.7	15.4	23.6	4.0	81.6	21.7	35.5	30.0	33.9
1974	32.0	17.5	25.8	11.2	106.7	41.3	44.1	45.5	43.3
1975	34.5	22.9	26.8	11.7	74.0	33.1	38.3	57.9	45.9
1976	36.0	28.0	28.0	12.8	104.0	33.9	43.4	58.1	53.5
1977	42.2	33.2	36.4	13.1	103.6	38.9	45.2	50.8	55.3
1978	44.4	34.3	39.3	13.7	110.2	44.5	48.3	49.3	61.5
1979	55.8	44.4	46.8	19.0	138.9	56.3	58.5	32.3	69.2
1980	56.4	42.0	49.4	29.7	137.7	68.2	55.3	34.2	77.3
1981	58.7	29.1	44.1	25.5	121.4	65.0	50.0	37.0	82.0
1982	54.6	57.3	47.1	23.9	101.8	55.6	55.5	40.2	82.5
1983	44.4	61.1	50.4	21.8	99.1	50.8	52.5	38.5	77.6
1984	48.8	62.4	53.5	22.5	62.9	55.4	55.8	30.7	94.5
1985	46.6	59.6	50.4	22.1	62.1	49.5	53.6	33.7	82.3
1986	51.4	55.6	50.0	13.8	57.7	47.9	58.0	32.8	92.0
1987	63.6	54.6	50.4	27.7	39.4	55.4	63.1	36.0	98.9
1988	76.3	59.8	59.0	26.6	44.5	66.7	67.0	31.0	73.1
1989	80.5	64.6	65.3	26.9	46.7	66.7	76.9	46.1	114.7
1990	79.8	66.4	60.8	32.9	47.7	62.5	70.9	46.4	118.1
1991	87.0	69.6	62.7	29.4	44.3	59.5	73.6	48.3	119.5
1992	89.6	67.6	64.6	27.7	47.9	56.0	75.9	56.1	118.2
1993	99.2	65.9	63.0	25.1	63.5	51.9	72.5	55.2	121.0
1994	103.5	66.9	67.5	23.2	78.7	58.9	77.0	58.8	123.8
1995	101.3	67.2	83.9	26.4	82.0	71.1	84.3	67.7	132.6
1996	100.9	62.2	67.5	32.5	76.5	62.2	79.5	59.8	129.7
1997	90.4	58.1	58.2	24.2	66.4	57.1	74.8	59.7	123.0
1998	71.7	55.6	47.6	19.6	62.5	46.7	62.3	53.0	108.8
1999	83.9	57.9	45.9	24.7	60.8	48.0	63.0	55.1	113.3
2000	83.2	61.1	52.0	33.8	59.7	55.6	66.2	62.3	109.2
2001	77.4	59.6	49.0	29.4	53.8	50.0	60.9	57.0	103.7
2002	75.0	61.3	49.2	30.5	54.1	50.0	59.2	62.4	98.5
2003	77.8	64.5	53.3	35.3	60.9	56.1	61.9	70.2	107.4
2004	87.8	72.6	62.5	48.0	73.3	70.9	69.3	77.0	111.9
2005	87.9	76.0	73.5	64.1	73.9	79.9	78.1	80.0	108.7
2006	92.1	84.0	79.7	78.1	72.8	87.0	88.0	84.7	106.4
2007	93.9	82.5	92.7	89.3	87.6	95.3	95.6	92.3	101.9
2008	99.1	85.6	105.7	123.5	114.7	107.0	104.3	96.6	102.8
2009	94.7	89.8	76.7	77.4	92.0	84.0	90.4	89.5	91.5
2010	100.0	100.0	100.0	100.0	100.0	100.0	100.0	100.0	100.0
2011	123.4	103.1	136.6	136.9	123.1	116.5	114.6	108.0	112.2
2012	123.2	109.0	121.1	139.2	132.3	111.4	108.3	114.8	118.4
2013	115.6	110.5	103.0	135.9	139.1	111.9	103.8	124.4	124.3
2014	114.2	108.7	98.2	126.9	117.1	109.3	102.2	129.6	121.8
2015	107.3	109.2	80.4	74.7	130.9	91.5	94.0	133.2	123.5

자료: 1962년 이전은 본문의 표 V-g의 자료; 1963년 이후는 UN, Comtrade(https://comtrade.un.org).

주: 1) SITC(rev.3)의 대분류(1digit)에 의한 분류이다.

2) 1942-1944년은 일본과의 무역이며 다른 나라와의 무역이 제외되어 있다.

3) 재수출(V143)은 제외되어 있다.

4) 수출 단가지수는 품목별 단가와 수출액을 각각 가격과 가중치로 이용하여 Fisher 연쇄지수 방식으로 구하였다.

표 V277-285 수입의 SITC 분류별 단가지수, 1901-1944, 1955-2015

	식품 및 산동물	음료 및 담배	비식용 원재료	광물성 연료 등	유지	화학물	재료별 제조품	기계 운수장비	기타 제조품
	V277	V278	V279	V280	V281	V282	V283	V284	V285
					남북한, 1935년=100				
1901	56.6	38.7	84.6	67.4	80.2	101.2	56.9		65.0
1902	55.8	42.4	78.4	54.4	68.1	80.9	57.3		65.0
1903	55.7	44.4	75.8	58.0	69.6	87.2	56.0		64.3
1904	61.4	48.0	82.8	58.5	90.4	96.4	58.6		62.0
1905	63.0	50.5	85.5	57.4	81.4	101.7	60.1		77.8
1906	58.0	47.1	89.0	59.9	88.6	98.6	62.6		65.2
1907	61.7	46.4	78.1	58.3	89.1	94.4	63.0		65.7
1908	62.8	43.0	75.7	60.4	70.5	94.7	72.4		66.7
1909	61.5	41.8	70.8	56.4	72.1	94.5	68.4		66.0
1910	61.6	39.9	67.5	49.9	73.2	87.6	69.4		63.6
1911	60.9	39.3	66.8	49.1	77.3	86.7	69.2		61.6
1912	63.0	41.8	71.7	48.6	73.2	88.5	71.7		61.9
1913	64.3	47.6	81.4	52.0	79.4	92.1	77.2		65.3
1914	63.1	49.1	76.6	50.8	82.1	93.1	75.5		65.7
1915	65.3	43.9	75.5	48.4	82.4	99.3	71.5		65.5
1916	70.2	46.4	81.6	61.5	96.5	114.6	88.4		76.3
1917	80.6	58.8	97.8	81.5	118.8	149.9	124.9		87.0
1918	105.5	75.9	119.1	117.1	147.3	191.2	170.3		117.6
1919	128.2	96.4	147.6	181.3	157.4	170.5	202.7		141.9
1920	179.0	124.4	145.1	207.3	154.8	184.8	215.6		181.3
1921	110.8	135.8	129.7	146.4	112.1	151.3	148.4		140.2
1922	106.0	188.0	133.7	131.2	115.4	140.0	144.3	175.7	145.1
1923	108.8	170.9	146.1	125.7	116.0	147.6	143.8	213.5	147.0
1924	121.0	179.0	153.6	124.0	129.6	145.4	158.5	154.0	153.6
1925	130.1	221.6	146.9	121.9	146.6	158.3	165.9	148.9	148.0
1926	116.2	182.0	133.7	115.8	124.9	156.4	147.1	143.6	139.5
1927	103.3	127.9	127.5	117.1	116.2	139.0	131.3	136.3	139.9
1928	104.3	134.7	117.8	120.6	123.6	136.0	131.1	99.6	138.9
1929	102.8	135.3	108.9	109.0	125.2	127.0	128.2	88.2	118.8
1930	94.7	143.8	85.3	105.8	111.5	108.2	102.5	77.1	111.4
1931	64.0	104.8	64.5	94.5	89.9	97.2	83.7	73.4	96.7
1932	76.7	105.6	75.8	90.9	90.1	84.4	84.8	85.0	93.8
1933	85.4	112.9	92.0	99.1	106.0	97.3	101.7	94.4	100.5
1934	80.2	108.8	92.3	98.8	95.2	101.2	104.1	96.5	94.1
1935	100.0	100.0	100.0	100.0	100.0	100.0	100.0	100.0	100.0
1936	102.5	122.8	106.6	101.1	104.2	106.2	96.0	99.8	102.2
1937	111.7	126.6	125.9	100.7	119.4	103.8	120.7	118.4	100.6
1938	118.7	149.6	116.0	131.9	130.4	119.2	138.2	133.2	124.1
1939	146.2	187.5	143.6	151.0	143.6	131.3	173.9	142.6	143.9
1940	186.9	217.8	183.5	166.7	201.2	135.6	182.2	160.8	183.9
1941	193.3	221.2	194.3	180.7	219.6	145.9	182.5	160.3	205.7
1942	215.8	230.7	220.8	208.5	283.6	152.6	207.4	156.8	308.6
1943	262.0	308.2	227.5	222.3	265.2	166.4	210.3	166.4	457.9
1944	297.5	467.8	366.6	221.8	330.7	252.4	205.4	163.1	457.0
					남한, 2010년=100				
1955	43.2		17.3	4.9	89.8	19.6	17.1	4.0	8.6
1956	39.5		14.8	4.4	69.3	15.9	17.6	9.7	13.6
1957	43.9		14.5	5.1	80.5	20.6	17.5	8.2	16.5
1958	35.9		13.6	4.3	89.7	19.7	18.8	7.3	13.3
1959	35.2		12.4	4.3	85.6	17.0	20.4	7.7	14.1
1960	33.0		12.1	3.9	70.8	16.3	19.1	9.4	10.5
1961	30.4		12.6	3.9	72.4	16.1	18.9	6.7	10.1
1962	32.1		12.2	8.3	67.8	14.2	15.6	9.2	11.1
1963	33.1	18.3	12.9	6.9	58.8	13.9	16.2	7.4	14.9
1964	74.9	22.3	17.2	6.5	70.5	19.6	19.0	7.8	16.5
1965	32.0	24.8	15.2	6.8	83.3	18.1	19.4	7.3	15.3
1966	47.5	25.2	15.8	4.9	79.1	27.6	18.3	8.5	17.6
1967	36.0	25.8	13.4	7.2	67.8	20.5	19.9	9.2	19.4
1968	32.9	25.6	16.8	2.6	55.5	16.9	17.5	10.6	20.3

표 V277-285 계속

	식품 및 산동물	음료 및 담배	비식용 원재료	광물성 연료 등	유지	화학물	재료별 제조품	기계 운수장비	기타 제조품
	V277	V278	V279	V280	V281	V282	V283	V284	V285
	남한, 2010년=100								
1969	35.7	17.0	12.0	2.8	66.2	15.0	19.5	10.4	22.3
1970	34.9	18.0	13.7	3.0	77.8	19.3	22.1	11.8	21.6
1971	32.2	20.3	13.8	3.2	80.1	19.1	19.0	12.7	26.0
1972	33.3	21.3	13.2	3.6	73.3	21.7	22.3	15.9	28.0
1973	55.2	27.0	18.4	4.0	106.5	26.8	28.8	17.1	29.4
1974	90.7	40.6	26.4	13.0	156.4	44.2	38.8	20.8	31.0
1975	91.2	62.0	23.0	15.8	126.4	46.5	38.3	25.8	37.0
1976	69.8	65.3	24.6	16.9	131.7	41.5	36.5	26.8	36.0
1977	62.4	67.7	26.1	17.5	144.2	40.1	35.1	25.5	25.2
1978	65.3	74.9	25.6	18.1	156.8	41.2	43.4	31.0	40.3
1979	73.0	79.3	33.5	23.1	194.8	42.9	53.3	35.0	44.1
1980	95.6	87.1	37.8	39.5	172.1	64.5	51.3	36.1	46.2
1981	102.9	90.5	35.5	44.8	83.7	53.4	45.3	37.5	41.9
1982	80.4	88.8	33.6	42.7	72.2	51.7	51.3	41.6	41.4
1983	72.2	68.2	32.5	38.3	69.9	51.8	48.4	43.9	44.7
1984	79.2	20.4	35.3	37.3	91.6	52.7	53.4	43.6	48.1
1985	67.3	47.2	32.0	35.2	59.5	52.0	51.4	45.0	47.7
1986	63.2	50.0	30.4	22.3	48.7	51.7	51.5	45.8	47.7
1987	57.0	53.7	33.8	23.2	49.2	54.0	56.3	52.3	61.4
1988	67.2	71.8	43.3	21.5	68.4	68.7	69.6	55.7	69.1
1989	77.2	80.5	44.3	23.3	61.9	69.0	78.2	64.0	75.6
1990	77.5	82.0	42.3	28.7	43.3	64.5	73.2	68.0	74.7
1991	68.1	83.7	40.9	27.6	55.9	67.6	74.3	73.3	73.3
1992	73.8	76.9	39.0	26.1	60.3	65.1	71.1	83.0	83.0
1993	69.4	71.2	39.5	24.2	60.9	64.9	69.0	85.8	87.5
1994	70.3	77.4	40.8	22.6	67.1	66.7	70.5	90.1	91.9
1995	78.4	86.5	49.7	25.4	81.1	77.0	79.9	95.1	99.1
1996	85.4	97.6	46.1	29.5	72.4	72.0	77.7	95.5	97.3
1997	78.3	105.7	43.5	29.4	69.2	68.4	72.1	93.7	92.8
1998	67.0	89.3	36.5	20.7	73.6	61.9	64.5	92.4	88.4
1999	59.2	90.6	33.8	24.0	63.2	57.5	61.0	91.1	86.7
2000	62.0	86.9	38.1	37.6	50.8	61.9	64.5	91.9	88.9
2001	60.5	71.8	35.0	34.2	42.0	59.3	59.4	81.8	79.2
2002	59.0	69.1	34.3	32.7	48.8	57.6	53.3	76.4	80.5
2003	61.9	76.0	39.7	38.4	59.9	63.3	58.2	83.5	83.0
2004	71.1	79.3	50.8	49.1	69.0	72.2	70.2	87.6	87.3
2005	72.6	79.6	57.5	66.2	65.8	80.6	75.9	88.3	90.9
2006	75.7	83.7	74.5	80.0	68.2	85.2	84.9	86.6	96.7
2007	86.5	87.6	87.9	87.9	86.2	90.4	95.9	86.7	97.9
2008	106.7	94.1	100.2	127.3	126.3	101.8	113.8	91.0	100.0
2009	91.9	94.4	76.4	81.0	88.3	90.7	91.5	89.4	95.2
2010	100.0	100.0	100.0	100.0	100.0	100.0	100.0	100.0	100.0
2011	120.2	101.7	126.6	133.7	134.6	113.4	113.4	108.0	111.1
2012	118.3	98.7	109.3	139.2	124.5	114.4	106.2	108.5	116.4
2013	121.1	98.9	100.8	133.2	108.4	108.3	102.1	109.0	116.2
2014	122.7	101.0	96.3	129.2	105.9	105.3	99.4	111.3	117.9
2015	113.6	93.7	73.7	74.3	87.8	93.0	86.8	112.2	115.4

자료: 1962년 이전은 본문의 표 V-g의 자료; 1963년 이후는 UN(https://comtrade.un.org).

주: 1) SITC(rev.3)의 대분류(1digit)에 의한 분류이다.

2) 1942-1944년은 일본과의 무역이며 다른 나라와의 무역이 제외되어 있으며, 1946-1954년의 수입에는 원조가 제외되어 있다.

3) 재수입(V146)은 제외되어 있다.

4) 수입 단가지수는 품목별 단가와 수입액을 각각 가격과 가중치로 이용하여 Fisher 연쇄지수 방식으로 구하였다.

표 V286-295 수출 및 수입의 성질별 단가지수, 1901-1944, 1955-2015

	수출					수입				
	농수축산물 및 가공품	비내구소비재	내구소비재	원자재	자본재	농수축산물 및 가공품	비내구소비재	내구소비재	원자재	자본재
	V286	V287	V288	V289	V290	V291	V292	V293	V294	V295
	남북한, 1935년=100									
1901	31.4		38.6	77.2		52.8	56.6	38.7	84.6	67.4
1902	38.3		36.6	70.4		52.2	55.8	42.4	78.4	54.4
1903	41.8		47.7	63.2		52.9	55.7	44.4	75.8	58.0
1904	42.9		66.2	92.2		59.3	61.4	48.0	82.8	58.5
1905	42.6		69.1	83.0		59.9	63.0	50.5	85.5	57.4
1906	45.5		62.7	82.5		56.6	58.0	47.1	89.0	59.9
1907	43.2		63.3	83.0		60.5	61.7	46.4	78.1	58.3
1908	40.2		60.3	67.8		61.3	62.8	43.0	75.7	60.4
1909	35.9		49.1	62.6		59.9	61.5	41.8	70.8	56.4
1910	35.8		46.5	77.7		60.0	61.6	39.9	67.5	49.9
1911	42.4		55.6	75.0		59.2	60.9	39.3	66.8	49.1
1912	58.5		57.9	78.9		61.4	63.0	41.8	71.7	48.6
1913	69.6		57.1	87.5		62.0	64.3	47.6	81.4	52.0
1914	51.5		63.8	84.4		61.7	63.1	49.1	76.6	50.8
1915	41.1		46.2	79.8		59.4	65.3	43.9	75.5	48.4
1916	47.5		67.6	89.8		62.3	70.2	46.4	81.6	61.5
1917	64.1		73.3	105.9		74.3	80.6	58.8	97.8	81.5
1918	101.6	78.8	90.1	126.9		105.3	105.5	75.9	119.1	117.1
1919	137.4	117.1	128.1	125.9		124.6	128.2	96.4	147.6	181.3
1920	135.8	153.7	168.9	136.8		168.2	179.0	124.4	145.1	207.3
1921	99.3	164.1	129.1	100.0		99.8	110.8	135.8	129.7	146.4
1922	112.0	102.1	141.2	111.6		100.0	106.0	188.0	133.7	131.2
1923	104.6	117.3	138.2	118.2		101.1	108.8	170.9	146.1	125.7
1924	124.8	113.4	156.2	122.4		114.9	121.0	179.0	153.6	124.0
1925	135.0	132.0	145.0	129.0		125.5	130.1	221.6	146.9	121.9
1926	124.0	158.8	140.0	114.9		111.6	116.2	182.0	133.7	115.8
1927	111.2	154.5	133.2	105.0		98.6	103.3	127.9	127.5	117.1
1928	99.7	138.1	123.5	105.0		99.3	104.3	134.7	117.8	120.6
1929	98.2	130.0	109.8	103.1		99.4	102.8	135.3	108.9	109.0
1930	81.8	144.9	106.6	82.9		92.3	94.7	143.8	85.3	105.8
1931	59.3	99.2	82.8	63.6		59.9	64.0	104.8	64.5	94.5
1932	72.8	117.4	77.2	70.7		74.6	76.7	105.6	75.8	90.9
1933	75.7	147.2	92.0	82.4		83.8	85.4	112.9	92.0	99.1
1934	85.0	199.0	100.7	81.7		77.8	80.2	108.8	92.3	98.8
1935	100.0	100.0	100.0	100.0	100.0	100.0	100.0	100.0	100.0	100.0
1936	105.4	89.3	103.3	97.3	59.0	102.7	102.5	122.8	106.6	101.1
1937	111.5	120.9	113.1	108.7	54.9	112.1	111.7	126.6	125.9	100.7
1938	114.3	170.1	125.6	118.7	48.0	118.7	118.7	149.6	116.0	131.9
1939	137.0	215.0	153.2	154.5	53.7	150.4	146.2	187.5	143.6	151.0
1940	180.7	315.3	189.0	179.1	71.0	193.0	186.9	217.8	183.5	166.7
1941	197.3	413.4	213.2	167.0	36.4	198.5	193.3	221.2	194.3	180.7
1942	202.1		191.7	173.4		221.2	215.8	230.7	220.8	208.5
1943	240.6		205.6	182.9		260.7	262.0	308.2	227.5	222.3
1944	245.9		185.3	192.3		274.5	297.5	467.8	366.6	221.8
	남한, 2010년=100									
1955	11.5			12.5		49.5		8.9	10.2	4.5
1956	11.5			13.0		41.0	32.3	10.8	9.0	10.8
1957	13.1		26.0	12.0		45.3	18.7	12.4	10.2	9.0
1958	12.6		19.1	9.2		37.5	23.5	11.0	9.6	7.7
1959	11.6		19.1	10.0		40.2	22.3	10.0	9.0	8.2
1960	11.9		19.7	10.8		36.5	16.4	9.5	8.6	9.8
1961	12.1		19.0	10.0		32.9	10.1	10.1	8.6	7.1
1962	12.6		19.3	10.1		36.3	15.8	9.8	8.9	9.4
1963	12.1	21.0	16.1	10.5	52.6	36.5	16.2	12.9	8.8	7.4
1964	13.4	15.9	16.6	11.1	50.8	83.6	15.6	18.2	11.5	7.9
1965	11.9	23.9	17.6	14.2	46.1	35.2	16.0	19.2	10.5	7.3
1966	13.0	32.1	20.5	14.5	54.5	55.3	19.9	17.1	11.8	8.6

표 V286-295 계속

	수출					수입				
	농수축산물 및 가공품	비내구소비재	내구소비재	원자재	원자재	농수축산물 및 가공품	비내구소비재	내구소비재	원자재	원자재
	V286	V287	V288	V289	V290	V291	V292	V293	V294	V295
	남한, 2010년=100									
1967	10.7	24.3	20.6	14.7	55.4	40.7	17.6	16.5	10.9	9.3
1968	20.2	23.6	20.2	16.0	64.4	36.6	18.2	16.3	9.9	10.8
1969	21.4	27.0	19.8	15.7	96.0	38.9	16.8	17.2	8.8	10.7
1970	24.6	28.5	20.5	16.0	69.5	37.9	17.3	20.8	9.9	12.1
1971	23.3	24.7	20.0	16.5	40.9	34.3	23.6	19.6	9.7	13.1
1972	23.1	27.9	21.2	16.1	44.3	34.5	23.5	25.0	10.2	16.5
1973	27.7	31.3	22.8	23.7	30.8	60.1	24.8	28.8	13.3	17.8
1974	29.8	35.7	29.8	30.0	48.2	95.1	25.3	39.6	22.7	21.7
1975	31.0	36.0	31.2	26.7	63.0	92.6	30.3	46.6	23.1	26.9
1976	34.7	38.6	35.2	30.3	63.8	74.8	34.6	38.7	23.4	27.7
1977	41.5	40.9	36.4	32.3	54.9	66.9	25.1	32.0	24.0	26.0
1978	43.9	44.4	38.6	36.8	52.7	70.5	40.9	43.0	25.1	31.9
1979	55.7	39.2	43.7	45.8	32.9	80.3	50.8	50.0	30.8	36.0
1980	51.3	51.7	46.9	45.3	32.6	95.6	43.9	58.8	41.9	37.3
1981	54.7	53.8	47.3	41.1	35.5	99.2	59.7	61.3	41.4	38.4
1982	55.2	54.8	49.9	42.8	39.9	83.0	51.5	49.7	40.6	42.3
1983	45.0	55.5	47.7	39.7	37.2	75.5	63.2	47.2	37.7	44.9
1984	50.3	56.7	55.6	42.8	28.6	84.9	67.8	47.8	38.8	44.8
1985	48.5	57.5	49.4	40.8	31.7	73.2	62.1	46.4	36.6	46.2
1986	53.3	58.5	55.0	41.0	30.5	67.3	49.7	47.4	30.2	47.6
1987	66.5	64.7	58.4	48.8	33.2	59.9	59.4	57.4	32.3	54.1
1988	77.0	51.9	45.5	54.8	29.8	69.1	65.2	63.5	38.3	58.2
1989	83.5	71.2	68.7	59.1	45.9	79.0	70.2	66.8	40.7	66.9
1990	82.1	70.7	69.3	55.7	46.5	78.0	70.1	67.4	41.1	70.7
1991	91.5	70.2	70.6	56.4	49.0	69.1	79.0	68.0	40.8	75.4
1992	94.5	91.1	71.6	55.8	55.1	75.9	78.6	67.9	38.8	86.6
1993	105.6	80.4	70.9	53.9	55.4	70.8	92.3	65.8	38.0	89.7
1994	109.7	78.0	75.5	56.3	60.6	71.0	92.3	66.0	39.0	94.6
1995	105.8	81.5	81.3	63.8	71.3	78.9	92.5	72.4	44.8	100.3
1996	106.0	82.1	79.2	60.1	61.1	86.9	90.1	75.2	45.5	99.8
1997	94.4	72.4	74.3	53.3	63.2	79.8	96.5	72.0	43.3	96.9
1998	74.3	65.3	65.9	44.3	55.7	67.7	91.2	67.1	35.3	95.7
1999	88.8	65.7	65.5	46.1	58.7	60.8	95.1	62.4	35.8	94.7
2000	88.0	69.6	67.6	51.0	66.3	63.9	83.8	61.8	45.3	96.3
2001	81.1	74.7	63.1	46.2	58.5	61.6	87.2	57.3	41.6	85.3
2002	78.8	76.6	61.2	46.1	64.6	60.7	83.9	57.6	39.7	79.9
2003	81.8	82.5	64.2	51.3	73.4	63.8	92.3	60.9	45.5	86.4
2004	92.6	84.1	68.1	63.1	81.6	73.8	91.3	66.0	56.3	90.5
2005	91.9	88.9	78.1	73.7	82.7	74.4	98.4	71.5	68.7	90.8
2006	94.4	94.4	87.2	83.9	86.1	76.1	103.1	79.8	80.9	89.2
2007	96.2	98.3	91.2	93.5	92.9	88.5	94.2	85.9	90.0	88.9
2008	100.5	98.9	98.5	111.1	97.0	110.1	104.1	92.7	117.8	92.0
2009	96.0	93.2	96.0	82.7	89.2	93.3	94.8	94.3	83.4	90.0
2010	100.0	100.0	100.0	100.0	100.0	100.0	100.0	100.0	100.0	100.0
2011	123.7	110.4	112.2	122.8	108.3	120.2	104.6	110.3	126.7	107.8
2012	124.3	112.2	110.9	118.6	115.9	119.1	106.8	112.7	125.8	109.0
2013	117.3	119.7	107.9	115.5	125.5	123.0	107.9	113.0	119.3	109.2
2014	115.9	123.2	111.8	110.2	129.8	125.4	110.2	118.7	114.9	110.9
2015	109.4	118.7	113.0	84.5	134.8	116.3	107.4	114.0	78.4	111.6

자료: 1962년 이전은 본문의 표 V-g의 자료; 1963년 이후는 UN, Comtrade(https://comtrade.un.org).

주: 1) 1942-1944년은 일본과의 무역이며 다른 나라와의 무역이 제외되어 있다. 1946-1954년의 수입에는 원조가 제외되어 있다.

2) 수출과 수입에는 각각 재수출(V143)과 재수입(V146)이 제외되어 있다.

3) 관세청의 성질별 대분류(소비재, 원자재, 자본재)를 따랐으며, 소비재는 다시 농수축산물 및 가공품, 내구소비재, 비내구소비재로 나누었다.

4) 수출입 단가지수는 품목별 단가와 수출입액을 각각 가격과 가중치로 이용하여 Fisher 연쇄지수 방식으로 구하였다.

표 V296-305 수출입 대상국, 1885-1907

	수출					수입				
	일본	청국	러시아	기타	합계	일본	청국	러시아	기타	합계
	V296	V297	V298	V299	V300	V301	V302	V303	V304	V305
	남북한, 천 圓									
1885	378	9	1	-	388	1,370	301	1	-	1,672
1886	488	16	-	-	504	2,021	439	14	-	2,474
1887	784	19	2	-	805	2,072	733	11	-	2,815
1888	785	72	10	-	867	2,179	848	20	-	3,046
1889	1,122	110	2	-	1,234	2,285	1,086	7	-	3,378
1890	3,475	71	4	-	3,550	3,071	1,652	5	-	4,728
1891	3,220	136	10	-	3,366	3,204	2,044	8	-	5,256
1892	2,272	150	22	-	2,444	2,542	2,051	5	-	4,598
1893	1,543	134	21	-	1,698	1,949	1,906	25	-	3,880
1894	2,051	162	99	-	2,311	3,647	2,065	120	-	5,832
1895	2,366	92	24	-	2,482	5,839	2,120	130	-	8,088
1896	4,396	264	68	-	4,729	4,294	2,159	78	-	6,531
1897	8,090	736	148	-	8,974	6,432	3,536	100	-	10,068
1898	4,523	1,130	57	-	5,709	6,777	4,929	111	-	11,818
1899	4,205	685	107	-	4,998	6,658	3,471	98	-	10,227
1900	7,232	1,969	239	-	9,440	8,241	2,582	117	-	10,940
1901	7,443	821	261	17	8,543	9,110	5,639	28	-	14,777
1902	6,660	1,555	232	21	8,469	8,664	4,851	21	157	13,693
1903	7,666	1,630	310	63	9,669	11,685	5,648	128	950	18,411
1904	5,800	1,672	3	56	7,531	19,255	5,403	165	2,580	27,403
1905	5,546	2,279	20	72	7,917	24,041	6,463	111	2,357	32,972
1906	7,191	1,001	651	60	8,903	23,223	4,394	56	2,632	30,305
1907	12,919	3,220	787	58	16,984	29,524	5,641	67	6,379	41,612

자료: 堀和生・木越義則, 「開港期朝鮮貿易の基礎的研究」, 낙성대경제연구소 워킹페이퍼 WP2009-4.

주: 여기서 수입(수출) 대상국은 상품이 발송된(향한) 나라를 말한다. 따라서 영국산 제품이라도 상하이(上海)나 나가사키(長崎)를 경유한 경우에는 청국이나 일본으로부터의 수입품으로 잡히게 된다. 1908년 이후 수출입 대상국이 원산지와 최종목적지로 변경되었다.

표 V306-316 수출 대상국 또는 지역, 1908-1939, 1946-2015

	아시아	일본	중국	홍콩	아메리카	미국	유럽	오세아니아	아프리카	기타	합계
	V306	V307	V308	V309	V310	V311	V312	V313	V314	V315	V316
	남북한, 천 圓										
1908	13,990	10,916	2,247	7	45	45	78	0	0	0	14,113
1909	16,087	12,082	3,203	17	69	69	93	0	0	0	16,249
1910	19,571	15,379	3,026	11	305	305	38	0	0	0	19,914
1911	17,875	13,341	3,009	14	953	953	27	1	0	1	18,857
1912	20,679	15,369	4,058	6	96	96	209	2	0	0	20,986
1913	30,533	25,314	4,184	25	90	90	254	1	0	0	30,879
1914	34,221	28,587	4,518	6	93	92	62	1	5	8	34,389
1915	49,415	40,901	5,599	9	39	32	20	2	0	16	49,492
1916	55,764	42,964	8,062	19	966	964	68	4	0	0	56,802
1917	80,157	64,726	11,954	20	338	337	3,278	2	0	0	83,775
1918	153,951	137,205	15,096	22	116	116	12	13	9	88	154,189
1919	220,168	199,849	17,940	15	340	336	17	6	35	0	220,566
1920	191,070	169,381	19,367	35	267	266	569	6	46	0	191,959
1921	217,926	197,393	19,229	11	303	302	5	35	0	8	218,277
1922	215,263	197,915	16,661	4	127	126	11	3	1	0	215,404
1923	261,549	241,262	19,835	5	100	99	12	5	0	0	261,666
1924	328,886	306,660	21,399	391	128	127	19	6	0	0	329,039
1925	341,453	317,289	23,416	141	169	168	5	4	0	0	341,631
1926	362,555	338,176	23,597	93	174	172	24	16	185	0	362,955
1927	358,743	330,791	27,283	18	145	140	33	4	0	0	358,925
1928	365,626	333,829	31,421	15	208	204	139	5	0	0	365,979
1929	345,304	309,891	34,746	25	345	342	6	9	0	0	345,664
1930	265,735	240,695	24,578	26	214	210	31	26	540	0	266,547
1931	261,513	249,027	12,086	22	124	123	11	6	144	0	261,799
1932	310,739	282,144	28,153	108	408	407	7	5	195	0	311,354
1933	363,959	315,854	47,162	365	2,748	2,747	743	643	534	0	368,628
1934	464,533	407,694	55,470	543	314	313	36	68	417	0	465,367
1935	549,388	485,894	61,357	499	575	547	328	411	93	0	550,796
1936	589,355	518,047	69,137	601	1,589	994	293	1,501	575	0	593,313
1937	673,583	572,445	96,986	657	2,069	1,475	2,869	2,186	4,835	0	685,543
1938	875,215	710,541	162,897	74	1,617	1,281	1,341	33	1,402	0	879,608
1939	1,000,980	736,882	261,668	192	3,971	3,646	800	57	985	0	1,006,793
	남한, 백만 원										
1946	0.05	0.01	-	-	-	-	-	-	-	-	0.05
1947	0.72	-	-	0.47	0.05	0.05	0.34	-	-	-	1.11
1948	6.78	1.09	-	5.50	0.42	0.42	-	-	-	-	7.20
1949	12.79	3.78	-	8.43	0.49	0.49	0.18	-	-	-	13.46
1950	50.60	44.25	-	6.29	2.13	2.13	0.16	-	0.00	-	52.90
1951	58.78	55.08	-	3.66	8.53	8.53	0.04	0.00	-	-	67.35
1952	172.34	147.40	-	23.50	107.56	107.56	0.04	-	-	-	279.95
1953	201.68	149.70	-	48.72	190.71	190.71	6.33	-	-	-	398.72
1954	284.21	219.86	-	60.74	376.16	375.68	7.08	0.03	-	-	667.48
	남한, 백만 달러										
1955	9.2	7.3	-	1.9	7.4	7.4	1.3	0.0	-	-	18.0
1956	10.4	8.1	-	1.9	10.9	10.9	3.3	-	-	-	24.6
1957	15.1	10.8	-	3.8	4.1	4.1	2.9	0.0	0.0	-	22.2
1958	11.4	9.8	-	1.3	2.9	2.9	2.2	0.0	-	-	16.5
1959	14.8	12.7	-	1.0	2.1	2.1	2.3	-	-	0.7	19.8
1960	23.9	20.2	-	2.7	3.6	3.6	4.3	0.0	-	1.0	32.8
1961	28.4	19.4	-	7.4	6.9	6.8	3.2	0.1	-	2.2	40.9
1962	35.7	23.5	-	4.7	12.5	12.0	6.3	0.2	0.0	0.1	54.8
1963	52	26	-	9	25	25	8	0	0	1	87
1964	64	39	-	12	36	36	16	1	0	3	119
1965	82	44	-	11	65	62	21	1	2	4	175
1966	100	65	-	9	102	96	34	1	1	11	250
1967	124	85	-	15	146	137	33	3	9	5	320
1968	144	100	-	16	251	235	36	4	12	7	455
1969	198	133	-	24	332	312	55	8	13	16	623
1970	307	234	-	28	414	391	76	10	17	11	835

표 V306-316 계속

	아시아	일본	중국	홍콩	아메리카	미국	유럽	오세아니아	아프리카	기타	합계
	V306	V307	V308	V309	V310	V311	V312	V313	V314	V315	V316
	남한, 백만 달러										
1971	360	262	-	41	570	532	88	6	29	15	1,068
1972	575	408	-	72	830	759	165	11	20	23	1,624
1973	1,535	1,242	-	118	1,199	1,022	377	32	32	50	3,225
1974	1,844	1,380	-	151	1,743	1,494	611	80	89	93	4,460
1975	1,996	1,293	-	182	1,781	1,540	916	84	199	104	5,081
1976	3,091	1,802	-	325	2,866	2,498	1,344	111	207	96	7,715
1977	4,139	2,121	0	342	3,590	3,127	1,742	139	288	119	10,016
1978	5,075	2,613	-	385	4,622	4,073	2,320	177	333	167	12,695
1979	6,263	3,352	-	531	5,111	4,389	2,790	190	512	185	15,052
1980	7,111	3,048	-	845	5,534	4,703	3,227	297	995	942	18,106
1981	8,089	3,503	-	1,155	6,949	5,688	3,360	342	1,282	1,233	21,255
1982	8,022	3,386	-	899	7,401	6,256	3,736	389	1,042	1,262	21,853
1983	8,948	3,404	-	818	9,417	8,280	3,786	378	763	1,153	24,445
1984	10,256	4,609	-	1,281	12,437	10,529	4,031	449	877	1,201	29,251
1985	10,128	4,543	-	1,565	13,060	10,793	4,189	419	1,140	1,347	30,283
1986	10,909	5,426	-	1,691	16,032	13,920	5,159	629	794	1,191	34,714
1987	15,415	8,420	-	2,202	20,965	18,364	7,738	780	863	1,445	47,207
1988	22,044	11,997	-	3,560	24,680	21,469	9,476	1,048	1,191	2,128	60,568
1989	25,280	13,457	1,308	3,375	24,255	20,717	8,695	1,208	1,253	1,666	62,357
1990	26,390	12,638	1,365	3,780	23,188	19,446	10,520	1,120	1,251	2,546	65,016
1991	30,186	12,356	1,002	4,769	23,092	18,607	11,604	1,156	2,837	2,994	71,870
1992	34,315	11,599	2,654	5,909	24,660	18,153	11,145	1,261	2,577	2,672	76,631
1993	40,304	11,564	5,151	6,431	24,429	18,219	11,560	1,363	2,004	2,572	82,232
1994	46,658	13,523	6,203	8,015	28,367	20,703	13,331	1,439	3,146	3,067	96,008
1995	62,474	17,049	9,144	10,682	33,290	24,344	20,114	1,834	3,060	4,284	125,056
1996	67,246	15,767	11,377	11,131	31,796	21,926	20,511	2,380	3,356	4,424	129,713
1997	69,456	14,771	13,572	11,725	31,778	21,850	23,574	2,600	3,865	4,878	136,151
1998	55,774	11,069	10,967	8,584	32,910	22,783	27,105	3,111	4,020	9,383	132,302
1999	65,502	15,862	13,685	9,048	39,724	29,601	25,221	2,997	3,613	6,629	143,685
2000	80,956	20,466	18,455	10,708	49,385	37,806	26,776	3,521	3,294	8,336	172,267
2001	71,310	16,502	18,187	9,451	42,953	31,357	22,869	3,297	3,973	6,029	150,431
2002	78,885	15,140	23,753	10,145	43,960	32,943	25,612	3,320	3,902	6,786	162,466
2003	101,509	17,276	35,110	14,654	45,675	34,369	30,224	4,906	4,145	7,359	193,817
2004	132,467	21,701	49,763	18,127	57,761	43,027	41,184	4,924	7,280	10,229	253,845
2005	150,098	24,027	61,915	15,531	59,715	41,499	49,246	6,018	8,035	11,307	284,418
2006	171,869	26,534	69,459	18,978	67,331	43,320	56,166	6,781	9,933	13,378	325,457
2007	197,621	26,370	81,985	18,654	74,989	45,884	66,089	7,983	11,267	13,527	371,477
2008	230,496	28,252	91,389	19,771	83,652	46,501	71,570	11,216	13,285	11,784	422,003
2009	204,633	21,771	86,703	19,661	67,824	37,803	52,187	16,321	12,975	9,590	363,531
2010	267,126	28,176	116,838	25,294	90,064	49,991	65,274	13,396	15,580	14,941	466,381
2011	331,007	39,679	134,185	30,967	101,234	56,421	69,066	17,065	18,122	18,715	555,209
2012	340,043	38,796	134,322	32,605	100,080	58,807	63,263	15,386	14,219	14,863	547,854
2013	342,400	34,662	145,869	27,756	103,570	62,327	63,400	19,171	15,293	15,784	559,619
2014	345,338	32,248	145,328	27,275	111,132	70,598	64,871	21,469	15,062	15,202	573,075
2015	317,505	25,596	137,140	30,421	105,127	70,130	59,934	20,560	11,721	12,049	526,897

자료: 1908-1939년은 조선총독부, 『조선총독부통계연보』; 1946-1962년은 본문의 표 V-g의 자료; 1963년 이후는 UN, Comtrade(https://comtrade.un.org).

주: 수출 대상국은 상품의 최종목적지를 말한다.

표 V317-327 수입 대상국 또는 지역, 1908-1939, 1946-2015

	아시아	일본	중국	홍콩	아메리카	미국	유럽	오세아니아	아프리카	기타	합계
	V317	V318	V319	V320	V321	V322	V323	V324	V325	V326	V327
	남북한, 천 圓										
1908	29,267	23,982	4,882	64	4,196	4,195	7,528	24	3	5	41,023
1909	26,887	21,866	4,473	81	2,401	2,397	7,352	11	7	6	36,663
1910	29,489	25,346	3,845	20	3,213	3,205	7,054	19	3	2	39,781
1911	40,106	34,052	5,442	38	4,325	4,261	9,599	18	8	26	54,082
1912	48,489	40,672	7,027	226	6,530	6,460	11,917	49	7	39	67,031
1913	53,651	40,412	9,765	74	7,930	7,850	9,855	62	5	61	71,563
1914	50,097	39,047	7,761	40	6,173	6,127	6,862	55	3	42	63,231
1915	50,386	41,535	8,022	68	3,955	3,934	4,760	52	5	41	59,199
1916	62,805	52,459	9,565	61	6,594	6,552	4,911	139	5	3	74,457
1917	86,848	72,696	12,669	90	11,630	11,610	4,321	71	7	11	102,887
1918	143,836	117,273	22,725	207	10,588	10,341	3,634	238	3	11	158,309
1919	250,273	184,918	60,600	417	24,271	24,182	5,978	145	19	100	280,785
1920	213,942	143,112	67,834	387	19,299	19,238	5,342	360	5	9	238,956
1921	209,342	156,483	50,189	151	14,402	14,374	8,398	227	1	12	232,382
1922	227,327	160,247	62,788	161	18,582	18,069	9,477	617	42	0	256,045
1923	247,053	167,452	74,560	182	11,284	11,173	7,350	98	6	0	265,791
1924	290,949	211,817	73,010	179	11,662	11,448	6,612	366	4	0	309,593
1925	324,564	234,624	83,362	159	9,660	9,399	5,764	23	1	0	340,012
1926	358,150	248,236	92,312	101	6,957	6,636	6,625	437	1	0	372,170
1927	368,602	269,474	89,954	157	8,469	8,208	6,114	227	6	0	383,417
1928	395,357	295,840	81,086	148	8,648	8,314	9,326	105	8	548	413,991
1929	404,467	315,326	73,059	91	10,131	9,803	7,492	67	3	933	423,094
1930	351,956	278,194	60,945	99	8,749	8,613	4,980	126	1	1,237	367,049
1931	259,858	217,770	39,507	21	4,630	4,552	2,892	33	0	3,053	270,466
1932	307,611	258,670	45,975	9	5,160	5,076	2,573	1,442	29	3,541	320,356
1933	394,920	339,817	50,313	17	2,713	2,195	1,529	653	0	4,370	404,185
1934	504,379	439,623	58,607	31	6,193	5,084	1,559	1,310	0	5,710	519,150
1935	638,019	558,814	70,397	8	8,374	7,548	4,103	2,611	0	6,296	659,403
1936	742,438	647,918	81,194	7	10,633	9,152	7,134	545	112	1,555	762,417
1937	829,375	735,414	79,524	15	22,658	21,312	7,906	2,170	0	1,443	863,553
1938	1,024,795	921,346	80,426	7	21,547	17,775	4,343	3,207	618	1,419	1,055,928
1939	1,347,784	1,229,417	98,975	66	27,945	23,755	6,763	3,840	592	1,523	1,388,448
	남한, 백만 원										
1946	0.17	0.01	-	-	0.00	0.00	-	-	-	-	0.17
1947	1.28	0.01	-	0.15	0.28	0.27	0.45	0.08	-	-	2.09
1948	4.46	0.46	-	1.40	1.50	1.44	2.81	0.07	0.02	-	8.86
1949	7.30	1.91	-	1.23	2.76	2.70	4.64	0.03	0.00	-	14.74
1950	4.37	3.60	-	0.18	0.55	0.55	0.29	0.00	-	-	5.21
1951	116.18	88.64	-	21.76	4.62	4.61	0.99	0.03	-	-	121.83
1952	617.25	416.73	-	54.91	79.71	79.46	5.05	2.28	0.14	-	704.42
1953	1,568.43	1,066.56	-	69.63	504.22	370.28	89.58	70.50	4.29	-	2,237.02
1954	1,578.57	1,061.18	-	311.04	702.64	612.65	426.34	61.12	9.81	-	2,778.48
	남한, 백만 달러										
1955	42.5	19.1	-	14.4	83.3	77.9	34.6	0.7	0.3	180.2	341.4
1956	46.1	20.7	-	9.2	93.3	87.0	42.5	0.5	0.4	203.3	386.1
1957	65.2	33.5	-	4.1	112.6	109.6	40.6	2.9	1.2	219.7	442.2
1958	79.2	49.9	-	3.0	216.3	209.0	72.8	8.3	1.5	-	378.2
1959	56.9	32.4	-	0.7	157.0	147.6	69.3	7.8	0.6	12.1	303.8
1960	97.8	70.4	-	1.4	143.3	133.7	80.2	7.5	0.3	14.4	343.5
1961	91.9	69.2	-	0.3	151.5	143.4	49.3	6.7	0.5	16.2	316.1
1962	141.5	109.2	-	0.3	229.0	220.3	41.4	7.9	1.9	0.2	421.8
1963	189	159	-	6	289	284	42	12	1	28	560
1964	131	110	-	6	206	202	39	9	0	19	404
1965	198	167	-	8	186	182	27	5	4	30	450
1966	362	294	-	8	280	274	56	8	4	26	737
1967	544	443	-	12	318	305	84	11	9	31	996
1968	808	624	-	15	472	452	153	14	1	18	1,468
1969	1,002	754	-	20	559	530	216	18	2	25	1,823
1970	1,090	809	0	20	614	584	218	18	6	38	1,983

표 V317-327 계속

	아시아	일본	중국	홍콩	아메리카	미국	유럽	오세아니아	아프리카	기타	합계
	V317	V318	V319	V320	V321	V322	V323	V324	V325	V326	V327
	남한, 백만 달러										
1971	1,303	954	-	20	730	678	261	41	7	52	2,394
1972	1,425	1,031	-	36	690	647	279	54	14	60	2,522
1973	2,398	1,727	-	29	1,298	1,202	350	106	21	68	4,240
1974	4,070	2,621	-	30	1,961	1,701	451	154	35	174	6,844
1975	4,047	2,432	0	20	2,081	1,880	601	224	40	277	7,271
1976	5,274	3,094	0	36	2,239	1,960	788	246	73	144	8,764
1977	6,624	3,924	0	36	2,686	2,447	971	328	79	120	10,808
1978	9,107	5,981	0	51	3,418	3,043	1,631	556	80	178	14,972
1979	11,377	6,640	6	87	5,222	4,600	2,503	704	214	286	20,306
1980	12,720	5,973	-	99	5,698	4,921	2,018	800	164	1,295	22,694
1981	13,712	6,348	-	199	7,299	6,045	2,434	1,029	206	1,374	26,053
1982	11,671	5,283	-	244	7,440	5,955	2,119	1,056	484	1,481	24,251
1983	12,426	6,214	-	221	7,702	6,274	2,731	1,131	621	1,581	26,192
1984	14,141	7,623	-	467	8,927	6,873	3,530	1,324	566	2,143	30,631
1985	13,732	7,531	-	492	8,972	6,487	3,944	1,311	675	2,502	31,136
1986	15,330	10,857	-	399	8,508	6,543	3,897	1,290	304	2,255	31,584
1987	19,574	13,657	-	396	10,887	8,760	5,472	1,648	388	3,048	41,017
1988	22,877	15,929	-	556	15,397	12,759	6,983	2,173	452	3,925	51,808
1989	27,618	17,449	1,328	582	19,131	15,915	7,592	2,782	509	3,824	61,456
1990	32,109	18,574	1,485	614	20,132	16,946	9,747	3,197	615	4,039	69,840
1991	39,625	21,120	3,440	773	23,095	18,902	11,779	3,709	200	3,113	81,520
1992	40,611	19,458	3,725	794	22,376	18,319	12,015	3,801	1,080	1,875	81,758
1993	41,732	20,015	3,929	935	22,005	17,952	13,048	4,327	954	1,728	83,794
1994	49,568	25,388	5,463	660	26,860	21,599	17,205	4,781	1,427	2,502	102,343
1995	63,971	32,604	7,401	837	36,970	30,419	22,333	6,046	2,272	3,522	135,113
1996	69,643	31,448	8,538	1,143	40,419	33,320	26,066	7,371	2,865	3,970	150,334
1997	70,078	27,906	10,117	903	36,801	30,135	23,610	6,840	4,795	2,489	144,614
1998	42,564	16,537	6,227	474	24,353	20,244	14,111	5,278	2,125	4,849	93,281
1999	61,760	24,142	8,867	883	29,580	24,943	16,467	5,480	3,394	3,071	119,751
2000	91,029	31,827	12,799	1,261	34,612	29,286	20,014	6,897	3,193	4,735	160,479
2001	81,897	26,633	13,303	1,228	27,639	22,431	18,725	6,410	2,088	4,338	141,097
2002	88,752	29,855	17,400	1,695	28,595	23,111	21,668	6,069	2,174	4,866	152,124
2003	107,699	36,313	21,909	2,735	31,268	24,935	24,659	6,765	2,524	5,911	178,826
2004	136,919	46,144	29,585	3,268	37,622	28,919	30,398	8,498	3,663	7,360	224,461
2005	164,945	48,403	38,648	2,043	40,206	30,787	33,463	10,971	3,521	8,131	261,236
2006	198,129	51,926	48,557	2,101	46,477	33,797	37,203	12,436	5,740	9,395	309,379
2007	226,685	56,250	63,025	2,142	51,797	37,393	47,681	14,591	6,058	10,030	356,842
2008	288,627	60,956	76,927	2,223	56,523	38,556	53,308	19,518	6,595	10,698	435,271
2009	205,082	49,427	54,246	1,487	44,217	29,160	43,351	16,043	4,488	9,899	323,082
2010	268,613	64,296	71,573	1,946	59,359	40,588	55,047	22,139	6,290	13,760	425,208
2011	338,974	68,320	86,431	2,315	71,342	44,815	63,961	28,477	6,883	14,767	524,405
2012	335,124	64,363	80,782	2,058	68,309	43,652	69,546	24,935	7,579	14,083	519,576
2013	331,251	60,029	83,051	1,929	64,586	41,762	73,409	22,864	8,729	14,734	515,573
2014	322,199	53,776	90,071	1,750	69,015	45,531	84,464	22,434	11,689	15,756	525,557
2015	255,812	45,854	90,235	1,499	64,025	44,213	74,404	18,217	7,081	16,996	436,536

자료: 1908-1939년은 조선총독부, 『조선총독부통계연보』; 1946-1962년은 본문의 표 V-g의 자료; 1963년 이후는 UN, Comtrade(https://comtrade.un.org).
주: 수입 대상국이란 상품의 원산지를 말한다.

표 V328-337 수출 상위 5대 품목과 그 비중, 1877-2015

	1위		2위		3위		4위		5위	
	품목	비중	품목	비중	품목	비중	품목	비중	품목	비중
	V328	V329	V330	V331	V332	V333	V334	V335	V336	V337
1877	원피	42.0%	동식물성 물질	18.5%	섬유	15.3%	어류	7.9%	기름용 씨	6.8%
1878	곡식	28.1%	원피	25.0%	기름용 씨	14.0%	동식물성 물질	11.4%	직물	7.4%
1879	곡식	59.2%	기름용 씨	16.2%	원피	9.7%	동식물성 물질	6.0%	어류	3.2%
1880	곡식	58.5%	원피	15.4%	기름용 씨	9.5%	섬유	6.5%	동식물성 물질	4.6%
1881	곡식	28.5%	원피	24.5%	기름용 씨	14.5%	동식물성 물질	11.2%	섬유	6.4%
1882	기름용 씨	25.1%	잡제품	18.3%	원피	14.6%	동식물성 물질	13.4%	직물	10.4%
1883	기름용 씨	28.1%	원피	25.8%	동식물성 물질	13.6%	직물	7.6%	섬유	7.1%
1884	원피	41.0%	기름용 씨	33.6%	동식물성 물질	7.0%	직물	4.0%	나무	3.6%
1885	원피	69.3%	기름용 씨	7.1%	곡식	6.3%	동식물성 물질	5.5%	어류	4.3%
1886	원피	67.6%	기름용 씨	9.1%	곡식	8.5%	동식물성 물질	3.8%	어류	3.2%
1887	기름용 씨	40.7%	원피	36.7%	곡식	11.3%	어류	3.4%	동식물성 물질	3.4%
1888	기름용 씨	52.5%	원피	23.8%	어류	5.6%	동식물성 물질	4.2%	곡식	3.9%
1889	기름용 씨	51.0%	원피	18.0%	곡식	9.6%	어류	8.7%	동식물성 물질	4.8%
1890	곡식	60.5%	기름용 씨	28.2%	원피	4.3%	어류	2.6%	동식물성 물질	1.6%
1891	곡식	58.3%	기름용 씨	27.0%	원피	6.5%	어류	3.1%	동식물성 물질	2.0%
1892	곡식	42.2%	기름용 씨	32.5%	원피	12.3%	어류	4.8%	동식물성 물질	3.6%
1893	기름용 씨	37.4%	곡식	21.7%	원피	16.8%	어류	11.5%	동식물성 물질	4.8%
1894	곡식	41.9%	기름용 씨	21.1%	원피	15.0%	동물사료	8.2%	잡제품	4.9%
1895	기름용 씨	33.9%	곡식	27.5%	원피	20.6%	잡제품	9.8%	동식물성 물질	2.9%
1896	곡식	52.8%	기름용 씨	26.3%	동식물성 물질	7.6%	원피	5.7%	잡제품	3.4%
1897	곡식	63.5%	기름용 씨	18.8%	동식물성 물질	8.3%	동물사료	3.8%	원피	2.3%
1898	곡식	49.8%	기름용 씨	19.5%	동식물성 물질	18.7%	원피	4.5%	잡제품	2.5%
1899	기름용 씨	31.6%	곡식	29.9%	동식물성 물질	9.8%	원피	9.4%	채소	7.9%
1900	곡식	39.3%	기름용 씨	24.8%	동식물성 물질	17.3%	원피	6.6%	어류	4.5%
1901	곡식	49.6%	기름용 씨	22.4%	원피	7.8%	동식물성 물질	6.6%	잡제품	4.7%
1902	곡식	44.1%	기름용 씨	20.6%	동식물성 물질	14.5%	원피	8.5%	어류	2.9%
1903	곡식	44.3%	기름용 씨	16.1%	동식물성 물질	10.6%	원피	10.6%	잡제품	4.5%
1904	기름용 씨	32.2%	곡식	18.0%	원피	14.6%	동식물성 물질	13.4%	잡제품	9.7%
1905	기름용 씨	33.2%	동식물성 물질	14.4%	잡제품	13.6%	곡식	12.3%	원피	9.3%
1906	기름용 씨	41.0%	곡식	20.4%	잡제품	9.7%	원피	7.7%	산 동물	5.2%
1907	곡식	48.1%	기름용 씨	23.1%	동식물성 물질	7.3%	산 동물	4.6%	원피	4.2%
1908	곡식	48.2%	기름용 씨	24.1%	잡제품	5.1%	산 동물	5.1%	원피	4.0%
1909	곡식	39.5%	기름용 씨	22.2%	동식물성 물질	6.3%	잡제품	5.8%	원피	5.2%
1910	곡식	33.9%	기름용 씨	27.3%	잡제품	5.9%	원피	5.2%	금속광석	4.4%
1911	곡식	29.3%	기름용 씨	23.9%	비철금속	6.2%	잡제품	6.0%	원피	5.9%
1912	곡식	38.4%	기름용 씨	24.9%	원피	5.1%	어류	4.9%	잡제품	4.0%
1913	곡식	48.1%	기름용 씨	18.1%	어류	5.0%	원피	4.4%	동식물성 물질	4.0%
1914	곡식	50.8%	기름용 씨	11.3%	어류	5.2%	원피	5.0%	섬유	4.3%
1915	곡식	50.1%	기름용 씨	10.9%	원피	7.3%	가죽	4.4%	어류	4.0%
1916	곡식	35.0%	기름용 씨	11.4%	비철금속	6.9%	원피	6.6%	금속광석	5.7%
1917	곡식	35.1%	기름용 씨	11.9%	비철금속	9.8%	섬유	8.9%	어류	5.0%
1918	곡식	40.9%	철 및 강	10.0%	섬유	7.7%	기름용 씨	6.9%	어류	6.8%
1919	곡식	50.5%	기름용 씨	9.8%	어류	6.5%	섬유	6.4%	철 및 강	5.0%
1920	곡식	40.6%	기름용 씨	9.3%	잡제품	8.0%	어류	7.6%	철 및 강	5.9%
1921	곡식	44.9%	기름용 씨	10.6%	섬유	8.7%	어류	7.0%	철 및 강	4.0%
1922	곡식	45.0%	기름용 씨	10.4%	섬유	9.4%	어류	7.3%	철 및 강	4.1%
1923	곡식	43.8%	섬유	15.0%	기름용 씨	8.1%	어류	7.1%	잡제품	3.0%
1924	곡식	50.5%	섬유	12.4%	기름용 씨	7.8%	어류	6.5%	동식물성 물질	2.2%
1925	곡식	51.5%	섬유	14.3%	기름용 씨	6.2%	어류	5.1%	잡제품	2.2%
1926	곡식	53.3%	섬유	10.9%	기름용 씨	6.8%	어류	5.2%	동물사료	2.2%
1927	곡식	53.5%	섬유	9.9%	기름용 씨	6.5%	어류	4.8%	직물	2.2%
1928	곡식	50.4%	섬유	10.7%	기름용 씨	6.5%	어류	5.0%	철 및 강	2.0%
1929	곡식	43.4%	섬유	11.8%	기름용 씨	6.5%	어류	5.3%	동물사료	2.7%
1930	곡식	41.4%	섬유	12.7%	기름용 씨	6.7%	어류	5.8%	직물	2.8%
1931	곡식	53.2%	섬유	8.9%	기름용 씨	5.3%	어류	5.0%	잡제품	2.3%
1932	곡식	48.0%	섬유	7.8%	기름용 씨	6.6%	어류	4.5%	비료	4.3%
1933	곡식	43.8%	섬유	8.6%	기름용 씨	5.3%	비료	4.5%	어류	4.4%
1934	곡식	49.0%	섬유	5.9%	어류	4.1%	기름용 씨	3.9%	직물	3.5%
1935	곡식	45.1%	섬유	6.6%	비철금속	4.4%	철 및 강	4.2%	어류	3.5%

표 V328-337 계속

	1위		2위		3위		4위		5위	
	품목	비중	품목	비중	품목	비중	품목	비중	품목	비중
	V328	V329	V330	V331	V332	V333	V334	V335	V336	V337
1936	곡식	43.0%	섬유	5.9%	동물사료	4.3%	기름용 씨	4.0%	비철금속	4.0%
1937	곡식	35.3%	직물	6.4%	비철금속	5.9%	섬유	5.6%	철 및 강	4.1%
1938	곡식	37.2%	직물	6.1%	비철금속	5.1%	철 및 강	5.0%	섬유	4.0%
1939	곡식	18.6%	철 및 강	8.3%	직물	6.8%	비철금속	6.0%	섬유	5.3%
1940	철 및 강	11.0%	비철금속	9.2%	섬유	7.1%	어류	6.0%	동물사료	5.7%
1941	곡식	19.4%	비철금속	7.7%	철 및 강	7.3%	섬유	6.9%	어류	6.2%
1942	곡식	29.2%	비철금속	23.6%	어류	6.4%	섬유	3.2%	동식물성 물질	3.1%
1943	비철금속	40.1%	기름용 씨	12.0%	어류	8.0%	동식물성 물질	4.2%	미가공 비료	3.5%
1944	곡식	36.7%	기름용 씨	15.2%	어류	6.7%	미가공 비료	5.6%	비료	5.2%
1945										
1946	어류	78.4%	화확물	8.1%	동식물성 물질	6.3%	원피	4.7%	채소	1.2%
1947	어류	31.3%	동식물성 물질	21.5%	화확물	9.1%	섬유	7.4%	금속광석	6.3%
1948	어류	46.6%	동식물성 물질	23.7%	화확물	6.3%	비철금속	3.7%	철 및 강	3.7%
1949	어류	47.3%	동식물성 물질	27.3%	잡제품	5.4%	금속광석	4.8%	화확물	3.5%
1950	곡식	72.7%	어류	10.4%	금속광석	5.2%	동식물성 물질	4.2%	화확물	2.6%
1951	금속광석	67.0%	동식물성 물질	10.7%	잡제품	5.6%	섬유	4.7%	전기기계	2.7%
1952	금속광석	70.3%	동식물성 물질	8.4%	어류	5.6%	섬유	2.6%	원피	2.5%
1953	금속광석	45.3%	동식물성 물질	26.1%	어류	7.9%	섬유	7.4%	무기화학물	2.6%
1954	동식물성 물질	56.3%	섬유	12.4%	기타 식용품	9.2%	금속광석	8.0%	직물	4.4%
1955	금속광석	39.7%	동식물성 물질	19.5%	미가공 비료	11.6%	섬유	10.3%	석탄	2.7%
1956	금속광석	45.5%	동식물성 물질	18.1%	미가공 비료	11.0%	섬유	10.5%	비철금속	4.2%
1957	금속광석	29.2%	동식물성 물질	17.8%	미가공 비료	15.2%	어류	9.8%	섬유	8.0%
1958	금속광석	33.4%	어류	13.7%	동식물성 물질	13.4%	미가공 비료	11.8%	직물	5.7%
1959	금속광석	30.4%	동식물성 물질	18.7%	미가공 비료	9.0%	직물	7.2%	어류	6.2%
1960	금속광석	23.5%	동식물성 물질	17.9%	곡식	11.5%	어류	8.3%	미가공 비료	7.5%
1961	금속광석	23.5%	동식물성 물질	15.0%	어류	9.8%	섬유	8.4%	잡제품	7.4%
1962	곡식	16.3%	어류	14.7%	금속광석	14.5%	동식물성 물질	11.6%	섬유	8.1%
1963	철 및 강	13.2%	금속광석	11.8%	어류	10.3%	동식물성 물질	9.8%	직물	8.8%
1964	직물	16.4%	어류	12.7%	금속광석	11.1%	나무제품	9.6%	섬유	5.9%
1965	직물	15.0%	의복	11.8%	나무제품	10.4%	어류	10.1%	금속광석	10.1%
1966	직물	13.7%	의복	13.3%	나무제품	12.2%	어류	8.6%	금속광석	8.4%
1967	의복	18.3%	직물	15.1%	나무제품	11.3%	잡제품	8.5%	어류	8.3%
1968	의복	24.3%	나무제품	14.3%	직물	13.3%	잡제품	8.9%	어류	5.6%
1969	의복	25.3%	나무제품	12.7%	잡제품	10.5%	직물	10.4%	전기기계	4.8%
1970	의복	25.2%	잡제품	13.5%	나무제품	11.0%	직물	10.0%	섬유	5.0%
1971	의복	28.2%	직물	12.8%	나무제품	12.0%	잡제품	8.5%	전기기계	5.2%
1972	의복	26.7%	직물	10.6%	나무제품	10.3%	잡제품	7.3%	전기기계	5.8%
1973	의복	22.7%	직물	13.2%	나무제품	9.2%	잡제품	7.4%	전기기계	6.7%
1974	의복	20.7%	직물	10.7%	철 및 강	9.8%	전기기계	6.8%	잡제품	6.4%
1975	의복	22.0%	직물	12.5%	잡제품	7.4%	어류	6.9%	전기기계	5.4%
1976	의복	23.2%	직물	12.0%	잡제품	6.1%	전기기계	5.8%	신발	5.0%
1977	의복	20.0%	직물	10.5%	어류	6.7%	선박 등	6.1%	잡제품	6.1%
1978	의복	19.7%	직물	11.8%	선박 등	7.9%	잡제품	5.8%	신발	5.3%
1979	의복	18.3%	직물	11.6%	철 및 강	7.1%	선박 등	6.2%	잡제품	5.7%
1980	의복	16.2%	직물	12.1%	철 및 강	9.1%	선박 등	5.6%	통신기기	5.2%
1981	의복	17.5%	직물	11.1%	선박 등	8.5%	철 및 강	8.3%	통신기기	5.1%
1982	의복	16.6%	선박 등	14.2%	직물	9.9%	철 및 강	8.4%	신발	5.1%
1983	선박 등	15.8%	의복	14.5%	직물	9.5%	철 및 강	7.2%	전기기계	5.7%
1984	선박 등	17.2%	의복	14.8%	직물	8.6%	전기기계	6.9%	철 및 강	6.7%
1985	선박 등	17.7%	의복	14.1%	직물	8.0%	전기기계	5.9%	철 및 강	5.8%
1986	의복	15.1%	직물	8.8%	잡제품	8.3%	전기기계	7.6%	선박 등	6.6%
1987	의복	15.2%	잡제품	8.8%	전기기계	8.2%	직물	8.2%	통신기기	7.4%
1988	의복	14.4%	전기기계	10.6%	통신기기	10.3%	직물	8.0%	차량	7.5%
1989	의복	14.6%	전기기계	11.4%	통신기기	9.7%	직물	8.6%	잡제품	6.3%
1990	의복	12.1%	전기기계	11.8%	통신기기	9.6%	직물	9.3%	신발	6.6%
1991	전기기계	13.1%	의복	10.3%	직물	10.2%	통신기기	9.1%	선박 등	6.2%
1992	전기기계	14.0%	직물	10.7%	의복	8.8%	통신기기	8.5%	철 및 강	5.9%
1993	전기기계	15.0%	직물	10.9%	통신기기	8.6%	의복	7.5%	차량	7.0%
1994	전기기계	18.9%	직물	11.1%	통신기기	8.6%	차량	6.9%	의복	5.9%

표 V328-337 계속

	1위		2위		3위		4위		5위	
	품목	비중	품목	비중	품목	비중	품목	비중	품목	비중
	V328	V329	V330	V331	V332	V333	V334	V335	V336	V337
1995	전기기계	22.8%	직물	9.8%	차량	8.1%	통신기기	7.1%	선박 등	4.7%
1996	전기기계	19.7%	직물	9.8%	차량	9.5%	통신기기	6.9%	선박 등	5.9%
1997	전기기계	19.0%	직물	9.8%	차량	9.3%	통신기기	5.7%	선박 등	5.5%
1998	전기기계	18.5%	차량	8.9%	직물	8.5%	선박 등	6.9%	금	5.4%
1999	전기기계	19.3%	차량	9.3%	직물	8.1%	사무용기계	7.4%	통신기기	7.3%
2000	전기기계	18.5%	사무용기계	11.4%	차량	9.0%	통신기기	8.3%	직물	7.4%
2001	전기기계	14.4%	통신기기	10.6%	차량	10.2%	사무용기계	9.0%	직물	7.3%
2002	전기기계	14.6%	통신기기	12.4%	차량	10.6%	사무용기계	10.1%	선박 등	6.8%
2003	전기기계	14.8%	통신기기	13.7%	차량	11.8%	사무용기계	9.3%	선박 등	6.0%
2004	전기기계	14.4%	통신기기	14.4%	차량	12.6%	사무용기계	8.5%	선박 등	6.2%
2005	전기기계	15.1%	통신기기	13.3%	차량	13.1%	사무용기계	6.2%	선박 등	6.2%
2006	전기기계	14.9%	차량	13.0%	통신기기	11.5%	선박 등	6.8%	석유	6.4%
2007	전기기계	13.7%	차량	13.2%	통신기기	10.8%	선박 등	7.4%	석유	6.6%
2008	전기기계	11.7%	차량	11.4%	통신기기	10.7%	선박 등	10.0%	석유	9.1%
2009	전기기계	13.1%	선박 등	12.0%	통신기기	10.7%	차량	10.0%	통제기구 등	7.0%
2010	전기기계	15.1%	차량	11.4%	선박 등	10.4%	통신기기	8.2%	통제기구 등	7.1%
2011	전기기계	14.0%	차량	12.0%	선박 등	10.0%	석유	9.5%	통신기기	7.0%
2012	전기기계	15.6%	차량	12.7%	석유	10.4%	선박 등	7.3%	통신기기	5.9%
2013	전기기계	17.3%	차량	12.9%	석유	9.6%	통신기기	6.9%	선박 등	6.8%
2014	전기기계	17.1%	차량	12.7%	석유	9.1%	선박 등	7.0%	통신기기	7.0%
2015	전기기계	18.4%	차량	13.0%	선박 등	7.8%	통신기기	7.8%	석유	6.2%

자료: 1962년 이전은 본문의 표 V-g의 자료; 1963년 이후는 UN, Comtrade(https://comtrade.un.org).

주: 수출 상위 5대 품목이란 SITC 2digit으로 분류한 것 중에서 수출액이 많은 5대 품목을 말한다.

표 V338-347 수입 상위 5대 품목과 그 비중, 1877-2015

	1위		2위		3위		4위		5위	
	품목	비중	품목	비중	품목	비중	품목	비중	품목	비중
	V338	V339	V340	V341	V342	V343	V344	V345	V346	V347
1877	직물	45.3%	곡식	18.5%	비철금속	11.4%	잡제품	6.2%	섬유	5.6%
1878	직물	74.2%	비철금속	7.8%	염료	5.0%	잡제품	4.9%	섬유	1.1%
1879	직물	85.1%	비철금속	4.9%	염료	4.3%	잡제품	1.4%	비금속광물	0.9%
1880	직물	80.4%	비철금속	8.2%	염료	4.2%	잡제품	3.2%	음료	1.4%
1881	직물	83.6%	비철금속	7.4%	염료	3.9%	잡제품	1.4%	커피 등	0.6%
1882	직물	81.7%	잡제품	6.9%	염료	5.0%	비철금속	4.1%	의약품	0.6%
1883	직물	44.4%	비철금속	42.9%	잡제품	6.8%	염료	3.6%	비금속광물	0.6%
1884	직물	66.3%	잡제품	13.5%	곡식	4.9%	비철금속	3.7%	금속광석	2.3%
1885	직물	70.4%	잡제품	11.0%	곡식	6.6%	비철금속	3.4%	염료	2.5%
1886	직물	54.6%	곡식	24.5%	잡제품	6.5%	일반기계	2.4%	염료	1.6%
1887	직물	75.4%	잡제품	6.6%	염료	3.0%	비철금속	2.9%	미가공 비료	2.1%
1888	직물	72.6%	잡제품	7.1%	비철금속	3.1%	금속광석	2.7%	곡식	2.2%
1889	직물	58.0%	비철금속	10.9%	잡제품	7.3%	곡식	7.0%	금속광석	3.5%
1890	직물	67.4%	비철금속	10.0%	잡제품	6.1%	기타 금속제품	1.9%	석유	1.8%
1891	직물	67.3%	잡제품	8.0%	비철금속	5.4%	기타 금속제품	2.8%	석유	2.2%
1892	직물	59.5%	비철금속	11.9%	잡제품	6.7%	석유	3.2%	금속광석	2.5%
1893	직물	55.9%	비철금속	8.8%	잡제품	6.4%	석유	5.0%	금속광석	2.5%
1894	직물	50.7%	곡식	17.4%	잡제품	5.5%	석유	4.1%	의복	2.5%
1895	직물	70.6%	잡제품	5.5%	석유	2.6%	음료	2.2%	곡식	1.8%
1896	직물	64.0%	석유	6.1%	잡제품	6.0%	섬유	2.5%	기타 금속제품	2.0%
1897	직물	65.1%	잡제품	5.8%	석유	5.4%	미가공 비료	2.7%	섬유	2.4%
1898	직물	56.7%	곡식	8.1%	철 및 강	5.6%	잡제품	5.3%	석유	3.5%
1899	직물	63.6%	잡제품	8.3%	석유	5.7%	철 및 강	2.0%	산업기계	1.8%
1900	직물	62.5%	잡제품	11.3%	석유	4.6%	기타 금속제품	3.9%	산업기계	2.9%
1901	직물	56.1%	잡제품	8.2%	석유	4.3%	곡식	3.7%	철 및 강	2.6%
1902	직물	50.8%	잡제품	7.2%	석유	4.9%	곡식	4.3%	철 및 강	3.9%
1903	직물	40.4%	철 및 강	10.2%	곡식	9.9%	잡제품	5.9%	석유	3.1%
1904	직물	35.5%	잡제품	11.5%	철 및 강	11.4%	곡식	5.1%	담배	4.1%
1905	직물	43.2%	철 및 강	9.6%	잡제품	5.9%	담배	3.9%	음료	3.6%
1906	직물	33.0%	철 및 강	8.4%	잡제품	7.6%	나무제품	4.2%	음료	4.1%
1907	직물	36.7%	잡제품	10.7%	철 및 강	10.3%	나무제품	4.6%	기타 금속제품	3.5%
1908	직물	36.6%	잡제품	7.5%	철 및 강	5.5%	나무제품	4.5%	석유	3.7%
1909	직물	34.7%	잡제품	9.5%	음료	3.6%	철 및 강	3.3%	기타 금속제품	3.3%
1910	직물	36.0%	잡제품	9.2%	기타 금속제품	3.5%	석유	3.3%	나무제품	3.2%
1911	직물	33.2%	잡제품	6.5%	기타 금속제품	4.1%	철 및 강	3.9%	나무제품	3.0%
1912	직물	33.9%	잡제품	5.4%	기타 금속제품	4.4%	철 및 강	4.2%	나무	2.9%
1913	직물	29.2%	곡식	11.4%	잡제품	5.7%	철 및 강	3.7%	석유	3.0%
1914	직물	28.7%	곡식	8.4%	잡제품	6.2%	기타 금속제품	4.0%	철 및 강	3.7%
1915	직물	31.0%	잡제품	6.8%	철 및 강	3.4%	곡식	3.4%	석유	3.2%
1916	직물	32.5%	잡제품	5.8%	석유	3.6%	기타 금속제품	3.4%	철 및 강	3.4%
1917	직물	32.3%	철 및 강	4.6%	잡제품	4.5%	석탄	3.7%	기타 금속제품	3.5%
1918	직물	26.6%	산업기계	5.8%	석탄	5.4%	철 및 강	5.1%	기타 금속제품	4.6%
1919	직물	32.0%	곡식	8.8%	석탄	5.2%	철 및 강	3.6%	석유	3.4%
1920	직물	20.9%	곡식	13.8%	석탄	7.2%	잡제품	4.4%	석유	3.9%
1921	직물	29.8%	잡제품	4.9%	석탄	3.9%	기타 금속제품	3.7%	나무	2.9%
1922	직물	22.0%	곡식	6.5%	나무	4.3%	잡제품	3.9%	철 및 강	3.4%
1923	직물	23.0%	곡식	8.1%	섬유	5.5%	잡제품	4.4%	석탄	3.7%
1924	직물	25.8%	곡식	13.8%	섬유	4.5%	잡제품	4.3%	기타 금속제품	2.9%
1925	직물	24.7%	곡식	18.6%	섬유	6.1%	잡제품	4.1%	석유	2.8%
1926	직물	22.2%	곡식	17.1%	섬유	5.1%	잡제품	4.1%	의복	2.9%
1927	직물	20.1%	곡식	16.9%	섬유	4.7%	잡제품	4.1%	철 및 강	3.5%
1928	직물	21.7%	곡식	11.7%	섬유	4.3%	잡제품	4.2%	철 및 강	4.1%
1929	직물	20.1%	곡식	11.0%	철 및 강	4.6%	잡제품	4.5%	섬유	4.0%
1930	직물	19.8%	곡식	11.3%	잡제품	4.8%	철 및 강	4.3%	기타 금속제품	3.6%
1931	직물	20.1%	잡제품	6.3%	곡식	5.4%	섬유	4.5%	철 및 강	4.3%
1932	직물	21.1%	곡식	8.5%	잡제품	5.8%	섬유	4.7%	철 및 강	4.6%
1933	직물	23.3%	잡제품	5.8%	곡식	5.7%	철 및 강	5.0%	섬유	4.8%
1934	직물	21.5%	곡식	5.7%	잡제품	5.3%	의복	5.2%	철 및 강	5.1%
1935	직물	17.7%	곡식	8.2%	철 및 강	6.0%	잡제품	5.0%	기타 금속제품	4.8%

표 V338-347 계속

	1위		2위		3위		4위		5위	
	품목	비중	품목	비중	품목	비중	품목	비중	품목	비중
	V338	V339	V340	V341	V342	V343	V344	V345	V346	V347
1936	직물	15.2%	곡식	7.3%	철 및 강	5.7%	기타 금속제품	5.4%	의복	4.9%
1937	직물	13.9%	철 및 강	7.4%	기타 금속제품	5.9%	잡제품	5.2%	섬유	5.1%
1938	직물	16.0%	철 및 강	8.2%	기타 금속제품	6.8%	의복	5.2%	잡제품	5.2%
1939	직물	14.5%	철 및 강	7.5%	기타 금속제품	7.1%	잡제품	5.5%	일반기계	5.3%
1940	직물	11.7%	기타 금속제품	6.7%	철 및 강	6.2%	일반기계	6.1%	곡식	5.7%
1941	직물	17.1%	기타 금속제품	7.3%	잡제품	6.8%	일반기계	6.1%	의복	6.0%
1942	직물	23.8%	잡제품	8.4%	의복	8.0%	기타 금속제품	7.1%	일반기계	6.8%
1943	직물	19.8%	잡제품	11.4%	일반기계	8.8%	의복	7.1%	비철금속	7.0%
1944	직물	13.2%	잡제품	11.0%	일반기계	8.8%	비철금속	7.6%	기타 금속제품	6.2%
1945										
1946	기름용 씨	22.2%	커피 등	17.9%	비금속광물	9.9%	식물성 기름	9.9%	동식물성 물질	6.9%
1947	종이	17.4%	생고무	16.1%	직물	13.4%	비금속광물	6.8%	동식물성 물질	6.3%
1948	종이	28.5%	직물	14.8%	생고무	14.0%	무기화학물	8.3%	염료	5.5%
1949	직물	28.7%	잡제품	15.8%	생고무	10.9%	종이	8.3%	무기화학물	7.2%
1950	직물	38.4%	무기화학물	9.3%	비금속광물	7.4%	잡제품	5.4%	종이	5.3%
1951	직물	26.5%	생고무	18.4%	종이	8.2%	잡제품	7.4%	의약품	6.3%
1952	곡식	39.2%	무기화학물	12.2%	직물	11.4%	종이	5.3%	음료	4.1%
1953	곡식	37.0%	동식물성 물질	13.2%	비료	8.4%	설탕 등	5.6%	화학물	4.6%
1954	동식물성 물질	28.3%	화확물	9.9%	차량	7.6%	잡제품	7.4%	직물	5.6%
1955	잡제품	19.9%	비료	13.9%	직물	10.1%	석탄	8.4%	섬유	6.0%
1956	잡제품	12.2%	비료	11.7%	곡식	8.1%	직물	7.6%	섬유	7.4%
1957	곡식	19.1%	잡제품	10.4%	비료	9.5%	섬유	9.1%	석유	5.3%
1958	곡식	13.6%	섬유	12.9%	비료	8.9%	잡제품	8.8%	석유	5.9%
1959	섬유	14.5%	비료	13.9%	석유	9.7%	잡제품	7.3%	곡식	5.9%
1960	잡제품	15.5%	비료	13.6%	섬유	13.5%	석유	6.6%	곡식	6.1%
1961	섬유	13.3%	비료	11.7%	잡제품	11.1%	곡식	9.6%	석유	7.4%
1962	비료	13.9%	섬유	11.9%	곡식	9.6%	직물	6.8%	석유	6.8%
1963	곡식	17.4%	섬유	9.1%	비료	7.8%	철 및 강	5.3%	석유	5.2%
1964	곡식	13.6%	비료	12.5%	섬유	11.8%	석유	5.8%	직물	4.4%
1965	비료	13.3%	섬유	12.1%	곡식	11.0%	석유	5.9%	직물	5.4%
1966	비료	10.8%	곡식	9.9%	섬유	8.1%	산업기계	6.5%	직물	5.5%
1967	선박 등	8.8%	섬유	7.1%	곡식	6.8%	직물	6.2%	석유	5.4%
1968	산업기계	8.9%	곡식	7.7%	직물	6.1%	나무	5.4%	선박 등	5.4%
1969	곡식	12.0%	산업기계	6.9%	직물	5.3%	선박 등	5.2%	나무	5.2%
1970	곡식	10.7%	산업기계	6.1%	석유	5.8%	직물	5.6%	나무	5.5%
1971	곡식	11.1%	석유	6.8%	나무	5.6%	산업기계	5.4%	섬유	5.1%
1972	곡식	9.6%	석유	7.4%	철 및 강	5.7%	섬유	5.4%	전기기계	4.8%
1973	곡식	9.3%	철 및 강	6.6%	나무	6.5%	직물	6.3%	석유	6.2%
1974	석유	13.3%	곡식	8.0%	선박 등	6.8%	철 및 강	6.0%	전기기계	4.7%
1975	석유	16.3%	곡식	8.4%	선박 등	5.5%	전기기계	4.4%	철 및 강	4.2%
1976	석유	16.5%	전기기계	5.5%	곡식	4.5%	선박 등	4.4%	철 및 강	4.3%
1977	석유	16.5%	철 및 강	5.0%	전기기계	4.7%	나무	4.3%	일반기계	4.0%
1978	석유	13.2%	철 및 강	5.6%	일반기계	5.5%	전기기계	4.9%	산업기계	4.3%
1979	석유	14.2%	전기기계	4.8%	일반기계	4.8%	철 및 강	4.7%	산업기계	4.2%
1980	석유	24.7%	전기기계	4.4%	곡식	4.3%	철 및 강	3.9%	유기화학물	3.8%
1981	석유	23.6%	곡식	6.6%	선박 등	4.6%	전기기계	4.2%	철 및 강	3.5%
1982	석유	24.5%	전기기계	4.8%	선박 등	4.4%	유기화학물	3.4%	일반기계	3.3%
1983	석유	20.8%	선박 등	6.6%	전기기계	6.0%	곡식	3.4%	유기화학물	3.3%
1984	석유	18.5%	선박 등	8.7%	전기기계	6.8%	철 및 강	3.7%	유기화학물	3.5%
1985	석유	17.3%	선박 등	10.7%	전기기계	6.4%	유기화학물	3.7%	일반기계	3.3%
1986	석유	10.3%	전기기계	9.1%	일반기계	4.3%	유기화학물	4.2%	철 및 강	3.5%
1987	전기기계	9.6%	석유	9.4%	산업기계	4.5%	유기화학물	4.3%	일반기계	4.3%
1988	전기기계	10.7%	석유	8.3%	유기화학물	6.1%	일반기계	5.0%	산업기계	5.0%
1989	전기기계	9.9%	석유	9.4%	산업기계	5.9%	유기화학물	5.7%	일반기계	5.5%
1990	석유	12.7%	전기기계	9.7%	산업기계	6.1%	일반기계	5.9%	유기화학물	4.8%
1991	석유	12.5%	전기기계	9.7%	일반기계	6.1%	산업기계	5.8%	철 및 강	5.6%
1992	석유	14.5%	전기기계	10.4%	일반기계	5.7%	산업기계	5.2%	철 및 강	4.0%
1993	석유	14.2%	전기기계	10.2%	산업기계	5.3%	일반기계	5.0%	철 및 강	3.7%
1994	석유	11.8%	전기기계	10.5%	산업기계	5.9%	일반기계	5.5%	철 및 강	4.4%

표 V338-347 계속

	1위		2위		3위		4위		5위	
	품목	비중	품목	비중	품목	비중	품목	비중	품목	비중
	V338	V339	V340	V341	V342	V343	V344	V345	V346	V347
1995	석유	10.9%	전기기계	10.8%	산업기계	6.0%	일반기계	5.7%	철 및 강	4.8%
1996	석유	12.7%	전기기계	11.0%	일반기계	5.8%	산업기계	5.4%	철 및 강	4.4%
1997	석유	14.8%	전기기계	13.4%	일반기계	4.5%	금	4.5%	산업기계	4.2%
1998	전기기계	17.6%	석유	14.7%	금	4.8%	일반기계	3.8%	유기화학물	3.5%
1999	전기기계	18.8%	석유	15.0%	사무용기계	3.6%	철 및 강	3.3%	일반기계	3.3%
2000	석유	19.0%	전기기계	17.4%	사무용기계	4.8%	통신기기	3.6%	산업기계	3.4%
2001	석유	18.8%	전기기계	16.0%	사무용기계	4.0%	가스	3.7%	통신기기	3.4%
2002	전기기계	16.8%	석유	16.1%	철 및 강	3.6%	사무용기계	3.6%	가스	3.5%
2003	전기기계	17.5%	석유	16.6%	철 및 강	4.1%	가스	3.6%	일반기계	3.4%
2004	석유	16.8%	전기기계	16.4%	철 및 강	5.4%	가스	3.6%	일반기계	3.5%
2005	석유	19.6%	전기기계	15.0%	철 및 강	5.8%	가스	4.1%	금속광석	3.4%
2006	석유	21.6%	전기기계	13.5%	철 및 강	5.1%	가스	4.8%	금속광석	4.2%
2007	석유	20.8%	전기기계	12.9%	철 및 강	6.0%	금속광석	4.6%	가스	4.5%
2008	석유	24.1%	전기기계	11.2%	철 및 강	7.7%	가스	5.7%	금속광석	4.4%
2009	석유	20.0%	전기기계	13.0%	철 및 강	5.4%	가스	5.3%	금속광석	4.2%
2010	석유	20.6%	전기기계	11.5%	철 및 강	5.3%	가스	5.1%	금속광석	5.0%
2011	석유	23.8%	전기기계	10.2%	금속광석	5.9%	가스	5.8%	철 및 강	4.9%
2012	석유	26.2%	전기기계	10.4%	가스	6.5%	금속광석	5.4%	철 및 강	4.1%
2013	석유	25.4%	전기기계	11.5%	가스	7.0%	금속광석	4.7%	철 및 강	3.7%
2014	석유	24.2%	전기기계	11.0%	가스	7.0%	금속광석	4.6%	철 및 강	4.0%
2015	석유	16.5%	전기기계	13.3%	가스	4.9%	금속광석	4.0%	통신기기	3.7%

자료: 1962년 이전은 본문의 표 V-g의 자료; 1963년 이후는 UN, Comtrade(https://comtrade.un.org).
주: 수입 상위 5대 품목이란 SITC 2digit으로 분류한 것 중에서 수입액이 많은 5대 품목을 말한다.

3. 환율

표 V348-351 韓錢의 대일 환율, 1879-1904

	엽전		당오전	백동화
	부산	각지	경인	각지
	V348	V349	V350	V351
	냥/엔			
1879	4.08			
1881	3.40			
1883	3.75		5.56	
1884	5.27		10.00	
1885	5.85		12.50	
1886	6.58		16.67	
1887	6.37		16.78	
1888	6.58		13.48	
1889	6.67		15.13	
1890	5.10		18.18	
1891	5.21		25.19	
1892	6.17		30.49	
1893	6.94		34.36	
1894	5.32		24.81	
1895	4.78	4.74	23.04	
1896		4.90		
1897		4.74		
1898		5.00		5.21
1899		5.95		5.87
1900		5.92		6.41
1901		6.10		6.99
1902		6.85		8.93
1903		7.09		9.71
1904		6.29		10.10

자료: 오두환, 『한국근대화폐사』(한국연구원, 1991), pp. 98, 100, 147, 215-216.
주: 두 번째 행은 각 통화가 유통된 지역을 말한다.

표 V352-353 양자간 환율, 1905-1941

	일본	미국
	V352	V353
	圓/엔	圓=엔/달러
1905	1.000	2.020
1906	1.000	2.025
1907	1.000	2.023
1908	1.000	2.025
1909	1.000	2.020
1910	1.000	2.023
1911	1.000	2.028
1912	1.000	2.023
1913	1.000	2.025
1914	1.000	2.030
1915	1.000	2.046
1916	1.000	2.000
1917	1.000	1.980
1918	1.000	1.946
1919	1.000	1.975
1920	1.000	2.015
1921	1.000	2.083
1922	1.000	2.089
1923	1.000	2.046
1924	1.000	2.381
1925	1.000	2.454
1926	1.000	2.133
1927	1.000	2.111
1928	1.000	2.151
1929	1.000	2.171
1930	1.000	2.026
1931	1.000	2.046
1932	1.000	3.556
1933	1.000	3.964
1934	1.000	3.389
1935	1.000	3.500
1936	1.000	3.454
1937	1.000	3.471
1938	1.000	3.509
1939	1.000	3.849
1940	1.000	4.267
1941	1.000	4.267

자료: 山澤逸平・山本有造, 『貿易と国際収支』(東洋經濟新報社, 1979), pp. 256-257; 溝口敏行, 『アジア長期経済統計1台湾』(東洋經濟新報社, 2008), p. 369.
주: 식민지기 조선은행이 발행한 조선은행권은 일본은행권과 등가교환이 가능하도록 묶여 있었다. 이러한 방식의 식민지 통화는 조선에 진출한 제일은행이 1902년에 발행한 제일은행권으로 거슬러 올라가며, 1905년의 화폐정리사업에서 법화로 인정되었다. 이 시기 조선의 대미환율은 일본과 동일한 것으로 간주할 수 있다.

표 V354-362 대미 달러의 협정환율과 시장환율

실시 연월일	협정환율				시장환율				
	공정환율	대충자금 예치환율	UN군 경리국		대일 수출달러	기타 지역 수출 달러	기타 수입달러	미국 달러	미 군표
			UN군 환율	기타 거래환율					
	V354	V355	V356	V357	V358	V359	V360	V361	V362
	원								
1945. 10. 1	0.015								
1947. 7. 15	0.05								
1948. 10. 1	0.44							0.74	0.50
1948. 12. 15	0.45	0.45						na	na
1949. 6. 14	0.9	0.5						2.17	1.64
1949. 11. 1	0.9	0.5						2.55	1.93
1949. 12. 1	0.9	0.6						2.83	2.31
1950. 1. 1	0.9	0.8						3.48	2.57
1950. 4. 1	0.9	0.9						2.98	2.35
1950. 5. 1	1.6	1.1						2.28	2.03
1950. 5. 15	1.6	1.1						2.28	2.03
1950. 6. 10	1.6	1.4						2.24	1.79
1950. 6. 15	1.8	1.4						2.42	1.79
1950. 6. 25	1.8	1.8						2.42	1.79
1950. 10. 1	1.8	2.5	2.5	2.5				2.58	2.27
1950. 11. 1	2.5	2.5	2.5	2.5				3.42	3.32
1950. 12. 1	2.5	4.0	2.5	2.5				6.12	4.32
1951. 3. 11	2.5	4.0	6.0	6.0				na	na
1950. 5. 1	2.5	6.0	6.0	6.0				9.83	6.38
1950. 11. 10	6.0	6.0	6.0	6.0				18.21	12.85
1952 평균	6.0	6.0	6.0	6.0				na	na
1953. 8. 28	6.0	18.0	18.0	18.0				26.4	17.6
1953. 12. 15	18.0	18.0	18.0	18.0				38.7	29.3
1954. 11. 10	18.0	18.0	50.0	18.0	77.7	74.0	51.5	65.6	53.0
1954. 12. 13	18.0	18.0	50.0	31.0	80.9	78.0	65.4	71.1	57.6
1955. 1. 10	18.0	35.0	43.0	43.0	92.3	83.5	59.8	77.2	62.9
1955. 4. 18	18.0	35.0	50.0	50.0	75.6	46.6	46.6	74.8	60.5
1955. 6. 27	18.0	35.0	48.0	48.0	80.2	56.3	59.0	75.3	67.7
1955. 8. 8	18.0	35.0	51.0	51.0	95.0	82.0	75.0	80.2	66.2
1955. 8. 15	50.0	50.0	50.0	50.0	95.0	82.0	75.0	80.2	66.2
1956 평균	50.0	50.0			107.0	100.8	84.7	96.6	81.0
1957 평균	50.0	50.0			112.3	105.7	84.5	103.3	84.5
1958 평균	50.0	50.0			122.5	101.5	89.3	118.1	102.9
1959 평균	50.0	50.0			139.9	124.7	113.5	125.5	114.9
1960. 1. 20	50.0	65.0			164.1	132.0	119.0	132.0	122.3
1960. 2. 23	65.0	65.0			171.8	138.7	129.3	144.9	129.2
1961. 1. 1	100.0	100.0			156.3	141.6	132.0	139.8	120.6
1961. 2. 1	130.0	130.0			147.9	145.4		148.3	128.9
1962 평균	130.0	130.0			NT	NT		134.0	126.5
1963 평균	130.0	130.0			169.8			174.5	147.8
1964. 5. 3	256.5	256.5			314.0			285.6	236.2
1965. 3. 22	256.5	256.5			279.0			316.0	263.0
1966 평균	271.3	271.3						302.7	277.3
1967 평균	270.7	270.7						301.8	276.3
1968 평균	276.6	276.6						304.1	278.1
1969 평균	288.2	288.2						323.6	302.1
1970 평균	310.7	310.7						342.8	333.2

자료: 김광석 · 래리 E. 웨스트팔, 『한국의 외환무역정책』(한국개발연구원, 1976), pp. 35-36.

주: 1) V355는 원조 달러를 배정받은 자가 원화 자금을 예치할 때 적용되는 환율이며, 한국 정부와 원조 당국의 협정으로 시행되었다. V356-357은 UN군이 원화 자금을 조달할 때 적용된 환율이다. 기재된 실시 연월일 사이의 기간에 협정환율은 고정되어 있었다.

2) 재화나 서비스의 수출로 달러를 획득한 자는 그것을 한국은행의 자기명의의 계정에 예치하고, 수입 대금으로 사용하거나 타인의 계정으로 양도하는 것이 허용되었다. 이로 인해 시장환율이 형성되었는데, 취득외환의 원천에 따라 그 처분에 제한을 두었기 때문에 복수의 환율이 존재하였다. 1961년에는 외환증서의 양도가 더 이상 허용되지 않게 되면서 수출 달러의 시장환율이 사라졌다. 다만 1963-1965년에는 수출 달러에 대해 수입제한 품목의 수입을 허용하는 프리미엄을 주었기 때문에 V358-359의 해당 수치는 공정환율에 이 프리미엄을 더한 값을 제시하였다.

3) 미국 달러나 미 군표의 환율은 암시장에서의 달러 시세의 추정치이다.

4) na는 미상을, NT는 거래가 없었음을 뜻한다.

표 V363-374 양자간 환율, 1946-2015

	미국				일본	EU	독일	프랑스	이탈리아	영국	중국	홍콩
	공정 (평균)	암시장 (평균)	암묵적 환율	평균	평균	평균	평균	평균	평균	평균	평균	평균
	V363	V364	V365	V366	V367	V368	V369	V370	V371	V372	V373	V374
	원/달러				원/100엔	원/유로	원/마르크	원/프랑	원/100리라	원/파운드	원/위안	원/홍콩달러
1946	0.015											
1947	0.031											
1948	0.15	0.74										
1949	0.69	2.17										
1950	1.59	3.14										
1951	2.98	11.39										
1952	6.0	22.3										
1953	6.5	27.8	36.7									
1954	18.0	54.9	44.2									
1955	30.0	77.8	81.6									
1956	50.0	96.6	108.2									
1957	50.0	103.3	116.7									
1958	50.0	118.1	109.3									
1959	50.0	125.5	110.4									
1960	62.8	135.9	124.9									
1961	127.5	136.9	137.1									
1962	130.0	134.0	152.4									
1963	130.0	174.5	185.2									
1964	255.8	285.6	246.5	255.8			64.3	52.2	40.9	713.4		44.3
1965		316.0	268.1	266.6			66.7	54.3	42.7	744.3		46.4
1966		302.7	280.5	271.1			67.8	55.2	43.5	757.9		47.2
1967		301.8	298.5	270.5			67.9	55.0	43.3	742.9		46.8
1968		304.1	313.4	276.7			69.3	55.8	44.4	662.1		45.7
1969		323.6	325.3	288.3			73.5	55.6	46.0	689.0		47.6
1970		342.8	340.8	310.6			85.2	56.2	49.5	744.1		50.9
1971			361.4	347.7			99.8	63.0	56.2	849.4		58.0
1972			394.4	392.9			123.3	78.0	67.3	981.0		69.8
1973			399.5	398.3			150.5	89.9	68.6	977.3		77.3
1974			404.1	404.5			157.0	84.3	62.2	947.0		80.6
1975			484.1	484.0			197.1	113.1	74.2	1,074.0		98.5
1976			483.7	484.0			192.3	101.4	58.4	873.9		99.1
1977			483.6	484.0	185.3		208.7	98.5	54.9	845.5		104.2
1978			466.0	484.0	232.0		241.3	107.6	57.1	929.0		103.7
1979			501.1	484.0	221.8		264.1	113.8	58.3	1,027.4		97.3
1980			608.2	607.4	269.7		334.5	143.9	71.0	1,414.4		122.5
1981			681.3	681.3	309.4		302.2	125.9	60.2	1,378.1		122.6
1982			731.8	731.5	294.3		301.5	111.7	54.2	1,278.8		120.8
1983			776.0	776.2	326.9		304.2	102.1	51.2	1,176.3		107.4
1984			806.0	806.0	339.6		284.0	92.5	46.0	1,076.3		103.1
1985			870.7	870.5	368.7		299.3	98.1	45.9	1,133.4		111.8
1986			881.7	881.3	526.3		407.6	127.5	59.3	1,293.8		112.9
1987			822.2	822.4	570.1		458.2	137.0	63.5	1,347.4		105.5
1988			730.6	730.5	570.6		417.0	123.0	56.3	1,301.3		93.6
1989			671.3	671.4	487.5		357.7	105.4	49.0	1,099.9		86.1
1990			707.9	708.0	491.6		439.6	130.5	59.3	1,265.7		90.9
1991			733.7	733.6	546.0		443.2	130.3	59.3	1,295.7		94.4
1992			780.8	780.8	617.1		501.1	147.9	63.7	1,377.4		100.9
1993			802.7	802.7	725.7		485.4	141.8	51.1	1,205.8		103.8
1994			803.6	803.6	787.9	968.7	497.0	145.3	49.9	1,231.6	93.4	104.0
1995			771.0	771.0	824.5	997.7	539.0	154.8	47.4	1,217.1	92.3	99.7
1996			804.7	804.8	739.6	1,008.0	534.9	157.3	52.2	1,258.3	96.8	104.1
1997			951.1	951.1	784.0	1,074.6	548.3	163.0	55.8	1,560.8	114.7	122.8
1998			1,399.0	1,398.9	1,074.4	1,567.5	794.5	237.0	80.5	2,317.4	169.0	180.6
1999			1,189.4	1,189.5	1,048.6	1,268.7	648.7	193.4	65.5	1,924.3	143.7	153.3
2000			1,130.6	1,130.6	1,048.9	1,044.2	533.9	159.2	53.9	1,713.0	136.6	145.1
2001			1,290.9	1,290.8	1,062.4	1,156.0	591.0	176.2	59.7	1,859.0	156.0	165.5
2002			1,251.3	1,251.2	999.6	1,180.6		176.7	59.8	1,878.1	151.2	160.0

표 V363-374 계속

	미국				일본	EU	독일	프랑스	이탈리아	영국	중국	홍콩
	공정 (평균)	암시장 (평균)	암묵적 환율	평균	평균	평균	평균	평균	평균	평균	평균	평균
	V363	V364	V365	V366	V367	V368	V369	V370	V371	V372	V374	V374
	원/달러				원/100엔	원/유로	원/마르크	원/프랑	원/100리라	원/파운드	원/위안	원/홍콩달러
2003			1,191.8	1,191.9	1,029.8	1,348.3				1,948.5	144.0	153.1
2004			1,144.7	1,144.7	1,058.8	1,422.9				2,097.5	138.3	147.0
2005			1,024.3	1,024.3	930.7	1,274.0				1,862.5	125.1	131.7
2006			955.5	955.5	821.5	1,199.3				1,759.1	119.8	123.0
2007			929.2	929.2	789.8	1,272.7				1,859.7	122.1	119.1
2008			1,102.6	1,102.6	1,076.6	1,606.8				2,013.9	159.1	141.7
2009			1,276.4	1,276.4	1,363.1	1,774.4				1,993.8	186.9	164.7
2010			1,156.3	1,156.3	1,320.6	1,532.9				1,787.1	170.8	148.8
2011			1,108.1	1,108.1	1,391.3	1,541.4				1,775.9	171.5	142.4
2012			1,126.8	1,126.9	1,413.1	1,448.2				1,785.4	178.6	145.3
2013			1,095.0	1,095.0	1,123.4	1,453.6				1,711.5	178.1	141.2
2014			1,053.2	1,053.2	996.2	1,398.8				1,734.7	171.0	135.8
2015			1,131.5	1,131.5	934.6	1,255.2				1,729.8	180.1	146.0

자료: 한국은행, 「환율」(http://ecos.bok.or.kr); 김광석 · 래리 E. 웨스트팔, 『한국의 외환무역정책』(한국개발연구원, 1976), pp. 35-36.

주: 1) V363은 공정환율(V354)의 시행 연월일을 감안하여 연평균을 구한 것이다. V364도 마찬가지 방법으로 구한 미국 달러(V361)의 연평균 환율이다.

2) 한국은행의 대미 환율 통계(V366)는 1964년부터 공표되고 있다. 한국은행은 또한 1953년 이후 원화와 달러 기준의 GDP를 발표하고 있기 때문에 양자를 나누어 실제 적용한 환율을 구할 수 있다. V365의 암묵적 환율이 이 방법으로 구한 것이다.

찾아보기

ㄴ

ㅈ

ㅎ

집필자 소개(가나다순, *는 편저자)

고선(高鮮, Sun Go)

중앙대학교 경제학부 부교수, sungo@cau.ac.kr

"The Uneven Rise of American Public Schools to 1850," co-authored, *Journal of Economic History*, 2010.

「19세기 미국 초등교육의 확산」, 『경제사학』, 2012.

「센서스 자료를 이용한 초 · 중 · 고 취학결정요인 분석, 1960-1990」, 『한국교육』, 2012.

"The Effect of Population Aging on Local School Subsidies in Korea," *Korean Economic Review*, 2015.

「코네티컷의 초등 무상교육」, 『경제사학』, 2015.

김낙년*(金洛年, Nak Nyeon Kim)

동국대학교 경제학과 교수, nnkim@dongguk.edu

『일제하 한국경제』, 도서출판 해남, 2003.

"Top incomes in Korea, 1933-2010: Evidence from income tax statistics," co-authored, *Hitotsubashi Journal of Economics*, 2015.

「한국의 부의 불평등, 2000-2013: 상속세 자료에 의한 접근」, 『경제사학』, 2016.

「한국에서의 부와 상속, 1970-2014」, 『경제사학』, 2017.

김두얼(Duol Kim)

명지대학교 경제학과 교수, duolkim@mju.ac.kr

『경제성장과 사법정책』, 도서출판 해남, 2011.

『법경제학: 이론과 응용』 I, II, III (공편), 도서출판 해남, 2011, 2013, 2014.

『한국경제사의 재해석』, 도서출판 해남, 2017.

"Measuring Living Standards from the Lowest: Heights of Male Hangryu Deceased in Colonial Korea," co-authored, *Explorations in Economic History*, 2011.

"Appeal Rate and Caseload: Evidence from Civil Litigation in Korea," co-authored, *European Journal of Law and Economics*, 2017.

김재호(金載昊, Jae Ho Kim)

전남대학교 경제학부 교수, jhokim@jnu.ac.kr

『한국의 장기통계: 국민계정, 1911-2010』(공저), 서울대출판문화원, 2012.

『대체로 무해한 한국사』, 생각의힘, 2016.

「植民地期의 財政支出과 社會間接資本의 形成」, 『경제사학』, 2009.

「조선후기 군사재정의 수량적 기초: 규모, 구성, 원천」, 『朝鮮時代史學報』, 2013.

「정부고용의 장기적 변화, 1910-2013: 공무원의 규모와 구성」, 『경제사학』, 2016.

류상윤(柳尙潤, Sang Yun Ryu)

LG경제연구원 책임연구원, ryusangyun@gmail.com

「1940 · 50년대 광공업 생산통계의 추계와 분석」(공저), 『경제학연구』, 2010.

「한국에 제공된 공적개발원조: 규모추정 및 국제비교」(공저), 『경제학연구』, 2014.

「한국 에너지 소비의 장기 추이: 주요 선진국 및 대만과의 비교」(공저), 『경제사학』, 2016.

박기주*(朴基炷, Ki-Joo Park)

성신여자대학교 경제학과 교수, kjpark@sungshin.ac.kr

『한국 중화학공업화와 사회의 변화』(공저), 대한민국역사박물관, 2014.

「1940 · 50년대 광공업 생산통계의 추계와 분석」(공저), 『경제학연구』, 2010.

「해방 전(1907-1939) 소비자물가지수 추계」(공저), 『경제분석』, 2011.

「식민지기 조선의 도시 간 물가 및 임금 격차」(공저), 『경제사학』, 2013.

박이택*(朴二澤, Yitaek Park)

고려대학교 경제연구소 연구교수, yitaekpark@yahoo.co.kr

『한국통신산업에 있어서 지배구조와 고용구조』, 한국학술정보, 2008.

『한국의 장기통계: 국민계정, 1911-2010』(공저), 서울대출판문화원, 2012.

「20세기 언양지역의 인구변천: 언양읍 호적 자료의 분석」, 『보건경제와 정책연구』, 2013.

「20세기 언양지역의 가족구성의 변천: 언양읍 제적부와 재제부의 분석」, 『대동문화연구』, 2013.

「1950 · 1960년대 노동력 통계: 위장실업 및 부분취업을 중심으로」, 『경제사학』, 2016.

박희진(朴熙振, Heejin Park)

경북대학교 경제통상학부 초빙교수, heejinp@knu.ac.kr

「흡연예절의 형성과정」, 『역사민속학』, 2014.

"Measuring living standards from the lowest: Height of the male Hangryu deceased in colonial Korea," co-authored, *Explorations in Economic History*, 2011.

"Age Patterns of Migration among Korean Adults in the Early 20th-century Seoul," co-authored, *The History of the Family*, 2013.

「역사인구학 관점에서 해석하는 조선후기」, 『역사와 현실』, 2014.

"Marital fertility during the Korean demographic transition: child survival and birth spacing," co-authored, *The History of the Family*, 2016.

배영목(裵永穆, Young Mok Bae)

충북대학교 경제학과 교수, ymbae@chungbuk.ac.kr

『한국금융사』, 도서출판 개신, 2002.

『한국의 은행 100년사』(공저), 도서출판 산하, 2004.

「우리나라 통화개혁의 비교 연구」, 『경제학연구』, 2010.

「박정의 정부의 금융정책과 금융발전」, 『경제발전연구』, 2012.

「통화량과 통화 구성의 추이, 1905-2014」, 『경제사학』, 2016.

송경은(宋慶殷, Kyoung Eun Song)

국제원산지정보원 연구개발본부 부연구위원, skyeun@origin.or.kr

『한국의 장기통계: 국민계정, 1911-2010』(공저), 서울대출판문화원, 2012.

「韓國에서의 近代的 漁業權 形成과 法制化」, 서울대학교 박사학위 논문, 2013.

「식민지기 어업권(漁業權)의 소유 형태와 특질: 『관보(官報)』 어업권 자료 분석을 중심으로」, 『경제사학』, 2015.

이명휘(李明輝, Myunghwi Lee)

이화여자대학교 경제학과 교수, hwii@ewha.ac.kr

「조선거래소의 주식거래제도와 거래실태」, 『경제사학』, 2001.

「농어촌고리채정리사업 연구」, 『경제사학』, 2010.

「金融制度と金融市場,フォーマルとインフォーマルの二重金融構造の視点から」, 『韓國經濟發展への經路』, 日本經濟評論社, 2013.

「1954~1956년 한국 여성신용조직의 금융시장에서의 역할」, 『여성과 역사』, 2015.

「1970년대 초 부실기업 구조조정: 8.3조치를 중심으로」, 『한국의 경제 위기와 극복』, 대한민국역사박물관, 2017.

이상철(李相哲, Sang-Cheol Lee)

성공회대학교 사회과학부 교수, sclee@skhu.ac.kr

「수출산업단지의 형성과 변모: 구로공단(1963-1987년)」, 『동향과 전망』, 2012.

「한국 경제관료의 일제 식민지 기원설 검토(1950년대-1960년대 전반)」, 『민주사회와 정책연구』, 2012.

「1980년대 한국 해운산업구조조정정책 연구」, 『경영사학』, 2015.

「韓國における の輸出支援政策の形成, 1959-1964年」, 『三田學會雜誌』, 2016.

이영훈(李榮薰, Young Hoon Rhee)

전 서울대학교 경제학부 교수, yhrhee@snu.ac.kr

『朝鮮後期社會經濟史』, 한길사, 1988.

『맛질의 농민들』(편저), 일조각, 2001.

『수량경제사로 다시 본 조선후기』(편저), 서울대학교출판부, 2004.

『대한민국역사』, 기파랑, 2013.

『한국경제사』 I , II, 일조각, 2016.

이우연(李宇衍, Wooyoun Lee)

낙성대경제연구소 연구위원, wooyoun@skku.edu

『한국의 산림소유제도와 정책의 역사, 1600-1987』, 일조각, 2010.

「농업 임금의 추이」, 『경제사학』, 2000.

「解說 未公開資料 朝鮮總督府關係者 錄音記錄(10) 朝鮮の山林政策」, 『東洋文化硏究』, 2009.

"Deforestation and Agricultural Productivity in Choson Korea in the 18th and 19th Centuries," *Community, Commons and Natural Resource Management in Asia*, National University of Singapore, 2015.

「戰時期日本へ勞務動員された朝鮮人鑛夫(石炭, 金屬)の賃金と民族間の格差」, 『エネルギー史研究』, 2017.

이헌창(李憲昶, Hun-Chang Lee)

고려대학교 정경대학 교수, leehc@korea.ac.kr

『조선시대 최고의 경제발전안을 제시한 박제가』, 민속원, 2011.

『경제 · 경제학』, 小花, 2015.

『韓國經濟通史』(제7판), 도서출판 해남, 2016.

임채성(林采成, Chaisung Lim)
立教大學 경제학부 교수, wajinsup@gmail.com
『戰時經濟と鐵道運營: 「植民地」朝鮮から「分斷」韓國への歷史的經路を探る』, 東京大學出版會, 2005.
『중일전쟁과 화북교통』, 일조각, 2012.
『東アジア高度成長の歷史的起源』(공저), 京都大學學術出版會, 2016.
The Development of Railway Technology in East Asia in Comparative Perspective, co-authored, Springer, 2017.
"Korean Cattle and Colonial Modernization in the Japanese Empire: From "Cattle of the Peninsula" to "Cattle of the Empire"," *KOREA JOURNAL*, 2015.

조석곤(趙錫坤, Seok Gon Cho)
상지대학교 경제학과 교수, sgcho@sj.ac.kr
『한국 근대 토지제도의 형성』, 도서출판 해남, 2003.
『동아시아의 농지개혁과 토지혁명』(공저), 서울대학교출판문화원, 2014.
"A Study on Change in the Subae nongga at the Time of the South Korean Land Reform," *Seoul Journal of Korean Studies*, 2013.
「토지대장을 통해 본 토지생산성의 변화(1910-1961): 김제군 죽산면 사례연구」, 『농촌경제』, 2013.
「식민지 근대를 둘러싼 논쟁의 경과와 함의」, 『역사문화연구』, 2015.

조영준(趙映俊, Young-Jun Cho)
한국학중앙연구원 한국학대학원 사회과학부 부교수, cho06@aks.ac.kr
『시폐(市弊): 조선후기 서울 상인의 소통과 변통』, 아카넷, 2013.
『조선 후기 왕실재정과 서울상업』, 소명출판, 2016.
「한일병합 이전 일본 군의관의 조선인 체격 검사: 신장 측정 자료의 비판적 재검토」, 『경제사학』, 2016.
「조선후기 서울 포전(布廛)의 인적 구성과 거래 실태: 삼베 구매 방식의 유형화를 중심으로」, 『서울학연구』, 2016.
「조선후기 '생애주기'형 궁방의 경제적 기반과 운영 양상: 박숙의방(朴淑儀房)과 영온옹주방(永溫翁主房)의 사례 분석」, 『정신문화연구』, 2016.

차명수*(車明洙, Myung Soo Cha)
영남대학교 경제금융학부 교수, mscha@ynu.ac.kr; http://myungsoocha.wordpress.com
"Consequences of Growth: Living Standards, Inequality, and Consumption," co-authored, forthcoming in *Cambridge Economic History of the Modern World.*
"What Did Civil Examination Do for Korea?," co-authored, paper presented at the 8th World Congress of Cliometrics, 2017.
「재반론: 1910년대에 쌀생산은 정체했나?」, 『경제사학』, 2017.
"Unskilled Wage Gaps within the Japanese Empire," *Economic History Review*, 2015.
『기아와 기적의 기원』, 도서출판 해남, 2014.

홍석철(洪錫喆, Sok Chul Hong)
서울대학교 경제학부 부교수, sokchul.hong@snu.ac.kr
The Changing Body: Health, Nutrition, and Human Development in the Western World since 1700, co-authored, Cambridge University Press, 2011.
Health, Mortality, and the Standard of Living in Europe and North America since 1700, co-authored, Edward Elgar Publishing, 2014.
"Malaria: An Early Indicator of Later Disease and Work Level," *Journal of Health Economics*, 2013.
"Adapting to the Weather: Lessons from U.S. History," co-authored, *Journal of Economic History*, 2017.
"Health, Disease, and Sanitation in American Economic History," co-authored, *Oxford Handbook of American Economic History*, 2018.

홍제환(洪制煥, Jea Hwan Hong)
통일연구원 부연구위원, alst99@naver.com
『수출진흥확대회의 녹취록』(공저), 한국개발연구원, 2013.
『월간경제동향보고회의 녹취록』(공저), 한국개발연구원, 2014.
「식민지기 회사의 생존력, 1917-1944 –『조선경제잡지』의 회사등기 자료 분석」, 『경제사학』, 2013.
「은행-기업 간 인적 연계와 기업 경영, 1921-1939」, 『경제사학』, 2014.
「식민지기 기업의 배당정책, 1934-1938」, 『경제학연구』, 2014.

황준석(黃峻奭, Junseok Hwang)
영남대학교 사회과학연구소 연구원, econmax@ynu.ac.kr
대구상공회의소 대구지역인적자원개발위원회 사무국 고용전문관
「한국의 임금수준과 구조, 1959-2010」, 영남대학교 대학원 석사학위논문, 2012.
「우리나라 금융 산업에서의 학력별 임금격차, 1922-2011」(공저), 『경제사학』, 2014.
「1910년대에 쌀생산은 정체했나?」(공저), 『경제사학』, 2015.